# Staat
# Verfassung
# Politik

Grundlagen
für Studium und Praxis

von
**Helmut Dohr**
Staatssekretär a. D.,

mitbegründet von
**Harald Windfuhr**
Erster Polizeihauptkommissar a. D.

VERLAG DEUTSCHE POLIZEILITERATUR GMBH
Buchvertrieb

Bibliografische Information der Deutschen Nationalbibliothek
Die Deutsche Nationalbibliothek verzeichnet diese Publikation in der Deutschen Nationalbibliografie; detaillierte bibliografische Daten sind im Internet über **http://dnb.d-nb.de** abrufbar.

21. völlig überarbeitete Auflage 2014
© VERLAG DEUTSCHE POLIZEILITERATUR GMBH Buchvertrieb, Hilden/Rhld. 2014
Alle Rechte vorbehalten
Druck und Bindung: mediaprint, Paderborn
Printed in Germany
ISBN 978-3-8011-0732-1

## Aus dem Vorwort zur 1. Auflage

Der vorliegende Grundriss des Staats- und Verfassungsrechts ist aus der Unterrichtspraxis an Polizeischulen heraus entwickelt worden. Er wendet sich insbesondere an Lehrgangsteilnehmer in den ersten Ausbildungsabschnitten, mag aber auch in weiterführenden Lehrgängen manche Anregung geben und wird nicht zuletzt dem Fachlehrer bei der Vorbereitung und Gestaltung seines Unterrichts hilfreich sein können.

In der Auswahl des Stoffes beschränkt sich das Buch bewusst auf die wesentlichen staatlich-institutionellen Strukturen. Es ist vor allem darauf abgestellt, polizeilich relevante staats- und verfassungsrechtliche Kenntnisse zu vermitteln und so die Grundlage zu schaffen, von der aus die für den Polizeiberuf notwendigen Einsichten in politische und gesellschaftliche Prozesse geweckt werden können. Die grafische Aufbereitung des Stoffes ist auf diese Zielsetzung ausgerichtet.

Hannover, im Oktober 1976　　　　　　　　　　　　　　　　　　　　　　　　Die Verfasser

## Vorwort zur 21. Auflage

Mit der Vorlage der einundzwanzigsten, völlig überarbeiteten, aktualisierten und gestrafften Auflage bleiben Verlag und Autor weiter bemüht, möglichst zeitnahe Materialien für Unterricht und Selbststudium bereitzustellen. Dabei wird durch Konzentration auf den institutionellen Rahmen deutscher Staatlichkeit den veränderten Bedingungen der Ausbildung in besonderer Weise Rechnung getragen.

Den Mittelpunkt der Überarbeitung bilden erneut die Grundrechte. Besonders betont wird dabei der Widerstreit zwischen den Persönlichkeitsrechten und dem Eingriffsrecht der Polizei. Im institutionellen Teil stehen Wahlen und Parteien im Vordergrund. Die Neufassung des Wahlrechts zum Bundestag wird ebenso beleuchtet wie die Wandlungen im Parteiengefüge und das Abschmelzen der Volksparteien.

Breiten Raum nehmen das Europa-Thema mit dem Urteil des Bundesverfassungsgerichts zum Lissabon-Vertrag und die Frage der Überdehnung der Europäischen Union ein, vor allem auch im Hinblick auf einen möglichen Beitritt der Türkei.

Ziel des Grundrisses bleibt es auch weiterhin, unter besonderer Betonung der verfassungsrechtlichen Voraussetzungen staatlichen Handelns, eine solide Basis zu schaffen für eine umfassende politische Bildung.

Im Interesse der Lesbarkeit wird – dem Grundgesetz folgend – auch in der Neuauflage darauf verzichtet, bei den einzelnen Funktionsträgern neben der männlichen auch die weibliche Form anzuführen. Dass in einem Staat der Gleichberechtigung die Funktionen sowohl an Männer wie an Frauen vergeben werden können, versteht sich von selbst.

Braunschweig, im März 2014　　　　　　　　　　　　　　　　　　　　　　　　Helmut Dohr

# Inhaltsübersicht

| | |
|---|---|
| Verzeichnis der Abkürzungen | XII |
| Einführung | 1 |

### Kapitel I  Aus der allgemeinen Staatslehre

| | |
|---|---|
| Begriff des Staates | 5 |
| Staatsgebiet | 6 |
| – Exterritorialität | 7 |
| Staatsvolk | 10 |
| – Rechtliche Bedeutung der Staatsangehörigkeit | 11 |
| – Erwerb und Verlust der Staatsangehörigkeit | 12 |
| Staatsgewalt | 14 |
| – Gewaltenteilung | 16 |
| Staatsform und Regierungsweise | 18 |
| Prüfen Sie Ihr Wissen | 20 |

### Kapitel II  Die Bundesrepublik Deutschland – gestern und heute

| | |
|---|---|
| Die **Spaltung** Deutschlands | 21 |
| – Alliierte Pläne für die Nachkriegszeit | 21 |
| – Bedingungslose Kapitulation | 22 |
| – Übernahme der Regierungsgewalt durch die Alliierten | 23 |
| – Potsdamer Konferenz | 23 |
| – Die territoriale Aufteilung Deutschlands | 24 |
| – Besatzungspolitik im Zeichen des Kalten Krieges | 27 |
| – Die Entstehung der Bundesrepublik | 27 |
| – Die Wiedererlangung von Souveränitätsrechten | 30 |
| – Die Entstehung der DDR | 32 |
| – Zur Frage der Souveränität | 34 |
| – Besonderheiten der Stellung Berlins | 34 |
| – Zusammenfassung: Die Spaltung Deutschlands | 36 |
| Jahre der **Teilung** | 38 |
| – Die Ostverträge | 38 |
| – Die Rechtslage im geteilten Deutschland | 39 |
| – Der Grundlagenvertrag | 40 |
| – Das Wiedervereinigungsgebot des Grundgesetzes | 41 |
| – Die Staatsangehörigkeit im geteilten Deutschland | 42 |
| Die Herstellung der **Einheit** | 43 |
| – Gründe für das Scheitern des „real existierenden Sozialismus" | 43 |
| – Die revolutionäre Wende | 43 |
| – Die demokratischen Kräfte formieren sich | 44 |
| – Volkskammer- und Kommunalwahlen | 45 |
| – Die letzten Schritte zur Einheit im Zeitspiegel (1990) | 46 |
| – Der Kriegszustand ist beendet | 49 |
| Die schwierige **Konsolidierung** | 49 |
| **Neue Herausforderungen** | 52 |

## Kapitel III  Verfassungsrechtliche Grundprinzipien

| | |
|---|---:|
| Allgemeines | 59 |
| – Begriff und Aufgaben der Verfassung | 59 |
| – Zur Präambel des Grundgesetzes | 60 |
| – Der Wesenskern unserer Verfassung | 60 |
| – Staatszielbestimmungen | 61 |
| Die **republikanische Staatsform** der Bundesrepublik | 63 |
| Die Bundesrepublik als **Demokratie** | 64 |
| – Volkssouveränität | 65 |
| – Parlamentarisches Regierungssystem | 71 |
| – Pluralistische Gesellschaftsform | 74 |
| Die Bundesrepublik als **Rechtsstaat** | 79 |
| – Gesetzmäßigkeitsgrundsatz | 80 |
| – Gewährleistung der Grundrechte | 84 |
| – Gewaltenteilung | 85 |
| – Der Grundsatz der Gewaltenteilung und seine Durchbrechung | 86 |
| Die Bundesrepublik als **Sozialstaat** | 88 |
| Die Bundesrepublik als **Bundesstaat** | 93 |
| – Allgemeines | 93 |
| – Grundzüge des föderalistischen Aufbaus der Bundesrepublik | 96 |
| – Ausgestaltung des bundesstaatlichen Prinzips im Einzelnen | 98 |
| – Der Föderalismus in der Bundesrepublik: pro und contra | 108 |
| ⊙ Prüfen Sie Ihr Wissen | 111 |

## Kapitel IV  Die Grundrechte

| | |
|---|---:|
| Bedeutung und Funktion der Grundrechte | 112 |
| Zur Geschichte der Grundrechte | 115 |
| Einteilung der Grundrechte | 116 |
| Geltung der Grundrechte | 116 |
| Einschränkbarkeit von Grundrechten | 119 |
| Die Würde des Menschen, Art. 1 GG | 124 |
| Freie Entfaltung der Persönlichkeit, Art. 2 Abs. 1 GG | 127 |
| Recht auf Leben, Art. 2 Abs. 2 GG | 138 |
| Recht auf körperliche Unversehrtheit, Art. 2 Abs. 2 GG | 143 |
| Freiheit der Person, Art. 2 Abs. 2 und 104 GG | 144 |
| Gleichheit vor dem Gesetz, Art. 3 GG | 146 |
| Glaubens- und Gewissensfreiheit, Art. 4 GG | 153 |
| Recht auf Kriegsdienstverweigerung, Art. 4 Abs. 3 GG | 157 |
| Meinungsfreiheit, Art. 5 Abs. 1 GG | 158 |
| Freiheit der Kunst, Wissenschaft, Forschung und Lehre, Art. 5 Abs. 3 GG | 166 |
| Schutz des ehelichen und familiären Lebens, Art. 6 GG | 169 |
| Schulwesen, Art. 7 GG | 170 |
| Versammlungsfreiheit, Art. 8 GG | 171 |
| Vereinigungsfreiheit, Art. 9 Abs. 1 und 2 GG | 176 |
| Koalitionsfreiheit, Art. 9 Abs. 3 GG | 177 |
| Telekommunikationsgeheimnis, Art. 10 GG | 186 |
| Freizügigkeit, Art. 11 GG | 187 |
| Recht auf freie Berufswahl und Berufsausübung, Art. 12 GG | 188 |

| | |
|---|---|
| Dienstverpflichtungen, Art. 12a GG | 192 |
| Unverletzlichkeit der Wohnung, Art. 13 GG | 195 |
| Recht auf Eigentum und Erbrecht, Art. 14 GG | 198 |
| Vergesellschaftung, Art. 15 GG | 202 |
| Verbot der Ausbürgerung, Art. 16 Abs. 1 GG | 203 |
| Verbot der Auslieferung, Art. 16 Abs. 2 GG | 203 |
| Asylrecht, Art. 16a GG, und Zuwanderung | 204 |
| Petitionsrecht, Art. 17 GG | 208 |
| Grundrechtseinschränkungen für Zwecke der Verteidigung und des Ersatzdienstes, Art. 17a GG | 210 |
| Prozessuale Schutzrechte | 211 |
| Schutz der Grundrechte | 212 |
| Verwirkung von Grundrechten, Art. 18 GG | 217 |
| Das Recht zum Widerstand, Art. 20 Abs. 4 GG | 218 |
| – Widerstand und ziviler Ungehorsam, erlaubte Formen des Protests? | 219 |
| – Grundzüge des Einschreitens der Polizei | 222 |
| ⬤ Prüfen Sie Ihr Wissen | 227 |

### Kapitel V  Die freiheitliche demokratische Grundordnung

| | |
|---|---|
| Allgemeines | 229 |
| Die einzelnen Grundprinzipien | 231 |
| Zusammenfassung | 237 |

### Kapitel VI  Symbole unseres Staates

| | |
|---|---|
| Die Nationalhymne | 238 |
| Flagge, Wappen und Dienstsiegel | 239 |
| Orden und Ehrenzeichen | 240 |
| Nationaler Gedenktag | 240 |
| Zur Hauptstadtfrage | 241 |

### Kapitel VII  Die Wahlen

| | |
|---|---|
| Allgemeines | 242 |
| Wahlrecht und Wahlpflicht | 244 |
| Kandidatenaufstellung | 245 |
| Aktives und passives Wahlrecht | 247 |
| Wahlrecht für Ausländer? | 248 |
| Wahlgrundsätze (Wahlprinzipien) | 250 |
| Mehrheitswahl und Verhältniswahl | 254 |
| Das kombinierte Wahlsystem bei der Bundestagswahl | 256 |
| Die Stimmabgabe und ihre Auswirkungen | 257 |
| Errechnung der Mandatszahl | 259 |
| – Fünf-Prozent-Klausel | 259 |
| – Die einzelnen Berechnungsmethoden | 259 |
| – Ermittlung der Sitzverteilung | 261 |
| – Das aktuelle Berechnungsverfahren | 262 |
| Der praktische Ablauf der Wahl | 263 |
| Feststellung des Ergebnisses und Wahlprüfung | 264 |
| ⬤ Prüfen Sie Ihr Wissen | 265 |

## Kapitel VIII  Die obersten Bundesorgane

| | |
|---|---:|
| Allgemeines | 266 |
| Die obersten Bundesorgane (Übersicht) | 267 |
| **Der Bundestag** | 268 |
| – Staatsrechtliche Stellung des Bundestages | 268 |
| – Wahlperiode und Sitzungen | 269 |
| – Aufgaben und Zuständigkeiten des Bundestages | 270 |
| – Die Kontrollbefugnisse (Zusammenfassung) | 278 |
| – Auflösung und Neuwahlen des Bundestages | 278 |
| – Organisation und Arbeitsweise des Bundestages | 280 |
| – Zum Ablauf der Bundestagsdebatten | 287 |
| – Die Organisation des Bundestages (Übersicht) | 288 |
| – Rechtsstellung des Abgeordneten | 289 |
| ◯ Prüfen Sie Ihr Wissen | 297 |
| **Der Bundesrat** | 298 |
| – Staatsrechtliche Stellung des Bundesrates | 298 |
| – Zusammensetzung des Bundesrates | 299 |
| – Aufgaben des Bundesrates | 302 |
| – Organisation und Arbeitsweise des Bundesrates | 304 |
| – Landesvertretungen und Bevollmächtigte | 306 |
| **Die Bundesversammlung** | 306 |
| **Der Bundespräsident** | 308 |
| – Allgemeines | 308 |
| – Gegenüberstellung: Reichspräsident und Bundespräsident | 309 |
| – Erwerb und Verlust des Amtes, Stellvertretung | 312 |
| – Rechtsstellung des Bundespräsidenten | 313 |
| – Aufgaben und Befugnisse des Bundespräsidenten | 314 |
| **Die Bundesregierung** | 318 |
| – Staatsrechtliche Stellung der Bundesregierung | 318 |
| – Die Funktion der Bundesregierung | 318 |
| – Die Regierungsbildung | 319 |
| – Organisation und Geschäftsbereiche | 325 |
| – Aufteilung der Verantwortung im Kabinett | 327 |
| – Aufgaben und Befugnisse der Bundesregierung | 330 |
| – Parlamentarische Verantwortung der Bundesregierung | 331 |
| – Persönliche Rechtsstellung der Mitglieder der Bundesregierung | 335 |
| **Das Bundesverfassungsgericht** | 336 |
| – Staatsrechtliche Stellung | 336 |
| – Organisation und Arbeitsweise | 337 |
| – Verfahrensgrundsätze | 339 |
| – Zuständigkeit des Bundesverfassungsgerichts | 339 |
| ◯ Prüfen Sie Ihr Wissen | 348 |

## Kapitel IX  Die politischen Parteien

| | |
|---|---:|
| Allgemeines | 349 |
| Entwicklung der politischen Parteien in Deutschland | 350 |
| – Historische Wurzeln | 350 |

- Das traditionelle Parteiengefüge in der Bundesrepublik .................... 353
- Parteienlandschaft im Wandel .................... 354
Begriff der politischen Partei .................... 361
Funktion und Bedeutung .................... 361
Aufgaben der Parteien .................... 363
Innere Ordnung der Parteien .................... 364
Parteinahe Stiftungen .................... 365
Freiheit der Gründung von Parteien .................... 366
Verfassungswidrigkeit von Parteien .................... 367
Parteienfinanzierung .................... 370

### Kapitel X  Wesen und Wirken der Interessenverbände

Allgemeines .................... 374
Zum Begriff der Verbände .................... 374
Klassifizierung .................... 375
Die Verbände im Rechtssystem der Bundesrepublik .................... 376
Verfassungswidrigkeit und Verbot von Verbänden .................... 377
Funktion und Wirkungsweise der Verbände .................... 378
Zur Kritik am Verbandssystem .................... 379

### Kapitel XI  Die Bundesgesetzgebung

Allgemeines .................... 382
Gesetzgebungskompetenz .................... 383
Der Gang der Gesetzgebung .................... 383
- Zustimmungsgesetze .................... 384
- Einspruchsgesetze .................... 387
- Gesetzgebungsnotstand .................... 389
Ausfertigung und Verkündung .................... 391
Grundsatz der Diskontinuität .................... 391
Rechtsverordnungen .................... 392

### Kapitel XII  Die Notstandsverfassung

Allgemeines .................... 393
Innerer Notstand .................... 395
Spannungsfall .................... 396
Verteidigungsfall .................... 396
Bündnisfall .................... 398
Ergänzende Bestimmungen .................... 399

   ◉ Prüfen Sie Ihr Wissen .................... 401

### Kapitel XIII  Die Wirtschaftsordnung in der Bundesrepublik

Wirtschaftliche Grundsysteme .................... 403
Grundgesetz und Wirtschaftsordnung .................... 404
Die Soziale Marktwirtschaft .................... 406

## Kapitel XIV  Staatengemeinschaften

| | |
|---|---|
| Allgemeines | 410 |
| Konferenzen und Organisationen zur Regelung internationaler Beziehungen | 411 |
| Die europäischen Zusammenschlüsse | 416 |
| Europäische Gemeinschaft / Europäische Union | 417 |
| Organisatorischer Kern | 417 |
| Der Prozess fortschreitender Integration | 418 |
| Die politisch-inhaltliche Verdichtung | 422 |
| – Der Vertrag über die Europäische Union | 424 |
| – Inhalt und Ziele des Unionsvertrages | 424 |
| – Das Vertragswerk in der verfassungsrechtlichen Überprüfung | 425 |
| – Die politische Umsetzung des Unionsvertrages | 426 |
| – Die Gipfelkonferenzen von Amsterdam und Nizza | 426 |
| – Fortschritte in der praktischen Zusammenarbeit | 427 |
| – Der mühsame Kompromiss von Brüssel | 429 |
| – Der Vertrag von Lissabon | 430 |
| – Das Nein der Iren zum Lissabon-Vertrag | 433 |
| – Zum Urteil des Bundesverfassungsgerichts | 433 |
| – Die Europäische Union heute | 435 |
| – Die Organe der Europäischen Union | 438 |
| Europarat | 448 |
| Nordatlantikpakt und Westeuropäische Union | 450 |
| Osteuropäische Bündnisse – gestern und heute | 456 |
| Vereinte Nationen (UNO) | 458 |
| – Organe der UNO | 458 |
| – Zweckbestimmung und Bedeutung der UNO | 461 |
| – Reformansätze | 463 |
| – Deutschland als Mitglied der Völkergemeinschaft | 464 |
| ○ Prüfen Sie Ihr Wissen | 468 |
| **Namensregister** | 469 |
| **Stichwortverzeichnis** | 470 |
| **Literaturhinweise** | 476 |

# Verzeichnis der Abkürzungen

| | |
|---|---|
| a. a. O. | am angegebenen Ort |
| AbgG | Abgeordnetengesetz |
| AEntG | Arbeitnehmerentsendegesetz |
| AEUV | Vertrag über die Arbeitsweise der Europäischen Union, zuvor EG-Vertrag |
| a. F. | alte(r) Fassung |
| AKP-Staaten | Afrika-Karibik-Pazifik-Staaten (Vereinbarung) |
| Anm. | Anmerkung |
| APEC | Asiatisch-Pazifisches Wirtschaftsforum |
| AsylVfG | Asylverfahrensgesetz |
| AU | Afrikanische Union (zuvor OAU) |
| AufenthG | Aufenthaltsgesetz |
| Aufl. | Auflage |
| | |
| BAG | Bundesarbeitsgericht |
| BayObLG | Bayerisches Oberstes Landesgericht |
| BAYVersG | Bayerisches Versammlungsgesetz |
| Bd. | Band |
| BDH | Bundesdisziplinarhof |
| Bek. | Bekanntmachung |
| BFH | Bundesfinanzhof |
| BfV | Bundesamt für Verfassungsschutz |
| BGB | Bürgerliches Gesetzbuch |
| BGBl. | Bundesgesetzblatt |
| BGH | Bundesgerichtshof |
| BGHSt | Entscheidungssammlung des Bundesgerichtshofs in Strafsachen |
| BGHZ | Entscheidungssammlung des Bundesgerichtshofs in Zivilsachen |
| BKA | Bundeskriminalamt |
| Beschl. | Beschluss |
| BSozG | Bundessozialgericht |
| BPol | Bundespolizei |
| BVerfG | Bundesverfassungsgericht |
| BVerfGE | Entscheidungssammlung des Bundesverfassungsgerichts |
| BVerfGG | Bundesverfassungsgerichtsgesetz |
| BVersG | Versammlungsgesetz des Bundes |
| BVerwG | Bundesverwaltungsgericht |
| BVerwGE | Entscheidungssammlung des Bundesverwaltungsgerichts |
| BWahlG | Bundeswahlgesetz |
| | |
| DAG | Deutsche Angestelltengewerkschaft |
| d. E. | des Entwurfs |
| DGB | Deutscher Gewerkschaftsbund |
| DÖV | Zeitschrift Die Öffentliche Verwaltung |
| DPG | Deutsche Postgewerkschaft |
| d.U. | des Urteils |
| | |
| E | Entscheidungssammlung (des vorgenannten Gerichts) |
| EEA | Einheitliche Europäische Akte |
| EFTA | Europäische Freihandelszone |
| EG | Europäische Gemeinschaft |
| EGKS | Europäische Gemeinschaft für Kohle und Stahl |

| | |
|---|---|
| EGMR | Europäischer Gerichtshof für Menschenrechte |
| EGV | Vertrag zur Gründung der Europäischen Gemeinschaft/EG-Vertrag |
| ehem. | ehemals, ehemalig |
| einschl. | einschließlich |
| EMRK | Europäische Menschenrechtskonvention |
| Entsch. | Entscheidung |
| entspr. | entsprechend |
| EPZ | Europäische Politische Zusammenarbeit |
| erg. | ergänzend |
| EuGH | Europäischer Gerichtshof |
| EURATOM | Europäische Atomgemeinschaft |
| Europol | Europäisches Polizeiamt |
| EUV | Vertrag über die Europäische Union/EU-Vertrag |
| EUV-Lissabon | Vertrag von Lissabon |
| EuWG/EuWO | Europawahlgesetz/Europawahlordnung |
| EWG | Europäische Wirtschaftsgemeinschaft |
| EWR | Europäischer Wirtschaftsraum |
| EZB | Europäische Zentralbank |
| f. | folgende (Seite) |
| ff. | folgende (Seiten) |
| FAO | Organisation für Ernährung und Landwirtschaft (der UNO) |
| Fn. | Fußnote |
| G 8 | Gemeinschaft der acht größten Industrienationen (ohne Russland: G 7) |
| GASP | Gemeinsame Außen- und Sicherheitspolitik (der EU) |
| GATT | Allgemeines Zoll- und Handelsabkommen |
| geä. | geändert |
| GdP | Gewerkschaft der Polizei |
| Ges. | Gesetz |
| GeschO BR | Geschäftsordnung des Bundesrates |
| GeschO BReg | Geschäftsordnung der Bundesregierung |
| GeschO BT | Geschäftsordnung des Bundestages |
| GEW | Gewerkschaft Erziehung und Wissenschaften |
| GG | Grundgesetz |
| GO | Gemeindeordnung |
| GUS | Gemeinschaft Unabhängiger Staaten (Staatenbund ehem. Sowjetrepubliken) |
| GVBl. | Gesetz- und Verodnungsblatt |
| GVG | Gerichtsverfassungsgesetz |
| HBV | Gewerkschaft Handel, Banken und Versicherungen |
| h. M. | herrschende Meinung |
| Hs. | Halbsatz |
| i. d. F. d. Bek. v. | In der Fassung der Bekanntmachung vom |
| i. d. F.v. | in der Fassung vom |
| i. e. S. | im engeren Sinne |
| IStGH | Internationaler Strafgerichtshof |
| i. V. | in Verbindung |
| i. V. m. | in Verbindung mit |
| JZ | Zeitschrift „Juristenzeitung" |

## Verzeichnis der Abkürzungen

| | |
|---|---|
| KSZE | Organisation für Sicherheit und Zusammenarbeit in Europa (s. OSZE) |
| Mio. | Millionen |
| MRK | Europäische Menschenrechtskonvention des Europarats |
| | |
| NAFTA | Nordamerikanische Freihandelszone |
| NATO | Nordatlantische Verteidigungsorganisation |
| n. F. | neue(r) Fassung |
| NJW | Zeitschrift Neue Juristische Wochenschrift |
| Nr. | Nummer |
| | |
| OLG | Oberlandesgericht |
| OPEC | Organisation erdölexportierender Länder |
| OSZE | Organisation für Sicherheit und Zusammenarbeit in Europa (zuvor KSZE) |
| ÖTV | Gewerkschaft Öffentliche Dienste, Transport und Verkehr |
| OVG | Oberverwaltungsgericht |
| | |
| PartG | Parteiengesetz |
| PKG | Parlamentarisches Kontrollgremium |
| | |
| RAF | Rote Armee Fraktion |
| Rdnr. / Rdnrn. | Randnummer / Randnummern |
| | |
| SoldG | Soldatengesetz |
| StGB | Strafgesetzbuch |
| StPO | Strafprozessordnung |
| | |
| TKG | Telekommunikationsgesetz |
| | |
| UN, UNO | Vereinte Nationen |
| UNESCO | Organisation für Erziehung, Kultur und Wissenschaft (der UNO) |
| UNICEF | Weltkinderhilfe-Organisation (der UNO) |
| Urt. | Urteil |
| | |
| Verdi / Ver.di | Vereinigte Dienstleistungsgewerkschaft |
| VerfGH | Verfassungsgerichtshof |
| VersG | Versammlungsgesetz |
| VG | Verwaltungsgericht |
| vgl. | vergleiche |
| VO | Verordnung |
| Vorspr. | Vorspruch |
| VwGO | Verwaltungsgerichtsordnung |
| | |
| WahlG | Wahlgesetz |
| WEU | Westeuropäische Union |
| WHO | Welthandelsorganisation (englisch: WTO) |
| WRV | Weimarer Reichsverfassung |
| | |
| ZBR | Zeitschrift für Beamtenrecht |
| z. Ä. d. | zur Änderung des |
| ZPO | Zivilprozessordnung |
| zul. | zuletzt |
| ZuWG | Zuwanderungsgesetz |

# Einführung

„Politik interessiert mich nicht. Die da oben machen doch ohnehin, was sie wollen. Die wirklichen Entscheidungen fallen in Parteien und Verbänden. Außerdem: Politik ist ein schmutziges Geschäft, wie man jeden Tag in der Zeitung lesen kann. Ich will damit nichts zu tun haben!" Dieser **Ohne-mich-Standpunkt** ist weit verbreitet. Zwei Drittel aller Deutschen und mehr als drei Viertel aller Ostdeutschen sind mit dem **Funktionieren** des politischen Systems unzufrieden – ein wesentlicher Grund für die seit Jahren wachsende **Wahlenthaltung**. Nach einer Forsa-Studie aus dem Jahre 2009 halten 47 Prozent der Befragten den Einfluss ihrer Wahlentscheidung auf die Politik für gering, 11 Prozent sogar für gänzlich wirkungslos. Doch wer nicht wählt, überlässt das Feld den politisch Aktiven, die auf diese Weise überproportional zur Geltung kommen. Zudem verzichtet er auf Kontrollbefugnisse und darf sich nicht wundern, wenn staatliche Macht seinen Interessen zuwider eingesetzt oder gar missbraucht wird. Wer sich dem Politischen verweigert, muss hinnehmen, was Politiker ihm vorsetzen.

### Volksherrschaft

Wir leben in einem demokratischen Staatswesen. Das Wort **Demokratie** entstammt dem Griechischen und bedeutet **Volksherrschaft** – Herrschaft des Volkes für das Volk. Der Grundgedanke der Demokratie findet sich in Art. 20 Abs. 1 GG: „Alle Staatsgewalt geht vom Volke aus." Das **Volk** ist der **Souverän**, nicht ein König oder regierender Fürst (Volkssouveränität). Dieses Prinzip beruht auf der **Idealvorstellung,** dass das Volk nicht regiert wird, sondern sich selbst regiert. In der **Realität** kommt das dadurch zum Ausdruck, dass sich die staatliche Willensbildung von unten nach oben vollzieht und die Träger der Staatsgewalt – unmittelbar oder mittelbar – einer **Legitimation auf Zeit** durch das Volk bedürfen und prinzipiell durch **Wahlen abrufbar** sind. Gerade in einer „Mediendemokratie" kommt es entscheidend darauf an, dass substanzlose Polit-Show als solche erkannt und in Wahlen „abgestraft" wird (s. S. 4). Dem allen liegt ein bestimmtes **Menschenbild** zu Grunde: das des **freien, selbstbestimmten, schöpferischen Individuums** mit seiner **Würde** und seinen **Menschenrechten**. Es hat seine Wurzeln im Altertum, wo ihm die **„drei Hügel des Abendlandes"** (Golgatha, Akropolis und Capitol) die entscheidenden Prägungen gaben – mit den Idealen der **Humanität,** der Herrschaft des **Rechts** und eines Höchstmaßes an **Freiheit** und **Toleranz**.

### Aktivbürgerschaft

Die Idee der Demokratie fußt darauf, dass jeder Einzelne **aktiv** an der Gestaltung des öffentlichen Lebens und damit seiner eigenen politischen Zukunft teilnimmt. Demokratie ist **Teilnehmerdemokratie,** nicht Zuschauer- oder Nutznießerstaat (vgl. Wassermann III, 163 ff.). **Partizipation, Mitbestimmung** und das Leitbild des **mündigen Bürgers** sind Kernbestandteile des freiheitlich-demokratischen Systems. Sie umfassen alle Lebensbereiche: Politik, Wirtschaft und Kultur, Vereine und Verbände, Schulen und Kirchen, Betriebe und Behörden.
Die schwierige, manchmal auch zögerlich-tastende, häufig mit Fehleinschätzungen und fast immer mit Korrekturen verbundene **Suche** nach dem **tragfähigen Kompromiss** gehört zu den Grundelementen des parteienstaatlich-pluralistischen Kräftespiels. Sie als bloße Schwäche der Politik oder der Parteien abzuqualifizieren, wird dem **Wesen der freiheitlichen Verfassungsordnung** nicht gerecht. Demokratie ist keine leicht zu handhabende Regierungsform. Sie ist kompliziert, langwierig und manchmal schwerfällig. **Demokratie ist Diskussion** – sich ständig wiederholendes Ringen um Entscheidungen. Autoritäre Systeme sind einfach. Sie halten „einfache" Wahrheiten parat, ordnen „einfach" an.
Zum Standard-Liedgut der ehemaligen DDR gehörte der entlarvende Satz: „Die Partei, die Partei, die hat immer Recht." Solche Systeme wollen uns glauben machen, sie wüssten auf alle Fragen die richtige Antwort. Demokratien beanspruchen nicht, frei von Fehlern zu sein. Sie gewährleisten nur, dass Fehler, die als solche erkannt wurden, korrigiert werden können. Deshalb wird allein die Demokratie der **Natur des Menschen** gerecht.

Aber Freiheit und Demokratie sind kein unverlierbarer, auf alle Zeiten gesicherter Besitz. Die Bürgerinnen und Bürger können sich ihrer nur so lange gewiss sein, wie sie sich dazu **bekennen,** sie **behaupten** und wenn nötig auch **verteidigen.** Demokratie ist kein Zustand, sondern eine **stete Aufgabe aller!**

### Kenntnis und Bekenntnis

Aktivbürgerschaft erfordert Kenntnisse. Erst das **Wissen** um politische Fakten und Zusammenhänge vermittelt die **Befähigung** zur Politik, d. h. die notwendigen **Schlüsselqualifikationen** zum Mitdenken, zur verantwortlichen Auseinandersetzung mit der politischen Realität, zur Wahrnehmung politischer Rechte, zur Achtung des Mitmenschen und zur Toleranz gegenüber anderen Lebensformen. **Kompetente Politik** setzt **kompetente Wähler** voraus.
Gerade in einer **Mediengesellschaft,** die einerseits durch **Informationsflut** gekennzeichnet, andererseits von **Informationsmonopolen** bedroht ist, bedarf es der nüchternen, emotionsfreien Abwägung als Grundvoraussetzung für die persönliche (Wahl-) Entscheidung sowie als Schutz vor Manipulation und Demagogie. Dazu gehört auch die **Einsicht,** dass Meinungsunterschiede normal, Alternativen nützlich und Konflikte legitim sind – und dass sie fair und mit Respekt gegenüber dem politischen Gegner ausgetragen werden müssen.
Staatsbürgerliches Mitdenken in Zustimmung und Kritik, Einordnung und Widerstreben, Unterstützung und Opposition ist zugleich die Basis der von der Verfassung geforderten Grundeinstellung, einer **Haltung,** in der das Grundgesetz bei aller sonstigen Toleranz strikte Übereinstimmung gebietet: dem **Bekenntnis** zur **freiheitlichen demokratischen Grundordnung.**

### Vertrauen

In der Tatsache, dass immer mehr Bürgerinnen und Bürger unsicher, enttäuscht und verärgert auf die Politik reagieren und sich verweigern, sehen manche Kritiker mehr als das bloße Symptom einer aufkeimenden Politikmüdigkeit und vermuten tiefer gehende Defizite: Signale einer Sinn- und Orientierungseinbuße, einer allgemeinen **Glaubwürdigkeitskrise** als Ausdruck des verbreiteten Zweifels, ob Politik und Parteien noch in der Lage sind, die großen wirtschaftlichen, ökologischen und gesellschaftlichen Probleme unserer Zeit zu meistern.
Das Wort **Verdrossenheit** hat Konjunktur in Deutschland. Man mag darüber streiten, ob sich der nachgerade zur Worthülse verkommene Begriff primär auf Parteien, Politiker, die Politik, den Staat oder doch auf eine Kombination aus alledem bezieht. An Schuldzuweisungen mangelt es jedenfalls nicht. Zunehmend geraten insbesondere die **Parteien** in den Mittelpunkt der Kritik: Sie sind, so heißt es, nicht genügend transparent, in ihrem inneren Gefüge nicht hinreichend demokratisch, verharren in Abgehobenheit und Selbstgerechtigkeit, und sie durchdringen in unangemessener Weise alle Schichten der Gesellschaft. Ebenso häufig werden als Ursachen eine um sich greifende Selbstbedienungsmentalität und Postenschacherei genannt, aber auch das Fehlen faszinierender Entwürfe, die unzureichende Qualität der politischen Klasse und ihre Sucht nach öffentlichem Beifall sowie die prinzipielle Kurzatmigkeit der Politik unserer Tage.
**Parteienschelte** hat in Deutschland eine ebenso lange wie ungute Tradition. Schon in der Weimarer Republik, erst recht aber in vordemokratischen Zeiten, galt es in bestimmten Kreisen als schick, die Parteien und ihr Verhalten gleichzusetzen mit ideologisch verbohrt, kleingeistig, interessengelenkt, parteiisch und irgendwie suspekt, wenn nicht gar moralisch angreifbar. Diese Haltung war eine der Wurzeln des Antiparlamentarismus, an dem die Weimarer Republik, von der man sagt, sie sei eine „Demokratie ohne Demokraten" gewesen, schließlich gescheitert ist. Bei solchen Diskussionen wird vielfach übersehen, dass es eine **realistische Alternative** zur Parteiendemokratie unter den gegebenen gesellschaftlichen

## Einführung

und rechtlichen Bedingungen **nicht** gibt. Die Frage kann daher nicht das „Ob", sondern nur das „Wie" des Parteienstaates betreffen. Und insofern bestehen in der Tat einige Defizite.

Mit dem Umzug des Parlaments nach Berlin hat die Bundesrepublik die Phase des „Provisoriums" hinter sich gelassen. Zugleich hat sich der Mediendruck erhöht; die Republik ist „hauptstädtischer", der Umgangston rauer, die Argumentation plakativer geworden. Und es mehren sich die Signale, dass auch die **politische Kultur** Schaden nehmen könnte.

Besonders augenfällig wird dies an der gewandelten **Art der politischen Auseinandersetzung.** Zwar lagen in Zeiten eines Kopf-an-Kopf-Rennens schon immer die Nerven blank, und im Widerstreit der Meinungen sind gelegentlich auch Schärfen nötig. Daraus gleich einen Staatsverfall abzuleiten, wäre gewiss übertrieben. Doch geraten im politischen Streit zunehmend die Maßstäbe in Gefahr. Die Wahlkämpfe, aber auch der politische Alltag, bieten hierzu immer wieder Negativbeispiele in Besorgnis erregender Dichte: unwürdiger Machtpoker, Abstimmungstricks, inszenierte Empörungen, unsägliche NS-Vergleiche, platter Populismus und der gebetsmühlenhaft wiederholte wechselseitige Vorwurf von Wählertäuschung und Verfassungsbruch verschrecken nicht nur die Wähler, sondern schaden auf Dauer der Demokratie.

Bedenklicher noch als verbale Entgleisungen sind die zahlreichen **Skandale,** in die Politiker verstrickt sind: periodisch wiederkehrende Kungel- und Spendenaffären, Schwarzgeldkonten, Schmiergeldzahlungen, Scheinhonorare, Sponsoring-Eskapaden, privat genutzte Bonusmeilen für parlamentarische Vielflieger, gezielte Veröffentlichung privater Affären mit dem Zweck, den politischen Gegner auszuschalten, und vieles mehr. Der am Recht vorbeigeleiteten Phantasie sind offenbar kaum noch Grenzen gesetzt. Das alles hat nicht nur die etablierten Parteien erfasst, sondern auch solche, die sich bislang vor derartigen Ausrutschern gefeit glaubten. Und längst sind auch die **wirtschaftlichen Eliten** Teil der Entwicklung geworden und offenbaren in einem nicht für möglich gehaltenem Ausmaß Defizite in der Ethik der Unternehmensführung.

Die Bündelungskräfte der staatstragenden Organisationen, insbesondere der Parteien und Gewerkschaften, schwächeln seit Jahren. Die Gesellschaft formt sich nicht mehr aus wenigen großen Lagern, sondern aus einer Vielzahl kleiner Gruppierungen, die erst in der Gesamtheit mosaikartig ein Bild ergeben. Der erbitterte Streit um Großprojekte wie den Stuttgarter Bahnhof oder den Berliner Flughafen offenbart die wachsende Entfernung der Regierenden von ihrem Volk. Jüngsten Umfragen zufolge meinen nur noch fünf Prozent der Deutschen, sie könnten die Politik durch Wahlen in starkem Maß mitbestimmen. Die Zahl derer, die sich enthalten, liegt auf der kommunalen Ebene zumeist bei mehr als 70 Prozent – Anzeichen einer schweren Krise der parlamentarischen Demokratie.

Zu den Ursachen gehört, dass den Volksparteien zunehmend das Volk abhandenkommt. Die Großorganisationen weisen immer schwächere Konturen auf, sind einander zum Verwechseln ähnlich. Sie bilden kaum noch Alternativen und schließen die Wählerinnen und Wähler – vielfach sogar die Mitglieder – von den Entscheidungen aus. Zudem haben sie weithin den Willen eingebüßt, Meinungsführerschaft anzustreben.

Das alles ist in besonderer Weise sichtbar geworden bei den monatelangen Versuchen, nach den Wahlen des Jahres 2013 eine **große Koalition** zu bilden. Beide Partner waren intensiv darum bemüht, Gegensätze einzuebnen und Lösungen zu finden, die Widerspruch gar nicht erst aufkommen ließen. Die zwangsläufige Folge war, dass in beiden Lagern Grundpositionen zugunsten eines als staatstragend ausgegebenen Kompromisses aufgegeben worden sind. Und niemand darf sich wundern, wenn am Ende dieser Koalition eine noch weiter fortgeschrittene Konturenlosigkeit herauskommt und die Wählerinnen und Wähler sich vermehrt den politischen Splittergruppen zuwenden oder sich gänzlich von der Politik abgestoßen fühlen. Demokratie lebt vom Widerspruch. Wo er versiegt, verliert das System seine Triebkraft.

*Einführung*

## Glaubwürdigkeit

**Politische Abläufe** werden heute, parallel zur komplizierter werdenden Gesellschaft, zunehmend als undurchsichtig, bürgerfern, autoritär und wenig glaubwürdig empfunden. Nicht nur junge Menschen fühlen sich in dem anscheinend mehr auf **Äußerlichkeiten** und **Personalisierung**, denn auf **Inhalte** angelegten Politikbetrieb, in dem die Werbung oft besser ist als das Produkt, im Stich gelassen und von einer abgehobenen Bürokratie gegängelt. Den **Parteien** mangelt es zudem vielfach an **Konturen** und **Kompetenz** sowie am **Mut**, die Dinge beim Namen zu nennen und auch **unpopuläre Entscheidungen** zu treffen. Ihnen vertrauen nach gesicherten Langzeitstudien nur 12 bis 15 Prozent der Befragten – ein bedenklicher Ausdruck der verbreiteten Enttäuschungs- und Ohnmachtsgefühle und einer massiven Verunsicherung. **Mangelnde Veränderungsbereitschaft** und **Abstinenz** bei **Wahlen** sind die nahezu zwangsläufigen Folgen. Politik und Parteien machen es sich zu leicht, wenn sie die Ursachen für die Verweigerungshaltung auf die Wählerinnen und Wähler verlagern. Deren Fernbleiben entspringt keineswegs immer politischer Gleichgültigkeit oder Resignation. Sie ist vielfach auch eine bewusste Enthaltung politisch höchstinteressierter Menschen („bekennende Nichtwähler"). Hier liegt das eigentliche Problem. Denn „Denkzettelwahlen" in Form der Wahlenthaltung sind keine Lösung. Sie erschöpfen sich in der Verneinung, sagen aber nichts über die einzuschlagende Richtung. Wer kritisiert, dass in der Politik zunehmend Substanz durch Kosmetik und Argumente durch Bilder ersetzt werden, darf selbst nicht mit der bloßen Symbolik des Fernbleibens antworten. Zu existenzieller Sorge besteht jedoch kein Grund. Wir haben eine **stabile rechtsstaatlich-demokratische Ordnung**, getragen von einem hohen Maß an **Bürgerverantwortung** und **sozialem Engagement**. Dass sie funktioniert und selbst in extremen Gefahrenlagen wirksam handeln kann, hat nicht zuletzt die Banken- und Wirtschaftskrise 2008 bewiesen.

## Herausforderung und Verpflichtung

Der **Staat** des Grundgesetzes ist für die Bürgerinnen und Bürger da. Er darf seine **hoheitlichen Funktionen** nicht vernachlässigen, ist primär aber ein **Dienstleistungsfaktor**. Das gilt in bewusster Abkehr von vordemokratischen Ordnungsvorstellungen vor allem auch für die **Polizei**. Sie steht mehr als andere Zweige der Verwaltung im Blickfeld der Öffentlichkeit – mit ihrer Aufgabenstellung, ihrem Erscheinungsbild, ihren Erfolgen und ihren Fehlern. Sie macht den Staat sichtbar und erfahrbar. Schon daraus erwachsen ihr besondere Verpflichtungen und ein gesteigertes Maß an öffentlicher Kontrolle.
Im demokratischen Verfassungsstaat unterliegt die öffentliche Gewalt der strikten Bindung an die **verfassungsmäßige Ordnung** und die **Grundrechte**. Sie sind unmittelbar geltendes Recht und somit zugleich **Basis**, **Richtlinie** und **Schranke** jeder Staatstätigkeit.
Innerhalb dieser Grenzen hat die **Polizei** diejenigen **Freiräume** zu sichern, deren die Gesellschaft ihrer **pluralistischen Struktur** wegen und der Einzelne um der **freien Entfaltung** seiner **Persönlichkeit** willen bedarf. Sie muss sich deshalb im täglichen Umgang mit den Bürgerinnen und Bürgern vor allem durch ihre **Fähigkeit** zur **Konfliktschlichtung** legitimieren. Dies bedingt anspruchsvolle Verhaltensmuster, die weit über die herkömmliche Vollzugsfunktion hinausgreifen. Sie sind ohne gesicherte Rechtskenntnisse ebensowenig denkbar wie ohne ein ausgeprägtes Maß an **sozialer Handlungs-** und **Konfliktfähigkeit**.
Die Polizei braucht, wenn sie ihren gesetzlichen Auftrag erfüllen soll, das Bewusstsein, vom **Vertrauen** des Bürgers getragen zu werden. Die Gesellschaft ihrerseits braucht eine strikt auf **Achtung** und **Schutz** der **Menschenwürde** angelegte Polizei. So betrachtet, wird **jeder Staat** an seiner **Polizei gemessen**. Justiz und Polizei, das wird in Umfragen stets aufs Neue bestätigt, nehmen im Vertrauen der Bürgerinnen und Bürger einen herausragenden Platz ein. Dies mag im demokratischen Rechtsstaat eine Selbstverständlichkeit sein. Es ist aber gleichermaßen auch Herausforderung und Verpflichtung.

# Kapitel I

# Aus der allgemeinen Staatslehre
# Begriff des Staates

Das Wort „Staat" ist auf das lateinische Wort „status" zurückzuführen und bedeutet: Zustand, Ordnung, Verfassung. Zum Wesen und zu den Zielen des Staates bestehen vielfältige Theorien, je nach politischer, wirtschaftlicher, philosophischer oder religiöser Sichtweise. Eine zeitlos gültige Definition steuerte das Bundesverfassungsgericht in seinem Urteil zum Lissabon-Vertrag (Rdnr. 224) bei: „Der Staat ist **weder Mythos** noch **Selbstzweck**, sondern die **historisch gewachsene, global** anerkannte **Organisationsform** einer **handlungsfähigen politischen Gemeinschaft**." Ihm obliegen **drei Hauptaufgaben:**

▶ **Sorge für ein sicheres und möglichst reibungsloses Zusammenleben der Bürger,** z. B. durch Erlass von Gesetzen, deren Durchführung und Überwachung durch Verwaltungs- und Polizeibehörden sowie Gerichte – ggf. mittels Zwanges;

▶ **Förderung des Gemeinwohls,** z. B. durch Gestaltung des Sozialwesens (Jugend und Sport, Gesundheit und Wohlfahrt), des Wirtschaftswesens (Verkehr, Industrie, Landwirtschaft, Handel u. a.), der Kultur (Bildungswesen, Wissenschaft, Kunst);

▶ **Schutz gegen von außen drohende Gefahren,** z. B. durch Aufstellung von Streitkräften, durch Abschluss internationaler Verträge, Beitritt zu Bündnissystemen.

Zur Erfüllung dieser politischen Aufgaben ist eine **Rechtsordnung** erforderlich, die in modernen Staaten ihre Grundlage in der **Verfassung** findet. Mit ihr gibt sich der Staat den Rahmen, innerhalb dessen er im **staatsrechtlichen** Sinne (als juristische Person, Gebietskörperschaft) tätig wird (s. dazu Ipsen I, Rdnr. 5 ff.). **Völkerrechtlich** geht man von drei Elementen aus:

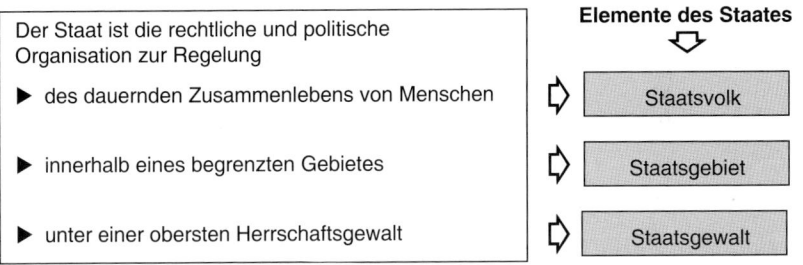

Fehlt eines dieser Wesensmerkmale, so kommt ein Staat überhaupt nicht zustande (z. B. bei nomadisierenden Völkern). **Entfällt** ein solches Element, so führt das zum Untergang des Staates (z. B. bei Okkupation im Kriegsfalle, Vernichtung bzw. Vertreibung der Bevölkerung, Beitritt der DDR zur Bundesrepublik Deutschland). Auch durch die Teilung einer Nation geht die Staatsexistenz verloren. So z. B. zerfiel im Januar 1993 das 1918 entstandene CSFR in die beiden unabhängigen Staaten Tschechische Republik (Tschechien) und Slowakische Republik. Im Falle Palästinas bestehen Volk und Gebiet, ein Staat existiert jedoch bisher nicht.

Die deutschen **Bundesländer** sind Staaten, denn alle drei Elemente sind vorhanden (s. unten), nicht hingegen die **Regierungsbezirke.** Sie üben als bloße Verwaltungseinheiten keine originäre, sondern lediglich eine vom jeweiligen Bundesland abgeleitete Staatsgewalt aus.

*Der Staat*

Völkerrechtlich setzt sich somit ein Staat aus drei **Elementen** zusammen:

| **Staatsgebiet** | Staatsvolk | Staatsgewalt |

Unter dem Begriff Staatsgebiet versteht man

 den geografisch **begrenzten Teil** der Erde, der einem Volk als **ständiger Lebensraum** dient und in dem der Staat seine **Herrschaft** (Gebietshoheit) ausübt.

Das Staatsgebiet braucht nicht einheitlich zusammenzuhängen. Auch **Exklaven**, d. h. von fremdem Staatsgebiet umschlossene Gebietsteile, gehören dazu. – Alle in diesem Gebiet anwesenden Menschen sowie alle dort befindlichen Sachen und Objekte sind grundsätzlich der Regelungsmacht dieses Staates unterworfen (zu den Ausnahmen s. unten). Ferner zählen zum Staatsgebiet:

| Das **Erdinnere** bis zum Erdmittelpunkt und der **Luftraum** darüber |

Allerdings erstreckt sich hier die Hoheitsgewalt nur so weit, wie die faktische Möglichkeit ihrer wirksamen Ausübung reicht. Die Grenze zwischen dem (staatszugehörigen) Luftraum und dem (freien) Weltraum ist international nur z. T. verbindlich festgelegt. Ihre endgültige völkerrechtliche Regelung wird für die zivile und militärische Luft sowie Weltraumfahrt immer dringlicher.

| Die „**Zwölfmeilenzone**" (Hoheitsgewässer von der Küste ins offene Meer) |

Entsprechend dem „Vertragsgesetz Seerechtsübereinkommen" der Vereinten Nationen vom 10. 12. 1982 ist jeder Staat ermächtigt, die Breite seines **Küstenmeeres** bis zu einer Grenze von zwölf Seemeilen (ehemals drei Seemeilen) festzulegen. Schiffe aller Staaten sind zur friedlichen Durchfahrt befugt, unterliegen aber dem nationalen Recht des jeweiligen Küstenstaates. Seine Souveränität erstreckt sich ebenso auf den Luftraum über dem Küstenmeer sowie auf dessen Meeresboden und Meeresuntergrund. Darüber hinaus steht den Anrainerstaaten eine **Wirtschaftszone** von 200 Seemeilen zu (Festlandsockel). Sie dient dem Küstenstaat zur Fischerei sowie zur Erforschung und Ausbeutung der natürlichen Ressourcen des Meeresbodens. Den Anrainern ist außerdem die Verlegung unterseeischer Kabel und Rohrleitungen gestattet. Jenseits dieser Zone beginnt die **Hohe See** mit der Möglichkeit der freien Fischerei, der freien Schifffahrt und des freien Überflugs.

Die Bundesrepublik ist dem Abkommen auf dringendes Anraten der Umwelt- und Verkehrsminister der Europäischen Union 1994 beigetreten (BGBl. II S. 1798). Damit erweiterte sich ab 1.1.1995 das deutsche Hoheitsgewässer in der Nord- und Ostsee von ehemals drei Seemeilen auf zwölf Seemeilen. Vor dem Hintergrund schwerer Schiffsunglücke soll die Neuregelung vor allem dazu verhelfen, die Vorschriften zum Schutz der Meeresumwelt und zur Sicherheit der Schifffahrt auf einem noch größeren Gebiet wirksamer durchzusetzen.

| **Schiffe** und **Flugzeuge** |

Schiffe besitzen die Staatszugehörigkeit des Staates, dessen Flagge sie zu führen berechtigt sind. Laufen sie in **fremde** Hoheitsgewässer ein, so unterliegen sie der Gebietshoheit **dieses** Landes. Ausgenommen davon sind Kriegsschiffe und Staatsschiffe, die auch in fremden Gewässern ihre eigene Gebietshoheit behalten. Das Gleiche trifft für **Militärflugzeuge** in fremden Hoheitsgebieten zu.

## Exterritorialität

Eine **Ausnahme** von der Gebietshoheit bildet die völkerrechtliche Exterritorialität (ex territorio = außerhalb des Staatsgebietes, gemeint ist hier: der Staatlichkeit). Sie bezeichnet

die juristische **Sonderstellung** von ausländischen Missionen sowie Staatsoberhäuptern und Diplomaten im Gastgeberstaat. Hierdurch unterliegen sie nicht der **Gerichtsbarkeit** und **Zwangsgewalt** des Staates, in dem sie sich aufhalten.

Die **Rechtsgrundlagen** der Exterritorialität finden sich u. a. in:

▶ den **allgemeinen Regeln** des **Völkerrechts** (vgl. Art. 25 GG),

z. B. Haager Landkriegsordnung von 1907 und Genfer Konvention vom Roten Kreuz über den Schutz der Verwundeten und Kranken sowie des Sanitätspersonals von 1906.

▶ **besonderen völkerrechtlichen Vereinbarungen,**

z. B. Wiener Übereinkommen vom 18. 4. 1961 und 24. 4. 1963.

▶ **innerstaatlichen Rechtsvorschriften,**

z. B. §§ 18 ff. des Gerichtsverfassungsgesetzes. Das Aufenthaltsgesetz vom 30. 7. 2004 (BGBl. I S. 1950) findet gem. § 1 Abs. 2 des Gesetzes auf exterritoriale Personen keine Anwendung.

Aufgrund dieser Vorschriften genießen exterritoriale Personen bei ihrem Aufenthalt im **fremden Lande** bestimmte **Vorrechte** und **Befreiungen** (Exemtionen), vor allem das Privileg der Immunität von der Strafgerichtsbarkeit und weitgehend auch von der Zivil- und Verwaltungsgerichtsbarkeit des Gastgeberstaates.

Sie unterliegen zwar grundsätzlich der innerstaatlichen Rechtsordnung des Gastgeberlandes, können jedoch – soweit es sich um Diplomaten oder ihnen gleichgestellte Personen handelt – im Allgemeinen nicht mit Zwangsmaßnahmen zur Beachtung der in diesem Lande geltenden Gesetze angehalten werden. Nähere Einzelheiten hierzu s. RdSchr. BMI vom 17. 8. 1993 (GMBl. S. 591) betr.: Diplomaten und andere bevorrechtigte Personen sowie RiStBV, Abschn. 195.

Unbeschadet ihrer Vorrechte und Befreiungen sind exterritoriale Personen verpflichtet, die Rechtsordnung des fremden Landes zu beachten und sich nicht in innere Angelegenheiten des Gastgeberlandes einzumischen.

**Beispiele:**

Durch die Exterritorialität der ausländischen Missionen wird die inländische Gerichtsbarkeit für deren nicht hoheitliche Tätigkeit, wie etwa Eigentumserwerb und Reparaturen an Gesandtschaftsgebäuden, nicht ausgeschlossen (BVerfGE 15, 25; 16, 27).

Die Zwangsvollstreckung an Gegenständen, die hoheitlichen Zwecken dienen, sowie an Bankkonten, die zur Kostendeckung einer ausländischen Mission eingerichtet wurden, ist unzulässig (BVerfG, NJW 78, 485).

*Der Staat*

In der Bundesrepublik genießen den **Schutz** der **Exterritorialität**:

① **Diplomaten** und die ihnen in der Verwaltungspraxis gleichbehandelten Personen,
② Mitglieder **konsularischer** Vertretungen,
③ Mitglieder verschiedener **zwischenstaatlicher** oder **überstaatlicher** Organisationen,
④ **Soldaten** anderer Staaten unter bestimmten Voraussetzungen sowie **Kuriere**.

Angehörige diplomatischer Missionen, konsularischer Vertretungen und Handelsvertretungen zwischenstaatlicher oder überstaatlicher Vertretungen, die die **deutsche** Staatsangehörigkeit besitzen, genießen grundsätzlich **keine** Vorrechte und Befreiungen.

| Diplomaten und die ihnen in der Verwaltungspraxis gleichbehandelten Personen |
|---|

Diese Personen repräsentieren entweder einen anderen Staat oder stehen in be-sonders engen Beziehungen zu einer Person, die einen anderen Staat repräsentiert.

Hierzu gehören:

▶ Staatsoberhäupter, bei Besuchen auch die sie begleitenden Angehörigen sowie ihr sonstiges Gefolge. (Im Übrigen genießen die Angehörigen aber keine Vorrechte, Immunitäten und Befreiungen, z. B. der in der Bundesrepublik studierende Sohn eines Staatspräsidenten);

▶ Regierungschefs und Minister fremder Staaten bei Besuchen in amtlicher Eigenschaft, einschl. Begleitung;

▶ Leiter und Mitglieder der diplomatischen Missionen, einschl. der in ihrem Haushalt lebenden Familienangehörigen;

▶ Mitglieder des Verwaltungs- und technischen Personals der diplomatischen Missionen (z. B. Kanzleibeamte, Übersetzer, Stenotypistinnen), einschl. Familienangehörigen und des dienstlichen Hauspersonals (z. B. Kraftfahrer, Pförtner, Köche), soweit sie nicht Deutsche sind.

Bei diesen Personen sind **unzulässig**, z. B.

▶ Maßnahmen der Strafverfolgung, wie Freiheitsentziehung, Durchsuchung, Beschlagnahme, Entnahme von Blutproben, Vernehmung gegen den Willen des Betroffenen; nach neuerem Völkergewohnheitsrecht umfasst aber die Unverletzlichkeit des Gesandtschaftsgebäudes nicht mehr das Recht einer längerfristigen Asylgewährung. Die Aufnahme eines politisch Verfolgten darf nur zum vorübergehenden Schutz bei Leib- oder Lebensgefahr erfolgen. Danach ist er den Behörden des Empfangsstaates zu übergeben;

▶ Ahndung von Ordnungswidrigkeiten und Erhebung von Verwarnungsgeldern;

▶ Ersatzvornahme und unmittelbarer Zwang, einschl. des Waffengebrauchs.

Die Anwendung von Gewalt gegen diese Personen ist **ausnahmsweise zulässig**:

▶ zum eigenen Schutz des Betroffenen oder

▶ bei konkreter Gefahr für Leben oder Gesundheit anderer Personen.

**Mitglieder konsularischer Vertretungen**

Hierzu gehören:

▶ Konsularbeamte sowie die in ihrem Haushalt lebenden Familienangehörigen,

▶ Mitglieder des Verwaltungs- und technischen Personals sowie das dienstliche Hauspersonal der konsularischen Vertretungen, soweit sie nicht Deutsche sind,

▶ Honorarkonsularbeamte (auch als Wahlkonsularbeamte bezeichnet). Sie besitzen in aller Regel die deutsche Staatsangehörigkeit oder sind in der Bundesrepublik ständig ansässig.

Der beschränkte Schutz dieser Personen umfasst insbesondere Handlungen, die in Wahrnehmung konsularischer Aufgaben vorgenommen wurden.

Freiheitsbeschränkungen (einschl. der Entnahme von Blutproben) sind auch bei privaten Handlungen grundsätzlich unzulässig, es sei denn, es handelt sich um Straftaten, die im Mindestmaß mit Freiheitsstrafen von 3 Jahren und mehr bedroht sind. (Honorarkonsularbeamte genießen lediglich Immunität vor der deutschen Gerichtsbarkeit wegen ihrer in Wahrnehmung konsularischer Aufgaben vorgenommenen Amtshandlungen.)

**Mitglieder verschiedener zwischenstaatlicher („internationaler") oder überstaatlicher („supranationaler") Vereinigungen**

Hierzu gehören insbesondere die Vertretungen der Europäischen Gemeinschaft, des Nordatlantikpakts sowie der Sonderorganisationen der Vereinten Nationen.

Das Ausmaß des Schutzes richtet sich nach den jeweiligen Vereinbarungen und den dazu erlassenen innerstaatlichen Vorschriften. Im Allgemeinen sind die Leiter dieser Organisationen den Diplomaten gleichgestellt, während die Vertretungen nur beschränkte Vorrechte und Befreiungen genießen.

**Soldaten anderer Staaten**

Vorrechte und Befreiungen genießen Soldaten anderer Staaten, wenn sie sich als Mitglieder von Schiffs- oder Flugzeugbesatzungen zu hoheitlichen Zwecken an Bord oder mit Erlaubnis deutscher Behörden in geschlossenen Abteilungen im Lande befinden.

Die Schiffe oder Luftfahrzeuge oder die von geschlossenen Abteilungen an Land benutzten Unterkünfte dürfen von den Vertretern deutscher Behörden nur mit Zustimmung des jeweiligen Einheitsführers betreten werden.

Beschränkte Vorrechte und Befreiungen genießen auch andere geschlossene Truppenteile, wenn und solange sie sich mit Genehmigung der deutschen Behörden in dienstlicher Eigenschaft in der Bundesrepublik Deutschland aufhalten.

Für die Rechtsstellung der **Stationierungsstreitkräfte** gelten insbesondere die Sondervorschriften des NATO-Truppenstatuts.

Auch **Kuriere** mit **Kurierausweis** oder entsprechender **Eintragung** im **Reisepass** besitzen bestimmte Vorrechte, Immunitäten und Befreiungen. Den bevorrechtigten Personen steht grundsätzlich freier Nachrichtenverkehr für amtliche Zwecke zu, einschließlich verschlüsselter Nachrichten und des Einsatzes von Kurieren (Funkverkehr bedarf jedoch der Zustimmung der Bundesregierung). Konsularisches Kuriergepäck darf grundsätzlich weder geöffnet noch zurückgehalten werden.

*Der Staat*

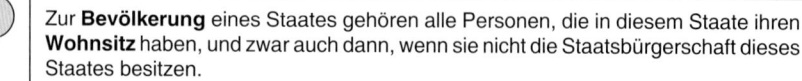

Die Begriffe „**Staatsvolk**", „**Nation**" und „**Bevölkerung**" überschneiden sich vielfach. Die Abgrenzung – auch zu dem sie überlagernden und sehr unbestimmten Begriff „Volk" – wird im Allgemeinen wie folgt vorgenommen (s. Schunck/De Clerck, a. a. O., S. 16 f.):

> Zur **Bevölkerung** eines Staates gehören alle Personen, die in diesem Staate ihren **Wohnsitz** haben, und zwar auch dann, wenn sie nicht die Staatsbürgerschaft dieses Staates besitzen.

Zur Bevölkerung der Bundesrepublik Deutschland zählen daher auch Gastarbeiter, ausländische Studenten usw.

> Als **Nation** (lat. Natio = Geburt, aber auch Volksstamm, Völkerschaft) bezeichnet man die Summe aller Menschen, die durch **gemeinsame Abstammung, Geschichte, Sprache** und **Kultur** (auch: Zusammengehörigkeitsgefühl, „Nationalbewusstsein") eine **Gemeinschaft** bilden. Nation = Volk im **natürlichen** Sinne.

Die Begriffe „Nation" und „Volk" werden also gleichgesetzt. Deutscher Nationalität sind daher neben den Deutschen in der Bundesrepublik auch die sog. **Statusdeutschen** bzw. **Volksdeutschen** in den ehemaligen deutschen Gebieten östlich der Oder-Neiße-Linie, in den GUS-Staaten und Rumänien.

> Das **Staatsvolk** ist die Gesamtheit aller **Staatsangehörigen**. Staatsvolk = Volk im **rechtlichen** Sinne.

Zum Staatsvolk der Bundesrepublik gehören folglich auch **Zuwanderer** vom Zeitpunkt ihrer Einbürgerung an.

Wenn **Staatsvolk** und **Nation deckungsgleich** sind oder zumindest zum weitaus **überwiegenden** Teil der **gleichen** „staatsbildenden" **Nation** angehören, spricht man von einem **Nationalstaat**. Soweit kleinere Teile des Staatsvolkes sich von der Mehrheit durch besondere Merkmale wie Sprache, ethnische Zugehörigkeit oder Religion unterscheiden, bilden sie **nationale Minderheiten**. Diese stehen, wenn auch vielfach unvollkommen, unter dem Schutz der von der UNO und anderen Organisationen verabschiedeten **Minderheitenrechte**. In Deutschland genießen den Rechtsstatus einer nationalen Minderheit die Dänen in Schleswig-Holstein, die Friesen in Schleswig-Holstein und Niedersachsen, die Sorben in Brandenburg und Sachsen sowie Sinti und Roma.

Setzt sich ein Staatsvolk aus **mehreren** Völkern zusammen, spricht man von einem **Nationalitätenstaat**. So lebten z. B. in der ehemaligen UdSSR über 100 verschiedene Völkerschaften zusammen. Weitere Beispiele: Belgien, Schweiz, die frühere CSSR sowie Jugoslawien. Das Gefüge solcher Staaten ist zumeist nicht konfliktfrei. Wenn, wie die Beispiele UdSSR und Jugoslawien zeigen, die Menschen sich auf ihre „nationale Identität" besinnen, sind Nationalitätenstaaten in ihrer Existenz gefährdet.

## Rechtliche Bedeutung der Staatsangehörigkeit

Die Staatsangehörigkeit ist das rechtliche Band, das alle Mitglieder des Staatsvolkes mit ihrem Staat verbindet. Durch sie erfolgt eine Abgrenzung des **Rechts-** und **Schutzverhältnisses** des Staates und seiner Angehörigen gegenüber Ausländern und Staatenlosen. Sie gilt ebenso, wenn sich der Staatsangehörige außerhalb seines Staatsgebietes aufhält. Er unterliegt auch im Ausland den Gesetzen seines **Heimatlandes** und genießt deren (diplomatischen) Schutz.

Die Staatsangehörigkeit erlegt dem Staatsbürger einerseits zahlreiche **Pflichten** auf, andererseits garantiert sie ihm umfangreiche **Rechte**. In der Bundesrepublik verleiht sie darüber hinaus dem deutschen Staatsangehörigen durch die nur ihm zustehenden Bürgerrechte, vor allem die politischen Grundrechte, auch gewisse **Vorrechte** gegenüber **Ausländern** (vgl. Kap. IV). Die **doppelte Staatsbürgerschaft** hemmt ein emotionales Zusammenwachsen und hindert eine stärkere Identifikation mit dem aufnehmenden Land. Zudem ist ein gedeihliches Zusammenleben im Staate nur möglich, wenn **Rechte** und **Pflichten** aller sich **grundsätzlich** die **Waage** halten:

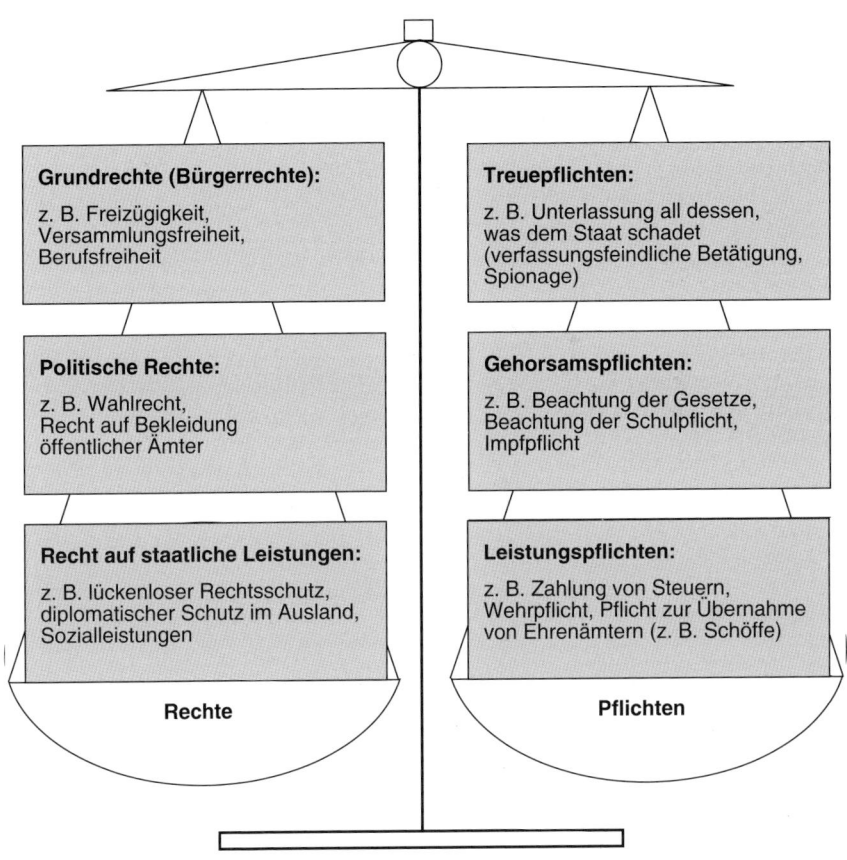

## Erwerb und Verlust der Staatsangehörigkeit

Jeder Staat kann selbstständig bestimmen, wer seine Staatsangehörigkeit besitzt. Die wichtigsten Möglichkeiten, eine Staatsangehörigkeit zu erwerben, sind:

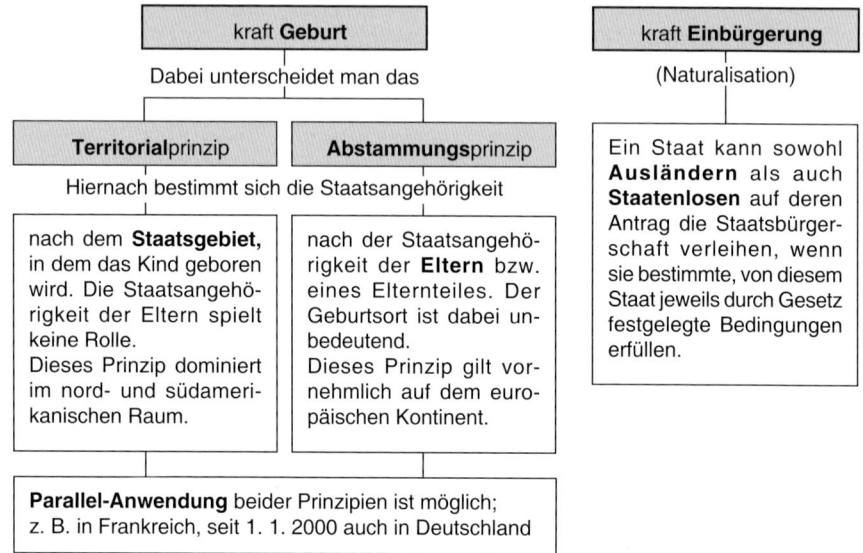

Die Eigenschaft, **Deutscher** im Sinne des Art. 116 GG zu sein, wird traditionell von der **Abstammung** abgeleitet. Das in seinen Grundzügen noch bis in die Gegenwart hinein wirkende **Reichs- und Staatsangehörigkeitsgesetz** von 1913 sah für Ausländer den **Erwerb** der deutschen Staatsbürgerschaft nur unter engen Voraussetzungen in Form der **Einbürgerung** vor. Diese Regelung entsprach nicht mehr den Gegebenheiten der zusammenwachsenden Wirtschafts- und Arbeitswelt, so dass eine grundlegende **Reform** dringend geboten war.

Deutschland hat seit den fünfziger Jahren mehr Ausländer aufgenommen als manches traditionelle Einwanderungsland. Viele der zurzeit hier lebenden 6,7 Mio. Menschen mit ausschließlich ausländischer Staatsangehörigkeit (8,2 Prozent der Bevölkerung) sind als Arbeitnehmer oder Flüchtlinge gekommen bzw. als Familienmitglieder nachgezogen. Jeder fünfte Ausländer – eine ganze Generation – ist inzwischen auch hier geboren. Sie haben als Arbeitnehmer und Unternehmer, als Steuerzahler, Rentner, Studierende oder Auszubildende ihren Platz in unserer Gesellschaft gefunden. Aus „Ausländern" sind längst „Inländer" geworden, oft jedoch ohne deutschen Pass. Der Gesetzgeber war also gefordert, die Kluft zwischen gesellschaftlicher Wirklichkeit und rechtlicher Zugehörigkeit zu schließen und mit der Beseitigung formaler Barrieren die Voraussetzungen dafür zu schaffen, dass rechtmäßig Zugewanderte als aktiv-teilhabende Mitbürger integriert und Ghettobildungen verhindert werden. Darüber hinaus galt es, Maßstäbe für den Zuzug von Ausländern aus Nicht-EU-Ländern sowie die Beendigung des Aufenthalts illegal eingereister Ausländer zu finden und diese in die **Zuwanderungspraxis** umzusetzen. Zudem mussten Wege geöffnet werden für den gesamtwirtschaftlich wünschenswerten Zuzug vor allem **jüngerer** Menschen. Deutschland braucht bereits jetzt einen deutlich höheren Anteil an Menschen unter dreißig Jahren – nicht nur, um Flexibilität, Kreativität, Mobilität und Risikobereitschaft allgemein zu stärken, sondern auch im Interesse der wirtschaftlichen Dynamik bis hin zur Binnennachfrage.

*Der Staat*

Die **Neuordnung** der Materie geschah in Etappen, begleitet von z. T. heftigen politischen Kontroversen. Den Durchbruch brachte das **Gesetz zu Art. 16a GG** vom 28. 6. 1993. Seinen Abschluss fand der Streit mit dem **Zuwanderungsgesetz** vom 30.7.2004 (s. unten). Das **Gesetz zur Reform des Staatsangehörigkeitsrechts** vom 15.7.1999 (BGBl. I S. 1618) regelt den **rechtlichen Rahmen** der Zuwanderung. Es ergänzt das **Abstammungsprinzip** durch das dem deutschen Staatsangehörigkeitsrecht bis dahin fremde **Territorialprinzip** (Prinzip des Geburtsortes). Als weiteres Integrationsangebot wird für die seit langem in Deutschland wohnenden Ausländer die **Einbürgerungsfrist verkürzt.** Die deutsche Staatsangehörigkeit kann nach der Neuregelung erworben werden durch

| **Abstammung** von deutschen Eltern | **Geburt** in Deutschland | **Einbürgerung** |
|---|---|---|
| Ein Kind, bei dem mindestens ein Elternteil **Deutscher** ist, erhält mit der Geburt die deutsche Staatsangehörigkeit. | Ein Kind **ausländischer** Eltern, die dauerhaft in Deutschland leben, wird mit der **Geburt** deutscher Staatangehöriger. | **Nachträglicher** Erwerb der deutschen Staatsbürgerschaft auf Antrag und wenn bestimmte Voraussetzungen vorliegen. |

## Grundzüge der Neuregelung

Ausländer haben nach **acht Jahren** (früher nach 15 Jahren) rechtmäßigen **Aufenthalts** in Deutschland einen **Einbürgerungsanspruch,** soweit sie für ihren Unterhalt selbst aufkommen und einige weitere Voraussetzungen erfüllen (u. a. Sprachkenntnisse, keine Vorstrafen, Verfassungstreue). Zu den Einstellungsvoraussetzungen gehört grundsätzlich auch, dass die **bisherige** Staatsbürgerschaft **aufgegeben** wird. Die Ausnahmen sind ausdrücklich im Gesetz geregelt, z. B. wird politisch Verfolgten und Flüchtlingen generell erspart, bei ihren Herkunftsstaaten um Entlassung aus der Staatsbürgerschaft nachzusuchen (weitere Ausnahmen s. unten).

Wie zuvor gilt der Grundsatz, dass ein Kind mit der Geburt Deutsche oder Deutscher wird, wenn ein **Elternteil** die deutsche Staatsbürgerschaft besitzt.

In **Deutschland geborene** Kinder ausländischer Eltern werden mit der **Geburt** automatisch Deutsche, wenn ein Elternteil seit mindestens **acht Jahren** rechtmäßig seinen gewöhnlichen **Aufenthalt** im Inland hat **und** über ein **Daueraufenthaltsrecht** verfügt, d. h. freizügigkeitsberechtigter **Unionsbürger** ist oder eine **Niederlassungserlaubnis** besitzt.
Diese Kinder erwerben in der Regel **zusätzlich** die Staatsangehörigkeit der Eltern. Sie müssen sich allerdings zwischen dem 18. und dem 23. Lebensjahr entscheiden, ob sie die deutsche Staatsangehörigkeit oder die Staatsangehörigkeit ihrer Eltern behalten wollen (sog. Optionsmodell). Wählen sie die deutsche Staatsangehörigkeit, sind sie zur Aufgabe der ausländischen Staatsbürgerschaft verpflichtet, wenn dies möglich und zumutbar ist. Sprechen sie sich für die ausländische Staatsangehörigkeit aus, verlieren sie die deutsche Staatsbürgerschaft kraft Gesetzes.

Für Kinder bis zum **zehnten** Lebensjahr gilt eine **Übergangsregelung,** die ihnen unter den Voraussetzungen des neuen Geburtsrechts einen besonderen Anspruch auf Einbürgerung gibt. Auch für sie gilt mit der Volljährigkeit das Optionsmodell.

Im Hinblick auf mögliche Loyalitäts- und Rechtsprobleme soll – so auch schon das frühere Recht – **Mehrstaatigkeit** vermieden werden. Die Neuregelung lässt allerdings eine Reihe von Ausnahmen zu, z. B. für Kinder binationaler Eltern, ältere Migranten, politisch Verfolgte, junge

13

*Der Staat*

Wehrpflichtige, sowie bei Ausbürgerungen, die mit Benachteiligungen in Erbschaftsangelegenheiten oder besonderen wirtschaftlichen Nachteilen bzw. entwürdigenden Umständen verbunden sind. Wer eingebürgert wurde und dann erneut seine **frühere Staatsbürgerschaft** erwirbt, dem darf der deutsche Pass wieder entzogen werden. Eine gem. Art. 16 Abs. 1 GG verbotene „Entziehung", so das BVerfG mit Beschluss vom 8.12.2006, liegt darin nicht (2 BvR 1339/06).

Die deutsche Staatsbürgerschaft wird ferner erworben durch **Legitimation**. Sie begründet für ein nicht eheliches Kind einer ausländischen Mutter die Staatsangehörigkeit des deutschen Vaters. Des Weiteren durch **Annahme eines Kindes,** wenn der Annehmende deutscher Staatsangehöriger ist. Gleiches gilt für **Ehegatten** und **Lebenspartner** (Soll-Einbürgerung).

Einen **verfassungsrechtlich** verbürgten Anspruch auf Ein- bzw. Wiedereinbürgerung haben nach wie vor Aussiedler oder **Vertriebene** deutscher Volkszugehörigkeit oder deren Ehegatten oder Abkömmlinge, die als sog. Statusdeutsche **nicht** die deutsche Staatsangehörigkeit besitzen (Art. 116 Abs. 1 GG; vgl. Kap. IV). Spätaussiedler erwerben die deutsche Staatsangehörigkeit automatisch mit Ausstellung der Bescheinigung über die Einreise nach § 15 des Bundesvertriebenen- und Flüchtlingsgesetzes. Ebenfalls **verfassungsrechtlich** verbürgt ist der **Einbürgerungsanspruch** früherer deutscher Staatsbürger und ihrer Nachkommen, denen die deutsche Staatsangehörigkeit während der **Nazizeit** aus politischen, rassischen oder religiösen Gründen **entzogen** wurde (Art. 116 Abs. 2 GG).

Nach dem Maastrichter Vertrag vom 7.2.1992 (Art. 8) besitzen deutsche Staatsbürger zugleich auch die **Unionsbürgerschaft.** Sie überlagert die nationale Staatsbürgerschaft, ersetzt diese jedoch nicht.

Der **Verlust** der Staatsbürgerschaft ist nur möglich auf Grund eines **Gesetzes** und gegen den Willen des Betroffenen nur, wenn dieser dadurch **nicht staatenlos** wird (Art. 16 Abs. 1 Satz 2 GG). Eine „**erschlichene**" Einbürgerung darf jedoch widerrufen werden, auch wenn sie Staatenlosigkeit zur Folge hat; die **willkürliche** Ausbürgerung hingegen ist generell untersagt (Art. 16 Abs. 1 GG; s. Kap. IV). **Gesetzliche** Verlusttatbestände sind gem. §§ 17 ff. StAG: Entlassung auf Antrag, freiwilliger Erwerb einer ausländischen Staatsangehörigkeit, Verzicht im Falle von Mehrstaatigkeit, Annahme an Kindes statt durch einen Ausländer, Eintritt in ausländische Streitkräfte sowie (seit der Neuregelung, s. unten) die Erklärung nach Erreichen der Volljährigkeit.

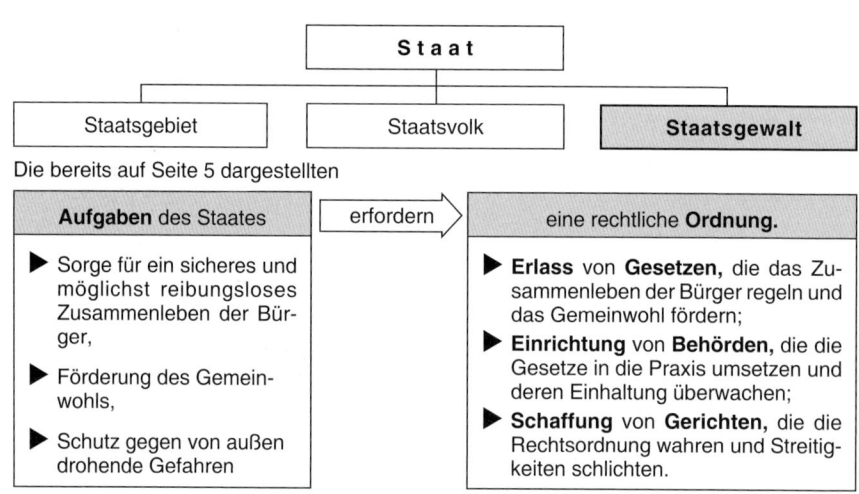

Die bereits auf Seite 5 dargestellten

*Der Staat*

Zur **Verwirklichung** dieser Aufgaben muss der Staat die **Fähigkeit** besitzen, sich selbst durch Regelung der Aufgaben und Befugnisse seiner Organe sowie den Erlass von Rechtssätzen für die Allgemeinheit „autonom" zu **organisieren** (Autonomie) und seinen **Willen** gegenüber seinen Bürgern – notfalls auch gegen Widerstand – **durchzusetzen.** Er muss also über **Staatsgewalt** verfügen, d.h.: **Herrschaftsmacht** über das Staatsgebiet (Gebietshoheit) und das Staatsvolk (Personalhoheit) haben. Die Verwaltungsrechtslehre hat hierzu den Begriff der „Staatsbedürftigkeit einer Gesellschaft" geprägt, eine Formel, die lange Zeit außer Mode schien, seit der Wirtschaftskrise aber ihre alte Bedeutung wiedererlangt hat.

**Weitere** wesentliche **Eigenschaften** der Staatsgewalt sind:

▶ ihre **Unteilbarkeit** im Sinne einheitlicher Trägerschaft, auf die letztendlich alles staatliche Wirken zurückführbar sein muss. In der Demokratie ist das Volk Träger der Staatsgewalt. Die Einheitlichkeit der Staatsgewalt bleibt auch dann bestehen, wenn ihre **Ausübung** verschiedenen Staatsorganen oder Gliederungen des Staates (s. Kap. III) zugewiesen wird;

▶ ihre **Einbettung** in die **Rechtsordnung,** die die Herrschaftsmacht an bestimmte Rechtsgrundsätze bindet. Nach rechtsstaatlicher Auffassung darf die Staatsgewalt nicht im Gegensatz zum Recht stehen;

▶ ihre **Unabhängigkeit** in Bezug auf Selbstbestimmung (= **Souveränität**). Die Staatsgewalt muss zumindest „innere" Souveränität aufweisen, d. h. dass sie im Innern des Staates rechtlich höchste Gewalt ist, die von keiner anderen im Staat bestehenden Gewalt eingeschränkt werden kann (rechtliche Souveränität). Dagegen ist es für die Existenz des Staates unerheblich, dass er auch über „äußere" (völkerrechtliche) Souveränität verfügt, also die Fähigkeit zu vollständiger Selbstbestimmung im völkerrechtlichen Verkehr. Das trifft z. B. auf die Glieder eines Bundesstaates zu, die zwar Eigenstaatlichkeit behalten, souverän ist aber nur der Gesamtstaat. Die Staatsgewalt wird auch nicht dadurch beseitigt, dass sie vorübergehend durch einen fremden Staat ausgeübt wird (z. B. Deutschland nach der Kapitulation 1945, s. unten). Infolge des wachsenden zwischenstaatlichen Integrationsprozesses und der damit verbundenen Übertragung von staatlichen Hoheitsbefugnissen auf supranationale (überstaatliche) Organisationen (z. B. Europäische Gemeinschaft, NATO) verfügt jedoch praktisch kein Staat mehr auch über „äußere" – und damit volle – Souveränität (s. unten).

Grundsätzlich ist nur dem **Staat** die Anwendung von **Gewalt** erlaubt; er verfügt damit über das sog. **Gewaltmonopol.** Lediglich in Ausnahmefällen, wenn nämlich die staatlichen Organe nicht rechtzeitig eingreifen können, ist die Gewaltanwendung eines **Bürgers** gerechtfertigt; z. B. bei „Notwehr" oder „erlaubter Selbsthilfe" (s. Kap. IV). Eine **schwache** Staatsgewalt würde die öffentliche Sicherheit und Ordnung aufs Spiel setzen. Zudem könnten sich nichtstaatliche Mächte herausgefordert fühlen, ihre Interessen auf Kosten der Allgemeinheit durchzusetzen.

**Andererseits** darf die Staatsgewalt nicht übermächtig sein, da dann der Freiheitsraum des Bürgers unangemessen eingeengt wäre. Zwischen Staatsgewalt und Individualinteressen muss mithin **Ausgewogenheit** herrschen.

> **Staatsgewalt** ist die für ein gedeihliches Zusammenleben **unverzichtbare Herrschafts-** und **Zwangsgewalt.** Sie muss aber, so will es unsere Verfassung, **demokratisch legitimiert** und **rechtsstaatlich gebändigt** sein.
> Es gilt der Grundsatz: **So viel Freiheit wie möglich – so viel Staat wie nötig.**

## Gewaltenteilung

Wenn in einem Staat die gesamte Staatsgewalt von einer Person oder von einem einzelnen Staatsorgan ausgeübt wird, sind die Bürger schutzlos jedem Machtmissbrauch ausgeliefert. Um einer solchen Willkür staatlicher Gewalt Schranken zu setzen, traten der Engländer **John Locke** (1632–1704) und der Franzose **Charles Montesquieu** (1689–1755) in ihren literarischen Werken mit der politischen Forderung hervor,

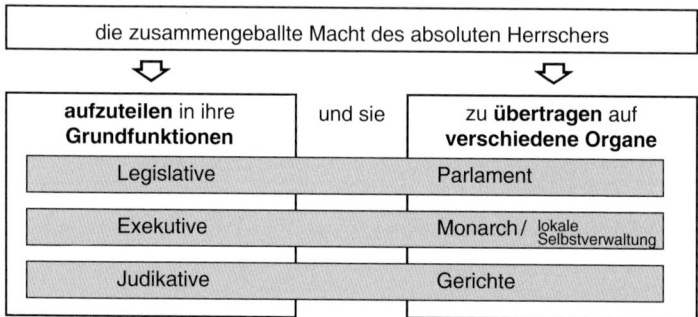

Damit legten Locke und Montesquieu das richtungsweisende Fundament der Gewaltenteilungslehre, die erstmals in die französische republikanische Verfassung von 1793 Eingang fand und später zum Leitsatz westlicher Demokratien wurde. Totalitäre Staaten lehnen die Dreiteilung der Gewalten zugunsten von Machtkonzentration ohne Machtkontrolle ab.

Eine solche institutionelle Gewaltenteilung ist aber für sich allein noch keine hinreichende Vorkehrung gegen Machtmissbrauch. Effektiveren Schutz bietet dagegen eine „funktionale" Gewaltenteilung, bei der die Ausübung oder die Funktion der Staatsgewalt das Zusammenspiel zweier oder gar aller drei Organe voraussetzt. Diese **Aufgabenverflechtung** und **Gewaltenverschränkung** beinhalten denn auch den eigentlichen **Zweck** der Gewaltenteilung:

 In einem **ausbalancierten Kräftesystem** sollen sich die Teilgewalten gegenseitig **überwachen** und **beschränken**, um so staatliche Machtausübung zu **mäßigen** („checks and balances"), s. Kap. III.

Die so genannte „horizontale" Gewaltenteilung wird im **Bundesstaat** noch durch eine „vertikale" Gliederung der Staatsgewalt ergänzt, indem diese auf die drei Ebenen Bund, Länder und Gemeinden aufgeteilt ist. Durch die Mitsprachebefugnisse der Teilstaaten auf nahezu allen Politikfeldern des Gesamtstaates wird eine bedeutende gewalthemmende Wirkung erzielt (s. Kap. III, VIII).

In der Verfassungswirklichkeit des parlamentarischen Regierungssystems der Bundesrepublik hat sich eine andere Form der Gewaltenteilung herausgebildet: Die ursprüngliche Trennung von Parlament und Regierung ist heute durch ihre weitgehende **Verschränkung** ersetzt worden. Beide Organe werden gleichermaßen von der Mehrheitspartei oder -koalition beherrscht, was zur Folge hat, dass die machtkontrollierende Funktion ausschließlich von der – sich zudem in der Minderheit befindenden – **Opposition** wahrgenommen wird. Die Gewaltenteilung tritt somit viel stärker in dem Spannungsverhältnis zwischen Koalition und Opposition als in dem zwischen Regierung und Parlament in Erscheinung. Hierdurch sind der „Effizienzsteigerung des Gewaltenteilungseffekts" enge Grenzen gesetzt.

*Der Staat*

Das **Gewaltenteilungsprinzip** stellt sich als **Geflecht** von **Verantwortlichkeiten** dar:

Jede der drei Gewalten ist **besonderen Organen** anvertraut:

*Der Staat*

## Staatsform und Regierungsweise

Staatsform und Regierungsweise sagen etwas darüber aus,
- ▶ **wer Träger** der Staatsgewalt ist,
- ▶ **ob** und **wie** eine **Machtverteilung** im Staate vorgenommen wurde und
- ▶ **in welcher Weise** die Staatsgewalt ausgeübt wird.

Aus der Fülle der Möglichkeiten, Staat und Regierung zu organisieren, haben sich folgende **Hauptformen** herausgebildet:

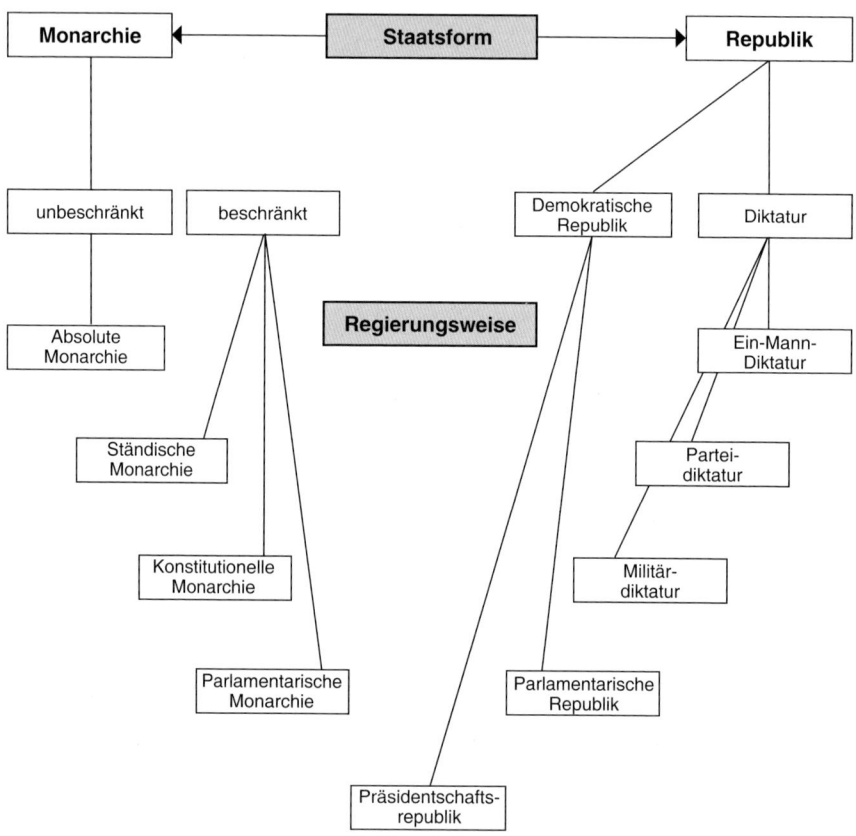

*Der Staat*

Die herkömmliche Unterscheidung zwischen den beiden Staatsformen Monarchie und Republik sagt heute kaum noch etwas über die **tatsächliche Machtverteilung** in einem Staate aus. Um hierzu Näheres zu erfahren, muss man die jeweilige **Regierungsweise** betrachten:

### Staatsform

**Monarchie** → Wörtlich: **Alleinherrschaft**. Staatsoberhaupt ist ein Monarch (z. B. König), der im Regelfall durch Erbfolge auf den Thron gelangt und auf Lebenszeit herrscht.

**Republik** → Wörtlich: (Herrschen ist) Sache der **Allgemeinheit**. Staatsoberhaupt ist ein Präsident, der im Regelfall durch Wahlen in sein Amt gelangt und auf Zeit regiert.

### Regierungsweise

**Absolute Monarchie** → Der Monarch herrscht „absolut" = „losgelöst" von jeder irdischen Verantwortung. Er leitet diese Herrschaft von Gottes Gnaden ab (Gottesgnadentum), z. B. in den Staaten Europas bis zur Französischen Revolution.

**Ständische Monarchie** → Die Macht des Monarchen ist beschränkt durch die Stände (Adel, Geistlichkeit, Großbürgertum), z. B. deutsche Fürstentümer bis zum Dreißigjährigen Krieg (Anfang 17. Jahrhundert).

**Konstitutionelle Monarchie** → Der Monarch ist an eine „Constitutio" (= Verfassung) gebunden. Es ist zwar ein Parlament vorhanden, der Monarch behält jedoch wichtige Rechte, wie z. B. Einsetzung und Entlassung der Regierung. Beispiel: Deutsches Reich 1871.

**Parlamentarische Monarchie** → Die tatsächliche Macht liegt beim Volke, das vertreten wird durch ein Parlament. Der Monarch ist nur noch Repräsentant des Staates, z. B. Großbritannien, Niederlande, Schweden, Dänemark.

**Parlamentarische Republik** → Starke Stellung des Parlaments, insbesondere weil die Regierung dem Parlament verantwortlich ist, z. B. Bundesrepublik.

**Präsidentschaftsrepublik** → Starke Stellung des Staatspräsidenten, weil er entweder Staatsoberhaupt und Regierungschef in einer Person ist oder aber die Regierung ihm verantwortlich ist, z. B. USA, Frankreich.

**Ein-Mann**-Diktatur → Die gesamte Macht ist in der Hand einer einzigen Person, des Diktators, konzentriert, z. B. Deutschland von 1933 bis 1945.

**Partei**diktatur → Die Macht wird vom Führungsgremium einer Partei ausgeübt, z. B. in autoritären Systemen und den sog. Volksdemokratien.

**Militär**diktatur → Die Macht liegt in der Hand einer „Junta" (Militär-Clique), z. B. einige lateinamerikanische Staaten.

Verfassungs**recht** und Verfassungs**wirklichkeit** klaffen häufig auseinander. So werden z. B. viele Staaten, die nach dem Text ihrer Verfassung Demokratien sein wollen, in Wirklichkeit diktatorisch regiert (Beispiel: die DDR bis Ende 1989).

# Prüfen Sie Ihr Wissen!

## Kapitel I

1. Warum ist gerade im demokratischen Staat **Aktivbürgerschaft** gefordert?
2. Weshalb muss sich vor allem der **Polizeibeamte** mit politischen Fragen auseinander setzen?
3. Wie kann man selbst auf den Prozess der politischen Willensbildung Einfluss nehmen?
4. Erläutern Sie den Begriff des **Staates**, und nennen Sie seine **Aufgaben**! Welche **Elemente** kennzeichnen einen Staat?
5. Was verstehen Sie unter dem Begriff „**Gebietshoheit**"?
6. Erläutern Sie den Begriff „**Exterritorialität**"! Welche **Personengruppen** genießen sie?
7. Unterscheiden Sie die Begriffe „**Bevölkerung**", „**Nation**" und „**Staatsvolk**"!
8. Zählen Sie einige **Rechte** und **Pflichten** auf, die der Bürger gegenüber dem Staat hat!
9. Nennen Sie die beiden Möglichkeiten, eine **Staatsangehörigkeit** zu erwerben! Erklären Sie in diesem Zusammenhang das **Territorialprinzip** und das **Abstammungsprinzip**!
10. Welches **Gesetz** beinhaltet die Voraussetzungen zum Erwerb der **deutschen** Staatsangehörigkeit? Nennen Sie einige Gründe, die zur **Neuregelung** dieses Gesetzes geführt haben!
11. Unter welchen Voraussetzungen erlangen in Deutschland geborene **Kinder ausländischer** Eltern die Staatsbürgerschaft und **welche**? Erklären Sie hierbei das sog. Optionsmodell!
12. Welche Bedingungen des Ausländergesetzes muss ein erwachsener Ausländer erfüllen, um in der Bundesrepublik **eingebürgert** werden zu können?
13. Erklären Sie die beiden Bestimmungen des **Art. 16 GG**!
14. Definieren Sie den Begriff „**Staatsgewalt**", und nennen Sie ihre wesentlichen **Eigenschaften**!
15. Welchen **Zweck** hat die **Gewaltenteilung**?
16. In welche **Teilgewalten** ist die Staatsgewalt in der Bundesrepublik Deutschland aufgeteilt?
17. Nennen Sie die **Organe**, die die **Staatsgewalt** im Bund und in den Ländern **ausüben** (aufgeschlüsselt nach den drei Teilgewalten)!
18. Wie **unterscheiden** sich die Staatsformen **Monarchie** und **Republik** voneinander?
19. Erläutern Sie die **Unterschiede** zwischen folgenden Regierungsweisen:
    - **Konstitutionelle** Monarchie und **parlamentarische** Monarchie!
    - **Parlamentarische** Republik und **Präsidial**republik!
    - **Ein-Mann-Diktatur** und **absolute Monarchie**!
20. Nennen Sie **Staats**- und **Regierungsformen** der Länder in Europa!

# Kapitel II

# Die Bundesrepublik Deutschland – gestern und heute

Wenn wir heute mit einem Abstand von mehr als einem halben Jahrhundert die Nachkriegsentwicklung in Deutschland überblicken, werden fünf wichtige Abschnitte erkennbar:
- 1945 bis 1955: **Die Spaltung Deutschlands**
- 1955 bis 1989: **Jahre der Teilung**
- 1989 bis 1990: **Die Herstellung der Einheit**
- Neunziger Jahre: **Die schwierige Konsolidierung**
- Deutschland in der Gegenwart: **Neue Herausforderungen**

## Die Spaltung Deutschlands
### Alliierte Pläne für die Nachkriegszeit

Schon während des Krieges hatten die Alliierten Mächte (Verbündete, die gegen die „Achsenmächte" Deutschland und Italien kämpften) in mehreren Verlautbarungen ihre Pläne über eine Neuordnung der politischen Verhältnisse nach der Niederwerfung Deutschlands verkündet. Sie beinhalteten zunächst noch ein gemäßigtes Friedensprogramm. Aber bereits auf der Konferenz von **Casablanca** (Jan. 1943) äußerte der amerikanische Präsident Roosevelt die Absicht, den Krieg bis zur bedingungslosen Kapitulation Deutschlands zu führen. Dieser Grundsatz, den auch die Verbündeten akzeptierten, trug in verhängnisvoller Weise zur Verlängerung des Krieges bei. Die für Deutschlands zukünftiges Schicksal entscheidenden Beschlüsse wurden auf den Konferenzen in **Teheran** (Nov./Dez. 1943) und **Jalta** auf der Insel Krim (Febr. 1945) gefasst. Hier einigten sich die „Großen Drei", Roosevelt (USA), Stalin (UdSSR) und Churchill (Großbritannien) trotz der Verschiedenheit ihrer Auffassungen u. a. darüber:

- Deutschland zur **bedingungslosen Kapitulation** zu zwingen; sein **Militär** und seine **Rüstungsindustrie** zu beseitigen, um Deutschland als möglichen Kriegsgegner für immer auszuschalten;
- den **Nationalsozialismus** zu vernichten, alle **Kriegsverbrecher** vor Gericht zu stellen und **Wiedergutmachungsleistungen** für die von den Deutschen verursachten Schäden zu bewirken;
- Deutschland in **Besatzungszonen** aufzuteilen und durch eine **zentrale Kontrollstelle** zu verwalten. Frankreich sollte auf Kosten der amerikanischen und britischen Zone als Besatzungsmacht beteiligt werden;
- die **Sowjetunion territorial nach Westen auszudehnen** bis zur sog. Curzon-Linie und diese als polnisch-sowjetische Grenze anzuerkennen (s. unten) sowie
- **Polen** als Entschädigung für das an die UdSSR abgetretene Gebiet **nach Westen** bis an die **Oder-Linie** zu verlagern.

Episode blieb – weil auch nie von der amerikanischen Außenpolitik ernsthaft verfolgt – der nach dem amerikanischen Finanzminister benannte **„Morgenthau-Plan"**, der u. a. vorsah, Deutschland müsse durch Demontage seiner chemischen, Metall- und Elektroindustrie zukünftig den „Charakter des Ackerbaus und der Weidewirtschaft tragen". Bei Deuerlein

(a. a. O., S. 49) heißt es dazu: „Es ist festzuhalten, dass der Morgenthau-Plan nicht im zuständigen State Departement oder im Kriegsministerium entstanden ist. Er ist auch niemals eine amtliche Erklärung oder ein amtliches Dokument der amerikanischen Regierung geworden, hat jedoch deren Auffassung und deren Vorstellung zumindest im Zeitpunkt seiner Erörterung, im frühen Herbst 1944, festgehalten und beeinflusst ... Der größte Teil der amerikanischen Presse erhob scharfen Einspruch, als am 24. September 1944 der Morgenthau-Plan ... bekannt gemacht wurde. Die Reaktion der amerikanischen Öffentlichkeit wurde so stark, dass sich Roosevelt zu der Erklärung gezwungen sah, er habe keineswegs die Absicht, Deutschland zu einem Ackerland zu machen".

## Bedingungslose Kapitulation

Am **8. Mai 1945 kapitulierte** das nationalsozialistische Deutschland. Mit der Einstellung der Kampfhandlungen auf den europäischen Kriegsschauplätzen zeichnete sich zugleich die Niederlage Japans und damit das Ende des Zweiten Weltkrieges ab (Japan kapitulierte am 14. August 1945).

Der **militärische Niedergang** des NS-Staates hatte sich, nachdem Hitler am 30.4.1945 durch Selbstmord geendet war, innerhalb weniger Tage vollzogen:

▶ Am **7. Mai** 1945 wird die **Kapitulationsurkunde** gegenüber den **westlichen Alliierten** in Reims unterzeichnet,

▶ am **8. Mai** erklärt Feldmarschall Keitel die **bedingungslose Kapitulation** gegenüber der **UdSSR** in Berlin-Karlshorst,

▶ ab **9. Mai ruhen** im Reichsgebiet die **Waffen,**

▶ am **23. Mai** wird die von Hitler eingesetzte letzte **Reichsregierung** unter dem Großadmiral Dönitz von den Briten **inhaftiert.**

Damit war Deutschland militärisch besiegt und politisch handlungsunfähig.

Dies war die schreckliche **Bilanz** der Gewaltpolitik Hitlers:

▶ **Totale Niederlage** des Deutschen Reiches,

▶ ungefähr 55 Mill. Menschen hatten ihr Leben verloren, **rd. 8 Mill.** allein auf deutscher Seite,

▶ **Besetzung** des **gesamten Reichsgebiets** durch die Siegermächte,

▶ weitgehende **Zerstörung** nahezu aller **Großstädte** Deutschlands,

▶ **völliger Zusammenbruch** der deutschen **Wirtschaft,**

▶ nahezu **unüberwindliche Schwierigkeiten** in der **Versorgung** der Bevölkerung.

Wesentlich verschlimmert wurde die Lage noch dadurch, dass bereits während des letzten Kriegsjahres ein immer stärker werdender Strom von **Flüchtlingen** aus dem Osten nach Mittel- und Westdeutschland einsetzte. Hinzu kamen in den beiden ersten Nachkriegsjahren weitere Millionen **Heimatvertriebener,** die von den sowjetischen und polnischen Behörden aus den ehemaligen deutschen Ostgebieten ausgewiesen wurden (vgl. unten).

*Die Bundesrepublik Deutschland – gestern und heute*

In einer englischen Zeitschrift berichtete damals der Bischof von Chichester (zitiert nach Rexin, Zeitgeschichte in Text und Quellen):

„Die Wahrheit besteht darin, dass die Not im Reich von Tag zu Tag steigt und dass eine fürchterliche Hungersnot ausbrechen muss, falls nicht schleunigst Hilfe einsetzt ... Man muss die Flüchtlinge gesehen haben, um beurteilen zu können, was über sie hereingebrochen ist. Es gibt keine Worte, um ihr Elend beschreiben zu können. Sie haben noch das, was sie am Körper tragen, und besitzen weder physische noch geistige Kraft.

Sieben oder acht Millionen Menschen werden in dem schmalen Landstreifen zwischen Oder und Elbe von Stadt zu Stadt, von Dorf zu Dorf gejagt, weil niemand sie aufnehmen und ernähren kann."

## Übernahme der Regierungsgewalt durch die Alliierten

Mit der Besetzung Deutschlands und der Inhaftierung der Reichsregierung verliert das Deutsche Reich seine Handlungsfähigkeit. Die deutsche **Staatsgewalt** wird zunächst von den **Siegermächten allein,** später **in Zusammenarbeit mit deutschen Organen** ausgeübt. **Sie geht jedoch nicht unter,** denn die aus dieser Staatsgewalt abgeleitete Rechtsordnung des Deutschen Reiches bleibt bestehen: Die deutschen Gerichte sprechen ihre Urteile weiterhin nach deutschen Rechtsvorschriften, eine Militärgerichtsbarkeit der Alliierten greift nur vorübergehend für Verstöße gegen Besatzungsrecht ein. (Nähere Ausführungen zur Rechtslage Deutschlands s. unten).

Der Verlust der Souveränität findet seine völkerrechtliche Grundlage in der **„Deklaration"** (Erklärung) **in Anbetracht der Niederlage Deutschlands** vom 5. Juni 1945 in Berlin.

Dort heißt es u. a.: „Die vier Alliierten Regierungen übernehmen hiermit in allen Deutschland betreffenden Angelegenheiten die oberste Regierungsgewalt ... Die Übernahme dieser Machtbefugnisse bewirkt **nicht die Annektierung** Deutschlands ... Die vier Alliierten Regierungen werden später die Grenzen Deutschlands oder irgendeines Teiles Deutschlands festlegen."

## Potsdamer Konferenz

Am 17. Juli 1945 treffen sich auf dem Boden des besiegten Deutschland die **Regierungschefs** der USA, der Sowjetunion und Großbritanniens: Truman, Stalin und Churchill (Letzterer wird während der Konferenz von seinem Nachfolger Attlee abgelöst). Frankreich durfte lediglich Beobachter entsenden.

Die Konferenz zeigte deutlich, dass das Zweckbündnis, das man 1941 zur Niederwerfung Hitlers eingegangen war, zu zerbrechen drohte. Der **Ost-West-Konflikt** begann sich zuzuspitzen, vor allem auch, weil Stalin die Gunst der Stunde nutzte, um den sowjetischen Machtbereich bis weit nach Westeuropa auszudehnen. So hatte Stalin zwischenzeitlich eigenmächtig einen Teil Ostpreußens in Besitz genommen und der polnischen Regierung als Entschädigung für die an die Sowjetunion abzutretenden ostpolnischen Gebiete Ostdeutschland bis zur Oder-Neiße-Linie übergeben. In den von den Sowjets während des Krieges besetzten osteuropäischen Staaten waren kommunistische Herrschaftssysteme errichtet worden.

Der bedeutsame **Kern des Potsdamer Abkommens** sah vor:

▶ Deutschland wird innerhalb seiner Grenzen, wie sie am 31. Dezember 1937 bestanden, für eine Übergangszeit in vier **Besatzungszonen,** seine Hauptstadt Berlin in vier **Sektoren** aufgeteilt;

- ▶ die **endgültige Regelung** der **Grenzen** Deutschlands bleibt einem **Friedensvertrag** vorbehalten;
- ▶ in **wirtschaftlicher** und **politischer** Hinsicht soll Deutschland als **Ganzes** behandelt werden;
- ▶ eine deutsche Zentralregierung wird jedoch zunächst nicht zugelassen, wohl aber soll den Deutschen der **Aufbau** einer **Selbstverwaltung** auf der unteren Ebene ermöglicht werden;
- ▶ Zulassung aller **demokratischen Parteien** in ganz Deutschland;
- ▶ Festsetzung der **Reparationen** (= Kriegsentschädigungen) zum Wiederaufbau der von Deutschland ehemals besetzten Länder, u. a. durch Demontage und Ablieferung von industriellen Ausrüstungen – vor allem an die Sowjetunion.
- ▶ Zu den **allgemeinen Zielvorstellungen** der Siegermächte hieß es u. a.:

„Die Alliierten treffen nach gegenseitiger Vereinbarung auch andere Maßnahmen, die notwendig sind, damit Deutschland niemals mehr seine Nachbarn oder die Erhaltung des Friedens in der ganzen Welt bedrohen kann. Es ist nicht die Absicht der Alliierten, das deutsche Volk zu vernichten oder zu versklaven."

Die für Deutschland folgenschwerste Bestimmung betraf die **Ostgebiete:**

- ▶ „Die Konferenz hat grundsätzlich dem Vorschlag der Sowjetregierung hinsichtlich der **endgültigen Übergabe** der Stadt **Königsberg** und des anliegenden Gebietes an die Sowjetunion zugestimmt. Der Präsident der USA und der britische Premierminister haben erklärt, dass sie den Vorschlag der Konferenz bei der bevorstehenden Friedensregelung unterstützen werden."
- ▶ „Die Häupter der drei Regierungen bekräftigen ihre Auffassung, dass die endgültige **Festlegung** der **Westgrenze Polens** bis zur **Friedenskonferenz** zurückgestellt werden soll. Sie stimmen darin überein, dass bis zur endgültigen Festlegung der Westgrenze Polens die früheren deutschen Gebiete östlich der **Oder-Neiße-Linie,** einschließlich des **südlichen Ostpreußens** und des Gebietes der früheren Freien Stadt Danzig, unter die **Verwaltung** des **polnischen Staates** kommen und nicht als Teil der sowjetischen Besatzungszone in Deutschland betrachtet werden sollen."

Auf der Potsdamer Konferenz wurde im Übrigen der Wille bekräftigt,

- ▶ Deutschland vollständig zu **entmilitarisieren,**
- ▶ **wirtschaftliche Machtkonzentrationen** zu **zerschlagen** und
- ▶ alle **nationalsozialistischen Organisationen** und **Einflüsse zu beseitigen.**

## Die territoriale Aufteilung Deutschlands

Unmittelbar nach der Konferenz von Potsdam vollzog sich entsprechend dem Abkommen die Aufteilung Deutschlands. Das Reich zerfiel in folgende Teile:

Die vier **Besatzungszonen** der Alliierten

- ▶ Die **amerikanische** Besatzungszone mit den späteren Ländern Bayern, Hessen, Württemberg-Baden und der als Enklave in der britischen Zone gelegenen Hansestadt Bremen (als Zugang der amerikanischen Truppen zum Meer);
- ▶ die **britische** Besatzungszone mit den späteren Ländern Nordrhein-Westfalen, Niedersachsen, Schleswig-Holstein und Hamburg;

▶ die **französische** Besatzungszone mit den späteren Ländern Rheinland-Pfalz, Baden und Württemberg-Hohenzollern;

▶ die **sowjetische** Besatzungszone mit den späteren Ländern Brandenburg, Sachsen, Sachsen-Anhalt, Thüringen und Mecklenburg.

Da die Deutschen in den letzten Kriegsmonaten dem Vorrücken der Sowjets stärkeren Widerstand als dem der amerikanischen und britischen Streitkräfte entgegengesetzt hatten, stimmten die in Potsdam festgelegten Grenzen der Besatzungszonen nicht mit dem Frontverlauf am Ende des Krieges überein. So hatten die britischen und amerikanischen Truppen Teile Mecklenburgs, Thüringens und Sachsens besetzt, aus denen sie sich nun wieder zurückziehen mussten. Umgekehrt verhielt es sich in Berlin, das von den Sowjets erobert wurde. Hier übernahmen die drei Westmächte die ihnen zustehenden Sektoren.

Jede Besatzungsmacht bildete in ihrer Zone zur Wahrnehmung öffentlicher Aufgaben und zur Ausübung der Regierungsgewalt eine **Militär-Regierung,** die von dem Oberbefehlshaber der jeweiligen Besatzungstruppen geleitet wurde.

Für die Regelung von Angelegenheiten, die **Deutschland als Ganzes** betreffen, wurde der **Alliierte Kontrollrat** gebildet – eine Art „alliierte Regierung" für Deutschland. Er bestand aus den vier **Zonen-Oberbefehlshabern** und hatte seinen ständigen Sitz in Berlin.

Auf die Tätigkeit des Kontrollrates geht eine Reihe von Gesetzen bzw. Direktiven zurück, mit denen das Leben im besiegten Deutschland wieder in normale Bahnen gelenkt wurde. Sie betrafen insbesondere Wohnungs- und Bewirtschaftungsfragen, Wiedergutmachung nationalsozialistischen Unrechts, Verwaltung nationalsozialistischen Vermögens, Entnazifizierungs- und Entmilitarisierungsangelegenheiten sowie die Zerschlagung der Rüstungsindustrie des NS-Staates. Auch die Auflösung „des Staates Preußen, seiner Zentralregierung und aller nachgeordneten Behörden" beruht auf einem Kontrollratsgesetz (Nr. 46 vom 25. 2. 1947, s. unten).

Entscheidend beeinträchtigt wurde die Arbeit des Kontrollrates dadurch, dass er keine Exekutivgewalt hatte und gültige Beschlüsse nur fassen konnte, wenn **Einstimmigkeit** vorlag. Diese Übereinstimmung war jedoch wegen der Sonderinteressen der einzelnen Besatzungsmächte und der fortschreitenden Ost-West-Spannungen alsbald nicht mehr zu erzielen. Dadurch wurde der Kontrollrat praktisch funktionsunfähig; das politische Gewicht verlagerte sich auf die Militärgouverneure der Besatzungszonen. Am 20. März 1948 fand die letzte Sitzung des Kontrollrates statt. Die sowjetische Delegation protestierte gegen die Pläne der westlichen Alliierten zur Schaffung eines westdeutschen Staates und verließ für immer den Konferenzsaal. Damit offenbarte sich, was schon seit längerem erkennbar geworden war: Die Teilung Deutschlands hatte begonnen.

| Berlin |
|---|

Die ehemalige Reichshauptstadt war keiner Besatzungsmacht zugeteilt. In den **4 Sektoren** (Amerikanischer, Britischer, Französischer und Sowjetischer Sektor) übte jeder der 4 **Stadtkommandanten** für seinen Bereich die Regierungsgewalt aus. Zur Regelung von Angelegenheiten, die die Stadt als **Ganzes** betrafen, wurde die **Alliierte Kommandantur** geschaffen. Sie bestand aus den 4 Stadtkommandanten. Auch ihre Tätigkeit verlor mit zunehmendem Ost-West-Konflikt ihre Bedeutung.

Das Auseinanderbrechen des Kriegsbündnisses der Siegermächte führte schließlich zur **Spaltung** der Stadt. Meilensteine in dieser Entwicklung sind die **Berliner Blockade** von 1948/1949 und der Bau der **Berliner Mauer** am 13. August 1961 (Einzelheiten s. unten).

*Die Bundesrepublik Deutschland – gestern und heute*

### Das Saarland

Als ursprünglicher Teil der französischen Besatzungszone wurde das Saarland von den Franzosen im Februar 1946 – gegen den Willen der übrigen Besatzungsmächte – ausgegliedert. Es erhielt eine eigene Verfassung und Regierung und schloss sich unter starkem Einfluss der französischen Besatzungsmacht wirtschaftlich, zoll- und währungspolitisch an Frankreich an. Damit wurde das Saarproblem jahrelang zu einem Hindernis der deutsch-französischen Verständigung. Nach dem Scheitern Frankreichs, das Saarland auch politisch zu integrieren, kam es infolge langwieriger Verhandlungen zwischen der Bundesrepublik und seinem Nachbarstaat am 23. 10. 1955 zu einer **Volksabstimmung** über das **Saarstatut**, das eine **Europäisierung** des Saarlandes vorsah. Die Saar-Bevölkerung lehnte dieses Statut mit großer Mehrheit ab und entschied sich für den **Anschluss** an die **Bundesrepublik**, der politisch am 1.1.1957, wirtschaftlich im Sommer 1959 vollzogen wurde.

### Die Gebiete ostwärts von Oder und Neiße

In den deutschen Ostgebieten vollzog sich innerhalb kurzer Zeit das Schicksal, auf das sich die Siegermächte in Potsdam geeinigt hatten. Rd. **12 Millionen** Deutsche wurden aus diesen Gebieten ausgewiesen. Auf Betreiben der Westmächte war im Potsdamer Abkommen festgelegt worden, dass die Umsiedlung in „geordneter und humaner Weise" vor sich gehen sollte. In Wahrheit vollzog sich unter chaotischen Umständen und ohne jede internationale Kontrolle eine in der Geschichte einmalige Völkervertreibung. Sie brachte unendliches Leid, Hunger und Not, Demütigung und Misshandlung über die Millionen, die nach Westen vertrieben und die Hunderttausende, die in die Sowjetunion deportiert wurden.

In die von den Deutschen geräumten Städte und Dörfer wurde die **polnische Ostbevölkerung umgesiedelt**, deren Wohngebiet von den Sowjets annektiert worden war. Der Siedlungsraum des polnischen Volkes wurde damit um einige hundert Kilometer bis auf die sog. Curzon-Linie nach Westen verschoben (s. unten).

Ebenso nachdrücklich betrieben die Sowjetrussen die Eingliederung des nördlichen Teils **Ostpreußens** mit **Königsberg** in die UdSSR.

Die Frage der **Anerkennung der Oder-Neiße-Linie** ist in der Nachkriegszeit immer wieder Streitgegenstand gewesen. Mit dem Abschluss des **deutsch-sowjetischen Vertrages** vom 12. 8. 1970 und des **deutsch-polnischen Vertrages** vom 7. 12. 1970 hat die Bundesrepublik Deutschland diese Grenze als **endgültig** und unantastbar anerkannt und sich unter gegenseitigem **Gewaltverzicht** verpflichtet, **keine Gebietsansprüche** an die Sowjetunion und an Polen zu stellen. Die vertragschließenden Parteien haben die Verpflichtung bekräftigt, Streitfragen ausschließlich mit friedlichen Mitteln zu lösen und die Grenzen aller Staaten in Europa als unverletzlich zu betrachten.

In seiner denkwürdigen Rede zum 40. Jahrestag der Beendigung des Krieges in Europa am 8. Mai 1985 hat Bundespräsident v. Weizsäcker hierzu ausgeführt: „Es war erst die Nachkriegsentwicklung, die sie (die Spaltung Europas in zwei verschiedene politische Systeme) befestigte. Aber ohne den von Hitler begonnenen Krieg wäre sie nicht gekommen. Daran denken die betroffenen Völker zuerst, wenn sie sich des von der deutschen Führung ausgelösten Krieges erinnern."

Ein Schlussstrich unter die unselige Entwicklung im Verhältnis zu unseren osteuropäischen Nachbarn wird mit der am 12. September 1990 in Moskau erfolgten Unterzeichnung des Vertrages über „die abschließende Regelung in Bezug auf Deutschland" gezogen. Darin bekräftigen die vertragschließenden Staaten, dass auch das später **vereinte** Deutschland die bestehenden Grenzen anerkennt (Einzelheiten hierzu s. unten).

## Besatzungspolitik im Zeichen des Kalten Krieges

Für die auf der Potsdamer Konferenz von den Alliierten vereinbarte Politik, das besetzte Deutschland als wirtschaftliche und staatliche Einheit zu behandeln, konnte schon ab Sommer 1945 keine Gemeinsamkeit mehr unter den Verbündeten erzielt werden.

**Frankreichs** nationale Interessen waren auf wirtschaftlichen Wiederaufbau und strategische Sicherheit ausgerichtet. Es verlangte neben der Ausgliederung des Saarlandes auch die Abtrennung des Rheinlandes und des Ruhrgebietes aus der Besatzungszone (ähnlich den Oder-Neiße-Gebieten), um eine Sicherheitszone an seiner Ostgrenze zu bilden. Zum anderen sollte der Wiederaufbau Frankreichs durch planmäßige Demontage und Ausbeutung deutscher Rohstoffquellen beschleunigt werden. Als sich die Franzosen in der Realisierung dieser Pläne von den übrigen Mächten zurückgewiesen sahen, widersetzten sie sich zunächst allem, was auf die Bildung eines starken deutschen (Gesamt-)Staates abzielte.

Die auf Vergrößerung ihrer Einflusssphäre gerichtete Weltmachtpolitik der **Sowjetunion** erstrebte von Anfang an die Errichtung eines **kommunistischen** Staates auf **deutschem** Boden. Deshalb weigerten sich die Sowjets, irgendwelchen Regelungen zuzustimmen, die ihren beherrschenden Einfluss in ihrer Besatzungszone gefährdet oder aber ihre Möglichkeiten begrenzt hätten, auf das **übrige** Deutschland in ihrem Sinne einzuwirken.

Da sich sehr bald am Widerstand der Deutschen und der westlichen Alliierten gezeigt hatte, dass ein kommunistisches Gesamtdeutschland nicht erreicht werden konnte, gingen die Sowjetrussen daran, unter Vertiefung der deutschen Spaltung die ihnen zugefallene Besatzungszone voll und **auf Dauer in den Ostblock zu integrieren:**

Im Zuge der kommunistischen Gleichschaltung wurde der Aufbau nach den Weisungen der Besatzungsmacht und der Sozialistischen Einheitspartei Deutschlands (SED) zentral „von oben" gelenkt. Schon wenige Tage nach Kriegsende hatten von den Sowjets eingesetzte Kader mit der Bodenreform, der Sozialisierung und dem Aufbau von Zentralverwaltungen begonnen.

Vor allem aber die **Währungsreform** mit der Schaffung eigener Währungssysteme am 20. bzw. 23. Juni 1948 in allen drei westlichen Besatzungszonen und der SBZ sowie die von der Sowjetunion wenige Tage danach verfügte **Blockade** aller Nachrichten-, Verkehrs- und Handelsverbindungen zu den Westsektoren Berlins schotteten die Einflusssphären der Besatzungsmächte noch massiver gegeneinander ab. Die Versorgung der Westberliner Bevölkerung wurde durch die von Amerikanern und Briten organisierte „**Luftbrücke**" (täglich bis zu 8 000 t Fracht, zwei Drittel davon waren Kohle und andere Brennstoffe) sichergestellt.

Spätestens zu diesem Zeitpunkt wurde offenkundig, dass die ursprünglich nur als Zonenabgrenzung gedachte Demarkationslinie in Deutschland zur Front in dem nun beginnenden **Kalten Krieg** zwischen den beiden Machtblöcken in Ost und West geworden war: Das Kriegsbündnis war zerbrochen, der Kontrollrat hatte seine Funktion eingebüßt, und Deutschland war auf dem Weg in die Teilung. Aber auch die Westalliierten verfolgten durchaus unterschiedliche Interessen: Briten und Franzosen setzten ihre **Demontagepolitik** (mit dem Ziel, Reparationsleistungen abzurufen) sowie die **Entmilitarisierung** (zwecks Zerstörung westdeutschen Rüstungspotenzials) z. T. noch bis 1950 unverändert fort, während gleichzeitig die US-Amerikaner mit der **Marshallplanhilfe** den Wiederaufbau der (west-) deutschen Industrie betrieben.

## Die Entstehung der Bundesrepublik

Die Reaktivierung des politischen Lebens in den Besatzungszonen der Westmächte erfolgte bereits ab August 1945 nach Zulassung und Gründung von **Parteien,** deren Organisation sich schrittweise von unten nach oben vollzog. Gleichzeitig wurden politisch unbelastete

*Die Bundesrepublik Deutschland – gestern und heute*

Deutsche mit der Verwaltung von **Gemeinden, Städten** und **Landkreisen** beauftragt. Ab 1946 wurden **Kommunalwahlen** durchgeführt, an die sich Wahlen für **Verfassunggebende Versammlungen** anschlossen. Auf der Grundlage dieser Verfassungsschöpfungen entstanden die **Länder** der drei Westzonen, die teilweise bereits mit den späteren Bundesländern identisch waren (s. oben).

Vor allem die USA arbeiteten nun darauf hin, einen **westdeutschen Teilstaat** zu errichten und diesen in die westliche Abwehrbastion gegen den Kommunismus einzugliedern. Dazu galt es zunächst einmal, die große Nachkriegsnot zu beseitigen: Die Amerikaner verzichteten auf weitere Reparationen, gaben Wirtschaftshilfen **(Marshallplan)** und drängten auf wirtschaftliche Zusammenarbeit der drei Westzonen.

Nach zunächst strikter Ablehnung durch die Franzosen kam es im Januar 1947 zum **wirtschaftlichen Zusammenschluss** der **amerikanischen** und **britischen** Besatzungszone, dem sog.

„**Vereinigten Wirtschaftsgebiet**" (Bizone).

Hier wurden die Wirtschaftspolitik und Verwaltung der beiden Zonen in bundesstaatsähnlicher Form zusammengefasst und – zwar unter Beibehaltung der Besatzungskontrollen – von **deutschen** Stellen wahrgenommen.

Nach mehreren Umorganisationen verfügte das „Vereinigte Wirtschaftsgebiet" über folgende **Organe:**

▶ den **Wirtschaftsrat** als parlamentarische Versammlung, dessen Mitglieder von den Landtagen gewählt wurden;

▶ den **Länderrat,** der aus Vertretern der acht Länderregierungen bestand;

▶ den **Verwaltungsrat** als Exekutivorgan mit den Ressorts für Wirtschaft, Verkehr, Ernährung, Post und Finanzen;

▶ das **Deutsche Obergericht,** das sowohl Staatsgerichtshof als auch oberstes Zivil-, Straf- und Verwaltungsgericht war, sowie

▶ die **Bank deutscher Länder** als Zentralbank, die zugleich für die französische Zone zuständig war. Sie führte als erste Voraussetzung eines wirtschaftlichen Wiederaufstieges die **Währungsreform** durch. Die bislang wertlose Reichsmark wurde mit Stichtag 20. 6. 1948 im Umtauschverhältnis 10 : 1 durch eine Deutsche Mark ersetzt. Jeder Bewohner der drei Westzonen erhielt ein „Kopfgeld" von 60,– DM.

Frankreich entschloss sich erst im April 1949 – kurz vor der Gründung der Bundesrepublik – zum Beitritt seiner Besatzungszone zum „Vereinigten Wirtschaftsgebiet". Die vorgesehene „Trizone" kam jedoch nicht mehr zustande.

Wenngleich durch den bizonalen Zusammenschluss noch kein staatliches Gebilde geschaffen wurde, war er doch die Vorstufe zu einer umfassenden föderativen Gesamtstaatlichkeit und somit Vorläufer bei der Bildung der Bundesrepublik Deutschland.

Im Zuge dieser Entwicklung trafen sich von Februar bis Juni 1948 die Vertreter der drei Westmächte und der Benelux-Länder (Belgien, Niederlande und Luxemburg) als unmittelbare westliche Nachbarn Deutschlands zur Erörterung ihrer zukünftigen Deutschland-Politik auf der

*Die Bundesrepublik Deutschland – gestern und heute*

---

| Londoner Sechs-Mächte-Konferenz. |
|---|

Das Ergebnis der Beratungen waren die so genannten „**Londoner Empfehlungen**" über Deutschland. Darin hatten sich die sechs Mächte unter anderem darauf geeinigt, dass die westlichen Militär-Regierungen die Ministerpräsidenten der deutschen Länder in den westlichen Besatzungszonen mit der Einberufung einer **Verfassunggebenden Versammlung** beauftragen sollten. Diese solle eine **demokratische** Verfassung mit **föderalistischem** Staatsaufbau und einer **angemessenen Zentralregierung** schaffen.

Diesen Auftrag übergaben die Militärgouverneure den **elf Ministerpräsidenten** einen Monat später auf einer gemeinsamen Sitzung in Frankfurt/Main. Die hier überreichten Schriftstücke werden daher als

| Frankfurter Dokumente |
|---|

bezeichnet. Aus der Besorgnis heraus, dass die Schaffung eines westdeutschen Teilstaates zur **endgültigen Teilung** Deutschlands führen könnte, wollten die Ministerpräsidenten den Auftrag zunächst zurückstellen, bis die Voraussetzungen für eine **gesamtdeutsche Regelung** gegeben wären. Auf Verlangen der Westmächte erklärten sie sich schließlich dazu bereit, wobei allerdings nur daran gedacht war, einen **provisorischen Staat** mit einer **vorläufigen Verfassung** zu schaffen.

Um dies sichtbar zu machen, plädierten sie dafür,

▶ von einer „Nationalversammlung" abzusehen und dafür einen **Parlamentarischen Rat** zu bilden;

▶ dessen Abgeordnete nicht vom Volk, sondern von den **Landtagen** wählen zu lassen;

▶ anstelle einer Verfassung nur ein „**Grundgesetz**" zu erarbeiten

▶ und dessen Verabschiedung nicht durch eine Volksabstimmung, sondern durch eine **Ratifizierung** in den Länderparlamenten zu vollziehen.

Nachdem die Alliierten die Änderungsvorschläge gebilligt hatten, bestellten die Ministerpräsidenten im Juli 1948 einen **Verfassungskonvent**. Dieser bestand primär aus Verfassungsrechtlern, die im August 1948 auf der Insel Herrenchiemsee einen ersten Entwurf des Grundgesetzes ausarbeiteten. Ab 1. September 1948 tagte dann in Bonn der

| Parlamentarische Rat. |
|---|

Er setzte sich aus **65 Abgeordneten** zusammen, die nach dem Willen der Alliierten von den Landtagen gewählt worden waren. Hinzu kamen fünf Berliner Abgeordnete mit beratender Stimme. Zu seinem Präsidenten – und damit Ansprechpartner für die Alliierten – wählte der Parlamentarische Rat den Abgeordneten **Konrad Adenauer**.

In mehreren **Fachausschüssen** wurde auf der Grundlage des Herrenchiemseer Entwurfs der Text des Grundgesetzes erarbeitet. Die eigentlichen politischen Entscheidungen fielen jedoch im **Hauptausschuss**, der den Entwurf in vier Lesungen beriet. Vorstellungen und Einwände der Besatzungsmächte, die vor allem das föderalistische Prinzip nicht genügend hervorgehoben sahen, mussten immer wieder in die Erörterung einbezogen werden. In langwierigen Verhandlungen konnten sich allerdings die deutschen Vorstellungen schließlich durchsetzen. Den entscheidenden Satz hatte auf Herrenchiemsee bereits Carlo Schmid geprägt:

> Der Staat ist um des Menschen willen da, nicht der Mensch um des Staates willen.
> Die Würde des Menschen ist unantastbar.

*Die Bundesrepublik Deutschland – gestern und heute*

| Die **Verabschiedung** des Grundgeseztes |
|---|

erfolgte am **8. Mai 1949** im Parlamentarischen Rat mit 53 gegen 12 Stimmen. Die ablehnenden Voten richteten sich gegen die zu starke Position des Bundes gegenüber den Ländern; die KPD opponierte gegen die Gründung eines westdeutschen Teilstaates. Vier Tage später genehmigten die Militärgouverneure das Grundgesetz, machten jedoch – ohne Änderungen des Textes – **Vorbehalte** hinsichtlich der Einbeziehung Berlins in seinen Geltungsbereich (s. unten), der Polizeivollmachten und der Neuregelungen der Ländergrenzen.

Anschließend erfolgte die **Ratifizierung** (= Bestätigung, Zustimmung) durch die **Parlamente der westdeutschen Länder.** Lediglich der Bayerische Landtag lehnte das Grundgesetz mit 101 gegen 64 Stimmen ab, erklärte sich aber trotzdem mit dem Beitritt zur Bundesrepublik Deutschland einverstanden.

Nachdem nunmehr sowohl die Besatzungsmächte als auch die deutschen Landtage zugestimmt hatten, erfolgte am **23. Mai 1949** in Bonn in einem feierlichen Staatsakt die

| **Verkündung des Grundgesetzes.** |
|---|

Am Tage darauf, also am **24. Mai 1949,** trat es **in Kraft** (Art. 145 GG). Im Laufe des Jahres 1949 kam es dann auf dem im Grundgesetz vorgesehenen Wege zur

| Konstituierung der **obersten Bundesorgane:** |
|---|

14. August 1949 – Wahlen zum **Bundestag.**
07. September 1949 – Konstituierende Sitzungen des **Bundestages** und **Bundesrates.**
12. September 1949 – Die Bundesversammlung wählt Professor Theodor Heuss zum **Bundespräsidenten.**
15. September 1949 – Der Bundestag wählt Dr. Konrad Adenauer zum **Bundeskanzler.**
20. September 1949 – Vereidigung der **Bundesregierung.**

Bereits am 11. Mai 1949 war Bonn durch den Parlamentarischen Rat mit knapper Mehrheit zur vorläufigen Hauptstadt erklärt worden; am 3. November wurde sie **provisorische Bundeshauptstadt.**

## Die Wiedererlangung von Souveränitätsrechten

Mit der Bildung der obersten Staatsorgane war die Bundesrepublik als Staat entstanden. Da aber die westlichen Alliierten sich bei ihrer Zustimmung zum Grundgesetz aus der bis dahin fast uneingeschränkten Besatzungsgewalt weitreichende Zuständigkeiten und Kontrollbefugnisse vorbehalten hatten, verfügte sie lediglich über eine **Teilsouveränität.** Die staatliche Handlungsfreiheit wurde immer noch stark **eingeschränkt** durch

▶ das **Besatzungsstatut,** das am 21. September 1949 in Kraft trat. In ihm waren die Sonderbefugnisse der **Alliierten Hohen Kommission** (gemeinsames Organ der **Hohen Kommissare** als Nachfolger der Militärgouverneure) geregelt, die als oberstes Kontrollorgan mit Sitz in Bonn fungierte. Danach hatte die Alliierte Hohe Kommission u. a.

▶ die Möglichkeit, **Verfassungsänderungen** und **gesetzgeberische** Maßnahmen durch Versagung der Zustimmung zu **blockieren;**

▶ die Zuständigkeit für die **auswärtigen** Angelegenheiten der Bundesrepublik (einschließlich der Abschlüsse internationaler Abkommen) und

▶ das Recht, die **Regierungsgewalt** wieder **an sich zu ziehen,** wenn dies aus Sicherheitsgründen oder zur Aufrechterhaltung der demokratischen Regierungsform erforderlich erscheinen sollte;

▶ das **Ruhrstatut** vom 28. April 1949, das einer Internationalen Behörde (Ruhrbehörde) die Kontrolle über das Ruhrgebiet und seine Bodenschätze einschließlich der Verteilung von Kohle, Koks und Stahl sowie die Preisgestaltung übertragen hatte.

Der **weitere Zuwachs** an Souveränitätsrechten vollzog sich schrittweise:

| Das **Petersberger Abkommen** |

vom 24. November 1949 in Bonn gestattete der Bundesrepublik u. a.,

▶ internationalen Organisationen wie dem Europarat (s. Kap. XIV) und der Internationalen Ruhrbehörde beizutreten sowie Konsular- und Handelsvertretungen mit anderen Staaten auszutauschen.

▶ Darüber hinaus verzichteten die Alliierten auf weitere Demontage wichtiger Industriewerke und lockerten die Beschränkungen für den deutschen Schiffsbau.

| Die **New Yorker Außenministerkonferenz** |

vom September 1950 hatte mit Wirkung vom 6. März 1951 die erste **Revision** des Besatzungsstatuts zur Folge. Sie bevollmächtigte die Bundesrepublik zur

▶ Einrichtung eines Außenministeriums und diplomatischer Vertretungen.

▶ Auch die Aufstellung des Bundesgrenzschutzes (heute: Bundespolizei) und der Bereitschaftspolizeien der Bundesländer geht auf diese Vereinbarungen zurück.

| Der **Deutschlandvertrag,** |

am 26. Mai 1952 von den westlichen Alliierten unterzeichnet, sah die Beendigung des Besatzungsregimes vor. Gleichzeitig sollte die Bundesrepublik die „volle Macht über ihre inneren und äußeren Angelegenheiten" erhalten. Da der Vertrag aber mit der Gegenleistung eines Wehrbeitrages der Bundesrepublik für die Europäische Verteidigungsgemeinschaft (EVG) gekoppelt war, die EVG jedoch am Veto Frankreichs scheiterte, trat er (zunächst) **nicht in Kraft.**

Nun musste eine andere Verteidigungskonzeption entwickelt werden. Die Bundesrepublik trat der Westeuropäischen Union (WEU) und der NATO bei (s. Kap. XIV). Der Beitritt vollzog sich im Rahmen der

| **Pariser Verträge.** |

Durch sie wurde der Deutschlandvertrag an die veränderte Lage angepasst. Am **5. Mai 1955** erklärten die Westmächte die Aufhebung des Besatzungsstatuts und die Auflösung der Alliierten Hohen Kommission. Damit erlangte die Bundesrepublik – mit **Ausnahme** der Fragen, die **Berlin,** die **Wiedervereinigung** und den künftigen **Friedensvertrag** betrafen – die „**volle**" **Souveränität.**

Die im Vertragswerk den Westmächten vorbehaltenen Rechte hinsichtlich des Schutzes ihrer in der Bundesrepublik stationierten Streitkräfte sind nach der Verabschiedung der Notstandsverfassung erloschen (s. Kap. XII).

Zur Wiederherstellung der vollen Souveränität **Gesamtdeutschlands** (s. unten).

Die **formelle** Beendigung des Kriegszustandes mit Deutschland vollzogen die westlichen Alliierten und über 50 weitere Staaten im Juli 1951 und die Sowjetunion sowie die übrigen Ostblockstaaten im Januar 1955.

## Die Entstehung der DDR

Ebenso wie unmittelbar nach Kriegsende die westlichen Alliierten in ihren Zonen zunächst ohne deutsche Beteiligung regierten, bestimmte in der Ostzone (SBZ) ausschließlich die Sowjetische Besatzungsmacht. Aber bereits am 10. Juni 1945 gestattete die Sowjetische Militär-Administration (SMAD) als erste Besatzungsmacht die Gründung von kommunistischen „antifaschistisch-demokratischen **Parteien**" und „freien **Gewerkschaften**". Daraufhin trat einen Tag später die seit 1933 illegale Kommunistische Partei Deutschlands (KPD) mit ihrem Gründungsaufruf an die Öffentlichkeit.

Da die KPD in der Bevölkerung nicht den erwarteten Rückhalt fand, erzwang sie mit Unterstützung der sowjetischen Behörden in der SBZ auf ihrem Parteitag am 19./20. April 1946 die **Vereinigung** mit der SPD zur Sozialistischen Einheitspartei Deutschlands **(SED)**. Mit ihrer „Blockpolitik" erreichte die SED die **Gleichschaltung** der übrigen Parteien und Massenorganisationen und sicherte sich so ihre „führende Rolle" bei der Verwirklichung des Sozialismus.

Die **Gründung** der DDR vollzog sich in folgenden Etappen:

Nach der Bildung von **Gemeinde-** und **Kreisverwaltungen** wurden mit Befehl der Sowjetischen Militär-Administration im Juli 1945 in den Ländern Sachsen, Mecklenburg, Thüringen, Brandenburg und Sachsen-Anhalt

> Landesverwaltungen

eingesetzt. Diese hatten neben ihren Exekutivaufgaben das Recht, in Übereinstimmung mit der Militär-Administration Gesetze zu erlassen.

Im selben Monat errichtete die SMAD **11 Zentralverwaltungen,** u. a. für Inneres, Außen- und Interzonenhandel, Handel und Versorgung, Finanzen, Justiz, Volksbildung und Gesundheitswesen. In ihnen waren zwar alle Parteien berücksichtigt, in den Schlüsselpositionen war jedoch die KPD überrepräsentiert. Diese Einrichtungen, die als Vorläufer späterer Ministerien angesehen wurden, koordinierten die Verwaltungstätigkeit der Länder.

Im Juni 1947 erfolgte der Zusammenschluss der Zentralverwaltungen zur **Deutschen Wirtschaftskommission,** der zentralen Verwaltungsinstanz in der SBZ. Ihre Hauptaufgabe war zunächst die Sicherstellung der Reparationen aus der laufenden Produktion an die Sowjetunion. Später erhielt sie erweiterte Zuständigkeiten, mit denen in zwei Schritten die wirtschaftliche und nachfolgend die politische Vereinigung Deutschlands unter sowjetischem Vorzeichen angestrebt werden sollte.

Am 20. Oktober 1946 fanden die

> ersten **Landtagswahlen**

statt. Obwohl die SED keine absolute Stimmenmehrheit erringen konnte, behielt sie in den neu gebildeten Landesregierungen die wichtigsten Positionen und stellte in vier von fünf Landtagen den Ministerpräsidenten.

Ein weiterer Schritt zur Staatsgründung war die Berufung des **„Zweiten Deutschen Volkskongresses"** am 18. März 1948. Dieses aus Vertretern der Parteien und Massenorganisationen gebildete „Vorparlament" wählte einen **„Zweiten Deutschen Volksrat",** der sich als einzige legitime Repräsentation des deutschen Volkes betrachtete. Er beschloss am 19. März 1949 den **Entwurf** einer **Verfassung der DDR,** der im Wesentlichen unter Zugrundelegung eines SED-Entwurfs entstanden war und ursprünglich Gültigkeit für Gesamtdeutschland beanspruchte.

*Die Bundesrepublik Deutschland – gestern und heute*

Am 15./16. Mai 1949 kam es zur allgemeinen Wahl des **„Dritten Deutschen Volkskongresses"**. Seine 2 500 Mitglieder wurden erstmals aufgrund der **Einheitsliste** und vorab festgelegter Mandatsverteilung „gewählt", die der SED und den von ihr bestimmten Massenorganisationen einen Anteil von über 70 Prozent aller Sitze sicherte. Obwohl den Wählern nur die Alternative „Ja" oder „Nein" zu dieser Liste und zu der damit verbundenen Suggestivfrage „Willst du die Einheit Deutschlands und einen gerechten Frieden?" blieb, gab es lediglich 66,1 Prozent Ja-Stimmen.

Der „Deutsche Volkskongress" bestätigte am 30. Mai 1949 die **Verfassung** und bildete aus seinen Reihen den aus 330 Mitgliedern bestehenden **„Dritten Deutschen Volksrat"**

Dieser erhielt die Aufgabe, die Verfassung zu einem Zeitpunkt nach Konstituierung der Bundesrepublik in Kraft zu setzen. Das geschah am 7. Oktober 1949, nachdem sich der Volksrat aus **eigener Legitimation** zur

> **„Provisorischen Volkskammer der DDR"**

erklärt hatte. Mit dieser Selbsternennung setzte sich das oberste Repräsentativorgan der DDR über die Verfassung hinweg, die gem. Art. 51 vorschrieb, dass die Abgeordneten der Volkskammer in allgemeiner, gleicher, unmittelbarer und geheimer Wahl nach den Grundsätzen der Verhältniswahl gewählt werden. Die Wahl wurde jedoch, wenn auch unter DDR-Vorzeichen, ein Jahr später nachgeholt.

Am 10. Oktober 1949 bestimmten die fünf Länder eine **„Provisorische Länderkammer"** aus 34 Abgeordneten, die einen Tag später zusammen mit der Volkskammer den Altkommunisten **Wilhelm Pieck** zum **Präsidenten der DDR** wählten. Zwei Tage darauf bestätigte die Volkskammer die **„Provisorische Regierung"**, deren Ministerien die Funktionen der ehemaligen Hauptverwaltungen der Deutschen Wirtschaftskommission übernahmen. **Ministerpräsident** wurde **Otto Grotewohl**.

In der offiziellen Mitteilung vom Tage dieses Ereignisses hieß es: „Am 7. Oktober 1949 wurde in der deutschen Hauptstadt Berlin die Grundlage eines neuen, unabhängigen und freien gesamtdeutschen Staates geschaffen. Eine neue Ära deutscher Geschichte hat damit begonnen ..." (zitiert nach H. Rausch, DDR – Das politische, wirtschaftliche und soziale System).

Im November 1949 löste die Sowjetunion ihre Militär-Administration auf und übertrug deren wesentlichste Funktionen auf die DDR-Regierung. – Die Deutsche Demokratische Republik war als **zweiter deutscher Staat geboren.**

Die SED vollzog nun ihren totalen **machtpolitischen Zugriff** auf Staat und Gesellschaft; insbesondere durch

▶ Ausbau der **Nationalen Front**, faktische Abschaffung des Mehrparteiensystems;

▶ Gleichschaltung der **Massenorganisationen** (organisatorische Einbindung des Freien Deutschen Gewerkschaftsbundes – FDGB – in die SED);

▶ Unterwerfung aller gesellschaftlichen Kräfte unter die **Parteidisziplin** der SED, Schaffung eines **Ministeriums für Staatssicherheit,** das allein dem Politbüro der SED unterstand;

▶ **Zentralisierung** der Staatsgewalt, **Auflösung** der fünf **Länder**.

## Zur Frage der Souveränität

Genauso wie die Bundesrepublik war auch die DDR unmittelbar nach der Staatsgründung in ihrer Handlungsfreiheit noch stark eingeschränkt: Die **Sowjetische Kontrollkommission** als Nachfolgerin der SMAD garantierte der auch weiterhin existierenden Besatzungsmacht maßgeblichen Einfluss, um die DDR-Regierung im Sinne der Sowjets zu lenken.

Nach der misslungenen Außenministerkonferenz der vier Siegermächte im Januar/Februar 1954 in Berlin, bei der in der Deutschlandfrage keine Einigung erzielt werden konnte, wurden der DDR durch eine **Erklärung** der Regierung der UdSSR am 25. März 1954 „**erweiterte Souveränitätsrechte**" zugestanden. Die DDR sollte von nun an „nach eigenem Ermessen über ihre inneren und äußeren Angelegenheiten" bestimmen können. Damit war die absolute Abhängigkeit von der Besatzungsmacht beendet. Aber wie die Westmächte im Falle der Bundesrepublik stellten auch die Sowjets die Souveränität der DDR unter den **Vorbehalt** einer friedensvertraglichen Regelung für Gesamtdeutschland.

Am 14. Mai 1955 – neun Tage nach dem In-Kraft-Treten der Pariser Verträge und damit dem Beitritt der Bundesrepublik in die NATO – schlossen die DDR, die UdSSR und sechs weitere Ostblockstaaten den nach dem Unterzeichnungsort **Warschau** benannten

Vertrag über „**Freundschaft, Zusammenarbeit und gegenseitigen Beistand**".

Nach Aufstellung der Nationalen Volksarmee (NVA) Anfang 1956 wurde die DDR **gleichberechtigter** militärischer Verbündeter dieses östlichen Verteidigungsbündnisses (s. Kap. XIV).

Auf einer Konferenz in Moskau wurde am 20. September 1955 im

Vertrag über „**die Beziehungen zwischen der DDR und der UdSSR**"

die „volle Souveränität" der DDR fixiert. Die Sowjetunion erkannte allerdings weiterhin die Viermächteerklärung über Berlin an, und ihre Truppen blieben auf DDR-Gebiet stationiert. Das Amt des Sowjetischen Hohen Kommissars wurde aufgehoben. – Die UdSSR vertrat fortan die „**Zweistaatentheorie**" – mit einem Sonderstatus nur für West-Berlin.

Damit war zehn Jahre nach Kriegsende die **Spaltung Deutschlands zementiert**.

## Besonderheiten der Stellung Berlins

Berlin stand während der Zeit der Spaltung Deutschlands unter einem **Sonderstatus** (s. oben). Er war gekennzeichnet durch die **Vorbehaltsrechte** der Alliierten. Damit waren die Vorbehalte gemeint, die von den Alliierten anlässlich der Genehmigung des Grundgesetzes geäußert wurden. Damals wollten die westlichen Siegermächte wegen der Ungeklärtheit der deutschen Frage die organische Einbindung West-Berlins in die Bundesrepublik aufschieben und somit ausschließen, dass Bundesorgane unmittelbare Staatsgewalt in Berlin ausüben. Berlin war deshalb nach Auffassung der Alliierten kein Land der Bundesrepublik.

Andererseits wurde Berlin von Anfang an gem. Art. 23 und 127 GG ausdrücklich in den Geltungsbereich des Grundgesetzes einbezogen. Art. 144 GG bestimmte ergänzend, dass ein Land, in dem die Anwendung des Grundgesetzes Beschränkungen unterliegt, das Recht hat, Vertreter in den Bundestag und den Bundesrat zu entsenden.

Aus diesen Vorschriften hat das Bundesverfassungsgericht abgeleitet, dass Berlin „ein Land der durch das Grundgesetz organisierten deutschen Bundesrepublik" ist (BVerfGE 7, 1).

In Übereinstimmung damit erklärt Art. 1 der Verfassung von Berlin:

„**Berlin ist ein Land der Bundesrepublik Deutschland.** Grundgesetz und Gesetze der Bundesrepublik Deutschland sind für Berlin bindend."

*Die Bundesrepublik Deutschland – gestern und heute*

Dies galt formal auch für die Jahre der Teilung. Gem. Art. 87 der Berliner Verfassung war diese Vorschrift jedoch „für eine Übergangszeit" ausgesetzt und wieder in Kraft zu setzen, sobald „die Anwendung des Grundgesetzes in Berlin keinen Beschränkungen unterliegt".

Die **„oberste Gewalt"** in Berlin wurde von den Siegermächten des Zweiten Weltkrieges ausgeübt. Die Grundsätze dieser Gewaltausübung haben die westlichen Alliierten im sog. **Kleinen Besatzungsstatut** (14. 5. 1949) niedergelegt, das im Jahre 1955 von der **„Erklärung über Berlin"** abgelöst wurde:

▶ Die **alliierten Behörden** erhielten das Recht, falls sie es für notwendig erachten, solche Maßnahmen zu ergreifen, die zur Erfüllung ihrer **internationalen Verpflichtungen,** zur **Sicherung** der **öffentlichen Ordnung** und zur **Erhaltung** des **Status** und der **Sicherheit** Berlins, seiner **Wirtschaft,** seines **Handels** und seiner **Verbindungslinien** notwendig sind.

▶ Die alliierten Behörden verpflichteten sich, „normalerweise" Machtbefugnisse nur auf bestimmten („vorbehaltenen") **Gebieten** auszuüben. Dazu zählten insbesondere: **Sicherheit, Interessen** und **Immunität** der **alliierten Streitkräfte, Abrüstung** und **Entmilitarisierung,** Beziehungen Berlins zu **ausländischen Behörden,** Deckung der **„Besatzungskosten"** und Befehlsbefugnis über die Berliner **Polizei,** soweit dies zur Gewährleistung der Sicherheit Berlins notwendig war.

Die Vorbehalte der Alliierten (USA, Großbritannien, Frankreich, Sowjetunion) sind im **Vier-Mächte-Abkommen** vom 3. 9. 1971 bestätigt worden. Das Vertragswerk bekräftigte „die gewachsenen Bindungen West-Berlins an die Bundesrepublik", stellte jedoch andererseits heraus, dass „West-Berlin kein Bestandteil der Bundesrepublik" sei und „nicht von ihr regiert" werden dürfe. Die Organe der Bundesrepublik wurden verpflichtet, in West-Berlin alle Verfassungs- und Amtsakte zu unterlassen, die damit in Widerspruch stehen (sog. reduzierte Bundespräsenz).

Im Gegensatz zu der in der Bundesrepublik herrschenden Auffassung vertrat die **DDR** den Standpunkt, Berlin sei „Hauptstadt der DDR" und West-Berlin sei eine **„selbständige politische Einheit"** (Drei-Staaten-Theorie).

Diese Rechtsauffassung war nicht haltbar. Sie stand im Gegensatz zum Vier-Mächte-Abkommen sowie den ergänzenden Vereinbarungen zwischen der Bundesrepublik und der DDR über den Reise- und Güterverkehr.

Die besatzungsrechtliche Überlagerung der staatsrechtlich-territorialen Geltung des Grundgesetzes für Berlin (West) bedeutete insbesondere:

▶ In Berlin galt **grundsätzlich** die **Rechts-** und **Verfassungsordnung** der Bundesrepublik. Die Stadt war einbezogen in die **internationalen Verträge** und die **Mitgliedschaft** der Bundesrepublik in **internationalen Organisationen.** Auch nahm die Bundesrepublik die Interessen West-Berlins gegenüber dem Ausland wahr. Eine **vollständige Einbindung** der Stadt in den Staatsverband der Bundesrepublik war jedoch **ausgeschlossen,** solange nicht auch die Sowjetunion dem zustimmte.

▶ Berlin entsandte daher in den Bundestag und den Bundesrat **Vertreter** mit **beratender** Stimme. Die 22 Vertreter Berlins im Bundestag wurden nicht vom Volke, sondern vom Berliner **Abgeordnetenhaus** gewählt.

▶ **Bundesgesetze** mussten, wenn sie auch in Berlin gelten sollten, durch Gesetze des Berliner Abgeordnetenhauses ausdrücklich in Kraft gesetzt werden.

▶ Die Einbeziehung Berlins in die Zuständigkeit der Obersten Gerichtshöfe des Bundes war von den Westalliierten gebilligt worden, jedoch war das **BVerfG** nur in einem **eingeschränkten** Rahmen (sog. Berliner Sachen) zuständig (BVerfGE 7,1).

## Die Bundesrepublik Deutschland – gestern und heute

### Die Spaltung Deutschlands (Zusammenfassung)

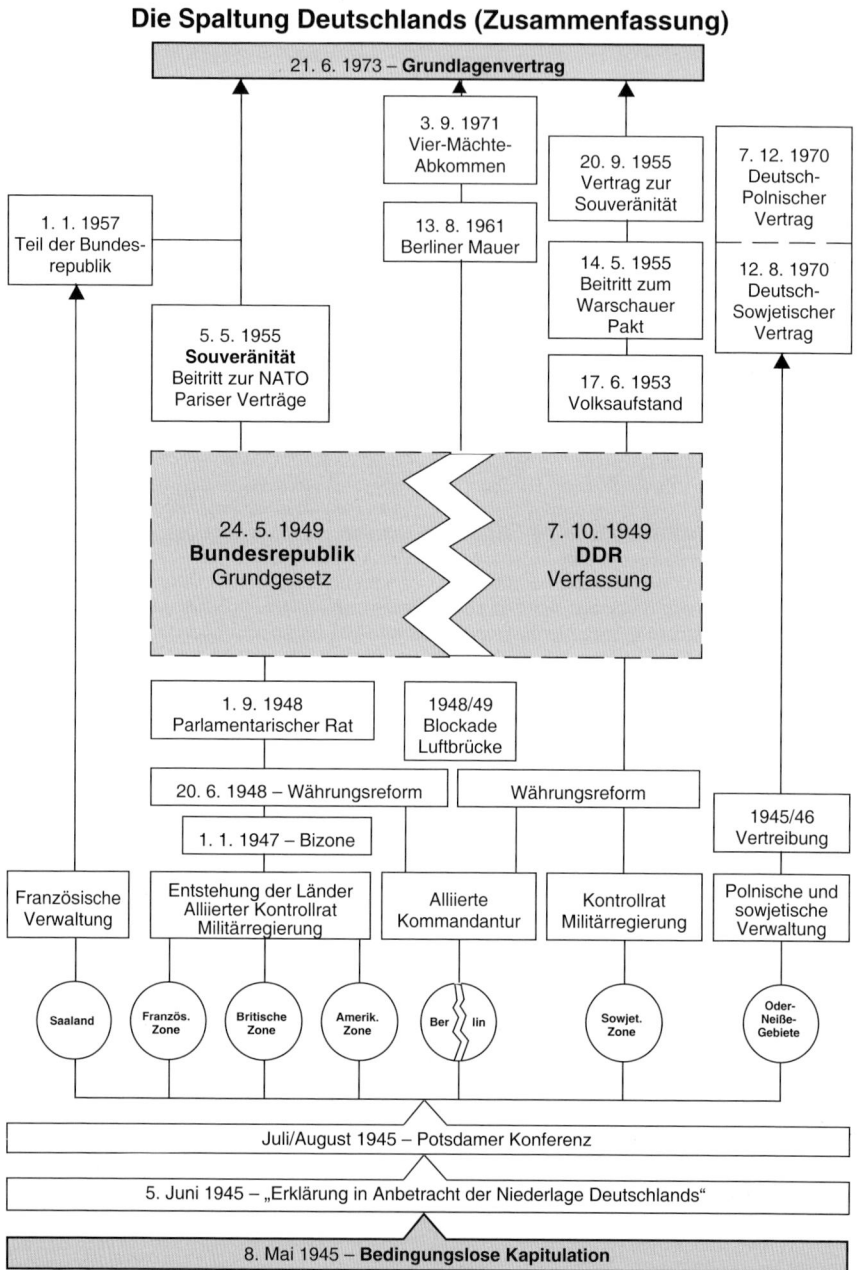

*Die Bundesrepublik Deutschland – gestern und heute*

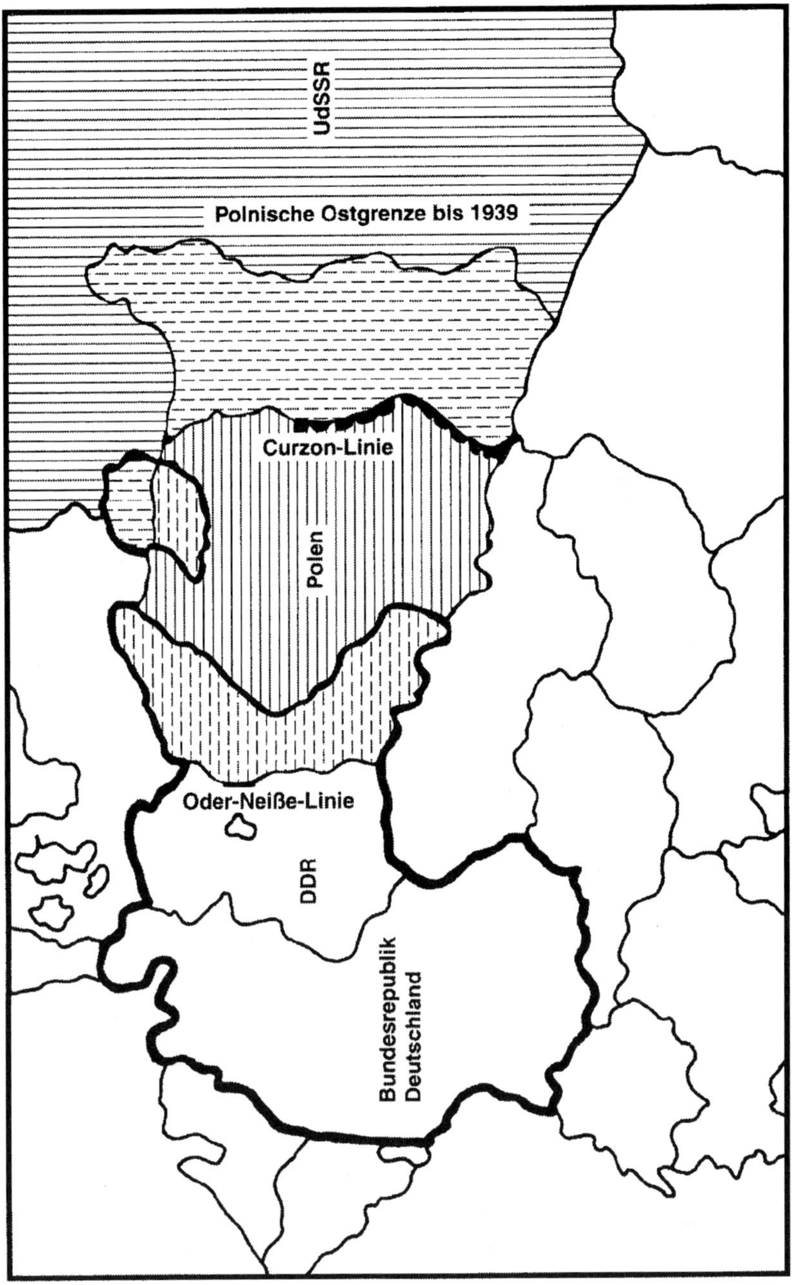

## Jahre der Teilung

Durch die Entstehung zweier Staaten auf deutschem Boden und ihre Aufnahme in jeweils einen der beiden großen internationalen Blöcke schien die Teilung Deutschlands seit Mitte der fünfziger Jahre – jedenfalls auf sehr lange Sicht – unabänderlich geworden zu sein.

Mit der Erkenntnis, dass ein Verharren in zwei einander ablehnend-feindlich gegenüberstehenden Systemen die Gefahr von Kriegen auf Dauer nur vergrößern würde, bahnte sich jedoch seit Ende der sechziger Jahre eine „neue" Ostpolitik mit dem Ziel der Normalisierung der Beziehungen zu den Ländern des Ostblocks an. Im Vordergrund der politischen Bemühungen des Westens standen dabei **menschliche Erleichterungen** und **Gewaltverzicht**. Der Ostblock sprach parallel dazu von „**friedlicher Koexistenz**", ohne dabei allerdings auf sein Fernziel, die kommunistische Weltrevolution, zu verzichten.

## Die Ostverträge

Die Politik der Friedenssicherung führte zu Beginn der siebziger Jahre zu einer Reihe von Vereinbarungen mit unseren osteuropäischen Nachbarn, den sog. Ostverträgen. Mit diesen Vertragswerken sollte die unheilvolle Kette feindseliger Auseinandersetzungen zwischen den vertragschließenden Staaten beendet und der Weg geebnet werden für ein friedliches Nebeneinander in der Zukunft.

Erste und entscheidende Etappe hierbei war der **deutsch-sowjetische Vertrag,** der am 12. 8. 1970 in Moskau unterzeichnet wurde. In seinen fünf Artikeln wird u. a. vereinbart:

▶ Ausgehend von der bestehenden tatsächlichen Lage werden die beiden Staaten ihre Streitfragen ausschließlich mit **friedlichen Mitteln** lösen und sich gem. Art. 2 der Charta der Vereinten Nationen der Drohung und der Anwendung von Gewalt enthalten.

▶ Sie betrachten jetzt und künftig die **Grenzen** aller Staaten in Europa, einschließlich der Oder-Neiße-Linie als Westgrenze der Volksrepublik Polen und der Grenze zwischen der Bundesrepublik und der DDR, als **unverletzlich.**

▶ Die von ihnen früher abgeschlossenen Verträge werden durch diesen Vertrag nicht berührt (was die Möglichkeit offen lässt, sich z. B. auf frühere Vereinbarungen, die die deutsche Einheit oder einen Friedensvertrag betreffen, zu berufen).

Ergänzend stellte die Bundesregierung in einem „**Brief zur deutschen Einheit**" fest, dass der deutsch-sowjetische Vertrag nicht im Widerspruch steht zu den politischen Zielen der Bundesrepublik, auf einen **Zustand des Friedens in Europa** hinzuwirken und die **Wiedererlangung der Einheit Deutschlands** anzustreben. Dieser Brief wurde den Sowjets anlässlich der Vertragsunterzeichnung in Moskau übergeben. Er deckt sich inhaltlich mit dem später der DDR-Regierung im Rahmen des Grundlagenvertrags ausgehändigten Schreiben (s. unten).

Diesem Vertragswerk folgte am 7.12.1970 der **deutsch-polnische Vertrag.** Er enthält ebenfalls eine Gewaltverzichtsklausel sowie den Hinweis auf das Fortbestehen früher getroffener Vereinbarungen. Die **Oder-Neiße-Linie** wird als Westgrenze Polens ausdrücklich **anerkannt.**

Beide Verträge sind nach heftigen innenpolitischen Auseinandersetzungen vom Bundestag und vom Bundesrat angenommen und vom Bundespräsidenten unterzeichnet worden. Nach dem Austausch der Ratifikationsurkunden zwischen den vertragschließenden Staaten sind sie am 4.6.1972 in Kraft getreten.

Seit dem 19.7.1974 ist schließlich auch der **deutsch-tschechoslowakische Vertrag** in Kraft. Er deckt sich inhaltlich mit den anderen Ostverträgen und erklärt die erzwungene Abtretung der **Sudetengebiete** durch das Münchener Abkommen vom 29.9.1938 für **nichtig.**

*Die Bundesrepublik Deutschland – gestern und heute*

## Die Rechtslage im geteilten Deutschland

Neben großen politischen Schwierigkeiten warf die Teilung Deutschlands erhebliche **rechtliche Probleme** auf, deren Kern in drei Fragen bestand:

▶ Ist das 1871 gegründete **Deutsche Reich** mit der Niederlage des Hitlerreiches im Jahre 1945 **untergegangen** oder **besteht** es nach wie vor als Rechtssubjekt **fort**?

▶ Sind die Bundesrepublik und die DDR **Rechtsnachfolger** des Deutschen Reiches oder sind sie gar mit dem Deutschen Reich **identisch**?

▶ Sind die Bundesrepublik und die DDR zwei „**echte**" **Staaten** oder handelt es sich um **staatsähnliche Teilordnungen** eines nach wie vor existenten Gesamtstaates?

Hintergrund dieser Rechtsproblematik war, dass das **Vereinigungsgebot** aus der Präambel des Grundgesetzes (s. unten) nur dann Bestand haben konnte, wenn man in diesem „anderen" Staat **kein** völkerrechtlich zu garantierendes – und somit generell unantastbares – **Rechtssubjekt** (Völkerrechtssubjekt) sah. Um das Ziel der Wiedervereinigung nicht zu gefährden, verfolgte die Bundesrepublik in den fünfziger und sechziger Jahren als Antwort auf die Niederschlagung des Volksaufstands vom 17. Juni 1953 sowie den Bau der Berliner Mauer vom 13. August 1961 die Politik, die DDR weder **staatsrechtlich** noch gar **völkerrechtlich anzuerkennen**. Im Sprachgebrauch dieser Zeit hatte es sich eingebürgert, von der „so genannten DDR" oder schlicht von „Mitteldeutschland" zu sprechen. Auch lange danach noch setzten viele den Begriff DDR in Anführungsstriche, um deutlich zu machen, dass dies kein den anderen Staaten gleichrangiges Staatsgebilde sei.

Das **Bundesverfassungsgericht** hat – nicht immer unumstritten – zur Rechtslage im geteilten Deutschland in ständiger Rechtsprechung wie folgt **entschieden:**

▶ Das Deutsche Reich hat den Zusammenbruch des Jahres 1945 **völkerrechtlich überdauert**. Anders als Preußen, das mit dem Kontrollratsgesetz Nr. 46 vom 25.2.1947 als Staatsgebilde aufgelöst wurde, ist das Reich weder mit der Kapitulation (s. oben) noch in Ausübung fremder Staatsgewalt durch die Militärregierungen noch auf irgendeine andere Weise als nicht mehr existent erklärt worden. Dafür sprachen die einschlägigen Dokumente der Siegermächte des Zweiten Weltkriegs ebenso wie der ursprüngliche Text des Grundgesetzes.

▶ Erklärung in Anbetracht der Niederlage Deutschlands vom 5. 6. 1945 (s. oben).

▶ Potsdamer Konferenz vom Juli/August 1945 (s. oben).

▶ Art. 23 GG: In den Teilen Deutschlands, in denen das Grundgesetz zunächst nicht gilt, ist es nach deren Beitritt in Kraft zu setzen.

▶ Art. 16 und 116 GG: einheitliche deutsche Staatsangehörigkeit (s. unten).

▶ Art. 146 GG und Präambel zum Grundgesetz: Bekräftigung der Einheit (s. unten).

▶ Der Parlamentarische Rat hat das Grundgesetz nicht als Akt der **Neugründung** eines Staates verstanden. Er wollte lediglich, so sah es die Präambel vor, „dem staatlichen Leben für eine Übergangszeit eine neue Ordnung geben", bis die „Einheit und Freiheit Deutschlands" in „freier Selbstbestimmung" vollendet ist (s. auch BVerfG, NJW 88, 1314).

Mit der Errichtung der Bundesrepublik Deutschland wurde nicht ein westdeutscher Staat gegründet, sondern ein Teil Deutschlands **neu organisiert** (BVerfGE 36, 1).

▶ Das Deutsche Reich blieb somit **Rechtssubjekt**. Es war für die Dauer der Teilung allerdings als Gesamtstaat nicht organisiert und rechtlich handlungsunfähig. Die Bundesrepublik war **rechtlich identisch** mit dem **Deutschen Reich**, in ihrer **räumlichen Ausdehnung** jedoch **teilidentisch**.

▶ Die Bundesrepublik beschränkte mithin ihre Hoheitsgewalt staatsrechtlich auf den **Geltungsbereich des Grundgesetzes** (vgl. Art. 23 GG), sie fühlte sich aber **verantwortlich** für das **ganze Deutschland** (vgl. Ursprungstext der Präambel). Im **staatsrechtlichen** Sinne waren daher **zwei** Staaten auf deutschem Boden entstanden. Völkerrechtlich jedoch galt:

„Die Deutsche Demokratische Republik gehört zu Deutschland und kann im Verhältnis zur Bundesrepublik Deutschland **nicht als Ausland** angesehen werden" (BVerfGE 36, 1).

## Der Grundlagenvertrag

Zum wichtigsten Schritt für die Regelung der Rechtsverhältnisse zwischen beiden deutschen Staaten wurde der am 21. 12. 1972 geschlossene Vertrag über die Grundlagen der Beziehungen beider Staaten, der sog. Grundlagenvertrag. Er sah unter anderem vor, dass

▶ beide Staaten **normale gutnachbarliche Beziehungen** auf der Grundlage der Gleichberechtigung entwickeln und dass sie sich

▶ von den Zielen und Prinzipien leiten lassen, die in der **Charta der Vereinten Nationen** niedergelegt sind (souveräne Gleichheit aller Staaten; Achtung der Unabhängigkeit, Selbständigkeit und territorialen Integrität; Selbstbestimmungsrecht; Wahrung der Menschenrechte und Verbot der Diskriminierung).

Die Vertragspartner versicherten einander:

„Beide Staaten bekräftigen ausdrücklich die **Unverletzlichkeit** der zwischen ihnen bestehenden **Grenzen** jetzt und in der Zukunft. Sie gehen davon aus, dass keiner den anderen **international vertreten** oder in seinem Namen handeln kann; beide bekennen sich zu dem Grundsatz, dass die **Hoheitsgewalt** jedes der beiden Staaten sich auf sein **eigenes Staatsgebiet beschränkt**. Beide respektieren die Unabhängigkeit und Selbständigkeit jedes der beiden Staaten in seinen inneren und äußeren Angelegenheiten."

Mit der Unterschrift unter den Grundlagenvertrag **erkannte** die Bundesrepublik die DDR im **staatsrechtlichen Sinne** an. Die bis dahin strikt eingehaltene Politik der Nichtanerkennung (sog. Hallstein-Doktrin) wurde aufgegeben. Eine völkerrechtliche Anerkennung, die die DDR zum Ausland gemacht hätte, konnte vermieden, die deutsche Frage konnte rechtlich offen gehalten werden – und sie blieb „so lange offen, wie das Brandenburger Tor geschlossen" war (v. Weizsäcker). Von Bedeutung war dabei auch, dass in der Passage des Vertrages, die sich auf die Grenzen bezog, der Begriff „Unverletzlichkeit" gewählt wurde, wodurch Veränderungen im Wege einer friedlichen Wiedervereinigung rechtlich möglich blieben. Der Begriff „Unantastbarkeit" hingegen hätte solche Änderungen generell ausgeschlossen.

Das **Offenhalten** der **Deutschlandfrage** bedeutete konkret: kein Austausch von **Botschaften**, keine Aufgabe der einheitlichen gesamtdeutschen **Staatsbürgerschaft** (s. unten) sowie Anerkennung der Verantwortung der **vier Mächte** für Berlin.

Wie bereits gegenüber der UdSSR im Rahmen des deutsch-sowjetischen Vertrages erklärte die Bundesregierung – vor Unterzeichnung des Vertragswerks – auch gegenüber der Regierung der DDR ihre Rechtsposition zur Deutschlandfrage in einem „Brief zur Deutschen Einheit". Sie vertrat darin die Auffassung, der Grundlagenvertrag stehe nicht im Widerspruch zu dem politischen Ziel einer Wiedervereinigung in Frieden und Freiheit (s. oben). Der Vertragspartner DDR erhob dazu keine Gegenvorstellung, so dass das BVerfG die Folgerung ziehen konnte, dem Vertrag sei diejenige Auslegung zu geben, die nach dem Grundgesetz erforderlich ist. Dies allerdings wurde vom Vertragspartner bestritten, der im Laufe der Zeit alle Hinweise auf eine gesamtdeutsche Nation aus der DDR-Verfassung entfernte (s. unten).

*Die Bundesrepublik Deutschland – gestern und heute*

Mit der Ratifizierung des Grundlagenvertrages galt nun für lange Zeit die politische Formel **zwei Staaten – eine Nation.** Der Vertrag machte den Weg dafür frei, dass **beide** Staaten im September 1973 **Mitglied der UNO** werden konnten (s. Kap. XIV). Die DDR fand damit, ihren Zielen entsprechend, auch internationale Anerkennung. Aus diesem für sie wichtigen Vorgang resultierte ferner, dass die DDR-Verfassung am 7.10.1974 erneut grundlegend verändert wurde.

Religiöse Kreise, Künstler und Literaten waren es, die in der DDR den Gedanken an die Einheit bewahrten, vor allem die Kirchen wurden zum Hoffnungsträger und Freiraum für viele.

Hoffnung begründete auch die **KSZE-Konferenz von Helsinki** im Jahre 1975 (s. Kap. XIV). Während der Ostblock primär auf Garantie der bestehenden Grenzen – und damit auf Machterhalt – abzielte, ging es den westlichen Nationen vor allem um Menschenrechte (sog. Korb 3). Dieser Menschenrechtskatalog wurde innerhalb weniger Jahre zum Auslöser für die Selbstbefreiung im Osten Europas (die Solidarnocz in Polen, die Demokratiebewegung um Vaclav Havel in der CSSR, die Dissidenten um Sacharov in der UdSSR und viele andere).

## Das Wiedervereinigungsgebot des Grundgesetzes

Der Grundlagenvertrag hat seinerzeit in der Bundesrepublik zu heftigen innenpolitischen Kontroversen geführt, insbesondere im Hinblick auf die Frage, ob er mit dem Wiedervereinigungsgebot des Grundgesetzes vereinbar sei. Durch Urteil des **Bundesverfassungsgerichts** vom 31. 7. 1973 (BVerfGE 36, 1) ist diese Frage **bejaht** worden.

In den Grundpositionen zur Frage der Wiedervereinigung bestand Einmütigkeit zwischen den staatstragenden Parteien:

▶ Die Teilung Deutschlands ist eine Folge des Zweiten Weltkrieges. Sie wurde den Deutschen aufgezwungen und **widerspricht** dem **Selbstbestimmungsrecht** der Völker. Hitler hat den deutschen Nationalstaat in verbrecherischer Weise aufs Spiel gesetzt, die deutsche Nation aber besteht fort (s. oben).

▶ Den unnatürlichen Zustand der Teilung zu beseitigen, ist den Deutschen allein nicht möglich. Er muss aber, wo immer dies erreichbar ist, weniger gefährlich gemacht werden.

▶ Eine Lösung der deutschen Frage ist nur denkbar unter Beachtung der im Grundlagenvertrag und in den Ostverträgen festgelegten Vereinbarungen (s. oben) und kann nur im Rahmen einer **gesamteuropäischen Friedensordnung** erreicht werden.

▶ Das Wiedervereinigungsgebot ist kein Instrument des Revanchismus. Es dient in erster Linie dazu, die Idee eines wieder vereinigten Deutschland **lebendig** zu halten.

Es ist mithin, solange seine Realisierung politisch nicht erreichbar ist, vor allem auch ein Gebot zur Wahrung einschlägiger Rechtspositionen; eine bleibende Botschaft, den Gedanken an Einheit in freier Selbstbestimmung über alle Mauern hinweg aufrechtzuerhalten, und zwar ohne die Illusion einer schnellen Realisierung dieses Zieles.

▶ Das Wiedervereinigungsgebot begründet nach der Rechtsprechung des BVerfG für die **Organe** der Bundesrepublik innerhalb eines breiten Rahmens politischen Ermessens bestimmte **Handlungs-** und **Unterlassungspflichten.** Darüber hinaus verbietet es Gesetzesauslegungen, die der Wiedervereinigung hinderlich sind (BVerfGE 11, 9).

▶ Eine **Verletzung** dieses Gebots liegt jedoch nur vor, wenn eine Maßnahme rechtlich oder tatsächlich der Wiedervereinigung in Freiheit **offensichtlich entgegensteht.** Entsprechende Rechtstitel dürfen nicht preisgegeben werden (vgl. BVerfGE 36, 1).

Die **DDR** hat, nachdem sie sich anfangs zur deutschen Nation bekannte, im Laufe der Zeit **unterschiedliche Positionen** zur Frage der Wiedervereinigung bezogen (s. Kap. XIV):

▶ Art. 1 der Verfassung vom 7. 10. 1949 lautete: „Deutschland ist eine unteilbare demokratische Republik".

▶ Auch Art. 1 der Verfassung vom 9. 4. 1968 enthielt das Bekenntnis: „Die Deutsche Demokratische Republik ist ein sozialistischer Staat deutscher Nation".

▶ Seit Mitte der siebziger Jahre aber vertrat die DDR die Auffassung vom **Gegensatz** zwischen der „sozialistischen Nation in der DDR" und der „alten in der Bundesrepublik fortbestehenden kapitalistischen Nation". In der Präambel der Verfassung vom 7. 10. 1974 hieß es daher: „In der Fortsetzung der revolutionären Traditionen der deutschen Arbeiterklasse ... hat das Volk der Deutschen Demokratischen Republik ... sein Recht auf ... staatliche und nationale Selbstbestimmung verwirklicht ...".

▶ Gleichwohl **schloss** die DDR-Führung – das wurde aus ihren Äußerungen gelegentlich deutlich – eine **Wiedervereinigung nicht völlig aus,** dann jedoch nur unter **sozialistischen Vorzeichen.**

## Die Staatsangehörigkeit im geteilten Deutschland

Nach dem Grundgesetz bestand die nationale und staatliche Einheit Deutschlands mit gesamtdeutschem Staatsvolk und Staatsgebiet auch nach der Kapitulation des Jahres 1945 fort (s. Kap. I). Die DDR galt als Bestandteil Deutschlands; sie wurde im Verhältnis zur Bundesrepublik nicht als Ausland angesehen (vgl. BVerfGE 36, 1). Daher verstand unsere Verfassung auch im zweigeteilten Deutschland unter der „deutschen" Staatsangehörigkeit (vgl. Art. 16 und 116 GG) die einheitliche „gesamtdeutsche" Staatsangehörigkeit, die für **Inländer aller vier ehemaligen Besatzungszonen** galt.

Daran vermochte auch die durch Volkskammergesetz vom 20. 2. 1967 eingeführte „Staatsbürgerschaft der DDR" nichts zu ändern. Wer die Staatsbürgerschaft der DDR erwarb, hatte folglich auch die **deutsche** Staatsbürgerschaft erworben (BVerfG, NJW 88, 1313).

In dieser bedeutenden Entscheidung hatte das Bundesverfassungsgericht u. a. ausgeführt: „Die Spaltung Deutschlands ist nicht vom Selbstbestimmungsrecht des deutschen Volkes gedeckt. Vielmehr hält das deutsche Volk in seiner überwältigenden Mehrheit sowohl in der Bundesrepublik Deutschland als auch in der DDR an dem Willen fest, die Spaltung auf friedliche Weise zu überwinden und die volle staatliche Einheit wieder herzustellen."

Unberührt blieb diese Rechtsauffassung schließlich auch vom Grundlagenvertrag (s. oben).

Die von der DDR immer wieder geforderte Anerkennung der DDR-Staatsbürgerschaft hätte letztlich drei Staatsbürgerschaften in Deutschland (unter Einschluss Berlins) bedeutet, womit die Teilung besiegelt worden wäre. Sie war daher mit dem auf die Wiedervereinigung ausgerichteten Grundgesetz unvereinbar.

Welch zentrale Bedeutung der einheitlichen gesamtdeutschen Staatsbürgerschaft im Rahmen des deutsch-deutschen Verhältnisses zukam, ist im Zuge der Wende besonders deutlich geworden. Denn wie hätten wir uns in den Monaten des Exodus verhalten sollen **ohne** die bestehende Regelung der Staatsbürgerschaft?

*Die Bundesrepublik Deutschland – gestern und heute*

# Die Herstellung der Einheit

## Gründe für das Scheitern des „real existierenden Sozialismus"

Seit Mitte der achtziger Jahre hatten sich in der DDR – parallel zum gesamten Ostblock – zunehmend Anzeichen einer wirtschaftlichen und politischen Krise gezeigt. Diese Entwicklung spitzte sich im Herbst 1989 dramatisch zu. Spätestens zu diesem Zeitpunkt wurde offenkundig, dass Honeckers „real existierender Sozialismus" – in Wahrheit eine rückständige Variante des Stalinismus – gescheitert war. Staat und Gesellschaft in der DDR hatten sich auseinander gelebt; die Regierung war isoliert und letztlich nicht mehr handlungsfähig.

**Kennzeichen** der bedrückenden Lebensumstände waren insbesondere:

▶ **fehlende Bürgerfreiheiten** (Meinungs- und Informationsfreiheit, Versammlungsfreiheit, Niederlassungsfreiheit, Reisefreiheit);

▶ **Pluralismus-** und **Demokratiedefizite** (fehlende freie Wahlen und Mitbestimmung, Identität von Staat und Staatspartei);

▶ **mangelnde Rechtsstaatlichkeit** (fehlende Nachprüfbarkeit staatlicher Akte, fehlende Verwaltungsgerichtsbarkeit, Privilegien Einzelner statt rechtlicher Gleichheit aller, Gewaltenhäufung – bei der SED – statt Gewaltenteilung);

▶ **staatliche Bevormundung, administrative Gängelei und Machtmissbrauch** (Fehlen jeder offenen geistigen Auseinandersetzung, aufgeblähte Planbürokratie, Ämterfilz und Korruption, Bespitzelung und Unterdrückung, Überwachungsdiktatur);

▶ **völlig unzureichendes Angebot** an **Waren** und **Dienstleistungen** sowie **Versorgungsengpässe** als Ergebnis eines verfehlten, jede private Initiative lähmenden Wirtschaftssystems (Kommando-Wirtschaft), Fehlen wettbewerbsorientierter Ordnungsprinzipien, fehlgeleitete Investitionspolitik, Entstehen von Neben- und Schwarzmärkten.

Vor diesem Hintergrund der geistigen Öde, der Perspektivlosigkeit und Tristesse hatten die Menschen in der DDR jede Erwartung aufgegeben, dass die Herrschenden sich als befähigt erweisen könnten, die Verhältnisse positiv zu verändern. Wenn die SED jemals überhaupt so etwas wie Hoffnung hatte verkörpern können: Vom Herbst 1989 an war dieser Kredit restlos verspielt. Das Volk der DDR („Wir sind das Volk") schüttelte die Unfreiheit und Unfähigkeit des kommunistischen Systems ab. Es forderte den ungehinderten Dialog mit dem Ziel einer revolutionären Wandlung in Richtung auf **demokratische Selbstbestimmung, Wiedergewinnung elementarer Menschenrechte** und **Verbesserung der Lebensqualität**. Unüberhörbar wurde zugleich der Ruf nach **Einheit**: „Deutschland, einig Vaterland".

## Die revolutionäre Wende

Ausgangspunkt für die **Reformbewegung** in der DDR waren die vorausgegangenen Demokratisierungsprozesse und politischen Umwälzungen in Polen und Ungarn, die ihren Anstoß durch Gorbatschows Politik der Öffnung (Glasnost) und Umgestaltung (Perestroika) erhielten. Zunächst versuchten die Machthaber in Ostberlin noch, einen Sozialismus „in den Farben der DDR" zu bewahren. Aber sehr bald zeigte sich, dass auch sie den Reformprozess auf Dauer nicht würden aufhalten können.

Dennoch hat niemand den radikalen Umschwung – die revolutionäre Wende – in der DDR vorausgesehen. Alle rechneten damit, dass die SED wie in den vergangenen 40 Jahren weiterhin allein und unumschränkt herrschen würde. Doch seit dem Frühsommer 1989 überschlugen sich die Ereignisse:

Bei den Kommunalwahlen vom 7. Mai 1989 hatten nach offiziellen Angaben 98,8 Prozent der Wähler für die Kandidaten der Nationalen Front gestimmt – ein Ergebnis, das der tatsächlichen Stimmungslage in der DDR eindeutig widersprach. In die Proteste über die offensichtliche Fälschung mischten sich in den folgenden Monaten verstärkt Versuche von DDR-Bürgern, in der Vertretung der Bundesrepublik in Ost-Berlin sowie den Botschaften in Budapest, Prag und Warschau Zuflucht zu finden. Den Anstoß zur **Massenflucht** gab schließlich Ungarn, das am 11.9.1989 seine Westgrenze öffnete und damit rd. 25 000 DDR-Bürgern die Flucht ermöglichte.

Es folgt eine Kette von Kundgebungen im gesamten Land. Selbst die Aufmärsche zum 40. Jahrestag der DDR am 7. Oktober werden von Gegendemonstrationen begleitet. Zentrum der Proteste, die sämtlich friedlich bleiben, ist Leipzig, wo sich bis zu 70 000 Menschen zu den **Montagsdemonstrationen** zusammenfinden. Ihre Forderungen gipfeln in dem Ruf nach Vereinigung, freien Wahlen, offenen Grenzen und Demokratie: „Wir sind das Volk".

Unter dem Druck der Verhältnisse tritt **Erich Honecker** am 18. Oktober zurück. Sein Nachfolger wird Egon Krenz, zunächst als Generalsekretär der SED, dann als Staatsratsvorsitzender. Doch die Proteste verschärfen sich weiter. Am 4. November demonstrieren in Ost-Berlin rd. eine halbe Million Menschen gegen das Regime. Daraufhin tritt auch die Regierung unter Ministerpräsident Willi Stoph zurück. In der Nacht vom 9. zum 10. November wird schließlich verkündet, jeder DDR-Bürger dürfe das Land mit beliebigem Ziel verlassen. Die **revolutionäre Wende** ist Realität geworden, Mauer und Grenze sind offen. Millionen Menschen strömen in den freien Westen.

Am 13. November wählt die Volkskammer **Hans Modrow** zum Ministerpräsidenten. In Ost-Berlin konstituiert sich der von den Kirchen ins Leben gerufene **Runde Tisch** als Kontrollorgan, vor allem über die Stasi (Staatssicherheit). Krenz tritt als Staatsratsvorsitzender zurück und wird von Manfred Gerlach abgelöst. Die Volkskammer streicht den Führungsanspruch der SED aus der Verfassung, Ein Sonderparteitag löst schließlich die gesamte Führung der SED ab, Gregor Gysi wird neuer Vorsitzender. Gegen Honecker und andere werden Strafverfahren eröffnet. Am 4. Februar 1990 gibt sich die SED den Namen „**Partei des Demokratischen Sozialismus**" (PDS). Ihr gehören nur noch 30 Prozent der ehemals 2,2 Millionen SED-Mitglieder an. Am 5. Februar bildet Modrow eine neue Regierung unter Beteiligung des Rundes Tisches, der sich daraufhin am 12. März auflöst.

## Die demokratischen Kräfte formieren sich

Vier Jahrzehnte nach der Zwangsvereinheitlichung hatte der Drang der DDR-Bürger nach Selbstbestimmung ein noch sehr **buntes politisches Spektrum** entstehen lassen. In seinen **Grundströmungen** – **bürgerlich-konservatives** Lager, **Sozialdemokratie, liberale** Gruppen und **grün-alternative** Bewegungen – deckte sich dieses Kräftefeld mit dem der Bundesrepublik. Das hatte historische, weltanschauliche, aber auch politisch-taktische Gründe, vor allem im Hinblick auf die künftigen Machtverhältnisse in Deutschland. In diese Aus-einandersetzung griffen auch die Reste der alten SED durch ihre „Neugründung" PDS (s. oben) ein.

Zur **Volkskammerwahl** am 18. März stellten sich 24 Parteien und Wahlbündnisse, so z. B.:

▶ Die „**Allianz für Deutschland**", eine von CDU und CSU unterstützte Listenverbindung politisch eigenständiger Parteien, die für eine baldige Wiedervereinigung auf der Grundlage des Art. 23 GG standen, strebte eine föderative Staatsordnung und eine freiheitliche, sozial orientierte Marktwirtschaft an. In ihr hatten sich drei konservative Parteien verbündet: der **Demokratische Aufbruch** (DA), eine der tragenden Kräfte der Revolution in der DDR; die **Deutsche Soziale Union** (DSU), eine der bayerischen CSU befreundete Neugründung; und die **Christlich-Demokratische Union Deutschlands** (CDU), eine der ehemaligen Blockparteien der „Nationalen Front" (s. Kap. XIV).

▶ Die liberalen Parteien, zusammengeschlossen zum Wahlbündnis „**Bund Freier Demokraten**", wurden von der bundesdeutschen FDP unterstützt. Sie wollten die Einheit „in gemäßigtem Tempo" über einen Volksentscheid herbeiführen und strebten eine soziale, leistungsorientierte Marktwirtschaft an. Dem Wahlbündnis gehörten an: die **Deutsche Forumpartei** (DFP), eine Abspaltung des an der Wende in der DDR maßgeblich beteiligten Neuen Forums; die **Freie Demokratische Partei** (FDP), eine an die Bundes-FDP angelehnte Neugründung; und die **Liberal-Demokratische Partei** (LDPD), die bereits als Blockpartei bestanden hatte

▶ Zum „**Bündnis 90**" vereinigten sich Bürgerrechtsbewegungen, die zu den wichtigsten Reformkräften gehört hatten, das **Neue Forum** (NF), die Vereinigung „**Demokratie Jetzt**" (DJ) sowie die **Initiative für Frieden und Menschenrechte** (FM). Das Bündnis verstand sich als Korrektiv zu den Parteien und verzichtete daher auf Unterstützung aus bundesdeutschen Parteikassen. Inhaltlich konzentrierte man sich auf Politikfelder, die von den Parteien vernachlässigt wurden, z. B. Minderheitenrechte, Folgen der Wirtschafts- und Währungsreformen usw.

**Ohne Bündnispartner** traten u. a. folgende Parteien an:

▶ **Sozialdemokratische Partei Deutschlands (SPD).** Die SPD, die von der Bonner Schwesterpartei finanziell und organisatorisch unterstützt wurde, trat für die baldige Schaffung eines föderativen deutschen Staates in einem vereinten Europa, eine sozial und ökologisch orientierte Marktwirtschaft sowie eine Friedensordnung ein, die auf Dauer die Mitgliedschaft in der NATO bzw. das Bündnis selbst entbehrlich machen sollte.

▶ **National-Demokratische Partei Deutschlands (NDPD).** Die ehemalige Blockpartei setzte sich für die deutsche Einheit in einer neutralen „Deutschen Republik" ein.

▶ **Demokratische Bauernpartei (DBD).** Auch diese frühere Blockpartei wollte die Deutsche Einheit. Sie strebte ein neues Boden-, Umwelt- und Tierschutzrecht an.

▶ **Partei des Demokratischen Sozialismus (PDS).** Die ehemalige Staatspartei SED unter neuem Namen stellte sich nun der Vereinigung nicht mehr grundsätzlich entgegen, vertrat aber ein Festhalten der DDR an ihren „gesellschaftlichen Werten und Leistungen".

## Volkskammer- und Kommunalwahlen

Am 18. März 1990 wurde erstmalig in der 40-jährigen Geschichte der DDR die Volksvertretung in freier und geheimer Wahl gewählt. Ihr ging ein polarisierender, teilweise aggressiv und ungleich geführter Wahlkampf voraus. Während ihn die PDS mit Eigenmitteln in Höhe von 5,5 Millionen Mark bestreiten konnte, erhielten die konservativ-liberalen Parteien sowie die DDR-Sozialdemokraten massive finanzielle, personelle und organisatorische Unterstützung von ihren westdeutschen Schwesterparteien. Dagegen blieben die aus der DDR-Bürger- und Umweltbewegung hervorgegangenen Gruppen, wie Neues Forum, Bündnis 90, Grüne oder der Unabhängige Frauenverband, auf sich selbst gestellt. – Die Wahl wurde zu einer Volksabstimmung, bei der es im Kern um die Frage ging: Einbeziehung der DDR in das Grundgesetz oder Erhalt der Eigenstaatlichkeit im Rahmen einer Wirtschafts- und Währungsunion.

Bei einer Wahlbeteiligung von 93,2 Prozent entschied sich die weitaus überwiegende Mehrheit der Wähler für die Demokratie und eine Politik des möglichst schnellen Weges zur Einheit. Die neue Volkskammer war ein Spiegelbild der neuen Kräfteverhältnisse: Während die Allianz für Deutschland mit 48 Prozent Stimmenanteil (CDU 40,8 Prozent) die stärkste Fraktion stellte, mussten sich SPD mit 21,8 Prozent und PDS als linkes Sammelbecken alter DDR-Eliten und Einheitskritiker mit 16,4 Prozent der Stimmen zufrieden geben. Mit unerwartet schwachen Anteilen wurden die alternativen Bewegungen bedacht, obgleich sie als erste den Widerstand gewagt und die Reformen ertrotzt hatten. Zug um Zug folgten weitere Schritte:

45

Am 3. April konstituiert sich die Volkskammer und wählt Sabine **Bergmann-Pohl** (CDU) zur Parlamentspräsidentin. Sie amtiert bis zur Wiedervereinigung am 3. Oktober 1990 als **Staatsoberhaupt** der DDR. Der Vorsitzende der Ost-CDU, **Lothar de Maizière**, wird am 12. April als Chef einer christlich-sozialliberalen Koalition zum **Ministerpräsidenten** der DDR gewählt. In seiner Regierungserklärung bekräftigt er den Willen zur deutschen Einheit, betont zugleich aber auch die Notwendigkeit, die sozialen Rechte der Bürger der DDR zu bewahren. Durch Verfassungsänderung werden der **Staatsrat** abgeschafft und die **Präambel** mit der Typisierung der DDR als „sozialistischer Staat der Arbeiter und Bauern" gestrichen. Die **Kommunalwahl** am 6. Mai bestätigt den Trend der Ergebnisse der Volkskammerwahl.

## Die letzten Schritte zur Einheit im Zeitspiegel (1990)

06.05. In Bonn beginnen die sog. **Zwei-plus-vier-Gespräche,** in deren Rahmen die für Deutschland verantwortlichen vier Mächte (s. Kap. I) mit den beiden deutschen Regierungen über den künftigen Status Deutschlands verhandeln.

21.06. Bundestag, Bundesrat und Volkskammer verabschieden den **Staatsvertrag,** der die rechtliche Basis für **gleiche Lebensverhältnisse** bildet. Seine wichtigsten Bestimmungen sind

| Währungsunion | Wirtschaftsunion | Sozialunion |
|---|---|---|
| Einheitliches Währungsgebiet, Umstellung nach Alter gestaffelt; bis 6000 DDR-Mark können im Verhältnis 1:1 in DM getauscht werden. Darüber hinaus im Verhältnis 2:1. | Einführung der Sozialen Marktwirtschaft in der DDR: Privateigentum, Gewerbefreiheit, freie Preisbildung, Freizügigkeit von Arbeit, Kapital, und Dienstleistungen. | Einführung von Renten-, Kranken-, Arbeitslosen- versicherung und Sozialhilfe in der DDR; desgl. Tarifautonomie, Streikrecht, Koalitionsfreiheit, Betriebsverfassung. |

16.07. Bundeskanzler Kohl und der sowjetische Staatschef Gorbatschow verkünden den Durchbruch der bislang offenen Bündnisfrage. Sie vereinbaren, dass Deutschland noch 1990 seine **volle Souveränität** erhalten und über seine **Bündniszugehörigkeit** selbst bestimmen soll. Die Sowjetunion wird ihre Truppen abziehen.

22.07. Auf Beschluss der Volkskammer sollen die fünf einstigen **Länder** der DDR wiedererstehen und nach den Landtagswahlen am **14. Oktober handlungsfähig** gemacht werden. Brandenburg, Mecklenburg-Vorpommern, Sachsen, Sachsen-Anhalt und Thüringen waren 1952 vom SED-Regime aufgelöst und durch 14 Bezirke, dazu Ost-Berlin – im Range eines eigenständigen Bezirks – ersetzt worden.

03.08. In Ost-Berlin wird nach langem politischen Tauziehen der **Wahlvertrag** für die erste gesamtdeutsche Bundestagswahl paraphiert. Er sieht ein gemeinsames Wahlgebiet mit einheitlicher Fünf-Prozent-Klausel und die Möglichkeit von Listenverbindungen für solche Parteien vor, die in Ost und West nicht zueinander in Konkurrenz stehen.

12.08. Die **FDP** und die **Liberalen** in der **DDR** vereinigen sich als erste der Parteien in Ost und West. Ihnen folgen die **SPD** am 28. September und die **CDU** am 1. Oktober.

19.08. Die **DDR-Regierungskoalition zerbricht** mit dem Auszug der SPD. Ministerpräsident de Maizière regiert ab jetzt ohne Mehrheit in der Volkskammer.

23.08. In der historischen Sondersitzung beschließt die Volkskammer mit der erforderlichen

Zweidrittelmehrheit den **Beitritt** der **DDR** zur **Bundesrepublik** zum 3. Oktober 1990 auf der Grundlage des Art. 23 GG.

24.08. Nachdem einen Tag zuvor der Bundestag das **Wahlgesetz** verabschiedet hatte, stimmt auch der Bundesrat dem Gesetz mit großer Mehrheit zu.Es löst bei den kleineren Parteien Proteststürme aus. Die von ihnen als „Lex-DSU" kritisierte Regelung der Listenkombination erlaube lediglich der nur in der DDR sich zur Wahl stellenden DSU eine Verbindung mit der nur in Bayern antretenden CSU und verhindere damit das Scheitern der DSU an einer gesamtdeutschen Fünf-Prozent-Hürde. – Den Bürgerbewegungen in der DDR, die durch ihren Beitrag zur friedlichen Revolution und zum Sturz des SED-Regimes beigetragen haben, droht ebenso wie der PDS, dass sie aufgrund dieser auf das gesamte Wahlgebiet bezogenen Quote den Einzug ins Parlament nicht schaffen. Wegen Verletzung der Chancengleichheit der Parteien kündigen Bündnis 90 und PDS eine Verfassungsklage an.

31.08. Der Vertrag zur „**Herstellung der Einheit Deutschlands**" wird von Bundesinnenminister Schäuble und DDR-Staatssekretär Krause in Ost-Berlin unterschrieben. Auf 1 120 Seiten regelt er die Einzelheiten des Beitritts und schafft damit die Voraussetzungen, dass die Vereinigung in geordneten Bahnen verlaufen kann.

Von den **Kompromissen,** auf die man sich verständigt, sind vor allem die Regelungen zur **Abtreibung** (s. Kap. IV) und zum Verbleib der sechs Millionen **Stasi-Akten** in Ostdeutschland strittig. Heftig umstritten sind auch die **Eigentumsfragen.** Hierzu sieht der Vertrag vor, dass die im Zuge der **Bodenreform** unter sowjetischer Militärhoheit von 1945 bis 1949 vorgenommenen **Enteignungen** gültig bleiben. Spätere Enteignungen sollen rückgängig gemacht werden, sofern dies für die neuen Besitzer zumutbar ist; anderenfalls besteht Entschädigungsanspruch. Die ehemaligen Staatsbetriebe sollen von der Treuhandanstalt privatisiert, mögliche Überschüsse zur Sanierung verwandt werden.

Der daran anknüpfende Rechtsstreit reichte bis in die Gegenwart: Mit der Bodenreform der SBZ hatten in den ersten Nachkriegsjahren sog. Neubauern, vielfach Ost-Vertriebene, Ländereien des Großgrundbesitzes gegen Entgelt erworben („Junkerland in Bauernhand"). Als diese später in Landwirtschaftliche Produktionsgenossenschaften (LPG) überführt wurden, blieben die Neubauern Formaleigentümer, ohne das Land nutzen (wohl aber vererben) zu können. Deren Erben, noch kurz vor der Vereinigung von der Regierung Modrow zu Volleigentümern erklärt, wurden 1992 durch das Zweite Vermögensrechtsänderungsgesetz zugunsten der jeweiligen Bundesländer entschädigungslos enteignet, soweit sie nicht aktuell oder zuvor mindestens zehn Jahre in der DDR-Landwirtschaft tätig waren. Diese, durch das BVerfG in mehreren „Bodenreformurteilen" (s. unten) bestätigte Regelung ist letztlich auch vom Europäischen Gerichtshof für Menschenrechte mit Urteil v. 30. 6. 2005 anerkannt worden. Nach Auffassung des Gerichts war die Bundesrepublik nach der Wiedervereinigung nicht verpflichtet, für Enteignungen in der SBZ von 1945 bis 1949 einen Ausgleich in Höhe des heutigen Verkehrswertes der Ländereien zu leisten. Gleiches gilt für die entschädigungslose Landenteignung nach der Wiedervereinigung, soweit die Erben der sog. Neubauern das aus der Bodenreform stammende Land nicht selbst landwirtschaftlich nutzen.

12.09. Nach erfolgreichem Abschluss der „Zwei-plus-Vier-Gespräche" unterzeichnen die Außenminister der vier Siegermächte und der beiden deutschen Staaten den „**Vertrag über die abschließende Regelung in Bezug auf Deutschland**", der völkerrechtlich einem **Friedensvertrag** gleichkommt. Seine wichtigsten Inhalte sind:

*Die Bundesrepublik Deutschland – gestern und heute*

| Das vereinte Deutschland | Die ehemaligen Alliierten |
|---|---|
| ▶ verzichtet auf **Gebietsansprüche** gegen andere Staaten und erkennt die **Oder-Neiße-Linie** als endgültige Westgrenze Polens an;<br>▶ bekräftigt sein Bekenntnis zum **Frieden** und seinen Verzicht auf **ABC-Waffen**;<br>▶ verringert seine **Streitkräfte** auf 370 000 Mann. | ▶ garantieren den **Abzug** der Sowjettruppen aus Ost-Berlin und der DDR bis 1994;<br>▶ beenden die **Viermächteverantwortung** für Berlin und Deutschland als Ganzes;<br>▶ erklären die Absicht zur Rückgabe der **vollen Souveränität**. |
| Vom Zeitpunkt der Vereinigung Deutschlands bis zum völkerrechtlichen Inkrafttreten des Vertrages werden die **Vorbehaltsrechte** und die Tätigkeit der entsprechenden Einrichtungen der Alliierten **suspendiert**. ||

20.09. Nachdem das BVerfG eine von acht CDU/CSU-Abgeordneten erhobene Organklage, mit der sie den **Einigungsvertrag** verhindern wollten, als unbegründet verworfen hat, stimmen am 20. September Bundestag und Volkskammer dem **Vertrag** mit Zwei-Drittel-Mehrheit zu. Der Bundesrat billigt ihn einen Tag später einstimmig.

24.09. DDR-Verteidigungs- und Abrüstungsminister Eppelmann und der Oberkommandierende des Warschauer Pakts besiegeln in einem Protokoll die Herauslösung der **Nationalen Volksarmee** aus dem östlichen Verteidigungsbündnis bis zum 3. Oktober. Der Austritt der DDR aus dem Bündnis geht auf eine Vereinbarung von Bundeskanzler Kohl und Staatschef Gorbatschow im Kaukasus zurück (s. unten). Die Sowjetunion gibt ihren Widerstand gegen die **NATO-Mitgliedschaft** Deutschlands auf. Die außenpolitischen Probleme der Wiedervereinigung sind damit gelöst.

02.10. Am Vortag der deutschen Einheit und der Wiedervereinigung Berlins ist die Arbeit der **Alliierten Kommandantur** in Berlin beendet. Die Nationale Volksarmee löst sich auf; ihre Soldaten werden der **Bundeswehr unterstellt**.

03.10. Mit dem **Beitritt** zum Grundgesetz löst sich die DDR als eigenständiger Staat auf. Damit ist nach 45 Jahren die Teilung beendet. Ganz Deutschland feiert die Vereinigung mit einem Volksfest. Die Freiheitsglocke im Schöneberger Rathaus läutet den **Tag der Deutschen Einheit** als neuen **Nationalfeiertag** ein. Mit dem Einigungsvertrag erhöht sich die Zahl der Bundesländer auf 16. **Berlin**, um die Ost-Bezirke vergrößert, wird Deutschlands **Hauptstadt**. Der **Bundestag** wird um 144 Mitglieder der ehemaligen Volkskammer erweitert, der **Bundesrat** hat nun 68 Mitglieder, die **Bundesregierung** fünf zusätzliche Sonderminister. Das **Grundgesetz** gilt für ganz Deutschland und mit ihm auch auf kommunaler Ebene die **Selbstverwaltung**.

05.10. Nachdem das Bundesverfassungsgericht am 29. September das bereits verabschiedete **Wahlgesetz** für die Bundestagswahlen am 2. Dezember – nach Verfassungsklagen von Grünen, Republikanern und der Linken Liste/PDS – als unzulässig verworfen hatte, verabschieden Koalition und SPD-Opposition das inzwischen neu vorgelegte Gesetz. Es sieht in Anlehnung an die Auflagen des Bundesverfassungsgerichts eine **getrennte Fünf-Prozent-Klausel** in den Gebieten der bisherigen Bundesrepublik und der DDR vor. Zugleich können Parteien in der bisherigen DDR über Listenverbindungen gemeinsam die Sperrklausel überwinden.

02.12. Bei der ersten Wahl zum **Gesamtdeutschen Bundestag** erringt die Koalition aus CDU/CSU und FDP unter Helmut Kohl einen überwältigenden Erfolg. Das Ergebnis wird als Bestätigung der Politik der Vereinigung gewertet, begründet zugleich aber auch hohe Erwartungen an die Herstellung gleicher Lebensverhältnisse.

## Der Kriegszustand ist beendet

Am 15. 3. 1991 hinterlegt die Sowjetunion als letzte der vier Siegermächte in Bonn die Ratifikationsurkunde für den **Zwei-plus-Vier-Vertrag**. In dem Vertragswerk verzichten die USA, die UdSSR, Großbritannien und Frankreich auf ihre **Vorbehaltsrechte**. Das geeinte Deutschland, dessen **Wiedervereinigung** ausdrücklich bekräftigt wird, erhält die **volle Souveränität**. Ergänzend hatten die Bundesrepublik und die UdSSR bereits am 12.10.90 den Vertrag über den **Abzug** der **sowjetischen Truppen** geschlossen – einen Vertrag, der bis in die Gegenwart für Unstimmigkeiten sorgt. Denn Russland behauptet heute noch, es sei damals getäuscht worden. Der Westen habe in diesem Zusammenhang zugesichert, die **NATO** nicht nach Osten auszudehnen, habe später aber, die temporäre Schwäche Russlands ausnutzend, diese Zusage immer wieder gebrochen (s. Kap. XIV).

Auch mit **Polen** wird auf der Basis des Deutsch-Polnischen Vertrages von 7.12.1970 (s. oben) eine vertragliche Regelung getroffen, die die Rechte der deutschen Minderheiten in Polen sichert und die bestehenden Grenzen garantiert.

## Die schwierige Konsolidierung

Was niemand erwartet hatte, war über Nacht Realität geworden: die Einheit in Frieden und Freiheit. Nun musste „zusammenwachsen, was zusammengehörte". Doch die Festigung des neu gewonnenen Miteinander war schwierig. Denn es gab keine Vorbereitung – weder im Osten noch im Westen, weder politisch, noch wirtschaftlich. Und es fehlte an Beispielen für eine Vereinigung dieses Ausmaßes. So stellten sich zwangsläufig auch Fehler ein, und der Euphorie folgten nicht selten Verunsicherung und Frust.

### Politik und Gesellschaft

Unzweifelhaft haben die Westdeutschen in ihrer überwältigenden Mehrheit die Einheit gewollt, und ebenso ist nicht zu bezweifeln, dass der ganz überwiegende Teil der Menschen im Osten für Freiheit und Demokratie votiert hat – wenn auch mancher zunächst nicht die deutsche Vereinigung, sondern die Veränderung der DDR im Sinn hatte.

Mit beginnender Vernetzung zeigte sich bald, dass einige Jahre nicht ausreichen würden, um die vier Jahrzehnte einer weithin gegensätzlichen und gegeneinander abgeschotteten Entwicklung auszugleichen. Die Zeit hatte feste Orientierungen bewirkt und die Menschen waren einander mehr fremd, als man dies zunächst wahrhaben wollte. Im Kern ging es um die Verschmelzung zweier Gesellschaften, die verschiedenartiger nicht sein konnten und in denen sich selbst die gemeinsame Sprache in Ansätzen bereits auseinander entwickelt hatte. Zu den herausragenden Unterscheidungsmerkmalen gehörten:

- ▶ grundlegende Unterschiede in der Verfassung und Rechtsordnung beider Systeme: Hier verbriefte freiheitliche Teilnahme- und Mitwirkungsrechte; dort gesellschaftlicher Druck, Zwangsmitgliedschaft in Massenorganisationen, verordnete Freizeitkontakte und ein durch ständige Kontrollen erzeugtes Klima der Unfreiheit;

- ▶ unterschiedliche Lebensart und Kultur, verschiedenartige Wertvorstellungen, differierende Erziehungsziele: Im Osten kollektive Lebens- und Arbeitsformen, Erwerbsintegration der Frau und ideologische Ausrichtung; im Westen Individualisierung, Selbstbestimmung, Selbstverwirklichung, Erwerbsstreben, Besitzstandsdenken;

- ▶ ein höheres Maß an sozialer Gleichheit in der DDR, wenn auch auf deutlich niedrigerem Wohlstandsniveau als in der Bundesrepublik; Solidarität als prägende Erfahrung in einer „egalitären Arbeitsgesellschaft" der DDR (Sontheimer). Soziale Bindungen und soziale Gerechtigkeit haben daher bis heute im Osten einen höheren Stellenwert.

*Die Bundesrepublik Deutschland – gestern und heute*

Dies alles hat fast zwangsläufig zu Verständigungsproblemen geführt. Und bald stellte sich im Osten auch Enttäuschung ein – über den Verlust sicher geglaubter Arbeitsplätze, die Rücknahme sozialer „Errungenschaften" und das Einkommensgefälle. Daraus erwuchsen das Gefühl, Bürger zweiter Klasse, ausgegrenzt, nicht mitgenommen oder nicht angekommen zu sein, sowie eine im Westen nur schwer zu vermittelnde DDR-Nostalgie. So bildete sich eine Atmosphäre wechselseitiger Vorbehalte, aus der vor allem die PDS ihren Nutzen zog.

Den Ostdeutschen warf man Undankbarkeit und überzogenes Anspruchsdenken vor, den Westlern Arroganz und Abzockermentalität. Zu wechselseitigen Vorwürfen führten auch vereinzelte Auswüchse von Rechtsradikalismus, Antisemitismus und Gewalt. So drohte wenige Jahre nach dem realen Fall der Grenze eine Mauer in den Köpfen.

### Finanztransfer

Die riesigen Probleme, die der Strukturumbruch von einer gescheiterten Zentralverwaltungswirtschaft zu einer Sozialen Marktwirtschaft mit sich bringt, wurden anfangs teilweise bewusst heruntergespielt oder in ihrer vollen Tragweite nicht erfasst. Nach Berechnungen des Deutschen Instituts für Wirtschaftsforschung sind insgesamt 1,6 Billionen Euro (jährlich rd. 80 Milliarden) in den Aufbau Ost geflossen. Doch die Zahl ist zu relativieren: Zieht man die in den Ost-Ländern geleisteten Steuern und Abgaben ab, verbleibt ein Netto-Transfer von 1,2 Billionen, von denen die meisten auch westdeutschen Ländern und Gemeinden zustehen. Die reinen Ost-Hilfen – aus Soli-Zuschlag und Wirtschaftsförderung – betragen lt. Sachverständigenrat jährlich rd. 15 Milliarden. Hartnäckig hält sich zudem die falsche Behauptung, der Soli-Zuschlag sei allein vom Westen aufzubringen. Gern übersehen wird auch, dass der Boom der ersten Jahre dem Westen einen enormen Aufschwung brachte.

### Wirtschaft und Arbeit

Die DDR hatte im Wortsinne abgewirtschaftet. Sie war ein Sanierungsfall, gekennzeichnet durch eine desolate Infrastruktur, uneffektive Produktionsmethoden, marode Anlagen und enorme Umweltprobleme. Nur noch wenige Jahre, und der Honecker-Staat wäre zahlungsunfähig gewesen. Ein umfassender Neuaufbau nach **marktwirtschaftlichen** Regeln war unabweisbar notwendig geworden. Doch aus der **Privatisierung** wurde zumeist bloße **Abwicklung**. Als die **Treuhandanstalt** zur Veräußerung volkeigenen Vermögens ihre Aufgabe abschloss, stand einem geschätzten DDR-Kapital von 600 Milliarden DM ein Schuldensaldo von 360 Milliarden gegenüber.

Vermutlich hätten sich die Selbstheilungskräfte des Marktes stärker ausgewirkt, wenn nicht die vielfach ungeklärten Eigentumsverhältnisse entgegen gestanden hätten. Das verfassungsrechtlich gebotene Prinzip „Rückgabe vor Entschädigung" erwies sich in der Praxis als Investitionshemmnis und wirkte sich negativ auf den Arbeitsmarkt aus. Die **Währungsunion** mit der Umstellung der nahezu wertlosen DDR-Mark in 120 Milliarden Westmark zum Kurs von 1:1 bzw. 1:2 hatte statistisch für jeden Bürger der DDR 7 500 DM verfügbar gemacht, was zu einem riesigen Kauf-Boom von ersehnten Westwaren führte. Er brachte zwar der westdeutschen Wirtschaft einen enormen Aufschwung, verringerte gleichzeitig aber die Absatzchancen der ostdeutschen Produkte. In Verbindung mit der allgemein vertretenen **Hochlohnstrategie** sind so Millionen von Arbeitsplätzen entfallen. Die These von der „Kolonisierung" fand daher (bei einer Arbeitslosenquote von etwa 20 Prozent) im ehedem „vollbeschäftigten" Osten ein breites Echo. Und nicht wegzudiskutieren ist auch das Resultat: Von den 500 größten deutschen Unternehmen sind ganze acht im Osten angesiedelt.

### Vergangenheitsbewältigung

Nicht nur Demokratie und Wirtschaftsaufschwung, auch **Sühne** und **Gerechtigkeit** waren erwartet worden, vor allem für die 985 Grenzopfer, angesichts derer die von der PDS gestellte

Frage, ob die DDR ein Unrechtsstaat gewesen sei, geradezu grotesk anmutet. Die strafrechtliche Aufarbeitung des DDR-Unrechts blieb der Justiz vorbehalten. Das Ergebnis wurde von der Enquete-Kommission, die sich mit den Folgen der SED-Diktatur auseinander zu setzen hatte, im Wesentlichen positiv bewertet, auch wenn folgenschweres Verhalten von Funktionären und Stasi-Zuträgern vielfach schon wegen Verjährung ungeahndet blieb. Einen wichtigen Beitrag zur **Mauerschützenproblematik** leistete der **Europäische Gerichtshof für Menschenrechte** mit seinen Grundsatzentscheidungen vom 22.3.2001 (NJW 3035, 3042; vgl. auch Kap. XIV), mit denen er die Beschwerde des wegen der Todesschüsse an Mauer und Stacheldraht zu sechseinhalb Jahren Freiheitsstrafe verurteilten ehemaligen Staatsratsvorsitzenden Egon Krenz und weiterer Verantwortlicher zurückwies. Die Beschwerdeführer, angetreten mit dem absurden Vorwurf, die Strafverfolgung von DDR–Tätern sei **„Siegerjustiz",** hatten ihre Klage auf das in der Menschenrechtskonvention verankerte Rückwirkungsverbot gestützt, doch das Gericht wies darauf hin, dass **auch** nach den **DDR-Gesetzen** menschliches **Leben** geschützt war und die Verurteilung der Verantwortlichen durch die Gerichte der Bundesrepublik folglich nicht gegen das Völkerrecht verstoße. Krenz blieb somit in Haft und wurde erst Ende 2003 entlassen.

## Fortschreitende Angleichung

Unzweifelhaft hat sich **25 Jahre** nach dem Fall der Mauer der Lebensstandard in den ostdeutschen Ländern deutlich verbessert. Innerhalb dieser kurzen Zeitspanne wurde trotz aller Schwierigkeiten unglaublich viel erreicht. Die Wirtschaftsleistung hat sich rascher erholt als erwartet; die Investitionen zahlen sich aus. Vielfach liegen die Defizite heute schon nicht mehr allein im Osten, und in zwölf Jahren wird der Westen eingeholt sein – so das Kölner Institut für Wirtschaft im Jahre 2009.

Dennoch trägt die Wirtschaft sich immer noch nicht selbst, die Arbeitslosenquote ist doppelt so hoch wie im Westen. Jährlich wandern 50 000 Ostdeutsche ab, vor allem junge Menschen und Fachkräfte. In manchen östlichen Regionen sind die Armutsquoten viermal höher als in den reichen Regionen des Südens. Nicht wenige Menschen im Osten fühlen sich als Verlierer der Einheit, und viele suchen das Alte im Neuen.

Umfragen bestätigen dies. Nach einer Erhebung von EMNID vom Herbst 2007 sind **74 Prozent** der Ostdeutschen **unzufrieden** und fühlen sich **benachteiligt**. Die überproportionale Alterung der Gesellschaft bei extrem niedrigen Geburtenraten und die Abwanderung gerade der jungen Leute verschärfen die wirtschaftlichen Schwierigkeiten. Vor allem der Durchsatz mit mittelständischen Unternehmen ist zu gering. Dies ist – neben der mit der Vereinigung dramatisch gesunkenen Frauenerwerbsquote – eine der Hauptursachen für die unverhältnismäßig hohe Arbeitslosigkeit und zugleich Quelle von Politikverdrossenheit, Verweigerungshaltung und Resignation.

Wenn Menschen im Osten Deutschlands sich von der Politik nicht angesprochen fühlen, so ist das jedoch im Regelfall nicht Ausdruck eines Vereinigungsvorbehalts, sondern einer Verunsicherung, die auch den Westen kennzeichnet. Gleichwohl muss die Wahlbeteiligung – im Allgemeinen ein verlässliches Indiz für den Grad der Identifikation – zu denken geben. Bei den Landtagswahlen in Sachsen-Anhalt z. B. sank die ohnehin schon geringe Beteiligung zwischen 1998 und 2009 von fast 72 auf 55 Prozent. Auch bei Bundestagswahlen nahm sie weiter ab: Während sie im Bundesdurchschnitt zwischen 2005 und 2009 um 6,9 Prozentpunkte sank (von 77,7 auf 70,8), ging sie in den östlichen Ländern (ohne Berlin) um durchschnittlich 10 Prozentpunkte zurück.

Die **Vereinigungsbilanz** nach zweieinhalb Jahrzehnten lautet dennoch: Die Verhältnisse haben sich weitestgehend angeglichen. Deutschland hat zur **Normalität** gefunden, was sich auch in der Tatsache ausdrückt, dass eine Ostdeutsche zum zweiten Mal zur Kanzlerin gewählt wurde. Eine wachsende Mehrheit der Bevölkerung ist stolz auf die eigene **Identität** und die **Anerkennung** Deutschlands in der Welt. Die Deutschen haben ein **gelassenes Selbstbewusstsein** entwickelt, das mit dem überhitzten Nationalismus vergangener Zeiten nichts mehr gemein hat. Vor allem die Jugendlichen sehen sich überwiegend als gesamtdeutsch, und zur **Solidarität aller Deutschen** gibt es ohnehin keine Alternative.

Umso mehr wundert es, dass die **DDR** – so eine EMNID-Studie vom Juni 2009 – von **49 Prozent** der Ostdeutschen in der Rückschau **positiv** beurteilt wird und dass sich mit dem Etikett „Unrechtsstaat" nur eine Minderheit identifizieren mag. Dabei geht es offenbar weniger um die Verharmlosung des SED-Staates oder gar eine Verklärung der Diktatur, sondern darum, dass viele sich ihre **eigene Biografie** nicht nehmen lassen wollen.

Gleichwohl hält heute die große Mehrheit der Deutschen die Vereinigung für richtig. Aber es wäre falsch, vor den immer noch bestehenden Problemen die Augen zu verschließen – ebenso falsch, wie ein „Einfach weiter so". Wer bei der Weiterentwicklung des Ostens auf staatliche Unterstützungsprogramme statt auf Eigenkräfte und auf das Gießkannenprinzip statt auf Förderung von Wachstumskernen baut, setzt im Grunde auf die Rezepte eines teuren Irrwegs, der trotz eines Gesamttransfers von mittlerweile 1 600 Milliarden Euro (s. oben) die Arbeitslosigkeit gesteigert, die Verschuldung der öffentlichen Hand erhöht und die jungen Leute aus dem Land getrieben hat.

## Neue Herausforderungen

Die abflachenden Probleme der deutschen Vereinigung werden zunehmend überlagert von anderen Herausforderungen: wachsende Überalterung, ausufernde Globalisierung, dramatisch steigende Staatsverschuldung, kollabierende Sozialsysteme und ein bedrückendes Maß an Arbeitslosigkeit – dies alles vor dem Hintergrund der Finanz- und Wirtschaftskrise mit ihren katastrophalen Auswirkungen auf die Industrienationen.

### Demografische Entwicklung

Die **Bevölkerungsentwicklung** in Deutschland ist seit Jahren zunehmend zum sozialen **Sprengstoff** geworden. Das Thema war, auch als Folge der rassistischen „Bevölkerungspolitik" der Nationalsozialisten, lange Zeit tabuisiert. Für diese Haltung stand der Satz, der Konrad Adenauer nachgesagt wird: „Kinder bekommen die Leute von allein." Doch seit Ende der sechziger Jahre (dem sog. Pillenknick) ist Geburtenplanung in ganz anderer Weise möglich geworden. Die Konsequenzen zeigen sich – nicht nur in – mit steigender Brisanz: Die 82 Millionen Deutschen werden im statistischen Mittel immer älter. Zugleich steigt die durchschnittliche Dauer des Rentenbezugs. Bis 2050 wird der Anteil der Menschen, die 65 Jahre und älter sind, auf ein Drittel anwachsen. Die Senioren werden dann den zahlenmäßig stärksten **Machtfaktor** im Lande bilden. Ursachen sind die **höhere Lebenserwartung** und die **sinkenden Geburtenziffern**. Auf jede Frau entfallen statistisch nur noch 1,3 Kinder. Zum zahlenmäßigen Ersatz der Elterngeneration aber wären durchschnittlich 2,1 Kinder je Frau erforderlich. Daher wird Deutschland bei ungebremster Entwicklung bis 2010 um rd. 500 000, bis 2050 um etwa 12 Millionen Einwohner geschrumpft sein. Besonders betroffen ist der Osten, der ca. ein Drittel seiner Einwohner verlieren wird.

Maßnahmen wie die Heraufsetzung des Rentenalters auf 67 Jahre und Formeln wie „Renten senken, Beiträge erhöhen und mehr arbeiten" werden das Problem allein nicht lösen können, zumal ihnen enge Grenzen gesetzt sind. Vielmehr müssen ein **grundlegender struktureller Wandel** der Wirtschafts- und Arbeitsbedingungen sowie ein **familienorientiertes Gesellschaftsklima** erreicht werden, damit es Frauen besser als bisher möglich ist, mütterliche und berufliche Pflichten in angemessener Weise zu vereinbaren.

Die Familie gehört zwingend zur Persönlichkeitsentfaltung, weil sie in weit höherem Maße als die bloße Ich-Gesellschaft, in der Lage ist, Bindungserleben, Zusammengehörigkeitsgefühl, Selbstlosigkeit, Verantwortung für DEN anderen, Vertrauen und Solidarität zu entwickeln.

Davon sind neuere Formen des familiären Zusammenlebens keineswegs ausgeschlossen. So steigt z. B. aufgrund stark anwachsender Scheidungsraten seit Jahren die Zahl der Paare mit Kindern aus verschiedenen Partnerbeziehungen. Zu diesen sog. **Patchworkfamilien** (engl. Patchwork = Flickenteppich) zählt inzwischen **jede sechste** Familie in Deutschland, was durchaus nicht negativ sein muss, denn nicht selten bringen Kinder aus solchen Familien aufgrund ihrer Erfahrungen einen höheren Grad an sozialer Kompetenz und Kompromissbereitschaft mit. Allerdings werden sich sowohl die Gesellschaft als Ganzes wie auch die Rechtsordnung verstärkt auf diese neue Familienform einstellen müssen.

Die Tendenz zur **„Vergreisung der Gesellschaft"** ist folglich nicht schicksalhaft vorgegeben. Denn die demografische Entwicklung bietet auch Chancen, und ein **„Verteilungskonflikt zwischen Jung und Alt"** ist durchaus nicht unvermeidlich. Dazu gehört, dass der Umgang mit den Älteren neu definiert werden muss. Die Menschen leben heute nicht nur länger, sie bleiben, aufs Ganze gesehen, auch länger gesund. Auch deshalb müssen Senioren verstärkt als gesellschaftliche Aktivposten, und nicht als Versorgungsfälle gesehen werden – was keineswegs bedeuten muss, dass man das Rentenalter weiter nach oben setzt, sondern dass man Voraussetzungen schafft, die es älteren Menschen möglich machen, ihre Erfahrungen und Kenntnisse aktiv in die Gesellschaft einzubringen. Eine zukunftsorientierte Altenpolitik ist mithin kein Widerspruch in sich.

Bei alledem sind **ganzheitliche Lösungen** gefragt, die gleichzeitig auf die Geburtenrate, die durchschnittliche Lebenserwartung und die Bilanz zwischen Zu- und Abwanderung einwirken:

▶ Direkt beeinflussbar ist nur das **Migrationssaldo**. Zwar kann man die fortschreitende Überalterung nicht einfach dadurch aufheben, dass man die **Zuwanderung** jüngerer Menschen drastisch erhöht. Denn abgesehen davon, dass zu klären wäre, woher diese Menschen – bei annähernd gleichen Geburtendefiziten in den anderen europäischen Ländern – eigentlich kommen sollen, würde ein solcher „Zuwanderungsschub zwecks demografischer Lückenfüllung" den Altenanteil nur kurzfristig verringern. Über einen längeren Zeitraum würde er ihn sogar erhöhen – dann nämlich, wenn diese Welle der Zugewanderten selbst einmal die Altersgruppe „Sechzig plus" erreicht hat. Eine „Einwanderungspolitik mit Augenmaß" kann jedoch ein wichtiger Beitrag zur Problemlösung sein.

▶ Aber auch der Faktor **Lebenserwartung,** so erfreulich seine Steigerung gesellschaftlich auch ist, entzieht sich nicht schicksalhaft der Gestaltung durch die Politik. Es müssen nur – im Konsens zwischen den Generationen – die Grundbedingungen der Lebensverläufe der Menschen den Gegebenheiten angepasst werden – etwa im Hinblick auf Ausbildung, Lebensarbeitszeit und Rente, auf Beschäftigtenstruktur, Arbeitsteiligkeit, soziale Sicherung und das Miteinander in Familie und Gesellschaft.

▶ Ebenso ist die **Geburtenrate** kein unausweichliches Schicksal. Zwar darf die Wirkung **finanzieller Anreize** auf die Geburtenhäufigkeit nicht überschätzt werden. Denn diese Rate ist bereits weitgehend festgelegt. Die Kinderzahl wird allein deshalb weiter sinken, weil die Zahl der Frauen im Alter von 15 bis 49 Jahren bis 2050 von 20 Millionen auf 14 Millionen fällt. Und selbst wenn, was nicht sehr wahrscheinlich ist, jede Frau dieser Altersgruppe in den nächsten Jahrzehnten zwei Kinder zur Welt brächte, würde sich, so hat der Sozialwissenschaftler Herwig Birg nachgewiesen, die Überalterung bis 2080 fortsetzen. Eine Geburtenrate, die sich 25 Jahre lang in die falsche Richtung entwickelt habe, lasse sich nämlich erst in einem dreimal so langen Zeitraum wieder umlenken. Dennoch ist, wie das Beispiel Frankreichs zeigt, auch dieser Befund politischem Gestaltungswillen nicht entzogen, sofern ihn sich eine ganzheitlich kinder- und familienfreundliche Gesellschaft zu eigen macht.

## Globalisierung

Die Wirtschaftsräume der Industrienationen haben sich in den vergangenen Jahrzehnten zu **globalen Märkten** mit freiem Handel, weltweiter Kommunikation, uneingeschränkter Mobilität und einheitlichen Standards ausgeweitet. Ohne diese Entwicklung zur **Globalisierung** und ihre dynamische Kraft wäre der heutige **Wohlstand** der Industrieländer nicht denkbar. Aber viele Drittweltprobleme gäbe es ebenfalls nicht.

Dem nie gekannten **Reichtum** westlicher Staaten steht eine um sich greifenden **Armut** der Drittweltländer gegenüber. Die Erdbevölkerung wächst jährlich um 80 Millionen; bis 2050 wird sie auf 9 Milliarden gestiegen sein. Bereits von den heutigen 6 Milliarden leidet ein Viertel an **Hunger.** 2,7 Milliarden müssen mit weniger als zwei Dollar pro Tag auskommen, Millionen **Kriegs-** und **Armutsflüchtlinge** drängen zu den Plätzen, die ihnen ein Überleben verheißen. Zugleich vergrößert sich die Kluft zwischen Arm und Reich. Zwanzig Prozent der Weltbevölkerung verbrauchen achtzig Prozent der Ressourcen dieser Erde. Hinzu kommen weltumspannende **Krankheiten** und globale Belastungen der **Umwelt:** Allein von HIV / Aids sind mehr als 40 Millionen Menschen infiziert, und der Schadstoffausstoß in den Industrienationen ist pro Kopf achtmal höher als in der Dritten Welt. Andererseits ist gerade in den ärmsten Regionen der Lebensraum der Menschen durch den Treibhauseffekt besonders bedroht. Vielfach mangelt es hier sogar an der Grundvoraussetzung – einer zureichend entwickelten **Staatlichkeit**, die in der Lage wäre, Korruption, Gewalt und Bürgerkrieg zu verhindern.

Politik und Wirtschaft haben sich im Zuge dessen gegenläufig entwickelt. Die **Politik** steht unverändert unter **staatlicher** Verantwortung und verfolgt aus ihrem Staatsverständnis heraus primär **nationale** – z. B. sicherheitspolitische – Interessen. Die **Ökonomie** dagegen ist **staatsfrei, transnational vernetzt** und **global** aufgestellt. Globalisierung bedeutet daher auch, dass wichtige, weltweit wirksame Entscheidungen auf der Ebene der sog. **Nichtregierungsorganisationen** (NGO) und damit **ohne demokratische Legitimation** und **Kontrolle** gefällt werden.

Aber nur, wenn die Globalisierung von **Gerechtigkeit** und **Verantwortung** getragen, das heißt **human, sozial** und **multilateral** gestaltet wird, kann sie **Chancen** für Wachstum und Märkte auch der **Dritten Welt** bedeuten. So lange dies nur unzureichend der Fall ist, schafft sie wachsende **Ungleichheit** und verschärft die ohnehin vorhandenen **Gegensätze.**

Gesteigert werden die **Spannungen** vielfach auch dadurch, dass mit modernen Wirtschaftsformen **westliche Lebensart** transferiert wird, was in den Entwicklungsländern keineswegs durchgängig als Fortschritt oder Befreiung, sondern als Neo-Kolonialismus gewertet wird, zumal neben Wirtschaft und Umwelt oft auch traditionelle Kultur- und Sozialstrukturen einschneidend verändert werden. Im Gefolge dessen ist das Wort Globalisierung für viele zur Formel für **Hegemonieansprüche** der Industrieländer und offensive **Verwestlichung** geworden.

Die Kritik daran entzündet sich vor allem am Rande der **G8-Gipfel** und anderer Spitzentreffen der führenden **Wirtschaftsnationen.** Als deren **Gegenkraft** hat sich eine internationale **Anti-Globalisierungs-Bewegung** formiert, die jährlich zum „**Weltsozialforum**" aufruft. In ihr dominieren christliche und sozialistische Gruppen sowie das Netzwerk **Attac** mit seinen rd. 100 000 Mitgliedern, eine gesellschaftskritisch-ökologische, weltweit operierende Vereinigung von Menschen, die „daran glauben, dass **Gerechtigkeit** nötig und möglich ist, vereint in moralischer **Empörung** über die Zustände dieser Welt." Eine klare **Abgrenzung** zu **gewalttätigem** Protest gelingt diesen Kräften jedoch nicht immer (Genua, Quebeck, Heiligendamm). Ihr Kernvorwurf zielt auf die **negativen Folgen** der **Globalisierung** (ungerechte Profitbündelung, Diktat der Konzerne, einseitige Westorientierung internationaler Organisationen pp.) sowie die Vernachlässigung **globaler Lebensfragen** wie Umwelt, Klima, Wasser, Gesundheit und Ernährung durch die Industrieländer.

Den **Marktvorteilen**, die exportorientierte Länder wie Deutschland aus der Globalisierung ziehen, stehen beträchtliche **Rückwirkungen** gegenüber. Die **Schwellenländer** verkörpern inzwischen ein enormes **Industriepotenzial**, das in der Lage ist, Produkte mit westlichem Standard auf den Weltmarkt zu bringen, die wegen der deutlich niedrigeren Kosten für **Lohn** und **Umwelt** konkurrenzlos billig sind. Auch schlagen **arbeitsrechtliche West-Standards** wie Lohnnebenkosten und Lohnfortzahlung im Krankheitsfalle in diesen Ländern kaum zu Buche, wodurch die Produkte zusätzlich verbilligt werden – mit der Folge, dass Produktionen und Arbeitsplätze in Billiglohnländer verlagert werden.

### Wirtschaft, Wachstum, Haushalt

Im September 2008 löste der Crash einer einzigen Bank eine **Finanz- und Wirtschaftskrise** aus, die binnen Kurzem die **Industrienationen** in die tiefste Rezession seit den dreißiger Jahren stürzte. Der Zusammenbruch des gigantischen Schneeballsystems der Lehman Brothers und anderer US-Banken führte selbst den Vertretern eines strikten Marktradikalismus auf brutale Weise vor Augen, dass **bedingungsloser** Glaube an die selbst regulierende Kraft des Marktes **blind** machen kann.

Dabei ist nicht nur die **Anfälligkeit** eines überhitzten, sich selbst überlassenen und weithin unkontrollierten **kapitalistischen Systems** deutlich geworden. Sichtbar wurde auch, dass **Schwellenländer** wie Indien und China mit ihren riesigen Volkswirtschaften von dieser Krise völlig unbeeindruckt geblieben sind und an Einfluss sogar gewonnen haben. Das könnte ein Indiz dafür sein, dass die **geopolitischen** Gewichte in Bewegung geraten sind und am Ende gar eine **neue Weltordnung** stehen könnte.

In **Deutschland** hat – nach einigem Zögern – ein historisch einmaliges Rettungspaket das Schlimmste verhindern können. Mit dem Maßnahmenbündel sollten die Banken vor dem Konkurs geschützt, Liquidität sichergestellt, der Kapitalmarkt wieder in Schwung gebracht, Arbeitsplätze gesichert und Panikreaktionen vermieden werden. Den Kern bildeten **staatliche Garantien** gegenüber Banken und einigen „systemrelevanten" Großunternehmen sowie einzelne **konjunkturpolitische Maßnahmen** wie die sog. Abwrackprämie und die Garantie von **Spareinlagen**.

Die Wirtschaftslage bleibt gleichwohl prekär. Die **Gesamtverschuldung** der öffentlichen Hände (Bund, Länder und Gemeinden) ist auf **1 600 Milliarden** angewachsen. Allein der hierfür anfallende Schuldendienst bindet jährlich 15 Prozent der Steuereinnahmen. Die **Nettokreditaufnahme**, die zwischen 2004 und 2008 schrittweise von 39,5 auf 11,5 Milliarden Euro pro Jahr zurückgeführt werden konnte, stieg als Folge der Finanz- und Wirtschaftskrise 2009 auf ca. 49 und wird 2010 rd. 86,1 Milliarden Euro betragen. Die 2006 erstmals wieder eingehaltenen Grenzen der **Kreditaufnahme** (Art. 115 Abs. 1 GG; s. Kap. IV) und der **EU-Stabilitätsvorschriften** werden damit erneut deutlich überschritten. Entsprechende Verfahren sind zu erwarten. Im Interesse der **Haushaltsdisziplin** und zur Vermeidung von **Sanktionen** der EU hat die Große Koalition – vielleicht die wichtigste ihrer Entscheidungen – 2009 die sog. **Schuldenbremse** in der Verfassung verankert.

Für die **dritte Amtsperiode** der Regierung Merkel erwächst daraus das Problem, dass für nennenswerte **Steuersenkungen** wenig Raum bleibt und selbst die angekündigte **große Steuerreform** keineswegs gesichert ist. Der Staatshaushalt ist krisenbedingt in die größte Schieflage seiner Geschichte geraten. Für das Haushaltsjahr 2014 lässt der Ansatz von mehr als 300 Millionen Euro angesichts einer drückenden Schuldenlast und einer schwierigen Wirtschaftslage kaum Gestaltungsspielraum. Fast ein Drittel dieser Summe sind neue Schulden; im Grunde wird jede soziale Leistung mit Krediten finanziert.

Nicht absehbar ist auch, wie sich die strategischen Vorgaben der Koalition auswirken werden, die im Kern darauf abzielen, durch Aufnahme neuer Kredite **Wachstum** zu erzeugen, das dann die notwenigen Mittel zur **Steuersenkung** und **Haushaltskonsolidierung** generieren soll. Im Vordergrund stehen dabei Arbeit, Wachstum, Bildung, Steuern, Renten und soziale Gerechtigkeit. Entscheidend wird sein, ob es gelingt, die Lasten gerecht zu verteilen – auch im Hinblick auf die Zukunft. Denn bei alledem bleibt die Sorge, die auch für die Vorgänger-Regierungen galt: dass die heutige Generation nicht auf Kosten ihrer Kinder und Enkelkinder leben darf.

## Arbeit und soziale Sicherung

**Arbeitslosigkeit** ist ein zentrales Thema unserer Zeit. Sie ist einer der Gründe für mangelnde **Steuereinnahmen**, wachsende **Verarmung** und steigende **Staatsverschuldung**. Ohne Arbeit zu sein, ist aber nicht nur wegen fehlender Erwerbsgrundlagen ein Kernproblem. Arbeit ist das Bindeglied der modernen Industriegesellschaften. Sie ist, so hat es Oskar Negt ausgedrückt, „für die große Mehrheit der Bevölkerung das wesentliche Mittel, Achtung und Selbstachtung zu erwerben und somit letztlich eine Frage der Würde gem. Art. 1 GG."

Im Oktober 2013 betrug die Zahl der **Arbeitslosen** in Deutschland 2,8 Millionen (rd. 6,6 Prozent). Etwa 8 Millionen arbeiten für Niedriglöhne. Rd. 12 Millionen leben an oder unterhalb der Armutsgrenze. 25 Prozent der Beschäftigten arbeiten in prekären Jobs (Leiharbeit, Zeitarbeit, Werkverträge, Praktika).

Ein Sonderproblem ist die **Kinderarmut**: Nach einem UNICEF-Bericht von 2013 lebt jedes 12. Kind in Deutschland unterhalb der Armutsgrenze. Besonders betroffen sind Kinder von Alleinerziehenden: 40 Prozent der Kinder, die nur bei einem Elternteil aufwachsen, leben unterhalb dieser Schwelle; das heißt, das monatliche Einkommen dieser Familien liegt unter 1 300 Euro. Stark gefährdet sind auch Kinder arbeitsloser Eltern, Kinder mit Migrationshintergrund sowie Kinder in problematischen und gewaltbelasteten Lebensverhältnissen.

In scharfem **Kontrast** dazu steht, dass die einkommensstärksten zehn Prozent der Bevölkerung fast zwei Drittel des Gesamtvermögens besitzen. Deutschland stellt sich somit als ein Land tiefer **Widersprüche** dar, dem mittelfristig eine **Zweiklassengesellschaft** droht. Schon heute sind Beschäftigungsmöglichkeiten, soziale Absicherung und medizinische Betreuung ungleich verteilt, und selbst in der Lebenserwartung bestehen Disparitäten. Das gilt vor allem auch für den **Bildungssektor**. Der Sozialstaat kann sein **Aufstiegsversprechen** nicht mehr einlösen, ja nicht einmal mehr jedem eine **faire Chance** bieten. Denn Bildungschancen werden vererbt. Wer in die – ihrer prekären Lage wegen auch **Prekariat** genannte – untere Einkommensschicht hineingeboren wird, hat immer weniger Aussicht, seine soziale Herkunft dank Bildung und Förderung zu verlassen. Besonders deutlich wird das bei den vier Millionen „funktionalen" Analphabeten, die keineswegs allein ein Zuwandererproblem sind.

So klafft die **Schere** nicht nur zwischen Arm und Reich zunehmend auseinander, auch auf den Feldern Bildung und Arbeit wächst die Kluft zwischen Teilhabe und Abgehängtsein – eine **soziale Schieflage,** die umso bedrohlicher wird, je mehr sich Berichte über Korruption, überzogene Managergehälter und Steuerflucht häufen. Es ist deshalb, so Arnulf Baring, „eine große Täuschung zu glauben, die Bundesrepublik sei nicht zu erschüttern".

In einem auf **Wettbewerb** angelegten Wirtschaftssystem sind **soziale Ungleichheiten** unvermeidbar. Sie gelten als erträglich, so lange sie als sozial hinreichend abgesichert wahrgenommen werden. Das aber ist heute immer weniger der Fall. Bedrohlich daran ist, dass das „Proletariat" früherer Zeiten **gebraucht** wurde, während das heutige „Prekariat" in dem Bewusstsein lebt, **überflüssig** zu sein. Kein Zweifel, dass darin **sozialer Sprengstoff** liegt. Dem Sozialstaatsgebot erwächst daraus ein besonderer Grad an Aktualität.

Die **sozialpolitischen Reformen** (Agenda 2010, Hartz IV, Rente mit 67) waren nach Meinung vieler überfällig und notwendig. Sie haben wesentlich mit dazu beigetragen, neue **Arbeitsplätze** zu schaffen und die Arbeitslosenquote unter die Viermillionengrenze zu drücken. Aber sie haben nicht verhindern können, dass sich die Gesellschaft zunehmend aufspaltet in **Gewinner** und **Verlierer**. Diesen Prozess einzudämmen, ist eine der Hauptaufgaben künftiger Politik. Gerade in Zeiten der **Finanz- und Wirtschaftskrise** gilt es, die **Balance** zu wahren zwischen **Investitionsanreizen** wie dem **Wachstumsbeschleunigungsgesetz** auf der einen und der Wahrung **sozialstaatlicher Gebote** auf der anderen Seite.

## Politischer Extremismus

Politischer Extremismus, nach der Definition des Verfassungsschutzes die **„fundamentale Ablehnung** des **demokratischen Verfassungsstaates"**, äußert sich heute in drei Varianten:

▶ Der **Rechtsextremismus** ist nationalistisch begründet. Er fußt in der vermeintlichen Überlegenheit der eigenen Nation und entlädt sich in **fremdenfeindlichen** Straftaten gegen Minderheiten, vor allem deren ethnischer Zugehörigkeit wegen. Seine Hauptmerkmale sind **Intoleranz, Rassismus** und **Gewaltneigung**.

▶ **Linksextremisten** sind fundamentale Gegner der **Staats- und Gesellschaftsordnung** der in ihren Augen „kapitalistischen" Bundesrepublik. Sie wollen, je nach ideologischer Richtung, ein **kommunistisches** System oder eine **herrschaftsfreie** Gesellschaft (Anarchie) herbeiführen und schrecken, vor allem in der **„autonomen"** Szene, vor Gewalt nicht zurück.

▶ Der **fundamentalistische Islamismus** lässt sich wegen seiner Anlehnung an religiöse Überzeugungen nur schwer in das überkommene Bild des politischen Extremismus einordnen. Er ist aber keineswegs unpolitisch. In seiner **gewaltbereiten, militanten** bzw. **terroristischen** Erscheinungsform gehen von ihm – auch für Deutschland – extreme Gefahren aus.

Extremismus in jeder Form gefährdet die Demokratie. Zwar stellen **Linksextremismus** und **Rechtsextremismus** keine akut-bedrohliche Gefährdung der staatlichen Ordnung dar. Der Verfassungsschutzbericht 2012 nennt bundesweit **3 200 Straftaten** mit **linksextremistisch**, **17 100** Straftaten mit **rechtsextremistisch** motiviertem Hintergrund, doch erfordern beide Bereiche wegen ihrer verfassungsfeindlichen Ziele, ihrer latenten Gewaltbereitschaft und der sozialen Tragweite ihres Tuns **anhaltende Wachsamkeit**.

Unverändert besteht in dieser Hinsicht noch eine **Ost-West-Kluft**. Allerdings wird in einer neueren Studie der Friedrich-Ebert-Stiftung davor gewarnt, Rechtsextremismus als primär ostdeutsches Phänomen oder als Jugendproblem zu behandeln. Denn längst, so die Verfasser, hat der Rechtsextremismus **alle Schichten, Regionen** und **Altersgruppen** erreicht, und Jugendliche stellen keineswegs die größte Gruppe der Rechtsextremen: Rund **ein Viertel** der Deutschen ist nach dieser Untersuchung mehr oder weniger **ausländerfeindlich** (Ost 30,6, West 25,7 Prozent), und als **antisemitisch** werden 8,4 Prozent eingestuft (Ost 4,2, West 9,5 Prozent) – ein äußerst bedenklicher Befund.

Mit Polizei und Justiz allein ist dieser Entwicklung nicht beizukommen. Zielgerichtete Bildungs- und Sozialpolitik, verbesserte Ausbildungs- und Arbeitsmarktchancen, Aufklärung in Schule und Elternhaus sowie attraktive Freizeitangebote sind gefordert. Und die **Öffentlichkeit** darf nicht weiter von Verharmlosung und Gleichgültigkeit geprägt sein. Denn jede Form des Wegsehens bereitet den Boden für Intoleranz und Gewalt.

## Jugendkriminalität und Gewalt

**Jugendkriminalität** und **Gewalt** beherrschen die Schlagzeilen seit Jahrzehnten. In beiden Themenkreisen geht es um ernste Probleme. Zu ihrer Bekämpfung helfen nur Fakten weiter. Nicht ohne Grund hat auch die Bundeskanzlerin eine „sachliche Debatte" angemahnt:

Die polizeilich registrierte **Gesamtkriminalität** ist in den zurückliegenden Jahren beständig leicht gesunken (von **6,6 Millionen** Straftaten im Jahre **2004** auf **5,99 Millionen** im Jahre **2012**. Ähnlich rückläufig ist die Anzahl der polizeilich registrierten **Gewaltdelikte**: Sie sank von **218 000** im Jahre **2007** kontinuierlich auf **195 000** im Jahre **2012**.

Auch der jahrelang anhaltende Anstieg der **Gewaltkriminalität Jugendlicher** hat sich nicht fortgesetzt. Gleichwohl bleibt er ein Schwerpunkt der Kriminalitätsbekämpfung, insbesondere wegen der erschreckenden Rohheit der Delikte und der verheerenden Folgen für die Opfer.

Die Zahlen der Jugenddelinquenz sind insgesamt weniger dramatisch, als dies vielfach dargestellt wird, zumal auch das statistisch ausgeleuchtete „Hellfeld" sich durch erhöhte **Sensibilität** und gewandeltes **Anzeigeverhalten** der Bevölkerung verändert hat. Es werden der Polizei heute weitaus mehr Straftaten bekannt, als dies früher der Fall war.

Gleichwohl haben die Zahlen Ängste ausgelöst, zumal seit einigen Jahren die Furcht vor der Kriminalität junger **Ausländer** und einer **Migration** der **Gewalt** hinzugekommen ist. Die PKS weist hierzu aus: 2012 hatte jeder vierte Tatverdächtige keinen deutschen Pass. Ohne ausländerspezifische Delikte (unerlaubter Grenzübertritt pp.) betrug der Tatverdächtigenanteil immerhin noch 21,5 Prozent und lag damit deutlich über dem Ausländeranteil von 8,2 Prozent an der Gesamtbevölkerung. Doch die Tendenz ist rückläufig: 1993 hatte der Tatverdächtigenanteil Nichtdeutscher, bezogen auf die Gesamtzahl, noch 33,6 Prozent betragen.

Als **Ursachen** der Jugendgewalt werden am häufigsten soziale Benachteiligung, fehlende Perspektiven, frühe Gewalterfahrung, mangelnde Bildung und fehlgeleiteter Medienkonsum, bei Ausländern auch zunehmende Gettoisierung und Diskriminierung sowie die daraus resultierenden Ohnmachts-, Wut- und Hassgefühle genannt – aber auch Unausgefülltsein, die Suche nach dem großen Kick und das Erlebnis vermeintlicher Stärke. Denn Gewalt ist nicht ein Problem der sozial Schwachen allein, ebenso wenig, wie sie primär ein Ausländerproblem ist.

Bei den eher **im Menschen selbst** angelegten Ursachen wird die lange Zeit vertretene Auffassung, Gewaltgeneigtheit sei mindestens in Teilen biologisch bedingt und daher primär ein Problem junger Männer, heute nur noch von einer Minderheit vertreten. Dagegen hat sich auch in der Forschung die Meinung durchgesetzt, die brutaleren Varianten eines Männerbildes seien durch über Generationen tradierte falsche Männlichkeitsmuster gesellschaftlich konstruiert und somit auch gesellschaftlich lösbar.

Strittig ist bei alledem, ob das rechtliche Instrumentarium ausreicht. Hierzu wurde ergänzend am 7.3.2013 der sog. **„Warnschussarrest"** in das Jugendgerichtsgesetz aufgenommen. Dieser erweitert die pädagogischen Reaktionsmöglichkeiten des Gerichts, indem er in bestimmten Fällen neben einer zur Bewährung ausgesetzten Jugendstrafe einen Arrest als spürbare Warnung an den jugendlichen Täter ermöglicht. Ob hiervon die erhoffte generalpräventive Wirkung ausgeht, bleibt abzuwarten.

Kriminologen wie Pfeiffer und Maelicke machen dagegen geltend, **Wegsperren** provoziere Gewalt, die **Erziehungscamps** der USA hätten sich als ungeeignet erwiesen, es komme in erster Linie auf **Betreuung** an. Die SPD folgt dem und betont den Vorrang präventiver Maßnahmen. Es gebe keine Gesetzeslücken, sondern nur **Handlungsdefizite.** Mit immer härteren Strafen auf Gewalt zu reagieren, bringe nur die Illusion von Sicherheit. In Wahrheit erhöhe es die Rückfallquoten. Ähnlich argumentiert die FDP, vor allem gehöre mehr Polizei auf die Straße.

Tatsächlich beträgt die **Rückfallquote** straffällig gewordener Jugendlicher bei Bewährungsstrafe 55 Prozent, bei bis zu vierwöchigem Jugendarrest 68 Prozent und bei Jugendstrafen von mindestens sechs Monaten 80 Prozent. Das bedeutet: Längere Haftstrafen ohne Behandlung sind teuer und wenig erfolgversprechend. Nur langfristige therapeutische Begleitung führt zu mehr Sicherheit, weil dann die Rückfallquote sinkt. Dabei muss jede staatliche Maßnahme dem Fehlverhalten auf dem Fuße folgen. Greift sie erst nach vielen Monaten, geht sie am eigentlichen Zweck vorbei.

Der Ausbau **privater Wachdienste** wird dagegen weithin abgelehnt. Denn Sicherheit ist eine öffentliche Aufgabe und darf nicht nur für Menschen erreichbar sein, die sie sich leisten können. Auch können die Versuche, solche Dienste vor Schulen einzusetzen, keine Dauerlösung sein. Jeder Rückzug der Polizei aus dem öffentlichen Raum beeinträchtigt das subjektive Sicherheitsgefühl der Bevölkerung und damit letztlich auch das Vertrauen in den Staat.

# Kapitel III
# Verfassungsrechtliche Grundprinzipien
## Allgemeines
### Begriff und Aufgaben der Verfassung

Verfassungen regeln die **rechtlichen, politischen** und **gesellschaftlichen Grundsätze**, die sich ein Volk für sein **Zusammenleben** gibt. Sie spiegeln zugleich die **Summe** seiner **historischen Erfahrungen**, proklamieren und sichern die **ethischen Werte** und **Leitideen** der Gesellschaft und geben dem, was man **Leitkultur** nennt, sichtbaren Ausdruck

---

Die Verfassung ist die **grundlegende rechtliche Ordnung** innerhalb eines Staates. Unsere Verfassung, das Grundgesetz, regelt z. B.

▶ **Aufbau** und **Leitung** des **Staates,** ⇨ Demokratie, Republik, Bundesstaat, Rechtsstaat, Sozialstaat

▶ **Zuständigkeit** und **Aufgaben** der **obersten Staatsorgane,** ⇨ Bundestag, Bundesrat, Bundespräsident, Bundesregierung, Bundesverfassungsgericht

▶ **Verhältnis Bürger/Staat.** ⇨ Grundrechte

▶ Sie bestimmt die **Staatsziele** ⇨ Friedenspflicht, soziale Gerechtigkeit, Schutz der natürl. Lebensgrundlagen

▶ und die **Grundwerte** der **staatlichen Ordnung.** ⇨ Menschenwürde, Selbstbestimmung, Gerechtigkeit, Freiheit und Frieden

---

Folgende wesentliche **Merkmale** kennzeichnen eine Verfassung:

▶ Sie wird in Demokratien von einer gewählten **Verfassunggebenden Versammlung** oder durch **Volksabstimmung** gebilligt.

▶ Sie ist zumeist in einer **Verfassungsurkunde** niedergelegt. Es gibt aber auch ungeschriebene Verfassungen, z. B. in Großbritannien, wo die staatliche Ordnung überwiegend auf Gewohnheitsrecht beruht.

▶ Sie stellt das **ranghöchste** Gesetz dar, dem alle anderen innerstaatlichen Rechtssätze untergeordnet sind.

▶ Sie ist im Interesse der Rechtssicherheit auf **Beständigkeit** angelegt. Zu ihrer **Änderung** bedarf es daher **qualifizierter Mehrheiten** (s. Kap. XI).

▶ Verfassungen werden im Zuge der fortschreitenden Entwicklung von **Reformen** begleitet. Für das Grundgesetz gilt daher der Grundsatz der **Offenheit** und **Wandlungsfähigkeit** der Verfassung.

Vom Verfassungstext ist die **Verfassungswirklichkeit** (politische Praxis) zu unterscheiden. Letztere kann vom „idealen" verfassungsmäßigen Sollzustand abweichen, ohne dass derartige Akte zugleich verfassungswidrig sein müssen – sofern der von der Verfassung eingeräumte „Spielraum" nicht überschritten wird. Solche Entwicklungen zu beobachten und zu überprüfen, gehört zu den Hauptaufgaben eines unabhängigen Verfassungsgerichts.

*Verfassung/Wesenskern*

## Zur Präambel des Grundgesetzes

Die **Präambel**, eine Art **feierlicher Vorspruch**, gibt Auskunft über **Beweggründe** und **Ziele** der Verfassung. Sie hat zwar in erster Linie den Charakter einer politischen Willenserklärung, als Bestandteil des Grundgesetzes besitzt sie jedoch auch **rechtliche** Bedeutung.

Eines der ursprünglichen Kernziele der Verfassung war das Wiedervereinigungsgebot. Hierzu hat das BVerfG mehrfach erklärt, aus der Präambel sei für alle Staatsorgane der Bundesrepublik die **Rechtspflicht** abzuleiten, die **Einheit Deutschlands** anzustreben.

Diese Verpflichtung ist mit der Vollendung der Einheit entfallen, und mit ihr der Charakter des „Provisoriums". Die Bundesrepublik hat damit ihr **endgültiges Staatsgebiet** gefunden, das Grundgesetz gilt für das **gesamte deutsche Volk**.

In der durch den Einigungsvertrag neu gefassten Präambel werden feierlich bekräftigt:

▶ die **Verantwortung** vor **Gott** und den **Menschen** und

▶ der **Wille**, als **gleichberechtigtes** Glied in einem **vereinten Europa** dem **Frieden der Welt** zu dienen.

Die Nennung (nicht „Anrufung") Gottes muss vor dem Hintergrund des pluralistischen, säkularen Gesamtcharakters der Verfassung gesehen werden. Sie entfaltet, so die überwiegende Meinung in Lehre und Wissenschaft, keine normative Wirkung und begründet auch keinen „christlichen" Staat. Andererseits stellt der Gottesbezug keine bloße Leerformel dar, kann ihr doch zumindest die eindeutige Absage an einen atheistischen Staat entnommen werden: Der Staat des Grundgesetzes ist kein laizistischer Staat, der jedweden religiösen Bezug verneint.

## Der Wesenskern unserer Verfassung

Art. 20 GG – auch als „Verfassung in Kurzform" bezeichnet – ist das **Kernstück** unserer Verfassung. In dieser Vorschrift sind die **Grundprinzipien** niedergelegt, für die sich der Verfassunggeber entschieden hat. Danach ist der Staat des Grundgesetzes in seiner

▶ Staatsform ⇨ eine **Republik** und in seiner

▶ politischen Ordnung ⇨ **Demokratie, Rechtsstaat, Sozialstaat** und **Bundesstaat**.

Diese grundlegenden Verfassungsprinzipien erhalten ihre besondere Bedeutung durch Art. 79 Abs. 3 GG, der ihnen **absolute Bestandsgarantie** (Ewigkeitsgarantie) verleiht. Sie sind jedem Versuch einer Änderung – ebenso wie Art. 1 und 79 Abs. 3 GG selbst – entzogen, und sei es auch mit einer noch so großen Mehrheit in Bundestag und Bundesrat (s. Kap. III).

Auch die verfassungsmäßige Ordnung in den **Ländern** muss (vgl. Art. 28 Abs. 1 GG) den Grundsätzen des republikanischen, demokratischen und sozialen Rechtsstaates entsprechen.

Einen **besonderen Schutz** genießt der Wesenskern des Grundgesetzes durch Art. 20 Abs. 4 GG: Gegen jeden, der es unternimmt, die in Art. 20 Abs. 1 bis 3 GG niedergelegten Grundprinzipien unserer Verfassungsordnung zu beseitigen, haben alle Deutschen das **Recht zum Widerstand**, wenn andere Abhilfe nicht möglich ist. Mit dieser nachträglich eingefügten Bestimmung hat der Gesetzgeber anerkannt, dass es ein **Notrecht** zur Bewahrung oder Wiederherstellung der Rechtsordnung – das **Widerstandsrecht** – gibt (Einzelheiten s. Kap. IV). Ziel des Widerstandes muss es sein, die bestehende Rechtsordnung zu sichern. Art. 20 Abs. 4 GG ist **kein Freibrief** für willkürliches Handeln. Durch diese Vorschrift wird nicht etwa ein Faustrecht legalisiert.

## Staatszielbestimmungen

Die wesentlichen **Leitziele**, die unsere Verfassung in politischer, wirtschaftlicher, gesellschaftlicher und ethisch-moralischer Hinsicht verfolgt, sind **nicht in Katalogform** aufgeführt. Sie sind vielmehr in einer Reihe von Verfassungsnormen, so in Art. 20, 20a und 28 GG, in der Präambel und in einigen Grundrechten festgelegt. Sie werden als **Staatszielbestimmungen** bezeichnet, die rechtsverbindliche Wirkung nur insoweit entfalten, dass sie der Staatstätigkeit auferlegen, bestimmte, global umschriebene **Programmsätze** zu beachten. Mithin geben sie **allgemeine Direktiven** für **staatliches Handeln** – vorrangig für den Gesetzgeber; aber auch das BVerfG hat aus den Staatszielbestimmungen eine Vielzahl materieller Forderungen abgeleitet und normativ verbindlich gemacht. **Einklagbare subjektive Rechte** begründen die Staatszielbestimmungen jedoch **nicht**. Sie verpflichten Gesetzgeber und Verwaltung auch **nicht zu konkreten** Handlungen. Bezeichnenderweise heißt es in der brandenburgischen Verfassung: „Das Land ist verpflichtet, **im Rahmen seiner Kräfte** für die Verwirklichung des Rechts auf soziale Sicherung bei Krankheit, Unfall ..., auf angemessene Wohnung ..., durch eine Politik der Vollbeschäftigung und Arbeitsförderung für die Verwirklichung des Rechts auf Arbeit zu **sorgen**."

Die **Verfassungen** der **Bundesländer** enthalten zumeist einen umfangreichen Katalog solcher Zielvorgaben. Zu den **Staatszielbestimmungen** des **Grundgesetzes** werden nach allgemeiner Auffassung gerechnet:

▶ **Achtung und Schutz der Würde des Menschen**

Alles staatliche Handeln hat die Würde des Menschen zu achten und dem Schutz der Menschenwürde zu dienen, die ihre Ausprägung in den einzelnen **Freiheits-** und **Gleichheitsrechten** sowie in den **sozialgestalterischen Schutzrechten** findet.

▶ **Demokratisches Prinzip**

Die Bundesrepublik bekennt sich zur Demokratie. Das bedeutet insbesondere Volkssouveränität, pluralistische Gesellschaftsordnung, Mehrparteienprinzip, freie Wahlen, parlamentarische Regierungsweise, Meinungs- und Versammlungsfreiheit, Pressefreiheit, Tarifautonomie usw.

▶ **Rechtsstaatlichkeit**

Ihre Kennzeichen sind u. a.: Gewaltenteilung, Gesetzmäßigkeitsgrundsatz, Grundrechtsschutz, Willkürausschluss, Verhältnismäßigkeitsprinzip, gerichtsförmiger Rechtsschutz und andere der Rechtssicherheit und der Gerechtigkeit dienende Prinzipien.

▶ **Sozialstaatlichkeit**

Staatliches Handeln hat der Herstellung **sozialer Gerechtigkeit**, der Abhilfe **sozialer Bedürftigkeit** und der Wahrung des **sozialen Friedens** zu dienen (Sozialstaatsprinzip).

▶ **Friedenspflicht und Mitwirkung an der politischen Einigung Europas**

Die Bundesrepublik verpflichtet sich, „als gleichberechtigtes Glied in einem vereinten Europa dem **Frieden der Welt** zu dienen" (Präambel, Art. 26 GG; § 80 StGB) und an der „Entwicklung der **Europäischen Union** mitzuwirken" (Art. 23 GG).

Die Aufnahme **weiterer** Staatszielbestimmungen – als Reaktion auf den **gesellschaftlichen Wandel** – wurde und wird zwar immer wieder gefordert, aber nur sehr zurückhaltend realisiert, um die Verfassung nicht mit Programmsätzen zu überfrachten. Denn, so der ehemalige Verfassungsrichter Udo Steiner: „Wer Verfassungsrecht sät, wird Verfassungsrechtsprechung ernten." So wurden auch die nach der Vereinigung im Frühjahr 1992 von der Gemeinsamen Verfassungskommission vorgelegten Empfehlungen nur teilweise berücksichtigt. Als „neue" **Staatsziele** fanden im Zuge dieser Reform folgende Vorschriften Eingang in die Verfassung:

*Verfassung/Wesenskern*

▶ **Förderung der tatsächlichen Gleichberechtigung von Männern und Frauen**
Das Staatsziel ergänzt Art. 3 Abs. 2 GG mit der Aufforderung an die staatlichen Organe, die **faktisch** immer noch bestehende Benachteiligung von Frauen zu beseitigen.

▶ **Verbot der Benachteiligung Behinderter**
Zu diesem Staatsziel, das als Konkretisierung des allgemeinen Gleichheitsgrundsatzes in Art. 3 Abs. 3 Satz 2 GG Aufnahme gefunden hat, s. Kap. IV.

▶ **Schutz der natürlichen Lebensgrundlagen und der Tiere**
Bei Schaffung des Grundgesetzes im Jahre 1949 war der Umweltschutz noch nicht thematisiert. Folglich fand er weder im Grundrechtskatalog, noch sonst in der Verfassung seinen Niederschlag. Heute ist der Staat gerade auch **ökologisch** herausgefordert. Art. 20 a GG erhebt daher den Schutz der natürlichen Lebensgrundlagen zum Staatsziel – auch „für künftige Generationen". Die Verfassung bekräftigt damit, dass die Politik auch für die **Langfristfolgen** ihres Handelns **Verantwortung** trägt.

Nach dem Wortlaut des Art. 20a GG ist das Staatsziel **Umweltschutz** in die „verfassungsmäßige Ordnung" eingereiht (s. Kap. IV), was ihm bei der Abwägung mit entgegenstehenden Rechtsgütern einen besonderen Rang verleiht. Wenn der Schutz der Natur im Rahmen behördlicher Entscheidungsspielräume zugunsten einer anderen Norm oder Maßnahme zurückgestellt wird, bedarf es daher der Rechtfertigung.

Den **Tierschutz** umfasst der Schutz der Umwelt nur unvollkommen. Allenfalls lassen sich daraus die Pflicht zur Arterhaltung und der Schutz der Lebensräume vor Zerstörung herleiten, nicht jedoch der Schutz des einzelnen Tieres vor Schäden oder Schmerzen. Daher waren in der Vergangenheit mehrfach Versuche unternommen worden, der ursprünglich nur im Tierschutzgesetz verankerten Verantwortung für die Tiere als Mitgeschöpfe des Menschen **Verfassungsrang** zu verleihen und so zu verhindern, dass der Tierschutz in Konfliktfällen mit Verfassungsrechtsgütern – etwa der Freiheit der Forschung, der Kunst oder der Religion – nachrangig behandelt wird. Diese Initiativen scheiterten jedoch mehrfach an den Vorbehalten der CDU / CSU, die geltend machte, eine Verfassungsänderung bringe den Tieren keine Verbesserung.

Erst als die Union nach dem Urteil des BVerfG zum Schächten (s. Kap. IV) ihre Bedenken zurückstellte, war die erforderliche Zweidrittelmehrheit gesichert. Mit dem Gesetz zur Änderung des Grundgesetzes vom 26. 7. 2002 (BGBl. I, S. 2862) hat Deutschland als erstes Land der EU den Tierschutz als **Staatsziel** in die Verfassung aufgenommen und ihm damit ein deutlich höheres Gewicht verliehen. Das Gesetz ergänzt Art. 21a GG um drei Worte: Der Staat schützt nunmehr die natürlichen Lebensgrundlagen „und die Tiere". Damit ist eine **faire Abwägung** zwischen dem Tierschutz und anderen Verfassungsrechsgütern möglich geworden (z. B. bei Vermarktungsverboten für Kosmetika, zu deren Entwicklung Laborversuche an Tieren vorgenommen werden).

Umstritten sind auch die Forderungen, spezifische Kinderrechte zum Staatsziel zu erklären und ein Bekenntnis zur deutschen Sprache in Art. 22 GG einzufügen. Ein „Staatsziel Kultur", von dem sich die Initiatoren eine Stärkung des Kulturschaffens erhofft hatten, ist 2009 vom Bundestag abgelehnt worden. Die Gegner des Vorhabens machten geltend, die Kunst sei durch Art. 5 GG bereits hinreichend geschützt. Zudem hätten die meisten Bundesländer als die primär zuständige Ebene die Kulturförderung längst zum Staatsziel erhoben und aus der Einfügung ins Grundgesetz werde eine von der Verfassung nicht gewollte Gewichtsverlagerung im Sinne einer Leit-Zuständigkeit des Bundes erwachsen.

Ähnliche Vorbehalte bestehen beim **Staatsziel Sport**, dessen Einfügung vom Deutschen Olympischen Sportbund wiederholt gefordert wurde. Wie bei der Kultur wird auch hier von Kritikern eingewandt, es handele sich um eine abstrakte, im Grunde unnormierbare Idee. Ihre Verankerung in der Verfassung sei daher bloße Scheinpolitik.

## Die republikanische Staatsform der Bundesrepublik

Im Gegensatz zu anderen Verfassungsentscheidungen im Art. 20 Abs. 1 GG fehlt die direkte Kennzeichnung unseres Staates als „Republik". Die Staatsform unseres Gemeinwesens kommt daher lediglich in dem zusammengesetzten Begriff „Bundes**republik**" sowie im Art. 28 GG durch das Wort „**republikanisch**" (als Bestimmung für die Staatsform der Bundesländer) zum Ausdruck.

Nach der wörtlichen Übersetzung versteht man unter dem Begriff

**„Republik"** (res publica): öffentliche Angelegenheiten, Gemeinwesen, Staatswohl.
Im übertragenen Sinne und entsprechend der ursprünglichen Bedeutung des Wortes: **Herrschen ist Sache der Allgemeinheit.**

Daraus wird deutlich, dass diese „freiheitliche" Staatsform in der Antike und in den Verfassungsbestrebungen des 19. Jahrhunderts als **Gegensatz** zur Alleinherrschaft aufgefasst wurde und folglich eine Absage an die als Obrigkeitsstaat gekennzeichnete **Monarchie** war (s. oben). In dieser Polarität – Abschaffung der Monarchie und Errichtung einer Republik als demokratisches Staatswesen – lag einst seine politische Überzeugungskraft.

Aus heutiger Sicht ist die Differenzierung zwischen „Monarchie" und „Republik" nur formaler Natur. Beide Begriffe sagen nämlich nichts über die **tatsächlichen** politischen Machtverhältnisse in einem Staat aus. So gibt es einerseits Monarchien, die Demokratien sind (z. B. Großbritannien, Niederlande), und es gibt andererseits Republiken, die nicht demokratisch im traditionellen Sinne sind (z. B. die Militärjunten einiger lateinamerikanischer Staaten und die sog. Volksdemokratien). An die Stelle des

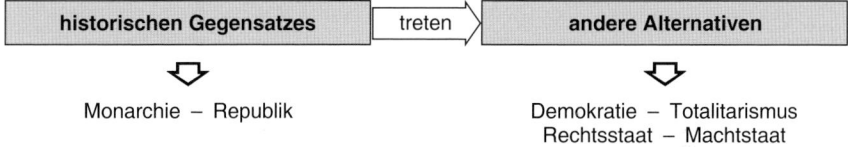

In dem gleichen Maße, in dem sich die politischen Schwerpunkte verlagerten, verblasste die Faszination, die einmal von der Forderung nach einer republikanischen Staatsform ausgegangen war. Dennoch hat der Begriff „Republik" auch heute noch seine Bedeutung im Sinne von „**nichtmonarchisch**", „**freiheitlich**", „**volksstaatlich**" und „**antidiktatorisch**". Er ist **inhaltlich** gleichbedeutend mit dem Begriff „**Freistaat**". Folglich enthält die Bezeichnung „Freistaat Bayern" die ausdrückliche Feststellung, dass Bayern eine Republik ist. Dasselbe gilt nach Wiedergründung und Beitritt für das Bundesland Sachsen. Keineswegs aber ist mit der Bekundung verbunden – wie so oft missverstanden –, dass diese beiden Länder „freier" als andere Gliedstaaten der Bundesrepublik gestellt wären.

Mit seiner Entscheidung für die republikanische Staatsform hat der Verfassunggeber daher zum Ausdruck gebracht: Die Bundesrepublik Deutschland

▶ ist ein **volksstaatlich-demokratisches** Staatswesen,

▶ ihr Staatsoberhaupt ist ein auf Zeit gewählter **Präsident**,

▶ weder die Bundesrepublik selbst noch ihre Gliedstaaten, die Länder, dürfen in **Monarchien umgewandelt** werden.

## Die Bundesrepublik als Demokratie

Erinnern wir uns an die Ausführungen über die **Staats-** und **Regierungsformen** (s. oben): Der aus dem Griechischen stammende Begriff **„Demokratie"** bedeutet **„Volksherrschaft"**. **Gegensatz** der Demokratie ist die **Diktatur**, in der ein Einzelner, eine Gruppe oder eine Partei die Herrschaft im Staate **auf Dauer** besitzt.

Demokratie ist eine Art **Sammelbegriff**, unter den sich sehr unterschiedliche Vorstellungen einordnen lassen; eine schillernde, allzu oft als Schlagwort missbrauchte Vokabel. Das Wort wird in nahezu allen Verfassungssystemen gleichermaßen verwandt, obwohl sich dahinter **völlig verschiedenartige Begriffsinhalte** verbergen. Nicht alles, was sich demokratisch nennt, verdient diese Bezeichnung. Mehr oder minder undemokratisch regiert werden nicht nur viele von Militärs beherrschte Staaten, sondern wurden auch die zusammengebrochenen „realsozialistischen" Systeme Mittel- und Osteuropas, die sich als „Volksdemokratie" oder „sozialistische Demokratie" bezeichneten. Unter Vorspiegelung demokratischer Formen übte hier in Wirklichkeit das Führungsgremium der kommunistischen Partei die Staatsgewalt aus. Die Machtstellung der Partei und ihrer Massenorganisationen resultierte aus der Ausschaltung jedes andersartigen politischen Willens.

Wenn wir im freien Teil der Welt den Begriff Demokratie (auch: bürgerliche Demokratie) verwenden, dann meinen wir damit Demokratie im ursprünglichen Sinne des Wortes:

> **Träger** der **Staatsgewalt** ist das **Volk**, und nicht etwa das Staatsoberhaupt oder eine Partei. Und Demokratie ist Herrschaft **auf Zeit**.

Das **Grundgesetz bekennt** sich zur Demokratie mit der Feststellung:

> Die Bundesrepublik Deutschland ist ein **demokratischer** und sozialer Bundesstaat (Art. 20 Abs. 1 GG). Auch die verfassungsmäßige Ordnung in den Bundesländern muss den Grundsätzen des republikanischen, **demokratischen** und sozialen Rechtsstaates entsprechen (Art. 28 Abs. 1 GG).

Mit dem allgemeinen Bekenntnis zu demokratischen Lebens- und Regierungsformen werden **unterschiedliche Ziele** verfolgt, die teilweise zueinander in **Konkurrenz** stehen, z. B. Freiheit und Sicherheit. Demokratie ist somit kein System der Harmonie, sondern der Austragung von Meinungsverschiedenheiten, wobei es entscheidend darauf ankommt, die **Konflikte** im **Gleichgewicht** zu halten. Verfassungsrechtlich wird diese Ordnung ausgefüllt durch eine Vielzahl von Einzelmerkmalen; zu ihnen gehören insbesondere die folgenden

| Grundprinzipien unserer Demokratie | | |
|---|---|---|
| **Volkssouveränität** | **Parlamentarisches Regierungssystem** | **Pluralistische Gesellschaftsform** |

▷ Alle Staatsgewalt geht vom Volke aus
▷ Repräsentation (mittelbare Demokratie)
▷ Freie Wahlen

▷ Integration von Parlament und Regierung
▷ Regierungsverantwortlichkeit
▷ Machtkontrolle

▷ Politische Freiheiten
▷ Verbandspluralismus
▷ Chancengleichheit

*Demokratie*

**Grundprinzipien** unserer Demokratie:

| Volkssouveränität | Parlamentarisches Regierungssystem | Pluralistische Gesellschaftsform |

Das Prinzip der Volkssouveränität kommt in Art. 20 Abs. 2 GG zum Ausdruck. Dort heißt es:

  **Alle Staatsgewalt** geht vom **Volke** aus.

Das bedeutet, dass das **Volk** primärer Träger der Staatsgewalt, also selbst höchster Machtträger im Staate ist, von dem alle übrigen Gewaltenträger ihren Auftrag zur Machtausübung ableiten müssen. Der Staat ist die **politische Selbstorganisation** der Bürger.
Diesen Grundsatz der Volkssouveränität brachten die Menschen der DDR in der friedlichen Revolution im Oktober/November 1989 mit dem Ruf gegenüber der bisherigen nicht demokratisch legitimierten Staatsführung: „Wir sind das Volk!" auf den Punkt.
Damit kommt jedoch nicht zum Ausdruck, dass das Volk alle grundsätzlichen Entscheidungen selbst trifft oder dass die Staatsgewalt vom Volke selbst wahrgenommen wird (s. Kap. VII).
Zu der Frage, wer die Staatsgewalt ausübt und wie dies geschehen soll, bestimmt Art. 20 Abs. 2 Satz 2 GG daher auch:

 Sie wird vom Volke in **Wahlen** und **Abstimmungen** und durch **besondere Organe** der **Gesetzgebung**, der **vollziehenden Gewalt** und der **Rechtsprechung** ausgeübt (s. oben).

Damit hat sich der Verfassunggeber grundsätzlich für das **Prinzip** der **mittelbaren Demokratie** entschieden, für ein System also, bei dem das als Wählerschaft organisierte **Volk** in höchster Instanz darüber befindet, welche Personen oder Parteien legitimiert sein sollen, in seinem **Auftrag** politische Macht auszuüben. Diese **demokratische Legitimation** bedeutet andererseits, dass bei der „**Volks-Vertretung**" alle **wesentlichen** politischen **Entscheidungen** liegen müssen (bezeichnet auch als Wesentlichkeitstheorie bzw. Parlamentsvorbehalt; s. Kap. IV, VII).

 **Volkssouveränität** ist daher in Wirklichkeit **politische Mitbestimmung** des **Volkes**. Das Volk **wirkt mit** bei der Regelung und Gestaltung der öffentlichen Angelegenheiten, es **regelt** diese jedoch **nicht selbst**.

Dies hat in erster Linie **praktische** Gründe, die auf **historischer** Erfahrung beruhen:
Mit ihrer Entscheidung für die **repräsentative** Demokratie zogen die Verfassungsschöpfer des Jahres 1949 die Konsequenzen aus Schwächen der Weimarer Verfassung, die es dem Demagogen Hitler allzu leicht gemacht hatte, die Demokratie aus den Angeln zu heben.
Die Regierungsform einer **unmittelbaren** Demokratie ist heute nur noch in räumlich begrenzten Gemeinwesen (z. B. in einigen Kantonen der Schweiz) vorzufinden, weil sie die Möglichkeit häufiger Zusammenkünfte der Abstimmungsberechtigten zur Beratung und Beschlussfassung voraussetzt. Darüber hinaus müssen die anstehenden Fragen für jedermann verständlich sein, damit über sie sachkundig entschieden werden kann.
In modernen Großstaaten ist solch eine Form des Regierens nicht möglich. Sie wäre zu aufwendig und zu wenig flexibel. Zudem stellen die außerordentlich vielfältigen und

komplizierten Regierungsentscheidungen heute Anforderungen, die weit über das hinausgehen, was der Durchschnittsbürger überhaupt zu übersehen oder zu erfassen vermag. In dieser weitgehenden Abhängigkeit vom Detailwissen liegt zugleich eine der Herausforderungen, vor die sich die Demokratie in unserer Zeit gestellt sieht: die Gefahr, dass die politischen Entscheidungen letztlich von sog. Technokraten beherrscht werden, weil nur sie noch aufgrund ihrer Spezialkenntnisse in der Lage sind, die Dinge zu durchschauen. Folglich muss sich das Volk als Träger der Staatsgewalt aus praktischen Gründen – damit die Spielregeln der Demokratie überhaupt gehandhabt werden können – auf die **Wahl** von **Repräsentanten** (Abgeordneten) beschränken, die gleichsam als seine Stellvertreter handeln. – Eine Ausnahme hiervon macht Art. 28 Abs. 1 Satz 3 GG, wonach in (Kleinst-)Gemeinden „an die Stelle einer gewählten Körperschaft die **Gemeindeversammlung**" als Forum direkter kommunaler Demokratie treten kann.

Die „**mittelbare**" Demokratie ist nicht als Herrschaft **des** Volkes, sondern als Herrschaft **mit Zustimmung** des Volkes unter dem **Vorbehalt** des **Widerrufs** ausgeformt.

Unsere demokratische Ordnung wird mithin bestimmt vom Prinzip der

 Repräsentation.

Ihr Wesen besteht darin, dass die Repräsentanten **im Namen**, jedoch **ohne bindenden Auftrag** des Volkes handeln. Der Abgeordnete ist dem Ganzen verpflichtet. Er wird daher so gesehen, als ob er alle im Wahlvolk vorhandenen politischen Auffassungen in sich verkörpere und für alle wirksam handele, gleichgültig, ob der einzelne Wähler mit der Bestellung dieses Abgeordneten einverstanden ist oder nicht (s. Kap. VIII).

Zu abweichenden „**basisdemokratischen**" Vorstellungen (s. Kap. IX).

Das entscheidende demokratische Element ist, dass durch die Stimmabgabe den Repräsentanten **Vertrauen** auf **Zeit** erteilt wird.

Jedes politische Wahlkampfversprechen erlaubt dem Bürger, über kurz oder lang ein Urteil über die Glaubwürdigkeit einer Politik.

„**Machtgebrauch**", so hat es der ehemalige Bundespräsident v. Weizsäcker einmal ausgedrückt, „ist in der Demokratie Machtgebrauch auf **Bewährung**". Die Demokratie ist daher auch nicht als perfekte Alternative zum „real existierenden Sozialismus", sondern als der zwar nicht fehlerlose, aber bessere Weg zu einem menschenwürdigen Leben zu verstehen.

Der Wähler besitzt also die Möglichkeit, seine Entscheidung bei der nächsten Wahl zu revidieren, falls er die von der Partei seiner Wahl vertretene Politik nicht billigt. Dabei muss der Wähler davon ausgehen können, dass der Zeitraum, auf den sich sein Auftrag an eine bestimmte Partei erstreckt, grundsätzlich festliegt, also für eine Legislaturperiode. Das „**Rotationsprinzip**", soweit darunter die im Vorhinein festgelegte Ablösung der Abgeordneten durch sog. **Nachrücker** zur Hälfte der Amtszeit verstanden wird, ist damit nicht in Einklang zu bringen (s. Kap. VII). Anders zu sehen ist die in einzelnen Landesverbänden der Grünen nach wie vor übliche **Begrenzung** der Zahl der **Amtsperioden** eines jeden Abgeordneten.

*Demokratie*

Die Frage, **wie** diese Repräsentation **ausgestattet** sein soll, lässt sich auf verschiedenartige Weise lösen:

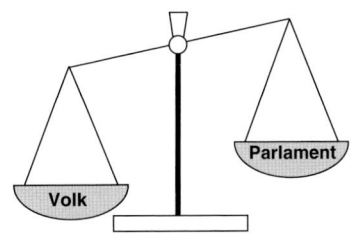
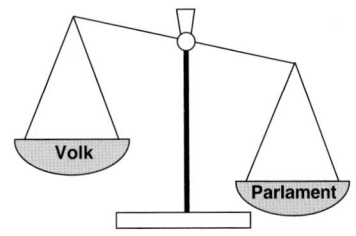

| Es wählt das Staatsoberhaupt. Es hat bei wichtigen politischen Angelegenheiten das Initiativrecht (Volksbegehren) und entscheidet durch Volksabstimmung. | Es trifft im Allgemeinen die politischen Entscheidungen, sofern nicht das Volk selbst entscheidet. | Die unmittelbare Ausübung der Staatsgewalt beschränkt sich auf die Wahl der Repräsentanten (Ausnahme: Art. 29 GG, s. Kap. III). | Hier werden die politischen Entscheidungen getroffen. Die Regierung ist dem Parlament verantwortlich. |
|---|---|---|---|

**Regierung und Verwaltung führen die Beschlüsse aus.**

Das Grundgesetz entscheidet sich hinsichtlich der Ausübung der Staatsgewalt für die

**repräsentative Demokratie** (s. Kap. VII).

Damit wird dem Volk lediglich eine **personelle** Entscheidung eingeräumt, nämlich die Auswahl seiner parlamentarischen Vertreter. Eine Möglichkeit, jenseits der Wahl selbst direkten Einfluss auf die Repräsentanten auszuüben, hat es nicht.

Diese Formel ändert jedoch nichts an der Gültigkeit des Prinzips der Volkssouveränität. Sie sagt lediglich etwas aus über die **Rollenverteilung** im demokratischen Staat. Unmittelbar demokratisch legitimierte Repräsentationsorgane sind nur die Parlamente, also Bundestag, Bundesrat und Landtage bzw. Abgeordnetenhaus und Bürgerschaft in den Stadtstaaten. Die weiteren in Art. 20 Abs. 2 S. 2 GG genannten Organe (Vollziehende Gewalt und Rechtsprechung) leiten ihre demokratische Legitimation vom Parlament ab.

*Demokratie*

Die **Funktionen** beim Zustandekommen politischer Entscheidungen sind wie folgt **verteilt:**

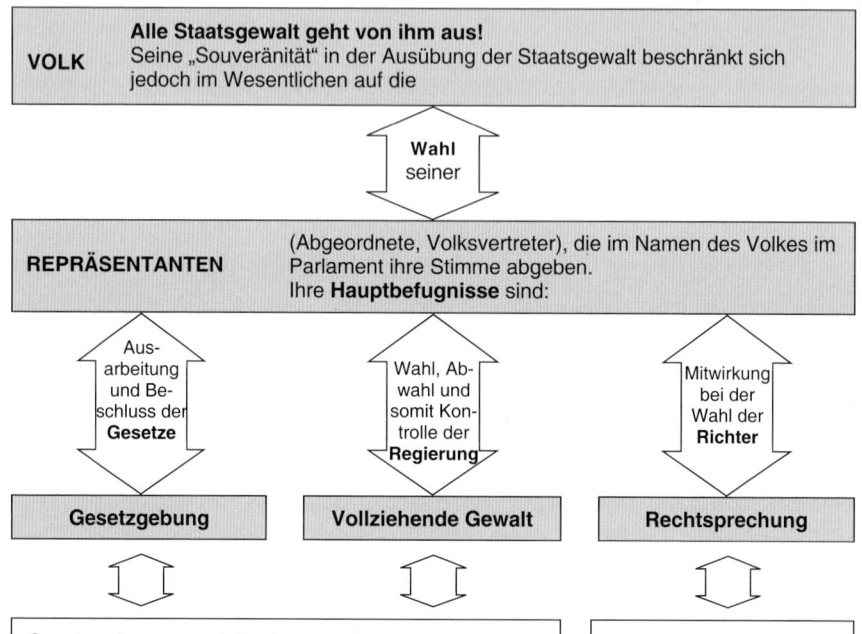

Gesetzgebungs- und Regierungsakte müssen an den allgemein im Volke vorhandenen Wertauffassungen und damit an der **öffentlichen Meinung orientiert** sein.

Mit der Möglichkeit, die Repräsentanten abzuwählen und durch andere zu ersetzen, übt das **Volk Kontrolle** über diejenigen aus, die im Wählerauftrag die Ausübung der Staatsgewalt überwachen sollen. Folglich sind **imperatives Mandat** und das im Vorhinein festgelegte **„Nachrücken"** zur Hälfte der Legislaturperiode (Rotationsprinzip) mit diesem Grundsatz nicht vereinbar (s. Kap. VII).

Nach ihrer Wahl genießen die Richter jedoch **Unabhängigkeit.** Somit können sie objektiv darüber wachen (für das Volk), dass die Gesetze nicht der Verfassung widersprechen und dass Regierung und Verwaltung in Übereinstimmung mit Gesetz und Recht handeln.

Aufgrund der Einbeziehung des Volkes in die politische Willensbildung durch Mitwirkung in den organisierten Verbänden (insbesondere Parteien) sowie durch die Wahl des Parlaments besteht eine direkte Verbindung zu den Politikern sowie den Berufsbeamten, die den Staatsapparat bedienen. Es findet also eine Art **Rückkopplung** statt, so dass im weitesten Sinne jeder Regierungs- und Verwaltungsakt auf das Volk zurückführbar ist. Auch insoweit gilt daher, dass das Volk primärer Träger der Staatsgewalt ist (Volkssouveränität). Mit der Entscheidung des Verfassunggebers für die repräsentative Demokratie tritt zugleich die andere – unmittelbare – Möglichkeit der demokratischen Willensbildung, das **Plebiszit** (lat. plebs = Volk), in den Hintergrund. Unter diesem Begriff fasst man – keineswegs einheitlich – eine Vielzahl direkter Willensäußerungen des Wahlvolkes („Volks"-Abstimmungen) zusammen.

## Demokratie

**Plebiszitäre Akte** sind insbesondere:

▶ **Volksbegehren/Volksinitiative:** Mit diesen Begriffen bezeichnet man das an eine vorgeschriebene Zahl von Stimmberechtigten geknüpfte Antragsrecht des Volkes, vom Parlament eine bestimmte politische Maßnahme (Verfassungsänderung, Erlass eines Gesetzes) zu verlangen oder einen Volksentscheid über die entsprechende Frage herbeizuführen (z. B. in Bayern das Volksbegehren „Besseres Müllkonzept").

▶ **Volksentscheid** (Referendum, auch: Volksabstimmung) ist die Abstimmung zu einer vom Parlament gestellten **konkreten** politischen **Frage** bzw. einer **Gesetzesvorlage**.

▶ Als **Volksbefragung** (Volksenquete) bezeichnet man eine ihrer Natur nach lediglich das Parlament **informierende** (konsultative) Form der Volksabstimmung, deren Ergebnis keine (rechtliche) Verbindlichkeit für den Gesetzgeber besitzt.

Volksbegehren und Volksentscheid waren nicht nur Wesenselemente der **Weimarer Reichsverfassung** (Art. 73 WRV). Auch die Verfassungen der **Bundesländer** sowie das Verfassungsrecht der **Kommunalen Gebietskörperschaften** (Gemeindeordnungen pp.) weisen – gleichsam als **Basis** der **Demokratie** – plebiszitäre Züge auf. Am weitesten geht hierbei die Verfassung Brandenburgs, nach der jeder das Recht hat, dem Landtag Gesetzesentwürfe zu unterbreiten, sofern die **Volksinitiative** von 20 000 Bürgern unterstützt wird. Bei Ablehnung kann dies zu einem **Volksbegehren** sowie zu einem **Volksentscheid** führen.

Das **Grundgesetz** sieht mit Ausnahme der Art. 29 und 118a (s. Kap. III) sowie des bedeutungslos gewordenen Art. 118, bei denen es um den Gebietsbestand der Länder geht, solche plebiszitären Entscheidungen **nicht** vor. In jüngerer Vergangenheit – vor allem im Zusammenhang mit der Einführung des Euro – wurde jedoch die Forderung nach erhöhter Bürgerpartizipation auch auf Bundesebene verstärkt erhoben. Dabei muss allerdings vor der Illusion gewarnt werden, ein Mehr an unmittelbarer Demokratie werde gleichsam automatisch zu einer besseren Politik führen. Ein erhöhtes Maß an plebiszitären Verfassungselementen kann auch lähmend wirken und zum Dauerwahlkampf über immer neue Einzelthemen führen. Und es kann demagogische Einflüsse erhöhen, den Einfluss straff organisierter Interessengruppen steigern. Dies vor allem hatte der Parlamentarische Rat vor Augen, als er sich bei der Schöpfung des Grundgesetzes entschloss, einer „Politik der Straße" vorzubeugen und plebiszitäre Elemente nicht um jeden Preis in die Verfassung einzubauen.

Direkte Demokratie entlässt zudem die Politik auch keineswegs aus der Verantwortung, Entscheidungen zu treffen, die sie im Interesse des Ganzen für geboten hält. Und Volksabstimmungen dürfen nicht die Ersatzlösung sein für eine Politik, der es am Mut zu unpopulären Entscheidungen fehlt. Auch werden Abstimmungen über **Grundrechte, Haushalt** und **Außenpolitik** allgemein als nicht geeignet für Plebiszite angesehen.

Gleichwohl sprachen sich in einer „dimap"-Umfrage fast zwei Drittel der Befragten für eine Volksabstimmung über die EU-Erweiterung aus. Noch deutlicher war das Ergebnis einer Emnid-Umfrage aus dem Jahre 2013. Danach sind mittlerweile 84 Prozent der Bevölkerung und 83 Prozent der Unionswähler für landesweite Volksentscheide. Der Vertrag über die **Große Koalition** aus dem gleichen Jahre hat dennoch das Thema nicht aufgegriffen. Offensichtlich sind die Widerstände in den großen Parteien für eine solche Öffnung immer noch zu stark.

An die Stelle solcher ur-demokratischen Akte sind in der politischen Praxis der Bundesrepublik als eine Art Ersatz-Plebiszit die **demoskopischen Untersuchungen** getreten; das sind Repräsentativumfragen, die von privaten Instituten durchgeführt werden und Rückschlüsse auf die öffentliche Meinung zulassen.

## Demokratie

Aus alledem wird deutlich, dass unsere Verfassung **Bürgerinitiativen** zwar toleriert, nicht hingegen als die eigentliche Organisationsform demokratischer Willensbildung ansieht. Gleichwohl vermögen Bürgerinitiativen z. B. in machtvollen Demonstrationen, erheblichen Druck auszuüben. Kein Politiker kann sich dieser Artikulation plebiszitärer Willensbildung verschließen, stehen vielfach doch auch Interessenlage und Glaubwürdigkeit der Politik auf dem Prüfstand. Mit der Entscheidung für das Prinzip der – demokratisch legitimierten – Repräsentation hat sich das Grundgesetz zugleich dazu bekannt, dass der Prozess der politischen Willensbildung (s. Kap. IX) wesentlich von den **Parteien** getragen wird. Die Väter des Grundgesetzes haben daher „gegen eine Stimmungsdiktatur die parlamentarische Verantwortung gesetzt" (Carlo Schmid).

Eines der entscheidenden Merkmale, durch die sich die Demokratie von autoritären Systemen verschiedenster Prägung unterscheidet, sind

 | **freie Wahlen,** |

die regelmäßig (periodisch) stattzufinden haben. Sie sind das Mittel, dessen sich das souveräne Volk bedient, um seinem politischen Willen Ausdruck zu geben.

Art. 20 Abs. 2 GG bestimmt dazu sinngemäß, dass die **Teilnahme** des **Volkes** an der Ausübung der Staatsgewalt durch **Wahlen** und **Abstimmungen** geschieht.

**Abstimmungen**, d. h. Volksabstimmungen, sind, wie auf S. 69 dargestellt, im Grundgesetz nur in untergeordnetem Maße vorgesehen. Daher kommt den **Wahlen** die herausragende Bedeutung bei der politischen Willensbildung in unserem Staate zu. Sie sind die wichtigste Form der aktiven Teilnahme des Bürgers am politischen Leben.

Die Grundvoraussetzungen hierfür sind in Art. 38 GG niedergelegt, in dem es heißt: „Die **Abgeordneten** des **Bundestages** werden in **allgemeiner, unmittelbarer, freier, gleicher** und **geheimer** Wahl **gewählt**."

Das Wahlvolk selbst wählt zwar nur das **Parlament**, alle **anderen Staatsorgane** und **Amtsträger** müssen jedoch durch Einschaltung des Parlaments **mittelbar demokratisch legitimiert** sein. **Ausgangspunkt** für **jede Ausübung staatlicher Gewalt** ist somit das **Volk**. Die Wahl der Repräsentanten durch das Volk ist gleichsam das erste Glied in einer „ununterbrochenen Legitimationskette", die zu allen staatlichen Organen und ihren Machtäußerungen hinführt.

Am Beispiel der **Regierungsbildung** wird dies deutlich:

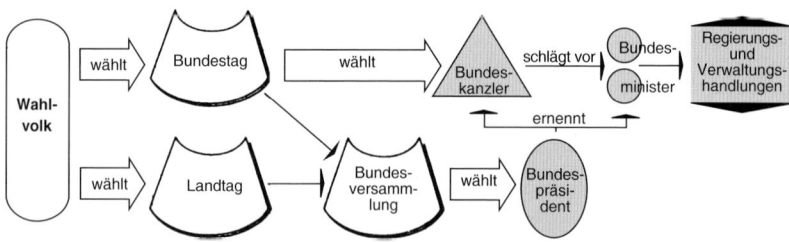

*Demokratie*

Auch bei sämtlichen anderen **Amtsträgern** bedarf es dieser „Legitimationskette" (BVerfG 47, 253). So gilt beispielsweise für Polizeibeamte folgender „Ermächtigungsverlauf": **Volk** wählt **Landtag** → wählt **Ministerpräsidenten** → ernennt **Innenminister** → ernennt **Polizeibeamten**. Also sind alle Polizeibeamte in Bezug auf die Ausübung ihres Dienstes **mittelbar** demokratisch legitimiert. Daraus wird zugleich deutlich, dass diese Prinzipien in Verbindung mit Art. 28 GG auch für die **Bundesländer** gelten.

**Außerstaatliche** Stellen sind grundsätzlich **nicht** demokratisch legitimiert. Wenn ihnen die Ausübung staatlicher Befugnisse übertragen werden soll, dann muss hierfür ein ausschließlich sachlicher Grund gegeben sein. Die Maßnahme hat innerhalb klar abgesteckter Grenzen und unter staatlicher Kontrolle als „Belehnung" zu erfolgen.

**Grundprinzipien** unserer Demokratie:

| Volkssouveränität | Parlamentarisches Regierungssystem | Pluralistische Gesellschaftsform |
|---|---|---|

Das parlamentarische Regierungssystem ist dadurch gekennzeichnet, dass dem **Parlament höchste Bedeutung** für die politische Beschlussfassung zukommt, vor allem im Hinblick auf die **Gesetzgebung**, die Genehmigung des **Haushaltsplanes** sowie die **Bildung** und **Kontrolle** der anderen **obersten Staatsorgane**. Staatsoberhaupt, Regierungschef und die Mitglieder der obersten Gerichte werden unter maßgeblicher Beteiligung des Parlaments in ihr Amt berufen. Das gilt auch für die Ausgestaltung des parlamentarischen Systems in der Bundesrepublik Deutschland (s. Kapitel VIII).

Allein aus der Tatsache, dass in einem Staate ein Parlament vorhanden ist, lässt sich allerdings weder der wirkliche Machtanteil der Volksvertretung erkennen, noch ist damit der Beweis geführt, dass das **Volk tatsächlich Träger** der **Staatsgewalt** ist.

Auch autoritär regierte Staaten haben in aller Regel ein Parlament vorzuweisen. Hierzu zählen alle Staaten, in denen die „Volksvertretung"

▶ nicht aus freien Wahlen hervorgegangen ist und

▶ entweder keinen oder nur unbedeutenden Einfluss auf die Ausübung der Staatsgewalt hat.

Solche Gremien sind **Scheinparlamente**, mit denen totalitäre Ordnungssysteme die wahren Machtverhältnisse zu verschleiern pflegen.

Zu den Wesensmerkmalen des demokratischen Parlamentarismus gehören daher vor allem **frei gewählte Repräsentanten** des Volkes, die an keinerlei Aufträge gebunden und nur ihrem Gewissen unterworfen sind (s. Kap. III, VIII).

Das parlamentarische System in der Bundesrepublik ist überdies gekennzeichnet durch folgende Prinzipien:

▷ | Integration von Parlament und Regierung |

In unserer verfassungsmäßigen Ordnung wird das Prinzip der **Gewaltenteilung** nicht starr angewandt, es ist vielfach **durchbrochen** (s. Kap. III).

Dies gilt vor allem auch für das Verhältnis von **Parlament** und **Regierung**:

*Demokratie*

Aus der ihm vom Volk übertragenen Legitimation heraus wählt das Parlament mit seiner Mehrheit eine ihm verantwortliche Regierung. Diese fällt im Zusammenspiel mit den sie tragenden Parlamentsparteien die politischen Grundentscheidungen. Die Regierung wird in der Regel aus Parlamentsmitgliedern gebildet, die ihren Sitz im Parlament weiter beibehalten können. Daraus erwächst eine enge Verflochtenheit (Integration) von Parlament und Regierung, genauer: von Parlamentsmehrheit und Regierungsspitze.

In der Vergangenheit hat das dazu geführt, dass manche Bundestagswahl eindeutig als Plebiszit für die Persönlichkeit anzusehen war, die von der Mehrheitspartei als Kanzlerkandidat herausgestellt wurde („Kanzlerwahlen"). Damit fiel dem Bundestag bei der anschließenden Wahl des Kanzlers eher eine bloße Bestätigung des mehrheitlichen Wählerwillens zu. Mit dieser Verflechtung von Gesetzgebung und vollziehender Gewalt verbindet sich jedoch nicht zwingend ein Abbau, sondern vielfach nur eine Verlagerung parlamentarischer Kontrollbefugnisse. Diese Kontrolle findet heute weniger im Verhältnis zwischen Parlament und Regierung als vielmehr im **innerparlamentarischen Kräftespiel** zwischen **Regierungsmehrheit** und **Opposition** statt (s. Kap. III, VII).

 | **Regierungsverantwortlichkeit**

Die Bundesregierung ist vom **Vertrauen** des Bundestages abhängig. Diese Abhängigkeit bezieht sich in erster Linie auf den Bundeskanzler, der auf Vorschlag des Bundespräsidenten vom Bundestag gewählt wird (Art. 63 GG), während die übrigen Mitglieder der Bundesregierung auf Vorschlag des Kanzlers vom Bundespräsidenten ernannt und entlassen werden, Art. 64 GG (s. Kap. VIII). Folgerichtig hat nur der Bundestag das Recht, den Kanzler wieder abzuberufen. Dies geschieht durch **Mehrheitsbeschluss** des **Parlaments**, das sog. **Misstrauensvotum**.

Bei der Ausgestaltung des Misstrauensvotums hatte der Verfassunggeber zwischen **zwei Alternativen** zu wählen:

▶ **Stärkung** des **Parlaments** und seiner Kontrollbefugnisse durch die Möglichkeit, dem Kanzler und jedem einzelnen Minister durch Mehrheitsbeschluss das Vertrauen zu entziehen, **ohne** sich zugleich auch auf einen **neuen** Kanzler einigen zu müssen (so Art. 54 WRV), oder

▶ **Stärkung** der Stellung und der Stabilität der **Regierung** durch Schaffung eines eingeschränkten **(konstruktiven)** Misstrauensvotums, wobei lediglich der Kanzler (und mit ihm seine gesamte Regierung), nicht aber ein einzelner Minister abberufen und das Misstrauen nur dadurch wirksam ausgesprochen werden kann, dass **gleichzeitig** ein **neuer** Kanzler gewählt wird (so Art. 67 GG).

Das Grundgesetz enthält das **konstruktive Misstrauensvotum** und damit eine Regelung, die ein Abberufen der Regierung sehr erschwert. Andererseits aber, und dies waren die Motive des Verfassunggebers, führt das konstruktive Misstrauensvotum zu stabilen Regierungen und verhindert häufige Regierungskrisen mit ihren zum Teil schwerwiegenden Folgen. Auch insoweit zieht das Grundgesetz seine Lehren aus der Weimarer Zeit.

Trotz dieses stabilisierenden Elements ist das konstruktive Misstrauensvotum ein bedeutendes Kontrollinstrument in der Hand der Parlamentsmehrheit, weil der Kanzler auf diese Mehrheit angewiesen bleibt und ggf. durch sie gestürzt werden kann (wie im bisher einzigen Anwendungsfall: der Abwahl des Bundeskanzlers Schmidt/SPD durch Wahl des Bundeskanzlers Kohl/CDU im Oktober 1982 nach Koalitionswechsel der FDP; nähere Ausführungen s. Kap. VIII).

**Machtkontrolle**

**Demokratie** verwirklicht ein Höchstmaß an **Freiheit**. Beide Werte sind untrennbar verknüpft und bedingen einander. Sie bilden den Kern unserer Verfassungsordnung. Die Freiheit des Grundgesetzes ist jedoch keine absolute, sondern eine **rechtlich gebundene** Freiheit (s. Kap. IV). Damit sie nicht ausufert, bedarf es der **Kontrolle**. Ihr unterliegen alle staatlichen Organe gleichermaßen.

Zu den vornehmsten Aufgaben des Bundestages als Repräsentativorgan der Bürgerinnen und Bürger gehört die Kontrolle von Regierung und Verwaltung. Seine schwerwiegendste „Waffe" ist das Recht, die Regierung zu **stürzen** (s. Kap. VIII). Daneben bestehen zahlreiche andere Kontrollfunktionen, die teilweise als **Minderheitenrechte** ausgestaltet und damit auch der parlamentarischen **Opposition** an die Hand gegeben sind.

Die bedeutsamsten Kontroll- und Einflussmöglichkeiten des Bundestages sind:

▶ Festlegung von Zielen und Richtlinien im Wege der Gesetzgebung;

▶ Annahme von Anträgen und Entschließungen, die die Exekutive zwar nicht verfassungsrechtlich, wohl aber politisch binden;

▶ Recht auf Feststellung des Haushalts (Budgetrecht);

▶ Fragerecht (Interpellationsrecht);

▶ Einsetzung von Untersuchungsausschüssen;

▶ Kontrolle der Bundeswehr und der Nachrichtendienste;

▶ Kontrolle der Erfassung und Weitergabe personenbezogener Daten.

Auch durch die oppositionellen Kräfte **außerhalb** des Parlaments (z. B. **Bürgerinitiativen**) findet eine Kontrolle staatlicher Machtäußerungen statt. Dies ist durchaus wünschenswert und auch legitim, jedoch stets nur innerhalb der vom Grundgesetz gezogenen Grenzen. Eine wichtige Kontrollfunktion kommt ferner den **Medien** zu.

 **Neuere Formen demokratischer Selbstbestimmung**

Die repräsentative Demokratie moderner Prägung leidet zunehmend an Beteiligungsmangel (s. Kap. VII). Darin kommt, so Klaus Leggewie, „nicht nur pauschale Politikverdrossenheit, sondern auch Unzufriedenheit mit den etablierten Formen" zum Ausdruck. Vor diesem Hintergrund sind neue Modelle demokratischer Kommunikation und Entscheidungsfindung entwickelt worden, durch die die klassischen Formen direkter und repräsentativer Demokratie ergänzt und belebt werden (beispielhaft auch im Lissabon-Vertrag, s. Kap. XIV):

▶ die **partizipatorische** Demokratie-Therorie, die von dem Gedanken getragen wird, unabhängigen Bürgerverstand unmittelbar in die politischen Entscheidungen einzubringen;

▶ das **assoziative** Demokratiemodell, das die Selbstorganisation und Mobilität der in Interessengruppen und Verbänden „assoziierten" Bürger zum Zwecke der Einflussnahme auf die Politik fördern will und

▶ der **deliberative** Demokratieansatz, der ein „Regieren durch Diskussion" als Vorstufe politischer Entscheidungen favorisiert.

*Demokratie*

> **Grundprinzipien** unserer Demokratie:
>
> **Volkssouveränität** — **Parlamentarisches Regierungssystem** — **Pluralistische Gesellschaftsform**

**Soziale Unterschiede** in der Ausbildung, im Einkommen, in Besitz und Prestige bewirken unter den Bürgern eines Staates vielfältig voneinander abweichende und oft auch gegeneinander gerichtete Interessen. Ein Staat, der diese verschiedenartigen (heterogenen) Interessen und politischen Meinungen in eine scheinbare Uniformität zwingt, schafft damit autoritäre Herrschaftsstrukturen. Unterdrückung und Bürokratisierung sind die zwangsläufigen Folgen.

Für freiheitliche Demokratien sind demnach **Vielfalt** und **Vielgestaltigkeit**, allgemein als **Pluralismus** bezeichnet, **notwendige gesellschaftliche Strukturprinzipien**. Der Wähler muss **unterscheiden** können, bevor er **entscheidet**. Nach Kurt Sontheimer ist Pluralismus

> das **gleichberechtigte**, durch **grundrechtliche Garantien** geschützte **Nebeneinanderexistieren** und **-wirken** einer **Mehrzahl sozialer Gruppen** innerhalb einer staatlichen Gemeinschaft.

Das **Bekenntnis** zur **pluralistischen Gesellschaftsform** schließt die **Erkenntnis** ein, dass jedes politische Programm Fehler und Schwächen in sich birgt und daher offen gehalten werden muss für Veränderungen. Der demokratische Pluralismus setzt sich damit bewusst in Gegensatz zur weltweit gescheiterten kommunistischen Ideologie, die im Endzustand eine klassenlose Gesellschaft und damit „völlige Glückseligkeit auf Erden" verheißt. Dabei wird allerdings verkannt, dass die Einheitsgesellschaft eine Vision bleiben muss, weil sie der Unterschiedlichkeit der Menschen nicht entspricht und eine sozialökonomische Interessenvielfalt sich niemals beseitigen lässt – es sei denn unter Zwang.

In einer **offenen Gesellschaft** sollen die im Sinne der Mehrheitsinteressen notwendigen Veränderungen durch **Kritik** und **Konkurrenz** herbeigeführt werden. Hierfür werden vor allem die gesellschaftlichen Gruppen (Organisationen, Verbände, Institutionen, Parteien) als geeignete Instrumente angesehen, die gemeinsam mit dem Staat das öffentliche Leben gestalten. Eine pluralistische Gesellschaft ist daher auch eine in einer Vielzahl von **Interessenverbänden** organisierte Gesellschaft:

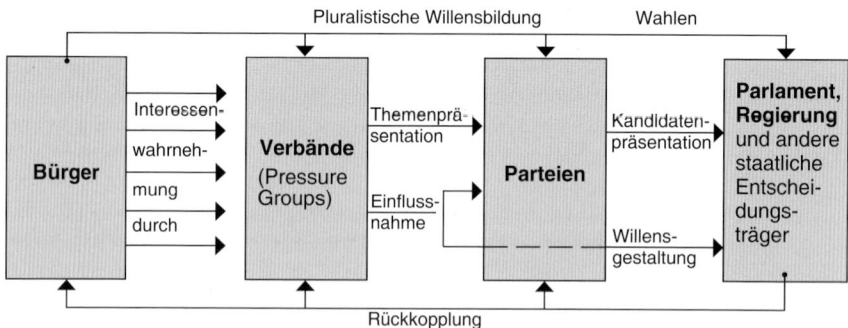

## Demokratie

Die demokratische Gesellschaft lebt mithin von **pluraler Meinungsvielfalt**, vom **fairen politischen Wettstreit** und vom **Toleranzprinzip**. Nur so kann **Reformfähigkeit** gewährleistet und die Gemeinschaft vor dem **Totalitarismus geschützt** werden.

Ihre wichtigsten Impulse bezieht die Demokratie aus sachorientiertem Widerspruch. Zu ihren **Wesensmerkmalen** gehört vor allem auch eine **demokratische Streitkultur**.

Voraussetzung für das Funktionieren einer lebendigen Demokratie, in der **Auseinandersetzungen** und **Konflikte** als **Grundtatsachen** der **gesellschaftlichen Realität** anerkannt werden, ist insbesondere die grundsätzliche Bereitschaft, an der **Meinungs- und Willensbildung** sowie an der **Bewältigung** von **Konflikten** mitzuwirken.

Konfliktbewältigung in der Demokratie bedingt zudem stets auch die **Bereitschaft**, nicht bloße Formelkompromisse, sondern **Kompromisse** in der **Sache** einzugehen. Die Demokratie muss gegensätzliche Auffassungen ertragen können und jedem das **Recht zum Anderssein** zuerkennen, solange er sich auf dem Boden der für alle verbindlichen Regeln bewegt. Demokratie bedeutet daher auch, im Wege des **Ausgleichs** widerstreitender Einzelinteressen das für die Gesamtheit beste Ergebnis zu finden.

Die Demokratie braucht somit beides: **Konflikt** und **Konsens**. Demokratische Kompromisse aber sind nur zu erreichen, wenn die Auseinandersetzung von **gemeinsamen Grundüberzeugungen**, von **Übereinstimmung** in den **gesellschaftlichen Zielen** und einer **allgemeinen Solidarität** getragen wird. Neben dem Gegeneinander der Meinungen muss ebenso das Miteinander möglich sein. So sind z. B. Arbeitnehmer und Arbeitgeber zwar Kontrahenten, **zugleich** aber auch Partner (Sozialpartner) und in gleicher Weise dem **gemeinsamen Wohl verpflichtet**. Das Minimum derartiger Solidarität ist, dass **Freiheit** für **alle** gilt: für den Einzelnen wie auch für die sozialen, politischen und weltanschaulichen Gruppen.

Aufgrund der Vielfalt der Meinungen wird es eine von allen als richtig anerkannte Meinung kaum einmal geben, zumal „absolute" Wahrheiten ohnehin die Ausnahme bleiben. Für den Entscheidungsprozess hat daher das **Einigungs- und Mehrheitsprinzip** zu gelten. Demokratie und pluralistische Gesellschaftsform sind darauf angelegt, dass mehrheitliche Entscheidungen getroffen werden und dass die Minderheit dies hinnehmen muss. Dem **Mehrheitswillen** sind jedoch **Schranken** gesetzt. Das Grundgesetz sichert dieses Postulat durch die **Bindung an Recht** und **Gesetz** (Art. 20 Abs. 3 GG). Das **Rechtsstaatsprinzip** wirkt mithin als unverzichtbares **Pendant**, aber auch als **Korrektiv** der **Demokratie** (s. Kap. V). Daraus folgt, dass Minderheiten dieselben politischen Entfaltungsmöglichkeiten haben müssen, wie auch die Mehrheit sie hat. Die Gewährleistung **voller Chancengleichheit** ist der Garant dafür, dass im demokratischen Wechsel von Regierung und Opposition Minderheitsmeinungen Majorität erlangen können und Mehrheiten zu Minderheiten werden. Nur unter dieser Voraussetzung der **prinzipiellen Ablösbarkeit** ist die Herrschaft der Mehrheit der unterlegenen Minderheit zuzumuten.

Zwingende Mehrheitsbeschlüsse als Kernstück demokratischer Spielregeln finden sich in zahlreichen **Verfassungsnormen**, z. B. Art. 42, 52, 54, 63, 79, 99 GG.

Das Prinzip **absoluter Verbindlichkeit** von **Mehrheitsentscheidungen** garantiert **Rechtssicherheit** und **Rechtsfrieden**. Es wird allerdings für manchen dann fraglich, wenn es sich um Entscheidungen handelt, die faktisch nicht mehr reversibel sind (Beispiele: Kernenergie- und andere Großtechnologie-Anlagen, Verkabelung und Biotechnologie).

Eine der unverzichtbaren Voraussetzungen für das Funktionieren der Demokratie ist die **ungehinderte öffentliche Diskussion politischer Fragen**.

## Demokratie

Sie wird von der Verfassung gewährleistet durch eine Reihe ineinander greifender Grundrechte und sonstiger Rechte, die sich zusammenfassen lassen unter dem Begriff

 politische Freiheiten.

Hierzu gehören insbesondere

Meinungs-, Versammlungs- und Vereinigungsfreiheit (Art. 5, 8 und 9 GG).

Das Zusammenspiel dieser Grundrechte ermöglicht dem Bürger die aktive Teilnahme am politischen Geschehen (z. B. im Rahmen von Aktionsgruppen, Bürgerinitiativen, Demonstrationen usw.). Mit der Absicherung dieser Rechtsposition durch den Grundrechtskatalog bietet die Verfassung dem Bürger einen **Freiraum**, innerhalb dessen sich der politische Wille ungehindert bilden, äußern und betätigen kann.

Darin eingeschlossen liegt eines der Wesensmerkmale der Demokratie, das

Recht auf **Opposition.**

Die verfassungsrechtliche Anerkennung einer parlamentarischen Opposition ist Grundvoraussetzung jeder freiheitlichen Demokratie (s. Kap. V). Opposition bedeutet jedoch nicht feindliches Gegenlager, sondern **Partnerschaft in der Verantwortung.**

Die parlamentarische Opposition hat die Aufgabe, an der politischen Willensbildung mitzuwirken. Sie besitzt in erster Linie **Kontrollfunktionen** gegenüber der **Regierung**. Das gilt umso mehr, als die Regierung im Regelfall aus der Mehrheitspartei hervorgeht und von dieser unterstützt wird. Die **wirkliche** Kontrolle der Regierung erfolgt daher weniger durch das gesamte Parlament als vielmehr durch die an der Regierung nicht beteiligten (oppositionellen) Abgeordneten und Fraktionen.

Die Opposition ist Sprachrohr der Parlamentsminderheit und somit im Allgemeinen auch der Minderheit im Volke. Sie erfüllt diese Aufgabe, indem sie

▶ **informiert, kritisiert** sowie **innovative Politik-** und **Problemfelder** aufzeigt,

▶ sachliche und persönliche **Alternativen** anbietet,

▶ auf legalem Wege eine parlamentarische **Mehrheit anstrebt** und

▶ sich für einen **systemgerechten Machtwechsel** bereithält.

Sie beeinflusst damit unmittelbar die öffentliche Meinung und mittelbar die Regierung. Ihre Rolle erschöpft sich indessen nicht im Minderheitenschutz. Die Opposition trägt vielmehr eine **Verantwortung** gegenüber dem **Ganzen**.

Das gilt auch für diejenigen Teile der Opposition, die nicht im Parlament vertreten sind. Aus der allgemeinen pluralistischen Ordnung unserer Gesellschaft folgt, dass auch eine **außerparlamentarische** Opposition zulässig und gewünscht ist, denn jede Ordnung ist von der Gefahr der Selbsterstarrung bedroht und braucht daher auch die Kritik von einer Position aus, die außerhalb der überkommenen Herrschaftsstrukturen liegt. Allerdings muss sich diese Kritik auf dem Boden der **verfassungsmäßigen Ordnung** bewegen. Deshalb ist **außer**parlamentarische Opposition **zulässig**, **anti**parlamentarische Opposition hingegen ist **verfassungswidrig** (s. Kap. V). So notwendig z. B. die **Bürgerinitiativen** manchem als Ergänzung der parlamentarischen Parteiendemokratie erscheinen mögen, so belebend sie sich auf verkrustete Strukturen unseres Verbandslebens auswirken können, auch sie sind **stets** an die **Verfassung gebunden.**

*Demokratie*

Eine besondere Rolle beim Prozess der Willensbildung kommt den zahlreichen **Interessengruppen** zu, die in den politischen Raum hineinwirken.
Die gesellschaftliche Struktur einer freiheitlichen Demokratie ist durch das Nebeneinander verschiedenartigster Gruppierungen gekennzeichnet. Ob Politik, Wirtschaft, Kultur, Religion, Arbeitswelt, Freizeit oder Sport – für alle Bereiche unseres Lebens bieten sich **Gruppen** an, werden **Verbände** tätig (s. Kap. X). – Auch die **politischen Parteien** sind Gruppierungen dieser Art, wenngleich sie durch den Verfassungsauftrag des Art. 21 GG eine Sonderstellung einnehmen (s. Kap. IX).
Diese Vielfalt und Vielgestaltigkeit der im öffentlichen Leben wirkenden Gruppenmächte, die u. a. auch im Mehrparteienprinzip (s. Kap. V) ihren Ausdruck finden, nennt man

 **Verbandspluralismus,**

eine gesellschaftliche Erscheinungsform, die von der Verfassung durchaus gewollt ist und Grundrechtsschutz genießt (s. Art. 2, 8, 9 und 21 GG). Der **Einfluss** der Verbände in unserer Gesellschaftsordnung ist so erheblich, dass es in der Vergangenheit nicht an warnenden Stimmen gefehlt hat (statt vieler: Theodor Eschenburg, „Herrschaft der Verbände"). Der Aufmarsch der Gruppenmächte macht auch vor den politischen **Parteien** nicht Halt. Abgeordnete und Regierungsmitglieder gehen vielfach aus den Verbänden hervor. Dadurch werden die Interessen und Ziele der Verbände unmittelbar in den Prozess der politischen Entscheidungsfindung eingebracht. Das geschieht auch durch die Möglichkeit, im **Gesetzgebungsverfahren** auf die Ministerialbürokratie einzuwirken, die ihrerseits auf die Informationen und fachliche Kompetenz der Verbände angewiesen ist. Es haben sich also **wechselseitige Verflechtungen** ergeben.

Durch das Wirken der verschiedenen Gruppenmächte, die miteinander und gegeneinander um die Durchsetzung ihrer Ziele ringen, entsteht eine **Wettbewerbs-** und **Konkurrenzsituation**, die durchaus legitim ist, solange sich die beteiligten Gruppen insgesamt die Waage halten. In dieser direkten Beteiligung an der sozialgestaltenden Tätigkeit im Staate liegt eine von der Verfassung nicht vorgesehene, jedoch im Interesse des Ganzen durchaus erwünschte **zusätzliche Gewaltenteilung**. Das setzt voraus, dass Organisationen und Verbände **frei** vom **Staat**, also autonom sein müssen. Ihre Gründungsbedingungen und innere Organisation bedürfen zwar rechtlicher Regelung, sie selbst dürfen aber nicht staatlich reglementiert werden.

Bei jeder parlamentarischen Entscheidung muss, wenn ihre Durchsetzungschance gewahrt werden soll, bereits im Vorfeld ein gewisser **Interessenausgleich** stattfinden. Auf diese Weise wird eine allzu einseitige Interessenpolitik von vornherein verhindert oder doch erheblich erschwert. Denn dieses System birgt auch **Gefahren** in sich, vor allem dann, wenn die direkte Einflussnahme auf Abgeordnete und Parlament übermächtig wird (sog. **Lobbyismus**, benannt nach dem englischen Wort Lobby = Vorhalle, Wandelgang des Parlaments). Die Parteispendenaffären (s. Kap. IX) haben diese Gefahren besonders deutlich werden lassen.

Es gehört daher zu den Lebensfragen des demokratischen Parlamentarismus, dass

▶ die **freie Wettbewerbssituation** zwischen den Gruppenmächten gewahrt bleibt,

▶ einzelnen Gruppen **kein einseitiger Vorteil** verschafft wird und

▶ der unserer Gesellschaftsordnung innewohnende selbststeuernde Mechanismus des **Interessenausgleichs** erhalten und Korruption vermieden wird.

Der Blick auf das System der Interessengruppen macht deutlich, dass nicht alle gesellschaftlichen Interessen gleichermaßen gut organisiert und vertreten sind. So stehen neben den

77

## Demokratie

einflussreichen Vereinigungen im Wirtschaftsleben und in der Arbeitswelt auch gesellschaftliche Gruppierungen – wie beispielsweise Behinderte, ältere Menschen und Kinder –, die ihre Anliegen deutlich weniger wirksam artikulieren können. Der Staat muss dieses Faktum berücksichtigen und erkennen, wann sich die Teilinteressen nicht von allein ausbalancieren. In diesem Falle hat er die besondere Aufgabe, die Interessen unter den Gesichtspunkten der **Gleichbehandlung** und der **sozialen Gerechtigkeit** zu koordinieren und im **Notfall** korrigierend **einzugreifen**.

Die **Forderung** nach **Demokratie** ist regelmäßig mit der **Forderung** nach **Gleichheit** verbunden. Daher zählt zu den fundamentalen Konstruktionsprinzipien demokratischer Ordnung stets auch die **Garantie** von **Gleichheitsrechten**.

Da **absolute** Gleichheit **aller** weder herstellbar noch wünschenswert oder gar „gerecht" wäre, muss der Anspruch auf Gleichheit als Anspruch auf **Gleichberechtigung** und **Gleichbehandlung** verstanden werden. Demokratie fordert daher in erster Linie

| **Chancengleichheit,** |

das heißt, die **politische** Gleichheit aller Staatsbürger. Jeder hat die gleichen Rechte wie die übrigen Bürger, aber auch die Lasten müssen im Interesse der Gerechtigkeit nach dem Gleichheitsprinzip verteilt werden (s. Kap. III, IV).

Der Anspruch auf Chancengleichheit wird abgeleitet aus Art. 3 Abs. 1 GG. Dieser

| **allgemeine Gleichheitsgrundsatz** |

garantiert insbesondere, dass allen Staatsbürgern in der Bundesrepublik die gleichen **Entwicklungsmöglichkeiten** zustehen. Das gilt vor allem für die Startchancen – und hier in besonderem Maße für den Bereich der **Bildung**, weil diese am ehesten die soziale Stellung bestimmt. Schulgeldfreiheit, Lehr- und Lernmittelfreiheit, finanzielle Förderung der Ausbildung sowie freier Zugang zu den Bildungs- und Ausbildungsstätten sollen verhindern, dass Bildung zum Privileg derer wird, die sie bezahlen können.

Diese Grundsätze haben in den zurückliegenden Jahren besondere Bedeutung gewonnen im Zusammenhang mit

▶ dem Verbot, den Zugang zu Ausbildungsstätten auf Angehörige eines Bundeslandes zu beschränken (BVerfGE 33, 351 ff.; 6, 13 ff.), und

▶ den Studienbeschränkungen an den Hochschulen (Beschränkung der Zahl der Studierenden = sog. Numerus clausus).

Dazu hat das BVerfG (E 33, 303; 43, 291) unter anderem ausgeführt:

„Absolute Zulassungsbeschränkungen für Studienanfänger sind nur verfassungsmäßig, wenn sie gesetzlich in den Grenzen des unbedingt Erforderlichen unter erschöpfender Nutzung der vorhandenen Ausbildungskapazität angeordnet werden und die Verteilung der Bewerber nach sachgerechten Kriterien erfolgt, die jedem Bewerber eine Chance lassen und die individuelle Wahl des Ausbildungsortes nach Möglichkeit berücksichtigen."

Der Gleichheitsgrundsatz gem. Art. 3 Abs. 1 GG durchzieht die gesamte Rechtsordnung in einer **Vielzahl** von **Anwendungsfällen**. Im Hinblick auf das Prinzip der Chancengleichheit gehören dazu vor allem:

*Rechtsstaat*

- ▶ das Verbot der Differenzierung zwischen Mann und Frau, soweit es sich um vergleichbare soziale Tatbestände handelt (Art. 3 Abs. 2 GG);
- ▶ das Verbot der Benachteiligung oder Bevorzugung aus rassischen, religiösen, politischen und ähnlichen Gründen und das Verbot der Benachteiligung Behinderter gem. Art. 3 Abs. 3 GG;
- ▶ das Gebot, den nicht ehelichen Kindern die gleichen Bedingungen wie den ehelichen Kindern zu schaffen (Art. 6 Abs. 5 GG);
- ▶ die Vorschrift des Art. 33 Abs. 1 GG, wonach jeder Deutsche in jedem Bundesland die gleichen Rechte und Pflichten hat;
- ▶ das Recht auf freien Zugang zu jedem öffentlichen Amt gem. Art. 33 Abs. 2 GG;
- ▶ die Ausbildungsförderung (BAföG), damit der Besuch weiterführender allgemein bildender Schulen und Hochschulen allen sozialen Schichten offen steht (Art. 74 Nr. 13 GG);
- ▶ der Anspruch der politischen Parteien auf Chancengleichheit (s. Kap. IX).

## Die Bundesrepublik als Rechtsstaat

Das **Rechtsstaatsprinzip** wird vielfach mit dem **Demokratiebegriff** verklammert. Denn beide Grundzüge entsprechen einander wie **zwei** Seiten **derselben** Medaille. Gleichwohl sind diese beiden Verfassungs-Grundprinzipien **nicht identisch.** Vielmehr muss, wie die folgenden Beispiele zeigen, differenziert werden:

▶ Das Bismarckreich war keine Demokratie. Es trug aber – trotz des Fehlens eines Grundrechtskatalogs – ohne Zweifel sehr starke rechtsstaatliche Züge.

▶ Der NS-Staat behielt mit der Weimarer Verfassung die äußeren Formen der Demokratie und des nur formal verstandenen Rechtsstaates bei. Die Gesetzgebungspraxis setzte jedoch die in der Verfassung garantierten Freiheitsrechte der Bürger außer Kraft, die rechtsstaatliche Gewalteinteilung wurde durch die Diktatur des „Führerstaates" ersetzt, und die Gerichte entarteten zu Instrumenten nationalsozialistischer Machterhaltung. Zur Perversion des Rechts wurde der „Volksgerichtshof" mit seinen Willkürurteilen gegen sog. „Volksschädlinge", zu denen vor allem auch die Frauen und Männer des Widerstands gegen Hitler gerechnet wurden.

▶ Ähnlich war es in der DDR, die sich – zumindest dem Buchstaben ihrer Verfassung nach – als Demokratie verstand. Ihre Rechtsordnung gründete sich auf die „sozialistische Gesetzlichkeit". Damit waren Normen gemeint, die das Recht dem Willen der demokratisch nicht legitimierten „Partei der Arbeiterklasse", einer Einheitspartei mit absolutem Führungsanspruch (Art. 1 DDR-Verfassung), unterwarfen und somit der Politik keine Grenzen setzten. Bezeichnenderweise lautete der Text eines der bekanntesten Propagandalieder der SED: „Die Partei, die Partei, die hat immer Recht ... Denn wer kämpft für das Recht, der hat immer Recht". Den Zielen dieser Partei hatten letztlich auch die Gerichte zu dienen. Dies bedeutete für den einzelnen Bürger eine immer weiter gehende Einengung seiner persönlichen Freiheiten.

Daraus wird zugleich deutlich: Erst die Verbindung der Verfassungsprinzipien „Demokratie" **und** „Rechtsstaat" führt zu einer Lösung, die den **Idealvorstellungen** vom Staat nahe kommt. Der Verfassunggeber hat dies im Begriff der **freiheitlichen demokratischen Grundordnung** zum Ausdruck gebracht (s. Kap. V).

## Rechtsstaat

Der **Begriff** des **Rechtsstaates** wird in Art. 20 Abs. 1 GG bei der Aufzählung der **Wesenszüge** der Bundesrepublik Deutschland nicht genannt. Er findet sich jedoch in Art. 28 GG, wo bestimmt wird: „Die verfassungsmäßige Ordnung in den **Ländern** muss den Grundsätzen des republikanischen, demokratischen und sozialen **Rechtsstaates** im Sinne dieses Grundgesetzes entsprechen." Formell betrachtet, ist daher der Schluss zulässig, dass ein Gesamtstaat, dessen Glieder allesamt rechtsstaatlichen Grundsätzen entsprechen, zwangsläufig selbst ein Rechtsstaat sein muss.

Dieser Hilfskonstruktion bedarf es indessen nicht. Art. 1 und 20 GG enthalten materiell alle Wesensmerkmale, die den Rechtsstaat kennzeichnen: den **Gesetzmäßigkeitsgrundsatz** (Art. 20 Abs. 3 GG), die **Gewährleistung der Grundrechte** (Art. 1-19, 20 Abs. 3 GG) sowie die **Gewaltenteilung** (Art. 20 Abs. 2 GG).

| Rechtsstaat | | |
|---|---|---|
| **Gesetzmäßigkeitsgrundsatz** Art. 20 Abs. 3 GG | **Gewährleistung der Grundrechte** Art. 1–19, 20 Abs. 3 GG | **Gewaltenteilung** Art. 20 Abs. 2 GG |

Die Idee des modernen Rechtsstaates entstand gegen Ende des 18. Jahrhunderts vor dem Hintergrund der Auseinandersetzung zwischen Bürgertum und Obrigkeitsstaat.
Ziel der bürgerlichen Freiheitsbewegung war es, die absolute Macht des jeweiligen Landesfürsten zu brechen, ihm eine **staatsfreie Sphäre** (Grundrechte) abzutrotzen und diese in rechtlicher Hinsicht abzusichern, d. h. durch eine **Verfassung garantieren** zu lassen.

Diese Tradition wird bis in unsere verfassungsrechtliche Gegenwart fortgeführt. Sie findet ihren Niederschlag in Art. 20 Abs. 3 GG, wonach die **Gesetzgebung** an die **verfassungsmäßige Ordnung** und die **anderen** beiden Gewalten an **Recht** und **Gesetz** gebunden sind.
Im Einzelnen bedeutet dies:

| Auch der **Gesetzgeber** unterliegt **verfassungsrechtlichen Bindungen** |
|---|

▶ So ist z. B. die Würde des Menschen generell – und damit ebenso für den Gesetzgeber – **unantastbar** (s. Kap. IV).

▶ Auch die übrigen **Grundrechte binden** ihn gem. Art. 1 Abs. 3 GG als unmittelbar geltendes Recht. Zwar vermag er sie im Einzelfall einzuschränken, er darf sie jedoch gem. Art. 19 Abs. 2 GG nicht in ihrem Wesensgehalt antasten (s. Kap. IV).

▶ Der Disposition des Gesetzgebers sind ferner die in Art. 79 Abs. 3 GG aufgeführten **Grundentscheidungen entzogen** (s. Kap. III): der Aufbau des Bundes in Länder, Art. 28 GG; die grundsätzliche Mitwirkung der Länder bei der Gesetzgebung, Art. 70 ff. GG; die in Art. 1 GG sowie die in Art. 20 GG aufgeführten Grundsätze.

▶ Der Gesetzmäßigkeitsgrundsatz gem. Art. 20 Abs. 3 GG bedeutet daher indirekt auch eine **Bindung** des **Bundesgesetzgebers** an das verfassungskonform zustande gekommene **Landesrecht**. Denn Bundesrecht und Landesrecht ergänzen sich. Nur soweit sie sich überschneiden, muss das Landesrecht weichen (Art. 31 GG, s. Kap. III).

▶ Die Bindung des Gesetzgebers an die verfassungsmäßige Ordnung bedeutet darüber hinaus, dass der für die **Gesetzgebung** vorgesehene **formelle Weg einzuhalten** ist. Damit wird sichergestellt, dass jede Gesetzesvorlage die in der Verfassung vorgesehenen **Kontrollstationen** zu durchlaufen hat (s. Kap. XI).

▶ Auch der Gesetzgeber selbst ist schließlich an seine **Gesetze gebunden**, bis er sie durch neue Normen aufhebt.

## Rechtsstaat

Mit der strikten Verfassungsbindung wird verhindert, dass das Recht den Interessen bestimmter Gruppen untergeordnet wird. Im Gegensatz dazu stand die Funktion des Rechts in der DDR: „Recht ist das Instrument der Arbeiterklasse, und die Arbeiterklasse ist die Partei".

> Akte der **zweiten** und **dritten Gewalt** müssen ihre Stütze im **Gesetz** haben

Für das Handeln der **Verwaltung** gilt das Prinzip der **Gesetzmäßigkeit:**
▶ Ihre Akte stehen unter dem **Vorrang** des **Gesetzes**, d. h., wenn eine gesetzliche Regelung besteht, ist diese – gesetzeskonform – anzuwenden. Darin eingeschlossen ist der **Vorrang** des **Spezialgesetzes:** Wenn eine Materie spezialgesetzlich geregelt ist, hat diese Norm Vorrang vor der allgemeinen Vorschrift (Versammlungsgesetz vor Polizeigesetz).

▶ Verwaltungsakte stehen zudem unter dem **Vorbehalt** des Gesetzes: Wichtige Regelungen sind dem **Gesetzgeber** vorbehalten; Rechtseingriffe bedürfen einer **Ermächtigung.**

Akte der **Rechtsprechung** müssen auf ein **Gesetz** zurückführbar sein (ungeschriebene gewohnheitsrechtliche Rechtsquellen spielen nur eine untergeordnete Rolle). Die Bindung an das Gesetz dient der **Berechenbarkeit** staatlicher Machtäußerungen und damit der **Rechtssicherheit,** die neben der Gerechtigkeit zu den Elementen des Rechtsfriedens gehört.

> **Grundrechtseinschränkungen** unterliegen **besonders strengen Formerfordernissen**

Grundrechte gelten **vorbehaltlos** (Beispiel: Art. 4 Abs. 1 GG) oder sie sind **einschränkbar,** dann jedoch nur unter **Gesetzesvorbehalt** (Beispiel: Art. 2 Abs. 2 und Art. 8 Abs. 2 GG). Das bedeutet, **Beschränkungen** sind nur zulässig durch ein **förmliches Gesetz** (also den Gesetzgeber selbst) oder **aufgrund** eines **Gesetzes** (also eine von der vollziehenden Gewalt erlassene Rechtsvorschrift). Normiert der Gesetzgeber selbst den Eingriff, muss er das Gebot der Allgemeingültigkeit, das Verbot von Einzelfallgesetzen und das Zitiergebot beachten. Ermächtigt er die Verwaltung, sind die Voraussetzungen, unter denen von der Ermächtigung Gebrauch gemacht werden kann, in diesem Gesetz festzulegen (Art. 19 Abs. 1 GG).

Die Polizei als **Eingriffsverwaltung** braucht für ihr Handeln stets eine Stütze im **Gesetz.** Jeder **Rechtseingriff** setzt **Zuständigkeit** und **Ermächtigung** voraus. Rechtsstaat heißt für sie vor allem: Kein Einschreiten ohne Rechtsgrundlage, kein Tätigwerden jenseits der Legalität!

Heftig umstritten ist, ob der Staat **widerrechtlich** erlangte ausländische **Bankdaten aufkaufen** und gerichtlich verwerten darf, wenn zu vermuten ist, dass mit Hilfe dieser Daten **Steuerbetrug** in beträchtlichem Umfang aufgedeckt werden kann. Eine Klage vor dem BVerfG steht an.

> **Staatliche Akte** müssen getragen sein vom **Prinzip der Gerechtigkeit**

Gerechtigkeit ist ein **Anspruch,** der in umfassendem Sinne nie zu erreichen ist. Dies verkennen Bürgerrechtler aus der ehemaligen DDR, wenn sie heute sagen: „Wir wollten **Gerechtigkeit** und haben den **Rechtsstaat** bekommen." Dieser zeichnet sich gerade dadurch aus, dass er auch solche Entscheidungen erträgt, die allgemein als ungerecht empfunden werden (etwa im Fall Honecker. Auch in spektakulären anderen Fällen (z. B. bei Kinderschändern oder Neonazis) kommt es vor, dass **Urteile** als unverständlich oder zu milde **gescholten** werden. Doch Strafurteile setzen voraus, dass das Gericht von der Schuld des Angeklagten **überzeugt** ist und „letzte Zweifel schweigen", sonst gilt der Grundsatz „Im Zweifel für den Angeklagten". Wenn Prozessbeteiligte die Dinge anders sehen, stehen ihnen Rechtsmittel zur Verfügung. Dies ist ein **Grundprinzip** des **Rechtsstaates;** das „gesunde Volksempfinden" dagegen ist eine Kategorie des Unrechtsstaates.

Zum Kern der Gerechtigkeit gehört die **Rechtsgleichheit.** Nur rechtlich Gleiches darf gleich behandelt werden. Am Beispiel zweier Top-Terroristen der zweiten RAF-Generation ist dies jüngst noch einmal deutlich geworden: Jeder des Mordes Verurteilte kann nach Verbüßen eines Großteils

81

seiner Strafe freikommen, sofern er keine Gefahr mehr darstellt. Bei der zu lebenslanger Haft verurteilten **Brigitte Mohnhaupt** war die Mindestverbüßungsdauer auf 24 Jahre festgelegt worden. Sie war folglich wie jeder andere Mörder bei günstiger Kriminalprognose nach Ablauf dieser Zeit auf freien Fuß zu setzen. Anders bei **Christian Klar**: Seine Mindestverbüßungsdauer endete erst 2009. Er hatte ein Gnadengesuch auf vorzeitige Entlassung gestellt, über das gem. Art. 60 Abs. 2 GG der Bundespräsident befindet. Ein Wort des Bedauerns haben beide Täter nicht gefunden, was bei der Entscheidung des Bundespräsidenten, dem Gesuch Klars nicht stattzugeben, von Bedeutung gewesen sein mag. Gänzlich neben der Sache lag im Vorfeld dessen die Äußerung des ehemaligen CSU-Generalsekretärs Söder anlässlich einer Klausurtagung, eine mögliche Begnadigung Klars könne sich als „schwere Hypothek" für die Wiederwahl Köhlers erweisen.

Die **Bindung** der Staatsgewalt an **Gesetz** und **Recht** gem. Art. 20 Abs. 3 GG ist primär eine Bindung an das **geschriebene Recht,** das Gesetz also. Ein Gesetz aber kann, wie die Erfahrung zeigt, auch einmal Unrecht beinhalten. Gesetze müssen sich daher im Einklang mit dem **Recht,** d. h. mit den Grundsätzen der **Rechtsstaatlichkeit** befinden und am Ideal der **Gerechtigkeit** messbar sein. Rechtsstaat bedeutet deshalb vor allem: gerechte Gesetze, gerechte Verwaltungsmaßnahmen und gerechte Urteile.

Die **Polizei** hat daher „**legal**" zu handeln, ihre Maßnahmen also am „**gesetzten Recht**" auszurichten. Ihr Einschreiten muss jedoch stets auch **höherrangigen Maßstäben** der Moral und Ethik entsprechen, z. B. der Humanität und der Gerechtigkeit. Aus diesen Grundsätzen werden insbesondere die „**allgemeinen Rechtmäßigkeitsvoraussetzungen**" (Erforderlichkeit, Geeignetheit, Verhältnismäßigkeit und Übermaßverbot) abgeleitet. Diese dem Verwaltungshandeln generell vorgegebenen Prinzipien können im Einzelfall dazu führen, dass eine Maßnahme unterbleiben muss, obwohl sie formalrechtlich zulässig wäre.

| Staatliche Machtäußerungen müssen **messbar, vorhersehbar** und **bestandskräftig** sein |
|---|

Dieser Grundsatz dient vor allem der Forderung nach
▶ **Rechtssicherheit.**
Das Prinzip der Rechtssicherheit ist ein **Grundpfeiler** des **Rechtsstaates.** „Aus ihm folgt die grundsätzliche **Rechtsbeständigkeit** rechtskräftiger Entscheidungen und sonstiger in Rechtskraft erwachsender Akte öffentlicher Gewalt" (BVerfG 15, 313).

Der Bürger soll in jedem Falle erkennen können, welche staatliche Stelle **zuständig** ist und **ob** und **inwieweit** er mit staatlichen Maßnahmen rechnen muss. Er soll die Möglichkeit haben, diese Maßnahmen gleichsam mit der Elle (des Gesetzes) zu messen.

Aber nicht nur das Gesetz selbst, sondern auch die **Ermächtigung** zum Erlass von **Rechtsverordnungen** in diesem Gesetz muss gem. Art. 80 GG aus rechtsstaatlichen Gründen so bestimmt sein, dass bereits aus ihr zu ermessen und vorherzusehen ist, was vom Bürger gefordert werden kann. Ein Kernelement dessen ist der

▶ **Vertrauensgrundsatz.**
Vor allem bei **begünstigenden Verwaltungsakten** darf der Bürger darauf vertrauen, dass sie **Bestand** haben (auch solche der DDR, soweit tragende rechtsstaatliche Grundsätze nicht verletzt wurden; BVerfG, Entsch. v. 27.2.2007). Eine einmal getroffene gebührenfreie Belehrung darf z. B. auch nicht nachträglich in eine Verwarnung mit Verwarnungsgeld umgewandelt werden. Auch auf eine angemessene **zeitliche Erledigung** darf der Bürger vertrauen (BGH, 1.11.2007). Zum Rechtsstaatskern gehört ferner das

▶ **Verbot** der **Rückwirkung** von Gesetzen.
Gem. Art. 103 Abs. 2 GG kann eine Tat nur bestraft werden, wenn ihre Strafbarkeit **vor** der Tatbegehung gesetzlich bestimmt war. Für den Bürger muss also voraussehbar sein, **welche** Handlungen oder Verhaltensweisen strafbar sind und **wie** sie geahndet werden.
Grundsatz: „**Keine Strafe ohne Gesetz**" (s. Kap. IV)

## Rechtsstaat

| **Lückenloser Rechtsschutz und faktischer Schutz** als Gewährleistungsinhalt |

Gradmesser der Rechtsstaatlichkeit ist die Ausgestaltung der **Rechtsprechung** und das Ausmaß **rechtlicher Schutzgarantien**, die der Bürger im Falle von Rechtsverletzungen durch die öffentliche Gewalt geltend machen kann (s. Art. 19 Abs. 4 GG).
Unsere Rechtsordnung gewährleistet einen umfassenden **justizförmigen** Rechtsschutz, das heißt,

▶ grundsätzlich sind alle **Maßnahmen** der Staatsgewalt **nachprüfbar** (s. Kap. III, IV), und

▶ die **Rechtsprechung** obliegt sachlich und persönlich **unabhängigen Richtern**.

Das Grundgesetz regelt dies vor allem durch folgende **Vorschriften**:

| | |
|---|---|
| Art. 19 Abs. 4 | Wird jemand durch die öffentliche Gewalt in seinen Rechten verletzt, so steht ihm der Rechtsweg offen. |
| Art. 92 | Die rechtsprechende Gewalt ist den Richtern anvertraut. |
| Art. 97 Abs. 1 | Die Richter sind unabhängig und nur dem Gesetz unterworfen. |
| Art. 97 Abs. 2 | Richter sind im Allgemeinen unabsetzbar und unversetzbar. |
| Art. 101 Abs. 1 | Niemand darf seinem gesetzlichen Richter entzogen werden. |
| Art. 103 Abs. 1 | Vor Gericht hat jedermann Anspruch auf rechtliches Gehör. |
| Art. 104 Abs. 2 | Über die Zulässigkeit und Fortdauer einer Freiheitsentziehung hat nur der Richter zu entscheiden. |

Der Gesetzmäßigkeitsgrundsatz gem. Art. 20 Abs. 3 normiert in Verbindung mit Art 1 GG darüber hinaus auch die **Pflicht** des Staates zum **faktischen Schutz** seiner Bürgerinnen und Bürger. Diese Schutzpflicht ist **universell;** sie gilt in **jeder Lage** und an **jedem Ort**.

§ 6 Abs. 1 des **Konsulargesetzes** vom 11. 9. 1974, zul. geä. d. Ges. v. 4. 5. 1998 (BGBl. I S. 833) schreibt daher vor: „Wenn im Konsularbezirk Naturkatastrophen, kriegerische oder revolutionäre Verwicklungen oder vergleichbare Ereignisse, die der Bevölkerung oder Teilen von ihnen Schaden zufügen, eintreten oder einzutreten drohen, sollen die Konsularbeamten die erforderlichen Maßnahmen treffen, um den Geschädigten oder den Bedrohten, soweit sie Deutsche sind, Hilfe und Schutz zu gewähren."

**Beispiele** besonderer Art bieten hierzu die **Entführungen** deutscher Staatsangehöriger im Ausland, etwa im Zusammenhang mit terroristischen Aktionen. Selbst wenn in solchen Fällen das Verhalten der entführten Personen mitursächlich war oder sie sich nach ihrer Freisetzung womöglich ein weiteres Mal den gleichen Risiken aussetzen, ist der deutsche Staat nicht aus seinen **Schutzpflichten** entlassen. Diese gelten unabhängig davon, ob eine Gefahrenlage unverschuldet, leichtfertig oder gar absichtlich herbeigeführt wurde. Deshalb ist, wenn solche Gefahren hartnäckig negiert werden, zwar auf ein Einreiseverbot durch den gastgebenden Staat hinzuwirken, aber letzlich kann niemand, außer diesem Staat selbst verhindern, dass sich diese Personen weiteren Gefährdungen aussetzen. Und sollte es zu einer neuerlichen Verschleppung kommen, werden staatliche Organe sich nicht darauf berufen können, man habe die Betroffenen ja gewarnt und damit seine Fürsorgepflichten erfüllt. Vielmehr wird der deutsche Staat erneut alles in seinen Kräften Stehende tun müssen, um die entführten Personen zu retten. Allein die Frage der Regressforderungen wird in solchen Wiederholungsfällen in einem anderen Lichte zu sehen sein.

## Rechtsstaat

| Gesetzmäßigkeits-grundsatz<br>Art. 20 Abs. 3 GG | Gewährleistung<br>der Grundrechte<br>Art. 1–19, 20 Abs. 3 GG | Gewaltenteilung<br>Art. 20 Abs. 2 GG |

Greifen wir einmal vor, was über die Bedeutung der Grundrechte festzustellen ist:

- ▶ Grundrechte sind **Abwehrrechte** des Bürgers gegenüber dem Staat. Mit ihnen legt der Staat seine Grenzen selbst fest.

- ▶ Grundrechte schaffen einen **staatsfreien Raum**, innerhalb dessen sich der Einzelne frei entfalten kann, solange er bestimmte Grundvoraussetzungen menschlichen Zusammenlebens beachtet.

- ▶ Grundrechte erhalten ihre Bedeutung erst dadurch, dass der Staat sich auch tatsächlich an sie **gebunden** fühlt und

- ▶ dass der Einzelne seine Rechte notfalls im **Klagewege** erzwingen kann.

- ▶ Grundrechte bilden über diese traditionelle Bedeutung hinaus in ihrer Gesamtheit eine **objektive Wertordnung** und

- ▶ können im Einzelfall eine **Pflicht** zu **staatlichem Handeln** begründen.

Unsere Rechtsordnung verleiht somit den Grundrechten ein **besonderes Gewicht**. Im Zweifel haben sie stets **Vorrang** vor allen anderen Interessen in unserer Gesellschaft.
Dieser zentralen Rolle entspricht die Stellung, die der Grundrechtskatalog im Gesamtsystem unserer Verfassung einnimmt.

Das wird insbesondere aus Art. 1 GG deutlich:

Art. 1 Abs. 1 GG weist der **Würde des Menschen** den **obersten Rang** in der Wertskala des Grundgesetzes zu und bekräftigt in feierlicher Form das Bekenntnis „zu unverletzlichen und unveräußerlichen Menschenrechten als Grundlage jeder menschlichen Gemeinschaft und des Friedens und der Gerechtigkeit in der Welt" (s. Kap. IV).

Ergänzend wird in Art. 1 Abs. 3 GG – und dies erstmalig in der deutschen Verfassungsgeschichte – mit aller Klarheit bestimmt:

Die nachfolgenden **Grundrechte binden** Gesetzgebung, vollziehende Gewalt und Rechtsprechung als **unmittelbar geltendes Recht**.

Mit der Gewährleistung der Grundrechte, die den Staat zu Schutz und Achtung der Freiheitssphäre des Einzelnen verpflichtet, hat ein **Wesenselement** der Rechtsstaatlichkeit Eingang in unsere Verfassung gefunden.
Weitere Einzelheiten s. Kap. IV „Grundrechte".

*Rechtsstaat*

| Rechtsstaat | | |
|---|---|---|
| **Gesetzmäßigkeits-grundsatz** Art. 20 Abs. 3 GG | **Gewährleistung der Grundrechte** Art. 1–19, 20 Abs. 3 GG | **Gewaltenteilung** Art. 20 Abs. 2 GG |

Alle geschichtliche Erfahrung zeigt, dass Machtzusammenballungen stets auch der Gefahr des Missbrauchs ausgesetzt sind: **Macht verführt zum Missbrauch!** „Daher ist", so hat es der amerikanische Präsident Woodrow Wilson (1856-1924) einmal ausgedrückt, „die Geschichte der **Freiheit** eine Geschichte der **Begrenzung** von **Regierungsgewalt**, nicht ihrer Vergrößerung". Aber auch ein Staat, der sich als Rechtsstaat versteht, kann nicht völlig auf Macht, d. h. auf Staatsgewalt, verzichten. Für ein gedeihliches Zusammenleben der Menschen, zur Wahrung des inneren wie des äußeren Friedens im Staate bedarf es nun einmal einer bestimmten Ordnung und der Mittel und Möglichkeiten, diese Ordnung notfalls mit Zwang durchzusetzen. Rechtsstaat heißt daher nicht Machtverzicht, sondern **Kontrolle** der **Macht** und **Ausschluss staatlicher Willkür**.

Das wird bewirkt durch die **Gewaltenteilung**, d. h.

> die („horizontale") **Zuteilung** von **Funktionsbereichen** auf drei einander gleich geordnete **Gewaltenträger** (Gesetzgebung, vollziehende Gewalt und Rechtsprechung), die sich in einem Gefüge von Verbindung, Trennung und Kooperation **gegenseitig beeinflussen** und **kontrollieren** sollen.

Man spricht hier auch von „Gewaltenverschränkung" oder einem System der **Hemmungen** und **Balancen**, vor allem bei der Ausübung von Legislative und Exekutive. Dieses Prinzip der Gewaltenverflechtung und -kontrolle wird in einem föderativ organisierten politischen System durch das Zusammenwirken mit der „vertikalen" Gewaltenteilung auf den verschiedenen Ebenen Bund, Länder und Gemeinden (s. Kap. III) zusätzlich verstärkt.

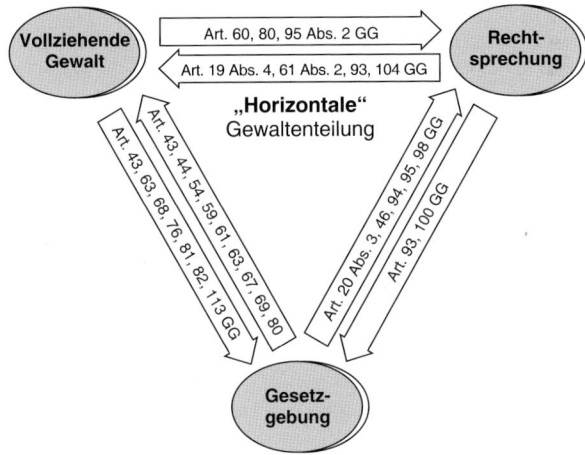

## Der Grundsatz der Gewaltenteilung und seine Durchbrechung

Zum Kern politischer Macht in modernen Verfassungsstaaten gehören die Fraktionsvorstände sowie die Regierung und die Spitzen der Ministerialbürokratie. Ohne diese „**parlamentarisch-gouvernementalen Führungsgruppen**" wäre die parteienstaatliche Demokratie nicht lebensfähig (s. Kap. X). Schon aus der Zusammensetzung dieses Zentrums politischer Gestaltung wird deutlich, dass das Gewaltenteilungsprinzip in „reiner" Form nicht zu verwirklichen ist (z. B. haben Regierungsmitglieder regelmäßig auch ein Bundestagsmandat inne; zudem werden wesentliche Gesetzgebungsbefugnisse heute von der EU wahrgenommen, dort aber durch den Rat, d. h. ein Exekutivorgan (s. Kap. XIV). Zusätzlich werden die Grenzen durch die Praxis verwischt, etwa wenn Übereinkünfte mit außerparlamentarischen Kräften getroffen werden (Energiekonsens, Atomkonsens) oder Koalitionsvereinbarungen und Parteitagsbeschlüsse den Gang der Gesetzgebung maßgeblich bestimmen. Die Gewaltenteilung gewinnt daher ihre eigentliche Bedeutung in der politischen **Machtverteilung**, dem **Ineinandergreifen** sich mannigfach überlagernder Teilgewalten und der daraus resultierenden **Mäßigung** der Staatsherrschaft innerhalb eines vielfältigen Geflechts von **Abhängigkeiten, Einfluss-** und **Kontrollmöglichkeiten**, von denen nachfolgend nur die wichtigsten genannt sind.

Dieses System beruht auf **Gleichrangigkeit** und **Eigenverantwortung** der Verwaltungsträger. Zur vermischten Wahrnehmung (Mischverwaltung) entschied das BVerfG, die **Doppelzuständigkeit** von **Bund** und **kommunalen Trägern** für die Vergabe von Leistungen nach dem **Hartz-IV-Gesetz** sei verfassungswidrig (Urt. v. 19.12.2007). Die zwischen den **Kommunen** und der **Bundesagentur für Arbeit** gebildeten Arbeitsgemeinschaften und Jobcenter zur Betreuung der Langzeitarbeitslosen seien „nach der **Kompetenzordnung** des Grundgesetzes **nicht vorgesehen**". Die Regelung verletze die Kommunen in ihrem Anspruch auf eigenverantwortliche Erledigung ihrer Aufgaben. Bis Ende 2010 sei eine verfassungskonforme Regelung zu schaffen. Da sich das Verfahren nach Überzeugung der Träger bewährt hatte, hat der Gesetzgeber, mit Einführung des Art. 91e GG zum 27.7.2010, einen verfassungskonformen Zustand hergestellt.

| Einwirkung der **Gesetzgebung** auf die **vollziehende Gewalt** |
|---|

| | |
|---|---|
| Art. 43, 44, 54, 59 u. 61 | Der Bundestag kann die Anwesenheit der Regierungsmitglieder verlangen. Er hat das Recht zur Einsetzung von Untersuchungsausschüssen und wählt im Rahmen der Bundesversammlung den Bundespräsidenten. Verträge, die dieser im Namen der Bundesrepublik mit ausländischen Staaten schließt, bedürfen der Zustimmung des Gesetzgebers (Ratifizierung). Bundestag und Bundesrat haben das Recht der Präsidentenanklage (s. Kap. VIII). |
| Art. 63, 67 und 69 | Der Bundestag wählt den Bundeskanzler und kann ihm das Misstrauen aussprechen. |
| Art. 80 | Ermächtigung der Exekutive zum Erlass von Rechtsverordnungen. |

| Einwirkung der **Gesetzgebung** auf die **rechtsprechende Gewalt** |
|---|

| | |
|---|---|
| Art. 20 und 46 | Bindung der Rechtsprechung an Gesetz und Recht; Aussetzung von Strafverfahren gegen Abgeordnete im Rahmen der Immunitätsvorschriften. |
| Art. 94, 95 und 98 | Wahl der Mitglieder des BVerfG, Mitwirkung an der Wahl der obersten Bundesrichter, Möglichkeit der Richteranklage vor dem BVerfG. |

## Rechtsstaat

| Einwirkung der **vollziehenden Gewalt** auf die **Gesetzgebung** |

| | |
|---|---|
| Art. 43 Abs. 2 | Die Mitglieder der Bundesregierung haben zu allen Sitzungen des Bundestages und seiner Ausschüsse Zutritt. |
| Art. 63 Abs. 4 | Unter den genannten Voraussetzungen hat der Bundespräsident die Möglichkeit, den Bundestag aufzulösen. |
| Art. 68 Abs. 1 | Auch im Zusammenhang mit der Vertrauensfrage kann der Bundespräsident unter den genannten Voraussetzungen den Bundestag auflösen. |
| Art. 76 Abs. 1 | Die Bundesregierung hat das Recht der Gesetzesinitiative und kann somit den Bundestag rechtsverbindlich zum Tätigwerden veranlassen. |
| Art. 81 Abs. 1 | Bundespräsident und Bundesregierung können durch Erklärung des Gesetzgebungsnotstandes den Bundestag in begrenztem Umfang von der Gesetzgebung ausschließen. |
| Art. 82 Abs. 1 | Gesetze werden vom Bundespräsidenten nach Gegenzeichnung ausgefertigt und im Bundesgesetzblatt verkündet. |
| Art. 113 Abs. 1 | Beabsichtigt der Bundestag, über die im Haushaltsentwurf der Bundesregierung vorgesehenen Ausgaben hinauszugehen, so bedarf er hierfür der Zustimmung der Bundesregierung. |

| Einwirkung der **vollziehenden Gewalt** auf die **Rechtsprechung** |

| | |
|---|---|
| Art. 60 Abs. 1 | Der Bundespräsident ernennt und entlässt die Bundesrichter. |
| Art. 60 Abs. 2 | Der Bundespräsident übt im Einzelfall das Begnadigungsrecht aus. |
| Art. 80 Abs. 1 | Die Bundesregierung kann ermächtigt werden, Rechtsverordnungen zu erlassen. In diesem Rahmen nimmt sie „gesetzgeberische" Funktionen wahr. |
| Art. 95 Abs. 2 | Der jeweils zuständige Bundesminister ist an der Wahl der Richter an den obersten Gerichtshöfen des Bundes beteiligt. |

| Einwirkung der **Rechtsprechung** auf die **Gesetzgebung** |

| | |
|---|---|
| Art. 93 Abs. 1<br>Art.100 Abs. 1 | Das Bundesverfassungsgericht entscheidet u. a. gem. Nr. 2 über die Vereinbarkeit von Bundesrecht mit dem Grundgesetz.<br>Im Rahmen der konkreten Normenkontrolle steht dem Bundesverfassungsgericht ein richterliches Prüfungsrecht gegenüber den Gesetzen zu. |

| Einwirkung der **Gesetzgebung** auf die **vollziehende Gewalt** |

| | |
|---|---|
| Art. 19 Abs. 4 | Bei Rechtsverletzungen durch die Exekutive kann sich der Verletzte an die Dritte Gewalt wenden und erreichen, dass rechtswidrige Akte aufgehoben werden (s. auch §§ 90, 95 BVerfGG., sog. Verfassungsbeschwerde). |
| Art. 61 Abs. 2 | Das Bundesverfassungsgericht entscheidet über die Präsidentenanklage. Es kann den Amtsverlust des Bundespräsidenten erklären. |
| Art. 93 Abs. 1 | Der abstrakten Normenkontrolle unterliegen auch die von der Exekutive erlassenen Rechtsverordnungen. |
| Art.104 Abs. 2 | Über die Zulässigkeit und Dauer einer (von der vollziehenden Gewalt veranlassten) Freiheitsentziehung entscheidet nur der Richter. |

## Die Bundesrepublik als Sozialstaat

Keine menschliche Gemeinschaft ist frei von sozialen Konflikten, von Auseinandersetzungen zwischen Privilegierten und Unterprivilegierten, Reichen und Armen, Besitzenden und Besitzlosen. Eine Gesellschaft, die sich sozialstaatlichen Grundsätzen verschrieben hat, muss bemüht sein, diese Konfliktlage so weit wie möglich abzubauen. „Die Stärke des Volkes misst sich am Wohl der Schwachen" (aus der Präambel der Schweizer Verfassung). Wenn daher in Art. 20 Abs. 1 und 28 Abs. 1 GG die Bundesrepublik als **„sozialer Staat"** bezeichnet wird, so fordert die Verfassung damit in erster Linie **soziale Sicherheit** und eine **gerechte Sozialordnung** (vgl. BVerfGE 100, 271).

Mit dem Bekenntnis zum Sozialstaat formuliert das Grundgesetz eine **allgemeine Staatszielbeschreibung,** einen Sollzustand also, ohne sich dabei auf eine bestimmte Sozialordnung festzulegen oder diese gar zu einem „Wunschkatalog unerfüllbarer Versprechungen" (Herzog) auszuformen. Denn die Verfassung ist **„wirtschaftspolitisch neutral;** der Gesetzgeber darf jede ihm sachgemäß erscheinende Wirtschaftspolitik verfolgen, sofern er dabei das Grundgesetz, insbesondere die Grundrechte beachtet" (BVerfGE 50, 338). Die Sozialstaatlichkeit ist ein „in hohem Maße der konkreten Ausgestaltung fähiges und bedürftiges" Prinzip. Was jeweils praktisch zu geschehen hat, muss „in ständiger Auseinandersetzung aller an der Gestaltung des sozialen Lebens beteiligten Menschen und Gruppen ermittelt werden" (BVerfGE 5, 85).

Ihre **Konturen** erhält die Wirtschafts- und Sozialordnung allgemein bereits aus der **Sozialstaatlichkeitsformel,** denn diese besagt, dass der **Gesetzgeber** verfassungsrechtlich zu **sozialer Aktivität** verpflichtet ist und das gesamte **Recht** eine **soziale Tendenz** aufweisen muss.

Im Übrigen aber beschränkt sich das Grundgesetz darauf, durch einige – allerdings bedeutsame – **Einzelvorschriften** auf die Sozialordnung einzuwirken:

| | |
|---|---|
| Art. 1 GG | Aus dem Gebot, die **Würde** zu achten und zu schützen, ergibt sich unmittelbar die Verpflichtung, **menschenunwürdige** Zustände zu **verhindern.** |
| Art. 3 GG | Der **Gleichheitsgrundsatz** verpflichtet zum Ausgleich sozialer Gegensätze. |
| Art. 6 GG | Schutz der **Mütter** und Verbot der Diskriminierung nicht ehelicher **Kinder.** |
| Art. 9 GG | Durch die **Koalitionsfreiheit** und die darin eingeschlossene Tarifautonomie der Sozialpartner wird gewährleistet, dass Tarifverträge unabhängig von staatlicher Reglementierung frei vereinbart werden. |
| Art. 12 GG | Die Freiheit der **Berufswahl** und **Berufsausübung** sowie die Freiheit von Arbeitszwang sind Eckpfeiler unserer Wirtschafts- und Sozialordnung. |
| Art. 14 GG | „Eigentum verpflichtet. Sein Gebrauch soll zugleich dem Wohle der Allgemeinheit dienen". Diese **„Sozialbindung des Eigentums"** besagt, dass bei Vermögensgütern neben die **Privatnützigkeit** Pflichten gegenüber der **Öffentlichkeit** treten, z. B. im Grundstücksrecht: Enteignungen „zum Wohle der Allgemeinheit" sind zulässig (Art. 14 Abs. 3 GG). |
| Art. 15 GG | Die Vorschrift enthält eine Ermächtigung (keinen Auftrag) an den Gesetzgeber, zum Zwecke der Vergesellschaftung Grund und Boden, Naturschätze und Produktionsmittel in **Gemeineigentum** zu überführen. |

Das Ideal der **sozialen Gerechtigkeit** ist „leitendes Prinzip aller staatlichen Maßnahmen". Ihm verleiht die Verfassung durch Betonung des Sozialstaatsprinzips besonderes Gewicht (vgl. BVerfGE 5, 85). Daraus resultieren drei konkrete Ziele:

▶ **Ausgleich** der **sozialen Gegensätze,**
▶ Schaffung eines **wirksamen Systems** an **sozialen Sicherheiten** und somit
▶ Wahrung des **sozialen Friedens.**

## Sozialstaat

| Ausgleich sozialer Gegensätze |

Das **Sozialstaatspostulat** soll „als Staatszielbestimmung die **gleiche Freiheit aller** nicht bloß formal proklamieren, sondern **real herstellen**" (Wassermann I, S. 12). Das Bemühen um soziale **Gerechtigkeit** muss deshalb in erster Linie darauf abzielen, soziale **Gegensätze auszugleichen,** das **Wohlergehen aller** gleichmäßig zu fördern, die **Lasten** gerecht zu verteilen und **jedem** die **gleichen Chancen** – vor allem auf Bildung und Arbeit – einzuräumen. Dabei stoßen zwei ideengeschichtlich höchst **unterschiedliche Prinzipien** aufeinander: die neuzeitliche Selbstverpflichtung des Staates, seine Bürger im Wege der Umverteilung möglichst **gleichmäßig** am **Wohlstand** teilhaben zu lassen, und die in der bürgerlich-revolutionären Tradition wurzelnde Aufgabe, die **Freiheitssphäre** des einzelnen Bürgers zu **sichern**, ihn also gerade vor staatlicher Bevormundung zu schützen. Im Kern geht es mithin um Ausmaß und Grenzen individueller und wirtschaftlicher **Freiheit** (s. Kap. XIII), wobei das Grundgesetz den Konflikt „Freiheit **oder** soziale Sicherheit" im Sinne der Synthese „Freiheit **und** soziale Sicherheit" löst. Der **Verfassungsrahmen** der Wirtschafts- und Sozialordnung ist daher auf **Interessenausgleich** und **Ausgewogenheit** angelegt. Das zeigt sich u. a. in der Formel vom sozialen **Rechtsstaat,** dessen Wortbestandteile durchaus gegensätzlicher Natur sein können:

**Grundrechte** mit ihrer betont freiheitlich-individuellen Ausprägung sind ein Wesenselement des **Rechtsstaates.** Ihr Gebrauch muss sich jedoch am Mitmenschen orientieren, d. h. in eine **soziale** Ordnung eingebettet sein. Diese **Synthese** zwischen rechtsstaatlichen und sozialstaatlichen Verfassungselementen hat das BVerfG einmal wie folgt gekennzeichnet: „Das **Menschenbild** des Grundgesetzes ist nicht das eines isolierten souveränen Individuums; das Grundgesetz hat vielmehr das Spannungsverhältnis Individuum – Gemeinschaft im Sinne der **Gemeingebrauchsbezogenheit** und **Gemeinschaftsgebundenheit** entschieden, ohne dabei deren Eigenwert anzutasten (BVerfGE, 4, 15; s. Kap. IV).

Die Idee sozialer Gerechtigkeit umfasst auch die Verantwortung für **kommende Generationen** (Schutz natürlicher Lebensgrundlagen gem. Art. 20 a GG, Pflicht zur nachhaltigen Entwicklung, Vorrang erneuerbarer Energien, Staatsverschuldung; s. Kap. III).

Weit reichende Bedeutung hat diese Verpflichtung auch für die **sozialen Sicherheitssysteme.** Das hier erreichte Niveau, das jahrzehntelang als beispielhaft galt, ist inzwischen **unfinanzierbar** geworden, so dass – nicht erst von der Großen Koalition – parteiübergreifend **grundlegende Reformen** angestrebt werden, ohne dabei den Sozialstaat als Ganzes in Frage zu stellen. Entsprechende Modelle sind bereits in Skandinavien und den Niederlanden realisiert worden. **Ziel** ist wie dort der Übergang von einer Politik der **Verteilung** zu einem stärker **aktivierenden Staat,** der die Voraussetzungen schafft für Selbsthilfe, Eigeninitiative und Unternehmertum. Das bedeutet zugleich auch **Abkehr** vom **wohlfahrtsstaatlichen Dirigismus, Aufteilung** der **Verantwortung** zwischen Staat und Bürger sowie Stärkung des **Gemeinsinns** und des **bürgerschaftlichen Engagements.** Denn die Antwort auf die großen sozialen Herausforderungen unserer Zeit, vor allem die **Arbeitslosigkeit,** besteht nicht in einer niemals endenden „Rundumversorgung" (Herzog). Ein so verstandener **„Sozialstaat neuen Typs"** vernachlässigt zwar nicht seine **Netzfunktion,** er sieht sich aber zugleich und ganz entschieden als **Sprungbrett.** Soziale Politik ist deshalb stets auch **Wachstums-** und **Beschäftigungspolitik:** „Sozial ist heute vor allem, was **Arbeit** schafft", so der ehemalige Bundeskanzler Schröder.

| Schaffung eines **wirksamen Systems** an **sozialen Sicherheiten** |

Aus dem Sozialstaatsgebot ergibt sich für den Staat die fundamentale Aufgabe (vgl. § 1 des Sozialgesetzbuches vom 11. 12. 1975 – BGBl. I S. 3015), für seine Bürger eine **gerechte**

## Sozialstaat

**Sozialordnung** zu schaffen: ein wirksames **System sozialer Sicherheiten** zur Förderung des **allgemeinen Wohls**, zur Gewährleistung eines **menschenwürdigen Daseins** für **jedermann** sowie zur **Abhilfe sozialer Bedürftigkeit**. Dies geschieht durch eine Vielzahl sozialrechtlicher Vorschriften, wobei es Aufgabe des **Gesetzgebers** ist, das **Sozialstaatsprinzip** zu **verwirklichen** (BVerfGE 75, 348). Er muss insbesondere dafür sorgen, dass Einzel- und Gruppeninteressen nicht über das **Gemeinwohl** gestellt werden.

Der Staat ist bei der Verwirklichung dieser Ziele nicht gebunden. Er richtet daher vielfach nicht eigene Behörden ein, sondern bedient sich der **Sozialversicherungsträger** sowie der **privaten Wohlfahrtsorganisationen**, womit er zugleich dem Prinzip der **Selbstverwaltung** entspricht.

**Schwerpunkte** sozialstaatlichen Wirkens sind (vgl. auch Art. 74 GG):

### Daseinsvorsorge, Sozialversorgung und Sozialhilfe

Bereits aus Art. 1 GG obliegt dem Staat die Pflicht zur **Daseinsvorsorge**. Er hat die **materielle Existenz** seiner Bürgerinnen und Bürger zu sichern, vor allem hinsichtlich ihrer **Grundbedürfnisse** wie Ernährung, Kleidung und Wohnung sowie eines Mindestmaßes an Bewegung und Kommunikation. Diesem **verfassungsrechtlichen Leistungsanspruch** muss der Staat in einem umfassenden Sinne durch eine sachgerechte Bildungs- und Sozialpolitik, Wirtschafts-, Struktur- und Vermögenspolitik und letztlich auch durch seine Sicherheitspolitik entsprechen.

Als gerecht wird eine Sozialordnung zudem nur dann empfunden, wenn denen, die fremder Hilfe bedürfen, auch tatsächlich öffentliche **Sozialversorgung** zukommt. Das BVerfG (E 35, 202) hat hierzu betont, der Staat sei verpflichtet zu „**Vor- und Fürsorge**" für gesellschaftliche Gruppen, die aufgrund persönlicher Schwäche oder Schuld, Unfähigkeit oder gesellschaftlicher Benachteiligung in ihrer persönlichen und sozialen Entfaltung behindert sind". Andererseits entspricht es „dem Sozialstaatsprinzip am meisten, soziale Ausgleichszahlungen nur dort zu gewähren, wo ein Bedarf besteht" und nur „dem zu helfen, der zur Selbsthilfe nicht in der Lage ist" (BVerfGE 17, 38). Die **Sozialhilfe** im **weiteren Sinne** leistet **öffentliche Fürsorge** für Menschen in Not, denen durch andere (Angehörige, Sozialversicherung) nicht geholfen wird. Ihre Aufgabe ist es, „den Leistungsberechtigten die Führung eines Lebens zu ermöglichen, das der **Würde des Menschen** entspricht" (soziokulturelles Existenzminimum; § 1 SGB XII; s. Kap. IV). Der Anspruch fließt unmittelbar aus Art. 1 GG. Auf Sozialhilfe im **engeren Sinne** haben seit dem 1.1.2005 nur noch Erwerbsunfähige auf Zeit, Vorruheständler mit niedriger Rente, längerfristig Erkrankte und hilfebedürftige Kinder mit selbst nicht hilfebedürftigen Eltern Anspruch. Sozialhilfeempfänger, die grundsätzlich arbeitsfähig sind, erhalten Arbeitslosengeld II (s. S. 410).

### Die Sozialversicherung

Sie ist als wichtigster Garant der sozialen Sicherung eine auf gesetzlicher Grundlage beruhende öffentliche **Pflichtversicherung**, die alle Arbeiter und Angestellten, mittlerweile unter bestimmten Bedingungen auch weite Teile der Selbstständigen erfasst; nicht dagegen Beamte aufgrund ihres besonderen Dienstverhältnisses. Die Sozialversicherung gliedert sich in fünf **Versicherungszweige** bzw. **Säulen** (daher auch „Sozialversicherungssystem"): **Rentenversicherung, Arbeitslosenversicherung, Krankenversicherung, Pflegeversicherung** und **Unfallversicherung**. Ihre Beiträge wurden im Prinzip **paritätisch** von den Sozialpartnern aufgebracht. Jedoch wird dieser Grundsatz im Zuge der zur Erhaltung des Systems notwendigen Reformen zunehmend durchbrochen. Lediglich die Unfallversicherung trägt allein der Arbeitgeber. Die jüngste Säule, die unter dem Dach der gesetzlichen Krankenversicherung seit 1995 geführte Pflegeversicherung, ist obligatorisch für alle Mitglieder gesetzlicher und privater Kassen.

Obwohl die einzelnen Säulen im Grundgesetz (Art. 74 und 87 GG) mit Ausnahme der Arbeitslosenversicherung nicht ausdrücklich, sondern nur allgemein als „soziale Versicherungsträger" bzw. „Sozialversicherung" angesprochen werden, sind sie unzweifelhaft als **öffentliche**

*Sozialstaat*

Sozialversicherungsträger garantiert. Eine Bestandsgarantie für ein einmal erreichtes Niveau ist damit jedoch nicht verbunden. Es bleibt der Gestaltungsfreiheit des Gesetzgebers überlassen, im begründeten Falle – insbesondere bei veränderten Rahmenbedingungen – auch dahinter zurück zu fallen (vgl. Ipsen I, RdNr. 985). Die Grenzen zieht die Verfassung. So ist z. B. der **„generative Beitrag"**, den **Familien** für den Fortbestand des umlagefinanzierten Sozialversicherungssystems (hier der Pflegeversicherung) erbringen, den Beiträgen **kinderloser** Versicherter vergleichbar und muss folglich angemessen berücksichtigt werden. Ein einheitlicher Beitragssatz für beide Gruppen verstößt gegen Art. 3 GG (BVerfG; Entsch. v. 3.4.2001, NJW S. 1709; s. Kap. IV).

Die **Sozialversicherung**, die seit Reichskanzler v. Bismarck auf die Lohnarbeit abgestellt ist, fußt auf einer Gesellschaft, deren **Wirtschaft** beständig **wächst**. Das aber ist nicht mehr der Fall. Zudem werden im statistischen Mittel die Menschen immer älter und ihre durchschnittliche Lebensarbeitszeit nimmt ab. Besonders krass ist dieses Missverhältnis in der **gesetzlichen Rentenversicherung**. Sie ist in Wahrheit keine Versicherung, sondern ein **Schutzverband** auf **Gegenseitigkeit**. Als **Solidargemeinschaft** zur Alterssicherung der abhängig Beschäftigten wird sie im Wesentlichen durch **Zwangsteilnahme** an einem **Umlageverfahren** finanziert, wobei die aktuell Beschäftigten die Rente der Ausgeschiedenen zahlen und damit Anspruch auf ihre eigene Rente erwerben (sog. Generationenvertrag; anders bei der Altersversorgung der Beamten, die aus Steuermitteln finanziert wird). Dieses Prinzip funktionierte, solange genügend Einzahler nachrückten. Doch mit Beginn des drastischen Geburtenrückgangs vor etwa vier Jahrzehnten (sog. Pillenknick) verschlechterte sich die Relation: Während zuvor drei Beschäftigte auf einen Rentner entfielen, sind es heute zwei, und künftig muss statistisch jeder Arbeitnehmer einen Rentner ernähren. Wenn das System nicht kollabieren und die Rente auch in Zukunft gesichert sein soll, sind daher **durchgreifende Reformen** nötig. Neben den bereits eingeleiteten Maßnahmen zur Erhöhung des **Eigenbeitrags** ist ein wichtiger Schritt hierzu die Heraufsetzung des Rentenalters, das vom Jahre 2012 an schrittweise bis 2029 von 65 auf 67 Jahre steigen soll. Nach dem Koalitionsvertrag von 2013 können langjährig Versicherte mit 45 Beitragsjahren ab 1.7.2014 mit 63 Jahren abschlagsfrei aus dem Erwerbsleben ausscheiden.

Ähnlich dramatisch verläuft die Entwicklung im **Gesundheitswesen**, wo 30 Millionen Beschäftigte nicht nur ihre eigenen Gesundheitskosten, sondern auch die von 40 Millionen anderen Versicherten (Familienangehörigen, Rentnern, Arbeitslosen und Sozialhilfeempfängern) finanzieren. Hier hat eine fatale Mischung aus Überversorgung, Leistungsmissbrauch, überhöhten Umsatzrenditen der Pharmabranche und überholten Standes- und Wettbewerbsregeln bei Ärzten und Apothekern zu drastischen **Kostensteigerungen** geführt, so dass der hohe Versorgungsstandard ohne Steigerung der **Eigenleistung** nicht mehr finanzierbar ist.

Im Zuge der **Reformdebatte** standen bisher zwei Modelle zur Diskussion: Die von der SPD favorisierte **Bürgerversicherung**, zu deren Finanzierung alle, d.h. auch Beamte, Freiberufler und Selbständige je nach ihrem Leistungsvermögen herangezogen werden sollten, sowie die von CDU und CSU favorisierte **Gesundheitspauschale**, bei der jeder Versicherte den gleichen Beitrag leisten und der soziale Ausgleich für Einkommensschwache über Steuernachlässe finanziert werden sollte. Beide Konzepte sind bereits im Vorfeld gescheitert.

Die am 1. 4. 2007 in Kraft getretene **Kompromisslösung** ist ebenfalls strittig. Ihre Kernpunkte sind die Einführung eines **Gesundheitsfonds** und einer **Krankenversicherungspflicht** ab 2009.

Seither gilt für **alle gesetzlich Versicherten** ein bundesweit **einheitlicher Beitragssatz**. Die **privaten** Krankenversicherungen bleiben als Vollversicherung erhalten. Auch Besserverdienende, Selbstständige und Freiberufler müssen gesetzlich oder privat versichert sein. Arbeitgeber und Arbeitnehmer zahlen nicht mehr an die Kassen, sondern in den **Gesundheitsfond**, der zudem aus Steuermitteln gespeist wird. Aus ihm erhalten die Kassen eine Pauschale. Reicht diese nicht aus, können sie begrenzt Zusatzprämien erheben.

## Sozialstaat

Der Streit ist damit nicht beendet. Im zweiten Kabinett Merkel wurde überlegt, ob bei der fortdauernden Unterfinanzierung der fallen gelassene Plan einer Kopfpauschale wieder aufgegriffen werden solle. Absehbar ist schon jetzt, dass die **Eigenversorgung** weiter an Bedeutung gewinnen wird. Parallel dazu gerät die **prinzipiell paritätische** Finanzierung weiter unter Druck. Denn jede Beitragserhöhung wirkt sich zwangsläufig auf den Arbeitgeberanteil und somit auf Arbeitskosten und Preise aus, was die Investitionsbereitschaft und den Konsum reduziert und Arbeitsplätze gefährdet. Die Forderung, Lohnnebenkosten von der Arbeit abzukoppeln, wird daher auch künftig nicht verstummen.

Bei der **Pflegeversicherung** sind die anfänglichen Überschüsse inzwischen abgeschmolzen, zumal die Zahl der Pflegebedürftigen steigt. Auch hier sind Reformen notwendig.

### Wahrung des sozialen Friedens

Eine Verfassungsordnung, die den **inneren** Frieden will, muss auch den **sozialen** Frieden wollen. Diese Aufgabe ist nicht abschließend lösbar. Ihre Erfüllung vollzieht sich, orientiert an Dringlichkeiten, in immer neuen Schritten. Aktuelle Herausforderungen sind die Erosion der **Sozialsysteme**, die anhaltende Krise am **Arbeitsmarkt**, das Gebot der Herstellung **gleicher Lebensverhältnisse** und die wachsende **Staatsverschuldung,** die sich inzwischen auf 1,3 Billionen – also 1 300 Milliarden – Euro beläuft. Von der Politik ist dabei **langfristig-strategische Disziplin** gefordert, denn jeder Lösungsansatz bedarf der Zusammenschau mit den **demografischen Fakten**. In herausragendem Maße hängt der soziale Frieden zudem davon ab, ob es gelingt, **Verteilungskonflikte** zu entschärfen und die Tendenz zu „**neuer Armut**" sowie jede andere Entwicklung zu unterbinden, die zum Auslöser werden könnte für gesellschaftliche Desintegration oder zum Nährboden für Gewalt, Kriminalität und Extremismus (s. Kap. II).

**Zusammenfassung:** Der Sozialstaat als Gefüge vielfältigster Verantwortlichkeiten:

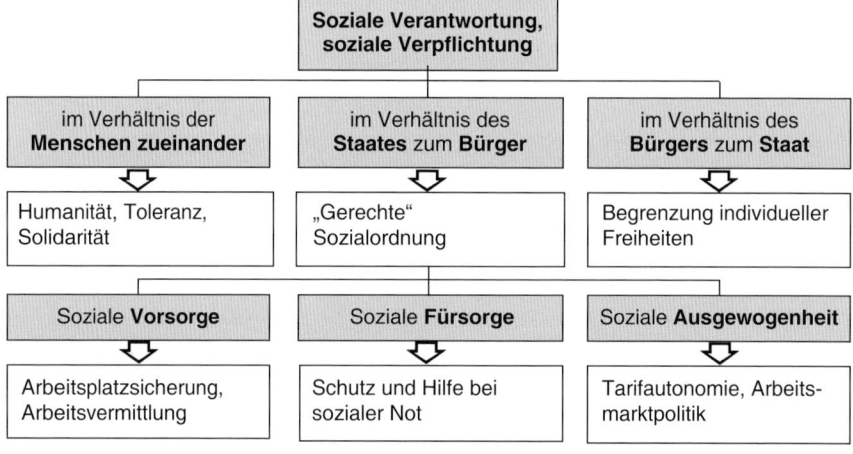

## Die Bundesrepublik als Bundesstaat

### Allgemeines

Die meisten Staaten setzen sich aus Teilgebieten zusammen (Regionen, Provinzen usw.). In diesen Fällen bedarf das Verhältnis zwischen dem Staat und seinen Gebietsbestandteilen einer bestimmten politischen Organisationsform. Diese staatliche Ordnung ist jeweils nach **Art** und **Umfang** der **Hoheitsausübung** entweder

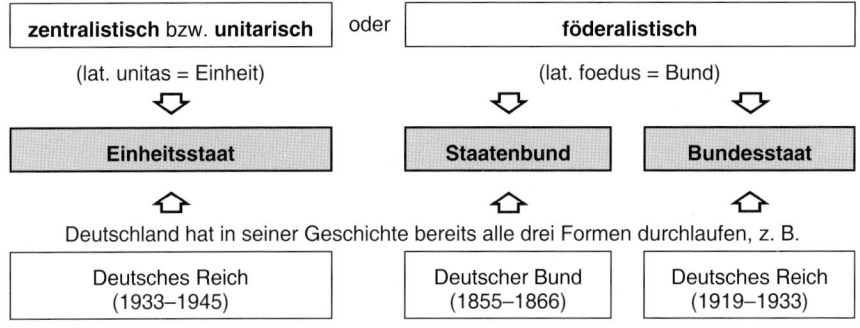

### Der Einheitsstaat

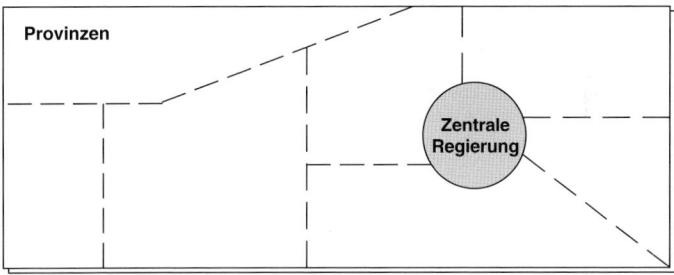

Der **Einheitsstaat** ist

- ein **fest zusammengefügtes** Staatengebilde (Reich) mit **regionaler Unterteilung**, z. B. in Provinzen, Regierungsbezirke.
- Die Teilgebiete sind **keine Staaten**, sondern bloße Verwaltungseinheiten und mithin nur „der verlängerte Arm des Reiches".
- Es gibt eine **einheitliche** Gesetzgebung und Rechtsprechung sowie eine von der Zentrale aus bis in die letzte Gemeinde geleitete Verwaltung.

*Bundesstaat*

**Beispiele:**
- Großbritannien, Schweden, Frankreich, Spanien, Portugal, Italien, die ehemalige DDR.
- Da sich die kommunistische Staatsauffassung nur schwerlich mit der föderativen Staatsform in Einklang bringen lässt, wiesen einst **bundesstaatlich** organisierte **Ostblockstaaten** (UdSSR, Jugoslawien, CSFR) zumeist starke **zentralistische Züge** auf. Parallel zum Zerfall der kommunistischen Ideologie und der Auflösung des Ostblocks vollzog sich in diesen Staaten zugleich auch die Abkehr von der Idee des Zentralismus.

### Der Staatenbund

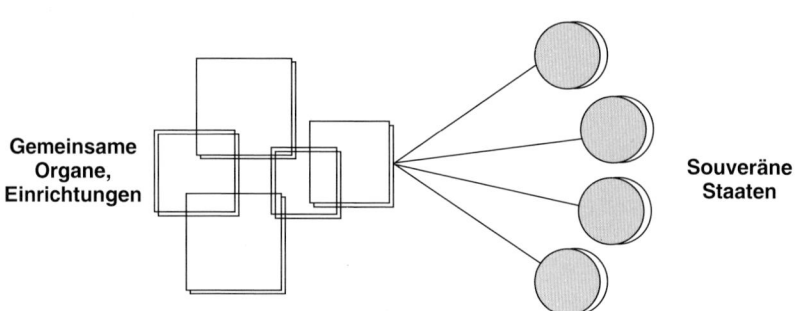

Gemeinsame Organe, Einrichtungen — Souveräne Staaten

Der **Staatenbund** (Konföderation) ist

> ▶ ein **völkerrechtliches** (**nicht** staatsrechtliches und somit jederzeit **aufkündbares**) Bündnis mehrerer **souveräner** Staaten,
> ▶ die zur Erreichung **gemeinsamer Ziele** einen begrenzten Teil ihrer nationalstaatlichen **Aufgaben** auf gemeinsame **Organe** und **Einrichtungen** übertragen und durch diese wahrnehmen lassen.
> ▶ Durch die Verbindung entsteht **kein neues Staatsgebilde**, also kein Gesamtstaat.

**Gründe** für den Zusammenschluss sind z. B.:
▶ gemeinsame Verteidigungsnotwendigkeiten,
▶ der Wunsch nach wirtschaftlicher Zusammenarbeit und gemeinsamer Außenpolitik.

Organe des Staatenbundes können sein:
▶ ein „Gesandtschaftskongress" als repräsentative Versammlung. Er gibt den Vertragsstaaten allgemeine Empfehlungen zur gemeinsamen Politik.
▶ Einrichtungen für die Ausführung gemeinsamer Aufgaben sowie Schiedsgerichte.

**Beispiele:**
- Das Deutsche Reich ab 1648 und der Deutsche Bund 1815–1866,
- die Vereinigung (Konföderation) der 13 nordamerikanischen Kolonien von 1781–1789,

- das British Commonwealth of Nations,
- die von 11 selbständigen Republiken am 21. 12. 1991 in Alma Ata gegründete Gemeinschaft Unabhängiger Staaten (GUS), durch die der UdSSR als Völkerrechtssubjekt mit Ablauf des Jahres 1991 ein Ende gesetzt wurde (s. Kap. III).

Dieses herkömmliche Bild des Staatenbundes trifft für viele moderne Staatenverbindungen (Europäische Union, NATO usw.) nicht zu. Derartige Verbindungen haben häufig den Charakter einer **supranationalen** Organisation, bei der die Mitgliedstaaten wesentliche Aufgaben und Befugnisse an die Gemeinschaft abgetreten und somit **auf Teile ihrer Souveränität** zugunsten des **„Staatenbundes"** verzichtet haben (s. Kap. XIV).

Bloß völkerrechtlich verbundene Staatengemeinschaften, deren Vereinigung nur einer gemeinsamen Verwaltungsaufgabe dient, wie z. B. Völkerbund, Vereinte Nationen, stellen lediglich einen **Zweckverband** dar.

### Der Bundesstaat

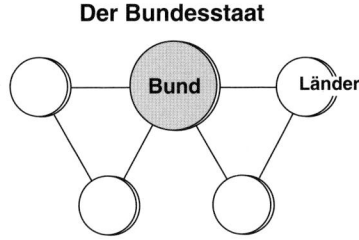

Der **Bundesstaat** ist

- ▶ eine **staatsrechtliche** (und somit **feste** und **unkündbare**) Verbindung mehrerer **nichtsouveräner** Gliedstaaten (Länder) zu einem Gesamtstaat (Bund),
- ▶ in dem die **Glieder Staatlichkeit** besitzen,
- ▶ aber auch die **Verbindung** selbst ein **Staat** ist.

Je nach Aufgabenteilung zwischen Gesamtstaat und Gliedstaaten kann ein Bundesstaat

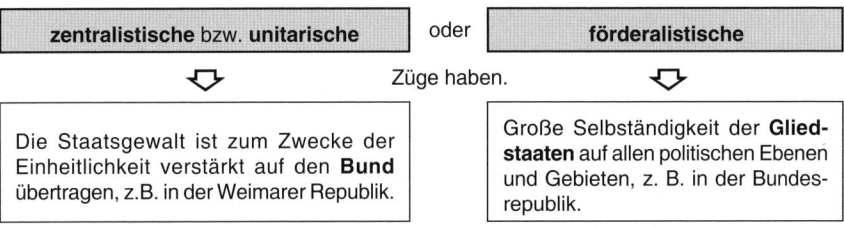

Weitere charakteristische **Merkmale** für den Bundesstaat sind:

▶ Vorhandensein einer **Verfassung** sowie aller **staatlichen Organe** beim Gesamtstaat **und** bei den Gliedstaaten.

▶ **Aufteilung** der Gesetzgebungsbefugnis, Verwaltung und Rechtsprechung zwischen Gesamtstaat und Gliedstaaten. Um jede Lücke auszuschließen, muß geregelt werden, welche Ebene grundsätzlich zuständig sein soll.

▶ Vorhandensein einer **Ländervertretung** beim Gesamtstaat, die bei der Gesetzgebung und Verwaltung des Gesamtstaates mitwirkt.

▶ Der Gesamtstaat vertritt die Gemeinschaft nach **außen** als **einheitliches Ganzes**.

▶ Ein Mindestmaß an **Übereinstimmung** in den Grundlagen der **Staats- und Gesellschaftsordnung** muss zwischen den Gliedstaaten und dem Gesamtstaat (Verfassungshomogenität) gegeben sein. Der Zusammenschluss von freiheitlichen Demokratien und totalitären Diktaturen zu einem Bundesstaat ist unvorstellbar.

**Beispiele:**

– Die Schweiz, Belgien (seit 1993 mit den „Autonomen Regionen" Brüssel, Flandern und Wallonien), Österreich, USA, Kanada, Brasilien, Australien, Indien;
– nach ihrer Verfassung auch die ehemalige UdSSR.

## Grundzüge des föderalistischen Aufbaus der Bundesrepublik

Die **verfassungsrechtliche Grundlage** ist im **Art. 20 Abs. 1 GG** enthalten: „Die Bundesrepublik Deutschland ist ein ... **Bundesstaat**." Das heißt, auf dem Territorium der Bundesrepublik gibt es

▶ einen **Gesamtstaat** (Bund) mit der Hauptstadt Berlin und

▶ **Gliedstaaten** (Bundesländer) mit den Landeshauptstädten:

| | | | |
|---|---|---|---|
| Baden-Württemberg | (Stuttgart) | Niedersachsen | (Hannover) |
| Bayern | (München) | Nordrhein-Westfalen | (Düsseldorf) |
| Berlin | | Rheinland-Pfalz | (Mainz) |
| Brandenburg | (Potsdam) | Saarland | (Saarbrücken) |
| Bremen | | Sachsen | (Dresden) |
| Hamburg | | Sachsen-Anhalt | (Magdeburg) |
| Hessen | (Wiebaden) | Schleswig-Holstein | (Kiel) |
| Mecklenburg-Vorpommern | (Schwerin) | Thüringen | (Erfurt) |

Sowohl der **Bund** als auch die **Länder** sind **Staaten** mit eigenen Hoheitsrechten. **Alleiniger Inhaber der Souveränität** ist jedoch der **Bund**.

Durch die diesem Bündnis zugrunde liegende Zweckbestimmung, wonach der **Bund** die **gemeinsamen Interessen** zu vertreten hat (am deutlichsten erkennbar in der Außenpolitik und der militärischen Verteidigung), ergibt sich, dass die **Länder** nur eine **eingeschränkte Staatsgewalt** ausüben können. Dennoch besitzen sie eine **eigene Staatlichkeit** und sind – zumindest nach innen – teilsouverän.

Dies wird deutlich, wenn wir uns einer Regel aus der allgemeinen Staatslehre erinnern (s. Kap I). Voraussetzung für die Existenz eines Staates sind drei Elemente:

▶ **Staatsgebiet, Staatsvolk, Staatsgewalt.**

Jedes Bundesland hat einen eigenen, gegenüber anderen Ländern abgegrenzten **Gebietsbestand** sowie ein eigenes **Staatsvolk** (wenn auch nicht mit einer länderbezogenen, sondern mit einer gesamtdeutschen Staatsangehörigkeit). Die Länder üben – allerdings nur in Teilbereichen – auch eine selbständige **Staatsgewalt** aus (eigene Gesetzgebung, Regierung und Verwaltung; Gerichte der Länder; eigenständige Haushalte; Verfassungsautonomie).

Ein wesentliches Merkmal des Bundesstaates ist also, dass die staatlichen Aufgaben sowohl vom **Gesamtstaat** als auch von den **Gliedstaaten** wahrgenommen werden. Die Staatsgewalt wird somit auf **zwei Staatsebenen** ausgeübt, wobei jede Staatsgewalt von der anderen **unabhängig** und in der Ausübung **selbständig** ist.

Dies bedeutet jedoch nicht, dass Bund und Länder in willkürlicher Konkurrenz neben- oder auch gegeneinander regieren können. Die Kompetenzverteilung ist im **Grundgesetz** genau festgelegt, wobei – vereinfacht ausgedrückt – der Grundsatz gilt:

> ▶ die **Länder** sollen soweit wie **möglich** und
> 
> ▶ der **Bund** soll soweit wie **nötig** (wo einheitliches Recht und einheitliches Handeln es erfordern) zuständig sein.

Dabei ergänzen sich die Zuständigkeiten und Aufgaben des Bundes und der Länder lückenlos: Was aus der Gesamtheit staatlicher Aufgaben der Länderebene nicht übertragen ist, fällt der Bundesebene zu.

„Aufgabenverteilung" bedeutet gleichzeitig aber auch **Zusammenwirken** von Bund und Ländern bei der Wahrnehmung staatlicher Aufgaben. Das ist beispielsweise der Fall beim Erlass von Bundesgesetzen und Verwaltungsvorschriften (s. Kap. VIII) und beim Vollzug dieser Gesetze durch die Landesbehörden (s. Kap. III). Zwischen den Organen der beiden Staatsebenen besteht also ein engmaschiges Netz von **Aufgabenverflechtungen** sowie von **Kooperations-** und **Koordinationsverfahren**, das den politisch-administrativen Alltag der Bundesrepublik bestimmt.

Leitlinie hierbei ist, ein bestimmtes Maß an **Gemeinsamkeit** zu erreichen und möglichst **gleiche Lebensverhältnisse** im gesamten Bundesgebiet herzustellen (vgl. Art. 106 Abs. 3 Nr. 2 GG).

Das **Zusammenwirken** der Funktionsträger auf den verschiedenen politischen Ebenen erfolgt u. a. im Rahmen

▶ der jährlich mindestens einmal stattfindenden **Ministerpräsidentenkonferenz**, auf der die Regierungschefs der Länder Landesprobleme und deren Lösungsmöglichkeiten gemeinsam erörtern und ihre Politik gegenüber der Bundesregierung absprechen;

▶ der **Ressortkonferenzen**, auf denen die Minister der Bundesländer ihre Politik koordinieren, Erfahrungen aus ihren Ressorts austauschen und Gesetzesinitiativen für den Bundesrat vorbereiten;

▶ der gemeinsamen **Besprechungen** der **Ministerpräsidenten** mit der **Bundesregierung**, die auf Einladung des Bundeskanzlers erfolgen. Hier werden vor allem wichtige politische, wirtschaftliche, soziale und finanzielle Fragen beraten.

*Bundesstaat*

## Ausgestaltung des bundesstaatlichen Prinzips im Einzelnen

Im Bundesstaat stehen einander zwei Staatsebenen gegenüber:

| Die **Länder** üben die Staatsgewalt auf der **unteren** Ebene aus: | | Der **Bund** übt die Staatsgewalt auf der **oberen** Ebene aus: |
|---|---|---|
| ⇩ | | ⇩ |
| Landesparlamente/ Landesgesetze | ⇦ Gesetzgebung ⇨ | Bundestag/ Bundesgesetze |
| Landesregierungen/ Landesverwaltungen | ⇦ Vollziehende Gewalt ⇨ | Bundesregierung/ Bundesverwaltung |
| Gerichte der Länder | ⇦ Rechtsprechung ⇨ | Gerichte des Bundes |
| ⇩ | | ⇩ |

Die **verfassungsrechtlichen Grundlagen** hierfür ergeben sich aus:

| ⇩ | ⇩ |
|---|---|
| den **Landesverfassungen** | dem **Grundgesetz** |

Nur der Bund kennt die Institution des **Staatsoberhauptes** im Amt des Bundespräsidenten. Die Länder koppeln diese Funktion mit der des Regierungschefs und haben – schon wegen des geringeren Aufgabenumfanges – darauf verzichtet, ein überwiegend auf Repräsentation beschränktes „Landesoberhaupt" vorzusehen, wenngleich sie aufgrund ihrer Staatlichkeit ein solches Amt schaffen könnten.

Wenn zwei Staatsgebilde (Bund und Länder) auf demselben Staatsgebiet Hoheitsrechte ausüben, also zueinander „in Konkurrenz" treten, müssen die **Zuständigkeiten** (Kompetenzen) klar **abgegrenzt** werden. Das Grundgesetz trifft hierzu im Einzelnen folgende **Regelungen**:

1. Grundregel für die Ausübung der Staatsgewalt, Art. 30 GG
2. Gesetzgebungskompetenz, Art. 70 ff. GG
3. Verwaltungskompetenz, Art. 83 ff. GG
4. Rechtsprechungskompetenz, Art. 92 ff. GG
5. Einflussmöglichkeit der Länder auf die Tätigkeiten des Bundes
6. Überordnung des Bundes in seinem Verhältnis zu den Ländern
7. Grundsatz der Homogenität im Bundesstaat, Art. 28 GG
8. Grundsatz der Bundestreue
9. Bundesstaatliche Kompetenzordnung und Europäische Union, Art. 23, 24 GG
10. Verbot der Änderung des föderativen Staatsaufbaus, Art. 79 Abs. 3 GG; Zulässigkeit von Neugliederungen, Art. 29 GG

## Bundesstaat

  **Grundregel** für die Ausübung der Staatsgewalt

**Art. 30 GG – Grundsatz:** Die Ausübung staatlicher Befugnisse und die Erfüllung staatlicher Aufgaben ist Sache der **Länder, soweit** das Grundgesetz **keine andere Regelung** trifft oder zulässt. Damit haben die Länder Zuständigkeiten und Befugnisse in allen Angelegenheiten, die dem Bund nicht ausdrücklich durch die Verfassung zugewiesen sind.

Um etwaige Lücken in der Aufgabenverteilung zu schließen, gibt es eine **Zuständigkeitsvermutung**, die **für die Länder** spricht. In Einzelfällen kann der Bund diese Vermutung bestreiten. Dann entscheidet das Bundesverfassungsgericht. Der Bund hat dabei darzulegen, aufgrund welcher Bestimmungen er sich für zuständig erachtet. Kann er das nicht, spricht die Vermutung zugunsten der Länder.

Hieraus ergibt sich in der Ausübung staatlicher Hoheitsrechte – insbesondere durch den Vollzug der meisten Bundesgesetze sowie der Verwaltung überhaupt – ein **Schwergewicht zugunsten der Länder**. Daher ist auch die Feststellung zutreffend, dass die Bundesrepublik ein Bundesstaat mit **föderalistischer** Prägung ist.

  Die Gesetzgebungskompetenz

**Art. 70 GG – Grundsatz:** Die Gesetzgebungskompetenz liegt bei den **Ländern, soweit** nicht das Grundgesetz dem Bund Gesetzgebungsbefugnisse verleiht.

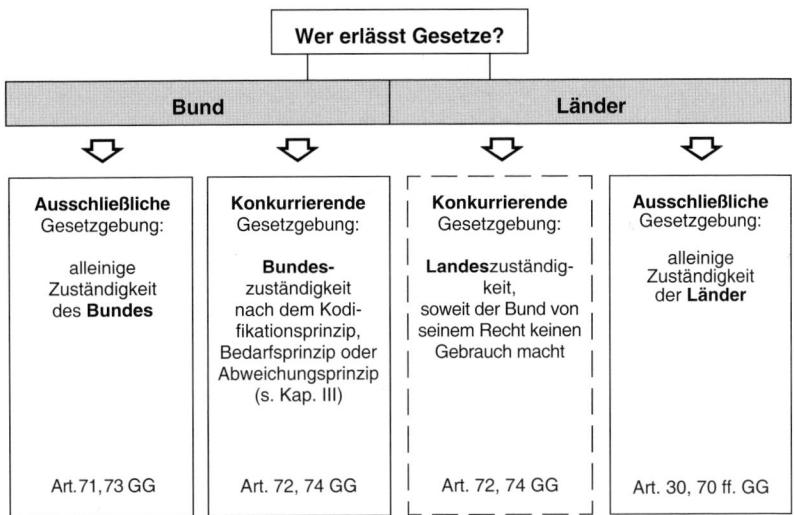

Gesetze aus der Zeit vor dem Zusammentritt das Bundestages **gelten fort**, soweit sie dem Grundgesetz nicht widersprechen (Art. 123 ff. GG).

## Bundesstaat

Die Gesetzgebungskompetenz wurde im Rahmen der **Föderalismusreform** neu geordnet. Seither unterscheidet man:

| Die **ausschließliche** Gesetzgebung des **Bundes** |

**Art. 73 Abs. 1 GG** n. F. zählt hierzu in Ausweitung der früheren Fassung folgende Gebiete auf:
Auswärtiges, Verteidigung und Schutz der Zivilbevölkerung, Staatsangehörigkeit, Freizügigkeit, Pass- und Meldewesen, Ein- und Auswanderung, Ausweisung, Währungs-, Geld- und Münzwesen, Maße, Gewichte und Zeitbestimmung, Einheit des Zoll- und Handelsgebietes, Zoll- und Grenzschutz, Schutz deutschen Kulturgutes, Luftverkehr, Bundeseisenbahnverkehr und Schienenwege, Post und Telekommunikation, Bundesbeamtenrecht, gewerblicher Rechtsschutz, Urheber- und Verlagsrecht, länderübergreifende Terrorismusbekämpfung, Zusammenarbeit in der Kriminalpolizei und im Verfassungsschutz, BKA, Bundesstatistik; Waffen- und Sprengstoffrecht, Kriegsbeschädigte und Kriegshinterbliebene, friedliche Nutzung der Kernenergie.

| Die **konkurrierende** Gesetzgebung |

**Art. 72** und **74 GG** regeln diesen Bereich unter Fortfall der früheren Rahmengesetzgebung (Art. 75) völlig neu. Die einzelnen Materien sind dabei unter Beachtung der dazu ergangen Verfassungsrechtsprechung nach drei unterschiedlichen Prinzipien zwischen Bund und Ländern aufgeteilt worden:

▶ **Kodifikationsprinzip**
Ein „**abweichungsfester Kern**" der konkurrierenden Gesetzgebung ist dem **Bund** zugeordnet. Einerseits tritt hier (in Abgrenzung zur ausschließlichen Gesetzgebung) die **Ausschlusswirkung** für die Länder erst ein, sobald und soweit der Bund von seiner Zuständigkeit durch Gesetz Gebrauch gemacht hat (s. Art. 72 Abs. 1 GG n. F.). Zum anderen können die Länder hier von einer einmal getroffenen Bundesregelung **nicht abweichen**. Art. 74 GG n. F. zählt dazu u. a. folgende Rechtsgebiete auf: Bürgerliches Recht, Strafrecht, Gerichtsverfassung, Personenstandswesen, Vereinsrecht, Arbeitsrecht und Betriebsverfassung, Arbeitsschutz und -vermittlung, Sozialversicherung einschl. Arbeitslosenversicherung, Kartellrecht, land- und forstwirtschaftliche Erzeugung einschl. Ein- und Ausfuhr, Ernährungssicherung, Hochsee- und Küstenfischerei, Küstenschutz, Bodenrecht, Gesundheitsrecht, Abfallwirtschaft, Natur- und Artenschutz, Jagdwesen (teilw.), Wasserhaushalt, Statusrecht der Beamten.

▶ **Bedarfsprinzip**
Gem. Art. 72 Abs. 2 GG n. F. liegt das Gesetzgebungsrecht beim **Bund,** wenn und soweit die Herstellung **gleicher Lebensverhältnisse** im Bundesgebiet oder die **Wahrung** der **Rechts-** oder **Wirtschaftseinheit** im gesamtstaatlichen Interesse eine bundesgesetzliche Regelung erforderlich macht.
Art. 72 Abs. 2 GG zählt diese Materien unter Zugrundelegung des Katalogs aus Art. 74 GG im Einzelnen auf: Aufenthalts- und Niederlassungsrecht, öffentliche Fürsorge, Recht der Wirtschaft, Ausbildungsbeihilfen, Wissenschaftsförderung, Vergesellschaftung, wirtschaftliche Sicherung der Krankenhäuser, Lebensmittelrecht, Straßenverkehr, Kraftfahrwesen und Fernstraßen, Staatshaftung, Humangenetik u. a. m.

▶ **Abweichungsprinzip**
Hat der Bund von seiner Gesetzgebungszuständigkeit Gebrauch gemacht, können die Länder in einzelnen Bereichen hiervon abweichende Regelungen treffen. Diese Gesetzesmaterien sind in Art. 72 Abs. 3 GG n. F. **abschließend** aufgeführt: Jagdwesen (ohne das Recht der Jagdscheine), Naturschutz und Landschaftspflege (ohne allgemeine Naturschutzgrundsätze, Artenschutz und Meeresnaturschutz), Bodenverteilung, Raumordnung, Wasserhaushalt, Hochschulzulassung und -abschlüsse.

Offen ist vorerst, wie das BVerfG bei **fehlender Umsetzung** von EU-Vorschriften reagieren wird. Nach der Rechtsprechung des EuGH kann sich jeder unmittelbar auf eine solche EU-Richtlinie beziehen, wenn diese trotz Fristablaufs noch nicht oder nur mangelhaft in nationales Recht umgesetzt worden ist. Damit verbunden ist auch die Frage der **unmittelbaren Inanspruchnahme** des betreffenden Landes im Wege der **Amtshaftung**, die der EuGH ebenfalls bejaht (NJW 1992. S. 165).

## Die Gesetzgebung der **Länder**

Für diejenigen Materien, die weder zur ausschließlichen Gesetzgebung des Bundes noch zur konkurrierenden Gesetzgebung gehören, gilt der Grundsatz gem. **Art. 70** i. V. m. **Art. 30 GG,** wonach die **Länder** immer dann **zuständig** sind, wenn das **Grundgesetz keine ausdrückliche Regelung zugunsten des Bundes** trifft oder zulässt. Das gilt im Gegensatz zur früheren Kompetenzabgrenzung seit der Föderalismusreform 2006 z. B. für das **Versammlungsrecht** (s. Kap. IV).

Ursprünglich war den Ländern auch bei der **Gesetzgebung** eine **Vorrangstellung** zugedacht. In der Gesetzgebungspraxis hat der Bund allerdings unter Hinweis auf die Notwendigkeiten einheitlicher Lebensverhältnisse sowie die extensive Wahrnehmung seiner Zuständigkeiten bei der konkurrierenden Gesetzgebung der (mit der Föderalismusreform entfallenen) Rahmengesetzgebung eher das **Gegenteil** herbeigeführt. Auch mehrere Verfassungsänderungen und einige BVerfG-Entscheidungen, in denen die Frage, ob ein Bedürfnis nach bundesstaatlicher Regelung besteht, in das Ermessen des Bundes gestellt wurde, sowie die fortschreitende Verlagerung von Regelungskompetenzen auf die EU-Ebene, insbesondere im Bereich der Landwirtschaft, hatten in der Vergangenheit den Spielraum der Länder zunehmend eingeengt (s. unten). Die Neuordnung durch die **Föderalismusreform** soll dieser Tendenz entgegensteuern. **Schwerpunkte** der Landesgesetzgebung sind unverändert:

▶ das **kommunale Verfassungsrecht** (Gemeindeordnung, Landkreisordnung usw.), s. auch Art. 28 Abs. 2 GG;

▶ das Recht der **öffentlichen Sicherheit** und **Ordnung,** insbesondere die sog. **Polizeihoheit** der Länder. Angelegenheiten der Polizei sind daher grundsätzlich Ländersache. Soweit ein Bedürfnis nach **bundeseinheitlicher** Regelung besteht, z. B. in Fragen der Ausbildung, Ausrüstung und Organisation, wird dem durch **Verwaltungsvereinbarungen** entsprochen.

**Ausgenommen** von der Polizeihoheit der Länder sind diejenigen polizeilichen Aufgaben, für die der Bund die ausschließliche Gesetzgebungskompetenz besitzt: Schutz der **Grenzen, Luftverkehr, Bahnverkehr,** Fragen der **Zusammenarbeit** des Bundes und der Länder in der **Kriminalpolizei,** zum Schutz der **freiheitlichen demokratischen Grundordnung,** des **Bestandes** und der **Sicherheit** des Bundes oder eines Landes, zum Schutz gegen gewaltsame Bestrebungen, durch die auswärtige Belange gefährdet werden, sowie die Einrichtung des **Bundeskriminalamtes** und die **internationale Verbrechensbekämpfung** (Art. 73 Abs. 1 Nrn. 5, 6, 6a u. 10 GG).

Faktisch ist dieser Aufgabenbereich in den zurückliegenden Jahrzehnten enorm gestiegen, so dass der gem. Art 87 Abs. 1 GG in bundeseigener Verwaltung geführte **BGS** längst über seine ursprüngliche Aufgabenstellung hinausgewachsen war. Die Umbenennung in **Bundespolizei** durch das Gesetz vom 21. 6. 2005 (BGBl. I S. 2978) war daher nur folgerichtig. Seine Aufgaben sind im Bundespolizeigesetz vom 19. 10. 1994 (zul. geä. d. Ges. v. 21. 6. 2005; BGBl. I S. 1818) und weiteren Gesetzen (Aufenthaltsgesetz, Asylverfahrensgesetz, Luftsicherheitsgesetz) geregelt.

# Bundesstaat

▶ der Schwerpunkt der **Kultur- und Bildungspolitik**, einschließlich des Rundfunk- und Fernsehwesens, sowie

▶ wesentliche Teile des **Naturschutzes** sowie des **Straßen-** und **Wegerechts**.

○ Im Bereich der Gesetzgebung liegt das **Schwergewicht** eindeutig beim **Bund**. Dies wird jedoch durch die Mitwirkung der Länder an der Gesetzgebung des Bundes durch den Bundesrat teilweise ausgeglichen.

▷ Die **Verwaltungskompetenz**

**Art. 83 GG – Grundsatz:** Die **Länder** führen die Gesetze aus; der **Bund** nur dort, wo ihm dies ausdrücklich im **Grundgesetz zugewiesen** wird.

| Wer führt die Gesetze aus? | | |
|---|---|---|
| **Länder** | | **Bund** |
| **Eigene Gesetze** | **Gesetze des Bundes** | **Eigene Gesetze** |
| Art. 30 GG: Sie werden von den **Kommunal-** und **Länderverwaltungen** sowie **Landesbehörden** ausgeführt, z. B.:<br>– Ordnungsämter<br>– Standesämter<br>– Schulämter<br>– Jugendämter<br>– Gesundheitsämter<br>– Sozialämter<br>– Polizeibehörden und -dienststellen | Art. 83, 84 GG<br>**als eigene Angelegenheiten**<br>Bundesgesetze werden im Regelfall in landeseigener Verwaltung durchgeführt. Hierbei übt der Bund die **Rechtsaufsicht** aus, d. h., er überwacht die **Gesetzmäßigkeit**, nicht auch die Zweckmäßigkeit. | Art. 85 GG<br>**als Bundesauftragsverwaltung**<br>Im Ausnahmefall werden Bundesgesetze im **Auftrage** des Bundes ausgeführt (Kernenergie, Zivilschutz, Bundesfernstraßen). Hier richten die **Länder** die **Behörden** ein, beim Bund liegt die **Fachaufsicht** (Zweckmäßigkeit eingeschl.). | Art. 86-90 GG:<br>Einige abschließend genannte Aufgaben führt der Bund in **bundeseigener Verwaltung** durch (Beispiele: Auswärtiger Dienst, Bundesbank, Bundespolizei, BKA, BfV) oder er bedient sich hierzu, wie bei den Sozialversicherungen, **bundesunmittelbarer Körperschaften**. |

○ Im Bereich der Verwaltung (Gesetzesausführung und administrative Eigeninitiative) liegt das **Schwergewicht** eindeutig bei den **Ländern**.

**Verlagerungen** in der Gewichtsverteilung können sich ergeben, wenn **neue Aufgaben** hinzutreten, so z. B. zur Erfüllung von **Bündnispflichten** des Bundes. In diesem Rahmen hat der BGS (heute Bundespolizei) seit 1989 mit insgesamt mehr als 1600 Beamten zur Unterstützung der Bundeswehr an internationalen **Friedensmissionen** auf dem Balkan, in Afrika und Afghanistan teilgenommen. Ob dies, wie gefordert, zur Aufstellung von **Verfügungseinheiten** führt, die auf Anforderung der EU, der UNO und anderer Mandatsträger kurzfristig bereitstünden, ist noch nicht abzusehen. Strittig ist vor allem, ob diese Verbände in die Lage versetzt werden sollen, notfalls auch militärische Lagen zu bereinigen. Denn dazu bedürfte es einer Bewaffnung, die der BGS vor Jahren abgeschafft hat, und zudem wären solche Verbände unzweifelhaft „Teil der bewaffneten Macht" (Kombattentenstatus).

*Bundesstaat*

 | Die **Rechtsprechungskompetenz** |

**Art. 92 GG – Grundsatz:** Die Rechtsprechungskompetenz liegt bei den **Ländern**, der Bund hat sie dort, wo sie ihm **ausdrücklich** im **Grundgesetz zugewiesen** ist (Art. 93 ff.).

**Organisation der Gerichtsbarkeit**

| | **Bundesverfassungsgericht** | | | **Verfassungsgerichte d. Länder** | |
|---|---|---|---|---|---|
| | **Ordentliche Gerichtsbarkeit** | **Arbeits**gerichtsbarkeit | **Sozial**gerichtsbarkeit | **Verwaltungs**gerichtsbarkeit | **Finanz**gerichtsbarkeit |
| **Gerichte des Bundes** | Gemeinsamer Senat der Obersten Gerichtshöfe des Bundes (gem. Art. 95 Abs. 3 GG vorgesehen, aber noch nicht vorhanden) | | | | |
| | Bundesgerichtshof | Bundesarbeitsgericht | Bundessozialgericht | Bundesverwaltungsgericht | Bundesfinanzhof |
| **Gerichte der Länder** | Oberlandesgerichte | Landesarbeitsgerichte | Landessozialgerichte | Oberverwaltungsgerichte | Finanzgerichte |
| | Landgerichte Amtsgerichte | Arbeitsgerichte | Sozialgerichte | Verwaltungsgerichte | |

 Im Bereich der **Rechtsprechung** liegt das Schwergewicht hins. der **Anzahl** der Gerichte bei den **Ländern**, hins. der **Bedeutung** der **Rechtsakte** beim **Bund**.

 | **Einflussmöglichkeiten** der **Länder** auf die Tätigkeiten des **Bundes** |

**Art. 50 GG** – Durch den **Bundesrat** wirken die **Länder** bei der **Gesetzgebung** und **Verwaltung** des **Bundes** mit. Den Ländern ist damit die Möglichkeit gegeben, auf die Ausübung der Staatsgewalt durch den Bund **Einfluss** zu nehmen und sie zu **kontrollieren** (vertikale Gewaltenteilung). Im Einzelnen geschieht das
▶ auf der **Verfassungsebene:**
**Grundgesetzänderungen** bedürfen der Zweidrittelmehrheit des Bundesrates (Art. 79 Abs. 2 GG);
▶ im Bereich der **Gesetzgebung** (s. Kap. XI):
**Gesetze,** in denen Belange der **Länder** berührt werden (sog. föderative Gesetze), bedürfen der **Zustimmung** des **Bundesrates** (Beispiel: Art. 105 Abs. 3 GG). Gegen alle übrigen Gesetze kann der Bundesrat **Einspruch** erheben (Art. 77 Abs. 3 GG). Bei Differenzen kann er den **Vermittlungsausschuss** anrufen (Art. 77 Abs. 2 GG). **Rechtsverordnungen** der Bundesregierung bedürfen seiner **Zustimmung** (Art. 80 Abs. 2 GG). Ihre **Gesetzentwürfe** müssen ihm zur **Stellungnahme** zugehen (Art. 76 Abs. 2 GG). Der Bundesrat selbst kann **Gesetzesvorlagen** einbringen (Art. 76 Abs. 1 GG). Auch im Rahmen der **Notstandsverfassung** wirkt er mit, (s. Kap. XII)
▶ im Bereich der **vollziehenden Gewalt:**
Der Bundesrat **wirkt mit** beim Erlass allgemeiner **Verwaltungsvorschriften** der **Bundesregierung** (Art. 84 Abs. 2, 85 Abs. 2, 108 Abs. 7 GG).
Er **entscheidet** über **Mängelrüge** (Art. 84 Abs. 4 GG) und **Bundeszwang** (Art. 37 GG) und übt die **Rechnungskontrolle** aus (Art. 114 GG).
Auf sein Verlangen sind im Falle des **Verfassungsnotstandes** Maßnahmen der Bundesregierung **aufzuheben** (Art. 115 I GG).

## Bundesstaat

| Weitere Einfluss- und Kontrollmöglichkeiten: |

- ▶ In der Bundesversammlung **wirken** die Länder bei der **Wahl** des **Bundespräsidenten mit** (Art. 54 GG).
- ▶ **Bundespräsidentenanklage** vor dem Bundesverfassungsgericht (Art. 61 GG).
- ▶ **Mitwirkung** bei der Wahl der Mitglieder des **BVerfG** (Art. 94 GG).
- ▶ Die Mitglieder des Bundesrates haben zu den Sitzungen des Bundestages und seiner Ausschüsse das **Teilnahme-** und **Anhörungsrecht** (Art. 43 GG).
- ▶ Der Bundesrat kann **verlangen**, dass die **Mitglieder** der **Bundesregierung** an den **Sitzungen** des **Bundesrates teilnehmen** (Art. 53 GG).
- ▶ Nach dem sog. „Lindauer Abkommen" (1957) bedürfen **Staatsverträge** des Bundes mit ausländischen Staaten, die **ausschließlich Landeskompetenzen** berühren, des **Einverständnisses** der **Länder** (z. B. Deutsch-Französisches Jugendwerk, Anerkennung von Schulabschlüssen, Satellitenfernsehen).

| Die **Überordnung** des **Bundes** in seinem Verhältnis zu den Ländern |

Ein Wesensmerkmal des Bundesstaates ist, dass die notwendigerweise **einheitlich** zu regelnden Hoheitsaufgaben dem Gesamtstaat (Bund) zugewiesen sind. Die **Länder** haben hierbei gegenüber dem **Bund** ganz bestimmte **Pflichten**, z. B. die Durchführung von Bundesgesetzen sowie die Einrichtung hierfür erforderlicher Behörden.

Die Bundesregierung überwacht die Erfüllung solcher Verpflichtungen. Hierfür stehen ihr bestimmte **Leitungs-** und **Aufsichtsbefugnisse** zu, wie z. B. der Erlass von

- ▶ **allgemeinen Verwaltungsvorschriften** (Art. 84 Abs. 2, Art. 85 Abs. 2 GG) sowie
- ▶ **Einzelweisungen** gegenüber den Länderregierungen und Landesbehörden (Art. 84 Abs. 3-5, Art. 85 Abs. 3, 4 GG). Wie weitreichend diese Weisungskompetenz sein kann, hat das Bundesverfassungsgericht in seinem Urteil vom 22. 5. 1990 klargestellt, als es im Organstreit zwischen der nordrhein-westfälischen Landesregierung und dem Bundesumweltminister über das atomrechtliche Genehmigungsverfahren für den Schnellen Brüter in Kalkar entschied, dass das Land die Weisung selbst dann auszuführen habe, wenn es „deren Inhalt für rechtswidrig hält".

Diese Weisungsbefugnis des Bundes in Auftragsangelegenheiten gem. Art. 85 Abs. 3 GG (s. Kap. III) hat das BVerfG in einem Streit zwischen dem Bundesumweltminister und dem Niedersächsischen Umweltministerium erneut bestätigt (Entsch. v. 14. 4. 91, 2 BvG 1/91).

Im äußersten Fall kann die Bundesregierung ein Zwangsmittel einsetzen (das allerdings noch nie zur Anwendung kam):

| den **Bundeszwang** (Art. 37 GG). |

Voraussetzung für die Anwendung des Bundeszwanges ist die Nichterfüllung von Bundespflichten, die einem Land nach dem Grundgesetz oder einem anderen Bundesgesetz obliegen. Mit der Feststellung, dass die Voraussetzungen des Bundeszwanges vorliegen, hat die Bundesregierung gleichzeitig die zur Beseitigung der Pflichtwidrigkeit notwendigen Maßnahmen zu beschließen. Die Art des Vorgehens ist im Grundgesetz nicht ausdrücklich vorgeschrieben. In Betracht kommen aber politischer, finanzieller und wirtschaftlicher Druck, so z. B.

## Bundesstaat

- ▶ Einstellung von Finanzzuweisungen des Bundes,
- ▶ Ersatzvornahme unterlassener Handlungen durch Bundesorgane oder Dritte,
- ▶ Übernahme von Regierungs- oder Verwaltungsfunktionen durch kommissarisch bestellte Bundesorgane und
- ▶ die Inanspruchnahme der Polizeikräfte der Länder im Falle des inneren Notstandes (s. Kap. XII).

Die **Anwendung** des Bundeszwanges wird jedoch dadurch sehr eingeengt, dass sie **nur mit Zustimmung** des **Bundesrates** erfolgen kann. Hierdurch sollen einerseits übereilte Maßnahmen verhütet werden, andererseits erhält damit das Vorgehen eine stärkere Autorität.

Als **Rechtsmittel** gegen Maßnahmen des Bundeszwanges steht dem betroffenen Land die **Anrufung** des **Bundesverfassungsgerichts** zu, Art. 93 Abs. 1 GG.

| **Bundesrecht** bricht **Landesrecht**, Art. 31 GG |
|---|

Dieser Grundsatz bedeutet, dass **Bundesrecht** entgegenstehendes **Landesrecht aufhebt**. Ob bei **gleichem** Inhalt das Bundesrecht ebenfalls den Vorrang gegenüber dem Landesrecht hat, ist umstritten. Die Überordnung bezieht sich u. a. auf das Verfassungsrecht, Gesetzesrecht, Gewohnheitsrecht und Verordnungsrecht (vgl. S. 81).

Der Grundsatz des Art. 31 GG gilt natürlich nur, wenn eine **Bundeskompetenz** besteht und sowohl vom Bund als auch vom Land die **gleiche** Materie behandelt wird. Würde z. B. ein Land andere Verkehrsregeln erlassen, ein anderes Eherecht oder die Todesstrafe (s. Kap. IV) einführen, so stünden diese Gesetze im Widerspruch zum Bundesrecht und wären folglich **nichtig**. Aufgrund der lückenlosen Aufteilung der Rechtsetzungszuständigkeiten auf Bund und Länder sind solche Kollisionen zwischen Bundes- und Landesrecht jedoch äußerst selten.

In Streitfällen entscheidet das BVerfG, Art. 93 Abs. 1 Nr. 2, Art. 100 Abs. 1 GG.

| Der Grundsatz der **Homogenität** (= Gleichartigkeit) im Bundesstaat |
|---|

Ein bundesstaatliches Gefüge birgt die Gefahr innerer Konflikte in sich, wenn sich die Gliedstaaten aufgrund ihrer Verfassungsautonomie verschiedenartig entwickeln und die erforderliche Vereinheitlichung nicht erreicht wird. Die Geschichte lehrt, dass Heterogenität der Glieder zumeist die Ursache des Scheiterns von Staatenbünden war.

Für eine stabile föderalistische Ordnung ist daher eine **Vorbedingung** unentbehrlich: ein **Mindestmaß** an **Übereinstimmung** zwischen den **Gliedstaaten untereinander** sowie den **Gliedstaaten** und ihrem Zusammenschluss, dem **Bund**. Das schließt einen **Wettbewerb** zwischen den Ländern keineswegs aus.

In der Bundesrepublik wird dem Postulat nach Homogenität im Bundesstaat durch die Bestimmungen des Art. 28 GG Rechnung getragen, indem

- ▶ verlangt wird, dass „die verfassungsmäßige Ordnung in den **Ländern** den Grundsätzen des republikanischen, demokratischen und sozialen Rechtsstaates im Sinne dieses Grundgesetzes entsprechen muss" (Abs. 1 Satz 1), und

- ▶ der **Bund** zur **Gewährleistung** und **Durchsetzung** der Homogenitätsforderung **verpflichtet** wird (Abs. 3).

105

Die Homogenitätsbestimmung bedeutet jedoch **keinesfalls Konformität** oder gar **Uniformität**, die der Anlage des Bundesstaates – auf regionaler Ebene den vielfältigen wirtschaftlichen, politischen und kulturellen Besonderheiten Geltung zu verschaffen – widersprechen würde (vgl. BVerfGE 27, 44).

Art. 28 GG fordert daher auch nur einen „mittleren Standard" an Ausgewogenheit und Gleichartigkeit, der einerseits den Bundesbürgern ein Mindestmaß vor allem an **gleichen** politischen Rechten und Entfaltungsmöglichkeiten garantiert, andererseits den Ländern einen gewissen Spielraum für Differenzierungen und damit ihre regionalen Eigenständigkeiten lässt. So z. B. sind die Bundesländer im Rahmen allgemeiner, unmittelbarer, freier, gleicher und geheimer Wahlen frei in der Ausgestaltung des Wahlsystems. Folglich wäre ein reines Verhältniswahlsystem auf Landesebene ebenso zulässig wie ein reines Mehrheitswahlsystem (BVerfGE 4, 44).

Unzulässig, d. h. verfassungswidrig, wären Abweichungen vom **Wesenskern** des Grundgesetzes, z. B.: die Einführung der Monarchie, des Systems der Volksdemokratie oder der Räterepublik; die Beseitigung des Selbstverwaltungsrechtes der Gemeinden; die Durchsetzung eines Einparteiensystems oder die Einführung eines Systems, das die rechtsstaatlichen Prinzipien negiert. In Fällen dieser Art ist gem. Art. 28 Abs. 3 GG die **Gewährleistungspflicht** des **Bundes** gefordert. Als Möglichkeiten zur Durchsetzung stehen ihm zur Verfügung: die Anrufung des Bundesverfassungsgerichts (s. Kap. VIII) sowie der Bundeszwang (s. Kap. III).

> [8] Der Grundsatz der **Bundestreue**

Dieses Postulat, das den Bund und die Länder zur wechselseitigen Loyalität – zu „bundesfreundlichem" Verhalten – verpflichtet, ist nicht im Grundgesetz niederlegt, sondern wurde durch die Rechtsprechung des BVerfG konkretisiert und für verbindlich erklärt. Danach sind Bund und Länder verpflichtet, sich gegenseitig

▶ zu **respektieren**

Von besonderer Bedeutung sind hierbei die Entscheidungen des Bundesverfassungsgerichts über die Volksbefragung in hessischen Gemeinden zur atomaren Aufrüstung der Bundeswehr (BVerfGE 8, 104; 8, 122) sowie über den 1960 von der Bundesregierung unternommenen Versuch, eine privatrechtliche Fernsehanstalt des Bundes zu gründen. Im letzteren Fall lag nicht nur keine Kompetenz vor (Art. 30, 83 ff. GG), die SPD-regierten Länder machten auch geltend, die Regierung habe sie vor vollendete Tatsachen gestellt. Damit verstieß der Bund gegen den Grundsatz länderfreundlichen Verhaltens (BVerfGE 12, 205).

▶ zu **unterstützen**

Art. 107 Abs. 2 GG schreibt vor, dass die unterschiedliche Finanzkraft der Länder durch Gesetz „angemessen" auszugleichen ist („**horizontaler** Finanzausgleich"). Die Vorschrift dient der gerechten Verteilung des Steueraufkommens sowie anderer laufender Einnahmen zwischen finanzstärkeren und finanzschwächeren Ländern. Sie ist zugleich ein Korrektiv der Ergebnisse der primären Steuerverteilung zwischen Bund und Ländern gem. Art. 106 GG (sog. „**vertikaler** Finanzausgleich", vgl. BVerfGE 86, 214). Das Prinzip der „Angemessenheit" des **Länderfinanzausgleichs** bedeutet nicht eine völlige Nivellierung der Finanzkraft (BVerfGE 72, 398). Wichtige andere Beispiele der Unterstützung im Rahmen des Bund-Länder-Verhältnisses waren und sind der „Fonds Deutsche Einheit" zur Stützung der neuen Länder (1990 bis 1994) sowie der laufende länderübergreifende Einsatz der Bereitschaftspolizei und der Bundespolizei (früher BGS), s. Kap. III.

## Bundesstaat

**Bundesstaatliche Kompetenzordnung und Europäische Union**

Mit dem Vertrag von **Maastricht** (s. Kap. XIV) und seiner Zielsetzung einer „politischen" Union war eine **Verlagerung** staatlicher **Kompetenzen** auf die **europäische** Ebene verbunden, von der zunächst vor allem die Bundesländer betroffen waren, da sie im föderativen System der Bundesrepublik keinen unmittelbaren Einfluss auf den Erlass europäischer Rechtsetzungsakte hatten. Zwar hatte das Grundgesetz in Art. 24 a. F. auch zuvor schon die Übertragung von Hoheitsrechten vorgesehen, doch bedurfte es nun einer auf die Integration bezogenen erschöpfenden Regelung.

Die Neufassung erging mit Ges. v. 21.12.1992 (BGBl. I S. 2086). Eingefügt wurde u. a. der **Europaartikel 23 GG**. Seither sind Bund und Länder in europäischen Angelegenheiten **gleichrangig** beteiligt. Die Übertragung von **Hoheitsrechten** und die Änderung der **Verträge** bedürfen der Zustimmung des Bundesrates. Sind Gegenstände der **ausschließlichen** Gesetzgebung der Länder betroffen, wird die Bundesrepublik durch einen Repräsentanten der Länder vertreten. Zudem wird ausdrücklich auf die **„Ewigkeitsgarantie"** des Art. 79 Abs. 3 GG und die darin verankerte Rolle der Länder verwiesen.

Ungeachtet dessen setzte sich in der Folge der Trend zur Kompetenzverlagerung fort, so dass sich schließlich das **BVerfG** in seinem Urteil zum **Lissabon-Vertrag** veranlasst sah, der Übertragung von Souveränitätsrechten enge Grenzen zu setzen (s. Kap. XIV):

▶ Für die europäische Integration gilt der besondere Gesetzesvorbehalt des Art. 23 Abs. 1 GG, wonach Hoheitsrechte nur durch **Gesetz** und mit Zustimmung des **Bundesrates** übertragen werden können. Dieser Gesetzesvorbehalt ist zur Wahrung der Integrationsverantwortung und zum Schutz des Verfassungsgefüges so auszulegen, dass **jede Veränderung** der textlichen Grundlagen des europäischen Primärrechts erfasst wird (Abs.-Nr. 243 d. U.).

▶ Das Grundgesetz kann nach Art. 23 GG an die Entwicklung der Europäischen Union angepasst werden; zugleich wird dieser Möglichkeit durch **Art. 79 Abs. 3 GG**, auf den die Norm verweist, eine **absolute Grenze** gesetzt. Der durch Art. 79 Abs. 3 GG geschützte **Mindeststandard** darf auch durch die Einbindung Deutschlands in überstaatliche Strukturen **nicht unterschritten** werden (Abs.-Nr. 230 d. U.).

▶ Eine weitgehende **Verselbstständigung politischer Herrschaft** für die Europäische Union durch die Einräumung stetig vermehrter Zuständigkeiten kann aus der Sicht des deutschen Verfassungsrechts allein aus der Handlungsfreiheit des selbstbestimmten **deutschen Volkes** heraus geschehen (Abs. Nr. 233 d. U).

**Verbot der Änderung des föderativen Staatsaufbaus**

Nach Art. 79 Abs. 3 GG ist eine **Änderung** des **Grundgesetzes unzulässig**, durch welche die **Gliederung** des **Bundes** in **Länder** sowie die grundsätzliche **Mitwirkung** der **Länder** bei der **Gesetzgebung** berührt werden.

Diese Festlegung beruht auf geschichtlicher Erfahrung: Mit der Gleichschaltung der Länder 1933/34 und dem „Neuaufbau des Reiches" durch Gesetz vom 30. Januar 1934 hatte Hitler den bundesstaatlichen Aufbau der Weimarer Republik faktisch beseitigt. An seine Stelle trat der totalitär geführte Einheitsstaat. Nicht zuletzt unter dem Eindruck der nationalsozialistischen Diktatur als Folge dieser Entwicklung hat der Parlamentarische Rat eine **Bestandsgarantie** der bundesstaatlichen Ordnung in das Grundgesetz aufgenommen und sie zum unantastbaren Prinzip erhoben (s. Kap. III). Die absolute Garantie der föderalistischen Grundstruktur unseres Staates bedeutet jedoch nicht, dass **Existenz**

107

und **Gebietsbestand** der einzelnen Länder unantastbar wären. Nach Art. 29 GG kann die **Neugliederung** des Bundesgebietes erfolgen,

▶ um zu gewährleisten, dass die Länder nach Größe und Leistungsfähigkeit die ihnen obliegenden Aufgaben wirksam erfüllen können, und zwar

▶ unter Berücksichtigung landsmannschaftlicher Verbundenheit, geschichtlicher und kultureller Zusammenhänge, wirtschaftlicher Zweckmäßigkeit und sozialen Gefüges, der Erfordernisse der Raumordnung und Länderplanung sowie

▶ nach Volksentscheid in den von der Neugliederung betroffenen Ländern.

Sonstige (kleinere) Änderungen des Gebietsbestandes der Länder können gem. Art. 29 Abs. 7 GG durch **Staatsverträge** der beteiligten Länder oder Bundesgesetz mit Zustimmung des Bundesrates erfolgen.

In der „alten" Bundesrepublik kam es in der Vergangenheit wegen der Finanzschwäche einiger Bundesländer wiederholt zu Neugliederungsansätzen. Abgesehen vom Vollzug der gem. Art. 118 GG ermöglichten Vereinigung der Länder Baden, Württemberg-Baden und Württemberg-Hohenzollern zum Land Baden-Württemberg im Jahre 1951 scheiterten solche Versuche jedoch.

Die Neugliederung des ehemaligen Einheitsstaates DDR sah zunächst die Gründung von zwei bis maximal acht Ländern vor. Schließlich entschied man sich für die Annahme der jetzigen „Fünf-Länder-Variante", die am ehesten geeignet erschien, die vor 1952 bestehenden Länderstrukturen historisch, politisch, ökonomisch und kulturell in das neue Gesamtdeutschland einzugliedern.

Für die im Art. 5 des Einigungsvertrages empfohlene Neugliederung des Raumes Berlin/Brandenburg wurde mit Art. 118a GG eine Sonderregelung geschaffen, damit der Zusammenschluss nicht dem mit größeren Hürden versehenen Verfahren nach Art. 29 GG unterliegt. Die für das Jahr 1999 geplante Fusion scheiterte jedoch in einer Volksabstimmung am 5. Mai 1996. Während die Berliner für die Vereinigung votierten, lehnten die Brandenburger sie mit 62,7 Prozent Nein-Stimmen ab. Für den Zusammenschluss hätte es einer Mehrheit in beiden Ländern bedurft. Als Übergangslösung wurde ein **Koordinierungsrat** gebildet, der Konflikte zwischen den Partnerländern beilegen soll. Ein erneuter Anlauf zur Verschmelzung war für 2009 vorgesehen. Darüber sollte 2007 abgestimmt werden, der Zeitplan ist jedoch aufgegeben worden. Damit gilt die Fusion vorerst als wenig wahrscheinlich.

## Der Föderalismus in der Bundesrepublik: pro und contra

Über die **föderale Ordnung** wird seit Bestehen der Bundesrepublik kontrovers diskutiert. Sie gilt als ein Organisationsprinzip, das der **Tradition** und **Geschichte** der Deutschen am ehesten entspricht, doch die **Zweifel** über ihre **inhaltliche** Ausformung verstummen nicht.

Ihre **Befürworter** machen geltend:

| Föderalismus bedeutet **mehr Demokratie** |
|---|

▶ Indem der Bürger von seinem mehrfachen Stimmrecht (Bundestags-, Landtags- und Kommunalwahl) Gebrauch machen kann, verbessern sich seine Möglichkeiten effektiver politischer **Einflussnahme** und der **Kontrolle** staatlicher Machtausübung.

▶ Die regionale Aufgliederung des Gesamtstaates macht politisches Handeln **überschaubarer** und **verständlicher**.

▶ Nähe zum Geschehen und persönliche Kenntnis der politischen Gegebenheiten fördern das **Engagement** des Bürgers und begünstigen **lebensnahe Entscheidungen**.

## Bundesstaat

- Politiker und Amtsinhaber können in **besseren Kontakt** zu den Bürgern und ihren Problemen und Sorgen gelangen.

### Föderalismus ermöglicht „Vielfalt in Einheit"

- **Stammesgeschichtlichen** und anderen in der **Tradition** wurzelnden Eigenarten kann in einer Zeit zunehmender Vereinheitlichung besser entsprochen werden; **wirtschaftliche** und **kulturelle Besonderheiten** der einzelnen Länder und Regionen können stärker zur Geltung gebracht werden.
- Das föderative System bietet größere Chancen für **Experimentierfreudigkeit** und **Innovationskraft** bei der Bewältigung staatlicher Aufgaben. Die Länder haben die Möglichkeit, in ihren Zuständigkeitsbereichen **eigene politische Ideen** zu verwirklichen; sie können den Bund – und dieser kann die Länder – anregen, **neue Wege** zu beschreiten. Aus diesem wechselseitigen Erfahrungsaustausch resultieren zugleich **Fortschritt** und **Bewahrung**.
- Der Föderalismus fördert den Wettbewerb der Parteien und bietet damit sowohl unter personellen als auch sachlichen Aspekten **mehr Alternativ- und Kontrastpolitik**.

Die Aufgliederung der staatlichen Aufgaben **erweitert** das **politische Führungspotenzial**. Bund und Länder sind so zu einem personellen Reservoir geworden, aus dem im Wechsel Spitzenfunktionen auf beiden Staatsebenen besetzt werden können. Durch diesen Kreislauf kann eine **sachgerechtere** Wahrnehmung staatlicher Aufgaben gewährleistet und ein **reibungsloserer Machtwechsel** ermöglicht werden.

### Föderalismus ist Machtkontrolle

- Neben dem „horizontalen" Gewaltenteilungsprinzip, das im modernen Parteienstaat an Wirksamkeit eingebüßt hat, wird der Bereich staatlicher Macht **zusätzlich** zwischen Bund und Ländern **aufgeteilt**. Das bedingt ein enges **Zusammenwirken** aller Organe der beiden Staatsebenen bei der Erfüllung ihrer Aufgaben und dient zugleich der wechselseitigen Kontrolle.
- Die **Machtbefugnisse** der Organe des Bundes und der Länder werden in vielfältiger Weise miteinander **verzahnt** und damit zugleich auch **begrenzt**.
- Die **Kontrollmechanismen** von **Bund** und **Ländern** wirken in ihrer Gesamtheit der **Gefahr** des **Machtmissbrauchs** entgegen (Gegenbeispiel: ehemalige DDR).

Die **Kritiker** des Föderalismus wenden ein:

### Der Bundesstaat ist zu **kostspielig**

- Die **große Zahl** von Parlamenten, Regierungen und Verwaltungen sowie die vielfältigen und komplizierten politischen Willensbildungsprozesse im Föderalismus sind **aufwendiger** als der zentral gesteuerte und einfacher strukturierte Einheitsstaat.
- Zudem bläht die Landesbürokratie die Verwaltung unnötig auf und schafft **politische Pfründe**.

### Der Föderalismus ist **schwerfällig, intransparent** und **missbrauchsanfällig**

- Die vielen formellen und informellen Entscheidungsebenen sowie die geringe Transparenz der Willensbildungsprozesse machen staatliches Handeln für den Bürger nur **schwer überschaubar** und **nachvollziehbar**.

▶ Gem. Art. 52 GG fasst der Bundesrat seine Beschlüsse mit mindestens der Mehrheit seiner Stimmen, d. h. stets mit **absoluter Stimmenmehrheit**. Dadurch wirken **Enthaltungen** wie Neinstimmen, denn sie fehlen zur Bildung eben dieser absoluten Mehrheit. So kommen häufig Beschlüsse selbst dann nicht zustande, wenn im konkreten Falle eine Mehrheit gegeben ist, die aber unterhalb der absoluten Stimmenmehrheit liegt. Im Föderalismus kann deshalb – bei entsprechenden Stimmverhältnissen – der Verlierer gegen den Gewinner Politik machen und ihn ggf. sogar lähmen (Blockadepolitik).

▶ Schwierige Verhandlungen, labile Kompromisse und **Minimallösungen** auf der Basis des kleinsten gemeinsamen Nenners sind die Folge. Zu den Ursachen zählen Eigenbrötelei, Kirchturmpolitik und Zuständigkeitsquerelen, die Folgen sind Reibungsverluste und verzögerte Entscheidungen. Der Bundesrat wird als Instrument **parteipolitischer Interessen** missbraucht und entartet zur **Profilierungsbühne** für Landespolitiker.

| Der Föderalismus schafft **Ungleichheit** |

▶ Die Verschiedenartigkeiten in der Politik des Bundes und der Länder sowie die unterschiedliche Leistungsfähigkeit der einzelnen Glieder des Ganzen führen – erst recht vor dem Hintergrund der neuen Bundesländer – zu regional **ungleichen Lebensbedingungen** („Nord-Süd-Gefälle" und „Ost-West-Gefälle").

▶ Vor allem die Chancengleichheit, die persönliche Förderung, die soziale Sicherheit und soziale Unterstützung sind in den einzelnen Bundesländern unterschiedlich.

| Der Föderalismus **täuscht** über die **tatsächlichen Machtverhältnisse hinweg** |

▶ Das **Bundesrecht dominiert** und lässt den Ländern für eigene substanzielle Politik kaum noch Gestaltungsmöglichkeiten. Auch die **Verwaltungen** der Länder sind überwiegend zu Erfüllungsgehilfen des Bundes und der EU-Administration geworden.

▶ Der Bundesrat als Organ der Länder wird immer mehr dazu benutzt, **nicht spezifische Länderinteressen** zu vertreten, sondern Parteipolitik (s. Kap. VIII).

▶ Zahlreiche Verfassungsänderungen haben die **Machtbalance** zugunsten des **Bundes** verschoben. Ergebnis: Das **Prinzip** ist föderalistisch, die **Realität** unitarisch.

Aus alledem resultiert: Der deutsche Föderalismus steckt in einer **Krise** und bedarf allein schon der Blockadewirkungen der **Korrektur**. Die Große Koalition des Jahres 2005 hatte daher die Föderalismusreform zu einer ihrer Hauptaufgaben gemacht und schien der starken Mehrheiten wegen auch prädestiniert für diese Aufgabe. Doch das Ergebnis war ernüchternd, zumal die entscheidende Frage, die Schaffung **leistungsfähiger** und **möglichst gleich starker** Länder, ausgeklammert worden war. Die Reform erfolgte in zwei Schritten:

Die **Föderalismusreform I** schrieb in ihrem Kernbereich die **Zuständigkeitsabgrenzung** zwischen Bund und Ländern in der Absicht neu fest, die Länder zu beleben und ihnen ihre originären Funktionen zurückzugeben. Dabei stand nicht das Prinzip, sondern lediglich dessen konkrete Ausgestaltung zur Debatte.

Zentrales Element der **Föderalismusreform II** war die Verbesserung der verfassungsrechtlichen Regeln für eine **Begrenzung** der staatlichen **Kreditaufnahme**. In Übereinstimmung mit den europäischen Vorschriften wurde der Grundsatz eines **ohne Neuverschuldung** ausgeglichenen Haushalts festgeschrieben.

# Prüfen Sie Ihr Wissen!

### Kapitel II

1. Zu welchen **Ergebnissen** führte die **verbrecherische Politik Hitlers**?
2. Welche **politische Lage** führte zum **Volksaufstand** in der DDR und zum Bau der **Mauer**?
3. Nehmen Sie Stellung zum **Wiedervereinigungsgebot** des Grundgesetzes und zur Frage der **Staatsangehörigkeit** in beiden deutschen Staaten!
4. Aus welchen Gründen scheiterte der „**real existierende Sozialismus**" in der DDR?
5. Welche Probleme waren mit der **Vereinigung** und der **Konsolidierung** verbunden?
6. Vor welchen **Herausforderungen** steht Deutschland **heute**?

### Kapitel III

7. Erläutern Sie den **Begriff** und **Aufgaben** der **Verfassung**!
8. Welche **Bedeutung** hat die **Präambel** des Grundgesetzes?
9. Erläutern Sie die Begriffe „**Volkssouveränität**" und „**mittelbaren Demokratie**"!
10. Welche **plebiszitären Akte** sieht das Grundgesetz vor?
11. Erläutern Sie das **parlamentarische Regierungssystem** in der Bundesrepublik!
12. Erläutern Sie den Begriff der „**pluralistischen Gesellschaftsform**"!
13. Erläutern Sie **Aufgaben** und **Bedeutung** der **Opposition** im demokratischen Staat!
14. Nennen Sie die **Wesenselemente** des **Rechtsstaates**! **Erläutern** Sie diese!
15. Erläutern Sie den Begriff der **Sozialstaatlichkeit** und seine **Verankerung** im Grundgesetz!
16. Nehmen Sie Stellung zu der Frage, ob und wodurch der Prozess der deutschen Vereinigung Gefahren für den **sozialen Frieden** in sich birgt!
17. Erläutern Sie die Begriffe „**Einheitsstaat**", „**Staatenbund**", „**Bundesstaat**"!
18. Welche **Kompetenzverteilung** nimmt das Grundgesetz zwischen **Bund** und **Ländern** vor bei der **Gesetzgebung**, der **vollziehenden Gewalt** und der **Rechtsprechung**?
19. Was verstehen Sie unter dem Grundsatz der **Homogenität** im Bundesstaat?
20. Welche **Beteiligungsrechte** haben die Bundesländer bei der Verwirklichung der **Europäischen Union**?
21. Nennen Sie **Vor-** und **Nachteile** des **Föderalismus**!

# Kapitel IV

# Die Grundrechte

## Bedeutung und Funktion der Grundrechte

Ein Staat ist nur dann funktionsfähig, wenn er über die **notwendige Macht** verfügt, um die zur Erfüllung seiner Aufgaben erforderlichen Maßnahmen notfalls auch mit **Zwang** durchzusetzen (s. Kap. V). Staatliche Zwangsbefugnisse gehen jedoch zu allen Zeiten einher mit der

> Gefahr des Machtmissbrauchs.

Um vor staatlicher Willkür geschützt zu sein, ist der Mensch seit Jahrtausenden bemüht, den jeweils Herrschenden die Anerkennung unverletzlicher Rechte abzuringen (s. oben). Die Geschichte des Menschen ist zugleich auch die Geschichte der **Rechte des Menschen.**

> **Menschenrechte** sind die **jedem Menschen eigenen unveräußerlichen** und **unverletzlichen Rechte,** die ihn vor staatlicher Willkür schützen. Sie verhindern, dass alle Macht beim Staat liegt und dem Bürger nur die Ohnmacht bleibt.

Die Menschenrechte schaffen für den einzelnen Menschen einen Lebensbereich, innerhalb dessen er sich **selbstbestimmt** und **frei** von **Diskriminierung** und **Entwürdigung** entfalten kann, ohne Übergriffe befürchten zu müssen (s. Kap. III).

Bezeichnungen für diesen Bereich sind:

Persönlichkeitssphäre
Freiheitssphäre
staatsfreier Raum

**Menschenrechte** sind nicht deshalb ein **machtvoller Entwurf,** weil mit ihnen alle Verletzungen abgeschafft wären, sondern weil sie Verantwortung deutlich machen, **Öffentlichkeit** schaffen, **Kontrolle** sichern, **Einspruch** gewährleisten und **Sanktionen** ermöglichen.

> „Niemand darf willkürlichen Eingriffen in sein Privatleben, seine Familie, seine Wohnung und seinen Schriftverkehr oder rechtswidrigen Beeinträchtigungen seiner Ehre oder seines Rufes ausgesetzt werden. Jedermann hat Anspruch auf rechtlichen Schutz gegen solche Eingriffe oder Beeinträchtigungen" (Art. 12 der Allgemeinen Erklärung der Menschenrechte durch die Vereinten Nationen am 10. 12. 1948).

*Grundrechte*

**Menschenrechte** sind in die **Verfassungen** der meisten heutigen Staaten eingeflossen und in zahlreichen **internationalen Vereinbarungen** niedergelegt, so u. a. (s. unten) in

▶ der **Menschenrechtserklärung** der **UN** von 1948;

▶ der **Europäischen Menschenrechtskonvention** des **Europarates** von 1950, die den Bürgern der Mitgliedsstaaten einen europäischen Menschenrechtsstandard mit überprüfbaren und einklagbaren Rechten verbrieft, die vor dem **Europäischen Gerichtshof für Menschenrechte** geltend zu machen sind (s. Kap. XIV);

▶ der Schlussakte der **Konferenz über Sicherheit und Zusammenarbeit in Europa** (KSZE) in Helsinki 1975 und der Folgekonferenzen bis zur „Pariser Charta" vom 21. 11. 1990, mit der 34 KSZE-Staaten die Grundrechte des Menschen festgeschrieben und sich zur gegenseitigen Achtung der Souveränität und zum Gewaltverzicht verpflichtet haben (s. Kap. XIV).

▶ Auf der Gipfelkonferenz von Nizza (Dez. 2000) wurde die **Charta der Grundrechte**, ein umfangreicher Katalog von Menschenrechten, beschlossen. Mit dem Entwurf war ein Konvent unter Leitung des ehemaligen Bundespräsidenten Roman Herzog beauftragt. Die Charta ist seit Inkrafttreten des Lissabon-Vertrages **geltendes Recht** (s. Kap. XIV).

▶ Als nicht staatlicher „Anwalt der Menschenrechte" streitet **Amnesty International** seit über 40 Jahren mit mehr als einer Million Mitgliedern aus 160 Ländern weltweit gegen Menschenrechtsverletzungen und erhielt dafür 1977 den Friedensnobelpreis.

Ihre eigentliche **Bedeutung** erhalten die Grundrechte dadurch, dass der **Staat** sich an sie **gebunden** fühlt und dem **Bürger** die Möglichkeit gegeben ist, seine Rechte notfalls gegenüber der öffentlichen Gewalt im Wege einer **gerichtlichen Klage** durchzusetzen.

Häufig klaffen gerade hier Verfassungs**recht** und Verfassungs**wirklichkeit** auseinander. Nicht jeder Staat, dessen Verfassung mit einem Grundrechtskatalog „dekoriert" ist, kann für sich in Anspruch nehmen, ein Rechtsstaat zu sein (s. unten).

Das **Grundgesetz** enthält nicht nur die **allgemeinen Menschenrechte,** sondern auch **spezielle staatsbürgerliche Rechte** (s. unten). Unsere Verfassung verwendet daher den beide Bereiche umfassenden Begriff **„Grundrechte".**

Wie die allgemeinen Menschenrechte, so haben auch die Grundrechte in erster Linie eine **Schutzfunktion.** Sie dienen dem Schutz des Bürgers vor staatlicher Willkür.

▶ Grundrechte sind **Abwehrrechte** des Bürgers. **Adressat** der Grundrechte ist der **Staat.** Ihm zeigen die Grundrechte seine Grenzen auf Sie binden ihn gem. Art. 3 Abs. 1 GG als **unmittelbar geltendes Recht.**

▶ Grundrechte schaffen einen **staatsfreien Raum,** innerhalb dessen sich der Einzelne frei entfalten kann, solange er bestimmte Grundvoraussetzungen menschlichen Zusammenlebens beachtet.

▶ Grundrechte erhalten ihre eigentliche Bedeutung erst durch die **Bindung** der **Staatsgewalt** und die Eröffnung des **Rechtsweges** für den **Bürger.**

Aber auch weit über diese herkömmliche Funktion hinaus haben die Grundrechte heute als geschlossener **Wert- und Gewährleistungskomplex** Bedeutung gewonnen:

▶ Grundrechte bilden in ihrer Gesamtheit eine **objektive Wertordnung** (s. Kap. III). Indem sie den Menschen mit der Unverletzlichkeit seiner Menschenwürde in den **Mittelpunkt allen staatlichen Handelns** stellen, schaffen sie zugleich auch eine **Rangordnung,** die als verfassungsrechtliche Grundentscheidung für alle Bereiche des Rechts gilt und die drei Gewalten gleichermaßen bindet (vgl. BVerfGE 7, 198; 39, 1).

▶ Aus den Grundrechten wird heute nicht nur ein **negatives Abwehrrecht** des Bürgers gegenüber dem Staat, sondern im Einzelfall auch eine **Pflicht** des **Staates** zu **positivem Handeln** abgeleitet. Insbesondere kommt durch die grundrechtlich verbürgte **Teilhabe** an **staatlichen Leistungen** den Grundrechten in steigendem Maße auch eine Funktion der **sozialen Absicherung** zu (vgl. BVerfGE, 21, 362). So hat z. B. das BVerfG festgestellt, aus Art. 2 Abs. 2 GG erwachse für den Staat unmittelbar die Pflicht, sich schützend und fördernd vor das Leben des Ungeborenen zu stellen und es vor rechtswidrigen Eingriffen anderer zu bewahren (E 39, 1; s. unten). Es bedarf daher auch nicht zwingend der Einfügung „sozialer" Grundrechte.

Weitere Beispiele für diese dem Staat obliegende „grundrechtliche" **Schutzpflicht:**

▶ Schutz vor rechtswidrigen Angriffen, z. B. vor Morddrohungen im Rahmen einer Entführung (Entscheidung im Entführungsfall Schleyer, BVerfGE 46, 160);

▶ Schutz von Leben und Gesundheit im Zusammenhang mit der geplanten Errichtung eines Kernkraftwerks (BVerfGE 49, 89);

▶ Pflicht zur Bekämpfung von gesundheitsgefährdenden Auswirkungen des Fluglärms (BVerfGE 56, 54);

▶ Pflicht der Organe der Bundesrepublik Deutschland zum Schutz deutscher Staatsangehöriger und ihrer Interessen im Ausland (BVerfGE 55, 349).

▶ Einen grundrechtlich bzw. überhaupt verfassungsrechtlich verbürgten Anspruch auf Strafverfolgung eines Dritten durch den Staat (hier des ehemaligen Staatsratsvorsitzenden Honecker) kennt das Grundgesetz allerdings nicht (BVerfG, NJW 93, 915).

▶ Auch in **verfahrensrechtlicher** Hinsicht kommt den Grundrechten richtungweisende Bedeutung zu, indem sie „**Maßstäbe**" für eine den Grundrechtsschutz effektuierende Organisations- und Verfahrensgestaltung sowie für eine **grundrechtsfreundliche** Anwendung vorhandener Verfahrensvorschriften setzen" (BVerfGE 69, 315).

▶ **Private Rechtssubjekte** (natürliche und juristische Personen) sind **nicht Adressaten** der Grundrechte, denn in privaten Rechtsbeziehungen gilt, anders als im Bürger-Staat-Verhältnis, der Grundsatz der **Privatautonomie** (s. Ipsen I, Rdnrn. 50 ff.). Gleichwohl strahlen die Grundrechte auf die Rechtsbeziehungen zwischen Privatrechtssubjekten aus, nämlich dann, wenn sie als **Wertmaßstäbe** zur **Auslegung** unbestimmter Rechtsbegriffe wie „Treu und Glauben" oder „gute Sitten" dienen (sog. **Drittwirkung der Grundrechte**; s. BVerfGE 7, 53; 34, 269). Aber auch zur Schutz der Privatheit vor Beeinträchtigungen durch Dritte (z. B. durch private Datenverarbeitungsunternehmen) gewinnen die Grundrechte in Zeiten wachsender Technisierung und Globalisierung zunehmend an Bedeutung.

Grundrechte entfalten über ihre traditionelle Funktion hinaus Wirkung, indem sie
▶ eine für alle Rechtsbereiche **verbindliche Wertordnung** und Wert-**Rangordnung** schaffen;
▶ nicht nur als **negative Abwehrrechte** fungieren, sondern im Einzelfall dem Staat auch die **Pflicht** zu **positivem Tun** auferlegen;
▶ damit in steigendem Maße der **sozialen Absicherung** dienen und
▶ auf die **Rechtsbeziehungen zwischen Privatpersonen** ausstrahlen können.

## Zur Geschichte der Grundrechte

Die in unserer Verfassung niedergelegten Grundrechte finden ihren **historischen Ursprung** in der **Antike** und in den Anfängen des **Christentums**. Von dort aus zieht sich die Idee der Menschenrechte wie ein roter Faden durch die Geschichte:

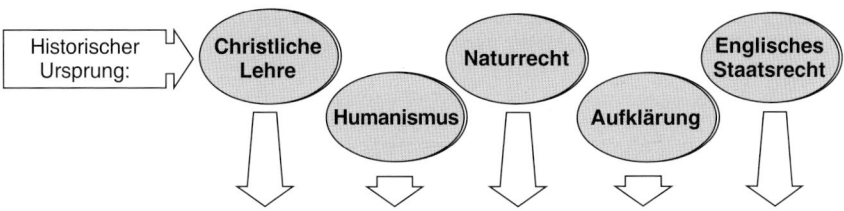

| | | |
|---|---|---|
| 1776 ⇩ | Amerikanische Unabhängigkeitserklärung | Die 13 sog. Neuenglandstaaten stellen in ihrer Proklamation fest: „Alle Menschen sind gleich geschaffen" (gemeint waren aber nur die Bürger, nicht etwa die Sklaven). „Sie sind mit unveräußerlichen Rechten ausgestattet. Dazu gehören: Recht auf Leben, Freiheit und Streben nach Glück." |
| 1789 ⇩ | Französische Revolution | In der Verfassung, die sich das Volk durch die Nationalversammlung gibt, ist auch eine Erklärung der Menschen- und Bürgerrechte enthalten. Ihr wesentlicher Bestandteil ist zugleich auch die Losung der Revolution: „Freiheit, Gleichheit, Brüderlichkeit." |
| 1848 ⇩ | Frankfurter Paulskirchenverfassung | Einberufung einer Nationalversammlung mit Billigung der Fürsten. Sie erarbeitet eine Verfassung mit umfangreichem Grundrechtsteil, der jedoch wegen des Scheiterns der Revolution unwirksam bleibt.. |
| 1871 ⇩ | Reichsverfassung | Die Verfassung des Kaiserreiches enthält keinen Grundrechtskatalog. Einige Grundrechte werden jedoch durch Gesetze (z. B. Gewerbeordnung, Strafprozessordnung) garantiert. |
| 1919 ⇩ | Weimarer Verfassung | Die WRV enthält einen umfangreichen Grundrechtskatalog. Grundrechte können aber gem. Art. 48 WRV vom Reichspräsidenten außer Kraft gesetzt werden. Fehlen formeller Garantien und einer Verfassungsgerichtsbarkeit. |
| 1941 ⇩ | US-Präsident Roosevelt | Am Tag des japanischen Angriffs auf Pearl Harbour formuliert Roosevelt in einer Rede die „Vier Grundfreiheiten" des Menschen: Freiheit der Rede, Freiheit des Glaubens, Freiheit von Not und Freiheit von Furcht. |
| 1948 ⇩ | UN-Menschenrechtserklärung | Feierliche Proklamation von Idealvorstellungen der Vereinten Nationen, deren Einhaltung zunächst jedoch nicht erzwungen werden kann. |
| 1949 ⇩ | Grundgesetz | Umfangreicher Grundrechtskatalog. Grundrechte sind unmittelbar geltendes Recht und durch besondere Sicherungen geschützt. |
| 1950 ⇩ | Menschenrechtskonvention | Europ. Konvention zum Schutz der Menschenrechte; von der Bundesrepublik ratifiziert und damit unmittelbar geltendes Recht (s. oben). |
| 1975 1990 ⇩ | KSZE-/OSZE-Konferenzen, Pariser Charta | Auf der Ost-West-Konferenz in Helsinki 1975 (KSZE), den sog. Folgekonferenzen und in der Pariser Charta von 1990 verpflichten sich die Teilnehmerstaaten unter anderem zur Achtung der Menschenrechte und Grundfreiheiten (s. Kap. XIV). |
| 2007 2010 | Europäische Grundrechtscharta | Die Charta der Grundrechte der EU wird 2007 proklamiert. Sie ist nicht Gegenstand des Lissabon-Vertrages, erhält jedoch Rechtskraft durch einen Verweis im Vertrag (Ausnahme: Großbritannien u. Polen). |

115

*Grundrechte*

## Einteilung der Grundrechte

Grundrechte können nach verschiedenen Gesichtspunkten eingeteilt werden. Üblich sind die Einteilung nach der **Wirkungsbreite** (allgemeine und spezielle Grundrechte), nach dem **geschützten Personenkreis** (Menschenrechte und Bürgerrechte) sowie nach der **Zielrichtung** (Abwehrrechte und Leistungs- bzw. Teilhaberechte). Nach dem **Inhalt** trennt man in:

| | | |
|---|---|---|
| **Freiheitsrechte** | Art.2 Abs. 3 GG | freie Entfaltung, als Haupt-Freiheitsrecht |
| | Art. 2 Abs. 2 GG | Freiheit der Person |
| | Art. 104 GG | Rechtssicherheit bei Freiheitsentziehung |
| | Art. 11 GG | Freizügigkeit |
| | Art. 4 GG | Glaubens- und Gewissensfreiheit |
| | Art. 5 Abs. 1 GG | Meinungsfreiheit |
| | Art. 5 Abs. 3 GG | Freiheit der Kunst, Wissenschaft, Forschung und Lehre |
| | Art. 8 GG | Versammlungsfreiheit |
| | Art. 9 Abs. 1 GG | Vereinigungsfreiheit |
| | Art. 9 Abs. 3 GG | Koalitionsfreiheit |
| | Art. 12 GG | Recht auf freie Breufswahl und Berufsausübung |
| | Art. 17 GG | Petitionsrecht |
| **Gleichheitsrechte** | Art. 3 Abs. 1 GG | allg. Gleichheitssatz, als Haupt-Gleichheitsrecht |
| | Art. 3 Abs. 2 GG | Gleichberechtigung der Geschlechter |
| | Art. 33 Abs. 1 GG | Gleichheit der staatsbürgerlichen Rechte und Pflichten |
| | Art. 33 Abs. 2 GG | Gleicher Zugang zu öffentlichen Ämtern |
| | Art. 38 Abs. 1 GG | Gleiches Wahlrecht |
| **Schutzrechte** | Hierzu zählen auch Rechte außerhalb des Grundrechtskatalogs: | |
| | Art. 2 Abs. 2 GG | Recht auf Leben und körperliche Unversehrtheit |
| | Art. 10 GG | Brief-, Post- und Fernmeldegeheimnis |
| | Art. 13 GG | Unverletzlichkeit der Wohnung |
| | Art. 14 GG | Recht auf Eigentum und Erbrecht |
| | Art. 16, 16a GG | Verbot der Ausbürgerung und Auslieferung, Asylrecht |
| | Art. 101 Abs. 1 GG | Verbot von Ausnahmegerichten, gesetzlicher Richter |
| | Art. 103 Abs. 1 GG | Anspruch auf rechtliches Gehör |
| | Art. 103 Abs. 2 GG | Keine Strafe ohne Gesetz |
| | Art. 103 Abs. 3 GG | Verbot der Doppelbestrafung |

## Geltung der Grundrechte

Die **Menschenrechte** sind in ihrem Kern, den Freiheits- und Gleichheitsrechten, **vorstaatlicher** Natur und stehen somit nicht zur Disposition des Staates. Sie gelten universell.

Das **Grundgesetz** hat den Begriff der Menschenrechte nicht übernommen. Es differenziert zwischen **jedermann** zustehenden Grundrechten („Jeder hat das Recht …") und solchen, die nur deutschen **Staatsbürgern** zustehen („Jeder Deutsche hat das Recht…"). Inhaltlich umfasst der Begriff der **Grundrechte** somit die klassischen **Menschenrechte** und die nur Deutschen gewährleisteten **Bürgerrechte**.

**Grundrechte** werden von der **Verfassung** gewährleistet und können sich damit, wie alle übrigen Rechte, nur innerhalb der **verfassungsrechtlichen Grenzen** auswirken. Deshalb ist der Verfassunggeber grundsätzlich auch nicht gehindert, die Grundrechte im Einzelnen **auszugestalten**. Allerdings muss er dabei beachten, dass **kein Grundrecht** in seinem **Wesensgehalt** angetastet werden darf (Art. 19 Abs 2 GG).

*Grundrechte*

### Zeitlicher Geltungsbereich

Die Geltung der Grundrechte beginnt zeitlich mit dem Inkrafttreten des Grundgesetzes (s. Kap. II). Hoheitsakte, die vor diesem Zeitpunkt wirksam geworden sind, können nicht (rückwirkend) am Grundgesetz gemessen werden (vgl. BVerfGE 29, 166).

> **Grundrechte** gelten erst für **Tatbestände**, die unter der **Herrschaft des Grundgesetzes** verwirklicht wurden.

### Persönlicher Geltungsbereich

In „persönlicher" Hinsicht ist zwischen **Grundrechtsfähigkeit** und **Grundrechtsmündigkeit** zu unterscheiden. Für Personen, die in einem „**besonderen Gewaltverhältnis**" stehen, ist die **Ausübung** einzelner Grundrechte **Beschränkungen** unterworfen:

### Grundrechtsfähigkeit natürlicher Personen

Nur der **Mensch** kann Träger von Rechten und Pflichten sein. Grundsätzlich gelten Grundrechte daher nur für den **lebenden** Menschen. Ihre Schutzwirkung reicht jedoch im Einzelfall über die zeitliche Existenz des Menschen hinaus, und zwar sowohl im Hinblick auf das **werdende Leben** (Einzelheiten dazu s. unten) als auch auf die Zeit **nach** dem **Tode** eines Menschen. Hierzu hat das BVerfG ausgeführt: „Das Gebot der Unverletzlichkeit der Menschenwürde wirkt über den Tod hinaus" (BVerfGE 30, 173; s. unten).

Der Schutz der Grundrechte gilt, ohne dass dies von der Verfassung ausdrücklich erwähnt wird, von der Natur der Sache her **ohne** jede **Altersgrenze**: „Auch das **Kind** ist ein Wesen mit eigener Menschenwürde und eigenem Recht auf Entfaltung seiner Persönlichkeit" (BVerfGE 24, 119). Das Kind kann jedoch an der **Ausübung** einzelner Grundrechte aufgrund einer entwicklungsbedingt fehlenden bzw. eingeschränkten Einsichtsfähigkeit gehindert sein (s. unten).

### Grundrechtsfähigkeit juristischer Personen

Nach Geschichte und Funktion sind Grundrechte primär auf den **Einzelmenschen** ausgerichtet. Gleichwohl hat sich schon in der Weimarer Zeit die Frage gestellt, ob und inwieweit sie über die natürlichen Personen hinaus auch für **juristische Personen** Geltung gewinnen.

Das Grundgesetz hat diesen Streit von vornherein entschieden. Es geht davon aus, dass juristischen Personen schon deshalb Grundrechte zuerkannt werden müssen, weil sonst die Grundrechte der hinter diesen juristischen Personen stehenden Menschen nicht hinreichend geschützt wären. Art. 19 Abs. 3 GG schreibt daher vor, dass die Grundrechte auch für **inländische juristische Personen** gelten, soweit sie ihrem **Wesen** nach für diese **anwendbar** sind. „Auch Art. 19 Abs. 3 GG ist um des Menschen willen da" (Maunz-Dürig-Herzog, Art. 19 Abs. 2 Rdnr. 1).

So gilt z. B. die Berufsfreiheit gem. Art. 12 GG auch für Kapitalgesellschaften. Im Hinblick auf die Sozialgebundenheit der Unternehmenstätigkeit ist die Schutzwirkung des Art. 12 GG „ihrem Wesen nach" allerdings bei einer Kapitalgesellschaft schwächer als bei einer natürlichen Person (vgl. BVerfGE 61, 82).

*Grundrechte*

- Grundrechte schützen **grundsätzlich** den **lebenden Menschen**. Im Einzelfall setzt ihre Wirkung bereits vor der Geburt ein bzw. wirkt über den Tod hinaus.
- **Jeder Mensch** ist **Träger** von Grundrechten (grundrechtsfähig). Ohne Rücksicht auf sein Lebensalter besitzt er alle von der Verfassung gewährleisteten Grundrechte. An der Ausübung einzelner Grundrechte kann er allerdings aufgrund seines Entwicklungsstandes als Minderjähriger gehindert sein.
- Auch **inländische juristische Personen** genießen Grundrechtsschutz, wenn und soweit das Grundrecht seinem **„Wesen nach"** anwendbar ist.

### Grundrechtsmündigkeit

Die Frage, von welchem Zeitpunkt an der Grundrechtsfähige die Grundrechte **selbständig geltend machen** (also als grundrechtsmündig angesehen werden) kann, ist naturnotwendig vom Entwicklungs- und Reifeprozess des Menschen abhängig. Nach der Rechtsprechung ist dabei nicht das Lebensalter, sondern die jeweilige **Einsichtsfähigkeit** sowie die Fähigkeit, nach dieser Einsicht zu **handeln**, entscheidend. Auf Altersstufen wie im BGB kommt es im Regelfall nicht an.

Daher wird man z. B. einer Klasse von Achtjährigen die Teilnahme an einer Versammlung durchaus zugestehen müssen, wenn es dabei um Schulfragen geht, die gerade diese Altersgruppe betreffen. Für die Leitung und Durchführung einer derartigen Versammlung, insbesondere unter freiem Himmel, besitzt ein Achtjähriger jedoch naturgemäß nicht die erforderliche Einsichts- und Handlungsfähigkeit. Er muss daher insoweit von einer Person, die über die entsprechende Qualifikation verfügt, vertreten werden (in der Regel durch die Eltern als gesetzliche Vertreter).

Wird Grundrechtsmündigkeit angenommen, endet das Vertretungsrecht mit der Folge, dass das Kind notfalls auch gegen den Willen der Eltern Grundrechte selbständig geltend machen kann.

Ob ein Minderjähriger seine Grundrechte ausüben kann, richtet sich nach seinem persönlichen **Entwicklungs-** und **Reifegrad**. Scheidet die Selbstwahrnehmung aus, so kann das Grundrecht durch einen Vertreter ausgeübt werden.

### Geltung im „besonderen Gewaltverhältnis"

Bestimmte Personengruppen stehen als Bedienstete, Nutzer oder Insassen zu einem Hoheitsträger in einer speziellen, engen Rechtsbeziehung, dem sog. **besonderen Gewaltverhältnis** (z. B. Beamte, Soldaten, Fluglotsen, Krankenhauspersonal, aber auch Schüler und Studenten sowie Strafgefangene).

Im Rahmen dieser Gewaltunterworfenheit können der Grundrechtsausübung im Einzelfall **Schranken** auferlegt sein, jedoch nur, soweit die Verfassung dies ausdrücklich zulässt und entsprechende gesetzliche Regelungen getroffen wurden. Die Tatsache, dass jemand einem „besonderen Gewaltverhältnis" unterliegt, genügt für sich allein genommen nicht zur Begründung von Grundrechtseingriffen (BVerfGE 34, 1). Das besondere Gewaltverhältnis ist kein Ersatz für die notwendige gesetzliche Regelung (vgl. BVerwGE 47, 194). Somit ist auch hier eine Ermächtigungsnorm in Form eines allgemeinen Gesetzes erforderlich.

Für das **Beamtenverhältnis** als „besonderes Gewaltverhältnis" stützen sich derartige Beschränkungen auf Art. 33 Abs. 5 GG sowie die Beamtengesetze des Bundes und der Länder. Insbesondere die „hergebrachten Grundsätze des Berufsbeamtentums" können Einschränkungen der Grundrechte rechtfertigen – jedoch nur, wenn und soweit sich dies aus dem Wesen des Beamtenverhältnisses ergibt.

*Grundrechte*

**Grundsätzlich** ist nämlich davon auszugehen, dass die Grundrechte **auch** im **Beamtenverhältnis** gelten. Der Beamte steht zwar in einem besonderen verfassungsrechtlich vorgegebenen **Dienst- und Treueverhältnis** zum Staat, das ihm besondere **Pflichten** auferlegt; er ist aber zugleich **Bürger,** der seine Grundrechte gegenüber dem Staat geltend machen kann. Dies kann im Einzelfall zu Konflikten führen (s. unten).

Als Richtlinie für die Bestimmung der **Schranken** der **Grundrechtsausübung** gilt, dass das Beamtenverhältnis zwar **nicht** zu einem **Verzicht** auf Grundrechte führt, andererseits aber die verfassungsrechtliche **Funktion** des **Beamtenverhältnisses** nicht unmöglich gemacht werden darf. Das bedeutet, dass **nur solche** Grundrechtsbeschränkungen zulässig sind, die durch **Sinn** und **Zweck** des Beamtenverhältnisses **gefordert** werden (s. unten).

**Beispiele:**

Eine Dienstbehörde, die einem Polizeivollzugsbeamten verbietet, außerhalb des Dienstes in bürgerlicher Kleidung durch Hausbesuche für den Glauben der Zeugen Jehovas zu werben, verletzt das Grundrecht nach Art. 4 Abs. 1 und 2 GG, wenn diese Besuche die sachgerechte und objektive Wahrnehmung der Dienstgeschäfte – also dienstliche Interessen – nicht gefährden (BVerwGE 30, 29).

Der prinzipielle Vorrang von Grundrechtspositionen wird auch aus einer Entscheidung des 1. Wehrdienstsenats des Bundesverwaltungsgerichts vom Mai 1988 deutlich, wonach Soldaten das Recht zusteht, sich öffentlich „kritisch mit verteidigungspolitischen Fragen auseinander zu setzen und sich dabei auch in Widerspruch zur Meinung von Vorgesetzten und Kameraden zu setzen". Denn das Recht auf freie Meinungsäußerung gelte grundsätzlich auch dann, wenn der Soldat „eine von der Meinung der Bundesregierung und der Führung der Bundeswehr abweichende politische Meinung vertritt".

Jedoch „dürfen sich Beamte und Richter in der Öffentlichkeit zu allgemeinpolitischen Fragen nur so zurückhaltend äußern, dass das öffentliche Vertrauen in ihre unparteiische, gerechte und gemeinwohlorientierte Amtsführung keinen Schaden nimmt" (BVerfG, NJW 89, 93).

Das generelle Verbot für männliche Zollbeamte, zur Dienstkleidung Ohrschmuck zu tragen, liegt innerhalb der zulässigen Ermessensausübung und ist verfassungsrechtlich unbedenklich (BVerfG, Beschl. v. 10. 1. 91, DVBl. S. 632).

## Einschränkbarkeit von Grundrechten

**Grundrechte** in ihrer ursprünglichen Bedeutung sind **Abwehrrechte** des Bürgers gegenüber dem Staat. Sie schaffen einen staatsfreien Raum, innerhalb dessen sich der Einzelne frei bewegen kann, solange er **bestimmte Grundvoraussetzungen menschlichen Zusammenlebens** beachtet (s. oben).

**Freiheit** ist daher stets eine **rechtlich gebändigte Freiheit** und nicht etwa ein Sichausleben auf Kosten oder zu Lasten seiner Mitmenschen. Eine **unbegrenzte** Persönlichkeitsentfaltung ist mit **rechtsstaatlichen** Grundsätzen nicht vereinbar. Sie wäre Krieg aller gegen alle (s. unten). **Individuelle** Freiheit kann mithin nur als **begrenzte, sozial gebundene** Freiheit verstanden werden (BVerfGE 39, 334). Dies folgt allein schon aus der Tatsache, dass die Grundrechte nur dann für alle in gleicher Weise gewährleistet werden können, wenn alle sich an bestimmte **Grenzen** halten und **Rechtsprivilegien** für **Einzelne verhindert** werden.

Grundrechte sind daher stets nur in einem **gemeinschaftsbezogenen** und **gemeinschaftsorientierten** Sinne verbürgt. Folglich gehören **Beschränkungen** der **Grundrechte** (Grundrechtsschranken) zu den elementaren Voraussetzungen für die **Grundrechtsausübung** selbst und für ein gedeihliches **Zusammenleben** in der Gemeinschaft.

## Grundrechte

Allerdings ergibt sich aus der zentralen Bedeutung der Grundrechte (vgl. Art. 1 Abs. 3 GG), dass die Staatsgewalt **nicht beliebig** in die Grundrechtsverbürgungen eingreifen darf.

„Im demokratischen Rechtsstaat des Grundgesetzes geht die gesamte öffentliche Gewalt vom Volke aus; sie ist jedoch stets an die verfassungsmäßige Ordnung, insbesondere an die Grundrechte, gebunden, die als unmittelbar geltendes Recht zugleich Fundament, Vorgabe und Grenze staatlicher Tätigkeit bilden. Verfassungsbindung und Grundrechtsorientierung haben naturgemäß dort besondere Bedeutung, wo gerade um des Schutzes von Grundrechten und Rechtsgütern der Allgemeinheit willen in eben diese Grundrechte eingegriffen werden muss.

Die Polizei hat stets zu berücksichtigen, dass sie gerade um des Rechtsschutzes willen verpflichtet ist, entgegenstehende Rechte anderer entsprechend zu begrenzen. Sie muss immer prüfen, ob im konkreten Fall das Einschreiten als solches, aber auch die vorgesehenen Mittel und Methoden geeignet und erforderlich sind, um den beabsichtigten Zweck zu erreichen, und ob jene noch in einem angemessenen Verhältnis zum angestrebten Erfolg des Rechtsgüterschutzes stehen.

Polizeiliches Handeln ist daher nicht „Kampf" um jeden Preis, sondern abwägendes, rücksichtsvolles und angemessenes Tun" (Abschlussbericht der Kommission zur Untersuchung des Reformbedarfs in der niedersächsischen Polizei, 31.3.1993).

**Grundvoraussetzung** für jede **Einschränkung** eines Grundrechts ist, dass eine in der **Verfassung** begründete **Eingriffsbefugnis** (Ermächtigungsgrundlage) vorliegt.
Das System von **„Eingriffen"** (in die Grundrechte) und **„Schranken"** (der Grundrechtsausübung) stellt sich im Einzelnen wie folgt dar:

| Grundrechtsschranken |
|---|

Grundrechte sind **inhaltlich** nur innerhalb des jeweils in der **Verfassung** normierten **Schutzbereichs** (Normbereichs, Grundrechtstatbestandes) gewährleistet.
Ein **darüber hinausgehender Gebrauch** stößt auf **Schranken**. Dabei unterscheidet man:
- ▶ **verfassungsunmittelbare Schranken,** das sind solche, bei denen das **Grundrecht selbst** bereits ausdrücklich seine Gewährleistungsschranken aufzeigt (Art. 8 Abs. 1 GG: Versammlungsfreiheit wird nur „friedlich und ohne Waffen" gewährleistet);
- ▶ **Vorbehaltsschranken,** das sind solche, bei denen dem Grundrecht ein sog. **Gesetzesvorbehalt** (s. Art. III) beigegeben ist, der den Gesetzgeber ermächtigt, Umfang und Grenzen der Grundrechtsausübung durch Gesetz oder aufgrund eines Gesetzes festzulegen (s. Art. 5 Abs. 2 GG).
- ▶ **verfassungsimmanente** (grundrechtsimmanente) **Schranken,** das sind (s. unten) den **Grundrechten „innewohnende"** Begrenzungen, die sich – ohne dass eine Einschränkungsmöglichkeit ausdrücklich in der Verfassung genannt ist – aus dem **Wesen des Grundrechts** selbst bzw. aus dem **System** oder der **Wertordnung der Grundrechte** – in jedem Fall aber **direkt aus der Verfassung** – ergeben (Freiheit der Kunst gem. Art. 5 Abs. 3 GG).

Grundrechte haben in erster Linie dort immanente Schranken, wo sie mit anderen Verfassungsnormen kollidieren oder mit Grundrechten anderer Grundrechtsträger in Konflikt treten (vgl. BVerwGE 49, 202).

Nach der **Schrankenformel** des BVerfG sind vorbehaltlos gewährleisteten Grundrechten dann (immanente) Schranken gesetzt, wenn sie mit Grundrechten Dritter oder anderen mit Verfassungsrang ausgestatteten Rechtswerten kollidieren (BVerfGE 28, 243; 47, 327; 83, 130).

*Grundrechte*

### Eingriffsrecht und Eingriffsschranken

Die **Grundrechte** sind gem. Art. 1 Abs. 3 GG **unmittelbar geltendes Recht** (s. oben). Die **Staatsgewalt** hat zu **gewährleisten**, dass sie sich optimal **entfalten** können. Die **ungehinderte Ausübung** der Grundrechte ist mithin die **Regel**. **Beeinträchtigungen** sind im Rahmen der verfassungsmäßigen Ordnung zulässig, bilden jedoch die **Ausnahme**. Sie unterliegen **engen rechtsstaatlichen Grenzen**:
**Nicht einschränkbar**, weil „unantastbar", ist allein die **Würde des Menschen** (Art 1 Abs. 1 GG). Eine Beeinträchtigung der Würde kann daher nicht gerechtfertigt sein (s. unten).

**Grundrechtseinschränkungen** müssen auf einem (Parlaments-) **Gesetz** beruhen, das **allgemein** und nicht nur für den Einzelfall gilt. Das Gesetz muss das Grundrecht unter Angabe des Artikels **nennen**. In keinem Falle darf ein Grundrecht in seinem **Wesensgehalt** angetastet werden (Art. 19 GG). Die Exekutive ist nur dann zu einer grundrechtsbeschränkenden Regelung oder Maßnahme befugt, wenn sie dazu durch **Gesetz ermächtigt** wurde (Parlamentsvorbehalt).

Zwischen den Grundrechten des **Einzelnen** und den Belangen der **Allgemeinheit** besteht ein **Spannungszustand** (s. unten). Dieser ist im Wege des **Interessenausgleichs** in einer Weise aufzulösen, die der **besonderen Bedeutung** der Grundrechte gerecht wird. Dies geschieht durch den **Gesetzgeber**, der alle **wesentlichen Fragen** der Ausgestaltung grundrechtlicher Garantien, insbesondere die Eingriffsbefugnisse, **selbst** zu regeln hat und sie nicht der Exekutive (im Verordnungswege) überlassen darf (daher: Wesentlichkeitstheorie).

Wichtigster Unterfall der Grundrechtsbeeinträchtigung ist der **Grundrechtseingriff**.

> Ein **Eingriff** liegt vor, wenn die **öffentliche Gewalt** kraft ihrer „**hoheitlichen**" Funktion die Wahrnehmung eines **grundrechtlich geschützten** Rechts (Schutzgutes) **verwehrt** oder in einer **mehr als nur belanglosen** Weise **erschwert**. Nach neuerem Eingriffsverständnis bedarf es dazu keiner zielgerichteten Handlung der öffentlichen Gewalt; es reicht aus, wenn der Eingriff ihr **zurechenbar** ist (vgl. Döding/Webel, a.a.O., Rdnrn. 370, 372). Ein Grundrechtseingriff bedarf stets der **Rechtfertigung**.

**Keine Eingriffsqualität** hat das „**schlicht-hoheitliche**" Handeln der Polizei, z. B. ihre Öffentlichkeitsarbeit, die Tätigkeit der Beratungsstellen oder auch der bloße Streifendienst. Diesen Tätigkeiten fehlt das Merkmal der „Regelung" gem. § 35 VwVfG. Sie greifen nicht in Rechte ein, folglich gelten auch nicht die strengen Eingriffserfordernisse. Gleiches gilt für Maßnahmen **unterhalb** der **Eingriffsschwelle**, d. h. Regelungen, die lediglich mit unerheblichen bzw. belanglosen Beeinträchtigungen einhergehen.

Bei **gesetzlichen** Regelungen liegt es vielfach in der Natur der Sache, dass sie Grundrechte beeinträchtigen. Ein rechtswidriger Eingriff liegt jedoch dann nicht vor, wenn das Gesetz formal und inhaltlich **verfassungskonform** ist (Beispiele: Schulpflicht, Wehrpflicht, Steuergesetzgebung, Straßenverkehrsregeln, Straf- und Ordnungswidrigkeitenrecht).

Befugnisse der **Exekutive** zur Vornahme von Grundrechtseingriffen sind nur zulässig, wenn sie „nach **Inhalt, Zweck** und **Ausmaß hinreichend bestimmt** und **begrenzt**" sind (Bestimmtheitsgebot; BVerfGE 110,33). Hiergegen verstieß z. B. das Gesetz zur Bekämpfung der organisierten Kriminalität vom 15.07.1992, weil es keine Obergrenzenregelung hinsichtlich möglicher Rechtsfolgen enthielt (BVerfGE 105, 135).

Die **Schranken** der Eingriffsbefugnisse ergeben sich zumeist **unmittelbar** aus dem **Grundrechtskatalog** (Einzelheiten s. unten). Auch diesen Einschränkungen sind wiederum Schranken gesetzt, die sog. **Schranken-Schranken**. Solche **allgemeinen Rechtmäßigkeitsvoraussetzungen** dienen der **Sicherung** der **Grundrechte** und dem **Willküraussschluss**:

## Grundrechte

- Der **Gesetzmäßigkeitsgrundsatz** gem. Art. 20 Abs. 3 GG. Darin eingeschlossen sind **Vorrang** und **Vorbehalt des Gesetzes** (s. Kap. III). Rechtseingriffe bedürfen danach einer Ermächtigung „durch Gesetz" oder „aufgrund eines Gesetzes", d. h. einer förmlichen, vom Parlament ergangenen gesetzlichen Regelung. Verordnungen reichen insoweit nicht aus (s. unten);
- der Grundsatz der **grundrechtssichernden Verfahrensgestaltung**. Hierzu gehört, dass die Rechte des Betroffenen durch **effektiven Rechtsschutz** zu gewährleisten sind (s. Kap. III), aber auch der Grundsatz, dass es für **Rechtseingriffe** der **vollziehenden Gewalt** der **Zuständigkeit** und einer **Ermächtigungsgrundlage** bedarf und dass Eingriffe niemals auf eine bloße Aufgabenzuweisung gestützt werden dürfen. Das Recht auf ein **faires Verfahren** (Art. 2 Abs. 1 GG i.V. mit dem Rechtsstaatsprinzip) ist auch dann verletzt, wenn die Polizei einen **ausländischen Beschuldigten** nach der Festnahme nicht darüber aufklärt, dass er ein Recht auf **konsularischen** Beistand hat (BVerfG, Entsch. v. 19.9.2006);
- der Grundsatz der **Verhältnismäßigkeit**, (s. Kap. III). Dieser mit Verfassungsrang ausgestattete Grundsatz besagt, dass **jede Grundrechtsbegrenzung** in einem **ausgewogenen** Verhältnis zum **Gewicht** und zur **Bedeutung** des betroffenen **Grundrechts** stehen muss. Zum Wesenskern dieses Grundsatzes gehört auch, dass Rechtseingriffe nur zulässig sind, wenn sie den Geboten der **Erforderlichkeit** und **Geeignetheit** sowie dem **Übermaßverbot** entsprechen;
- der Grundsatz der **Güterabwägung**; d. h. Rechtseingriffe sind nur in schonender, die Wertordnung der Verfassung berücksichtigender und auf Interessenausgleich bedachter Weise zulässig. Im Falle der Grundrechtskollision ist überdies darauf Bedacht zu nehmen, dass sich die verschiedenen Positionen möglichst optimal entfalten können (**praktische Konkordanz**, s. unten).

Die **Eingriffsbefugnisse** der **Polizei** sind im **Straf-, Strafprozess-** und **Ordnungswidrigkeitenrecht** einerseits und im **Gefahrenabwehrrecht** andererseits normiert (sog. duale Aufgabenstellung der Polizei). Polizeiliches **Handeln** aber stellt sich zumeist als **komplexe Situationsbewältigung** dar, d. h., die Polizei wird in der jeweiligen Lage nicht allein repressiv oder präventiv tätig. Der Regelfall sind sog. **Gemengelagen**, die sowohl **gefahrenabwehrende** wie auch **strafverfolgende** Aspekte enthalten und mit den **gleichen faktischen Maßnahmen** und **Mitteln** bewältigt werden – unabhängig davon, ob sie sich im täglichen Dienst oder etwa bei Veranstaltungen und Versammlungen stellen (s. Kap. VIII).

Dieser Überschneidungen der Rechtsquellen wegen hat sich die früher übliche, am juristischen Fächerkanon orientierte Betrachtungsweise (hier Strafrecht/Strafprozessrecht, dort Verwaltungs- und Polizeirecht) als wenig praxisgerecht erwiesen. Daher wird inzwischen der **ganzheitlichen rechtlichen Beurteilung** der Einsatzlage und der jeweils notwendigen Maßnahmen der Vorzug gegeben. Diese am konkreten Lebenssachverhalt orientierte **komplexe Bewertung** fasst man, fußend auf dem Verfassungsrecht, unter dem Begriff **Eingriffsrecht** zusammen. Er umschließt die **Rechtsgrundlagen** und **Legitimationsvoraussetzungen**, unter denen **Eingriffe** in den **Schutzbereich** des jeweiligen Grundrechts zulässig sind (vgl. Tetsch I, a. a. O., S. 25).

> **Eingriffsrecht** ist **Maßnahmenrecht** gefahrenabwehrender und strafverfolgender Natur. Es verknüpft beide Rechtsquellen im Sinne eines **ganzheitlichen** Lösungsansatzes. Das befreit nicht von der Pflicht, jede einzelne **Maßnahme** innerhalb des Gesamtgeschehens aus einer **konkreten Befugnisnorm** herzuleiten.

## Grundrechte und Eingriffsrecht
beispielhafte Aufzählung

| Eingriff | Grundrecht | Befugnisnorm |
| --- | --- | --- |
| Identitätsfeststellung | Persönlichkeitsrecht | § 163b StPO, Pol.-Ges. |
| Vorladung, Vorführung Erkennungsdienstliche Maßnahmen | Freiheit der Person Recht auf informatielle Selbstbestimmung | Polizeigesetze § 81b StPO, Polizeigesetze |
| Vernehmung | Persönlichkeitsrecht | § 163a StPO |
| Körperliche Untersuchung, DNA-Analyse | Freiheit der Person, körperliche Unversehrtheit | § 81a–81f StPO, Polizeigesetze |
| Sicherstellung und Beschlagnahme von Sachen, Durchsuchung von Personen und Sachen | Allgemeines Persönlichkeitsrecht Freiheit des Eigentums | §§ 94 ff., 102, 103 StPO Polizeigesetze |
| Wohnungsdurchsuchung | Unverletzlichkeit der Wohnung | § 102, 103 StPO, Polizeigesetze |
| Platz- und Wohnungsverweisung, Aufenthaltsverbot | Freiheit der Person, Unverletzlichkeit der Wohnung | Polizeigesetze |
| Ingewahrsamnahme und vorläufige Festnahme | Freiheit der Person | Polizeigesetze, § 127 StPO |
| Rasterfahndung | Recht auf informationelle Selbstbestimmung | §§ 98a StPO |
| Datenerhebung, Abgleich, Speicherung und Übermittlung | Recht auf informationelle Selbstbestimmung | § 98c StPO Polizeigesetze |
| Akustische Wohnraumüberwachung, Einsatz technischer Mittel zwecks Observation | Allgemeines Persönlichkeitsrecht, Unverletzlichkeit der Wohnung, Recht am eigenen Bild | §§ 100c–101 StPO Polizeigesetze |
| Einsatz verdeckter Ermittler | Allgemeines Persönlichkeitsrecht | § 163e StPO Polizeigesetze |
| Telefonüberwachung | Fernmeldegeheimnis | § 100a StPO |
| Online-Durchsuchung | sog. Computer-Grundrecht | Polizeigesetze, BKA-Gesetz |
| Polizeiliche Beobachtung | Persönlichkeitsrecht | § 163e StPO, Pol.-Ges. |
| Nicht spezialgesetzlich geregelte Eingriffe | Gesamter Grundrechtskatalog, ausgen. Art. 1 GG | Generalklausel der Polizeigesetze |

## Die Würde des Menschen (Art. 1 GG)

Art. 1 Abs. 1 GG garantiert die **Unantastbarkeit** der Menschenwürde. Sie ist oberster Verfassungsgrundsatz sowie höchster „**Zweck allen Rechts**" und beherrscht alle Bestimmungen des Grundgesetzes als „**tragendes Konstruktionsprinzip**" (BVerfGE 6, 32; 12, 45): „Im Mittelpunkt der grundgesetzlichen Ordnung stehen **Wert** und **Würde** der **Person**, die in **freier Selbstbestimmung** als Glied einer **freien Gesellschaft** wirkt" (BVerfGE, 66,116).

Der Verfassunggeber hat weder im Art. 1 GG noch an anderer Stelle erläutert, worin die Menschenwürde eigentlich besteht und was sie bedeutet. Es blieb mithin der **Rechtsprechung** überlassen, im Einzelfall Inhalt und Grenzen des Würdebegriffes zu konkretisieren.

Zur **positiven** Bestimmung der Würde des Menschen haben sich in der Literatur und der Entscheidungspraxis der Obergerichte zwei Argumentationslinien herauskristallisiert:

▶ Einerseits ist Würde das, was dem Menschen – je nach Auffassung – von Gott oder von der Natur gleichsam **mitgegeben** wurde. Sie besteht allein schon in der **Tatsache** des **Mensch-Seins** und schützt den Einzelnen ohne Rücksicht auf seine (erworbenen) Eigenschaften, seine Leistungen und seinen sozialen Status (BVerfG, NJW 93, 121). Menschenwürde besitzt auch derjenige, dem es an der **Fähigkeit** oder der **Bereitschaft** mangelt, sein Handeln selbst zu bestimmen. Auch das **ungeborene Leben** ist mithin bereits Grundrechtsträger (BVerfGE 39, 1).

▶ Zum anderen definiert sich die Würde aus der **Befähigung** des Menschen, sich im **Denken** und **Handeln** nach **sittlichen** Maßstäben zu entscheiden. Das, was ihn von allen anderen Lebewesen unterscheidet, ist seine Fähigkeit, sich „als **geistig-seelisches Wesen** in Freiheit und Selbstbewusstsein **selbst** zu **bestimmen** und in der Umwelt auszuwirken" (vgl. BVerfGE 27, 6). Aus ihr resultieren **Eigenwert** und **Eigenständigkeit** des Menschen. Ob er von dieser Befähigung auch tatsächlich Gebrauch macht oder überhaupt machen kann, ist unerheblich.

Beide Begründungslinien ergänzen sich und markieren im Zusammenspiel den gem. Art. 1 Abs. 1 und Art. 79 Abs. 3 GG **unantastbaren Kern**. Ihre Konturierung aber erfährt die Würde weniger durch positive Umschreibungen, als vielmehr aus der **negativen** Bestimmung dessen, was sich als **unerlaubter Eingriff** in die Würde darstellt und folglich dem Staat verwehrt ist (s. Pieroth / Schlinck, a. a. O., S. 91 f.). Denn die Würde ist immer tangiert, wenn der Mensch zum **Objekt**, zum **Mittel** gemacht wird (sog. Objektformel des BVerfG).

Aus dem Mensch-Sein an sich und der allen Menschen gleichermaßen eigenen Fähigkeit zur Selbstbestimmung folgt die Anerkennung von **Grundrechten**, die dem Menschen gleichsam **angeboren** sind. Grundrechte werden daher auch nicht „gewährt", sondern gewährleistet. Unmittelbar aus der Menschenwürde ergeben sich somit **Haupt-Grundrechte** die **Freiheit des Handelns und Denkens** (zentrales Freiheitsrecht, Art. 2 Abs. 1 GG) sowie die **Gleichheit des Personenwertes** (zentrales Gleichheitsrecht, Art. 3 Abs. 1 GG).

Das Bekenntnis zur Unverletzlichkeit der Würde des Menschen ist **oberste Wertentscheidung** der Verfassung und **Richtschnur** allen staatlichen Tuns. Art. 1 Abs. 1 GG hat nach h. M. zugleich auch **Grundrechtscharakter**. Die Vorschrift schützt den Menschen in seiner **Subjekt-Eigenschaft**, seiner **Persönlichkeitssphäre** und seiner **personalen Existenz**.

Der „**soziale Wert- und Achtungsanspruch**, der dem Menschen eben dieses Menschseins wegen zukommt", verbietet es, ihn als „**Instrument** zu benutzen" oder „einer Behandlung auszusetzen, die seine Subjekt-Qualität prinzipiell in Frage stellt" (BVerfGE 45, 187; 50, 166; 87, 209). Auch über den Tod des Grundrechtsträgers hinaus wirkt die Würde in Gestalt des „**postmortalen Persönlichkeitsrechts**" fort (s. unten).

Art. 1 Abs. 1 GG verbietet ferner **unmenschliche** oder **erniedrigende** Behandlungen und das **Verächtlichmachen** von Personen oder Gruppen. Auch eine **lebenslange** Freiheitsstrafe, die ungeachtet der Persönlichkeitsentwicklung und ohne die Hoffnung, die Freiheit jemals wiederzuerlangen, bis zum Ende aufrechterhalten wird, kann die Würde verletzen (BVerfGE 72, 113). Die lebenslange **Sicherungsverwahrung** eines gefährlichen Straftäters nach Ablauf der Freiheitsstrafe ist verfassungskonform, jedoch auf begründete Ausnahmen beschränkt und laufend zu überprüfen (BVerfGE 109, 190). Nach Auffassung des EuGH verstößt die rückwirkende Verwahrung gegen die MRK. Das BVerfG folgt dem nicht, weil sie keine Strafe ist.

**Schutzbereich** des Art. 1 Abs 1 GG ist der **„soziale Wert- und Achtungsanspruch, der dem Menschen allein wegen seines Menschseins zukommt"**. Jeder Mensch als **„gleichberechtigtes Glied** mit **Eigenwert"** besitzt Würde, unabhängig von **Eigenschaften, Leistungen** und **sozialem Status** (BVerfGE 45, 187; 87 279).

Zum Kern des Begriffes der Würde gehört neben der Achtung der **rechtlichen Gleichheit** des Menschen die Wahrung seiner geistig-seelischen **Identität** und **Integrität**. Von besonderer Bedeutung ist hierbei das aus Art. 1 Abs. 1 i. V. mit Art. 2 Abs. 1 GG hergeleitete **allgemeine Persönlichkeitsrecht** (s. unten). Es sichert die engere persönliche Lebenssphäre und ihre Grundbedingungen (BVerfGE 72, 170). Der Schutz gilt sowohl dem vor fremder Zudringlichkeit und Ausspähung geschützten **Kernbereich privater Lebensführung**, wie auch dem **Recht auf Selbstbestimmung** über persönliche Angelegenheiten, einschließlich des jedem Menschen zustehenden **Gestaltungsbereichs in eigener Sache**. Welche staatliche Maßnahme dem Kernbereich zuzuordnen ist, kann nicht allgemein festgelegt werden, sondern ist in jedem **Einzelfall** gesondert zu beurteilen und hängt in erster Linie davon ab, ob der Eingriff nach seinem Inhalt die Sphäre **höchstpersönlichen Charakters** betrifft (BVerfG NJW 2004, 999). Elementarer Bestandteil der staatlichen Schutzpflicht ist schließlich, dass jedem eine **menschenwürdige Lebensführung** ermöglicht wird. Dieser **„verfassungsrechtliche Leistungsanspruch"**, so das BVerfG mit Urteil vom 9.2.2010, gewährleistet sowohl die **physische Existenz** des Menschen als auch ein **Mindestmaß an Teilhabe** am **gesellschaftlichen, kulturellen** und **politischen** Leben".

Art. 1 Abs. 1 GG ist mithin mehr als die bloße Deklaration eines Staatsgrundsatzes und erzeugt unmittelbare Grundrechtswirkung. Vom Embryonenschutz bis zum Recht auf würdiges Sterben und dem Ehrenschutz nach dem Tode betrifft die Menschenwürde konkrete Rechtssubjekte. Sie bildet den Hintergrund des Schutzes der Persönlichkeit im Strafprozess (etwa bei der Gewährleistung des rechtlichen Gehörs und der Verteidigung), bei Schmähkritik im Presserecht, Auswüchsen des Reality-Fernsehens und gegen Gehirnwäsche durch Religionsgemeinschaften, ja sogar in Grenzfällen guten Geschmacks, etwa im Zusammenhang mit Telefonsex und Peepshows, wurden Entscheidungen auf Art. 1 Abs. 1 GG gestützt (vgl. BVerfG, NJW 96, 1423). Dabei muss allerdings differenziert werden:

| Unantastbarkeit der Menschenwürde |
|---|

Die **Menschenwürde** in ihrer **unmittelbaren** Grundrechtsgarantie aus Art. 1 GG ist schlechthin **unantastbar** und im Konfliktfalle auch **nicht** mit anderen Grundrechten **abwägungsfähig**. Soweit nicht die Würde als solche, sondern aus ihr hergeleitete andere grundrechtliche Verbürgungen in Rede stehen, sind diese nach übereinstimmender Rechtsprechung des BVerfG und des BGH einschränkbar, sofern der Eingriff erforderlich ist, um vorrangige Interessen zu wahren und der unantastbare Bereich der Würde nicht verletzt wird (vgl. BVerfGE 80, 373). Das gilt insbesondere für das **allgemeine Persönlichkeitsrecht**. Es ist auf das Verfassungsziel ausgerichtet, die Würde des Menschen zu verwirklichen, unterliegt zugleich aber auch anderen Verfassungsgrundsätzen, insbesondere der Verhältnismäßigkeit, der Erforderlichkeit und dem Übermaßverbot und ist insoweit einschränkbar.

Offen ist, ob dies z. B. auch für das im Interesse der **Flugsicherheit** geforderte, in den Niederlanden bereits eingesetzte **Körperscanning** gelten kann. Die verdachtslose optische

Kontrolle des nackten menschlichen Körpers stellt zweifellos einen Eingriff in die absolut geschützte Intimsphäre dar und verstößt gegen die Würde (s. unten). Eine schemenhafte Abbildung könnte jedoch geeignet sein, das Kontrollbild zu „entpersönlichen" und somit lediglich einen (durch die besonderen Sicherheitsgründe gerechtfertigten) Eingriff in das allgemeine Persönlichkeitsrecht, nicht aber in die Menschenwürde darstellen.

In Fragen des **Folterverbots** trug ein Frankfurter Entführungsfall wesentlich zur Klärung bei: Einem dringend Tatverdächtigen waren körperliche **Schmerzen angedroht** worden, weil die Vernehmungsbeamten hofften, dadurch das entführte Kind noch lebend aufzufinden. In der anschließenden Debatte wurde vielfach rechtfertigender Notstand angenommen, weil die Folterdrohung abzuwägen gewesen sei mit der erhofften Rettung eines Menschenlebens. Diese Argumentation mag **ethisch** nachvollziehbar sein, **rechtlich** leidet sie jedoch daran, dass Foltern, ob realisiert oder nur angedroht, einen Eingriff in die Würde darstellt. Diese aber ist nicht einschränkbar und kann daher auch nicht, anders als z. B. das Recht auf Leben, mit anderen Rechtsgütern abgewogen werden. Der für die Androhung verantwortliche Beamte ist folgerichtig zu einer Geldstrafe (auf Bewährung) verurteilt worden. Eine auf Verstoß gegen die Pflicht zum fairen Verfahren gerichtete Klage des Entführers vor dem EGMR blieb, wie zuvor vor dem BVerfG, erfolglos. Zugleich wurde bestätigt: **Jede Relativierung** des absoluten **Folterverbots** ist **menschenrechtswidrig**. Es gibt keine rechtmäßige Folter, welcher Art sie auch sei und welchem Zweck sie auch diente. Das LG Frankfurt sprach im Jahre 2012 dem Entführer folglich auch einen Schmerzensgeldanspruch wegen Verletzung seiner Menschenwürde durch die Folterandrohung zu (strittig).

(Pol) **Besondere Bedeutung für die Polizei**

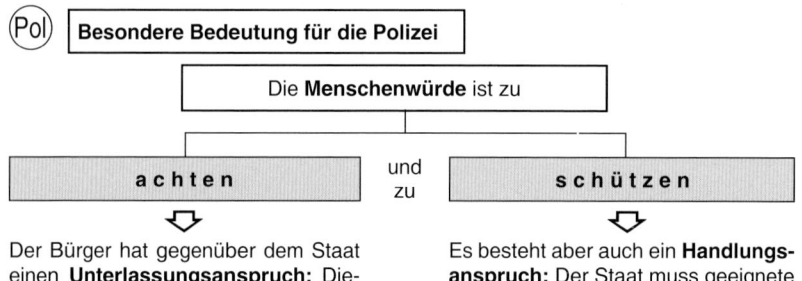

Der Bürger hat gegenüber dem Staat einen **Unterlassungsanspruch:** Dieser muss alles unterlassen, was die Menschenwürde verletzt.

Es besteht aber auch ein **Handlungsanspruch:** Der Staat muss geeignete Vorkehrungen treffen und Angriffe auf die Würde abwehren.

**Gesetzliche** Schutzvorschriften finden sich in der gesamten Rechtsordnung; z. B. Volksverhetzung (§ 130 StGB), Gewaltdarstellung (§ 131 StGB), Verletzung des persönlichen Lebens- und Geheimbereichs (§§ 201 ff. StGB), verbotene Vernehmungsmittel (§ 136a StPO), entwürdigende Erziehungsformen (§ 1631 BGB).

Die Würde des Menschen ist immer verletzt,

- ▶ wenn der Mensch zum bloßen Objekt degradiert wird;
- ▶ wenn ihm die freie Willensentscheidung genommen wird;
- ▶ wenn sein Ehrgefühl oder sein Schamgefühl verletzt wird.

⇨ Menschenhandel, Zwangsprostitution, Zwangsheirat, Zwangssterilisation;

⇨ Verbot der Folter und anderer Mittel der Aussageerpressung;

⇨ Beleidigung, Diskriminierung, Verletzung der Intimsphäre.

*Grundrechte*

# Freie Entfaltung der Persönlichkeit (Art. 2 Abs. 1 GG)

Art 2 Abs. 1 GG verdeutlicht, was **materiell** unter der Würde des Menschen zu verstehen ist. Das Grundrecht trägt wesentlich mit dazu bei, das **Menschenbild** des Grundgesetzes zu prägen. Ihm kommt daher im **Wertsystem** der Grundrechte ein **besonderer Rang** zu.

Nach dem Grundsatz **„So viel Freiheit wie möglich, soviel Staat wie nötig"** gewährleistet Art. 2 Abs. 1GG GG **jedem** das **Recht**, sein Leben in einer **staatsfreien Sphäre** grundsätzlich so zu **gestalten**, wie er es für richtig hält. Das Grundrecht umfasst

▶ die **Freiheit des Denkens und Handelns** (allgemeine Handlungsfreiheit, Recht auf Selbstverwirklichung) als eine Art Auffanggrundrecht und

▶ das **allgemeine Persönlichkeitsrecht** als spezielles, nicht ausdrücklich benanntes **Grundrecht** der **persönlichen Lebenssphäre** (Recht auf Privatheit).

## Die allgemeine Handlungsfreiheit

**Schutzbereich** der **allgemeinen Handlungsfreiheit** ist das menschliche Verhalten in einem **umfassenden** Sinne (daher auch: allgemeines oder Haupt-Freiheitsrecht). Geschützt sind sowohl die **geistig-sittliche Entfaltungsfreiheit** des Menschen, wie auch seine **Freiheit zu eigenbestimmtem Handeln**, soweit dadurch nicht Rechte anderer verletzt werden. Darin eingeschlossen sind die Freiheit der **wirtschaftlichen Betätigung** (sofern sie sich nicht durch die Spezialvorschriften gem. Art. 9, 12 oder 14 GG erfassen lässt) einschließlich der **Wettbewerbsfreiheit**, die **unternehmerische Handlungsfreiheit** (BVerfGE 196, 210) einschließlich des Rechts auf **entgeltliche** Verwertung der **eigenen Arbeitskraft** sowie die **Privatautonomie** als Selbstbestimmung des Einzelnen im Rechtsleben (BVerfGE 115,51) und die **Vertragsfreiheit**, d. h. die eigenverantwortliche Regelung des Verhältnisses zu anderen durch vertragliche Bindung (BVerfGE 103,197); ferner ungestörte **Teilhabe am Gemeingebrauch**, die **Fortbewegungsfreiheit** und die **Ausreisefreiheit**. Zwangsmitgliedschaften, **Pflichtversicherungen** sowie **Anschluss- und Benutzerzwänge** greifen in das Grundrecht gem. Art. 2 Abs. 1 GG ein und bedürfen daher besonderer Rechtfertigung.

Dieser umfassenden Bedeutung wegen wirkt Art. 2 Abs. 1 GG als eine Art **Generalklausel**, zu der alle anderen Freiheitsrechte – etwa die Freiheit der Person, die Glaubens- und Gewissensfreiheit, die Freizügigkeit und die Berufsfreiheit – **Spezialbestimmungen** darstellen. Sie regeln **im Einzelnen** den Umfang und die Grenzen der freien Entfaltung der Persönlichkeit.

Gleichwohl beinhaltet Art. 2 Abs. 1 GG nach herrschender Meinung ein **selbstständiges Grundrecht**. Denn die Freiheit als Inbegriff der Würde des Menschen ist durch eine katalogartige Aufzählung nicht abschließend erfassbar. Die im Anschluss an Art. 2 Abs. 1 im Grundgesetz aufgeführten speziellen Freiheiten können und sollen daher auch nicht das Recht der freien Entfaltung in all seinen praktischen Auswirkungen umfassen. Art. 2 Abs. 1 GG hat mithin die Funktion einer **Auffangnorm** („Muttergrundrecht"), die den **lückenlosen** Schutz der Freiheit gewährleisten soll und immer dann heranzuziehen ist, wenn auf ein **spezielles** Grundrecht nicht zurückgegriffen werden kann, andererseits aber zurücktritt, sofern ein **spezielles Grundrecht** vorliegt (Grundsatz der **Subsidiarität**; BVerfGE 4, 52).

Im Falle **besonderer Freiheitsrechte** wie Glaubensfreiheit, Berufsfreiheit, Pressefreiheit, Versammlungsfreiheit und Eigentumsfreiheit etc., müssen sich **Eingriffe** an den jeweiligen **speziellen Grundrechtsverbürgungen** messen lassen. Erst wenn dieser besondere Schutz nicht gegeben ist, kommt Art. 2 Abs. 1 GG als Prüfungsmaßstab in Betracht (Beispiele: Führen eines Kraftrades ohne Helm, Nichtanlegen des Sicherheitsgurtes, Rauchen in öffentlichen Räumen).

*Grundrechte*

## Das allgemeine Persönlichkeitsrecht

Das **allgemeine Persönlichkeitsrecht** als Teilbereich des zentralen **Grundrechts** auf **freie Entfaltung** gem. Art. 2 Abs. 1 GG erfährt einen **besonderen Schutz** und hat sich durch die **Rechtsprechung** des BVerfG und des BGH in enger **Verknüpfung** mit der **Würde** des Menschen gem. Art. 1 Abs. 1 GG und deren **Konkretisierung** „ zu einem eigenen Grundrecht verselbstständigt" (s. Jarras/Pieroth, a.a.O., Rdnr. 38 zu Art. 2 GG).

Geschützt werden die **„engere persönliche Lebenssphäre** und die Erhaltung ihrer **Grundbedingungen"** (BVerfGE 96, 56), womit sich dieses eher **„passive"** Grundrecht zugleich abhebt vom **„aktiven"** Element der allgemeinen Handlungsfreiheit (s. BVerGE 54, 148).

Als **Schutzgüter** dieses Grundrechts sind insbesondere der **autonome** Bereich der **Privatheit** und der **privaten Lebensgestaltung** einschließlich der **Intimsphäre**, das Verfügungsrecht über die **Darstellung der eigenen Person**, die **soziale Anerkennung** des Menschen sowie sein **Ruf** und seine **persönliche Ehre** anerkannt (s. BVerfGE 114, 339). Geschützt ist die **Privatsphäre** auch in **räumlicher** Hinsicht, d. h. die **Wohnung** sowie „alle Örtlichkeiten, die von der breiten Öffentlichkeit deutlich geschieden sind" (BVerfGE 101, 361). Das Persönlichkeitsrecht hat mithin eine innere, geistig-seelische, und eine **äußere**, auf das private Umfeld bezogene Komponente. Auch die **Unschuldsvermutung** im Strafverfahren, ein Eckpfeiler des Rechtsstaates, genießt diesen Schutz. Das Persönlichkeitsrecht schützt somit die **Achtung** und **Entfaltung** des Menschen in jenem privaten Lebensbereich, den der Einzelne „für sich behalten" und vor der Preisgabe an andere bewahrt wissen möchte. Es bezieht sich inhaltlich vor allem auf die Wahrung eines jedem Menschen „eigenen" – selbstbestimmten – Daseinskerns sowie den Schutz vor Indiskretion.

Eine besondere Ausprägung erfährt Art. 2 Abs. 1 GG durch das **Recht auf informationelle Selbstbestimmung**, das im Zuge fortschreitender **moderner Datenverarbeitung** ergänzt wurde durch den Schutz der **Vertraulichkeit informationstechnischer Systeme**, das sog- Computergrundrecht (BVerfGE 120, 274; s. unten).

## Fortentwicklung des Persönlichkeitsschutzes

**Freiheit** und **Sicherheit** stehen in einem unauflöslichen **Spannungsverhältnis**. Die Debatte um die **Anti-Terror-Gesetzgebung** bietet hierzu immer wieder Beispiele besonderer Art. Die eine Seite fordert **wirksame Befugnisse**, die andere warnt vor dem **totalen Überwachungsstaat**. Aus Fachkreisen wird zudem eingewandt, es komme weniger auf neue Gesetze, als vielmehr darauf an, das bestehende Instrumentarium auszuschöpfen und der Polizei die zur Erfüllung ihrer Aufgaben notwendige Personal- und Sachausstattung zu geben (s. unten).

In diesem Widerstreit hat sich das BVerfG in jüngerer Zeit mehrfach veranlasst gesehen, staatliche Eingriffsrechte einzugrenzen oder bereits getroffene Regelungen im Interesse der Bürgerfreiheiten zu kassieren: beim **Lauschangriff** (s. oben), beim **Luftsicherheitsgesetz** sowie der **Online-Durchsuchung** und dem **Kennzeichen-Scanning**. Entsprechend stehen auch die dem **BKA** übertragenen **Präventivbefugnisse** zur **Terrorbekämpfung** auf dem Prüfstand. Weit reichende Konsequenzen hatte das Urteil des BVerfG vom 2.3.2010 zur **Vorratsdatenspeicherung**. Danach dürfen **Telefon-** und **Internetdaten** vorerst nicht mehr **ohne konkreten Verdacht** gespeichert werden. Das entsprechende **Gesetz** vom 21.12.2007 (BGBl I S. 3198) hatte in Umsetzung einer EU-Richtlinie die Materie (§§ 113a, 113b, TKG; 100g StPO) in einer Weise geregelt, die nach Überzeugung des Gerichts den Anforderungen an **Datensicherheit, Normklarheit, Transparenz** und **Verhältnismäßigkeit** nicht entsprach und somit gegen das **Telekommunikationsgeheimnis** (Art. 10 Abs. 1 GG) verstieß. Es handele sich hierbei, so das Gericht, um einen **„besonders schweren Eingriff"** mit „einer **Streubreite**, wie sie die Rechtsordnung bisher nicht kennt". Die gespeicherten Daten waren daher **„unverzüglich zu löschen"** (s. unten).

*Grundrechte*

### Zum Schutzbereich des Art. 2 Abs.1 GG im Einzelnen

Der **Schutzbereich** des Persönlichkeitsrechts wird allgemein in Form konzentrisch angeordneter Sphären gesehen (daher Sphärentheorie, vgl. BVerfGE 27, 344), bei denen im Einzelfall je nach **Schutzbedürftigkeit** und **Einschränkbarkeit** zu differenzieren ist zwischen

▶ dem innersten Bereich, der sog. **Intimsphäre.** Sie stellt den absolut unantastbaren Kern menschlicher Freiheit dar, der jedem Eingriff durch die öffentliche Gewalt entzogen ist. Selbst im überwiegenden Interesse der Allgemeinheit ist hier ein Zugriff nicht zulässig, eine Verhältnismäßigkeitsabwägung findet nicht statt (s. oben);

▶ dem weiter gefassten Kreis der **Privatsphäre.** Hier sind staatliche Zugriffe zulässig, jedoch an **enge Voraussetzungen** geknüpft (überwiegendes Allgemeininteresse, strenge Verhältnismäßigkeitsprüfung). Der Grundrechtsschutz ist umso **ausgeprägter,** je **schwerer** der Eingriff wiegt und je **näher** er der **Intimsphäre** ist; sowie

▶ der relativ offenen (weil stets auch gemeinschaftsbezogen) **Individualsphäre.**

In seinem richtungweisenden **Volkszählungsurteil** (s. unten) hat das BVerfG für den Bereich des **Informationsschutzes** eine derartige Abstufung allerdings nicht vorgenommen. Vielmehr sieht es **jedes** persönliche **Datum** als schutzwürdig an. Durch diese wie durch zahlreiche weitere Entscheidungen ist das inzwischen stark ausdifferenzierte allgemeine Persönlichkeitsrecht zu einer zentralen Bedeutung im Grundrechtssystem gelangt. Beispiele:

▶ Schutz des **„Innenbereichs"** des Menschen und dessen **ureigenster privater Lebenssphäre,** zu der kein Unberechtigter Zutritt hat und der, z. B. in Ehe und Familie, nur ihm selbst zusteht (persönliche Korrespondenz, Notizen und Dateien – BGHZ 13, 334 –, private Krankenakten und andere Befunde bzw. Zeugnisse über Gesundheit, seelische Verfassung, Charakter und Leistung des Betroffenen). Auch die eigene Entscheidung zum Geschlechtlichen und der entsprechende Personenstand gehören hierzu (BVerfGE 47, 46; 79, 256; 80, 367), desgleichen der Schutz vor unberechtigter Erfassung persönlicher Daten durch staatliche Stellen sowie das Recht, im Verfahren **nicht** zur **Selbstbezichtigung** gezwungen zu werden (BVerfGE 38, 105);

▶ Schutz der **Vertraulichkeit** des nicht öffentlich gesprochenen **Wortes,** z. B. auch vor Bespitzelungen (s. NJW 1970, S. 1848; 1972, S. 971) sowie vor dem Abhören eines Dienstgesprächs durch den Arbeitgeber (BVerfG, NJW 92, 815).

▶ Schutz der **persönlichen Ehre,** u.a. gegen **herabsetzende** öffentliche **Äußerungen** durch Zeichnung eines negativen, verfälschenden Bildes, auch im **Internet** (BVerfGE 54, 208; ergänzend: BGH, 27.3.07). Hierzu zählen auch **Bloßstellungen,** etwa die unbegründete Veröffentlichung, dass eine Untersuchungshaft vorlag (BVerfGE, 34, 369).

▶ Verbot, Menschen zum bloßen **Schau- und Unterhaltungsobjekt** im Rahmen der **Verbrechensbekämpfung** zu machen (BVerfGE 64, 261). Gleiches gilt für unmenschliche und grausame Strafen sowie die Zurschaustellung oder **Demütigung** von **Gefangenen.** „**Strafgefangene** haben Anspruch auf eine der Würde entsprechende **Unterbringung**" und auf **Resozialisierung** (BVerfGE 45, 187). Die **lebenslange Freiheitsstrafe** für Mord ist nicht verfassungswidrig, in besonderen Fällen kann sie jedoch die Würde verletzen (BVerfGE 72, 113; NJW 77, 1525). Auch eine lebenslange **Sicherungsverwahrung** für äußerst rückfallgefährdete Täter ist zulässig (s. oben). Ergänzende Unterbringungsgesetze Bayerns und Sachsen-Anhalts zur sog. **nachträglichen** Sicherungsverwahrung aus Präventionsgründen sind dem Strafrecht zuzuordnen und deshalb mangels Zuständigkeit nicht mit dem Grundgesetz vereinbar (BVerfG, 10. 2. 2004 – 2 BvR 834/02).

▶ **Recht am eigenen Bild,** einschl. des Verfügungsrechts über **öffentliche Darstellungen** der **eigenen Person,** soweit es sich nicht um **Personen der Zeitgeschichte** handelt (BVerfGE 34, 238; 87, 334). Hierzu zählen auch der Schutz gegen das **Unterschieben** nicht getaner Äußerungen, der Schutz des **mutmaßlichen Täters** vor Veröffentlichung von Fahndungsfotos (s. dazu § 131b StPO) sowie das Recht auf **Gegendarstellung** (BVerfGE 54, 208; 63, 131). Der Persönlichkeitsschutz hat Vorrang vor der Rundfunkfreiheit. Nach dem Saarl. Rundfunkgesetz sind der Presse sogar Erwiderungen auf Gegendarstellungen untersagt.

▶ Recht auf **Kenntnis der eigenen Abstammung:** Außereheliche Kinder haben nach Erreichen der Volljährigkeit bei Einverständnis der Mutter das Recht, ihren biologischen Vater feststellen zu lassen (BVerfGE 79, 256). Noch nicht entschieden ist, ob durch künstliche Befruchtung gezeugte Kinder ebenfalls Anspruch auf Feststellung ihres ihnen unbekannten leiblichen Vaters haben. Keinen Verstoß gegen die Menschenrechtskonvention sieht der EuGH (Entsch. v. 13.2.03) darin, dass es nach französischem Recht einem Kind verwehrt ist, die Identität seiner Mutter feststellen zu lassen, wenn diese den Kontakt zu ihm abgebrochen hat, um es adoptieren zu lassen (sog. anonyme Geburt).

▶ Die Verwendung des Begriffs „potenzielle Mörder" (durch Soldaten) und die inhaltliche Billigung der Aussage „**alle Soldaten** sind **potenzielle Mörder**" spricht **für** den Tatbestand eines **Dienstvergehens** (BVerfG, NJW 92, 2073; 92, 2750). Ein Aufkleber mit dem Tucholsky-Zitat „**Soldaten sind Mörder**" kann jedoch zulässige Meinungsäußerung sein und ist nicht in jedem Fall geeignet, die Bundeswehr zu verunglimpfen, so das BVerfG in einem heftig umstrittenen Beschluss vom 25.8.94 (NJW 94, 2943), den das Gericht durch eine zweite Entscheidung vom 10.10.1995 (NJW 95, 3303) ausdrücklich bestätigte. Danach ist eine Verurteilung wegen Beleidigung ausgeschlossen, wenn diese Äußerung als „**generelle** Kritik an Soldatentum und Kriegshandwerk" zu verstehen ist. Das strittige Zitat sei erst dann „Schmähkritik", wenn nicht mehr die Sachauseinandersetzung, sondern die Diffamierung einer Person im Vordergrund stehe.

▶ Persönlichkeitsrechte können auch durch **Werbematerial,** das ausdrücklich als unerwünscht erklärt wurde, verletzt werden (BVerfG, NJW 91, 910). Gleiches gilt, wenn Parteien per Telefon auf Stimmenfang gehen (OLG Stuttgart, 5W 13/86): Dem Schutz vor „unerbetenen Anrufen" gebührt der Vorrang vor den **Wahlkampfinteressen** der Parteien.

▶ Schutz vor **biologischer Manipulation** des Menschen. Unstreitig verstößt daher die im Rahmen der Gentechnologie mögliche „Züchtung" von Menschen gegen Art. 1 GG, und auch die darauf gerichtete **Forschung** muss **ethisch verantwortbar** bleiben. Das Gesetz zum Schutz von Embryonen vom 13.12.1990 (BGBl. I S. 2746) untersagt aus diesen Gründen eine Vielzahl technisch beherrschbarer, ethisch aber verwerflicher Eingriffe, ohne jedoch die künstliche Befruchtung generell zu verbieten. Strafbar sind bestimmte Fortpflanzungstechniken (z. B. Leih- und Ersatzmutterschaften), die künstliche Veränderung der Erbinformationen menschlicher Keimbahnzellen, jede Art von Chimären- oder Hybridbildung (Vermischung von Mensch und Tier, einschließlich der z. B. in Großbritannien seit 2008 erlaubten Produktion von Embryonen aus menschlichem Erbgut und tierischen Eizellen zu Forschungszwecken) sowie das sog. **Klonen**, d. h. menschliches Erbgut so zu manipulieren, dass ein Embryo mit den gleichen Erbinformationen wie ein „anderer" (Embryo, lebender oder auch verstorbener Mensch) entsteht.

Die **UNO** hat sich bisher zu einem völkerrechtlich verbindlichen **Verbot** des **Klonens** nicht entschließen können. Einen entsprechenden Beschluss hat 2003 der Bundestag gefasst. Verboten sind seither sowohl das (auf Entstehung eines Menschen zielende) **reproduktive,** wie auch das (auf Stammzellen gerichtete) **medizinisch-therapeutische** Klonen, da in beiden Fallgruppen menschliches Leben „verbraucht" wird.

Der Einsatz menschlicher **embryonaler Stammzellen** zu **medizinischen** Zwecken ist strittig. Es handelt sich dabei um noch nicht ausdifferenzierte (spezialisierte) Zellen im frühesten Stadium der Entwicklung, durch deren Übertragung man hofft, Organschäden Schwerkranker – etwa bei Parkinson-Patienten – therapieren zu können. Dazu werden am fünften Tag nach einer künstlichen Befruchtung einem nicht zur Implantation vorgesehenen Embryo Stammzellen entnommen. Der Embryo wird dabei vernichtet. Dieses Verfahren ist in Deutschland **verboten**. Auch der **Import** embryonaler Stammzellen, vgl. das nach heftigem Streit verabschiedete **Stammzellgesetz** v. 28. 6. 2002 (BGBl. I S. 2277), bleibt grundsätzlich untersagt, womit der Gesetzgeber u. a. klargestellt hat, dass schutzwürdiges menschliches Leben mit der befruchteten Eizelle beginnt. Ausnahmen sind nur zulässig zu Forschungszwecken, wenn die Stammzelllinien vor dem **1.5.2007** (zuvor: 2002) im **Ausland** entstanden sind. Genehmigungsbehörde ist das **Robert-Koch-Institut;** die Prüfung der Anträge erfolgt durch die von der BReg. berufene **Zentrale Ethik-Kommission.**

Ähnlich umstritten ist, ob Embryonen, die aus **künstlicher** Befruchtung entstehen, auf **genetische** Schäden untersucht und ggf. ausgesondert, d. h. abgetötet oder zu **Forschungszwecken** verwendet werden dürfen, statt sie in die Gebärmutter einzupflanzen. Diese sog. **Präimplantationsdiagnostik** (PID) ist in zehn anderen EU-Staaten legalisiert und auch in Deutschland ist es nach langem Streit seit 2011erlaubt, Embryonen bei künstlicher Befruchtung auf Gendefekte testen zu lassen. Der **Nationale Ethikrat**, Vorläufer des **Deutschen Ethikrates** (s. Ges. v. 16.7.2007; BGBl. I S. 1385), hat sich 2003 für die PID ausgesprochen, sie aber auf schwerste, nicht therapierbare Erbkrankheiten begrenzt. Dagegen steht, auf dem ethischen Fundament auch dieser Frage fußender, parteiübergreifender Widerstand. Die Härte des Streits zeigte sich u. a. am erbitterten Echo auf einen Denkanstoß der früheren Bundesjustizministerin Zypries, als diese äußerte, ein Embryo im Reagenzglas habe „lediglich das Potenzial und die Perspektive, ein Mensch zu werden", was zur „Zuerkennung der Menschenwürde" nicht ausreiche. Denn dazu gehöre „vor allem eine austragungsbereite Frau".

▶ Ein nach fehlgeschlagener Sterilisation oder Abtreibung geborenes **Kind**, das durch eben diesen Eingriff verhindert werden sollte, ist **kein „Schaden"** i. S. des Schadenersatzrechts. Wohl aber kann wegen der **Folgekosten** fehlsamer Familienplanung ein Anspruch gegen den Arzt erwachsen. Der Schaden besteht in diesen Fällen in dem durch die planwidrige Geburt ausgelösten, gesetzlich geschuldeten **Unterhalt** (BVerfGE 98, 519).

▶ Das **Gendiagnostikgesetz** vom 31.7.2009 (BGBl. I S. 2529) lässt **Gentests** unter **engen Voraussetzungen** zu, verbietet sie aber z. B. bei Arbeitssuchenden und Versicherungskunden. Auch für die **pränatale Diagnostik** gelten strenge Regeln. **Heimliche Vaterschaftstests** verletzen das Recht des Kindes auf informationelle Selbstbestimmung und sind verboten. Ein Mann hat jedoch das Recht auf **Kenntnis** der **Abstammung** eines ihm rechtlich zugeordneten Kindes (BVerfG, 13.2.2007).

▶ Die Polizei darf **E-Mails** auch dann **sicherstellen,** wenn sie „nur" auf dem **Mailserver** eines Internet-Anbieters gespeichert sind (BVerfG, Beschl. v. 15.07.2009 - 2 BvR 902/06). Durchsuchung und Beschlagnahme können auf die Standardvoraussetzungen gestützt werden; die strengeren Voraussetzungen einer Telefonüberwachung (schwerwiegende Straftaten) müssen dazu nicht erfüllt sein.

▶ Das **Persönlichkeitsrecht** als „Schutz eines allgemeinen Menschenbildes" **endet** mit dem **Tode,** da es die Existenz einer wenigstens potenziell oder künftig **handlungsfähigen** Person als unabdingbar voraussetzt. **Nicht** hingegen endet die „aller staatlichen Gewalt auferlegte Verpflichtung, dem Einzelnen Schutz gegen Angriffe auf seine **Menschenwürde** zu gewährleisten" (BVerfGE 54, 148).

▶ Wenn der Tod eines Angeklagten „derart nahe ist, dass ein Strafverfahren seinen Sinn verloren hat", kann eine **begrenzte Lebenserwartung** im Hinblick auf Art.1 GG zum **absoluten Verfahrensverbot** führen (VerfGH Berlin im **Honecker-Verfahren;** NJW 93, 515).

▶ Dem Persönlichkeitsschutz dient auch, dass verschiedene Formen schwerwiegender „Nachstellungen" – d. h. Eingriffe in die **persönliche Lebensgestaltung** – durch die neue Vorschrift über das sog. **Stalking** (§ 238 StGB) unter Strafe gestellt werden.

## Grundrechte

### Das Recht auf informationelle Selbstbestimmung

Das Recht auf **informationelle Selbstbestimmung**, hergeleitet aus Art. 1 Abs. 1 und Art. 2 Abs. 1 GG sowie dem daraus entwickelten allgemeinen Persönlichkeitsrecht, gewährleistet dem Einzelnen das Recht, grundsätzlich **selbst** zu **bestimmen**, ob, wann und in welchem Umfang er seine **persönlichen Lebensumstände** anderen **offenbaren** will, z. B. bei Befragungen, Identitätsfeststellungen, Durchsuchungen und erkennungsdienstlichen Maßnahmen. Geschützt sind insbesondere der unzulässige Einsatz von Mithör-, Überwachungs- und Aufzeichnungsgeräten, TV-Übertragungen aus dem Gerichtssaal sowie die unbefugte Erhebung, Speicherung und Verwendung persönlicher Daten, z. B. über Gesundheitszustand, Charakter, Lebenslauf, Elternhaus, Ausbildung, Beruf, Familienverhältnisse, Freizeitverhalten, finanzielle Situation und Vorstrafen. Mit diesem Recht nicht zu vereinbaren wäre z. B. auch die im Zusammenhang mit Aufsehen erregenden Sexualdelikten vereinzelt vorgeschlagene zwangsweise Speicherung der Gendaten sämtlicher 40 Millionen Männer in Deutschland.

Die Grundzüge dieses Rechts finden sich im Urteil vom 15.12.1983 zum **Volkszählungsgesetz** (BVerfGE 65, 1). Dabei handelt es sich um eine Konkretisierung, nicht etwa um ein „neues" Grundrecht. Die Entscheidung setzt der modernen EDV enge Grenzen. Jeder verfügt selbst über seine persönlichen Daten, und niemand darf, wie etwa die Staatssicherheit der DDR, den Menschen zum bloßen Informationsobjekt machen. Das BVerfG hat daher das Gesetz verworfen, ohne allerdings die Volkszählung als Ganzes zu verbieten. Eine verfassungskonforme Regelung erging dann mit Ges. v. 8.11.1985 (BGBl. I S. 2078).

Das Gericht betont insbesondere die Notwendigkeit des **Schutzes** gegen unbegrenzte **Erhebung, Speicherung, Verwendung** und **Weitergabe** von Daten unter den Bedingungen der modernen Datentechnik und leitet das Recht, darüber zu befinden, aus Art. 2 Abs. 1 GG ab. Einschränkungen sind danach nur im überwiegenden Allgemeininteresse und unter strikter Beachtung rechtsstaatlicher Grundsätze (Erforderlichkeit, Verhältnismäßigkeit, Normklarheit) zulässig. Dem Gesetzgeber wurde überdies aufgegeben, für die Wahrung des Statistikgeheimnisses und frühzeitige Anonymisierung der erhobenen Daten zu sorgen.

Die Reichweite dieser Entscheidung führt weit über den eigentlichen Urteilsgegenstand hinaus. Sie beansprucht, was sich allein schon aus einem vorgeschalteten allgemeinen Teil ergibt, generelle Gültigkeit für die Informationsbeschaffung, -speicherung und -übermittlung durch staatliche Organe, insbesondere auch im Polizeibereich (s. unten).

Allerdings ist **nicht jede Informationsgewinnung** durch die **Polizei** von vornherein als **Rechtseingriff** zu werten. Eingriffsqualität ist erst dann erreicht, wenn Freiheits- oder Persönlichkeitsrechte berührt werden oder der Bürger in seinem sozialen Umfeld tangiert ist. Die Feststellung, wo diese Grenzen im Einzelfall liegen, erfordert, wenn das Gesetz nicht hinreichend Auskunft gibt, einen nicht immer einfachen **Abwägungsprozess**. Dabei stehen sich mit der **Grundrechtsposition** auf der einen und **grundrechtsbeschränkenden Sicherheitsmaßnahmen** auf der anderen Seite ggf. zwei höchst **unterschiedliche,** aber gleichermaßen von der Verfassung **geschützte Interessenlagen** gegenüber.

Die erforderliche Abwägung ist unter Zugrundelegung der **Wertordnung** des Grundgesetzes vorzunehmen (s. oben). Unter dem Gesichtspunkt der **„praktischen Konkordanz"** (s. Hesse, a. a. O., S. 127) muss versucht werden, die unterschiedlichen Positionen in ihrem Verhältnis zueinander so zu gewichten, dass **beide** zu **größtmöglicher Wirksamkeit** gelangen können. Dieses primär an den Gesetzgeber gerichtete rechtsstaatliche Erfordernis ist zugleich auch allgemeine Richtschnur polizeilichen Handelns.

Auch hier gilt: Die Verfassung hat sich im Spannungsverhältnis zwischen Individuum und Gemeinschaft für die **Gemeinschaftsbezogenheit** entschieden. Daher sind Einschränkungen des Selbstbestimmungsrechts hinzunehmen, jedoch nur im **überwiegenden Allgemeininteresse**.

## Grundrechte

Solche Beschränkungen bedürfen einer (verfassungsmäßigen) gesetzlichen Grundlage, aus der sich die **Voraussetzungen** und der **Umfang** der Beschränkungen eindeutig und für den Bürger erkennbar ergeben. Ein Zwang zur Angabe personenbezogener Daten setzt voraus, dass der Gesetzgeber den **Verwendungszweck bereichsspezifisch** und **präzise** bestimmt und dass die Angaben für diesen Zweck **geeignet** und **erforderlich** sind. Dem Gebot der **Verhältnismäßigkeit** muss dabei ebenso Rechnung getragen werden wie dem der **Normklarheit**. Zudem muss die Weitergabe von Daten an nicht berechtigte Stellen verhindert werden (amtshilfefester **Schutz** gegen **Zweckentfremdung**).

Dem folgend, hat das BVerfG am 11.3.2008 (1 BvR 2074/05) die schleswig-holsteinischen und hessischen Regelungen zur **automatisierten Erfassung** von **Kfz-Kennzeichen** für verfassungswidrig erklärt, da sie das allgemeine Persönlichkeitsrecht in seiner Ausprägung als Grundrecht auf **informationelle Selbstbestimmung** verletzen. Die angefochtenen Regelungen, so das Gericht, verstoßen, soweit sie ein **automatisiertes**, „**flächendeckendes**" **Abgleichen** von Kennzeichen **ohne konkreten Anlass** zulassen, gegen die Gebote der **Normenbestimmtheit** und **Normenklarheit** sowie den **Verhältnismäßigkeitsgrundsatz**.

Mit **Eilentscheidung** vom selben Tage setzte das BVerfG (1 BvR256/08) der Weitergabe von **Telefonverbindungs-** und **Internetdaten**, wie sie das **Gesetz zur Neuregelung der Telekommunikationsüberwachung** in §§ 113a, 113b TKG für den Bereich der **Strafverfolgung** vorsah, enge Grenzen (schwere Straftat, tatsachengestützter Verdacht, letztes Mittel). Die auf 6 Monate begrenzte **anlasslose Vorratsdatenspeicherung** zur Gefahrabwehr und zur Strafverfolgung blieb unter einschränkenden Bedingungen einstweilen zulässig, ist jedoch in der bestehenden Form mit Urteil vom 2.3.2010 als **verfassungswidrig** erkannt, wenn auch **nicht generell** verboten worden (s. oben). Ein derartiger Eingriff in das Telekommunikationsgeheimnis kann nach Überzeugung des Gerichts grundsätzlich angebracht sein, jedoch ist er an **strengste Voraussetzungen** gebunden, wie sie das BVerfG schon für das bayerische und thüringische Gefahrenabwehrrecht eingefordert hatte (Normklarheit, Verhältnismäßigkeit, Datensicherung, Transparenz, Rechtsschutz, erhöhter Gefahrengrad, zwecksentsprechende Verwendung, Richtervorbehalt). An diesem Maßstab wird sich auch das **BKA-Gesetz** vom 25.12.2008 mit seinen dem Bundeskriminalamt analog zu den Ländern eingeräumten **präventivpolizeilichen Befugnissen** messen lassen müssen (BGBl. I S. 3083).

| Die **Vertraulichkeit** und **Integrität** informationstechnischer Systeme |
|---|

Von weit reichender Bedeutung, insbesondere für die **Grenzen** von **Grundrechtseinschränkungen**, ist die Entscheidung zur **Online-Durchsuchung**, mit der Teile des nordrhein-westfälischen Verfassungsschutzgesetzes für verfassungswidrig erklärt wurden (BVerfG, Urt. v. 27.2.2008; 1 BvR 370/07). Hiernach sind Online-Durchsuchungen grundsätzlich sowohl zu **präventiven**, wie auch zu **Strafverfolgungszwecken** als **letztes Mittel** zulässig, jedoch an **hohe Hürden** gebunden (tatsächliche Anhaltspunkte, erhöhte Gefahr für überragend wichtige Rechtsgüter, Richtervorbehalt). Zudem muss die Erhebung „kernbereichsrelevanter" **intimer Daten** möglichst unterbleiben. Soweit dies faktisch unvermeidbar ist, sind die Daten unverzüglich wieder zu löschen, eine weitere Verwendung ist **auszuschließen**.

Das Urteil gewinnt sein entscheidendes Gewicht dadurch, dass es das **allgemeine Persönlichkeitsrecht** in einer für das Internetzeitalter bedeutsamen Weise **konkretisiert** und ein **neues Grundrecht** auf Gewährleistung der **Vertraulichkeit** und **Integrität informationstechnischer Systeme** formuliert. Damit greift es weit über die Online-Durchsuchung hinaus, z. B. auf die Vorratsspeicherung von Verbindungsdaten, den Zugriff auf virtuelle Festplatten im Netz oder auch die Internet-Nutzung durch Private.

## Grundrechte

### Schranken der Persönlichkeitsentfaltung

Eine unbegrenzte Persönlichkeitsentfaltung wäre für die Gesellschaft nicht hinnehmbar, sie würde zu Chaos und Anarchie führen. Das BVerfG hat daher mehrfach betont, die Weite der in Art. 2 Abs. 1 GG enthaltenen verfassungsrechtlichen Gewährleistung verlange entsprechende Einschränkungsmöglichkeiten. Eine schrankenlose Handlungsfreiheit werde nicht dem **Menschenbild** des Grundgesetzes gerecht. Dieses Menschenbild ist nicht das des Robinson, nicht das eines isolierten, souveränen Individuums. Vielmehr hat das Grundgesetz die zwischen dem Individuum und der Gemeinschaft bestehende Spannung im Sinne der **Gemeinschaftsbezogenheit** der Person entschieden (s. oben).

Das Grundrecht der freien Entfaltung ist daher nur dann für alle gleichermaßen gewährleistet, wenn die ihm „innewohnenden" (grundrechtsimmanenten) Schranken gewahrt werden. Denn **Freiheit** ist letztlich nur als **gesetzliche Freiheit** möglich. Der Verfassunggeber hat deshalb die Ausübung dieses Grundrechts an die **drei** sog. **Gemeinschaftsvorbehalte** des Art. 2 Abs. 1 GG geknüpft (daher auch „**Schranken-Trias**"): die **verfassungsmäßige Ordnung**, die **Rechte anderer** und das **Sittengesetz**.

### Verfassungsmäßige Ordnung

Verfassungsmäßige Ordnung im Sinne des Art. 2 Abs. 1 GG ist die **verfassungsmäßige Rechtsordnung, also die Gesamtheit der Normen, die der Verfassung gemäß** sind (BVerfGE 6, 32). Das bedeutet:
Die freie Entfaltung der Persönlichkeit findet ihre **Grenzen** in der **Verfassung** und den übrigen **Rechtssätzen** (Gesetzen und Verordnungen). **Eingriffe** in diesen Freiheitsbereich müssen **inhaltlich** und **formell** mit der Verfassung **vereinbar** (verfassungskonform) sein.
In **formeller** Hinsicht muss daher grundsätzlich der **Gesetzgeber** (und nicht die vollziehende Gewalt) die Grenzen der Eingriffsmöglichkeiten festlegen. Für den Erlass von **Rechtsverordnungen** muss eine **gesetzliche** Ermächtigung vorliegen (s. Art. 80 Abs. 1 GG).
**Inhaltlich** müssen die den Freiheitsbereich **einschränkenden** Normen im Einklang mit der **freiheitlichen demokratischen Grundordnung** stehen und insbesondere den aus dem **Rechtsstaatsprinzip** hergeleiteten Prinzipien der **Erforderlichkeit, Geeignetheit** und **Verhältnismäßigkeit** entsprechen (BVerfGE 7, 89; 9, 137; 10, 354).
Das zeigt sich auch in den kleinen Dingen des Alltags: Eine Anweisung, die Polizeibeamten in Uniform das Tragen von **Ohrsteckern** und über den Hemdkragen hinausragende **Haartracht** untersagt, kann verfassungskonform sein, sofern sie unter den o. a. Voraussetzungen sachlich gerechtfertigt ist. Sie greift aber dann in die grundrechtlich geschützte Privatsphäre ein, wenn eine **generell einheitliche Regelung** durch die allein hierfür zuständige oberste Dienstbehörde überhaupt **nicht** vorgenommen wurde (BVerwG, DÖD 99, 271).

### Rechte anderer

Die Freiheit des Einzelnen endet dort, wo die Rechtssphäre des Mitmenschen beginnt, denn auch dieser besitzt das Recht auf freie Entfaltung seiner Persönlichkeit. So hat z. B. das BVerfG bei der Entscheidung über das Verbot einer sog. **Mahnwache** am saarländischen Elternhaus des DDR-Staatsratsvorsitzenden Honecker ausgeführt, in solchen Fällen der Grundrechtskollision gebühre dem Persönlichkeitsrecht des Betroffenen der höhere Rang.
Zu den „Rechten anderer" gehören **alle subjektiven privaten** und **öffentlichen Rechte** der **natürlichen Personen** (Recht auf Leben, Freiheit, Ehre, Eigentum, Besitz, Unverletzlichkeit der Wohnung, freie Religionsausübung usw.) sowie der **juristischen Personen,** nicht aber schon jedes beliebige rechtlich geschützte Interesse eines anderen Menschen.
„Rechte anderer" können überdies nur **gleichrangige** Rechte sein. Rechte der **Allgemeinheit** haben **Vorrang.**

## Sittengesetz

Im Kernbestand sind dies die sittlichen Grundanschauungen des christlich-abendländischen Kulturkreises, also die in der Bevölkerung allgemein (und nicht nur von einer bestimmten Gruppe) anerkannten sittlichen Wertvorstellungen. „Das Sittengesetz ist die **Summe** derjenigen **sittlichen Normen**, die die **Allgemeinheit** als **richtig anerkennt** und für ein Zusammmenleben sittlicher Wesen als **verbindlich betrachtet**" (BVerfGE 6, 434).

 **Besondere Bedeutung für die Polizei**

Die **Sicherheit** des Einzelnen ist ein hohes Gut. Insbesondere ein möglichst hoher Schutz vor Straftaten ist eine der Grundvoraussetzungen für das Zusammenleben in der Gesellschaft. „Ohne Sicherheit kann sich keine **Freiheit** entwickeln" (Wilhelm von Humboldt). Wenn die Polizei also in Wahrnehmung ihres gesetzlichen Auftrages den Einzelnen vor der Bedrohung durch Kriminalität schützt, dient sie zugleich dem Schutz seiner Freiheit (aktiver Grundrechtsschutz).

Umfang und Intensität dieses Schutzes müssen in einem **ausgewogenen Verhältnis** zu den Freiheitsverbürgungen des Grundgesetzes stehen. Ist die Polizei zur Erfüllung ihres Auftrages gehalten, die durch Art. 2 Abs. 1 GG gewährleistete Freiheit einzuschränken, so gilt – wie bei allen übrigen Rechtseingriffen – der Grundsatz, dass jede polizeiliche Eingriffshandlung ihre **Stütze** im **Gesetz** finden und den **allgemeinen Rechtmäßigkeitsvoraussetzungen** entsprechen muss (Zuständigkeit und Ermächtigungsgrundlage sowie Erforderlichkeit, Geeignetheit und Verhältnismäßigkeit; s. oben).

Von aktueller Bedeutung ist das Prinzip der **Ausgewogenheit** vor allem in der modernen **Informationstechnologie** mit ihren nahezu unbegrenzten Möglichkeiten der Datenerfassung: Das Internet und die übrigen neuen Medien sind keine verfolgungsfreien Räume, aber auch nicht das Feld einer schrankenlosen Überwachung des Menschen.

## Wirkung der **Gemeinschaftsvorbehalte** gem. Art. 2 Abs. 1 GG

Der Grundrechtskatalog enthält keine allgemeine Bestimmung der Grundrechtsschranken. Die drei Gemeinschaftsvorbehalte, in denen die freie Entfaltung eines jeden ihre Grenzen findet, gelten daher für das selbständige Auffangrecht des Art. 2 Abs. 1 GG (s. oben), **nicht** hingegen ohne weiteres auch für alle übrigen **Teil-Freiheitsrechte**.

Eine generelle Wirkung vermag diese „Schranken-Trias" allenfalls mittelbar, und zwar als „Auslegungsregel zur Interpretation des Sinngehalts anderer Grundrechte" zu entfalten (Maunz-Dürig-Herzog, GG, Art. 2 Abs. 1, Rdnr. 71). Im Übrigen muss, wenn die einem Grundrecht innewohnenden (immanenten) Schranken zu ermitteln sind, auf das **jeweilige** Grundrecht selbst abgestellt werden. Im Einzelnen gelten dabei folgende **Grundsätze:**

▶ Jedes besondere Freiheitsrecht ist immanent dadurch begrenzt, dass seine Ausübung nicht dazu dienen darf, die verfassungsmäßige Grundordnung im Innern oder den internationalen Frieden zu beeinträchtigen oder zu gefährden (BVerfGE 33, 71).

▶ Auch die auf den ersten Blick „schrankenlos" gewährleisteten besonderen Freiheitsrechte sind notwendigerweise **nicht völlig unbegrenzt,** denn eine „hemmungslose und willkürliche Grundrechtsausübung" (Maunz-Dürig-Herzog, GG, Art. 2 Abs. 1, Rdnr. 72) scheidet schon im Hinblick auf die (Grund-)Rechte anderer aus (s. oben).

▶ Die Ausübung der Grundrechte findet schließlich dort ihre Schranke, wo sie für ein gedeihliches Zusammenleben unerlässlichen Werte des **Gemeinwohls,** wie sie sich z. B. im Strafgesetzbuch und in den Polizeigesetzen niederschlagen, verletzt.

*Grundrechte*

▶ Andererseits wird der Grundrechtsschutz nicht gegen **jede Geringfügigkeit** gewährleistet. Die Freiheitsrechte dürfen nicht dazu dienen, völlig unerhebliche Beeinträchtigungen oder Belästigungen abzuwehren. Daher sind z. B. geringfügige Umwege, die durch eine Demonstration für einen Nichtbeteiligten verursacht werden, hinzunehmen.

▶ Eine Einschränkung der Rechte aus Art. 2 Abs. 1 GG ist nur dann mit der Verfassung vereinbar, wenn sie dem Erfordernis der **Rechtsstaatlichkeit** genügt. Rechtseingriffe sind daher stets auch am Übermaßverbot und an den Grundsätzen der Verhältnismäßigkeit, der Zumutbarkeit und der Güterabwägung zu messen (vgl. BVerfGE 55, 159; 59, 275).

▶ Unter Beachtung des Kerns personaler Freiheit, d. h. eines Mindestmaßes an Unabhängigkeit, Selbständigkeit und Bewegungsfreiheit, kann Art. 2 Abs. 1 GG eingeschränkt werden, wenn es zur Pflege des **sozialen Zusammenlebens** erforderlich ist und die Grenzen des **Zumutbaren** und **Verhältnismäßigen** gewahrt werden (BVerfGE 50, 256).

▶ Auch die Freiheit zu **selbstgefährdendem** und **selbstschädigendem Verhalten** ist Bestandteil des allgemeinen Persönlichkeitsrechts. Nach herrschender Meinung steht diese Freiheit dem Menschen im Grundsatz „unentziehbar" zu; ihren Gebrauch kann und muss er nur vor sich selbst verantworten. Jedoch dürfen auch hier die Rechte anderer und das Sittengesetz nicht verletzt werden (Schranken-Trias). Dieser **Schutz des Menschen vor sich selbst** wirkt im Privatrechtsverkehr aus dem sog. Drittwirkung der Grundrechte sowie dem Sozialstaatlichkeitsprinzip hergeleitet, sofern dafür ein besonderes Bedürfnis besteht. Beispiele: Verbot aktiver Sterbehilfe, Gurtanlegepflicht, Schutzhelmpflicht (s. unten), herabwürdigende Zurschaustellung im Rahmen von Peepshows (BVerfGE 64, 274). Bei privatrechtlichen Verträgen kann die Schutzwirkung eintreten, wenn einer der Partner ein so starkes Übergewicht besitzt, dass er die Bedingungen des Vertrages faktisch allein setzen kann (BVerfG, JZ 90, 691). Auch Eheverträge, so der BGH am 11. 2. 2004, dürfen nicht „evident einseitig" sein.

▶ Als Ausfluss des allgemeinen Persönlichkeitsrechts gehören zum unantastbaren Bereich privater Lebensführung auch **Tagebuchaufzeichnungen.** Jedoch ist ihre Durchsicht und Verwertung im Strafprozess im Ausnahmefall – bei schwerwiegenden Straftaten und unter größtmöglicher Zurückhaltung – „von Verfassungs wegen nicht zu beanstanden" (BVerfG, 80, 375). Daher genießen Aufzeichnungen des Täters über Tat und Opfer keinen Schutz der Grundrechte, denn diese sichern zwar die „Entfaltung, nicht aber den Verfall der Persönlichkeit" (BGHSt 64, 1139; 88, 1037).

▶ Der **Name** eines Menschen umfasst das Verfügungsrecht über die unverwechselbaren **Kennzeichnungen** der **eigenen Person** (einschl. Titel, Adelsprädikat, Wappen); desgl. das Recht auf behördliche Feststellung des **richtigen** Namens. Lange strittig war das **Ehe-Namensrecht.** Das BVerfG hat zur Frage der Führung eines **gemeinsamen Familiennamens** entschieden: „Der **Geburtsname** eines Menschen wird vom allgemeinen Persönlichkeitsrecht umfasst. Er dient nicht nur als Unterscheidungs- und Zuordnungsmerkmal, sondern ist darüber hinaus Ausdruck der **Identität** und **Individualität**. Der Einzelne kann daher verlangen, dass die Rechtsordnung seinen Namen **respektiert** und **schützt**. Dieser Schutzanspruch ist jedoch nicht uneingeschränkt gewährleistet." Bei der Gestaltung des Namensrechts ist zu beachten, dass der Name als Unterscheidungsmerkmal auch eine **gesellschaftliche** Funktion hat, so dass Belange der Allgemeinheit zu berücksichtigen sind (BVerfG 78, 38). Daher sind z. B. **Dreifachnamen** verboten (BVerfG, 5.5.2009). Die Namensführung über eine längere Zeit hinweg schafft einen Vertrauenstatbestand, auch wenn der Name zu Unrecht geführt wurde (BVerfG,1 BvR 1646/97). Eine Verpflichtung der Ehegatten zur **gemeinsamen Namensführung** besteht seit der vom BVerfG (E 84, 9) ausgelösten Namensrechtsnovelle nicht mehr. § 1355 BGB bestimmt nun: „Ehegatten **sollen** einen gemeinsamen Familiennamen bestimmen (Ges. v. 16.12.1993, BGBL I S. 2054; s. unten)."

*Grundrechte*

▶ Im Bereich des **Straßenverkehrs** trägt der Staat im Unterschied zu anderen gefahrgeneigten Betätigungen eine **besondere** Verantwortung, denn er wird hier durch Bau und Unterhaltung von Verkehrswegen und Regelung des Verkehrsgeschehens tätig. Daher ergeben sich gegen die **Schutzhelmpflicht** gem. § 21 a StVO, obwohl diese vorwiegend dem eigenen Schutz des Normadressaten dient, keine durchgreifenden Bedenken (s. BVerfG, NJW 82, 1276). Auch die bußgeldbewehrte **Gurtanlegepflicht** ist mit Art. 2 GG vereinbar. Der Eingriff in die allgemeine Handlungsfreiheit nach Art. 2 Abs. 1 GG, soweit er überhaupt in Betracht kommt, ist verfassungskonform (OLG Stuttgart, NJW 85, 3085).

▶ Hinsichtlich des strafrechtlichen **Ehrenschutzes** hat die Rechtsprechung bisher überwiegend die Auffassung vertreten, dass **ganze Berufsstände** (etwa: „die Juristen", „die Ärzte", „die Polizei") nicht hinreichend klar definiert werden und so weder diese Gruppierungen als solche noch die von ihnen umfassten Einzelpersonen im strafrechtlichen Sinne betroffen sind. Das Bayerische Oberste Landesgericht (NJW 90, 921) hat indessen auch „den Soldaten" und „der Polizei" Beleidigungsfähigkeit zuerkannt. Denn der Schutz von Meinungsäußerungen tritt z. B. dann hinter den **Persönlichkeitsschutz** des Betroffenen zurück, wenn es sich um **Schmähkritik** handelt (BVerfG, NJW 91, 95).

▶ Besondere Aufmerksamkeit erfuhr die **Haschisch-Entscheidung** des BVerfG vom 9. 3. 1994 (NJW 94, 1577), zumal sie vielfach fälschlich als „Freigabe" interpretiert wurde, was wiederum das Gericht zu dem ungewöhnlichen Schritt veranlasste, dieser Auslegung durch eine „Verlautbarung" öffentlich zu widersprechen. Der Entscheidung vorangegangen waren gerichtliche Zweifel an der Verfassungsmäßigkeit der Strafvorschriften des BTM-Gesetzes. Im Wesentlichen waren dabei Verstöße gegen das **Gleichheitsprinzip** und den **Verhältnismäßigkeitsgrundsatz** geltend gemacht worden:

- Der Umgang mit Haschisch sei unter Strafe gestellt, mit den (nach Ansicht der Vorinstanzen) gefährlicheren Rauschmitteln Alkohol und Nikotin hingegen nicht; und
- zum allgemeinen Persönlichkeitsrecht gehöre als zentraler Sektor menschlicher Selbstbestimmung ein „Recht auf Rausch", das die Rechtsordnung beim Alkohol anerkenne, beim Haschischkonsum jedoch verbiete.

Die Vorlagebeschlüsse wurden indes sämtlich zurückgewiesen. Die angefochtenen Vorschriften des BTM-Gesetzes, so das BVerfG, seien verfassungskonform. Art. 2 GG schütze nur einen Kernbereich privater Lebensgestaltung. „Dazu kann der Umgang mit Drogen, insbesondere auch das Sichberauschen, aufgrund seiner vielfältigen sozialen Aus- und Wechselwirkungen nicht gerechnet werden." Folglich seien Rechtsfolgen der beschriebenen Art verfassungsrechtlich nicht zu beanstanden: „Für den Umgang mit Drogen gelten die Schranken des Art. 2 Abs. 1 GG. Ein Recht auf Rausch, das diesen Beschränkungen entzogen wäre, gibt es nicht". Der gelegentliche und nicht mit einer Fremdgefährdung verbundene Eigengebrauch geringer Mengen von Haschisch-Produkten bleibt daher grundsätzlich strafbar. „Die Strafverfolgungsorgane werden jedoch in diesen Fällen und nach einheitlichen Regeln „von der Verfolgung grundsätzlich abzusehen haben". In einem der beiden der Entscheidung angefügten Sondervoten wird dagegen eingewandt, auch das Absehen von Strafe stelle noch eine Belastung des Betroffenen dar; die Strafbarkeit des Umgangs mit geringen Mengen dieser Stoffe sei generell nicht mit dem Verhältnismäßigkeitsgrundsatz vereinbar.

▶ Die Grenzen des Rechts auf **sexuelle Selbstbestimmung** zeigte das BVerfG mit seinem Beschluss vom 26.2.2008 auf, indem es die Verfassungsbeschwerde gegen die Strafbewehrung des **Inzests zwischen Geschwistern** zurückwies. Das Gericht sah in der angegriffenen Norm (§ 173 Abs. 2 StGB) keinen dem Gesetzgeber von vornherein verwehrten Eingriff in den Kernbereich privater Lebensgestaltung, insbesondere seien die „mit der Norm verfolgten Zwecke verfassungsrechtlich nicht zu beanstanden".

137

## Recht auf Leben (Art. 2 Abs. 2 GG)

Innerhalb der vom Grundgesetz geschaffenen Ordnung kommt Art. 2 Abs. 2 GG ein besonderer Rang zu. Das Grundrecht bildet gleichsam die biologische Basis der Menschenwürde und schafft durch einen umfassenden Schutz des menschlichen Lebens erst die Voraussetzungen für alle anderen Grundrechte. Es hat **zweifache Bedeutung:**

- ▶ Zum einen **verbietet es staatliche Eingriffe** in das Leben,
- ▶ zum anderen **verpflichtet** es den Staat, sich **schützend** und **fördernd** vor dieses Leben zu stellen und es vor rechtswidrigen Eingriffen Dritter zu bewahren.

Das Recht auf Leben unterliegt nach allgemein anerkannter Auslegung des Art. 2 Abs. 2 GG dem **Verhältnismäßigkeitsprinzip** (BVerfGE 77, 170). Deshalb findet die Schutzpflicht des Staates ihre **Grenzen** innerhalb dessen, was **angemessen** und **vertretbar** ist. Der Staat muss weder **alle** potenziellen **Gefährdungen** verbieten, noch ist er daran gehindert, von einzelnen Personengruppen (Ärzte, Krankenhauspersonal, Feuerwehr, Militär, Polizei) im äußersten Falle sogar den **Einsatz** des eigenen **Lebens** zu verlangen.

Einen Extremfall stellen **erpresserische Entführungen mit terroristischem Hintergrund** dar. Auch hier gilt in besonderem Maße die Verpflichtung des Staates, **Leben** zu **retten** (vgl. Schleyer-Urteil des BVerfG; E 46,160). Das kann andererseits nicht bedeuten, dass jede Forderung der Erpresser erfüllt wird. Denn der Staat darf **nicht erpressbar** sein – aus Staatsraison, aber auch, weil er sonst seine Reaktionen ausrechenbar machen und potenzielle weitere Täter ermuntern würde.

Art. 2 Abs. 2 GG ist Ausdruck des **Bekenntnisses** zum **grundsätzlichen Wert** des **Menschenlebens** und eines **betonten Gegensatzes** zu jeder Staatsauffassung, in der das menschliche Leben wenig bedeutet und der Staat sich zum Herrn über Leben und Tod macht.

Die Vorschrift hat daher auch **Appellcharakter.** Sie steht in bewusster **Abkehr** zu den Menschen verachtenden Verbrechen der Hitlerzeit, ihrer Selbstherrlichkeit und ihrer Verblendung. Der **Holocaust** von fast sechs Millionen Juden in ganz Europa (sog. „Endlösung"), die Vernichtung ganzer ethnischer Gruppen aus rassistischen Gründen (Sinti und Roma) sowie die organisierte Tötung von Geisteskranken (sog. „lebensunwertes Leben") sind unmenschliche Auswüchse, denen Art. 2 Abs. 2 GG diametral entgegensteht. Demselben verbrecherischen Gedankengut entstammten die medizinischen Experimente mit KZ-Häftlingen sowie die Zwangssterilisation angeblich „rassisch minderwertiger" Menschen (vgl. BVerfGE 39, 1).

Dem Bekenntnis zum Wert des menschlichen Lebens entspricht die **Abschaffung** der **Todesstrafe** gem. Art. 102 GG. Einige Landesverfassungen, die älter als das Grundgesetz sind (Bayern, Hessen, Rheinland-Pfalz), hatten sich ursprünglich anders entschieden. Wegen der Überordnung des Bundesrechts sind die entsprechenden Vorschriften jedoch gestrichen worden bzw. gegenstandslos (s. oben). Abgeschafft ist die Todesstrafe inzwischen auch im gesamten übrigen EU-Bereich, nicht aber in den Südstaaten der USA, die sich von einem zumeist religiös begründeten moralischen Rigorismus leiten lassen.

Das Verbot der Todesstrafe bedeutet sowohl eine **objektive Wertentscheidung** wie auch eine **subjektive,** auf jedermann (nicht nur auf Deutsche) bezogene **Grundrechtsverbürgung:**

„Art. 102 GG begründet die Pflicht der Legislative, in keinem Gesetz die Todesstrafe vorzusehen, die Pflicht der Judikative, keine Todesstrafe zu verhängen, und die Pflicht der Exekutive, keine Todesstrafe zu vollstrecken" (BVerfG, NJW 64, 1783). Ob aus Art. 102 GG eine absolute, generell und allzeit wirkende Ächtung der Todesstrafe abgeleitet werden muss, ist nicht unstrittig. Auch aus Art. 1 Abs. 1 GG kann ein absolutes Verbot der Todesstrafe nicht hergeleitet werden (Maunz-Dürig-Herzog, GG, Art. 102, Rdnr. 32).

*Grundrechte*

| Zur **Schutzfunktion** des Art. 2 Abs. 2 GG im Einzelnen |
|---|

▶ Das Recht auf Leben schließt die **Existenzsicherung** ein und damit den Anspruch auf die zum **Weiterleben** unerlässlich notwendigen Leistungen öffentlicher **Fürsorge**. Ein **Grundrecht** auf staatliche **Versorgung** normiert Art. 2 GG **nicht**, ebenso auch keinen Anspruch auf Renten, die das allgemeine Maß öffentlicher Fürsorge übersteigen (BVerfGE 1, 104).

▶ Aus Art. 2 Abs. 2 GG folgt unmittelbar der Auftrag zum **Lebensschutz** (§ 211 StGB), zur **Risikovorsorge** und zum **Immissionsschutz**. Der Gesetzgeber ist hierbei gehalten, auch durch **Verfahrensgarantien** die vorhandenen Gefahren und Risiken zu minimieren und ggf. „nachzubessern". Ein originäres Recht auf Umweltschutz gewährleistet die Vorschrift allerdings nicht (BVerfG, NJW 83, 2931).

▶ Art. 2 Abs. 2 GG begründet eine solche Schutzpflicht nicht nur gegenüber dem **einzelnen Bürger**, sondern auch gegenüber der **Gesamtheit** (vgl. BVerfGE 39, 1). Über die **Art** und **Weise**, wie die Schutzpflicht zu erfüllen ist, haben in erster Linie die **staatlichen Organe** in eigener Verantwortung zu entscheiden (BVerfGE 56, 54).

▶ Aus der Würde und dem Personenwert resultiert die grundsätzliche Pflicht zur **Zwangsernährung** von Menschen, die sich nicht selbst ernähren können oder wollen (s. unten).

▶ Das vorherrschende Menschenrechtsverständnis (so auch der EuGH) lehnt ein **Recht auf Sterbehilfe** ab. Andererseits darf niemand das Recht auf einen **würdevollen Tod** verweigert werden. In Deutschland ist diese rechtsethisch und rechtsdogmatisch äußerst schwierige Frage **gesetzlich** nicht geregelt. Ein Sterbehilfegesetz wird daher seit Jahren gefordert, doch schon seine Notwendigkeit ist strittig. Differenziert wird allgemein wie folgt: **Aktive Sterbehilfe,** d. h. die gezielte Tötung eines Menschen mit dessen Einverständnis, ist **strafbar** (§ 216 StGB). Denn auch unheilbar krankes Leben, das durch eine finale Handlung zielgerichtet verkürzt würde, nimmt am Schutz des Art. 2 GG teil. Menschliches Leben ist nicht verfügbar, und niemand darf sich zum Herrn über Leben und Tod machen. **Indirekte Sterbehilfe** wird geleistet, wenn zur Behandlung Schwerstkranker lediglich noch schmerzlindernde, nicht mehr heilende Mittel eingesetzt werden (Palliativmedizin bzw. Hospizarbeit). Sie ist **straflos**, auch dann, wenn als unvermeidbare Nebenwirkung (etwa durch das Verabreichen von Opiaten) das Leben des Patienten verkürzt wird. Weitgehende Einigkeit herrscht darüber, dass der Einzelne ein Recht hat, ärztliche Behandlung abzulehnen. **Passive Sterbehilfe**, das „Zulassen des natürlichen Sterbens" durch Unterlassen oder Beenden lebensverlängernder Maßnahmen ist deshalb **straflos**, jedoch nur, wenn sie dem **erklärten** oder **mutmaßlichen** Willen des Patienten entspricht. Ein wichtiges Indiz hierfür kann die **Patientenverfügung** sein (s. unten).

Neben diesen allein vom Arzt zu verantwortenden Fällen kann im persönlichen Umfeld oder durch geschäftsmäßige Vermittlung **Beihilfe** zur **Selbsttötung** in Betracht kommen. **Suizid**(-versuch) als Ausfluss des Selbstbestimmungsrechts ist in Deutschland **nicht strafbar**, folglich auch nicht die **Beihilfe** dazu. Die Rechtsprechung geht jedoch von einem (krankheits- oder affektbedingten) **psychischen Ausnahmezustand** des Suizidgefährdeten aus. Daher können Beihilfehandlungen als **unterlassene Hilfeleistung** oder – je nach Tatherrschaft – als Tötung auf Verlangen (aktive Sterbehilfe) strafbar sein (s. unten).

Die Benelux-Staaten erlauben aktive Sterbehilfe unter strengen Bedingungen (keine Überlebenschance, unerträgliche Schmerzen, wiederholtes Sterbeverlangen). In der Schweiz gilt Suizid-Beihilfe nicht als unterlassene Hilfeleistung. Die Öffnung eines Büros des Schweizer Sterbehilfevereins **Dignitas** in Hannover hat den Streit in Deutschland neu entfacht. Gegen **organisierte** Sterbehilfe hat sich der nationale Ethikrat ausgesprochen. Nach dem Koalitionsvertrag 2009 soll die **„gewerbsmäßige Vermittlung"** unter Strafe gestellt werden; die FDP will die nicht-kommerziellen Vereine davon ausgenommen wissen.

*Grundrechte*

▶ Die **Patientenverfügung** ist durch das **Ges. z. Ä. d. Betreuungsrechts** v. 29.7.2009 (BGBl. I S. 2286) nach langem Streit im BGB (§ 1901a n. F.) verankert worden. Sie legt fest, wie man als Schwerstkranker behandelt werden will. Mit der **Vorsorgevollmacht** benennt man einen Bevollmächtigten, der die Belange des Vollmachtgebers regelt. Beide Verfügungsformen setzen auf das **Selbstbestimmungsrecht** des Patienten, das auch bei Verlust der Entscheidungsfähigkeit bindend fortwirkt.

▶ Äußerst problembeladen sind auch Fragen der modernen **Transplantationsmedizin**. Das Transplantationsgesetz vom 25. 6. 1997 regelt einige dieser Grenzbereiche, soweit sie sich auf Organe und Gewebe beziehen, und untersagt den **Organhandel**. Die Zustimmung zur Organentnahme können, wenn eine eindeutige Willenserklärung des Spenders nicht vorliegt, nunmehr auch Angehörige geben. Voraussetzung für die Entnahme ist die Feststellung des **Hirntodes** durch zwei unabhängige Ärzte. Damit trifft das Gesetz zugleich auch eine Aussage, wann das Leben – rechtlich – endet.

## Lebensschutz und Schwangerschaftsabbruch

„Recht auf Leben" hat auch das **noch nicht geborene** (keimende) Leben, denn „jeder" im Sinne des Art. 2 Abs. 2 GG ist „jeder Lebende". Das BVerfG hat in ständiger Rechtsprechung, zuletzt im Urteil zum Schwangerschaftsabbruch vom 28. 5. 1993 (NJW 93, 1751), betont, dass auch dem ungeborenen menschlichen Leben **Menschenwürde** zukomme und dass es folglich auch am **Schutz** der Menschenwürde teilhabe.

Diese **Schutzwirkung** umfasst (jedenfalls, soweit es um Fragen des Schwangerschaftsabbruchs geht) den gem. § 218 Abs. 1 StGB geschützten **Zeitraum** der **Schwangerschaft**. Sie beginnt daher nicht schon mit der Vereinigung von Ei und Samenzelle, sondern erst mit Abschluss der Einnistung des befruchteten Eies in der Gebärmutter (Nidation), und sie dauert bis zum Beginn der Geburt (vgl. § 217 StGB sowie BGH, NJW 84, 674). „In der so bestimmten Zeit der Schwangerschaft handelt es sich bei dem Ungeborenen um individuelles, in seiner genetischen Identität und damit in seiner Einmaligkeit und Unverwechselbarkeit bereits festgelegtes, nicht mehr teilbares Leben, das im Prozess des Wachsens und Sichentfaltens sich nicht erst **zum** Menschen, sondern **als** Mensch entwickelt (BVerfG, NJW 93, 1751).

Eine **generelle** Freigabe des Abbruchs wäre daher mit Art. 1 und 2 GG absolut **unvereinbar**. Für eine **begrenzte** Lösung stehen rechtstheoretisch zwei Grundmodelle zur Verfügung:

▶ Bei der **Indikationenlösung** wird der Eingriff durch schwer wiegende Gründe angezeigt (indiziert), z. B. zur Rettung des Lebens der Schwangeren (medizinische Indikation), zur Vermeidung schwerster Erbschäden (embryopathische bzw. eugenische Indikation), nach einer Vergewaltigung (kriminologische Indikation) oder zur Abwehr einer sonst nicht zu überwindenden folgenschweren Notlage (soziale Indikation).

▶ Die **Fristenlösung** (zeitliche Begrenzung des Eingriffs) stellt allein auf das Entwicklungsstadium des Embryos ab; die Gründe für den Schwangerschaftsabbruch bleiben außerhalb rechtlicher Würdigungen.

Um diese Fragen wird seit langem erbittert gerungen. Schon der Rechtsphilosoph Gustav Radbruch forderte 1920 vom Reichstag eine Fristenregelung, um Frauen in Notsituationen nicht weiter in die Illegalität zu drängen. Doch erst 1974 führte der **Gesetzgeber** die Straflosigkeit des Abbruchs innerhalb der ersten **zwölf Wochen** nach Empfängnis ein.

Das **BVerfG** (E 39,1) entschied jedoch, dass diese Form der Freigabe dem Gebot zum Schutz des Lebens nicht gerecht werde. Der **Gesetzgeber** reagierte mit einer Indikationslösung, aber auch sie hatte keinen Bestand, weil im Zuge der Vereinigung die in der DDR geltende Fristenregelung angeglichen werden musste. Es folgte das Schwangeren- und Familienhilfegesetz vom 22. 7. 92 (BGBl. I S. 1398), das eine Fristenlösung mit Beratungspflicht und Sozialhilfen vorsah. Aber auch dieses Gesetz wurde teilweise verworfen (BVerfGE 88, 83).

Das Ungeborene, so das Gericht, stehe „**als selbständiges menschliches Wesen**" unter Verfassungsschutz. Das Recht der Frau auf **freie Entfaltung** umfasse grundsätzlich auch die Selbstverantwortung, sich gegen eine Mutterschaft zu entscheiden. Diesem Recht aber seien durch die **Schrankentrias** Grenzen gesetzt (s. oben). Es könne „niemals die Befugnis umfassen, in die geschützte Rechtsphäre eines anderen ohne rechtfertigenden Grund einzugreifen oder sie gar mit dem Leben selbst zu zerstören, am wenigsten dann, wenn nach der Natur der Sache eine besondere **Verantwortung** gerade für dieses Leben besteht."

Mithin steht **rechtlicher** Schutz dem Ungeborenen auch **gegen** seine **Mutter** (und erst recht gegen Dritte, etwa aus dem familiären Umfeld) zu. **Grundsätzlich** ist daher der Schwangerschaftsabbruch als **Unrecht** einzustufen, und der Schwangeren obliegt die **Rechtspflicht,** das Kind auszutragen. Zu den Konsequenzen dieser Entscheidung gehört, dass „rechtswidrige Abbrüche" nicht vom Staat aktiv unterstützt werden dürfen, Ärzte und Krankenhäuser solche Eingriffe ablehnen können und der Gesetzgeber zwar Bestrafung durch Beratung ersetzen kann, aber z. B. eine generelle Krankenhausfinanzierung nicht akzeptieren darf.

Der **Gesetzgeber** musste nun die Materie ein weiteres Mal novellieren. Nach sehr kontroverser Erörterung verabschiedete er schließlich koalitionsübergreifend eine ab 1. 1. 1996 geltende **Fristenlösung mit Beratungspflicht,** wonach eine Abtreibung innerhalb der ersten **zwölf Wochen** den **Tatbestand** des § 218 StGB **nicht verwirklicht,** wenn sie von einem Arzt auf Verlangen der Frau durchgeführt wird und diese sich mindestens drei Tage vor dem Eingriff einer „**ergebnisoffenen**" **Pflichtberatung** unterzogen hat, die dem Schutz des werdenden Lebens dient. Nach Ablauf der **Dreimonatsfrist** kann ein Schwangerschaftsabbruch darüber hinaus **gerechtfertigt** sein, wenn ein Arzt dies aus **medizinisch-sozialen** (meist psychiatrischen) oder **kriminologischen** Gründen für **indiziert** hält (mit 3-tägiger Bedenkzeit für die Frau). Die embryologische **Indikation** wurde **nicht** übernommen, weil eine zu erwartende Behinderung des Kindes allein kein Grund für eine Abtreibung sein könne (Schwangeren- und Familienhilfeänderungsgesetz – SFHÄndG – v. 21. 8. 1995, BGBl. I S. 1050, vgl. NJW 95, 3009). Die Krankenkassen sind für gesetzlich tolerierte Schwangerschaftsabbrüche grundsätzlich zahlungspflichtig. Im Falle der Bedürftigkeit werden auch die Kosten für die in der Beratung als **nicht rechtmäßig** beurteilten, gleichwohl aber straffrei bleibenden Eingriffe teilweise übernommen.

Die Materie bleibt gleichwohl umstritten, selbst im BVerfG, dessen Entscheidungen in diesen zentralen ethischen Fragen in aller Regel nicht einstimmig ergangen sind (vgl. Entsch. v. 12.11.97; BVerfGE 96, 375). Bayerns Sonderweg, wonach die Ärzte nicht mehr als 25 Prozent ihrer Einkünfte aus solchen Abbrüchen erzielen dürfen und der Arzt verpflichtet ist, die Gründe für den Abtreibungswunsch zu ermitteln, ist vom BVerfG verworfen worden, weil die Länder zum Erlass dieser berufsrechtlichen Vorschriften nicht zuständig sind (BVerfGE 96, 120).

| Schranken des Rechts auf Leben |
|---|

Art. 2 Abs. 2 Satz 3 GG lässt Eingriffe in die zuvor in Abs. 2 genannten Grundrechte, also auch in das Recht auf Leben, „auf Grund eines Gesetzes" zu (sog. Gesetzesvorbehalt).

Es liegt jedoch in der Natur der Sache, dass **Eingriffe** in dieses fundamentale Rechtsgut überhaupt nur dann in Betracht kommen können, wenn es sich um eine **extrem gelagerte Konfliktsituation** handelt. Das sind (Maunz-Dürig-Herzog, GG, Art. 2 Abs. 2, Rdnr. 13) „lediglich die Fälle, in denen Leben gegen Leben steht", wobei eine **Aufrechnung** „Leben gegen Leben" nicht zulässig ist (s. unten). **Tatbeteiligte** müssen sich jedoch im Falle einer Flugzeugentführung – anders als die ihnen ausgelieferten Unbeteiligten – die Folgen ihres selbstbestimmten Verhaltens **zurechnen** lassen (BVerfG, 1 BvR 357/05).

## Grundrechte

 | **Besondere Bedeutung für die Polizei** |

▶ Die insbesondere im Urteil zur Fristenlösung (s. oben) entwickelte **Schutzpflicht des Staates** und seiner Organe, das Leben vor Eingriffen Dritter zu bewahren, bedeutet, dass dann für angemessene, dem Grundsatz der Verhältnismäßigkeit entsprechende Schutzmaßnahmen gesorgt werden muss, wenn eine Verletzung oder eine nicht unerhebliche Gefährdung des Lebens eingetreten ist oder droht (BVerfG, NJW 81, 1655). Zu dieser Verpflichtung gehört auch die Pflicht zur **Sicherung** der **ökonomischen Existenz**, also eines Existenzminimums, zumindest in dem Sinne, dass niemand verhungern, erfrieren oder auf andere Weise hilflos ums Leben kommen darf (BVerwGE 1; 159).

▶ Begründet eine Zwangsmaßnahme, z. B. eine zwangsweise vorgenommene Räumung, für den Betroffenen eine akute Lebensgefahr, so kann sich aus Art. 2 Abs. 2 GG die Verpflichtung für die staatlichen Organe ergeben, die Vollstreckung für einen längeren Zeitraum auszusetzen (BVerfGE 52, 214).

▶ Das Verbot staatlicher Eingriffe in das Leben bindet den **polizeilichen Schusswaffengebrauch** an das Vorliegen einer gesetzlichen Ermächtigungsnorm (Befugnisnorm) und an die allgemeinen Rechtmäßigkeitsvoraussetzungen für die Einschränkung von Grundrechten. Art. 2 Abs. 2 GG ist mithin ein individuelles Abwehrrecht gegen staatliches Handeln.

▶ Der Pflicht des Staates, Leben zu schützen, entspricht es, dass **Ziel** des **polizeilichen Schusswaffengebrauchs** nur Angriffs- oder Fluchtunfähigkeit sein darf. Es sind jedoch **Grenzfälle** denkbar, in denen menschliches Leben **allein** dadurch gerettet werden kann, dass ein anderes menschliches Leben gleichsam aufgeopfert wird (Beispiel: Geiselnahme mit akutester Lebensgefahr). In solchen Ausnahmelagen, in denen Leben gegen Leben steht, wird die Entscheidung gefordert, ob eine Leben „geachtet" oder das andere Leben „geschützt" werden soll. Obwohl es nach der Wertordnung des Grundgesetzes keine Unterscheidung in höherwertiges und minderwertiges Leben – also nur gleichwertiges Leben – gibt, kann der Staat im Widerstreit verschiedener Leben sich für das eine oder andere entscheiden. Als **„letztes Mittel"** zur Rettung eines Menschen kann der **gezielt tödliche Schuss** daher gerechtfertigt sein. Wie bei jeder Anwendung unmittelbaren Zwanges bestimmen sich auch in solchen Extremsituationen die Grenzen der zu treffenden Ermessensentscheidung vor allem aus dem **Übermaßverbot**, d. h. nach den Grundsätzen der Geeignetheit, Erforderlichkeit und Verhältnismäßigkeit. Einige Polizeigesetze (Bund, Bay., Bd.-Württ., Rh.-Pf., Thür., S.-Anh. und Nds.) enthalten eingriffsdefinierende bzw. -begrenzende Regeln. Andere Länder (Brem., Hbg., Nordrh.-Westf., Saarl.) haben auf eine Legaldefinition des **finalen Rettungsschusses** verzichtet, ohne dass dadurch die grundsätzliche Zulässigkeit dieses „letzten Mittels" in Frage gestellt wäre.

▶ Art 2. Abs. 2 Satz 1 GG gewährt im Übrigen nur ein **Recht auf Leben, nicht** hingegen das **Recht, über** sein **Leben** zu verfügen.

Das Recht auf Leben ist ein unverzichtbares Rechtsgut. Demnach lässt sich aus Art. 2 Abs. 2 **kein** Recht auf **Suizid** abstützen. Ein Recht, sich selbst zu töten, könnte sich theoretisch allenfalls aus Art. 2 Abs. 1 GG herleiten lassen, jedoch steht dem die Gewährleistungsschranke der „verfassungsmäßigen Ordnung" entgegen. Aus diesem Grunde müssen auch für den Fall einer drohenden Selbsttötung bzw. eines Selbsttötungsversuchs im Rahmen der Polizeigesetze entsprechende Schutzmaßnahmen getroffen werden.

## Recht auf körperliche Unversehrtheit (Art. 2 Abs. 2 GG)

Auch dieses Recht wirkt in zweifacher Hinsicht: Es gewährleistet die **physische Integrität** des **Grundrechtsträgers** (als Abwehrrecht) und verpflichtet den **Staat** zu **aktivem Schutz**. Art. 2 Abs. 2 GG schützt insbesondere vor **ungerechtfertigten Eingriffen**, die eine Störung der **Gesundheit** zur Folge haben bzw. **Schmerzen** bereiten oder das **körperliche Wohlbefinden** beeinträchtigen, so z. B. bei Körperverletzungen. Ungerechtfertigt sind körperliche Züchtigungen. Eine Beeinträchtigung der körperlichen Unversehrtheit kann auch erfolgen durch Verletzung bzw. Vernachlässigung von Schutzpflichten. Geschützt ist ferner die Freiheit vor Verunstaltungen, etwa im Zusammenhang mit rituellen Beschneidungen. Keine Beeinträchtigung liegt vor bei Heileingriffen mit Einwilligung des Betroffenen. Die Anordnung, sich die Haare kürzen zu lassen zieht keine schmerzgleichen Wirkungen nach sich, kann jedoch unter Art. 2 GG fallen, wenn sie mit Gewalt erfolgt (BVerfGE 47, 239).

Individuelle Selbstbestimmung und staatliche Schutzpflichten können in Grenzsituationen miteinander **kollidieren,** wobei im Falle von Lebens- oder schwersten Gesundheitsgefahren, etwa bei notwendig werdenden **Zwangsevakuierungen** im **Katastrophenfall,** der Schutzpflicht Vorrang zukommt. Gleiches gilt z. B., wenn Strafgefangene in den **Hungerstreik** treten. Die Verpflichtung zur **Zwangsernährung** und anderen lebenserhaltenden Maßnahmen setzt ein, wenn nicht mehr von einer freien Willensentscheidung ausgegangen werden kann (StrVollzG v. 16. 3. 76, zul. geä. d. Ges. v. 5. 10. 2002, BGBl. I S. 3954).

| **Schranken** des Rechts auf körperliche Unversehrtheit |
|---|

Eingriffe in dieses Recht sind nur zulässig aufgrund eines **förmlichen Gesetzes** (s. oben). Dem **Verhältnismäßigkeitsgrundsatz** kommt besondere Bedeutung zu, z. B. bei chirurgischen Eingriffen zwecks Feststellung der Zurechnungsfähigkeit (BVerfGE 16, 184). Auch die zwangsweise Verabreichung von **Brechmitteln** kann am Übermaßverbot scheitern. Heftig umstritten ist der **Nichtraucherschutz**. Im öffentlichen Raum und am Arbeitsplatz ist das Rauchen weithin untersagt. Für Gaststätten bestehen in den Bundesländern höchst unterschiedliche Regelungen. Grundsätzlich hat der **Gesundheitsschutz** Vorrang (BVerfG, 30.7.2008).

 | **Besondere Bedeutung für die Polizei** |
|---|

Besonderes Gewicht besitzen die unter den Gesetzesvorbehalt des Art. 2 Abs. 2 Satz 3 GG fallenden **gesetzlichen** Eingriffsermächtigungen, z. B.:

▶ der **Impfzwang** aufgrund des Bundesseuchengesetzes (BVerwGE 9, 78);
▶ **körperliche Untersuchung** und **Entnahme von Blutproben** gem. § 81a StPO, auch im Zivilrecht (zur Klärung der Vaterschaft). Das DNA-Identitätsfeststellungsgesetz vom 7. 9. 1998 (BGBl. I. S. 2646), geändert durch das Gesetz vom 2. 6. 1999 (BGBl. I. S. 1242), regelt ergänzend hierzu die **Entnahme von Körperzellen** im Strafverfahren sowie zur Verbrechensvorbeugung (sog. genetischer Fingerabdruck, dessen – gesetzeskonforme – Speicherung lt. Beschluss des BVerfG vom 14. 12. 2000(BVerfGE 103, 21) verfassungsrechtlich nicht zu beanstanden ist, da der „Kernbereich der Persönlichkeit" hiervon nicht betroffen wird. Jedoch hat das Gericht am 15. 3. 01 nachdrücklich darauf hingewiesen, dass die Speicherung an besonders enge Voraussetzungen geknüpft ist.
▶ die **freiwillige Sterilisation** nach Maßgabe des Gesetzes über freiwillige Kastration und andere Behandlungsmethoden vom 15. 8. 1969 (BGBl. I. S. 1143).

Auch die **Rechtsprechung** hat insoweit einige bedeutsame Grundsätze entwickelt, z. B. zum Züchtigungsrecht (BGHSt 11, 241) und zum Erfordernis der Einwilligung bei einem operativen Eingriff (BGH, NJW 1958 S. 267).

## Freiheit der Person (Art. 2 Abs. 2 und 104 GG)

Im Gegensatz zum Grundrecht auf freie Entfaltung, das sich auf die **generelle**, vor allem auch die **geistige Freiheit** von staatlichem Zwang bezieht, gewährt Art. 2 Abs. 2 Satz 2 die **körperliche Bewegungsfreiheit**, also die Freiheit vor Verhaftungen und ähnlichen Eingriffen.

 Das Recht auf **Freiheit der Person** gem. Art. 2 Abs. 2 Satz 2 GG schützt die **körperliche Bewegungsfreiheit**, d. h. einen tatsächlich oder rechtlich zugänglichen Ort oder Raum aufzusuchen oder sich dort aufzuhalten, „nicht aber sich unbegrenzt überall aufzuhalten und überall hinbewegen zu können" (BVerfGE 94, 166).

Diese Vorschrift **verbietet** daher jede Form des **Menschenhandels** und der **Sklaverei**, willkürliche **Verhaftungen** und **Arbeitszwang**, widerrechtliche **Aufenthaltsbeschränkungen** sowie jede andere rechtswidrige Einschränkung der körperlichen **Bewegungsfreiheit**.

| Schranken der Freiheit der Person |
|---|

Die **Freiheit der Person** ist gem. Art. 2 Abs. 2 Satz 2 GG „**unverletzlich**".Mit dieser Formulierung verleiht das Grundgesetz dem Rechtsgut der persönlichen Freiheit einen besonderen Rang. **Eingriffe** sind nur zulässig, soweit „**wichtige Gründe**" vorliegen (BVerfGE 65, 317). Diesem Rang entsprechend, stellt die **Verfassung** selbst solche Eingriffe unter eine Reihe von **Vorbehalten**. Gem. Art. 104 Abs. 1 GG darf in das Grundrecht nur eingegriffen werden aufgrund eines **förmlichen Gesetzes** und unter Beachtung der darin vorgeschriebenen **Formen**. Denn gerade bei diesem Grundrecht besteht in herausragendem Maße die **Gefahr** staatlicher **Willkür**. Schon immer neigten Unrechtssysteme dazu, politische Gegner dadurch mundtot zu machen, dass man sie wegsperrt. Dem beugt die Verfassung nicht nur durch die **materielle Freiheitsgarantie** des Art. 2 Abs. 2 Satz 2 GG, sondern auch durch die **formellen Gewährleistungen** des Art. 104 GG vor. Beide Normen stehen, so das Bundesverfassungsgericht in ständiger Rechtsprechung, in **unlösbarem Zusammenhang** (E 105, 239).
Art. 104 GG begründet mithin **kein eigenständiges Freiheitsrecht**, sondern markiert die **Grenze** der **Einschränkbarkeit** der Freiheitsgarantie des Art. 2 Abs. 2 GG und erhebt die **Formvorschriften** der einfachen Gesetzgebung zum **Verfassungsgebot** (BVerfG, 2 BvR 447/05). Für den Bürger resultiert daraus eine umfassende **Garantie** der **Rechtssicherheit**.
Zu differenzieren ist zwischen **Freiheitsbeschränkungen** (Art. 104 Abs. 1 Satz 1 GG) und **Freiheitsentziehungen** (Art. 104 Abs. 2 Satz 1 GG):

▶ **Freiheitsbeschränkung** ist der **umfassendere** Begriff. Er kennzeichnet zugleich den **weniger einschneidenden** Rechtseingriff. In Betracht kommen hier nur **kurzfristige** Beeinträchtigungen, insbesondere zur Durchsetzung eines bestimmten Verhaltens, zu dem der Betroffene verpflichtet ist, etwa im Zuge einer Blutentnahme oder bei Vorführungen, Sistierungen sowie polizeirechtlichen Platzverweisen und Aufenthaltsverboten. Die an Art. 104 Abs. 1 Satz 1 GG geknüpften Voraussetzungen gelten jedoch für **jedwede Beeinträchtigung** der körperlichen **Bewegungsfreiheit** (Jarras/Pieroth, a.a.O., Art. 104 GG, Rdnr. 2)

▶ Der **engere** Begriff der **Freiheitsentziehung** gem. Art. 104 Abs. 2 Satz 1 GG ist an **zusätzliche Voraussetzungen** geknüpft. Sie liegt vor, wenn die körperliche Bewegungsfreiheit **allseitig** bzw. auf einen **engen Raum** beschränkt wird (BVerwGE 62, 325). Zudem wird man „im Hinblick auf den Zweck des Art. 104 GG zusätzlich eine gewisse **Mindestdauer** verlangen müssen" (Jarras/ Pieroth, a. a. O., Art. 104 GG, Rdnr. 8). Unter den Begriff der **Freiheitsentziehung** fällt somit **jede Form des Ingewahrsam-Nehmens** oder **Unter-Einschließung-Setzens**. In Anlehnung an § 2 des Gesetzes über das gerichtliche Verfahren bei Freiheitsentziehungen sind dies vor allem Strafvollzug, Unterbringung und Untersuchungshaft, aber auch jede Art der **Ingewahrsamnahme** durch die Polizei.

*Grundrechte*

Diese Unterscheidung ist vor allem deshalb von Bedeutung, weil bei der **Freiheitsentziehung** grundsätzlich der **Richter** – und zwar im **Vorhinein** – über Zulässigkeit und Fortdauer der Maßnahme zu entscheiden hat. Bei jeder **nicht** auf richterlicher Anordnung beruhenden Freiheitsentziehung ist **unverzüglich** eine richterliche Entscheidung einzuholen (Art. 104 Abs.2 GG). Ob der Platzverweis einen Grundrechtseingriff darstellt, ist strittig. Denn der Gewährleistungsinhalt des Art. 2 Abs. 2 GG umfasst nicht ohne weiteres auch die Freiheit, sich unbegrenzt überall zu bewegen bzw. aufzuhalten (BVerfGE 94/166).Die **Vorladung** ist keine Freiheitsbeschränkung, anders jedoch die (erzwungene) **Vorführung**.

Die **rückwirkend verlängerte** oder **nachträglich angeordnete Sicherungsverwahrung** bei **besonders gefährlichen** Straftätern ist vom Europäischen Menschenrechtsgerichtshof gerügt und vom BVerfG (2 BvR 740/10) für **unvereinbar** mit dem **Freiheitsgrundrecht** erklärt worden. Die Materie ist daraufhin 2012 umfassend neu geregelt worden.

Die **Polizei** kann aus **strafverfolgenden** und **gefahrenabwehrenden** Gründen gehalten sein, in dieses Grundrecht einzugreifen. Hauptanwendungsfälle sind die **vorläufige Festnahme** gem. §§ 127, 127 b StPO und die polizeirechtliche **Ingewahrsamnahme**. Maßnahmen unterhalb der Schwelle einer Freiheitsbeschränkung, d. h. bloße Unannehmlichkeiten, haben keine **Eingriffsqualität**. Hierzu gehören z. B. Verkehrsregelungs- und -lenkungsmaßnahmen sowie das Anhalten zwecks Verkehrskontrolle.

Den **verfassungsunmittelbaren Schranken** aus Art. 104 GG sowie den ergänzenden, durch Abs. 1 mit **Verfassungsrang** versehenen **Vorschriften** des **einfachen Rechts** kommt in der polizeilichen Praxis allein schon der herausragenden Bedeutung dieses Grundrechts wegen ein besonderer Rang zu. Hierzu gehören z. B. das **Verbot körperlicher** und **seelischer Misshandlungen** gem. Art. 104 Abs. 1 GG, die in § 163 a Abs. 4 StPO und in den Polizeigesetzen normierte Pflicht zur unverzüglichen **Bekanntgabe** des Grundes der Maßnahme, die **Angehörigenbenachrichtigung** gem. § 114 b StPO sowie die spätestens für den Tag nach der Festnahme vorgeschriebene Verpflichtung zur **Vorführung** des Festgenommenen vor den Richter, sofern nicht zuvor bereits dessen Freilassung erfolgt ist (§ 128 StPO).

Parallel dazu schreiben die **Polizeigesetze** übereinstimmend vor, dass es der Herbeiführung einer richterlichen Entscheidung nicht bedarf, wenn anzunehmen ist, dass die Verfügung des Richters erst nach Wegfall des Grundes der polizeilichen Maßnahmen ergehen würde (§§ 33 Abs. 1 HSOG, 19 Abs. 1 Nds. SOG, 36 Abs. 1 PolG NW).

Zu folgenschweren Fehlinterpretationen führt in der Praxis gelegentlich Art. 104 Abs. 2 Satz 3 GG. Die Vorschrift konkretisiert lediglich den Begriff **„unverzüglich"** für den Fall einer Freiheitsentziehung durch die Polizei und regelt somit einen bloßen Ausnahmetatbestand. Daraus ist keinesfalls die Befugnis abzuleiten, bei Freiheitsentziehungen innerhalb der verfassungsrechtlich vorgesehenen Frist auf die Einholung einer richterlichen Entscheidung zu verzichten.

Die **besonders engen Grenzen,** die der staatlichen Gewalt gezogen sind, hat das BVerfG mit Entscheidung vom 13.12.2005 erneut betont. Anlass war eine im Zusammenhang mit Castor-Transporten vorgenommene Ingewahrsamnahme, die bis zum nächsten Tage ausgedehnt worden war. Dazu entschied das Gericht unter anderem:

▶ Alle staatlichen Organe sind verpflichtet, dafür Sorge zu tragen, dass der **Richtervorbehalt** als Grundrechtssicherung **praktisch** wirksam wird. Das gilt bei Ingewahrsamnahmen auch hinsichtlich der organisatorischen Abläufe und der Zahl der eingesetzten Beamten.

▶ Die Freiheitsentziehung erfordert grundsätzlich eine **vorherige** richterliche Anordnung. Wird davon ausnahmsweise abgesehen, hat die Polizei **alle** unter den Umständen des Einzelfalles **gebotenen Maßnahmen** zu ergreifen, um die Entscheidung **unverzüglich** nachzuholen.

▶ **Unverzüglich** ist dahingehend auszulegen, dass die richterliche Entscheidung ohne jede Verzögerung, die sich nicht aus **sachlichen Gründen** rechtfertigen lässt, nachzuholen ist. Nicht vermeidbar sind zum Beispiel Verzögerungen, die durch Transportschwierigkeiten, notwendige Registrierungen und Protokollierungen, ein renitentes Verhalten des Festgenommenen oder vergleichbare Umstände bedingt sind.

## Gleichheit vor dem Gesetz (Art. 3 GG)

Der Gleichheitsgrundsatz verpflichtet die staatlichen Organe,

 alle Menschen gleich zu behandeln, soweit gleiche Voraussetzungen vorliegen.

Die grundrechtlich gewährleistete Gleichheit vor dem Gesetz erhält ihre besondere Wirksamkeit dadurch, dass sie Benachteiligte und Schwache schützt. Gleichheit ist der Feind von Vorrechten. Im Einzelnen bedeutet das für die

| Legislative | Exekutive | Judikative |
|---|---|---|
| ⇩ | ⇩ | ⇩ |
| **Gleiche Sachverhalte** erfordern **gleiche Behandlung,** wesentlich Gleiches darf daher nicht willkürlich ungleich behandelt werden. | | |
| Ein Gesetz, das Grundbesitz anders besteuert als sonstige Vermögensbestandteile (z. B. Aktienbesitz) ist verfassungswidrig (VerfGE 93, 121). | Die Verwaltung darf nicht ohne besondere sachliche Rechtfertigung von einem bislang in ständiger Praxis geübten Ermessensgebrauch abweichen (sog. Selbstbindung der Verwaltung) | Ein unter Verletzung der „Waffengleichheit" zustande gekommenes Urteil ist aufzuheben. Gleiches gilt, wenn bestehendes Recht zu Gunsten oder zu Lasten Einzelner nicht angewendet wird. |
| ⇩ | ⇩ | ⇩ |
| **Ungleiche Sachverhalte** erfordern entsprechend **ungleiche Behandlung,** wesentlich Ungleiches darf daher nicht willkürlich gleich behandelt werden. | | |
| Der Gesetzgeber darf die Leistungen der gesetzlichen Krankenversicherung für künstliche Befruchtung auf Ehepaare beschränken und nicht-eheliche Partnerschaften ausschließen. Denn beide Gruppen haben verschiedenartige Rechtspflichten (BVerfG, 28.2.2007) | Wenn die Verwaltung zu einem Volksfest nicht alle Aussteller zulassen kann und nach dem Grundsatz „bekannt und bewährt" auswählt, liegt darin kein Verstoß gegen Art. 3 GG (BVerwGE, 82, 95). | Die unterschiedliche Bestrafung von Jugendlichen und Erwachsenen oder von Erst- u. Rückfalltätern fußt auf ungleichen Sachverhalten und ist daher mit Art. 3 GG vereinbar; desgl. bei der Versagung des Verheiratetenzuschlags im Falle eingetragener Lebensgemeinschaften. |

 Diese Beispiele zeigen: Der **Gleichheitsgrundsatz** und das ihm innewohnende **Willkürverbot** sind **Eckpfeiler** der **Gerechtigkeit.**

*Grundrechte*

Mit Art. 3 Abs. 1 GG ist der Gleichheitsgrundsatz im Grunde genommen bereits umfassend und abschließend geregelt. Gleichwohl finden wir im Grundgesetz noch an anderen Stellen **konkrete Ausgestaltungen** dieses Grundrechts. Daher lässt sich feststellen: Art. 3 Abs. 1 GG enthält das

**Haupt-Gleichheitsrecht,**

zu dem alle anderen Gleichheitsrechte

**Spezialbestimmungen**

darstellen:

| Art. 3 Abs. 2 GG Gleichberechtigung der **Geschlechter** | Art. 33 Abs. 1 GG Gleichheit der **Rechte und Pflichten** der Staatsbürger | Art. 33 Abs. 2 GG Gleicher **Zugang zu allen öffentlichen Ämtern** | Art. 38 Abs. 1 GG Gleiches **Wahlrecht** |
|---|---|---|---|
| Hiermit ist die von den Frauen lange erkämpfte Forderung verwirklicht worden, den Männern rechtlich gleichgestellt zu werden. So musste z. B. das BGB dahingehend geändert werden, dass der Vater nicht mehr der alleinige gesetzliche Vertreter der Kinder ist. Auch in namensrechtlicher Hinsicht ist das Gleichheitsgebot zu beachten. Die natürlichen (biologischen) Unterschiede müssen jedoch berücksichtigt werden, daher z. B. Mutterschutzgesetz, keine allgemeine Frauen-Wehrpflicht. | Diese Vorschrift soll z. B. verhindern, dass sich das Prinzip der Bundesstaatlichkeit zum Nachteil der Bürger auswirkt (keine Bevorzugung von „Einheimischen" bzw. Benachteiligung von Bürgern anderer Bundesländer). Gleichheit der Rechte und Pflichten bedeutet u. a. auch Wehrgerechtigkeit (Art. 12a GG), gesamtwirtschaftliches Gleichgewicht (Art. 104a Abs. 4 GG) sowie die Pflicht zur Wahrung der Einheitlichkeit der Lebensverhältnisse im Bundesgebiet (Art. 106 Abs. 3 Nr. 2 GG). | Das bedeutet, dass jeder Deutsche das verfassungsmäßig garantierte Recht hat, jedes öffentliche Amt zu bekleiden (und somit Beamter zu werden). Voraussetzung dafür ist natürlich, dass er als befähigt und geeignet befunden wird und die entsprechenden Ämter vorhanden sind. Die Bestimmung erfasst nicht nur den eigentlichen Staatsdienst (Beamte, Angestellte, Lohnempfänger), sondern jede berufliche oder ehrenamtliche Tätigkeit im öffentlichen Bereich. | Zu den Wahlgrundsätzen gehört, dass alle Stimmen das gleiche Gewicht haben. Jede abgegebene gültige Stimme muss ebenso bewertet werden wie alle übrigen Stimmen. Auch der Grundsatz der Chancengleichheit der politischen Parteien gehört hierzu, jedoch darf die Teilnahme am TV-Duell der Kanzlerkandidaten „entsprechend der Bedeutung der Parteien" unterschiedlich behandelt werden (VG Köln). Weitere Einzelheiten unter „Wahlen" sowie „Freiheitliche demokratische. Grundordnung". |

## Grundrechte

**Zur Erläuterung des Gleichheitsgrundsatzes im Einzelnen**

Der **allgemeine Gleichheitssatz** ist ein Element des objektiven **Gerechtigkeitsprinzips** und somit des Grundsatzes der **Rechtsstaatlichkeit** (BVerfGE 21, 353). Er gilt für alle **Menschen** sowie alle **inländischen juristischen Personen** des **Privatrechts** (BVerfGE 35, 348). Abweichend hiervon schützt Art. 3 Abs. 3 Satz 2 GG nur natürliche Personen gegen behinderungsbezogene **Ungleichbehandlung**, nicht auch die Behindertenverbände.

**Gleichbehandlung wesensmäßig gleicher Sachverhalte:**

„Diese Verfassungsnorm gebietet, alle Menschen vor dem Gesetz gleich zu behandeln. Demgemäß ist dieses Grundrecht vor allem dann verletzt, wenn eine Gruppe von Normadressaten im Vergleich zu anderen Normadressaten **anders behandelt** wird, **obwohl keine Unterschiede** von solcher Art und solchem Gewicht bestehen, dass sie die ungleiche Behandlung rechtfertigen könnten" (BVerfGE, NJW 81, 271). An der entsprechenden „verfassungsrechtlich tragfähigen" Begründung fehlte es z. B. bei der Neuregelung der Pendlerpauschale für Fahrten „ab dem 21. Entfernungskilometer", die vom BVerfG als Verstoß gegen Art. 3 GG gewertet wurde (Urteil vom 9.12.2008). Das bedeutet allerdings nicht, dass steuerliche Sonderregelungen für Pendler generell verfassungswidrig sind.

**Willkürausschluss:**

Der Gleichheitsgrundsatz enthält ein **subjektiv-öffentliches Recht** auf **Gleichbehandlung** oder **Schutz vor Willkür** (BVerfGE 21, 353). Das heißt jedoch nicht, dass der Grundrechtsträger daraus grundsätzlich einen Anspruch auf ein bestimmtes Handeln des Gesetzgebers ableiten könnte (s. BVerfGE 1, 97). Ein solcher Anspruch besteht nur dann, wenn das Grundgesetz einen ausdrücklichen Auftrag an den Gesetzgeber enthält, der Inhalt und Umfang der Gesetzgebungspflicht näher umreißt (s. BVerfGE 12, 139).

Art. 3 Abs. 1 GG verbietet es, eine Person oder Gruppe willkürlich – d. h. ohne zureichenden Grund – schlechter zu stellen als eine vergleichbare Person oder Gruppe (BVerfG, NJW 1980 S. 1568). Der Gleichheitssatz ist verletzt, wenn sich ein vernünftiger, sich aus der Sache ergebender oder sonstwie sachlich einleuchtender Grund für die gesetzliche Differenzierung oder Gleichbehandlung nicht finden lässt (BVerfGE 1, 14). Eine Klage gegen die **unterschiedliche Beamtenbesoldung** (Ost 92,5 Prozent der West-Bezüge ab 2004) scheiterte daher, weil sie eine **Übergangslösung** darstellt (BVerfG, 17.7.03). Es ist auch nicht zu beanstanden, dass **Wehrpflichtige** wegen des verminderten Bedarfs der Bundeswehr eine höhere Chance als die Zivildienstleistenden haben, nicht einberufen zu werden (BVerwG, 19.1.05)

**Willkür** lässt sich **nicht abstrakt** und allgemein feststellen, sondern stets nur in Bezug auf die Eigenart des konkreten Sachverhalts (BVerfGE 17, 122). Dabei ist das gesetzgeberische Motiv zu beachten (BVerfGE 13, 331). Der Gesetzgeber braucht unter mehreren gerechten Lösungen im konkreten Fall nicht die zweckmäßigste, vernünftigste oder gerechteste Lösung gewählt zu haben. Vielmehr genügt es, wenn für die getroffene Regelung ein **sachgerechter** Grund vorliegt (BVerfGE 4, 143). „Es verstößt daher nicht gegen das Willkürverbot, wenn der Gesetzgeber zur Lenkung des Verkehrs von der Straße auf die Schiene Regelungen trifft, die den Verkehr mit privaten Kraftfahrzeugen stärker belasten als die Benutzung öffentlicher Verkehrsmittel" (BVerfGE 27, 65). Denn er kann, „um Missbrauch auszuschließen, unterschiedliche Regelungen treffen". Auch kann er „schärfere rechtliche Anforderungen an die Bereichen stellen, in denen eine größere Missbrauchsgefahr besteht" (BVerfGE 22, 161).

Das **Handy-Verbot** am Steuer ist daher **verfassungskonform**. Das BVerfG nahm eine hiergegen gerichtete Verfassungsbeschwerde nicht zur Entscheidung an (Beschl. v. 18.4.2008).

## Grundrechte

**Weitere Anwendungsfälle des Gleichheitsprinzips:**

Das Sozialstaatsprinzip rechtfertigt **Differenzierungen** zugunsten der sozial schwächeren Bevölkerungsschichten (BVerfGE 29, 402; 31, 306). Allerdings ermächtigt es nicht zu beliebiger, das Gebot der Gleichheit auflösender Sozialgestaltung (BVerfGE 12, 354).

Eine Großstadtzulage für Beamte wäre somit ungerechtfertigt. Denn Ballungsräume bieten regelmäßig den Beschäftigten höhere Lebensqualität als der ländliche Raum (BVerfG, 6.3.07).

Ähnliche Konsequenzen wie die BVerfG-Entscheidung zur **Pflegeversicherung** hatte schon das Urteil zum **Kinderleistungsausgleich**: Bei **Kinderbetreuungskosten** und **Haushaltsfreibeträgen** dürfen im Hinblick auf das spezielle Gleichheitsgebot aus Art. 6 Abs.1 GG **verheiratete** Eltern nicht schlechter gestellt werden als **allein erziehende**. Betreuungsbedarf und Erziehungsbedarf sind für alle Eltern mit Kindern pauschal zu berücksichtigen (Urt. v. 19.1.1999; entsprechend das Gesetz v. 22.12.1999, BGBl. I S. 2552).

Gegen den Gleichheitsgrundsatz verstoßen auch Ländervorschriften, die das **Rauchen in Gaststätten** lediglich in **besonderen Raucherräumen** erlauben, weil dadurch kleinere Lokale, die solche Räume nicht einrichten können, benachteiligt werden. Ein **generelles Rauchverbot** ist hingegen verfassungskonform. Der Gesetzgeber darf dem Gesundheitsschutz den Vorrang geben (BVerfG, Urt.v. 30.7.2008, 1 BvR 3262/07 und v. 6.8.2008, 1 BvR 3198/07).

**Behinderte** Kinder haben zwar „kein generelles Recht auf **integrativen Unterricht** mit nicht behinderten Schülern", denn die „faktische Verwirklichung" steht unter dem Vorbehalt des „tatsächlich Machbaren und des finanziell Vertretbaren." Jedoch ist den Behörden im Verweigerungsfalle eine gesteigerte Begründungspflicht auferlegt, und ein genereller Ausschluss des gemeinsamen Unterrichts ist verfassungswidrig, so das BVerfG in einer vielfach missverstandenen Entscheidung vom 8.10.1997 (BVerfGE 96, 288).

Der Gesetzgeber kann den Umgang mit **Cannabisprodukten** (Haschisch) anders regeln als den mit **Alkohol** bzw. **Nikotin**: „Der Gleichheitssatz gebietet nicht, alle potenziell gleich schädlichen Drogen gleichermaßen zu verbieten oder zuzulassen" (BVerfGE 90, 145). Andererseits bestehen bei konkretem Verdacht keine Verfassungsbedenken, jemand einer Fahreignungsprüfung zu unterziehen, wenn er unter Cannabiseinfluss ein Kraftfahrzeug geführt hat. Der bloße Besitz reicht indessen nicht aus (BVerfG, Beschl. v. 20.6. und 8.7.2002, NJW S. 2378, 2381).

Bei der **Vergabe** von **Domains** im Netz gilt zwar der Grundsatz der Erstanmeldung, jedoch kann im Einzelfall besonders bekannten Unternehmen der Vorrang vor Privatpersonen bei der Registrierung eingeräumt werden, so der BGH am 23.11.2001.

Aus Gründen der Praktikabilität sind **Stichtagsregelungen** grundsätzlich zulässig. Die Härten, die ihnen innewohnen, müssen jedoch nur dann hingenommen werden, wenn die Einführung des Stichtags überhaupt und die Wahl des Zeitpunktes am Sachverhalt orientiert und somit sachlich vertretbar sind (BVerfGE 13, 31). **Losentscheide**, z. B. im Wehrrecht oder bei der Vergabe von Studienplätzen, sind rechtlich bedenklich und können allenfalls dann Platz greifen, wenn andere sinnvollere Auswahlverfahren nicht zur Verfügung stehen.

Zur **Namensgebung** in der Familie hat das BVerfG am 15.3.1991 (NJW 91, 1602) entschieden, dass die ursprüngliche Regelung, nach der im Falle der Nichtfestlegung des Ehenamens durch die Partner der Name des Mannes „automatisch" der Ehename wird, mit Art. 3 Abs. 2 GG unvereinbar ist. Die daraufhin vorgenommene Neuordnung durch das Ges. v. 16.12.1993 (BGBl. I S. 2054) sieht gem. § 1355 BGB n. F. vor, dass die Ehegatten einen **gemeinsamen Familiennamen** (Ehenamen) führen „sollen". Zum Ehenamen kann der Geburtsname des Mannes oder der Frau – nicht aber ein Doppelname – bestimmt werden. Die **Namenseinheit** bleibt mithin **rechtspolitisches Ziel**. Abweichend davon kann jeder Ehegatte seinen bisherigen Namen auch nach der Eheschließung weiterführen. Auch kann, soweit der bisherige Name nicht Ehename wurde, dieser dem Ehenamen als Begleitnamen hinzugefügt werden. Die Regelung, dass Kinder, sofern ein gemeinsamer Familienname nicht geführt wird, entweder

*Grundrechte*

„den Nachnamen der Mutter oder des Vaters, nicht aber einen Doppelnamen" erhalten können, ist verfassungkonform (BVerfGE 104, 373).

Zur **Gleichheit im Parlament** entschied das BVerfG (NJW 77, 1767), das Prinzip der repräsentativen Demokratie erfordere grundsätzlich die Mitwirkung **aller** Abgeordneten bei der parlamentarischen Willensbildung. Folglich müssen alle Fraktionen entsprechend ihrer Stärke in den Gremien des Parlaments vertreten sein.

Der Gleichbehandlung in **Beschäftigung** und **Beruf**, aber auch im **Zivilrecht**, soll in Ausführung entsprechender EU-Richtlinien das **Allgemeine Gleichbehandlungsgesetz (AGG)** vom 14.8.2006 (BGBl. I S. 1897) dienen. Es ist inhaltlich weitgehend identisch mit dem zuvor gescheiterten Antidiskriminierungsgesetz. Seine Zielsetzung ist es, **Benachteiligungen** aus Gründen der Rasse, der ethnischen Herkunft, des Geschlechtes, der Religion oder Weltanschauung, des Alters oder der sexuellen Identität zu **verhindern** oder zu **beseitigen**.

| Zur **Gleichberechtigung** der **Geschlechter** |
|---|

Die **Gleichberechtigung** von **Frau und Mann** als **spezieller** Gleichheitssatz gem. Art. 3 Abs. 2 GG enthält ein **subjektives Recht**, aber auch eine **objektive Wertentscheidung** (BVerfGE 37, 217) und schränkt insoweit den Gesetzgeber in seiner Gestaltungsfreiheit ein. Das Grundrecht umfasst **alle natürlichen Personen** jeden Geschlechts und steht demjenigen zu, der in seiner Eigenschaft als Frau oder Mann Nachteile erfährt. Art. 3 Abs. 2 Satz 1 GG stellt primär auf die **rechtliche** Gleichstellung der Geschlechter ab. Der am 27.10.1994 eingefügte Satz 2 sowie Abs. 3 sollen hingegen zur Förderung der **tatsächlichen** Gleichstellung und zum **Abbau** bestehender **Nachteile** beitragen.

Art. 3 Abs. 2 GG gilt unmittelbar auch im **Arbeitsrecht** (BAG, NJW 77, 1742). Tarifverträge müssen dem Grundsatz „Gleicher Lohn für gleiche Arbeit" entsprechen, wenn männliche und weibliche Arbeitnehmer mit der gleichen Arbeit beschäftigt sind (Art. 119 des EG-Vertrages). Insbesondere das Zweite Gesetz zur Durchsetzung der Gleichberechtigung vom 24. 6. 1994 (BGBl. I S. 1406) enthält wichtige Weichenstellungen für das **Arbeitsleben.** Das Gesetz, das sich an den Gleichbehandlungsrichtlinien der **EU** orientiert, nimmt sowohl für die gesamte Arbeitnehmerschaft (Stellenausschreibung, Mitbestimmung, Schutz vor sexueller Belästigung pp.) wie auch speziell für den öffentlichen Dienst des Bundes Regelungen vor (Einstellung, Beförderung, Arbeitszeit, Beurlaubung, Fortbildung, Frauenförderpläne, Frauenbeauftragte u. a. m.) und fördert so die faktische Gleichstellung am Arbeitsplatz sowie eine angemessene Repräsentanz von Frauen und Männern in Gremien, wie es der weltweiten Strategie zur **nachhaltigen Förderung** der **Gleichstellung** entspricht (seit der 4. Weltfrauenkonferenz 1995 in Peking unter dem Begriff „**Gender Mainstreaming**"). Die EU ist im Vertrag von Amsterdam dieser Zielvorstellung gefolgt, und die Bundesregierung hat sie 1999 zum „durchgängigen Leitprinzip" im Sinne einer Querschnittsaufgabe erhoben.

Das **Verbot** der **Ungleichbehandlung** bedeutet jedoch **nicht,** dass die Geschlechter in einem **umfassenden** Sinne gleich zu behandeln wären. Differenzierungen sind zulässig, „wenn im Hinblick auf die objektiv-biologischen oder funktionalen (arbeitsteiligen) Unterschiede nach der Natur des jeweiligen Lebensverhältnisses eine besondere Regelung erlaubt oder sogar geboten ist" (BVerfGE 3 225). So hat z. B. der EuGH am 11.3.2003 entschieden, die allein auf Männer bezogene **Wehrpflicht** verstoße nicht gegen die EU-Richtlinie zur Gleichbehandlung der Geschlechter. Die Entscheidung darüber sei eine Organisationsfrage, die jedem Mitgliedstaat selbst überlassen bleibe. Der Gleichheitsgrundsatz wird auch nicht dadurch verletzt, dass jede **Mutter** Anspruch auf den Schutz und die Fürsorge der Gemeinschaft hat (Art. 6 Abs. 4 GG). Wegen des biologischen (oder funktionalen) Andersartigkeit sind z. B. auch im arbeitsrechtlichen **Mutterschutz** sowie bei der Behandlung weiblicher und männlicher **Homosexualität** (BVerfGE 6, 389) unterschiedliche Regelungen zulässig.

Für **gleichgeschlechtliche Partnerschaften** bewirkt das Gleichstellungsgesetz vom 16.2.2002 (BGBl. I S. 266) eine im Wesentlichen **ehegleiche Rechtslage** und knüpft damit an die EU-Richtlinie vom 27.11.2000 sowie die EU-Grundrechtscharta an, die u. a. ein Verbot der Diskriminierung auf Grund der „sexuellen Ausrichtung" enthalten (s. unten).

Zum Einsatz von **Frauen** in den **Streitkräften** hat der EuGH am 11.1.2000 entschieden, Art. 12a Abs. 4 Satz 2 GG, wonach ein (über den Sanitäts- und Musikdienst hinaus gehender) **Waffendienst** generell untersagt war, verstoße gegen das Gleichstellungsgebot des EU-Rechts. Die Vorschrift wurde daraufhin vom Bundesgesetzgeber novelliert und lautet nunmehr: „Sie" (die Frauen) „dürfen auf keinen Fall zum Dienst mit der Waffe **verpflichtet** werden" (Gesetz zur Änderung des Grundgesetzes vom 19.12.2000, BGBl. I S. 1755). **Freiwilliger** Dienst ist somit zulässig, und die ersten Frauen sind bereits unmittelbar nach Änderung des Art. 12a GG in den Dienst der Streitkräfte eingestellt worden.

Zu den Konsequenzen **biologisch** begründeter **Verschiedenheiten,** vor allem aber der **gesellschaftlichen Realität** des Auseinanderklaffens von **rechtlicher** und **faktischer Gleichstellung** sind zahlreiche, z. T. widersprüchliche Entscheidungen ergangen, z. B.:

▶ Wegen der biologischen Ungleichheiten ist es verfassungsrechtlich zulässig, wenn nicht ärztliche männliche Geburtshelfer in Regionen, in denen entsprechende Vorbehalte bei der weiblichen Bevölkerung bestehen, durch Einstellung von Hebammen faktisch benachteiligt werden (BVerwG, DÖV 72, 755; strittig).

▶ Überkommene Rollenverteilungen, durch die Frauen benachteiligt werden, dürfen durch staatliche Maßnahmen nicht noch verfestigt werden (BVerfG, NJW 81, 2177).

▶ Gemeinden dürfen zur Bestellung von hauptamtlichen **Gleichstellungsbeauftragten** verpflichtet werden (BVerfG, 26.10.1994, zur Regelung in Schl.-Holst., E 91, 228).

▶ Eine Ungleichbehandlung, die an das Geschlecht anknüpft, ist mit Art. 3 GG nur vereinbar, soweit sie zur Lösung von Problemen, die ihrer Natur nach nur entweder bei Männern oder bei Frauen auftreten können, zwingend erforderlich ist (BVerfG, zum Nachtarbeitsverbot für Arbeiterinnen, NJW 92, 964).

Der ungleichen Gewichtung der Geschlechter im **öffentlichen Dienst** haben Bund und Länder, oft erst nach langem Zögern, durch Gleichstellungs-, Antidiskriminierungs- und Frauenförderungsgesetze entgegenzuwirken versucht. Die in diesen Gesetzen sowie in Verwaltungsvorschriften niedergelegten **Frauenquoten** fußen im Kern auf **drei Modellen:** In der strengsten Form wird im Falle von Einstellungen und Beförderungen bei gleicher Qualifizierung stets der Frau der Vorrang gegeben, bis eine allgemein festgelegte Frauen-Quote erreicht ist. Bei der milderen Form ist der Frau nur „regelmäßig" der Vorzug zu geben, im begründeten Ausnahmefall aber kann die Entscheidung zugunsten des Mannes fallen. In der dritten Variante schließlich werden lediglich bestimmte Ziel-Quotierungen festgelegt, und es bleibt der Behörde überlassen, wie dieses Ziel erreicht werden soll.

Dem Gesetzgeber sind jedoch, wenn er die „faktische Gleichstellung" im öffentlichen Dienst mit Hilfe solcher Quotenregelungen fördern will, Grenzen gesetzt.

▶ Soweit leistungs**unabhängige**, rein formale Quotierungen („starre Quoten") einen bestimmten Prozentsatz zu besetzender Stellen ausschließlich für Frauen reservieren sollen, sind diese mit dem in Art. 33 Abs. 2 GG niedergelegten Prinzip des „gleichen Zugangs für jeden nach seiner Leistung" nicht vereinbar.

▶ Aber auch leistungs**abhängige** Quotenregelungen, bei denen das ergänzende Merkmal „weiblich" erst dann in die Auswahlüberlegungen einbezogen wird, wenn es sich um gleich qualifizierte Personen unterschiedlichen Geschlechts handelt (etwa bei überproportionaler Verteilung von Ausbildungsplätzen oder bei Unterrepräsentanz von Frauen in bestimmten Beförderungsämtern einer Laufbahn) waren lange umstritten: Zwar hat das BVerfG (NJW 87, 1541) grundsätzlich akzeptiert, dass „faktische Nachteile, die typischerweise Frauen treffen, wegen des Gleichheitsgebots durch frauenbegünstigende Regelungen ausgeglichen" werden dürfen, jedoch bedarf es hierzu einer (verfassungs-)rechtlichen Klärung bzw. Präzisierung, denn dasselbe in Art. 3 Abs. 3 GG festgelegte Gleichheitsgebot, das Benachteiligungen „wegen des Geschlechts" verbietet, untersagt zugleich eine Bevorzugung. Zudem bestimmt § 7 BRRG ausdrücklich, dass Beförderungen im öffentlichen Dienst „ohne Rücksicht auf das Geschlecht" vorzunehmen sind.

Der **Europäische Gerichtshof**, der schon 1995 **Frauenquoten** bei der Einstellung und Beförderung im öffentlichen Dienst **grundsätzlich** für **zulässig**, einen **„absoluten und unbedingten"** Vorrang für Frauen jedoch für **nicht vereinbar** mit dem EU-Recht erklärt hatte, hat am 6.7.2000 (EuGH, NJW 2000, 2653) seine Haltung noch einmal bekräftigt: Eine Norm, die bei **gleicher** oder **fast gleicher Qualifikation** den Bewerbern des **unterrepräsentierten** Geschlechts, etwa im Rahmen eines Frauenförderplans, den Vorrang vor Bewerbern des anderen Geschlechts einräumt, ist **gemeinschaftskonform**, sofern dies zur Erfüllung der Zielvorgaben eines solchen Plans **erforderlich** ist, keine Gründe von größerem rechtlichen Gewicht entgegenstehen und die Bewerbungen Gegenstand einer **objektiven Beurteilung** sind, bei der die **besondere persönliche** Lage **aller** Bewerber berücksichtigt wird. Das gilt auch dann, wenn solche nationalen Regelungen nur für die Besetzung einer von vornherein festgelegten begrenzten Stellenzahl oder von Stellen getroffen wurde.

 | **Besondere Bedeutung für die Polizei**

Art. 3 Abs. 1 GG fordert die am **Gleichheitsgrundsatz** ausgerichtete **Ausgestaltung der Rechtssätze** (BVerfGE 1, 14). Die Norm richtet sich primär an den Gesetzgeber, entfaltet aber auch in den übrigen Teilgewalten Wirkung. Für die vollziehende Gewalt, und damit auch für die Polizei, sind folgende Leitsätze von besonderer Bedeutung:

▶ Die Tätigkeit der Verwaltungsbehörden ist auch dann niemals „völlig frei", wenn diese nach ihrem **Ermessen** vorzugehen berechtigt sind. Auch dann bleiben sie an die allgemeinen Erfordernisse des Rechtsstaats gebunden, insbesondere an den Gleichheitssatz (BVerfGE 18, 353), denn das Ermessen (Entschließungs- und Auswahlermessen) ist stets „pflichtmäßig" auszuüben. Der Gleichheitssatz verlangt zudem, das Ermessen **gleichmäßig** auszuüben (BVerwGE 34, 278).

▶ Wenn sich eine generelle Ermessenshandhabung durch Einhaltung einer bestimmten Verwaltungspraxis (sog. **Selbstbindung** der **Verwaltung**) gebildet hat, so verstößt eine Abweichung von dieser Praxis dann gegen den Gleichheitssatz, wenn sie nicht auf sachgerechten Erwägungen beruht (BVerfGE 26, 153).

▶ Die in Art. 5 Abs. 1 Satz 2 GG für die **Pressefreiheit** getroffene Wertentscheidung ist von der Behörde zu beachten, wenn es um eine von der Sache her notwendige Auswahl von Pressevertretern geht, denen Eigeninformationen der Behörde zukommen sollen. Eine Auswahl, die der Wertentscheidung des Art. 5 Abs. 1 Satz 2 GG zuwiderliefe, beispielsweise Vertreter der „guten" Presse oder unkritische oder der Behörde gegenüber positiv eingestellte Journalisten bevorzugte, wäre mit Art. 3 Abs. 1 GG nicht zu vereinbaren (BVerwG, NJW 1975, S. 891 f.).

▶ Der Gleichheitssatz ist auf Gleichbehandlung **im Recht** ausgerichtet und beinhaltet weder Ansprüche des Bürgers noch Befugnisse der Verwaltung, eine **rechtswidrige** Gleichbehandlung zu fordern oder zu gewähren (BVerwGE 34, 278). Es gibt keinen Gleichheitsanspruch auf Fehler-Wiederholung, **keine „Gleichheit im Unrecht"** (Maunz-Dürig-Herzog, GG, Art. 3 Abs. 1, Rdnr. 179). Die **Unterlassung strafrechtlicher Verfolgung** anderer Personen macht das Strafverfahren gegen den Beschuldigten weder willkürlich noch rechtsstaatswidrig (BVerfGE 51, 176). Auch kann kein Straftäter seine Straflosigkeit mit dem Hinweis darauf fordern, dass andere Gesetzesbrecher nicht verfolgt worden sind (BVerfGE 50, 142).

## Glaubens- und Gewissensfreiheit (Art. 4 GG)

Art. 4 Abs. 1 GG gehört als Individualgrundrecht zu den fundamentalen Persönlichkeitsrechten. Die Vorschrift besitzt eine lange Tradition und war bereits in der Paulskirchenverfassung enthalten. Sie ist spezifischer Ausdruck der Menschenwürde (BVerfGE 33, 23) und steht in bewusster Abkehr von einer Rechtstradition, die dem „Untertan" dieselbe Religion aufgab wie seinem Herrscher (Augsburger Religionsfriede von 1555).

Nach unserer Verfassungsordnung sind **Staat** und **Kirche** im Grundsatz **institutionell** und **organisatorisch getrennt:** „Es besteht **keine Staatskirche**" (Art. 140 GG in Verbindung mit dem inkorporierten Art. 137 Abs. 1 WRV). Die Verfassung nimmt allerdings **keine laizistische Nicht-Identifikation** mit Religionen und Weltanschauungen vor. Vielmehr entscheidet sie sich für eine „**respektierende weltanschaulich-religiöse Neutralität**" (BVerfGE 108, 282). Das Grundgesetz **bevorzugt** mithin auch **keine** bestimmte (Staats-) Religion und pflegt die **Zusammenarbeit** mit allen organisierten Religionsgemeinschaften gleichermaßen. Dem Neutralitätsgebot folgend, dürfen Bekenntnisse weder ausgegrenzt noch privilegiert werden; desgl. verbietet sich jeder Zwang auf religiöse Überzeugungen (BVerfGE 91, 1).

**Träger des Grundrechts ist jedermann,** also auch Personen, die keiner Religionsgemeinschaft angehören sowie Ausländer. Bei Minderjährigen ist die selbstständige Grundrechtsausübung davon abhängig, ob sie sich eine wertentscheidende Meinung zur jeweiligen Sache bilden können. Auch die **Religionsgemeinschaften** sind Grundrechtsträger, selbst dann, wenn die Religionsausübung nur eines von mehreren Zielen der Gemeinschaft ist. Allerdings ist nicht jede beliebige religionsartige Betätigung geschützt, sondern nur solche, die sich bei den heutigen Kulturvölkern auf dem Boden gewisser übereinstimmender Grundauffassungen im Laufe der Geschichte herausgebildet haben. Das Selbstverständnis allein reicht hierbei nicht aus, vielmehr muss es sich auch „tatsächlich, nach geistigem Gehalt und äußerem Erscheinungsbild um eine Religion und Religionsgemeinschaft handeln" (BVerfG, DVBl. 91, 435).

Religiöse und weltanschauliche Gemeinschaften können sich als **öffentlich-rechtliche Körperschaften** organisieren. Mit der Verleihung des **Körperschaftsstatus** durch die hierfür zuständigen Länder verbinden sich bestimmte **Rechtsfolgen** und „Privilegien"(Sonderrechte bei Steuern und Abgaben, Dienstherrenfähigkeit, Mitspracherecht im Rundfunkrat pp.). Der Kirchensteuereinzug ist nicht Teil dieses Status, sondern einzelgesetzlich geregelt.

**Körperschaftsstatus** besitzen die Bistümer der römisch-katholischen Kirche, die Evangelische Kirche in Deutschland und ihre Landeskirchen sowie eine Vielzahl kleinerer religiöser Gemeinschaften (Neuapostolische Kirche, Zeugen Jehovas, Israelitische Kultusgemeinde pp.). Islamische Gemeinschaften haben diesen Status (noch) nicht. Entsprechende Strukturen bzw. Zusammenschlüsse sind im Werden.

### Gewährleistungsumfang

Art. 4 GG gewährleistet jedem, sich seine **innere Überzeugung** frei zu **bilden** und für diese nach **außen** einzutreten. Das einheitliche Grundrecht umfasst folgende Freiheitsrechte:

▶ die **Glaubensfreiheit**
Geschützt sind **religiöse** und **weltanschauliche** Überzeugungen. Jeder darf über die Grundfragen des menschlichen Seins und seine Beziehung zu höheren Mächten selbst entscheiden (BVerfGE 98, 106). Umfasst ist auch das Recht, einer Religionsgemeinschaft **anzugehören**, sie zu **wechseln** oder solchen Gemeinschaften **fernzubleiben**.

▶ die **Gewissensfreiheit**
Unabhängig von religiösen Überzeugungen gewährleistet die Gewissensfreiheit, dass jeder die Richtschnur seines Handelns selbst bestimmen und sein Verhalten nach den „als bindend und unbedingt verpflichtend erfahrenen Geboten" einrichten darf (BVerfGE 48, 163). Ausprägung dessen ist z.B. das Kriegsdienstverweigerungsrecht (s. unten).

▶ die **Bekenntnisfreiheit**
Sie ist die „äußere" Seite der Glaubensfreiheit, wonach jeder aussprechen, aber auch verschweigen darf, was er glaubt oder nicht glaubt. Eingeschlossen ist das Recht, für seine Überzeugung einzutreten, für sie zu werben und abzuwerben.

▶ die **Freiheit der Religionsausübung**
Geschützt sind **religiöse Handlungen** i. e. S. (Messen, Glockengeläut, Bestattungen). Desgl. religiöse Erziehung und Sammlungen sowie auch atheistische Veranstaltungen.

| Schranken der Glaubens- und Gewissensfreiheit |
|---|

Dem Wortlaut nach ist die Glaubens- und Gewissensfreiheit uneingeschränkt und vorbehaltlos gewährleistet. Das gilt generell für die **innere Freiheit** (Gedanken- und Entscheidungsfreiheit). Probleme können erst auftreten, wenn sich die Überzeugungen eines Menschen durch konkretes Handeln auf seine **Umwelt** auswirken. Wer aber durch sein Verhalten die von der **allgemeinen Wertordnung** des Grundgesetzes gezogenen Grenzen verletzt, kann sich nicht mehr auf die Glaubensfreiheit berufen. Denn auch dieses Grundrecht darf nicht völlig schrankenlos ausgeübt werden. In einer auf **Freiheit** und **Gleichheit aller** angelegten Verfassung findet es insbesondere dort seine Begrenzung, wo die **Ausübung** auf **kollidierende** Grundrechte **anders denkender** Personen trifft. In diesem Falle muss „unter Berücksichtigung des **Toleranzgebots** ein Ausgleich gesucht werden", und es „gelten die aus der **Verfassung** selbst begründeten Schranken, namentlich aus Grundrechten Dritter und anderen mit Verfassungsrang ausgestatteten Rechtsgüter" (BVerfG, NJW 70, 1729; 80, 575).

Die „**Schranken-Trias**" gem. Art. 2 Abs. 1 GG gilt zwar nicht ohne weiteres auch für alle übrigen Grundrechte, sie dient jedoch als **Auslegungsregel** zur Interpretation des Sinngehalts anderer Grundrechte. Vor allem die Bindung an die „verfassungsmäßige Ordnung" vermag daher die Grundfreiheiten einzugrenzen, im Hinblick auf das Fehlen einer speziellen Schranke im Text des Art. 4 Abs. 1 GG jedoch „stets nur aus gewichtigen und überwiegenden Gründen des Gemeinwohls" (Maunz-Dürig-Herzog, GG, Art. 4 Rdnr. 149). Insoweit findet das Recht auf ungestörte Religionsausübung z. B. dort seine Schranke, wo unter Ausnutzung dieses Rechts der Staat selbst in Frage gestellt wird. Für Verfassungsfeinde bleibt auch hier kein Raum: „Aus der Gewissensfreiheit lässt sich **kein Recht** zur **Korrektur staatlicher Entscheidungen** ableiten, es umfasst auch nur solche Entscheidungen, die dem persönlichen Verantwortungsbereich zuzuordnen sind" (BVerfG, NJW 70, 1729).

Die **Abgrenzung** beschäftigt häufig die Gerichte, vor allem im Verhältnis zum Islam. **Beispiele:**

Das in der jüdischen Religion und im Islam gebotene „**Schächten**" (betäubungsloses Töten von Schlachttieren) ist seit der Novellierung des Tierschutzgesetzes (§ 4a TierSchG i. d. F. v. 25.5.98; BGBl. I S. 1105) im Ausnahmefall erlaubt, lässt sich aber mit dem Staatsziel Tierschutz nur schwerlich vereinbaren. Einzelfallgenehmigungen an muslimische Metzger sind jedoch zulässig (BVerfG, Entsch. v. 15.1.2002; E 104, 377).

Die bayerische Regelung, die für staatliche **Pflichtschulen** generell das Anbringen von **Kruzifixen** in Klassenräumen vorschrieb, ist nach einer Entscheidung des BVerfG vom 16.5.1995 mit Art. 4 GG nicht vereinbar (E 93,1). Das Kreuz, so das Gericht, sei „Symbol einer bestimmten religiösen Überzeugung und nicht etwa nur Ausdruck der vom Christentum mitgeprägten abendländischen Kultur." Die Vorschrift verstoße daher gegen das Neutralitätsgebot. Die Senatsminderheit erklärte dazu, nach ihrer Auffassung beziehe sich die Bejahung des Christentums nicht auf Glaubensinhalte, sondern auf die Anerkennung eines prägenden allgemeinen Kultur- und Bildungsfaktors und sei somit auch gegenüber Nichtchristen gerechtfertigt.

Die Entscheidung wurde vielfach missverstanden, was das Gericht zu der Erklärung veranlasste, das Urteil bedeute zunächst nur, dass die entsprechende bayerische Schulvorschrift nichtig ist. Dies schließe keineswegs aus, dass bei Zustimmung aller Eltern die Kruzifixe hängen

## Grundrechte

bleiben könnten. Nach der daraufhin erfolgten Neuregelung sind zwar in den Klassenzimmern weiterhin Kruzifixe aufzuhängen, jedoch können Eltern „aus ernsten und einsehbaren Gründen des Glaubens und der Weltanschauung" Widerspruch einlegen mit der Folge, dass eine auf Interessensausgleich zielende Einzelfallregelung herbeizuführen ist. Eine hiergegen gerichtete Klage vor dem BVerwG (6 C 18.98) hatte keinen Erfolg. Dem entspricht auch das Urtei des EGMR vom 2.11.2009, nach dem ein Kruzifix im Klassenzimmer einer (italienischen) Staatsschule die Religionsfreiheit der Schüler verletzt.

Ein heftiger, z. T. emotional überfrachteter Streit findet seit einigen Jahren europaweit um das **Kopftuch** als Ausdruck **religiöser Überzeugung** islamischer Frauen statt. Die Bedeckung des Haupthaares in der Öffentlichkeit ist dabei, obwohl vom Koran nicht ausdrücklich vorgeschrieben und auch nicht generell praktiziert, zu einer Art **Symbol** des **Islam** geworden, aber auch zum Signal eines **Frauenverständnisses**, das mit den freiheitlichen Auffassungen westlicher Demokratien kaum in Einklang zu bringen ist. Im strikt laizistischen bzw. säkularen (auf Trennung von Staat und Kirche festgelegten) **Frankreich** sind daher „deutlich sichtbare religiöse und politische Kleidungsstücke und Zeichen" in öffentlichen Schulen verboten. Ein Kopftuchverbot an staatlichen Einrichtungen gilt, vom Europäischen Gerichtshof für Menschenrechte und vom türkischen Verfassungsgericht bestätigt, auch in der Türkei. In Deutschland ist eine signifikante Zunahme des Kopftuchtragens jüngerer Frauen, vor allem an Universitäten, zu beobachten, z.t. auch mit erkennbar demonstrativem Charakter oder weil das Kopftuch, so die Trägerinnen, ihnen „Schutz und Stärke" verleihe. Das BVerfG war bisher zweimal mit der Sache befasst: Mit Beschluss vom 30.7.2003 bestätigte das Gericht eine Entscheidung des BAG, das unter Abwägung der wirtschaftlichen Betätigungsfreiheit einerseits und der Glaubensfreiheit andererseits befunden hatte, die **Kündigung** einer Verkäuferin wegen des religiös bedingten Tragens eines Kopftuches bei der Ausübung ihres Berufes stelle eine Beeinträchtigung der **Religionsfreiheit** dar und sei deshalb **rechtswidrig** (BVerfG, 1 BvR 792 / 03).

Für den Bereich des **öffentlichen Schuldienstes** hatten Fachgerichte (VG Stuttgart) entschieden, wenn eine muslimische Lehrerin darauf bestehe, im **Unterricht** ein Kopftuch zu tragen, sei darin nicht ein bloßer Ausdruck von Frömmigkeit und Religiosität, sondern die „Demonstration einer fundamentalistischen Haltung" zu sehen, durch welche die Pflicht zur Neutralität und Distanz in der Erziehung verletzt werde. Das BVerwG hatte diese Auffassung mit Urteil vom 4.6.2002 bestätigt.

Das BVerfG (E 108, 282) hob diese Entscheidung am 24.9.2003 mit dem Hinweis auf, ein derartiges Verbot bedürfe der Regelung durch den (Landes-)**Gesetzgeber.** Ihm sei vom Rechtsstaats- und Demokratiegebot auferlegt, „die für die Grundrechtsverwirklichung maßgeblichen Regelungen **selbst** zu treffen" (Wesentlichkeitstheorie, Parlamentsvorbehalt, vgl. BVerfGE 49, 89; 83, 130). Hieran fehle es im geltenden baden-württembergischen Recht. Zu der vielfach erwarteten grundsätzlichen Weichenstellung fühlte sich das Gericht nicht aufgerufen. Gleichwohl setzte es in der mit fünf zu drei Stimmen ergangenen Entscheidung deutliche Signale für die inhaltliche Auseinandersetzung mit der Gesamtproblematik, u. a. mit der Klarstellung, die **staatliche Anordnung,** religiöse Symbole in der Schule anzubringen (s. obige Kruzifix-Entscheidung) sei **nicht** gleichzusetzen mit der **Duldung** bestimmter Kleidungsstücke als Ausdruck eines **persönlichen** Religionsbekenntnisses.

In der Begründung führt das BVerfG aus, die dem Staat gebotene **weltanschaulich-religiöse Neutralität** sei „nicht im Sinne einer strikten Trennung von Staat und Kirche, sondern als eine offene und übergreifende, die Glaubensfreiheit für **alle Bekenntnisse** gleichermaßen fördernde Haltung zu verstehen". Dies gelte auch für die **Pflichtschule.** So seien christliche Bezüge bei der Gestaltung der öffentlichen Schule nicht schlechthin verboten, die Schule müsse aber auch für andere weltanschauliche und religiöse Inhalte und Werte offen sein. In einer Gesellschaft mit unterschiedlichen Glaubensüberzeugungen bestehe „kein Recht darauf, von Bekundungen, kultischen Handlungen und religiösen Symbolen eines fremden Glaubens verschont zu bleiben". Der freiheitliche Staat des Grundgesetzes dürfe „sich nicht mit einer bestimmten Religionsgemeinschaft identifizieren". Er sei „von Offenheit gegenüber der Vielfalt weltanschaulich-religiöser Überzeugungen" bestimmt und gründe dies „auf ein Menschenbild, das von der Würde des Menschen und der freien Entfaltung der Persönlichkeit in Selbstbestimmung und Eigenverantwortung gekennzeichnet" sei. Das „unvermeidliche **Spannungsverhältnis**" zwischen positiver Glaubensfreiheit eines Lehrers einerseits und der staatlichen Neutralitätspflicht, dem elterlichen Erziehungsrecht und der negativen Glaubensfreiheit der Schüler andererseits habe der **Landesgesetzgeber** „unter Berücksichtigung des **Toleranzgebots**" im Rahmen seiner Gestaltungsfreiheit so zu lösen, dass ein „**für alle zumutbarer Kompromiss**" gefunden wird.

Im **Minderheitenvotum** heißt es, die Mehrheitsmeinung verkenne insbesondere die Stellung des öffentlichen Dienstes bei der Verwirklichung des demokratischen Willens. Die Pflichtenstellung eines Beamten und die geforderte „Nähe zur öffentlichen Gewalt" überlagere „den auch für Beamte geltenden Schutz der Grundrechte, soweit Aufgabe und Zweck des öffentlichen Amtes dies erfordern". Daraus folge das Mäßigungs- und Neutralitätsgebot, mit dem „das kompromisslose Tragen eines Kopftuchs im Schulunterricht" nicht vereinbar sei.

In der mit dem Urteil keineswegs abgeschlossenen Diskussion machen die Befürworter eines Kopftuchverbots geltend, es gehe hier nicht um das Zulassen **religiöser Vielfalt**, sondern um das Gebot der Mäßigung von beamteten Lehrkräften im Hinblick auf die **politische Botschaft**, die das **zumindest mehrdeutige** Kopftuch **auch** hat". Insoweit habe das Kopftuch „seine Unschuld längst verloren" (Die damalige Ministerin Schavan). Es stehe für **kulturelle Abgrenzung** und ein mit Art. 2 Abs. 1 und Art. 3 Abs. 2 GG nicht zu vereinbarendes Verständnis von der **Rolle der Frau**, ja geradezu als Symbol ihrer **Unterdrückung**. Zudem sei es politisch falsch, ein Übermaß an Toleranz walten zu lassen gegenüber einer fundamentalistisch-provokativen Haltung, die ihrerseits alles andere als tolerant sei.

Die **Landesgesetzgeber** haben auf das Urteil **unterschiedlich** reagiert, zumal es auch die Berücksichtigung von **Schultraditionen, konfessionellen Zusammensetzungen** und religiösen **Verwurzelungen** zulässt. Die gefundenen Lösungen reichen vom **generellen Verbot** des Tragens religiöser Symbole (Kopftuch, Kreuz und Kippa) im öffentlichen Dienst (Berlin) über ein Kopftuchverbot für **Beamtinnen** während der Dienstzeit (Hessen) bis zum Verbot für **Lehrerinnen**, mit Kopftuch und anderen Symbolen zu unterrichten (Baden-Württemberg, Niedersachsen und fünf weitere Länder). Zur baden-württembergischen Lösung hat das BVerwG am 24.6.2004 entschieden, das Verbot, in der Schule durch Bekleidung politische, religiöse oder weltanschauliche Bekundungen abzugeben, genüge den Vorgaben des BVerfG. Es treffe aber gleichermaßen **alle** Konfessionen. In einer weiteren Entscheidung vom 26.1.2009 bekräftigte das Gericht diese Haltung: Auch christliche Kleidung ist nicht erlaubt, von einzelnen „atypischen Ausnahmefällen" abgesehen. In Bayern ist Lehrkräften das Tragen religiöser Symbole und Kleidungsstücke verboten, die Tracht christlicher Ordensfrauen aber ausdrücklich ausgenommen. Eine dagegen gerichtete Popularklage vor dem Bayerischen Verfassungsgerichtshof hatte keinen Erfolg.

Ein neuerliches Verfahren vor dem BVerfG steht an.

 | **Besondere Bedeutung für die Polizei**

Die Glaubens- und Gewissensfreiheit wird durch das GG selbst und zahlreiche Gesetze (StGB, StPO, Polizeigesetze) abgesichert. Der Polizei obliegen im Hinblick auf die Bedeutung dieses Grundrechts vielfältigste Achtungs- und Schutzpflichten.

Andererseits sind diese Freiheiten nicht schrankenlos (s. oben). Sie enden an den Grundrechten anderer; so z. B., wenn durch die Religionsausübung im öffentlichen Straßenverkehr Gefahren für die Gesundheit Dritter ausgelöst werden.

## Recht auf Kriegsdienstverweigerung (Art. 4 Abs. 3 GG)

Eine der wichtigsten Auswirkungen der Gewissensfreiheit ist das Recht, den Kriegsdienst mit der Waffe zu verweigern. Die Vorschrift stellt einen Sonderfall der in Art. 4 Abs. 1 GG gewährleisteten Freiheitsrechte dar, indem sie die Reichweite der freien **Gewissensentscheidung** für den Fall der Wehrpflicht konkretisiert und beschränkt (vgl. BVerfGE 9, 97; 23, 127).

**Grundvoraussetzungen** der Kriegsdienstverweigerung sind

▶ die **prinzipielle Verweigerung** des Kriegsdienstes aus **ethischen** Gründen.
Der Waffendienst muss **schlechthin** und **allgemein** abgelehnt werden. Eine „situationsbedingte" Verweigerung reicht nicht aus. Die Verweigerung muss **ethisch** begründet sein, also auf der Überzeugung beruhen, den Kriegsdienst wegen höherrangiger sittlicher Pflichten nicht leisten zu dürfen. Die bloße politische Überzeugung ist kein hinreichender Grund. Wer den Staat generell oder unseren Staat und dessen Politik oder Regierung ablehnt, darf nicht schon deshalb den Kriegsdienst verweigern (BVerfGE 48, 127);

▶ eine **ernsthafte Gewissensnot.**
Sie liegt nur vor, wenn die Vorstellung, u. U. einen Menschen töten zu müssen, als unerträgliche **Verstrickung** empfunden wird und der Verweigernde nicht ohne schweren seelischen Schaden Soldat sein kann. Nicht verlangt sind unverrückbare Überzeugungen. Ihrem Wesen nach betrifft die Vorschrift in erster Linie junge Wehrpflichtige. Folglich können auch nur die dem jeweiligen Alter, der Intelligenz und dem Bildungsstand entsprechenden Anforderungen an die Gewissensentscheidung gestellt werden (vgl. BVerfGE 9, 97).

---

Zum **Kriegsdienstverweigerungsrecht** im Einzelnen

▶ Der „Kriegsdienst mit der Waffe" umfasst auch den **Wehrdienst** im Frieden einschließlich der Ausbildung an der Waffe (BVerfGE 12, 45). Im Falle der Kriegsdienstverweigerung kann anstelle des Wehrdienstes ein **ziviler Ersatzdienst** gefordert werden, z. B. als Pfleger in Krankenanstalten (s. Art. 12a Abs. 2 GG). Einzelheiten dazu regeln das Wehrpflichtgesetz und das Zivildienstgesetz. Eine rechtliche Handhabe zur sog. **Totalverweigerung** kann aus Art. 4 Abs. 3 GG nicht abgeleitet werden.

▶ Die Gewissensentscheidung setzt voraus, dass der Wehrpflichtige das Töten von Menschen durch Menschen nicht nur aus moralischen oder ethischen Gründen missbilligt, sondern es **grundsätzlich** und **ausnahmslos** als **sittlich verwerflich** empfindet. Nur aus diesem, an den Kategorien von Gut und Böse orientierten Grundverständnis kann die als verbindliches, unantastbares inneres Verbot verstandene Vorstellung erwachsen, am Waffendienst im Kriege nicht teilnehmen zu können, weil dieser seinem Wesen nach auf das **Töten** von Gegnern gerichtet ist (vgl. BVerwG, NVwZ 85, 493).

▶ Eine **generell** gültige Gewissensentscheidung liegt nicht vor, wenn der Wehrpflichtige sich zwar allgemein verweigert, in bestimmten Lagen aber – etwa bei einem in Vernichtungsabsicht angreifenden Gegner – bereit ist, am Krieg teilzunehmen.

▶ Die **Art** der kriegerischen Auseinandersetzung und die tatsächliche Nähe zum Vorgang des Tötens sind irrelevant. Auch Partisaneneinsätze und Bürgerkriege sind Kriege in diesem Sinne. Unerheblich ist auch, ob es sich um einen Einsatz an der Waffe oder um logistische bzw. technische Verwendungen handelt. Die Heranziehung zur Verwaltung, zum Sanitätsdienst, zur Truppenbetreuung sowie zu besonderen steuerlichen Leistungen ist jedoch zulässig (s. Maunz-Dürig-Herzog, zu Art. 4 Abs. 3 GG).

## Meinungsfreiheit (Art. 5 Abs. 1 GG)

Das Grundrecht der Meinungsfreiheit richtet sich gegen geistige Bevormundung und die Bildung einer staatlich gelenkten „Einheitsmeinung". Es bezieht sich zwar auf alle nur denkbaren Lebensbereiche, gewinnt aber besondere Bedeutung, wenn es um die Äußerung politischer Ansichten geht. Die Meinungsfreiheit „gilt als unmittelbarster Ausdruck der menschlichen Persönlichkeit und als eines der vornehmsten Menschenrechte überhaupt, welches für eine freiheitliche demokratische Staatsordnung konstituierend ist: denn sie erst ermöglicht die ständige geistige Auseinandersetzung und den Kampf der Meinungen als Lebenselement dieser Staatsform" (BVerfG, Brokdorf-Entscheidung, E 69, 315).

Die Meinungsfreiheit ist eine der Grundlagen für die Existenz und das Funktionieren der Demokratie. Im Einzelnen umfasst dieses Grundrecht folgende **Freiheitsrechte:**

| Informationsfreiheit | Freiheit der **Meinungs-**<br>**äußerung** und **Meinungs-**<br>**verbreitung** | Freiheit der<br>**Berichterstattung**<br>durch die **Medien** |
| --- | --- | --- |

### Informationsfreiheit

Die Informationsfreiheit ist unerlässliche Voraussetzung für den Prozess der Meinungs**bildung** im demokratischen Staat. Ebenso wie für die Meinungsäußerungsfreiheit sind auch für die Informationsfreiheit zwei Komponenten wesensbestimmend: Die eine ist die individualrechtliche, auf Art. 1 und Art. 2 Abs. 1 GG zurückgehende Komponente, die dem elementaren Bedürfnis des Menschen Rechnung trägt, sich aus möglichst vielen Quellen zu unterrichten, das eigene Wissen zu erweitern und sich so als Persönlichkeit zu entfalten. Zum anderen ist es der Bezug zum demokratischen Prinzip (Art. 20 Abs. 1 GG), dessen Funktionieren eine frei gebildete und möglichst gut informierte öffentliche Meinung voraussetzt (BVerfGE 27, 71).
**Kern** der **Informationsfreiheit** ist das **jedermann** zustehende Recht, sich über **alles,** was ihn **interessiert,** aus **allgemein zugänglichen** Quellen zu informieren. Geschützt wird nicht nur die bloße **Informationsverschaffung,** also aktives Handeln, sondern gleichermaßen die schlichte **Entgegennahme** von Informationen (vergl. BVerfGE 27, 71). Ferner schützt Art. 5 Abs. 1 GG vor einer **Vorenthaltung** der Information sowie auch bereits vor einer **Informationsverzögerung** (BVerfGE 27, 88). Ob allerdings auch eine **negative Informationsfreiheit** (als Grenze unerwünschter bzw. aufdringlicher akustischer und optischer Werbung) aus Art. 5 Abs. 1 GG hergeleitet werden kann, ist strittig.
Der Begriff der **Quellen** ist weit auszulegen. Informationsträger können Personen oder Institutionen sein, auch das Ereignis selbst ist Quelle in diesem Sinne (BVerfGE 103, 44). Quellen müssen **frei** bleiben von jedweder **staatlichen Begrenzung, Behinderung** oder **Lenkung** – gleichgültig, ob solche Hemmnisse **rechtlich** angeordnet oder **faktisch** verhängt werden. Den staatlichen Organen ist es untersagt, den freien Zugang zu Informationsquellen wesentlich zu erschweren oder unmöglich zu machen (BVerfGE 27, 88).
„Das Grundgesetz und die übrige Rechtsordnung **verbieten** Meinungsäußerungen nur unter **engen Voraussetzungen.** Sind diese nicht gegeben, gilt der Grundsatz der Freiheit der Rede. Die Kraft eines Rechtsstaats zeigt sich auch daran, dass er den Umgang mit seinen Gegnern den allgemein geltenden rechtsstaatlichen Grundsätzen unterwirft" (BVerfG, Beschl. v. 1.5.2001). Aus den gleichen Gründen verstoßen **Anstecker** mit **durchgestrichenen Hakenkreuzen** als Zeichen der NS-Gegnerschaft nicht gegen § 86a StGB (BGH, 15.3.2007).

*Grundrechte*

| **Schutzbereich** der Informationsfreiheit |
|---|

▶ Das Grundrecht gem. **Art. 5 Abs. 1 GG schützt** in seiner objektiven Bedeutung die „**institutionelle Eigenständigkeit**" der Presse von der **Beschaffung** der **Information** bis zur **Verbreitung** von **Nachrichten** und **Meinungen** (BVerfGE 62, 230).

▶ „**Allgemein zugänglich**" ist eine Informationsquelle, die technisch geeignet und bestimmt ist, der Allgemeinheit (also jedermann) Informationen zu verschaffen. Solche Quellen sind z. B. Zeitungen und Zeitschriften (auch ausländische), Film, Funk und Fernsehen, Kundgebungen, Vorträge, Anschläge, Flugblätter usw. Dazu zählt auch das **Internet**. **Nicht** hierzu gehören die Privatsphäre unserer Mitmenschen sowie Angelegenheiten, die im allgemeinen Interesse vertraulich behandelt werden müssen, z. B. **behördliche** Informationen, soweit sie besondere öffentliche Belange betreffen. Die Informationsfreiheit umfasst daher auch nicht den Anspruch gegenüber der **Presse** auf Erteilung von Auskünften über deren Quellen (BVerwG, JZ 85, 624).

▶ Der verfassungsrechtlich gewährleistete Schutz der Informationsbeschaffung setzt **Vertraulichkeit** voraus. Presse und Rundfunk können auf private Mitteilungen nicht verzichten. Informationen dieser Art aber sind nur zu erwarten, wenn sich der Informant darauf verlassen kann, dass seine Angaben vertraulich behandelt werden.

▶ Der Schutzbereich des Art. 5 Abs. 1 GG umfasst daneben auch den Schutz der Vertraulichkeit der **Redaktionsarbeit**. Es ist staatlichen Stellen grundsätzlich verwehrt, sich Einblicke in die Vorgänge zu verschaffen, die zur Entstehung einer Sendung oder eines Zeitungsberichts führen. Daher sind grundsätzlich auch solche Unterlagen geschützt, die das Ergebnis presseeigener Beobachtungen und Recherchen enthalten (vgl. BVerfGE, 66, 116).

▶ Die Pressefreiheit ist jedoch **nicht schrankenlos** gewährleistet (s. S. 165). Grenzen der Berichterstattung finden sich in den **Grundrechten anderer**, z. B. dem allgemeinen Persönlichkeitsrecht, dem gegenüber die Pressefreiheit bei Vorliegen schützenswerter privater Interessen - etwa im Falle der Bildberichterstattung über Prominente oder deren Kinder – zurückzutreten hat (BVerfG, Entsch. v. 31. 3. 2000 und 26. 4. 2001). Auch die **allgemeinen Gesetze** können gem. Art. 5 Abs. 2 GG die Pressefreiheit einschränken, etwa die Strafprozessordnung mit ihrer für jeden Staatsbürger geltenden Verpflichtung, zur Wahrheitsfindung beizutragen und Ermittlungshandlungen hinzunehmen, soweit sie sich im Rahmen der Gesetze bewegen.

Mithin ist z. B., so hat das BVerfG in seiner Entscheidung vom 1. 10. 1987 (E 77, 65) ausgeführt, bei gewalttätigen Demonstrationen eine **Beschlagnahme journalistischen Bildmaterials,** das sich im Gewahrsam von Angehörigen der Presse oder des Rundfunks befindet, unter den Voraussetzungen der §§ 94, 97 Abs. 5 i. V. m. § 53 Abs. 1 StPO **verfassungskonform** und somit **grundsätzlich zulässig.**

Denn „die Strafprozessordnung sieht **kein umfassendes Beschlagnahmeverbot** zugunsten von **Presse** und **Rundfunk** vor". Vielmehr führen die in der StPO begründeten staatsbürgerlichen Verpflichtungen „zu einer **zulässigen Beschränkung** der Rundfunk- und Pressefreiheit".

Solche Einschränkungen müssen allerdings

▶ **geeignet** und **erforderlich** sein.

▶ Zudem muss der Erfolg im **angemessenen Verhältnis** zu den Einbußen stehen, die die Einschränkung der Pressefreiheit mit sich bringt (vgl. BVerfGE 71, 206).

## Freiheit der **Meinungsäußerung** und **Meinungsverbreitung**

 Schutzgegenstand ist die Meinungsäußerung, nicht die Äußerung schlechthin, d. h. die **öffentliche** oder **private Kundgabe persönlicher Auffassungen**, die „durch das Element der Stellungnahme, des Dafürhaltens, der Beurteilung" (BVerfGE 7, 198) geprägt sind und die **Wirkungsabsicht** auf andere einschließen.

Der Begriff der Meinungsäußerung ist grundsätzlich **weit auszulegen** (vgl. BVerfGE 61, 1). Hinsichtlich der Verbreitung sind **Wort, Schrift** und **Bild** nur **beispielhaft** zu verstehen. Auch **elektronische Medien** fallen unter den Schutz des Grundrechts, desgleichen bildhafte Meinungskundgaben. Geschützt sind daher z. B. Leserbriefe, Flugblätter, Plakatanschlä-ge, Gesten, Grußformen, Plaketten, Uniformen und Unterschriftensammlungen (BVerfGE 44, 197). Auch Wirtschaftswerbung wird erfasst, soweit sie einen „wertenden, meinungsbildenden Inhalt hat" (BVerfGE 95, 173). Auf Wert und Seriosität einer Äußerung kommt es nicht an, ebenso nicht, ob die geschützte Meinung „richtig" oder „falsch" ist (BVerfGE 33, 1), ob sie „wertvoll" oder „wertlos", konstruktiv oder zersetzend, bedeutsam oder weniger bedeutsam und inwieweit sie formal begründet ist (BVerfGE 30, 366).

Der Schutz des Art. 5 GG umfasst mithin grundsätzlich **jede** Form **geistiger** Meinungsäußerung, nicht hingegen den Einsatz **körperlicher** Gewalt- und Zwangsmittel, etwa bei einem Sit-in, um hierdurch Passanten zu veranlassen, von der Meinungsäußerung Kenntnis zu nehmen. Geschützt ist auch die **Art der Aussage**. Meinungsäußerungen verlieren diesen Schutz nicht dadurch, dass sie scharf oder verletzend formuliert sind. Gleiches gilt für übersteigerte, polemische und abwegige Meinungsäußerungen.

**Tatsachenbehauptungen,** die im strengen Sinne keine Meinungsäußerung sind, fallen wegen der häufig sehr engen Verknüpfung nicht von vornherein aus dem Schutzbereich des Art. 5 Abs. 1 GG heraus. Allerdings ist die **unrichtige Information** kein schützenswertes Gut, so dass Tatsachenbehauptungen, die bewusst **unwahr sind** oder deren Unwahrheit bereits zum Zeitpunkt der Äußerung **unzweifelhaft feststeht,** nicht unter den Schutz fallen (BVerfGE 99, 185). Daher nimmt das **Leugnen** der **Judenverfolgung** unter den Nationalsozialisten als erwiesen unwahre Tatsachenbehauptung nicht am Schutz des Art. 5 GG teil (BVerfGE 90, 249); desgl. nicht unrichtige bzw. verfälschte Zitate sowie Äußerungen erpresserischen Inhalts (BVerfGE 54, 208).

**Politische** Äußerungen von **Abgeordneten** im Parlament und **Erklärungen** der **Bundesregierung** sind Ausfluss der in der Verfassung normierten Staatsaufgaben (Art. 38 bzw. 62 ff. GG) und fallen daher nicht unter Art. 5 GG (BVerfGE, 60, 374; BVerwG, NJW 84, 2591).

Art. 5 GG gewährleistet auch die Freiheit, seine Meinung **nicht** zu äußern (negative Meinungsäußerungsfreiheit). Diese schützt allerdings nicht vor statistischen Erhebungen im Rahmen einer Volkszählung. Bei derartigen Datenerfassungen handelt es sich um „reine Tatsachenermittlungen, die mit Meinungsbildung nichts zu tun haben" (BVerfGE 65, 1).

## Freiheit der **Berichterstattung** durch die **Massenmedien**

Die wichtigsten Medien sind die sog. Massenkommunikationsmittel **Presse, Rundfunk, Fernsehen** und **Film.** Ihre Tätigkeit steht in der Demokratie unter **besonderem Schutz.** Bei Rechtseingriffen, z. B. Durchsuchungen von Redaktionsräumen, fällt deshalb der Eingriff in die Pressefreiheit zusätzlich ins Gewicht (BVerfG 10. 4. 1998).

Wegen ihrer Bedeutung für den Prozess der (politischen) Willensbildung müssen die Medien in ihrer Berichterstattung **frei** sein und dürfen **keiner Zensur** unterliegen.

Die **Freiheit** der Berichterstattung schließt den **freien Zugang** zu Informationen ein, jedoch nicht zu Lasten Dritter, denen dieses Grundrecht ebenfalls zusteht. Auch lässt sich ein Anspruch auf Bild- und Tonübertragung von Gerichtsverhandlungen aus Art. 5 Abs. 1 GG nicht herleiten (vgl. BVerfG, NJW 93, 915). „**Zensur**" bedeutet hier „**Vorzensur**" bzw. „**Präventivzensur**" (vgl. BVerfG, NJW 79, 1934). Presse, Rundfunk und Fernsehen sind somit frei von **vorheriger** Prüfung und Genehmigung ihrer Veröffentlichungen. Eine Überprüfung von Presseerzeugnissen im Nachhinein, etwa dahingehend, ob Straftatbestände gem. §§ 86 bzw. 130 StGB (NS-Propaganda, Volksverhetzung) erfüllt sind, wird vom Zensurverbot nicht erfasst und ist folglich verfassungskonform.

Das **Zensurverbot** stellt eine absolute Eingriffsschranke dar, von der es **keine Ausnahmen** gibt, insbesondere nicht durch die „allgemeinen Gesetze" nach Art. 5 Abs. 2 GG (BVerfGE 33, 52). Damit ist sichergestellt, dass staatliche Stellen im Wege der Vorprüfung keinen Einfluss darauf nehmen können, **was** veröffentlicht und **wie** es dargestellt wird.

Der Natur der Sache nach schützt das Zensurverbot nur Akte der Meinungsäußerung und ggf. auch der Meinungsverbreitung, mithin den Hersteller und unter Umständen auch den Verbreiter eines Geisteswerkes, nicht aber den Leser oder Bezieher (BVerfGE 27, 88).

Zur **Pressefreiheit** im Einzelnen

## Begriff

Der Begriff Presse ist weit auszulegen. Er umfasst alle durch Vervielfältigung hergestellten **Druckerzeugnisse**, die sich an ein Publikum richten, das sie **informieren** und in seiner **Meinungsbildung** beeinflussen wollen (BVerfGE 95, 28). Das sind neben **Printmedien** i. e. S. (Zeitungen und Zeitschriften) auch Bücher, Broschüren, Flugblätter, Plakate etc.

Auf die Art der technischen Herstellung kommt es nicht an; ebenso wenig auf Form, Anzahl oder Erscheinungsort. Unerheblich ist auch die Qualität des Inhalts; eine – wie auch immer geartete – Bewertung ist unbeachtlich: Pressefreiheit ist nicht auf die „seriöse" Presse beschränkt (BVerfGE 34, 269). Das gilt auch für die **Werbung**. Über die Einhaltung selbst auferlegter Grenzen wacht – als Organ der Eigenbeschränkung – der 1972 gegründete **Deutsche Werberat**, der bis 2013 (bei 17 931 Protesten) 114 öffentliche Rügen erteilt hat.

Sogar die rein wirtschaftlichen Zwecken dienende **Schockwerbung** ist nicht generell verfassungswidrig, so das BVerfG im Benetton-Urteil. Die Firma hatte mit Bildern von Aidskranken und ölverschmierten Enten – die Meinung Dritter wiedergebend – Werbung betrieben. Dies war ihr vom BGH wegen Wettbewerbswidrigkeit untersagt worden. Das BVerfG hob dessen Entscheidung jedoch mit der Begründung auf, auch die Veröffentlichung einer fremden Meinungsäußerung falle unter den Schutz der Pressefreiheit (E 102, 347).

Der BGH sah daraufhin diese Anzeige als Verstoß gegen die Menschenwürde an und stufte sie erneut als wettbewerbswidrig ein, da sie die Stigmatisierung Aidskranker zum wirtschaftlichen Vorteil ausbeute. Ob sich das BVerfG erneut mit der Sache befasst, ist offen.

## Bedeutung

Presseunternehmen müssen sich im gesellschaftlichen Raum frei bilden können; sie arbeiten nach privatwirtschaftlichen Grundsätzen und in privatrechtlichen **Organisationsformen**; sie stehen miteinander in geistiger und wirtschaftlicher **Konkurrenz,** in welche die öffentliche Gewalt grundsätzlich nicht eingreifen darf.

Eine freie, nicht von der öffentlichen Gewalt gelenkte, keiner Zensur unterworfene Presse ist ein Wesenselement des freiheitlichen Staates. **Grundrechtsträger** sind deshalb nicht nur alle im Pressewesen tätigen **Personen,** sondern auch sämtliche **Presseunternehmen** (BVerfGE 20, 162). Daher kann z. B. auch dem Leiter der Buchhaltung in einem Presseunternehmen der Schutz der Pressefreiheit zur Seite stehen (BVerfGE 25, 296). Auch eine Kommanditgesellschaft kann Träger dieses Grundrechts sein (BVerfGE 20, 162). Gleiches gilt für einen Zeitungsverlag, der in der Rechtsform einer GmbH betrieben wird (BVerfG 21, 271).

## Inhalt

Die Garantie der Pressefreiheit wirkt in doppelter Hinsicht:

▶ Sie verbürgt den Grundrechtsträgern **Freiheit vor staatlichem Zwang** und schützt die gesamte Arbeit des Presseunternehmens von der Beschaffung der Information bis zur Verbreitung von Nachrichten und Meinungen (einschl. des Redaktionsgeheimnisses);

▶ sie garantiert die Institution einer „freien Presse". Dazu gehören auch die **freie Gründung** von Presseorganen sowie der **freie Zugang** zu Presseberufen.

Geschützt sind nicht nur redaktionelle Beiträge (Nachricht und Kommentar). Auch der **Anzeigenteil** wird als „Presse" vom Schutz des Art. 5 GG umfasst (BVerfGE 21, 271).

Aus Art. 5 Abs. 1 GG resultiert, dass die Presse grundsätzlich einen **Auskunftsanspruch** gegenüber öffentlichen Behörden hat (s. BVerfGE 20, 162). Jedoch liegen Art und Weise der Auskunftserteilung in deren Ermessen. Dabei müssen die Informationen allen interessierten Presseorganen gleichermaßen zugänglich gemacht werden, ohne Rücksicht darauf, ob diese der Behörde wohlwollend oder kritisch gegenüberstehen. Das gilt auch, wenn die Behörde unverlangt Informationen herausgibt. Einzelheiten regeln die Landespressegesetze.

---

| Zur **Rundfunk-** und **Fernsehfreiheit** im Einzelnen |

## Begriff

Entgegen der engen Formulierung „durch Rundfunk" sind neben dem herkömmlichen **Hörfunk** und **Fernsehen** auch alle **neuartigen elektronischen** Dienste wie Pay-TV, Bildschirm- und Videotext sowie sonstige Abruf- und Zugriffsdienste erfasst (BVerfGE 74, 297).

## Bedeutung

Die Garantie der Freiheit des Rundfunks ist für das gesamte öffentliche, politische und verfassungsrechtliche Leben von fundamentaler Bedeutung (s. BVertGE 13, 54).

Die Rundfunkanstalten stehen in öffentlicher Verantwortung und erfüllen Aufgaben der öffentlichen Verwaltung (BVerfGE 31, 314). Den **öffentlich-rechtlichen Anstalten** kommt eine besondere Rolle für die **„Grundversorgung"** der Bevölkerung zu (BVerfG, Urt. v. 4. 11. 1986; E 73, 118). **Grundrechtsträger** sind das Personal der Rundfunkanstalten und die Anstalten selbst (wie im Rahmen der Pressefreiheit).

## Inhalt

Die Rundfunkfreiheit wirkt wie die Pressefreiheit in zweifacher Hinsicht: Sie ist einerseits **subjektives** Grundrecht der Rundfunkbeschäftigten und verbürgt diesem Personenkreis Freiheit vor staatlichem Zwang, zum anderen garantiert sie den Rundfunk als **Institution**.

Auch **wesensmäßig** unterscheidet sich die Rundfunkfreiheit nicht von der Pressefreiheit. Sie gilt für Nachrichtensendungen ebenso wie für Sendungen jeder anderen Art, z. B. Hörspiele, Fernsehfilme, Musikdarbietungen, Direktübertragungen etc. Ihr Schutz reicht, wie bei der Pressefreiheit, von der **Beschaffung** der Information bis zur **Verbreitung** der Nachricht. Er erstreckt sich auch auf die besonderen medienspezifischen Formen der Rundfunkberichterstattung und die zur Übertragung notwendigen technischen Vorkehrungen. Die damit verbundene

## Grundrechte

stärkere Beeinträchtigung anderer Rechtsgüter (z. B. der Persönlichkeitsrechte von Beteiligten) kann allerdings – namentlich im **gerichtlichen** Verfahren – **weitergehende** Beschränkungen rechtfertigen, als sie für die Pressefreiheit gelten (BVerfG, NJW 95, 184).

Dem Schutz dieser Rechte dient das **TV-Verbot** im **Gerichtssaal** (§ 169 GVG). Eine hiergegen gerichtete Klage eines Privatsenders wurde vom BVerfG mit Urteil vom 24.1.2001 abschlägig beschieden unter Hinweis auf das Recht auf informationelle Selbstbestimmung und die Erfordernisse eines fairen Verfahrens. Die Entscheidung erging mit fünf gegen drei Richterstimmen. Die Mindermeinung sieht im generellen Verbot einen Verstoß gegen Art. 5 GG und hält Ausnahmen, z. B. im Verwaltungsgerichtsverfahren, für zulässig.

Beherrschendes Schutz- und Ordnungsziel des Grundrechts aus Art. 5 Abs. 1 GG ist es, einen Zustand zu gewährleisten, in dem eine **freie, individuelle** und **öffentliche Meinungsbildung** möglich ist. Die Rundfunkfreiheit ist daher in besonderer Weise darauf angewiesen, dass der **Gesetzgeber** die erforderlichen **Rahmenbedingungen** schafft. Zu diesem Schutzauftrag gehört auch, dass alle notwendigen Vorkehrungen getroffen werden, um einen **Missbrauch** durch politische, wirtschaftliche oder publizistische Macht zu **verhindern**.

Dies geschieht z. B. durch die **Unterhaltungssoftware Selbstkontrolle** (USK), die als freiwilliges Instrument über die Altersfreigabe von Computerspielen wacht (vgl. § 14 JuSchG).

Zur Verwirklichung der Rundfunkfreiheit ist es zwingend geboten, dass dieses für die freiheitliche Demokratie bedeutsame Instrument der öffentlichen Meinungsbildung weder dem Staat noch einer gesellschaftlichen Gruppe allein ausgeliefert wird. Daher müssen **alle gesellschaftlich relevanten Kräfte** in den Organen der Rundfunkanstalten Einfluss haben und im Gesamtprogramm zu Wort kommen können (BVerfGE 12, 205; 31, 314). Entscheidend ist dabei, dass die Gesamtheit aller **Sendungen** „ein Mindestmaß von inhaltlicher **Ausgewogenheit, Sachlichkeit** und **gegenseitiger Achtung**" einhält (BVerfGE 12, 205).

Die **Privatisierung** von Rundfunksendungen ist grundsätzlich nicht ausgeschlossen. Voraussetzung ist allerdings, dass ein **Mindeststandard** an **Meinungsvielfalt, Ausgewogenheit** und **Staatsferne** gewahrt wird (BVerfG, Urt. v. 4.11.1986; E 73, 118). Es muss auch dann gewährleistet werden, dass die Freiheit der Berichterstattung unangetastet bleibt (BVerfGE 12, 205). Der erste Versuch dieser Art wurde am 1.1.1985 mit dem privaten Satellitenprogramm SAT 1 gestartet. Inzwischen sind die privaten Anbieter zum festen Bestandteil unserer **zweigleisigen** (dualen) **Rundfunkordnung** geworden.

Die Zweigleisigkeit trägt zur Sicherung der Breite und Vielfalt des Programmangebots bei. Für den **privaten** Bereich wird im Wesentlichen auf den **Marktprozess** vertraut. Der **öffentlichrechtliche** Sektor unterliegt **gesetzlichen** Regelungen, die es ihm ermöglichen, durch **bedarfsgerechte Gebührenfestsetzung** seine **öffentliche Funktion** zu erfüllen.

**Gefahren** für die Angebotsvielfalt können aus der **Beteiligung** von **Presseunternehmen** am **Privatfunk** resultieren (Crossownership; in den USA untersagt). In Deutschland legt der Medienstaatsvertrag eine Höchstgrenze von 49,9 Prozent fest, was Kritikern als zu hoch erscheint. Niedrigere Schwellen enthalten die Mediengesetze in Hamburg und im Saarland.

Auch für die Berichterstattung über **kommerzielle Sportveranstaltungen** (z. B. Bundesligaspiele, bei denen die Verwertungsrechte an einen Privatsender veräußert wurden) gilt das Verbot übermäßiger Medienkonzentration. Zwar ist die im Landesmediengesetz NRW (und gleich lautend im Rundfunkstaatsvertrag) enthaltene Verpflichtung der Veranstalter, **kostenlose Kurzberichte** über Sportereignisse zu dulden, mit der Freiheit der Berufsausübung (Art. 12 GG) nicht vereinbar; gegen **Entgelt** jedoch dürfen solche Sendungen (90 Sekunden-Spots) „zur Verhinderung von Informationsmonopolen" und zur „Sicherung der Pluralität" auch weiterhin durch die öffentlich-rechtlichen Sender ausgestrahlt werden, sie dürfen allerdings zeitlich nicht der privaten Konkurrenz zuvorkommen (BVerfGE 97, 228).

> Zur **Freiheit** des **Films im Einzelnen**

## Begriff

Art. 5 Abs. 1 Satz 2 GG umfasst als **selbstständiges Grundrecht** das **gesamte Filmschaffen**, d. h. die **Herstellung** und **Verbreitung** von Filmen von der Erstellung des Drehbuchs über die Aufnahme- und Schneidarbeiten bis zum Kopieren, Verleihen und Abspielen.

## Bedeutung

Der besondere Schutz des Films beruht auf seiner Funktion als **Massenmedium,** das sich an ein **breites Publikum** wendet und dieses **informieren** oder **unterhalten** will.

Das Grundrecht der Filmfreiheit wendet sich vor allem gegen **Eingriffe** oder **Bevormundungen** durch die öffentliche Gewalt. Das schließt nicht aus, dass einzelne Filmvorhaben staatliche **Förderung** erhalten, solange das freie Schaffen des Produzenten gewährleistet ist und politische Beeinflussung unterbleibt. In ihrer praktischen Bedeutung wird die Filmfreiheit überlagert von der **Kunstfreiheit,** die einen umfassenderen Schutz bietet.

Die Filmfreiheit ist ein **Wesenselement** der **freiheitlichen demokratischen Staatsordnung** (vgl. BVerfGE 20, 56). Aus dem Sinn der Vorschrift ergibt sich, dass **Grundrechtsträger** alle „Filmschaffenden" sind (natürliche und juristische Personen).

## Inhalt

Auch dieses Grundrecht wirkt wie die Presse- und Rundfunkfreiheit in zweifacher Hinsicht:
- Es schützt das **freie Schaffen** des Grundrechtsträgers, indem es ihn vor staatlicher Reglementierung bewahrt, und
- es enthält die **institutionelle** Garantie der freien, staatsunabhängigen Filmwirtschaft.

Da sich die Filmwirtschaft nicht in öffentlicher Hand, sondern in der Hand von privaten Wirtschaftsunternehmen befindet, weist die innere Ordnung des Filmschaffens zahlreiche Parallelen mit dem Pressewesen auf.

Eine Besonderheit stellt die **„Freiwillige Selbstkontrolle"** der Filmwirtschaft dar. Sie ist keine staatliche, sondern eine paritätisch besetzte privatrechtliche Prüfungsinstanz, deren Zielsetzung nicht auf eine allgemeine Zensur, sondern ausschließlich darauf gerichtet ist, sexualethisch oder im Sinne der Jugendgefährdung unerträgliche Produktionen auszusondern (vgl. dazu auch Jugendschutzgesetz vom 23. 7. 2002; BGBl. I S. 2730).

Eine Selbstkontrolle der Filmwirtschaft, die auf eine bestimmte, insbesondere politische Bereiche betreffende Informationspolitik hinausliefe, wäre mit dem Grundgedanken der Freiheit des Filmschaffens unvereinbar und dürfte vom Staat weder geduldet noch gar initiiert oder unterstützt werden.

Hinsichtlich der Anwendbarkeit der verschiedenen Schutzvorschriften wird in der Rechtsprechung wie folgt differenziert (vgl. BVerfGE 1, 303):
- Bericht erstattende Filme fallen unter den Schutz des Art. 5 Abs. 1 Satz 2 GG (Freiheit der Berichterstattung);
- Spielfilme, die zu den dargestellten Vorgängen selbst Stellung nehmen, genießen den Schutz der Freiheit der Meinungsäußerung gem. Art. 5 Abs. 1 Satz 1 GG;
- „reine" Spielfilme stehen als Erzeugnisse der Kunst im Regelfall unter dem Schutz des Art. 5 Abs. 3 GG (s. unten).

*Grundrechte*

### Schranken der Meinungsfreiheit (Art. 5 Abs. 2 GG)

Informationsfreiheit, Freiheit der Meinungsäußerung und -verbreitung sowie die Freiheit der Berichterstattung durch die Massenmedien werden nicht schrankenlos gewährleistet. Grenzen dieser Grundrechte sind:

▶ **Die allgemeinen Gesetze**

Das sind alle Vorschriften, die sich nicht speziell gegen einen Missbrauch der Grundrechte gem. Art. 5 Abs. 1 GG richten, sondern zum Schutz anderweitiger Rechtsgüter erlassen worden sind; z. B. Beamtengesetze, Disziplinarordnungen, Soldatengesetz, Polizeigesetze, Ausländergesetz, Strafprozessordnung.

▶ **Die gesetzlichen Bestimmungen zum Schutz der Jugend**

Druck-, Ton- oder Bilderzeugnisse, die Gewalt oder Verbrechen verherrlichen, Rassenhass provozieren, zum Kriege aufrufen oder sexuelle Vorgänge in grob schamverletzender Weise darstellen, sind eine Gefahr für die Entwicklung Jugendlicher in sittlicher Hinsicht. Gegenüber diesen Gefahren müssen die Freiheiten nach Art. 5 Abs. 1 GG zurücktreten (vgl. Jugendschutzgesetz vom 23.7.2002; BGBl. I S. 2730).

▶ **Das Recht der persönlichen Ehre**

Die Meinungsfreiheit endet, wo Verunglimpfungen und ehrverletzende Kränkungen beginnen. Voraussetzung für eine Einschränkung der Meinungsfreiheit ist nach Auffassung des Bundesverfassungsgerichts allerdings (BVerfGE 33, 17), dass dieses Recht der persönlichen Ehre gesetzlich normiert ist (§§ 185 ff. StGB).

▶ **Grundrechtsimmanente Schranken**

Dem Grundrecht nach Art. 5 Abs. 1 GG wohnen – ähnlich wie anderen Grundrechten – Schranken inne, die sich aus dem Sinn und der Zweckrichtung des Grundrechts selbst ergeben:

Der Schutz der Pressefreiheit greift z. B. dann nicht ein, wenn die Presse leichtfertig unwahre Nachrichten weitergibt, die Wahrheit bewusst entstellt oder teilweise unterschlägt. Berichte, denen es nur auf Skandal oder Sensation ankommt, liegen von vornherein außerhalb jener Aufgaben, um derentwillen die Presse als Institution den besonderen Schutz der Verfassung genießt (BGH, NJW 1963, S. 665). Zwar erlaubt die Pressefreiheit auch eine scharfe Kritik, sie deckt jedoch keine auf vorsätzliche Ehrkränkung hinausgehende Schmähkritik (BGH, NJW 1974, S. 1763).

Gerade auch im Hinblick auf diese Grundrechtsschranken gewinnt Art. 5 GG eine

(Pol) **besondere Bedeutung für die Polizei.**

So muss die Polizei z. B. in folgenden Fällen einschreiten:

▶ „Wildes Plakatieren" an einer Hauswand. Auch wenn der Inhalt nicht zu beanstanden ist, verstößt das Anbringen gegen ein allgemeines Gesetz (BGB), weil dadurch die Rechte des Hauseigentümers verletzt werden;

▶ Vertrieb von Pornografie an Jugendliche;

▶ Beleidigungen, Verunglimpfungen und ähnliche Kundgebungen der Nicht- oder Missachtung;

▶ gewaltsame Demonstrationen fallen ebenfalls nicht unter den Schutz des Art. 5 GG.

# Freiheit der Kunst, Wissenschaft, Forschung und Lehre (Art. 5 Abs. 3 GG)

Der freien Entfaltung des künstlerischen und wissenschaftlichen Lebens kommt in unserem Staat eine besondere Bedeutung sowohl für die **Selbstverwirklichung** des einzelnen Menschen als auch für die gesellschaftliche Entwicklung zu.

Das Grundrecht gem. Art. 5 Abs. 3 GG wirkt in dreifacher Hinsicht:
- ▶ Kunst und Wissenschaft, Forschung und Lehre als Erscheinungsformen des gesellschaftlichen Lebens werden von der **Verfassung** garantiert;
- ▶ jedermann hat das Recht, sich in diesen Lebensbereichen **frei** zu **betätigen**;
- ▶ der Staat muss ein grundsätzlich eingriffsfreies Hochschulwesen, eine **wissenschaftsgerechte Organisation** und die **akademische Selbstverwaltung** gewährleisten und für die **Idee** der **freien Wissenschaft** einstehen.

Art. 5 Abs. 3 und Art. 4 GG weisen den **geistigen Freiheiten** der Wissenschaft, des Glaubens und der Kunst einen besonderen Rang zu. Allen diesen Freiheiten gemeinsam ist, dass jeweils möglichst weite Bereiche des geistigen Lebens von staatlich-dirigistischer Beeinflussung freigehalten werden sollen.

Die Abgrenzung kann im Einzelfall schwierig sein: Als **Wissenschaft** i. S. des Art. 5 Abs. 3 GG gelten unzweifelhaft die **Naturwissenschaften** (Mathematik, Physik, Chemie, Biologie pp.). Im Bereich der **Geisteswissenschaften** kommt es zu Überschneidungen: Die **Theorie** des Glaubens, die Theologie also, ist als Wissenschaft unter den Schutz des Art. 5 Abs. 3 GG gestellt. Den **Glauben** selbst und seine **Ausübung** schützt Art. 4 GG.

Ähnlich erfolgt die Abgrenzung im Bereich der **Kunst**: Die Philologie als Theorie der Sprach- und Dichtkunst wird ebenso wie die Theorien der anderen Künste als „Wissenschaft" geschützt. Die Kunst als solche genießt ihren eigenen Schutz.

Zum **Begriff** der Kunst

Das Bundesverfassungsgericht (NJW 71, 1645) hat hierzu Folgendes ausgeführt:
„Der Lebensbereich ‚Kunst' ist durch die vom Wesen der Kunst geprägten, ihr allein eigenen Strukturmerkmale zu bestimmen, wobei die **freie schöpferische Gestaltung** das Wesentliche der künstlerischen Betätigung ist, in der Eindrücke, Erfahrungen, Erlebnisse des Künstlers durch das Medium einer bestimmten Formensprache zu unmittelbarer Anschauung gebracht werden. Jede Form künstlerischer Betätigung ist ein Ineinander von bewussten und unbewussten Vorgängen, die rational nicht aufzulösen sind, wobei Intuition, Phantasie und Kunstverstand zusammenwirken. **Künstlerisches Schaffen** ist daher primär **nicht Mitteilung**, sondern unmittelbarster **Ausdruck** der **individuellen Persönlichkeit des Künstlers**."

Zum **Wissenschaftsbegriff**

Die **Wissenschaftsfreiheit** schützt die „auf **wissenschaftlicher Eigengesetzlichkeit** beruhenden Prozesse, Verhaltensweisen und Entscheidungen bei der Suche nach Erkenntnissen, ihrer **Deutung** und **Weitergabe**" (BVerfGE 11, 333). Die Freiheit der Forschung umfasst als Unterbegriff der Wissenschaftsfreiheit die **Gewinnung wissenschaftlicher Erkenntnisse**; die **Freiheit der Lehre** die wissenschaftlich fundierte, eigenverantwortliche **Übermittlung** dieser Erkenntnisse (BVerfGE 35, 79). **Grundrechtsträger** sind Hochschullehrer, aber auch andere in eigenverantwortlicher Weise wissenschaftlich tätige Personen; ferner die Hochschulen selbst, in begrenztem Maße auch wissenschaftlich arbeitende Fachhochschulen.

## Der **Schutzbereich** des Art. 5 Abs. 3 GG

**Objektiv-rechtlich** umfasst Art. 5 Abs. 3 GG die Pflicht des Staates, die **Kunst** als Lebensbereich zu **schützen** und „ein **freiheitliches Kulturleben** zu **erhalten** und zu **fördern**" (BVerfG, NJW 74, 689).

In **subjektiv-rechtlicher** Hinsicht gewährleistet Art. 5 Abs. 3 GG ein **individuelles Freiheitsrecht**, das als typisches **Abwehrrecht** alle Kunstschaffenden und alle an der Veröffentlichung und Verbreitung Beteiligten „vor Eingriffen der öffentlichen Gewalt in den künstlerischen Bereich schützt" (BVerfG, NJW 74, 689).

Folglich sind die **Schaffung** des Kunstwerks selbst wie auch dessen **Darstellung** bzw. **Vermittlung** nach außen **(Werkbereich und Wirkbereich)** von Art. 5 Abs. 3 GG geschützt. So hat das Bundesverfassungsgericht z. B. den Verleger eines als Kunstwerk anzuerkennenden Romans und den Hersteller von Schallplatten, die ein Kunstwerk speichern, als Grundrechtsträger der Kunstfreiheit angesehen (BVerfGE 30, 173).

Ein angemessener Schutz dieses Grundrechts kann nur über einen weiten „**materialen**" **Kunstbegriff** gewährleistet werden. Denn Kern der Kunstfreiheit ist nach ständiger Rechtsprechung des Bundesverfassungsgerichts nicht die Orientierung an Ziel-, Wert- oder Idealvorstellungen, sondern allein die „kommunikativ-schöpferische Funktion". Das Gericht hat daher z. B. in seiner Entscheidung vom 27. 11. 1990 (NJW 91, 1471) zur „Josefine Mutzenbacher" ausgeführt: „Auch ein pornografischer Roman kann Kunst sein." Das Gewicht eines Werkes bestimme sich nicht nur nach allgemein anerkannten künstlerischen Maßstäben, sondern auch nach dem Ansehen, das es beim Publikum genieße, sowie durch Echo und Wertschätzung, die es in Kritik und Wissenschaft gefunden habe. Dem folgend hat das BSozG entschieden, Büttenreden seien der Kunst, nicht dem Brauchtum zuzuordnen und daher sozialabgabepflichtig.

## Zur **Schutzwirkung** des Art. 5 GG im Einzelnen

Die Schutzwirkung des Art. 5 Abs. 3 GG ist **unabhängig** von **Qualitätsmaßstäben**; die Vorschrift kennt weder „gute" noch „schlechte" Künstler und deren Werke. Auf das **künstlerische Niveau** kommt es folglich nicht an.

Auch die so genannte **Straßenkunst** (Musik, Akrobatik, Straßentheater, Pflastermalerei) ist im Zweifel „Kunst" und steht unter Grundrechtsverbürgung. Dabei ist „aufgrund des engen Zusammenhangs zwischen Kunstschöpfung und Kommunikation mit dem Publikum der Wirkbereich nicht weniger schutzbedürftig als der Werkbereich" (BVerwG, JZ 90, 336). Inwieweit solche Darbietungen als **Gemeingebrauch** oder als **Sondernutzung** einzuordnen sind, bedarf der Prüfung im Einzelfall und bemisst sich u. a. nach dem Maßstab der Gemeinverträglichkeit und des Ortsüblichen. Die Kunstfreiheit allein gibt nach Auffassung des Bundesverwaltungsgerichts (JZ 90, 336) noch keinen Anspruch auf erlaubnisfreie Kunstausübung auf der Straße.

Das Bundesverfassungsgericht hat hierzu im Fall des „Anachronistischen Zuges" (NJW 85, 261) auf das Erfordernis hingewiesen, widerstreitende Grundrechtspositionen nach dem Prinzip der **praktischen Konkordanz** (s. oben) zu lösen: Im Falle der Grundrechtskollision bedürfe es der Klärung, ob die Beeinträchtigung derart schwerwiegend sei, dass die Freiheit der Kunst zurückzutreten habe. Eine geringfügige Beeinträchtigung oder die bloße Möglichkeit einer schwerwiegenden Beeinträchtigung reichten hierzu angesichts der hohen Bedeutung der Kunstfreiheit nicht aus.

*Grundrechte*

| **Schranken des Art. 5 Abs. 3 GG** |
|---|

Aus der systematischen Ordnung des Art. 5 GG ergibt sich, dass Abs. 3 Spezialvorschrift zu Abs. 1 ist. Die in Abs. 2 genannten Schranken gelten mithin nur für Abs. 1. Folgt man dem Text des Abs. 3, so ist lediglich die „Freiheit der Lehre" an eine Beschränkung (Treue zur Verfassung) gebunden. „Die **Kunst** in ihrer **Eigenständigkeit** und **Eigengesetzlichkeit** ist durch Art. 5 Abs. 3 GG **vorbehaltlos** gewährleistet; weder die Schranken-Trias des Art. 2 Abs. 1 GG noch die Schranken des Art. 5 Abs. 2 GG gelten unmittelbar oder analog" (BVerfGE 30, 173). Gleichwohl kann auch die Freiheit der Kunst (ebenso wie die der Wissenschaft und der Forschung) nicht völlig schrankenlos ausgelebt werden. Solche Grenzen können sich „unmittelbar in anderen Bestimmungen der Verfassung finden, die ein in der Verfassungsordnung des Grundgesetzes ebenfalls wesentliches Rechtsgut schützen. Dies gilt namentlich für das durch Art. 2 Abs. 1 i. V. mit Art. 1 Abs. 1 GG geschützte allgemeine Persönlichkeitsrecht" (BVerfG, Beschl. v. 17. 7. 1984, NJW 85, 261).

Bei schwerwiegenden Beeinträchtigungen des **Persönlichkeitsrechts,** z. B. Verletzungen der **Intimsphäre,** hat die Freiheit der Kunst zurückzutreten (BVerfG, Beschl. v. 13.6.2007). Auch die Unantastbarkeit der **Würde,** die prinzipielle **Gleichrangigkeit** der Grundrechte sowie der Schutz überragender **Gemeinschaftsgüter** können die Grundrechte gem. Art. 5 Abs. 3 eingrenzen.

Ob das **Klonen** menschlicher Erbinformationen (Genome), in Großbritannien zu medizinischen Zwecken seit dem 31.1.2001 gesetzlich zulässig, von der Freiheit der **Forschung** gem. Art. 5 Abs. 3 GG erfasst wird, ist daher zweifelhaft. Keinesfalls gedeckt sind die Herstellung von Ersatzorganen aus menschlichen Embryonen sowie „Züchtungsversuche" am Menschen (s. oben). Hier sind klare Grenzziehungen erforderlich, denn Wissenschaft und Kunst dürfen (ethisch) durchaus nicht alles tun, wozu der Mensch (technisch) in der Lage ist. Außerhalb der grundrechtsimmanenten Schranken liegen ferner z. B. der Vertrieb „künstlerischer" Pornografie an Schulen sowie verfassungsfeindliche wissenschaftliche oder künstlerische Betätigung.

„Die Freiheit der Kunst findet ihre Grenzen nicht nur in den Grundrechten Dritter. Sie kann auch mit anderen verfassungsrechtlich geschützten Gütern in Widerstreit treten." Wer die **Bundesflagge** oder die **Hymne** der Bundesrepublik (3. Strophe des Deutschlandlieds) im Rahmen einer „künstlerischen" Darstellung verunglimpft, kann sich daher nicht auf Art. 5 Abs. 3 GG berufen (BVerfG, NJW 90, 1982).

„Allein die Präsentation des eigenen nackten Körpers ist noch nicht künstlerische Betätigung im Sinne des Art. 5 Abs. 3 GG", so bewertete das OVG NW am 18.6.1996 das Verhalten eines sog. „Interaktionskünstlers". Zurschaustellungen dieser Art könnten daher als Verstöße gegen die öffentliche Ordnung geahndet werden (DÖV 96, 1052).

 | **Besondere Bedeutung für die Polizei** |

Die Kunst ist **kein isolierter Höchstwert,** dem alle anderen Werte unterzuordnen wären, so das BVerfG (E 30, 173) im sog. Mephisto-Urteil. Das gilt auch für die Freiheit von Wissenschaft, Forschung und Lehre. Jedoch sind Einschränkungen dieser geistigen Freiheiten nur zulässig, soweit das im Interesse der Verfassungsgrundwerte unerlässlich ist.

Daher kann hier im Einzelfall ein polizeiliches Einschreiten durchaus geboten sein. Generell aber gilt, dass es nicht Aufgabe der Polizei sein kann, die in Art. 5 Abs. 3 GG angesprochenen Lebensbereiche zu reglementieren.

**Einschränkungen** der Kunstfreiheit kommen somit nur in Betracht, wenn konkrete **schwerwiegende Beeinträchtigungen** der **Grundrechte Dritter** vorliegen.

## Schutz des ehelichen und familiären Lebens (Art. 6 GG)

Art. 6 GG enthält ein **Abwehrgrundrecht** (Freiheit der Gründung), eine **Institutsgarantie** (Ehe als Lebensgemeinschaft) sowie eine **Wertentscheidung** (Förderung und Schutz, z. B. bei der Besteuerung, Verbot staatlicher Beeinträchtigung; vgl. BVerfGE 39, 316; 99, 216).

### Ehe und Familie stehen unter besonderem Schutz der staatlichen Ordnung

Der **Ehebegriff** ist an rechtlich vorgeschriebene Formen gebunden (Verbindung von Mann und Frau, Eheschließung vor dem Standesamt). **Nichteheliche** und **eheähnliche** Gemeinschaften genießen daher nicht den Schutz des Art. 6 Abs. 1 GG, sie sind jedoch durch Art. 2 Abs. 1 GG geschützt. Desgleichen sind gleichgeschlechtliche Partnerschaften wie die **eingetragene Lebensgemeinschaft** nicht Ehen in diesem Sinne. Der Gesetzgeber ist jedoch nicht gehindert, für sie Rechte und Pflichten vorzusehen, die der Ehe gleich sind oder nahe kommen (BVerfGE 105, 313; s. Ges. v. 15.12.2004, BGBl I S. 3396). Der **Schutzbereich** ist weit gefasst. Er reicht von der Partnerwahl über Eheschließung, Namenswahl, Wohnortbestimmung, Zusammenleben und die Entscheidung in Nachwuchsfragen bis zur Auflösung der Ehe durch Scheidung oder Tod, in den Pflichtverhältnissen z. T. sogar darüber hinaus.

Der **Familienbegriff** ist auch **ohne formale Voraussetzungen** erfüllt. Ob Kinder ehelich oder nichtehelich, minderjährig oder volljährig, Adoptiv-, Stief- oder Pflegekinder sind, ist ohne Belang. Auch die Lebensgemeinschaft **eines Elternteils** mit Kind bzw. Kindern ist von Art. 6 Abs. 1 geschützt. Gleiches gilt für die **gleichgeschlechtliche** Lebensgemeinschaft.

Der **Gesetzgeber** muss die **Wertentscheidung** für die Familie zur Geltung bringen (BVerfGE 107, 205), so z. B. durch das **Elterngeld** (67 Prozent des Nettogehalts, wenn ein Partner für 12 bzw. 14 Monate die Erwerbstätigkeit ruhen lässt, max. jedoch 1 800 Euro mtl.)

### Pflege und Erziehung der Kinder sind Recht und Pflicht der Eltern

Das **Elternrecht** garantiert **Eigenverantwortung** und **Selbstständigkeit** der Eltern. Dem Staat kommt (im Falle der Pflichtwidrigkeit) lediglich die Rolle des Wächters zu. Es umfasst die **gesamte Sorge** für die **geistig-seelische Entwicklung** und das **körperliche Wohl** des Kindes, einschl. der religiösen und weltanschaulichen **Erziehung**. Zugleich ist es eine **Pflicht** und unterscheidet sich insoweit von allen übrigen Grundrechten. Es erstreckt sich auch auf die Namensgebung (s. oben), die Bestimmung des religiösen Bekenntnisses und des Bildungsweges. Entgegenstehende Verfassungsnormen (Schulpflicht) haben Vorrang. Die Elternsorge vermindert sich mit zunehmendem Kindesalter und erlischt bei Volljährigkeit. Ihr entspricht die Pflicht erwachsener Kinder zum **Elternunterhalt** (BVerfG, Beschl. v. 7.6.2005).

Die **Sorge** für das Kind obliegt regelmäßig beiden Eltern **gemeinsam** (§ 1684 BGB). Unverheiratete können dieses Recht beantragen; der Vater bedarf dazu aber der Zustimmung der Mutter (BVerfG, 29.1.03, BvL 20/99). Geschiedene behalten es, wenn kein Elternteil etwas anderes verlangt. Die **Adoption** eines nicht ehelichen Kindes erfordert die Zustimmung beider Eltern. Mütter und Väter nicht ehelicher Kinder können vom anderen Elternteil Betreuungsunterhalt fordern, wenn sie sich um das Kind kümmern. Auch im **Erbrecht** sind nicht eheliche und eheliche Kinder gleichgestellt (Ausnahme: vor dem 1. 7. 1949 Geborene).

Die **Rechtschreibreform**, so hat das BVerfG mit seiner Entscheidung vom 14.7.1998 einen jahrelang anhaltenden Streit beendet, stellt keinen Eingriff in das natürliche Recht der Eltern auf Erziehung ihrer Kinder dar und bedarf daher auch keines förmlichen Gesetzes (BVerfGE 98, 218; s. unten).

### Kinder dürfen von ihrer Familie nur aufgrund eines Gesetzes und nur bei drohender Verwahrlosung getrennt werden

Das ist dann der Fall, wenn das Wohl des Kindes durch eine schwere Verletzung erzieherischer Pflichten objektiv gefährdet oder bereits beeinträchtigt ist.

### Jede Mutter hat Anspruch auf Schutz und Fürsorge

Die Vorschrift ist Grundrechtsverbürgung, Konkretisierung des Sozialstaatsprinzips und Auftrag an den Gesetzgeber zugleich (BerfGE 37, 121; 47, 27). Besondere Bedeutung kommt ihr im Arbeitsrecht zu (Schutz auch der werdenden Mutter vor Arbeitsplatzverlust). Generellen Schutz genießen schwangere Frauen und erwerbstätige Mütter. Nicht erfasst ist die gesamte Lebenszeit einer Frau, die einmal Mutter geworden ist (BVerfGE 61, 79). Ein Ehevertrag, der eine Schwangere verpflichtet, im Scheidungsfalle auf Unterhalt für sich und das Kind zu verzichten, verstößt gegen Art. 6 GG (BVerfG, 6. 2. 01, E 103, 89).

### Gleichrangigkeit von unehelichen und ehelichen Kindern

Art. 6 Abs. 5 GG ist eine Ausprägung des allgemeinen Gleichheitssatzes (BVerfGE 26, 206; s. auch S. 147). Die Vorschrift verpflichtet den Gesetzgeber, für die leibliche und seelische Entwicklung des nicht ehelichen Kindes die gleichen Bedingungen zu schaffen wie für das eheliche Kind. Das BVerfG hat deshalb § 1738 BGB mit Beschluss vom 7. 5. 1991 (E 84, 168) für teilweise verfassungswidrig erklärt. Ursprünglich war vorgesehen, dass im Falle einer auf Antrag des Vaters erfolgten Ehelicherklärung dieser die Sorge für das bis dahin uneheliche Kind erhält und die Mutter dieses Recht verliert. Diese generelle Zuordnung zu einem Elternteil verstößt gegen das Elternrecht und die Pflicht des Gesetzgebers zur Gleichbehandlung ehelicher und unehelicher Kinder. Deshalb kommt es für den Unterhalt von Trennungskindern auch nicht darauf an, ob die Eltern zuvor verheiratet waren (BVerfG, Urt. v. 23.5.2007). Das hiernach **reformierte**, ab 1.1.2008 geltende **Unterhaltsrecht** stellt **unverheiratete** und **geschiedene** Eltern einander grundsätzlich **gleich.** Es räumt **Kindern** den **Vorrang** ein vor allen anderen Unterhaltsansprüchen. Der zuvor geltende prinzipielle Vorrang des geschiedenen Partners aus erster Ehe vor einem neuen Ehegatten ist entfallen; Geschiedene sind verpflichtet, selbst für ihren Unterhalt zu sorgen, auch wenn die Scheidung bereits zurückliegt.

## Schulwesen (Art. 7 GG)

Art. 7 GG enthält ein Bündel verschiedenartiger Vorschriften über das Schulwesen:

### Schulaufsicht ist Sache des Staates

Die Schulaufsicht umfasst die Gesamtheit der staatlichen Befugnisse zur Organisation, Planung, Leitung und Beaufsichtigung einschließlich der Privatschulen (BVerwGE 18, 39).
Auch die Einführung der **neuen Schreibregeln** (Rechtschreibreform) ab 1. 8. 1998, so das BVerfG in seiner Entscheidung vom 14. 7. 98 (E 98, 218), ist vom staatlichen Erziehungsanspruch gem. Art. 7 GG gedeckt. Das Gericht entschied sich damit zugleich auch gegen das Argument, die Sprache gehöre dem Volk. Die Regelungsbefugnis liege vielmehr bei den für das Schulwesen zuständigen Bundesländern.

### Teilnahme am Religionsunterricht ist Sache der Erziehungsberechtigten

Die Vorschrift soll die Glaubens- und Gewissensfreiheit gewährleisten. Das Bestimmungsrecht der Eltern endet, wenn an seine Stelle die eigene Entscheidung des Kindes treten kann. Fraglich ist insoweit die Verfassungsmäßigkeit der in den meisten Landesschulgesetzen enthaltenen Pflicht zur Teilnahme am Ethik-Unterricht „Werte und Normen" für diejenigen Schüler, die nicht am Religionsunterricht teilnehmen. Das BVerfG hat mehrere hierauf gerichtete Klagen wegen Begründungs- oder Verfahrensmängeln nicht angenommen.

### Besondere Vorschriften über den Religionsunterricht

Mit der Entscheidung, dass der Religionsunterricht an öffentlichen Schulen – ausgenommen die bekenntnisfreien Schulen – als ordentliches Lehrfach zu den (versetzungserheblichen und zu benotenden) **Pflichtfächern** gehört, erfährt der Grundsatz der weltanschaulichen Neutralität gem. Art. 4 GG eine Ausnahme. Eine Sonderregelung gilt für Bremen (sog. Bremer Klausel) und Berlin; desgl. in Brandenburg, wo Religionsunterricht nur außerhalb des Lehrplans und

stattdessen als „neutrales" Schulfach „Lebensgestaltung-Ethik-Religionskunde" (LER) angeboten wird. Die Religionsgemeinschaften haben **Anspruch** auf Schaffung der **organisatorischen** und **finanziellen** Voraussetzungen. **Träger** können auch **islamische** Gemeinschaften und Dachverbände sein (BVerwGE 123, 49). Auf die Rechtsform der Gemeinschaft kommt es nicht an, sie muss jedoch nach Struktur und Mitgliederzahl die **Gewähr der Dauer** bieten und **verfassungskonform** sein.
Der Unterricht wird im **Einvernehmen** mit den Religionsgemeinschaften erteilt. Diese bestimmen auch die **Lehrinhalte**. Eine geistliche Schulaufsicht ist jedoch ausgeschlossen.

### Errichtung von Privatschulen

Die Errichtung von Privatschulen ist grundsätzlich frei. Man differenziert zwischen **Ergänzungsschulen** und „anerkannten" **Privatschulen** (Ersatzschulen). Eine lediglich genehmigte Privatschule besitzt keine Hoheitsbefugnisse. Anerkannte Privatschulen sind den öffentlichen Schulen darin gleichgestellt, dass sie gleiche Berechtigungen erteilen können.

### Zulassung privater Volksschulen (Grundschulen)

Die Vorschrift soll auch im Volksschulbereich ein breites Spektrum möglich machen, grundsätzlich aber sollen die Kinder aller Bevölkerungsschichten in den ersten Schuljahren zusammen unterrichtet werden. Staatliche Grundschulen haben daher Vorrang, private sind nur zuzulassen, wenn ein besonderes pädagogisches Interesse vorliegt. Daran fehlt es im Falle einer „flächendeckenden Zulassung" solcher Schulen (BVerwG, NJW 2000, 1280).

### Vorschulen bleiben aufgehoben

Gemeint sind die ehemaligen (und bereits von der Weimarer Verfassung aufgehobenen) Sondereinrichtungen für die Grundschulklassen 1 bis 4, die denjenigen Kindern vorbehalten waren, die später einmal an eine weiterführende Schule überwechseln wollten.

## Versammlungsfreiheit (Art. 8 GG)

Art. 8 GG gewährleistet dem Grundrechtsträger das Recht, **Ort, Zeitpunkt, Art und Inhalt** von Versammlungen sowie über seine **Teilnahme** oder sein **Fernbleiben** selbst zu entscheiden. Das Versammlungsrecht „ergänzt die Meinungsfreiheit nach der kollektiven Seite hin" (BGH, NJW 1972, S. 1573) und konstituiert in zweifacher Hinsicht eine prinzipiell **staatsfreie** und **unreglementierte Sphäre der politischen Selbstbestimmung:**

- ▶ Zum einen verpflichtet es die **öffentliche Gewalt**, sich **aller Eingriffe** zu **enthalten,** soweit diese nicht durch das **Gemeinwohl** geboten sind;
- ▶ zum anderen – und dieser Funktion kommt in unserer freiheitlichen Ordnung die größere Bedeutung zu – wirkt es als **Mittel** zur aktiven **Teilnahme** der **Bürgerinnen** und **Bürger** am Prozess der **Willensbildung** (sog. aktives Statusrecht).

„In einer freiheitlichen demokratischen Verfassungsordnung ist das Versammlungs- und Demonstrationsrecht **aktives Statusrecht.** Es eröffnet eine wesentliche Möglichkeit zur Teilnahme am komplexen Prozess der politischen Willensbildung. Es macht Demokratie sichtbar und glaubwürdig. Es macht Volkssouveränität praktizierbar. Es beseitigt das Gefühl, anonymen Mächten ausgeliefert zu sein, auf die Einfluss zu nehmen nicht möglich ist. Das Versammlungs- und Demonstrationsrecht muss im Sinne der allgemeinen Freiheitsvermutung, die das Grundgesetz beherrscht, interpretiert werden" (Dietel/Gintzel, a. a. O. S. 1).

Das **BVerfG** hat in der sog. **Brokdorf-Entscheidung** vom 14. 5. 1985 (E 69, 315) die **zentrale Bedeutung** der **Versammlungsfreiheit** besonders betont („stabilisierende Funktion für das repräsentative System", Möglichkeit für Unzufriedene, „Unmut und Kritik öffentlich vorzubringen,

*Grundrechte*

notwendige Bedingung eines politischen Frühwarnsystems, das Störpotentiale anzeigt und damit auch Kurskorrekturen der offiziellen Politik möglich macht").

„Das Recht des Bürgers, durch Ausübung der **Versammlungsfreiheit** aktiv am politischen Meinungs- und Willensbildungsprozess teilzunehmen, gehört zu den **unentbehrlichen Funktionselementen** eines demokratischen Gemeinwesens" (BVerfG, NJW 85, 2395). Eine geplante Versammlung darf daher nicht schon deshalb verboten werden, weil erfahrungsgemäß mit Gegenaktionen gewaltbereiter Personen zu rechnen ist (BGH, NJW 84, 1226).

Die Versammlungsfreiheit ist mithin ein spezifisches **Kommunikationsgrundrecht.** Sie ist jedoch nicht nur die kollektive Variante der Meinungsfreiheit, sondern eigenständiges Mittel der Einflussnahme auf das politische Geschehen (vgl. Kniesel, NJW 92, 857).

In der **Demokratie** muss sich die politische Willensbildung vom **Volk** zu den **Staatsorganen** vollziehen. Diese werden durch den Willensbildungsprozess im Wege von **Wahlen** und **Abstimmungen** erst hervorgebracht (Art. 20 Abs. 2 GG). Der Prozess als solcher muss daher grundsätzlich **staatsfrei** bleiben. Einwirkungen von Gesetzgebung, Regierung und Verwaltung sind nur dann mit dem **demokratischen Grundsatz** der freien und offenen Meinungs- und Willensbildung vereinbar, wenn sie durch einen besonderen, sie verfassungsrechtlich legitimierenden Grund gerechtfertigt sind (BVerfGE 20, 56).

Die Einzelheiten des **Versammlungsrechts** sind in den **Versammlungsgesetzen** normiert. Die Materie, ursprünglich gem. Art 74 Abs. 1 Nr. 3 GG a. F. als Gegenstand der konkurrierenden Gesetzgebung durch den **Bund** geregelt (Ges. vom 24.7.1953; BGBl. I S. 684, zul. geä. d. Ges. v. 8.12.2008; BGBl. I S. 2366), ist mit Inkrafttreten der Föderalismusreform 2006 in die Zuständigkeit der **Länder** übergegangen. Das Gesetz (BVersG) gilt jedoch gem. Art. 125a Abs. 1 GG als Bundesrecht fort, solange die Länder keine eigenen Regelungen erlassen haben. Bayern hat mit dem Gesetz vom 1.10.2008 (BayVersG) als erstes Bundesland von der neuen Kompetenz Gebrauch gemacht. Hiergegen wurde Verfassungsbeschwerde erhoben. Die Entscheidung in der Hauptsache steht noch aus. Berlin hat nur einen Teilbereich des Versammlungsrechts durch Landesrecht neu geregelt. Das Niedersächsische Versammlungsgesetz (NVersG) vom 7.10.2010 trat am 1.2.2011 in Kraft. Auch hiergegen ist eine Verfassungsbeschwerde anhängig. Sachsen-Anhalt erließ am 3.12.2009 ein eigenes Versammlungsgesetz, ebenso Sachsen mit dem Gesetz vom 25.1.2012 – eine im Hinblick auf die Wahrung der Rechtseinheit (Art. 72 Abs. 2 GG) und die länderübergreifenden Einsätze der Polizei nicht unbedenkliche Parallelität von Rechtsvorschriften. Die übrigen Bundesländer haben eigene Gesetze bisher nicht erlassen, so dass hier das Versammlungsgesetz des Bundes gilt.

Das Versammlungsrecht steht nur **natürlichen Personen,** nicht der Versammlung selbst zu. Als Grundrecht ist es nur den **Deutschen** vorbehalten, findet also auf Ausländer keine Anwendung. Das bedeutet jedoch nicht, dass es Ausländern in der Bundesrepublik versagt wäre, sich zu versammeln (s. § 1 des Versammlungsgesetzes, wonach „jedermann" das Recht hat, Versammlungen zu veranstalten und an solchen teilzunehmen). Für Ausländer hat das Versammlungsrecht lediglich keine Grundrechtsqualität.

Wie die Grundrechtsgarantie des Art. 5 Abs. 1 ist die des Art. 8 Abs. 1 GG auf **friedliche Auseinandersetzung mit geistigen Mitteln** angelegt. Auf sie kann sich nicht berufen, wer seinen Standpunkt mit Tätlichkeiten durchzusetzen sucht (vgl. BGH, NJW 75, 60). Daher ist die Versammlungsfreiheit nur unter dem **Verfassungsvorbehalt der Friedlichkeit** und **Waffenlosigkeit** gewährleistet. Für Versammlungen unter **freiem Himmel,** von denen naturgemäß höhere Beeinträchtigungen der öffentlichen Sicherheit und Ordnung ausgehen können, gilt außerdem ein **Gesetzesvorbehalt.** Gem. Art. 8 Abs. 2 GG sind hier Beschränkungen „durch Gesetz oder aufgrund eines Gesetzes" zulässig. Die Einzelheiten sind im Versammlungsgesetz niedergelegt. **Generell** ausgenommen sind die sog. **befriedeten Bezirke** (s. Kap. VIII). **Besonderen Schutz** genießen gem. § 15 Abs. 2 VersG, eingeführt durch das Ges. v. 24.3.2005 (BGBl. I S. 969), **Gedenkstätten** von historisch herausragender überregionaler Bedeutung, die an die Opfer der NS-Gewaltherrschaft erinnern. Diese Orte werden durch Landesgesetze bestimmt. Das Gesetz selbst nennt ausdrücklich das Holocaust-Denkmal in Berlin. Die auf Bekämpfung rechtsextremistischer und antisemitischer Umtriebe gerichtete Gesetzesnovelle weitet zugleich den Tatbestand der **Volksverhetzung** gem. § 130 Abs. 4 StGB aus.

| Grundsätze der **Ausübung** des Versammlungsrechts |
|---|

„Versammlungen" i. S. des Art. 8 GG sind **örtliche** Zusammenkünfte **mehrerer** Personen zwecks **gemeinschaftlicher Erörterung** und **Kundgebung** mit dem Ziel der **Teilhabe** an der **öffentlichen Meinungsbildung**. Zusammenkünfte unter Einsatz von Musik und Tanz fallen nur dann unter den Schutzbereich des Art. 8 GG, wenn diese Mittel zur kommunikativen Entfaltung mit dem Ziel eingesetzt werden, auf die öffentliche Meinung einzuwirken. Es reicht nicht aus, dass die Teilnehmer durch irgendeinen Zweck miteinander verbunden sind" (BVerfG, Beschl. v. 12.7.2001, BvQ 30/01). Mit dieser Entscheidung bekennt sich das BVerfG unmissverständlich zum „engen" Versammlungsbegriff. Keine Versammlungen sind daher neben Volksfesten, sportlichen und kirchlichen Veranstaltungen auch solche Zusammenkünfte, die der Zurschaustellung eines Lebensgefühls dienen oder als Spaß- und Massenparty gedacht sind (Love-Parade, Chaos-Tage pp.). Diese Veranstaltungen werden auch nicht dadurch zur Versammlung, dass bei ihrer Gelegenheit Meinungskundgaben erfolgen.

Art. 8 GG bezieht sich auf **öffentliche** und **nicht öffentliche, auf angemeldete** und **spontane** (nicht angemeldete) Versammlungen (BVerfGE 26, 135). Das Versammlungsrecht gilt auch auf dem Gelände eines privatisierten Unternehmens im Staatsbesitz (BVerfG, 1 BvR 699/06). Da die Materie **spezialgesetzlich** geregelt ist, bleibt für die Anwendung **polizeirechtlicher** Vorschriften grundsätzlich **kein Raum**.

Die **Anmeldepflicht** für Versammlungen unter **freiem Himmel** gem. § 14 VersG einschließlich ihrer Strafbewehrung ist mit dem Grundgesetz vereinbar (vgl. BVerfG, NJW 92, 890). Sie hat den Sinn, den Behörden diejenigen Informationen zu vermitteln, die sie benötigen, um Vorkehrungen zum störungsfreien Verlauf sowie zum Schutz der Interessen Dritter oder der Gesamtheit treffen zu können (BVerfG, NJW 85, 2395). Ihrem Wortlaut nach erstreckt sich die Vorschrift unterschiedslos auf sämtliche Versammlungen unter freiem Himmel. Das gilt jedoch nicht für Versammlungen, „die sich aus einem momentanen Anlass ungeplant und ohne Veranstalter entwickeln" (BVerfG, s. o.). Solche **Spontanversammlungen** wären bei strikter Anwendung des § 14 VersG (24-Stunden-Frist) generell unzulässig, was faktisch das Versammlungsrecht insoweit leer laufen ließe. So genannte **Eilversammlungen**, die im Unterschied zu Spontanversammlungen zwar geplant sind und einen Veranstalter haben, aber ohne Gefährdung des Demonstrationszwecks nicht fristgerecht angemeldet werden können, sind bei verfassungskonformer Auslegung des § 14 VersG ebenfalls zulässig. Sie sind aber „anzumelden, sobald die Möglichkeit dazu besteht" (BVerfG, NJW 92,14). Eine unterbliebene Anmeldung lässt den Grundrechtsschutz nicht entfallen (BVerfG 1 BvR 1402/06).

Das Versammlungsrecht darf **nicht** so ausgeübt werden, dass dadurch **Grundrechte Dritter gefährdet** oder mehr als zumutbar **eingeengt** werden. Zwar sind mit jeder Inanspruchnahme der Versammlungsfreiheit unvermeidbar gewisse nötigende Wirkungen bzw. Behinderungen verbunden. Derartige Zwangswirkungen werden von Art. 8 GG aber nur so weit gerechtfertigt, wie als sozial-adäquate Nebenfolge mit rechtmäßigen Demonstrationen verbunden sind. An dieser Voraussetzung fehlt es, wenn die Behinderung Dritter beabsichtigt wird, um die Aufmerksamkeit für das Demonstrationsanliegen zu erhöhen (BVerfGE 73, 206).

Zum Schutz bedrohter, überragender verfassungsrechtlicher **Gemeinschaftsgüter** kann eine Versammlung **beschränkt** oder **verboten** werden. In besonders gelagerten Ausnahmefällen ist dies auch bei unvermeidbarer erheblicher Gefährdung der öffentlichen Sicherheit und Ordnung zulässig (BVerfGE 69, 315), etwa beim vorbeugenden Verbot eines sog. Fahrradkorsos auf der Bundesautobahn (Nds. OVG, Nds. VBl. 96, 14). Jedoch kann eine Versammlung „nicht schon deshalb, weil politisch missliebige Meinungen geäußert werden, wegen Verstoßes gegen die öffentliche Ordnung verboten werden". Ein Verbot sei erst dann in Betracht zu ziehen, wenn die erwarteten Meinungsäußerungen die Schwelle zur Strafbarkeit zu überschreiten drohten (so das BVerfG in zwei Beschlüssen zur Aufhebung von NPD-Verboten am 1. 5. 2001; 1 BvQ, 21/01).

### Zur **Friedlichkeit** und **Waffenlosigkeit**

Nur die „**friedliche**" und „**waffenlose**" Versammlungsteilnahme genießt den Grundrechtsschutz des Art. 8 GG. Auch wer zu einer Versammlung „mit der Absicht ihrer Verhinderung kommt", kann sich nicht auf die Versammlungsfreiheit berufen (BVerfG, NJW 91, 2694).

**Friedlichkeit** bedeutet **Absage** an **Gewalttätigkeiten**. „Ein Teilnehmer verhält sich jedenfalls dann unfriedlich, wenn er Gewalttätigkeiten gegen Personen oder Sachen begeht. Auf deren Vermeidung muss die Rechtsordnung ... strikt bestehen", so das BVerfG in der sog. Brokdorf-Entscheidung (NJW 85, 2395). Allerdings genügt es dabei nicht, dass einzelne Störenfriede sich in die Versammlung einschleichen und Ausschreitungen begehen. Unfriedlich wird die Versammlung erst, wenn sie sich mit den Störenfrieden solidarisch erklärt (LG Hamburg, DVBl. 1952, S. 314). Ähnlich das BVerfG im o. a. Urteil: „Für die friedlichen Teilnehmer bleibt der von der Verfassung jedem Staatsbürger garantierte Schutz der Versammlungsfreiheit auch dann erhalten, wenn mit Ausschreitungen durch Einzelne oder eine Minderheit zu rechnen ist."

Auch Handlungen, die über die bloße Anwesenheit hinausgehen und den Charakter der **Nötigung** annehmen, sind „unfriedlich" i. S. des Art. 8 GG. (Einzelheiten hierzu s. unten.)

**Waffenlosigkeit** heißt nicht nur Verzicht auf Waffen im technischen Sinne, sondern auf alle gefährlichen Werkzeuge, sofern der konkrete Wille besteht, sie als Waffe zu verwenden.

**Reine Defensivmittel** fallen nicht unter den Waffenbegriff, sie können aber im Einzelfall ein Indiz für drohende Unfriedlichkeit sein (Jarras/Pieroth, a. a. O., Art. 8 Rdnr. 9). Das Mitführen von **Schutzwaffen** (passive Bewaffnung) sowie die **Vermummung** zur Verhinderung einer Identitätsfeststellung im Zusammenhang mit öffentlichen Versammlungen unter freiem Himmel sind jedoch gem. § 27 Abs. 2 BVersG strafbar.

### **Grenzen** individueller **Freiheitsentfaltung** im Versammlungsrecht

Das Versammlungs- und Demonstrationsrecht ist ein **Lebenselement** unserer **freiheitlichen Demokratie**. Andererseits ist es **kein Super-Grundrecht**, dem alle anderen weichen müssten. Art. 8 GG gewährt daher z. B. auch keinen Anspruch, eine Versammlung auf einer öffentlichen Fläche durchzuführen, die nach dem Willen ihres Trägers dafür nicht zur Verfügung steht (BVerwG, NJW 93, 609).

Zur Abgrenzung zwischen individueller Freiheitsentfaltung und den Belangen der Allgemeinheit führt das BVerfG in seiner **Brokdorf-Entscheidung** (E 69, 315) aus:

„Eine Notwendigkeit zu freiheitsbeschränkenden Eingriffen kann sich ... daraus ergeben, dass der Demonstrant bei deren Ausübung **Rechte Dritter** beeinträchtigt. Auch bei solchen **Eingriffen** haben die **staatlichen Organe** die grundrechtsbeschränkenden Gesetze stets im Lichte der grundlegenden Bedeutung dieses Grundrechts im freiheitlichen demokratischen Staat auszulegen und sich bei ihren Maßnahmen auf das zu **beschränken,** was zum **Schutz gleichwertiger Rechtsgüter** notwendig ist. Mit diesen Anforderungen wären erst recht behördliche Maßnahmen unvereinbar, die über die Anwendung grundrechtsbeschränkender Gesetze hinausgehen und etwa den Zugang zu einer Demonstration durch Behinderung von Anfahrten und **schleppende vorbeugende Kontrollen** unzumutbar erschweren oder ihren staatsfreien unreglementierten Charakter durch **exzessive Observation** und **Registrierungen** verändern. Die grundrechtlich geschützte Versammlungsfreiheit hat nur dann zurückzutreten, wenn eine **Güterabwägung** unter Berücksichtigung des Freiheitsrechts ergibt, dass dies zum Schutz anderer **gleichwertiger Rechtsgüter** notwendig ist. Demgemäß rechtfertigt keineswegs jedes beliebige Interesse eine Einschränkung dieses Freiheitsrechts; **Belästigungen**, die sich zwangsläufig aus der Massenhaftigkeit der Grundrechtsausübung ergeben und sich ohne Nachteile für den Veranstaltungszweck nicht vermeiden lassen, werden Dritte im Allgemeinen ertragen müssen."

 **Besondere Bedeutung für die Polizei**

**Aufgabe** der Polizei ist es, Versammlungen zu **schützen** und die ungehinderte Ausübung des Versammlungsgrundrechts zu **gewährleisten**. Dazu gehört auch, dass jeder **Missbrauch** der Versammlungsfreiheit zu **unterbinden** ist.

**Versammlungsteilnehmer** und **Polizei** sind auf **Zusammenarbeit** angewiesen. Beide Seiten haben **deeskalierend** zu wirken, die Polizei muss zwischen friedlichen Versammlungsteilnehmern und potenziellen Gewalttätern **differenzieren**. Das BVerfG hat hierzu in seiner Brokdorf-Entscheidung (s. o.) ausgeführt:

▶ „Zur friedlichen Durchführung von Veranstaltungen ... gehört, dass **beiderseits Provokationen** und **Aggressionsanreize** unterbleiben, dass die **Veranstalter** auf die Teilnehmer mit dem Ziel friedlichen Verhaltens und der **Isolierung** von Gewalttätern einwirken, dass sich die **Staatsmacht** – gegebenenfalls unter Bildung polizeifreier Räume – **besonnen zurückhält** und **übermäßige Reaktionen** vermeidet und dass insbesondere eine rechtzeitige **Kontaktaufnahme** erfolgt, bei der beide Seiten sich kennen lernen, Informationen austauschen und möglicherweise zu einer **vertrauensvollen Kooperation** finden, welche die Bewältigung auch unvorhergesehener Konfliktsituationen erleichtert."

▶ „Die Behörden sind gehalten, nach dem Vorbild friedlich verlaufener Großdemonstrationen **versammlungsfreundlich** zu verfahren und nicht ohne zureichenden Grund hinter bewährten Erfahrungen zurückzubleiben. Je mehr die Veranstalter ihrerseits zu einseitigen **vertrauensbildenden Maßnahmen** oder zu einer **demonstrationsfreundlichen Kooperation** bereit sind, desto höher rückt die Schwelle für behördliches Eingreifen wegen Gefährdung der öffentlichen Sicherheit."

Für den Schutz aus Art. 8 GG ist es im Übrigen nicht Bedingung, dass die Versammlung bereits **stattfindet**. Das Grundrecht umfasst zeitlich, räumlich und inhaltlich auch die **Ansammlungsphase** bzw. das „**Vorfeld**" (BVerfGE 69, 315). Desgleichen sind „alle versammlungsvorbereitenden und -begleitenden Handlungen von Veranstaltern, Leitern, Ordnern und (künftigen) Teilnehmern" geschützt. Sie „dürfen ausschließlich nach Maßgabe des **Versammlungsgesetzes** durch staatliche Organe beeinträchtigt" werden. In begrenztem Umfang gilt dies auch für den „**freien Abzug**" nach einer Veranstaltung.

„Die verfassungsrechtliche Stellung des Volkes, das seine politischen Willen nicht nur in Wahlen und Abstimmungen, sondern auch durch **unmittelbare Einflussnahme** auf die politische Willensbildung – z. B. durch **Demonstrationen** – zum Ausdruck bringt, würde anderenfalls missachtet" (VG Hamburg zum „Hamburger Kessel"; NVwZ 87, 829; s. auch unten: Grundzüge des Einschreitens der Polizei).

## Vereinigungsfreiheit (Art. 9 Abs. 1 und 2 GG)

Die Möglichkeit, sich mit anderen zu einer Gruppe zusammenzuschließen, gehört zu den elementarsten Äußerungsformen menschlicher Handlungsfreiheit. In der Vereinigungsfreiheit kommt mithin ein wesentliches **Prinzip** des **freiheitlichen Staates,** der Grundsatz der gesellschaftlichen Selbstorganisation und -verwirklichung zum Ausdruck. Ein Verzicht darauf würde nicht nur die individuellen Entfaltungschancen des Einzelnen beeinträchtigen, sondern auch das Gemeinwohl (BVerfGE 61, 1). Daher ist Art. 9 GG zugleich ein zentrales **Strukturelement** der **Demokratie.** Die Vorschrift sichert gemeinsam mit anderen „**kommunikativen**" Grundrechten (Art. 5 und 8 GG) den Prozess der **freien Meinungs- und Willensbildung.**

„Das Prinzip freier sozialer Gruppenbildung grenzt die freiheitliche Ordnung von einem System ab, in dem das Volk von oben her in ständisch-korporative Gruppen gegliedert und nur noch in dieser von vornherein durch obrigkeitliche Lenkung kanalisierten Form an der öffentlichen Meinungs- und Entscheidungsbildung beteiligt wird" (BVerfGE 38, 281).

Das Wesen der **allgemeinen** Vereinigungsfreiheit besteht in dem **Recht aller Deutschen,**

> ▶ Vereine und Gesellschaften zu **gründen**, ihnen **anzugehören** und aus ihnen **auszutreten.** Dazu gehört auch, dass niemand **gezwungen** werden darf, einer Vereinigung beizutreten (positive bzw. negative Vereinigungsfreiheit).
>
> ▶ Im Übrigen verbürgt Art. 9 Abs. 1 GG nicht nur dem einzelnen Staatsbürger das Recht zum Zusammenschluss in Vereinen und Gesellschaften, sondern gewährt auch den **Vereinen** selbst Schutz (BVerfGE 30, 227).

**Vereine** und **Gesellschaften** im Sinne des Art. 9 Abs. 1 GG sind **Personenmehrheiten,** die sich zur Wahrnehmung **gleicher Interessen** (geselliger, kultureller, wirtschaftlicher, politischer oder sonstiger Art) **zusammenschließen.** Art. 9 GG erfasst jedoch nur Vereinigungen des **privaten Rechts** (BVerfGE 10, 354), z. B. Sport- und Heimatvereine, Verbraucherverbände, Mieterschutzbund, Jugendorganisationen, Studentenverbände, Bürgerinitiativen sowie die Nebenorganisationen der Parteien.
Nicht unter Art. 9 GG fallen die politischen **Parteien** selbst, deren Stellung **spezialgesetzlich** geregelt ist (Art. 21 GG). Art. 9 GG erfasst ferner nicht **öffentlich-rechtliche Zusammenschlüsse,** die in Form der **Zwangsmitgliedschaft** – auch ihrer größeren Sachnähe wegen – Aufgaben erfüllen, deren Erledigung sonst in unmittelbarer öffentlicher Verwaltung wahrgenommen werden müsste (Anwaltskammern, Ärztekammern pp.). Das BVerfG hat mit Urteil vom 17.1.2002 für den Bereich der Wirtschaft bestätigt, es bestehe ein „legitimes öffentliches Interesse" daran, Wirtschaftsförderung und -verwaltung mit Hilfe von **Selbstverwaltungseinrichtungen** wie den Industrie- und Handelskammern zu betreiben (1 BvR 1806/98).

| Schranken der Vereinigungsfreiheit (Art. 9 Abs. 2 GG) |
|---|

Schranken der Vereinigungsfreiheit ergeben sich aus Art. 9 Abs. 2 GG (BVerfGE 38, 281). Verboten sind Vereinigungen, die den **Strafgesetzen** zuwiderlaufen, gegen die **verfassungsmäßige Ordnung** (gemeint ist die freiheitliche demokratische Grundordnung) gerichtet sind oder gegen den Gedanken der **Völkerverständigung.** Dazu gehören auch Tarn-, Ersatz- oder Nachfolgeorganisationen verbotener Parteien sowie kriminelle Vereinigungen.
Die Feststellung, dass eine **Vereinigung** nach Art. 9 Abs. 2 GG verboten ist, trifft die **zuständige Behörde.** Ob eine **Partei** verfassungswidrig ist, entscheidet allein das **Bundesverfassungsgericht** (vgl. BVerfGE 13, 174).

## Koalitionsfreiheit (Art. 9 Abs. 3 GG)

Die Koalitionsfreiheit ist ein Sonderfall der allgemeinen Vereinigungsfreiheit; Art. 9 Abs. 3 GG ist – ebenso wie Art. 21 GG – Spezialvorschrift zu Art. 9 Abs. 1 GG.

Im Gegensatz zu Art. 9 Abs. 1 GG, der nur für alle Deutschen gilt, gewährleistet Abs. 3 für **jedermann** und **alle Berufe** das Recht, zur **Wahrung** und **Förderung** der **Arbeits-** und **Wirtschaftsbedingungen** Vereinigungen, d. h. **Gewerkschaften** und **Arbeitgeberverbände** (Arbeitsmarktverbände), zu bilden.

Art. 9 Abs. 3 GG sichert den beteiligten Verbänden mit der Koalitionsfreiheit zugleich auch den Wesensgehalt des Tarifvertragssystems, die sog. **Tarifautonomie,** zu.

Mit der Gewährleistung der freien **Gründung** und gesicherten **Funktionsentfaltung** der Arbeitnehmer- und Arbeitgeberverbände begründet Art. 9 Abs. 3 GG die **soziale Selbstverwaltung** im Tarifrecht, die sog. **Tarifautonomie.** Sie umfasst das Recht der **Tarifpartner,** innerhalb eines von **staatlicher Rechtsetzung** grundsätzlich **freigelassenen** Raumes die **Lohn- und Arbeitsbedingungen** in **freien** und **eigenverantwortlichen** Verhandlungen zu **bestimmen** und den gefundenen Verhandlungsergebnissen **gesetzesgleiche** Wirkung beizulegen (BVerfGE 18, 257). In eingeschränkter Form, jedoch ohne Verfassungsrechtsschutz, gilt dies auch im **Sozialversicherungsrecht.**

Die Tarifparteien haben ein **Normsetzungsrecht,** aber **kein Normsetzungsmonopol.** Die Bekämpfung der Massenarbeitslosigkeit und die Stabilität der Sozialversicherungssysteme haben Verfassungsrang und zählen zu den Gemeinwohlbelangen von hoher Bedeutung; sie rechtfertigen folglich Eingriffe des Gesetzgebers in die Tarifautonomie (BVerfG, Entsch. v. 30.5.2001). Vereinzelt sind zudem einige **Ober-** und **Untergrenzenregelungen** gesetzlich vorgegeben, die von den Tarifpartnern zu respektieren sind (Mindesturlaub, Lohnfortzahlung im Krankheitsfalle, Höchstdauer der täglichen Arbeitszeit).

Das **Flächentarifsystem** mit der allgemeinverbindlichen Festlegung von Arbeitszeiten und Löhnen für ganze Regionen und Branchen gilt seit der Weimarer Zeit als **Errungenschaft.** Doch mehren sich in Zeiten eines globalisierten Wettbewerbs und hoher Arbeitslosigkeit die Zweifel, zumal in der betrieblichen Praxis bereits heute Tarifverträge mehr und mehr durch Einzelfallregelungen überlagert werden (betriebliche Bündnisse, wie von Union und FDP gefordert, bzw. Job-Bündnisse, wie im Falle des „Pforzheimer Abkommens", bei dem die IG Metall nahezu 500 befristeten Abweichungen zugestimmt hat, um Arbeit zu schaffen oder zu sichern). Auch andere ehedem eiserne Grundsätze des Tarifrechts geraten vermehrt in die Diskussion:

Gefordert wird zur Steigerung der **Flexibilität** (was auch mehr Spielraum für Lohnkürzungen und Mehrarbeit bedeutet), das im Tarifvertragsgesetz festgelegte **Günstigkeitsprinzip** abzuschaffen, wonach von einem Tarifvertrag nur abgewichen werden darf, wenn dies günstiger für die Beschäftigten ist. Strittig ist ferner der im Betriebsverfassungsgesetz verankerte **Tarifvorrang,** der besagt, dass Betriebsvereinbarungen nur zulässig sind, wenn ein Tarifvertrag dies zulässt oder nicht vorliegt. Bereits durchbrochen ist der nach ständiger Rechtsprechung des BAG geltende Grundsatz der **Tarifeinheit** (ein Betrieb, ein Tarif), nachdem die „Ärztegewerkschaft" Marburger Bund der Gewerkschaft Verdi das Verhandlungsmandat entzogen hat, weil man als eigenständige Interessenvertretung für die Klinikärzte bessere Konditionen zu erwirken hofft als Verdi für das Gesamtpersonal der Krankenhäuser. Kern all dessen bleibt jedoch die Frage, welche **Opfer** angesichts der Arbeitsmarktlage den Beschäftigten zugemutet werden können.

## Grundrechte

**Inhaltlich** wirkt die Koalitionsfreiheit auf verschiedenen Ebenen. Sie wirkt insbesondere als

▶ **Individuelles Freiheitsrecht**
Die Koalitionsfreiheit wirkt **positiv** und **negativ**. Sie gewährleistet Zusammenschluss, Beitritt, Verbleib und Übertritt, aber auch Nichtzusammenschluss, Fernbleiben und Austritt. Zudem schützt sie Außenstehende vor Koalitionszwang. **Tarifausschlüsse** von Nichtmitgliedern und Differenzierungen zwischen Organisierten und Nichtorganisierten sind verfassungsrechtlich **unzulässig**.

▶ **Gruppengrundrecht / Koalitionsbestandsgarantie / soziale Schutzbestimmung**
Art. 9 Abs. 3 GG schützt als **Kollektivrecht** Freiheit, Gründung, Bestand und Betätigung von Koalitionen. Die Vorschrift konkretisiert das **Sozialstaatsprinzip**, sorgt allgemein und im Konfliktfalle für den **Ausgleich** sozialer Gegensätze und dient so der sozialen **Gerechtigkeit**.

▶ **Arbeitsrechtliche Ordnungsgarantie**
Die **gesetzliche Grundlage** des Tarifvertragssystems bildet das **Tarifvertragsgesetz** i. d. F. v. 25.8.69 (BGBl. I S. 1323), zul. geä. d. Ges. v. 25.11.03 (BGBl. I S. 2304). Es regelt die **formalen** Zuständigkeiten, damit die Partner ihre Interessengegensätze **direkt, offen** und **staatsfrei** regeln können. Vertragsparteien (Tarifpartner) sind Gewerkschaften, einzelne oder mehrere Arbeitgeber sowie Zusammenschlüsse (Spitzenverbände).

Eine Besonderheit bilden die Lohnabschlüsse im **öffentlichen Dienst**. Nach dem 2001 erfolgten Zusammenschluss von DAG, DPG, HBV, IG Medien und ÖTV zur **Vereinten Dienstleistungsgewerkschaft** (verdi bzw. ver.di) vereinbart diese – federführend auch für die anderen DGB-Gewerkschaften des öffentlichen Dienstes, wie GdP und GEW – die Tarifverträge in der Regel zentral für **Arbeiter** und **Angestellte** mit den **öffentlichen Arbeitgebern**, d. h., dem **Bund**, den **kommunalen** Spitzenverbänden und der **Tarifgemeinschaft der Länder**, wobei diese nach dem Ausscheiden Berlins und Hessens nicht mehr geschlossen ist.

Neben diesem **Tarifmodell** besteht das **Gesetzesmodell**: Gehälter der **Beamten** werden wegen der Besonderheiten des Dienst- und Treueverhältnisses durch **Gesetz** geregelt, wobei zumeist die **tariflich** vereinbarten Eckwerte übernommen werden.

| Allgemeine Grundsätze der Tarifauseinandersetzung |
|---|

**Unmittelbar** ableitbar aus Art. 9 Abs. 3 GG sind einige **elementare Rechtsgrundsätze** der Tarifauseinandersetzung. Sie gewährleisten ein **verfassungskonformes Verfahren** und die Einsetzung **verfassungskonformer Mittel**. Ihre Beachtung ist Voraussetzung für die Wahrung des **sozialen Friedens** in der Gesellschaft:

 | Neutralität des Staates |

Der **Staat** ist zur **Neutralität** in Tarifauseinandersetzungen verpflichtet (BAGE 1, 291; 14, 52), **nicht** jedoch zur **Passivität**. Solange die **Eigensteuerung** der **Tarifpartner** wirksam ist, hat sich der Staat zurückzuhalten. Ist dieses Prinzip jedoch ernsthaft gefährdet oder gar funktionsunfähig, so kann (ggf. muss) der Staat regelnd eingreifen.

Nicht gegen die Neutralitätspflicht verstößt der Einsatz von **Beamten** auf **Arbeitsplätzen** des öffentlichen Dienstes, die von **Arbeitern** oder **Angestellten** bestreikt werden(BAG, NJW 86, 210; so auch das AG Berlin mit Urteil v. 6.5.2008). Das BVerfG hat dieser Ansicht nicht widersprochen (E 88, 103). Jedoch darf bei einem rechtmäßigen Streik der Einsatz von Beamten auf bestreikten Arbeitsplätzen nicht angeordnet werden, „solange dafür keine **gesetzliche Regelung** vorhanden ist". Denn der Staat bediene sich hierbei

*Grundrechte*

eines Mittels, das ihm – im Gegensatz zur Privatwirtschaft – nur als **Hoheitsträger** zu Gebote stehe und über das er nur durch sein Beamtenrecht verfüge. Wenn aber öffentliche Arbeitgeber mit **besonderen Arbeitskampfmitteln** ausgestattet werden sollten, bedürfe es hierzu eines **Gesetzes**.

Das Prinzip der **Nichteinmischung** des Staates gilt in besonderem Maße auch für die **Polizei**, die alles zu unterlassen hat, was als unmittelbare Einflussnahme auf die Tarifauseinandersetzung als solche wirken könnte. Denn Arbeitskämpfe sind **privatrechtliche Auseinandersetzungen** zwischen den Tarifparteien. Die Polizei darf nur tätig werden, wenn **polizeilich zu schützende Interessen gefährdet** oder **verletzt** werden. Ihr Einschreiten muss daher am Grundsatz der **Neutralität** orientiert und vom Prinzip der **Verhältnismäßigkeit** getragen sein. Sie hat einerseits die **Rechte der Streikenden** zu wahren, ihr obliegt im Hinblick auf Art. 2, 12 und 14 GG aber auch der **Schutz** von **Arbeitswilligen** sowie der Produktionsstätten.

**Nichteinmischung** in den Tarifstreit bedeutet andererseits **nicht Untätigkeit** der Polizei oder gar **Verzicht** auf **Strafverfolgung**. Gegen **gesetzwidriges Verhalten** ist einzuschreiten (vgl. PDV 100, Nr. 3.11). Der Polizei selbst sind Streiks und streikähnliche Aktionen (z. B. Bummelstreik) im Hinblick auf Art. 33 Abs. 5 GG untersagt.

| **Waffengleichheit** |

Zwischen den Tarifvertragspartnern muss **Gleichheit** (Parität) herrschen, weil nur so ein **Interessenausgleich** möglich ist. Das BAG fordert hierzu, eine Partei dürfe der anderen nicht „von vornherein ihren Willen aufzwingen". „Die Tarifautonomie ist darauf angelegt, die strukturelle Unterlegenheit der einzelnen Arbeitnehmer durch kollektives Handeln auszugleichen und damit ein annähernd gleichgewichtiges Aushandeln der Arbeitsbedingungen zu ermöglichen" (BVerfGE 84, 212). Damit verbundene Einschränkungen der Unternehmenseigentümer sind unter dem Aspekt der Sozialbindung des Eigentums verfassungsrechtlich zulässig (BVerfGE 50, 290).

Die folgenschwersten – und mithin „letzten" – Mittel der Tarifauseinandersetzung sind **Streik** und **Aussperrung** (s. unten). Im **Alltag** bestimmt sich die „Waffengleichheit" nach dem (novellierten) **Betriebsverfassungsgesetz** i. d. F. der Bekanntmachung vom 25.9.2001 (BGBl. I S. 2518) sowie dem **Mitbestimmungsgesetz** vom 4.5.1976 (BGBl. I S. 1153, zul. geändert durch das Ges. z. Reform des Betriebsverfassungsgesetzes v. 23.7.2001; BGBl. I S. 1852). Beide Gesetzeswerke sind **Eckpfeiler** für die Gewährleistung des **Tarifvertragssystems** und des **Mitbestimmungsprinzips**, wobei zu unterscheiden ist zwischen der **betrieblichen Mitbestimmung** durch die Betriebsräte und der **Unternehmensmitbestimmung** durch gleichberechtigte Arbeitnehmervertreter in den Aufsichtsräten von Kapitalgesellschaften (je nach Belegschaftsgröße bis zur „paritätischen" Mitbestimmung in der Montanindustrie). Sie haben ihren Ursprung im sog. Montanmodell, das am 21. 5. 1951 als Element demokratischer Kontrolle und Antwort auf die Mitverantwortung der Eisen- und Stahlindustrie an der Machtergreifung Hitlers gesetzlich eingeführt wurde.

Die Neuregelung der Materie soll vor allem die Chancengleichheit von Frauen und Männern verbessern, die Bildung von Betriebsräten erleichtern und deren Rechte bei der Beschäftigungssicherung und Qualifizierung sowie im Umweltschutz stärken. Seither muss bereits ab 200 Beschäftigten das Unternehmen einen Arbeitnehmer für den Betriebsrat von der Arbeit freistellen (bis dahin 300).

Ein wichtiges weiteres Element des Gleichgewichts der Tarifpartner ist die Neutralität der **Bundesagentur** (früher Bundesanstalt) **für Arbeit**. Daher lautet die Kernaussage in § 116 des Arbeitsförderungsgesetzes (AFG): „Durch die Gewährung von **Arbeitslosengeld** darf **nicht** in Arbeitskämpfe **eingegriffen** werden."

## Grundrechte

Wie dieser Grundsatz im Einzelnen auszufüllen und im konkreten Falle anzuwenden ist, darüber gehen die Auffassungen weit auseinander, denn mit der Novellierung des § 116 AFG durch Gesetz vom 15.5.1986 (BGBl. I S. 740) ist es z. B. möglich geworden, Arbeitnehmern des gleichen Fachbereichs, die außerhalb des räumlichen Geltungsbereichs eines Tarifkampfes beschäftigungslos werden, das Arbeitslosengeld zu verweigern, sofern eine dort erhobene Forderung „nach **Art und Umfang**" annähernd **gleich** ist mit einer Hauptforderung im Tarifkampfgebiet.

Wenn aber eine streikende Gewerkschaft auch außerhalb des bestreikten Gebiets Streikunterstützung an zwangsläufig beschäftigungslos gewordene Arbeitnehmer zahlen muss, dann sind ihre finanziellen Reserven schnell verbraucht. Daher sieht der DGB in der Neufassung des § 116 AFG eine entscheidende Schwächung der Machtbalance zwischen Gewerkschaften und Arbeitgebern.

Die Arbeitgeberseite hingegen betrachtet diese Regelung als gebotenen Ausgleich gegen das sog. „**Mini-Max-Prinzip**" der Gewerkschaften, bei dem in hochgradig arbeitsteiligen Industriezweigen durch Bestreikung kleinerer, aber für die Aufrechterhaltung der Produktion unentbehrlicher Zulieferbetriebe (also mit „minimalen" Streikkosten) höchstmögliche Wirkungen auf ganze Branchen erzielt werden können.

| Friedenspflicht |
|---|

Für die Zeit einer bestehenden Einigung der Vertragspartner gilt die sog. **Friedenspflicht.** Sie erstreckt sich nicht nur auf die Geltungsdauer von Tarifverträgen, sondern auch auf bestehende Schlichtungsvereinbarungen und verpflichtet die Partner zur Einhaltung der vertraglichen Übereinkunft.

| Begrenztheit der Arbeitskampfmittel |
|---|

Die grundrechtlich geschützten, in der Tarifauseinandersetzung stehenden Personen haben **keinen** inhaltlich **unbegrenzten** und **unbegrenzbaren Handlungsspielraum.** Es ist vielmehr Sache des **Gesetzgebers,** die **Tragweite** der **Koalitionsfreiheit** zu bestimmen (BVerfGE 57, 220). Allerdings dürfen dabei dem Betätigungsrecht der Koalitionen **nur solche Schranken** gezogen werden, die im konkreten Fall zum Schutz anderer Rechtsgüter, z. B. des **Betriebsfriedens** und des **ungestörten Arbeitsganges,** von der Sache her **geboten** sind. **Weitergehende** Regelungen tasten den **Kerngehalt** der Koalitionsfreiheit an (BVerfGE 57, 220; BAG, NJW 80, 1643).

| Die besonderen Grundsätze des Arbeitskampfes |
|---|

Wichtigste Formen der Tarifauseinandersetzung sind **Streiks** und **Aussperrungen.**
**Kampfeintritt, Kampfführung, Wahl der Mittel** und **Beendigung** des Arbeitskampfes sind zwar **grundsätzlich frei** (Maunz-Dürig-Herzog, GG, Art. 9 Rdnr. 310), jedoch räumt das Grundgesetz den Tarifparteien **keinen inhaltlich unbegrenzten Handlungsspielraum** ein; insbesondere sind folgende **Grundregeln** zu beachten (vgl. BAG, NJW 82, 815; 85, 85):

▶ **Verfolgung verfassungsrechtlich zulässiger Ziele**

Streiks und Aussperrungen dürfen nur als **Mittel** des **Arbeitskampfes** eingesetzt werden; **politische Streiks** bzw. **Aussperrungen** sind **verfassungswidrig.**

„Arbeitskämpfe dürfen nur insoweit eingeleitet und durchgeführt werden, als sie zur **Erreichung rechtmäßiger Kampfziele** und des nachfolgenden **Arbeitsfriedens** geeignet und sachlich erforderlich sind" (BAG, NJW 71, 1668; 85, 2545).

*Grundrechte*

Ob Streikaktionen gegen den Staat (als Arbeitgeber) erst dann verfassungswidrig sind, wenn sie eine tarifvertraglich nicht regelbare Kampfforderung enthalten, oder ob ein Streik immer dann schon verfassungsrechtlich unzulässig ist, wenn der Staat als Kampfgegner auftritt, ist umstritten. Nach Sinn und Inhalt des Streikrechts wird aber der Staat als Arbeitgeber (nicht als Dienstherr von Beamten) wohl genau so zu behandeln sein wie jeder „private" Arbeitgeber.

▶ **Zeitliche Begrenzung, Erforderlichkeit und Verhältnismäßigkeit**

Das Streikrecht ist **zeitlich begrenzt.** Arbeitskämpfe dürfen erst eingeleitet und durchgeführt werden, wenn alle Verständigungsmöglichkeiten ausgeschöpft sind. Der Arbeitskampf ist mithin das **letzte Mittel,** wenn die Ziele auf andere Weise nicht erreicht werden können (Ultima-Ratio-Prinzip).

Dieses Prinzip verlangt nicht, dass die Tarifverhandlungen förmlich für gescheitert erklärt wurden, damit Arbeitskampfmaßnahmen zulässig werden. In der Einleitung von Arbeitskampfmaßnahmen liegt vielmehr die freie und nicht nachprüfbare Entscheidung der Tarifvertragspartei, dass sie die Verhandlungsmöglichkeiten ohne begleitende Arbeitskampfmaßnahmen als ausgeschöpft ansieht (BAG, Urt. v. 21.6.1988).

Arbeitskampfmaßnahmen müssen stets am **Übermaßverbot** und am Grundsatz von **Treu und Glauben** (Fairnessprinzip, Schikaneverbot) ausgerichtet sein. Sie dürfen weder die Vernichtung der Gegenseite bezwecken, noch dürfen sie in ruinöser Weise geführt werden. **Notdienste** und **Erhaltungsmaßnahmen** sind zu gewährleisten.

▶ **Arbeitskampfrecht ist Richterrecht**

Das Recht des Arbeitskampfes ist im Wesentlichen **nicht** durch den **Gesetzgeber** geregelt, sondern hat sich aus der **richterlichen Rechtsprechungspraxis** heraus entwickelt (Richterrecht). Das BVerfG hat diese Regelungsform in ständiger Rechtsprechung ausdrücklich anerkannt:

Der **Gesetzgeber** ist zwar an einer sachgemäßen Fortbildung des Tarifvertragssystems nicht gehindert; seine Regelungsbefugnis findet ihre Grenzen jedoch an dem verfassungsrechtlich gewährleisteten Kernbereich der Koalitionsfreiheit: der Garantie eines gesetzlich geregelten und geschützten Tarifvertragssystems, dessen Partner frei gebildete Koalitionen im Sinne des Art. 9 Abs. 3 GG sein müssen (BVerfGE 4,96; 38, 281).

Hingegen ist es verfassungsrechtlich nicht zu beanstanden, wenn die **Rechtsprechung** die Tariffähigkeit von gewissen Mindestvoraussetzungen abhängig macht. Dazu gehören Durchsetzungskraft gegenüber dem sozialen Gegenspieler und gegenüber den Mitgliedern sowie ein funktionstüchtiger organisatorischer Aufbau (BVerfGE 58, 33).

▶ Auch die **Arbeitskampfmittel** werden durch die Rechtsprechung fortgebildet: Als die Gewerkschaft ver.di 2007 zu streikbegleitenden **unangemeldeten Blitzaktionen** in Supermärkten griff, entschied das BAG mit Urteil vom 23.9.2009, solche sog. **Flashmobs** seien nicht generell unzulässig, da die **Arbeitskampfmethoden** zur **Betätigungsfreiheit** der Gewerkschaften gehören. Doch seien der Arbeitgeberseite entsprechende Gegenmittel erlaubt, etwa die Ausübung des Hausrechts.

▶ **Rücksichtnahme auf Allgemeininteressen und Rechte Dritter**

**Arbeitskampfmaßnahmen** stehen unter dem **Gebot** der **Rücksichtnahme** auf geschützte Interessen bzw. Rechtsgüter Dritter. Das gilt vor allem, wenn sozialstaatlich bedeutsame **Drittinteressen** berührt sind. Der Streik von **Beamten** verstößt gegen die Pflicht zur vollen Hingabe an den Beruf und damit gegen einen der hergebrachten Grundsätze des Berufsbeamtentums gem. Art. 33 Abs. 5 GG (BVerwG, NJW 1978, S. 178; 1981, S. 1283). Gleiches giltt für **Richter** und **Soldaten**. Der **Beamtenstreik** ist überdies, so

## Grundrechte

das OVG Hamburg am 23.10.1988, „ein unzulässiger Angriff gegen Beschlüsse von Verfassungsorganen". Als rechtswidrige Handlung stellt er zugleich eine Störung der öffentlichen Sicherheit und Ordnung dar. „Tarifautonomie und Arbeitskampf" stehen **Arbeitern** und **Angestellten** im öffentlichen Dienst jedoch zu (Bundesdisziplinargericht, Urt. v. 16.7.1987). In Krankenhäusern und öffentlichen Versorgungseinrichtungen ist im Streikfall generell ein **Notbetrieb** sicherzustellen.

### Zum Streik im Einzelnen

**Streik** bedeutet (vgl BAGE 1, 291) die **gemeinsame** und planmäßig durchgeführte **Arbeitseinsteilung** durch eine größere Anzahl von **Arbeitnehmern** mittels **vorübergehender Suspendierung** der Arbeitsverhältnisse zwecks Erreichung eines bestimmten **Kampfzieles.**

Der **Streik** dient dem **Ausgleich** sonst nicht lösbarer tariflicher **Interessenkonflikte** und darf deshalb nur als Instrument zur Durchsetzung **tariflicher Regelungen** eingesetzt werden (BAG, NJW 85, 2545). Der Streik gleicht damit zugleich auch durch **zeitlich befristete** Störung der Produktion das tarifpolitische Übergewicht der Unternehmerseite aus.

Das **Streikrecht** ist wesentlicher Bestandteil der **Tarifautonomie.** Es wird vom Grundgesetz, im Gegensatz zu einigen Landesverfassungen, nicht ausdrücklich gewährleistet. Art. 9 Abs. 3 Satz 3 GG schreibt jedoch vor, dass Notstandsmaßnahmen nicht gegen „Arbeitskämpfe" gerichtet sein dürfen. Damit wird zugleich der Streik **indirekt legitimiert.** Streiks sind zulässig innerhalb der verfassungsmäßigen Ordnung, und zwar sowohl als **Angriffsstreik** wie auch als **Abwehrstreik.** Politische Streikaktionen sind unzulässig (LAG München, NJW 80, 958). Einen Grenzfall stellte der Aufruf des DGB zur kurzfristigen Arbeitsniederlegung als Protest gegen den Irak-Krieg 2003 dar. Nicht gewerkschaftliche (sog. „wilde") Streiks sind von Art. 9 Abs. 3 GG nicht gedeckt (BAG, NJW 79, 237).

### Warnstreik und Erzwingungsstreik

Kurze, befristete und verhandlungsbegleitende **Warnstreiks** nach Ablauf der tariflichen Friedenspflicht in Form der **„neuen Beweglichkeit"** sind vom BAG zunächst als das mildere Mittel gegenüber dem prinzipiell unbefristeten Erzwingungsstreik angesehen worden (Entsch. v. 12.9.1984). Diese Auffassung hat das Gericht mit Urteil vom 21. 6. 1988 (NJW 89, 57) ausdrücklich aufgegeben: „Der Warnstreik unterscheidet sich auch in der Form der neuen Beweglichkeit nicht in irgendwelchen relevanten Kriterien vom Erzwingungsstreik. Er kann daher nur den **gleichen Regeln** unterliegen wie dieser. Warnstreiks auch in der Form der neuen Beweglichkeit unterliegen daher dem **Ultima-Ratio-Prinzip.** An seiner von dieser Sicht abweichenden Bewertung des Warnstreiks als rechtlich privilegierter Kampfform, wie sie in früheren Entscheidungen zum Ausdruck gekommen ist, hält der Senat nicht fest."

### Sympathiestreik/Solidaritätsstreik

Unternehmen, die am Arbeitskampf nicht teilnehmen und auf diesen auch keinen Einfluss haben, dürfen grundsätzlich nicht „aus Solidarität" bestreikt werden. **Sympathiestreiks** bzw. **Solidaritätsstreiks** (vgl. BAG, NJW 85, 2545; 88, 2061) sind mithin grundsätzlich **unzulässig:** „Der Sympathiestreik einer Gewerkschaft, mit dem sie zugunsten einer anderen Gewerkschaft in einen Tarifkonflikt dieser Gewerkschaft mit einem einzelnen Unternehmen um den Abschluss eines Firmentarifvertrags eingreift, ist in der Regel rechtswidrig. Es kann aber Ausnahmetatbestände geben, die ihn rechtfertigen können."

*Grundrechte*

### Betriebsbesetzungen

Ob und inwieweit sog. **Betriebsbesetzungen** zulässige Mittel des Arbeitskampfes sind, ist nicht unumstritten.

**Streik** ist **Arbeitsniederlegung.** Über diese bloße Verweigerung bzw. Nichtaufnahme der Arbeit hinausgehende Aktivitäten, z. B. Blockadeaktionen und Betriebsbesetzungen, sind vom Streikrecht grundsätzlich nicht gedeckt (s. unten). Selbst dann, wenn das Streikziel „Produktionsstillstand" (z. B. in weitgehend automatisierten Betrieben) durch bloße Arbeitsniederlegung überhaupt nicht zu erreichen ist, kann daraus nicht ohne weiteres eine Rechtfertigung für weitergehende Maßnahmen wie Blockaden oder Betriebsbesetzungen abgeleitet werden.

Im Rahmen von Streiks ist mithin **grundsätzlich** davon auszugehen, dass die Anwesenheit von Arbeitnehmern im Betrieb außerhalb der eigentlichen Beschäftigungsphase und gegen den Willen des Verfügungsberechtigten den **Straftatbestand** des Hausfriedensbruchs – wenn nicht auch der Nötigung – erfüllt.

Das gilt **ausnahmslos** für alle Fälle, in denen sich die Beteiligten **gewaltsam** Zutritt zum Betriebsgelände verschaffen, unter Anwendung von Gewalt im Betrieb verbleiben oder gar Betriebseinrichtungen, Produktionsmittel oder Produkte beschädigen oder zerstören.

**Betriebsbesetzungen** lassen sich somit grundsätzlich **nicht** auf das **Streikrecht** stützen. Erst recht vermögen Arbeitskampfmaßnahmen nicht den Einsatz physischer Gewalt zu rechtfertigen. **Gewalt** ist **kein legales Mittel** zur Durchsetzung **(arbeits-) politischer Ziele.** Der Einsatz solcher Mittel zwingt generell zu polizeilichem Handeln.

Andererseits ist **nicht** jedes **unbefugte Betreten** oder **Verweilen** eine **Betriebs-„Besetzung",** auch wenn dies im konkreten Falle nach außen so dargestellt wird. Denn der unliebsame Aufenthalt im Betrieb ist nicht ausschließlich unter dem Aspekt des Unternehmer-Hausrechts zu beurteilen. Sofern dies sonst „friedlich" geschieht, spielen vielfach auch Gesichtspunkte des **Versammlungsrechts** gem. Art. 8 GG eine Rolle. Der Arbeitsplatz ist neben seiner eigentlichen Bestimmung auch eine Stätte der Kommunikation der Belegschaft. Bestimmte friedlich-passiv verlaufende „Betriebsbesetzungen" können daher durchaus noch als Betriebsversammlungen mit demonstrativem Charakter eingeordnet werden. Ob dies der Fall ist, richtet sich nach den besonderen Umständen des Einzelfalles.

Zudem darf hinsichtlich des unternehmerischen Eigentums nicht außer Acht gelassen werden, dass die **Sozialpflichtigkeitsklausel** gem. Art. 14 GG (s. unten) gebietet, schutzwürdige Interessen der Arbeitnehmer zu berücksichtigen. Diese finden letztlich auch ihren Ausdruck darin, dass sich die **Stellung des Arbeitnehmers** im Zuge fortschreitender **Grundrechtsverwirklichung** sowie im Rahmen der **betrieblichen Mitbestimmung** längst über die Rolle des **bloßen Objekts** im Arbeitsprozess hinaus entwickelt hat. So wird z. B. das Eigentumsrecht des Unternehmers gem. §§ 2, 40 und 44 des Betriebsverfassungsgesetzes dadurch eingeschränkt, dass dem Betriebsrat und den Gewerkschaften funktionssichernde Rechte eingeräumt werden (s. oben).

 **Polizeiliches Einschreiten** bei **Betriebsbesetzungen** muss daher im Hinblick auf Dauer, Intensität und Auswirkungen stets in besonderem Maße dem Grundsatz der **Verhältnismäßigkeit** entsprechen und auf **„praktische Konkordanz"** ausgerichtet sein. Für Betriebsbesetzungen **„auf eigene Faust",** die ohne Mitwirkung der durch Art. 9 Abs. 3 GG legitimierten Tarifpartner stattfinden, ist ein besonders strenger Maßstab anzulegen. Sie sind **in aller Regel rechtswidrig.**

*Grundrechte*

## Streiks und Blockadeaktionen

Rechtlich problematisch können neben den Betriebsbesetzungen auch **Blockadeaktionen** im Rahmen von Arbeitskämpfen sein (Verhinderung des Zugangs für Arbeitswillige, der Belieferung mit Ersatzteilen, der Auslieferung von Erzeugnissen usw.).
Hierzu hat das Bundesarbeitsgericht mit Urteil vom 21.6.1988 (NJW 89, 57) ausgeführt: „Vom Streikrecht **nicht gedeckt** ist die Verhinderung des Zu- und Abgangs von Waren und Kunden sowie die Hinderung arbeitswilliger Arbeitnehmer am Betreten des Betriebs, soweit dies über das **bloße Zureden,** sich am Streik zu beteiligen, **hinausgeht.**"

Derartige Aktivitäten sind vielfach sowohl unter arbeitskampf- wie unter versammlungsrechtlichen Aspekten zu bewerten. Zwar ist hierbei Art. 9 GG das dominierende Grundrecht; polizeiliches Handeln muss in solchen Fällen aber auch den Erfordernissen des Art. 8 GG genügen, denn in aller Regel sind solche Aktionen zugleich **Versammlungen** i. S. des Versammlungsgesetzes.

Handlungen anlässlich eines Streiks, die vom Streikrecht nicht gedeckt sind, machen den Streik als solchen nicht rechtswidrig. Sie verpflichten jedoch zum **Ersatz** des **Schadens,** der gerade durch diese Handlungen entstanden ist. Für unerlaubte Handlungen der Streikleiter haftet die Gewerkschaft (BAG, NJW 89, 61).

Hinsichtlich des polizeilichen Einschreitens kommt auch hier dem Grundsatz der **Verhältnismäßigkeit** und dem **Übermaßverbot** eine herausragende Bedeutung zu.

Von den **Grundrechten** gem. Art. 2 Abs. 1; Art. 5, 8, 9 Abs. 3; Art. 12 und 14 GG sind z. B. **gedeckt:**

▶ das Recht (Streikrecht), die vertraglich geschuldete Arbeitsleistung zu verweigern; aber auch das Recht, während eines Streiks zu arbeiten;

▶ der Versuch, Arbeitnehmer des bestreikten Betriebs, die sich dem Streik bislang noch nicht angeschlossen haben (sog. Streikbrecher), zur Teilnahme am Streik zu bewegen, sofern dieser Versuch mit Mitteln des gütlichen Zuredens und des Appells an die Solidarität erfolgt (BAG, NJW 89, 57);

▶ der Versuch, neue, dem Betrieb bisher nicht zugehörige Arbeitskräfte mit den o. a. Mitteln von der Aufnahme der Arbeit im bestreikten Betrieb abzuhalten;

▶ vergleichbare Formen der eindringlichen, gewaltfreien Mahnung, einschließlich des Einsatzes von Flugblättern, Transparenten etc.;

▶ der Aufenthalt außerhalb des Betriebsgeländes (des befriedeten Besitztums), soweit damit nicht Blockadeaktionen verbunden sind.

**Nicht** vom Streikrecht **gedeckt** sind Handlungen wie

▶ Diffamierungen, Beleidigungen, Körperverletzungen, Bedrohungen, nötigende Handlungen (z. B. zum „Spießrutenlaufen") und andere strafbare Übergriffe;

▶ Behinderung arbeitswilliger Arbeitnehmer, die über das bloße Zureden, sich am Streik zu beteiligen, hinausgehen (z. B. indem man sich in den Weg stellt, extrem enge und dadurch bedrohlich wirkende Gassen bildet, zum „Slalomlaufen" zwingt oder durch „begleitende Einschließung" die Fortbewegung behindert);

*Grundrechte*

▶ Verhinderung des Zu- und Abgangs von Kunden und Waren;

▶ Zugangskontrollen (Verlangen von Ausweispapieren, Durchsuchen von Personen oder Sachen, Anhalten von Fahrzeugen);

▶ Betriebsbesetzungen (s. oben) und unbefugter Gebrauch von Produktionsmitteln.

| Zur **Aussperrung** im **Einzelnen** |

**Aussperrung** ist die von der **Arbeitgeberseite** vorgenommene planmäßige **Ausschließung** einer Mehrzahl von Arbeitnehmern von der **Arbeit** zwecks Erreichen eines bestimmten **Kampfzieles** in der Form der **Angriffs-** oder **Abwehraussperrung** (vgl. BAGE 1, 316).

Die **Aussperrung** hat – wie der Streik – regelmäßig nur **suspendierende** (lediglich die Hauptpflichten des Arbeitsverhältnisses – Arbeitsleistung und Arbeitslohn – betreffende) Wirkung. Eine (das Arbeitsverhältnis) **lösende** Wirkung kommt nur unter erschwerenden Bedingungen in Betracht (BAG, NJW 71, 1670).

Die **Zulässigkeit** von Aussperrungen ist heftig umstritten:

▶ Das **Bundesarbeitsgericht** hat dazu mehrfach erklärt, dass nicht nur Streiks, sondern als Kampfmaßnahme der Arbeitgeberseite auch Aussperrungen – zumindest in Form der Abwehraussperrung als Antwort auf einen Streik – zulässig sind. Ein generelles Verbot der Aussperrung, wie es die Hessische Verfassung (als einzige Landesverfassung) in Art. 29 Abs. 5 enthält, ist nach Auffassung des Gerichts mit den tragenden Grundsätzen des geltenden Tarifrechts unvereinbar und deshalb arbeitsrechtlich bedeutungslos (BAG, AZR 399/86). Das Gericht ist der Auffassung, dass die in Art. 9 GG festgeschriebene Tarifautonomie stärker sei als die entsprechende Vorschrift in der Hessischen Verfassung, außerdem sei das Aussperrungsverbot in der Hessischen Verfassung auch kein „Landesgrundrecht", das nach Art. 142 GG weiter gelten müsse. Zugleich bestätigte das Gericht seine bisherige Rechtsprechung, im Interesse der **Ausgewogenheit** – der sog. **Kampfparität** – sei es wichtig, den Arbeitgebern das Mittel der Aussperrung zu belassen. Der Streik solle nicht vom Risiko des Lohnausfalls für weitere Arbeitnehmer befreit werden. Damit werde erreicht, dass ein Tarifpartner dem anderen nicht seinen Willen aufzwingen könne; **Arbeitgeber** hätten somit das **Recht zur Aussperrung** wie **Gewerkschaften** das **Recht zum Streik**.

Der **Umfang** der Aussperrung (z. B. die Zahl der ausgesperrten Arbeitnehmer) ist jedoch durch das **Übermaßverbot** begrenzt. Die Aussperrung darf nur eine **verhältnismäßige Reaktion** auf einen **vorangegangenen** Streik sein (BVerfG, Beschl. v. 26. 6.1991; E 84, 212). Auch darf die Aussperrung nicht gezielt die Mitglieder einer streikenden Gewerkschaft erfassen und Nichtorganisierte verschont lassen (BAG, NJW 80, 1653; 85, 2548). Die Erklärung zur Aussperrung muss eindeutig sein; eine Aufforderung zum Verlassen des Arbeitsplatzes reicht nicht aus (BAG, Entsch. v. 27. 6 1995).

Auch **erkrankte** Arbeitnehmer (BAG, AZR 597/86) können ausgesperrt werden. Mit der Aussperrungserklärung, so das BAG, werde nicht nur eine Beschäftigungspflicht des Arbeitgebers, sondern auch dessen Pflicht zur Zahlung von Lohn und Lohnersatzleistungen vorübergehend ausgesetzt. Selbst schwer behinderte Arbeitnehmer dürfe der Arbeitgeber aussperren. Das Schwerbehindertengesetz schütze den Schwerbehinderten im Zusammenhang mit einem Arbeitskampf zwar vor dem Verlust des Arbeitsplatzes, garantiere jedoch nicht eine Beschäftigung während einer Aussperrung.

▶ Im Gegensatz dazu hält der **DGB** nicht nur die Angriffsaussperrung, sondern die Aussperrung schlechthin für unsozial und damit verfassungswidrig. Er macht geltend, die Aussperrung stelle nicht die Gleichheit der Verhandlungschancen her, sondern vereitle sie geradezu. Denn Streik und Aussperrung seien nicht auf einer Ebene einzuordnen. Während der Streik lediglich die Produktion und die Bilanzen des Betriebes belaste, sei die Aussperrung eine Gefahr für die wirtschaftliche Existenz der von ihr betroffenen Beschäftigten und ihrer Familien. Erst das **Verbot** der Aussperrung stelle deshalb die **Gleichheit** der Vertragspartner her. Das BVerfG stellt in seinem Urteil vom 26.6.1991 (E 84.212) lediglich fest, die durch Streik hergestellte Verhandlungsparität bestehe nicht mehr, wenn mit „übermäßigen Abwehrmaßnamen" geantwortet wird.

## Telekommunikationsgeheimnis (Art. 10 GG)

Das Grundrecht gem. Art. 10 GG schützt die **private Fernkommunikation** und gewährleistet deren **Vertraulichkeit**, wenn die Beteiligten wegen der räumlichen Entfernung auf eine Übertragung durch Dritte angewiesen sind und daher des besonderen Schutzes gegen **unbefugtes Lesen, Mithören, Erfassen, Speichern** und **Weitergeben** von **Nachrichten, Gedanken** und **Meinungen** bedürfen. Es hat nach Bekanntwerden des jahrelangen Abhörens des Mobiltelefons der Bundeskanzlerin durch den US-Geheimdienst besondere aktuelle Bedeutung erlangt. Im Einzelnen sind erfasst:

▶ Das **Briefgeheimnis** schützt den (außerpostalischen) **brieflichen Verkehr** gegen Kenntnisnahme durch die öffentliche Gewalt vom Inhalt des Briefes (BVerfGE 67, 157). Nach BVerwGE 76, 153 sind nur verschlossene Briefe erfasst. Briefe an einen unbestimmten Personenkreis (Postwurfsendungen) scheiden ebenfalls aus.

▶ Das **Postgeheimnis** schützt umfassend die Vertraulichkeit aller durch Einrichtung der Post abzuwickelnden **Transport-** und **Kommunikationsvorgänge**, insbesondere den Inhalt von Briefen, Paketen und Warensendungen jeglicher Art, wobei es unerheblich ist, ob Letztere verschlossen oder nicht verschlossen sind. Das grundrechtlich geschützte Postgeheimnis richtet sich im Rahmen von Art. 1 Abs. 3 GG auch gegen die (öffentlich-rechtlich organisierte) Post selbst (BVerwG, DÖD 98, 231).

▶ Das **Fernmeldegeheimnis** schützt die Vertraulichkeit aller mit Mitteln des Fernmeldeverkehrs weitergegebenen **Mitteilungen**. Erfasst sind nicht nur die klassischen Fernmeldemittel, sondern auch die neuen elektronischen Medien (insoweit unterliegt das „entwicklungsoffene" Grundrecht gem. Art. 10 Abs. 1 GG einer gewissen Eigendynamik). Der räumliche Schutz ist nicht auf das Inland beschränkt (BVerfG, NJW 2000, 55). Die Schutzwirkung bezieht sich auf den Inhalt und die äußeren Umstände der Kommunikation, z. B. Dauer, Zeitpunkt und Häufigkeit von Gesprächen sowie die Frage, ob und mit wem gesprochen oder zu sprechen versucht wurde. Folglich greift auch „die Erfassung von Ferngesprächsdaten mittels **Fangschaltungen** und **Zählervergleichseinrichtungen**" durch den Netzanbieter in das Grundrecht gem. Art. 10 Abs. 1 GG ein (BVerfG 85, 356). Die **nach Abschluss** des Übertragungsvorgangs im Herrschaftsbereich des Kommunikationsteilnehmers gespeicherten Verbindungsdaten werden **nicht** vom Schutzbereich des Art. 10 Abs. 1 GG erfasst. Sie sind jedoch durch das Recht auf **informationelle Selbstbestimmung** in Verbindung mit Art. 1 Abs. 1 GG – gegebenenfalls auch durch das Recht auf Unverletzlichkeit der Wohnung gem. Art. 13 Abs. 1 GG – geschützt (BVerfGE 115,166). Danach darf auf diese Daten nur unter **engen Voraussetzungen** unter strikter Wahrung der **Verhältnismäßigkeit** zugegriffen werden.

Die Ermittlung der Geräte- und Kartennummer sowie des Standortes von **Mobiltelefonen** durch Einsatz eines sog. **IMSI-Catchers** verletzt nicht Art. 10 Abs. 1 GG. Sie betrifft weder einen Kommunikationsvorgang, noch einen entsprechenden Inhalt (BVerfG, 13.10.2006).

*Grundrechte*

| Schranken des Telekommunikationsgeheimnisses |
|---|

**Beschränkungen** dieses Grundrechts dürfen nur auf Grund eines **Gesetzes** angeordnet werden (Art. 10 Abs. 2 Satz 1 GG). Sie sind an **strenge Voraussetzungen** geknüpft und unterliegen in besonderem Maße dem Grundsatz der **Verhältnismäßigkeit** (Gebot einer „restriktiven Anwendung"; BVerfGE 67, 157). Entsprechende gesetzliche Regelungen finden sich in der StPO (§§ 99 ff.), im Zollgesetz, im Gesetz über Fernmeldeanlagen sowie im Gesetz zur Überwachung strafrechtlicher und anderer Verbringungsverbote.

Art. 10 Abs. 2 Satz 2 GG bestimmt ergänzend, dass auf Grund gesetzlicher Regelungen die Mitteilung an den von der Beschränkung Betroffenen unterbleiben kann, wenn diese Beschränkung dem Schutz der freiheitlichen demokratischen Grundordnung oder des Bestandes oder der Sicherung des Bundes oder eines Landes dient.

**Überwachung** und **Mitschnitt** des Fernmeldeverkehrs im Zuge **strafrechtlicher** Ermittlungen sind nur zulässig unter den in § 100a StPO genannten Voraussetzungen und nur bei den dort aufgeführten **schwerwiegenden** Straftaten (sog. Katalogstraftaten). Die Anordnung trifft der **Richter**, bei Gefahr im Verzuge auch die Staatsanwaltschaft, nicht aber die Polizei (§ 100b Abs. 1 StPO). Eine unter Verletzung dieser Norm vorgenommene Beschlagnahme ist rechtswidrig. „Polizei und Staatsanwaltschaft müssen bei ihrem Vorgehen im Ermittlungsverfahren den **Ausnahmecharakter** der nichtrichterlichen Durchsuchungsanordnung beachten und **ggf.** die nachträgliche gerichtliche Prüfung ermöglichen. Sie dürfen die **Regelzuständigkeit** des Richters nicht unterlaufen, indem sie so lange zuwarten, bis die Gefahr eines Beweismittelverlusts eingetreten ist" (BVerfG, Entsch. v. 4.2.2005).

Zur Abwehr drohender **Gefahren** für die **freiheitliche demokratische Grundordnung** oder den **Bestand** bzw. die **Sicherheit** des Bundes oder eines Landes dürfen daneben die Verfassungsschutzbehörden sowie der Bundesnachrichtendienst und der Militärische Abschirmdienst – ebenfalls nur bei schwerwiegenden Katalogstraftaten – Beschränkungen des Brief-, Post- oder Fernmeldegeheimnisses anordnen.

Eingriffe dieser Art unterliegen **parlamentarischer Kontrolle.** Ihre Anordnung erfolgt auf Antrag des Leiters des jeweiligen Nachrichtendienstes durch das BMI, das in Abständen von höchstens sechs Monaten das zur Überwachung eingerichtete **Parlamentarische Kontrollgremium** (PKG) informiert. Zwischengeschaltet zwecks laufender Kontrolle ist die vom PKG ernannte **G 10-Kommission**. Einzelheiten regelt das Gesetz zur Beschränkung des Brief-, Post- und Fernmeldegeheimnisses i. d. F. v. 26.6.2001 (BGBl. I S. 1254), zul. geä. d. Ges. v. 11.2.2005 (BGBl. I S. 239). Auf Landesebene bestehen ergänzende Vorschriften.

## Freizügigkeit (Art. 11 GG)

Unter dem Begriff der **Freizügigkeit** gem. Art. 11 GG versteht man das Recht eines jeden **Deutschen, sich an jedem beliebigen Ort** der Bundesrepublik **aufzuhalten** und dort **Wohnung** zu nehmen. Es umfasst auch das Recht, in die Bundesrepublik **einzureisen**.

Die Freizügigkeit ist daher ein Unterfall der körperlich-räumlichen Bewegungsfreiheit gem. Art. 2 Abs. 2 GG. Geschützt ist jedoch nicht jeder „Aufenthalt" an einem beliebigen Ort. Vielmehr muss das Sich-Aufhalten mehr als nur vorübergehender Natur sein. Art. 11 GG schützt daher nicht gegen den **Platzverweis**, wohl aber gegen ein **Aufenthaltsverbot**. Auch die Kehrseite der Freizügigkeit, das „**Recht zu bleiben**", wird von Art. 11 GG geschützt.

Das Grundrecht gem. Art. 11 GG gilt nicht nur für Deutsche innerhalb des Geltungsbereiches des Grundgesetzes, sondern auch für die im Zusammenhang mit den Kriegsereignissen **vertriebenen** Deutschen sowie für die sog. **Statusdeutschen** (s. Kap. I). Auf diese Vorschrift konnten sich auch die Deutschen in der **ehemaligen DDR** berufen (BVerfGE 2, 266). Sie bildete eine wichtige Klammer in den Zeiten des Kalten Krieges.

*Grundrechte*

**Ausländern** steht das Recht auf Freizügigkeit **nicht** zu. Sie unterliegen den einschränkenden Bestimmungen des Ausländerrechts. Bei politischer Verfolgung genießen sie auf Antrag das Asylrecht (s. unten). Eine **Ausnahme** bilden seit 1993 (mit der Verwirklichung des europäischen Binnenmarktes) die **EU-Bürger**, denen über die jeweiligen nationalstaatlichen Regelungen hinaus umfassende Freizügigkeit innerhalb der EU gewährleistet ist.

Freizügigkeit bedeutet **Abzugs-** und **Zuzugsfreiheit**. Jeder unter staatlichem Zwang vorgenommene Ortswechsel wird durch Art. 11 GG verboten. Aus dieser Vorschrift lässt sich jedoch nicht das Recht herleiten, sich an einem selbst gewählten Ort **beruflich niederzulassen**. Insoweit kommt allein Art. 12 Abs. 1 GG in Betracht (BVerwGE 2, 151). Gleiches gilt für die **Ausreisefreiheit**; sie wird von Art. 2 Abs. 1 GG erfasst. **Beschränkungen** des Grundrechts aus Art. 11 GG sind durch Gesetz oder aufgrund eines Gesetzes und nur in den von der Verfassung vorgesehenen Fällen zulässig. Die Einschränkungsvoraussetzungen sind in Art. 11 Abs. 2 GG erschöpfend geregelt. Einschränkungen sind z. B. zulässig:

▶ zur Bekämpfung von Seuchengefahren;
⇨ Quarantäne bei Verdacht ansteckender Krankheiten (z.B. Pocken) nach den Vorschriften des Infektionsschutzgesetzes;

▶ zur Bekämpfung von Naturkatastrophen oder schweren Unglücksfällen;
⇨ Evakuierung bei einer Flutkatastrophe, Räumung bei Bombendrohung, Absperrung bei Flugzeugabsturz (aus polizeirechtlichen Gründen);

▶ zum Schutz der Jugend vor Verwahrlosung;
⇨ Verbot des Aufenthaltes an jugendgefährdenden Orten (JSchG); Schutz Unmündiger, die das Grundrecht, solange sie unter elterlicher Erziehungsgewalt stehen, noch nicht selbständig ausüben können (§ 1631 BGB). Art. 11 GG ist daher kein Freibrief für jugendliche Ausreißer;

▶ zur Überwachung bzw. Resozialisierung von Straftätern;
⇨ Anordnung der Führungsaufsicht gem. §§ 68 ff. StGB;

▶ im Notstandsfalle (s. auch Art. 17a GG).
⇨ Arbeitssicherungsgesetz; Verkehrssicherstellungsgesetz; Vorschriften, die der Verteidigung und dem Schutz der Zivilbevölkerung dienen (Zivildienstgesetz, Wehrpflichtgesetz u. a.).

# Recht auf freie Berufswahl und Berufsausübung (Art. 12 GG)

Art. 12 GG konkretisiert als **wertentscheidende Grundsatznorm** einen wichtigen Bereich der **Persönlichkeitsentfaltung**:

 Mit dem **einheitlichen Grundrecht, Beruf, Arbeitsplatz** und **Ausbildungsstätte frei** zu wählen und **auszuüben**, sowie der **Freiheit** von **Arbeitszwang** und **Zwangsarbeit** gewährleistet die Vorschrift **Berufsfreiheit** im **umfassenden Sinne**.

Diese wichtigen Grundrechtsverbürgungen sind Ausprägung der **Würde** des Menschen und seiner **Eigenständigkeit** gem. Art. 1 Abs. 1 und 2 Abs. 1 GG.
Im Rahmen der persönlichen Lebensgestaltung und der Sicherung der materiellen Existenz schützt Art. 12 GG den Grundrechtsträger bei der **Selbstverwirklichung** und **Selbstbehauptung** in einer freiheitlich-pluralen Gemeinschaft. Die Vorschrift schafft die Grundlage für die persönliche Entfaltung im Beschäftigungsleben und den individuellen Status in der Gesellschaft.

*Grundrechte*

Art. 12 GG ist zugleich eine **Fundamentalnorm** unseres **Wirtschaftslebens** (s. S. 408). Das Grundgesetz entscheidet sich zwar nicht für ein bestimmtes Wirtschaftssystem, mit der Gewährleistung der Berufsfreiheit wird jedoch eine **Kernaussage** zugunsten einer **größtmöglichen** Verwirklichung **individueller Freiheiten** im **Erwerbsleben** getroffen. Damit ist **staatlichem Dirigismus** im Sinne einer sozialistischen Planwirtschaft eine **klare Absage** erteilt. In Verbindung mit dem **Sozialstaatlichkeitsgebot** gem. Art. 20 Abs. 3 GG resultiert daraus das Prinzip der „**Sozialen Marktwirtschaft**" (s. Kap. XIII).

Die **Schutzwirkung** des Art. 12 GG erstreckt sich auf drei Bereiche: die individuelle **Selbstbestimmung** in Arbeit und Beruf, die Garantie einer **freiheitlichen Ordnung** des Arbeitslebens sowie **Schutz** und **Förderung sozialer Gerechtigkeit**.

Nach Art. 12 Abs. 1 GG kann jeder **Deutsche** (nicht etwa auch jeder Ausländer) frei entscheiden, **welchen** Beruf er erlernen oder ausüben möchte und **wo** er dies tun will.

Damit ist allen Staatsbürgern das Grundrecht garantiert, jede erlaubte Tätigkeit als Beruf zu ergreifen (und zwar auch dann, wenn diese nicht in das traditionelle Bild des Berufslebens passt) sowie diese auch wieder zu beenden. In diesem Recht ist weiter enthalten, dass der Staat grundsätzlich niemand zur Arbeit zwingen darf und dass die berufliche Tätigkeit möglichst unreglementiert bleiben soll.

Auch **juristische Personen** können Träger des Grundrechts gem. Art. 12 GG sein, sofern eine bestimmte Erwerbstätigkeit ihrer Art nach in gleicher Weise von einer natürlichen wie von einer juristischen Person ausgeübt werden kann (BVerfGE 21, 261).

Nach der Rechtsprechung des Bundesverwaltungsgerichts gewährt die Vorschrift weder einen Schutz des **Fortbestehens** von Erwerbsmöglichkeiten, noch begründet sie einen **Anspruch** gegenüber privaten oder öffentlichen Arbeitgebern auf **Einstellung.**

Art. 12 GG besagt auch nicht, dass der Staat dem Einzelnen einen Arbeitsplatz zur Verfügung stellen muss (BVerwGE 8, 170). Ein **Recht** auf **Arbeit,** wie es die Gewerkschaften fordern, kann mithin nicht aus Art. 12 GG abgeleitet werden. Auch gewährt die Vorschrift keinen Schutz gegen den Verlst des Arbeitsplatzes. Dem Staat obliegt jedoch (s. S. 409) eine aus dem Grundrecht und dem Sozialstaatlichkeitsprinzip folgende Pflicht, für den Erhalt der Arbeitsplätze zu sorgen, auch hinsichtlich der rechtlichen Ausgestaltung der Kündigungsvorschriften. Art. 12 GG schützt andererseits das Intersesse des Arbeitgebers, nur Mitarbeiter zu beschäftigen, die seinen Vorstellungen entsprechen, und ihre Zahl auf das von ihm bestimmte Maß zu beschränken. Der Staat muss kollidierende Grundrechtspositionen im Sinne der „**praktischen Konkordanz**" so begrenzen, dass sie für alle Beteiligten möglichst weitgehend wirksam werden (vgl. BVerfGE 97, 169).

Das in der Europäischen Sozialcharta statuierte Recht auf Arbeit gilt daher als bloßer Programmsatz, denn als einklagbares Recht würde es mit dem Selbstbestimmungsrecht, der Tarifautonomie und der marktwirtschaftlichen Wettbewerbsordnung kollidieren (s. Kap. XIII).

| Einschränkungen der Berufsfreiheit |
|---|

**Einschränkungen** der Berufsfreiheit „durch Gesetz oder auf Grund eines Gesetzes" sind gem. Art. 12 Abs. 1 GG **zulässig,** jedoch ist das personelle und sachliche **Ausmaß** beschränkender Regelungen **keineswegs** in das **beliebige Ermessen** des Gesetzgebers gestellt. Es gilt vielmehr eine abgestufte Regelungsbefugnis (sog. **Drei-Stufen-Theorie;** s. BVerfGE 7, 377). Danach unterliegt der Gesetzgeber umso stärkeren Schranken, je tiefer er dabei in die Berufsfreiheit eingreift; er ist in seiner Regelungsbefugnis umso freier, je mehr er sich im Bereich bloßer berufsausübungsregelnder (Form-)Vorschriften bewegt.

**Eingriffe** des Gesetzgebers in die Berufsfreiheit müssen sich strikt am Verfassungsgrundsatz der **Verhältnismäßigkeit** orientieren. Dabei ist **abzuwägen** zwischen den **Individualinter-**

essen des Berufstätigen und den zum Schutz von Kunden, Klienten, Mietern, Patienten usw. gebotenen Interessen des **Gemeinwohls**.

**Beispiel**: Die **Handwerksordnung** macht im Interesse der Allgemeinheit (Qualitätssicherung) die Führung eines Handwerksbetriebs grundsätzlich vom Großen Befähigungsnachweis (Meisterprüfung) abhängig. Diese Regel hat allerdings im Zuge der **Arbeitsmarktreformen** für bestimmte Berufe Ausnahmen erfahren, durch die zusätzliche Arbeitsplätze ermöglicht werden sollen.

Berufsbeschränkende Regelungen rufen häufig nicht nur bei den Betroffenen, sondern auch in der breiten Öffentlichkeit Kritik hervor. Zu den am heftigsten diskutierten Einschränkungen der Berufsfreiheit gehörte lange Zeit das Thema „**Extremisten im öffentlichen Dienst**", insbesondere im Hinblick auf die subjektiven **Zulassungsvoraussetzungen** (fälschlich auch als „Berufsverbote" bezeichnet). Eine der **Kernpflichten** des Beamten (vgl. § 52 BBG) ist die Verpflichtung, sich durch sein gesamtes Verhalten zur **freiheitlichen demokratischen Grundordnung** zu **bekennen** und für deren Erhaltung **einzutreten**. Diese politische Treuepflicht gegenüber Staat und Verfassung ist ein **persönliches Eignungsmerkmal** i. S. des Art. 33 Abs. 5 GG (BVerfGE 39, 334; BVerwGE 47, 330). Berufswahl und Berufsausübung sind insoweit eingeschränkt; dies gilt nach ständiger Rechtsprechung des BVerwG nicht nur für den sicherheitsrelevanten Teil des öffentlichen Dienstes.

Das Bundesverfassungsgericht hat wiederholt ausgeführt, die in allen Beamtengesetzen betonte **Pflicht** zur **Verfassungstreue** habe **Verfassungsrang**. Sie fordere vom Beamten eine **innere Bindung** an die **freiheitsverbürgenden Grundwerte** unserer staatlichen Ordnung. Mit der politischen Treuepflicht lasse es sich **nicht** vereinbaren, dass ein Beamter Organisationen unterstützt, deren politische Ziele **gegen** die **freiheitliche demokratische Grundordnung** gerichtet sind. Deshalb hat das Gericht ausdrücklich eine Distanzierung des Beamten von solchen Gruppierungen verlangt:

Auch die schlichte Mitgliedschaft in einer **Partei** mit verfassungsfeindlicher Zielsetzung kann im Einzelfall selbst dann, wenn es sich dabei nicht um eine nach Art. 21 Abs. 2 GG verbotene Partei handelt, Schlüsse auf fehlende Verfassungstreue rechtfertigen. Das gilt erst recht, wenn ein Beamter durch Übernahme von Parteiämtern und Kandidaturen aktiv in der Öffentlichkeit für eine derartige Partei eintritt (BVerwG, Urteil v. 10.5.1984, NJW 85, 503). Entsprechende Entscheidungen sind für Funktionsträger der DKP sowie der NPD ergangen. Die einschlägige Rechtsprechung deutscher Gerichte hat allerdings Korrekturen erfahren, seit der **Europäische Gerichtshof für Menschenrechte** (s. Kap. XIV) im Jahre 1994 in dem sog. **Radikalenerlass** einen Verstoß gegen die Europäische Menschenrechtskonvention (Vereinigungsfreiheit und Meinungsfreiheit) erkannte.

| Grenzen der Berufsfreiheit im Einzelnen |
|---|

**Abweichend** von der Grundregel gem. Art. 12 Abs. 1 GG darf der Staat bestimmte Arbeitsleistungen **erzwingen,** soweit die **Verfassung** dies ausdrücklich zulässt: im Rahmen einer herkömmlichen und für alle gleichen öffentlichen **Dienstleistungspflicht** gem. Art. 12 Abs. 2 GG (Räum- und Streupflicht, Hand- und Spanndienste, Deichhilfe, Feuerwehrdienstpflicht pp.), bei gerichtlich angeordneter **Freiheitsentziehung** (Art. 12 Abs. 3 GG) sowie in den Fällen des **Art. 12a GG** (s. unten).

Art. 12 Abs. 1GG unterscheidet zwischen „**Berufswahl**" und „**Berufsausübung**". Nach dem Verfassungstext sind staatliche Einschränkungen nur bei der „Berufsausübung" zulässig. Die Rechtsprechung hat hierzu herausgearbeitet, dass diese beiden Begriffe nicht so zu verstehen sind, als ob sie zeitlich klar gegeneinander abgrenzbare Phasen des Berufslebens darstellen. Berufswahl und Berufsausübung haben, z. B. im Rahmen der Ausbildung, fließende Übergänge. Daher geht die herrschende Lehre davon aus, dass entgegen dem Wortlaut des Art. 12 Abs. 1 GG auch bei der Berufswahl gewisse Einschränkungen zulässig sind, hier jedoch nur unter besonders strengen Voraussetzungen.

Im Übrigen wird für Berufswahl, Berufsaufnahme und Berufsausübung zunehmend der Sammelbegriff „Berufsfreiheit" als einheitlicher Grundrechtskomplex verwandt (BVerfGE 9, 338).

▶ Die **Berufswahl** kann insbesondere im Hinblick auf Vorbildung und Ausbildung von subjektiven Zulassungsvoraussetzungen abhängig gemacht werden. Hierbei ist jedoch stets der Grundsatz der Verhältnismäßigkeit zu beachten, das heißt, die Zulassungsvoraussetzungen dürfen zum Zweck einer ordnungsgemäßen Berufserfüllung nicht außer Verhältnis stehen. Ausbildungsvorschriften zu bestimmten Berufen sind Inhaltsbestimmungen des Grundrechts. Sie sind zulässig, wenn sie im Hinblick auf die Anforderungen des Berufes geeignet, erforderlich und zumutbar sind.

**Beispiele:** Es ist unzulässig, für die Aufnahme eines Handels mit Waren aller Art den Nachweis der Sachkunde zu fordern (BVerfG, DÖV 1966, 93). Hingegen ist ein Befähigungsnachweis für das Handwerk mit Art. 12 GG vereinbar (BVerfGE 13, 97, s. auch S. 190). Gleiches gilt für staatlich geforderte Prüfungen bei Lehrern, Ärzten, Apothekern pp. Strittig ist seit langem das Transfersystem im Fußballsport: Eine Verbandsnorm, nach der ein Amateurspieler den Beruf des Fußballspielers nur ergreifen und ausüben kann, wenn der aufnehmende dem abgebenden Verein eine Ausbildungs- und Förderungsentschädigung zahlt, stellt eine unzulässige Beeinträchtigung der Berufsfreiheit dar und ist somit nichtig (BGH, Entsch. v. 27.9.1999).

▶ An **Zulassungsvoraussetzungen**, die von der Person nicht beeinflussbar sind (sog. objektive Zulassungsvoraussetzungen, z. B. die Frage, ob ein Bedürfnis besteht), sind besonders strenge Maßstäbe zu legen. Sie sind im Allgemeinen nur zulässig, wenn schwere Gefahren für überragend wichtige Gemeinschaftsgüter zu besorgen sind.

**Beispiele:** Zulassungskontingente im Güterfernverkehr sind rechtmäßig, nicht aber, wenn sie im Milchhandel vom Mindestabsatz abhängig sein sollen (BVerfGE 9, 39).

Eine **Zulassungsbeschränkung** für **Studienbewerber** (numerus clausus) ist nur gerechtfertigt, wenn sie zwingend erforderlich ist, die Kapazitäten erschöpfend genutzt werden und die Verteilung zentral und sachgerecht erfolgt (BVerfGE 33, 303).

▶ Hinsichtlich der **Berufsausübung** ist der Gesetzgeber relativ frei, auch wenn Wahl- und Ausübungsfreiheit einander grundsätzlich gleichstehen. Er kann die Ausübung beschränken, sofern vernünftige **Gemeinwohlerwägungen** solche Einschränkungen zweckmäßig erscheinen lassen. So ist z. B. die Pflicht der **privaten Krankenversicherer**, wie die gesetzlichen Kassen einen sog. **Basistarif** anzubieten, durch das **Sozialstaatsgebot** des Grundgesetzes gerechtfertigt (BVerfG, 10.6.2009).

**Weitere Beispiele:** Regelung der Gaststättenschlusszeit, Sonntagsfahrverbot, Werbebeschränkungen (wie z. B. das bis 2006 schrittweise verfügte EU-Verbot der Werbung für Tabakwaren oder die Pflicht zum Abdruck von Warnhinweisen auf Zigarettenpackungen), Ladenschlusszeit, Nachtbackverbot, Arbeitsgenehmigung für Ausländer, Heranziehung der Banken zur Einbehaltung und Abführung der Kapitalertragsteuer (BVerfGE 22, 383), Verpflichtung zur Ausrüstung von Taxen mit kugelsicheren Trennwänden und Sicherheitsgurten (BVerfGE 21, 72), Beschränkung des Schwerlastverkehrs in Ferienzeiten (BVerfGE 26, 263), Bevorratungspflicht für Erdölerzeugnisse (BVerfGE 30, 313), Verbot der Außenwerbung für apothekenübliche Waren (BVerwG, NJW 92, 994). Die reklamehafte Anbietung anwaltlicher Leistungen ist untersagt (BVerfG, 11.9.2001), nicht hingegen formal und inhaltlich angemessene Informationen darüber.

Bei Werbebeschränkungen ist allerdings zu berücksichtigen, dass heute weithin aggressiver geworben wird als noch vor Jahren. Das BVerfG hat daher in einer Entscheidung vom

8.8.1996 ausgeführt, auch Apothekern sei das Recht einzuräumen, sich auf die geänderte Wahrnehmungsfähigkeit und -bereitschaft der Verbraucher einzustellen. Sie seien nicht nur Angehörige eines freien Berufs, sondern auch Kaufmann, stünden hinsichtlich der rezeptfreien Arzneimittel und des Randsortiments (z. B. Kosmetik) im freien Wettbewerb und müssten daher auf sich aufmerksam machen können. Die einschränkenden Vorschriften der Landesapothekerkammer Baden-Württemberg seien daher nichtig. Mit der Berufsfreiheit unvereinbar sei überdies das Verbot von Trikotwerbung und Zeitungsannoncen von mehr als 40 Quadratzentimetern.

## Dienstverpflichtungen (Art. 12a GG)

Art. 12a GG normiert die **gesetzlichen Dienstverpflichtungen**, in erster Linie die **Wehrpflicht**. Unter diesem Begriff versteht man die verfassungsrechtlich normierte Pflicht von **Männern** eines bestimmten Lebensalters für eine gesetzlich festgelegte Zeit in den Streitkräften der Bundesrepublik (Heer, Marine, Luftwaffe) Dienst zu leisten. Die Verpflichtung wurde 1956 eingeführt. Seit 2001 ist sie ausgesetzt, das heißt, in Friedenszeiten wird niemand auf dieser Rechtsgrundlage zum Dienst in der Bundeswehr herangezogen.

Die Einzelheiten der Wehrpflicht sind im **Wehrpflichtgesetz** (WPflG) vom 21. Juli 1956 (BGBl. I S. 651) in der Fassung der Neubekanntmachung vom 15. August 2011 (BGBl. I S. 1730), zuletzt geändert durch Art. 2 Abs. 8 des Gesetzes vom 3. Mai 2013 (BGBl. I S. 1084) geregelt.

Wehrpflichtig sind **alle Männer** vom vollendeten 18. Lebensjahr an, die **Deutsche** im Sinne des Grundgesetzes sind und gemäß § 1 WPflG ihren ständigen Aufenthalt in der Bundesrepublik haben. Im V-Fall können auch **Frauen** zwangsweise herangezogen werden, aber nur für das zivile Sanitäts- und Heilwesen sowie die ortsfeste militärische Lazarettorganisation. Frauen dürfen jedoch in keinem Falle zum Dienst mit der Waffe **verpflichtet** werden (Art. 12a GG). Auf **freiwilliger** Basis sind seit dem 1.1.2001 alle Laufbahnen der Bundeswehr auch Frauen zugänglich. Der EuGH hatte zuvor entschieden, dass Frauen auch in Deutschland zum Dienst mit der Waffe zuzulassen sind. Art. 12a GG ist daraufhin entsprechend geändert worden.

Die Wehrpflicht endet mit der Vollendung des 45. Lebensjahres, für Offiziere und Unteroffiziere mit Vollendung des 60. Lebensjahres. Im Spannungs- und Verteidigungsfall endet sie generell mit der Vollendung des 60. Lebensjahres.

Durch Art. 12a GG erhält die Wehrpflicht einen verfassungsrechtlichen Rang. Zugleich trifft die Vorschrift – neben Art. 73 Nr. 1 und Art. 87a Abs. 1 GG – eine „verfassungsrechtliche **Grundentscheidung** für die **militärische Verteidigung**" (BVerfGE 28, 243). Diese Bestimmungen bilden in Verbindung mit Art. 26 GG (vgl. S. 396) den Kern der **Wehrverfassung.**

Mit der grundsätzlichen Entscheidung für die **Landesverteidigung** ist allerdings **nicht** zugleich auch vorgegeben, auf **welche Weise** der Gesetzgeber diese Materie regelt: Das BVerfG gesteht dem Parlament „die **Wahl** zwischen den sich bietenden Möglichkeiten zu", so dass die Landesverteidigung sowohl auf der Grundlage der **allgemeinen Wehrpflicht** als auch durch eine **Freiwilligenarmee** bzw. ein **Berufsheer** sichergestellt werden kann. Der Gesetzgeber muss bei seiner Entscheidung lediglich „allgemein politische, wirtschafts- und gesellschaftspolitische Gründe gegeneinander abwägen" (BVerfGE 48, 127).

Die allgemeine Wehrpflicht ist Ausdruck des Gleichheitsgedankens gem. Art. 3 GG. **Ausnahmen** und **Zurückstellungen** vom **Wehrdienst** sind dann kein Verstoß gegen die Wehrgerechtigkeit, wenn sie auf sachgerechten Erwägungen beruhen, d. h. nicht willkürlich vorgenommen werden (BVerfGE 48,127 sowie BVerwG 8 C 21.97, wonach Zurückstellungen auch dann zulässig sind, wenn ein fest zugesagter Ausbildungsplatz nach dem Wehrdienst sehr wahrscheinlich nicht mehr

## Grundrechte

zur Verfügung steht). Gem. Art. 12a Abs. 1 GG können **Männer** vom vollendeten 18. Lebensjahr an zum Dienst verpflichtet werden: in den **Streitkräften** (nicht jedoch verbündeter Mächte), im **Bundesgrenzschutz** (heute Bundespolizei) sowie in einem **Zivilschutzverband,** d. h. in einer Organisation nicht militärischen Charakters, die der Sicherung der Lebensbedingungen der Zivilbevölkerung im Verteidigungsfall sowie der Hilfeleistung bei Katastrophen dient. Im **V-Fall** können unter den Voraussetzungen des Abs. 4 **auch Frauen** für das zivile Sanitäts- und Heilwesen sowie die ortsfeste militärische Lazarettorganisation verpflichtet werden (s. S. 192).

### Zur Wehrpflicht im Einzelnen

Art. 12a Abs. 2 GG regelt die Grundzüge des **Ersatzdienstes**. Diese Dienstverpflichtung – sie wird in Wohlfahrtsverbänden, Krankenhäusern, Alten- und Pflegeheimen sowie neuerdings auch im Rahmen besonderer Umweltschutzprojekte und der Betreuung von Asylbewerbern abgeleistet – ist nicht als alternative Form der Erfüllung der Wehrpflicht gedacht. Sie ist Wehrpflichtigen vorbehalten, die den Dienst mit der Waffe aus **Gewissensgründen** verweigern, und soll nur an die Stelle des im Einzelfall rechtmäßig verweigerten Wehrdienstes treten (BVerfGE 48, 127). Die sog. **Totalverweigerung** ist mit diesen Grundsätzen nicht vereinbar. Das für die **Anerkennung** der Kriegsdienstverweigerung vorgesehene Verfahren ist ausgelöst worden, nachdem das Bundesverfassungsgericht (E 48, 127) gefordert hatte, dass sowohl dem Grundrecht der Gewissensfreiheit gem. Art. 4 GG als auch dem Gebot der Wehrgerechtigkeit gem. Art. 3 GG optimale Geltung und Wirksamkeit zu verschaffen sei. Es ersetzt die zuvor übliche mündliche Anhörung zur Überprüfung der Gewissensgründe weitgehend durch einen schriftlichen Antrag beim Bundesamt für Zivildienst, in dem der Wehrdienstverweigerer seine Entscheidung zu begründen hat.

Von der Wehrpflicht **unmittelbar befreit** sind evangelische und katholische Geistliche sowie schwerbehinderte Menschen (§ 11 WPflG). Auf **Antrag befreit** sind der dritte und jeder weitere Sohn einer Familie, sofern zwei Geschwister Grundwehrdienst oder Ersatzdienst geleistet haben, Männer, die verheiratet oder eingetragene Lebenspartner sind, sowie Männer, die für ein Kind sorgen müssen.

Gemäß § 12 WPflG können u. a. vom Wehrdienst **zurückgestellt** werden: Männer, die Theologie studieren mit dem Ziel, katholischer Priester oder evangelischer Pastor zu werden, sowie Männer, die eine Berufsausbildung durchlaufen (bei Hochschulstudien erst ab Beginn des 3. Semesters).

Weitere Ausnahmen sind u. a. geregelt für Männer, die schon in der Armee eines anderen Landes Wehrdienst geleistet haben, Männer, die mindestens einen Vorfahren (bis zu drei Generationen zurück) haben, der in der Zeit des Nationalsozialismus verfolgt wurde, sowie Wehrpflichtige, die zwei Jahre im Entwicklungsdienst tätig waren.

Im Falle einer doppelten Staatsbürgerschaft verliert ein Deutscher, der neben der deutschen auch die Staatsbürgerschaft eines anderen Landes besitzt, die deutsche Staatsangehörigkeit automatisch, wenn er in diesem Land freiwilligen Wehrdienst leistet, ohne zuvor eine Genehmigung einzuholen. Diese Genehmigung kann nur erteilt werden, wenn er seinen ständigen Aufenthalt im Ausland hat und damit nicht der deutschen Wehrpflicht unterliegt. Der Verlust der Staatsangehörigkeit tritt jedoch nicht ein, wenn der ausländische Wehrdienst lediglich aufgrund der Wehrpflicht abgeleistet wird.

Polizeivollzugsbeamte leisten keinen Wehrdienst. Ihre Wehrpflicht gilt mit dem Eintritt in die Polizei der Länder (§ 42 WPflG) bzw. die Polizei des Bundes (§ 42a WPflG) als abgegolten. Eine Ausnahme besteht, wenn das Dienstverhältnis in der Polizei vor dem Ende der Wehrpflichtigkeit beendet wurde.

Eine Freistellung vom Grundwehrdienst ist auch bei einer mindestens vierjährigen Verpflichtung zum **Ersatzdienst** im Katastrophenschutz möglich, der z. B. beim Technischen Hilfswerk (THW), bei der Freiwilligen Feuerwehr oder bei Hilfsorganisationen wie dem Arbeiter-Samariter-Bund, der Johanniter Unfallhilfe, dem Deutschen Roten Kreuz, dem Malteser Hilfsdienst oder der Deutschen Lebens-Rettungs-Gesellschaft geleistet werden kann (§ 13a WPflG).

## Wehrpflicht heute

Zu den Grundsatzfragen des Wehrdienstes erhofften sich viele eine **politische Weichenstellung** durch das **Bundesverfassungsgericht**. Doch dessen Entscheidung (Urt. v. 20.2.2002; E 105, 61) fiel anders als erwartet aus: Das Gericht bestätigte weder den Erfolg, noch sicherte es den Fortbestand der Wehrpflicht. Die aus formalen Gründen zurückgewiesene Verfassungsbeschwerde nahm es zum Anlass, erneut zu betonen, die im Grundgesetz verankerte Wehrpflicht sei verfassungskonform. Daneben verwahrte sich das Gericht nachdrücklich gegen die Übernahme sachfremder Aufgaben: Die Wehrpflicht erfordere in erster Linie **politische Entscheidungen**, nicht juristische. Wegen der grundlegenden staatspolitischen Bedeutung hätten **Parlament** und **Regierung** nach weitgehend politischen Erwägungen in **eigener Verantwortung** über die Form der Landesverteidigung zu entscheiden (s. Kap. III). Dabei könnten neben der Verteidigung auch wirtschafts- und gesellschaftspolitische Gründe eine Rolle spielen. Für eine Beibehaltung der Wehrpflicht könnten zudem weitergehende Gründe, etwa die Bündnisverpflichtungen, sprechen. In einer weiteren Entscheidung vom 27.3.2002 (BVerfGE 12, 45) bestätigte das Gericht, die **Beschränkung** der Wehrpflicht auf **männliche Bürger** stelle keinen Verfassungsverstoß dar.

Ob der **Zivildienst** in Form des Ersatzdienstes überhaupt noch **Bestand** haben kann, ist immer wieder Gegenstand kontroverser Debatten. Einerseits ist die bereits heute die Zahl von 82 000 Zivildienstleistenden bei weitem nicht ausreichend, um den Bedarf an pflegerischen Hilfskräften in einer zunehmend überalternden Gesellschaft zu decken. Auch sind die Sozialverbände, entgegen landläufiger Meinung, auf den Zivildienst nicht zwingend angewiesen und wären, wenn er fortfiele, durchaus nicht in ihrer Existenz gefährdet. Und schon jetzt haben Krankenhäuser wegen der immer kürzeren Dienstzeit nur noch ein schwindendes Interesse an Zivildienstleistenden. Als Ausweichlösung für den Zivildienst wird die Einführung eines sozialen **Pflichtjahres** für Männer und Frauen diskutiert; sie hat jedoch aus verfassungs- und völkerrechtlichen Gründen kaum Chancen. Daneben wird ein verstärkter Ausbau des **freiwilligen Sozialdienstes** erörtert, der hierzu attraktiver gemacht, für alle Generationen eröffnet und durch zusätzliche Fachkräfte unterstützt werden müsste. Gegen diese Lösung werden vor allem wirtschaftliche Gründe vorgetragen.

Die **Einberufung** zum Wehrdienst wurde nach langer, kontroverser Debatte im März 2011 im Rahmen der **Strukturreform** durch Änderung des Wehrpflichtgesetzes mit Zustimmung des Bundesrates **ausgesetzt**. Unberührt hiervon blieb Art. 12a GG und somit die Ermächtigung an den Gesetzgeber, die verpflichtende Einberufung zum Wehrdienst später durch ein einfaches Gesetz wieder einzuführen.

Seit den Reformen des Jahres 2011 setzt sich die Bundeswehr aus **Berufssoldaten** und **Zeitsoldaten** sowie zu etwa 10 Prozent aus **Freiwillig Wehrdienstleistenden** zusammen. Sie ist ein **Parlamentsheer**, dessen Einsatz in der Verantwortung des Bundestages liegt. Ihre Aufgaben gehen inzwischen weit über die Landesverteidigung und die Verteidigung im Bündnis hinaus und umfassen auch die Sicherung der außenpolitischen Handlungsfähigkeit der Bundesrepublik, einschließlich der zur Stabilisierung im europäischen und atlantischen Rahmen erforderlichen Einsätze, insbesondere zur Konfliktverhütung, Krisenbewältigung und zur Unterstützung von Bündnispartnern. Darüber hinaus leistet sie im Bedarfsfalle Katastrophenbewältigung vielfältigster Art im In- und Ausland.

## Unverletzlichkeit der Wohnung (Art. 13 GG)

Art. 13 Abs. 1 GG garantiert den Schutz des räumlich abgegrenzten „**elementaren privaten Lebensraumes**" eines jeden (BVerfG, NJW 76, 1735). Mit diesem besonderen grundrechtlichen Schutz gegen widerrechtliches Eindringen staatlicher Organe ist dem Einzelnen im Hinblick auf seine Menschenwürde und im Interesse seiner freien Entfaltung ein **klassisches Abwehrrecht** an die Hand gegeben. Eingriffe in dieses Recht stehen unter dem besonderen Vorbehalt der **Verhältnismäßigkeit,** wobei das Grundrecht des Betroffenen mit dem rechtsstaatlichen Gebot einer umfassenden Ermittlungstätigkeit schonend in Einklang zu bringen ist (BVerfG, NJW 88, 329). Der Eingriff muss zur Ermittlung eben dieser Tat **geeignet, erforderlich** und zudem Erfolg versprechend sein. An der Erforderlichkeit fehlt es, wenn andere, weniger einschneidende Mittel zur Verfügung stehen (BVerfG, NJW 97, 2165).

| Schranken des Grundrechts nach Art. 13 GG |
|---|

Die **detaillierte** Festlegung der **Grenzen** der Unverletzlichkeit der Wohnung gem. Art 13 GG ist ein besonderes Indiz der **Schutzwürdigkeit,** die das Grundgesetz dem intimsten „**räumlichen Bereich individueller Persönlichkeitsentfaltung**" beimisst (BVerfG 32, 54). Auf die „**Privatheit der Wohnung**" als eines „**elementaren Lebensraumes**" (BVerfGE 42, 212) soll die Staatsgewalt nur unter **strengsten Ausnahmeregelungen** einwirken können:

▶ Art. 13 Abs. 2 GG regelt **Durchsuchungen,** d. h. das ziel- und zweckgerichtete Suchen nach Personen oder Sachen bzw. die Ermittlung eines Sachverhalts **in** einer Wohnung gegen den ausdrücklichen oder zu vermutenden Willen des Betroffenen (nicht hingegen das bloße Betreten einer Wohnung). Sie dürfen nur durch den **Richter,** bei **Gefahr im Verzuge** auch durch die **Staatsanwaltschaft** und deren **Ermittlungspersonen** (§ 152 GVG) angeordnet werden.

▶ Art. 13 Abs 3 GG normiert für den **begründeten Verdacht** bestimmter, **besonders schwerer Straftaten** den Einsatz technischer Mittel (Lauschangriff) zur **akustischen Überwachung** von Wohnungen, wenn die Erforschung des Sachverhalts auf andere Weise unverhältnismäßig oder aussichtslos ist. Die **Anordnung** des Lauschangriffs erfolgt durch einen Spruchkörper von **drei Richtern,** bei **Gefahr in Verzuge** auch durch den **Einzelrichter** (s. unten).

▶ Art.13 Abs 4 GG regelt den Einsatz technischer Mittel zur Wohnraumüberwachung zum Zwecke der **Gefahrenabwehr.** Voraussetzung ist das Vorliegen einer **dringenden Gefahr** für die öffentliche Sicherheit, insbesondere einer **gemeinen Gefahr** oder **Lebensgefahr.** Die Anordnungsbefugnis liegt auch hier beim **Richter,** bei Gefahr im Verzuge auch bei anderen gesetzlich bestimmten Personen, wobei die richterliche Anordnung unverzüglich nachzuholen ist.

▶ Gem. **Art. 13 Abs. 7 GG** dürfen Eingriffe und Beschränkungen „**im Übrigen**" nur zur Abwehr einer **gemeinen Gefahr** oder einer **Lebensgefahr** für einzelne Personen, auf Grund eines **Gesetzes** auch zur Verhütung **dringender Gefahren,** insbesondere zur Behebung der Raumnot, zur Bekämpfung der Seuchengefahr oder zum Schutz gefährdeter Jugendlicher vorgenommen werden. Hierunter fallen insbesondere auch Fälle der Abwehr schwerer Gefahren, die nicht unter Art.13 Abs. 2 bis 4 einzustufen sind.

Ob ein Eingriff bzw. eine Beschränkung überhaupt vorliegt, richtet sich nach dem jeweiligen **Schutzbedürfnis,** der z. B. bei Wohnräumen erheblich größer ist als bei Räumlichkeiten, die lediglich geschäftlich oder betrieblich genutzt werden.

Zur „**Wohnung**" in diesem Sinne gehören nicht nur die eigentlichen Wohnräume, sondern auch Flure, Keller, Dachböden, Arbeits-, Dienst- und Geschäftsräume, Gast- und Hotelzimmer,

Büros, Stallungen, Scheunen, Höfe, Hausgärten, Lauben, Garagen, Wohnwagen, Wohnmobile, Zelte und Schiffe, d. h. jedes dem privaten „Wohnen" zuzuordnende befriedete Besitztum; nicht hingegen der Öffentlichkeit zugängliche Räume in Gaststätten, Warenhäusern und Bahnhöfen. Auch bloße Verkehrsmittel (Kfz) sind keine „Wohnung" in diesem Sinne.
In einer Vielzahl von Gesetzen sind **Besichtigungsrechte** und ähnliche Befugnisse enthalten, die zum **Betreten** (nicht aber zur Durchsuchung gem. Art. 13 Abs. 2 GG) ermächtigen (z. B. im Rahmen der Bauaufsicht, Wirtschafts- und Gewerbeaufsicht, der Aufsicht in Sozialversicherungssachen beim Aufsuchen von Kranken, beim Postzustellungsdienst und beim Leitungsbau der Post, bei der Tätigkeit des Schornsteinfegers und der Brandaufsicht, beim Gas- und Stromablesen, bei der Vornahme von Erhebungen und bei der Einholung von Auskünften, beim Verwaltungszwang nach dem Verwaltungsvollstreckungsgesetz usf.).
In diesen Fällen wird regelmäßig keine der in Art. 13 Abs. 3 GG geforderten Voraussetzungen erfüllt sein. Gleichwohl sind die Gesetze, die solche Handlungen gestatten, nicht etwa von vornherein verfassungswidrig. Derartige Tätigkeiten liegen im Allgemeinen unterhalb der Schwelle des Art. 13 GG, da eine „Beschränkung" noch nicht vorliegt, oder aber es handelt sich um Fälle, bei denen überragende Gesichtspunkte des **Gemeinwohls** diesen Eingriff unumgänglich machen, wobei allerdings den Grundsätzen der Verhältnismäßigkeit und der Zumutbarkeit besonderes Gewicht zukommt **(grundrechtsimmanente Schranken).**
Im täglichen Dienst hat das Grundrecht gem. Art. 13 GG eine

 **besondere Bedeutung für die Polizei.**

Das häufig erforderliche **Eindringen** in **Wohnungen** auf der Grundlage des **Polizeirechts** ist ein Fall nach Art. 13 Abs. 7 GG, wobei zu unterscheiden ist:

▶ Dient das Eindringen der Abwehr einer gemeinen Gefahr oder einer Lebensgefahr so ergibt sich die Ermächtigung unmittelbar aus Art. 13 Abs. 7 GG;

▶ wird zur Verhütung einer dringenden Gefahr eingedrungen, bedarf es zusätzlich der Ermächtigung durch ein Gesetz (z. B. Polizeigesetz).

Das Grundrecht darf auch hier nur so weit eingeschränkt werden, als es zum Schutz öffentlicher Interessen unerlässlich ist (vgl. BVerfGE 65, 1). Eingriffe sind daher nur zulässig, wenn das öffentliche Interesse an der Wahrung von Recht und Ordnung nicht außer Verhältnis steht zur Bedeutung des Grundrechts gem. Art. 13 GG (vgl. BVerwGE 47, 31).
Entsprechendes gilt für die **Strafverfolgung**: „Wegen der **Schwere** des Eingriffs", so das BVerfG am 20.2.2001, „haben Gerichte und Strafverfolgungsbehörden im Rahmen ihrer Möglichkeiten tatsächlich und rechtliche Vorkehrungen zu treffen, damit die in der Verfassung vorgesehene **Regelzuständigkeit** des Richters gewahrt bleibt". Die bewusste **Missachtung** oder grob fahrlässige Verkennung des **Richtervorbehalts** kann zu einem **Verwertungsverbot** führen (BGH, Urt. v. 18.04.2007). An die Auslegung des Begriffes „Gefahr im Verzuge" sind **strengste Anforderungen** zu stellen (Einzelfallbezogenheit, Vorliegen von Tatsachen). Parallel dazu haben die **Gerichte** die **Erreichbarkeit** eines Ermittlungsrichters zur Tageszeit sicherzustellen (in Anlehnung an § 104 Abs. 3 StPO zwischen 04.00 bzw. 06.00 und 21.00 Uhr).
Auch müssen Durchsuchungsbeschlüsse ein „Mindestmaß an **Darlegungsanforderungen**" erfüllen (BVerfG, Beschl. v. 4.7., 7.9. und 28.9.2006).
Aus dem grundsätzlichen Verbot des Eindringens in Wohnungen folgt auch das Verbot des Verweilens gegen den erklärten oder zu vermutenden Willen des Berechtigten. Erhebungen und die Einholung von Auskünften sind von Art. 13 GG nicht erfasst (BVerfGE 65, 1).
Vielfach werden bei Eingriffen in das Grundrecht gem. Art. 13 Abs. 1 zugleich auch andere Grundrechte berührt, z. B. bei einem Presseorgan die Pressefreiheit oder einer Kirche die

*Grundrechte*

Religionsfreiheit. Ob das Strafverfolgungsinteresse im Einzelfall auch den weiter gehenden Eingriff rechtfertigt, ist jeweils gesondert zu prüfen (vgl. BVerfG, NJW 66, 1603; 80, 1895). Wichtig ist ferner die mit der Antiterror-Novelle vom 14.4.1978 vorgenommene **Neufassung des § 103 Abs. 1 StPO:** Nach altem Recht war eine Durchsuchung nur zulässig, wenn Tatsachen vorlagen, aus denen zu schließen war, dass die gesuchte Person sich in den zu durchsuchenden **Räumen** befindet. Seither ist eine Durchsuchung unter den Voraussetzungen des § 103 Abs. 1 Satz 2 StPO auch möglich, wenn sich der Verdacht zwar auf ein bestimmtes **Gebäude,** nicht aber auf eine bestimmte Wohnung richtet. Zu beachten ist jedoch, dass nur der **Richter,** bei Gefahr im Verzuge auch die Staatsanwaltschaft, nicht hingegen die Polizei, diese Maßnahme anordnen darf (s. § 105 Abs. 1 Satz 2 StPO).

Auch zur **Verfolgung** von **Ordnungswidrigkeiten** ist die Durchsuchung von Wohnungen grundsätzlich zulässig, sie wird jedoch unter dem Gesichtspunkt des **Übermaßverbots** im Regelfall entbehrlich bzw. unangemessen sein. Die Rechtsgrundlage bildet § 46 OWiG, wonach für das Bußgeldverfahren, soweit das Gesetz nichts anderes bestimmt, sinngemäß die Vorschriften der allgemeinen Gesetze, z. B. der Strafprozessordnung, gelten. Dabei ist stets zu prüfen, ob sich ein derart weit gehender Eingriff in die Privatsphäre mit dem Grundsatz der **Verhältnismäßigkeit** vereinbaren lässt. Die Zweckrichtung der Eingriffsmaßnahme, ihre Schwere und die eingesetzten Mittel dürfen nicht außer Verhältnis zur Bedeutung des Verfahrens stehen. Der Vorwurf einer Straftat wiegt stets schwerer als der Vorwurf einer Ordnungswidrigkeit. Daher können Maßnahmen, die im Strafverfahren regelmäßig zulässig sind, bei der Verfolgung von Ordnungswidrigkeiten nicht oder nur bei Vorliegen besonderer Gründe gerechtfertigt sein. Die Durchsuchung einer Anwaltskanzlei zwecks Aufklärung zweier Parkverstöße ist daher „grob unverhältnismäßig und willkürlich" (BVerfG, Beschl. v. 7.9.2006).

Im Zusammenhang mit Art. 13 GG hat auch die Frage der Rechtmäßigkeit polizeilicher Einsätze bei **Hausbesetzungen** Bedeutung erlangt. Hierzu gilt grundsätzlich:

▶ Grundrechtsträger gem. Art. 13 GG ist der Eigentümer bzw. der rechtmäßige Inhaber der Wohnung. Das kann auch ein Minderjähriger sein oder jeder andere, der die Wohnung mit Einwilligung des Berechtigten tatsächlich bewohnt.

▶ Eine unberechtigt eingedrungene Person kann sich nicht auf das Grundrecht gem. Art. 13 GG berufen. Die Schranken gem. Art. 13 Abs. 2 und 3 GG gelten daher nicht für polizeiliche Einsätze gegen Personen, die unbefugt ein Haus besetzt halten.

Besonders umstritten ist der Einsatz **elektronischer Mittel** zur **akustischen Wohnraumüberwachung,** der sog. Lauschangriff. Als **Großen Lauschangriff** bezeichnet man eine verdeckte Eingriffsmaßnahme, bei der das nicht öffentlich gesprochene Wort in einer Wohnung oder aus dieser heraus mit Hilfe technischer Mittel abgehört und aufgezeichnet wird. Beim **Kleinen Lauschangriff** führt die verdeckt ermittelnde Person das Gerät bei sich. Das Abhören ist folglich auf die Dauer ihrer Anwesenheit in der betreffenden Wohnung begrenzt.

**Für** die „elektronische Aufklärung" wird vor allem die Besorgnis erregende Entwicklung im Bereich der Schwerstkriminalität ins Feld geführt. **Dagegen** wird eingewandt, wer die Wohnung fremden Ohren zugänglich mache, öffne den innersten Raum privater Existenz. Solche Eingriffe seien geeignet, elementare Verfahrensregeln (Schweigerecht des Beschuldigten) zu unterlaufen, träfen vielfach Unverdächtige, und die erhofften Wirkungen seien zweifelhaft. Eingriffe dieser Art waren ursprünglich auf den Bereich der **Gefahrenabwehr** beschränkt (vgl. Art. 13 Abs. 7 GG). Die **Polizeigesetze** der Länder lassen daher (weitgehend übereinstimmend) unter besonderen Voraussetzungen den präventiven Einsatz elektronischer Mittel (Richtmikrofone, Minisender) zur Übererwachung von Wohnräumen zu. Gefordert ist stets, dass es sich um den Schutz überragender Rechtsgüter (zur Abwehr einer Gefahr für Leib oder Leben, z. B. im Rahmen einer Geiselnahme) handelt. Strittig war jedoch lange, ob solche Mittel auch zum Zwecke der **Strafverfolgung** eingesetzt werden dürfen.

197

Die hierzu erforderliche **Verfassungsänderung** kam erst nach langwierigen Debatten zustande (Ges. vom 26.3.98; BGBl. I S. 610). Ergänzend dazu erging das Gesetz zur **Bekämpfung der Organisierten Kriminalität** vom 4.5.98 (BGBl. I S. 845). Seither sind parallel zur Gefahrenabwehr auch Abhörmaßnahmen zwecks **Beweiserhebung** im **Strafverfahren** bei den Katalogtaten des § 100c StPO möglich, aber auch sie sind wegen der Schwere dieser Eingriffe an enge Voraussetzungen und Formerfordernisse geknüpft. Unzulässig sind solche Maßnahmen bei bestimmten Personengruppen, denen von Berufs wegen ein Zeugnisverweigerungsrecht zusteht (Geistliche, Strafverteidiger, Abgeordnete, Ärzte, Apotheker, Hebammen, Steuerbevollmächtigte, Journalisten und einige weitere Berufsgruppen).

Das **BVerfG** ließ in seinem dazu ergangenen Urteil vom 3.3.2004 (E 109, 279) die Verfassungsänderung unbeanstandet, erklärte aber deren Umsetzung durch die **StPO** weithin für **verfassungswidrig** und gab dem Gesetzgeber unter Fristsetzung auf, die Materie neu zu regeln. Art 13 Abs. 3 GG, heißt es in der Entscheidung, stehe in engem Bezug zur **Menschenwürde** und zum Verfassungsgebot der **unbedingten Achtung** der Sphäre einer **ausschließlich privaten Entfaltung**. In diesen Bereich dürfe die akustische Überwachung auch zur Strafrechtspflege nicht eingreifen. Allerdings verletze nicht jede akustische Überwachung die Würde, insbesondere gehörten Gespräche über begangene Straftaten „nicht zum absolut geschützten **Kernbereich privater Lebensgestaltung**"; eine Beweiserhebung im engsten Vertrautenkreis sei aber nur ausnahmsweise und nur bei Vorliegen konkreter Anhaltspunkte erlaubt.

Die daraufhin durch Ges. v. 24.6.05 (BGBl. I S. 1841) ergangene **Neuregelung** folgt diesen Auflagen, indem sie die akustische Wohnraumüberwachung auf einen Kreis **besonders schwerer Straftaten** begrenzt und einen **konkreten Verdacht** voraussetzt (§ 100c StPO).

Eine hiergegen gerichtete Verfassungsbeschwerde hat das BVerfG nicht zur Entscheidung angenommen (Beschl. v. 11.5.2007). Erhebliche Auswirkungen hatte das Urteil auch für die **Landesgesetzgebung,** z. B. in **Sachsen,** wo der VerfGH entschied, das Polizeigesetz sei im Sinne der Vorgaben des BVerfG zu ändern. Die **niedersächsischen** Regelungen zur vorbeugenden Telefonüberwachung sind ebenfalls verworfen worden, u. a. weil es an hinreichendem Schutz vor Eingriffen in den „Kernbereich" fehlt (BVerfGE 113, 348).

Mit dem nach langem Streit am 1.1.2009 in Kraft getretenen **BKA-Gesetz** hat das BKA zur Abwehr **terroristischer Gefahren** unter engen Voraussetzungen und unter Richtervorbehalt weit reichende **präventive** Ermittlungsbefugnisse erhalten (heimliche Online-Durchsuchung, optische und akustische Wohnraumüberwachung, Rasterfahndung). Zudem wurde der Kreis der absolut Zeugnisverweigerungsberechtigten auf Abgeordnete, Geistliche und Strafverteidiger beschränkt. Eine Verfassungsbeschwerde ist anhängig.

# Recht auf Eigentum und Erbrecht (Art. 14 GG)

Art. 14 GG **garantiert** das **Privateigentum.** Die Vorschrift verbürgt jedermann das Recht, **Eigentum** zu **haben** und darüber grundsätzlich frei zu **verfügen** sowie **unberechtigte Einwirkungen abzuwehren.** Seinem Wesen nach ist Eigentum ein **Ausschlussrecht.**

Die **Eigentumsverbürgung** des Art. 14 GG wirkt in **zweifacher** Hinsicht:

▶ Die Eigentumsgarantie ist ein **elementares Grundrecht.** Sie steht im engen inneren Zusammenhang mit der Garantie der **persönlichen Freiheit.** Ihr kommt im Gesamtgefüge der Grundrechte die Aufgabe zu, dem Grundrechtsträger einen **Freiheitsraum** im **vermö**gensrechtlichen Bereich zu sichern.

▶ Art. 14 GG gewährleistet zudem das Eigentum als **Rechtsinstitut,** das insbesondere durch die **Privatnützigkeit** und die grundsätzliche **Verfügungsbefugnis** über das Eigentumsobjekt gekennzeichnet ist (vgl. BVerfGE 68, 222, 79, 303).

*Grundrechte*

Die Verfassung normiert in Art. 14 GG zwar die **institutionelle Gewährleistung** des Eigentums, nicht aber dessen **inhaltliche Konkretisierung.** Dies ist dem Gesetzgeber und, dem folgend, der Rechtsprechung anheim gegeben.

Das BVerfG geht dabei von einem **weiten Eigentumsbegriff** aus Art. 14 GG umfasst danach nicht nur das **sachenrechtliche Eigentum** (an beweglichen und unbeweglichen Gütern), sondern auch alle **vermögenswerten Rechte,** die dem Berechtigten in der Weise zugesprochen sind, dass er die damit verbundenen Befugnisse nach eigenverantwortlicher Entscheidung zu seinem privaten Nutzen ausüben kann (BVerfG, NJW 97, 1975). Geschützt sind daher z. B. auch Gehalts- und Rentenansprüche, Nutzungsrechte, Aneignungs- und Anteilsrechte, Urheber-, Patent- und Verlagsrechte sowie das Recht am eigenen Bild. Auch das Recht an einem bestehenden Gewerbebetrieb gehört dazu (BVerfG, NJW 82, 745).

Bei dieser weiten Auslegung des Eigentumsbegriffs ergeben sich gelegentlich Abgrenzungsprobleme zu Art. 12 GG. Das BVerfG hat dazu festgestellt: Der **Schutz der Berufsfreiheit** und die **Eigentumsgarantie** stehen grundsätzlich **überschneidungslos nebeneinander.** „Die **Eigentumsgarantie** ist **objektbezogen,** sie schützt das **Erworbene,** das **Ergebnis** der **Betätigung. Art. 12 GG** schützt den **Erwerb,** also die **Betätigung selbst.** Greift somit ein Akt der öffentlichen Gewalt eher in die Freiheit der individuellen Erwerbs- und Leistungstätigkeit ein, so ist Art. 12 GG berührt; begrenzt er mehr die Innehabung und Verwendung vorhandener Vermögensgüter, so kommt Art. 14 GG in Betracht (BVerfG, NJW 71, 1955).

Das **Erbrecht** ist Ausfluss des Eigentumsrechts und beruht auf der grundsätzlichen **Testierfreiheit** des Erblassers: Regelungen ehemals „herrschender" Häuser, wonach die Erbfolge zugunsten des jeweils ältesten Sohnes dann nicht eintritt, wenn dieser sich nicht „standesgemäß" verheiratet, sind daher nicht ohne weiteres sittenwidrig (BGH, Entsch. v. 17.12.1998, zum Streit um den Erbvertrag im früheren Königshaus Preußen). Die Erbrechtsgarantie bindet den Gesetzgeber, das Prinzip der **Privaterbfolge** aufrechtzuerhalten. Ausgenommen davon ist die **gesetzliche Erbfolge** (sog. Pflichtteil). Die Einzelheiten regeln §§ 1922 ff. BGB.

---

**Beschränkungen** des Eigentumsrechts gem. Art. 14 Abs. 1 Satz 2 GG

---

Art. 14 Abs. 1 GG sagt, dass **Inhalt** und **Schranken** durch die Gesetze bestimmt werden. Dies geschieht in vielfältiger Hinsicht, z. B. auch durch

▶ das **BGB,** in dem geregelt ist, wie man Eigentum **erwirbt, verliert** und **was man damit tun darf.** Als Grundsatz gilt hierbei gemäß § 903, dass „der Eigentümer einer Sache damit nach Belieben verfahren und andere von jeder Einwirkung ausschließen darf, sofern dem nicht Gesetze oder Rechte Dritter entgegenstehen".

▶ das **StGB,** das die Voraussetzungen der **Einziehung** regelt. § 74 bestimmt, dass Gegenstände, die durch eine Vorsatztat hervorgebracht wurden (z. B. Falschgeld) oder zu ihrer Begehung oder Vorbereitung benutzt wurden (Tatwerkzeuge), der Einziehung unterliegen. Durch die Einziehung geht das Eigentum an der Sache auf den Staat über (§ 74e StGB).

▶ die **StPO,** in der die Voraussetzungen der **Beschlagnahme** und **Sicherstellung** niedergelegt sind. Beschlagnahmen sind jedoch auch nach anderen Gesetzen möglich, so z. B. die polizeirechtliche Beschlagnahme oder Beschlagnahmen nach dem Lebensmittelgesetz usw.

Weitere Einschränkungen finden sich in zahlreichen Gesetzen, z. B.: Geldleistungspflichten im Rahmen von Steuern, Sonderbeiträgen und Zwangsabgaben; Einschränkungen im

## Grundrechte

Grundstücksverkehr, etwa im Rahmen von Bebauungsplänen, Baumschutzsatzungen oder bei straßen- und wegerechtlichen Maßnahmen; Schaffung von Natur- und Landschaftsschutzgebieten; Stellung unter Denkmalschutz; Duldungspflicht gegenüber Ausbesserungsarbeiten; Anschlusszwang für Wasserleitung und Kanalisation; Benutzungszwang im Rahmen der Abfallbeseitigung; Immissionsschutzmaßnahmen; Maßnahmen zum Schutz vor Verkehrslärm; Energiesicherstellung im Rahmen des Notstandsrechts u. v. a.

Besondere Bedeutung kommt bei alledem der **Sozialpflichtigkeitsklausel** zu (Art. 14 Abs. 2 GG). Sie steht im Einklang mit dem Sozialstaatscharakter des Grundgesetzes gem. Art. 20 Abs. 2 GG. In ihr finden die Privatnützigkeit des Eigentums und die grundsätzliche Verfügungsbefugnis des Eigentümers ihre Schranken: **Eigentum verpflichtet. Sein Gebrauch soll zugleich dem Wohle** der **Allgemeinheit dienen.**

Wo die **Grenzen** im Einzelnen liegen, ist durch den Gesetzgeber **normativ** auszufüllen. Denn einen vorgegebenen, absoluten und unverrückbaren Begriff des Eigentums gibt es nicht. Vielmehr sind Inhalt und Funktion des Eigentums „der Anpassung an die gesellschaftlichen und wirtschaftlichen Verhältnisse bedürftig und fähig" (BVerfGE 790, 201). Dabei besitzt der Gesetzgeber allein die **Bestimmungskompetenz** (vgl. BVerfG, NJW 76, 1987). Daraus folgt, dass es auch keinen eigentumsrechtlichen **Bestandsschutz** außerhalb gesetzlicher Regelungen geben kann: Die Eigentumsgarantie setzt, z. B. im Baurecht, voraus, dass das Vorhaben formell und materiell rechtmäßig ist (vgl. BVerfG, NvWZ 98, 483).

Sozialbindung bedeutet stets auch **Steuergerechtigkeit**: Bei der Besteuerung ist einerseits nach **individuellen Leistungsmöglichkeiten** zu differenzieren, andererseits muss auf eine möglichst **gleichmäßige Belastung** aller abgestellt werden. Der Gesetzgeber darf erbschaftssteuerrechtlich bestimmte Vermögensarten (etwa Wohnraum) begünstigen, jedoch nicht ohne besonderen Grund. Bis Ende 2008 ist die Erbschaftssteuer neu zu regeln (BVerfG, 31.1.07).

In der Rechtsprechung zu Art. 14 Abs. 1 GG nimmt die **Sozialbindung** des **Wohneigentums** naturgemäß einen breiten Raum ein. Insbesondere im Hinblick auf die **Vermietung** von Wohnräumen hat das BVerfG in ständiger Rechtsprechung auf die gesteigerte Sozialpflichtigkeit des Eigentums hingewiesen und daraus u. a. abgeleitet, dass der Eigentümer keineswegs nach Belieben über die von ihm vermietete Wohnung verfügen kann, sondern aus dem Mietverhältnis resultierende Einschränkungen seiner Handlungsfreiheit hinnehmen muss (BVerfG, NJW 74, 1499). In einer jüngeren Mietentscheidung (Beschl. v. 26.5.1993, NJW 93, 2035) bezieht das Gericht sogar die Mietsache als solche in den Schutzbereich des Art. 14 GG ein: „Das Besitzrecht des Mieters an der gemieteten Wohnung ist Eigentum i. S. von Art. 14 Abs. 1 GG", denn es erfüllt „Funktionen, wie sie typischerweise dem Sacheigentum zukommen". Mit dieser Entscheidung werden praktisch Rechte von Mietern und Vermietern auf eine Stufe gestellt: Der Eigentumsschutz des Mieters unterscheidet sich in seiner Struktur nicht von demjenigen des Vermieters und Eigentümers. Folglich entfalte „die Eigentumsgarantie ihre freiheitssichernde Funktion in beide Richtungen".

Die **Sozialpflichtigkeit** des Eigentums und sein **gemeinschaftsbezogener Gebrauch** sind **hohe Ansprüche,** denen die Verfassungswirklichkeit nicht immer genügt. In einer leistungs- und besitzstandsorientierten, vielfach auch entsolidarisierten Gesellschaft sind Egoismen an der Tagesordnung, ohne dass dies in allen Einzelheiten durch die Rechtsordnung wirksam verhindert werden könnte.

Die Sozialbindung ist daher sowohl ein **rechtliches** Gebot wie auch ein **ethisches** Postulat, und zwar nicht nur gegenüber der heutigen Welt, sondern ebenso aus der Verantwortung für kommende Generationen. Dies gilt vor allem im Hinblick auf die wachsenden Beeinträchtigungen unserer **Umwelt**, z. B. die Belastung der Atmosphäre sowie des Grund- und Oberflächenwassers durch private und wirtschaftliche Nutzung oder den rapide steigenden Verbrauch natürlicher, nicht erneuerbarer **Ressourcen.**

## Grundrechte

Der **weitestgehende Verfassungsvorbehalt** ergibt sich aus **Art. 14 Abs. 3 GG**. Hiernach besteht die Möglichkeit der

> Enteignung zum Wohle der Allgemeinheit.

Die Enteignung ist kein Instrument zur Vermehrung des Staatsvermögens. Ihr Zweck und ihre Legitimation sind allein darin zu sehen, dass das zu enteignende Objekt für eine öffentliche Aufgabe verfügbar gemacht wird. Dabei muss die Enteignung zur Erfüllung dieser Aufgabe unumgänglich notwendig sein. Es darf **keine andere** rechtlich und wirtschaftlich vertretbare Lösung geben. Eine Enteignung darf im Übrigen nur vorgenommen werden

| **durch Gesetz** oder **auf Grund** eines Gesetzes, wobei das Gesetz Art und Ausmaß der Enteignung regeln muss, | und | der Eigentümer muss unter Abwägung der beiderseitigen Interessen eine **angemessene Entschädigung** erhalten. |
|---|---|---|

Die **Möglichkeiten**, aufgrund derer der Gesetzgeber in das Eigentum eingreifen kann, sind eng begrenzt:

▶ Der Gesetzgeber kann **Inhalt** und **Grenzen** des Eigentums für die Zukunft neu festlegen.

▶ Er kann die **vollziehende Gewalt** durch ein Gesetz **ermächtigen**, unter bestimmten Voraussetzungen Eigentum ganz oder teilweise zu **entziehen**.

▶ Er kann bestimmten Personen oder Personenmehrheiten durch **Gesetz Eigentumsrechte entziehen**, die diese rechtmäßig erworben haben.

Enteignungen sind **nur zulässig**, wenn und soweit sie **zum Wohle** der **Allgemeinheit** erforderlich sind. Das schließt grundsätzlich nicht aus, dass bei Vorliegen der verfassungsrechtlichen Voraussetzungen im Einzelfall auch **zugunsten Privater** enteignet wird, insbesondere dann, wenn staatliche Aufgaben der **Daseinsvorsorge** durch privatrechtlich organisierte Unternehmen wahrgenommen werden (BVerfG, NJW 81, 1257).

Eine **Enteignung zugunsten privater Unternehmen**, die nicht unmittelbar (als Beliehene) staatliche Aufgaben erfüllen, ist **grundsätzlich nicht** zulässig. Denn das „**große**" Eigentum hat **grundsätzlich keinen Vorrang** vor dem „**kleinen**" Eigentum. Eine derartige Rangfolge wäre, da nicht mit Art. 14 GG vereinbar, verfassungswidrig (BVerfG, NJW 81, 1257). Völlig ausgeschlossen aber sind Enteignungen zugunsten Privater auch dann nicht, wenn diese keine staatlichen Aufgaben erfüllen. Dies jedoch nur, wenn die **Gesamtabwägung** aller Gesichtspunkte des **Gemeinwohls** ergibt, dass ihnen der Vorrang gegenüber den Einzelinteressen zukommt, so z. B. im Rahmen von Vorhaben zur Schaffung von **Arbeits-** oder **Ausbildungsplätzen**. An die Rechtfertigung solcher Maßnahmen sind **besonders hohe Anforderungen** zu stellen (vgl. Entscheidung zur Daimler-Benz-Teststrecke, BVerfG, NJW 87, 1251). Der Gesetzgeber muss für solche Ausnahmefälle **Vorkehrungen** treffen, um sicherzustellen, dass der **angestrebte Zweck** auch **tatsächlich erreicht** wird.

Auf die im **Gebiet der DDR** entschädigungslos enteigneten und in „Volkseigentum" überführten Vermögenswerte besteht ein Rechtsanspruch (Gesetz zur Regelung offener Vermögensfragen i. d. F. v. 18.4.1991, BGBl. I S. 957). Davon ausgenommen sind auf besatzungsrechtlicher Grundlage in der Zeit von 1945 bis 1949 vorgenommene Enteignungen. Diese Herausnahme ist vom Bundesverfassungsgericht (NJW 91, 1597) als verfassungsgemäß angesehen worden, jedoch ist der Gesetzgeber wegen des Gleichbehandlungsgrundsatzes verpflichtet, eine Ausgleichszahlung zu gewährleisten.

## Vergesellschaftung (Art. 15 GG)

Art. 15 GG ermöglicht es dem Gesetzgeber,

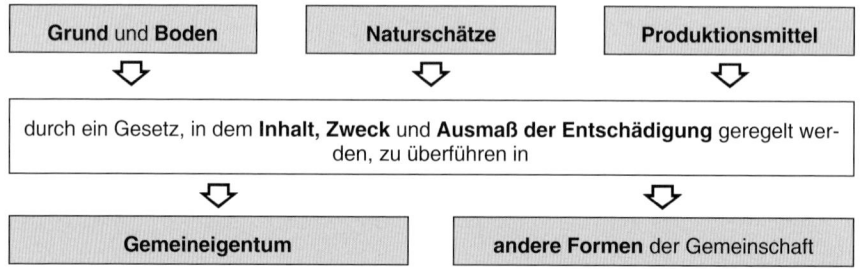

"**Grund und Boden**" im Sinne dieser Vorschrift sind alle Grundstücke einschließlich ihrer Bestandteile. "**Naturschätze**" sind alle Materialien, die im Bergbau oder in ähnlichen Abbauverfahren gewonnen werden, sowie alle wirtschaftlich nutzbaren Naturkräfte. "**Produktionsmittel**" sind die der Gewinnung und Herstellung wirtschaftlicher Erzeugnisse dienenden Gegenstände und Rechtstitel, z. B. Gebäude, Maschinen, Werkzeuge, Rohstoffe sowie Urheberrechte (vgl. Lepa, a. a. O., S. 256).

Die rechtliche Bedeutung des Art. 15 GG ist nicht allein darin zu erblicken, dass eine Überführung bestimmter Güter in Gemeineigentum (Sozialisierung) für zulässig erklärt wird. Sie liegt auch in der Klarstellung, dass die Vergesellschaftung ebenso wie die Enteignung (s. oben) einer **Entschädigungspflicht** unterworfen ist, wodurch entschädigungslosen Maßnahmen wirksam vorgebeugt wurde (vgl. Maunz-Dürig-Herzog, GG. Art. 15 Rdnr. 1).

Das Bundesverfassungsgericht (BVerfGE 12, 354) hat dazu ausgeführt: Art. 15 GG enthält nicht etwa einen Verfassungsauftrag zur Sozialisierung, sondern lediglich eine

**Ermächtigung** an den **Gesetzgeber.**

Ob und in welchem Umfang der Gesetzgeber davon Gebrauch macht, muss seiner politischen Entscheidung überlassen bleiben.

Deshalb enthält Art. 15 GG auch nicht das Gebot, vom Inkrafttreten des Grundgesetzes an alles zu unterlassen, was eine künftige Sozialisierung erschweren könnte. Abzulehnen ist daher auch die Auffassung, dass Unternehmen, die nach Art. 15 GG sozialisiert werden können, nicht mehr "privatisiert" werden könnten, wenn sie einmal im Staatseigentum sind (s. BVerfGE 12, 354).

Art. 15 GG entspricht somit dem Grundsatz der

**wirtschaftspolitischen Neutralität.**

Das Grundgesetz entscheidet sich nicht für ein bestimmtes Wirtschaftssystem. Innerhalb einer gewissen Bandbreite lässt es insbesondere offen, ob die Wirtschaft mehr zum marktwirtschaftlichen Prinzip hin tendieren oder stärkeren staatlichen Reglementierungen unterworfen werden soll. Die Verfassung überantwortet es dem Gesetzgeber, sich nach Zweckmäßigkeitsgesichtspunkten zu entscheiden (s. Kap. XIII).

## Verbot der Ausbürgerung (Art. 16 Abs. 1 GG)

Art. 16 Abs. 1 Satz 1 GG schützt vor **Aberkennung** der deutschen **Staatsbürgerschaft** durch einen **Akt hoheitlichen Willkür.** Damit reagiert das Grundgesetz auf die menschenverachtende Praxis des NS-Staates, „nicht erwünschte" Einbürgerungen zu widerrufen bzw. „unerwünschte Personen", die ins Ausland geflohen oder dorthin deportiert worden waren, auszubürgern und auf diese Weise „aus der Volksgemeinschaft auszustoßen".

Träger des Grundrechts sind nur deutsche Staatsangehörige, nicht auch die sog. Statusdeutschen (BVerfG, NJW 71, 2003). Einbürgerungsbewerber sind zumindest so lange nicht geschützt, wie ihr Einbürgerungsanspruch noch nicht feststeht (BVerfG, NJW 94, 2016).

Der **Verlust** der deutschen Staatsangehörigkeit (§ 17 ff. StAG) darf nur auf Grund eines **Gesetzes** und gegen den Willen des Betroffenen nur dann eintreten, wenn der Betroffene dadurch **nicht staatenlos** wird (Art. 16 Abs. 1 Satz 2 GG; s. Kap. I).

Eine durch Täuschung „**erschlichene**" Einbürgerung darf jedoch entzogen werden – auch wenn der Betroffene dadurch staatenlos wird (BVerfG, 25.5.06). Diesen scheinbaren Widerspruch zum Text des Art. 16 Abs. 1 GG löste ein Gericht mit dem Hinweis auf, der Wortlaut der Vorschrift setze voraus, dass ein Verlust der deutschen Staatsangehörigkeit auch gegen den Willen des Betroffenen rechtmäßig sein kann. Der Verfassunggeber habe die **missbräuchliche Aberkennung** verhindern wollen, nicht aber die Rücknahme einer erschlichenen Einbürgerung. Welche Folgen die Aberkennung für später geborene Kinder hat, bedarf noch der Regelung.

## Verbot der Auslieferung (Art. 16 Abs. 2 GG)

Unter Auslieferung wird herkömmlich die auf das Ersuchen einer zuständigen ausländischen Stelle erfolgende amtliche Überantwortung einer Person aus dem Bereich der inländischen Gerichtsgewalt an eine ausländische Gerichtsbarkeit verstanden (BGHSt 5, 396).

▶ **Deutsche** dürfen grundsätzlich **nicht** ausgeliefert werden, auch bei im Ausland begangenen Straftaten. Durch Gesetz kann eine abweichende Regelung für Auslieferungen an einen **Mitgliedsstaat der EU** oder einen **internationalen Gerichtshof** getroffen werden, soweit rechtsstaatliche Grundsätze gewahrt sind (s. Ges. z. Änd. des GG v. 29.11.2000, BGBl. I S. 1633). Die dazu ergangene Regelung ist allerdings vom BVerfG (E 113, 273) verworfen worden. Wer als Deutscher, so das Gericht, im deutschen Rechtsraum eine Straftat begehe, müsse grundsätzlich nicht damit rechnen, an eine andere Staatsgewalt ausgeliefert zu werden. Ausnahmen seien nur zulässig bei einem „**maßgeblichen Auslandsbezug**" der vorgeworfenen Tat. Die Auslieferung eines Deutschen ist überdies nur zulässig, wenn die spätere **Rücküberstellung** zur Vollstreckung einer verhängten Freiheitsstrafe **gesichert** ist.

Das Auslieferungsverbot beschränkt sich nicht nur auf die **strafrechtliche** Rechtshilfe, es umfasst auch **zivilrechtliche** Auslieferungsersuchen und gilt auch, wenn der Auszuliefernde neben der deutschen noch eine **fremde** Staatsangehörigkeit besitzt oder wenn er in seine Auslieferung einwilligt oder es sich um einen Deutschen handelt, der von einem ausländischen Staat den deutschen Behörden zur „**Durchlieferung**" an einen anderen ausländischen Staat übergeben worden ist (BVerfGE 10, 136; 29, 183).

▶ Der Auslieferung von **Ausländern,** die von einem ausländischen Staat zur Strafverfolgung gesucht werden, steht Art. 16 Abs. 2 GG nicht entgegen. Rechtsgrundlage sind die (wechselseitigen) Auslieferungsverträge. Eine allgemeine **Auslieferungspflicht** besteht **nicht.** Eine Rechtsprüfung nach Maßgabe des Rechts des ersuchenden Staates stellen deutsche Gerichte nicht an. Sie müssen jedoch umfassend prüfen, ob dem Betroffenen im Falle der Auslieferung **politische Verfolgung** i. S. d. Art. 16a GG droht.

203

## Asylrecht (Art. 16a GG) und Zuwanderung

Die Institution des Asyls ist religiösen Ursprungs (s. unten). Heute soll das Asylrecht **politisch Verfolgten** ohne Ansehen der Person Schutz und Hilfe gewähren. Das Asylrecht ist also ein **humanitäres Grundrecht**. Im **Völkerrecht** wird das Asylrecht i. d. R. als Recht eines Staates (gegenüber anderen Staaten) definiert, verfolgten Personen, die nicht seine Staatsangehörigkeit besitzen, auf seinem Hoheitsgebiet Zuflucht zu geben. Demgegenüber gewährt Art. 16 a GG ein **subjektiv-öffentliches**, d. h. vom **Staat** gewährleistetes Recht.

„Das Asyl ist ein Recht, das dem Ausländer gewährt wird, der in seinem eigenen Land nicht mehr leben kann, weil er durch das politische System seiner Freiheit, seines Lebens oder seiner Güter beraubt würde" (BGHSt 3, 393). Es schützt den Fliehenden vor Verfolgung und Ausweisung. Art. 16a GG ist das einzige Grundrecht, das nur **Nichtdeutschen** zusteht. Für den Zuzug von Deutschen gilt das Grundrecht auf Freizügigkeit gem. Art 11 GG (s. oben), für den Zuzug von Bürgern anderer EU-Staaten das Freizügigkeitsgesetz/EU.

**Kirchen**, die **Asyl** bieten (rd. 600 Fälle sind bekannt), können sich zwar auf das christliche Gewissen, aber weder theologisch noch juristisch auf ein anerkanntes Recht – und schon gar nicht auf das Widerstandsrecht gem. Art. 20 GG – berufen. Das Kirchenasyl ist kein Rechtsinstitut, auch wenn die Kirchen darin eine letzte Chance sehen, im konkreten Falle Zeit zu gewinnen, das Recht voll auszuschöpfen und „Menschenrechtsverletzungen zu vermeiden" (Erklärung vom 20.8.1997). Der Rechtsstaat kennt keine rechtsfreien Räume (s. unten). Wer von rechtmäßiger Abschiebung Bedrohten dennoch seine Tore öffnet, greift in staatliche Belange ein und muss juristisch dafür einstehen. Das gilt erst recht für das sog. „Wanderasyl" (Weiterreichen der Asylsuchenden von Ort zu Ort, um sie staatlichem Zugriff zu entziehen).

Als **politisch Verfolgter** gem. Art. 16a GG gilt, wer wegen **politischer Straftaten** verfolgt wird und das verfolgende Land verlassen hat oder wer, obwohl er keine Straftat begangen hat, wegen seiner **politischen** oder **religiösen Gesinnung** oder seiner **Zugehörigkeit** zu einer bestimmten Gruppe **ernsthafte Gefahren** für Leib, Leben, Freiheit, Beruf oder Vermögen zu erwarten oder bereits erlitten hat. Neben dem objektiven Verfolgungsakt muss, damit aus dem Flüchtling ein „Verfolgter" wird, auch eine **subjektive Verfolgungsfurcht** vorliegen.

Das Asylrecht kann selbst dann Platz greifen, wenn eine politische Straftat mit einer kriminellen Tat, z. B. als Vorbereitungshandlung, zusammenfällt. Das gilt auch, wenn Personen wegen krimineller Taten verfolgt werden, im Falle der Auslieferung aber mit politischer Verfolgung rechnen müssen (BGHSt 3, 393). Die bloße Möglichkeit von Folter oder Strafverfolgung in der Heimat reicht jedoch nicht aus. **Wirtschaftliche Not,** so sehr das angesichts des Hungers in der Welt humanitär geboten wäre, begründet - allein genommen – noch keinen Anspruch auf „politisches" Asyl. Gerade **Armutswanderungen** aber indizieren eine der schlimmsten Fehlentwicklungen unserer Zeit. Und wir stehen erst am Anfang, wenn es nicht gelingt, das Elend in der Welt **nachhaltig,** d. h. insbesondere **vor Ort,** zu bekämpfen.

Angesichts dramatisch gestiegener Bewerberzahlen hatte sich um das Problem der sog. **Wirtschaftsflüchtlinge** vor Jahren eine heftige **Kontroverse** entwickelt, die bis heute nachwirkt. In der Debatte spiegeln sich verbreitete Sorgen um **Wohlstand** und **Arbeitsplätze,** aber auch Ansätze einer längst für überwunden gehaltenen **Fremdenfeindlichkeit.** Auf der einen Seite wird vor einer multikulturellen **Einwanderungsgesellschaft** gewarnt, das Abendländische als **Leitkultur** beschworen sowie darauf verwiesen, dass der Staat primär dem Wohl seiner **eigenen** Bürger verpflichtet sei und man mit den zu uns kommenden Menschen zugleich auch deren ethnische, religiöse und wirtschaftliche **Probleme** ins Land hole. Die andere Seite führt **verfassungsrechtliche, humanitäre, völkerrechtliche** und **historische Verpflichtungen** sowie letztlich auch **wirtschaftliche** Erwägungen ins Feld, weist auf schwindende Bevölkerungszahlen und die drohende Überalterung hin und macht geltend, dass zu Schreckensbildern schon deshalb kein Grund bestehe, weil der Ausländeranteil konstant bei etwa neun Prozent liege und damit niedriger sei als in vielen Nachbarländern (s. auch Kap. I).

*Grundrechte*

Mit der Änderung des **Art. 16 a GG** durch das Gesetz v. 28.6.1993 (BGBl I S. 1002) wurde dem Streit vieles von seiner Schärfe genommen (sog. Asylkompromiss). Die Vorschrift, inhaltlich konkretisiert durch das **Aufenthaltsgesetz** (s. unten) und verfahrensrechtlich ergänzt durch das **Asylverfahrensgesetz** und das **Asylbewerberleistungsgesetz**, ist Kern der **Gesamtnovellierung** des Asylrechts. Die Bewerberzahlen sind seither deutlich gesunken: von 438 000 im Jahre 1992 auf 27 700 im Jahre 2009. Doch neuerdings steigen die Zahlen wieder: Im ersten Halbjahr 2013 auf mehr als 50 000 Anträge. Rund 86 Prozent davon wurden abgelehnt, 15 Prozent der Antragsteller als Flüchtlinge anerkannt.

Im Zuge der Neuordnung erhalten **politisch Verfolgte** weiterhin Zuflucht, zugleich aber wird die **unkontrollierte Zuwanderung** Nichtverfolgter unterbunden: Man unterscheidet wie folgt:

▶ Das **Asylrecht** gem. Art. 16 a GG als **Individualgrundrecht** genießen **politisch Verfolgte**. Auf dieses Recht kann sich nicht berufen, wer aus einem **EU-Mitgliedsstaat** oder einem „**sicheren Drittstaat**" (Norwegen, Schweiz) einreist. „Sicher" sind Staaten, bei denen der Gesetzgeber generell davon ausgeht, dass Asylsuchende auch dort Sicherheit erlangen können und des Schutzes durch Deutschland nicht bedürfen. Die Bundesrepublik ist folglich ausschließlich von „sicheren" Staaten umgeben. Der Gesetzgeber kann daneben „**verfolgungsfreie Herkunftsstaaten**" benennen, bei denen gewährleistet erscheint, dass dort weder politische Verfolgung noch unmenschliche Behandlung stattfindet, es sei denn, der Asylsuchende kann das Gegenteil konkret belegen (§ 29 a AsylVfG). Verfolgungsfrei in diesem Sinne sind Ghana und Senegal.

Faktisch wurde damit (europaweit und auf Gegenseitigkeit) eine Regelung getroffen, die in erster Linie auf den **Fluchtweg** politisch Verfolgter abstellt: Wer über einen **EG-Staat** oder einen anderen **sicheren Drittstaat** einreist, kann sich nicht auf Art. 16a GG berufen und wird „zurückgeschoben". Wer **direkt** (per Flugzeug oder Schiff) einreist und aus einem **Nichtverfolgerstaat** kommt, muss (in einem verkürzten Verfahren) den Nachweis konkreter Verfolgung erbringen, sonst wird er abgeschoben. Wer **direkt** einreist und aus einem Staat kommt, in dem **Verfolgung möglich** ist, durchläuft ein reguläres (bei offensichtlicher Unbegründetheit: ein verkürztes) Verfahren. Weist er politische Verfolgung nach, wird der Antrag anerkannt. Bei **illegaler** Einreise folgt ein Kurzverfahren im Sammellager. Lässt sich der zur Einreise gewählte Weg nicht feststellen, wird der Antrag abgelehnt.

Die Neuordnung ist **verfassungskonform** (BVerfGE 94, 115). „Dem Gesetzgeber steht bei Einstufung der Drittstaaten und Herkunftsländer ein **Einschätzungs- und Entscheidungsspielraum** zu, wobei dem Beitritt des betr. Staates zur Genfer Flüchtlingskonvention maßgebliche Bedeutung zukommt. Der verfassungsändernde Gesetzgeber ist auch in der Gestaltung und Veränderung von **Grundrechten**, soweit nicht die Grenzen des Art. 79 Abs. 3 GG berührt sind, frei und gibt dem BVerfG den Maßstab vor. Das **Asylgrundrecht** gehört **nicht** zum **Gewährleistungsinhalt** von Art. 1 Abs. 1 GG" (s. unten).

Um Mehrfachanträge aufzudecken und den Aufenthalt von Bewerbern ohne Asylhintergrund auf das Notwendige zu beschränken, haben sich die EU-Staaten ergänzend auf die Zuständigkeit des **Einreiselandes** verständigt. Parallel dazu wurde das **Eurodac-Verfahren** zum Abgleich von Fingerabdrücken eingeführt.

▶ Neben dem Asylrecht bestehen humanitäre völkerrechtliche Verpflichtungen aus der **Genfer Flüchtlingskonvention** (BGBl. I 1953, S. 559). Dieses „**Kleine Asyl**" verbietet es, Flüchtlinge abzuschieben, wenn dadurch Leben oder Freiheit dieser Personen wegen ihrer Rasse, Religion, ethnischen Zugehörigkeit oder politischen Überzeugung bedroht sind. Das gilt zum Schutz weiblicher Personen auch, wenn die Bedrohung allein an das Geschlecht anknüpft. **Aufenthaltsrechtlich** ist das Kleine Asyl dem Asylrecht gem. Art. 16 a GG gleichgestellt. Beide Gruppen erhalten einen auf drei Jahre **befristeten Aufenthaltstitel** und haben freien Zugang zum Arbeitsmarkt. Vor Erteilung einer **Niederlassungserlaubnis** sind die Asylgründe erneut zu prüfen.

*Grundrechte*

▶ **Sonstige Abschiebungsverbote** sind in § 60 Abs. 2 ff. des Aufenthaltsgesetzes geregelt: Ein Ausländer darf insbesondere nicht abgeschoben werden, wenn ihm in seinem Heimatland konkret die **Todesstrafe** oder **Folterung** drohen.

Das Asylrecht ist indessen nur ein **Teil** der allgemeinen **Zuwanderungsproblematik**: 6,7 Millionen Ausländer leben heute in Deutschland, zum Teil schon seit Jahrzehnten. Etwa 750 000 davon befinden sich im Rentenalter. Die Zahl der Einbürgerungen steigt seit einigen Jahren wieder leicht an. 2012 wurden 112 300 Neubürger gezählt.

Die Empfindungen vieler Menschen in der Frage der Zuwanderung sind durchaus zwiespältig. Sie werden einerseits von einer breiten Toleranz, andererseits aber auch von der um sich greifenden Sorge um Arbeitsplätze sowie diffusen Ängsten vor importierter Kriminalität und Terrorismus geprägt. Umfragen zufolge, hat sich vor allem die Einstellung gegenüber Muslimen verschlechtert. Auch in den Nachbarländern mehrt sich die Sorge. So hat sich z. B. die Schweiz 2014 in einem im Ausland heftig kritisierten Bürgervotum für eine Begrenzung der Zuwanderung durch Einschränkung der Freizügigkeit entschieden.

Schon immer hat die Bundesrepublik Migranten aufgenommen: Spätaussiedler, Gastarbeiter, politisch Verfolgte, Bürgerkriegsflüchtlinge, EU-Bürger. Die meisten sind integriert, wie auch schon in früheren Jahrhunderten. Aber es hat immer auch Konfliktstoff gegeben, verursacht durch fehlenden **Dialog** und mangelndes **Verständnis**. Der **Nationale Integrationsplan** soll hier Abhilfe schaffen. Denn die **Notwendigkeit** der **Zuwanderung** ist unstrittig: Bei rd. 80 Millionen Einwohnern, die im Schnitt 80 Jahre alt werden, besteht rechnerisch ein Jahresbedarf von einer Million Geburten, sofern die Bevölkerungszahl erhalten und parallel dazu Konjunktur und Sozialsysteme stabilisiert werden sollen. Die tatsächliche Geburtenzahl aber liegt bei 700 000. Mithin sind ab 2015 jährlich mindestens 300 000 Zuwanderer nötig. Deutschland braucht bis 2050 folglich rd. 12 Millionen Menschen, die EU sogar rd. 56 Millionen.

Die Verfassung selbst kennt weder einen Anspruch auf Zuwanderung noch auf unbegrenzten Aufenthalt. Das BVerfG (E 76, 1) hat dazu ausgeführt, es obliege dem Gesetzgeber bzw. der Exekutive, die Zuwanderung zu dulden, zu begrenzen oder zu fördern. Denn das Recht auf Freizügigkeit, sieht man einmal vom EG-Raum ab, sei ausdrücklich auf Deutsche beschränkt, und Art. 16a GG gewährleiste Ausländern lediglich im Falle des Asyls ein Aufenthaltsrecht.

**Politisch** waren diese Fragen lange Zeit umstritten, und es bedurfte zweier parlamentarischer Anläufe, bis die Materie durch das **Zuwanderungsgesetz** (ZuWG) vom 30.7.2004 (BGBl. I, S. 1950) zukunftsweisend neu geregelt werden konnte. Das Gesetz gibt erstmalig einen **Rechtsrahmen** vor, durch den die Zuwanderung **im Ganzen** gesteuert und begrenzt werden kann. Es besteht aus dem **Aufenthaltsgesetz** (Art. 1) für **Nicht-EU-Ausländer** und dem **Freizügigkeitsgesetz/EU** (Art. 2), das Einreise und Aufenthalt von **EU-Bürgern** regelt.

Als Kern des Zuwanderungsgesetzes enthält das **Gesetz über den Aufenthalt, die Erwerbstätigkeit und die Integration von Ausländern** (AufenthG), zul. geä. d. Ges. v. 19.08.2007 (BGBl. I, S. 1970), die wesentlichen Grundlagen über Ein- und Ausreise sowie den Aufenthalt von Ausländern. Es ersetzt (mit Übergangsregeln) seit dem 1.1.2005 das Ausländergesetz.

Die Zahl der **Aufenthaltstitel** wurde auf zwei reduziert. Statt der Aufenthaltsbefugnis, der Aufenthaltsbewilligung, der Aufenthaltserlaubnis und der Aufenthaltsberechtigung sieht das Gesetz nur noch die (befristete) **Aufenthaltserlaubnis** und die (unbefristete) **Niederlassungserlaubnis** vor. Ein Aufenthaltsstatus kann zudem erteilt werden aufgrund besonderer Vorschriften, z. B. § 6 AufenthG (Visum im Tourismusverkehr) oder § 60a AufenthG (Duldung als vorübergehende Aussetzung der Abschiebung). Das neue Recht orientiert sich nicht mehr an **Aufenthaltstiteln**, sondern an **Aufenthaltszwecken** (Ausbildung, Erwerbstätigkeit usw.).

An die Stelle des Amtes für die Anerkennung ausländischer Flüchtlinge ist das **Bundesamt für Migration und Flüchtlinge** getreten. Weitere zentrale Inhalte des Gesetzes sind:

*Grundrechte*

**Arbeitsmigration**
Beibehaltung des Anwerbestopps für Minderqualifizierte (mit Ausnahmen), Niederlassungserlaubnis für Hochqualifizierte, arbeitsplatzbezogene Förderung der Ansiedlung Selbständiger.

**Asylverfahren und humanitäre Zuwanderung** (GFK-Flüchtlinge)
Das **Asylrecht** des Grundgesetzes besteht **neben** den **völkerrechtlichen** Verpflichtungen aus der **Genfer Flüchtlingskonvention** (GFK). Der Konvention wird durch das sog. **kleine Asyl** für **politisch** oder aus **geschlechtsspezifischen** Gründen **Verfolgte** entsprochen (s. oben). Aufenthaltsrechtlich ist das kleine Asyl dem regulären Asyl gleichgestellt. Beide Gruppen erhalten einen auf drei Jahre **befristeten Aufenthaltstitel** und haben freien Zugang zum Arbeitsmarkt. Vor Erteilung einer Niederlassungserlaubnis sind die Asylgründe erneut zu prüfen.

**Kindernachzug** (Obergrenze 18 Jahre).
Kinder von Asylberechtigten und Flüchtlingen haben einen sog. Nachzugsanspruch.

**Integration**
§ 10 StAG schreibt ein **Bekenntnis** zum **Grundgesetz** vor und lässt im negativen Falle Antragsablehnung zu. Dem folgend räumt das ZuWG Neuzuwanderern aus Nicht-EU-Staaten einen Anspruch auf **Integrationskurse** ein. Für sie ist ab 1.9.2008 ein bundeseinheitlicher **Einbürgerungstest** (Politik, Geschichte, Gesellschaft) vorgeschrieben.

**Sicherheit**
Ausländer können aufgrund einer tatsachengestützten Gefahrenprognose abgeschoben werden (zwingend bei Schleusern, regelmäßig bei Terrorismus- und Staatsgefährdungsverdacht, Ermessen bei „geistigen Brandstiftern"). Der Rechtsschutz ist auf eine Instanz reduziert.

**Unionsbürger**
brauchen keine Aufenthaltserlaubnis, sie sind aber lt. Freizügigkeitsgesetz meldepflichtig.

**Spätaussiedler**
Personen deutscher Herkunft aus ehemaligen Ostblockländern besitzen nicht die deutsche Staatsangehörigkeit, sind aber Deutsche im Sinne des Art. 116 Abs. 1 GG (sog. Statusdeutsche). Ihre nichtdeutschen Familienangehörigen müssen im Interesse der Integration bei Zuzug (staatlich geförderte) Grundkenntnisse der deutschen Sprache nachweisen.

**Ehegattennachzug**
Neu geregelt wurde auch der **Ehegattennachzug** aus Nicht-EU-Ländern. Er ist zur Bekämpfung von Schein- oder Zwangsehen nur **Volljährigen** erlaubt, die zudem einfache **Deutschkenntnisse** nachweisen müssen. Ausgenommen sind Ehegatten aus Staaten, deren Bürger visumfrei einreisen dürfen, z. B. aus den USA und Japan, nicht aber aus der Türkei und dem arabischen Raum. Islamische Verbände haben daraufhin den Bundeskanzlerin ultimativ aufgefordert, das Gesetz zurückzunehmen. Dem Bundespräsidenten wurde mit der Anrufung des BVerfG gedroht, falls er das Gesetz unterzeichne.

**Bleiberechtsregelung**
Neben der **Integrationsförderung** zielt das Gesetz mit einer neuen **Bleiberechtsregelung** auf jene Gruppe ab, die bis dahin (als Flüchtlinge oder nicht anerkannte Asylbewerber) lediglich „geduldet" war. Die **Duldung** (§ 60a AufenthG) ist kein Aufenthaltstitel, sondern eine Kurzzeitmaßnahme zur vorübergehenden **Aussetzung** der **Abschiebung**. Sie beinhaltet daher grundsätzlich auch keine Arbeitserlaubnis. Den betroffenen Personen kann eine **Aufenthaltserlaubnis** erteilt werden, sofern sie acht Jahre (Familien: sechs Jahre) hier gelebt haben und ausreichende Deutschkenntnisse nachweisen. Finden sie innerhalb dieser Frist eine Arbeit, können sie ein **dauerhaftes Bleiberecht** erhalten. Geduldete Jugendliche können eine Aufenthaltserlaubnis bekommen, wenn sie vor dem 15. Lebensjahr eingereist sind, ihren Antrag bis zum 21. Lebensjahr stellen und erfolgreich eine Schule besucht haben.

*Grundrechte*

## Petitionsrecht (Art. 17 GG)

In der Bundesrepublik Deutschland hat jeder gem. Art. 19 Abs. 4 GG die Möglichkeit, sich gegen staatliche Eingriffe durch verschiedene Rechtsmittel zur Wehr zu setzen. Unabhängig davon ermöglicht ihm das Petitionsrecht, sich auch dann mit seinen Nöten, Anliegen und Sorgen an den Staat zu wenden, wenn die formalen Voraussetzungen für Rechtsbehelfe nicht vorliegen. Hierdurch soll jedermann – nicht nur jeder Deutsche – die Gelegenheit erhalten, sich auf völlig unbürokratische Art bei den zuständigen Stellen Gehör zu verschaffen.

Das Petitionsrecht, heute besser als **Eingabe-** oder **Beschwerderecht** bezeichnet, beschränkt sich aber nicht darauf, beim Parlament über staatliches Verhalten Klage führen zu dürfen. Petitionen können ebenso Empfehlungen, konkrete Verbesserungsvorschläge oder Aufforderungen beinhalten, bestehendes Recht zu ändern, neue Gesetze zu erlassen, geltende zu novellieren oder gar abzuschaffen. Petitionen ermöglichen es so dem Gesetzgeber, praktische Folgen des eigenen Tuns an Hand der Realität des Alltagslebens kritisch zu überprüfen und zu korrigieren. Sie geben damit dem Bürger die Möglichkeit, zwischen den Wahlen sich aktiv in die politische Willensbildung einzuschalten.

| Wer? | Wie? | An wen? |
|---|---|---|
| **Jedermann** ist Träger dieses Grundrechts, und zwar<br>▶ einzeln oder<br>▶ in Gemeinschaft mit anderen (sog. Sammelpetitionen).<br>Desgl. im Ausland lebende Ausländer, wenn sich ihre Petition gegen Maßnahmen deutscher Behörden richtet.<br>Auch Geschäftsunfähige genießen dieses Grundrecht, soweit sie ihre Gedanken in Form einer Petition zum Ausdruck bringen können. | **Schriftlich,** und zwar<br>▶ ohne an Formen oder Fristen gebunden zu sein (auch online).<br>▶ Mündlich vorgetragene Bitten und Beschwerden sind zwar auch möglich, sie sind jedoch keine Petitionen im Rechtssinne und fallen daher auch nicht unter die Bestimmungen des Art. 17 GG.<br>▶ Erforderlich ist die Namensunterschrift. Anonyme Eingaben sind nicht von Art. 17 GG erfasst. | **Zuständige Stellen,**<br>▶ das sind Regierungsorgane, sämtliche Behörden und Gerichte oder die **Volksvertretung,**<br>▶ also Bundestag und Länderparlamente, aber auch kommunale Organe auf der Ebene der Kreise und Gemeinden.<br>Die Parlamente haben zur Bearbeitung dieser Anträge besondere Ausschüsse (Petitionsausschüsse) eingesetzt (s. Art. 45c GG). |

Von Anfang an haben die Bundesbürger von ihrem Petitionsrecht ausgiebig Gebrauch gemacht. Die Zahl der Anträge und Anfragen an den **Petitionsausschuss** des Bundestages schwankte um die 10000 jährlich, schnellte dann aber mit der Deutschen Einheit bis auf 24 000 im Jahre 1992 nach oben; 2012 waren es immerhin noch 15 724. Hierzu gehören auch **Sammelpetitionen** die ein Jahr zuvor rund 1 140 Eingaben erfassten und von etwa 66 500 (1997 sogar 1,2 Millionen) Menschen mit ihrer Unterschrift unterstützt wurden, wobei jede Unterschriftenaktion jeweils als nur eine Petition zählt. Spitzenreiter war 1999 die Forderung nach Frieden auf dem Balkan. Als **Massenpetition** werden Eingaben in größerer Zahl mit demselben Anliegen bezeichnet, deren Text ganz oder im Wesentlichen übereinstimmt. Unter ihnen dominierte 1999 der Protest gegen den Abbau der Bundeswasserstraßen im Land Brandenburg.

*Grundrechte*

Wiederholt ist der Petitionsausschuss als „Kummerkasten der Nation" bezeichnet worden, spiegeln sich doch in den Ersuchen die Sorgen und Nöte der Bürger wider, die von ganz persönlichen Belangen bis zu übergreifenden politischen Themen reichen. Hierbei überwogen 1999 die Fragen des Asyl- und Ausländerrechts, der Gesundheitsreform und der Pflegeversicherung. Auffallend viele Petitionen beschäftigten sich auch mit der Besteuerung von Lohneinkünften sowie der Ökosteuer. Seit 2005 sind auch Online-Petitionen zulässig.

| Zur **Bearbeitung** von Petitionen |

Das Petitionsrecht beinhaltet auch den Anspruch auf **Prüfung** und **Bescheidung** der Petition. Eine zulässige Petition liegt jedoch dann nicht vor, wenn sie etwas gesetzlich Verbotenes fordert oder beleidigenden, herausfordernden bzw. erpresserischen Inhalt hat (BVerfGE 2, 225). Grundsätzlich muss daher jede Petition **entgegengenommen, geprüft** und **beantwortet** werden.

Da insbesondere auch die Eingriffsverwaltung „zuständige" Stelle im Sinne des Art. 17 GG ist, hat das Petitionsrecht eine

 | **besondere Bedeutung für die Polizei.** |

Im polizeilichen Alltag wird der Begriff „Petition" dafür jedoch nicht verwendet. Man spricht vielmehr – je nach Inhalt – von **Eingaben, Beschwerden** oder **Dienstaufsichtsbeschwerden**. Es kann sich dabei um die unterschiedlichsten Sachverhalte handeln, z. B. um die Aufstellung von Verkehrszeichen, unzureichende Beleuchtung einer bestimmten Straße, vermeintlich unrechtmäßiges Einschreiten eines Beamten.

Wenn bei einer Polizeidienststelle ein derartiges Schreiben eingeht, hat sie zunächst zu prüfen, ob sie zuständig ist oder nicht:

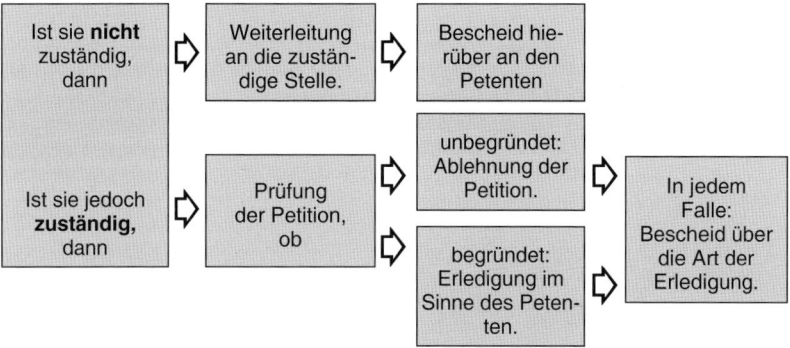

Auch Polizeibeamtinnen und -beamte können als **Beschwerdeführer** auftreten. Für dienstliche Beschwerden bleiben jedoch die Vorschriften über die Einhaltung des Dienstweges unberührt (vgl. § 171 BBG und die entsprechenden Vorschriften der Länder).

 Art. 17 GG sieht für das Petitionsrecht keine Schranken vor. Gleichwohl unterliegt auch dieses Grundrecht Grenzen, und zwar in der Weise, dass durch seine Ausübung nicht unverhältnismäßig das Recht anderer verletzt und unwahre Behauptungen aufgestellt werden dürfen (OLG Düsseldorf, NJW 1972, S. 651).

209

## Grundrechtseinschränkungen für Zwecke der Verteidigung und des Ersatzdienstes (Art. 17a GG)

Art. 17a GG enthält die verfassungsrechtliche Grundentscheidung, dass auch dem **Soldaten** (und Ersatzdienstpflichtigen) grundsätzlich die Grundrechte in **vollem Umfang** zustehen (Maunz-Dürig-Herzog, GG, Art. 17a, Rdnr. 6). Denn wenn diese Vorschrift die Möglichkeit schafft, im Rahmen der Landesverteidigung bzw. des Ersatzdienstes **einzelne** Grundrechte über den allgemein geltenden Rahmen hinaus **einzuschränken,** dann bedeutet dies zugleich, dass **alle hier nicht aufgeführten** Grundrechte dem Soldaten und dem Ersatzdienstleistenden in demselben Umfang **gewährleistet** werden wie jedem anderen Staatsbürger. Im Einzelnen wird bestimmt:

|  | Art. 17a Abs. 1 GG | Art. 17a Abs. 2 GG |
|---|---|---|
|  | Einschränkbar sind ⇩ | Einschränkbar sind ⇩ |
| **Adressat:** ⇨ | für die Angehörigen der Streitkräfte und des Ersatzdienstes | für jedermann |
| **Zeitliche Begrenzung:** ⇨ | während der Zeit des Wehrdienstes oder Ersatzdienstes | nicht nur im Spannungs- oder Verteidigungsfall, sondern zum Zwecke der Aktualisierung auch (schon) in Friedenszeiten |
| **Sachliche Begrenzung:** ⇨ | ▶ die Freiheit der Meinungsäußerung (Art. 5 Abs. 1 Satz 1, 1. Halbsatz),<br>▶ die Versammlungsfreiheit (Art. 8 GG),<br>▶ das Petitionsrecht in Form der „Sammelpetition" (Art. 17 GG) | ▶ die Freizügigkeit (Art. 11 GG),<br>▶ die Unverletzlichkeit der Wohnung (Art. 13 GG) |
|  | durch ⇩ | durch ⇩ |
| **Gesetzesvorbehalt:** ⇨ | Gesetze über Wehrdienst und Ersatzdienst. | Gesetze, die der Verteidigung einschl. des Schutzes der Zivilbevölkerung dienen. |
| **Zweck:** ⇨ | Diese besonderen Einschränkungsmöglichkeiten dienen dem Interesse an der Wirksamkeit der Streitkräfte (BVerfGE 43, 9). | Die Vorschrift dient der Bewältigung von Lagen, die durch einen militärischen Angriff von außen entstehen. Dazu gehören alle Maßnahmen, die zum Schutz der Bevölkerung erforderlich werden. |

## Prozessuale Schutzrechte

### Art. 101 Abs. 1 GG – Verbot von Ausnahmegerichten

Hiermit sind Gerichte gemeint, die der Staat zur Aburteilung bestimmter Einzelpersonen oder Personengruppen einsetzt, wodurch diese dem **normalen Gang** des Strafverfahrens **entzogen** werden, z. B.: Revolutionsgerichte (Iran 1979). **Nicht** verboten sind jedoch gesetzlich eingerichtete Gerichte für bestimmte – außerhalb der ordentlichen Gerichtsbarkeit liegende spezielle Rechtsangelegenheiten, wie z. B. Arbeits-, Sozial-, Finanz-, Jugend- und Disziplinargerichte, Wehrstrafgerichte, Schifffahrtsgerichte (s. auch Art. 101 Abs. 2 GG).

### Art. 101 Abs. 1 GG – Garantie des gesetzlichen Richters

Durch das Gerichtsverfassungsgesetz (GVG) sind örtliche und sachliche Zuständigkeit der Gerichte von vornherein **gesetzlich bestimmt**. Die „interne" Zuständigkeit der einzelnen Richter oder Spruchkörper innerhalb eines Gerichts wird mit dem Geschäftsverteilungsplan durch das Präsidium des Gerichts jährlich im Voraus festgelegt (nach Sachgebieten, Buchstaben u. Ä.). Damit wird verhindert, dass der Staat zur Aburteilung bestimmter Einzelfälle willkürliche Umbesetzungen innerhalb der Gerichte vornimmt.

### Art. 103 Abs. 1 GG – Anspruch auf rechtliches Gehör

Die Vorschrift räumt jedem Betroffenen Gelegenheit ein, sich **vor** dem Erlass gerichtlicher Entscheidungen rechtlich und zur Sache zu äußern. Das Gericht ist verpflichtet, die Ausführungen der Parteien zur Kenntnis zu nehmen und in Erwägung zu ziehen (BVerfG, NJW 92, 327, 2877). Abwesenheitsverfahren und Verfahrensarten, die aufgrund ihres Eilcharakters, z. B. Verhaftung, Durchsuchung, Beschlagnahme, eine vorherige Anhörung nicht gestatten, sind in bestimmten Fällen grundsätzlich erlaubt; jedoch muss hier wenigstens nachträgliches Gehör gegeben werden (BVerfGE 9, 96 ff.; 18, 404).

### Art. 103 Abs. 2 GG – Keine Strafe ohne Gesetz

Die Vorschrift enthält ein **grundrechtsgleiches Recht** und ist Ausprägung des **Rechtsstaates** (BVerfGE 78, 374): Was nicht als strafbar normiert ist, kann auch nicht bestraft werden (s. auch S. 380). Der Begriff der „Strafe" umfasst jede missbilligende hoheitliche Reaktion auf ein vom Willen beherrschbares, vorwerfbares Verhalten. Erfasst sind daher auch Ordnungswidrigkeiten-, Disziplinar- und Standesrecht (BVerfGE 87, 399).

Die Voraussetzungen der Strafbarkeit und die Art der Strafe müssen in einem **Gesetz** (Parlamentsgesetz) enthalten sein (BVerfGE 82, 236). Nur der Gesetzgeber entscheidet folglich über die Strafbarkeit, jedoch muss die gesetzliche Strafnorm Tatbestand und Rechtsfolge nicht selbst vollständig regeln, vielmehr kann sie zu deren Konkretisierung auf andere Rechtsakte (insbes. Verordnungen) verweisen (BVerfG, NJW 83, 1258).

Die Strafbarkeit einer Tat muss bereits **vor** ihrer Begehung in einem förmlichen Gesetz normiert sein (Rückwirkungsverbot). Ein besonders unrühmliches Beispiel aus dem NS-Staat ist hierfür das „Gesetz gegen Straßenraub mittels Autofallen" vom 22. 6. 1938, das mit Wirkung vom 1.1.1936 in Kraft gesetzt wurde (RGBl. I, S. 651).

### Art. 103 Abs. 3 GG – Verbot der Doppelbestrafung

Das Verbot der Mehrfachbestrafung gilt nur im Verhältnis **gerichtlicher** Bestrafungen zueinander, nicht jedoch für disziplinare Maßnahmen im Anschluss an eine Kriminalstrafe. Es gilt auch nur innerhalb der Gerichtsbarkeit der Bundesrepublik Deutschland. Damit schließen Urteile ausländischer Gerichte eine erneute Strafklage und Verurteilung nicht aus.

## Schutz der Grundrechte

Grundrechte sind in erster Linie Abwehrrechte des Bürgers gegenüber dem Staat (s. oben).

Auch die Weimarer Reichsverfassung (WRV) enthielt einen ausführlichen Katalog von Grundrechten. Unter dem Hitler-Regime boten sie dem Bürger jedoch kaum Schutz, weil die damaligen Machthaber die Grundrechte nach Belieben einschränkten oder außer Kraft setzten.

Allein die **Aufzählung** von Grundrechten in der Verfassung stellt also noch **keinen ausreichenden Schutz** dar. Es muss hinzukommen, dass

> der **Staat** auch tatsächlich an die Wahrung der Grundrechte **gebunden** wird und der **Bürger** seine Rechte gegenüber dem Staat notfalls mit einer gerichtlichen Klage **erzwingen** kann. (Die ehemalige DDR bot hierzu ein unrühmliches Gegenbeispiel.)

Dieser Erkenntnis wurde vom Parlamentarischen Rat dadurch Rechnung getragen, dass in das Grundgesetz eine Reihe von Vorschriften eingebaut wurde, deren Zweck die Sicherung der Grundrechte vor staatlicher Willkür ist.

Da die Bundesrepublik den Schutz der Menschenrechte nicht als eine nur innerstaatliche Angelegenheit betrachtet, hat sie zudem 1952 die Europäische Konvention zum Schutze der Menschenrechte und Grundfreiheiten sowie 1973 die beiden Menschenrechtspakte der Vereinten Nationen – den Internationalen Pakt über bürgerliche und politische Rechte sowie den Internationalen Pakt über wirtschaftliche, soziale und kulturelle Rechte – ratifiziert und sich einer **überstaatlichen Kontrolle** unterworfen. Hierdurch hat jeder, der sich in seinen Menschenrechten verletzt fühlt, die Möglichkeit, nach Ausschöpfung der innerstaatlichen Rechtsmittel im Rahmen eines Individualbeschwerdeverfahrens gegen die Bundesrepublik zu klagen.

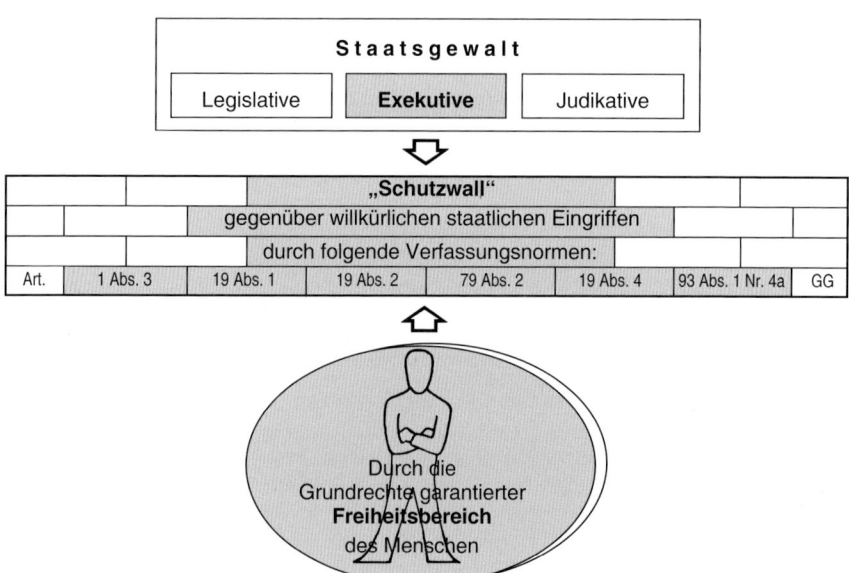

*Grundrechte*

## Verfassungen ohne besonderen Schutz der Grundrechte

Die nachfolgende Übersicht soll deutlich machen, dass es **nicht** genügt, wenn eine Verfassung zwar einen Grundrechtskatalog enthält, dieser aber nicht durch **Schutzbestimmungen abgesichert** ist.

| Weimarer Republik | Drittes Reich | DDR |
|---|---|---|
|  |  |  |

Gemäß Art. 48 der Weimarer Reichsverfassung hatte der Reichspräsident das Recht, zur Wiederherstellung der öffentlichen Sicherheit und Ordnung u. a. so genannte

**Notverordnungen**

zu erlassen, durch die eine Reihe von Grundrechten ganz oder zum Teil außer Kraft gesetzt werden konnte:

▶ Freiheit der Person,
▶ Unverletzlichkeit der Wohnung,
▶ Postgeheimnis,
▶ Freiheit der Meinungsäußerung,
▶ Versammlungsfreiheit,
▶ Vereinigungsfreiheit,
▶ Freiheit des Eigentums.

Zwar konnte der Reichstag solche Notverordnungen wieder aufheben, aber

⇧

der Reichspräsident konnte das verhindern, indem er von seinem Recht Gebrauch machte, den Reichstag aufzulösen.

Den Reichstagsbrand am 27.2.1933 nutzten die Nationalsozialisten, um beim Reichspräsidenten v. Hindenburg den Erlass der Notverordnung zur Abwehr staatsgefährdender Gewaltakte zu erwirken, die sog.

**Reichstagsbrandverordnung.**

Durch diese Notverordnung wurden wesentliche Grundrechte außer Kraft gesetzt, was Hitler zum schonungslosen Kampf gegen seine politischen Gegner ausnutzte.

So erreichte er eine Zweidrittelmehrheit, die erforderlich war, um im Reichstag das sogenannte

**Ermächtigungsgesetz**

durchzubringen.

Dieses Gesetz ermächtigte Hitler, ohne Zustimmung des Reichstags Gesetze zu erlassen und die Verfassung zu ändern. Fortan gab es keinen wirksamen Schutz mehr vor der nationalsozialistischen Gewaltherrschaft.

Auch die Verfassung der DDR i. d. F. v. 7.10.1974 enthielt einen Grundrechtskatalog, der auf den ersten Blick dem des GG ähnlich war.

Der wesentliche Unterschied ergab sich jedoch daraus, dass die Ausübung der Grundrechte

in Übereinstimmung mit den **Zielen** der **Verfassung**

stehen musste.

Ziel der Verfassung war der weitere Ausbau der DDR zum sozialistischen Volksstaat.

Was diesem Ziel diente, bestimmte nach dem Prinzip des „demokratischen Zentralismus" die Partei, und innerhalb der Partei die Parteiführung.

Folgerung:

Ausübung der Grundrechte nur, soweit dies mit den Zielen der Partei vereinbar war.

**Beispiel:**

Die Meinungsfreiheit durfte nur den Grundsätzen des sozialistischen Staates entsprechend betätigt werden (vgl. Art. 27 Abs. 1 der DDR-Verf.).

---

Der Parlamentarische Rat hat bei der Ausarbeitung des **Grundgesetzes** die Lehren aus der Vergangenheit gezogen und folgerichtig die Grundrechte durch ein System von **Sicherungsnormen** vor Willkür und Missbrauch **geschützt**.

## Grundrechte

| | | "Schutzwall" | | | |
|---|---|---|---|---|---|
| | | gegenüber willkürlichen staatlichen Eingriffen | | | |
| Art. | 19 Abs. 1 | 19 Abs. 2 | 79 Abs. 2 | 19 Abs. 4 | 93 Abs. 1 Nr. 4a | GG |

⇩

**Art. 1 Abs. 3 GG: Bindung der Staatsgewalt an die Grundrechte.**

Die Grundrechte sind keine bloßen Ideale, kein „Katalog guter Vorsätze", sondern unmittelbar geltendes Recht, auf das sich der Einzelne jederzeit vor Gericht berufen kann.

Die staatlichen Organe werden durch diese Bestimmung gezwungen, sich in ihrem Handeln stets im Rahmen der Grundrechte zu bewegen.

Im Einzelnen heißt das für die

| Legislative: | Exekutive: | Judikative: |
|---|---|---|
| Die Parlamente dürfen kein Gesetz erlassen, durch das ein Grundrecht über den im GG vorgesehenen Rahmen hinaus eingeschränkt wird. Daher: Kein Gesetz, das z. B. die Würde des Menschen beeinträchtigt oder die Erziehung der Kinder allein dem Vater zuspricht. Zur Problematik der Todesstrafe s. oben. | Den Behörden sind Eingriffe in die Grundrechte nur erlaubt, soweit die Rechtsordnung dies zulässt. Daher z. B.: Keine Festnahme ohne Rechtsgrundlage; keine polizeiliche Registrierung der bloßen Teilnahme an einer Demonstration oder Bürgerinitiative, da insoweit keine Eingriffsbefugnis besteht (vgl. BVerfGE 65, 1). | Das Gerichtsverfahren und die Urteile müssen sich in dem Rahmen halten, der durch das Grundgesetz vorgeschrieben ist. Daher z. B.: Strenge Beachtung der prozessualen Schutzrechte; keine entwürdigenden Strafen; Rechtssicherheit und Gerechtigkeit als tragende Grundprinzipien des Verfahrens. |

| | | | | | | | |
|---|---|---|---|---|---|---|---|
| Art. | 1 Abs. 3 | | 19 Abs. 2 | 79 Abs. 2 | 19 Abs. 4 | 93 Abs. 1 Nr. 4a | GG |

⇩

**Art. 19 Abs. 1 GG: Grundrechtseinschränkende Gesetze müssen allgemein gelten.**

Der **Gleichheitsgrundsatz** und das **Gerechtigkeitsprinzip** gebieten es, dass grundrechtseinschränkende Gesetze **allgemein** und **nicht nur** für den **Einzelfall** gelten dürfen. Daher sind „Individualgesetze", die die Rechte einzelner oder einer Gruppe einschränken, verboten. Das einschränkende Gesetz muss zudem das Grundrecht unter Angabe des Artikels nennen (Zitiergebot).

**Beispiel:** § 130 StGB, der die **Verherrlichung** des **NS-Regimes** unter Strafe stellt, ist zwar kein „allgemeines" Gesetz im o. a. Sinne, weil sich die Vorschrift nicht generell gegen die Verherrlichung totalitärer Regime richtet, sondern allein auf eine bestimmte Irrmeinung, hier die NS-Ideologie, bezogen ist. Gleichwohl ist die Norm „ausnahmsweise" mit der Verfassung vereinbar, weil das Grundgesetz geradezu als „Gegenentwurf" zum NS-Staat gedeutet werden kann, so das BVerfG in einer Entscheidung vom 16.11.2009.

*Grundrechte*

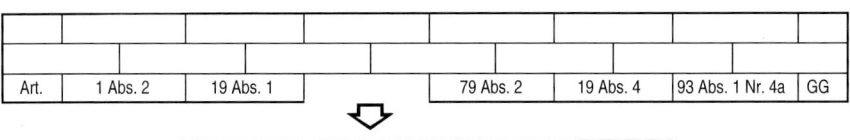

Mit dieser „Wesensgehalt-Sperre" wird der Legislative die Möglichkeit genommen, durch grundrechtseinschränkende Gesetze die Grundrechte in ihrem **Kern** auszuhöhlen. Die Vorschrift wendet sich aber auch an die anderen beiden Gewalten, wenn der Gesetzgeber einen Auslegungsspielraum gelassen oder Ermessen eingeräumt hat (Lepa, a. a. O., S. 289).

In seinem Wesensgehalt wird ein Grundrecht dann angetastet, wenn durch den Eingriff die wesensmäßige Geltung und Entfaltung des Grundrechts stärker eingeschränkt würde, als dies durch den **sachlichen** Grund des Eingriffs **dringend geboten** ist. Worin dieser Grundrechtskern besteht, muss für jedes Grundrecht aus seiner besonderen Bedeutung im Gesamtsystem der Grundrechte ermittelt werden (s. oben).

Bei der Ausgestaltung und Veränderung von Grundrechten ist der verfassungsändernde Gesetzgeber somit grundsätzlich frei, soweit nicht Art. 79 Abs. 3 GG berührt wird. Daher sind auch Grundrechtseinschränkungen möglich, sie dürfen aber nur so weit gehen, wie es zum Schutz überwiegender Gemeinschaftsinteressen zwingend erforderlich ist. Das BVerfG hat dazu wiederholt erklärt, dass Grundrechte „als Ausdruck des allgemeinen Freiheitsanspruchs des Bürgers gegenüber dem Staat von der öffentlichen Gewalt jeweils nur so weit beschränkt werden dürfen, als es zum Schutz öffentlicher Interessen unerlässlich ist" (vgl. BVerfGE 65, 1).

**Beispiele**: Die **Freiheit** der **Person** würde ausgehöhlt, wenn es der Polizei gestattet wäre, Festnahmen schon aus geringfügigstem Anlass vorzunehmen und über Gebühr lange auszudehnen. Das **Asylgrundrecht** würde leer laufen, wenn nicht humanitäre Mindestgarantien für Flüchtlinge (Willkürausschluss, Rechtsweggarantie) Beachtung fänden (s. oben).

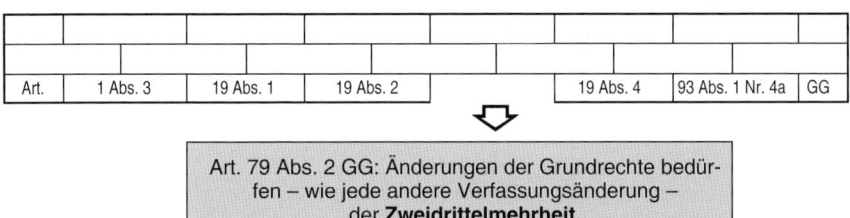

Soweit der Wesensgehalt gem. Art. 19 Abs. 2 GG unangetastet bleibt, ist es grundsätzlich möglich, die einzelnen Grundrechts-Artikel zu ändern, z. B. durch Hinzufügen von Verfassungs- oder Gesetzesvorbehalten. Dazu ist aber ein **verfassungsänderndes** Gesetz nötig, das gemäß Art. 79 GG nur dann zustande kommt, wenn sowohl im Bundestag als auch im Bundesrat eine Zweidrittelmehrheit hierfür vorhanden ist. Somit sind Grundrechts-Änderungen nur dann möglich, wenn hohe parlamentarische Hürden in Form qualifizierter Mehrheiten überwunden werden, wodurch Willkürakte praktisch ausgeschlossen sind.

*Grundrechte*

**Beispiel:** Die Wiedereinführung eines Pflicht-Arbeitsdienstes wäre nach dem derzeitigen Wortlaut des Art. 12 GG verfassungswidrig. Wenn also eine derartige Maßnahme geplant wäre, müsste zunächst einmal Art. 12 GG geändert werden, wofür sich die von Art. 79 Abs. 2 GG geforderte qualifizierte Mehrheit wohl schwerlich finden ließe.

| Art. | 1 Abs. 3 | 19 Abs. 1 | 19 Abs. 2 | 79 Abs. 2 | | 93 Abs. 1 Nr. 4a | GG |

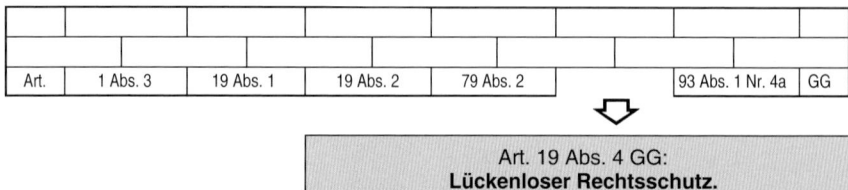

Art. 19 Abs. 4 GG:
Lückenloser Rechtsschutz.

Mit Art. 19 Abs. 4 GG, einem der **Eckpfeiler** des **Rechtsstaates,** wird dem Bürger die Möglichkeit eröffnet, Entscheidungen staatlicher Organe letztlich im Klagewege durch ein **unabhängiges** Gericht überprüfen zu lassen.

Die Vorschrift fußt auf der Leitidee: „Der Einzelne ist zwar der öffentlichen Gewalt unterworfen, aber nicht Untertan, sondern Bürger. Darum darf er in der Regel nicht lediglich Gegenstand staatlichen Handelns sein" (BVerwGE 1, 159).

Der **Rechtsschutz** steht **jedem** zu, folglich auch **Ausländern.** Geschützt sind **natürliche** und **juristische Personen.** Gewährleistet wird der **allgemeine** Weg zu den Gerichten, **nicht** aber ein **bestimmter Rechtsweg.**

Die Schutzwirkung bezieht sich primär auf Akte der deutschen öffentlichen Gewalt, insbesondere auf solche der **Exekutive** (vgl. BVerfGE 10, 264). Art. 19 Abs. 4 GG normiert zugleich aber eine **allgemeine Justizgewährungspflicht** des Staates.

**Beispiele:** Beschlagnahme einer Sache, Erlass eines Bußgeldbescheids, vorbeugendes Verbot einer Versammlung, Ablehnung eines Asylantrages, Streitigkeiten aus einem öffentlich-rechtlichen Dienstverhältnis kirchlicher Amtsträger (s. dazu BVerwGE, NJW 83, 2582).

Die **rechtsprechende Gewalt** ist **nicht** unmittelbar erfasst, denn Art. 19 Abs. 4 GG „gewährt Schutz **durch** den Richter, nicht Schutz **gegen** den Richter" (BVerfGE 15, 275).

Die Ausübung des **politischen Ermessens** durch die Regierungsgewalt unterliegt nicht der richterlichen Kontrolle nach Art. 19 Abs. 4 GG, vielmehr greift insoweit die **parlamentarische Kontrolle** ein (BVerwGE 15, 63). Desgleichen ist in Wahlrechtsangelegenheiten die Anwendung des Art. 19 Abs. 4 GG ausgeschlossen (vgl. BVerfGE 22, 277).

Die besondere praktische Bedeutung der Vorschrift liegt darin, dass sie Ansprüche gewährleistet auf die vollständige Überprüfung von **Verwaltungsakten** (BVerfGE 51, 304) sowie den **vorläufigen Rechtsschutz** (einstweilige Anordnung) bei Gefahr schwerer und irreparabler Nachteile für den Betroffenen (BVerfGE 46, 166).

| Art. | 1 Abs. 3 | 19 Abs. 1 | 19 Abs. 2 | 79 Abs. 2 | 19 Abs. 4 | | GG |

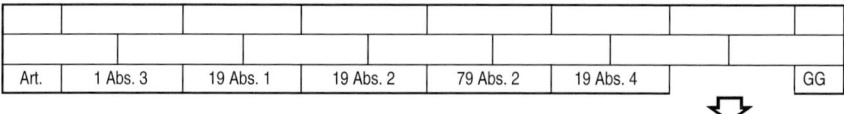

Art. 93 Abs. 1 Nr. 4a GG: **Verfassungsbeschwerde** beim Bundesverfassungsgericht.

*Grundrechte*

Nach Ausschöpfung des zulässigen Rechtsweges kann jedermann mit der Behauptung, durch die öffentliche Gewalt in seinen **Grundrechten** oder **grundrechtsähnlichen Rechten** (s. Art. 20 Abs. 4; Art. 33, 38, 101, 103 und 104 GG, verletzt worden zu sein, im Wege der **Verfassungsbeschwerde** unmittelbar und grundsätzlich kostenfrei das Verfassungsgericht anrufen. Die Verfassungsbeschwerde kann zur Aufhebung der angefochtenen Akte (Gesetze, Maßnahmen der Exekutive und Gerichtsentscheidungen) führen. Besondere Bedeutung können derartige Entscheidungen dann gewinnen, wenn es „zur Abwehr schwerer Nachteile, zur Verhinderung drohender Gewalt oder aus einem anderen wichtigen Grund dringend geboten ist, einen Zustand durch einstweilige Anordnung vorläufig zu regeln" (§ 32 BVerfGG).

## Verwirkung von Grundrechten (Art. 18 GG)

Art. 18 GG dient der Bekämpfung **individueller verfassungsfeindlicher Aktivitäten.** Die Vorschrift ist Ausdruck des Prinzips der **wehrhaften Demokratie** und des Willens zur Selbsterhaltung: „Da unsere Ordnung wegen ihrer Offenheit und ihrer mannigfachen Gewährleistungen von Freiheiten und Einflüssen auch eine gefährdete Ordnung ist, schützt sie sich gegen Kräfte, die ihre obersten Grundsätze und ihre Spielregeln prinzipiell verneinen, durch Vorschriften wie Art. 18 und Art. 21 GG" (BVerfGE 2, 1). Auf **Verwirkung** der in der Art. 18 GG aufgeführten Grundrechte kann erkannt werden, wenn jemand in **ernst zu nehmender** und **gefährlicher Weise** grundrechtlich verbürgte **Freiheiten missbraucht**.

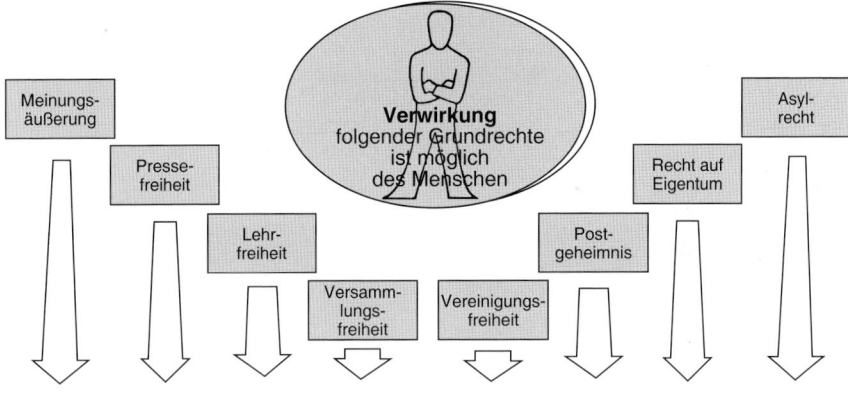

**Sofern jemand sie missbraucht zum Kampf gegen die freiheitliche demokratische Grundordnung.**

„**Missbrauch** ist stets dann gegeben, wenn der Einzelne die Grundrechte dazu gebraucht, um gegen die **freiheitliche demokratische Grundordnung** anzukämpfen. Maßgebend ist also die **Zweckrichtung**, die der Einzelne verfolgt" (Maunz-Dürig-Herzog, GG, Art. 18, Rdnr. 36). Wer z. B. als Journalist völkerverhetzende bzw. rassistische Gedanken verbreitet oder totalitäre Ideen verfolgt, um auf diese Weise Grundprinzipien unserer staatlichen Ordnung zu beseitigen, missbraucht die ihm im Rahmen der „kommunikativen Grundrechte" gewährleisteten Freiheiten.

Wegen der Schwere des Eingriffs entscheidet über die Verwirkung das **Bundesverfassungsgericht.** Antragsberechtigt sind Bundestag, Bundesregierung und Landesregierungen (§ 36 BVerfGG). Gibt das Gericht dem Antrag statt, so stellt es in der Entscheidung fest, **welche Grundrechte verwirkt sind.** Es kann die Verwirkung auf einen bestimmten **Zeitraum,** mindestens ein Jahr, befristen. Die Verwirkung kann mit **Beschränkungen** verbunden werden, die nach Art und Dauer genau zu bezeichnen sind. Auch kann auf die Dauer der Verwirkung das **Wahlrecht,** die **Wählbarkeit** oder die **Fähigkeit** zur **Bekleidung öffentlicher Ämter** aberkannt, bei **juristischen Personen** kann deren **Auflösung** angeordnet werden (§ 39 BVerfGG). Die Entscheidung hat zur Folge, dass sich der Betroffene nicht mehr auf die verwirkten Grundrechte berufen kann. Art und Umfang der Verwirkung beziehen sich **nur** auf die jeweils **angesprochenen Grundrechte,** nicht etwa auf alle sonstigen Rechte des Betroffenen.

Die Verwirkung von Grundrechten ist das **äußerste Mittel** gegen Feinde der Demokratie. Deshalb hat sich die Vorschrift bisher weitgehend in der **Appellfunktion** sowie der **Reservefunktion** für politisch instabile Zeiten erschöpft. Das ungewöhnliche Verfahren vor dem BVerfG war denn auch bislang lediglich in vier Fällen anhängig: so 1952 gegen den früheren zweiten Vorsitzenden der Partei SRP (BVerfGE 11, 282), in den sechziger Jahren gegen den Chefredakteur der Deutschen National-Zeitung (BVerfGE 38, 23) und von 1992 bis 1996 gegen zwei rechtsextremistische Funktionäre (BVerfG, Entscheidung vom 28.7.1996 – Az: 2 BvA 1/92, 2/92).

Zu einer Entscheidung über die Verwirkung von Grundrechten ist es jedoch noch nie gekommen. Ein wesentlicher Grund dafür mag darin liegen, dass das Staatsschutzinstrumentarium des StGB einen Rückgriff auf das Verfassungsrecht zumeist entbehrlich macht.

## Das Recht zum Widerstand (Art. 20 Abs. 4 GG)

Das Recht zum Widerstand wird in einigen Landesverfassungen und im Grundgesetz normiert. Art. 20 Abs. 4 GG lautet:

> „Gegen jeden, der es unternimmt, **diese Ordnung zu beseitigen,** haben alle Deutschen das Recht zum Widerstand, wenn **andere Abhilfe nicht möglich ist.**"

Diese – vielfach missverstandene – Vorschrift ist nicht geschaffen worden, um dem einzelnen Bürger den Schutz seiner Grundrechte und sonstigen subjektiven Rechte zu ermöglichen. Sie bietet erst recht keine Handhabe, eigene Auffassungen, und seien sie auch noch so zutreffend, **mit Gewalt** durchzusetzen. Art. 20 Abs. 4 GG gewährleistet vielmehr (allen Deutschen) für extreme Notstandsfälle ein grundrechtsähnliches Recht zur Abwehr von Gefahren für die verfassungsmäßige Ordnung. **Alleinige Zielrichtung** der Vorschrift ist es also, **Staat** und **Verfassung** zu schützen!

**Grundvoraussetzung** für die Inanspruchnahme des Widerstandsrechts ist, dass „andere **Abhilfe nicht möglich ist".** Das bedeutet,

▶ alle von der Rechtsordnung zur Verfügung gestellten Rechtsbehelfe müssen so wenig Aussicht auf Abhilfe bieten, dass die Ausübung des Widerstandes das **letzte** verbleibende **Mittel** zur Erhaltung oder Wiederherstellung des Rechts ist (vgl. BVerfGE 5, 85); und

▶ die **Funktionsfähigkeit** der Staatsorgane muss **beseitigt** worden sein, und zwar in einem Maße, dass die Staatsorgane selbst nicht mehr in der Lage sind, diese Funktionsstörungen zu beheben. Solange die Organe des Staates verfassungsfeindliche Bestrebungen selbst noch verhindern können, liegt noch kein Widerstandsfall vor.

*Grundrechte*

Daraus folgt:

Art. 20 Abs. 4 GG gibt **kein Recht**, die **Rechtsordnung** oder ihre Anwendung zu **verändern**. Die Vorschrift dient (gleichsam als letztes Mittel) allein der Abwehr umstürzlerischer Vorgänge (Aufstand „von unten" oder Putsch „von oben"). Sie greift keinesfalls schon dann ein, wenn sich einzelne Staatsorgane verfassungswidrig verhalten, die Rechtsordnung im Übrigen aber noch intakt ist.

Daher schreibt Art. 20 Abs. 4 GG vor, dass das Widerstandsrecht erst dann in Betracht kommt, wenn „**diese Ordnung**" beseitigt werden soll. Damit ist die in Art. 20 Abs. 1–3 GG umrissene Ordnung, mithin der **Kernbestand** unserer Verfassung (vgl. auch Art. 79 Abs. 3 GG), gemeint.

Mithin darf derjenige, der das Widerstandsrecht in Anspruch nimmt, auch nur zum Ziele haben, den Staat in seinem Wesenskern – insbesondere also die freiheitliche demokratische Grundordnung – zu erhalten.

Wer danach trachtet, lediglich ein (vermeintliches oder tatsächliches) verfassungswidriges Handeln von Staatsorganen zu verhindern, kann nicht das Widerstandsrecht gem. Art. 20 Abs. 4 GG für sich beanspruchen.

**Beispiele:**
Wer gegen den Bau einer Wiederaufbereitungsanlage für Kernbrennstoffe oder die zunehmende Verschmutzung unserer Umwelt kämpft, wer die Todesstrafe wieder einführen oder den Schwangerschaftsabbruch generell freigegeben wissen will, kann sich selbst dann nicht auf Art. 20 Abs. 4 GG stützen, wenn einschlägige Vorhaben des Gesetzgebers oder der Bundesregierung verfassungswidrig sind bzw. wären.

So lange die Funktionsfähigkeit der staatlichen Organe gewährleistet ist, können Straftaten in keinem Falle aus Art. 20 Abs. 4 GG gerechtfertigt werden.

## Widerstand und ziviler Ungehorsam: erlaubte Formen des Protests?

Bei der Erörterung strittiger Themen wird immer wieder wie selbstverständlich – als ginge es gegen ein Unrechtsregime – zu Widerstand und zivilem Ungehorsam aufgefordert. Als Mittel der politischen Auseinandersetzung wird dann regelmäßig auch die **bewusste Missachtung bestehender Rechtsnormen** propagiert, wenn man dies im Interesse höherrangiger Ziele für geboten hält und diese Ziele anders nicht erreicht werden können.

Für **illegale Widerstandshandlungen** zur Durchsetzung politischer Ziele gibt es **keine Rechtfertigung**. Weder aus einer allgemeinen ethischen Verpflichtung heraus noch aus dem Widerstandsrecht der Art. 20 Abs. 4 GG oder der Demonstrationsfreiheit gem. Art. 5 und 8 GG kann die Verletzung bestehender Normen gerechtfertigt werden.

**Allein** dem **Staat** obliegt die Aufrechterhaltung des Rechtsfriedens in der Gesellschaft. Zur Erfüllung dieser Aufgabe ist ihm das **Gewaltmonopol** (s. unten) überantwortet – die ausschließlich dem Staat vorbehaltene, rechtsstaatlich gebändigte und demokratisch legitimierte Herrschaftsgewalt. Das Gewaltmonopol gewährleistet die **Gleichheit** des Rechts. Nur so kann verhindert werden, dass **Rechtsprivilegien** entstehen und **Recht** zum **Faustrecht** entartet. Deshalb sind z. B. die in unserer Rechtsordnung enthaltenen Notwehr- und Selbsthilferechte, bei denen der Bürger gleichsam das Recht in die eigenen Hände nimmt, sehr eng begrenzt.

Sie dürfen ausnahmslos nur bei akuter Rechtsgefährdung und auch nur dann in Anspruch genommen werden, wenn staatliche Organe nicht zur Stelle sind.

Die Ausübung von **Gewalt** ist „nicht zuletzt im Interesse schwächerer Minderheiten beim Staat **monopolisiert**" (BVerfG, Brokdorf-Entscheidung v. 14.5.1985). **Widerstand** im Rechtsstaat kann daher nur **geistiger** Widerstand (richtiger: **Widerspruch**) sein.

Die gegenteilige Auffassung ist eindeutig in der Minderheit. Sie richtet sich im Grunde gegen das Entscheidungsprinzip in der parlamentarischen Demokratie. Weil man sich selbst im Besitz höherer Wahrheiten glaubt, wird die demokratische Mehrheitsregel – jedenfalls für lebenswichtige Fragen wie Frieden und Umwelt – unterlaufen. Das Demonstrationsrecht wird zum Recht auf Widerstand gegen rechtsstaatlich-parlamentarische Entscheidungen verformt. Faktisch liefe diese Meinung darauf hinaus, dass der **Zweck die Mittel heiligt** und jeder sich die Befugnis anmaßen kann, darüber zu entscheiden, was rechtens ist und was nicht. Das aber ist im Interesse des Rechtsfriedens in einer rechtlich verfassten Gesellschaft nicht hinnehmbar:

In der parlamentarischen Demokratie führt der legale Weg zur Erreichung politischer Ziele über **parlamentarische Mehrheiten.** Wer dies verneint, gefährdet die Grundlagen unserer staatlichen Ordnung.

Dies gilt gleichermaßen für alle Formen des außerparlamentarischen Protests, ob man sie als Widerstand oder als zivilen Ungehorsam einordnet, zumal die Grenzen ohnehin fließend sind. Im Vergleich zum Widerstand ist der **zivile Ungehorsam** der in seinen Mitteln zurückhaltendere Protest. Er äußert sich in unterschiedlichen Spielarten (Boykottaktionen, Sitzstreiks und andere Formen der Blockade, Verweigerung von Steuern und Abgaben, Menschenketten bzw. -teppiche, Hungerstreiks usw.). Ebenso mannigfaltig sind seine politischen Ziele: Sie reichen vom Protest gegen Fahrpreiserhöhung oder Volkszählung bis zu Aktionen gegen den Bau industrieller Großanlagen oder die Stationierung von Raketen. Gegenstand und Form solcher Protestakte sind mithin offen; ihre theoretischen Grundlagen sind weithin unbestimmt. Gleichwohl zeichnen sich – vor allem nach Auffassung der Protestbewegungen selbst und deren Abgrenzung zu kriminellen Rechtsbrechern und bloßen Krawallsuchenden – einige gemeinsame Merkmale ab: ethische bzw. moralische Motivation und Bekennermut; Verfolgung allgemeiner, die Gesellschaft betreffender Ziele; Bereitschaft zur Verletzung einzelner Rechtsnormen, ohne dabei die Rechtsordnung als Ganzes in Frage zu stellen; Verzicht auf Gewalttätigkeiten (nicht aber auf „Gewalt" im Rechtssinne); Symbolcharakter der Aktionen sowie möglichst weitgehende Schonung Unbeteiligter. Problematisch werden solche Protestaktionen immer dann, wenn bestehendes Recht verletzt wird. Das gilt vor allem für die Fälle, in denen **Rechtsverstöße** als **demonstrative Akte** begangen werden.

Ob es sich um Widerstand oder „nur" um zivilen Ungehorsam handelt, ist unerheblich: Derjenige, der gegen das Recht verstößt, trägt selbst die Risiken seines Verhaltens.

Daran vermögen auch die vielfach (z. B. in Teilen der Friedensbewegung) vorhandenen hohen moralischen Ansprüche nichts zu ändern. Bei all diesen „Bewegungen" geht es letztlich um die Frage, ob man bereit ist, die repräsentative Demokratie (s. Kap. II) und damit die Rechtsetzungsbefugnis des Parlaments durch Mehrheitsbeschlüsse anzuerkennen. Wer sich dagegen entscheidet und stattdessen versucht, durch außerparlamentarische (Massen-) Aktionen **politischen Druck** auf Parlament und Regierung auszuüben, muss, wenn es zu

*Grundrechte*

**Rechtsbrüchen** kommt, für die **Folgen einstehen.** Seine Verantwortung erstreckt sich auch auf den Fall, dass moralische Beweggründe von Teilen der Bewegung nicht mitgetragen oder sogar missbraucht werden und so die Ereignisse außer Kontrolle geraten.

In diesem Zusammenhang wird gelegentlich gefordert, die Polizei müsse Protestaktionen, die zwar nicht legal, wohl aber legitim seien, tolerieren und dürfe, da sie selbst an den Grundsatz der Legitimität gebunden sei, in diesen Fällen nicht gegen Rechtsverletzungen vorgehen. Hierzu ist festzustellen:

„**Legalität**" (Gesetzmäßigkeit) liegt vor, wenn ein bestimmtes Verhalten dem „**gesetzten" Recht** entspricht.

„**Legitimität**" bedeutet, dass politische Herrschaft und öffentliche Gewalt – und damit auch die Gesetze – ein in **ethischen Prinzipien** begründetes Fundament haben müssen.

Die **Legitimität** des **Grundgesetzes** beruht auf den Grundsätzen der **Volkssouveränität** und des **Verfassungsstaates,** d. h. auf der **freiheitlich-rechtsstaatlichen** und **demokratischen Grundordnung.**

Auf dieser Grundlage gestaltet das Grundgesetz die staatliche Ordnung als eine **wertgebundene** Ordnung. Es ist zwar **weltanschaulich neutral, nicht** aber **wertneutral** und hat somit den „Sitz der Legitimität gleichsam in sich selbst hinein verlagert". Es gibt, „zumindest solange die Legalität der Verfassungsordnung nicht widerspricht, keine höhere Legitimität als die Legalität" (Oberreuter, a. a. O., S. 16).

„**Verfassungsmäßige Verfahren** erfordern neben ihrer Übereinstimmung mit der Verfassung weitere Legitimation nicht" (Badura, a. a. O., S. 9).

Das beschlossene und verkündete, auch inhaltlich verfassungsgemäße Gesetz ist für alle **verbindlich.** Wer unter Berufung auf die Demokratie diese Verbindlichkeit des (gesetzten) Rechts in Frage stellt, wer also **demokratische Legitimität** als vermeintlich höheren Wert gegen **rechtsstaatliche Legalität** als vermeintlich niedrigeren Wert ausspielt, beansprucht im Kern für sich, dass er nur **diejenigen** Gesetze zu befolgen bereit ist, die ihm genehm sind.

„**Selektiver Rechtsgehorsam**" (Wassermann II, S. 48) untergräbt die Allgemeingültigkeit von Gesetzen und damit auch die Rechtssicherheit, die zu den Grundvoraussetzungen für ein gedeihliches Zusammenleben in der Gesellschaft gehört.

Dies trifft uneingeschränkt auch für das sog. **Kirchenasyl** zu (s. oben), bei dem sich im Falle einer drohenden rechtmäßigen **Abschiebung** die den Betroffenen Zuflucht gewährenden Personen vielfach auf ein vermeintliches Recht zum Widerstand berufen. Ein solches Recht besteht nicht; es ist allenfalls aus **moralischen** Kategorien ableitbar. **Rechtlich** gilt, dass die illegale „private" Schutzgewährung nicht nur ein Akt des **zivilen Ungehorsams,** sondern in aller Regel **strafbar** ist. Auch wenn die absoluten Zahlen der „Asylgewährungen" dieser Art angesichts der Einzelschicksale und der Gesamtproblematik kaum ins Gewicht fallen mögen, sind sie nach **allgemeinen Rechtsregeln** (Legalitätsprinzip, aber auch Übermaßverbot) zu behandeln. Der Rechtsstaat kennt keine rechtsfreien Räume; sie werden von der Amtskirche auch nicht beansprucht.

*Grundrechte*

## Grundzüge des Einschreitens der Polizei

| Zur **Legitimität** polizeilichen Handelns |

Auch für die **Polizei** gilt der **Grundsatz** der **Legitimität**, das heißt, dass ihr Handeln
▶ wie jede andere **staatliche Machtäußerung**
▶ auf den **Souverän**, also das Volk, zurückführbar,
▶ an der vom Volke gewollten **Wertordnung** ausgerichtet
▶ und somit zugleich auch an **höheren ethischen Maßstäben**,
▶ insbesondere an der Idee der **Gerechtigkeit** orientiert sein muss.

Allerdings steht die Legitimität nicht im Vordergrund polizeilicher Überlegungen, denn es darf grundsätzlich darauf **vertraut** werden, dass die **vorschriftengerechte Anwendung** des legalen Rechts zugleich auch **legitim** ist.

Dies wäre nur dann nicht der Fall, wenn der illegitime Charakter eines Gesetzes für jedermann offenkundig wäre und seine Verfassungswidrigkeit gleichsam auf der Hand läge.

„Nach dem Grundgesetz bedeutet **verfassungsmäßige Legalität** zugleich **demokratische Legitimität**" (BVerfG, NJW 83, 738).

Die Polizei ist als Teil der vollziehenden Gewalt an „Recht" und „Gesetz" gebunden (Art. 20 Abs. 2 GG). Sie hat sich im Interesse der Rechtssicherheit und Rechtsklarheit primär am (geschriebenen) „**Gesetz**" und der dazu ergangenen Rechtsprechung zu orientieren (Legalitätsprinzip). Ihre Bindung an das ungeschriebene (überpositive) „**Recht**" kann in unserer rechtlich verfassten Ordnung nur dann praktische Bedeutung erlangen, wenn und soweit geschriebenes Recht in offensichtlichem Gegensatz zur Idee der Gerechtigkeit stünde.

„Die **Exekutive** ist bei der Erfüllung ihrer Aufgaben und bei der Wahrnehmung ihrer Befugnisse **ausnahmslos** an das **Gesetz** gebunden" (Badura, a. a. O., S. 212).

| **Akzeptanz** von **Rechtsverstößen**? |

Im Rahmen ihres gesetzlichen Auftrages zur Gewährleistung der öffentlichen Sicherheit schafft die Polizei die Voraussetzungen, unter denen es möglich ist, **Grundrechtspositionen wahrzunehmen**. Dazu gehört vor allem auch die Möglichkeit zur Einflussnahme auf die politische Meinungsbildung. **Politische Motive** und **Ziele demonstrativer Aktionen** sind in die polizeiliche Lagebeurteilung einzubeziehen. Der politische Vorgang selbst aber ist für das polizeiliche Handeln ohne Belang.

Es ist **nicht Aufgabe** der **Polizei**, in **politische Vorgänge** einzugreifen. Sie ist insoweit neutral. Daher ist es ihr auch verwehrt, durch Akzeptanz von Rechtsverstößen politische Vorgänge zu behindern oder voranzutreiben.

Ob die Polizei bei Verstößen gegen geltendes Recht **einschreiten muss**, ist **keine politische Frage**, sondern eine **Rechtsfrage**. Ihre Beantwortung kann im Einzelfall schwierig sein. Allgemein gilt Folgendes: In Fällen, in denen **unklar** ist, ob ein bestimmtes Verhalten noch als Ausfluss der Demonstrationsfreiheit gem. Art. 5 und 8 GG oder schon als Rechtsverletzung eingestuft werden muss, ist **Zurückhaltung** geboten. Denn es ist Aufgabe der Polizei, **Versammlungen** zu **schützen**, und **nicht**, sie zu **verhindern**. Im Widerstreit zwischen staatlichen Interessen und individuellen Freiheiten gilt der Grundsatz: **Im Zweifel für die Freiheit!**

*Grundrechte*

### Strafverfolgung und Gefahrenabwehr

Je nach **Schwere** und **Intensität** der Störung ist zu differenzieren:

#### Vorliegen von Straftaten/Legalitätsprinzip

Der Polizei obliegt die **bindende Pflicht,** strafbare Handlungen zu verfolgen (Legalitätsprinzip, s. § 163, 152 Abs. 2 StPO). Beim Vorliegen von Straftaten sind ihr mithin **besonders enge Grenzen** gesetzt (s. oben).
Legalitätsprinzip und staatliches Gewaltmonopol entsprechen einander wie zwei Seiten einer Medaille. Wenn der Staat Gewalt für sich allein beansprucht und dem Bürger untersagt, sich sein Recht selbst zu suchen, dann **muss** der Staat seinerseits auch Rechtsverletzungen **lückenlos verfolgen.** „Ein Staat, der seine Bürger gegen Unrecht nicht schützt, lädt zu Gesetzesbrüchen ein und bringt sich um seine Autorität" (Kriele, a. a. O. S. 194). Der Polizei ist daher im Rahmen der Strafverfolgung kein Ermessensspielraum eingeräumt. Würde sie selbst darüber entscheiden, ob sie eine Tat verfolgen will oder nicht, so würde sie sich **quasi-richterliche Befugnisse anmaßen.** Das Gewaltenteilungsprinzip, ein Eckpfeiler des Rechts, wäre damit entscheidend gestört.

#### Vorliegen von Ordnungswidrigkeiten/Opportunitätsprinzip

Anders als das Strafrecht wird das Ordnungswidrigkeitsrecht vom Opportunitätsprinzip beherrscht. Da der Unrechtsgehalt dieser Rechtsverstöße deutlich geringer ist als bei Straftaten, kann die Polizei (unabhängig davon, ob sie selbst Verfolgungsbehörde ist oder lediglich Vollzugsdienst leistet) nach **pflichtmäßigem Ermessen** (§§ 47, 53 OWiG) entscheiden, **ob** und **wie** sie im konkreten Falle einschreitet. Dabei spielen Gesichtspunkte der **Erforderlichkeit, Geeignetheit** und **Verhältnismäßigkeit** eine entscheidende Rolle.

#### Gefahrenabwehr/limitiertes Opportunitätsprinzip

Liegt eine konkrete Gefahr vor, so entscheidet die Polizei nach **pflichtmäßigem Ermessen, ob** sie zur Gefahrenabwehr einschreitet und **welcher Mittel** sie sich dabei bedient (Opportunitätsprinzip). Handelt es sich um **erhebliche** Gefahren (für wesentliche Rechtsgüter wie Leben, Gesundheit, Freiheit oder nicht völlig unerhebliche Vermögenswerte) oder ist sonst die **Intensität** der Gefahr **besonders groß** (z. B. durch besondere Hartnäckigkeit oder Häufigkeit), so ist das der Polizei eingeräumte Ermessen **reduziert,** ggf. sogar bis „**auf Null**", d. h. sie **muss** einschreiten (limitiertes Opportunitätsprinzip).

Zum Schutz **privater Rechte** ist die Polizei nur verpflichtet, wenn und soweit **gerichtlicher** Schutz **nicht rechtzeitig** zu erlangen ist und ohne polizeiliche Hilfe die Verwirklichung des Rechts vereitelt oder wesentlich erschwert würde. Das polizeiliche Einschreiten beschränkt sich in diesen Fällen vielfach auf den bloßen Personalienaustausch. Es ist aber auch hier keineswegs in das Belieben der Polizei gestellt.

#### Pflichtenkollision zwischen Gefahrenabwehr und Strafverfolgung

Jede drohende oder andauernde Straftat oder Ordnungswidrigkeit stellt zugleich auch eine Gefahr für die öffentliche Sicherheit dar. Gefahrenabwehr und Strafverfolgung sind daher vielfach **gleichzeitig** zu bewältigen.

*Grundrechte*

In solchen **Gemengelagen** (mehrschichtigen Gefahrenlagen) kommt die Polizei zumeist beiden Verpflichtungen parallel nach, wobei sie ggf. **Prioritäten** setzen muss. Es treten aber auch Fälle der **Pflichtenkollision** auf, die eine Entscheidung zwischen beiden Pflichten zwingend erfordern. Hier gilt Folgendes (vgl. Richtlinien für das Straf- und Bußgeldverfahren v. 1.1.1977, Anlage A Nr. 3): „Ergeben sich bei einem einheitlichen Lebenssachverhalt gleichzeitig und unmittelbar Aufgaben der Strafverfolgung und der Gefahrenabwehr und lässt die Situation die gleichzeitige angemessene Wahrnehmung beider Aufgaben nicht zu, so ist nach dem Grundsatz der Güter- und Pflichtabwägung jeweils für die **konkrete Lage** zu entscheiden, ob die Strafverfolgung oder die Gefahrenabwehr das **höherwertige** Rechtsgut ist."

Die Wahrnehmung der **Strafverfolgungspflicht** setzt voraus, dass die Polizei dazu personell und sachlich in der Lage ist. Dazu gehört vor allem, dass sie den Geschehensablauf (noch) in der Hand hat. Wenn die Verhältnisse tumultartig ausufern, kommt der Bewältigung der polizeilichen Lage – und damit der Gefahrenabwehr – erhöhte Bedeutung zu; die **Strafverfolgung tritt** demgegenüber – zumindest zeitlich – **zurück** (vgl. auch PDV 100, Ziff. 1.1.5).

Denn die Strafverfolgung ist nicht in das Ermessen oder gar das Belieben der Polizei gestellt (Legalitätsprinzip). Es besteht andererseits aber auch keine Strafverfolgungspflicht um jeden Preis. Weniger für das „Ob", wohl aber für Art und Ausmaß polizeilicher Strafverfolgungsmaßnahmen kommt daher in diesen Fällen der Pflichtenkollision dem Grundsatz der Verhältnismäßigkeit besondere Bedeutung zu.

| Zur Problematik des **Einschreitens** in **Grenzfällen** |
|---|

In der polizeilichen Praxis treten immer wieder Schwierigkeiten im Zusammenhang mit **Blockadeaktionen** auf. Die Anlässe solcher Aktionen sind vielfältig: Werksstilllegungen, Gebührenerhöhungen, Subventionsabbau, Import bestimmter Güter, Bau neuer Verkehrs- oder Entsorgungsanlagen, energie- oder verteidigungspolitische Maßnahmen, Tarifauseinandersetzungen und vieles andere mehr.

Rechtlich unproblematisch sind diese Fälle dann, wenn **fortdauernde Straftaten** vorliegen, die mit **Gefahren** für **wesentliche Rechtsgüter** – das sind regelmäßig solche mit Grundrechtsschutz – einhergehen. Hier ist das der Polizei im Gefahrenabwehrrecht eingeräumte Ermessen „auf Null" reduziert (s. oben). Liegen also Sachbeschädigungen von **nicht nur unbedeutendem** Ausmaß oder Körperverletzungen und dergl. vor, so hat die Polizei überhaupt keine Wahl – sie **muss** den **Geschehensablauf unterbinden**, d. h. sie muss einschreiten.

Sie darf andererseits den einmal entstandenen Unfrieden nicht ohne besonderen Grund verschärfen. Insbesondere darf sie nicht dazu beitragen, dass eine Lage entsteht, die sie selbst nicht mehr zu bewältigen vermag. Auch insoweit hat sie **friedensschonend** zu handeln (Pflicht zur Schadensminimierung).

Gegen **Gewalttätige** ist einzuschreiten, und zwar so früh wie möglich. Insoweit kann allenfalls unter dem Gesichtspunkt der **tatsächlichen Unmöglichkeit kurzfristig** bzw. **partiell** von einer Unterbindung des Gesamtgeschehens Abstand genommen werden, weil die Polizei nicht alles Schützenswerte gleichzeitig schützen kann. Das bedeutet aber **keineswegs,** dass sie **rechtsfreie Räume gewähren** darf.

Schwieriger liegen die Dinge, wenn Straftaten begangen werden, die **unterhalb** dieser Schwelle der **Gewalttätigkeit** liegen. Dabei gilt zunächst, dass in Fällen, in denen (noch) nicht klar zwischen hinzunehmendem und nicht mehr hinnehmbarem Verhalten unterschieden werden kann, Zurückhaltung geboten ist (s. oben). Die Entscheidung, **wann** oder **ab wann** eine Straftat verfolgt werden soll (zeitliches Dispositionsprinzip) steht der Polizei auch in diesen minder schweren Fällen grundsätzlich **nicht** zu. Gleichwohl kann hier eine nach Zeitpunkt, Ort und Intensität des Eingriffs **differenzierende** (verhältnismäßige) Vorgehensweise geboten sein, zumal begrenzte Ressourcen die Polizei regelmäßig zwingen, **Prioritätsentscheidungen** zu treffen und abzuwägen, welchen Delikten vorrangig begegnet werden soll. Wichtigster Maßstab ist dabei der Grad an **Gemeinschädlichkeit.** In der polizeilichen Praxis spielt dies vor allem bei der Bewertung von Verstößen gegen das **Vermummungsverbot** und das **Verbot passiver Bewaffnung** (§ 17a VersG) eine Rolle. Normzweck dieser Verbote ist die Verhinderung von Gewalttätigkeiten bzw. die Erleichterung ihrer Verfolgung. „Sie würden zum verfassungswidrigen Selbstzweck umfunktioniert, wenn man zu ihrer nur formalen Durchsetzung gewalttätige Eskalationen in einer zunächst friedlichen Situation vom Zaune bricht" (Kniesel/Behrendsen in Kniesel/Kube/Murck, a. a. O., Abschn. 9, RdNr. 314).

Unterhalb der Schwelle der **Gewalttätigkeit** hängt das Vorgehen der Polizei stärker von den situativen Bedingungen ab. Sind derartige Aktionen nicht mit Gefahren für wesentliche Rechtsgüter verbunden und von begrenzter Dauer sowie geringer Auswirkung auf Dritte, so darf die Polizei – wenn dadurch Schlimmeres verhütet werden kann – unter dem Gesichtspunkt des **Übermaßverbots** einstweilen von der Unterbindung des Geschehens absehen und sich mit weniger einschneidenden Maßnahmen begnügen (Observation, Dokumentation, Beweissicherung, Personalienfeststellung und andere die Strafverfolgung sichernde Tätigkeiten).
Ein **Verzicht** auf **Strafverfolgung** durch die Polizei – gelegentlich auch als begrenzte Hinnahme von Regelverletzungen bezeichnet – ist damit **nicht** verbunden.

Den **Grenzfall** stellt die „**bloße**" Nötigung in Form von (Sitz-)Blockaden dar. An ihr scheiden sich die Geister. Für die einen gilt: Wer als „lebende Barriere" in die politische Diskussion eingreift, übt Zwang auf andere aus. Er handelt folglich „mit Gewalt", er ist unfriedlich. Die anderen sehen gerade in der Passivität des Sitzenbleibens ein besonderes Merkmal politischer Kultur: Wer so handelt, verzichtet erkennbar auf Gewalt, er ist friedlich.

Dieser Streit hat Tradition, vor allem auch in rechtspolitischer Hinsicht: Ob der Tatbestand des § 240 StGB dem Schutz der Demokratie dient oder der Bewahrung der Ordnung, ob er Minderheiten vor dem Staat schützt oder den Staat vor Minderheiten, ob er bürgerliche Freiheiten sichern oder ihnen Grenzen ziehen soll, ist im Grunde schon seit Einführung dieser Strafnorm (§ 1077) in das Preußische Allgemeine Landrecht umstritten. Ihre bei weitem negativste Ausprägung erfuhr die Vorschrift im NS-Staat, der die Rechtswidrigkeit einer Nötigung auf das „**gesunde Volksempfinden**" abstellte (Art. 10 der VO v. 23.5.1943, RGBl. I S. 339). Der Gesetzgeber der Bundesrepublik hat dieses Merkmal dann durch den Begriff der „**Verwerflichkeit**" ersetzt (Ges. v. 25.8.1953, BGBl. I S. 1083).

Seither ist eine reichhaltige und z. T. widersprüchliche Rechtsprechung ergangen, insbesondere zu der Frage, ob „**Gewalt**" im Sinne des § 240 StGB nicht nur den Einsatz **körperlicher Kräfte**, sondern auch **psychische** Zwangswirkungen umfasst:

▶ Mit dem Aufkommen besonderer Protestformen gegen Ende der sechziger Jahre ging der BGH dazu über, den Begriff der Gewalt auszudehnen auf Verhaltensweisen, die (lediglich) mit **Zwang** verbunden waren. Diese Entwicklung spiegelt sich in sog. Laepple-Urteil, das Blockadeaktionen auf Straßenbahnschienen als psychisch wirkende Formen des Gewalteinsatzes einstufte, deren Verwerflichkeit durch das Verhalten selbst „praktisch indiziert" werde (BGHSt, NJW 1969, 1770).

▶ In der Folgezeit rückte der BGH zunehmend von der Indizwirkung ab, so dass sich schließlich auch das BVerfG dieser Materie annehmen musste. Es schloss sich der ver-

225

änderten Rechtsauffassung in seiner sog. Mutlangen-Entscheidung vom 11.11.1986 an (NJW 87, 43). Fortan war die „Verwerflichkeit" des Tuns jeweils **gesondert** zu prüfen und galt nicht schon dann als gleichsam automatisch vorgegeben, wenn die tatbestandsmäßigen Voraussetzungen erfüllt waren. An der Strafbarkeit einschlägigen Verhaltens wurde festgehalten: „Bezweckte, in der Art der passiven Resistenz durchgeführte Sitzblockaden vor militärischen Einrichtungen sind grundsätzlich strafbar. Behinderungen und Zwangswirkungen werden nur so weit durch Art. 8 GG gerechtfertigt, wie sie als sozialadäquate Nebenfolge mit rechtmäßigen Demonstrationen verbunden sind und sich auch durch zumutbare Auflagen nicht vermeiden lassen. An dieser Voraussetzung fehlt es, wenn die Behinderung Dritter nicht nur als Nebenfolge in Kauf genommen, sondern beabsichtigt wird, um die Aufmerksamkeit für das Demonstrationsgeschehen zu erhöhen."

▶ In den folgenden Entscheidungen setzten sich das BVerfG und der BGH mehrfach mit den sog. **Fernzielen** von Sitzblockaden und deren möglicherweise rechtfertigenden Wirkung auseinander, sprachen jedoch solchen übergeordneten Zielsetzungen (z. B. Friedenssicherung oder Schutz der Umwelt) eine rechtfertigende Wirkung nicht zu (NJW 88, 1739; JR 91, 31). Gleichwohl setzte sich allmählich eine eher vermittelnde Auffassung durch:

„**Verkehrsblockaden** und ähnliche Aktionen, die mit ‚passivem' Widerstand einhergehen, sind **Versammlungen** im Sinne des Versammlungsgesetzes. Sie sind als kollektive Aktionsformen verbürgt" und genießen – vorausgesetzt, sie entsprechen dem Verfassungsgebot der **Friedlichkeit** und **Waffenlosigkeit** – den Schutz des Art. 8 GG. Denn das Versammlungsrecht hat „grundlegende Bedeutung für die Persönlichkeitsentfaltung des Einzelnen und für die demokratische Ordnung. Verbot und Auflösung von Versammlungen sind daher an strenge Voraussetzungen gebunden" (BVerfGE 87, 43; 91, 971).

▶ In seiner Entscheidung vom 10.1.1995 (NJW 95, 1141) rückt das BVerfG folgerichtig – wenn auch nur mit der Mehrheit von fünf zu drei Richterstimmen – von seiner früheren Rechtsprechung zum (erweiterten) Gewaltbegriff ab und erklärt, diese Auslegung sei mit dem Bestimmtheitsgebot des Art. 103 Abs. 2GG unvereinbar.

Der Gesetzgeber habe in § 240 StGB nicht jedwede Zwangseinwirkung auf den Willen Dritter unter Strafe stellen wollen, sondern die Strafbarkeit von der Wahl **bestimmter Nötigungsmittel** – Gewalt oder Drohung mit einem empfindlichen Übel – abhängig gemacht. Einer Ausweitung oder Ergänzung dieser Mittel seien durch Art. 103 Abs. 2 GG Grenzen gesetzt.

Durch die bisherige Rechtsprechungspraxis einer erweiternden Auslegung aber werde das Tatbestandsmerkmal der Gewalt „in einer Weise entgrenzt", dass es die „ihm vom Gesetzgeber zugedachte Funktion, unter den notwendigen, unvermeidlichen oder alltäglichen Zwangseinwirkungen auf die Willensfreiheit Dritter die strafwürdigen zu bestimmen", weitgehend verloren habe. Daher lasse sich „nicht mehr mit ausreichender Sicherheit vorhersehen, welches körperliche Verhalten, das andere psychisch an der Durchsetzung ihres Willens hindert, verboten sein" solle und welches nicht.

Mit dieser Entscheidung stellt das Gericht fest, dass die bloße Sitzblockade jedenfalls dann **nicht** das Tatbestandsmerkmal der Gewalt im Sinne des § 240 StGB erfüllt, wenn die Zwangseinwirkung lediglich in der **körperlichen Anwesenheit** besteht und ausschließlich **psychischer Natur** ist. Teilnehmer an solchen Aktionen können folglich nicht „Gewalt"-Täter im Sinne des § 240 StGB sein. Wohl aber können z. B. Straßenverkehrsgefährdung oder versammlungsrechtliche Verstöße vorliegen.

▶ Zudem ist damit keineswegs ausgeschlossen, dass bestimmte Verhaltensweisen bei Sitzblockaden auch weiterhin als **Nötigung** eingestuft werden. So hat der BGH im Anschluss an obige Entscheidung eine strafbare Nötigung darin gesehen, dass „Blockadeteilnehmer

Kraftfahrer an der Weiterfahrt gehindert und deren Fahrzeuge bewusst dazu benutzt hatten, die Durchfahrt für weitere Kraftfahrer zu sperren" (BGH, 20.7.1995, NJW 95, 2643). Und in einer weiteren Entscheidung vom 27.7.1995 (NJW 95, 2862) führt der BGH aus, auch bereits ein **geringer körperlicher Aufwand** wie das Sich-Hinsetzen könne „den Anforderungen des **Gewaltbegriffs genügen,** wenn seine Auswirkungen den Bereich des rein Psychischen verlassen". Ähnlich stufte das Bayerische Oberste Landesgericht mit Urteil vom 16.11.1995 (4 St RR 186/95) es ein, wenn Blockierer „in mehreren Reihen eingehakt auf der Straße sitzen und einem Demonstrationszug die gesamte Geh- und Fahrbahn versperren." Auch die Beteiligung an einer Schienenblockade, so der BGH im Februar 1998 im Anschluss an seine neuere Rechtsprechung, könne als versuchte Nötigung strafbar sein. Das BVerfG übernimmt in seiner Entscheidung vom 24.10.2001 (NJW 2001, 1031) diese Auslegungsregel und schafft damit – für das Verhalten von Demonstrationsteilnehmern wie für die Polizei – weitere Rechtsklarheit: Es bestätigt, dass Gewalt **nicht** bejaht werden kann, wenn sie lediglich in **körperlicher Anwesenheit** besteht und die Zwangswirkung auf den Genötigten rein **psychischer** Natur ist. Anders jedoch, wenn z. B. durch sog. **Anketten** der Demonstranten selbst eine **körperliche Kraftentfaltung** erfolgt (zur Gesamtproblematik s. auch Kniesel/Behrendsen in Kniesel/ Kube/Murck a. a. O. , Abschn. 9, RdNrn. 248 ff.).

▶ Eine bedeutsame Klarstellung der Grenzen polizeilichen Handelns brachte die viel beachtete Entscheidung des Verwaltungsgerichts Hamburg vom 30.10.1986 (NVwZ 87, 829) zum sog. **„Hamburger Kessel":** Am 8.6.1986 war eine Menschenmenge von rd. 800 Personen, die sich zur Durchführung einer politischen Demonstration auf dem Heiligengeistfeld versammelt hatte, von der Polizei eingekesselt und bis zu 13 Stunden innerhalb der Absperrkette festgehalten worden. Das Gericht entschied hierzu:

„Die Verhinderung einer Versammlung ist, soweit nicht von dem im Versammlungsgesetz vorgesehenen Instrumentarium Gebrauch gemacht wird, im Versammlungsgesetz nicht vorgesehen und damit unzulässig. Es ist vom Versammlungsgesetz nicht gedeckt und damit rechtswidrig, wenn die Polizei eine sich versammelnde Ansammlung, von der bis zu diesem Zeitpunkt keine Störungen ausgingen, umstellt, die Teilnehmer daran hindert, den Platz zu verlassen und sie anschließend in Gewahrsam nimmt."

## Prüfen Sie Ihr Wissen!

**Kapitel IV**

▷ Welche **Bedeutung** haben **Grundrechte** und **Menschenrechte**? Erläutern Sie ihre **Funktion**!
▷ Was verstehen Sie unter der **Würde des Menschen**?
▷ Erläutern Sie das aus Art. 1 GG abgeleitete **allgemeine Persönlichkeitsrecht**!
▷ Erläutern Sie die **Bedeutung** der folgenden Grundrechte: **freie Entfaltung** der **Persönlichkeit, Freiheit** der **Person, Freizügigkeit**!
▷ Nennen Sie die Bestimmungen des Art. 104 GG, die Sie als **Polizeibeamter** bei **Freiheitsentziehungen** zu beachten haben!
▷ Erläutern Sie **Inhalt** und **Schranken** des Rechts auf **Leben**. Welche besondere **Bedeutung** hat dieses Grundrecht für die **Polizei**?
▷ Nennen Sie **Inhalt** und **Schranken** des Rechts auf **körperliche Unversehrtheit**!
▷ Erläutern Sie den **Gleichheitsgrundsatz** und seine Bedeutung!

*Prüfen Sie Ihr Wissen*

9. Durch welche **besonderen Bestimmungen** des Grundgesetzes wird das allgemeine **Haupt-Gleichheitsrecht** ergänzt?
10. Erläutern Sie die **Glaubens- und Gewissensfreiheit** gem. Art. 4 GG!
11. Was bedeutet das Recht auf **Kriegsdienstverweigerung?** Unter welchen **Voraussetzungen** kann es in **Anspruch genommen** werden?
12. **Welche** einzelnen **Freiheitsrechte** umfasst das Grundrecht der **Meinungsfreiheit** gem. Art. 5 Abs. 1 GG? Erläutern Sie diese!
13. **Welche Vorbehalte** enthält Art. 8 GG hinsichtlich der **Versammlungsfreiheit?** Welche **Bedeutung** hat dieses Grundrecht für die **Polizei?**
14. Nennen Sie **Inhalt** und **Grenzen** der **Vereinigungsfreiheit** und der **Koalitionsfreiheit!**
15. Nehmen Sie Stellung zu den Begriffen „**Streik**" und „**Aussperrung**"!
16. Erläutern Sie die Begriffe „**Postgeheimnis**", „**Briefgeheimnis**" und „**Fernmeldegeheimnis**"!
17. Was verstehen Sie unter **Freizügigkeit?** Erläutern Sie die **Bedeutung** des Grundrechts auf Freizügigkeit für die **Polizei!**
18. Erläutern Sie das Recht auf **freie Berufswahl** und **Berufsausübung!**
19. Was verstehen Sie unter dem Begriff „**Recht auf Arbeit**"?
20. Erläutern Sie das Grundrecht auf **Unverletzlichkeit der Wohnung!** Welche **Bedeutung** hat dieses Grundrecht für die **Polizei?**
21. Erläutern Sie das Grundrecht auf **Asyl** gem. Art. 16a GG!
22. Erklären Sie das **Recht auf Eigentum** gem. Art. 14 GG!
23. Erläutern Sie **Inhalt** und **Bedeutung** des **Petitionsrechts!**
24. Welche **Grundrechte** greifen ein, wenn Sie die folgenden strafprozessualen Maßnahmen vornehmen: vorläufige **Festnahme** eines Tatverdächtigen, **Durchsuchung** einer Gartenlaube, **Blutnahme** bei einem angetrunkenen Kraftfahrer, **Beschlagnahme** der Schrotflinte eines Wilderers?
25. Nennen und erläutern Sie die sog. **prozessualen Schutzrechte,** die das Grundgesetz enthält!
26. Welche Bestimmungen des Grundgesetzes **schützen** die dem Bürger gewährleistete **Grundrechtssphäre?**
27. Wie schützt sich unser Staat gegen **Verfassungsfeinde?**
28. Unter welchen **Voraussetzungen** können **Grundrechte verwirkt** werden?
29. Erläutern Sie das Recht zum **Widerstand** gem. Art. 20 Abs. 4 GG! Wie ist der Begriff des „**zivilen Ungehorsams**" rechtlich einzuordnen?
30. Setzen Sie sich verfassungsrechtlich mit der Problematik von Sitzblockaden auseinander!

# Kapitel V

# Die freiheitliche demokratische Grundordnung

## Allgemeines

Das Grundgesetz verwendet mehrfach die zusammengesetzten Begriffe

| freiheitliche demokratische Grundordnung | und | verfassungsmäßige Ordnung |
|---|---|---|

- ▶ Art. 10 Abs. 2, Brief-, Post- und Fernmeldegeheimnis
- ▶ Art. 11, Freizügigkeit
- ▶ Art. 18, Verwirkung von Grundrechten
- ▶ Art. 21 Abs. 2, Parteienverbot
- ▶ Art. 73 Nr. 10 Buchst. b, Zusammenarbeit im Verfassungsschutz
- ▶ Art. 87a Abs. 4, Unterstützung der Polizei
- ▶ Art. 91 Abs. 1, Notstand

- ▶ Art. 2 Abs. 1, Schranken des Grundrechts auf freie Entfaltung
- ▶ Art. 9 Abs. 2, verbotene Vereinigungen
- ▶ Art. 20 Abs. 3, Bindung des Gesetzgebers
- ▶ Art. 20a, Schutz der natürlichen Lebensgrundlagen
- ▶ Art. 28 Abs. 1, Verfassungsordnung der Länder
- ▶ Art. 98 Abs. 2, Richteranklage

Unter der „**verfassungsmäßigen Ordnung**" ist die **verfassungsgemäße allgemeine Rechtsordnung** zu verstehen, das heißt, die Gesamtheit der Normen, die in materieller und formeller Hinsicht der Verfassung gemäß sind.

Zur „**verfassungsmäßigen Ordnung**" gehören daher nicht nur alle Bestimmungen der Verfassung selbst, sondern auch alle Gesetze und Rechtsverordnungen, soweit sie der Verfassung entsprechen.

„**Freiheitliche demokratische Grundordnung**" ist der sehr viel engere Begriff. Er kennzeichnet nur Teile – nämlich die Basis – der verfassungsmäßigen Ordnung.

Am deutlichsten wird dieser **Unterschied**, wenn man sich einige **verfassungsrechtliche Schranken** vor Augen führt:

- ▶ Politische Parteien (Art. 21 Abs. 2 GG) sind nicht schon dann verfassungswidrig, wenn sie nach ihren Zielen oder dem Verhalten ihrer Anhänger gegen die verfassungsmäßige Ordnung gerichtet sind, also z. B. gegen § 218 StGB oder für Einführung der Todesstrafe. Sie sind es erst, wenn sie sich gegen den unverzichtbaren Kern unserer Ordnung, die **freiheitliche demokratische Grundordnung**, richten.
- ▶ Das Recht auf freie Entfaltung der Persönlichkeit (Art. 2 Abs. 1 GG) findet eine seiner Schranken bereits in der **verfassungsmäßigen Ordnung,** also in den allgemeinen

Gesetzen, und nicht erst in der freiheitlichen demokratischen Grundordnung. Denn „der Bürger wird in seiner allgemeinen Handlungsfreiheit legitim eingeschränkt nicht nur durch die Verfassung oder gar nur elementare Verfassungsgrundsätze, sondern durch jede formell und materiell verfassungsmäßige Rechtsnorm" (BVerfGE 6, 38).

Erstmalig in der deutschen Verfassungsgeschichte wird der Begriff der „**freiheitlichen demokratischen Grundordnung**" im Grundgesetz verwendet. Damit soll darauf verwiesen werden, dass Freiheit und Demokratie in unserer staatlichen Ordnung mehr sind als bloße Formalbegriffe; sie sind **Fundamentalprinzipien** unserer Verfassungsordnung, die sich gerade dadurch abhebt vom gescheiterten System in der DDR.

## Freiheit

**Freiheit** und **Demokratie** sind die **zentralen Grundbegriffe** unserer **Verfassung**.

Der moderne Freiheitsbegriff geht zurück auf die Erklärung der Menschenrechte durch die Französische Nationalversammlung am 26. 8. 1789. Dort heißt es unter anderem: „Die Menschen sind und bleiben von Geburt an frei und gleich an Rechten. Die Freiheit besteht darin, alles tun zu können, was einem anderen nicht schadet. Also hat die Ausübung der natürlichen Rechte des Menschen keine anderen Grenzen als die, die den übrigen Gliedern der Gesellschaft den Genuss eben dieser Rechte sichern. Diese Grenzen können nur gesetzlich festgelegt werden."

Freiheit ist also das **Recht** auf **Selbstbestimmung**. Es gilt für den einzelnen Menschen in gleicher Weise wie für Personengruppen oder auch ganze Völker. „Selbstbestimmung ist eine elementare Funktionsbedingung eines auf Handlungs- und Mitwirkungsfähigkeit seiner Bürger begründeten freiheitlichen demokratischen Gemeinwesens" (BVerfGE 65, 1).

Das **Bundesverfassungsgericht** definierte den Begriff der Freiheit erstmals 1957 im sog. **Elfes-Urteil** (E 6, 32). Dort heißt es, es sei nicht nötig, dass **alles**, was die Bürger dürfen, im Grundgesetz beschrieben sei. Vielmehr müsse sehr genau formuliert und gerechtfertigt sein, wenn **ausnahmsweise** jemand etwas **nicht** dürfen soll. Mithin wird ein „**lückenloses System** der **Handlungsfreiheiten**" durch die Verfassung gewährleistet, anders als z. B. in der US-Verfassung, in der Grundrechte erst nach und nach durch „Amendments" oder durch rechtsschöpfende Urteile des Supreme Court installiert worden sind. Eine umfassende „allgemeine" Handlungsfreiheit kennt die amerikanische Verfassung ebenso wenig wie die Würde des Menschen in ihrer Unantastbarkeit und ihrer Funktion als „Auffanggrundrecht". Was in Guantanamo möglich war, weil nicht ausdrücklich verboten, stößt nach deutschem Verfassungsrecht auf die unüberwindbare Barriere des Art. 1 GG.

Den umfassenden Schutz der Freiheit definierte das Gericht ein weiteres Mal 1958 im sog. **Lüth-Urteil** (E 7, 198): Der Hamburger Senatsdirektor Lüth hatte zum Boykott der Filme des Nazi-Regisseurs Veit Harlan („Jud Süß") aufgerufen. Das BVerfG entschied dazu, das Grundrecht der Meinungsfreiheit Lüths müsse auch von **Privatpersonen** respektiert werden. Zivilgesetze müssen daher so ausgelegt und notfalls korrigiert werden, dass die grundrechtlichen Freiheiten der Bürger möglichst **umfassend verwirklicht** werden können. Denn, so das Gericht, das **Grundgesetz** statuiere eine **objektive Wertordnung**, die das **gesamte öffentliche** und **private** Leben präge. In diesem Geiste sei das **gesamte Recht** zu ordnen.

Freiheit bedeutet indessen **nicht Schrankenlosigkeit,** sondern auch **Verpflichtung.** Sie wird daher gewährleistet im Rahmen der ihr selbst innewohnenden Schranken (s. oben). Daher kann sie im Sinne des Grundgesetzes z. B. auch nicht als Ermächtigung zur Abschaffung der Demokratie durch Mehrheitsbeschluss verstanden werden. Vielmehr ist es Aufgabe aller Bürgerinnen und Bürger, die Verfassung vor Feinden der Demokratie zu **schützen**, wenn diese gegen die Grundsätze der freiheitlichen demokratischen Grundordnung verstoßen.

*Freiheitliche demokratische Grundordnung*

> **Demokratie**

Demokratie ist **Herrschaft des Volkes für das Volk** (s. Kap. III).
Der Begriff der „freiheitlichen **demokratischen** Grundordnung" wird im Grundgesetz nicht erläutert. Er musste daher von der **Rechtsprechung definiert** werden. Dies ist durch das Bundesverfassungsgericht mit Urteil vom 23. 10. 1952 (BVerfGE 2, 12) geschehen, mit dem auf **Verfassungswidrigkeit** der **Sozialistischen Reichspartei** (SRP) erkannt wurde. Danach ist die **freiheitliche demokratische Grundordnung** eine Ordnung, die unter **Ausschluss** jeglicher **Gewalt- und Willkürherrschaft** eine **rechtsstaatliche Herrschaftsordnung** auf der Grundlage des **Selbstbestimmungsrechts** des Volkes nach dem Willen der jeweiligen **Mehrheit** und **Freiheit** und **Gleichheit** darstellt. Zu den grundlegenden Prinzipien sind mindestens zu rechnen: die Achtung vor den im Grundgesetz konkretisierten **Menschenrechten**, die **Volkssouveränität**, die **Gewaltenteilung**, die **Verantwortlichkeit** der **Regierung**, die **Gesetzmäßigkeit** der **Verwaltung**, die **Unabhängigkeit** der **Gerichte**, das **Mehrparteienprinzip**, die **Chancengleichheit** der **politischen Parteien** und das Recht auf verfassungsmäßige Bildung und Ausübung einer **Opposition**.

## Die einzelnen Grundprinzipien

Die Definition, die das BVerfG im SRP-Urteil zum Begriff der freiheitlichen demokratischen Grundordnung gegeben hat, ist zwangsläufig stark auf den Gegenstand dieser Entscheidung, die politischen Parteien und ihre Funktion im Staate, abgestellt.
Gleichwohl muss dem vorgenannten Leitsatz **generelle** Gültigkeit beigemessen werden (s. auch § 92 Abs. 2 StGB, wo die grundlegenden Prinzipien unserer staatlichen Ordnung in nahezu gleich lautender Weise beschrieben werden).
Somit sind zum **Wesenskern** der freiheitlichen demokratischen Grundordnung zu rechnen:

 **Ausschluss von Gewalt- und Willkürherrschaft**

Auch unser Staat kann auf Herrschaft nicht verzichten (s. Kap. III); eine Herrschaft allerdings, die durch das Recht gebändigt und durch die Demokratie legitimiert wird. Ausgeschlossen ist jegliche Gewaltherrschaft, d. h. jede Form ungesetzlicher Gewalt, vor allem auch der Terrorismus in all seinen Erscheinungsformen. Gewaltanwendung ist grundsätzlich dem Staat vorbehalten (staatliches Gewaltmonopol), jedoch ist auch er an die verfassungsmäßige Ordnung gebunden und zu strikter Wahrung der Grundrechte verpflichtet. Denn **ungezügelte Macht korrumpiert,** und sie **macht blind.**
Verboten ist daher jegliche staatliche Willkür, also jede Herrschaftsausübung außerhalb der von der Rechtsordnung gezogenen Grenzen (s. hierzu Art. 1 Abs. 3, 20 Abs. 3, 97 Abs. 1, 101 Abs. 1, 103 Abs. 1 und 2 sowie Art. 104 Abs. 2 GG).

 **Rechtsstaatliche Herrschaftsordnung**

Recht und Willkür können nicht identisch sein. Mit dem Ausschluss von Gewalt- und Willkürherrschaft bekennt sich unsere Verfassung daher zu einer rechtsstaatlichen Herrschaftsordnung.
Zu den **Prinzipien** des **Rechtsstaates** gehören:
- ▶ der Gesetzmäßigkeitsgrundsatz, Art. 20 Abs. 3 GG,
- ▶ die Gewährleistung der Grundrechte, Art. 1–19 GG,
- ▶ die Gewaltenteilung, Art. 20 Abs. 2 GG.

Einzelheiten dazu s. Kap. III.

*Freiheitliche demokratische Grundordnung*

 **Selbstbestimmung** des **Volkes** nach dem **Mehrheitsprinzip**

Die Selbstbestimmung des Volkes, das demokratische Prinzip also, gehört zu den elementaren Grundsätzen unserer Verfassung.
Demokratische Selbstbestimmung vollzieht sich nach dem Willen der jeweiligen Mehrheit. Aber auch der Mehrheit sind Grenzen gesetzt. Die Grundprinzipien unserer Verfassung sind dem Staat und der Gesellschaft vorgegeben (s. Art. 79 Abs. 3 GG). Sie dürfen – und sei es auch durch noch so große Mehrheiten – unter der Herrschaft des Grundgesetzes nicht beseitigt werden. Eine Unterdrückung von Minderheiten durch Mehrheitsbeschluss scheidet daher im Hinblick auf das Prinzip der Rechtsstaatlichkeit von vornherein aus (s. Kap. III).

 **Freiheit** als Grundlage unserer Ordnung

Freiheit ist ein Zentralbegriff der Wertordnung, zu der sich das Grundgesetz bekennt. Sie ist Wesenselement der Würde des Menschen. Gedanken- und Entscheidungsfreiheit (innere Freiheit) und körperliche Bewegungsfreiheit (äußere Freiheit) stehen daher unter besonderem Schutz der Verfassung (s. Kap. IV).

 **Gleichheit** als Grundlage unserer Ordnung

Wie die Freiheit, so gehört auch der Gleichheitsgrundsatz zu den Zentralbegriffen unserer staatlichen Ordnung.
Gemeint ist damit Gleichheit **vor** dem Gesetz, **nicht** Gleichheit **durch** das Gesetz im Sinne einer völligen Gleichmacherei. Sie würde das Ende der Rechtsstaatlichkeit und damit der Gerechtigkeit bedeuten. Nur gleiche Sachverhalte sind gleich, ungleiche Sachverhalte sind entsprechend ungleich zu behandeln (s. Kap. IV).

 **Achtung** vor den im Grundgesetz konkretisierten **Menschenrechten**

Unsere Verfassung bekennt sich zur **Unantastbarkeit** der **Menschenwürde** und zu einem umfassenden Katalog **unverletzlicher** und **unveräußerlicher Grundrechte,** in die – wenn überhaupt – nur unter eng begrenzten Voraussetzungen eingegriffen werden darf (s. Kap. IV).
Sie bekräftigt das Bekenntnis zu den Menschenrechten feierlich in der Präambel und stellt den Grundrechtskatalog – seiner zentralen Bedeutung entsprechend – an den Anfang.
Aus der historischen Erfahrung heraus genießen die Grundrechte einen **besonderen Schutz** gegen Missbrauch und Willkür jeder Art.
Schutzbestimmungen gegen **staatliche Willkür** sind:

- ▶ Substanzgarantie, Art. 19 Abs. 1 und 2 GG,
- ▶ Rechtsweggarantie, Art. 19 Abs. 4 und 93 Abs. 1 Nr. 4a GG,
- ▶ Gesetzmäßigkeitsgrundsatz, Art. 1 Abs. 3 und 20 Abs. 3 GG,
- ▶ Verfassungsbestandsgarantie, Art. 79 Abs. 3 GG.

*Freiheitliche demokratische Grundordnung*

Schutzbestimmungen gegenüber **sonstigen Eingriffen** sind:
- Verwirkung von Grundrechten, Art. 18 GG;
- Verbot verfassungswidriger Parteien, Art. 21 Abs. 2 GG;
- Verbot von Vereinigungen, Art. 9 Abs. 2 GG;
- Legalitätsprinzip (§§ 152, 163 StPO), wonach grundsätzlich gegen alle gerichtlich verfolgbaren Rechtsverletzungen (also auch Grundrechtsverletzungen) einzuschreiten ist (s. Kap. V).

### Volkssouveränität

Ausgangspunkt demokratischer Lebens- und Regierungsformen ist die Volkssouveränität. Das Volk ist bei der Ausübung des ihm zustehenden Rechts auf Selbstbestimmung frei. Jede staatliche **Machtäußerung** muss von ihm **legitimiert** sein, d. h. dass alle staatlichen Entscheidungsträger ihre Machtstellung letztlich auf das Staatsvolk zurückführen. Das Prinzip der Volkssouveränität verlangt ferner, dass die Amtsinhaber dem Volk bzw. den von ihm autorisierten Instanzen **verantwortlich** sind (s. Kap. III).

### Gewaltenteilung

Mit der Verteilung der staatlichen Hauptaufgaben auf drei voneinander **unabhängige Gewaltenträger** wird ein System der „**Hemmungen und Balancen**" geschaffen. Durch gegenseitige Kontroll- und Einflussmöglichkeiten wird staatlicher Allmacht und staatlicher Willkür vorgebeugt.

Der Grundsatz der Gewaltenteilung ist indessen nicht starr durchgeführt worden. Es gibt zahlreiche Überschneidungen, die jedoch an der grundsätzlichen Bedeutung und der Notwendigkeit der Gewaltenteilung nichts ändern. In der praktischen Politik haben sich daneben zwei weitere Ebenen der Verteilung von Gewalten eröffnet: das Verhältnis zwischen **Bund** und **Ländern** sowie die Rollenverteilung zwischen **Regierung** und **Opposition** (s. Kap. III).

### Verantwortlichkeit der Regierung

Die Verantwortlichkeit der Regierung ist Ausdruck des parlamentarischen Regierungssystems. Sie besteht darin, dass die Regierung vom Vertrauen des Parlaments (der Parlamentsmehrheit) abhängig ist. Dies ergibt sich insbesondere aus folgenden Verfassungsvorschriften:

- **Wahl des Bundeskanzlers,** Art. 63 GG

  Zum Bundeskanzler kann nur gewählt werden, wer das Vertrauen der Mehrheit der Mitglieder des Bundestages besitzt (so der Regelfall gem. Art. 63 GG).

- **Misstrauensvotum,** Art. 67 GG

  Der Bundestag kann dem Bundeskanzler das Misstrauen aussprechen und damit die Regierung stürzen, sofern er mit Mehrheit einen neuen Kanzler wählt.

- **Vertrauensfrage,** Art. 68 GG

  Wenn der Bundeskanzler die Vertrauensfrage stellt, so kann der Bundestag dazu seine Zustimmung versagen. Damit wird zumindest Klarheit über die tatsächlichen Mehrheitsverhältnisse im Parlament geschaffen. Mögliche Folgen sind: Rücktritt des Kanzlers, Misstrauensvotum, Minderheitenkabinett oder auch Auflösung des Bundestages.

233

*Freiheitliche demokratische Grundordnung*

▶ **Einsetzung** von **Untersuchungsausschüssen,** Art. 44 GG

Auf Antrag eines Viertels seiner Mitglieder kann der Bundestag Untersuchungsausschüsse einsetzen und somit Maßnahmen der Regierung kontrollieren.

▶ **Anwesenheitsverlangen,** Art. 43 GG

Auf Verlangen des Bundestages müssen Mitglieder der Bundesregierung bei Sitzungen des Bundestages und seiner Ausschüsse anwesend sein. Sie müssen den Abgeordneten Rede und Antwort stehen (s. §§ 105 bis 111 der Geschäftsordnung des Bundestages).

Weitere Einzelheiten hierzu s. Kap. VIII.

 **Gesetzmäßigkeit** der **Verwaltung**

Durch den Gesetzmäßigkeitsgrundsatz (vgl. Art. 1 Abs. 3 und 20 Abs. 3 GG) wird die vollziehende Gewalt an den Grundrechtskatalog sowie an Gesetz und Recht gebunden. Das bedeutet:

▶ Es ist der vollziehenden Gewalt verwehrt, verfassungswidrige Eingriffe in die Grundrechtssphäre vorzunehmen.

▶ Sie hat sich bei all ihren Maßnahmen an den Gesetzen, der höchstrichterlichen Rechtsprechung sowie am Ideal der Gerechtigkeit zu orientieren.

Bei Verstößen gegen den Gesetzmäßigkeitsgrundsatz steht dem Bürger ein System des lückenlosen Rechtsschutzes zur Seite. Einzelheiten s. Kap. III.

 **Unabhängigkeit** der **Gerichte**

Die Unabhängigkeit der Richter ist ein Wesensmerkmal des Rechtsstaates, kein Standesprivileg. Sie gewährleistet, dass die Rechtsprechung sich in einer von sachfremden Einflüssen freien Atmosphäre vollzieht. Dies dient zugleich dem Schutz des Einzelnen vor staatlicher Willkür.

Seinen Niederschlag findet das Prinzip der richterlichen Unabhängigkeit in Art. 97 GG. Es besteht sowohl in sachlicher wie in persönlicher Hinsicht.

▶ Art. 20 Abs. 3 GG: Richter sind nur an Gesetz und Recht gebunden.

▶ Art. 97 Abs. 2 GG: Richter sind grundsätzlich unabsetzbar und unversetzbar.

 **Mehrparteienprinzip**

Die Parteien sind verfassungsrechtlich notwendiger Bestandteil der freiheitlichen demokratischen Grundordnung. Sie sind frei gebildete, im gesellschaftlich-politischen Bereich wurzelnde Gruppen, denen ein öffentlicher, verfassungsrechtlich verbürgter Auftrag zur Mitwirkung an der politischen Willensbildung des Volkes obliegt. Sie allein haben die Möglichkeit, die Bürger zu politisch aktionsfähigen Gruppen zusammenzuschließen.

Da in einer pluralistischen Gesellschaftsordnung stets verschiedene Gruppenmeinungen nach politischer Geltung streben, sind zum Funktionieren der Demokratie immer auch verschiedene parteipolitische Gruppierungen erforderlich.

Dieses Mehrparteienprinzip wird gewährleistet durch die Freiheit der Gründung und der Betätigung von Parteien im Rahmen des Verfassungsauftrages gem. Art. 21 GG.

Es ist äußerer Ausdruck der Freiheit des Menschen, seine politischen Ansichten in Gemeinschaft mit anderen durchzusetzen. – Durch das Mehrparteienprinzip wird das Entstehen eines Einparteienstaates verfassungsrechtlich ausgeschlossen. Sowohl den drei Staatsgewalten wie auch allen politischen Kräften im Staate ist es verwehrt, einen Einparteienstaat zu fördern oder zu erzwingen. Einzelheiten s. Kap. IX.

**Chancengleichheit der politischen Parteien**

Mit der Gewährleistung des Mehrparteienstaates (durch den die Vielfalt politischer Auffassungen die rechtlich gesicherte Chance erhält, sich im politischen Leben Geltung zu verschaffen) ist eng der Grundsatz der Chancengleichheit der politischen Parteien verbunden. Er ist abzuleiten aus dem allgemeinen Gleichheitsgrundsatz gem. Art. 3 GG, verbunden mit der Aufgabenzuweisung gem. Art. 21 GG sowie dem Prinzip des gleichen Wahlrechts gem. Art. 38 GG (vgl. S. 364, 369).

Das Prinzip der Chancengleichheit **verbietet** jede **Ungleichbehandlung** der Parteien durch den Gesetzgeber und die übrigen Gewalten. Es findet seinen Ausdruck vor allem in den Bestimmungen des Parteiengesetzes über den sog. Chancenausgleich. Ausnahmen von diesem Grundsatz sind nur zulässig, soweit sie durch die Verfassung selbst aus Gründen der „wehrhaften Demokratie" vorgesehen wurden oder im Interesse regierungsfähiger Parlamentsmehrheiten zwingend geboten sind.

Die wichtigsten Durchbrechungen dieses Grundsatzes sind die Fünf-Prozent-Klausel sowie die Festlegung eines Mindest-Wahlerfolges für die Erstattung von Wahlkampfkosten. Einzelheiten dazu s. Kap. IX.

**Recht auf verfassungsmäßige Bildung und Ausübung einer Opposition**

Unter dem Begriff „parlamentarische Opposition" ist die verfassungsrechtlich anerkannte und politisch notwendige Gruppe von Abgeordneten zu verstehen, die der Regierung weder angehören noch sie unterstützen, sich jedoch mit dieser gemeinsam zu den Grundwerten der Verfassung bekennen.

Die **Funktion** der Opposition besteht insbesondere darin, durch Teilnahme an den Aussprachen im Plenum und an den Beratungen in den Ausschüssen sowie durch Wahrnehmung der verfassungsrechtlichen Kontrollbefugnisse Einfluss auf die Regierung und die öffentliche Meinung zu nehmen. Die Opposition zeigt Alternativen auf und eröffnet damit überhaupt erst **echte Wahlmöglichkeiten**. Sie kann zur Zusammenarbeit mit der Regierung bereit sein (kooperative Opposition), gleiche Ziele wie diese verfolgen (kompetitive Opposition), aber auch hemmend wirken (obstruktive Opposition). Den Spielregeln der Demokratie entspricht es jedoch nicht, wenn eine Partei sog. „Fundamentalopposition" betreibt. So z. B. bei einer Blockade notwendiger Reformen mit dem ausschließlichen Ziel, die Regierung wegen Stillstandes der Politik in Misskredit zu bringen und sich hierdurch selbst als „bessere" Alternative profilieren zu wollen.

Oppositionelle Rechte stehen gleichfalls den **nicht** im Parlament vertretenen Kräften zu. Dabei versteht sich von selbst, dass auch die außerparlamentarische Opposition an die verfassungsmäßige Ordnung gebunden ist. Dies gilt nicht zuletzt ebenso für Protestbewegungen, Bürgerinitiativen und dergl. (s. Kap. III).

Wie wichtig das Mehrparteienprinzip, die Chancengleichheit und das Recht auf Opposition sind, ist durch das Scheitern des DDR-Regimes besonders deutlich geworden.

## Freiheitliche demokratische Grundordnung

Wenn die freiheitliche demokratische Grundordnung keine leere Floskel, sondern mit Leben erfüllt sein soll, so müssen sich Staat und Gesellschaft **aktiv** zu dieser Ordnung **bekennen**. Demokratie ist nur lebensfähig, wenn jeder einzelne Bürger sich zum **Mitdenken, Mithandeln** und **Mitverantworten** verpflichtet fühlt (s. Kap. I): Wer einen „Ohne-mich-Standpunkt" bezieht, lässt es zu, dass eine Minderheit politisch Aktiver die Geschicke im Staate bestimmt. Er verzichtet darauf, die Ausübung staatlicher Macht zu kontrollieren. Wo aber **Kontrolle fehlt**, dort droht ein **Missbrauch** der **Macht**.

Das Bekenntnis zum demokratischen Staat schließt den Willen ein, für die **Erhaltung der Grundwerte** dieser Ordnung einzustehen und sie gegen Feinde zu verteidigen. Das setzt in erster Linie einen **bildungspolitisch verankerten** Demokratieschutz voraus. Mithin wird das Prinzip der

| wehrhaften Demokratie |

letztlich von jedem einzelnen Bürger selbst verwirklicht (s. Kap. V). Die historische Erfahrung aber hat gezeigt, dass auch der Staat Vorkehrungen zur Sicherung der freiheitlichen demokratischen Grundordnung treffen muss. Dies geschieht insbesondere durch:

| schützende Verfassungsnormen |

z. B.  Art. 18 GG — Verwirkung von Grundrechten (s. Kap. IV)

Art. 21 Abs. 2 GG — Feststellung der Verfassungswidrigkeit und Auflösung von Parteien (s. Kap. IX)

Art. 9 Abs. 2 GG — Verbot von Vereinigungen (s. Kap. X)

Art. 20 Abs. 4 GG — Widerstandsrecht (s. Kap. IV)

Art. 35, 91 u. 115a GG — Notstandsverfassung (s. Kap. XII)

Art. 33 Abs. 4 u. 5 GG — Angehörige des öffentlichen Dienstes dürfen nicht Gegner der freiheitlichen demokratischen Grundordnung sein

| gesetzliche Schutzvorschriften |

z. B.  §§ 81 und 82 StGB — Hochverrat

§ 84 StGB — Fortführung einer für verfassungswidrig erklärten Partei

§ 85 StGB — Verstoß gegen ein Vereinigungsverbot

| schützende Organe des Staates |

z. B. Bundesverfassungsgericht, Bundesamt für Verfassungsschutz, Landesämter für Verfassungsschutz, Polizeien des Bundes und der Länder.

Mit diesem System ineinander greifender Sicherungen wird eine Form des Zusammenlebens garantiert, in der alle staatliche Macht und Gewalt dem Wohle des Menschen dienen soll. Daher: Demokratie ist nicht nur die **schwierigste,** sondern auch die allein **menschenwürdige** Regierungsform.

## Zusammenfassung
### Das Haus, in dem wir leben

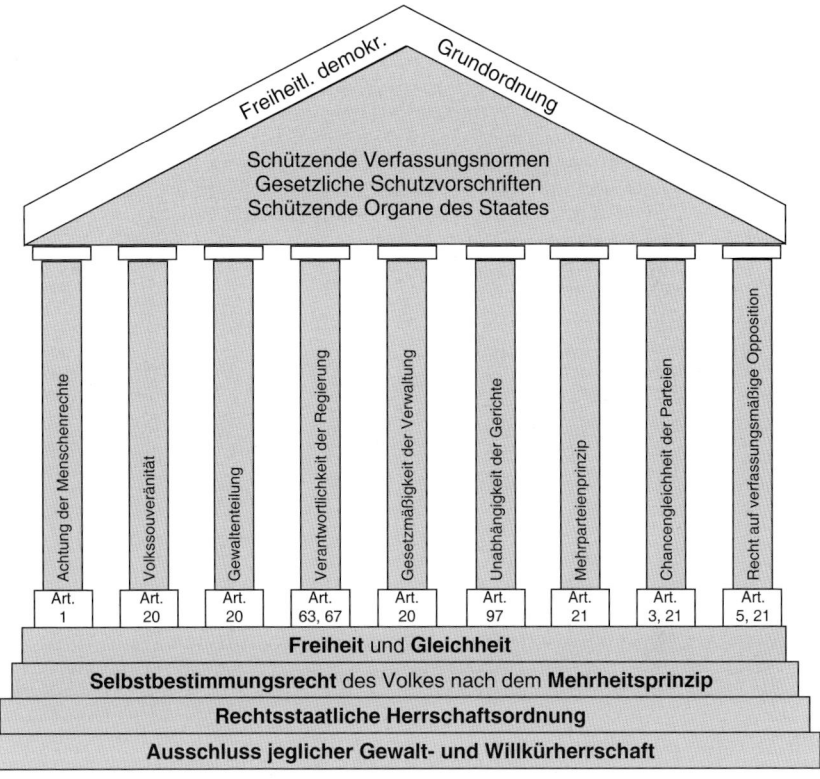

Dem **Begriff** der „freiheitlichen demokratischen Grundordnung" im Sinne des Art. 21 Abs. 2 GG hat das BVerfG folgende **Auslegung** gegeben:

„So lässt sich die freiheitliche demokratische Grundordnung als eine Ordnung bestimmen, die unter Ausschluss jeglicher Gewalt- und Willkürherrschaft eine rechtsstaatliche Herrschaftsordnung auf der Grundlage der Selbstbestimmung des Volkes nach dem Willen der jeweiligen Mehrheit und der Freiheit und Gleichheit darstellt. Zu den grundlegenden Prinzipien dieser Ordnung sind mindestens zu rechnen: die Achtung vor den im Grundgesetz konkretisierten Menschenrechten, vor allem dem Recht der Persönlichkeit auf Leben und freie Entfaltung; die Verantwortlichkeit der Regierung; die Gesetzmäßigkeit der Verwaltung; die Unabhängigkeit der Gerichte; das Mehrparteienprinzip und die Chancengleichheit für alle politischen Parteien mit dem Recht auf verfassungsmäßige Bildung und Ausübung einer Opposition" (BVerfGE 2, 12 ff.).

# Kapitel VI
# Symbole unseres Staates

Wie jede andere menschliche Gemeinschaft, so hat auch der Staat seine Symbole. Sie sind Erkennungszeichen mit Signalcharakter, sie sind sichtbarer Ausdruck des Gemeinschaftsgefühls, sie sind Identifikationsobjekt, Integrationsfaktor und manches andere mehr.

 **Staatssymbole** sind Ausdruck **staatlichen Hoheitsanspruchs.** Sie sollen die Integration des Staatsvolkes nach innen wie nach außen sichtbar machen.

Man mag sie für antiquiert oder gar für überflüssig halten, aus den internationalen Beziehungen (etwa im See- und Luftverkehr) und der nationalen Selbstdarstellung (z. B. bei Staatsbesuchen) sind sie ebenso wenig wegzudenken wie aus der inneren Beziehung zwischen Mensch und Gemeinschaft. Mit Sachlichkeit und Vernunft gebraucht, erfüllen sie eine wichtige Funktion. Sie genießen daher auch bei uns strafrechtlichen Schutz (s. § 90a StGB, Verunglimpfung des Staates und seiner Symbole).

Die Bundesrepublik Deutschland ist gekennzeichnet durch folgende Staatssymbole:

## Die Nationalhymne

Als Nationalhymne wird in der Bundesrepublik Deutschland die dritte Strophe des Deutschlandliedes von Hoffmann von Fallersleben nach der Melodie von Josef Haydn gesungen: „**Einigkeit und Recht und Freiheit ...**"

Diese Regelung ergibt sich weder aus der Verfassung noch aus einem Gesetz. Sie beruht auf einem Briefwechsel aus dem Jahre 1952, innerhalb dessen der damalige Bundespräsident Heuss einer Anregung des Bundeskanzlers Adenauer entsprach und sich für die dritte Strophe des Deutschlandliedes entschied.

Zu diesem Briefwechsel hat das **Presse- und Informationsamt der Bundesregierung** – gleichsam als offiziellen Verkündungsakt – einen „Kommentar" veröffentlicht, in dem es unter anderem heißt (Bulletin der Bundesregierung vom 6.5.1952, S. 539):

„Es entspricht durchaus der deutschen Situation, dass diese Entscheidung nicht in Form einer feierlichen Proklamation vollzogen wurde. Denn einmal bedurfte es einer solchen Proklamation nicht, weil das Lied niemals aus dem Bewusstsein des Volkes geschwunden war; aus diesem Grund handelt es sich tatsächlich nur um die offizielle Anerkennung eines Tatbestandes, der immer wieder offensichtlich in Erscheinung getreten ist."

**Dasselbe** Verfahren wählte man nach der **Vereinigung** beider Teile Deutschlands: Im Bulletin des Presse- und Informationsamts vom 27. 8. 1991 (später auch mit „Bekanntmachung" vom 19.11.1991, BGBl. I S. 2135) wurde ein Briefwechsel zwischen Bundespräsident v. Weizsäcker und Bundeskanzler Kohl veröffentlicht, durch den unter Berufung auf ihre **zentrale Aussage** – den Willen der Deutschen zur **Einheit** in **freier Selbstbestimmung** – die **Dritte Strophe** des Deutschlandlieds erneut als Nationalhymne **bestätigt** wurde.

Wie die Deutschen heute zu dieser Frage stehen, zeigte sich, als die Gewerkschaft Erziehung und Wissenschaft (GEW) im Vorfeld der Fußballweltmeisterschaft 2006 mit ihrer Broschüre „Argumente gegen das Deutschlandlied" auf **Abschaffung** der Hymne mit der Begründung plädierte, das Lied (vor allem die erste Strophe) sei in der NS-Zeit als Nationalhymne gesungen worden. Die nahezu **einhellige** Ablehnung des (später zurückgenommenen) Vorschlags zeigte, dass in der Verwendung (und Missdeutung) der ersten Strophe durch die Nazis **keine Belastung** mehr gesehen wird, zumal keiner der Verantwortlichen in der langen Geschichte dieses Liedes auch nur im Geringsten mit dem Gedankengut der Nazis in Verbindung gebracht werden kann – weder der Freiheitskämpfer Hoffmann von Fallersleben, der den Text 1841 verfasste, noch der sozialdemokratische Reichspräsident Friedrich Ebert, der die Hymne 1922 einführte, noch Theodor Heuss und Konrad Adenauer sowie Richard v. Weizsäcker und Helmut Kohl, die für die Wiedereinführung der dritten Strophe in der „Bonner" und der „Berliner" Republik stehen.

## Flagge, Wappen und Dienstsiegel

Die **Geschichte** der Flaggen der Deutschen ist so wechselhaft wie die Geschichte der Deutschen selbst:

Das **Deutsche Reich von 1871** führte die Farben **Schwarz-Weiß-Rot**. Es ging dabei zurück auf das alte **Kaiserreich** bis 1806 (Rot-Weiß) und die Farben des **Deutschen Ritterordens** und **Preußens** (Schwarz-Weiß). Zwar hatte die **Verfassung** des Deutschen Reiches vom 16.4.1871 gem. Art. 55 die Farben Schwarz-Weiß-Rot **lediglich** für die **Kriegs- und Handelsflotte** vorgesehen, doch entwickelten sich daraus schließlich die Reichsfarben ganz allgemein. An diese Flaggen-Tradition schlossen sich die nationalsozialistische Bewegung und (ab 1933) der **NS-Staat** an.

Die Farben **Schwarz-Rot-Gold** wurzeln in der **demokratischen Tradition** und dem Streben nach **Einheit** und **Freiheit** unseres Volkes. Sie wurden geführt vom Freikorps Lützow in den Freiheitskriegen ab 1813, beim Wartburgfest der deutschen Studentenschaft (1817), beim Hambacher Fest der Einheits- und Freiheitsbewegung im Jahre 1832 und schließlich 1848 von der **Frankfurter Nationalversammlung** in der **Paulskirche**, durch die sie auch zu den Farben des künftigen Staates bestimmt wurden. Hier knüpfte die **Weimarer Verfassung** an. Zugleich ließ sie jedoch für den Bereich der Handelsmarine, angeblich des überkommenen Bildes und der besseren Erkennbarkeit wegen, einen Kompromiss zu. Art. 3 WRV bestimmte nämlich: „Die Reichsfarben sind Schwarz-Rot-Gold. Die Handelsflagge ist Schwarz-Weiß-Rot mit den Reichsfarben in der oberen inneren Ecke." Diese Bestimmung wurde während der gesamten Weimarer Zeit zum Anlass für einen erbitterten „Flaggen-Streit" genommen.

Die schwarz-weiß-rote „**Reichskriegsflagge**" des Kaiserreiches wurde während der Weimarer Zeit zunehmend zum Symbol eines übersteigerten Nationalismus und einer radikalen Demokratiefeindlichkeit. Ein konkretes Symbol der nationalsozialistischen Bewegung war sie jedoch nicht, wohl aber seit 1935 das Hoheitszeichen der Wehrmacht. Sie wird heute erneut von der rechtsextremistischen Szene als Provokation eingesetzt. In einigen Bundesländern (Berl., Brdbg., Rh.-Pf., Hess., NRW, Saarl. und S.-Anh.) ist das Zeigen der Flagge als Ordnungsverstoß polizeilich zu unterbinden; die Fahnen sind ggf. zu beschlagnahmen.

In Anlehnung an die **Einheits- und Freiheitsbewegung** des Jahres **1848** und die **Weimarer Republik** bestimmt Art. 22 Abs. 2 GG: „**Die Bundesflagge ist schwarz-rot-gold**". Das Grundgesetz kehrt sich damit bewusst vom Schwarz-Weiß-Rot des Kaiserreiches und der Hitlerzeit ab (wie auch die ehemalige DDR, die sich insoweit auf die gleichen Wurzeln berufen und ihrer schwarz-rot-goldenen Flagge das Emblem mit Hammer und Zirkel hinzugefügt hatte).

Die **Bundesfarben** werden aus dem historischen Kontext heraus als Zeichen der **Einheit** und Freiheit gesehen. Ihre Symbolik entspricht der **Nationalhymne** und der **Präambel** des Grundgesetzes.

Auch das große und kleine **Dienstsiegel** des Bundes sowie die Amtsschilder der Bundesbehörden tragen das Symbol des Bundesadlers. Dass das Staatswappen zugleich auch den **Plenarsaal** des Parlaments schmückt, gehört in allen demokratischen Staaten zur Tradition.

## Orden und Ehrenzeichen

Art. 109 der Weimarer Reichsverfassung hatte bestimmt: „Orden und Ehrenzeichen dürfen vom Staat nicht verliehen werden." Dieser Fassung hat sich der Parlamentarische Rat bei seinen Beratungen nicht angeschlossen. Eine entsprechende Regelung im Grundgesetz fehlt daher. Gleichwohl sind Orden und Ehrenzeichen in begrenztem Umfang gestiftet worden (s. Gesetz vom 26.7.1957, BGBl. I S. 844).

Das Gesetz bestimmt, dass für besondere Verdienste um die Bundesrepublik Deutschland Titel, Orden und Ehrenzeichen des Bundes verliehen werden können. Nicht berührt wird dadurch die Befugnis der Länder, eigene Auszeichnungen zu verleihen.

Die Befugnis, Titel zu verleihen sowie Orden und Ehrenzeichen zu stiften und zu verleihen, überträgt das Gesetz grundsätzlich dem **Bundespräsidenten**. Das Gesetz enthält ferner Regelungen über das Tragen „früher verliehener Orden und Ehrenzeichen".

Die wichtigste und bekannteste Auszeichnung ist der **Verdienstorden der Bundesrepublik Deutschland** als Großkreuz, Großes Verdienstkreuz, Verdienstkreuz (jeweils in verschiedenen Stufen) und als Verdienstmedaille. Es wird verliehen für besondere Leistungen, die auf politischem, wirtschaftlichem, sozialem oder kulturellem Gebiet zum friedlichen Aufstieg der Bundesrepublik Deutschland beigetragen haben.

**Bundeswehr-Ehrenzeichen** wurden ursprünglich in den Stufen **Ehrenmedaille** und **Ehrenkreuz** in **Bronze**, **Silber** und **Gold** verliehen. Sie definieren sich an der **Dauer** des Einsatzes, das Ehrenkreuz in Silber auch an besonderen **Einzelleistungen**. 2008 stiftete der Bundesverteidigungsminister mit Genehmigung des Bundespräsidenten ergänzend das **Ehrenkreuz für Tapferkeit**, das am 6.7.2009 erstmals an vier Soldaten verliehen wurde. Von einer Wiederbelebung des **1813** gestifteten **Eisernen Kreuzes** wurde wegen des Missbrauchs während der NS-Zeit abgesehen, wenngleich sich das Symbol auf allen Fahrzeugen, Schiffen und Flugzeugen der Bundeswehr als Hoheitsabzeichen findet.

Für Sportler, die sich um die Bundesrepublik Deutschland durch Leistung und Haltung verdient gemacht haben, wurde in bewusster Schlichtheit das **Silberne Lorbeerblatt** gestiftet.

Die meisten **Bundesländer** verleihen eigene Verdienstorden bzw. Auszeichnungen, mit denen Verdienste um das jeweilige Land gewürdigt werden. **Ausländische** Titel und Orden dürfen von Deutschen nur mit Genehmigung des Bundespräsidenten angenommen werden.

**Ausländische** Titel, Orden und Ehrenzeichen dürfen von Deutschen nur mit Genehmigung des Bundespräsidenten angenommen werden.

## Nationaler Gedenktag

Einen „nationalen Feiertag", wie er in vielen Ländern begangen wird, hatte die Bundesrepublik Deutschland bis zum Zeitpunkt der Vereinigung nicht, jedoch wurde durch Gesetz vom 4.8.1953 (BGBl. S. 778) zum Gedenken an den Volksaufstand in der DDR und in Ost-Berlin vom **17. Juni 1953** der „**Tag der Deutschen Einheit**" zum gesetzlichen Feiertag proklamiert.

Mit der Wiedererlangung der **Einheit** musste ein Tag gefunden werden, der für das **gesamte** deutsche Volk Identifikation stiften konnte. Der 17. Juni und der 23. Mai, der Verfassungstag, schieden wegen ihrer westdeutschen Verankerung und Tradition aus, der 9. November als Tag des Mauerfalls fand im Hinblick auf seine historischen Belastungen (Kapitulation 1918 und Judenpogrome 1938) ebenfalls keine Zustimmung. Daher wählte man den **3. Oktober,** den Tag des Beitritts der DDR zum Grundgesetz als „**Tag der Deutschen Einheit**" zum **gesetzlichen Feiertag** (Art. 2 Abs. 1 des Einigungsvertrages). Der Ereignisse des 17. Juni 1953 (s. Kap. II) wird seither in anderer würdiger Form gedacht. Es mehren sich allerdings die Stimmen, die dazu aufrufen, die Gedenktagsregelung als Ganzes noch einmal zu überdenken.

*Symbole*

## Zur Hauptstadtfrage

Hauptstädte sind **Identifikationsobjekte**; durch sie wird u. a. auch Staatlichkeit repräsentiert, in ihnen spiegelt sich der Staat in besonderer Weise. Sie haben daher regelmäßig auch eine Art **Symbolcharakter.**

In Deutschland sind es drei Städte, die in jüngerer Zeit symbolhaft für einen bestimmten verfassungsrechtlich-politischen Inhalt stehen:
- ▶ **Berlin** als traditioneller Identifikationsfaktor und staatlicher Mittelpunkt des Deutschen Reiches (bzw. – nach der Vereinigung – der Bundesrepublik);
- ▶ **Bonn,** die frühere Bundeshauptstadt, die in den 40 Jahren bis zur Vereinigung längst über ihren ursprünglichen Status eines „Provisoriums" hinausgewachsen war; und
- ▶ **Weimar,** das (als Sitz der verfassunggebenden Nationalversammlung) der ersten Republik (im allgemeinen Sprachgebrauch) seinen Namen lieh.

Die **Hauptstadtfrage** im **vereinigten** Deutschland ist bereits im Einigungsvertrag (Art. 2 Abs. 1) zugunsten **Berlins** entschieden worden. Ob Berlin zugleich auch Sitz von **Parlament** und **Regierung** werden solle, war zunächst umstritten, bis sich der Bundestag am 20.06.1991 mit 338 gegen 320 Stimmen für die Hauptstadt aussprach. Im Anschluss daran gab der **Bundesrat** seine ursprünglich eher abwartende Haltung auf. Nach umfangreichen Bauarbeiten konnte der **Bundestag** am 19.4.1999 im völlig umgestalteten Reichstagsgebäude seine erste Plenarsitzung abhalten. Das neue **Kanzleramt** wurde am 2.5.2001 eingeweiht.

Der Stadt **Bonn,** die sich seither **Bundesstadt** nennen darf, wurde als Ausgleich für die Verlagerung der Fortbestand einiger Bundesbehörden zugesichert (Bundesamt für Naturschutz, Umweltamt, Beauftragter für Ausländerfragen, Bundesrechnungshof). Außerdem ist Bonn UN-Standort für Deutschland. Ihren Sitz in Bonn haben u. a. das Freiwilligenprogramm (UNV) und das Sekretariat der Klimarahmenkonferenz (UNF-CCC).

Die **Bundesregierung** ist nach dem **„Berlin-Bonn-Gesetz"** vom 10.3.1994 aufgeteilt: Der **„politische"** Kern der Regierungsfunktionen ist in **Berlin** angesiedelt. Doch nur wenige Ressorts verfügen dort über einen kompletten Apparat, die Mehrheit ist von ihren „administrativen" Organisationseinheiten abgekoppelt. Mit rd. 8 000 Bediensteten arbeiten immer noch fast so viele Menschen für die Bundesregierung in Bonn wie in Berlin. Sechs der vierzehn Ministerien haben sogar ihren **Erstsitz** in **Bonn** (Verteidigung, Bildung, Gesundheit, Umwelt, Landwirtschaft und Entwicklungshilfe). Sie sind in Berlin durch einen **Zweitsitz** vertreten (und umgekehrt). Einen Zweitsitz in Bonn haben auch **Bundespräsident** (Villa Hammerschmidt) und **Bundeskanzler.**

Dieses sog. **Kombinationsmodell** verursacht trotz eines modernen Informationsverbunds **Reibungs-** und **Effizienzverluste** sowie enorme **Kosten** (bisher geschätzte 250 Mio. Euro). Auch heute noch finanziert der Bund mit rd. 10 Millionen Euro jährlich den Teilungsaufwand. Daher wird immer wieder der **Totalumzug** gefordert. Dem wird entgegengehalten, diese Forderung beruhe auf einem überholten Organisationsverständnis. Die Privatwirtschaft beweise täglich, dass dislozierte Unternehmen in Zeiten moderner Kommunikationssysteme weltweit reibungslos funktionieren können. Allein die Verlagerung der Rechenzentren des Auswärtigen Amts und des Verteidigungsministeriums werde eine Milliarde kosten, und ein Umzug aller Ministerien erfordere jährlich 300 Mio. Euro nur für die Kreditfinanzierung der Neubauten in Berlin. Ein Umzug ist zudem auch wegen des zu erwartenden Nein der 130 NRW-Abgeordneten wenig wahrscheinlich. Mit welchem Widerstand dabei zu rechnen ist, zeigte der 2004 gescheiterte Versuch, das BKA nach Berlin zu verlagern.

# Kapitel VII

# Die Wahlen

## Allgemeines

In der Demokratie ist das **Volk** (s. Kap. III) Träger der **Staatsgewalt**. Von ihm leitet sich jede Form demokratischer Machtausübung unmittelbar oder mittelbar ab. Dieser Vorgang der Auftragserteilung (demokratische Legitimation) findet durch **Wahlen** statt. Sie sind das wichtigste Instrument der Einflussnahme auf die politische **Willensbildung**. „Wahlrecht ist zentrales Staatsbürgerrecht" (BVerfGE 83, 37).

Wahlen sind somit ein **Kernbestandteil** der **parlamentarischen Demokratie**. Sie

▶ **legitimieren** die Ausübung der Staatsgewalt;

▶ bilden politisches **Bewusstsein** aus und kanalisieren dieses in einer Weise, dass die friedliche Beilegung von Konflikten möglich wird;

▶ **verteilen** die **politischen Gewichte** als Antwort auf zurückliegende und Vertrauensvorschuss für künftige Politik;

▶ schaffen die Voraussetzungen für die Bildung eines **politisch aktionsfähigen Willens**, für den Wettstreit der Parteien und die Kontrolle der Regierung durch die Opposition;

▶ bilden das **Scharnier** zwischen Wählern und Gewählten.

Die **Teilhabe** des Volkes an der Staatswillensbildung vollzieht sich im Regelfall **indirekt**. In modernen Industriestaaten ist eine durchgängige Realisierung unmittelbarer Demokratie nicht möglich (s. Kap. III). An ihre Stelle ist die **mittelbare** Demokratie getreten, deren Grundgedanke die **Repräsentation** ist. Hier wird die Staatsgewalt – sieht man einmal von Wahlen ab – **nicht vom Volke ausgeübt**, sondern – vgl. Art. 20 Abs. 1 GG – „**geht vom Volke aus**". Mit anderen Worten: Die Herrschaftsfunktion des Staates ist zwar auf den Willen des Volkes zurückführbar und erhält durch ihn ihre Legitimation, aber sie wird durch **Wahlen** für jeweils einen befristeten Zeitraum auf Repräsentanten übertragen, die im Namen der Gesamtheit handeln und ihr gegenüber verantwortlich sind.

Wenn dieses System, die staatliche Leitungsbefugnis vom Mehrheitswillen der Wähler abhängig zu machen, funktionieren soll, müssen einige **Grundvoraussetzungen** demokratischer Wahlen erfüllt sein. Dazu gehören zumindest:

> Wahlen müssen **wiederholbar** und **korrigierbar** sein

Die Regelmäßigkeit und die überschaubaren Abstände der Wahlen

▶ zwingen die **Gewählten**, fortlaufend ihre Politik zu **erläutern**, sie am Wählerwillen **auszurichten** und sich selbst von Zeit zu Zeit dem Urteil des Wählers zu **stellen**;

▶ ermöglichen es den **Wähler**, eine einmal getroffene Wahlentscheidung zu **bestätigen** oder zu **korrigieren** und damit Einfluss auf Parlament und Regierung zu nehmen (Herrschaft auf Zeit).

Durch ihre Wiederholbarkeit dienen die Wahlen folglich der **Machtbegrenzung**, der **Machtkontrolle** und der **Machtkorrektur**. Sie sind Akte **direkter Demokratie** und gewährleisten das Prinzip der **Volkssouveränität** (s. Kap. III).

*Wahlen*

> Wahlen müssen **Alternativen** bieten

Wahlen im Sinne einer freiheitlichen Demokratie müssen eine echte **Auswahlmöglichkeit** zwischen verschiedenen miteinander konkurrierenden politischen Kräften und deren Sachprogrammen bieten. Dies erscheint uns heute selbstverständlich; doch zeigt der zurückschauende Blick in die Verfassungswirklichkeit der DDR, dass Wahlen auch zu bloßen „Schauveranstaltungen" degradiert werden können. Ein Mittel echter politischer Mitbestimmung der Staatsbürger waren sie nicht. Durch die Einheitsliste wurde der Wähler darauf beschränkt, ein in seiner Zusammensetzung **vorherbestimmtes** Parlament lediglich zu **bestätigen.** Daher vermögen Wahlen dieser Art keine Veränderung des bestehenden politischen Kräfteverhältnisses herbeizuführen.

Im DDR-Handbuch (a. a. O., Band 2, Seite 1447) hieß es dazu:

„Die Wahlen haben in der DDR eine andere Funktion als in Staaten parlamentarisch-demokratischen Typs. Sie haben nicht die Aufgabe, eine Entscheidung des Volkes darüber herbeizuführen, welche der verschiedenen, miteinander konkurrierenden politischen Kräfte für begrenzte Zeit die Regierungsmacht ausüben sollen. Diese Entscheidung gilt nach der marxistisch-leninistischen Partei- und Staatslehre als ein für alle Mal getroffen. Folglich geht es bei den Wahlen in der DDR nicht um Alternativen. Die Funktion der Wahlen besteht in der plebiszitären Bestätigung der Inhaber der politischen Macht."

So ist dann auch die **Wende** in der DDR nicht durch Wahlen, sondern durch das **Volk** selbst herbeigeführt worden.

> Wahlen setzen **Informationsfreiheit** voraus

Um sich zwischen mehreren Alternativen entscheiden zu können und durch die Stimmabgabe die bisherige politische Führung zu bestätigen oder einen Wechsel zu unterstützen, müssen Wählerinnen und Wähler laufend über das politische Geschehen **informiert** sein. Erst durch diese ständige Information wird öffentliche Kontrolle überhaupt möglich. Daraus folgt, dass die **kommunikativen** Grundrechte (Meinungsfreiheit, Versammlungsfreiheit, Pressefreiheit pp.) nicht bloße Individualrechte sind, sondern zu den **elementaren Voraussetzungen** jeder funktionierenden Demokratie gehören. Diktaturen beseitigen daher stets als erstes die Pressefreiheit und setzen die „Gleichschaltung" durch.

Die Gewährleistung kommunikativer Mindestanforderungen der parlamentarischen Demokratie reicht jedoch manchen Kritikern nicht aus. Es wird vor allem eingewandt, die Bürger seien darauf beschränkt, in gewissen Abständen zwischen konkurrierenden Personen und Parteien wählen zu können und hätten im Übrigen nur sehr begrenzte Einflussmöglichkeiten auf die Politik. Die Behauptung, in Wahlen vollziehe sich staatsbürgerliche Willensbildung und Mitbestimmung, sei daher eine unrealistische Übertreibung; es müsse verstärkte **Partizipation,** d. h. stärkere **Beteiligung** des **Bürgers** an den **politischen Entscheidungen** erreicht werden.

Dabei wird vielfach übersehen, dass der Grad an Verwirklichung demokratischer Prinzipien sich keineswegs primär an höherer oder geringerer Bürgerbeteiligung ablesen lässt. Denn **Kernbestand** und **oberster Maßstab** demokratischer Lebens- und Regierungsformen sind **freie Wahlen.** Ihre herausragende Funktion und Bedeutung für die Demokratie hat Theodor Eschenburg einmal wie folgt umschrieben: „Das Entscheidende bei Volkswahlen ist weniger, dass sie zum Ausdruck bringen, **was** das Volk will, als vielmehr, dass das Volk durch sie zu erkennen gibt, was es **nicht will,** dass in regelmäßigen Zeitabständen für den unzufriedenen Teil der Bevölkerung die Chance der **Ablösung** der **Regierung** und für eine etwa rechtlich oder politisch gewissenlose Regierung das **Risiko** der **Ablösung** besteht. Demokratische Volkswahlen wirken – wenn auch nicht allein, aber doch in erster Linie – als Schutz, als

Versicherung gegen große Unbilligkeiten und Rechtsbrüche. Die Prämie, die das Volk in regelmäßigen Abständen für diese Versicherung leisten muss, ist der Gang zur Urne" (zitiert nach Schwab, a. a. O., S. 189).

## Wahlrecht und Wahlpflicht

Im Gegensatz zu den gescheiterten Systemen des „real existierenden Sozialismus", aber auch zu manchen demokratischen Staaten (z. B. Belgien und Luxemburg) besteht in der Bundesrepublik **keine gesetzliche Wahlpflicht**. Bürgerinnen und Bürger können also nicht mit Sanktionen (in Belgien mit Bußgeld) belegt werden, wenn sie der Wahl fernbleiben.

Dennoch sollte sich jeder Bürger im demokratischen Staat **moralisch** verpflichtet fühlen, von seinem Wahlrecht Gebrauch zu machen, weil **Demokratie** nur zu praktizieren ist, wenn der Staatsbürger an der Gestaltung des politischen Lebens **aktiv** mitwirkt. Das Grundgesetz kennt eine derartige Vorschrift nicht. Die baden-württembergische Verfassung dagegen bezeichnet die Wahlrechts- und Stimmrechtsausübung ausdrücklich als **Bürgerpflicht** (Art. 26 Abs. 3).

Wahlen sind mithin ein **elementares Bürgerrecht** und ein Grundelement des freiheitlich-demokratischen **Verfassungsstaates**. Mit seinem **gezielten Votum** für einen bestimmten Kandidaten bzw. eine bestimmte Partei billigt der Wahlbürger nicht nur deren Politik im Großen und Ganzen. Er übernimmt zugleich seinen Teil der **Mitverantwortung** für diese Politik und leistet damit einen Beitrag zum **Gemeinwohl**. Auf das Wahlrecht zu verzichten heißt, sich der wichtigsten politisch-gestalterischen Möglichkeit zu entledigen. Geringe Wahlbeteiligung ist zudem mit **Gefahren** für die Demokratie verbunden:

▶ Je weniger Bürger bereit sind, diese Mitverantwortung zu tragen, umso größer wird die Kluft zwischen **Regierenden** und **Regierten**.

▶ Da die Anhänger radikaler Parteien mehr als andere bereit sind, an Wahlen teilzunehmen, fällt der **Stimmenanteil** dieser Parteien umso höher aus, je geringer die Wahlbeteiligung ist. Das hat es den Rechtsextremen (NPD, DVU, Republikaner) ermöglicht, zwischenzeitlich in die Landtage von Bremen, Baden-Württemberg, Schleswig-Holstein, Sachsen-Anhalt und derzeit auch Sachsen und Mecklenburg-Vorpommern einzuziehen.

▶ Wahlabstinenz **verfälscht** auch deshalb das Wahlergebnis, weil es radikalen Parteien leichter gemacht wird, die **Fünf-Prozent-Hürde** zu überspringen. Jede Stimme für die demokratischen Parteien ist mithin eine Stimme gegen den politischen **Extremismus**.

▶ Je geringer die Wahlbeteiligung ist, desto mehr verdichtet sich zumindest nach außen der Eindruck, dass größere Bevölkerungsschichten dem Gesamtsystem der parlamentarischen Demokratie skeptisch bis ablehnend gegenüberstehen. Das aber hieße **Glaubwürdigkeitsverlust** und würde letztlich nur die Feinde der Demokratie stärken (s. Hitlers Weg zur Macht).

▶ Der Staat könnte sich genötigt sehen, eine **gesetzliche** Wahlpflicht einzuführen. Vorschläge dieser Art sind gelegentlich zu hören. Der Gedanke, jeden Bürger zur Wahrnehmung seines bedeutendsten politischen Rechts und zur politischen Mitverantwortung zu zwingen, mag auf den ersten Blick auch durchaus überzeugend sein. Aber es gibt gewichtige **Gegenargumente:** Eine gesetzliche Wahlpflicht entspräche nicht dem demokratischen Selbstverständnis vom mündigen Bürger, zumal die Nichterfüllung dieser Pflicht zwangsläufig auch mit Sanktionen verknüpft werden müsste. Auch kann durch eine erzwungene Stimmabgabe keine innere Beteiligung und erst recht keine politische Reife erzeugt werden, und eine Pflicht zum Wählen könnte vermehrt antidemokratischen Unwillen und Staatsverdrossenheit nach sich ziehen.

Bei den **Bundestagswahlen** seit 1949 haben regelmäßig zwischen 79 und 91 Prozent der Wähler ihre Stimme abgegeben. Mit **70,8 Prozent** von 62,2 Millionen Wahlberechtigten lag die Beteiligung bei den Wahlen **2009** niedriger als je zuvor. Sie stieg jedoch bei den Wahlen **2013** wieder leicht an auf **71,5 Prozent**. Deutlich geringer ist die Wahlbeteiligung bei den **Landtagswahlen** (Durchschnitt 65 Prozent) und den **Kommunalwahlen** (Durchschnitt 55 Prozent). Bisherige Tiefpunkte waren: 44,2 Prozent bei den **Landtagswahlen** 2006 in Sachsen-Anhalt und 35,1 Prozent bei der **Kommunalwahl** (Oberbürgermeisterwahl) 2008 in der Landeshauptstadt Magdeburg. Ebenso unbefriedigend ist die Beteiligung an den **Europawahlen**. Sie betrug 2009 rd. 43,3 Prozent.

Die Gründe einer verbreiteten **Wahlmüdigkeit** sind vielfältig (s. oben). Von ganz entscheidender Bedeutung sind dabei Politikverdrossenheit, nicht gehaltene Wahlversprechen und sinkendes Vertrauen. Doch Wahlenthaltung ist die **falsche Antwort**, und wenn – wie bei der Bundestagswahl 2013 – bei 61,9 Millionen Wahlberechtigten die Zahl der **Nichtwähler** (17,6 Millionen) deutlich höher liegt als die Stimmen der **stärksten Partei** (CDU: 14,9 Millionen), kann dies zur ernsten Gefahr für die Demokratie werden. Ebenso problematisch ist, wenn der Stimmzettel **bewusst ungültig** gemacht wird. Auch hier werden inzwischen bedenkliche Größenordnungen erreicht. Bei der Wahl 2013 waren **583 000 Zweitstimmen** (1,3 Prozent) **ungültig**. Davon wird ein nicht unwesentlicher Teil den sog. **Protestwählern** zugerechnet werden dürfen.

Sorge bereitet, dass vor allem **junge Menschen** sich überproportional verweigern – ein Trend, der sich insbesondere bei den Volksparteien seit 1980 bei allen Wahlen fortlaufend steigerte, zwischenzeitlich gebrochen schien, in jüngster Zeit aber wieder ansteigt. Beide großen Parteien, Union und SPD, leben von den Rentnern, beiden fehlt der Nachwuchs. Das hängt mit mangelnder Attraktivität, aber auch damit zusammen, dass Kirchen und Gewerkschaften, die klassischen Reservoire dieser Parteien, an Resonanz, vor allem bei den Jungen, verloren haben.

# Kandidatenaufstellung

Die Nominierung der Kandidaten für den Bundestag oder ein Landesparlament obliegt fast ausschließlich den **Parteien**. Praktisch liegt sie sogar in den Händen eines relativ kleinen Kreises von **Delegierten** oder Funktionsträgern, welche in vielen Fällen wiederum personenidentisch sind. **Unabhängigen** Bewerbern, die weder die Organisation noch die Infrastruktur einer Partei hinter sich haben, ist es nahezu unmöglich, sich gegen die Konkurrenz aus den „Apparaten" zu behaupten. So gelang denn auch parteilosen Bewerbern – mit Ausnahme der ersten Bundestagswahl 1949, als unter besonderen Umständen drei unabhängige Abgeordnete gewählt wurden – nie mehr der Sprung ins Parlament.

Das faktische Parteimonopol bei der Kandidatenaufstellung und die hierdurch bewirkte **Auswahlbeschränkung** des Bürgers, der nur noch zwischen bereits ausgewählten Kandidaten entscheiden kann, werden allgemein als Mangel und mit als Ursache für den Schwund an Mitgliedern und Wählern angesehen. Entsprechend wurden auch von den vom Bundestag eingesetzten Verfassungskommissionen Änderungsvorschläge unterbreitet, die eine **stärkere Teilnahme** der **Bürger** bei der Auswahl der politischen Repräsentanten vorsehen.

Einige Parteien haben hierauf reagiert, indem sie ihre Mitglieder bei parteiintern umstrittenen Sachthemen und wichtigen Personalfragen mitentscheiden lassen. Auf diese Weise wird zunehmend das Delegiertenprinzip durch Direktvoten der Basis ersetzt. Das Experiment der SPD, über ihren Bundesvorsitzenden die Ortsvereine entscheiden zu lassen, hat allerdings kaum Signale setzen können. Andererseits sind **Urwahlen** für Parlamente und Gemeinderäte, sog. **Schnupper-Mitgliedschaften** mit Rede-, Antrags- und Stimmrecht sowie auch die Öffnung für **Seiteneinsteiger** mit Aussicht auf einen aussichtsreichen Listenplatz keineswegs mehr unüblich und teilweise auch bereits in den Parteisatzungen verankert.

## Wahlen

Die **parteiinterne Kandidatenauswahl** erfolgt nach den Bestimmungen des Grundgesetzes, der Wahlgesetze auf Bundes-, Landes- und Kommunalebene, des Parteiengesetzes sowie im Rahmen innerparteilicher Satzungen.
Sie muss demokratischen Prinzipien entsprechen. Eine von der zuständigen Delegiertenversammlung lediglich als Ganzes zu billigende Kandidatenliste, bei der Minderheiten- oder Alternativvorschläge von vornherein keine Chance haben, stellt einen „schwer wiegenden Demokratieverstoß" dar (so das Hamburger Verfassungsgericht in einer Entscheidung vom Frühjahr 1993, die „unverzügliche" Neuwahlen zur Bürgerschaft erforderlich machte).
Aufgrund des **kombinierten** Wahlsystems für die Wahlen zum Bundestag (s. unten) gibt es hinsichtlich der **Kandidatenaufstellung** zwei verschiedene **Nominierungsformen**:

| Für einen **Wahlkreis** | Für eine **Landesliste** |
|---|---|

| Die **Wahl** |
|---|

| des Wahlkreisbewerbers erfolgt durch | der Listenbewerber erfolgt durch |
|---|---|
| ▶ die **Parteimitglieder** oder | ▶ die **Landesdelegiertenversammlung** |
| ▶ in Wahlkreisen mit großen Mitgliederzahlen durch **Delegierte**, die von Vertretern der Ortsverbände eigens hierfür gewählt werden (Delegiertenversammlungen). | ▶ auf der Grundlage einer **Vorschlagsliste** des Landesvorstandes. |
| | Gleichzeitig wird über den **Listenplatz** (Reihenfolge), den der Kandidat einnehmen soll, abgestimmt. |

| Allgemeine **Gesichtspunkte:** |
|---|

| Ausschlaggebend sind vornehmlich Überlegungen **lokaler** Art, wie z. B. | Hier finden in erster Linie die **Parteiinteressen** Berücksichtigung, wie z. B. |
|---|---|
| ▶ Anziehungskraft des Kandidaten auf die Wähler durch Persönlichkeit und Stellung; Popularität und Kontaktfähigkeit können dabei entscheidender sein als besondere fachliche Qualifikation; | ▶ Platzierung prominenter Politiker mit Signalwirkung auf den ersten fünf Plätzen der Liste (nur sie erscheinen auf dem Stimmzettel); |
| ▶ Gewähr, dass sich der Kandidat für die kommunalen Belange einsetzen wird; | ▶ „Absicherung" von Bewerbern, die in einem für sie „unsicheren" Wahlkreis kandidieren; |
| ▶ Leistungen in der lokalen Parteiarbeit sowie Bekanntheitsgrad und Einfluss in den örtlichen Parteiorganisationen („Hausmacht"); | ▶ Gewinnung von Experten, die für spezielle Aufgaben in der Fraktions- und Parlamentsarbeit benötigt werden; |
| ▶ Nähe zur Parteibasis durch persönliches Sichkennen. | ▶ Repräsentation der verschiedenen Interessengruppen, die der Partei nahe stehen (Verbandsproporz). |

Die Zulässigkeit von Wahlvorschlägen für **Direktbewerber** (Kreiswahlvorschlag) sowie für **Landeslisten** ist gem. §§ 20 ff. und 27 BWahlG an bestimmte **Mindestvoraussetzungen** geknüpft. Danach bedürfen die **parlamentarisch** vertretenen Parteien zur Einreichung von Wahlvorschlägen **keiner** Unterstützungsunterschriften. Die **anderen** Parteien können nur kandidieren, wenn sie in dem jeweiligen Land Unterstützungsunterschriften von einem Tausendstel der dort Wahlberechtigten – höchstens jedoch 2 000 – vorlegen.

*Wahlen*

## Aktives und passives Wahlrecht

Beim Wahlrecht **unterscheidet** man zwischen

dem Recht **zu wählen**; also an der Stimmabgabe für die Wahl der Bundestagsabgeordneten teilzunehmen.
Es wird bezeichnet als

| **aktives** Wahlrecht |

**Wahlberechtigt** sind bei den Wahlen zum Bundestag (§ 12 BWG) alle **Deutschen** gem. Art. 116 GG, die am Wahltage
▶ das **18. Lebensjahr** vollendet haben;
▶ seit mindestens 3 Monaten in der Bundesrepublik eine **Wohnung** innehaben oder sich sonst gewöhnlich **aufhalten** und
▶ nicht vom Wahlrecht **ausgeschlossen** sind.

Wahlberechtigt sind seit der Änderung des BWahlG v. 8.3.1985 unter bestimmten Voraussetzungen auch Deutsche mit Wohnsitz im **Ausland** (ca. 500 000), z. B. Soldaten, Beamte und andere Beschäftigte des öffentlichen Dienstes sowie deren Angehörige; Seeleute auf Schiffen unter fremder Flagge und. Das Wahlrecht ausüben kann ferner nur, wer in einem **Wählerverzeichnis** eingetragen oder im Besitz eines **Wahlscheines** ist.

dem Recht, **sich wählen zu lassen**; also sich um ein Mandat im Bundestag zu bewerben und dieses Amt zu übernehmen.
Es wird bezeichnet als

| **passives** Wahlrecht |

**Wählbar** für den Deutschen Bundestag ist (§ 15 BWG), wer am Wahltage
▶ seit mindestens einem Jahr **Deutscher** gem. Art. 116 GG ist und
▶ das **18. Lebensjahr** vollendet hat.

**Nicht wählbar** ist,
▶ wer infolge Richterspruchs die **Wählbarkeit** oder die Befähigung zur Bekleidung öffentlicher Ämter nicht besitzt;
▶ wer Deutscher gem. Art. 116 GG ist, aber die deutsche **Staatsangehörigkeit ausgeschlagen** hat;
▶ wer vom Wahlrecht **ausgeschlossen** ist.

Ergänzend müssen bestimmte formelle Bedingungen für eine Kandidatur erfüllt sein (Aufstellung, Einreichen und Zulassung von Wahlvorschlägen usw.). Die Wahlordnungen enthalten hierzu entsprechende Vorschriften.

| **Ausgeschlossen** vom Wahlrecht ist, |

▶ wer infolge Richterspruchs das Wahlrecht nicht besitzt;
▶ wer entmündigt ist oder wegen geistigen Gebrechens unter Pflegschaft steht, sofern er nicht durch eine Bescheinigung des Vormundschaftsgerichts nachweist, dass die Pflegschaft aufgrund seiner Einwilligung angeordnet ist;
▶ wer sich aufgrund einer Anordnung nach § 63 i. V. m. § 20 StGB in einem psychiatrischen Krankenhaus befindet (§ 13 BWahlG);
▶ wer seit 10 Jahren seinen Wohnsitz im außereuropäischen Ausland hat.

**Strafgefangene** als solche dürfen grundsätzlich wählen, wenn sie nicht im Einzelfalle wegen einer der vorgenannten Voraussetzungen vom Wahlrecht ausgeschlossen sind.

In Vorbereitung ist seit 2003 ein von 40 Abgeordneten aller Fraktionen angeregter Gesetzentwurf, der ein **Wahlrecht** von **Geburt** an vorsieht, das von den Eltern treuhänderisch ausgeübt werden soll. Ob dieses „Familienwahlrecht" oder aber eine Herabsetzung des Wahlalters die gewünschte stärkere Einbeziehung der jungen Generation in den politischen Willensbildungsprozess bewirken kann, wird unterschiedlich beurteilt.

## Wahlrecht für Ausländer?

Das **Wahlrecht** als wesentlichste Voraussetzung demokratischer Teilhabe und Kernbestandteil der Staatsbürgerschaft steht in aller Welt grundsätzlich nur den **Staatsbürgerinnen** und **Staatsbürgern** des jeweiligen Landes zu. Auch nach deutscher Verfassungsrechtslage ist unstreitig, dass die Wahlen zum **Bundestag** und zu den **Länderparlamenten** nur **Deutschen** offen stehen. Der Grundsatz der Volkssouveränität gem. Art. 20 Abs. 2 i. V. mit Art. 28 Abs. 1 und Art. 38 GG lässt eine andere Auslegung nicht zu.

Ob diese Kopplung zwischen Wahlrecht und Staatsbürgerschaft auch für den **„nicht staatlichen"** (kommunalen) Bereich Geltung beanspruchen kann, war lange Zeit politisch und verfassungsrechtlich umstritten. Zur **Begründung** wurde wechselseitig angeführt:

| Pro: | Contra: |
|---|---|
| Dass die Staatsgewalt „vom Volke ausgeht", bedeutet lediglich: Sie geht nicht vom Gottesgnadentum, von einer Dynastie oder von einer Partei aus. | „Volk" im Sinne des Art. 20 Abs. 2 GG kann nur die Gemeinschaft aller Deutschen, also die Summe der Staatsbürger sein. Ihnen allein steht als elementares Staatsbürgerrecht das Wahlrecht zu. Solche Einschränkungen entsprechen dem Verfassungszweck, sonst wäre z. B. die Beschränkung des Widerstandsrechts gem. Art. 20 Abs. 4 GG auf „Deutsche" unverständlich. |
| Die Gleichsetzung „Volk = Staatsbürger = Wähler" ist fragwürdig, weil schon aus dem Grundgesetz selbst (Art. 116) folgt, dass Aussiedler wahlberechtigt sind, obwohl sie zum erheblichen Teil nicht die deutsche Staatsbürgerschaft besitzen. | |
| Zudem ist heute nicht mehr von einer vorwiegend ethnisch bestimmten Nation auszugehen. Der Begriff „Volk" wird nicht mehr in einem so begrenzten Sinne verstanden. | Das Wahlrecht ist unteilbar; es kann mithin kein hochrangiges Wahlrecht für Bund und Länder, das den Deutschen vorbehalten ist, und ein minderrangiges kommunales Wahlrecht geben, das man auch für Ausländer eröffnen darf. |
| Hätte der Verfassunggeber „Volk" im Sinne von „Staatsbürgern" gemeint, dann hätte er dies auch in Art. 20 Abs. 2 GG gesagt, denn in der Präambel und in Art. 146 GG spricht er vom „deutschen" Volk. | Ebenso darf es aus dem Prinzip der Unteilbarkeit heraus keine Sonderregelungen für einzelne Länder geben. |
| Da das Grundgesetz kein ausdrückliches Verbot des Ausländerwahlrechts enthält, darf der Gesetzgeber sich nach Zweckmäßigkeitserwägungen entscheiden. | Art. 28 GG schreibt vor, dass die verfassungsmäßige Ordnung in den Ländern – und dazu gehört die Ordnung der Kreise und Gemeinden – den Grundsätzen des demokratischen Rechtsstaates im Sinne des Grundgesetzes entsprechen muss. |
| Eine steigende Zahl europäischer Länder gesteht Ausländern, die längere Zeit im Inland wohnen, das aktive und passive Wahlrecht bei Kommunalwahlen zu. | Die Einführung des Ausländerwahlrechts ist auch politisch unzweckmäßig. Besser wäre es, die Einbürgerungspraxis zu überprüfen und das Einbürgerungsrecht zu erleichtern. Wer in der Bundesrepublik bleiben will, soll Staatsbürger werden mit allen dazugehörigen Rechten und Pflichten. |
| Von besonderer politischer Bedeutung ist schließlich, dass das kommunale Wahlrecht wie kaum ein anderes Recht zur Integration von Ausländern beitragen kann. | |

## Wahlen

Bereits seit längerem räumen einige Staaten allen Ausländern das **Kommunalwahlrecht** ein (Großbritannien, Frankreich, Niederlande, Dänemark, Schweden, Spanien, Portugal, Irland und, ab 2006, Belgien). Auch in Norwegen und Island sowie in den Schweizer Kantonen Jura und Neuenburg dürfen Ausländer auf der kommunalen Ebene wählen. Voraussetzung ist zumeist ein mehrjähriger Aufenthalt in der Wahlheimat.

Vor diesem Hintergrund hatten im Februar 1989 **Schleswig-Holstein** und **Hamburg** Ausländern unter bestimmten Voraussetzungen das **kommunale** Wahlrecht zugebilligt. Daran hatte sich seinerzeit eine heftige innenpolitische Kontroverse entzündet.

Das zu dieser Problematik angerufene **Bundesverfassungsgericht** setzte am 12.10.1989 auf Antrag der CDU/CSU-Bundestagsfraktion sowie der bayerischen Staatsregierung den Vollzug des schleswig-holsteinischen Gemeinde- und Kreiswahlgesetzes **vorläufig aus**. Diese einstweilige Anordnung erging, da sich das Gericht in einer so „gewichtigen Rechtsfrage" nicht in der Lage sah, noch rechtzeitig vor den im März 1990 anstehenden Wahlen eine abschließende Entscheidung zu treffen.

In seinen beiden Entscheidungen zur Hauptsache (BVerfGE 83, 37) erklärte das Gericht schließlich das Kommunalwahlrecht für Ausländer in Schleswig-Holstein und Hamburg für verfassungswidrig (Urteil vom 31.11.1990). Die entsprechenden Regelungen der beiden Länder seien mit dem Grundgesetz nicht zu vereinbaren.

Das Gericht begründete seine Entscheidung damit, das Kommunalwahlrecht für Ausländer verstoße gegen Art. 28 Abs. 1 Satz 2 des Grundgesetzes, wonach das Volk in den Kreisen und Gemeinden eine gewählte Vertretung hat. Unter „Volk" sei nur das **Staatsvolk,** damit also das **deutsche** Volk zu verstehen. Das schließe ein Kommunalwahlrecht für Ausländer aus.

Dies ergebe sich auch aus dem Verfassungssatz: „Alle Staatsgewalt geht vom Volke aus" (Art. 20 Abs. 2 Satz 1 GG). Auch hier würden unter „Volk" nicht alle Menschen verstanden, sondern nur das Staatsvolk der Bundesrepublik und damit ausschließlich deutsche Staatsangehörige.

> **Wahlen** sind als Ausdruck des **Demokratieprinzips** und der **Volkssouveränität** ein **originäres Recht** des **Staatsvolks**, das von den Deutschen gebildet wird (BVerfGE 83. 371). Nur sie sind **Träger** und **Subjekt** der **Staatsgewalt**.

Die Argumentation der Landesregierungen von Schleswig-Holstein und Hamburg, der verfassungsrechtliche Begriff „Volk" habe sich durch den wachsenden Ausländeranteil an der Bevölkerung verändert, wies das Gericht zurück. Wolle der Gesetzgeber der veränderten Bevölkerungszusammensetzung in der Bundesrepublik „im Blick auf die Ausübung politischer Rechte Rechnung tragen", dürfe er dies nicht durch ein erweitertes Wahlrecht für Ausländer, urteilten die Richter. Vielmehr stehe es dem Gesetzgeber frei, den **Erwerb** der **deutschen Staatsangehörigkeit** zu **erleichtern.**

Dennoch dürfen Ausländer heute in Deutschland wählen, wenn auch in einem **eingeschränktem** Umfang. Diese Frage wurde letztlich nicht durch das BVerfG, sondern den fortschreitenden Prozess der europäischen Integration beantwortet. Der 1993 in Kraft getretene Vertrag von Maastricht (s. Kap. XIV) sieht für die Angehörigen aller **Mitgliedsstaaten** der EU das Wahlrecht für **Europa-** und **Kommunalwahlen** vor. Grundlage hierfür ist die **Unionsbürgerschaft** aus Art. 8 EGV. Hieraus folgt u. a., dass Unionsbürger, die in einem Mitgliedsstaat wohnen, dessen Staatsangehörigkeit sie nicht besitzen, dort das aktive und das passive Europa- und Kommunalwahlrecht genießen (Art. 8b EGV). Eine Ausweitung auf **Nicht-EU-Ausländer** ist damit **nicht** verbunden. Hierzu bedürfte es einer Verfassungsänderung.

Zur Verwirklichung des **europäischen Kommunalwahlrechts** war es auch im Hinblick auf die vorgenannte Entscheidung des Bundesverfassungsgerichts erforderlich geworden, das

249

Wahlen

Grundgesetz zu ändern. Art. 28 Abs. 1 S. 3 GG bestimmt jetzt (s. Ges. z. Änd. d. GG v. 21.12.1992, BGBl. I S. 2086):

> Bei Wahlen in **Kreisen** und **Gemeinden** sind auch Personen, die die **Staatsangehörigkeit** eines **Mitgliedstaates** der Europäischen Union besitzen, nach Maßgabe des Gemeinschaftsrechts **wahlberechtigt** und **wählbar**.

Die für die Durchführung dieses Wahlrechts erforderliche EU-Richtlinie hat der Rat der EU am 19.12.1994 verabschiedet. Sie wurde anschließend in das nationale Recht umgesetzt.

Einzelheiten zur Ausübung des aktiven und passiven Wahlrechts durch Unionsbürger zum **Europäischen Parlament** sind in der EU-Richtlinie vom 6.12.1993 festgelegt und haben ebenfalls Eingang in die deutsche Gesetzgebung gefunden (Europawahlgesetz und Europawahlordnung (s. Kap. XIV). Hiernach können die Unionsbürger entweder die Europaabgeordneten ihres **Herkunftslandes** wählen, oder sie entschließen sich, an der Wahl der Vertreter des **Wohnsitzstaates** teilzunehmen.

Im Zuge dieser Regelungen wird immer wieder einmal die Forderung laut, das **Kommunalwahlrecht** nicht nur auf EU-Büger zu beschränken, sondern auf **alle** Ausländer auszudehnen, die dauerhaft in Deutschland wohnen. Die hierzu erforderlichen verfassungsändernden Mehrheiten sind jedoch nicht in Sicht. Das bedeutet andererseits nicht, dass Ausländern aus Drittstaaten jede politische Mitwirkung in den Gemeinden verschlossen wäre. Sie können in kommunale Gremien berufen werden, um dort Gruppeninteressen zu vertreten. Auch in Vereinen und Verbänden bestehen Mitwirkungsmöglichkeiten. Darüber hinaus können langjährig in Deutschland wohnhafte Migranten unter erleichterten Bedingungen deutsche Staatsbürger werden und so auch das Wahlrecht erwerben.

## Wahlgrundsätze (Wahlprinzipien)

Nach welchen **Grundsätzen** der Deutsche Bundestag gewählt wird, ergibt sich aus Art. 38 GG und § 1 des Bundeswahlgesetzes. Dort heißt es:

> „Der Bundestag wird in **allgemeiner, unmittelbarer, freier, gleicher** und **geheimer** Wahl gewählt."

Diese Wahlrechtsprinzipien sind Ausdruck unserer freiheitlichen Verfassung und zugleich Maßstab für den erreichten Grad an parlamentarisch-demokratischer Kultur. Solche Grundsätze sind heute in fast allen Verfassungen der Welt verankert, z. T. auch in totalitären Staaten. Entscheidend ist aber, wie sie verwirklicht werden und dass eine **Schutzgarantie** gegen Verletzungen dieser Grundsätze gewährleistet ist, wie z. B. in der Bundesrepublik durch das Recht der Verfassungsbeschwerde, § 90 BVerfGG (s. Kap. VIII).

| Allgemein |

Bei der „allgemeinen" Wahl sind

> **alle** Staatsbürger mit Erreichen eines bestimmten wahlfähigen Alters stimmberechtigt und wählbar. Keiner Gruppe oder Schicht darf das Stimmrecht vorenthalten werden.

*Wahlen*

Daher steht das Recht, zu wählen und sich wählen zu lassen (aktives und passives Wahlrecht), gem. Art. 38 GG jedem Bürger zu, unabhängig von Geschlecht, Rasse, Bildungsstand, Vermögen, Steueraufkommen, sozialer Stellung, Religionsbekenntnis oder Beruf. Diesen Grundsätzen steht nicht entgegen, wenn das Wahlrecht abhängig gemacht wird von **bestimmten unerlässlichen Voraussetzungen,** u. a. von einer Mindestwohndauer und der Eintragung im Wählerverzeichnis oder wenn Personen (z. B. Entmündigte) aus individuellen Gründen von der Wahl ausgeschlossen werden. Solche Ausnahmeregelungen müssen jedoch begrenzt und gesetzlich klar umrissen sein. Das gilt auch für das Wahlalter, das nur nach Gesichtspunkten der politischen Urteilsfähigkeit festgesetzt werden darf. Gem. Art. 38 Abs. 2 GG besitzt das aktive Wahlrecht, wer das **18. Lebensjahr** vollendet hat (bis 1970 galt das 21. Lebensjahr). Seit der Herabsetzung des Volljährigkeitsalters (mit Wirkung vom 1.1.1975) setzt auch das passive Wahlrecht mit Vollendung des 18. Lebensjahres ein.

Lebhaftes Echo löste Niedersachsen aus, als es 1995 das **aktive Kommunal-Wahlrechtsalter** absenkte. Nordrhein-Westfalen, Schleswig-Holstein, Sachsen-Anhalt, Mecklenburg-Vorpommern und Hessen zogen nach, so dass seither in fünf Ländern Jugendliche bereits mit **16 Jahren** über die Wahl ihrer Kommunalparlamente sowie Plebiszite in kommunalen Angelegenheiten mit entscheiden können. Das **passive** Wahlrecht auf kommunaler Ebene beträgt einheitlich **18 Jahre.**

**Beispiele** für ein **nicht** „allgemeines" Wahlrecht:

▶ Im preußischen Dreiklassenwahlrecht von 1849 waren Empfänger von Armenunterstützung vom Wahlrecht ausgeschlossen.

▶ Bis 1918 durften Frauen und „Militärpersonen" in Deutschland nicht wählen.

▶ In der Schweiz gestand man erst ab 1971 den Frauen das Wahlrecht zu den Kantonsvertretungen und zum Parlament des Bundes zu.

▶ Für „Farbige", wie es damals hieß, war in einigen Bundesstaaten der USA bis 1965 das Wahlrecht mit dem Bestehen einer Intelligenzprüfung verbunden. Und in Portugal wurde das Wahlrecht bis 1974 sowohl vom Bildungsstand als auch von einer Mindeststeuer abhängig gemacht.

### Unmittelbar

Der Grundsatz der „unmittelbaren" Wahl besagt,

| dass die Wähler die Abgeordneten ohne Zwischenschaltung eines fremden Willens selbst, also **direkt** bestimmen. |

Im Rahmen der unmittelbaren Wahl liegt auch die Wahl nach starren Listen (s. oben), solange die Listen aus vor der Wahl unabänderlich festgelegten Bewerbern besteht. Im Gegensatz dazu wird bei der **mittelbaren** Wahl zunächst ein **Wahlmännergremium** gewählt, das dann im Auftrage der Wähler die Abgeordneten oder das Staatsoberhaupt nominiert. Dabei geht man von der Vorstellung aus, dass ein solches Gremium besser als die gesamte Wählerschaft in der Lage ist, geeignete Kandidaten herauszufinden. Dieses Wahlverfahren findet heute bei Parlamentswahlen kaum noch Anwendung. In mehreren Staaten wird jedoch das Staatsoberhaupt bzw. der Staats- und Regierungschef (z. B. bei der Präsidentenwahl in den USA) auf diese Weise gewählt. Zu welchen Ungereimtheiten das führen kann, hat die Wahl des US-Präsidenten Bush im Jahre 2001 gezeigt.

Auch der Bundespräsident, dessen Wahl (s. S. 310) durch die Bundesversammlung erfolgt, wird mittelbar gewählt. Gleiches galt bis zur Vereinigung wegen der Berlin-Vorbehalte der Alliierten für die im Bundestag vertretenen Berliner Abgeordneten (s. Kap. II).

*Wahlen*

| Frei |
|---|

Damit ist gemeint, dass die Entscheidung des Wählers,

 **ob** er an der Wahl teilnehmen will und **wem** er seine Stimme gibt,

sich in einem offenen Prozess der Meinungsbildung vollziehen muss und durch keinerlei Druck von staatlicher oder privater Seite beeinflusst werden darf. Dazu gehören z. B. der Schutz des ungehinderten Zugangs zum Wahllokal sowie das Verbot von Wahlpropaganda und Unterschriftensammlungen im und am Wahlgebäude (§ 32 BWahlG i. d. F. vom 8.3.1985; § 47 BWahlO).

Darüber hinaus ist damit auch gemeint, dass die Kandidaten und Parteien in ihren **Wahlvorbereitungen** und in ihrem **Wahlkampf** nicht beeinträchtigt werden dürfen (siehe auch Art. 48 GG sowie § 108 StGB) und dass staatliche Stellen sich neutral verhalten müssen.

**Beispiele** für **unfreie** Wahlen:

▶ Vor der Reichstagswahl im März 1933 übte die NSDAP mit Hilfe der SA und der SS und unter Ausnutzung der „Reichstagsbrand-Verordnung" einen beispiellosen Terror auf die anderen Parteien aus.

▶ Ähnlich verfahren totalitäre Staaten auch heute noch, wenn sie über Parteiorganisationen oder fundamentalistisch-religiöse Autoritäten Druck auf die Wähler ausüben und eine Lage schaffen, bei der es mit erheblichen Risiken verbunden ist, der Wahl fernzubleiben oder nicht offen für die Staatspartei bzw. eine Einheitsliste zu stimmen.

**Gegenbeispiel:**

Im Vorfeld von Wahlen weigern sich kommunale Gebietskörperschaften immer wieder, radikalen Parteien ihre Freiflächen und Hallen für Wahlkundgebungen zur Verfügung zu stellen bzw. zu vermieten. Die Verwaltungsrechtsprechung sieht darin, wenn keine besonderen Gründe vorliegen, regelmäßig einen Verstoß gegen den Grundsatz der Wahlfreiheit.

| Gleich |
|---|

Dem Gleichheitsgrundsatz gem. Art. 3 GG folgend, haben alle Wähler

 die **gleiche Anzahl** von Stimmen, und alle Stimmen haben den **gleichen Wert**.

Das bedeutet z. B., dass die Stimme des Unternehmers nicht mehr Gewicht hat als die des Arbeiters. Das bedeutet aber auch, dass die Stimme eines engagierten und gut informierten Staatsbürgers ebenfalls nicht mehr Gewicht hat als diejenige eines Wählers, der überhaupt keine klare Vorstellung davon hat, wen oder was er da wählt.

Wahlgleichheit bedeutet jedoch nicht nur **Zählwertgleichheit**, sondern auch **Erfolgswertgleichheit**. Dies setzt z. B. annähernde Gleichheit der Wahlkreise voraus. Daher soll die Bevölkerungszahl eines Wahlkreises um nicht mehr als 25 Prozent vom Durchschnitt abweichen (§ 3 BWahlG), s. unten.

Zum Gleichheitsgrundsatz gehören ferner:

 **gleiche Wettbewerbschancen** für alle Parteien und Kandidaten (s. S. 235, 364, 373), und zwar auch im Hinblick auf die Wahlvorbereitung, das Erlangen von Spenden oder die Wahlwerbung in Rundfunk und Fernsehen.

Gegen diesen Grundsatz verstößt es nicht, dass so genannten „Splitterparteien" durch die 5%-Klausel der Einzug ins Parlament verwehrt wird. Das Gleichheitsgebot gilt nämlich dann nicht, wenn Zweck und Natur des Wahlverfahrens ein Abweichen zwingend erfordern (vgl. BVerfGE 4, 39). Eindeutiger Zweck von Wahlen aber ist es, regierungsfähige Mehrheiten zu erbringen. Deshalb muss hier das Interesse der Allgemeinheit an einem funktionsfähigen Parlament Vorrang vor einem absoluten Gleichheitsgebot haben. Das Bundesverfassungsgericht hielt ein solches Mindeststimmen-Quorum für gerade noch zulässig; es sah darin zugleich aber auch die Grenze, deren Überschreiten den Grundsatz der gleichen Wahl verletzt (BVerfGE 51, 222; s. unten).

Im **Kommunalwahlrecht** jedoch ist die Fünf-Prozent-Klausel verfassungswidrig; ebenso die Dreiprozenthürde bei den **Europawahlen** (s. Kap. XIV). Denn hier geht es **nicht** um die Sicherung **gesetzgeberischer** Funktionen. Folglich haben Wahlrechtsgleichheit und Chancengleichheit Vorrang. Die Fünf-Prozent-Klausel kann im Kommunalwahlrecht auch nicht damit gerechtfertigt werden, dass sie unerwünschte extremistische Parteien von den kommunalen Vertretungskörperschaften fernhält, denn sie betrifft alle Parteien gleichermaßen. Zudem steht hierfür das Parteiverbotsverfahren zur Verfügung (BVerfG, Urt. v. 13.2.2008 zum schleswig-holsteinischen Kommunalwahlgesetz).

**Beispiel** für ein **ungleiches** Wahlrecht:

In **Preußen** galt von 1849 bis 1918 für die Wahlen zum Abgeordnetenhaus und zu den Gemeindevertretungen das (nur Männern vorbehaltene) **Dreiklassenwahlrecht,** bei dem nach der jeweiligen **Steuerleistung** differenziert wurde. Zur ersten Abteilung der Stimmberechtigten zählte man so viele Steuerzahler, bis das erste Drittel des Gesamt-Steueraufkommens erreicht war (ca. 4 Prozent der Stimmberechtigten). Bei der zweiten Klasse (ca. 13 Prozent) wurde in gleicher Weise verfahren, die Verbleibenden (83 Prozent) bildeten die dritte Abteilung. Jede der drei Klassen wählte ein Drittel der Wahlmänner, die ihrerseits die Abgeordneten bestimmten.

### Geheim

Eine wirklich freie Wahl ist nur denkbar, wenn sich der Wähler darauf verlassen kann, dass er als Einzelperson **unbeeinflusst** und **unbeobachtet** seine Stimme abgeben darf und dass ihm allein schon deshalb **keine Nachteile** entstehen können,

> weil nicht ermittelt werden kann und somit auch niemand erfährt, **wem** er seine Stimme gegeben hat.

„Auch ein freiwilliger Verzicht auf das Wahlgeheimnis ist nicht statthaft, weil derartige Vorbilder dazu führen könnten, andere Wähler zur offenen Stimmabgabe zu nötigen" (vgl. Ipsen I, Rdnr. 86).

Die **Geheimhaltung** der Wahl wird durch besondere **Vorkehrungen** garantiert. Hierzu gehören **Wahlkabinen, amtliche Stimmzettel, Wahlumschläge** und **Wahlurnen**. Dem **Wahlvorstand** obliegt es, auf die Einhaltung der Bundeswahlordnung zu achten (s. unten).

**Beispiel** für **nicht geheime** Wahlen:

Obwohl auch die Verfassung der DDR den Wahlgrundsatz „geheim" enthielt und in den Wahllokalen Kabinen aufgestellt waren, wurden die Wähler vor den Volkskammerwahlen jedes Mal durch massive Propaganda aufgefordert, ihre Stimme **offen** abzugeben. Ganze Belegschaften, Sportgruppen, Armee-Einheiten usw. gaben so ihre Stimmen als Block für die Kandidaten der „Nationalen Front" ab, vielfach gewiss auch aus Sorge um persönliche Nachteile. Oft gehörte Zivilcourage dazu, trotz solcher Pressionen eine Wahlkabine aufzusuchen.

*Wahlen*

## Mehrheitswahl und Verhältniswahl

Das **kombinierte Wahlsystem**, nach dem der Deutsche Bundestag und auch die Länderparlamente gewählt werden, ist eine Verbindung der beiden Grundtypen demokratischer Wahlverfahren: der **Mehrheitswahl** und der **Verhältniswahl**. Man unterscheidet wie folgt:

**Grundwahlsysteme**

| **Mehrheitswahl** (auch Personenwahl genannt) | und | **Verhältniswahl** (auch Listenwahl genannt) |
|---|---|---|
| Das Wahlgebiet wird in annähernd gleich große **Wahlkreise** aufgeteilt. Jede Partei stellt pro **Wahlkreis einen Kandidaten**.<br><br>Bei der **absoluten** Mehrheitswahl ist der Kandidat gewählt, der mehr als die Hälfte der Stimmen gewonnen hat. Wird diese Mehrheit nicht erreicht, erfolgt zwischen den beiden Bestplatzierten eine Stichwahl.<br>Beispiel: Deutsches Reich ab1871.<br><br>Bei der **relativen** Mehrheitswahl ist gewählt, wer die meisten Stimmen auf sich vereinigt.<br>Beispiel: Großbritannien. | | Das Wahlgebiet bildet einen **einzigen Wahlkreis**, für den jede Partei eine **Liste** ihrer Bewerber (Kandidatenliste) aufstellt.<br><br>Die auf die einzelnen Parteien entfallenden **Sitze** errechnen sich aus den **Anteilen** an der **Gesamtzahl** der Mandate. Hierfür stehen verschiedene Berechnungsarten zur Verfügung (s. unten).<br><br>Die Sitze werden in der **Reihenfolge** verteilt, die in der **Kandidatenliste** vorgegeben ist. Beispiele: Weimarer Republik, Belgien, Niederlande. |

Beide Wahlsysteme haben **Vorzüge** und **Nachteile**. Durch die Kombination wird versucht, sich die Vorzüge beider Verfahrensweisen zu sichern und zugleich die Nachteile zu vermeiden:
**Für** die **Mehrheitswahl** sprechen: die **Parteiunabhängigkeit** der Bewerber und ihre **Nähe** zu den Wählern. Splittergruppen haben geringe Chancen, in das Parlament zu kommen.
**Nachteile:** Die Stimmen der **unterlegenen** Kandidaten bleiben **wirkungslos**. Beispiel: Bei den britischen Unterhauswahlen 1992 errang Labour bei 34,7 Prozent der Stimmen 271 Sitze, die Liberalen kamen bei 18,1 Prozent auf 20 Mandate. Das Parlament ist mithin **kein Spiegelbild** des Wählervotums. Gewählt wird primär der Typus des **Allround-Politikers**; wichtige **Fachleute**, denen es an „politischer Ausstrahlung" mangelt, könnten so dem Parlament fehlen.
**Für** die **Verhältniswahl** spricht: Das Parlament ist ein **Abbild** der Wählermeinungen. Abgesehen von Splittergruppen, fallen keine Meinungen unter den Tisch. Über die Listen kann **Sachverstand** in dem notwendigen Umfang sichergestellt werden. Zudem wird mit Hilfe der Listen dafür gesorgt, dass die großen gesellschaftlichen Gruppen im Parlament vertreten sind.
**Dagegen** spricht, dass die **Parteien** die Nominierung bestimmen, die Bewerber entsprechend **abhängig** sind, das Parlament, wenn nicht vorgebeugt wird, **zersplittern** und die **Regierungsbildung** erschwert werden könnte. Zudem ist hier der **Kontakt** zu den Wählern weniger eng.
Ein entscheidender Nachteil kann darin liegen, dass die notwendige **Qualität der Parlamente** nicht erreicht wird. Die Tatsache, dass der Weg ins Parlament über die Parteien und deren Listen führt, kann Karrieren begünstigen, bei denen nicht das Können und die Ausstrahlung des Kandidaten, sondern dessen Nähe zur Partei den Ausschlag geben.
Fraglich ist allerdings, ob eine **prozentgenaue Abbildung** des Wählerwillens überhaupt zu den parlamentarischen Grundfunktionen gehört. Denn **Hauptaufgabe** des Parlaments ist die Bildung **regierungsfähiger**, d. h. **stabiler Mehrheiten**. Und **garantieren** kann diese Mehrheit letztlich **keines** der beiden Systeme. Sie hängt primär ab vom Gewicht der **politischen Parteien**.

*Wahlen*

### Zur Debatte um das Wahlsystem

Schwieriger werdende **Wahlergebnisse** und die Tendenz zum **Fünfparteiensystem** (s. unten) haben in jüngerer Zeit wieder einmal den Ruf nach dem **Mehrheitswahlrecht** laut werden lassen (so auch der ehemalige Bundespräsident Herzog). Geltend gemacht wird vor allem, das Mehrheitswahlrecht schaffe **klare Verhältnisse** und eindeutige **Zurechenbarkeiten**. Das als unangemessen empfundene Gewicht kleiner Parteien bei der Mehrheitsbeschaffung entfalle. Auch ganz allgemein werde der Einfluss der **Parteien** und ihrer Führung auf ein sachgerechtes Maß zurückgeführt.

Dagegen wird eingewandt, das Mehrheitswahlrecht verfestige die parteipolitischen **Machtstrukturen**. Die auf Proportionalität gegründete **Balancefunktion** würde aufgehoben, **Minderheiten** und ihre Meinungen würden **ausgegrenzt**. Außenseiter seien chancenlos, kleinere Parteien würden in den Hochburgen der Großen nicht einmal mehr eine eigene Organisation aufbauen. Die **Opposition** würde zur Wirkungslosigkeit verdammt, in den außerparlamentarischen Bereich gedrängt und damit zwangsläufig auch radikalisiert werden. Zudem gehe es ja nicht allein um die Mehrheitsbildung im Bundestag. Denn der **Bundesrat** bestünde fort, und mit ihm immer wieder auch unterschiedliche Mehrheiten. **Blockadehaltungen** würden somit in einer von der Verfassung nicht gewollten Weise auf das Bund-Länder-Verhältnis verlagert und, wie 2005 geschehen, zur Flucht in Neuwahlen führen.

Bei alledem darf nicht übersehen werden: Wahlergebnisse sind **Entscheidungen** der Wählerinnen und Wähler. Sie enthalten für die im Parlament vertretenen Parteien den **Auftrag**, die durch die Wahlen vorgegebene Mandatsverteilung in ein inhaltlich tragfähiges und personell überzeugendes **Regierungskonzept** umzusetzen. Es liegt nicht im Sinne der Demokratie, das Volk so lange zu den Urnen zu bitten, bis das Wahlergebnis den Parteien passt. Und schon gar nicht sollten Entscheidungen des „Souveräns" dadurch unterlaufen werden, dass man, wenn es schwierig wird, einfach das Wahlrecht oder gar das Regierungssystem ändert.

Änderungen des **Wahlrechts** dürfen zudem nicht losgelöst vom **parlamentarischen Gesamtgefüge** erörtert werden. Das **repräsentative** System, auf dem die Entscheidungsfindung in der Bundesrepublik beruht, fußt auf dem **Mehrheitsprinzip**. Das System des Grundgesetzes hat mithin die Zusammensetzung des **Parlaments** im Blick, die zugleich Ausdruck der im Volk vorhandenen politischen **Gewichtung** ist. Ihr kann allein durch die Verhältniswahl – mit der Fünf-Prozent-Hürde als Korrektiv – entsprochen werden. Ganz anders die Systeme in den **USA** und in **Großbritannien**. Sie sind nicht auf Proportionalität im Parlament, sondern auf **Stabilität** der Regierung angelegt.

In diesem Zusammenhang sind auch die in den USA üblichen **Vorwahlen** zur Debatte gestellt worden – sicherlich ein zeitlich und finanziell aufwändiges, aber auch ein volksnahes Verfahren, das eine besondere Form **politischer Lebendigkeit** erzeugt, die gerade in Deutschland angesichts sinkender Wahlbeteiligung in Gefahr geraten ist. Ein System, bei dem die Kandidaten nicht in den Vorstandsetagen von Parteien, sondern in der Auseinandersetzung mit den Wählerinnen und Wählern – oder doch zumindest mit der Parteiöffentlichkeit – gekürt werden, ist zumindest erwägenswert und könnte den Streit um ein Mehrheitswahlrecht entbehrlich machen.

Doch dem Streit um ein „besseres" Wahlverfahren sind **enge Grenzen** gesetzt. Denn wer das Wahlrecht ändern will, braucht Mehrheiten – in diesem Falle auch die Mehrheit im Bundesrat. Dort regieren vielfach die kleineren Parteien mit. Dass diese ihrer eigenen Demontage zustimmen könnten, darf ausgeschlossen werden. Das gilt erst recht, wenn man eine Änderung des **parlamentarischen Grundsystems** in Betracht zöge. Sie ist weder politisch erreichbar, noch überhaupt wünschenswert. Anders verhält es sich mit **Verfahrensfragen.** Hier sind Änderungen möglich und seit der Entscheidung des BVerfG zum negativen Stimmengewicht auch zu erwarten (s. unten).

*Wahlen*

## Das kombinierte Wahlsystem bei der Bundestagswahl

Das Verfahren, nach dem der Bundestag gewählt wird, ergibt sich aus dem **Grundgesetz** (Art. 38, 39, 41, 48 und 137 GG), dem **Bundeswahlgesetz** in der Neufassung vom 23.7.1993 (BGBl. I S. 1594), zuletzt geändert durch Gesetz vom 3.5.2013 (BGBl. I S. 1084) sowie der **Bundeswahlordnung** i. d. F. vom 19.4.2002 (BGBl. I S. 1376), zul. geändert durch VO vom 13.5.2013 (BGBl. I S. 1255). In diesen Vorschriften sind u. a. festgelegt: das Wahlrecht, das Wahlsystem, die Wahlorgane, die Vorbereitung der Wahl, die Wahlhandlung, die Feststellung des Wahlergebnisses sowie Erwerb und Verlust der Mitgliedschaft im Bundestag.

Gem. § 1 Bundeswahlgesetz wird der Bundestag gewählt nach den Grundsätzen der mit der **Personenwahl** verbundenen **Verhältniswahl**. Das Bundesverfassungsgericht (BVerGE 16, 130) hat hierfür den Begriff der „**personalisierten Verhältniswahl**" geprägt. Darin kommt zum Ausdruck, dass es sich nicht um ein Mischsystem, sondern im **Kern** um eine **Verhältniswahl** handelt, die lediglich um Elemente der Personenwahl **ergänzt** worden ist. Mit dieser **Verknüpfung,** abgerundet durch die Fünf-Prozent-Klausel, soll erreicht werden, dass man sich die **Vorzüge** beider Systeme sichert und ihre jeweiligen **Nachteile** so gering wie möglich hält. Denn jedes Wahlverfahren hat seine Schwächen. Auch das kombinierte Wahlsystem ist sicherlich keine Ideallösung. Gleichwohl hat es sich als Kompromiss, in einer Wahl sowohl demokratische Vielfalt zu ermöglichen als auch gleichzeitig regierungsfähige Mehrheiten und stabile politische Verhältnisse zu schaffen, im Großen und Ganzen bewährt (s. oben).

Die Anzahl von **598** Bundestagsabgeordneten ist ebenfalls in § 1 BWahlG festgelegt. Davon werden **299** in den **Wahlkreisen** (Personenwahl) und **299** nach den **Landeslisten** (Verhältniswahl) gewählt. Die **Größe** der Wahlkreise soll vom Durchschnitt (250 000 Einwohner) nicht mehr als **15 Prozent** und darf nicht mehr als **25 Prozent** abweichen. Nach der Vereinigung hatten sich diese Verhältnisse durch **Binnenwanderung** verschoben, so dass die Abgrenzung der 299 Wahlkreise zur Wahl des 17. Deutschen Bundestages 2009 neu festgelegt werden musste (18. Ges. z. Änd. d. BWahlG vom 18.3.2008; BGBl I S. 316). Für die Berechnung der Zahl der Wahlkreise der Bundesländer ist das Sainte-Laguë-Verfahren (Divisorverfahren mit Standardrundung) vorgeschrieben (s. unten).

Das **kombinierte Wahlsystem** begünstigt die **Parteienvielfalt,** die jedoch durch die **Sperrklausel** (s. unten) eine deutliche Einschränkung erfährt, um Zersplitterung zu verhindern. Würde der Bundestag auf der Grundlage des Mehrheitswahlrechts gewählt, so entstünde daraus nach aller Erfahrung ein **Zweiparteiensystem.** Durch die Kombination des Persönlichkeitswahlsystems mit den Elementen der Verhältniswahl wird den kleineren Parteien, die nur geringe Aussicht haben, Direktkandidaten ins Parlament zu bringen, die Chance eingeräumt, Mandate über die **Zweitstimmen** zu erringen (sofern sie die Sperrklausel überwinden).

Eine Begünstigung kleinerer Parteien liegt auch darin, dass der Wähler seine beiden Stimmen **unterschiedlich** verwenden kann (sog. Stimmen-Splitting). Diese Regelung führt häufig zu Koalitionsaussagen vor der Wahl, um die Wähler kleinerer Parteien zu veranlassen, ihre Stimme zu „**splitten**", d. h. die **Zweitstimme** der **eigenen** (kleinen) Partei zu geben, mit der ohnehin aussichtslosen Erststimme aber den künftigen Koalitionspartner zu wählen. Dieses „taktische" Wählerverhalten, das kleineren Parteien durch Stärkung des (größeren) Partners zur Regierungsbeteiligung verhelfen kann, war z. B. 2009 von großer Bedeutung: Rd. 1,2 Millionen Erststimmen gingen von der FDP zur CDU und trugen dort zu der ungewöhnlich hohen Zahl von 24 Überhangmandaten bei (s. unten).

Kleine Parteien haben daher ein hohes Interesse an der Beibehaltung des kombinierten Wahlsystems – auch in den Ländern. Lediglich das Saarland wählt nach dem Verhältniswahlrecht mit nur einer Stimme. Niedersachsen hat das Einstimmenwahlrecht 1987 auf Initiative der FDP abgeschafft.

*Wahlen*

## Die Stimmabgabe und ihre Auswirkungen

Da bei der Bundestagswahl die beiden Grundwahlsysteme miteinander kombiniert sind, erhält jeder Wähler eine **Erststimme** (linkes Feld des Stimmzettels) und eine **Zweitstimme** (rechtes Feld des Stimmzettels; s. unten).

Auf jeder Hälfte des Stimmzettels ist nur jeweils ein Kreuz in einem der Kreise zulässig. Bei Zusätzen ist der Stimmzettel ungültig. Der Wähler kann aber auch nur die Erststimme oder nur die Zweitstimme abgeben. Stimmensplitting ist möglich (s. oben).

Die Wählerinnen und Wähler entscheiden sich mit der Erststimme für eine **Person,** mit der Zweitstimme für die Landesliste einer **Partei.**

Mit der **Erststimme** wählen sie nach den Grundsätzen der

| **Mehrheitswahl** |

einen ⇩

| **Direktkandidaten.** |

Hierzu wird das Gebiet der Bundesrepublik in 299 Wahlkreise aufgeteilt.

Die Parteien können in jedem Wahlkreis einen Kandidaten aufstellen (s. oben).

Der Kandidat wird auf einer Vertreterversammlung (Wahlkreiskonferenz) von den Delegierten der Ortsverbände bestimmt.

Aus Mangel an aussichtsreichen Bewerbern stellen kleinere Parteien nicht in allen Wahlkreisen Kandidaten auf.

Auch Parteilose können sich zur Wahl stellen, wenn sie mindestens 200 Unterschriften von Wahlberechtigten beibringen.

Gewählt ist, wer in seinem Wahlkreis die meisten Stimmen auf sich vereinigt (relative Mehrheit). Dieser direkt errungene „**Wahlkreissitz**" bleibt auf der Landesliste unberücksichtigt. Der Gewählte zieht auch dann in den Bundestag ein, wenn seiner Partei nach dem Berechnungsschlüssel weniger Sitze zustehen, als sie an Direktmandaten errungen hat. Es entstehen dann die sog. Überhangmandate (s. unten).

Somit entsendet jeder der 299 Wahlkreise im Bundesgebiet (vom Wahlkreis 1 – Flensburg/Schleswig – bis zum Wahlkreis 299 – (Homburg/Saar) „seinen" Abgeordneten direkt in den Bundestag.

Mit der **Zweitstimme** wählen sie nach den Grundsätzen der

| **Verhältniswahl** |

eine ⇩

| **Partei.** |

Im Regelfall stellt jede Partei in jedem Bundesland eine Landesliste auf (s. oben). Liste und Reihenfolge der Kandidaten werden von der Deligiertenversammlung des Bereichs bestimmt, für den die Liste gelten soll.

Eine „Urwahl" durch die Mitglieder der Partei findet allenfalls auf unterster Stufe statt. In allen übrigen Fällen wird die Landesliste in einem mehrstufigen Verfahren, zuletzt durch eine Landesdelegiertenkonferenz festgelegt. Die Liste ist „starr", d. h. sie ist hinsichtlich der Reihenfolge vom Wähler nicht beeinflussbar.

Die Wahlkreisbewerber (um ein Direktmandat) werden vielfach zusätzlich auf der Landesliste „abgesichert", damit sie auch dann in den Bundestag einziehen, wenn sie in ihrem Wahlkreis nicht gewählt werden.

Wie viele Kandidaten dann tatsächlich über die Landesliste gewählt werden, richtet sich nach dem Anteil der auf die einzelnen Parteien entfallenden Stimmen (s. unten).

Auch wenn erfolgreiche Wahlkreisbewerber aus „ihrem" Mandat besondere Stärke gewinnen, sind über die Liste gewählte Abgeordnete keinesfalls Parlamentarier „zweiter Ordnung."

*Wahlen*

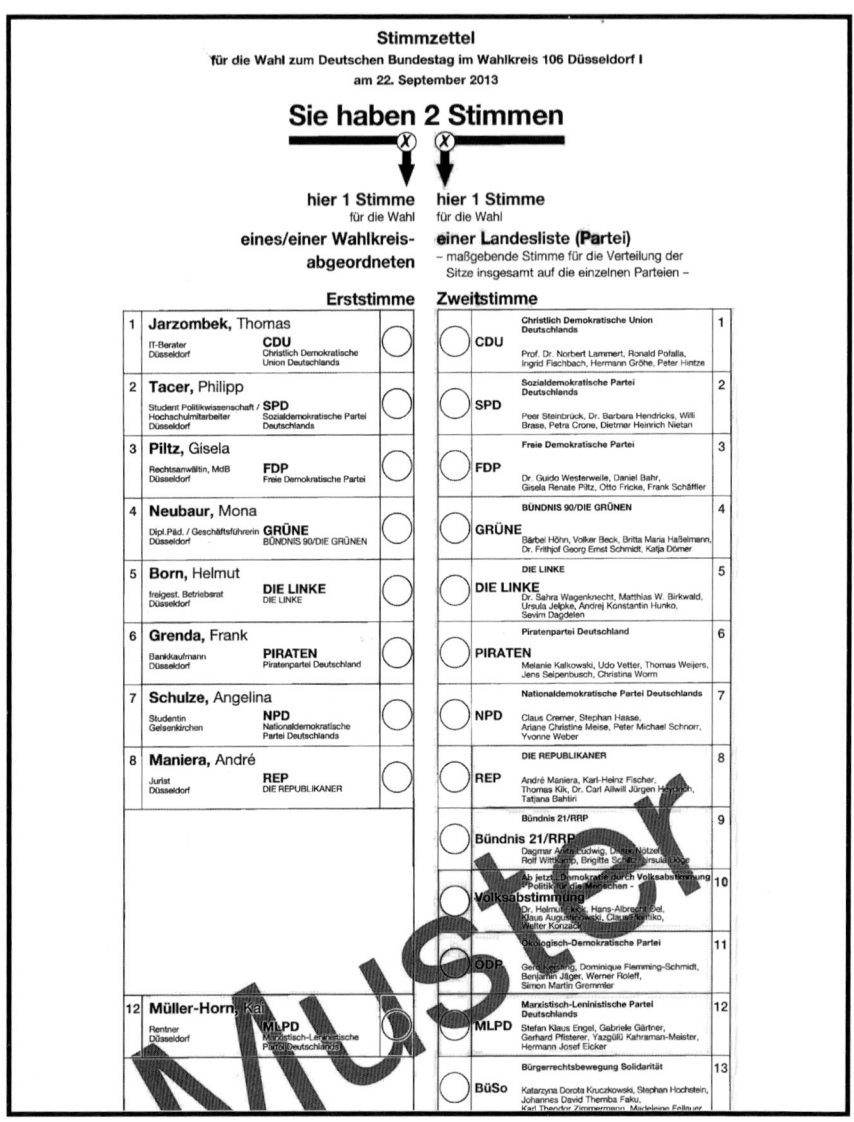

**Anmerkungen:** Bewirbt sich eine Partei nur um die Zweitstimmen, bleibt das entspr. Feld auf der linken Hälfte des Stimmzettels leer. Bewerber, deren Wählergruppe oder Partei keine Landesliste einreicht, werden links im Anschluss an die Wahlkreisbewerber alphabetisch aufgeführt, jedoch unterhalb der letzten rechts abgedruckten Landesliste.

Der Stimmzettel für diesen Stimmbezirk enthielt im Original 22 Zweitstimmen-Bewerber. Auf den Abdruck der weiteren Bewerber wurde aus Platzgründen verzichtet.

*Wahlen*

## Errechnung der Mandatszahl

Um die Gefahr auszuschalten, dass eine sinnvolle parlamentarische Arbeit durch Splitterparteien erschwert oder gar verhindert wird, wie es in der Weimarer Republik zum Teil der Fall war, wurde eine **Sperrklausel** eingeführt, die so genannte

### Fünf-Prozent-Klausel

Die Gefahr der **Zersplitterung** ist ein zureichender Grund, einen **angemessenen Mindestprozentsatz** festzulegen. Wahlgesetze mit einem Quorum von 5 Prozent sind daher bei Bundestags- und Landtagswahlen zulässig (BVerfGE 1, 247; 13, 243). Mit Ausnahme der Parteien **nationaler Minderheiten** (§ 6 Abs. 6 BWG) werden folglich nur Parteien berücksichtigt, die entweder

▶ **mindestens 5 Prozent** aller abgegebenen gültigen **Zweitstimmen** oder

▶ in **mindestens 3 Wahlkreisen** ein **Direktmandat** errungen haben (s. unten).

Ein direkt gewählter Abgeordneter behält jedoch sein Mandat auch dann, wenn seine Partei unter die Sperrklausel fällt. Gleiches gilt für parteilose Bewerber. Das in § 6 des Bundeswahlgesetzes festgelegte **Mindeststimmen-Quorum** hat bisher in der Bundesrepublik zu stabilen Mehrheiten geführt und hat sich insoweit bewährt. Andererseits ist nicht zu übersehen, dass dieses Prinzip die etablierten Parteien begünstigt, denn das Aufkommen neuer Parteien wird durch die Sperrklausel zweifellos erschwert, wenn auch nicht unmöglich gemacht.

Auch auf **Landesebene** ist die Fünf-Prozent Klausel zulässig. Anders bei den **Kommunalwahlen:** Gemeindevertretungen und Kreistage üben primär verwaltende Tätigkeiten aus. Sie sind keine gesetzgebenden Körperschaften. Auf „klare Mehrheiten zur Sicherung einer politisch aktionsfähigen Regierung" kommt es daher nicht an (BVerfG, Urt. v. 13.2.2008).

### Die einzelnen Berechnungsmethoden

Anders als bei der **Mehrheitswahl,** bei der jeder **Wahlkreissieg** ein **Mandat** bedeutet und folglich kein besonderer Umrechnungsvorgang erforderlich ist, muss bei der **Verhältniswahl** ein Verfahren zur **Umwandlung** der **Stimmen** in **Mandate** entwickelt werden. Dabei soll grundsätzlich **Proportionalität** gewahrt werden zwischen der Anzahl der **Sitze** und der Zahl der gewonnenen **Stimmen.** Das aber stößt auf praktische Schwierigkeiten, denn die den Stimmen entsprechende Sitzzahl ist in aller Regel keine volle Zahl, sondern eine Bruchzahl. Mithin kann das Prinzip der Proportionalität regelmäßig nicht vollständig realisiert werden; es bleiben Reststimmen übrig, die nicht in die Sitzverteilung einfließen.

Für die Verrechnung der Stimmen stehen **verschiedene Systeme** zur Verfügung. Ein vergleichsweise einfaches Verfahren galt in der Weimarer Republik: Das **Reichswahlgesetz** sah vor, dass auf je 60 000 Stimmen ein Mandat entfiel. Damit war die Gesamtzahl der Abgeordneten des Deutschen Reichstags abhängig von der Zahl der Wahlberechtigten und der Wahlbeteiligung.

In der **Bundesrepublik** sind auf Bundes-, Länder- und Gemeindeebene drei Verfahren üblich: das **Höchstzahlverfahren** nach d´Hondt, das **Proportionalverfahren** nach **Hare-Niemeyer** und das **Divisorverfahren** mit Standardrundung nach **Sainte-Laguë.** Ihr Einsatz ist naturgemäß umstritten, denn bei der Umwandlung von Wählerstimmen in Mandate geht es um Macht und Einfluss. Während ursprünglich zumeist nach dem System d´Hondt verfahren wurde, wird in jüngerer Zeit die Sainte-Laguë-Methode bevorzugt (so auch bei Bundes- und Europawahlen; s. unten). Vor allem in den Ländern hat der Systemwechsel Tradition, auch wenn die Methoden überwiegend zu denselben Ergebnissen führen. Lediglich in Grenzfällen treten geringfügige Abweichungen auf, wobei kleinere Parteien bei Zugrundelegung des Hare-Niemeyer-Systems leichte Vorteile gegenüber großen Parteien haben. Gleiches gilt für das Verhältnis von kleinen zu großen Ländern.

*Wahlen*

## Das Höchstzahlverfahren nach d'Hondt

Das **Höchstzahlverfahren** nach **d´Hondt** wurde 1882 von dem belgischen Mathematiker Viktor d´Hondt entwickelt. Nach diesem Verfahren sind alle Bundestagswahlen bis 1983 (einschließlich) berechnet worden. Es wurde auch bei den Europawahlen und wird noch bei einigen Landtagswahlen sowie im kommunalen Bereich eingesetzt.

Dazu wird die von jeder Partei erreichte Gesamtstimmenzahl, sofern sie oberhalb der Sperrklausel liegt, fortlaufend durch die Teiler 1, 2, 3 usw. dividiert. Auf die so ermittelten Quotienten werden die verfügbaren Mandate nach der Reihenfolge der jeweils höchsten Zahl verteilt, bis alle zu vergebenden Mandate ausgeschöpft sind.

## Das Proportionalverfahren nach Hare-Niemeyer

Das **Proportionalverfahren** nach Hare-Niemeyer wurde von dem Marburger Mathematiker **Horst Niemeyer** entwickelt, der sich auf Arbeiten stützte, die der britische Verfassungsjurist **Thomas Hare** im 19. Jahrhundert veröffentlicht hatte. Bei den Wahlen zum Bundestag wurde es 1985 eingeführt. 2009 wurde es durch das Divisorverfahren nach Sainte-Laguë abgelöst.

Hierbei wird die Zahl der zu vergebenden Sitze mit der Zahl der von der jeweiligen Partei gewonnenen Stimmen multipliziert und dann durch die Gesamtzahl aller gültigen Zweitstimmen geteilt. Die erhaltenen vollen Zahlen ergeben die Sitze, die restlichen, zu vergebenden Mandate werden nach der Reihenfolge der höchsten Zahlenbruchteile verteilt.

## Das Divisorverfahren mit Standardrundung nach Sainte-Laguë/Schepers

Das von dem französischen Mathematiker Sainte-Laguë begründete und dem Physiker Hans Schepers vorgeschlagene Divisorverfahren löste zu den Bundestags- und Europawahlen 2009 das Proportionalverfahren nach Hare-Niemeyer ab (Gesetz zur Änderung des Wahl- und Abgeordnetenrechts v. 17.3.2008; BGBl. I S. 394). Das Bundestagswahlrecht folgt damit dem Beispiel mehrerer Bundesländer und Kommunalverfassungen.

Das System kann als Höchstzahlverfahren bzw. Rangmaßzahlverfahren oder – wie ab 2009 bei der Bundestagswahl – als Divisorverfahren eingesetzt werden. Hierbei treten die Parteien als verbundene Landeslisten an. In der sog. **„ersten Verteilung"** wird zunächst nach dem Divisorverfahren errechnet, wie viele Sitze des betreffenden Landes auf die einzelnen Parteien entfallen, wobei die Direktmandate erhalten bleiben. Die Summe der von den einzelnen Parteien in dem jeweiligen Bundesland errungenen Zweitstimmen wird durch einen rechnerisch gegriffenen Zuteilungsdivisor geteilt. Dieser ist so zu bestimmen, dass insgesamt so viele Sitze auf die Landeslisten entfallen, wie Mandate zu vergeben sind. Rechnerisch wird hierbei die Gesamtzahl der Zweitstimmen durch die Zahl der zu vergebenden Sitze geteilt (Stimmen durch Sitze). Werden im Rechenergebnis zu viele Sitze verteilt, muss ein größerer Divisor zugrunde gelegt werden, im umgekehrten Falle ein kleinerer Divisor (s. § 6 BWahlG). Zahlenbruchteile werden nach kaufmännischer Rundung (sog. Standardrundung) abgerundet, d. h. ein Bruchteilrest wird auf- bzw. abgerundet, je nachdem, ob er kleiner oder größer als 0,5 ist. In den seltenen Fällen mit mehreren Resten, die genau 0,5 betragen, entscheidet das Los.

Für die endgültige Sitzverteilung folgt dann die **„zweite Verteilung"** auf Bundesebene, bei der die bundesweit errungenen Mandate der einzelnen Parteien addiert und den Parteien, ebenfalls nach dem Divisorverfahren, zugeteilt werden.

Beispielrechnung aus dem kommunalen Bereich bei 19 zu vergebenden Sitzen und einem Divisor 4850:

| Partei | Stimmen | Divisor | Quotient | Sitzzahl, gerundet |
|---|---|---|---|---|
| A | 41250 | 4850 | 8,51 | 9 |
| B | 36120 | 4850 | 7,45 | 7 |
| C | 12630 | 4850 | 2,60 | 3 |

### Ermittlung der Sitzverteilung

Die Wahl des Deutschen Bundestages erfolgt nach dem **Verhältniswahlsystem**, in das Elemente der **Persönlichkeitswahl** und des **föderalen Prinzips** eingebaut sind (s. oben). Einerseits wird die Zahl der insgesamt 598 Sitze nach dem **Verhältnis** der Parteien berechnet und anschließend über sechzehn Landeslisten zugeteilt (Verhältniswahl), andererseits wird die Hälfte davon als Direktmandate an diejenigen Bewerber vergeben, die in den 299 Wahlkreisen jeweils die **meisten** Stimmen errungen haben (Persönlichkeitswahl).

Eine Besonderheit des deutschen Wahlrechts sind die sog. **Überhangmandate**. Sie entstehen immer dann, wenn eine Partei in einem Bundesland **mehr Direktmandate** errungen hat, als ihr in diesem Land nach dem **Zweitstimmenergebnis** zustehen (daher: Überhang).

Diese Regelung ist in der Vergangenheit mehrfach Gegenstand von Entscheidungen des Bundesverfassungsgerichts gewesen. Denn seit die Parteienlandschaft sich verändert hat und im Bundestag nicht mehr nur drei Parteien vertreten sind, wird der **Wählerwille** als **Folge** der **Überhangmandate** nicht mehr präzise durch die **Sitzverteilung** widergespiegelt. 1998 z. B. entfielen auf die SPD 13 Überhangmandate, 2009 erhielten CDU/CSU zusammen sogar 24, was bei einem sehr knappen Ergebnis womöglich sogar den Wahlausgang auf den Kopf gestellt hätte. Denn **Direktmandate** bleiben in **jedem** Falle **erhalten**, unbeschadet des Stimmenverhältnisses nach Auszählung der Zweitstimmen.

Eine weitere Folge von Überhangmandaten war das sog. **negative Stimmengewicht**. Das Problem trat auf, wenn einer Partei bei der Verrechnung auf Landesebene genauso viele oder weniger **direkt gewählte** Abgeordnete gegenüberstanden, wie dieser Partei nach dem **Zweitstimmenanteil** zustanden. Hierbei konnte es geschehen, dass bei knappem Wahlausgang eine Partei im Rahmen der Verteilung der Mandate auf die Landeslisten umso mehr Sitze zugeteilt bekam, je weniger Zweitstimmen sie in dem betreffenden Land hatte. Im Ergebnis konnte auf diese Weise einer Partei ein Mandat mehr beschafft werden, wenn man ihr nicht seine Stimme gab. Umgekehrt konnte eine Partei einen Sitz verlieren, obwohl man sie wählte. Dieser Effekt des **negativen Stimmengewichts** verletzt die Grundsätze der Gleichheit und **Unmittelbarkeit** der Wahl. Das BVerfG erklärte daher mit Urteil vom 3.7.2008 die entsprechende Regelung des Bundeswahlgesetzes für **verfassungswidrig**, ohne dass dies – aus Bestandschutzgründen – auf die Zusammensetzung des damals aktuellen (16.) Bundestages, noch auf die bevorstehende Wahl zum 17. Bundestag Einfluss gehabt hätte. Das Gericht setzte vielmehr eine Frist bis zum 30.6.2011, innerhalb derer der Gesetzgeber das Wahlrecht entsprechend abzuändern habe. Die Wahlen zum 17. Bundestag vom September 2009 fanden daher auf einer Grundlage statt, die in Teilen verfassungswidrig war. Das Problem wäre noch verstärkt worden, wenn – was durchaus möglich war – eine regierungsfähige Mehrheit nur durch Überhangmandate zustande gekommen wäre. In diesem Falle würde die Erfolgswertgleichheit in ihr Gegenteil verkehrt – ein Grund mehr für die Änderung des Wahlrechts. Der Gesetzgeber reagierte schließlich mit einer Gesetzesnovelle zum Wahlrecht nach dem dann der **18. Deutsche Bundestag** bei den Wahlen vom **22.9.2013** gewählt wurde (BWahlG in der Fassung vom 23.7.1993, BGBl. I S. 1288, zul. geä. d. das Gesetz vom 3.5.2013, BGBl. I S. 1084). Dessen Kern sind die sog. Ausgleichsmandate.

**Ausgleichsmandate** sollen Verzerrungen im Stärkeverhältnis der Fraktionen zueinander beheben, die bei der Mandatsverteilung als Folge von Überhangmandaten entstehen: Überhangmandate, die eine Partei bei der Wahl erhält, verschieben die Proportionen im Bundestag (s. oben). Je mehr Überhangmandate auf eine Partei entfallen, umso mehr verändern sich die als Ergebnis der Zweitstimmenauszählung festgelegten Stärkeverhältnisse der Fraktionen. Die Bundestagswahl ist aber im Kern eine **Verhältniswahl** (s. oben). Um diese Verzerrung zu beheben, wird bei Überhangmandaten nach dem seit 2013 geltenden Wahlrecht die **Gesamtzahl der Sitze im Bundestag solange erhöht**, bis die **Stärke** der **Fraktionen** dem **Anteil** der **Zweitstimmen** wieder entspricht, das heißt, bis das ursprüngliche Zahlenverhältnis wieder hergestellt ist.

Die anderen Fraktionen erhalten folglich einen „Ausgleich" für die Überhangmandate. Entsprechende Regelungen haben zuvor bereits mehrere Bundesländer eingeführt, u. a. Bayern, Baden-Württemberg, Hessen, Niedersachsen und Nordrhein-Westfalen.

## Das aktuelle Berechnungsverfahren

Auch nach der Wahlrechtsreform des Jahres 2013 beruht die Sitzverteilung im Bundestag auf **mehreren rechnerischen Schritten**:
Vorab wird festgestellt, **wie viele** Abgeordnete jedes **Bundesland** in den Bundestag entsenden darf (föderatives Element der Wahl). Die Zahl richtet sich nach der Anzahl der deutschen Staatsbürger in dem jeweiligen Land.

Sodann kommt es, wenn die Stimmen ausgezählt sind, zur sog. **„ersten Verteilung"**, der Mandatsverteilung auf der **Länderebene.** Anders als bei der früheren Regelung beginnt die Verteilung der Mandate also auf der Ebene der Bundesländer. Hierbei wird nach dem sog. **Divisorverfahren** (s. oben) errechnet, wie viele Sitze des betreffenden Landes auf die einzelnen Parteien entfallen. Berechnungsgrundlage sind die **Zweitstimmen** in dem jeweiligen Bundesland. Doch auch die Erststimmen wirken sich aus, denn die in den Wahlkreisen gewonnenen **Direktmandate** bleiben in jedem Fall **erhalten.**

An der Berechnung nehmen Parteien, die die **Fünf-Prozent-Hürde** (fünf Prozent der abgegebenen gültigen Zweitstimmen) verfehlt haben, nicht teil, es sei denn, sie haben in **mindestens drei Wahlkreisen** das **Direktmandat** errungen (sog. Grundmandatsklausel, s. unten). Für nationale Minderheiten gelten Sonderregelungen.

Für die endgültige Sitzverteilung folgt nun die sog. **„zweite Verteilung"** auf der Bundesebene. Der Bundeswahlleiter fasst hierzu die Zahl der Zweitstimmen, die auf die Parteien entfallen sind, **bundesweit** zusammen und errechnet daraus – ebenfalls nach dem Divisorverfahren – die Zahl der Mandate für die einzelnen Parteien. Damit die Parteien die ihnen nach der „ersten Verteilung" zugefallenen Sitze auch tatsächlich erhalten können, muss der Bundestag in aller Regel über die regulären 598 Mandate hinaus erweitert werden.

Es können mithin auch nach dem neuen Wahlrecht Überhangmandate entstehen. 2013 waren dies vier (jeweils eines in Brandenburg, Sachsen-Anhalt, Thüringen und dem Saarland, sämtlich für die CDU). Die auftretenden Verschiebungen im Verhältnis der Stimmen wird, siehe oben, dadurch ausgeglichen, dass die Gesamtzahl der Sitze auf Bundesebene solange erhöht wird, bis die Relation der Fraktionen zueinander ihren Zweitstimmenanteilen auf Bundesebene entspricht. Insgesamt sind 2013 auf diese Weise 29 Ausgleichsmandate entstanden. Der Bundestag umfasst seither – 29 Ausgleichsmandate und vier Überhangmandate eingeschlossen – 631 Abgeordnete.

Eine der Folgen des neuen Wahlrechts ist, dass der Anreiz, **taktisch** zu wählen, weitgehend entfällt. Bei der Bundestagswahl 2009 hatten mehr als 11 Millionen Wähler die Möglichkeit genutzt, Erst- und Zweitstimme auf verschiedene Parteien zu verteilen, um einer von ihnen gewünschten Koalition einen Vorteil zu verschaffen. Dieses sog. **Stimmensplitting** verliert durch die Ausgleichsmandate seinen Sinn, es wird jedoch auch in Zukunft nicht gänzlich entfallen, wenn es etwa darum geht, einem gewünschten Koalitionspartner über die Fünf-Prozent-Hürde zu helfen.

Unklar war lange Zeit auch die Frage der sog. **Nachrücker:** Scheidet ein Abgeordneter, aus welchem Grunde auch immer, aus dem Bundestag aus, wird der Sitz gem. § 48 Abs. 1 BWahlG aus der Landesliste der Partei nachbesetzt, für die der Ausgeschiedene angetreten war. Das gilt grundsätzlich auch für dass Ausscheiden eines **Direktkandidaten** – es sei denn, die Partei dieses Abgeordneten hat in dessen Bundesland ein **Überhangmandat** errungen. Überhangmandate, so das BVerfG am 26.2.1998 (E 97, 317), sind „**allein Folge der Erststimme**". Sie entfallen daher beim Ausscheiden eines als Direktkandidat gewählten Abgeordneten. Im 16. Bundestag z. B. trat dieser Fall durch das freiwillige Ausscheiden des Abgeordneten Wissmann (CDU) ein. Die Zahl der Abgeordneten seiner Partei verringerte sich folglich um einen Sitz, die der Abgeordneten des Bundestages von insgesamt 614 auf 613 (s. unten).

Verfassungsrechtlich problematisch ist auch die sog. **Grundmandatsklausel** (§ 6 Abs, 6 BWahlG). Sie ist ein **Sonderprivileg** für **kleinere Parteien,** indem diese auch dann bei der Sitzverteilung zum Bundestag berücksichtigt werden, wenn sie zwar bundesweit die geforderten **fünf Prozent** der abgegebenen gültigen Zweitstimmen verfehlt, ihre Kandidaten jedoch über die Erststimmen in **mindestens drei Wahlkreisen** das **Direktmandat** errungen haben (s. unten).

Für eine Partei, die diese sog. **Grundmandate** erringt, wird mithin die **Fünf-Prozent-Klausel** mit der Folge **außer Kraft** gesetzt, dass sie neben ihren direkt gewählten Kandidaten auch (entsprechend ihrem Zweitstimmenanteil) Abgeordnete über die **Landeslisten** in den Bundestag entsenden kann.

Infolge dieser Sonderregelung musste die PDS, die ausschließlich in vier Ost-Berliner Wahlkreisen das Direktmandat errungen hatte, trotz eines bundesweiten Zweitstimmenanteils von nur 4,4 Prozent in die allgemeine Sitzverteilung einbezogen werden und konnte so mit **zusätzlichen** 26 Abgeordneten in den 13. Deutschen Bundestag einziehen. Ihr genügten folglich 258 695 **Erststimmen** zur Erfüllung der Grundmandatsklausel, wohingegen die FDP – ohne Direktmandate – 3 258 407 **Zweitstimmen,** also ungefähr neunmal so viel aufbringen musste, um die Fünf-Prozent-Hürde zu überwinden.

Aufgrund dieser gravierenden Unterschiede im **Erfolgswert** wird die Grundmandatsklausel im Schrifttum überwiegend abgelehnt. Eine Klage vor dem BVerfG blieb jedoch erfolglos (E 95, 408). Die Grundmandatsklausel sei, so das Gericht, „als Alternative zur Fünf-Prozent-Regelung in das Ermessen des Gesetzgebers gestellt". Dieser könne in den Direktmandaten „ein Indiz dafür sehen, dass diese Partei besondere Anliegen aufgegriffen hat, die eine Repräsentanz im Parlament rechtfertigen".

## Der praktische Ablauf der Wahl

Die Einzelheiten des Ablaufs der Wahl sind in der **Bundeswahlordnung** geregelt. Die Durchführung ist den **Gemeinden** als Auftragsangelegenheit übertragen. Die Organisation liegt bei den sog. **Wahlorganen** (Wahlvorsteher und Wahlvorstand in den Stimmbezirken, Kreiswahlleiter und Kreiswahlausschuss in den Wahlkreisen; entsprechend auf der Landes- und der Bundesebene).

▶ Die Gemeinde führt die **Wahlberechtigten,** die im Gemeindebezirk ihren **ersten** Wohnsitz haben, in einem **Wählerverzeichnis.**

*Wahlen*

▶ Das Verzeichnis muss während der dritten Woche vor der Wahl **öffentlich ausgelegt** werden. Hinsichtlich der Richtigkeit und Vollständigkeit ist **Einspruch** möglich.

▶ Darüber hinaus erhält der Wahlberechtigte eine **Wahlbenachrichtigung,** durch die ihm mitgeteilt wird, **wann** und in **welchem Wahllokal** er seine Stimme abgeben kann.

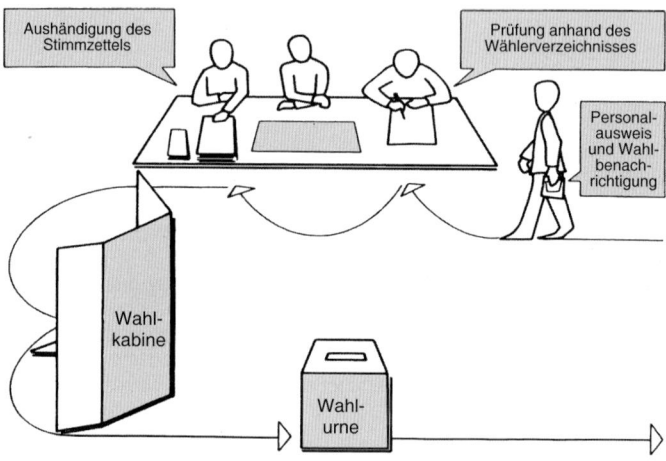

| Wahl mittels **Wahlscheines** |

Wer gehindert ist, am Wahltage in dem für ihn **zuständigen Wahllokal** zu erscheinen, kann seine Stimme mittels Wahlscheines abgeben. Dieser ist bei der Gemeinde bis Freitag vor der Wahl, 18.00 Uhr, zu beantragen. Der Wahlschein berechtigt zur Wahl in einem **anderen Wahlbezirk** des gleichen Wahlkreises oder zur **Briefwahl** (§ 36 BWahlG). Hierfür erhält der Wähler einen amtlichen Stimmzettel mit Umschlag und Siegelmarke, einen Wahlschein und einen Briefumschlag. Der Stimmzettel, zu dem der Wähler an Eides statt zu versichern hat, dass er von ihm selbst oder nach seinem erklärten Willen angekreuzt worden ist, muss im versiegelten Umschlag zusammen mit dem Wahlschein bis spätestens am Wahltag, 18.00 Uhr, beim zuständigen Gemeindewahlleiter eingegangen sein.

## Feststellung des Wahlergebnisses und Wahlprüfung

An der **Feststellung** des **Wahlergebnisses** sind mehrere Ebenen beteiligt (§ 37 ff, BWahlG): Auf der Ortsebene stellt der **Wahlvorstand** nach dem einheitlich auf 18.00 Uhr festgelegten Ende der Wahlhandlung das Ergebnis im **Stimmbezirk** fest, nachdem er zuvor über die **Gültigkeit** der abgegebenen Stimmen entschieden hat. Sodann ermittelt der **Kreiswahlausschuss** unter Vorsitz des Kreiswahlleiters die Ergebnisse aller Stimmbezirke des Wahlkreises und stellt fest, welcher Bewerber als Wahlkreisangeordneter gewählt worden ist. Diesen fordert er auf, binnen einer Woche schriftlich zu erklären, ob er die Wahl annimmt. Der **Landeswahlausschuss** errechnet nur für die Landeslisten abgegeben Stimmen, und der **Bundeswahlausschuss** stellt schließlich fest, wie viele Sitze auf die einzelnen Landeslisten entfallen und welche Bewerber gewählt sind. Der **Landeswahlleiter** benachrichtigt offiziell die Gewählten und fordert sie auf, binnen einer Woche die Annahme der Wahl zu erklären. Der **Bundeswahlleiter,** im

Regelfall ist das der Präsident des Statistischen Bundesamtes, gibt das Endergebnis der Wahl (zunächst vorläufig) bekannt.
Die **Prüfung** des **ordnungsgemäßen Ablaufs** der Bundestagswahl obliegt gem. Art. 41 GG dem **Bundestag**. Das Verfahren ist im **Wahlprüfungsgesetz** vom 12.3.1951 geregelt. Eine Wahlprüfung erfolgt jedoch nur aufgrund eines schriftlich begründeten Einspruchs, der spätestens einen Monat nach Bekanntmachung des endgültigen Wahlergebnisses beim Bundestag eingereicht worden sein muss. Die Wahlanfechtung, die **jedem Wahlberechtigten** zusteht, kann sich auf die Wahlvorbereitung, die Wahlhandlung (hier u. a. auch unzulässige Wahlbeeinflussungen) sowie die Feststellung des Wahlergebnisses beziehen.

Das Wahlprüfungsverfahren erfolgt zunächst durch den **Wahlprüfungsausschuss** des Bundestages in öffentlicher Verhandlung. Aufgrund des Prüfungsergebnisses und auf Antrag (Vorschlag) des Ausschusses entscheidet das Bundestagsplenum entweder

▶ auf **Zurückweisung** des Einspruchs, wenn er als unzulässig oder unbegründet angesehen wird, oder

▶ auf **Ungültigkeit** der **Wahl** (sog. Kassation), was zur Folge haben kann, dass das Wahlergebnis – sofern möglich – korrigiert, eine Wiederholungswahl angeordnet wird (§ 44 BWahlG), dass Listennachfolge eintritt oder Ersatzwahl stattzufinden hat

Gegen eine abweisende Entscheidung des Bundestages kann gem. Art. 41 Abs. 2 GG **Verfassungsbeschwerde** eingelegt werden, sofern diese von weiteren 100 Wahlberechtigten unterstützt wird (§ 48 BVerfGG).

## Prüfen Sie Ihr Wissen!

| Kapitel V bis VII |

▷ Welche Bedeutung haben die **Volkssouveränität**, die **Gewaltenteilung** und die im Grundgesetz konkretisierten **Menschenrechte** für die praktische Politik?
▷ Erläutern Sie die Bedeutung des **Mehrparteienprinzips** und der **Chancengleichheit** der politischen **Parteien** für das demokratische System!
▷ Erläutern Sie die **Aufgaben** und die **Bedeutung** der **Opposition.**
▷ Welche **Funktionen** erfüllen **Wahlen?**
▷ Erläutern Sie die **Wahlprinzipien** der allgemeinen, unmittelbaren, freien, gleichen und geheimen Wahl!
▷ Wägen Sie die Vor- und Nachteile der **Mehrheits-** und der **Verhältniswahl** gegeneinander ab! Erläutern Sie das in der Bundesrepublik geltende **kombinierte Wahlsystem!**
▷ Nehmen Sie Stellung zum **Wahlrecht** für **Ausländer!**

# Kapitel VIII
# Die obersten Bundesorgane

## Allgemeines

Das Grundgesetz behandelt in vier Abschnitten die obersten Bundesorgane, auch **Verfassungsorgane** genannt:

| | |
|---|---|
| Der **Bundestag** ⇨ | als Vertretung des **deutschen Volkes**. Er verkörpert das unitarische Element unserer Staatsordnung. |
| Der **Bundesrat** ⇨ | als Vertretung der **Länder**. Er ist die Verkörperung des Föderalismus in der Bundesrepublik. |
| Der **Bundespräsident** ⇨ | als **Staatsoberhaupt** und somit Repräsentant des Staates. |
| Die **Bundesregierung** ⇨ | als oberstes **Regierungs-** und **Verwaltungsorgan** des Bundes. |

Ohne dass sie in einem eigenen Abschnitt behandelt werden, gehören ebenfalls zu den obersten Bundesorganen:

| | |
|---|---|
| Die **Bundesversammlung** ⇨ | als Organ zur **Wahl** des **Bundespräsidenten** |
| Das **Bundesverfassungsgericht** ⇨ | als „**Hüter der Verfassung**". |

Aufgrund der Notstandsverfassung (s. Kap. XII) ist als oberstes Bundesorgan hinzugekommen:

| | |
|---|---|
| Der **Gemeinsame Ausschuss** ⇨ | als **Notparlament**. |

## Die obersten Bundesorgane
(Übersicht)

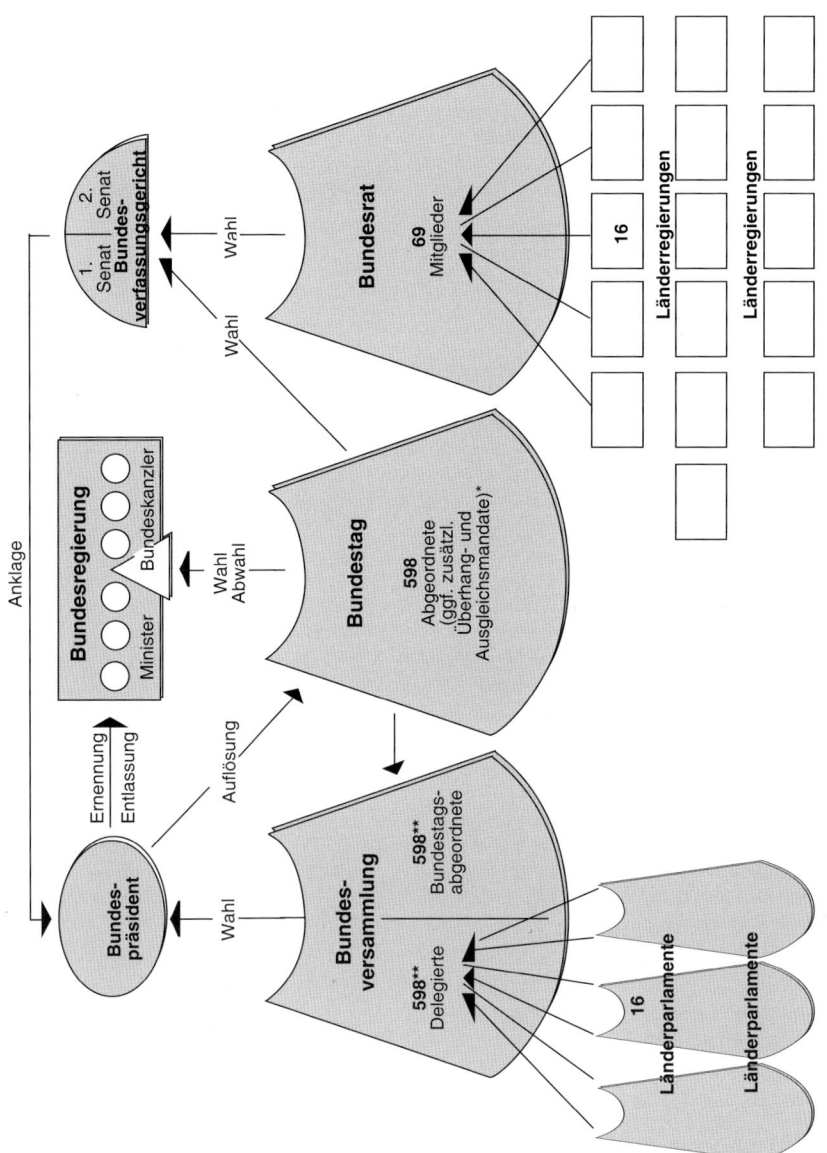

# Der Bundestag

## Staatsrechtliche Stellung des Bundestages

Die staatsrechtliche Stellung des Bundestages ergibt sich aus der Bestimmung des

**Art. 20 Abs. 1 GG:**
**Alle Staatsgewalt geht vom Volke aus.**

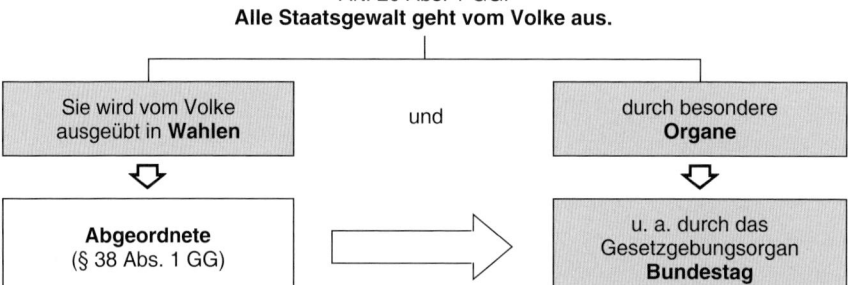

Der Bundestag ist die Vertretung des Volkes bei der Gesetzgebung und Verwaltung des Bundes. Ihm gehören seit der Neuordnung der Wahlkreise 598 Abgeordnete an. Diese Zahl erhöht sich um die jeweils anfallenden Überhangmandate (s. oben). Da bei den Wahlen des Jahres 2005 sechzehn Überhangmandate entstanden, umfasst der Bundestag der 16. Wahlperiode 614 Abgeordnete. Zum Vergleich: Der erste Deutsche Bundestag hatte 400 Abgeordnete (ohne Westberliner, die nur über eine beratende Stimme verfügten, vgl. Kap. II). Nach der Vereinigung stieg die Zahl auf 656 an (jeweils ohne Überhangmandate).

Die verfassungsrechtliche Repräsentation ist kein Vertretungsverhältnis im Rechtssinne. Art. 38 Abs. 1 GG bestimmt, dass die Bundestagsabgeordneten nicht an Aufträge und Weisungen gebunden und nur ihrem Gewissen unterworfen sind. Das bedeutet eine verfassungsmäßige Garantie des **freien Mandats**. Die Abgeordneten handeln somit zwar im Namen, jedoch nicht im bindenden Auftrag des Volkes und dürfen folglich auch Beschlüsse fassen, die durchaus im Widerspruch zum Willen des Volkes stehen können (s. unten).

Der föderalistische Staatsaufbau der Bundesrepublik ergibt in verschiedenen Bereichen der Gesetzgebung und Verwaltung eine **Doppel**repräsentation des deutschen Volkes. Auch der **Bundesrat** besitzt diese demokratische Legitimation, wenn auch nur mittelbar. Durch ihn „wirken die Länder bei der Gesetzgebung und Verwaltung des Bundes mit" (Art. 50 GG).

Die Bundesrepublik ist jedoch nicht nach dem Zweikammersystem (Senatsmodell) aufgebaut. Das wäre der Fall, wenn sich zwei vom Volk direkt gewählte, in der Gesetzgebungsfunktion gleichgeordnete Kammern gegenüberstünden und in der „Zweiten Kammer" jeder Gliedstaat die gleiche Stimmzahl hätte (Beispiel: USA, wo sich das Parlament (Kongress) aus Senat und Repräsentantenhaus zusammensetzt und alle Gesetze der Zustimmung beider Kammern bedürfen).

In der Bundesrepublik hingegen sind die Bundesgesetzgebung und -verwaltung **nicht ausschließlich** von der Zustimmung des Bundesrates abhängig.

▶ Der Bundesrat ist nur in einigen Fällen (bei den sog. föderativen Gesetzen) sowie bei Rechtsverordnungen und Verwaltungsvorschriften, die die Länderinteressen berühren, **mitbeschließendes** Organ.

▶ Bei den meisten Gesetzesvorlagen hat der Bundesrat lediglich ein **Einspruchsrecht** mit dem Ergebnis, dass eine nochmalige Abstimmung im Bundestag erforderlich wird. Also liegt die weitaus größere Gesetzgebungskompetenz beim Bundestag.

## Wahlperiode und Sitzungen

Nach Art. 39 GG wird der Bundestag auf vier Jahre gewählt. Diesen Zeitraum bezeichnet das Grundgesetz als Wahlperiode. Der oft synonym gebrauchte Begriff „Legislaturperiode" bezieht sich nur auf eine der Parlamentsfunktionen, die Gesetzgebung.

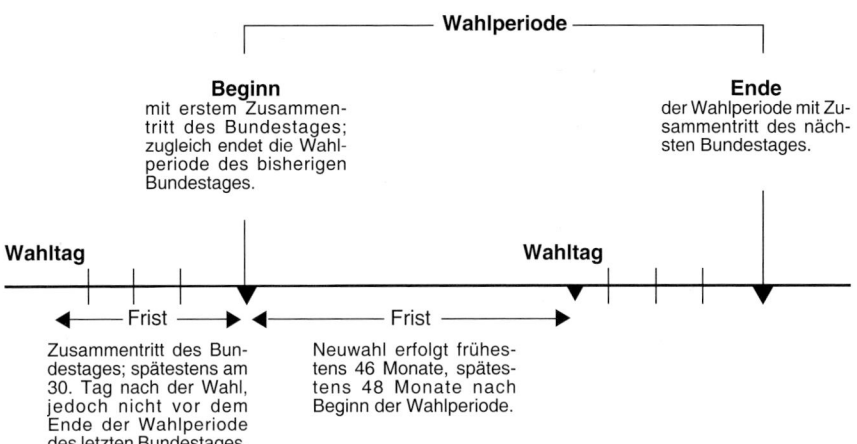

Die **Verlängerung** der Wahlperiode auf **fünf Jahre** wird seit Jahren erwogen, um mehr Zeit für die Parlamentsarbeit zu gewinnen und den Druck durch Wahlen zu mindern. In diesem Turnus wählen bereits 12 der 16 Bundesländer sowie die Europäische Union bei den Wahlen zum EU-Parlament. Aktualisiert wird das Thema stets in Zeiten einer Großen Koalition, weil sich dann die erforderlichen Mehrheiten für eine Verfassungsänderung abzeichnen. Das Ergebnis ist offen, zumal auch der Bundesrat bei der Änderung mitwirkt.

Eine weitere Änderung des Art. 39 GG ist bereits 1998 vorgenommen worden: **Neuwahlen** finden frühestens 46, spätestens 48 Monate nach Beginn der Wahlperiode statt (bis dahin 45 bzw. 47). Diese Verlängerung der Frist bis zur Neuwahl um einen Monat war erforderlich geworden, weil sonst die Bundestagswahlen ab 2002 in die Hauptferienzeit gefallen wären.

Neben der Beendigung der Wahlperiode nach **Zeitablauf** endet sie auch mit der **Auflösung** des Bundestages durch den Bundespräsidenten (s. unten), aber nur,

▶ wenn sich der Bundestag bei der Kanzlerwahl auch im dritten Wahldurchgang nicht mit absoluter Stimmenmehrheit für einen Kandidaten entscheidet oder

▶ wenn der Antrag des Bundeskanzlers, ihm das Vertrauen auszusprechen, nicht die Zustimmung der Mehrheit der Mitglieder des Bundestages findet und die Auflösung vom Bundeskanzler vorgeschlagen wird. Das Recht zur Auflösung erlischt, sobald der Bundestag einen anderen Bundeskanzler wählt.

Im Falle der Auflösung findet gem. Art. 39 Abs. 1 GG die Neuwahl innerhalb von 60 Tagen statt. Ein **Selbstauflösungsrecht** steht dem Bundestag nicht zu. Alle Fälle der Beendigung sind in der Verfassung erschöpfend geregelt.

Die Versammlungen des Bundestages werden als **Sitzungen** bezeichnet; die erste Zusammenkunft eines neu gewählten Bundestages wird **konstituierende Sitzung** genannt. Zum Arbeitsrhythmus des Bundestages gehört, dass in der Regel auf zwei Arbeitswochen zwei sitzungsfreie Wochen folgen – von den **Parlamentsferien** abgesehen.

Aufgrund des **Selbstversammlungsrechts** des Bundestages bestimmt dieser selbst Zeitpunkt und Dauer seiner Sitzungen, deren Einberufung dem Bundestagspräsidenten obliegt. Er **muss** den Bundestag einberufen, wenn es ein Drittel der Mitglieder des Bundestages, der Bundespräsident oder der Bundeskanzler verlangen.

## Aufgaben und Zuständigkeiten des Bundestages

Der Bundestag ist das **zentrale demokratische Staatsorgan**. „Ihm fällt als Legislative die verfassungsrechtliche Aufgabe der Normsetzung zu. Nur das Parlament besitzt hierfür die demokratische Legitimation." Er ist „politisches Kreations- und Überwachungsorgan", nicht aber das „umfassende Rechtsaufsichtsorgan über die Bundesregierung" (BVerfGE 68, 1). Seine Aufgaben umfassen im Wesentlichen drei Politikfelder: die **Gesetzgebung**, die **Bildung** und **Umsetzung** eines **politischen Willens** sowie die **Kontroll- und Kommunikationsfunktion**.

Einzelheiten werden durch die Verfassung selbst, aber auch durch einfache Gesetze sowie die **Geschäftsordnung des Bundestages** geregelt (GeschO BT i. d. F. v. 2.7.1980; BGBl. I S. 1237, zul. geänd. d. Bek. v. 2.7.2013, BGBl. I S. 2167).

Die äußere Funktionsfähigkeit des Bundestages wurde – solange er seinen Sitz in Bonn hatte – durch das **Bannmeilengesetz** aus dem Jahre 1955 gewährleistet. Innerhalb der Bannmeile, die den näheren Umkreis des Bundeshauses erfasste, waren öffentliche Versammlungen unter freiem Himmel und politische Demonstrationen untersagt. Die Bannmeile sollte das Parlament vor Störungen und dem möglicherweise durch Demonstrationen entstehenden „Druck der Straße" bei anstehenden Entscheidungen schützen.

Mit dem Umzug des Bundestages nach Berlin wurde die strenge Bannmeilenregelung durch das **Gesetz zur Neuregelung des Schutzes von Verfassungsorganen des Bundes** vom 11.8.1999 (BGBl. I S. 1818) ersetzt und gelockert. Im sog. „**befriedeten Bezirk**" sind nunmehr Demonstrationen zugelassen, sofern sie die parlamentarische Arbeit und den Zugang zum Reichstagsgebäude nicht in unzumutbarer Weise beeinträchtigen. Im Übrigen soll die Bevölkerung gerade auch hier nicht „verbannt" werden. Verstöße sind jetzt keine Straftaten mehr, sondern Ordnungswidrigkeiten nach dem Versammlungsgesetz. Die „Berliner Regelung" gilt ebenso für den Bundesrat sowie das Bundesverfassungsgericht in Karlsruhe.

---

Der Bundestag als **oberstes Gesetzgebungsorgan**

---

An der Gesetzgebung sind durch das im Grundgesetz vorgeschriebene Verfahren mehrere Bundesorgane beteiligt (s. Kap. XI). Der Bundestag nimmt hierbei aber als Ort der **Gesetzesbeschlüsse** wie der **Gesetzesfindung** eine **herausragende** Stellung ein:

▶ Er hat neben der Bundesregierung und dem Bundesrat (Art. 76 Abs. 1 GG) das **Initiativrecht**, d. h. er darf Gesetzesvorlagen einbringen, und

▶ er hat grundsätzlich das alleinige Recht des **Gesetzesbeschlusses** (Art. 77 Abs. 1 GG). Hiervon gibt es nur zwei Ausnahmefälle:

   ▶ wenn im Bereich der **föderativen** Gesetze nicht die übereinstimmende Beschlussfassung des Bundesrates hinzukommt und

   ▶ beim **Gesetzgebungsnotstand** (Art. 81 GG), wenn ein Gesetz auf dem üblichen verfassungsmäßigen Wege nicht zustande kommt, obwohl die Regierung es als dringlich bezeichnet hat (s. Kap. XI).

Zum **Legislativrecht** des Bundestages gehören auch:

▶ Die **Änderung** des **Grundgesetzes** (Art. 79 GG)
Hierfür bedarf es eines förmlichen Gesetzes mit Zustimmung von zwei Dritteln der Mitglieder des Bundestages und zwei Dritteln der Stimmen des Bundesrates. Ausgeschlossen sind Grundgesetzänderungen im Rahmen der Verfassungsbestandsgarantien gem. Art. 79 Abs. 3 (s. Kap. XI).

▶ Die **Feststellung** des **Haushaltsplanes** (Art. 110 Abs. 2 GG)
Durch das ihm zustehende Recht der Verabschiedung des Haushaltsgesetzes nimmt der Bundestag maßgebenden Einfluss auf die für ein Rechnungsjahr veranschlagten Haushaltseinnahmen und -ausgaben des Bundes und folglich auf die Zielrichtung und den Umfang aller staatlichen Aktivitäten, soweit damit Kosten verbunden sind.

▶ Die **Beschlussfassung** bei der **Kreditbeschaffung** (Art. 115 Abs. 1 GG)
**Kreditaufnahmen** bedürfen der **Gesetzesform**. Durch die mit Ges. vom 29.7.2009 eingefügte „**Schuldenbremse**" sind Einnahmen und Ausgaben grundsätzlich ohne Einnahmen aus Krediten zu finanzieren.

▶ Die **Ratifizierung völkerrechtlicher Verträge** (Art. 59 GG)
Verträge mit ausländischen Staaten, z. B. der Deutsch-Französische Freundschaftsvertrag, 1962/63, oder der Deutsch-Polnische Vertrag, 1970, werden nur wirksam, wenn ihnen der Bundestag seine Zustimmung in Form eines Gesetzes gibt.

---

Die Funktionen des Bundestages bei der **politischen Willensbildung**

---

Hierzu zählen unter anderem:

▶ Alleinige Wahl bzw. Mitwirkung bei der Bestellung – und damit Legitimierung – anderer **Verfassungsorgane**:

  ▶ Dem Bundestag obliegen **Wahl** und **Abwahl** des **Bundeskanzlers** (Art. 63, 67 GG). Damit nimmt die Parlamentsmehrheit zugleich auch wesentlichen Einfluss auf die Regierungsbildung und das Regierungsprogramm.

  ▶ Er bildet gem. Art. 54 GG gemeinsam mit Delegierten der Länderparlamente die **Bundesversammlung** zur Wahl des **Bundespräsidenten** (s. Kap. VIII).

  ▶ Er wählt über den Richterwahlausschuss die **Hälfte** der **Richter** des **Bundesverfassungsgerichtes** (Art. 94 GG) und ist an der Wahl der **Richter** für die **obersten Gerichtshöfe** des **Bundes** beteiligt (Art. 95 GG).

  ▶ Bundeskanzler und Bundesminister leisten vor dem Bundestag den **Eid** (Art. 64 GG); der Bundespräsident leistet ihn vor dem Bundestag und Bundesrat.

▶ Er wählt den **Wehrbeauftragten** (s. Kap. VIII).

▶ Mitwirkung bei der Besetzung bestimmter **Gremien**: auf nationaler Ebene im Rundfunk- und Medienbereich sowie im kulturellen, sozialen und wirtschaftlichen Bereich; auf supranationaler Ebene z. B. durch die Wahl von 18 Bundestagsmitgliedern und 18 Stellvertretern in die **Parlamentarische Versammlung des Europarates**. Diese 36 Abgeordneten sind gleichzeitig Mitglieder der **Versammlung der WEU**. Außerdem nehmen Mitglieder des Bundestages an den Beratungen der **Nordatlantischen Versammlung** (s. Kap. XIV) und der **Interparlamentarischen Union** (IPU) teil.

▶ Mitwirkung bei der Gestaltung der **Innen-** und **Außenpolitik**:
Art. 65 GG verleiht zwar dem Bundeskanzler das Recht, die Richtlinien der Politik zu bestimmen; die die Gesellschaft bewegenden Fragen werden aber im Plenum durch

Aussprachen öffentlich diskutiert. Die Regierung erfährt so die Haltung des Parlaments und wird hier gefasste Beschlüsse in ihre Entscheidungsüberlegungen mit einbeziehen müssen. Allerdings muss nicht jede wichtige politische Frage vom Parlament entschieden werden. Insoweit hat das BVerfG mit Urteil vom 18.12.1984 (NJW 85, 217) zum Problem der **Aufstellung neuer Mittelstreckenraketen** für Klarheit gesorgt. Dagegen entschied das Gericht, dass die Bundesregierung für den **Einsatz der Streitkräfte** zur Friedenswahrung (z. B. im Rahmen der UNO oder der NATO) an die – grundsätzlich vorherige – **konstitutive Zustimmung des Bundestages** gebunden ist. Hiermit wird dem Bundestag – abweichend von der bisher vorherrschenden Meinung – ein Mitwirkungs-, in jedem Falle aber ein Vetorecht auf einem wichtigen Teilgebiet der Außenpolitik eingeräumt, die bislang – abgesehen vom Ratifizierungserfordernis für völkerrechtliche Verträge – als alleiniges Recht der Bundesregierung galt.

▶ Mitwirkungs- und Gestaltungsrechte in Angelegenheiten der **Europäischen Union:**

  ▶ Gem. Art. 23 Abs. 2 GG kann der Bundestag von der Bundesregierung verlangen, in Angelegenheiten der Europapolitik umfassend und zum frühestmöglichen Zeitpunkt **informiert** zu werden.

  ▶ Er darf zu allen **Rechtsetzungsakten** und **Verhandlungen** Stellung nehmen, an denen die Bundesregierung in den Organen der EU mitwirkt bzw. die sie dort führt (Art. 23 Abs. 3 GG).

  ▶ Der Bundestag bestellt gem. Art. 45 GG einen „**Ausschuss** für die Angelegenheiten der EU". Er kann ihn ermächtigen, die Rechte des Parlaments gem. Art. 23 GG gegenüber der Bundesregierung wahrzunehmen, insbesondere dann, wenn die Regelung kurzfristiger Verfahren vom Plenum nicht gewährleistet werden kann.

▶ Recht zur **Feststellung** des **Verteidigungsfalles**:

Der Bundestag trifft mit Zustimmung des Bundesrates die Feststellung, dass das Bundesgebiet mit Waffengewalt angegriffen wird oder ein solcher Angriff unmittelbar droht (Verteidigungsfall, s. Art. 115a GG). Zum **Bündnisfall** im Rahmen der NATO-Verpflichtung s. Kap. XIV).

▶ Recht der **Anklage** des **Bundespräsidenten** (Art. 61 GG).

▶ Recht der **Richteranklage** (Art. 98 Abs. 2 GG; s. Kap. VIII).

| Die **Kontroll- und Kommunikationsfunktion** des Bundestages |
|---|

Die parlamentarische Kontrolle besteht im **Beobachten, Überwachen** und **Prüfen** der Regierungs- und Verwaltungstätigkeiten. Sie erfolgt unter den Gesichtspunkten

▶ der **politischen Richtungskontrolle,** bei der Bundestagsmehrheit und Opposition prüfen, wieweit die von der Regierung eingeschlagene politische Richtung den eigenen Zielsetzungen entspricht;

▶ der **Rechtskontrolle** zur Überprüfung, ob bei den Regierungshandlungen die geltenden Rechtsnormen gewahrt werden, und schließlich

▶ der **Leistungs-** und **Effizienzkontrolle** zur Feststellung von Mängeln im Staatsapparat und ob adäquate, wirksame Mittel ökonomisch eingesetzt werden.

Zu den Kontroll- und Kommunikationsrechten im **Einzelnen:**

▶ Das **Interpellationsrecht** (Frage- und Auskunftsrecht).

Dieses Recht soll den Abgeordneten die notwendigen **Informationen** auf rasche und zuverlässige Weise verschaffen und zugleich auf dem Wege über die Medien der **Rückkopplung** mit den Bürgerinnen und Bürgern dienen. Es ergänzt die allgemeine Kommunikation zwischen Wählern und Gewählten durch einen festen parlamentarischen Rahmen. Die Geschäftsordnung sieht verschiedene Formen vor:

▶ **Fragestunde** (§ 105 GeschO BT)

Jede Plenarsitzung des Bundestages beginnt mit einer Fragestunde, in der jeder Abgeordnete pro Sitzungswoche bis zu zwei Fragen an die Bundesregierung richten darf. Durch direkte mündliche Zusatzfragen zu der vorher schriftlich eingereichten Ausgangsfrage können die Regierungsvertreter kräftig in die Zange genommen werden. So trug die Fragestunde schon anlässlich der „SPIEGEL-Affäre" 1962 durch hartnäckige Fragen von Abgeordneten der Opposition zum Sturz des damaligen Bundesverteidigungsministers bei. Von vergleichbarer Schärfe sind z. B. die aktuellen Fragestellungen zu Themen wie die Einwerbung von Parteispenden durch Vermarktung von Regierungsmitgliedern und die Bombardierung des Tanklastzuges bei Kunduz (s. unten).

▶ **Regierungsbefragung** (§ 106 Anl. 7 GeschO BT)

In Sitzungswochen können Abgeordnete turnusmäßig im Anschluss an die Kabinettssitzung über die Vorhaben der Bundesregierung Auskunft erhalten und Fragen von aktuellem Interesse stellen. Die Regierungsbefragung im Plenum dient somit der Erstinformation der Abgeordneten (in der Regel auf 30 Minuten beschränkt).

▶ **Aktuelle Stunde** (§ 106 Abs. 1 GeschO BT)

Sie dient der Aussprache über ein konkret bezeichnetes Thema von allgemeinem aktuellem Interesse. Die Dauer der Aussprache ist auf eine Stunde beschränkt, der einzelne Redner darf nicht länger als 5 Minuten sprechen.

▶ **Große** und **Kleine Anfrage** (§ 100, 104 GeschO BT)

Durch sie soll die Regierung bewegt werden, zu einem bestimmten Thema öffentlichen Stellung zu nehmen. Beide Varianten sind von einer Fraktion oder mindestens 34 Abgeordneten einzubringen; Kleine Anfragen werden schriftlich beantwortet, Große Anfragen gelangen auf die Tagesordnung und führen im Regelfall zu ausgiebigen Debatten im Plenum. In der 14. Wahlperiode wurden 96 Große und 1766 Kleine Anfragen eingereicht.

Dieser Kontrollinstrumentarien bedient sich überwiegend die Opposition, um vor den Augen der Öffentlichkeit an der Bundesregierung Kritik zu üben bzw. ihre Position in Frage zu stellen. Sie werden aber auch von der Regierungsmehrheit zur Selbstdarstellung und Gegenwehr gegen die Opposition verwandt.

▶ Das Recht, die **Anwesenheit** von **Regierungsmitgliedern** bei den **Bundestagssitzungen zu verlangen** (Art. 43 GG).

▶ Das Recht der **Rechnungskontrolle** (zusammen mit dem Recht zur Haushaltsfeststellung – s. unten – auch als **Budgetrecht** bezeichnet). Der Bundesfinanzminister hat dazu dem Bundestag jährlich über Einnahmen und Ausgaben, Vermögen und Schulden Rechnung zu legen.

▶ Das Recht zur **Kontrolle** der **Bundeswehr** und hierzu

▶ den **Verteidigungsausschuss** als **Untersuchungsausschuss einzusetzen** (Art. 45a GG), um durch ihn Missstände auf dem Gebiet der militärischen Verteidigung (hauptsächlich unter politischen Gesichtspunkten) aufklären zu lassen;

▶ einen **Wehrbeauftragten zu berufen** (Art. 45b GG), der als „Hilfsorgan des Bundestages bei der Ausübung der parlamentarischen Kontrolle" über die Streitkräfte fungiert. Er wird für eine **fünfjährige** Amtszeit gewählt. Seine **Aufgaben** umfassen insbesondere den Schutz der Grundrechte der Soldaten sowie die Kontrolle über die Einhaltung der Grundsätze der Inneren Truppenführung. Sein Tätigwerden erfolgt auch auf Weisung des Bundestages oder des Verteidigungsausschusses. Jeder Soldat hat das Recht, sich unmittelbar an den Wehrbeauftragten zu wenden. Mit seinem **jährlichen Wehrbericht** soll er nicht nur auf bestimmte Missstände in den Streitkräften aufmerksam machen, sondern gleichzeitig ein Bild über die „Stimmung" in der Truppe entwerfen. Wie in allen übrigen Fällen auch, kann das Amt ungeachtet der von der Verfassung gewählten männlichen Form von einer Frau wahrgenommen werden (so erstmals ab Mai 1995).

▶ Das Recht, einen **Bundes-Datenschutzbeauftragten** zu berufen (Ges. v. 20.12.1990; BGBl. I S. 2954). Er erstattet dem Bundestag jährlich einen Tätigkeitsbericht.

▶ Das Recht, die Tätigkeit der drei Geheimdienste des Bundes, das Bundesamt für Verfassungsschutz (BfV), den Militärischen Abschirmdienst (MAD) und den Bundesnachrichtendienst (BND), durch das **Parlamentarische Kontrollgremium** (PKG) zu kontrollieren, eingeschlossen die Überwachung der von der G 10-Kommission kontrollierten Abhöraktivitäten, die das Telekommunikationsgeheimnis einschränken (s. Kap. IV). Das PKG wurde 1978 (damals noch als Parlamentarische Kontrollkommission) eingeführt. Es stützt sich auf das Kontrollgremiumgesetz (PKGrG) vom 17.6.1999 (BGBl. I S. 1334), zul. geä. d. Ges. v. 26.6.2001 (BGBl. I S. 1254). Seine Mitglieder werden – auch ihrer Anzahl nach – zu Beginn jeder Wahlperiode vom Bundestag aus dessen Mitte gewählt (in der 17. Wahlperiode 11 Mitglieder, davon CDU/CSU 4, SPD 3, FDP 2, B 90/Grüne 1 und Die Linke 1).

Die **Kontrolle** der Geheimdienste erfolgt **mittelbar**. Direkt kontrolliert wird die **Bundesregierung** (Kanzleramt, Innen- und Verteidigungsministerium), für die ein **Staatsminister** im Kanzleramt als **Koordinator** fungiert. Sie hat dem PKG Akteneinsicht zu ermöglichen sowie Mitarbeiterbefragungen und Besuche bei den Diensten zu gestatten. Die Mitglieder des Gremiums sind zur Geheimhaltung verpflichtet, es sei denn, mindestens sechs Anwesende stimmen bei der Bewertung aktueller Vorgänge einer öffentlichen Behandlung zu. Über seine Tätigkeit, zu der auch die Überwachung des Kriegswaffenausfuhrverbots nach dem Kriegswaffenkontroll- und dem Außenwirtschaftsgesetz gehört, erstattet das PKG dem Bundestag zweimal pro Legislaturperiode Bericht.

Diese Form der **laufenden** parlamentarischen **Kontrolle** wird vielfach als unzureichend erachtet. Denn die Zusammensetzung des Kontrollgremiums bildet naturnotwendig die parlamentarischen Mehrheiten ab, was in Zeiten der Großen Koalition auch eine Minderung oder gar Lähmung der Überwachungsfunktion bedeuten kann. Und nicht immer, vor allem nicht immer zeitgerecht, können Untersuchungsausschüsse die Lücke füllen.

▶ Das Recht, **Untersuchungsausschüsse** (UA) einzusetzen (Art. 44 GG)
Der Bundestag hat das Recht, Sachverhalte zu prüfen, die er für aufklärungsbedürftig hält, vor allem bei **Affären** und **Skandalen** im Verantwortungsbereich der Regierung und der Verwaltung (franz. „Enquete" = Untersuchung, Ermittlung; daher Enqueterecht). Hierzu bedient er sich eines Untersuchungsausschusses, der dazu beitragen soll, **Missstände**

aufzudecken Kritik zu üben und **Wiederholungen** zu vermeiden. In den besonders sensiblen Angelegenheiten der Sicherheitspolitik hat der **Verteidigungsausschuss** als einziger Ausschuss des Bundestages das Recht, selbst über seine Einsetzung zu entscheiden (Art. 45a Abs. 2 GG). Damit ist ausdrücklich festgelegt, dass für das Gebiet der Verteidigung kein anderer Untersuchungsausschuss gebildet werden darf.

Das Enqueterecht war seiner besonderen Bedeutung wegen immer wieder Streitgegenstand, zumal es an Ausführungsbestimmungen zu Art. 44 GG mangelte und die Ausschüsse somit auf einer rechtlich unzureichenden Grundlage gearbeitet haben. Nach mehreren vergeblichen Anläufen ist die Materie schließlich durch das **Untersuchungsausschussgesetz** (UAG) vom 19.6.2001 (BGBl. I S. 1142) normiert worden.

Das Gesetz regelt alle wesentlichen Fragen des Verfahrens und der Beweiserhebung, gem. § 13 ausnahmsweise auch die Zulassung von **Ton- und Bildübertragungen,** wenn zwei Drittel der Ausschussmitglieder und die anzuhörenden Personen dem zustimmen. Erstmalig in der deutschen Parlamentsgeschichte war dies im Rahmen der sog. Visa-Affäre 2005 bei der Anhörung des Außenministers Fischer der Fall, was zugleich auch die Grenzen zum bloßen Medienereignis sichtbar werden ließ. Neu ist die Einberufung eines **Ermittlungsbeauftragten**: Der Ausschuss hat gem. § 10 UAG das Recht und auf Antrag eines Viertels seiner Mitglieder die Pflicht, einen solchen unabhängigen **Sonderermittler** zu bestimmen, der die Untersuchung vorbereitet. Über Streitigkeiten nach dem UAG entscheidet der BGH, soweit nicht das BVerfG zuständig ist.

Der Antrag, einen Untersuchungsausschuss zu berufen, ist das vornehmste **Recht** und die klassische **Waffe** der **Minderheit,** i. a. R. also der **Opposition.** Zur Einsetzung bedarf es eines **Viertels** der Bundestagsmitglieder, was in Zeiten einer **Großen Koalition** dazu führen kann, dass dieses wichtige Recht leer läuft. Nicht selten aber schließen sich auch Mehrheitsfraktionen dem Antrag auf Einsetzung eines UA an, um auf das Thema und die Fragestellung Einfluss zu nehmen. Denn Untersuchungsausschüsse sind stets auch Miitel des **politischen Kampfes** und der **Abrechnung** mit dem Gegner, was aus den Abschlussberichten zumeist sehr deutlich wird. Darunter leidet, zumal wenn Verfahrensfragen das Geschehen bestimmen, oft auch die Sachverhaltsaufklärung. In dieser Verflachung liegt eine erhebliche Gefahr für die Kontrollfunktion des Parlaments.

Im Einsetzungsbeschluss bestimmt der Bundestag die **Zahl** der Ausschussmitglieder und die Partei, der nach dem Proporz der **Vorsitz** zusteht. Die Sitzungen des Ausschusses sind – bis auf Beratung und Beschussfassung – **öffentlich.** In Ausnahmefällen, wenn beispielsweise Fragen der nationalen Sicherheit betroffen sind, kann die Öffentlichkeit jedoch von den Verhandlungen ausgeschlossen werden.

Untersuchungsausschüsse sind zwar parlamentarische Unterorgane, sie haben aber **behördlichen Charakter** und üben hoheitlich-vollziehende Funktionen aus. Gem. Art. 44 GG verfahren sie „sinngemäß" nach den Vorschriften der **Strafprozessordnung,** d. h. sie ermitteln **von Amts wegen.** Ihre Mitglieder sind keine Richter, doch können Sachverständige gehört, Zeugen vernommen und vereidigt werden. Anders als im Strafverfahren geht es hier nicht um die Feststellung persönlicher Schuld;es gibt folglich auch keine Angeklagten. Zu Ermittlungszwecken können Untersuchungsausschüsse Zwangsmaßnahmen beim zuständigen **Gericht beantragen** (Durchsuchungen, Beschlagnahme von Beweismitteln; Zwangsgeld oder Beugehaft zur Erzwingung einer Aussage).

Nach Beendigung seiner Arbeit legt der Ausschuss dem Plenum einen Abschlussbericht vor, der mit Mehrheit beschlossen werden muss. Hierbei hat die Minderheit das Recht, ein **Sondervotum** abzugeben. Ein Urteil im juristischen Sinne kann das Gremium jedoch nicht sprechen. Es bleibt der Justiz, dem Gesetzgeber, der Regierung oder den betroffenen Personen vorbehalten, aus den Ergebnissen Konsequenzen zu ziehen.

## Beispiele:

Seit 1949 hat der Bundestag mehr als 40 Untersuchungsausschüsse eingesetzt; zwölfmal konstituierte sich zudem der Verteidigungsausschuss als UA. Im Zuge der Wiedervereinigung wurden zwei Ausschüsse, zum Bereich „Kommerzielle Koordinierung" unter Schalck-Golodkowski und zur Treuhandanstalt, einberufen. Manche Ausschuss-Kurzbezeichnungen (SPIEGEL-Affäre, Fibag, Flick, Guillaume, Neue Heimat, Schützenpanzer HS 30) haben Geschichte geschrieben. Andere Ermittlungen sind eher im Sande verlaufen, wie die Untersuchung des Plutoniums-Schmuggels nach Moskau.

Ein Beispiel eigener Art war die Einsetzung des Untersuchungsausschusses „**Wahlbetrug**" (sog. Lügenausschuss) nach der Bundestagswahl 2002, der auf Antrag der CDU / CSU klären sollte, ob und in welchem Umfang Parlament und Öffentlichkeit vor der Wahl bewusst falsch bzw. unvollständig informiert worden waren. Der Auftrag des Ausschusses wurde im Gegenzug auf Wahlkampfäußerungen und Staatspraxis der anderen Seite erweitert, womit sich das Verfahren selbst paralysierte.

Großes Aufsehen erregten auch die Erhebungen zur Aufklärung gesetzwidriger **Finanz- und Spendenpraktiken** der CDU. Ähnlich spektakulär war Ende 2004 das Echo auf die sog. **Visa-Affäre**, weil unmittelbar zuvor mit der Neuordnung des Zuwanderungsrechts (s. Kap. IV) erst hohe rechtliche und tatsächliche Hürden geschaffen, nun aber im Erlasswege bei der Visa-Vergabe unterlaufen worden waren. Der Versuch der rot-grünen Bundestagsmehrheit, die Beweisaufnahme durch den eigens eingesetzten Untersuchungsausschuss im Hinblick auf die bevorstehende Bundestagsauflösung abzubrechen und damit die noch ausstehende Vernehmung des Innenministers zu verhindern, wurde vom BVerfG mit Beschl. v. 15.6.05 vereitelt.

Im Grenzbereich zwischen sicherheitspolitischen und humanitär-rechtsstaatlichen Erfordernissen angesiedelt ist der im März 2006 von der Opposition durchgesetzte und noch andauernde **Untersuchungsausschuss** zur Rolle des **BND** im **Irak-Krieg**, dessen Auftrag später auf die Vorgänge um den in Bremer geborenen, als Sicherheitsrisiko eingestuften Türken Murat **Kurnaz** erweitert wurde. Kurnaz war 2001 in Pakistan unter Terrorverdacht festgenommen, in das US-Gefangenenlager Guantanamo verbracht und 2006 entlassen worden, ohne dass ihm eine Straftat nachgewiesen werden konnte. Den Vorwurf, sich nicht für die Freilassung des erwiesenermaßen unschuldigen Kurnaz eingesetzt und später dessen Einreise in die Bundesrepublik verweigert zu haben, wies Außenminister Steinmeier, damals als Kanzleramtschef für die Entscheidung verantwortlich, mit dem Hinweis zurück, man habe bei der Einreiseverweigerung nach dem Grundsatz gehandelt, größtmögliche Sicherheit ohne Verletzung geltenden Rechts zu schaffen. Deshalb habe man sich darauf verständigt, Kurnaz nach seiner Freilassung in die Türkei einreisen zu lassen, die für ihn kein Niemandsland, sondern das Land seiner Staatsbürgerschaft sei. In Deutschland habe er lediglich eine Aufenthaltserlaubnis.

Von großer Bedeutung war – auch in außenpolitischer Hinsicht – der Untersuchungsausschuss zur Bewertung des Bombardements auf zwei **Tanklastzüge** nahe **Kunduz**, bei dem eine nicht bekannte Zahl von **Zivilpersonen** getötet wurde.

▶ Das **konstruktive Misstrauensvotum** (Art. 67 GG).

Die politisch bedeutsamste Kontrollbefugnis des Bundestages besteht in dem Recht, während der Wahlperiode einen **Regierungswechsel herbeizuführen.**

Die Abhängigkeit der Bundesregierung vom **Vertrauen** des Bundestages ist die Grundlage für das parlamentarische Regierungssystem, in dem die Regierung ihre gesamte Tätigkeit gegenüber dem Parlament zu verantworten hat.

**Vertrauen** des Parlaments ist „die im Akt der Stimmabgabe förmlich bekundete Zustimmung der Abgeordneten zu Person und Sachprogramm des Kanzlers."

„Dass im parlamentarischen System dieses Vertrauen mit jeder neuen politischen Entwicklung, einschließlich jeder neuen Beurteilung und Einschätzung der gegebenen politischen Lage, durch die Abgeordneten in Frage gestellt werden kann, also von Natur aus nicht auf Dauer versichert wird, versteht sich ... von selbst."

„Für den Begriff des **Misstrauens** in Art. 67 GG gilt nichts anderes. Er enthält keinen Vorwurf mangelnder Pflichterfüllung, sondern besagt nur, dass die Mehrheit der Abgeordneten nicht mehr gewillt ist, den bisherigen Kanzler oder sein Regierungsprogramm weiterhin parlamentarisch zu unterstützen oder wenigstens zu dulden" (BVerfG, Urteil vom 16.2.1983, NJW 83 S. 735).

Da die Bestellung des Bundeskanzlers durch den **Bundestag** erfolgt, obliegt diesem auch allein, der **Bundesregierung** das **Misstrauen auszusprechen.**

Ausgehend von den Erfahrungen der Weimarer Republik, ist diese Möglichkeit jedoch gem. Art. 67 GG dahingehend eingeschränkt, dass

▶ das Misstrauen **nicht** einem einzelnen **Minister,** sondern **nur** dem **Bundeskanzler** ausgesprochen werden kann, was dann allerdings zum Sturz der gesamten Regierung führt;

▶ zwischen dem Antrag und der Abstimmung eine **Überlegungsfrist** von 48 Stunden zu liegen hat und dass

▶ es sich um ein **konstruktives** Misstrauensvotum handeln muss: Der Bundeskanzler kann nur zum Rücktritt gezwungen werden, wenn der Bundestag mit der **Mehrheit** seiner Mitglieder einen **Nachfolger** gewählt hat

Durch diese Bestimmung erhält die Bundesregierung eine starke Stellung gegenüber dem Bundestag. Es wird eine übereilte Abberufung der Regierung durch eine wenig festgefügte Parlamentsmehrheit ausgeschlossen, die sich wohl darin einig ist, die Regierung zu stürzen, nicht aber, eine neue, arbeitsfähige Regierung zu tragen. Dies wäre ein „destruktives" Misstrauensvotum, das zur Folge haben könnte, dass das Land unregierbar wird (s. Kap. VIII).

Im parlamentarischen Regierungssystem sind **Parlament** und **Regierung** teilweise miteinander **verschmolzen**: Die Parlamentsmehrheit stellt die Regierung, ihre Spitzenkräfte besetzen die Regierungsfunktionen, ihr Programm (ggf. Koalitionsprogramm) bildet die Grundlage des Regierungsprogramms. Mithin liegt die Staatsleitung in den Händen parlamentarisch – gouvernementaler Führungsgruppen (vgl. S. 86), die von einer Mehrheit getragen werden, deren Aufgabe es ist, eben diese Regierung in ihrer Tätigkeit zu unterstützen und sie auch gegenüber kritischen Anwürfen zu verteidigen. Dieser **Personen- und Sachidentität** wegen ist die dem Bundestag obliegende Kontrolle kaum vom **Parlament** als **Ganzes** zu erwarten. Wirklich kontrolliert wird die jeweils amtierende Regierung durch die **parlamentarische Opposition,** die Versäumnisse, Missstände und Fehler in der Regierung offen legt. Sie wirkt permanent auf die Regierung ein, zwingt sie so zum Überdenken ihrer Haltung oder verweist sie – wo es erforderlich und möglich ist – in ihre Schranken (s. S. 76, 235). Das Gesamtparlament als politische Handlungseinheit ist daher mehr oder weniger eine **Fiktion.** „In der **Realität** der politischen Willensbildung treten im Bundestag **drei Kraftpole** und entsprechende Kraftfelder zutage: **Regierung, Mehrheitsfraktion(en)** und **Opposition**" (Andersen/Woyke, a. a. O., S. 85).

## Zusammenfassung
## Die Kontrollbefugnisse des Bundestages

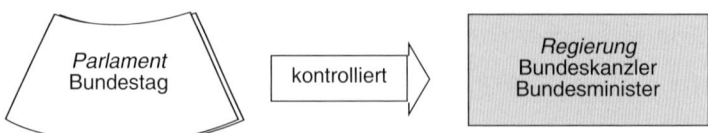

Der **Bundestag** hat das **Recht,**
- **Anfragen** an die Bundesregierung zu richten (Interpellationsrecht),
- die **Anwesenheit** von Regierungsmitgliedern bei den Sitzungen zu verlangen,
- den **Bundeshaushalt** festzustellen und Haushaltskontrolle auszuüben,
- die **Bundeswehr** und die **Nachrichtendienste** zu kontrollieren,
- Angelegenheiten des **Datenschutzes** zu überwachen,
- **Petitionen** entgegenzunehmen (zugleich eine Pflicht),
- **Untersuchungsausschüsse** einzusetzen und
- der Bundesregierung das **Misstrauen** auszusprechen (konstruktives Misstrauensvotum).

## Auflösung und Neuwahlen des Bundestages

In der **Weimarer Republik** konnte der **Reichspräsident** auf Vorschlag des Reichskanzlers den Reichstag ohne Vorliegen besonderer Gründe auflösen und Neuwahlen herbeiführen (Art. 25 WRV). Damit war durch die Verfassung selbst der Weg von der Präsidialregierung zur Einparteiendiktatur vorgezeichnet. Tatsächlich endete dann auch jeder der sieben Reichstage vorzeitig durch Auflösung.

Das **Grundgesetz** geht einen anderen Weg. Es setzt auf Stabilität von Parlament und Regierung. Einerseits hat der Bundestag **nicht** das Recht zur **Selbstauflösung,** womit verhindert werden soll, dass der Kanzler und seine Mehrheit sich den für sie günstigsten Wahltermin für Neuwahlen aussuchen. Andererseits beschränkt es die Möglichkeiten der **Parlamentsauflösung** durch den **Bundespräsidenten** auf **zwei** eng umrissene **Ausnahmesituationen:** den Fall einer auch im dritten Wahlgang erfolglos gebliebenen **Kanzlerwahl** (Art. 63 Abs. 4 GG; s. Kap. VIII) sowie den Fall der

**Vertrauensfrage.**

Sie ist die schärfste Waffe des Bundeskanzlers. Mit ihr kann er dem politischen Gegner und der eigenen Fraktion bzw. Koalition, aber auch der Öffentlichkeit gegenüber Stärke zeigen und deutlich machen, dass die Mehrheit noch hinter ihm und seinem Programm steht. „Vertrauen" in diesem Sinne ist daher auch keine moralische Kategorie (s. unten). Die Vertrauensfrage kann für sich allein gestellt oder mit einer Beschlussvorlage (z. B. einem Gesetz) verknüpft werden. Formell ist sie beliebig oft wiederholbar. Politisch wird sich jedoch die mit ihr im Erfolgsfalle verbundene Stärkung bei mehrfachem Gebrauch alsbald abnutzen.

Das Verfahren ist in **Art. 68 GG** geregelt. Danach kann, wenn die Vertrauensfrage des Bundeskanzlers nicht die **absolute Mehrheit** (Kanzlermehrheit) im **Bundestag** gefunden hat, der **Bundespräsident** auf Antrag des **Bundeskanzlers** das Parlament binnen 21 Tagen **auflösen,** es sei denn, der Bundestag wählt mit der Mehrheit seiner Mitglieder einen neuen Kanzler. Einen Sonderfall stellt die **„auflösungsgerichtete"** (unechte) Vertrauensfrage dar, bei der das Ziel nicht die **Bestätigung** des Vertrauens, sondern dessen **Verweigerung** ist, um auf diesem Wege (trotz zahlenmäßig gegebener Mehrheit) die Auflösung des Parlaments zu erreichen.

## Bundestag

In der Geschichte der Bundesrepublik ist die Vertrauensfrage bisher fünfmal gestellt worden, dreimal mit dem Ziel der Parlamentsauflösung, zweimal zur „Disziplinierung" des eigenen Lagers:
- 1972, nach Übertritt einiger FDP-Abgeordneter beim Streit um die Ostpolitik, erreichte Bundeskanzler Brandt erstmals eine Parlamentsauflösung im Wege einer „kalkulierten Niederlage".
- Im Februar 1982 „erzwang" Bundeskanzler Schmidt über die Vertrauensfrage von seiner sozialliberalen Koalition die Billigung seiner Wirtschaftspolitik.
- Im Dezember 1982 unterlag Kanzler Kohl, wie von ihm geplant, bei der Vertrauensfrage. Der Bundestag wurde aufgelöst, Helmut Kohl wurde bei den anschließenden Wahlen bestätigt.
- Im November 2001 verband Bundeskanzler Schröder erfolgreich die Vertrauensfrage mit der Abstimmung über den Bundeswehreinsatz in Afghanistan.
- Im Juli 2005 erreichte Bundeskanzler Schröder über eine „auflösungsgerichtete" Niederlage Neuwahlen mit der Begründung, die Fortsetzung seiner Arbeit sei in Frage gestellt.

Bereits die Vertrauensfrage des Jahres 1982 hatte einen Streit darüber ausgelöst, ob der Kanzler trotz **regierungsfähiger** Mehrheit mittels „unechter" Vertrauensversagung eine Parlamentsauflösung betreiben, sich also eine Niederlage gleichsam selbst bestellen dürfe. Eine Organklage hiergegen hatte keinen Erfolg (BVerfG, 16.2.1983, NJW S. 735). Das Gericht stellte fest:
- Die Bundestagsauflösung gem. Art. 68 GG setzt stets eine durch **Instabilität** gekennzeichnete politische Lage voraus. Die Vorschrift bietet keine Handhabe, sich bei **ausreichender Mehrheit** zum geeignet erscheinenden Zeitpunkt die Vertrauensfrage mit dem Ziel der Bundestagsauflösung negativ beantworten zu lassen. Selbst eine Übereinstimmung **aller** im Bundestag vertretenen Parteien wäre unzureichend für diesen Weg der Auflösung.
- Dem **Bundespräsidenten** obliegt es, als neutrale Instanz nach pflichtgemäßem Ermessen die politische Leitentscheidung zu treffen, ob die Auflösung mit all ihren Folgen sinnvoll ist und von ihm politisch vertreten werden kann. Diese Frage hat der Bundespräsident mit seiner Entscheidung für Auflösung und Neuwahlen bejaht. Sie entspricht somit Art. 68 GG.
- „Nach dem Grundgesetz bedeutet **verfassungsmäßige Legalität** zugleich **demokratische Legitimität**". Ein durch ein **konstruktives Misstrauensvotum** in sein Amt gelangter Bundeskanzler muss daher nicht durch Neuwahlen bestätigt werden.

Dennoch war die nach einer **„kalkulierten Abstimmungsniederlage"** des Bundeskanzlers vom Bundespräsidenten im Juli 2005 verfügte Bundestagsauflösung verfassungsrechtlich strittig. Sie wurde jedoch vom BVerfG mit Urteil vom 25.8.2005 bestätigt, so dass der Weg frei war für die vom Kanzler für erforderlich gehaltenen Neuwahlen. In der Urteilsbegründung heißt es:
- Grundsätzlich bedürfen Kanzler und Regierung einer verlässlichen parlamentarischen Mehrheit. **Verlässlich** heißt in diesem Zusammenhang, dass der Kanzler für das von ihm vertretene politische Konzept eine **prinzipielle** und **ausreichende** parlamentarische Unterstützung erwarten darf. Ob dies der Fall ist, kann von **außen** nur **teilweise** beurteilt werden.
- Es ist mit Art. 68 GG vereinbar, wenn ein Kanzler, dem Niederlagen erst bei **künftigen** Abstimmungen drohen, bereits **davor** eine **auflösungsgerichtete Vertrauensfrage** stellt.
- „Das Grundgesetz verteilt die Verantwortung für die Parlamentsauflösung auf **drei Verfassungsorgane**" (Bundesregierung, Bundestag und Bundespräsident), deren Entscheidungen zudem durch das **BVerfG** kontrolliert werden. Der für die Auflösung „geltende **Mechanismus** der **Gewaltenteilung** vermag sich sinnvoll nur zu entfalten, wenn das **BVerfG** die politische Einschätzung der Lage durch die **zuvor** tätigen Verfassungsorgane **respektiert**."

Mit diesem Urteil hat das Gericht die **Kräfte** zwischen den **Verfassungsorganen** neu gewichtet und die **Machtbalance** von der Parlamentsdemokratie in Richtung **Kanzlerdemokratie** verlagert. In gleichem Maße nimmt das Gericht sich selbst zurück. Der Debatte um ein Selbstauflösungsrecht des Bundestages ist damit die Grundlage entzogen, zumal, daran hat das BVerfG keinen Zweifel gelassen, ein solches Recht die Stellung des Bundespräsidenten schwächen würde.

279

## Organisation und Arbeitsweise des Bundestages

Kern des parlamentarischen Geschehens ist die **Parlamentsautonomie**, d. h. die Befugnis des Bundestages, seine Organisation und die Verfahrensabläufe selbst zu regeln. Die Verfahrensregeln und -vorgaben ergeben sich aus der Verfassung selbst (Selbstversammlungsrecht und Selbstorganisationsrecht, Art. 39 Abs. 2 und 3, Art. 40 Abs. 1 GG), aus einfachen Bundesgesetzen, insbesondere der Geschäftsordnung des Bundestages und dem Abgeordnetengesetz (s. oben), vereinzelt auch aus der Rechtsprechung des BVerfG. So entschied das Gericht z. B., dass die **Übertragung wichtiger Entscheidungen** (hier: Euro-Rettungshilfen) auf ein **geheimes Sondergremium** verfassungswidrig ist. Denn sie verletzt die Rechte der anderen Abgeordneten und damit die **Parlamentsrechte**. Ausnahmen sind nur bei besonderer Vertraulichkeit zulässig (BVerfG 2 BvE, 8/18).

Die **politische** und **gesetzgeberische Arbeit** des Bundestages wird getragen von seinen **Organen**. Organstatus haben das Plenum, das Präsidium, der Ältestenrat, die Ausschüsse und die Fraktionen:

| **Plenum** und **Abstimmungen** |

Als Plenum (lat. plenus = voll) bezeichnet man die Vollversammlung des Bundestages. Hier finden die Debatten und Abstimmungen statt. Die **Abstimmungen** sind grundsätzlich **offen**. Lediglich bei der Wahl von **Personen** (Bundeskanzler) ist **geheime** Wahl vorgesehen.

Die Stimmabgabe erfolgt durch Handzeichen, Sicherheben oder den sog. „Hammelsprung" (Betreten des Saales durch verschiedene Türen). **Namentliche** Abstimmungen finden nur statt, wenn dies von mindestens 26 Abgeordneten oder einer Fraktion beantragt wird.

Hierzu dienen **Stimmkarten** (blau für ja, rot für nein, weiß für Enthaltung) mit dem jeweiligen Namen und einem maschinenlesbaren Balkencode, die von den Schriftführern ausgezählt und rechnergestützt registriert werden. Das Grundgesetz differenziert dabei zwischen folgenden **Abstimmungsmehrheiten**:

▶ Soweit die Verfassung nichts anderes bestimmt, bedarf es zur Beschlussfassung der **einfachen** Mehrheit, d. h. der Mehrheit der **abgegebenen Stimmen** (Art. 42 Abs. 2 GG).

▶ In Sonderfällen (Art. 23, 29, 42, 54, 61, 63, 67, 68, 77, 79, 80a, 87 und 115a GG) ist die **Mehrheit der Mitglieder**, die sog. **absolute** Mehrheit, vorgeschrieben. Gem. Art. 121 GG sind das die **„gesetzlichen"**, d. h. **nach Gesetzeslage vorgegebenen Mitglieder**. Folglich rechnen dazu auch die aus dem Bundeswahlgesetz resultierenden Überhang- und Ausgleichsmandate (s. Kap. VII).

▶ Ist, wie im Falle der Art. 23 Abs. 1 und 79 Abs. 2 GG, eine **qualifizierte** Mehrheit vorgeschrieben (hier: Zweidrittelmehrheit), bezieht sich diese auf die **gesetzliche** Mitgliederzahl.

Nur **anwesende** Mitglieder des Bundestages können ihre Stimme abgeben. Fehlt ein Abgeordneter, z. B. wegen Erkrankung oder einer Dienstreise, so kann das bei knappen Mehrheiten problematisch werden.

Für solche Fälle war in der Vergangenheit ein **Pairing** zwischen Regierung und Opposition vereinbart worden. Das Prinzip stammt aus dem britischen Parlamentarismus und bedeutet, dass für jedes entschuldigt fehlende Mitglied der Regierungsseite ein Oppositionsmitglied auf die Abgabe seiner Stimme verzichtet, so dass die Mehrheitsverhältnisse gewahrt bleiben. Das Pairing- Verfahren, das auch in den meisten Länderparlamenten üblich ist, findet sich jedoch in keiner Verfassung oder Geschäftsordnung. Es wird schlicht als Zeichen der Fairness betrachtet und ist im Übrigen sowohl von der Knappheit der Mehrheitsverhältnisse, wie auch vom politischen Gesamtklima abhängig. Angesichts der knappen Mehrheiten im 15. Deutschen Bundestag hatte die CDU/CSU ein entsprechendes Abkommen zwischenzeitlich aufgekündigt.

## Bundestag

> Das **Präsidium** des Bundestages (Art. 40 GG, §§ 5 ff. GeschO BT)

Die erste Handlung des neu gewählten Bundestages ist die Wahl des **Präsidiums**. Es setzt sich zusammen aus dem **Bundestagspräsidenten**, der traditionell von der stärksten Fraktion gestellt wird, und seinen derzeit sechs **Vizepräsidenten** (seit 2013 stellen Union und SPD je zwei, Grüne und Linke je einen Vizepräsidenten). Zur Stärkung ihrer Unabhängigkeit in der Führung ihrer Amtsgeschäfte sind der Präsident und seine Stellvertreter für die Dauer einer Legislaturperiode gewählt und damit „unabsetzbar". Sie können allein durch ihren freiwilligen Rücktritt aus dem Amt scheiden. Die ebenfalls vom Bundestag aus seiner Mitte gewählten **Schriftführer** unterstützen den Präsidenten in der Leitung der Sitzungen.

Als Repräsentant des Parlaments nimmt der Bundestagspräsident in der **protokollarischen Reihenfolge** der obersten Staatsämter nach dem Bundespräsidenten den **zweithöchsten** Rang ein – vor dem Bundeskanzler, dem Bundesratspräsidenten und dem Präsidenten des Bundesverfassungsgerichts. In allen **Ausschüssen** hat er eine beratende Stimme. Er präsidiert der **Bundesversammlung** (s. Kap. VIII) und führt den Vorsitz im **Gemeinsamen Ausschuss** (s. unten).

Seine **weiteren Aufgaben** sind:

▶ Er **vertritt** den Bundestag und wahrt dessen **Würde** und **Rechte**.

▶ Er kann den Bundestag jederzeit **einberufen; eröffnet** und **beschließt** die Beratungen, leitet sie unparteiisch und wahrt die **Ordnung** während der Sitzungen.

▶ Er ist **oberste Dienstbehörde** der Bundestagsbediensteten und leitet die Bundestagsverwaltung. Im Bundestag und in der gesamten Liegenschaft übt er das **Hausrecht** und die **Polizeigewalt** aus. Durchsuchungen und Beschlagnahmen bedürfen seiner Zustimmung.

> Der **Ältestenrat** des Bundestages (§ 6 GeschO BT)

Er besteht aus dem Bundestagspräsidenten, seinen Stellvertretern und **23 weiteren Abgeordneten**, die von den Fraktionen entsprechend ihrer Mitgliederzahl benannt werden, darunter alle Parlamentarischen Geschäftsführer der Fraktionen. An den Beratungen nimmt auch der **Chef des Bundeskanzleramtes** oder dessen Stellvertreter teil. Der Ältestenrat unterstützt den Präsidenten bei der Geschäftsführung. Er beschließt über die inneren Angelegenheiten des Bundestages, soweit sie nicht dem Präsidenten oder dem Präsidium vorbehalten sind. Seine wichtigsten **Funktionen** sind hierbei:

▶ Er setzt die **Tagesordnung** für die Plenarsitzungen fest und führt eine Einigung über die Zahl der **Redner** und deren **Redezeit** herbei;

▶ er vereinbart mit den Fraktionen, welche Fraktion im Rahmen der parlamentarischen Kräfteverhältnisse in den verschiedenen Ausschüssen den **Vorsitzenden** und welche den **stellvertretenden Vorsitzenden** stellt (s. unten).

> Die **Ausschüsse** des Bundestages (§§ 54 ff. GeschO BT)

Ausschüsse sind Beschluss-Vorbereitungsorgane, in denen die dem Parlament obliegenden Angelegenheiten – zumeist gesetzgeberischer Art – unter politischen und fachlichen Gesichtspunkten erörtert und für die Plenarsitzungen (i. a. R. ohne den Druck der Öffentlichkeit) zur Entscheidungsreife gebracht werden. Zur Besetzung der Ausschüsse benennen die Fraktionen Abgeordnete, die auf dem betreffenden Politikfeld über spezielle Fachkenntnisse und Erfahrungen verfügen. In den Ausschüssen vollzieht sich ein wesentlicher Teil der Parlamentsarbeit (zum Vergleich: in der 12. Wahlperiode fanden 243 Plenarsitzungen, aber 2584 Ausschusssitzungen statt).

Somit fallen wichtige Vorentscheidungen vielfach bereits in den Ausschüssen, wo die verschiedenen politischen Standpunkte herauskristallisiert werden, bevor es zum Beschluss im Plenum kommt. Daher verwundert es auch nicht, dass viele Beschlüsse ohne längere Debatten gefasst werden und Plenarsitzungen gelegentlich allzu routiniert wirken.

### Anzahl und Besetzung der Ausschüsse

Der Bundestag bestimmt die Anzahl der Ausschüsse, soweit dies nicht durch die Verfassung selbst vorgegeben ist (s. unten). Die **ständigen Ausschüsse** werden für die Dauer der gesamten Wahlperiode eingesetzt. Daneben können für bestimmte Angelegenheiten **Sonderausschüsse** gebildet werden, die ihr Ende mit der Erfüllung dieser Aufgaben finden.

**Beispiele:** Ausschüsse „Strafrechtsreform" (7. Wahlperiode) und „Europäische Union" (12. Wahlperiode). Letzterer hatte den Unionsvertrag (s. Kap. XIV) federführend zu beraten.

Die ebenfalls durch das Parlament festzulegende **Zahl** der **Ausschussmitglieder** ist unterschiedlich. Je nach Bedeutung und Arbeitsumfang gehören den Ausschüssen zwischen 15 und 42 Abgeordnete an (Zahlen der 15. Wahlperiode). Ihre **anteilige Besetzung** durch die im Bundestag vertretenen Parteien richtet sich nach den Stärkeverhältnissen der einzelnen Fraktionen (und – soweit vorhanden – auch Gruppen, s. unten), so dass jeder Ausschuss in seiner Zusammensetzung ein **verkleinertes Spiegelbild** des Parlaments darstellt. Die Feststellung, wie viele Abgeordnete die Fraktionen/Gruppen in die Ausschüsse entsenden dürfen, erfolgt nach dem „Rangmaßzahlverfahren" von Saint-Laguë/Schepers (s. Kap. VII).

Im Ältestenrat wird vereinbart, welche Fraktionen die Vorsitzenden und die **stellvertretenden Vorsitzenden** der einzelnen Ausschüsse stellen. Parlamentarischer Brauch ist es, dass beide nicht derselben Partei angehören und dass der jeweils größten Oppositionsfraktion der Vorsitz im Haushaltsausschuss übertragen wird.

### Arbeitsweise der Ausschüsse

Für einzelne Beratungsgegenstände wählen die Mitglieder des Ausschusses aus ihrer Mitte einen oder mehrere **Berichterstatter,** die das Plenum über den Stand der Ausschussarbeit informieren und ihm später die Beschlussfassung mitteilen.

An den Ausschusssitzungen, die grundsätzlich **nicht öffentlich** geführt werden, dürfen Abgeordnete des Bundestages, die dem Ausschuss nicht angehören, sowie Mitglieder der Bundesregierung oder deren Beauftragte teilnehmen. Andererseits hat der Ausschuss das Recht, die Anwesenheit eines Mitgliedes der Bundesregierung zu verlangen. Die **Beschlussfähigkeit** ist gegeben, wenn die Mehrheit der Mitglieder anwesend ist.

Bei schwierigen und strittigen Sachfragen können **Sachverständige, Vertreter der Verbände** und andere **Auskunftspersonen** hinzugezogen und gehört werden. Diese grundsätzlich **öffentlichen Anhörungssitzungen (Hearings)** dienen der Information des Ausschusses über einen Gegenstand seiner Beratungen (§ 70 GeschO BT).

Sind an der Regelung einer Materie mehrere Ausschüsse beteiligt (z. B. bei einem Gesetz aus dem Sozialbereich der Innenausschuss, der Ausschuss für Arbeit und Sozialordnung sowie der Finanzausschuss), so bestimmt der Bundestag unter Mitwirkung des Ältestenrates, welcher Ausschuss die **Federführung** hat und dem Plenum Bericht erstattet.

Den Ausschüssen steht das Recht zu, aus ihrer Mitte **Unterausschüsse** zu bilden, so z. B. in der 14. Wahlperiode den Unterausschuss „Europarecht". Sie führen entsprechende Vorarbeiten für den Fachausschuss durch. Soweit ergänzende fachliche Kompetenz erforderlich ist, werden parlamentsexterne Sachverständige beigezogen.

# Bundestag

Man unterscheidet:

## Vom Grundgesetz zwingend vorgeschriebene (obligatorische) Ausschüsse

Errichtung, Funktion und Bezeichnung einiger Ausschüsse liegen nicht im Ermessen das Bundestages, sondern sind im Grundgesetz zwingend vorgeschrieben. Somit können sie nicht durch ein einfaches Gesetz geändert oder aufgehoben werden.
Zu ihnen gehören:
- der Ausschuss für Auswärtige Angelegenheiten gem. Art. 45a GG;
- der Ausschuss für Verteidigung gem. Art. 45a GG;
- der Petitionsausschuss gem. Art. 45c GG;
- der Ausschuss für Angelegenheiten der Europäischen Union gem. Art. 45 GG, s. Ges. zur Änderg. des GG v. 21.12.1992 (BGBl. I S. 2086).

## In das Ermessen des Parlaments gestellte (fakultative) Ausschüsse

### Ständige Ausschüsse (Fachausschüsse)

Neben den vier obligatorischen Ausschüssen richtet das Parlament weitere „ständige" Ausschüsse ein, die zur Arbeitserleichterung im Regelfall dem Zuschnitt der Ressorts entsprechen. In der 17. Wahlperiode waren dies (bei insgesamt 22) die Ausschüsse für:
- Haushalt
- Verkehr, Bau- und Stadtentwicklung
- Finanzen
- Wirtschaft und Technologie
- Inneres
- Umwelt, Naturschutz und Reaktorsicherheit
- Bildung, Forschung und Technikfolgenabschätzung
- Recht
- Familie, Senioren, Frauen und Jugend
- Gesundheit
- Verbraucherschutz, Ernährung und Landwirtschaft
- Wirtschaftliche Zusammenarbeit und Entwicklung
- Tourismus
- Kultur und Medien
- Arbeit und Soziales
- Menschenrechte u. human. Hilfe
- Wahlprüfung, Immunität und Geschäftsordnung
- Sport

### Sonderausschüsse (Ad-hoc-Ausschüsse)

Einrichtung, Funktion, Bezeichnung und Anzahl dieser Ausschüsse sind wie bei den ständigen Ausschüssen in das Ermessen des Bundestages gestellt. Sie werden nach Bedarf für besondere Aufgaben eingesetzt. Von den Fachausschüssen unterscheiden sie sich lediglich dadurch, dass sie sich mit einem nicht „ständig" anfallenden Sondergebiet beschäftigen.
Nach Erfüllung der jeweiligen Aufgabe werden diese Ausschüsse wieder aufgelöst.
Zu den Sonderausschüssen gehören vor allem die **Untersuchungsausschüsse** (s. oben).

Einige Gremien, zu denen der Bundestag aufgrund gesetzlicher Bestimmungen Mitglieder wählt, führen ebenfalls die Bezeichnung „Ausschuss", obgleich sie dies nicht im oben angesprochenen Sinne (der Geschäftsordnung) sind: so der **Vermittlungsausschuss** (Art. 77 Abs. 2 GG), der **Richterwahlausschuss** (Art. 95 Abs. 2 GG, s. S. 86), der **Wahlmännerausschuss** (Art. 94 Abs. 1 GG) sowie der **Gemeinsame Ausschuss** gem. Art. 53a GG (s. Kap. VIII), ein für Krisenlagen vorgesehenes „Notparlament", das „rechtstechnisch kein Ausschuss von Bundestag und Bundesrat, sondern ein oberstes Bundesorgan" ist (BVerfGE 84, 304).
Wenn bedeutsame und umfangreiche Sachkomplexe vorzubereiten sind, können sog. **Enquete-Kommissionen** eingesetzt werden (§ 56 GeschO BT). Sie unterscheiden sich von Untersuchungsausschüssen durch **Zusammensetzung** (ihnen können auch externe Sachverständige angehören) und **Aufgabenstellung** (Beratung über Entwicklungen und langfristige Strategien). Ihre Arbeit trägt zur Stärkung des Parlaments gegenüber der Regierung bei, die sich ihrerseits auf die Kompetenz und die personellen Möglichkeiten eines ganzen „Regierungsapparats" stützen kann. Die Schlussberichte enthalten keine Beschlussempfehlungen, da diese aus dem Parlament selbst oder von der Regierung als Antrag bzw. Gesetzentwurf eingebracht werden müssen. Bisher wurden mehr als 30 Enquete-Kommissionen eingesetzt; z. B.: Verfassungsreform, Frau und Gesellschaft, Recht und Ethik der modernen Medizin, Kernenergie, Aufarbeitung von Geschichte und Folgen der SED-Diktatur, Globalisierung der Weltwirtschaft, Zukunft des bürgerschaftlichen Engagements.

## Die **Fraktionen** des Bundestages

Der **Begriff** der Fraktionen wird im Grundgesetz nicht unmittelbar angesprochen. Das Bundesverfassungsgericht hat ausgeführt (BVerfGE 10, 14): „Mit der Anerkennung der Parteien in Art. 21 GG erkennt das Grundgesetz auch die Fraktionen als notwendige Einrichtungen des Verfassungslebens an." Die **Definition** ergibt sich aus § 10 der Geschäftsordnung des Bundestages:
„Die Fraktionen sind **Vereinigungen** von **Mitgliedern** des **Bundestages,** ... die derselben **Partei** oder solchen Parteien angehören, die aufgrund gleich gerichteter politischer Ziele in keinem Land miteinander im Wettbewerb stehen." Auch Abgeordnete verschiedener Parteien können sich, wenn der Bundestag dem zustimmt, zu einer Fraktion zusammenschließen.

**Organe** der Fraktion sind:

▶ die **Fraktionsvollversammlung,** die aus allen Mitgliedern einer Fraktion gebildet wird und das Beschlussorgan darstellt;

▶ der **Fraktionsvorstand,** der von der Fraktionsversammlung gewählt wird und sich zusammensetzt aus dem **Fraktionsvorsitzenden** und den **Fraktionsgeschäftsführern.** Ihm obliegen die **politische Führung** und die **Koordination** der Fraktionsarbeit.

Zu den **Aufgaben** der Fraktionen gehört es, den innerparlamentarischen Prozess der Willensbildung zu **filtern** und zu **bündeln.** Durch sie erhält der politische Wille des einzelnen Abgeordneten erst **Gewicht** und **Durchsetzungskraft.** Sie steuern den **technischen Ablauf** der Parlamentsarbeit, sie bestimmen den **Geschäftsgang** im Bundestag, und sie treiben die politische Auseinandersetzung im Parlament und in den Ausschüssen voran. Die Fraktionen sind somit wesentliche Träger der Parlamentstätigkeit. Ohne sie wäre eine konstruktive parlamentarische Arbeit nicht möglich. Der Bundestag würde sich in eine Vielzahl zersplitterter Willensrichtungen auflösen und wäre damit praktisch handlungsunfähig. Die Tatsache, dass **Fraktionen** im Unterschied zu Parteien und Koalitionen mit eigenen Rechten ausgestattete **Teile** des **Parlaments** sind, rechtfertigt die Zahlung von **Fraktionszuschüssen** aus dem **Bundeshaushalt.** Soweit damit Angestellte und Geschäftsbetrieb finanziert werden, ist das unstrittig. Nicht ohne Widerspruch geblieben ist, dass auch Fraktionsvorsitzende, Fraktionsgeschäftsführer, Arbeitskreisvorsitzende und andere Funktionsträger aus diesen Mitteln Sonderzuwendungen für ihren erhöhten Aufwand erhalten. Die **direkte** Zahlung solcher Zuwendungen an einzelne Abgeordnete aus dem Landeshaushalt verstößt gegen Art. 3 GG (BVerfGE 80, 188).

Die Bündelungsfunktion der Fraktionen kann indessen nur wirksam werden, wenn die ein-zelnen Abgeordneten eine gewisse **Fraktionsdisziplin** wahren. Einzelheiten dazu s. unten.

Die **faktische Bedeutung** der Fraktionen geht weit über die in den Geschäftsordnungen normierte Rolle hinaus. Fraktionen sind zu unverzichtbaren Steuerungsinstrumenten der Parteien geworden; sie bestimmen die politischen Themen, führen das Gespräch mit dem Bürger, aktivieren die Partei und nehmen Einfluss auf die Auswahl von Führungskräften und deren Arbeit. Auf diese Weise stehen sie heute vielfach mehr als die Parteien selbst im Zentrum des politischen Dialogs.

Ihr besonderes Gewicht erhalten die Fraktionen dadurch, dass grundsätzlich nur sie beteiligt werden an der Zusammensetzung der **Ausschüsse,** der Bestellung der **Ausschussvorsitzenden,** der Besetzung des **Bundestagspräsidiums** und des **Ältestenrates** sowie der Vergabe der **Redezeiten.**

**Fraktionen** müssen mindestens **5 Prozent** der **Mitglieder** des **Bundestages** umfassen, z. Z. sind das mindestens **31** Abgeordnete. Mitglieder, die die Fraktionsmindeststärke nicht erreichen, können als „**Gruppe**" anerkannt werden (§ 10 GeschO BT).

Im 12. (dem ersten gesamtdeutschen) Bundestag war folglich den kleineren Parteien, Bündnis 90/Grüne (8 Mandate) und PDS/Linke Liste (17 Mandate), der **Fraktionsstatus** nicht zugestanden worden. Einem entsprechenden Antrag folgte das BVerfG nicht. Es machte jedoch deutlich, dass auch den Gruppierungen unterhalb der Fraktionsstärke die maßgeblichen Handlungsmöglichkeiten zustehen (BVerfG, NJW 91, 2474):

▶ „Der Grundsatz der **Spiegelbildlichkeit** der Zusammensetzung von **Parlament** und **Ausschüssen** verlangt, dass bei der Ausschussbildung auch Gruppierungen fraktionsloser Abgeordneter berücksichtigt werden, die sich wegen gleicher Parteizugehörigkeit oder aufgrund eines Wahlbündnisses zusammengeschlossen haben, wenn auf sie bei der gegebenen Größe der Ausschüsse und auf der Grundlage des vom Bundestag jeweils angewendeten Proportionalverfahrens ein oder mehrere Sitze entfielen."

▶ „Erlangen Abgeordnete, die einer solchen Gruppierung als Mitglied angehören, unter dieser Voraussetzung einen Sitz in einem Ausschuss, so haben sie dort **keinen Status minderen Rechts** im Vergleich zu den von den Fraktionen entsandten Mitgliedern."

▶ Derartige Gruppierungen „müssen vom Bundestag als **Gruppe** anerkannt werden; sie haben Anspruch auf eine angemessene Ausstattung mit sachlichen und personellen Mitteln, sofern auch Fraktionen solche gewährt werden".

Gleichwohl sind auch nach dieser Entscheidung des BVerfG Gruppen den Fraktionen keinesfalls gleichgestellt. Ihnen ist insbesondere versagt, Geschäftsordnungsanträge zu stellen. Des Weiteren haben sie kein Recht bei der Vergabe von Ausschussvorsitzen und ihrer Stellvertretung. Andererseits hatte der Bundestag ihnen bereits vor dieser BVerfG-Entscheidung das Recht eingeräumt, Gesetzentwürfe, Anträge, Große und Kleine Anfragen sowie Entschließungsanträge einzubringen. Die Gruppen erhalten daher auch finanzielle Zuwendungen, allerdings nur die Hälfte des Grundbetrages der Fraktionen.

In einem erneuten Organstreitverfahren der PDS, die wegen vier Direktmandaten über die sog. Grundmandatsklausel mit 30 Abgeordneten in den 13. Bundestag eingezogen war, wies das BVerfG im Nov. 1997 den Antrag auf Anerkennung als **Fraktion** abermals zurück. Die Differenzierung zwischen Fraktion und anderen Zusammenschlüssen sei gerechtfertigt, so die Begründung, „da sie der Gefahr begegnet, dass die parlamentarische Arbeit durch eine Vielzahl aussichtsloser – letztlich aussichtsloser – Anträgen kleiner Gruppen behindert wird". Es liege in der Autonomie des Bundestages, durch seine Geschäftsordnung die Funktionsfähigkeit des Parlaments zu gewährleisten. – Im 14. Bundestag hat auch die PDS aufgrund ihrer 36 Sitze den Fraktionsstatus erlangt, den sie im 15. Bundestag (3 Mandate) wieder einbüßte.

Im **Vermittlungsausschuss** sowie in **Untersuchungsausschüssen** und **Enquetekommissionen** sind Gruppen nur vertreten, wenn ihnen anteilmäßig wenigstens ein Sitz zusteht. Im **Gemeinsamen Ausschuss** (s. Kap. XII) haben Gruppen weder Sitz noch Stimme.

Aus alledem folgt, dass **Abgeordnete, die weder** einer **Fraktion noch** einer **Gruppe** angehören, sehr beschränkte Einflussmöglichkeiten haben. Zwar darf das Recht auch dieser Abgeordneten, an der Willensbildung und Entscheidungsfindung des Bundestages mitzuwirken, nicht grundsätzlich in Frage gestellt werden (BVerfG, NJW 90, 373). Andererseits aber muss „um der Repräsentationsfähigkeit und der Funktionstüchtigkeit des Parlaments willen" in Kauf genommen werden, dass Verfahrensregeln (im Rahmen der Geschäftsordnung) erlassen werden, die „sich notwendig immer auch als Beschränkung der Rechte des einzelnen Abgeordneten auswirken". Diese Abgeordneten dürfen daher weder Gesetzentwürfe einbringen, noch können sie die Tagesordnung oder die Redezeiten beeinflussen. Sie erhalten auch keinen Anteil an den Fraktionszuschüssen (strittig). Allerdings steht ihnen in den Ausschüssen ein Rede- und Antragsrecht zu, nicht aber das Stimmrecht. Ein **Fraktionsausschluss** kommt nach alledem nur in schwersten Fällen in Betracht. So griff z. B. die CDU erstmalig im Jahre 2003 zu diesem Mittel, nachdem der Abgeordnete Hohmann öffentlich die Juden in einen indirekten Zusammenhang mit dem Begriff „Tätervolk" gebracht hatte.

## Koalitionen als politische Zweckbündnisse

Zum Wesen der Parteiendemokratie gehört es, dass Parteien ihre Ziele über **Parlaments-mehrheiten** umsetzen. Verfügt eine Partei nicht über eine hinreichende Mehrheit der Sitze, so trachtet sie danach, diese durch **Koalitionsvereinbarungen** mit anderen Parteien zu erreichen.

Eine **Koalition** ist das Bündnis **mehrerer Parteien** für die Dauer einer **Legislaturperiode** zum Zwecke der **Regierungsbildung**, ohne dass die vertragschließenden Parteien ihre Selbständigkeit aufgeben. Die Vereinbarung wird regelmäßig vor Beginn der Zusammenarbeit in einem **Koalitionsvertrag** festgelegt. Verbünden sich die beiden größten im Parlament vertretenen Parteien (Volksparteien), spricht man von einer **Großen Koalition**.

Innerhalb einer Koalition beansprucht im Regelfall der größte Partner die Leitrolle; er stellt zumeist auch den Kanzler. **Demokratische** Parteien sind prinzipiell untereinander **koalitionsfähig**. Auch ein bis dahin auf Bundesebene weithin abgelehntes Bündnis zwischen der Union und den Grünen gilt als Option, seit 2013 in **Hessen** erstmalig auf Länderebene eine schwarz-grüne Regierung gebildet wurde. Eine Koalition mit der Partei „Die Linken" wird jedoch auf Bundesebene allgemein ausgeschlossen, solange sich diese nicht eindeutig von der SED-Nachfolge distanziert sowie in Fragen der Europapolitik, der Sicherheitspolitik und der Verteidigungspolitik (NATO-Zugehörigkeit) den allgemeinen Konsens der demokratischen Parteien nicht teilt.

In der Geschichte der Bundesrepublik kam es bisher dreimal zur Bildung einer Großen Koalition zwischen CDU/CSU und SPD: von 1966 bis 1969 (Kabinett Kiesinger), von 2005 bis 2009 (Kabinett Merkel) und ab 2013 (erneut unter Bundeskanzlerin Merkel).

Eine Große Koalition kann aufgrund der Mehrheitsverhältnisse im Parlament sicher sein, auch höchst kontroverse politische Vorhaben durchzubringen. Im Extremfall ist sogar eine Konstellation denkbar, bei der eine große Koalition über die zur Verfassungsänderung erforderliche Zweidrittelmehrheit in Bundestag und Bundesrat verfügt, was der Demokratie mit Sicherheit nicht zuträglich wäre. Denn übergroße Mehrheiten schwächen die für den **kritischen Dialog** lebenswichtige **Opposition**.

Die Ansichten über Risiken und Nutzen einer solchen Verbindung sind geteilt, und eine allgemein gültige Antwort lässt sich kaum finden. Immerhin hat die Große Koalition der Jahre 2005 bis 2009 Deutschland mit beachtlichem Erfolg durch die schwerste **Wirtschaftskrise** nach 1945 geführt. Sie hat über 2000 Gesetze und Verordnungen auf den Weg gebracht – so viele wie keine Regierung zuvor. Andererseits sind zahlreiche Vorhaben auf der Strecke geblieben, die Vereinfachung des Steuerrechts, die Sanierung der Sozialkassen, die Haushaltskonsolidierung u. a. m. Das alles hat gezeigt, dass auch eine „Große" Koalition ihre **Schwierigkeiten** und **Grenzen** hat: Allzu leicht werden aus fruchtbarem Streit **Stagnation** und **Schwäche**. Konflikte werden nicht ausgetragen und münden in **Formelkompromisse**. Die Partner verlieren an **Profil** und **Zulauf**, und am Ende gewinnen diejenigen, die **nicht beteiligt** waren.

Im 18. Bundestag stellt die aus Grünen und Linken bestehende Opposition nur rd. **20 Prozent** der Abgeordneten. Dies reicht nicht aus zu einer wirksamen Wahrnehmung der Rechte der Opposition, insbesondere nicht, um einen **Untersuchungsausschuss** durchzusetzen oder eine **Normenkontrollklage** vor dem BVerfG einzureichen, da hierzu gem. Art 44 und 93 GG ein Viertel der Abgeordneten erforderlich ist. Zudem sind bei diesen Mehrheitsverhältnissen auch andere Oppositionsrechte eingeschränkt (Redezeiten, Ausschussvorsitz, Expertenanhörung, Einrichtung von Enquetekommissionen, Einberufung von Sondersitzungen u. a.). Der für die Demokratie unabdingbare **kritische Dialog** würde somit bei unveränderter Rechtslage deutlich beschränkt.

Die Opposition erwartet daher, dass ihre Rechte trotz überwältigender Mehrheit der Regierungskoalition gewahrt bleiben und will notfalls das BVerfG anrufen. Die Große Koalition zeigt sich lt. Koalitionsvertrag zur Wahrung der Minderheitenrechte grundsätzlich bereit. Ob es hierbei auch zu einer Änderung der Art. 44 und 93 GG kommt, ist allerdings zweifelhaft.

## Zum Ablauf der Bundestagsdebatten

Die für die breite Öffentlichkeit sichtbaren **Plenarsitzungen** stellen nur einen – wenn auch sehr wichtigen – Teil der Arbeit des Bundestages dar.

Zur Gewährleistung einer möglichst effizienten Arbeit des Plenums bedarf es bestimmter Regeln. Dazu schreibt die Geschäftsordnung des Bundestages im Einzelnen vor:

▶ Die Sitzungen des Bundestages sind **öffentlich**. Die Öffentlichkeit kann nach Art. 42 Abs. 1 GG ausgeschlossen werden (§ 19 GeschO BT).

▶ Ein Mitglied des Bundestages darf nur sprechen, wenn ihm der Präsident das **Wort erteilt** hat. Abgeordnete, die zur Sache sprechen wollen, haben sich in der Regel bei dem Schriftführer, der die Rednerliste führt, zu Wort zu melden. Zur Geschäftsordnung und zur Abgabe von Erklärungen können Wortmeldungen durch Zuruf erfolgen.

Für Zwischenfragen an den Redner in der Aussprache über einen Verhandlungsgegenstand melden sich die Mitglieder des Bundestages über die Saalmikrofone zu Wort. Zwischenfragen, die kurz und präzise sein müssen, dürfen erst gestellt werden, wenn der Redner sie auf eine entsprechende Frage des Präsidenten zulässt (§ 27 GeschO BT).

▶ Die Redner sprechen grundsätzlich in **freiem Vortrag**, wobei sie Aufzeichnungen benutzen können. Ihre **Reihenfolge** bestimmt der Präsident. Er berücksichtigt die verschiedenen Parteirichtungen und die Stärke der Fraktionen (§§ 28, 33, 34 GeschO BT).

▶ Dem Präsidenten stehen zur **Verhandlungsführung** mehrere Ordnungsmittel zu:

  ▶ Schweift ein Redner vom Verhandlungsgegenstand ab, so kann ihn der Präsident **zur Sache verweisen** (§ 36 GeschO BT).

  ▶ Vergreift sich ein Abgeordneter im Ton, was in hitzigen Debatten immer wieder einmal vorkommt, oder verhält er sich sonst in einer Weise, die der Würde des Hauses nicht entspricht, so kann ihm der Präsident eine **Rüge** erteilen.

  Die Rüge wird in der Geschäftsordnung des Bundestages nicht erwähnt. Sie ist ihrem Rechtscharakter nach eine bloße Ermahnung und stellt „keinen Eingriff in den verfassungsrechtlichen Status des Abgeordneten" dar (BVerfGE 60, 374).

  ▶ Wenn Abgeordnete „die Ordnung verletzen", so kann sie der Präsident „mit Nennung des Namens zur Ordnung rufen". Der **Ordnungsruf** ist gegenüber der Rüge die schärfere Maßnahme. Dennoch darf sein Anlass, wie auch der Ordnungsruf selbst, von nachfolgenden Rednern nicht behandelt werden (vgl. § 36 GeschO BT). Wie sehr sich der Ton im Parlament wandelt, zeigt sich an den Zahlen: Im ersten Bundestag von 1949 bis 1953 ergingen 159 Ordnungsrufe, in der 16. Wahlperiode von 2005 bis 2009 nur drei.

  ▶ Ist ein Redner während einer Rede dreimal zur Sache oder zur Ordnung gerufen und beim zweiten Male auf die Folgen des dritten Rufes hingewiesen worden, so muss ihm der Präsident das **Wort entziehen** und darf es ihm in derselben Aussprache zum selben Verhandlungsgegenstand nicht wieder erteilen (§ 37 GeschO BT).

  ▶ Als schärfste Maßnahme kann der Präsident „wegen gröblicher Verletzung der Ordnung" ein Mitglied, auch ohne dass ein Ordnungsruf ergangen ist, für die Dauer der Sitzung **aus dem Saal verweisen**. Bis zum Schluss der Sitzung muss der Präsident bekannt geben, für wie viele Sitzungstage der Betroffene ausgeschlossen wird. Ein Ausschluss bis zu 30 Sitzungstagen ist möglich (§ 38 GeschO BT).

▶ Gegen den Ordnungsruf oder den Ausschluss kann der Betroffene bis zum nächsten Plenarsitzungstag schriftlich begründeten **Einspruch** einlegen. Der Einspruch ist auf die Tagesordnung dieser Sitzung zu setzen. Der Bundestag entscheidet ohne Aussprache. Der Einspruch hat keine aufschiebende Wirkung (§ 39 GeschO BT).

## Die Organisation des Bundestages
### (Übersicht)

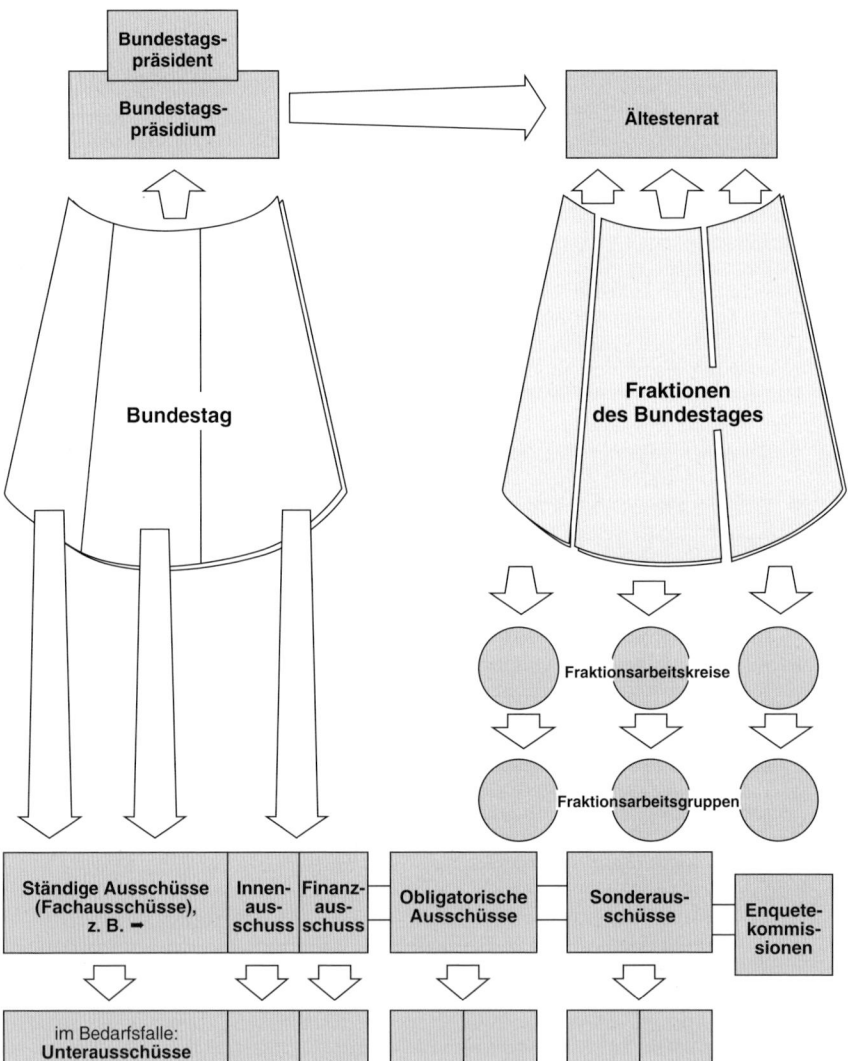

## Rechtsstellung des Abgeordneten

### Voraussetzungen der Wählbarkeit

Das passive Wahlrecht, also das Recht gewählt zu werden, ergibt sich unmittelbar aus Art. 38 Abs. 2 GG, der allerdings nur Bestimmungen über das Wahl- und Wählbarkeitsalter enthält. Ausführlicher sind die Wählbarkeitsvoraussetzungen im **Bundeswahlgesetz** niedergelegt: **Wählbar** ist gem. § 15 BWahlG, wer am Wahltage seit mindestens **einem Jahr Deutscher** im Sinne des Art. 116 GG ist und das **18. Lebensjahr** vollendet hat.

**Nicht wählbar** ist, wer nach § 13 BWahlG vom **Wahlrecht ausgeschlossen** ist (Ausschluss kraft Richterspruchs, Fälle der Entmündigung oder Pflegschaft sowie der – nicht nur einstweiligen – Unterbringung in einem psychiatrischen Krankenhaus); wer infolge Richterspruchs die **Wählbarkeit** oder die Fähigkeit zur **Bekleidung öffentlicher Ämter verloren** hat.

Neben diesen materiellen Voraussetzungen müssen noch bestimmte **formelle** Bedingungen erfüllt sein. Sie ergeben sich aus den Vorschriften über die Aufstellung, Einreichung und Zulassung der Wahlvorschläge.

### Schutz der Wahlvorbereitung

Bereits die Bewerbung um ein Mandat ist verfassungsmäßig und gesetzlich gesichert, sofern ein ernsthaftes Bemühen vorliegt. Art. 48 Abs. 1 GG und § 3 des **Abgeordnetengesetzes** i. d. F. der Bekanntmachung vom 21.2.1996 (BGBl. I S. 326), zuletzt geändert durch das Gesetz vom 8.11.2011 (BGBl. I S. 2218) garantieren Bewerberinnen und Bewerbern zur Vorbereitung ihrer Wahl innerhalb der letzten zwei Monate vor dem Wahltag die Gewährung eines Urlaubs von bis zu zwei Monaten.

Während den im öffentlichen Dienst befindlichen Mandatsbewerbern für die Dauer der Beurlaubung die Fortzahlung der Bezüge gewährt wird, besteht ein solcher Anspruch für Bewerber im privaten Dienst- oder Arbeitsverhältnis nicht.

### Ungehinderte Übernahme und Ausübung des Mandats

Art. 48 Abs. 2 GG bestimmt: „Niemand darf gehindert werden, das Amt eines Abgeordneten zu übernehmen und auszuüben. Eine Kündigung oder Entlassung aus diesem Grunde ist unzulässig."

Hiermit soll jeder Zwang gegenüber dem Gewählten ausgeschlossen werden. Er soll in der Übernahme und in der Ausübung seines Mandats von Pressionen frei sein. Als unzulässige Behinderung werden aber nicht nur Kündigung und Entlassung, sondern auch Streichung oder Kürzung von Gehalt sowie andere berufliche oder persönliche Nachteile angesehen.

Die Rechte und Pflichten aus dem Dienstverhältnis eines in den Bundestag gewählten Beamten mit Dienstbezügen ruhen vom Tage der Annahme der Wahl für die Dauer der Mitgliedschaft mit Ausnahme der Pflicht zur Amtsverschwiegenheit und des Verbots der Annahme von Belohnungen und Geschenken. – Beamtinnen und Beamte haben das Recht, ihre Amts- oder Dienstbezeichnung mit dem Zusatz „a. D." zu führen.

Nach Beendigung der Mitgliedschaft im Bundestag sind sie auf ihren Antrag wieder in das frühere Dienstverhältnis zurückzuführen. Das ihnen zu übertragende Amt muss derselben oder einer gleichwertigen Laufbahn angehören wie das zuletzt bekleidete Amt.

## Prinzip des freien Mandats

Im Gegensatz zum Bundesrat, in dem gem. Art. 51 Abs. 3 GG die Stimmen eines Landes nur einheitlich abgegeben werden können, schreibt Art. 38 Abs. 1 GG vor:
Die Abgeordneten sind Vertreter des ganzen Volkes, an **Aufträge** und **Weisungen nicht gebunden** und nur ihrem **Gewissen** unterworfen (Art. 38 GG). Auch wenn ihr konkretes Abstimmungsverhalten häufig weniger vom Gewissen als von beruflicher Zukunft, politischem Überleben, Statusdenken, Machterhalt oder ähnlichen Beweggründen bestimmt sein mag, sie üben – im Gegensatz zum weisungsunterworfenen (imperativen) Mandat – ein „**freies**" **Mandat** aus.
Der Grundsatz des freien Mandats entstammt dem liberalen Verfassungsdenken historischer Prägung. Abgeordnete sollen in **geistig-sittlicher**, aber auch in **materieller** Hinsicht **unabhängig** sein. § 44a des Abgeordnetengesetzes schreibt daher vor, dass Zuwendungen an Abgeordnete, ohne dass diese die dafür geschuldete Leistung erbringen, verboten sind und dass wirtschaftliche Tätigkeiten angezeigt werden müssen, wenn diese im Hinblick auf das Mandat zu Interessenverknüpfungen führen können (vgl. auch Anlage 1 der GeschO BT i. d. F. v. 2.7.1980; s. oben). Zum Prinzip der modernen parteienstaatlichen Demokratie steht die Idee des in jeder Hinsicht „freien" Abgeordneten (vgl. BVerfGE 2, 72; 5, 233) in einem gewissen Spannungsverhältnis.

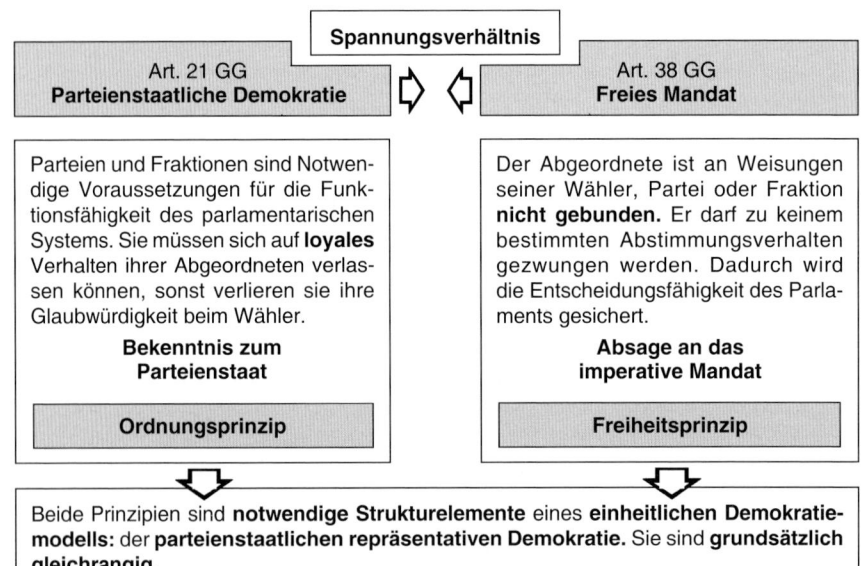

## Fraktionsdisziplin und Fraktionszwang im Einzelnen

In einer modernen Demokratie kommt der Stellung der **Parteien** und dem **freien Mandat** der Abgeordneten **derselbe verfassungsrechtliche Rang** zu. Zwischen Art. 21 und Art. 38 GG besteht daher kein Verhältnis der Über- und Unterordnung. Sie verhalten sich (Maunz-Dürig-Herzog, GG, Art. 38, Rdnr. 18) „wie zwei sich schneidende Kreise. Soweit sich die Kreise nicht decken, ist die Rechtslage unkompliziert, da jeweils andere Sachverhalte geregelt werden. Soweit sich die Kreise aber decken, muss geprüft werden, welche der beiden Regelungen vorgeht und aus welchem Grund".

Unter Zugrundelegung der Wertordnung des Grundgesetzes sind beide Vorschriften so zu **gewichten**, dass sie ihre **größtmögliche Wirksamkeit** erzielen können (s. Kap. IV).

Abgeordneter als Mitglied einer Partei und Mandatsträger

Partei (Art. 21 GG) — Freies Mandat (Art. 38 GG)

## Zur Funktion des Art. 21 GG

Art. 21 GG erkennt die **Mitwirkung** der **Parteien** bei der politischen **Willensbildung** des **Volkes** ausdrücklich an (s. Kap. IX).

Parteien und Fraktionen sind **notwendige Voraussetzungen** für die **Funktionsfähigkeit** des **parlamentarischen Systems**. Der Weg zu den Zentren politischer Macht führt nahezu ausschließlich über die Parteien. Insoweit nehmen sie eine überragende Rolle ein, die einer Monopolstellung gleichkommt. Parteien heben sich aus dem Kreis sonstiger politischer Gruppierungen dadurch heraus, dass sie sich an Parlamentswahlen durch Aufstellung von Bewerbern beteiligen. Ihre grundlegenden Ziele sind in Programmen niedergelegt und werden im Wahlkampf besonders herausgestellt (Wahlkampfplattform). Die Bemühungen der Parteien um Macht und Einfluss basieren also auf einem **politischen Generalnenner,** auf den die Parteien, wenn sie nicht unglaubwürdig werden wollen, in den Grundzügen ihrer Politik festgelegt sind. Dementsprechend ist die Willensrichtung des Wählers bei der Stimmabgabe vielfach nicht allein auf die Person, sondern auch auf die **Partei** des Kandidaten und **deren Zielvorstellungen** gerichtet. Die Abgeordneten treten jeweils zur Erfüllung dieser Ziele an, sie sind daher im Rahmen der jeweiligen Fraktionen gezwungen, als **geschlossene Gruppe** aufzutreten – auch dann, wenn ein Abgeordneter in einer Einzelfrage einmal nicht mit der Fraktionslinie übereinstimmt. Ohnehin ist der Abgeordnete bei den meisten Abstimmungen auf Fachleute in seinem politischen Umfeld sowie auf Berater angewiesen, da heute kaum noch jemand in der Lage ist, alle zur Entscheidung heranstehenden Fragen bis ins Detail und in allen Auswirkungen zu durchschauen. Deshalb wird von den Abgeordneten erwartet, dass sie grundsätzlich die **Mehrheitsentscheidungen** ihrer Fraktion nach außen **mittragen** und **mitverantworten**. Davon unberührt bleiben ihre Grundüberzeugungen. Fraktionsdisziplin ist mithin eine **funktionelle Notwendigkeit** für das parlamentarische System: Abgeordnete sind zwar **nicht rechtlich,** wohl aber **tatsächlich** an Partei und Fraktion gebunden. Die **Geschäftsordnungen** der **Fraktionen** im **Bundestag** und in den **Länderparlamenten** bestimmen daher nahezu wortgleich, von jedem

Fraktionsmitglied werde erwartet, dass es sich – außer bei Gewissensentscheidungen – der **Mehrheitsmeinung** anschließt.

| Zur **Funktion** des **Art. 38 GG** |

Gem. Art. 38 GG besteht **keine Bindung** an **Weisungen** des ganzen **Volkes** oder einzelner **Wähler**. Daher kann der Abgeordnete sehr wohl von seinen im Wahlkampf herausgestellten Aussagen und Zielen abweichen, wenn ihm dies auch im Einzelfall, wie die „Wahlversprechen-Debatte" nach der Bundestagstagwahl 2002 zeigte, von einer gereizten **Öffentlichkeit** heftig verübelt werden kann. Rechtlich unabhängig sind Abgeordnete auch von Programmen und Weisungen der **Partei**, die sie aufgestellt hat.

> Das Grundgesetz entscheidet sich eindeutig für ein **freies, nicht weisungsgebundenes** Mandat, das weder von der Wählerschaft, noch von der Partei oder Fraktion, der ein Abgeordneter angehört, mit bestimmten Aufträgen verknüpft ist oder werden kann. Kein Abgeordneter darf gezwungen werden, gegen seine Überzeugung zu stimmen oder sonst zu handeln.

Unabhängig davon, ob der Abgeordnete ein Direktmandat errungen hat oder über die Liste in den Bundestag gelangt ist (s. Kap. VII), bei seiner Abstimmung im Parlament ist er stets frei, und zwar auch dann, wenn er sich im Rahmen des internen Meinungsbildungsprozesses einer Mehrheitsentscheidung seiner Fraktion unterwirft.

Ein **Fraktionszwang** ist somit **nicht** mit dem Grundsatz des freien Mandats **vereinbar**. Auch andere Formen des Verstoßes gegen die Weisungsungebundenheit sind verfassungswidrig und damit nichtig; z. B. Blankoverzichtserklärungen, Rücktrittsreverse und Abmachungen über die Ausübung des Mandats, wie sie von der KPD und der NPD verlangt wurden.

**Rechtliche Sanktionen** gegen einen unbotmäßigen Abgeordneten sind folglich **unzulässig**. Insbesondere verliert der gegen einen Fraktionsbeschluss abstimmende Abgeordnete nicht sein Mandat. Die Ordnungsgewalt der Fraktionen sowie der vereinsrechtliche Status der Parteien lassen es jedoch zu, einen Abgeordneten bei schwerwiegenden Verstößen aus Partei und Fraktion auszuschließen bzw. ihn zur nächsten Wahl nicht wieder aufzustellen. Denn es kann einer Partei oder Fraktion nicht zugemutet werden, einen Abgeordneten zu dulden, der ihr schweren Schaden zufügt. Ein **Mandatsverlust** während der laufenden Legislaturperiode resultiert daraus jedoch **in keinem Fall**.

Mit seiner **Entscheidung** für die **repräsentative parlamentarische Demokratie** hat sich der Verfassunggeber zugleich auf eine **bestimmte Mandatsform** festgelegt. **Parlamentarische Repräsentation** und **freies Mandat** sind **untrennbar** miteinander verbunden:

▶ Nur das freie Mandat stellt die **Entscheidungsfreiheit** des **Parlaments** sicher. Wäre es nicht frei, müsste jeweils vor Abstimmungen bei der „Basis" rückgefragt werden, oder man liefe ständig Gefahr, dass Entscheidungen wieder zurückgenommen werden müssen.

▶ Der durch das freie Mandat eingeräumte Handlungsspielraum macht den **Ausgleich** gegensätzlicher Interessen möglich und schafft so überhaupt erst die Voraussetzungen für das Zustandekommen parlamentarischer Beschlüsse.

Das freie Mandat garantiert somit die Funktions- und Entscheidungsfähigkeit des Parlaments. Es stellt gleichzeitig die **Kommunikation** zwischen Wählern und Gewählten sicher und gewährleistet die **Rückkopplung** staatlicher Herrschaft an den Volkswillen und damit die demokratische Kontrolle der Macht.

Das Mandat ist „**Auftrag**" zur Wahrnehmung eines **öffentlichen Amtes**. Den zu seiner Ausübung erforderlichen Rechten entsprechen **Pflichten**, die in der Verfassung selbst, dem Abgegeordnetengesetz und weiteren Gesetzen sowie der GO BT niedergelegt sind. Auch sie sind Teil des **verfassungsrechtlichen Abgeordnetenstatus**. Inhaltlich gehören dazu sowohl die **allgemein** für die Wahrnehmung öffentlicher Ämter normierten Pflichten, etwa nach dem StGB, wie auch **spezielle** Obliegenheiten des Mandatsträgers, z. B. Mitwirkungs-, Amtsführungs- und aus der Inkompatibilität herrührende Pflichten. Strittig ist die von Deutschland unterzeichnete, aber noch nicht ratifizierte **UN-Konvention gegen Korruption**, hinter der die deutschen Strafvorschriften (§ 108e StGB) weit zurückbleiben, da sie nur den „**Stimmenkauf**" im Vorhinein, nicht aber das **gesamte** mandatsbezogen-käufliche Verhalten erfassen. Die rechtlichen Vorbehalte gegen die Konvention beziehen sich vor allem darauf, dass Abgeordnete auch **Interessenvertreter** sind und daher in Fragen strafrechtsrelevanter Beeinflussbarkeit nicht mit den betont eng gehaltenen Bestechungskriterien des **Beamtenrechts** gemessen werden können.

### Mandat, Nebentätigkeit und Offenlegung

Immer wieder tragen **dubiose Gehaltszahlungen, geldwerte Zuwendungen** und **Nebenjobs** zu einem Klima des **Misstrauens** bei, zumal in solche Skandale Abgeordnete aller Parteien und Ebenen verwickelt sind. Dabei geht es neben der Strafbarkeit auch um Fragen der **politischen Hygiene**. So spiegelte z. B. die Diskussion, die zum Rücktritt Rudolf Scharpings und des CDU-Generalsekretärs Laurenz Meyer führte, gleichermaßen Elemente einer Neiddebatte wie die ernste Sorge um den Zustand unserer Parlamente. Zum inhaltlichen Kern ist festzuhalten: Wenn Abgeordnete einer Nebentätigkeit nachgehen, üben sie damit ein jedermann zustehendes **Freiheitsrecht** aus. Oft ist, etwa bei Freiberuflern, eine scharfe Abgrenzung überhaupt nicht möglich. Andererseits haben von den 614 Abgeordneten der 15. Wahlperiode 346 ihren Ursprungsberuf nie oder schon lange nicht mehr ausgeübt; sie gelten folglich als **Berufspolitiker**. Doch auch sie behalten ihre Bindung zur Berufswelt. Denn Abgeordnete sind nicht Staatsangestellte. Sie üben ein Mandat auf Zeit aus. Im langfristigern Mittel können sie von einer siebenjährigen Parlamentszugehörigkeit ausgehen. Folglich gibt es für viele noch ein „Berufsleben danach".

Ein **generelles Verbot** von Nebeneinkünften wäre deshalb sicher unrealistisch und lebensfremd. Umso mehr kommt es, um jeden Anschein der Käuflichkeit zu vermeiden, auf **Transparenz** an. Doch auch die Forderung nach „gläsernen Taschen" hat Grenzen, vor allem die des Persönlichkeitsrechts. Welchen **Aufwand** aber ein Abgeordneter für seine Nebentätigkeit treibt und welche **Abhängigkeiten** er damit eingeht, kann der Allgemeinheit nicht gleichgültig sein – erst recht, wenn eine **erkennbare Gegenleistung** für die Alimentierung nicht erbracht wird. Unter wachsendem Druck der Öffentlichkeit hat sich der Gesetzgeber daher innerhalb weniger Jahre zweimal veranlasst gesehen, die Materie neu zu regeln. Auch die meisten Länder haben zwischenzeitlich neue Vorschriften erlassen. Nach dem 26. Gesetz zur Änderung des Abgeordnetengesetzes (AbgG) vom 22.8.2005 (BGBl. I S. 2482) muss nun die Ausübung des Mandats im **Mittelpunkt** der Tätigkeit des Angeordneten stehen. Zwar bleiben Nebentätigkeiten beruflicher oder anderer Art grundsätzlich erlaubt, die Annahme von Geld oder Geldeswert ohne angemessene Gegenleistung ist jedoch unzulässig. Zugleich wurden die **Anzeigepflichten** verschärft.

Die neuen Verhaltensregeln (§ 44b AbgG i. V. m. Anlage 1 zur GO BT) sehen vor, dass **Nebentätigkeiten** und Anteile an Personen- und Kapitalgesellschaften auch hinsichtlich der Höhe der Einkünfte dem Bundestagspräsidenten zu melden sind, wenn sie brutto 1 000 Euro im Monat oder 10 000 Euro im Jahr übersteigen. Diese Einkünfte werden in drei Stufen (bis 3 500, bis 7 000 und mehr als 7 000 Euro monatlich) im Handbuch des Bundestages und im Internet **veröffentlicht**. Bei Zuwiderhandlungen sind erstmals **Sanktionen** (Bußgeld) möglich. Eine **Verfassungsklage** von neun Abgeordneten verschiedener Fraktionen, die in der

Offenlegungspflicht einen unzulässigen Eingriff in die Berufsfreiheit und die Unabhängigkeit des Mandats sahen, ist vom BVerfG mit Urteil vom 4.7.2007 abschlägig beschieden worden. Die Entscheidung ging mit vier zu vier Richterstimmen denkbar knapp aus. In diesen Fällen ist einem Antrag der Erfolg versagt (s. § 15 Abs. 4 Satz 3 BVerfGG). In den das Urteil tragenden Gründen betont das Gericht, gerade in einer komplizierten Industriegesellschaft werde vom Abgeordneten mehr als nur eine ehrenamtliche Nebentätigkeit verlangt. Vielmehr fordere das Mandat den **„ganzen Menschen"**, der „allenfalls unter günstigen Umständen" neben seiner Mandatstätigkeit noch versuchen könne, seinem Beruf nachzugehen. Daher habe das Gericht schon 1971 das **Bundestagsmandat** als **Beruf** definiert, der die volle Arbeitskraft in Anspruch nehme. Nur daraus rechtfertige sich auch der Anspruch auf einen vollen **Lebensunterhalt** aus **Steuermitteln**. Wegen der von Nebentätigkeiten ausgehenden „besonderen Gefahr für die Unabhängigkeit" der Abgeordneten habe das Volk Anspruch darauf, „zu wissen, von wem und in welcher Größenordnung seine Vertreter Geld oder geldwerte Leistungen entgegennehmen". Das Interesse der Abgeordneten an einer Vertraulichkeit dieser Daten sei demgegenüber „nachrangig".

Die zunächst ausgesetzten Bestimmungen konnten damit in Kraft treten. Welche Folgen sich langfristig aus dem Urteil für die Zusammensetzung des Bundestages ergeben, bleibt abzuwarten. Vermutlich werden Selbständige eher abgehalten, sich um ein Mandat zu bewerben.

| Freies Mandat **und** Rotationsprinzip |

Mit der Grundstruktur der parlamentarischen Demokratie ist das ursprünglich von den Grünen verfochtene **Rotationsprinzip** (s. Kap. IX) nur schwerlich in Einklang zu bringen. Man versteht darunter den durch **Parteibeschluss** herbeigeführten geschlossenen Rücktritt der Abgeordneten zur **Mitte** der Legislaturperiode und ihre Ablösung durch sog. **Nachrücker. Gegen** dieses Prinzip wird im Wesentlichen eingewandt:

▶ Die Verpflichtung auf das Rotationsprinzip berührt die **innere Unabhängigkeit** des Abgeordneten und widerspricht deshalb dem Wesenskern des freien Mandats.

▶ Die konsequente Anwendung der Rotation liefe praktisch auf eine **Halbierung** der Legislaturperiode hinaus und stünde damit im Widerspruch zu Art. 39 Abs. 1 GG.

▶ Eine Mandatsdauer von vier Jahren gilt nach gesicherter parlamentarischer Erfahrung eher noch als zu kurz als zu lang. Die generelle Halbierung dieser Amtszeit würde sich auf die **Kontinuität** der Arbeit nachteilig auswirken. Wichtige Gesetzesvorhaben erstrecken sich zumeist über die gesamte Legislaturperiode. Zudem bestünde der Bundestag zur Hälfte aus Parlamentsneulingen, die vorrangig mit ihrer Einarbeitung beschäftigt sind. Daran vermag auch der Einsatz von Nachrückern als Mitarbeiter der abzulösenden Abgeordneten nichts zu ändern, zumal dann auch die Verantwortlichkeiten verwischt würden.

▶ Der Wähler entscheidet mit seiner Stimme auch über den **Kandidaten**, nicht aber über dessen Nachrücker. Die Entscheidung darüber läge bei den Parteien, was den Grundsatz der Unmittelbarkeit der Wahl gem. Art. 38 Abs. 1 GG berühren würde (s. Kap. VII).

Nach herrschender Meinung ist das **Rotationsprinzip** daher mit dem Grundsatz des **freien Mandats unvereinbar**. Unstreitig nicht verfassungskonform ist ein **vorher bestimmter, geschlossener** Mandatsverzicht. In dieser Ursprungsform wird das Rotationsprinzip folglich auch nicht mehr vertreten; ein freiwilliger Rücktritt vom Mandat bleibt den Abgeordneten jedoch unbenommen. Unbedenklich ist auch die Begrenzung der Zahl der Amtsperioden.

Entsprechend hat der Niedersächsische Staatsgerichtshof am 5. 6. 1985 zum Mandatsverzicht von 5 der 11 Grünen-Abgeordneten des Nds. Landtags ausgeführt, das Rotationsprinzip stehe im Widerspruch zur Landesverfassung, nach der ein Abgeordneter für 4 Jahre gewählt wird. Kontinuität und Effektivität der Parlamentsarbeit seien durch ein vorzeitiges Ausscheiden der Abgeordneten gefährdet. Außerdem werde die politische Willensbildung der Bevölkerung dadurch erschwert. Die zur Entscheidung stehende Mandatsniederlegung der 5 Abgeordneten sei jedoch ohne Zwang ihrer Partei zustande gekommen. Die Abgeordneten hätten sich bereits vor ihrer Wahl zur Rotation bekannt, und es stehe ihnen frei, jederzeit ohne Angabe von Gründen ihr Mandat niederzulegen. Folglich sei ihr Mandatsverzicht rechtswirksam; der entgegenstehende Beschluss des Landtags sei mithin aufzuheben.

**Immunität** (Art. 46 Abs. 2 GG, vgl. auch Anlage 6 zur GeschO BT)

 Immunität des Abgeordneten bedeutet, dass dieser für die Zeit seines Mandats grundsätzlich vor **Strafverfolgung** und **Strafvollstreckung geschützt** ist.

Die Abgeordnetenimmunität wird auf den englischen Parlamentarismus sowie einen Beschluss der Französischen Nationalversammlung von 1790 zurückgeführt. Sie sollte ursprünglich vor der Willkür des Monarchen schützen. Trotz veränderter gesellschaftlicher und politischer Verhältnisse hat ihr ursprünglicher Zweck auch für die heutigen Parlamente noch Gültigkeit: Immunitätsrechte schützen die Abgeordneten vor tendenziöser Verfolgung und Freiheitsbeschränkung durch die Exekutive und die Justiz, indirekt aber auch vor dem politischen Gegner, wenn dieser versucht, Festnahmen und andere strafprozessuale oder polizeirechtliche Maßnahmen zu initiieren. Durch die Immunität werden Funktionsfähigkeit und Ansehen des Parlaments sichergestellt. Sie ist mithin ein Parlamentsvorrecht, nicht etwa ein Statusrecht oder gar Privileg der Abgeordneten, und kann nur durch Beschluss des Parlaments aufgehoben werden. Abgeordnete selbst können ihre Immunität weder beanspruchen, noch auf sie verzichten. Das Beschlagnahmeprivileg umfasst auch die Büros der Mitarbeiter, da diese sich im „funktionellen Herrschaftsbereich" des Abgeordneten befinden und dessen Direktionsrecht unterliegen, nicht jedoch deren Privatwohnungen. Eine Beschlagnahme ist aber nur dann zulässig, wenn der Abgeordnete selbst einer Straftat verdächtig ist und seine Immunität aufgehoben wurde (BVerfG, 30.7.2003 – 2 BvR 508/01). Grenzen der Immunitätsregeln hat auch das „Pofalla-Verfahren" aufgezeigt: Der Abgeordnete, der bei einem Wahlsieg seiner Partei in Nordrhein-Westfalen als Justizminister vorgesehen war, hatte eine – rechtswidrige – Durchsuchung wegen des Verdachts der Steuerhinterziehung hinnehmen müssen. Er machte daraufhin geltend, die Aufhebung seiner Immunität durch den Bundestag sei ohne Würdigung der Besonderheiten seines Falles erfolgt. Die Durchsuchung habe ihn politisch entscheidend zurückgeworfen. Dazu befand das Gericht, über den Immunitätsschutz müsse lediglich „frei von Willkür" entschieden werden, woran im gegebenen Falle nicht zu zweifeln sei (BVerfGE 104, 310).

Die Grundzüge der Immunität sind in Art. 46 GG niedergelegt. Sie besteht nur für die Dauer der Wahlperiode und endet mit dem Mandat. Ihr Schutz erstreckt sich auf die Anklage (mit Ausnahme von Privatklagen) sowie staatsanwaltliche und polizeiliche Ermittlungen (s. RdSchr. d. BMI v. 10.1.1983, GMBl. 83, S. 37). Strafverfahren sind auf Verlangen des Bundestages auszusetzen. Nach Aufhebung der Immunität durch den Immunitätsausschuss die jeweiligen Parlaments dürfen alle rechtlich zulässigen Maßnahmen getroffen werden. Gewöhnlich erteilt das Parlament dazu am Beginn einer Legislaturperiode eine Art Generalgenehmigung, mit Ausnahme von Verhaftungen, die einer besonderen Zustimmung bedürfen.

Die Immunität **schützt nicht** vor

▶ **Festnahmen auf frischer Tat** oder im Laufe des **folgenden** Tages;

▶ Untersuchungshandlungen, von denen der Abgeordnete betroffen wird, die sich aber gegen **Dritte** richten.

Nach der **Immunitätspraxis** in Bund und Ländern ist es ferner zulässig,

▶ die notwendigen Maßnahmen bei **Unfällen** durchzuführen, an denen Abgeordnete beteiligt sind, vor allem auch im öffentlichen Interesse die Ursache und den Hergang des Unfalls festzustellen;

- ▶ Abgeordnete aus Gründen der Beweissicherung zum Zwecke der Entnahme einer **Blutprobe** zur Polizeiwache und zu einem Arzt zu bringen;
- ▶ gegen Abgeordnete nach dem Gesetz über Ordnungswidrigkeiten durch **Bußgeldbescheid** eine Geldbuße festzusetzen oder sie bei geringfügigen Ordnungswidrigkeiten zu verwarnen und ein **Verwarnungsgeld** zu erheben;
- ▶ zum **Schutze** der **Allgemeinheit** oder zum Schutze des **Abgeordneten** vorsorgliche Maßnahmen zu ergreifen, z. B. Freiheitsbeschränkungen, die aus polizeilichen Gründen nach Güterabwägung unabweisbar erscheinen, etwa zum Schutz des Abgeordneten selbst oder zum Schutz anderer Personen vor dem Abgeordneten.

| **Indemnität** (Art. 46 Abs. 1 GG, § 36 StGB) |

| Indemnität bedeutet, dass Abgeordnete für ihre **Äußerungen** und **Abstimmungen** im **Parlament** weder gerichtlich noch dienstlich zur **Verantwortung gezogen** werden können. |

Diesem Parlamentsprivileg liegt die Erkenntnis zugrunde, dass eine repräsentative Demokratie nur verwirklicht werden kann, wenn die parlamentarische Willensbildung durch ungehinderte Rede und Argumentation sowie freie Gewissensentscheidung der Mandatsträger gesichert ist. Ihre **Schranke** findet die Indemnität in der Rechtssphäre des Mitmenschen. Verleumderische Beleidigungen im Sinne des § 187 StGB können daher strafrechtlich verfolgt werden (vgl. Anlage 6 zur GeschO BT). Der Strafverfolgung sind auch nur die Handlungen entzogen, die der Abgeordnete im **Parlament**, in den **Ausschüssen**, anderen **Unterorganen** des Bundestages, in der **Fraktion** oder in **sonstiger parlamentarischer Mandatsausübung** vollzieht. Demzufolge sind Äußerungen **nicht geschützt**, die bei anderer Gelegenheit, z. B. in Parteigremien, während des Wahlkampfes oder gegenüber der Presse, erfolgen.
Die Indemnität schützt den Abgeordneten für **alle Zeiten,** also nicht nur während der Wahlperiode. Sie wirkt auch **nach** dem **Mandatsverlust;** verständlicherweise aber nur für solche Handlungen, die während der Zeit der Parlamentszugehörigkeit des Abgeordneten geschehen sind. Für Abgeordnete der **Länderparlamente** ist die Indemnität (wie auch die Immunität) in den betreffenden Länderverfassungen verankert.

| **Sonstige Rechte** des Abgeordneten |

- ▶ Das Recht, im **Bundestag** das **Wort zu ergreifen.**
- ▶ Das Recht der **Zeugnisverweigerung** (Art. 47 GG i. V. m. § 53 StPO) über Angelegenheiten, die dem Abgeordneten in dieser Eigenschaft anvertraut bzw. bekannt wurden.
- ▶ Anspruch auf angemessene **Entschädigung.**
Nach Art. 48 Abs. 3 GG haben die Abgeordneten „Anspruch auf eine angemessene ihre Unabhängigkeit sichernde Entschädigung". Damit soll für jedermann ohne Rücksicht auf seine finanziellen Verhältnisse der Zugang zum Parlament offen sein; und es soll sichergestellt werden, dass die **Ungebundenheit** und **Entscheidungsfreiheit** der Abgeordneten nicht von der wirtschaftlichen Seite her gefährdet werden.
Dieser im Grundsatz unstreitige Anspruch der Parlamentarier, die als Berufspolitiker überwiegend eine Ganztagsbeschäftigung ausüben, wurde im „Diätenurteil" des Bundesverfassungsgerichts vom November 1975 untermauert: Hiernach muss die angemessene Entlohnung der Abgeordneten „für sie und ihre Familien eine ausreichende Existenzgrundlage abgeben können. Sie muss außerdem der Bedeutung des Amtes unter Berücksichtigung der damit verbundenen Verantwortung und Belastung und des diesem Amt im Verfassungsgefüge zukommenden Ranges gerecht werden."

*Prüfen Sie Ihr Wissen*

Die Praxis der Diätenbewilligung wurde jedoch in der Öffentlichkeit wiederholt als Selbstbedienung der Abgeordneten kritisiert, weil diese ihr Einkommen per Gesetz in Eigenmacht beschließen. Um dem entgegenzuwirken, sollen nach den Vorstellungen der meisten Fraktionen die Diäten langfristig an die allgemeine Einkommensentwicklung gekoppelt werden. Ein solcher **Erhöhungs-Automatismus** ist jedoch verfassungsrechtlich bedenklich, denn das Parlament darf nicht einer konkreten, anlassbezogenen Regelung durch Gestz – und damit einer öffentlichen Diskussion – ausweichen.

**Funktionszulagen,** wie sie in vielen **Bundesländern** gewährt werden, verstoßen wegen der dadurch entstehenden Hierarchie gegen den **Gleichheitsgrundsatz** und den **Grundsatz der Freiheit des Mandats** (BVerfG, 21.7.2000, E 102, 224).

Nur **Fraktionsvorsitzende** dürften wegen ihrer herausgehobenen Stellung weiterhin Zulagen erhalten, nicht hingegen stellvertretende Fraktionsvorsitzende, parlamentarische Geschäftsführer und Ausschussvorsitzende.

Nach dem Abgeordnetengesetz vom 18.2.1977 i. d. F. v. 21.2.1996 (BGBl. I S. 326) haben Abgeordnete einen Anspruch auf:
- Eine steuerpflichtige **monatliche Abgeordnetenentschädigung** von 8 252 Euro, die bis zum Jahresende 2014 in zwei Stufen auf 9 082 Euro angehoben wird.
- Eine **steuerfreie Kostenpauschale** von 4 204 Euro monatlich als Entgelt für Wahlkreisbetreuung, Bürounterhalt, Mehrausgaben am Sitz des Bundestages, Repräsentation und dergl. Gegen die Steuerbefreiung ist eine Klage vor dem BVerfG anhängig.
- Ein **Übergangsgeld**, das ausscheidende Abgeordnete für die Wiedereingliederung in den Beruf erhalten (pro Mandatsjahr die monatliche Höhe der Abgeordnetenentschädigung, höchstens jedoch für 18 Jahre und unter Anrechnung sonstiger Bezüge).
- Eine steuerpflichtige **Altersentschädigung** bei mindestens acht Parlamentsjahren nach der Grundregel, dass für jedes Jahr ein Versorgungsanspruch von 3 Prozent der aktuellen Diäten entsteht, auf andere Bezüge aus dem öffentlichen Dienst anzurechnen sind.
- **Freie Benutzung aller staatlichen Verkehrsmittel** und von **Dienstwagen;** Erstattung von Flug- und Schlafwagenkosten bei Reisen zur Ausübung des Mandats.

## Prüfen Sie Ihr Wissen!

### Kapitel VIII

1. Nennen sie drei **Haupt-Aufgabenbereiche** des Bundestages!
2. Mit welchen **Befugnissen** kontrolliert der Bundestag die **Exekutive?**
3. Erläutern Sie das **konstruktive Misstrauensvotum!**
4. Erläutern Sie den Begriff „**Fraktion**"! Welche wesentlichen **Aufgaben** nehmen die Fraktionen wahr?
5. Erklären Sie den **Unterschied** zwischen **Fraktionsdisziplin** und **Fraktionszwang!**
6. Erläutern Sie die Begriffe „**freies Mandat**" und „**imperatives Mandat**"!
7. Was verstehen Sie unter dem Begriff „**Rotationsprinzip**"? Und welche **Einwände** gegen dieses Prinzip gibt es?
8. Erläutern Sie die Begriffe „**Immunität**" und **Indemnität**"!
9. Welche politischen Vorgänge sind mit dem Begriff „**Vertrauensfrage**" verbunden?
10. Sollte Ihrer Meinung nach der Bundestag ein **Selbstauflösungsrecht** erhalten? Begründen Sie Ihre Auffassung!
11. Nehmen Sie Stellung zum Problem der **Nebentätigkeiten** von Abgeordneten!

## Der Bundesrat
### Staatsrechtliche Stellung des Bundesrates
Art. 50 GG bestimmt: Durch den Bundesrat wirken die Länder bei der Gesetzgebung und Verwaltung des Bundes mit. Gem. Art. 79 Abs. 3 GG ist diese Vorschrift mit absoluter Bestandsgarantie versehen (s. Kap. XI).

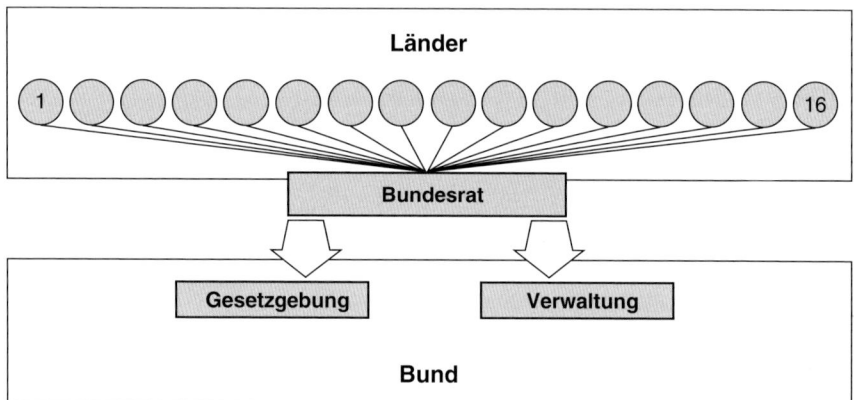

Das Recht des Bundesrates, auch bei der Organisation der rechtsprechenden Gewalt mitzuwirken, ergibt sich aus Art. 94 GG.

Der Bundesrat verkörpert die **föderale Struktur** unserer Staatsordnung, indem er
▶ als **Bindeglied** zwischen Bund und Ländern die Notwendigkeiten des Gesamtstaates mit den berechtigten Länderinteressen in Einklang bringt und
▶ als **Kontrollorgan** auf die Entscheidungen des Bundestages und der Bundesregierung korrigierend einwirkt („vertikale" Gewaltenteilung, s. Kap. III).

Dennoch ist der Bundesrat kein Organ der Länder, sondern ein originäres, unabhängiges, aus dem Bundeshaushalt finanziertes Bundesorgan. Wenn z. B. im Gesetzgebungsgang der Bundesrat eine ablehnende Haltung einnimmt, dann hat sich der Bundestag nicht mit den einzelnen Ländern hierüber auseinander zu setzen, sondern mit dem Bundesrat. Es stehen sich somit in diesem Falle zwei gleichberechtigte Bundesorgane gegenüber.

Obschon der Bundesrat in erster Linie als Gesetzgebungsorgan tätig wird, ist er keine echte Zweite Kammer, da seine Mitglieder weder vom Volk, noch von dem Länderparlamenten, sondern von den Landesregierungen ernannt werden und seine legislative Befugnisse – im Vergleich zum Bundestag – nur in Form „begrenzter Teilhaberechte" bestehen.

Das **BVerfG** nennt dies im Lissabon-Urteil ein **parlamentsmonistisches** Repräsentativsystem. Es entspricht nicht der Grundkonstruktion unserer Verfassung, wenn parteipolitische Gegensätze, insbesondere die Auseinandersetzung zwischen Regierungsmehrheit und Opposition im Bundestag, auf die Bund-Länder-Ebene übertragen werden. Gleichwohl unterlag bisher noch jede Opposition der Versuchung, ihre im Bundestag nicht durchsetzbaren politischen Ziele über den Bundesrat voranzubringen und diesen als Gegenparlament und „verlängerten Arm" zu gebrauchen. Umgekehrt lässt sich auch nachweisen, dass die Bundesregierung nachdrücklich auf die ihr nahe stehenden Landesregierungen Einfluss nimmt. So z. B. beim Steuerreformgesetz im Juli 2000, als die Zustimmung erst durch politische Zusagen an einige Bundesländer mit Koalitionsregierungen gewonnen wurde. Das ist zwar verfassungsrechtlich zulässig; ob es aber demokratischen Legitimitätsvorstellungen entspricht, ist umstritten. Andererseits hat die Vergangenheit gezeigt, dass der Bundesrat sich durchaus nicht als gefügiges Verhinderungs- und Machtinstrument im Parteienstreit versteht, denn allzu oft haben hier Regierungsvorlagen selbst dann eine Ablehnung erfahren, wenn Bundesrats- und Regierungsmehrheit übereinstimmten.

Im Allgemeinen wird daher dem Bundesrat ein maßvoller Gebrauch seiner Wirkungsmöglichkeiten bescheinigt. So scheitern denn auch in der Gesetzgebungspraxis nur ganz selten Gesetzesvorhaben am endgültigen Veto des Bundesrates. Stattdessen wird von der Bundesratsmehrheit der Versuch unternommen, Gesetzesbeschlüsse der anderen parteipolitischen Mehrheit des Bundestages über den **Vermittlungsausschuss** (s. oben) in ihrem Sinne zu ändern – zumeist durch einen Interessenausgleich, der nicht selten dem Gemeinwohl dienlicher ist als die ursprüngliche Konzeption. Schwierig wird es jedoch, wenn eine **Patt-Situation** wie nach der Bundestagswahl 2002 und den anschließenden Landtagswahlen in Niedersachsen und Hessen entsteht. Die im Bundestag mit knapper Mehrheit (306 zu 297 Sitzen) regierende Koalition aus SPD und Grünen sah sich seither im Bundesrat nahezu einer Zweidrittelmehrheit der unionsgeführten Länder gegenüber, die sich auf 41 der 69 Stimmen stützen und somit alle wichtigen Gesetze vereiteln konnten. In solchen Lagen ist von beiden Seiten ein besonderes Maß an Verantwortung gefordert – erst recht, wenn die Zweidrittelmehrheit tatsächlich besteht, wie zur Zeit der Großen Koalition von 2006 bis 2007, die diese allerdings nach der Bremer Bürgerschaftswahl im Mai 2007 wieder verlor.

## Zusammensetzung des Bundesrates

Der Bundesrat besteht aus Mitgliedern der **sechzehn Länderregierungen** (Art. 51 Abs. 1 GG). Sie werden nicht von den Parlamenten gewählt, sondern durch die jeweilige **Landesregierung** bestellt und abberufen. Zu ihnen gehören die Regierungschefs (Ministerpräsidenten) und, je nach Stimmenzahl, die Fachminister für Bundesangelegenheiten, Inneres, Finanzen, Wirtschaft und Justiz. Die übrigen Kabinettsmitglieder werden zumeist als Stellvertreter benannt (abweichende Bezeichnungen: Regierender Bürgermeister von Berlin, Erster Bürgermeister in Hamburg und Senatspräsident in Bremen sowie Senatoren in den Stadtstaaten und Staatsminister in Bayern).

Zur Unterstützung ihrer in den Bundesrat entsandten Regierungsmitglieder können die Länder auch Personen entsenden, die dem Kabinett nicht angehören. Dies sind zumeist Angehörige der Ministerialbürokratie, die in die Ausschüsse des Bundesrates ihren Sachverstand und ihre Verwaltungserfahrung einbringen und, da sie die Gesetze und Verordnungen ausführen müssen, darauf achten sollen, dass diese praktikabel sind.

Der Bundesrat kennt als auf „permanente Existenz" angelegtes Verfassungsorgan keine Wahlperiode wie der Bundestag. Seine Zusammensetzung kann sich durch Wechsel der Landesregierungen sowie Amtsniederlegung einzelner Mitglieder, die zwischenzeitlich in den Bundestag gewählt werden, verändern. Für diesen Fall gilt der Grundsatz der **Inkompatibilität** (Unvereinbarkeit), denn eine Doppelmitgliedschaft in öffentlichen Ämtern, die sich gegenseitig ergänzen oder kontrollieren, ist nicht zulässig. Daher bestimmt § 2 GeschO BR: „Die Mitglieder des Bundesrates dürfen nicht gleichzeitig dem Bundestag angehören."

Anders als die Abgeordneten des Bundestages und der Länderparlamente genießen die Mitglieder des Bundesrates weder die **Indemnitäts-** und **Immunitätsrechte** noch das **Zeugnisverweigerungsrecht** nach dem Vorbild der Art. 46 und 47 GG.

Jedes Land kann so viele Mitglieder entsenden, wie es Stimmen hat (Art. 51 Abs. 2 GG). Ihre Gesamtzahl hat sich mit der Vereinigung (Kap. 11 Art. 4 des Vertrages) auf 69 erhöht. Darin eingeschlossen ist die demografisch bedingte Erhöhung der Stimmen des Landes Hessen von 4 auf 5 (Anstieg der Bevölkerung auf mehr als 6 Millionen Einwohner).

## Bundesrat

Die **Einwohnerzahl** der Länder ist ausschlaggebend für die **Anzahl der Stimmen**: Jedes Land hat mindestens 3 Stimmen, Länder mit mehr als 2 Millionen Einwohner haben 4, mit mehr als 6 Millionen 5 und mit mehr als 7 Millionen 6 Stimmen in Bundesrat. Daraus resultiert folgende **Stimmenverteilung**:

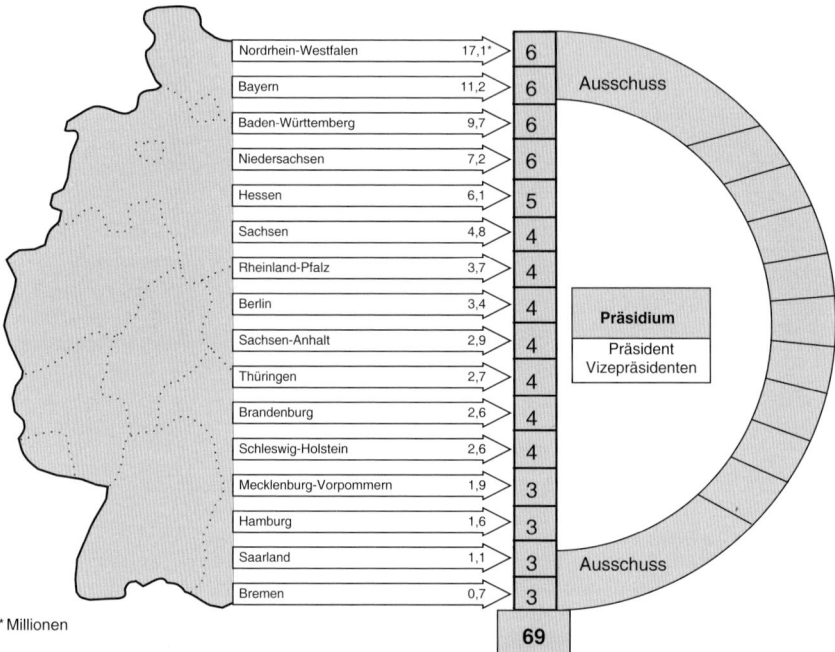

*Millionen

Diese Stimmengewichtung findet immer wieder Kritiker, die darauf hinweisen, dass die relativ geringe Abstufung die Länder mit großen Bevölkerungszahlen benachteilige. So haben z. B. die ostdeutschen Länder mit 19 Stimmen mehr als dreimal soviel wie Nordrhein-Westfalen, das ebenso viele Einwohner hat wie die fünf neuen Bundesländer zusammen.

Andererseits verhindert diese Stimmenverteilung ein Übergewicht der einwohnerstarken Länder und trägt so zu Lösungen bei, die auch die Belange bevölkerungsschwacher Länder berücksichtigen. Gesichert ist den großen Ländern Nordrhein-Westfalen, Bayern, Niedersachsen und Baden-Württemberg in jedem Falle (gemeinschaftlich) eine Sperrminorität gegen Verfassungsänderungen – eine im Bundesrat besonders wichtige Regelung, da die Finanzverteilung zwischen den Ländern Bestandteil des Grundgesetzes ist.

### Zur Stimmabgabe

Das Grundgesetz unterscheidet zwischen den Mitgliedern des Bundesrates (das sind die einzelnen Landesminister, nicht die Länder selbst) und den Stimmen der Länder. Die Stimmabgabe kann nur durch **anwesende** Mitglieder oder deren Vertreter erfolgen (Art. 51 Abs. 3 GG). Dabei kommt es auf Vollzähligkeit nicht an. Es genügt, wenn ein sog. Stimmführer die seinem Lande zustehenden Stimmen in ihrer Gesamtheit abgibt. Stimmenthaltung ist zulässig und in der Praxis nicht selten, insbesondere um eine in dem betreffenden Lande bestehende Regierungskoalition bei divergierenden Auffassungen nicht zu gefährden.

Die Stimmen eines Landes können gem. Art. 51 Abs. 3 GG nur **einheitlich** abgegeben werden. Denn die Mitglieder des Bundesrates vertreten nicht das **Parlament** ihres Herkunftslandes, sondern – als Regierungsmitglieder – die Interessen der **Landesregierung**, die sie bestellt hat und wieder abberufen kann. Mit der Frage, welche Folgen ein Verstoß gegen das Gebot der Einheitlichkeit hat, war zunächst nur die Rechtslehre befasst. Sie gelangte überwiegend zu dem Ergebnis, eine Verletzung dieses Grundsatzes führe zur Ungültigkeit der Stimmen des betreffenden Landes. Ein Vorrang des Regierungschefs bei der Stimmabgabe wurde vor allem deshalb verneint, weil die Verfassung stets nur von „Mitgliedern" der Landesregierung, also grundsätzlich gleich geordneten Stimmen spricht. Lediglich eine Mindermeinung hielt bei widersprüchlichem Abstimmungsverhalten die Stimme des landesrechtlich mit Richtlinienkompetenz versehenen Ministerpräsidenten für maßgeblich, wobei allerdings zweifelhaft blieb, ob Regelungen des Landesrechts überhaupt in bundesrechtliche Vorgänge dieser Art hineinwirken können.

Im Rahmen der Abstimmung im Bundesrat über das vom Bundestag beschlossene **Zuwanderungsgesetz** gewann diese bis dahin eher rechtstheoretische Frage erhebliche praktische Bedeutung und eine ungewöhnliche Publizität. Der damalige Bundesratspräsident Wowereit hatte die zunächst uneinheitliche Stimmabgabe Brandenburgs als Zustimmung gewertet, nachdem Ministerpräsident Stolpe auf Rückfrage hin für sein Land mit „Ja" votiert hatte. Gegen diese Verfahrensweise hatten sechs unionsgeführte Länder Normenkontrollklage erhoben und sich letztlich durchgesetzt.

In seiner (bei zwei Gegenstimmen) mehrheitlich ergangenen Entscheidung vom 18. 12. 2002 (2 BvF 1 / 02) führte das BVerfG aus, das angegriffene Gesetz sei mit Art. 78 GG unvereinbar und daher einschließlich der bereits ergänzend verfügten Verfahrens- und Definitionsregeln nichtig. Zur Begründung hieß es, an einer Zustimmung des Landes Brandenburg habe es gefehlt, weil „bei Aufruf des Landes die Stimmen nicht einheitlich abgegeben wurden". Die einheitliche Stimmenabgabe aber werde „vom Grundgesetz erwartet." Die Uneinheitlichkeit sei durch den „weiteren Abstimmungsverlauf auch nicht beseitigt worden." Dieser habe sich „außerhalb der verfassungsrechtlich gebotenen Form des Abstimmungsverfahrens bewegt." Der Bundesratspräsident habe nach seiner Feststellung, dass das Land uneinheitlich abgestimmt habe, nicht den Ministerpräsidenten fragen dürfen, wie das Land Brandenburg abstimme. Denn „ein einheitlicher Landeswille" habe „erkennbar nicht" bestanden, und dem Ministerpräsidenten eines Landes stehe im Bundesrat kein Weisungsrecht zu. Zwar werde die „Praxis der landesautonom bestimmten Stimmführer respektiert", jedoch setze diese nach Art. 51 Abs. 3 GG die **Einheitlichkeit** der Stimmabgabe voraus. Folglich habe auch die Feststellung, „der Bundesrat habe dem Gesetz zugestimmt, keine Rechtswirkung."

Das allein auf die Verletzung von **Formvorschriften** gestützte Urteil macht deutlich, dass das BVerfG den Bundesrat nicht zur Bühne der Parteipolitik entarten lassen will und es ihm vor allem auch um die politische Kultur ging. Klarer noch als in der Entscheidung selbst hat der als Berichterstatter tätige Verfassungsrichter Di Fabio in der mündlichen Verhandlung erkennen lassen, was den Kern der Sache ausmacht: Die Formenstrenge des Verfahrens soll das Vertrauen der Öffentlichkeit darin stärken, dass beim Erlass von Gesetzen alles mit rechten Dingen zugeht. Genau das aber, so sah es das Gericht, war hier nicht der Fall.

**Inhaltlich** war das Urteil, obwohl es kein wertendes Wort hierzu enthielt, ein Rückschlag für diejenigen, die ein modernes Zuwanderungsgesetz mit verbesserten Steuerungs- und Integrationsmechanismen forderten. So haben denn auch Wirtschaft und Gewerkschaften, Wissenschaft, Kirchen und Kommunen die Politik aufgefordert, unverzüglich die Arbeit an einem Gesamtkonzept wieder aufzugreifen. Das Land sei „dringend auf den Zugang qualifizierter Fachkräfte" angewiesen, hieß es, und der formale Stopp durch das BVerfG dürfe nicht als Vorwand dienen. Zur Neuregelung s. Kap. IV).

## Aufgaben des Bundesrates

Das Grundgesetz räumt den Ländern die Befugnis ein, die **Bundesrepublik mitzugestalten**. Diese Aufgabe obliegt dem Bundesrat, und zwar durch

▶ **Zustimmung** oder **Ablehnung** zu Verfassungsänderungen sowie gesetzgeberischen und administrativen Maßnahmen, die bestimmte Länderinteressen berühren;
▶ **Mitwirkung** bei Aufgaben, die dem Bund als Gesamtstaat zustehen;
▶ **Mitwirkung** in Angelegenheiten der Europäischen Union und
▶ **Kontrolle**, insbesondere der Bundesregierung.

| Mitwirkung des Bundesrates bei der **Gesetzgebung** |
|---|

Gem. Art. 76 Abs. 1 GG hat der Bundesrat neben dem Bundestag und der Bundesregierung das Recht, **Gesetze einzubringen**. Hierbei muss er sich der Bundesregierung bedienen, die die Vorlage mit einer Stellungnahme dem Bundestag zuleitet (Art. 76 Abs. 3 GG). Andererseits hat der Bundesrat das Recht, die Gesetzentwürfe der Bundesregierung zu prüfen (Art. 76 Abs. 2 GG). Gegen die vom Bundestag bereits beschlossenen Gesetze bestehen für ihn **unterschiedliche Einwirkungsmöglichkeiten** (s. Kap. XI). Man **unterscheidet:**

| Zustimmungsgesetze | Einspruchsgesetze |
|---|---|

| **Verfassungsändernde** Gesetze | **Föderative** Gesetze | **Einfache** Gesetze |
|---|---|---|
| Gesetze zur Änderung des GG bedürfen der Zustimmung von **zwei Dritteln** der Stimmen (Art. 79 Abs. 2 GG). | Gesetze, die die Länderinteressen berühren, sind im GG jeweils ausdrücklich bezeichnet und erfordern die Zustimmung der **Mehrheit** der Stimmen. | Bei allen anderen Gesetzen besteht nur ein **Einspruchsrecht** (Art. 77 Abs. 3 GG). |

| Die Verweigerung der Zustimmung zu diesen Gesetzen bedeutet ein absolutes Veto; das Gesetz kommt **nicht zustande**. Die Ablehnung kann auch nicht durch den Beschluss einer entsprechenden Mehrheit im Bundestag beseitigt werden. | Diesen Einspruch kann jedoch der Bundestag durch einen **erneuten** Beschluss mit entsprechender Mehrheit **beseitigen.** |
|---|---|

Bei Meinungsverschiedenheiten über einen Gesetzesbeschluss des Bundestages hat der Bundesrat das Recht, innerhalb von drei Wochen den **Vermittlungsausschuss** anzurufen. Der Bundesrat wirkt mit bei **völkerrechtlichen Verträgen**. Diese sind gem. Art. 59 Abs. 2 GG Gesetzgebungsakte. Die Ratifikation kommt im Regelfall in der Form eines Einspruchsgesetzes zustande. Wenn Länderinteressen berührt sind, bedürfen jedoch auch diese Gesetze der Zustimmung des Bundesrates. Zu seiner Stellung beim **Gesetzgebungsnotstand** s. Kap. XI.

*Bundesrat*

---

| Mitwirkung des Bundesrates bei der **Verwaltung** |
|---|

Der **Zustimmung** des Bundesrates bedarf es u. a.

▶ bei der **Feststellung** des **Verteidigungsfalles**, Art. 115a Abs. 1 GG;
▶ wenn die Bundesregierung gegen ein Bundesland, das seine Bundespflichten nicht erfüllt, den **Bundeszwang** anwenden will, Art. 37 GG;
▶ für den Erlass verschiedener **Rechtsverordnungen** der Bundesregierung oder eines Bundesministers (Art. 80 Abs. 2, 119 GG), bestimmter **Verwaltungsvorschriften** über die Ausführung von Bundesgesetzen durch die Länder (Art. 84 Abs. 5, 85 Abs. 2 GG) sowie im Rahmen der **Finanzverwaltung** (Art. 108 Abs. 7 GG);
▶ für die Aufsichtsfunktion der Bundesregierung bei der Ausführung von Bundesgesetzen in den Ländern, so auch für die Entsendung von **Beauftragten** der Bundesregierung zu den obersten und nachgeordneten Landesbehörden (Art. 84 Abs. 3 GG);
▶ bei der „**Mängelrüge**" der Bundesregierung, wenn ein Land bei der Ausführung der Bundesgesetze das Recht verletzt hat (Art. 84 Abs. 4 GG);
▶ wenn der Bund eigene **Mittel-** und **Unterbehörden** einrichten will (Art. 87 Abs. 3 GG).

Maßnahmen der Bundesregierung, die auf Verlangen des Bundesrates **aufzuheben** sind:

▶ **Einsätze** z. B. der Länderpolizeien, der Bundespolizei und der Streitkräfte bei **Naturkatastrophen** und besonders schweren **Unglücksfällen**, Art. 35 Abs. 3 GG (s. Kap. XII);
▶ **Unterstellung** der Länderpolizeien, **Einsatz** der Bundespolizei sowie der Kräfte und Einrichtungen anderer Verwaltungen im Falle des **regionalen inneren Notstandes,** Art. 91 GG; Einsatz der **Streitkräfte** als Objektschutz im Falle des überregionalen inneren Notstandes, Art. 87a Abs. 4 GG (s. Kap. XII).

Der Bundesrat hat ein **Mitwirkungsrecht**

▶ bei der Feststellung des **Haushaltsplanes** (Art. 110 GG) sowie den Entscheidungen über **Kreditaufnahmen** und **Kreditgewährungen** (Art. 115 GG);
▶ bei der **Rechnungskontrolle** des Bundesfinanzministers (Art. 114 GG);
▶ bei der Bestellung der Hälfte der **Bundesverfassungsrichter** (Art. 94 Abs. 1 GG) und – im Wechsel mit dem Bundestag – des **Präsidenten** des BVerfG sowie seines Stellvertreters, § 9 BVerfGG (s. Kap. VIII);
▶ bei der Besetzung des **Gemeinsamen Ausschusses**, Art. 53a GG (s. Kap. XII);
▶ bei der Entgegennahme des **Amtseides** des **Bundespräsidenten** (Art. 56 GG).

Er kann **selbst** das **BVerfG anrufen**, wenn er der Ansicht ist, dass

▶ er von **anderen Verfassungsorganen** in seinen Kompetenzen beeinträchtigt wurde (Art. 93 Abs. 1 Nr. 1 GG);
▶ der **Bundespräsident** gegen das Grundgesetz oder ein anderes Bundesgesetz verstoßen hat (Art. 61 Abs. 1 GG) oder
▶ eine **politische Partei** verfassungswidrig ist (Art. 21 Abs. 2 GG).

## Mitwirkung in **Angelegenheiten** der **Europäischen Union**

Nach der Ratifikation des Vertrages von Maastricht (s. Kap. XIV) und den damit verbundenen Grundgesetzänderungen steht die Europapolitik der Bundesrepublik nicht mehr in der ausschließlichen Zuständigkeit des Bundes.

▶ Gem. Art. 23 Abs. 1 GG bedarf die Übertragung weiterer **Hoheitsrechte** auf die EU der **Zustimmung** des Bundesrates. Änderungen vertraglicher Grundlagen der EU sind nur unter den Voraussetzungen des Art. 79 Abs. 2 und 3 GG zulässig; also mit einer Zustimmung von zwei Dritteln der Stimmen des Bundesrates.

▶ Nach Art. 23 Abs. 2 und 4 GG ist der Bundesrat in Angelegenheiten der EU an der **Willensbildung** des **Bundes** beteiligt, soweit er an einer entsprechenden innerstaatlichen Maßnahme des Bundes mitzuwirken hätte oder soweit die Länder innerstaatlich zuständig wären. Hierbei hat die Bundesregierung die Stellungnahme des Bundesrates

 ▶ zu **berücksichtigen**, wenn es sich um einen Bereich der ausschließlichen Bundeszuständigkeit handelt (Art. 23 Abs. 5 S. 1 GG);

 ▶ **maßgeblich zu berücksichtigen**, wenn im Schwerpunkt Gesetzgebungsbefugnisse der Länder, die Einrichtung ihrer Behörden oder ihre Verwaltungsmaßnahmen betroffen sind (Art. 23 Abs. 5 S. 2 GG).

▶ Handelt es sich im Schwerpunkt **ausschließlich** um Gesetzgebungsbefugnisse der **Länder**, so sieht Art. 23 Abs. 6 GG vor, dass die Wahrnehmung der Rechte der Bundesrepublik Deutschland als Mitgliedstaat der Europäischen Union auf einen vom Bundesrat benannten **Vertreter der Länder** übertragen werden kann, der Mitglied einer Landesregierung sein muss. Die Repräsentation erstreckt sich auch auf die Beteiligung an den Verhandlungen und an der Beschlussfassung des Ministerrates.

▶ Gem. Art. 52 Abs. 3a GG kann der Bundesrat für Angelegenheiten der EU eine **Europakammer** bilden, deren Beschlüsse als Beschlüsse des Bundesrates gelten. Ausführungsbestimmungen hierzu enthält das Gesetz über die Zusammenarbeit von Bund und Ländern in Angelegenheiten der EU vom 12.3.1993 (BGBl. I S. 313).

### Organisation und Arbeitsweise des Bundesrates

Ebenso wie der Bundestag ist auch der Bundesrat ein autonomes Organ, d. h. er hat die Befugnis, seine Angelegenheiten selbst zu regeln. Seine Organisation ergibt sich aus dem Grundgesetz und aus der Geschäftsordnung (GeschO BR, Neufassung vom 10. 6. 88, BGBl. I S. 857, zuletzt geändert durch Bekanntmachung vom 25. 11. 1994, BGBl. I S. 3736).

Während der Sitzungswochen des Bundesrates werden dessen Sicherheit und Arbeitsfähigkeit – wie beim Bundestag und Bundesverfassungsgericht – durch einen „befriedeten Bezirk" gewährleistet (s. Kap. VIII). Organe des Bundesrates sind:

**Präsident** und **Präsidium** (Art. 52 GG, §§ 5 bis 8 GeschO BR)

Der Präsident **vertritt** die **Bundesrepublik** in allen **Angelegenheiten** des **Bundesrates** (§ 6 GeschO BR). Seine **Rechtsstellung** ist vergleichbar mit der des Bundestagspräsidenten:

▶ Er wird vom Plenum des Bundesrates auf **ein** Jahr **gewählt** (Art. 52 Abs. 1 GG). Diese Wahl vollzieht sich nach einem im Jahre 1950 im sog. „Königsteiner Abkommen" vereinbarten festen Turnus: Zum Präsidenten des Bundesrates werden die **Regierungschefs** der Länder in der Reihenfolge der Einwohnerzahlen gewählt. Nach dem bevölkerungsschwächsten Bundesland (Bremen) beginnt die Reihe wieder beim zahlenmäßig stärksten Land (Nordrhein-Westfalen). In diese Regelung sind seit 1990 auch die neuen Bundes-

*Bundesrat*

länder eingeordnet. Da hiernach erst 1999/2000 mit Sachsen ein östliches Bundesland den Bundesratspräsidenten hätte stellen können, verständigten sich die Regierungschefs im Februar 1991 auf eine zwischenzeitliche Korrektur dieser Verfahrensweise. An die Stelle des Saarlandes trat Mecklenburg-Vorpommern. Damit amtierte ab November 1991 erstmals der Ministerpräsident eines neuen Bundeslandes als Präsident des Bundesrates.

▶ Er nimmt die Befugnisse des **Bundespräsidenten** wahr, wenn dieser verhindert ist, z. B. durch Staatsbesuche im Ausland, Erkrankung oder bei vorzeitiger Erledigung des Amtes (Art. 57 GG; zur protokollarischen Rangfolge). Die Amtsausübung als Regierungschef seines Bundeslandes bleibt hiervon unberührt.

▶ Er **leitet die Sitzungen** und **übt** die **Ordnungsgewalt aus** (§§ 20 und 22 GeschO BR).

▶ Er ist für die Bediensteten des Bundesrates Anstellungsbehörde, Dienstvorgesetzter und **oberste Dienstbehörde**.

Jeweils für ein Jahr wählt der Bundesrat aus seiner Mitte drei Vizepräsidenten und zwei Geschäftsführer (§§ 5, 7, 10 GeschO BR). Präsident und Vizepräsidenten bilden das Präsidium. Seine Aufgaben sind (§ 8 GeschO BR):

▶ Aufstellung des **Haushaltsplanes** für den Bundesrat;

▶ Entscheidung über die **inneren Angelegenheiten** des Bundesrates, soweit dies weder dem Bundesrat selbst noch dem Präsidenten vorbehalten ist;

▶ **Ausführung** der **Beschlüsse** des Bundesrates.

Beim Präsidenten wird ein Ständiger Beirat gebildet, dem die Bevollmächtigten der Länder angehören. Er berät und unterstützt den Präsidenten und das Präsidium bei der Vorbereitung der Sitzungen und der Führung der Verwaltungsgeschäfte (§ 9 GeschO BR). Seine Funktionen entsprechen denen des Ältestenrates beim Bundestag.

### Das Plenum

Das Plenum ist – vergleichbar mit dem Bundestag – das **Beschlussorgan** des Bundesrates.

▶ Seine Einberufung obliegt dem Präsidenten. Dieser **muss** einberufen, wenn mindestens zwei Länder oder die Bundesregierung es verlangen (Art. 52 Abs. 2 GG). Gem. § 15 Abs. 1 GeschO BR genügt dazu bereits das Begehren eines Landes.

▶ Es **verhandelt** grundsätzlich **öffentlich**. Auf Antrag kann die Öffentlichkeit ausgeschlossen werden (Art. 52 Abs. 3 GG; § 17 GeschO BR).

▶ Es fasst seine **Beschlüsse** mit mindestens der Mehrheit seiner Stimmen, also mit **absoluter** Mehrheit (Art. 52 Abs. 3 GG). **Enthaltungen** werden dadurch wie **Gegenstimmen** gewertet. In zwei Fällen ist eine **Zwei-Drittel-Mehrheit** der Stimmen erforderlich:

  ▶ zur Beschlussfassung über die **Bundespräsidentenanklage** (Art. 61 Abs. 1 GG),

  ▶ für die Zustimmung zu **verfassungsändernden Gesetzen** (Art. 79 Abs. 2 GG).

### Die Ausschüsse (§ 11 GeschO BR)

Der Bundesrat bildet ständige Ausschüsse. Sie entsprechen nach Bezeichnung und Zuständigkeit den Ausschüssen des Bundestages (s. oben). Für besondere Angelegenheiten können weitere Ausschüsse und auch Unterausschüsse eingesetzt werden.

Die Länder sind in jedem Ausschuss durch ein Mitglied des Bundesrates, ein anderes Mitglied oder einen Beauftragten ihrer Regierung vertreten (vgl. Art. 52 Abs. 4 GG, § 11 Abs.2 GeschO BR). Hierdurch erhält der Bundesrat die Möglichkeit, für komplizierte Materien sachkundiges Personal, aus der Ministerialbürokratie der Länder beizuziehen.

Der Bundesrat wählt die **Vorsitzenden** der Ausschüsse für jedes Jahr (§ 12 GeschO BR). Die

Aufgaben der Ausschüsse sind mit denen der Bundestagsausschüsse vergleichbar: Sie haben in eingehenden Beratungen die **Beschlüsse** des Bundesrates **vorzubereiten.** Ihre Sitzungen sind nicht öffentlich. Vertreter der Bundesregierung können hieran teilnehmen. Sie tun dies regelmäßig, um dort ihre Gesetzentwürfe und die anderen Vorlagen zu vertreten. Im Gegensatz zum Plenum hat jedes Land im Ausschuss nur eine Stimme. Die Beschlüsse werden mit einfacher Mehrheit gefasst.

| **Die Europakammer** (Art. 52 Abs. 3a GG) |
|---|

Für Angelegenheiten der Europäischen Union kann der Bundesrat eine Europakammer bilden, deren Beschlüsse als solche des Bundesrates gelten. In dieses 1988 geschaffene (Sub-)Organ entsendet jedes Land ein Bundesratsmitglied, das sämtliche dem Land zustehenden Stimmen vertritt. Die geringe Größe verleiht der Kammer eine besondere Flexibilität.

## Landesvertretungen und Bevollmächtigte

Eine erfolgreiche Mitwirkung der Länder bei den Bundesaufgaben setzt voraus, dass die Landesregierungen ständig und umfassend über das politische Geschehen in der Bundeshauptstadt informiert sind.

Aus diesem Grunde unterhalten alle Bundesländer dort eine eigene (in der Verfassung nicht als Einrichtung vorgesehene, jedoch als eine Art „Botschaft" wirkende) **Landesvertretung**, die von dem Bevollmächtigten des jeweiligen Landes beim Bund geleitet wird. In der Regel ist dieser gleichzeitig Landesminister für Bundesangelegenheiten. Da die Bevollmächtigten zu den Sitzungen des Bundestages und seiner Ausschüsse Zutritt haben und zudem enge Verbindungen zu allen Bundesministerien unterhalten, können sie ihre Landesregierung sehr genau über den Stand der Gesetzgebungsarbeiten und die übrigen das Land berührenden Fragen unterrichten. Andererseits versehen sie die Fachressorts des Bundes mit Informationen aus ihren Ländern, damit deren Auffassungen frühzeitig in Regierungsentwürfen berücksichtigt werden können. Darüber hinaus sind die Landesvertretungen Stätten der Begegnung, in denen Kontakte mit Politikern, ausländischen Diplomaten, Vertretern der Wissenschaft und Wirtschaft sowie mit Besuchergruppen gepflegt werden.

# Die Bundesversammlung

Die **Bundesversammlung** ist ein **Wahlgremium,** dessen einzige Aufgabe darin besteht, den **Bundespräsidenten** zu wählen. Dieser wird – anders als der Reichspräsident der Weimarer Verfassung – nicht unmittelbar vom Volke, sondern **indirekt** gewählt. Die Bundesversammlung tagt daher nicht ständig (wie die übrigen Obersten Bundesorgane), sondern löst sich nach Erfüllung ihrer Funktion wieder auf.

Gem. Art. 54 Abs. 3 GG setzt sich die Bundesversammlung zusammen aus den gesetzlichen Mitgliedern des **Bundestages** und der **gleichen Anzahl** von Mitgliedern, die von den **Volksvertretungen** der **Länder** nach den Grundsätzen der Verhältniswahl **gewählt** werden.

Die Bundesversammlung hat daher mindestens **1 196 Mitglieder.** Bei Überhang- und Ausgleichsmandaten erhöht sich die Zahl entsprechend. Durch die hohe Zahl soll die Wahl des Staatsoberhaupts auf eine möglichst **breite Grundlage** gestellt werden. Die Zusammensetzung soll neben der **gesamtstaatlichen** auch das **föderative** Verfassungselement widerspiegeln.

Die Kandidatenkür entspricht nicht immer der Würde des Amtes und der beteiligten Personen, insbesondere wenn sie zum Gegenstand öffentlicher Debatten gemacht und von parteitaktischem Kalkül und Wahlmanövern beherrscht wird. Aus gutem Grund schreibt daher Art. 54 Abs. 1 GG vor, dass die Wahl als solche ohne Aussprache erfolgt.

## Bundesversammlung

Soweit sich das **Wahlverfahren** nicht aus der Verfassung selbst ergibt, richtet es sich nach dem Gesetz über die Wahl des Bundespräsidenten (BPräsWG) vom 25. 04. 1959 (BGBl. I S. 230). Hiernach stellt zunächst die Bundesregierung anhand der aktuellen Bevölkerungszahlen die auf die einzelnen Länder entfallenden Delegierten-Kontingente fest. Jedes Landesparlament wählt sodann seine Delegierten anhand von Vorschlagslisten der Fraktionen, wobei im Interesse einer möglichst breiten Repräsentanz neben den Parlamentsmitgliedern auch andere Personen des öffentlichen Lebens aus Politik, Wissenschaft, Kunst, Literatur, Sport etc. benannt werden dürfen. Die **Zuteilung** erfolgt nach **Fraktionsstärke**.

Die **Kontingente** der Länder bestimmen sich nach der **Bevölkerungszahl**. So entsendet z.B. Nordrhein-Westfalen als größtes Bundesland 133, Bremen als kleinstes Land 5 Wahlmänner und -frauen. Die Anteile der einzelnen Fraktionen werden nach den Grundsätzen der Verhältniswahl errechnet. Bei gleicher Mandatszahl entscheidet das Los (BPräsWahlG v. 25.4.1959, zul. geä. d. Ges. v. 12.7.2007, BGBl. I S. 1326).

Die Mitglieder der Bundesversammlung genießen den Schutz von Abgeordneten. Sie sind an Aufträge und Weisungen nicht gebunden. Faktisch stimmen sie jedoch weitestgehend im Sinne der sie nominierenden Fraktionen ab. Die Aufhebung ihrer Immunität, die bisher nicht geregelt war, wird durch Gesetz vom 12.7.2007 ausdrücklich dem Bundestag zugewiesen.

**Einberufen** wird die Versammlung vom Bundestagspräsidenten. Er bestimmt Ort und Zeitpunkt der Wahl und ist für deren Vorbereitung und Durchführung zuständig. Ihr Zusammentritt erfolgt spätestens 30 Tage vor Ablauf der Amtszeit des Bundespräsidenten, bei vorzeitiger Beendigung spätestens 30 Tage nach diesem Zeitpunkt. Wahlvorschläge kann jedes Mitglied vor jedem Wahlgang einreichen (§ 9 BPräsWG). Zur Wahl selbst s. unten.

**Wahltermin** ist seit 1979 der 23. Mai (Verfassungstag), allerdings kann diese Tradition jederzeit durch vorzeitige Beendigung des Amtes unterbrochen werden. Der Ort der ersten Präsidentenwahl war Bonn, bis 1969 fanden die Wahlen dann in Berlin statt, obwohl es hiergegen heftige Proteste der DDR und der UdSSR gab. Von 1974 bis zur letzten Wahl im nicht vereinigten Deutschland (1989) trat die Versammlung wieder in Bonn zusammen; seit 1994 finden die Wahlen im Berliner Reichstagsgebäude statt.

Zur Wahl 2009 stand erstmals ein amtierender Bundespräsident im Wettbewerb, nachdem die SPD Frau Schwan als Gegenkandidatin nominiert hatte. Bis dahin hatten die Parteien, wenn es um die Wiederwahl ging, keinen Konkurrenten aufgeboten, weil man es mit Blick auf die Würde des Amtes nicht zu einer persönlichen Auseinandersetzung kommen lassen wollte (s. unten).

Beide Kandidaten vermieden daher den Begriff Wahlkampf. Gesine Schwan: „Es geht nicht um Kampf, sondern die parallele Präsentation der Anliegen." Ein Wettstreit blieb es gleichwohl – allein schon, weil weder der Amtsinhaber, noch seine Mitbewerberin eine sichere Mehrheit hinter sich hatten. Zudem hatte sich an dieser Frage die Debatte um Rot-Rot neu entzündet. Denn bereits bei ihrer Nominierung hatte Frau Schwan erklärt, sie könne ohne Stimmen aus allen Parteien nicht gewählt werden und wolle daher auch um Stimmen der Partei Die Linken werben.

Dass sich eine „politische" Debatte bei einer solchen Konstellation nicht umgehen lässt, zeigte sich von Beginn an, auch wenn beide Bewerber alles Persönliche strikt vermieden. Dem Hohen Amt entsprechend, konnte die Kandidatur auf diese Weise zum Vorbild für andere Wahlen werden – weniger plakativ und reißerisch, dafür sachlicher, argumentativer und glaubhafter.

# Der Bundespräsident

## Allgemeines

Unsere Staatsform ist die einer **Republik**. Das bedeutet, vgl. Kap. III, dass an der Spitze unseres Staates ein **Präsident** – und kein Monarch – steht und dass die Bundesrepublik Deutschland durch den Inhaber dieses Amtes nach außen **repräsentiert** wird. Generell wird mit der Bezeichnung als Staatspräsident (Bundespräsident) lediglich zum Ausdruck gebracht, dass der Amtsträger das **Staatsoberhaupt** des jeweiligen Landes ist. Über seine politischen Machtbefugnisse und Wirkungsmöglichkeiten ist damit noch nichts ausgesagt. Ob seine Stellung stark – vielleicht sogar diktatorisch – oder weniger stark ist, lässt sich erst bei näherer Betrachtung des Regierungssystems feststellen, vor allem im Hinblick auf die Frage, wie das Verhältnis zwischen dem Staatsoberhaupt und den übrigen Staatsorganen ausgestaltet ist.

In den republikanischen, demokratischen Staatswesen der Neuzeit spricht man von einem

| **präsidentiellen** Regierungssystem (Präsidialsystem), | oder | **parlamentarischen** Regierungssystem, |
|---|---|---|

wenn die politische Stellung des Präsidenten besonders **stark** ist.

Beispiel: **USA,**

▶ weil er in Personalunion sowohl das Amt des Staatsoberhauptes als auch das des Regierungschefs innehat und insbesondere in Krisenzeiten vom Parlament (Kongress) weitgehend unabhängig ist.

Beispiel: **Frankreich,**

▶ weil er – und nicht der Ministerpräsident als Regierungschef – die Richtlinien der Politik bestimmt.

Beispiel: **Weimarer Republik,**

▶ weil er starken Einfluss auf das Parlament und die Regierungsbildung hatte, Oberbefehlshaber der Reichswehr war und in Krisenzeiten mit Notverordnungen regieren konnte (Art. 25 und 48 WRV).

wenn die politische Stellung des Präsidenten im Vergleich zum Parlament und zur Regierung relativ **schwach** ausgestattet ist und sich sein Amt als Staatsoberhaupt vornehmlich auf **Repräsentanz** nach innen und außen, **moralische Wächter-, protokollarische Spitzen-** und **politische Reservefunktion** für Krisensituationen des parlamentarischen Regierungssystems beschränkt.

Beispiele: **Bundesrepublik Deutschland, Österreich, Italien.**

Vereinzelt wird überhaupt darauf verzichtet, für das Amt des Staatsoberhauptes ein **eigenständiges** Organ einzurichten, z. B.:

▶ in der **Schweiz,** wo der Bundesrat als Kollegialorgan die völkerrechtliche Repräsentation des Staates wahrnimmt (durch seinen jährlich wechselnden Vorsitzenden);

▶ in den deutschen **Bundesländern,** wo der Ministerpräsident zugleich den Staat nach außen repräsentiert.

Vielfach offenbart sich das politische Gewicht eines Staatsoberhauptes weniger aus dem *Verfassungstext*, als aus dessen *Umsetzung* in praktisch-politisches Handeln, so z.B. bei der Verweigerung der Ausfertigung eines Gesetzes aus Verfassungsgründen (s. Kap. VIII).

## Gegenüberstellung: Reichspräsident nach der WRV und Bundespräsident nach dem GG

Die WRV enthielt Züge des **parlamentarischen** und des **präsidentiellen** Systems. Da man dem damals kaum geübten Parlamentarismus skeptisch gegenüberstand, hatte man das Amt des Reichspräsidenten als **Gegengewicht** zum Reichstag konzipiert und mit starken Vollmachten ausgestattet. Dies führte während der Krisenjahre der Republik zu einer **Präsidialdiktatur** und begünstigte letztlich die Machtübernahme durch die Nationalsozialisten.

Die Schöpfer des Grundgesetzes wollten einer Wiederholung der Weimarer Ereignisse auch dadurch vorbeugen, dass sie von vornherein vorsahen, das Amt des Staatsoberhauptes grundlegend anders zu gestalten. Vor allem sollte der (Staats-)Präsident mit weniger Machtbefugnissen ausgestattet werden. Es wurde sogar erwogen, von der Institution des Präsidenten vorläufig ganz abzusehen und stattdessen notwendige Repräsentationsaufgaben von einem Dreierkollegium – bestehend aus dem Bundeskanzler sowie den Präsidenten des Bundestages und Bundesrates – wahrnehmen zu lassen. Dieser Absicht lag die Vorstellung zugrunde, dass ein Bundespräsident als Ausdruck nationalstaatlicher Souveränität die Wiedervereinigung zusätzlich erschwere. Schließlich wurde das Amt des Bundespräsidenten doch in das Grundgesetz aufgenommen; aber – wie nachfolgender Vergleich zeigt – mit einer starken Zurücknahme der „Macht" des Amtsträgers, wobei sich das Amt des Bundespräsidenten ohnehin weniger aus dem Vergleich zur Weimarer Republik, sondern aus der Neugestaltung des Verhältnisses zu den anderen obersten Bundesorganen erschließt.

| Der **Reichspräsident** | Der **Bundespräsident** |
| --- | --- |
| ▶ wurde **unmittelbarer** vom **Volk** auf 7 **Jahre** gewählt; | ⇨ wird von der **Bundesversammlung,** auf 5 **Jahre** gewählt; |
| ▶ er war **Oberbefehlshaber** der gesamten Wehrmacht; | ⇨ seine Befugnisse in Bezug auf die Bundeswehr beschränken sich auf die **Ernennung** der Offiziere und Unteroffiziere; |
| ▶ er konnte aus **eigener Initiative** den Reichstag auflösen; | ⇨ er darf nur in zwei **Ausnahmefällen** (Art. 63 und 68 GG) den Bundestag auflösen; |
| ▶ er besaß **maßgebenden Einfluss** auf Auswahl und Politik des Kanzlers; | ⇨ er **schlägt** einen **Kandidaten vor,** die Richtlinien der Politik bestimmt allein der Kanzler; |
| ▶ er konnte zu bereits beschlossenen Gesetzen einen **Volksentscheid** herbeiführen; | ⇨ er kann unter bestimmten Voraussetzungen den **Gesetzgebungsnotstand** erklären; |
| ▶ er besaß im **Ausnahmezustand** außerordentlichen Vollmachten (einstweilige Suspendierung von **Grundrechten,** Erlass von **Notverordnungen** mit Gesetzeskraft) | ⇨ er hat diese Befugnisse **nicht;** |
| ▶ er konnte gegen widerstrebende Länder mit **bewaffneter Macht** vorgehen (Reichsexekution) | ⇨ auch dieses Recht besitzt er **nicht.** |

Mit diesen Vollmachten war das Amt des Reichspräsidenten wie das eines „Ersatzkaisers" ausgestattet. Das Grundgesetz verleiht – in bewusster Abkehr – dem Bundespräsidenten nicht annähernd eine solche Machtfülle. Dies hat in den frühen Jahren der Bonner Republik gelegentlich dazu geführt, dass der Bundespräsident als „Staatsnotar" oder bloße „Galionsfigur" bespöttelt wurde.

Diese Auffassung ist abwegig. Tatsächlich erschöpft sich die Stellung des Bundespräsidenten als dem ranghöchsten Staatsorgan keineswegs allein in der Repräsentation. Denn daneben obliegen ihm sowohl verfassungsrechtlich normierte **Leitungs-, Entscheidungs- und Kontrollaufgaben** im Bereich der Exekutiven, wie auch weit darüber hinaus reichende, im Einzelnen nicht normierte Ausgleichs- und Signalfunktionen als **Vordenker** und **Mahner**.

Gerade in einer Zeit der Äußerlichkeiten und der schrillen Töne, der Erosionserscheinungen des Parlamentarismus und der fortschreitenden Erstarrung der Parteien, der Egoismen der politischen Klasse und der Staatsverdrossenheit der Bürgerinnen und Bürger bedarf es, wenn die Glaubwürdigkeit des Systems gewahrt werden soll, einer **moralischen Instanz** ebenso wie der schlichtenden, auf den gemeinwohlorientierten Kern der Demokratie zurückführenden **Autorität**, die mit der **Kraft** ihrer **Argumente** wirkt. Die Bundespräsidenten der Vergangenheit haben sich immer wieder veranlasst gesehen, in moralisch-ethischen Fragen eindringliche Appelle an die Bürgerinnen und Bürger zu richten – in jüngerer Zeit z. B. Bundespräsident Rau mit seiner zweiten **Berliner Rede**, in der er dazu aufforderte, für Bio- und Gentechnologie sowie aktive Sterbehilfe klare moralische Schranken zu setzen. Ähnlich nachdrücklich hatte sein Vorgänger Roman Herzog, der die noch junge Tradition dieser Grundsatzreden begründete, die zunehmende gesellschaftliche Selbstgefälligkeit und bürokratische Verkrustung kritisiert und zu einem „Ruck" aufgerufen, der durch Deutschland gehen müsse. Klare Worte fand Bundespräsident Rau auch zu der als Machtprobe inszenierten Abstimmung im Bundesrat über das **Zuwanderungsgesetz:** Das Verhalten der beteiligten Personen und Parteien habe „auf viele Menschen einen verheerenden Eindruck" gemacht und die ohnehin vorhandene Politikverdrossenheit eher noch verstärkt". Mit gleichem Nachdruck mahnte Bundespräsident Köhler bei seinem Amtsantritt, Deutschland solle ein „Land der Ideen" werden, eine „grundlegende Erneuerung des Landes" sei „notwendig und überfällig". Kritik an seinem Amtsverständnis trug es Köhler ein, als er zwei vom Bundestag verabschiedeten Gesetzen, die er für verfassungswidrig hielt, die Ausfertigung verweigerte.

Das Amt des Bundespräsidenten hat bis heute niemand trefflicher charakterisiert als Theodor Heuss schon 1949 unmittelbar nach seiner Wahl: „Ich betrachte es als Gewinn meines Lebens im öffentlichen Sein, dass ich, um die Worte von ehedem zu gebrauchen, auf der Rechten wie auf der Linken persönliche Freundschaften und Vertrauensverhältnisse besaß und besitze. Das wird so bleiben. Es mag einer auch darin einen Mangel sehen. Aber mir scheint, dass dieses Amt, in das ich gestellt bin, keine Ellenbogenveranstaltung ist, sondern dass es den Sinn hat, über den Kämpfen, die kommen, die nötig sind, die ein Stück des politischen Lebens darstellen, als ausgleichende Kraft vorhanden zu sein."

In einem anderen Zusammenhang äußerte Heuss einmal: „Ich gebe keine Richtlinien, ich gebe Atmosphäre."

---

Die bisherigen **Bundespräsidenten** und ihre **Amtszeit:**

| | | | | | |
|---|---|---|---|---|---|
| Theodor Heuss | FDP | (1949–1959) | Roman Herzog | CDU | (1994–1999) |
| Heinrich Lübke | CDU | (1959–1969) | Johannes Rau | SPD | (1999–2004) |
| Gustav Heinemann | SPD | (1969–1974) | Horst Köhler | CDU | (2004–2010) |
| Walter Scheel | FDP | (1974–1979) | Christian Wulff | CDU | (2010–2012) |
| Karl Carstens | CDU | (1979–1984) | Joachim Gauck | parteilos (seit 2012) | |
| Richard v. Weizsäcker | CDU | (1984–1994) | | | |

Die Amtsinhaber der Vergangenheit hatten vor ihrer Berufung sämtlich eine aktive Rolle in der Politik der Bundesrepublik eingenommen. Erst **Horst Köhler** kam aus dem Bankenwesen und war zuletzt Geschäftsführender Direktor des Internationalen Währungsfonds (IWF) gewesen. Manche trauten ihm gerade deshalb ein höheres Maß an Unabhängigkeit bei der Amtsführung zu. Seine staatsrechtlich bedeutsamste Entscheidung war die Auflösung des Deutschen Bundestages im Jahr 2005, nachdem Bundeskanzler Schröder, um Neuwahlen zu erreichen, die Vertrauensfrage gestellt hatte.

2009 wurde Köhler für eine zweite Amtszeit im ersten Wahlgang wiedergewählt. Nach einer wochenlangen öffentlichen Debatte um seine Äußerung, es könne „im Notfall auch ein militärischer Einsatz notwendig" sein, „um unsere Interessen zu wahren, zum Beispiel freie Handelswege", die er auf dem Rückflug von einem Truppenbesuch in Afghanistan getan hatte, erklärte er am 31. Mai 2010 überraschend seinen Rücktritt.

Die Äußerung war erklärungsbedürftig. Man mag sie auch für missglückt halten. Aber sie war kein Skandal. Das wurde sie erst, nachdem sie, zum Teil wohl mit Absicht, **missverstanden** wurde. Was folgte, war eine ungewöhnlich heftige Kritik, die in der Unterstellung gipfelte, der Bundespräsident habe am Grundgesetz vorbei **Wirtschaftskriege rechtfertigen** wollen.

Der Rücktritt des Staatsoberhaupts war ein bis dahin in der Geschichte der Bundesrepublik **einmaliger** Vorgang. Zwar war 1969 auch Bundespräsident Heinrich Lübke vorzeitig aus dem Amt geschieden, doch geschah dies wenige Wochen vor Ablauf seiner zweiten Amtsperiode aus gesundheitlichen Gründen und nach vorheriger Ankündigung.

Köhlers Nachfolger, der vormalige niedersächsische Ministerpräsident **Christian Wulff**, wurde am 30. Juni 2010 im dritten Wahlgang zum Bundespräsidenten gewählt. Seine Amtszeit begann, da das Amt seit dem Rücktritt Horst Köhlers vakant gewesen war, unmittelbar mit Annahme der Wahl. Mit 51 Jahren war Wulff der jüngste Bundespräsident seit Bestehen der Bundesrepublik.

Wulffs kurze Amtszeit war überschattet von einer aus seiner Zeit als Ministerpräsident herrührenden Kredit- und Medienaffäre, die ihn zunehmend in die Kritik brachte. Nachdem die Staatsanwaltschaft Hannover die Aufhebung seiner Immunität beantragt hatte – ein erstmaliger Vorgang bei einem Bundespräsidenten –, trat er am 17. Februar 2012 mit sofortiger Wirkung zurück: Es habe sich gezeigt, so Wulff, dass das für die Amtsführung erforderliche „Vertrauen einer breiten Mehrheit der Bürgerinnen und Bürger" und damit seine „Wirkungsmöglichkeiten nachhaltig beeinträchtigt" seien.

Das gegen ihn angestrengte Verfahren wegen Vorteilsnahme während seiner Zeit als niedersächsischer Ministerpräsident endete 2014 vor dem LG Hannover mit einem Freispruch, da „schlagkräftige Beweise" für Korruption nicht vorlagen.

Auf Christian Wulff folgte im Amt des Bundespräsidenten der am 18.3.2012 gewählte frühere Pastor, als Bürgerrechtler zur Wendezeit und später als Leiter der eigens zur Aufarbeitung der Hinterlassenschaft des Staatssicherheitsdienstes der DDR (Stasi) ins Leben gerufenen Behörde bekannt gewordene **Joachim Gauck** (daher: Gauck-Behörde). Er wurde im ersten Wahlgang von der Bundesversammlung gewählt. Die öffentliche Debatte um die durch Rücktritte in kurzer Folge notwendig gewordenen beiden Wahlen gab der Diskussion um die Unabhängigkeit des Staatsoberhaupts und eine Direktwahl durch die Wählerinnen und Wähler neue Nahrung (s. Kap. VIII).

Daneben beherrschte wegen der Kürze der Amtszeit und der Umstände seines Rücktritts die Frage, ob und in welcher Höhe Christian Wulff der sog. Ehrensold zustehe, die öffentliche Diskussion. Der Ehrensold ist im Gesetz vom 17.6.1953 geregelt (BGBl I S. 456). Er beträgt jährlich 199 000 € nebst Anspruch auf Sach- und Personalkosten für Sekretariat, Referent und Fahrer sowie den aus dem Haushalt des BKA zu bestreitenden Personenschutz. Das zuständige Bundespräsidialamt entschied, dass Christian Wulff der Ehrensold von seinem Ausscheiden an in voller Höhe zustehe.

## Erwerb und Verlust des Amtes, Stellvertretung

Der Bundespräsident wird in geheimer Wahl ohne vorhergehende parlamentarische **Aussprache** gewählt, damit das zukünftige Staatsoberhaupt im Interesse der Würde des Amtes nicht einer kritischen Personaldebatte ausgesetzt wird (vgl. die Wahl des Bundeskanzlers, S. 323). Dieses Gebot der Schonung gilt auch bereits für die **Kür** der **Bewerber**, bei der jede Beeinträchtigung der Persönlichkeit – gerade auch für die letztlich Unterlegenen – vermieden werden soll. Ein besonderes Maß an Zurückhaltung müssen andererseits die Kandidaten selbst üben.
Die Wahl leitet der Präsident des Bundestages. Zur Stimmabgabe werden die Mitglieder der Bundesversammlung in alphabetischer Reihenfolge zu den Wahlkabinen gerufen. Nach Schluss der Wahl wird die Sitzung für die Dauer der Auszählung unterbrochen.

**Wählbar** ist
▶ jeder **Deutsche**, der das **aktive Wahlrecht** besitzt und das **vierzigste Lebensjahr** vollendet hat (Art. 54 Abs. 1 GG).

**Gewählt** ist,
▶ wer im **ersten** oder **zweiten Wahlgang** die **absolute Mehrheit** oder im **dritten Wahlgang** die **relative** Mehrheit erhält (Art. 54 Abs. 6 GG):

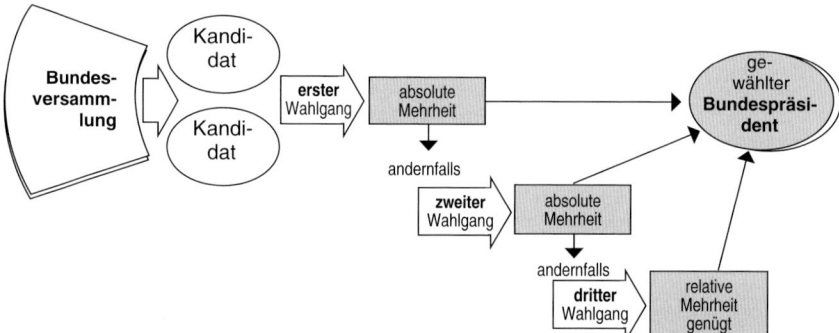

Nicht immer wird der Bundespräsident bereits im ersten Wahlgang gewählt. Zweier Wahlgänge bedurfte es 1949 (Heuss), 1959 (Lübke) und 1999 (Rau), und sogar ein dritter Wahlgang war 1969 (Heinemann) und 1994 (Herzog) erforderlich. Amtierende Bundespräsidenten (Theodor Heuss, Heinrich Lübke, Richard v. Weizsäcker, Horst Köhler) sind im Falle ihrer neuerlichen Kandidatur bisher stets im ersten Wahlgang gewählt worden.
Bei der Bundespräsidentenwahl 2009 bestand für den Amtsinhaber erstmals in der Geschichte der Bundesrepublik die Gefahr, abgewählt zu werden. Obwohl der amtierende Präsident (Horst Köhler) und seine aussichtsreichste Mitbewerberin (Gesine Schwan) die gebotene Zurückhaltung übten und jeden Anschein eines Wahlkampfes vermieden, führte allein die knappe Stimmenverteilung zu einer stärkeren Politisierung des Wettbewerbs und klaren öffentlichen Positionsbestimmungen, z. B. im Zusammenhang mit der Bemerkung Gesine Schwans, die DDR sei „kein Unrechtsstaat" gewesen. Auch ihre Äußerung, die Rezession lasse „soziale Unruhen" befürchten, rief Kritik hervor. Allgemein begrüßt wurde hingegen die von ihr initiierte Debatte um die „mangelnde Lebendigkeit der Demokratie".

**Erworben** wird das Amt des Bundespräsidenten mit der **Annahmeerklärung** des Gewählten; jedoch nicht vor Ablauf der Amtszeit seines Vorgängers.
Die **Amtszeit** beträgt **fünf Jahre**. Sie überschreitet die Wahlperiode des Bundestages, damit die Wahl des Staatsoberhauptes und des Bundeskanzlers zeitlich nicht immer zusammenfallen. Eine Koppelung würde die Wahlvorgänge komplizieren. So aber kehrt eine gleichzeitige Wahl

dieser beiden Organe nur alle 20 Jahre wieder (falls der Bundestag nicht zwischenzeitlich aufgelöst bzw. eine vorzeitige Neuwahl des Bundespräsidenten erforderlich wurde). Die **anschließende Wiederwahl** ist nur **einmal** zulässig. Eine **spätere** nochmalige Wahl ist jedoch nicht ausgeschlossen (strittig; vgl. Jarass/Pieroth, zu Art. 54 GG, mit Nachw.). Um dem über alle Parteigrenzen hinweg geachteten Bundespräsidenten Heuss über dessen zweite Amtsperiode hinaus ein weiteres Verbleiben im Amt zu ermöglichen, wurde seinerzeit eine Verfassungsänderung erwogen, die das Verbot der anschließenden Wiederwahl aufheben oder eine Amtsverlängerung auf sieben Jahre vorsehen sollte. Dieser Gedanke wurde nicht realisiert, da Heuss es ablehnte, seinetwegen die Verfassung zu ändern.

Der Bundespräsident ist weder der Bundesversammlung, die ihn gewählt hat, noch dem Bundestag **verantwortlich** und kann während seiner Amtszeit **nicht** aus politischen oder sonstigen Gründen **abgewählt** werden.

Eine **vorzeitige** Beendigung des Amtes ist möglich durch
▶ **Rücktritt**, der jederzeit erfolgen kann, sowie im Wege der
▶ **Anklage** vor dem **Bundesverfassungsgericht** (Art. 61 GG).

Eine **Präsidentenanklage** ist nur möglich bei **vorsätzlicher** Verletzung des **Grundgesetzes** oder eines **anderen Bundesgesetzes**. Antragsberechtigt sind Bundestag und Bundesrat. Für den Antrag bedarf es jeweils eines Viertels, für den Beschluss auf Erhebung der Anklage vor dem BVerfG jeweils einer Zweidrittelmehrheit der Mitglieder bzw. Stimmen. Die Anklage wird von einem Beauftragten der anklagenden Körperschaft vertreten (Art. 61 Abs. 1 GG). Nach Erhebung der Anklage kann das BVerfG durch einstweilige Anordnung den Bundespräsidenten von seinem Amt **suspendieren**. Steht die Gesetzesverletzung fest, kann es den **Amtsverlust** erklären.

Die Bestimmungen des Art. 61 GG gelten für den **jeweiligen Amtsträger,** also auch für den **Vertreter** eines verhinderten Bundespräsidenten.

Gem. Art. 57 GG werden die **Befugnisse** des Bundespräsidenten **stellvertretend** vom **Präsidenten** (oder Vizepräsidenten) des **Bundesrates** wahrgenommen im Falle
▶ seiner **Verhinderung** (z. B. bei Erkrankung, Auslandsaufenthalt pp.) oder
▶ bei **vorzeitiger Erledigung** des Amtes (durch Tod, Amtsverzicht oder Amtsverlust).

## Rechtsstellung des Bundespräsidenten

Der Bundespräsident steht protokollarisch an der Spitze des Staates. Er ist in seiner Repräsentationsfunktion dem Parteienstreit enthoben und im Wortsinne „unparteiisch" (s. unten). Diese Funktion – im Grundgesetz nicht ausdrücklich erwähnt, weil sie sich von selbst versteht – hat zur Folge, dass der Bundespräsident **keine unmittelbare politisch-parlamentarische** (wohl aber eine verfassungsrechtliche) **Verantwortlichkeit** besitzt, so dass gegen ihn auch kein Misstrauensvotum eingebracht werden kann. Die Artikel 58 und speziell 82 GG bestimmen denn auch, dass seine **Anordnungen** und **Verfügungen** – bis auf die genau bezeichneten Akte in den Art. 63 und 69 Abs. 3 GG – nur Gültigkeit erlangen, wenn sie vom Bundeskanzler oder dem zuständigen Ressortminister **gegengezeichnet** wurden. Bei **Gesetzen** bedarf es gem. § 29 der Geschäftsordnung der Bundesregierung sogar der Gegenzeichnung des Kanzlers **und** des zuständigen Ministers.

Zweck dieser Regelung ist, zu verhindern, dass die Handlungen des Bundespräsidenten der Politik der Bundesregierung zuwiderlaufen, zugleich aber das Staatsoberhaupt von der politischen Verantwortung freizustellen. Mit der durch die Gegenzeichnung bekräftigten Einvernehmlichkeit geht die parlamentarische Verantwortung auf die Regierung über.

Allerdings bleibt der Bundespräsident für seine Amtshandlungen letztlich im Rahmen der Bundespräsidentenanklage gem. Art. 61 GG (s. unten) **verfassungsrechtlich verantwort-**

lich, während die gegenzeichnenden Regierungsmitglieder eine derartige Verantwortung nicht übernehmen, denn es gibt keine Bundeskanzler- oder Minister-Anklage (vgl. Maunz-Dürig-Herzog, GG, Art. 58, Rdnr. 1). Auch der Bundespräsident unterliegt dem Grundsatz der **Inkompatibilität**. Im Interesse der **Neutralität** darf er gem. Art 55 GG

▶ weder der **Regierung** oder einer **gesetzgebenden Körperschaft** des Bundes oder eines Landes angehören (diese Bestimmung steht allerdings in gewissem Gegensatz zur Vorschrift des Art. 57 GG, wonach die Vertretung des Bundespräsidenten durch den Präsidenten des Bundesrates erfolgt, also eines Exponenten der Exekutive);

▶ noch darf er ein anderes **besoldetes** Amt, ein **Gewerbe** oder einen **Beruf** ausüben. Unzulässig ist jedoch nur die Berufs**ausübung**. Es reicht daher aus, wenn er seine beruflichen Tätigkeiten, z. B. als Richter oder Hochschullehrer, ruhen lässt. Er darf ferner nicht Vorstands- oder Aufsichtsratsmitglied eines Unternehmens sein.

Das Grundgesetz verpflichtet den Bundespräsidenten nicht, mit dem Amtsantritt aus seiner **Partei auszutreten**. Theodor Heuss tat dies zwar, die nachfolgenden Bundespräsidenten sind ihm darin aber nicht gefolgt, sie blieben Mitglieder ihrer Partei. Aus der Gesamtstellung des Bundespräsidenten wird jedoch gefolgert, dass er zumindest größte parteipolitische Zurückhaltung zu üben habe; das gilt im besonderen Maße für den Wahlkampf.

Im Interesse einer freien Amtsführung genießt der Bundespräsident die **Immunitätsrechte** eines Abgeordneten (Art. 60 Abs. 4 i. V. m. Art. 46 Abs. 2 bis 4 GG). Das bedeutet, dass er **strafrechtlich** nur mit Genehmigung des Bundestages zur Verantwortung gezogen oder verhaftet werden darf (s. oben). Eine **zivilrechtliche** Inanspruchnahme bleibt hiervon unberührt; auch eine **Zwangsvollstreckung** gegen ihn ist theoretisch möglich.

**Amtssitz** des Bundespräsidenten ist das **Schloss Bellevue** in **Berlin**, sein Zweitsitz die **Villa Hammerschmidt** in **Bonn** (bis 1998 im umgekehrten Verhältnis von Erst- und Zweitsitz).

## Aufgaben und Befugnisse des Bundespräsidenten

Der Bundespräsident ist „**Deuter und Mahner**" – eine **höchste Autorität**, die die **Richtung** aufzeigt und **Orientierungen** gibt. Den Weg müssen andere.

Seine Amtsführung geht daher weit über den Rahmen bloßer Repräsentationsaufgaben hinaus. Wenn auch gegenüber der Stellung des Staatsoberhaupts der Weimarer Republik eine deutliche Schwächung vorgenommen wurde, so besitzt der Bundespräsident gleichwohl, dies haben alle bisherigen Amtsträger deutlich machen können, als oberste Autorität im Staate auch ohne „operative" Macht vielfältige Möglichkeiten der aktiven **Einflussnahme** auf Politik und Gesellschaft (s. oben).

Zur Erfüllung seiner Aufgaben steht ihm das von einem Staatssekretär geleitete **Bundespräsidialamt** mit seinen rd. 200 Bediensteten zur Verfügung. Das Amt **berät** und **informiert** den Bundespräsidenten, bereitet seine **Entscheidungen** vor und führt seine **Aufträge** aus.

Der **Bundespräsident** steht im politischen Kräftespiel **über den Parteien**.

▶ Er ist die aus dem politischen Alltag herausgehobene **neutrale Kraft;**

▶ er soll in der Auseinandersetzung der verschiedenen (partei-)politischen Meinungen nicht **polarisierend**, sondern als **unabhängige**, **neutrale** Gewalt **integrierend**, **ausgleichend** und **schlichtend** wirken;

▶ er ist politische „**Reservegewalt**" in parlamentarischen Krisenzeiten;

▶ er repräsentiert das Ganze und ist somit ein wesentliches **Element** der **Einheit** und **Geschlossenheit** des Staates, und

▶ er ist – neben dem BVerfG – oberster **Hüter** der **Verfassung**.

## „Politische" Befugnisse des Bundespräsidenten

Die eigentliche **Macht** des Bundespräsidenten liegt in der **Kraft des Wortes**. Seine herausragende Stellung im Gesamtsystem erlaubt es ihm, auch unangenehme Wahrheiten zu sagen, so z. B. Bundespräsident Köhler in seiner viel beachteten Berliner Rede vom 24. März 2009 zum Verhältnis von Staat und Wirtschaft:
„Wir haben uns eingeredet, permanentes Wirtschaftswachstum sei die Antwort auf alle Fragen... Jetzt erleben wir, dass es der Markt allein nicht richtet. Es braucht einen starken Staat, der dem Markt Regeln setzt und für ihre Durchsetzung sorgt ... Es darf keine unregulierten Finanzräume, Finanzinstitute und Finanzprodukte mehr geben" ... Bundespräsident Gauck bezog 2013 bei einer Veranstaltung vor Schülern, bei der es um Rechtsextremismus ging, klar Position: „Wir brauchen Bürger, die den Spinnern ihre Grenzen aufweisen. Und dazu sind Sie alle aufgefordert." Wegen dieser Wortwahl verklagte ihn die NPD vor dem BVerfG. In der Verhandlung hielt das Bundespräsidialamt dagegen, der Bundespräsident müsse „Werte und Positionen, deren Grundlagen in der Verfassung liegen, offen formulieren und verteidigen" können. Die Entscheidung des Gerichts steht noch aus.

Das Grundgesetz weist dem Bundespräsidenten ausdrücklich folgende **Aufgabenbereiche** zu:

## Völkerrechtliche Vertretung (Art. 59 GG)

Der Bundespräsident ist das **Staatsoberhaupt** Deutschlands. Er **repräsentiert** die Bundesrepublik nach außen, schließt in ihrem Namen **Verträge** mit anderen Staaten und beglaubigt und empfängt deren **Gesandte**.

Die Befugnisse zum Vollzug solcher Staatsakte bedeuten jedoch nicht, dass der Bundespräsident selbständig Außenpolitik betreiben darf. Er ist in jedem einzelnen Fall an die **Mitwirkung** (Einverständnis und Gegenzeichnung) der **Bundesregierung gebunden**. Das gilt sogar für die Annahme oder Ablehnung von an ihn gerichteten Einladungen zu Staatsbesuchen im Ausland. Staatsverträge, welche die politischen Beziehungen des Bundes regeln, bedürfen der Zustimmung in Form eines Bundesgesetzes (vgl. Art. 59 Abs. 2 GG). Nach der Zustimmung durch den Gesetzgeber erfolgt die im Regelfall völkerrechtlich notwendige Ratifikation (durch Austausch oder Hinterlegung von Ratifikationsurkunden); auf diese formelle Bestätigung von Staatsverträgen beschränkt sich die Mitwirkung des Bundespräsidenten.

## Staatsrechtliche Funktionen im Bereich der Gesetzgebung

Der Bundespräsident **fertigt** die vom Bundestag und Bundesrat beschlossenen Gesetze **aus** und **verkündet** sie im Bundesgesetzblatt, Art. 82 GG (s. Kap. XI).
Der eigentliche Sinn der Ausfertigung liegt in der Feststellung, dass das zur Verkündung bestimmte Gesetz **verfassungsmäßig zustande gekommen** ist. Dem Bundespräsidenten (Maunz-Dürig-Herzog, GG, Art. 82, Rdnr. 1 ff.) muss folgerichtig auch ein **Recht** zur **Prüfung** des ihm vorliegenden Gesetzes zustehen – und zwar unabhängig davon, dass auch die zur Gegenzeichnung aufgerufenen Mitglieder der Bundesregierung Prüfungsrechte und -pflichten haben (Art. 58 GG) und die letztlich entscheidende Prüfung beim Bundesverfassungsgericht liegt (s. unten):
Die Prüfungskompetenz des Bundespräsidenten erstreckt sich unzweifelhaft auf die **formelle Verfassungsmäßigkeit,** d. h. auf die Prüfung der Frage, ob das Gesetz dem vom Grundgesetz **vorgeschriebenen Verfahren** entsprechend (z. B. unter Beachtung der Art. 76, 77 und 78 GG) zustande gekommen ist.

*Bundespräsident*

Nach herschender Meinung umfasst das Prüfungsrecht des Bundespräsidenten aber auch die **materielle Verfassungsmäßigkeit.** Er prüft daher gleichermaßen auch die **inhaltliche Übereinstimmung** des Gesetzes mit der Verfassung und kann bei Bedenken die Ausfertigung ablehnen. Hiergegen ist gem. Art. 93 Abs. 1 Nr. 1 die Anrufung des Bundesverfassungsgerichts möglich.

In der **Geschichte** der **Bundesrepublik** haben Bundespräsidenten mehrfach die **Ausfertigung** eines bereits im parlamentarischen Verfahren verabschiedeten Gesetzes **verweigert** oder ihre Unterschrift erst nach großen **Bedenken** geleistet. Bundespräsident Lübke schuf hierzu 1960 den Präzdenzfall, indem er das Gesetz gegen den Behörden- und Belegschaftshandel nicht unterschrieb. Die Hinnahme dessen wird bis heute allgemein so bewertet, dass das **Parlament** ein **materielles Prüfungsrecht** des Bundespräsidenten **anerkennt.**

Bundespräsident Köhler verweigerte 2006 dann innerhalb weniger Wochen zweimal seine Unterschrift wegen verfassungsrechtlicher Bedenken (Privatisierung der Flugsicherheit und Verbraucherinformationsgesetz). Kritischen Bemerkungen hielt er entgegen: „Der Bundespräsident ist kein Unterschriftenautomat." Der **Gesetzgeber** hat hierbei nur wenig Spielraum. Er kann, wie in diesen Fällen geschehen, das Gesetz zurücknehmen, um es nach Überarbeitung und Beschlussfassung erneut vorzulegen. Oder er kann vor dem BVerfG Organklage gegen die Entscheidung des Bundespräsidenten erheben. Dies wäre allerdings ein bislang einmaliger Vorgang.

> **Weitere** Funktionen im Bereich der **Gesetzgebung**

Der Bundespräsident
- ▶ kann den **Bundestag** jederzeit **einberufen.** Das Parlament ist verpflichtet, diesem Ersuchen zu entsprechen (s. Art. 39 Abs. 3 GG).
- ▶ Er kann den **Bundestag** in zwei Fällen **auflösen:**
  - ▶ wenn bei der **Wahl** des **Bundeskanzlers** ein Kandidat auch im dritten Wahlgang nicht mit der erforderlichen Mehrheit der Mitglieder des Bundestages gewählt worden ist, Art. 63 Abs. 4 GG (s. unten);
  - ▶ wenn der Bundeskanzler die **Vertrauensfrage** stellt und diese nicht die Mehrheit der Mitglieder des Bundestages findet, Art. 68 Abs. 1 GG. Hierbei hat der Bundespräsident – auf Antrag des Bundeskanzlers – „im Rahmen seines Ermessens die politische Leitentscheidung zu treffen, ob die Auflösung des Bundestages mit all ihren politischen Folgen sinnvoll ist und von ihm politisch vertreten werden kann" (BVerfG, Urteil v. 16.2.1983, NJW 83, S. 735; Einzelheiten s. unten).
- ▶ Er kann gem. Art. 81 GG auf Antrag der Bundesregierung mit Zustimmung des Bundesrates für eine Gesetzesvorlage den **Gesetzgebungsnotstand** erklären (s. Kap. XI).

> **Staatsrechtliche Funktionen** im Bereich der **vollziehenden Gewalt**

Der Bundespräsident
- ▶ schlägt dem Bundestag den **Bundeskanzler vor** und **ernennt** ihn nach erfolgter Wahl (s. Art. 63 Abs. 1 GG). Da Art. 63 Abs. 2 GG bestimmt, dass der „Gewählte zu ernennen ist", obliegt dem Bundespräsidenten insoweit eine verfassungsrechtliche Verpflichtung. Anders als der Reichspräsident gem. Art. 53 WRV hat der Bundespräsident grundsätzlich keinen entscheidenden Einfluss auf die Wahl des Regierungschefs. Daher wäre eine Ablehnung der Ernennung des vom Parlament gewählten Kanzlerkandidaten theoretisch allenfalls denkbar, wenn sie gesetzes- oder verfassungswidrig wäre. Eine andere Möglichkeit, die Ernennung zu verweigern, besteht nicht.
- ▶ Er **ernennt** und **entlässt** die **Bundesminister** auf Vorschlag des Bundeskanzlers (Art. 64 GG). Auch hier stellt sich die Frage, ob und ggf. in welchen Fällen der Bundespräsident berechtigt ist, einen Ernennungsvorschlag abzulehnen.

Die herrschende Meinung bejaht ein Weigerungsrecht allenfalls dann, wenn die Ernennung gegen „Recht und Gesetz" im Sinne das Art. 20 Abs. 3 GG verstoßen würde (s. unten). Aus Gründen der politischen Zweckmäßigkeit steht dem Bundespräsidenten ein Weigerungsrecht nicht zu. Das bedeutet jedoch nicht, dass er überhaupt keinen Einfluss auf die Regierungsbildung hätte. Es bleibt ihm unbenommen – und dies ist in der Vergangenheit auch wiederholt geschehen –, seine persönliche Autorität und die seines Amtes beratend oder auch mahnend ins Spiel zu bringen.

▶ Einen aus dem Amt scheidenden Bundeskanzler oder Bundesminister kann der Bundespräsident **verpflichten**, die Geschäfte bis zur Ernennung seines Nachfolgers **weiterzuführen** (s. Art. 69 Abs. 3 GG).

▶ Er übt im Einzelfall für den Bund das **Begnadigungsrecht** aus (Art. 60 Abs. 2 GG). Eine Amnestie (allgemeine Begnadigung) ist dagegen nur aufgrund eines Straffreiheitsgesetzes möglich.

Die Begnadigung ist ein von der **Verfassung** vorgesehener Eingriff der Exekutive in die rechtsprechende Gewalt; folglich unterliegt sie **nicht** der **gerichtlichen Nachprüfung**. Umstritten ist jedoch die Frage, ob die Gnadenentscheidung der Gegenzeichnung durch den Justizminister bedarf. Besonders diskutiert wurde dies 1988, als Bundespräsident Richard v. Weizsäcker eine Begnadigung von zwei zu lebenslanger Freiheitsstrafe verurteilten RAF-Tätern in Erwägung zog.

▶ Er genehmigt gem. Art. 65 GG die **Geschäftsordnung** der **Bundesregierung** (GeschO BReg), nach der er **Anspruch auf laufende Unterrichtung** über die Politik der Bundesregierung hat (persönlicher Vortrag des Bundeskanzlers oder eines Ministers, Übersendung von Berichten und Unterlagen, Teilnahme des Chefs des Bundespräsidialamtes an Kabinettssitzungen; §§ 5, 21, 23 GeschO BReg).

▶ Er ernennt und entlässt die **Bundesrichter,** die **Bundesbeamten,** die **Offiziere** und **Unteroffiziere** (Art. 60 Abs. 1 GG).

▶ Er verkündet die vom Bundestag (mit Zustimmung des Bundesrates) oder vom Gemeinsamen Ausschuss getroffene Feststellung des **Verteidigungsfalles**, Art. 115a Abs. 3 GG. Ebenso verkündet er dessen Beendigung, Art. 115l Abs. 2 GG.

▶ Er verleiht die **Titel, Orden** und **Ehrenzeichen** des Bundes.

## Sonstige Aufgaben

Neben seinen politischen Funktionen im engeren Sinne nimmt der Bundespräsident, unterstützt vom Bundespräsidialamt (s. oben), eine Reihe weiterer wichtiger Aufgaben der Staatslenkung und -repräsentanz wahr, so insbesondere:

▶ Anordnung von **Staatsakten** und **Staatsbegräbnissen;**
▶ Übernahme von **Schirmherrschaften** über Organisationen, Veranstaltungen und Ausstellungen;
▶ **Reisen** im Inland oder ins Ausland aus politisch, kulturell oder wirtschaftlich wesentlichen Anlässen;
▶ **Unterrichtung der Öffentlichkeit** – vor allem auf dem Wege über die Medien – über die eigene Tätigkeit und damit zusammenhängende Fragen;
▶ Bearbeitung von **Petitionen** aus der Bevölkerung durch Auskunftserteilung, Weiterleitung an die zuständigen Stellen oder Hilfe in Notlagen;
▶ **Glückwunschadressen** und **Beileidsworte** in besonderen Fällen;
▶ Übernahme von **Ehrenpatenschaften** (für jedes 7. Kind einer Familie); Gratulation zu hohen Ehe- und Altersjubiläen.

# Die Bundesregierung

## Staatsrechtliche Stellung der Bundesregierung

Der Bundesregierung obliegt als **treibender Kraft** der gesamten Staatsführung der Hauptteil staatlicher Aufgaben. Das bedeutet, dass die Bundesregierung nicht nur den Auftrag hat, den Willen anderer Verfassungsorgane zu **vollziehen,** sondern dass ihr vor allem **politische Führungs-** und **Gestaltungsaufgaben** zustehen.

Oft versteht man unter dem Begriff Regierung den **gesamten Behördenapparat,** durch den Exekutivaufgaben wahrgenommen werden. Art. 62 GG definiert jedoch die Bundesregierung als Verfassungsorgan, das aus dem **Bundeskanzler** und den **Bundesministern** besteht.

Das politische Interesse des Volkes wird durch die Wahl zum Ausdruck gebracht und spiegelt sich wider in der Zusammensetzung des Parlaments, aus dessen Mitte heraus wiederum die Regierung gebildet wird. Damit wird die Regierung zum

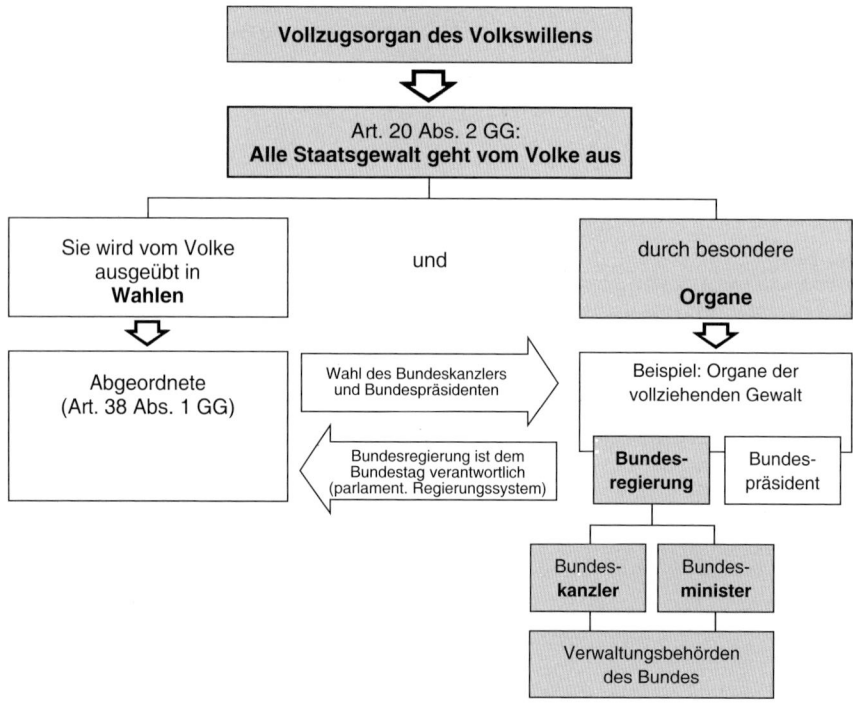

## Die Funktion der Bundesregierung

Die Bundesregierung ist ein **eigenständiges,** von anderen Bundesorganen **unabhängiges** oberstes **Verfassungsorgan.** Das gilt insbesondere auch gegenüber dem **Bundestag.** Dieser wählt zwar den Bundeskanzler und kontrolliert die Bundesregierung (s. unten). Gleichwohl ist die Bundesregierung kein Unterorgan des Bundestages oder gar dessen „Exekutivausschuss", sie ist vielmehr dem Bundestag gleichrangig. Sie ist auch nicht, so das BVerfGG in seiner

*Bundesregierung*

Entscheidung zur Raketenstationierung, „auf die Vornahme politisch weniger bedeutsamer Akte beschränkt" (s. oben).

Die **Funktion** der Bundesregierung wird im Grundgesetz nicht ausdrücklich beschrieben, wohl auch deshalb, weil dies angesichts ihres umfassenden politischen Auftrags nur allgemein und unbestimmt geschehen kann:

▶ Der Bundesregierung obliegen alle **staatsleitenden politischen** Akte auf Bundesebene, soweit diese nicht dem Gesetzgeber oder der Rechtsprechung übertragen sind.

▶ Als **oberste Gestaltungs- und Entscheidungsinstanz** sowie als **Spitze der Verwaltung** des Bundes setzt sie die Initiativen und bestimmt die Leitlinien für die gesamte Exekutive des Bundes.

▶ Sie wacht darüber, dass die Verwaltungsbehörden die Interessen der Gesamtheit des Volkes nach **Recht und Gesetz** wahrnehmen (Art. 20 Abs. 3 GG).

▶ Zudem ist die Bundesregierung das **Bindeglied** zwischen dem Parlament und dem Staatsoberhaupt. Mit dem Übergang der parlamentarischen Verantwortung auf die Regierungsmitglieder im Rahmen der Gegenzeichnung (s. oben) wird gewährleistet, dass Akte des Bundespräsidenten im Einklang mit dem politischen Willen des Bundestages (zumindest aber der Bundestagsmehrheit) stehen.

Die **politische Gestaltungsfreiheit** der Bundesregierung – und vor allem die des Bundeskanzlers im Rahmen seiner **Richtlinienkompetenz** gem. Art. 65 GG – ist **weit gesteckt**. Man hat die Bundesrepublik daher auch als „**Kanzlerdemokratie**" bezeichnet, in der dem Regierungschef eine überragende Stellung zukommt. Tatsächlich verleiht das Grundgesetz dem Bundeskanzler herausgehobene Funktionen und einen dominierenden Einfluss auf die gesamte Politik (s. unten). Hinzu kommt, dass das Parteiengefüge und das Wahlsystem (Fünf-Prozent-Klausel) faktisch als **stabilisierende Elemente** für die jeweilige Regierungsmehrheit und den von ihr getragenen Bundeskanzler wirken.

Das Macht- und Herrschaftsgefüge des Grundgesetzes zielt daher eindeutig auf **Stärkung** und **Stabilisierung** der **Regierung** ab. Insoweit weist es gewisse Unterschiede zum **Präsidialprinzip** in anderen westlichen Demokratien (USA, Frankreich) auf, bei denen in der Hand des jeweiligen **(Staats-)Präsidenten** eine verfassungsmäßig gewollte und demokratisch legitimierte Machtkonzentration liegt. Der politische **Handlungsrahmen** des Bundeskanzlers ist andererseits **keineswegs unbeschränkt**. Er wird in **rechtlicher** Hinsicht begrenzt durch die Bindung an Recht und Gesetz (Art. 20 Abs. 3 GG), und sein **politisches** Handeln findet dort seine Schranken, wo es nicht mehr vom Mehrheitswillen des Parlaments getragen wird und der Kanzler Gefahr läuft, durch ein Misstrauensvotum gestürzt zu werden.

## Die Regierungsbildung

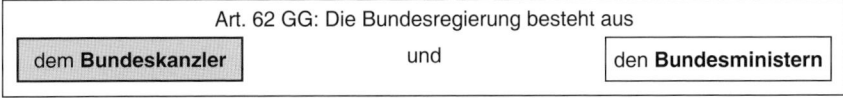

Der entscheidende Akt der Regierungsbildung ist die

| Wahl und **Ernennung** des **Bundeskanzlers**, Art 63 GG |

Er wird vom **Bundestag gewählt** und vom **Bundespräsidenten ernannt.** Dies geschieht in folgenden Etappen:

## Bundesregierung

### Vorschlag eines Kanzlerkandidaten durch den Bundespräsidenten

Der Bundespräsident hat nicht nur das Recht, sondern auch die Pflicht, einen Kanzlerkandidaten vorzuschlagen. **Rechtlich** gesehen hat er hierbei freie Hand: So könnte er durchaus einen „Vertrauten seiner Wahl" empfehlen, und er ist auch nicht gezwungen, den Führer der stärksten Fraktion zu nominieren. Der Kandidat braucht noch nicht einmal dem Bundestag anzugehören (Bundeskanzler Kiesinger, 1966 bis 1969).

**Faktisch** ist der Bundespräsident jedoch gehalten, nur einen Kandidaten vorzuschlagen, der auch tatsächlich Chancen hat, die Mehrheit im Bundestag zu erlangen („Kanzlermehrheit", um hierdurch die Entstehung von Minderheitsregierungen zu verhindern). Er muss also auf die Stärke der Fraktionen, parteiinterne Vereinbarungen und ggf. auf Koalitionsabsprachen Rücksicht nehmen. Seinem Vorschlag gehen daher stets Gespräche mit den Fraktionsspitzen voraus. Eine interessante Fußnote hierzu steuerten Presseberichte im Jahre 2007 bei, in denen es hieß, Ludwig Erhard, der „Vater des Wirtschaftswunders", sei zu keiner Zeit Mitglied der CDU gewesen, für die er 1963 als Kanzlerkandidat antrat.

### Wahl durch den Bundestag

Sie erfolgt nach Art. 63 Abs. 1 GG „ohne Aussprache", damit die Autorität des Bundeskanzlers nicht durch eine öffentliche Diskussion über seine Person und seine Fähigkeiten geschwächt wird (s. oben). Die Wahl vollzieht sich formell nach den Verfahrensregeln des Art. 63 GG:

▶ Im **ersten** Wahlgang wird über den Vorschlag des Bundespräsidenten abgestimmt.

▶ Der Kandidat **ist gewählt**, wenn er die Stimmen der Mehrheit der Mitglieder des Bundestages (**absolute** Mehrheit) auf sich vereinigt (Abs. 1).

▶ Der Gewählte **ist** vom Bundespräsidenten unverzüglich, spätestens nach sieben Tagen zu **ernennen** (Abs. 2).

▶ Erhält dieser Kandidat **nicht** die geforderte Mehrheit, geht in einem **zweiten** Wahlgang das Vorschlagsrecht auf den **Bundestag** über, aus dessen Mitte nun neue Kandidaten vorzuschlagen sind.

▶ Innerhalb von 14 Tagen können **so viele** Wahlgänge erfolgen, wie es erforderlich ist, um einen Kandidaten mit **absoluter** Mehrheit zu wählen (Abs. 3).

▶ Erhält ein Kandidat die erforderliche Mehrheit, dann **hat** der Bundespräsident ihn zu **ernennen.**

▶ Wird auch innerhalb dieser Frist kein Kandidat mit der erforderlichen Mehrheit gewählt, ist ein unverzüglicher **dritter** Wahlgang anzusetzen (Abs. 4).

▶ Erreicht hier ein Kandidat die **absolute** Mehrheit, so **muss** ihn der Bundespräsident **ernennen.**

▶ Hat der Gewählte nur die **relative** Mehrheit der Stimmen auf sich vereinigen können, was die Bildung einer Minderheitsregierung zur Folge hätte, bleibt dem Bundespräsidenten die Wahl zwischen **zwei Möglichkeiten** (Abs. 4 S. 3): Innerhalb von **sieben Tagen** hat er
  – den **Kandidaten zu ernennen** oder
  – den **Bundestag** in der Erwartung **aufzulösen**, dass ein neues Parlament einen Bundeskanzler mit absoluter Mehrheit wählen wird.

Zur Kanzlerwahl im **Verteidigungsfalle** durch den Gemeinsamen Ausschuss (s. Kap. XII).

*Bundesregierung*

**Wahl** und **Ernennung** des **Bundeskanzlers** (Übersicht)

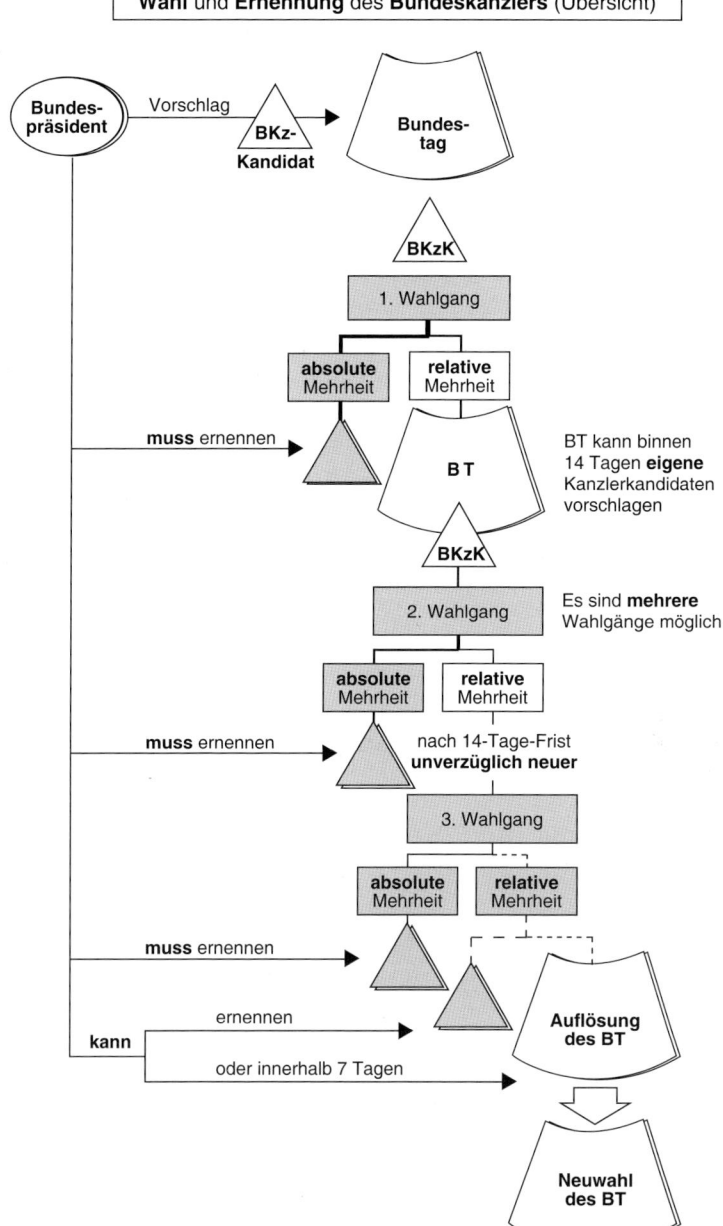

## Stellvertreter des Bundeskanzlers

Nach Art. 69 Abs. 1 GG bestimmt der Bundeskanzler einen Bundesminister zu seinem Stellvertreter. Dieser wird auch als **Vizekanzler** bezeichnet. Der Bundeskanzler hat hierbei grundsätzlich das Recht der freien Auswahl. In der Regel wird der Vizekanzler auch Ressortminister sein, es ist aber auch denkbar, dass einem Minister ohne Geschäftsbereich dieses Amt übertragen wird. Nach herrschender Auffassung würde jedoch aufgrund

▶ der herausgehobenen Stellung des Verteidigungs- und des Finanzressorts eine Benennung dieser beiden Minister unzulässig sein (Schaffung eines „Nebenkanzlers").

▶ Außerdem ist es Brauch geworden, dass bei der Bildung einer Koalitionsregierung der größere Partner den Kanzler und der „Juniorpartner" den Vizekanzler stellt.

Je nach Persönlichkeit des Kanzlers, des Vizekanzlers und der Zusammensetzung der Regierung (Kanzler kann sich auf eine starke eigene Partei stützen oder regiert mit einem starken Koalitionspartner) kann die Benennung des Vizekanzlers zu einer tatsächlichen oder nur formalen Auszeichnung werden und damit zu einer stärkeren oder schwächeren Stellung führen.

Alle Aufgaben und Befugnisse des Bundeskanzlers gehen während seiner Abwesenheit (z. B. bei langer Auslandsreise oder Krankheit) auf den Vizekanzler über. In diesem Falle bestimmt **er** die Richtlinien der Politik. Hieraus könnten sich gewisse Verfassungsprobleme ergeben, denn das Grundgesetz sieht **kein Misstrauensvotum** des Bundestages gegenüber dem **Vizekanzler** oder einem sonstigen **Minister** vor.

## Beendigung der Amtszeit des Bundeskanzlers

Sie erfolgt entweder:

▶ Durch den **Zusammentritt** eines **neuen Bundestages** (Art. 69 Abs. 2 GG), der in jedem Falle eine Kanzlerwahl vornimmt. Allerdings kann der bisherige Bundeskanzler wieder gewählt werden. Anders als beim Bundespräsidenten sieht das Grundgesetz keine Beschränkung in der Wiederwahl des Bundeskanzlers vor.

▶ Durch ein **konstruktives Misstrauensvotum** des Bundestages, indem ein neuer Bundeskanzler gewählt wird, Art. 67 Abs. 1 GG (s. oben).

▶ Durch **freiwilligen Rücktritt,** der ihm jederzeit offen steht.

Der Bundeskanzler ist jedoch auf Ersuchen des Bundespräsidenten verpflichtet, seine Geschäfte bis zum Amtsantritt des Nachfolgers weiterzuführen.

Im Allgemeinen erfolgt eine Amtsniederlegung eher „unfreiwillig-freiwillig", denn meistens „zwingen" politische Gründe den Kanzler hierzu. Der Rücktritt Adenauers 1963 wurde z. B. bereits 1961 vor seiner Wahl zwischen den damaligen Koalitionspartnern vereinbart. Sein Nachfolger Erhard verlor während seiner Regierungszeit das Vertrauen der ihn tragenden Koalitionsparteien; dies führte 1966 zur Bildung der Großen Koalition unter dem Kanzler Kiesinger. Bundeskanzler Brandt schließlich trat 1974 in der Mitte seiner Amtsperiode aus Anlass der Guillaume-Affäre (Spionage des DDR-Agenten Guillaume im Kanzleramt) zurück. Dennoch waren alle diese Rücktritte „freiwillig", weil sie nicht durch einen Misstrauensausspruch des Parlaments erzwungen wurden.

Mit der Beendigung der Amtszeit des Bundeskanzlers endet zugleich auch das Amt aller Bundesminister dieser Regierung (s. unten).

## Bundesregierung

> Art. 62 GG: Die Bundesregierung besteht aus
> dem **Bundeskanzler** und den **Bundesministern**

Nach der Ernennung des Bundeskanzlers erfolgt die Bestellung der Bundesminister.

**Auswahl und Ernennung, Art. 64 Abs. 1 GG**

Ihre **Auswahl** wird vom Bundeskanzler vorgenommen, der in der Bildung seines Kabinetts **formell frei** ist. In der Praxis ist sein Entscheidungsspielraum jedoch eingeschränkt, da er auf Koalitionsproporz, parteipolitische Konstellationen, Bedeutung von Persönlichkeiten und Ressorts sowie Länder- und Verbandsinteressen Rücksicht zu nehmen hat.

Wie sehr durch einen Koalitionspartner diese Entscheidungskompetenz eingeengt – und damit auch die Amtsautorität des Kanzlers geschmälert – werden kann, wurde 1992, 1993 und 1995 anlässlich der Rücktritte von Außenminister Genscher, Wirtschaftsminister Möllemann und Justizministerin Leutheusser-Schnarrenberger der Öffentlichkeit in aller nur wünschenswerten Deutlichkeit vor Augen geführt: Faktisch entschieden nämlich ausschließlich die Partei- und Fraktionsgremien des kleineren Koalitionspartners FDP über die Wiederbesetzung dreier so wichtiger Positionen und des Amtes des Vizekanzlers.

Bundesminister müssen **nicht Abgeordnete** des Bundestages sein. Dieser Fall ist zwar selten, doch gibt es hierfür namhafte Beispiele, so von Hassel als Verteidigungsminister von 1962 bis 1965 und Brandt als Außenminister von 1966 bis 1969. Auch **parteilose** Minister hat es vereinzelt gegeben, z. B. Atomminister Balke 1956, Leussink als Bundesminister für Bildung und Wissenschaft in der ersten Regierung Brandt sowie Bundeswirtschaftsminister Müller in der Regierung Schröder seit 1998.

Die **Ernennung** der Bundesminister erfolgt durch den **Bundespräsidenten**. Ob dem Bundespräsidenten hierbei eine **Prüfungskompetenz** bezüglich der Person des Vorgeschlagenen zusteht, ist nicht unumstritten (s. oben).

▶ Einerseits ergeben sich die kontroversen Auffassungen in dieser Frage aus der **Formulierung** des entsprechenden **Verfassungstextes**.
Art. 63 Abs. 2 GG bestimmt: „Der gewählte Kanzler ist zu ernennen", und Art. 67 Abs. 1 GG schreibt dem Bundespräsidenten beim Misstrauensvotum vor, dass er den bisherigen Kanzler entlassen und den gewählten Nachfolger ernennen **muss**. Der Bundespräsident hat also in diesen Fällen gar keine eigene Entscheidungsbefugnis.
Demgegenüber ist Art. 64 Abs. 1 GG in seiner Formulierung **unbestimmter**. Hier heißt es: „Die Bundesminister **werden** auf Vorschlag des Bundeskanzlers ernannt und entlassen." Hieraus könnte der Schluss zu ziehen sein, dass der Bundespräsident bei der Ministerernennung einen Spielraum und somit ein **Vetorecht** hat.

▶ Die unterschiedlichen Auffassungen resultieren andererseits aus der Tatsache, dass die politische **Kontrolle** der **Regierung** beim **Parlament** liegt, d. h. der Bundeskanzler seine Politik allein **diesem gegenüber** zu vertreten hat. Um die Zielsetzung seiner Politik verwirklichen zu können, muss der Regierungschef das Recht haben, sich mit Ministern **seines Vertrauens** umgeben zu können. Die Verpflichtung, zusätzlich auch noch die Zustimmung des Bundespräsidenten einzuholen, würde dem von der Verfassung gewollten Gefüge der Verteilung von Macht, Verantwortung und Kontrolle zuwiderlaufen und die Regierungsbildung ggf. auch unnötig erschweren.

Die herrschende Meinung kommt in dieser Frage zu folgendem Ergebnis:

Ein **Weigerungsrecht** aus **politischen** Gründen steht dem Bundespräsidenten **nicht** zu, er kann die Ernennung allenfalls aus **Rechtsgründen** ablehnen. Der Bundespräsident ist jedoch befugt, dem Bundeskanzler **nahe zu legen,** seinen Vorschlag zurückzuziehen. Dafür gab es in der Vergangenheit einige Präzedenzfälle:

▶ Bundespräsident Heuss verlangte 1949 von Bundeskanzler Adenauer die Vorlage der Kabinettsliste. Adenauer weigerte sich. Heuss gab nach.

▶ 1953 legte Bundespräsident Heuss gegen die Wiederbestallung des als Justizminister vorgesehenen Thomas Dehler sein Veto ein. Adenauer zog den Vorschlag zurück.

▶ Bundespräsident Lübke konnte sich mit seinen Bedenken gegen die Berufung Gerhard Schröders/CDU zum Außenminister 1961/1965 ebenfalls nicht durchsetzen.

Nicht bestritten wird die Auffassung, dass das Veto des Bundespräsidenten dann wirksam sein wird, wenn mit der Ernennung die Gefahr einer **Ansehensschädigung** der Bundesrepublik entstehen könnte, etwa wenn ein Kandidat sich in seinem privaten Lebenszuschnitt oder in vorhergehenden Ämtern bzw. in DDR-Zeiten moralisch angreifbar gemacht hat.

| **Beendigung** der Amtszeit der Bundesminister |

Als Ausfluss des stark ausgeprägten Kanzlerprinzips ist nur der Bundeskanzler der unmittelbaren Misstrauenskundgabe durch das Parlament ausgesetzt.

Die Bundesregierung in ihrer **Gesamtheit** oder **einzelne Bundesminister** können **nicht** Adressat eines **Misstrauensvotums** mit verfassungsrechtlichen Konsequenzen sein, wohl aber sind missbilligende Beschlüsse gegen sie zulässig. Damit kann zwar nicht der Rücktritt des Betroffenen erzwungen werden, jedoch kann eine politische Warnung oder eine Beeinflussung der Amtsführung von einem derartigen Beschluss ausgehen.

Folge der vom Grundgesetz getroffenen Regelung des Misstrauensvotums ist unter anderem, dass die einzelnen Minister einen gewissen Schutz vor dem Parlament genießen – was nicht unwesentlich zur **Regierungsstabilität** beiträgt –, andererseits sind sie aber in sehr starkem Maße vom Vertrauen des Bundeskanzlers abhängig.

Die Amtszeit eines Bundesministers **endet**

▶ mit dem **Zusammentritt** eines **neuen Bundestages** (Art. 69 Abs. 2 GG);

▶ wenn die **Amtszeit** des **Bundeskanzlers endet,** so z. B. wenn der Bundeskanzler zurücktritt oder wenn er durch ein erfolgreiches konstruktives Misstrauensvotum gestürzt wird (Art. 69 Abs. 2 GG);

▶ bei **Entlassung** auf Vorschlag des Bundeskanzlers, die fristlos und ohne Begründung erfolgen kann;

▶ durch **freiwilligen Rücktritt** (Demission), jedoch mit der Einschränkung, dass der Minister auf Ersuchen des Bundeskanzlers oder des Bundespräsidenten sein Amt bis zur Ernennung eines Nachfolgers weiterzuführen hat. Bei einem „Rücktrittsangebot" ist die Entlassung in das Ermessen des Regierungschefs gestellt.

Ohne entsprechenden Vorschlag durch den Bundeskanzler darf der Bundespräsident einen Minister nicht entlassen.

*Bundesregierung*

## Organisation und Geschäftsbereiche

Die Zusammensetzung der Bundesregierung wird vom Art. 62 GG nur **grob** umrissen. Darin wird lediglich gesagt, dass die Regierung aus dem Kanzler und den Ministern besteht; die **Anzahl** der Ministerien (Ressorts) sowie deren **Kompetenzbereiche** werden nicht genannt. Der **konkrete Zuschnitt** der Regierung ist (auch innerhalb einer Legislaturperiode) **wandelbar;** er unterliegt der Organisationsgewalt des Kanzlers und der ihn tragenden Parlamentsmehrheit.

▶ Das **dritte Kabinett Merkel** (18. Bundestag, ab Herbst 2013) umfasst die **Bundeskanzlerin** sowie **15 Ministerinnen und Minister**: Vizekanzler/Wirtschaft, Verteidigung, Außenpolitik, Finanzen, Innenpolitik, Justiz/Verbraucher, Arbeit und Soziales, Gesundheit, Umwelt, Familie, Verkehr, Bildung und Forschung, Landwirtschaft, Entwicklungshilfe sowie das Kanzleramt. Die Ministerien erhielten teilweise einen Zuschnitt. Erstmals in der Geschichte der Bundesrepublik wurde das Verteidigungsressort mit Ursula von der Leyen einer Frau übertragen.

▶ Neben den herkömmlichen Kabinettsmitgliedern können Minister **ohne Geschäftsbereich** (ohne Portefeuille) oder Minister für **besondere Aufgaben** berufen werden. Sie nehmen (wie der Chef des Bundeskanzleramtes) Querschnittsfunktionen wahr oder werden mit speziellen Aufgaben betraut. Den Status von Sonderministern hatten z. B. die im Zeitraum zwischen der Vereinigung und den ersten gesamtdeutschen Wahlen bestellten fünf „**Minister für besondere Aufgaben**" aus dem Gebiet der ehemaligen DDR.

Vertreten werden die Minister durch **Staatssekretäre** (je nach Umfang und Bedeutung des Ministeriums auch durch mehrere). Sie sind entweder

| **Parlamentarische** Staatssekretäre | oder | **Beamtete** Staatssekretäre |
|---|---|---|
| Nach dem Gesetz über die Rechtsverhältnisse der Parlamentarischen Staatssekretäre | | |
| ▶ müssen diese grundsätzlich Mitglieder des Bundestages sein (s. unten); | | ▶ Sie sind (politische) Beamte im Sinne des Bundesbeamtengesetzes; |
| ▶ sie werden auf Vorschlag des Bundeskanzlers im Einvernehmen mit dem jeweiligen Ressortminister vom Bundespräsidenten ernannt; sie sind nicht Mitglied der Bundesregierung; | | ▶ demzufolge dürfen sie nicht Mitglied des Bundestages sein; |
| | | ▶ bei Demissionierung des Ressortministers müssen sie nicht gleichfalls ausscheiden; |
| ▶ ihre Amtszeit endet bei Mandatsverlust oder Ausscheiden des zuständigen Ministers aus der Regierung; | | ▶ bei ihrer Amtsführung müssen sie aber in „fortlaufender Übereinstimmung mit den grundsätzlichen politischen Ansichten und Zielen der Regierung stehen". |
| ▶ sie sind keine Beamte. | | |
| Ihre **Befugnisse** sind mehr politischer Art: | | Zu ihren **Amtshandlungen** gehören: |
| ▶ Vertretung des Ministers im Bundestag, nicht aber im Kabinett; | | ▶ Verwaltungsmäßige Leitung ihres Ressorts, wobei sie Weisungsrechte gegenüber nachgeordneten Stellen haben; |
| ▶ Unterstützung des Ministers bei seinen Regierungsaufgaben; | | |
| ▶ Kontaktpflege des Ministeriums zu Fraktionen, Parteien und Verbänden. | | ▶ Vertretung des Ministers im Kabinett (was allerdings selten vorkommt), ohne jedoch Stimmrecht zu haben. |

Über **Parlamentarische Staatssekretäre** sagt das Grundgesetz nichts aus. Sie werden aber allgemein als mit der Verfassung vereinbar angesehen (Schmidt/Bleibtreu/Klein, Art. 62, Rdnr. 11), es sei denn, es wird ihnen, wie in der Vergangenheit vereinzelt geschehen, innerhalb der Organisation des betr. Ressorts eine Abteilung zugeordnet (Gewaltenteilung). Ihnen kann die Amtsbezeichnung **Staatsminister** verliehen werden. Die Praxis hierzu orientiert sich an den politischen Schwerpunkten der jeweiligen Regierung und ist folglich nicht einheitlich, jedoch kommen nur **besondere Aufgabenfelder** in Betracht (z. B. als Bundesbeauftragter für Angelegenheiten der neuen Länder). Ihre Rechtsstellung ist im Parlamentarische Staatssekretäre Gesetz v. 24.7.1974, zuletzt geändert durch Ges. v. 5.2.2009 (BGBl. I S. 160), geregelt. Eine weitere Änderung war bereits 1999 erforderlich geworden, um im Interesse der Kulturförderung und -koordination einen **Kulturbeauftragten** der Bundesregierung im Range eines Staatsministers, der nicht dem Bundestag angehört, berufen zu können.

### Das Bundeskanzleramt

Die Einrichtung ist im Grundgesetz nicht erwähnt; sie wird lediglich in der Geschäftsordnung der Bundesregierung hinsichtlich ihrer Zuständigkeit im Geschäftsablauf der Bundesregierung sowie der Staatssekretäre im Bundeskanzleramt genannt.

Das Bundeskanzleramt ist das Organisations-, Koordinations- und Informationsorgan der Bundesregierung und somit die eigentliche **Führungszentrale** des Bundeskanzlers sowie dessen **Verbindungsstelle** zu allen parlamentarischen und nicht parlamentarischen Organisationen. Geleitet wird das Amt vom **Chef des Bundeskanzleramtes**, der im Range eines Bundesministers steht.

Gegliedert ist das Amt in sechs Abteilungen, in denen sich die Aufgabenbereiche der **Ministerien** widerspiegeln. Seine weit gespannten **Funktionen** und **Aufgaben** sind u. a.,

▶ den Bundeskanzler über die laufenden Fragen der allgemeinen Politik und die Arbeit in den Bundesministerien zu unterrichten;

▶ die Entscheidungen des Bundeskanzlers vorzubereiten, auf ihre Durchführung zu achten und die Arbeit der Ministerien zu koordinieren;

▶ die Sitzungen des Kabinetts und seiner Ausschüsse sowie die Beschlüsse der Bundesregierung vorzubereiten.

Ein Staatsminister des Bundeskanzleramtes ist **Beauftragter** für die drei **geheimen Nachrichtendienste**. Ihm obliegen die Koordinierung und Intensivierung der Zusammenarbeit der Geheimdienste untereinander sowie deren Aufsicht (s. oben).

Dem Bundeskanzleramt unterstehen die beiden folgenden Institutionen:

### Der Bundesnachrichtendienst (BND)

Er ist neben dem Bundesamt für Verfassungsschutz (BfV) und dem Militärischen Abschirmdienst (MAD), die dem Innen- bzw. Verteidigungsministerium unterstellt sind, einer der drei deutschen Geheimdienste. Während der MAD die Bundeswehr vor Spionage und Sabotage schützen soll und das BfV die staatsgefährdende Arbeit staatsfeindlicher Gruppen und Einzelpersonen im Inland zu überwachen hat, obliegt dem BND die **Auslandsaufklärung** und die Aufklärung der **gegnerischen Nachrichtendienste** („Gegenspionage"). Seit Ende des „Kalten Krieges" wird der BND auch verstärkt gegen den internationalen Rauschgift- und Waffenhandel eingesetzt, außerdem im Kampf gegen die Geldwäsche und den Nuklearschmuggel. Sein Sitz ist Pullach bei München (ab 2011: Berlin, mit Außenstelle in Pullach).

Der BND begann seine Arbeit im April 1956. Er ging aus der „Organisation Gehlen" hervor, die bereits von 1945 an mit Billigung der amerikanischen Besatzungsmacht tätig war. Seine Aufgaben und Befugnisse sind im BND-Gesetz vom 20.12.1990 (BGBl. I S. 2054) geregelt.

## Bundesregierung

### Das Presse- und Informationsamt der Bundesregierung

Dieses Informationsorgan, kurz **Bundespresseamt** genannt, ist dem Bundeskanzler unmittelbar unterstellt. Es wird von einem Staatssekretär geleitet, der zugleich mit seinen Stellvertretern **Sprecher** der **Bundesregierung** ist. Die Aufgaben des Amtes bestehen hauptsächlich in der Information des Bundespräsidenten und der Bundesregierung über alle wichtigen Ereignisse in der Welt, der Berichterstattung über die Regierungspolitik gegenüber der in- und ausländischen Presse (insbesondere im Rahmen der **Bundespressekonferenz**, einer selbständigen Einrichtung der Journalisten), der Erforschung der öffentlichen Meinung für die Regierungstätigkeit sowie in der Öffentlichkeitsarbeit. Versuchungen der jeweiligen Bundesregierung – vor allem vor anstehenden Wahlen –, diese Informationsmöglichkeit für einseitige Beeinflussung zu nutzen, ist das Bundesverfassungsgericht bereits 1977 entgegengetreten. In seiner Entscheidung zur „Öffentlichkeitsarbeit von Staatsorganen in Bund und Ländern" hat es die Herausgabe von Arbeits- und Erfolgsberichten aus Haushaltsmitteln in der Vorwahlzeit verboten. Üblicherweise wird deshalb eine **publizistische Schamfrist** von mindestens sechs Monaten vor einem Urnengang eingehalten.

## Aufteilung der Verantwortung im Kabinett

Für die Rollenverteilung in der Regierung kennt man drei überkommene **Organisationsformen:**

### Kanzlerprinzip | Ressortprinzip | Kollegialprinzip

**Hervorgehobene Stellung** des **Kanzlers** im Kabinett. Er bestimmt die generellen politischen Richtlinien und trägt hierfür die **Verantwortung.**

Innerhalb der Richtlinien leitet jeder **Minister** sein Ressort **selbständig** und in eigener **Verantwortung.**

Die wichtigsten Entscheidungen werden vom **gesamten Kabinett** (Kollegium) getroffen und **verantwortet.** Alle Regierungsmitglieder sind **gleichberechtigt.**

**Organisation** und **Arbeitsweise** der Bundesregierung beruhen auf der Kombination dieser drei Grundformen. Sie sind im Art. 65 GG, in der Geschäftsordnung der Bundesregierung und in der Gemeinsamen Geschäftsordnung der Bundesministerien wie folgt festgelegt:

### Der Bundeskanzler

Gem. Art. 65 GG bestimmt der **Bundeskanzler** die Richtlinien der Politik. Aus dieser **Richtlinienkompetenz** ist für den Regierungschef ein Führungsanspruch gegenüber den Mitgliedern der Bundesregierung abzuleiten, der ihm das Recht und die Pflicht gibt, das politische Grundsatzprogramm für die Regierung aufzustellen und den Weg aufzuweisen, wie dieses Programm zu verwirklichen ist **(Kanzlerprinzip).** Die Bundesminister sind verpflichtet, den Richtlinien zu folgen (§ 1 GeschO BReg).

Zur Erfüllung seiner Aufgaben ist der Bundeskanzler mit weit reichenden Befugnissen ausgestattet:

▶ Er **leitet** die Geschäfte der Bundesregierung und verfügt gem. Art. 64 GG über die **Organisationsgewalt** im Regierungsbereich, d. h. er ist frei in

▶ der **Auswahl** der Bundesminister und

*Bundesregierung*

- ▶ der zahlenmäßigen **Festlegung** und **Abgrenzung** der Ministerien. Allerdings werden im Grundgesetz der Bundesfinanzminister (z. B. Art. 114 Abs. 1 GG), der Bundesverteidigungsminister (Art. 65a GG) und der Bundesjustizminister (Art. 96 Abs. 2 GG) direkt erwähnt, was dahingehend ausgelegt wird, dass die Einrichtung dieser Ministerien obligatorisch ist. Durch § 9 GeschO BReg ist dem Kanzler auch die Möglichkeit gegeben, neue Ressorts einzurichten sowie bisherige aufzulösen oder in andere einzugliedern. Er kann sogar selbst ein Ressort oder mehrere übernehmen.
- ▶ Er ernennt einen Bundesminister zu seinem **Stellvertreter** (Vizekanzler), Art. 69 GG.
- ▶ Er muss von den Ministern ständig über Maßnahmen und Vorhaben der einzelnen Ressorts, die für die Richtlinien und die gesamte Regierung von Bedeutung sind, **unterrichtet** werden (§ 3 GeschO BReg). Er leitet die **Kabinettssitzungen** (Art. 65 GG, § 6 GeschO BReg) und deren **Sitzungen** im Kabinett (§ 22 GeschO BReg).
- ▶ Er hat das Recht, den **Bundestag vorzeitig einberufen zu lassen** (Art. 39 Abs. 3 GG).
- ▶ Er darf im Bundestag die **Vertrauensfrage stellen.** Wird ihm das Vertrauen versagt, kann er den Antrag zur **Parlamentsauflösung** an den Bundespräsidenten stellen, Art. 68 GG (s. oben).
- ▶ Er hat das Recht der **Gegenzeichnung** von Anordnungen und Verfügungen des Bundespräsidenten, Art. 58 GG (s. oben).
- ▶ Mit Verkündung des Verteidigungsfalles geht die **Befehls-** und **Kommandogewalt** über die **Streitkräfte** vom Verteidigungsminister auf den Bundeskanzler über (Art. 115b GG).

### Die Bundesminister

Gem. Art. 65 GG haben die Minister im Rahmen der vom Bundeskanzler bestimmten Richtlinien der Politik und der sie bindenden Kabinettsbeschlüsse einen **selbständigen Aufgaben-** und **Verantwortungsbereich,** in den grundsätzlich weder der Regierungschef noch das Kabinett eingreifen können **(Ressortprinzip).** Ebenso wenig dürfen die Minister zu einem bestimmten Abstimmungsverhalten im Kabinett verpflichtet werden. Da der Bundeskanzler jedoch die Möglichkeit hat, Minister auszuwechseln bzw. zum Rücktritt zu veranlassen, kann er Kabinettsdisziplin im äußersten Falle auch erzwingen.

Ihre weiteren **Befugnisse** sind:

- ▶ Sie haben das Recht der **Gegenzeichnung** (Art. 58 GG) und
- ▶ dürfen aufgrund gesetzlicher Ermächtigung **Rechtsverordnungen** erlassen (Art. 80 GG).
- ▶ Entscheidungsfreiheit haben auch die entsprechenden Ressortminister bei der **Berufung** der **Richter** für die **obersten Gerichtshöfe** (Art. 95 Abs. 2 GG).
- ▶ Sie haben – ebenso wie der Bundeskanzler – **Zutritt** zu allen **Sitzungen** des **Bundestages** und **Bundesrates** und deren **Ausschüsse** (Art. 43, 53 GG).

Herausgehoben ist die Stellung des Bundesministers für **Finanzen:** So dürfen z. B. Haushaltsüberschreitungen und außerplanmäßige Ausgaben nur mit seiner Zustimmung erfolgen (Art. 112 GG). In Angelegenheiten von finanzieller Bedeutung besitzt der Bundesfinanzminister gem. § 26 GeschO BReg ein suspensives **Vetorecht** (einstweiliger Einspruch). Das heißt, dass die Durchführung der Angelegenheit unterbleiben muss, wenn sie nicht in erneuter Abstimmung in Anwesenheit des Finanzministers oder seines Vertreters von der Mehrheit sämtlicher Bundesminister beschlossen wird und der Bundeskanzler mit der Mehrheit gestimmt hat.

*Bundesregierung*

| Die **Bundesregierung** (als Kollegium) |
|---|

Den Bundesministern in ihrer Einzelverantwortlichkeit **übergeordnet** ist die **Bundesregierung** als Gemeinschafts- und Koordinierungsorgan (im Sprachgebrauch vielfach als **Kabinett** bezeichnet). Im Kabinett werden gem. Art. 65 GG i. V. m. § 15 GeschO BReg die Grundzüge der Politik und alle wichtigen ressortübergreifenden Fragen, insbesondere auch Meinungsverschiedenheiten, nach dem **Kollegialprinzip** beraten und in verbindliche Beschlüsse umgesetzt. Die Bundesregierung als Kollegium ist insbesondere **zuständig**:

▶ für die **Einbringung** von **Gesetzesvorlagen** beim Bundestag (Art. 76 Abs. 1 GG);

▶ für das Verlangen auf **Einberufung** des **Bundesrates** (Art. 52 Abs. 2 GG) und des **Vermittlungsausschusses** (Art. 77 Abs. 2 GG);

▶ für den **Antrag** an den Bundespräsidenten, den **Gesetzgebungsnotstand zu erklären**, Art. 81 GG (s. Kap. XI);

▶ zum **Erlass** von **Rechtsverordnungen** (Art. 80 GG) und **Verwaltungsvorschriften** sowie zur **Wahrnehmung** von **Aufsichtsbefugnissen**, Art. 84, 85, 86 GG (s. unten);

▶ zur **Entscheidung** über den **Bundeszwang**, Art. 37 GG (s. unten);

▶ im Rahmen der **Bundesaufsicht**, Art. 84, 85 GG (s. unten);

▶ für die **Zustimmung** zu Beschlüssen des Bundestages und Bundesrates, die eine **Änderung** des von der Bundesregierung vorgelegten **Haushaltsplanes** beinhalten (Art. 113 GG);

▶ für den **Antrag** auf ein **abstraktes Normenkontrollverfahren** durch das BVerfG, Art. 93 Abs. 1 Nr. 2 GG (s. unten);

▶ für **Maßnahmen** bei **inneren Notständen** und im **Verteidigungsfall**, Art. 35, 87a, 91, 115a, 115f, 115l GG (s. Kap. XII).

Für die Beschlüsse bedarf es der **Stimmenmehrheit** im Kabinett. Bei Stimmengleichheit gibt die Stimme des Bundeskanzlers den Ausschlag (§ 24 Abs. 2 GeschO BReg).

**Rangordnung** der Kompetenzen innerhalb der Bundesregierung:

| Richtlinien der Politik durch Bundeskanzler | Sonderrechte einzelner Bundesminister | Kollegialentscheidungen | Entscheidungen der Fachminister |
|---|---|---|---|

Gem. § 28 Abs. 2 GeschO BReg hat die Bundesregierung nach außen hin solidarisch – als **Einheit** – aufzutreten. Ist eine Frage der Politik durch Kabinettsbeschluss entschieden, dann ist jeder Bundesminister an diese Entscheidung gebunden und muss sie selbst dann wie seine eigene vertreten, wenn er hierüber anderer Ansicht sein sollte (Kabinettsdisziplin). Dies gilt ebenso für den Bundeskanzler; auch er vermag nicht gegen den Willen der Kabinettsmehrheit Änderungen vorzunehmen, und er darf nur eine Richtlinie setzen, die er vorher im Kabinett hat beraten lassen.

Um die Geschlossenheit der Regierung außerhalb des Kabinetts zu wahren, sind die Beratungen **vertraulich**, das Abstimmungsverhalten muss geheim bleiben, und Gesetzgebungsvorhaben dürfen nicht vor der Abstimmung im Kabinett an die Öffentlichkeit gelangen. Allerdings gab es in der Vergangenheit immer wieder Beispiele dafür, dass sich einzelne Regierungsmitglieder an diese Regeln nicht gehalten haben; nicht selten aus persönlicher oder (meist in Koalitionen) parteibezogener Profilierungsabsicht.

## Aufgaben und Befugnisse der Bundesregierung

Aufgaben und Befugnisse der Bundesregierung erstrecken sich

auf die **Gesetzgebung**

▶ Die Bundesregierung **wirkt** bei der ordentlichen Gesetzgebung **mit**. Sie hat
  ▶ das Recht der **Gesetzesinitiative** (Art. 76 GG);
  ▶ das Recht, bei der Weitergabe der Gesetzesvorlagen des Bundesrates an den Bundestag den **eigenen Standpunkt darzulegen** (Art. 76 Abs. 3 GG);
  ▶ das Recht, bei allen föderativen und verfassungsändernden Gesetzen die **Einberufung des Vermittlungsausschusses** zu verlangen (Art. 77 Abs. 2 GG).

▶ Mitwirkung beim **Gesetzgebungsnotstand** (durch entsprechende Antragstellung beim Bundespräsidenten gem. Art. 81 Abs. 1 GG).

▶ Befugnis zum **Erlass** von **Verordnungen** mit **Gesetzeskraft**, soweit sie dazu ermächtigt wird
  ▶ durch ein **förmliches Gesetz** (Art. 80 Abs. 1 GG), z. B. Straßenverkehrsgesetz, Straßenverkehrsordnung, Straßenverkehrszulassungsordnung;
  ▶ durch das **Grundgesetz** selbst, z. B. in Angelegenheiten der Flüchtlinge und Vertriebenen, insbesondere zu ihrer Verteilung auf die Länder (Art. 119 GG).

▶ Zustimmung zu **Beschlüssen** (gesetzesförmliche oder einfache Beschlüsse, Haushaltsplangesetze oder andere Gesetze) des Bundestages und Bundesrates, die zu im **Haushalt nicht gedeckten Mehrausgaben führen** (Art. 113 GG; siehe auch Art. 104a ff. GG, sog. Finanzverfassung).

auf die **vollziehende Gewalt**

▶ Erlass allgemeiner **Verwaltungsvorschriften** für die Durchführung von Bundesgesetzen durch die Länder (Art. 84 Abs. 2, 85 Abs. 2 GG) sowie für die Eigenverwaltung des Bundes (Art. 6 GG).

▶ Regelung einer **einheitlichen Ausbildung** der Beamten und Angestellten sowie Mitwirkungsrecht bei der Bestellung der Leiter der Mittelbehörden im Rahmen der Auftragsverwaltung (Art. 85 Abs. 2 GG).

▶ **Aufsicht** über die Ausführung der Bundesgesetze durch die Länder. Hierzu können bei Pflichtverletzung Beauftragte in die Landesbehörden geschickt (Art. 84 Abs. 3 GG) und Anträge auf Mängelrügen gestellt werden (Art. 84 Abs. 4 GG).

▶ **Anordnung** des **Bundeszwanges**, wenn ein Land die ihm nach dem Grundgesetz obliegenden Bundespflichten nicht erfüllt (Art. 37 GG).

▶ **Polizeihilfe** zur Bekämpfung von Naturkatastrophen und besonders schweren Unglücksfällen (Art. 35 Abs. 3 GG) sowie zur Abwehr einer drohenden Gefahr für die verfassungsmäßige Ordnung des Bundes oder eines Landes (Art. 91 GG).

▶ **Genehmigungsrecht** für Herstellung, Beförderung und Inverkehrbringen von **Waffen,** die zur Kriegsführung bestimmt sind (Art. 26 Abs. 2 GG).

▶ Die Verpflichtung des Bundesfinanzministers zur jährlichen **Rechnungslegung** gegenüber Bundestag und Bundesrat (Art. 114 Abs. 1 GG).

▶ Zustimmung zu **Länderverträgen** mit auswärtigen Staaten (Art. 32 Abs. 3 GG).

▶ **Befehlsgewalt** über die **Streitkräfte** durch den Bundesverteidigungsminister in Friedenszeiten (Art. 65a GG) sowie den Bundeskanzler im Verteidigungsfalle (Art. 115b GG).

*Bundesregierung*

▶ **Weisungsrechte** im **Verteidigungsfalle** gegenüber dem Bundesgrenzschutz sowie den Landesregierungen und Landesbehörden (Art. 115f GG).

Weitere Rechte und Pflichten der Bundesregierung:

▶ Das **Recht**, die **Einberufung** des **Bundestages** zu verlangen (Art. 39 Abs. 3 GG);

▶ das **Recht**, jederzeit an den **Sitzungen** des **Bundestages**, des **Bundesrates** und der **Ausschüsse teilzunehmen** (Art. 43 Abs. 2, Art. 53 GG);

▶ das **Recht** der Antragstellung für den **Ausschluss der Öffentlichkeit** bei den Verhandlungen des Bundestages (Art. 42 Abs. 1 GG);

▶ die **Pflicht**, an den **Sitzungen** des Bundestages, Bundesrates oder der Ausschüsse teilzunehmen, wenn diese es verlangen (Art. 43 Abs. 1, 53 GG), sowie den Bundesrat über die **Führung ihrer Geschäfte** auf dem Laufenden zu halten (Art. 53 Abs. 3 GG);

▶ die **Pflicht**, Bundestag und Bundesrat umfassend und zum frühestmöglichen Zeitpunkt über Angelegenheiten der **EU** zu unterrichten (Art. 23 Abs. 2 GG).

## Parlamentarische Verantwortung der Bundesregierung

Mit der parlamentarischen Wahl des Bundeskanzlers erhält die Regierung für die Dauer einer Wahlperiode ihre Berechtigung und Autorität zur Repräsentation des Volkes. Gleichwohl bedarf sie für ihre Amtsführung ständig des Vertrauens der Volksvertretung. Hat die Bundesregierung dieses Vertrauen „verspielt", so besteht für den Bundestag die Möglichkeit, ihr das **Misstrauen auszusprechen** und sie damit zum Rücktritt zu zwingen (Prinzip des parlamentarischen Regierungssystems). Hierfür sieht das Grundgesetz gemäß Art. 67 GG

das **konstruktive Misstrauensvotum**

vor, das sich aber nur gegen den **Bundeskanzler** richten kann, nicht gegen einzelne Minister oder gegen die ganze Bundesregierung.

Die Einschränkung der parlamentarischen Verantwortlichkeit der **Bundesminister** wird damit begründet, dass ihre **Auswahl** durch den **Bundeskanzler** erfolgt, sie im Rahmen der Richtlinien des Bundeskanzlers ihr Ressort **eigenständig leiten** und folglich ihre Verantwortung nur innerhalb des Kabinetts dem Regierungschef gegenüber besteht. Das heißt, der Bundeskanzler muss auch für alle beanstandeten Tätigkeiten und Unterlassungen seiner Minister generell und insbesondere gegenüber dem Parlament einstehen. Hierdurch wird zwar die Stellung der Minister gegenüber dem Bundestag gestärkt, andererseits führt dies zu einer noch größeren Abhängigkeit der Minister vom Bundeskanzler.

Das Fehlen der Möglichkeit, Minister rechtlich abberufen zu können, bedeutet aber nicht, dass sie „politisch unkontrolliert" bleiben. Wenn ein **Bundesminister** nicht mehr das Vertrauen des Bundestages hat, so kann dieser

▶ einen **Tadelsantrag** stellen oder einen **Missbilligungsbeschluss** fassen (im Übrigen auch gegen den Bundeskanzler). Dieses Verfahren vermag den betroffenen Minister so sehr in das Blickfeld der Öffentlichkeit zu rücken, dass der Bundeskanzler sich genötigt sehen kann, ihn aus dem Amt zu nehmen;

▶ oder aber er kann, wenn der Bundeskanzler am Minister festhält, den **Kanzler** selbst **abwählen**, was dann auch den **Amtsverlust** aller **Minister** zur Folge hat.

## Bundesregierung

In der **Weimarer Reichsverfassung** war das Abberufungsrecht sehr ausgeprägt und wurde vom Reichstag konsequent genutzt. Infolge instabiler Regierungen und nicht zuletzt aufgrund der Möglichkeit, einen amtierenden Reichskanzler zu stürzen, ohne gleichzeitig sich über einen Nachfolger einigen zu müssen, kam es zwischen 1919 und 1933 zu **23 Regierungsbildungen**. Davon ausgehend, haben die Schöpfer des Grundgesetzes einer „**konstruktiven**" Lösung des Misstrauensvotums den Vorzug gegeben, denn gem. Art. 67 GG muss ...

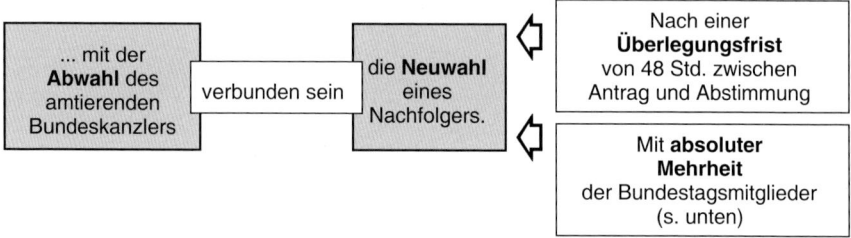

Misstrauensvotum und Nachfolgewahl sind mithin im Grundgesetz unlösbar miteinander verknüpft. Auf diese Weise wird nicht nur ein nahtloser Übergang der Geschäfte von der abberufenen zur neuen Regierung gewährleistet, sondern auch mit dazu beigetragen, dass sich die Zahl der Regierungsbildungen in Grenzen hält. Zum **Vergleich:** Mit Adenauer (ab 1949), Erhardt (ab 1963), Kiesinger (ab 1966), Brandt (ab 1969), Schmidt (ab1974), Kohl (ab 1982), Schröder (ab 1998) und Frau Merkel (ab 2005) hatte die Bundesrepublik in mehr als sechzig Jahren **acht Bundeskanzler**.

| **Verfahren** und **Folgen** des konstruktiven Misstrauensvotums |
|---|

Das Verfahren wird eingeleitet durch einen **Antrag**, dem Bundeskanzler das Misstrauen auszusprechen. Der Antrag muss gem. § 97 Abs. 2 GO BT von mindestens **einem Viertel** der Mitglieder des Bundestages oder einer **Fraktion** in mindestens dieser Stärke getragen werden. Er muss den Nachfolgekandidaten bzw. die Nachfolgekandidatin namentlich benennen. Nach der GO BT (§ 97 Abs. 2) können auch mehrere Kandidaten zur Wahl gestellt werden.

▶ Gem. Art. 67 Abs. 2 GG ist zwischen dem Antrag und der Wahl eine **Bedenkzeit** von 48 Stunden zwingend vorgeschrieben, um übereilte Entwicklungen zu vermeiden.

▶ Nach dieser Bedenkzeit erfolgt die **geheime Abstimmung.**

▶ Erreicht der **Nachfolgekandidat** (bzw. einer von mehreren) nicht die **absolute Mehrheit** von **300 Stimmen** (bei Überhangmandaten entsprechend mehr; s. unten), so ist das Misstrauensvotum **abgelehnt**. Für den amtierenden Kanzler ergeben sich aus dem **Scheitern** eines gegen ihn gerichteten Misstrauensantrags **keine verfassungsrechtlichen** Konsequenzen. Nicht er, sondern der Kandidat bedarf der absoluten Mehrheit. **Politisch** allerdings kann das Ergebnis Stärkung oder auch Schwächung bedeuten.

▶ Kann der Kandidat jedoch die geforderten 300 Stimmen auf sich vereinigen, so ersucht der Bundestag den Bundespräsidenten, den **Kanzler** zu **entlassen** (Art. 67 Abs. 1 GG).

▶ Der Bundespräsident **muss** diesem Ersuchen entsprechen und den Gewählten als Nachfolger ernennen (Art. 67 Abs. 1 GG); ein Ermessensspielraum bleibt ihm hierbei nicht (s. oben). Mit dem Amtsverlust des Bundeskanzlers **endet** auch das Amt der **Bundesminister** (Art. 69 Abs. 2 GG).

Der Bundeskanzler braucht allerdings nicht darauf zu warten, bis der Bundestag ihm das Misstrauen ausspricht. Das Grundgesetz gibt ihm ein **Gegenmittel:** das Ersuchen beim Bundespräsidenten auf **Parlamentsauflösung** (Art. 68 Abs. 1 GG). Dem Ersuchen hat jedoch die Initiative des Bundeskanzlers vorauszugehen, seinerseits gem. Art. 68 Abs. 1 GG

| die **Vertrauensfrage** |

im Bundestag zu stellen. Ebenso wie das **Misstrauensvotum** des **Parlaments** ist die **Vertrauensfrage** des **Kanzlers** – quasi als **verfassungsrechtliches Gegenstück** – Ausfluss des **parlamentarischen Regierungssystems** und stellt mit ihrem Ergebnis **nicht** etwa ein **Werturteil dar.** Sie bietet lediglich dem Regierungschef die Möglichkeit festzustellen, ob er das für seine Amtsführung erforderliche Vertrauen im Bundestag noch hat. Aus diesem Grunde darf er nach freiem Ermessen – und ohne an einen bestimmten Grund gebunden zu sein – dem Bundestag einen Antrag auf **Vertrauenskundgabe** vorlegen.

Bei einem drohenden Misstrauensantrag oder ähnlich schwerwiegenden Gründen kann die Vertrauensfrage mit der möglichen Folge einer Parlamentsauflösung zur schärfsten „Waffe" des Bundeskanzlers werden – auch und vor allem, wenn sie mit einer Sachfrage verbunden wird. Erstmalig wurde diese Verknüpfung bei der Abstimmung zum Einsatz der Bundeswehr in Afghanistan im Herbst 2001 vorgenommen, anlässlich derer Kanzler Schröder „vollen Koalitionsrückhalt" einforderte und so nicht nur die eigene Fraktion hinter sich brachte, sondern auch den Koalitionspartner Bündnis 90/Die Grünen in eine Zerreißprobe, letztlich aber zu weitestgehend geschlossenem Abstimmungsverhalten zwang (s. unten).

Für den Sachantrag in der Afghanistan-Frage hätte die einfache Mehrheit gereicht, durch die Verbindung mit der Vertrauensfrage war jedoch, wie bei den meisten anderen Beschlüssen des Bundestages, die **absolute Mehrheit** (sog. **Kanzlermehrheit)** erforderlich (bei damals 666 Mitgliedern folglich 334 Stimmen, die Bundeskanzler Schröder mit 336 Stimmen knapp erreichte.

| **Verfahren** und **Folgen** der Vertrauensfrage |

Wie beim konstruktiven Misstrauensvotum muss zwischen Antrag und Abstimmung eine „**Bedenkfrist**" von 48 Stunden liegen, um übereilte Schritte zu vermeiden (Art. 67 Abs. 2 GG). Erfolgt eine Abstimmung über das Vertrauensvotum, dann ergeben sich verschiedene Möglichkeiten:

▶ Der Bundestag **nimmt** den Antrag mit der Mehrheit seiner Stimmen **an.** Damit hat er dem Bundeskanzler sein **Vertrauen ausgesprochen,** wodurch dieser in der Regel eine politische Stärkung erfährt. Die Vertrauenskundgabe kann aber auch rein oberflächlicher Natur sein, sofern z. B. der Antrag wegen drohender Parlamentsauflösung angenommen wird, die Regierungspolitik jedoch weiterhin die erforderlichen Mehrheiten nicht findet und die Schwierigkeiten des Regierens folglich nicht ausgeräumt sind.

▶ Der Bundestag spricht sich mit seiner Mehrheit **gegen** den Antrag aus **und** wählt gem. Art. 68 Abs. 1 GG einen **anderen Bundeskanzler.**

▶ Entscheidet sich der Bundestag aber **gegen** den Antrag, **ohne** einen Nachfolger zu wählen, dann stehen dem Bundeskanzler drei alternative Entscheidungsbefugnisse zur Verfügung:

  ▶ Entweder er **bleibt** – politisch geschwächt als Minderheitskanzler – **im Amt,** oder

  ▶ er **tritt** „gezwungenermaßen-freiwillig" **zurück,** weil er der Auffassung ist, ohne Parlamentsmehrheit nicht regieren zu können (in diesem Falle erfolgt gem. Art. 63 GG eine Kanzler-Neuwahl, für die auch der bisherige Bundeskanzler kandidieren kann), oder

*Bundesregierung*

▶ er schlägt dem Bundespräsidenten die **Auflösung** des **Bundestages** vor. Der Bundespräsident kann diesem Ersuchen binnen 21 Tagen stattgeben. Eine Verpflichtung hierzu besteht aber nicht (zur Problematik der Bundestagsauflösung s. oben). Der Bundestag wiederum kann seiner Auflösung zuvorkommen, indem er mit der Mehrheit seiner Stimmen einen **neuen Bundeskanzler wählt** (Art. 68 Abs. 1 GG).

Stellt der Bundeskanzler die **Vertrauensfrage** im **Zusammenhang** mit einer **Gesetzesvorlage**, so steht dem Bundespräsidenten bei **Nichtannahme** des Antrages ebenfalls das Recht zu, den **Bundestag aufzulösen** oder aber den **Gesetzgebungsnotstand** zu **erklären**, Art. 81 GG. In der Geschichte der Bundesrepublik gab es bislang folgende Anträge für

| ein **konstruktives Misstrauensvotum** | eine **Vertrauensfrage** |
|---|---|
| 1972 gegen Willy Brandt. Da sein Gegenkandidat Rainer Barzel jedoch nur 247 Stimmen erhielt (im damaligen Bundestag waren für die absolute Mehrheit 249 Stimmen erforderlich), kam es nicht zum Kanzlersturz. 1982 durch Helmut Schmidt. Sein Konkurrent Helmut Kohl erzielte mit 254 Stimmen die absolute Mehrheit und trat die Nachfolge an. | 1982 durch Helmut Schmidt. Die Vertrauensfrage wurde bejaht. 1972 durch Willy Brandt und 1982 durch Helmut Kohl. Beide Vertrauensfragen wurden erwartungsgemäß verneint; es kam zur Parlamentsauflösung und zu Neuwahlen. 2001 verknüpfte Gerhard Schröder die Abstimmung über den Afghanistan-Einsatz mit der Vertrauensfrage und sicherte sich so die Kanzlermehrheit (s. unten). |

## Konstruktives Misstrauensvotum und Vertrauensfrage
### (Gegenüberstellung)

**Bundespräsident**

Entlassung — Ernennung ④

Ersuchen um Entlassung ②

**Bundeskanzler** ③ — **neuer Kanzler**

①

**Misstrauensvotum** — Wahl

**Bundestag**

Bundeskanzler hat nicht mehr das Vertrauen der Mehrheit

334

*Bundesregierung*

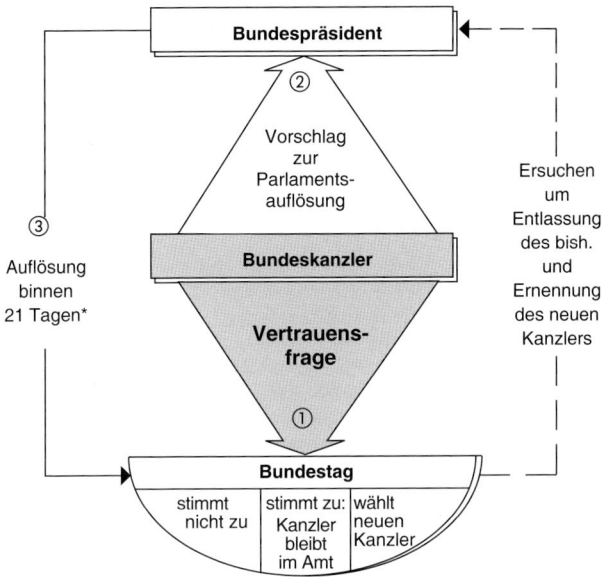

*Falls der Bundestag in dieser Frist keinen neuen Bundeskanzler wählt.

## Persönliche Rechtsstellung der Mitglieder der Bundesregierung

Die Rechtsverhältnisse des Bundeskanzlers und der Bundesminister sind im Grundgesetz und im Bundesministergesetz geregelt. Danach

▶ stehen die Mitglieder der Bundesregierung in einem **öffentlich-rechtlichen Amtsverhältnis**. Sie sind jedoch keine Beamte im beamtenrechtlichen Sinne. Aus diesem Grunde kann gegen sie auch kein Disziplinarverfahren eingeleitet werden;

▶ dürfen sie nicht gleichzeitig Mitglieder einer Landesregierung, des Bundesrates oder des Bundesverfassungsgerichts sein (Grundsatz der **Inkompatibilität**). Dagegen gibt es eine Kompatibilität eigener Art in der Tatsache, dass die Parlamentarischen Staatssekretäre und – von ganz wenigen Ausnahmen abgesehen – die Minister zugleich dem Bundestag und der Regierung angehören. „Inkompatibel" ist also für Regierungsmitglieder de facto nicht die Zugehörigkeit zum Parlament, sondern zur Opposition (s. Kap. I);

▶ dürfen sie weder ein anderes besoldetes Amt, ein Gewerbe oder einen Beruf ausüben noch dem Vorstand oder – ohne Zustimmung des Bundestages – dem Aufsichtsrat eines auf Erwerb gerichteten Unternehmens angehören (Art. 66 GG);

▶ sind sie in **materieller Hinsicht** ebenso gestellt wie die Beamten. Sie erhalten Amtsbezüge, Übergangsgeld und Ruhegeld beim Ausscheiden aus dem Amt, Unfallfürsorge und Hinterbliebenenversorgung.

# Das Bundesverfassungsgericht

## Staatsrechtliche Stellung

Das Bundesverfassungsgericht (BVerfG) hat eine **Doppelstellung**. Es ist nach § 1 BVerfGG sowohl

| ein **oberstes Bundesorgan** | als auch | ein **Rechtsprechungsorgan**. |

Als oberstes Bundesorgan ist es den übrigen Verfassungsorganen gleichgeordnet; als Organ der Rechtsprechung obliegt ihm die Funktion eines unabhängigen obersten Verfassungsgerichtshofes, der über die umfassende Kontrolle der drei Staatsgewalten verfügt.

Das BVerfG ist zur **Auslegung** und **Anwendung** der Verfassung berufen. Gegen seine Urteile gibt es keine Einspruchsmöglichkeit. Aufgrund seiner bedeutenden **verfassungssichernden Funktion** und seiner weitreichenden Vollmachten wird das Gericht auch als „**Hüter der Verfassung**" bezeichnet. Der ehemalige Verfassungsrichter Paul Kirchhof hat das Gericht einmal das „**Gedächtnis der Demokratie**" genannt. Seine Entscheidungen sind **gerichtliche Rechtserkenntnisse**, nicht politische Willensakte (Maunz-Dürig-Herzog, GG, Art. 94, Rdnr. 2). Gleichwohl hat das Gericht **Anteil an der Staatslenkung**, indem es als **Verfassungsorgan** in einem **justizförmig** ausgestatteten Verfahren über staatliche Akte letztinstanzlich befindet.

Ein Gericht mit derartigen Befugnissen entfaltet unvermeidlich – sowohl im Vorfeld als auch in der nachträglichen Prüfung von Gesetzen – beträchtliche **politische Wirkungen**, die sich dem herkömmlichen Gewaltenteilungsschema entziehen: Zum einen beeinflussen die Entscheidungen des Bundesverfassungsgerichts den Gesetzgeber schon durch ihre **Bindungswirkung** (etwa durch die Festlegung, Gesetze seien „stets im Lichte der Grundrechte zu interpretieren"). Zum anderen fällt dem Gericht die Rolle des „**richterlichen Zensors**" zu, indem es Parlaments- und Regierungsakte (Gesetze, internationale Verträge pp.) überprüft und ggf. verwirft. Daran vor allem entzündet sich jene Kritik, die dem Gericht vorhält, es treffe zunehmend **politische** Entscheidungen, entwickle sich zu einem **Nebengesetzgeber** und verlasse damit die ihm als Rechtsprechungsorgan wesensmäßig gezogenen Grenzen zwischen **verfassungsrechtlicher Kontrolle** und **rechtspolitischer Gestaltung**. Sie hat sich in der Vergangenheit vor allem daran entzündet, dass nach dem 11. September nahezu alle **Sicherheitsgesetze** vor dem BVerfG gescheitert sind. In jüngster Zeit hat das Urteil zum **Lissabon-Vertrag** (s. Kap. XIV) heftige Reaktionen aus dem politischen Raum ausgelöst, das Gericht betreibe **Verfassungspolitik**, indem es Themenfelder definiere (wie etwa das Strafrecht), die nicht übertragen werden dürften, entwickle eigene Vorstellungen zur Europapolitik, lege sie auf Jahrzehnte fest und spreche sich selbst das Recht zu, letztinstanzlich über Ausmaß und Grenzen der Integration zu entscheiden.

Andererseits hat es immer wieder auch Versuche gegeben, das Gericht als Ersatzgesetzgeber oder verlängerten Arm der Opposition zu missbrauchen. Die „erzwungenen" Entscheidungen zu Bundeswehreinsätzen außerhalb des NATO-Gebietes, zur Parteienfinanzierung, zur Strafbarkeit bei Schwangerschaftsabbruch und von Sitzblockaden, zum Wahlrecht, Steuerrecht und Streikrecht sind Beispiele dafür, wie sich vermeintlich schwer lösbare Probleme und unpopuläre Beschlüsse in den Gerichtssaal verlegen lassen. Dieser Hilfe suchende Gang zur Verfassungsjustiz zeugt einerseits von sinkender Bereitschaft, **Mehrheitsbeschlüsse** anzuerkennen. Zum anderen ist er Ausdruck der wachsenden Neigung, Fragen **gerichtlich** klären zu lassen, die eigentlich Sache von **Parlament** und **Regierung** sind.

Generell zu bedauern ist, wenn gegen einzelne Entscheidungen – wie etwa zum „Mörder-Urteil" und zur „Kruzifix-Entscheidung" (s. Kap. IV) – regelrechte Kampagnen inszeniert wurden. Denn zum Verständnis des **Rechtsstaats** gehört, dass letztinstanzliche Urteile auch dann zu respektieren sind, wenn man sie persönlich nicht billigt.

Das Gericht selbst hat die ihm von der Verfassung gezogenen Grenzen stets gesehen und dies gelegentlich auch öffentlich zum Ausdruck gebracht, so z. B., als es mit Urteil vom 10.4.2002 nachdrücklich darauf verwies, in den anstehenden Fragen der **Wehrpflicht** gehe es primär um **politische** Entscheidungen, um die sich **Parlament** und **Regierung** in **eigener** Verantwortung zu bemühen hätten (s. Kap. IV).

Klare Abgrenzungen hat das Bundesverfassungsgericht auch hinsichtlich der **europäischen Ebene** vorgenommen. So hat es z. B. im Zusammenhang mit dem sog. Caroline-Urteil und den Bodenreform-Entscheidungen des **Europäischen Gerichtshofs für Menschenrechte** (s. Kap. XIV) eine **Bindungswirkung** dieser Urteile **verneint** (BVerfG, Beschl. v. 14.10.2004): Entscheidungen des Menschenrechtsgerichtshofes, einer Einrichtung des Europarates (s. Kap. XIV), seien von der deutschen Justiz zwar **gebührend** zu **berücksichtigen**, zwingend seien sie allerdings nicht. Die Europäische **Konvention** zum Schutz der Menschenrechte, heißt es in dieser Entscheidung weiter, sei als **völkerrechtlicher Vertrag** durch den Bundesgesetzgeber mit förmlichem Gesetz in den Rang eines **Bundesgesetzes** überführt worden, sei aber schon dieses Ranges wegen „kein unmittelbarer **verfassungsrechtlicher** Prüfungsmaßstab". Ob es hierbei bleiben wird, oder ob Deutschland, wie das in den meisten anderen Ländern geschehen ist, der MRK einen höheren Stellenwert geben muss, ist durchaus offen.

Das Bundesverfassungsgericht als **Kern** der Verfassungs**rechtsprechung** und **Motor** der **Weiterentwicklung** des Verfassungsrechts kann in seiner fast **sechzigjährigen Tätigkeit** eine **beeindruckende Bilanz** aufweisen – auch rein zahlenmäßig, mit mehr als 130 000 Verfahren, die bis 2012 insgesamt 129 Bände der „Amtlichen Sammlung der Rechtsprechung des BVerfG" füllten. Es ist in dieser Zeit zu einer aus dem politischen Leben der Bundesrepublik nicht mehr wegzudenkenden Institution geworden, die nicht nur in Fragen der Grundrechtsinterpretation das letzte Wort hat, sondern bei fast allen wichtigen politischen Streitfragen in der Rolle eines Schlichters angerufen wird.

## Organisation und Arbeitsweise

Neben dem BVerfG umfasst die Verfassungsgerichtsbarkeit die Verfassungsgerichte der **Länder,** zumeist als **Staatsgerichtshof** oder **Verfassungsgerichtshof** bezeichnet. Diese Gerichte messen Maßnahmen von Landesorganen am Maßstab der Landesverfassung. Eine Ausnahme macht Schleswig-Holstein, das gem. Art. 99 GG in Verbindung mit Art. 37 der Landesverfassung die Entscheidung solcher Streitigkeiten dem BVerfG übertragen hat.

**Sitz** des BVerfG ist **Karlsruhe** – auch nach dem Umzug von Parlament und Regierung nach Berlin. Damit bleibt das Gericht weiterhin der Sorge enthoben, im Hauptstadtalltag zwischen Politik und Medien über Gebühr beansprucht zu werden. Das BVerfG genießt, wie Bundestag und Bundesrat, als „befriedeter Bezirk" besonderen Schutz (s. oben).

Die **Gleichrangigkeit** und **Selbständigkeit** des BVerfG gegenüber den anderen Bundesorganen wie auch seine **besondere Stellung** im Gerichtssystem sind darin erkennbar, dass

▶ es **nicht** der **Dienstaufsicht** eines Ministeriums untersteht und sich **selbst verwaltet;**
▶ ihm analog zur Regelung beim Bundestag und Bundesrat die Funktion einer **obersten Dienstbehörde** zukommt (mit eigener **Geschäftsordnung** und einem **Präsidenten,** der Dienstvorgesetzer aller Beschäftigten ist);
▶ die **Rechtsstellung** der Richter des BVerfG **abweicht** von der anderer Richter.
Sie müssen das 40. Lebensjahr vollendet haben und die Befähigung zum Richteramt sowie das passive Wahlrecht zum Bundestag besitzen (§ 3 BVerfGG). Ferner dürfen sie
▶ weder dem Bundestag, dem Bundesrat, der Bundesregierung noch entsprechenden Organen eines Landes angehören (Inkompatibilität, vgl. S. 302, 338). Mit ihrer Ernennung scheiden sie aus solchen Organen aus (Art. 94 Abs. 1 GG, § 3 BVerfGG);
▶ keine andere berufliche Tätigkeit als die eines Hochschullehrers der Rechtswissenschaften ausüben.

Ihre **Amtsdauer** beträgt 12 Jahre, längstens jedoch bis zur Altersgrenze von 68 Jahren. Eine anschließende oder spätere Wiederwahl ist nicht zulässig (§ 4 BVerfGG). – Die Richter können jederzeit ihre Entlassung aus dem Amt beantragen (§ 12 BVerfGG). Die **Zusammensetzung** ergibt sich aus Art. 94 GG und dem BVerfGG v. 12.3.1951, zul. geä. d. Ges. v. 16.7.1998 (BGBl. I S. 1823). Das BVerfG ist ein sog. Zwillingsgericht. Gemäß § 2 BVerfGG gliedert es sich in **zwei Senate** mit **je acht Richtern**. Ihre **Wahl** erfolgt **je zur Hälfte** durch Bundestag und Bundesrat, und zwar für jeden Senat drei Richter, die an den **obersten Gerichten** des Bundes tätig sind sowie fünf **weitere** Richter.

Während die Verfassungsrichter vom Bundes**rat unmittelbar** gewählt werden, erfolgt ihre Wahl durch den Bundes**tag mittelbar** durch einen aus 12 seiner Mitglieder bestehenden **Wahlmännerausschuss**. In beiden Wahlorganen ist eine Zweidrittelmehrheit erforderlich. Aus den Reihen der 16 Richter wählen Bundestag und Bundesrat **abwechselnd** den **Präsidenten** und den **Vizepräsidenten**. In der Wahl der Richter durch den Ausschuss sehen Kritiker eine Verletzung des Rechts auf gleiche Teilhabe **aller** Abgeordneten am parlamentarischen Willensbildungsprozess und fordern eine Wahl durch das **Plenum**.

Für die beiden Senate besteht eine nach dem BVerfGG **festgelegte Zuständigkeitsverteilung**. Während der **Erste Senat** vorrangig für die Wahrung der **Grundrechte** und Verfassungsbeschwerden zuständig ist, übt der **Zweite Senat** mehr die Funktion eines **Staatsgerichtshofs** aus, der über Streitigkeiten zwischen **Bund** und **Ländern** sowie Konflikte zwischen den **Staatsorganen** befindet. Bestehen Zweifel über die Zuständigkeit, so entscheidet darüber ein sog. **Sechserausschuss** (Präsident, Vizepräsident und je zwei Richter aus beiden Senaten, § 14 Abs. 5 BVerfGG).

Das **Plenum**, das sind beide Senate gemeinsam, kann unter bestimmten Voraussetzungen die Zuständigkeit in einer vom Gesetz abweichenden Form regeln.

Den **Vorsitz** im Ersten Senat führt der Präsident, im Zweiten Senat der Vizepräsident des BVerfG. Die **Beschlussfähigkeit** des Senats ist gegeben, wenn mindestens sechs Richter anwesend sind (§ 15 BVerfGG). Jeder Senat entscheidet **selbständig**. Eine Überprüfung der Entscheidungen des anderen Senats ist unzulässig. Ein Senat, der von der Rechtsauffassung des anderen Senats abweichen will, muss gem. § 16 BVerfGG das Plenum anrufen. Eine solche **Plenarentscheidung** wurde erwartet, nachdem im Nov. 1997 der Erste Senat entschieden hatte, ein ungewolltes Kind könne bei fehlgeschlagener Sterilisation zum Schadensersatz führen, während der Zweite Senat zuvor erklärt hatte, ein Kind als Schadensfall zu betrachten, sei unmoralisch und mit der Verfassung nicht zu vereinbaren (s. Kap. IV). Das Gericht hat darüber jedoch nicht im Plenum entschieden.

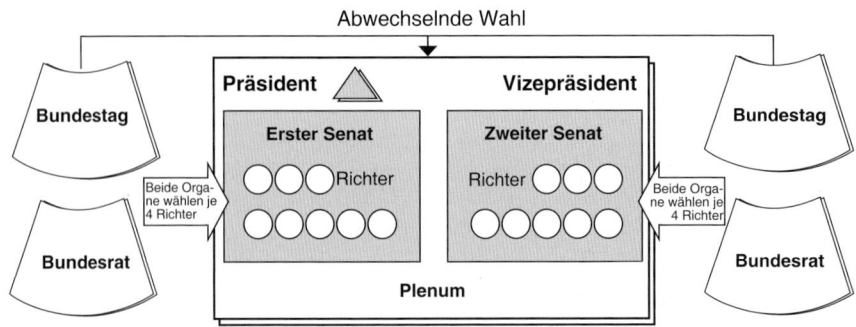

## Verfahrensgrundsätze

Das Verfahren vor dem BVerfG ist ähnlich dem des Zivil- und Verwaltungsprozesses. Mit allen anderen Gerichten hat das BVerfG gemeinsam, dass es nicht von Amts wegen tätig wird, sondern ausschließlich aufgrund **schriftlicher Anträge** der Betroffenen. Die **Antragsberechtigung** ist für die einzelnen Fälle besonders geregelt. Grundsätzlich besteht sie

▶ für die **obersten Verfassungsorgane** (Bundestag, Bundesrat, Bundesregierung oder Landesregierungen),

▶ als **Ausnahme** aber auch für **jedermann** im Rahmen der **Verfassungsbeschwerde** gem. §§ 90 ff. BVerfGG (s. unten).

Für alle Verfahren vor dem BVerfG werden grundsätzlich **keine** Gerichtskosten erhoben. Im Falle eines Beschwerdemissbrauchs kann dem Antragsteller jedoch eine **Missbrauchsgebühr** bis zu 2 600 Euro auferlegt werden (§ 34 BVerfGG).

Das BVerfG kann durch **einstweilige Anordnung** einen Zustand vorläufig regeln, sofern dies zur Abwehr schwerer Nachteile, zur Abwehr drohender Gewalt oder aus einem anderen wichtigen Grunde des Gemeinwohles dringend geboten ist (§ 32 BVerfGG, s. unten). Andererseits darf „die Anrufung des BVerfG nicht zu einem Mittel werden, mit dem im Gesetzgebungsverfahren unterlegene Beteiligte das In-Kraft-Treten eines Gesetzes verzögern können", so das Gericht in der Zurückweisung des Antrags dreier CDU-geführter Länder auf Erlass einer einstweiligen Anordnung gegen das Lebenspartnerschaftsgesetz (s. Kap. IV).

Das Gericht trifft seine **Entscheidungen in geheimer Beratung.** Zur Verhandlung sind, abweichend von § 169 GVG, **Fernseh-** und **Rundfunkübertragungen** in eingeschränktem Maße (bis zur Feststellung der Anwesenden sowie bei der Urteilsverkündung) zulässig. Auch kann das Stimmenverhältnis, das zum Urteil geführt hat, veröffentlicht werden. Ein überstimmter Richter darf seine von der Senatsentscheidung abweichende Auffassung in einem **Sondervotum** kundtun.

Die Entscheidungen des BVerfG **binden** alle Verfassungsorgane sowie die Gerichte und Behörden des Bundes und der Länder. In beiden Fällen der Normenkontrolle (s. unten) haben die Entscheidungen sogar Gesetzeskraft (nicht nur Rechtskraft) und werden im Bundesgesetzblatt veröffentlicht (§ 31 BVerfGG).

## Zuständigkeit des Bundesverfassungsgerichts

Die Angelegenheiten, für deren Entscheid das BVerfG zuständig ist, sind im Grundgesetz und im BVerfGG enumerativ festgelegt. Zu den wesentlichsten **Kompetenzen** zählen:

 | Die Entscheidung bei **Organstreitigkeiten** |

(Art. 93 Abs. 1 Nr. 1 GG, §§ 13 Nr. 5, 63 ff. BVerfGG)

Die Aufgaben und Funktionen der einzelnen obersten Bundesorgane sowie der ihnen gleichgestellten Beteiligten sind durch das Grundgesetz festgelegt. Aber es gibt auch **sich überschneidende** Kompetenzbereiche, die zum Streit darüber führen können, ob eines dieser Organe seine ihm durch die Verfassung gesetzten Grenzen überschritten hat. In diesen Fällen entscheidet das BVerfG gem. Art. 93 Abs.1 Nr. 1 GG über die **Auslegung** des **Grundgesetzes** aus Anlass von **Streitigkeiten** über den Umfang der **Rechte** und **Pflichten** eines **obersten Bundesorgans** oder **anderer**, mit eigenen Rechten ausgestatteter **Beteiligter**.

**Aktiv** und **passiv legitimiert** (als Antragsteller bzw. Antragsgegner) sind Bundestag, Bundesrat, Bundespräsident und Bundesregierung. Eingeschlossen sind Abgeordnete und Regierungsmitglieder, Fraktionen und Ausschüsse sowie die Parteien.

Der Antrag zur Organklage ist nur zulässig, wenn neben der **Antragsberechtigung** gem. § 63 BVerfGG (Parteifähigkeit) auch eine **Antragsbefugnis** (§ 64 Abs. 1 BVerfGG) gegeben ist. Der Antragsteller muss geltend machen, dass er durch eine „Maßnahme oder Unterlassung" des Antragsgegners in seiner verfassungsrechtlichen Rechtsstellung verletzt oder unmittelbar gefährdet ist.

**Beispiel:**
Im Februar 1983 hatte das BVerfG über die Zulässigkeit einer Organklage von Bundestagsabgeordneten gegen die vorzeitige Auflösung des Bundestages und die daraus folgende Festsetzung der Neuwahl durch den Bundespräsidenten zu befinden. In der Entscheidung heißt es u. a.:

▶ „Der einzelne Abgeordnete des Bundestages ist nach ständiger Rechtsprechung des BVerfG im Organstreitverfahren **parteifähig**, soweit er – wie hier – mit seinem verfassungsrechtlichen Status verbundene Rechte geltend macht.

▶ Im Organstreit kann der einzelne Abgeordnete die behauptete Verletzung jedes Rechts, das mit seinem Status verfassungsrechtlich verbunden ist, im eigenen Namen geltend machen." Er hat somit **Antragsbefugnis**.

Das BVerfG stellt in seiner Entscheidung ggf. fest, dass die beanstandete Maßnahme oder Unterlassung gegen das Grundgesetz verstößt; es kann sie aber weder aufheben noch den Antragsgegner zur Vornahme einer bestimmten Handlung verurteilen. Nach § 31 Abs. 1 BVerfGG sind jedoch alle Staatsorgane an das Urteil gebunden, so dass der weitere Vollzug einer verfassungswidrigen Maßnahme zu **unterbleiben** hat und eine getroffene Maßnahme **zurückzunehmen** ist. Im o. a. Beispiel wäre der Bundespräsident im Erfolgsfalle verpflichtet gewesen, die Auflösung des Bundestages wieder rückgängig zu machen.

| Die Entscheidung bei **verfassungsrechtlichen Streitigkeiten** zwischen **Bund** und **Ländern** |
|---|

(Art. 93 Abs. 1 Nr. 3 und 4, Art. 99 GG, §§ 13 Nr. 7 ff., 68 ff. BVerfGG)

Der föderalistische Aufbau der Bundesrepublik kann zu Meinungsverschiedenheiten über die **Kompetenzabgrenzung** zwischen Bund und Ländern führen.

**Das BVerfG entscheidet**

▶ bei **verfassungsrechtlichen** Streitigkeiten über Rechte und Pflichten des Bundes und der Länder, insbesondere

  ▶ bei der **Ausführung** von **Bundesrecht** (verwaltungsmäßige Ausführung der Bundesgesetze) durch die Länder und

  ▶ bei der **Ausübung** der **Bundesaufsicht**.

Bei der so genannten **Mängelrüge** (Art. 84 Abs. 4 GG) ist die Streitentscheidung durch das BVerfG aber erst möglich, wenn die Rüge auf Antrag der Bundesregierung vom Bundesrat beschlossen wurde und das Gericht gegen den Beschluss angerufen wird;

▶ bei **anderen öffentlich-rechtlichen** Streitigkeiten

  ▶ zwischen dem **Bund** und den **Ländern**; darüber hinaus

  ▶ zwischen den **Ländern** untereinander oder **innerhalb** eines **Landes**, soweit nicht ein anderer Rechtsweg gegeben ist; ebenso bei **Verfassungsstreitigkeiten innerhalb** eines **Landes**, sofern sie dem BVerfG durch Landesgesetz ausdrücklich zugewiesen sind.

## Beispiele:

Im Streit zwischen dem **Bund** und **Niedersachsen** wegen der Vereinbarkeit des nds. Schulgesetzes mit dem Reichskonkordat von 1933 entschied das BVerfG 1956, dass für die Länder aufgrund ihrer Kulturhoheit keine verfassungsrechtliche Bindung an die Schulbestimmungen des Konkordats besteht (BVerfGE 6, 309). Im „Fernsehstreit", der von den Ländern **Hamburg** und **Hessen** gegen die **Bundesregierung** geführt wurde, untersagte das BVerfG 1961 der Bundesregierung wegen fehlender Kompetenz die Gründung der eigenen „Deutschland-Fernsehen-GmbH" (BVerfGE 12, S. 205).

## Das Normenkontrollverfahren

Als Normenkontrollverfahren bezeichnet man die Prüfung einer **Rechtsnorm** hinsichtlich ihres **formal verfassungsmäßigen** Zustandekommens sowie ihrer **inhaltlichen Vereinbarkeit** mit einer Rechtsnorm höheren Ranges.
Diese Kontrolle kann in zwei verschiedenen Verfahrensarten erfolgen; entweder

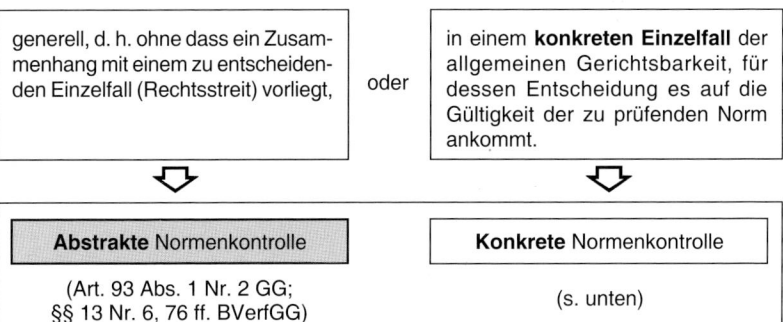

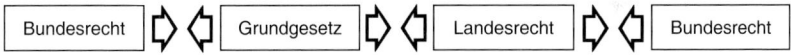

Das Prüfungsrecht besteht auch für die von Bundes- oder Landesorganen erlassenen **Rechtsverordnungen** sowie für die von bundes- oder landesunmittelbaren Körperschaften oder Anstalten des öffentlichen Rechts erlassenen **Satzungen** und für solche der **kommunalen Gebietskörperschaften**. Der Überprüfung unterliegen ebenfalls die allgemeinen Regeln des **Völkerrechts**, die gem. Art. 25 GG Bestandteil des Bundesrechts sind. **Nicht** dagegen supranationales Recht sowie Verwaltungsvorschriften und Tarifverträge.

Zur **Antragstellung** sind die Bundesregierung, die Landesregierungen und der Bundestag, soweit ein Drittel seiner Mitglieder dem Antrag zustimmt, berechtigt. Damit erhält auch die parlamentarische Minderheit die Möglichkeit, Gesetze, die gegen ihre Stimmen beschlossen wurden, auf Verfassungsmäßigkeit überprüfen zu lassen.

Stellt das BVerfG die Unvereinbarkeit einer Rechtsnorm mit höher rangigem Recht fest, dann erklärt es die widersprechende Norm für **nichtig**. Der Nichtigkeitsausspruch bewirkt, dass diese Norm nicht mehr angewendet werden darf. Die Folgen sind:

▶ **Verwaltungsakte** sind aufzuheben und dürfen nicht mehr vollstreckt werden;

▶ gegen rechtskräftige **Strafurteile** ist eine Wiederaufnahme des Verfahrens zulässig.

Neben der Prüfungskompetenz hinsichtlich der **inhaltlichen** Übereinstimmung eines Gesetzes mit der Verfassung ist das BVerfG befugt festzustellen, ob ein Gesetz **formell** richtig zustande gekommen ist. Dazu gehört auch die Prüfung der **Gesetzeskompetenz** gem. Art. 70 ff. GG (s. Kap. XI).

**Beispiele:** Entscheidungen des BVerfG über

▶ die Verfassungsmäßigkeit der sog. „Fristenregelung" beim Schwangerschaftsabbruch, § 218 StGB;

▶ die Verfassungswidrigkeit der Gesetze in Hamburg und Schleswig-Holstein, die Ausländern das kommunale Wahlrecht einräumen sollten.

| Abstrakte Normenkontrolle | Konkrete Normenkontrolle |
|---|---|
| | (Art. 100 Abs. 1 GG; §§ 13 Nr. 11, 80 ff. BVerfGG) |

Jeder **Richter** ist bei der Amtsausübung aufgrund seiner Bindung an die Gesetze und an das Recht zur **Prüfung verpflichtet**, ob die für ein **anhängiges Verfahren** von ihm „konkret" anzuwendende **Rechtsnorm** (formell und materiell) mit der **Verfassung vereinbar** ist. Gelangt er zur Auffassung, dass dies nicht der Fall ist, dann muss er

▶ das Verfahren **aussetzen** und,

▶ wenn es sich um eine Verletzung des Grundgesetzes oder eines Bundesgesetzes handelt, die **Entscheidung** des BVerfG oder bei Verletzung der Landesverfassung die des Landesverfassungsgerichts **einholen**.

Diese Regelung verhindert, dass ein Richter bei seinem Rechtsspruch zur Anwendung einer Gesetzesvorschrift gezwungen ist, von der er der Ansicht ist, dass sie gegen die Verfassung verstößt. Andererseits darf sich der Richter aber auch nicht über die Autorität des Gesetzgebers hinwegsetzen, er hat zu berücksichtigen, dass die geltenden Gesetze zunächst einmal die Vermutung der Verfassungsmäßigkeit für sich haben. Folglich genügen nicht bloße Zweifel, vielmehr muss er der **vollen Überzeugung** sein, dass das betreffende Gesetz im Widerspruch zum Grundgesetz steht. Das vorlegende Gericht hat dies im Vorlagebeschluss ausdrücklich darzulegen (§ 80 Abs. 2 BVerfGG).

Die **Vorlagepflicht** besteht bei **Unvereinbarkeit** zwischen

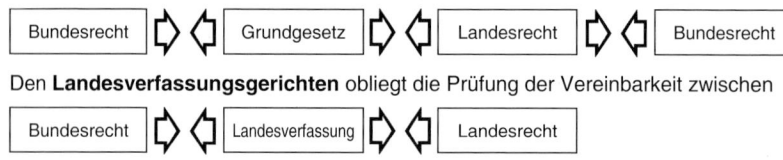

Den **Landesverfassungsgerichten** obliegt die Prüfung der Vereinbarkeit zwischen

| Bundesrecht | ⇨ ⇦ | Landesverfassung | ⇨ ⇦ | Landesrecht |

Nach der ständigen Rechtsprechung des BVerfG können nur **förmliche Gesetze** überprüft werden, **nicht** dagegen **Verordnungen**. Bei Letzteren obliegt es jedem Gericht, selbständig ihre Vereinbarkeit mit der Verfassung festzustellen und sie ggf. unangewendet zu lassen.

Dagegen kann auf Antrag eines deutschen Gerichts die Vereinbarkeit von **Verordnungen** der **Europäischen Gemeinschaft** mit dem Grundgesetz im Normenkontrollverfahren geprüft werden. Das BVerfG kann dann zwar nicht über die Gültigkeit oder Ungültigkeit einer solchen Vorschrift entscheiden, aber bestimmen, dass sie von den Behörden und Gerichten der Bundesrepublik nicht angewandt werden darf.

Das Verfassungsgericht entscheidet nicht über das bei dem anderen Gericht anhängige Verfahren, sondern nur über die Frage der **Verfassungswidrigkeit** der gesetzlichen Bestimmung, auf die es für das Urteil ankommt. – Wird das zur Vorlage gebrachte Gesetz vom Verfassungsgericht für nichtig erklärt, dann hat diese Entscheidung **Gesetzeskraft.** Die Folge ist, dass es von keinem Richter mehr angewandt werden darf.

**Beispiel:**

Mehrere Gerichte hatten 1992/1993 das BVerfG angerufen, weil sie zu der Überzeugung gelangt waren, dass die Strafandrohung für den Umgang mit Haschisch (vom Besitz über die Weitergabe bis zum Handel) verfassungswidrig sei. In seinem viel diskutierten „Haschisch-Urteil" vom 9.3.1994 bestätigte das BVerfG jedoch die Verfassungsmäßigkeit des einschlägigen „Betäubungsmittelgesetzes", das sowohl den Besitz als auch den Handel mit Haschisch verbietet. Straffrei könne allenfalls der Eigenverbrauch geringer Mengen von Haschisch sein (s. Kap. IV).

Die Entscheidung über die **Verfassungsbeschwerde**

(Art. 93 Abs. 1 Nr. 4a GG, §§ 90 ff. BVerfGG)

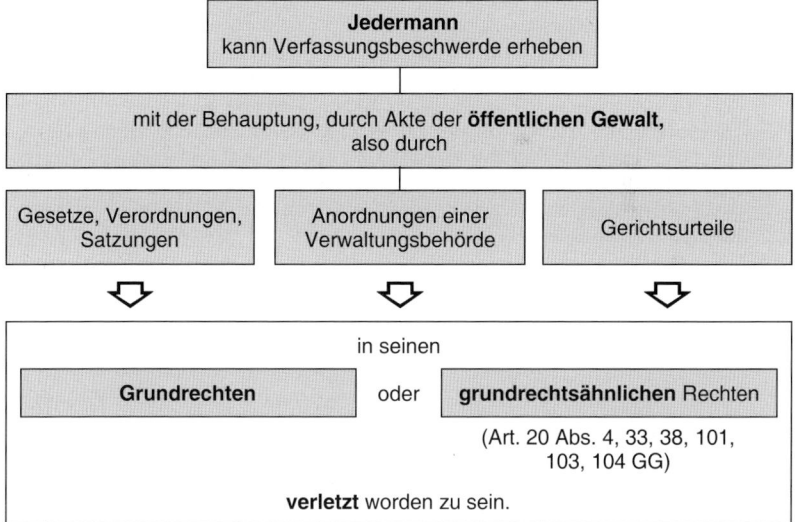

Die Verfassungsbeschwerde kann man als die Grundlage dessen bezeichnen, was das Bundesverfassungsgericht heute vor allem ist – ein **Grundrechts-Gericht,** vor dem die Bürgerinnen und Bürger nicht nur in letzter Instanz ihr Recht gegenüber der öffentlichen Gewalt suchen, sondern dadurch selbst zur **Fortentwicklung** des **Verfassungsrechts** beitragen können.

Ihrer Rechtsnatur nach ist die Verfassungsbeschwerde der **abschließende** (letzte) **innerstaatliche Rechtsbehelf** des Bürgers, mit dem er Eingriffe der öffentlichen Gewalt in seine **Grundrechte** abwehren kann. Sie **unterscheidet** sich von der allgemeinen **Rechtsweggarantie** i. S. des Art. 19 Abs. 4 GG dadurch, dass

| Art. 19 Abs. 4 GG | Art. 93 Abs. 1 Nr. 4a GG |
|---|---|
| den gerichtlichen Rechtsschutz gegen **alle** rechtswidrigen Eingriffe durch die **vollziehende Gewalt** garantiert. | eine Nachprüfbarkeit ausschließlich von konkreten **Grundrechtsverletzungen** durch die **Gesetzgebung**, die **vollziehende** und die **richterliche Gewalt** gewährleistet. |

Folglich greift die Verfassungsbeschwerde **weiter** als die Rechtsweggarantie. Hierin kommt die besondere Bedeutung zum Ausdruck, die das Grundgesetz den Grundrechten und dem Individualrechtsschutz im Rahmen der verfassungsmäßigen Ordnung beimisst. Bei **Eilentscheidungen** (einstweiligen Anordnungen) allerdings sind auch hier Grenzen gesetzt: Im Streit um die verfassungsgerichtliche Überprüfung der Schnellgerichtsverfahren für **Asylbewerber** machte das BVerfG deutlich, auch wenn schwerwiegende Auswirkungen zu besorgen seien, sei es nicht verpflichtet, „in jedem Falle einzuschreiten". Das Gericht sei „weder dazu berufen noch in der Lage, einen in gleichem Maße zeit- und sachnahen vorläufigen Individualrechtsschutz zu gewährleisten wie die Fachgerichtsbarkeit".

Vom Recht der Verfassungsbeschwerde kann „jedermann" Gebrauch machen; folglich neben den **deutschen** Staatsbürgern auch **Ausländer** und **juristische Personen** des **Privatrechts** (z. B. Aktiengesellschaften, Vereine), soweit ihnen das betreffende Grundrecht zusteht. Nicht dagegen juristische Personen des **öffentlichen Rechts**, wenn sie als Hoheitsträger öffentliche Aufgaben wahrnehmen (Ausnahme: Gemeinden und Gemeindeverbände, die sich durch ein Gesetz in ihrem Recht auf Selbstverwaltung gem. Art. 28 GG verletzt fühlen, Art. 93 Abs. 1 Nr. 4b GG; § 91 BVerfGG).

Für die Zulässigkeit der Verfassungsbeschwerde müssen folgende **Voraussetzungen** gegeben sein:

> Der Beschwerdeführer muss eine **Grundrechtsverletzung** durch einen **Akt der öffentlichen Gewalt** behaupten (§ 90 Abs. 1 BVerfGG).

Hierzu gehören **Gesetze, Rechtsverordnungen** und **Satzungen; Entscheidungen sämtlicher Gerichte** (ausgenommen die des BVerfG selbst) sowie **Verwaltungsakte** einer Behörde des Bundes, eines Landes oder einer sonstigen juristischen Person des öffentlichen Rechts.

Als verletzte Grundrechte kommen die in Art. 1 bis 17 GG aufgeführten Freiheitsverbürgungen sowie die grundrechtsähnlichen prozessualen Schutzrechte aus den Art. 101 ff. GG in Betracht (s. Kap. IV).

Faktisch wenden sich die Bürgerinnen und Bürger mit der Verfassungsbeschwerde vorrangig gegen **Gerichtsentscheidungen**. Diese werden vom BVerfG jedoch nicht daraufhin nachgeprüft, ob sie „richtig" oder „falsch" sind, sondern nur, ob dem zuständigen Richter eine Verletzung von spezifischem **Verfassungsrecht** unterlaufen ist, so z. B., wenn er nicht erkannt hat, dass es sich um eine Abwägung widerstreitender Grundrechte handelt, oder wenn seine Auslegung und Anwendung von Gesetzen auf einer grundsätzlich unrichtigen Bewertung der Bedeutung eines Grundrechts beruht. Fehlerhafte Rechtsanwendung bedeutet also für sich allein nicht schon eine Verfassungsverletzung. Dies wird von den Beschwerdeführern oft verkannt, wenn sie das BVerfG als „Ober-Revisionsinstanz" zur letztmaligen Überprüfung der sachlichen Richtigkeit einer ergangenen Gerichtsentscheidung betrachten.

Die Verfassungsbeschwerde gegen ein **Gesetz**, eine **Rechtsverordnung** oder eine **Satzung** setzt voraus, dass der Beschwerdeführer selbst, unmittelbar und gegenwärtig in seinen Rechten betroffen ist (BVerfG, NJW 82, 2551). Damit soll eine **Popularklage**, also eine Verfassungsbeschwerde gegen eine Rechtsetzung ohne eigenes Betroffensein, ausgeschlossen werden.

> Die Verfassungsbeschwerde ist in der Regel nur gegen eine **letztinstanzliche** Entscheidung zulässig.

Gemäß § 90 Abs. 2 BVerfGG kann das BVerfG jedoch grundsätzlich erst angerufen werden, wenn zuvor der Rechtsweg innerhalb der jeweiligen Fachgerichtsbarkeit (z. B. Straf-, Verwaltungs-, Finanz-, Sozial- oder Zivilgerichtsbarkeit) **ausgeschöpft** wurde. Hierbei ist regelmäßig der gesamte Instanzenweg zu durchlaufen (Klage, Berufung, Revision, Beschwerde). Die Verfassungsbeschwerde muss also den „letzten" Rechtsbehelf darstellen, sie ist grundsätzlich subsidiär (BVerfG, NJW 92, 1030). **Vor** Ausschöpfung des Rechtswegs steht es im Ermessen des BVerfG, ausnahmsweise **sofort** zu entscheiden, wenn es gem. § 90 Abs. 2 S. 2 BVerfGG die Sache für **allgemein bedeutsam** hält oder wenn dem Beschwerdeführer ein **schwerer** und **unabwendbarer Nachteil** entstünde, falls er zunächst auf den Rechtsweg verwiesen würde.

> **Frist** und **Kosten** der Verfassungsbeschwerde (§§ 93 Abs. 1, 34 BVerfGG)

Die Erhebungsfrist beträgt **einen Monat** seit Erlass der letztinstanzlichen Entscheidung. Richtet sich die Verfassungsbeschwerde gegen ein **Gesetz** oder gegen einen **sonstigen Hoheitsakt**, gegen den ein Rechtsweg nicht offen steht, so kann sie nur binnen **eines Jahres** seit dem Inkrafttreten des Gesetzes oder dem Erlass des Hoheitsaktes erhoben werden. Der Antrag zur Einleitung des Verfahrens hat **schriftlich** zu erfolgen und ist zu **begründen** (§ 23 Abs. 1 BVerfGG). – Das Verfahren vor dem BVerfG ist **kostenfrei**. Dem Beschwerdeführer kann jedoch eine **Gebühr** bis zu 2 600 Euro auferlegt werden, wenn die Einlegung der Verfassungsbeschwerde einen Missbrauch darstellt (s. oben).

> **Annahmeverfahren** und **-voraussetzungen**

Rd. 98 Prozent aller beim BVerfG eingehenden Verfahren sind **Verfassungsbeschwerden**. Von 1951 bis 2011 sind mehr als **188 000** Beschwerden registriert worden. Zur Entscheidung angenommen wurden davon weniger als 3 Prozent.
Um die Flut von derzeit etwa 6 000 Verfassungsbeschwerden pro Jahr zu bewältigen und von Vornherein aussichtslose oder unbegründete Beschwerden auszusondern, sind einige **Zugangshürden** geschaffen worden:
- ▶ Zunächst erfolgt eine Prüfung der Eingabe durch den **Vorsitzenden** des zuständigen Senats, der sich dabei in aller Regel von einem nicht richterlichen Mitglied der Justizverwaltung, dem **Präsidialrat**, vertreten lässt (§ 59 ff. GO BVerfG). Hier wird bereits die Hälfte aller Verfassungsbeschwerden ausgesondert, weil diese wegen verfassungsfremden (z. B. auch querulatorischen) Inhalts oder sonstiger Mängel offensichtlich unzulässig sind.

▶ Für eine weitere **Vorprüfung** bilden die beiden Senate gem. § 15a BVerfGG mehrere mit drei Richtern besetzte **Kammern,** die durch einstimmigen Beschluss die Annahme der Verfassungsbeschwerde **ablehnen** können. Die Beschwerde **ist** zur Entscheidung **anzunehmen** (§ 93a Abs. 2 BVerfGG), wenn dem Fall grundsätzlich eine **verfassungsrechtliche** Bedeutung zukommt oder es zur Durchsetzung der in § 90 Abs. 1 BVerfGG genannten Rechte angezeigt ist. Dies trifft auch dann zu, wenn dem Beschwerdeführer durch die Versagung der Entscheidung zur Sache ein **besonders schwerer Nachteil** entsteht. Ferner, wenn die für die Beurteilung der Verfassungsbeschwerde maßgebliche verfassungsrechtliche Frage durch das BVerfG **bereits entschieden** wurde (§ 93c Abs. 1 BVerfGG).

▶ Die **Beschlussfassung,** ob die Beschwerde letztendlich angenommen wird, obliegt dem zuständigen **Senat** (§ 93b S. 2 BVerfGG). Er nimmt sie an, wenn mindestens drei der acht Richter (§ 93d Abs. 3 BVerfGG) der Auffassung sind, dass die Voraussetzungen aus § 93a Abs. 2 BVerfGG vorliegen. Die Entscheidung ergeht gem. § 93d BVerfGG **ohne mündliche** Verhandlung. Sie ist **unanfechtbar** und bedarf **keiner Begründung.**

Trotz dieser durch die BVerfGG-Novelle vom 11.8.1993 deutlich erhöhten Zugangshürden bleibt das Gericht überlastet, so dass weitere Beschränkungen unvermeidlich sind. Seine vielfach unbegründete Inanspruchnahme hat das Gericht in einer Entscheidung vom 23.1.1998 nachdrücklich gerügt. Aufgabe des BVerfG sei es, grundsätzlich Verfassungsfragen zu entscheiden, die für das Staatsleben und die Allgemeinheit wichtig seien, und, wo nötig, die Grundrechte des Einzelnen durchzusetzen. „Das Gericht muss nicht hinnehmen, dass es in der Erfüllung dieser Aufgaben durch substanzlose Verfassungsbeschwerden behindert wird" (2 BvR 2198/97).

Wenngleich durch das restriktive Vorprüfungsverfahren letztlich nur zwei von hundert Verfassungsbeschwerden vom Gericht angenommen werden, darf Folgendes nicht übersehen werden: Sowohl die wenigen vom BVerfG für nichtig erklärten Gesetze bzw. die aufgehobenen Gerichtsurteile oder Verwaltungsakte wie auch die Begründung einer die Verfassungsbeschwerde zurückweisenden Entscheidung reichen regelmäßig weit **über den Einzelfall hinaus.** Sie tragen stets auch **richtungsweisenden** Charakter allgemeiner Art für den **Gesetzgeber,** die **Verwaltung** sowie die **Rechtsprechung.**

▷ Die Feststellung der **Verwirkung von Grundrechten**

(Art. 18 GG, § 13 Nr. 1 BVerfGG) s. Kap. IV

▷ Die Feststellung der **Verfassungswidrigkeit politischer Parteien**

(Art. 21 Abs. 2 GG, § 13 Nr. 2 BVerfGG) s. Kap. IX

▷ Die Entscheidung über die **Bundespräsidentenanklage**

(Art. 61 GG, § 13 Nr. 4 BVerfGG) s. Kap. VIII

Die Entscheidung über die **Richteranklage**

(Art. 98 Abs. 2 und 5 GG, § 13 Nr. 9 BVerfGG)
Nach Art. 97 GG sind Richter **unabhängig** und **nur dem Gesetz unterworfen.**
Hauptamtlich und planmäßig fest angestellte Richter können gegen ihren Willen grundsätzlich **nicht abgesetzt** werden. Dies ist nur möglich im Extremfall von Pflichtverletzungen und unter den **Voraussetzungen** des Art. 98 Abs. 2 GG:

▶ Es muss ein **Verstoß** (innerhalb oder außerhalb des Amtes) gegen die Grundlagen des Grundgesetzes oder die verfassungsmäßige Ordnung eines Bundeslandes vorliegen.

▶ Die **Antragstellung** für die Richteranklage steht (für Bundesrichter) ausschließlich dem **Bundestag** zu.

▶ Die Entscheidung über einen Verstoß kann nur durch Richterspruch des **BVerfG** gefällt werden, für den eine **Zweidrittelmehrheit** erforderlich ist.

**Folgen** der Richteranklage können sein:

▶ **Versetzung** des Richters in ein anderes Amt oder in den Ruhestand,

▶ **Entlassung** (im Falle eines vorsätzlichen Verstoßes).

Dem BVerfG steht – auf Antrag eines Landtages – ebenfalls die Entscheidung über eine Richteranklage der **Landes**richter zu (Art. 98 Abs. 5 GG).

 Die Entscheidung über eine **Beschwerde gegen die Wahlprüfung** des Bundestages

(Art. 41 GG, § 13 Nr. 3, 48 BVerfGG)
Zuständig für die Prüfung der Gültigkeit einer Bundestagswahl ist – nach Vorarbeit durch den Prüfungsausschuss – das **Plenum** des Bundestages (Wahlprüfungsgesetz des Bundestages).
Gegen dessen Beschluss kann das BVerfG angerufen werden, und zwar gem. § 48 Abs. 1 BVerfGG

▶ vom **Abgeordneten,** dessen Mitgliedschaft bestritten ist;

▶ vom **Wahlberechtigten,** dessen Einspruch vom Bundestag verworfen worden ist;

▶ von einer **Fraktion** oder

▶ von einer **Minderheit des Bundestages,** die wenigstens ein Zehntel der gesetzlichen Mitgliederzahl umfasst.

Die Beschwerde ist jedoch nur dann **gerechtfertigt,**

▶ wenn sie sich lediglich auf solche Wahlfehler stützt, die auf die **Sitzverteilung** im Bundestag Einfluss haben können (z. B. unkorrekte Auszählung der Stimmen; nicht aber die Ablehnung eines Wahlvorschlages).

▶ Ein **Wahlberechtigter** kann nur dann Beschwerde erheben, wenn diese von mindestens 100 wahlberechtigten Personen durch eine persönlich und handschriftlich – mit Angabe der vollen Adresse – unterzeichnete Erklärung unterstützt wird.

▶ Außerdem ist die Beschwerde binnen einer Frist von **zwei Monaten** beim BVerfG zu erheben und zu begründen.

## Prüfen Sie Ihr Wissen!

**Kapitel VIII**

1. Ist der Bundesrat ein **Organ** der **Länder** oder ein **Bundesorgan?** Begründen Sie Ihre Auffassung!
2. Was wissen Sie über die **Zusammensetzung** des Bundesrates?
3. Welchen **Einfluss** übt der Bundesrat auf die **Gesetzgebung** und die **vollziehende Gewalt** des Bundes aus? Zählen Sie seine **Befugnisse** auf!
4. Welche **Aufgaben** hat der Bundespräsident?
5. Wie erfolgt die **Zusammensetzung** der Bundesversammlung?
6. Erklären Sie den **Hergang der Wahl** des Bundespräsidenten!
7. Erläutern Sie die **Präsidentenanklage:**
   – Unter welchen **Voraussetzungen** kann sie erfolgen?
   – **Wer** darf den **Antrag** auf Anklageerhebung stellen?
   – **Wer** erklärt den **Amtsverlust?**
8. Durch welche **Staatsakte** vertritt der Bundespräsident die Bundesrepublik **völkerrechtlich?**
9. Welche **Möglichkeiten** hat der Bundespräsident, auf die **gesetzgebende Gewalt** einzuwirken?
10. Unter welchen **Voraussetzungen** kann der Bundespräsident den **Bundestag auflösen?**
11. Welche **Aufgaben** hat der Bundespräsident im Bereich der **vollziehenden Gewalt?**
12. Was wissen Sie über die **politische Verantwortlichkeit** des Bundespräsidenten?
13. Vergleichen Sie die **politische Stellung** des **Bundespräsidenten** mit der des **Reichspräsidenten** der Weimarer Reichsverfassung!
14. Schildern Sie den **Hergang der Wahl** des Bundeskanzlers!
15. Welche **Rolle** spielt der **Bundespräsident** bei der **Regierungsbildung?**
16. Erklären Sie den unterschiedlichen Status der **Parlamentarischen** Staatssekretäre und der **beamteten** Staatssekretäre!
17. Erklären Sie die Begriffe „**Kanzlerprinzip**", „**Ressortprinzip**" und „**Kollegialprinzip**"!
18. Nennen Sie die wesentlichen **Aufgaben**
    – des **Bundeskanzlers!**
    – der **Bundesminister!**
    – der **Bundesregierung** als Kollegium!
19. Welche **Absicht** verbindet der Bundeskanzler mit dem Stellen der **Vertrauensfrage,** und welche **Folgen** können sich hieraus ergeben?
20. Erklären Sie den Begriff „**Inkompatibilität**". Erläutern Sie dies am Beispiel der **Regierungsmitglieder!**
21. Erklären Sie, wie das **Bundesverfassungsgericht** gegliedert ist!
22. Nennen Sie **Verfahrensgrundsätze** im Bereich der Bundesverfassungsgerichtsbarkeit!
23. Zählen Sie die wesentlichen **Zuständigkeiten** des Bundesverfassungsgerichts auf!
24. Erklären Sie den **Unterschied** zwischen der **abstrakten** und der **konkreten** Normenkontrolle!
25. Was verstehen Sie unter dem Begriff „**Verfassungsbeschwerde**"!
26. Unter welchen Voraussetzungen ist die **Richteranklage möglich,** und welche **Folgen** kann sie haben?

# Kapitel IX
# Die politischen Parteien
## Allgemeines

Der Begriff „Partei" stammt aus dem Lateinischen (pars = Teil). Er kennzeichnet die Organisationsform, die sich ein Teil der Bevölkerung gegeben hat, um seine politischen Ziele zu verwirklichen. Parteien sind für das Funktionieren des heutigen Systems der parlamentarischen Demokratie unverzichtbar. Dabei muss es sich notwendigerweise um mehrere Parteien handeln. Pluralismus und Demokratie gedeihen nur dort, wo mehrere Parteien bei grundsätzlicher Chancengleichheit zueinander in Wettbewerb treten können (s. Kap. VII).

Man unterscheidet Parteien wie folgt:

▶ Nach ihrer Rolle bei der Ausübung **der Regierungsgewalt** wird differenziert zwischen **Regierungsparteien,** die allein oder als **Koalitionsparteien** gemeinsam mit anderen die Regierung stellen. Dazu im Gegensatz stehen die **Oppositionsparteien.**

▶ Nach der **Sitzungsordnung** im **Parlament,** die zugleich auch als allgemeine Kennzeichnung der jeweiligen **politischen Ziele** dient, unterscheidet man

  ▶ reformerische bis revolutionäre, sozialistisch-antikapitalistische und im Regelfall unitarische bzw. zentralistisch eingestellte, dem Frieden, der internationalen Solidarität und den Interessen von Arbeitnehmern, Rentnern und Sozialhilfeempfängern verpflichtete **Linksparteien;**

  ▶ demokratisch-liberale bzw. christliche, bürgerliche bis großbürgerlich-kapitalistische, gemäßigt-antirevolutionäre und oft föderalistische **Parteien der Mitte** sowie

  ▶ konservativ-reaktionäre, national ausgerichtete, antisozialistische **Rechtsparteien.**

Diese überkommenen Begriffe von **rechts** und **links,** von **konservativ** und **progressiv** sind in der politischen Realität inzwischen recht unscharf geworden und können allenfalls noch als **Grob-Etikettierung** dienen:

Eine konservative Grundhaltung bedeutete früher, dass man den Versuch, unerfüllbare politische Utopien zu verwirklichen, gar nicht erst unternahm und stattdessen pragmatisch-präventiven, aber wertorientierten Lösungsansätzen den Vorzug gab. So betrachtet, sind heute weite Kreise des linken Spektrums konservativ. Andererseits ist mancher, der sich dem rechten, konservativen Lager zurechnet, allein schon durch seine Festlegung auf eine weitgehend unreflektierte Technologiegläubigkeit im herkömmlichen Sinne „progressiv".

▶ Nach dem Grad ihrer **Verankerung** in der **Bevölkerung** spricht man von

  ▶ **Volkspartei,** wenn eine Partei versucht, mit ihren Zielen möglichst alle Schichten der Bevölkerung – und nicht nur einzelne Gruppen oder „Klassen" – anzusprechen;

  ▶ **Klassenkampfpartei,** wenn eine Partei um die Durchsetzung der Rechte bzw. Interessen einer einzelnen sozialen Schicht (Klasse) kämpft;

  ▶ **Honoratiorenpartei,** wenn eine Partei sich auf eine kleine, in „Amt und Würden" befindliche Gruppe (nach heutigem Sprachgebrauch auf das „Establishment") konzentriert.

▶ Nach dem Vorhandensein einer **theoretischen Grundkonzeption** unterscheidet man

  ▶ **Weltanschauungsparteien,** die sich in den Grundzügen an einem weltanschaulich-ideologischen bzw. religiösen Programm orientieren, sowie

  ▶ **Interessenparteien,** die weitgehend ohne ideologische Festlegung aus den jeweiligen politischen bzw. wirtschaftlichen Interessen und Notwendigkeiten heraus handeln.

▶ Parteien, die ihre Selbständigkeit weitgehend aufgegeben haben und grundsätzlich im Verbund agieren, bezeichnet man als **Blockparteien**. Typisch für diese Vorgehensweise waren die unter kommunistischer Führung stehenden sog. **Volksfrontparteien,** deren linientreuer, autoritärer Kern sie – wie die Nationale Front der DDR – als **Kaderparteien** auswies. Hier fehlt **faktisch** das für die Demokratie kennzeichnende **Mehrparteienprinzip.** Alle Macht lag in den Händen der **Einheitspartei.**

▶ In bewusster Abkehr von traditionellen Inhalten und vom herkömmlichen Sprachgebrauch stand in den Anfängen der grün-alternativen Bewegung der siebziger und achtziger Jahre als Kennzeichnung der eigenen Identität der Begriff der **Antiparteien-Partei,** ein Anspruch, der inzwischen längst einer fortschreitenden Anpassung an das herkömmliche Parteiengefüge gewichen ist. Vergleichbare Motive veranlassten 1993 eine eher dem bürgerlichen Lager zuzuordnende Wählerinitiative, sich **Statt-Partei** zu nennen und – zunächst in Hamburg – Protestwähler an sich zu ziehen (s. unten). Es zeigte sich jedoch auch hier bald, dass eine Partei, die sich im „Anti" erschöpft, keine Zukunft hat. Die Statt-Partei ist inzwischen auch in Hamburg bedeutungslos.

# Entwicklung der politischen Parteien in Deutschland

## Historische Wurzeln

Die historischen Wurzeln unseres Parteiensystems reichen zurück bis in die Mitte des 19. Jahrhunderts, eine Zeit, die ihre entscheidenden Prägungen erfuhr durch das Ringen um **nationale Einheit,** die Gewährung von **Verfassungen,** Freiheit vom Staat durch Gewährleistung von **Grundrechten** sowie die im Zuge der fortschreitenden Industrialisierung immer drängender werdende **soziale Frage** mit ihrer Forderung nach sozialer Gerechtigkeit und sozialer Sicherheit.

Vor diesem Hintergrund entwickelten sich in Deutschland – wie parallel auch in anderen europäischen Staaten – vier **parteipolitische Grundströmungen,** die bis in unsere Zeit hinein fortwirken:

### Liberalismus

Der politische Liberalismus entwickelte sich auf dem Boden der Aufklärung. Freiheit des Einzelnen vom Staat und wirtschaftliche Freiheit, abgesichert durch eine Verfassung, lauten seine Forderungen: Dem Staat wird nur so viel an Machtbefugnissen zugestanden, wie zur Erhaltung des äußeren und inneren Friedens unbedingt erforderlich ist. Der Liberalismus in Deutschland ist ursprünglich antiklerikal und monarchisch eingestellt. Später treten republikanische Strömungen hinzu. Insgesamt wird er zum Wegbereiter für freiheitlich-rechtsstaatliche und demokratische Verfassungen in Deutschland.

### Konservatismus/Nationalismus

Konservative Strömungen entstehen in Deutschland als Gegengewicht zum Ideengut der Französischen Revolution. Für sie ist die traditionelle Ordnung gottgewollt; sie gilt es vor modernistischen Einflüssen zu bewahren. Der politische Konservatismus des 19. Jahrhunderts sieht sich daher weitgehend auf der Seite der regierenden Fürstenhäuser und öffnet sich nur zögernd der Idee einer durch die Verfassung beschränkten (konstitutionellen) Monarchie. Zugleich fordert er die Rückbesinnung auf die traditionellen Werte der Nation und wird damit zum Wegbereiter des Bismarck-Reiches. Im 20. Jahrhundert entartet „vaterländische Gesinnung" zum „Hurra-Patriotismus" und pervertiert im Nationalsozialismus schließlich zum **Chauvinismus**, der sich gegen alles richtet, was nicht als deutsch bzw. arisch verstanden wird. In ihren **demokratischen** Traditionen stehen konservative Grundhaltungen heute für Begriffe wie **Nationalbewusstsein, Einheit** und **Wertkonservatismus**. Der Versuch, einen **Verfassungspatriotismus** an die Stelle überkommener patriotischer Vorstellungen zu setzen, ist seit der Vereinigung einem zunehmend unverkrampften Nationalgefühl gewichen, wie sich auch im Zusammenhang mit der Fußball-WM 2006 gezeigt hat. Gleichwohl ist die Erörterung dieser Fragen vor dem Hintergrund der Brüche und Verwerfungen der deutschen Geschichte nach wie vor schwierig. Die Debatte um den Begriff „**Leitkultur**" macht dies immer wieder deutlich.

Der **Nationalismus** in seinen rassistischen, expansiv-militaristischen und antidemokratisch-autoritären Formen (Nationalsozialismus und Faschismus) spielt eine verhängnisvolle Rolle in der deutschen und europäischen Politik des 20. Jahrhunderts. Auch bei den Staatengründungen im nachkolonialen Afrika sowie auf dem Boden der ehemaligen UdSSR hat sich die Fixierung auf ethnische bzw. nationale Zugehörigkeiten vielfach als Auslöser neuer Zwistigkeiten erwiesen, und bis in die Gegenwart hinein ist übersteigertes Nationalgefühl – häufig überlagert von religiösem Fundamentalismus – die Ursache tief greifender Konflikte. Im vereinten Europa hat übersteigerter Nationalismus keinen Raum, doch sind die Nationalstaaten keineswegs überwunden. Und nicht immer gelingt es im politischen Alltag, erhaltenswerte nationale Identitäten von gemeinschaftsschädlichen nationalistischen Positionen zu trennen.

## Christliche Strömungen

Der deutsche Katholizismus formiert sich frühzeitig zu einer politischen Kraft. Er sieht in den Grundwerten des Christentums Leitlinien, denen auch und gerade im politischen Raum Geltung verschafft werden muss. Der Staat muss daher im Dienste einer göttlichen Ordnung stehen. Mit dieser Verankerung in der christlichen Ethik und Morallehre ist der politische Katholizismus zwangsläufig konservativ und ursprünglich monarchistisch. Erst unter Bismarck gerät er in Konflikt mit den Herrschenden (Kulturkampf). In der Weimarer Zeit werden christliche Kräfte (Zentrumspartei) zur Stütze der Demokratie und zählen später zum Kern des Widerstandes gegen Hitler. Wie stark praktizierter Glaube das politische Geschehen beeinflussen kann, hat auch die Tatsache bewiesen, dass die Kirchen einen wichtigen (vielleicht den wichtigsten) Beitrag zum friedlichen Wandel in der DDR geleistet haben (s. Kap. II).

## Sozialismus

Industrialisierung und Technisierung, Landflucht und Entstehung des Proletariats sind die Gründe für das Aufkommen des Sozialismus. Das Millionenheer der Besitzlosen, im Zeichen des Wirtschaftsliberalismus ausbeuterischen Tendenzen schutzlos ausgesetzt, besinnt sich seit 1848 (Kommunistisches Manifest) unter dem Einfluss von Marx und Engels auf seine politische Kraft. In seiner **gemäßigt-evolutionären** (sozialdemokratischen) Form strebt der Sozialismus danach, innerhalb der bestehenden Ordnung durch die Teilnahme an allgemeinen Wahlen an Einfluss im Staate zu gewinnen und so die Lage der wirtschaftlich Schwachen zu verbessern und soziale Gerechtigkeit herzustellen. In seiner **radikal-revolutionären** (kommunistischen) Form zielt er auf Beseitigung der bestehenden Wirtschafts- und Gesellschaftsordnung. Soweit man mit dem Begriff Sozialismus die „Verhinderung der Ausbeutung des Menschen durch den Menschen", soziale Gerechtigkeit, Solidarität, Frieden, Freiheit und Demokratie verbindet, hat diese Idee nach Auffassung vieler noch immer eine Zukunft (s. unten). Die undemokratische, freiheitsfeindlich-autoritäre, stalinistische Variante des „Staatssozialismus", das ist beim Untergang der DDR überdeutlich geworden, hat abgewirtschaftet.

## Parteien

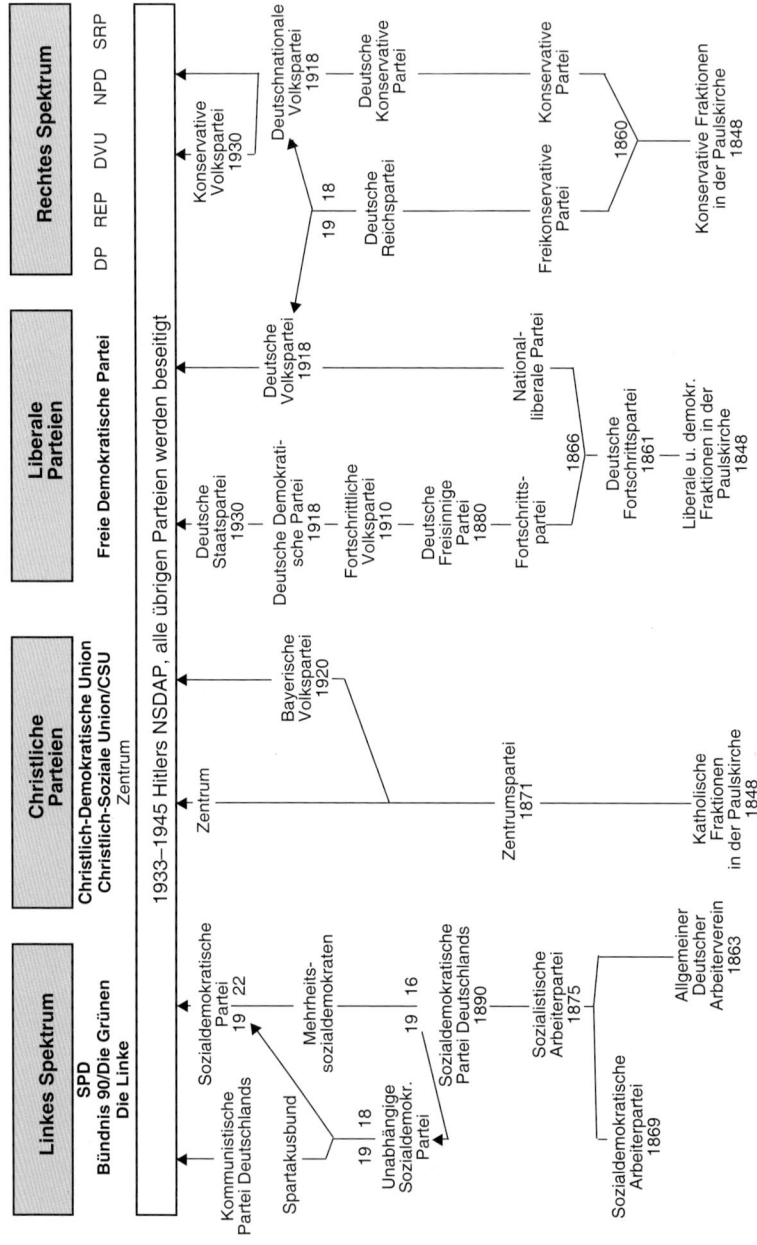

*Parteien*

## Das traditionelle Parteiengefüge in der Bundesrepublik

Von 1949 bis heute haben im Wechselspiel von Regierung und Opposition vier Parteien, die sog. **Altparteien**, durchgängig politische Verantwortung in Bund und Ländern getragen:

### Christlich Demokratische Union (CDU)

Die CDU ist eine Neugründung der Jahre nach 1945. Ihre Wurzeln als christliche Partei reichen – wenn auch zunächst nach Konfessionen getrennt – bis in die Bismarckzeit zurück. Sie stellte die Bundespräsidenten Heinrich Lübke (1959–1969), Karl Carstens (1979–1984), Richard v. Weizsäcker (1984–1994), Roman Herzog (1994–1999) und Horst Köhler (ab 2004) sowie die Bundeskanzler Adenauer (1949–1963), Erhard (1963–1966), Kiesinger (1966–1969), Kohl (1982–1998) und – als erste Frau – Angela Merkel (seit 2005). Die CDU zählt 468 329 Mitglieder (Stichtag 31.12.2013).

Der Begriff „Union" signalisiert den Sammlungscharakter der CDU. In ihrem (dritten) Grundsatz-programm **„Freiheit und Sicherheit – Grundsätze für Deutschland"** vom Dez. 2007 bezeichnet sie sich als **die Volkspartei der Mitte** und bekräftigt ihre Verankerung in **christlichsozialen, liberalen** und **konservativen** Wurzeln. Orientierungsmaßstab sind das christliche Menschenbild und, daraus abgeleitet, die Grundwerte Freiheit, Solidarität und Gerechtigkeit. Gesellschaftliches Ziel ist die **Chancengesellschaft**. Besonders stärken will die CDU die **Familie** als Ort, „wo Eltern für die Kinder und Kinder für die Eltern dauerhaft Verantwortung tragen". Nicht übernommen wird der Begriff der **Leitkultur**. Er wird jedoch inhaltlich konkretisiert: „Unsere politische Kultur ist geprägt von den Gemeinsamkeiten der europäischen und den Besonderheiten der deutschen Geschichte. Dazu gehören vor allem die föderalen und die konfessionellen Traditionen, das besondere Verhältnis zwischen Staat und Kirche und die Verantwortung, die den Deutschen aus den Erfahrungen zweier totalitärer Regime für die Zukunft erwächst."

### Christlich Soziale Union (CSU)

Die CSU wurde wie ihre größere Schwesterpartei, die CDU, unmittelbar nach dem 2. Weltkrieg gegründet. Sie ist selbständige Partei, bildet jedoch mit der CDU eine Arbeitsgemeinschaft und im Bundestag eine Fraktionsgemeinschaft. In Abstimmung mit der CDU beschränkt die CSU ihre organisatorische Gliederung auf den Freistaat Bayern; die CDU ihrerseits klammert Bayern aus ihrer Organisation aus. Beide Parteien erheben jedoch einen bundesweiten Anspruch ihrer Politik. Eine Ausweitung der CSU auf das übrige Bundesgebiet bzw. die Gründung eines bayerischen Landesverbandes der CDU soll nur einvernehmlich erfolgen.

Die CSU hat in ihrem Grundsatzprogramm **„Chancen für alle – In Freiheit und Verantwortung gemeinsam Zukunft gestalten"** vom September 2007 die **„solidarische Leistungsgesellschaft"** zum Leitbild erhoben. In ihr soll die **Eigenverantwortung** der Bürger Vorrang haben. Das Programm fußt unverändert auf dem christlichen Menschenbild und der christlichen Wertordnung. Ehe und Familie werden als gesellschaftliche Leitbilder und „Keimzelle menschlichen Zusammenhalts" betont. Ausdrücklich bekennt sich die CSU zur Sozialen Marktwirtschaft und einer „präventiven Umweltpolitik". Die Wehrpflicht soll zu einer **Dienstpflicht** ausgebaut werden. Die CSU hatte **148 000 Mitglieder** am 31.12.2013. **Jugendorganisation** der Unionsparteien ist die **Junge Union** (Junge Union Deutschland und Junge Union Bayern).

### Freie Demokratische Partei (FDP)

Auch die FDP ist eine Gründung der Nachkriegszeit. Ihre Wurzeln, aber auch ihre Flügelkämpfe zwischen dem bürgerlich-konservativen und dem sozialliberalen Lager, reichen bis in die Mitte des 19. Jahrhunderts (Paulskirchenversammlung) zurück. Die FDP stellte die Bundespräsidenten Theodor Heuss (1949–1959) und Walter Scheel (1974–1979).

Der politische Liberalismus fußt auf der Grundidee der **Freiheit** und des **Verfassungsstaates**, also einer Gesellschaftsordnung, die sowohl durch individuelle Freiheitsgarantien, wie auch durch soziale Bindungen gekennzeichnet ist. An die in den „**Freiburger Thesen**" von 1971 erstmals aufgenommenen sozialen Ziele knüpft das „**Liberale Manifest**" von 1985 an, indem es sich für soziale, wirtschaftliche und ökologische Verbesserungen bei gleichzeitiger Verringerung staatlicher Bevormundung einsetzt. In ihren „**Wiesbadener Grundsätzen – für die liberale Bürgergesellschaft**" von 1997 wendet sich die FDP gegen den Trend zu einer „Gefälligkeitspolitik, die allen alles verspricht". Zu den zentralen Aussagen des Programms gehören die **Vier Fundamente des modernen Liberalismus**: „Freiheit ist Verantwortung, Vielfalt, Fortschritt und Zukunftsverträglichkeit." Ein neues Grundsatzprogramm wird erwartet. Die FDP trug nach Jahren der Opposition seit 2009 erstmals wieder Regierungsverantwortung. Sie zählt **57 275 Mitglieder**. Bei den Bundestagswahlen 2013 erlitt sie eine herbe Niederlage und zog mit 4,8 Prozent der Stimmen erstmals seit Gründung der Bundesrepublik nicht in den Bundestag ein. Ihre Jugendorganisation sind die **Jungen Liberalen**.

### Sozialdemokratische Partei Deutschlands (SPD)

Die SPD ist die älteste Partei in Deutschland. Sie wird auf den „Allgemeinen Deutschen Arbeiterverein", der 1863 gegründet wurde, zurückgeführt. Ihre wechselvolle Geschichte reicht über Bismarcks „Gesetz gegen die gemeingefährlichen Bestrebungen der Sozialdemokratie" (Sozialistengesetz), die Zustimmung zu den Kriegskrediten und den „Burgfrieden" mit den anderen Parteien 1914, die Abspaltung der revolutionär-oppositionellen „Unabhängigen" (USPD/KPD, zuvor Spartakusbund) unter Rosa Luxemburg und Karl Liebknecht von den „Mehrheitssozialisten" in den Jahren von 1916 bis 1919, die Abstimmung gegen Hitlers Ermächtigungsgesetz im März 1933 und das folgende Verbot durch die Nazis sowie den Widerstand und die Verfolgung während der NS-Zeit bis zur Wiedergründung der Partei nach 1945.

Die SPD stellte die Bundespräsidenten Gustav Heinemann (1969–74) und Johannes Rau (1999–04) sowie die Bundeskanzler Brandt (1969–74), Schmidt (1974–82) und Schröder (1998–05). Von 1919–25 stellte sie mit Friedrich Ebert den ersten Reichspräsidenten.

Mit dem **Godesberger Grundsatzprogramm** von 1959 und dem Bekenntnis zur Sozialen Marktwirtschaft vollzog die SPD den Wandel von der Klassenkampf- zur Volkspartei. Es folgten 1989 das **Berliner** und 2007 das **Hamburger Grundsatzprogramm,** das achte in der langen Geschichte der SPD, zu dem – erstmalig in der deutschen Parteiengeschichte – alle Mitglieder befragt wurden. Unter dem Titel „**Soziale Demokratie im 21. Jahrhundert**" bekennt sich die SPD darin zum **demokratischen Sozialismus**, zur **sozialen Gerechtigkeit** und zum **vorsorgenden Sozialstaat**, der die Menschen gegen existenzielle Risiken schützt, sie aber nicht aus der **Eigenverantwortung** entlässt. Sie steht für wirtschaftliche Dynamik, vorausschauende Sozialpolitik, Tarifautonomie, Kündigungsschutz und Mindestlohn. Die SPD hat seit 1976 die Hälfte ihrer Mitglieder und seit 1989 die Hälfte ihrer Wähler eingebüßt. Nach der dramatischen Wahlniederlage 2009 will sie verlorene Volksnähe durch veränderte Entscheidungsprozesse wieder gewinnen, z. B. durch Urwahlen und Öffnung für Nichtmitglieder. Zudem setzt sie sich für Plebiszite, auch auf der Bundesebene, ein. Sie zählte **474 820 Mitglieder** zum 31.12.2013. Ihre Jugendorganisation sind die **Jungsozialisten**.

### Parteienlandschaft im Wandel

Das Gefüge der politischen Parteien in der Bundesrepublik war ursprünglich getragen worden von den **Weimarer Erfahrungen** – vor allem von der Sorge vor demagogischer Verführbarkeit und politischer Instabilität. Dies hatte zu einer „**Dreierkonstellation**" aus CDU/CSU, FDP und SPD geführt, die durch die Ausgestaltung des Wahlrechts (Fünf Prozent-Klausel) auf Dauer zementiert zu sein schien. Doch am Ende der sechziger Jahre geriet das System in Bewegung.

*Parteien*

Die junge, nicht mehr vom Krieg und den Erfahrungen aus der NS-Zeit geprägte Generation der **„Achtundsechziger"** trug entscheidend dazu bei, dass wichtige Themen aufgegriffen wurden, die zuvor vom „Establishment" vernachlässigt worden waren: Frieden, Abrüstung, Frauenrechte, neue Lebensformen, Atomenergie und Umweltschutz sowie der Unmut über das herkömmliche Gesellschafts- und Parteiensystem („strukturelle Gewalt") und der Kampf um Stärkung der Bürgerrechte. Zur Lösung der Probleme schienen die neuen **Bürgerrechtsbewegungen"** besser geeignet zu sein als die verkrusteten „alten" Parteien.

Bei der politischen Einordnung der sog. **Außerparlamentarischen Opposition** (APO), die ihre Ziele auch unter Gewalteinsatz verfolgte, erwies sich das klassische Parteienschema (s. oben) als wenig hilfreich. Zwar standen diese Kräfte zweifellos **„links"**, sie wollten aber ausdrücklich weder Partei noch sonst strukturiert, d. h. **„anti-autorär"** sein.

Materiell-inhaltlich zeichnete sich hier ein völlig neues Bild politischer Realität ab; bei den neuen Strömungen wurde vielfach engagierter und leidenschaftlicher um Positionen gerungen als durch die etablierten Parteien. Denn diese Bewegungen waren relativ unverbraucht, sie scheuten kein Tabus, brauchten keine Rücksicht zu nehmen auf politische Strukturen und waren häufig nur auf einen einzigen, überschaubaren und eingängigen Politikbereich bzw. ein Thema fixiert, wobei der parlamentarischen Demokratie weithin die Fähigkeit abgesprochen wurde, die Probleme der Zeit zu lösen. Faszination gewannen solche Strömungen schließlich auch aus einem allgemeinen **Wertewandel:** Für viele Menschen rückten sog. postmaterielle Werte wie Frieden, Umwelt und Solidarität an die Stelle bloßen Anspruchs- und Wohlstandsdenkens sowie eines kritiklosen Glaubens an Wirtschaftswachstum und technischen Fortschritt (s. unten).

| Bündnis 90 / Die Grünen |
|---|

Ausgehend von der „achtundsechziger" Bewegung haben sich die zunächst regional gegründeten **Grünen** als neue Partei von 1979 an in den Landesparlamenten und seit 1983 auch im Bundestag durchsetzen können – seit der Fusion mit den Ost-Bürgerrechtlern ab 1993 als **Bündnis 90/Die Grünen**. Ende 2012 zählte die Partei rd. **61 579 Mitglieder.** Ihr Nachwuchsverband ist die **Grüne Jugend** (zuvor Grün-Alternatives Jugendbündnis). Der Verband ist autark, Pflicht zur Parteimitgliedschaft besteht nicht. Ihm können auch Mitglieder anderer Parteien angehören. Die Altersgrenze liegt mit 28 Jahren niedriger als üblich.

Das Bild, das die Grünen in der Öffentlichkeit bieten, war lange recht uneinheitlich. Ihr Bundesprogramm zählte als gemeinsamen Nenner die Leitvorstellungen „ökologisch, sozial, basisdemokratisch und gewaltfrei" auf. Ihren Sprechern zufolge verstanden sie sich als „Anti-Parteien-Partei", als „Bündnis von K-Sekten, Sponti-Freaks, Öko-Freaks und Feministinnen" oder als Bewegung, die zwar ein „parlamentarisches Spielbein", ihr „Standbein" aber außerhalb des Parlaments" habe. **„Bunte"** und **„Alternative Listen"** bestimmten auch ihren Wahlkampf (in Hamburg bis heute), und lange noch schwebte ein erbitterter Streit, ob man **Protestpartei** (unter genereller Verweigerung der Übernahme von Regierungsverantwortung) oder **parlamentarische Reformpartei** sein wolle:

▶ Der **„realpolitische"** Teil (Realos), der heute weithin das Bild der Grünen bestimmt, vertritt pragmatische Positionen und tritt für Koalitionen mit anderen Parteien ein.

▶ Den Gegenpart bilden die **Fundamentalisten** (Fundis). Ihre Vorstellungen (Fundamentalopposition, Rätedemokratie, Abschaffung des Gewaltmonopols, NATO-Austritt) laufen im Kern auf einen anderen Staat hinaus und haben den Grünen in der Frühzeit häufig den Vorwurf der Verfassungsfeindlichkeit eingetragen. Dass diese Ideen fortleben, zeigte die auf dem Parteitag 2002 erhobene Forderung nach Freiräumen für zivilen Ungehorsam.

Der Grundsatzstreit ist jedoch beigelegt, wie auch andere Ursprungsideen den parlamentarischen Zwängen weichen mussten (imperatives Mandat, jederzeitige Ablösbarkeit der Mandatsträger, Rotation zur Hälfte der Amtsperiode). Parallel dazu sind radikal-ökologische und fundamental-pazifistische Positionen zurückgenommen worden, erst recht seit der Fusion mit dem Bündnis 90. Auch **organisatorisch** haben sich die Grünen weitgehend den anderen Parteien angepasst, z. B. bei der Lockerung der ehedem stringenten **Trennung** von **Amt** und **Mandat**. Festgehalten wird jedoch am Prinzip der „**Doppelspitze**".

**Inhaltlich** verstehen sich die Grünen seit dem **Berliner Programm** von 2002 als „Partei der ökologischen Modernisierung, der sozialen und wirtschaftlichen Erneuerung und der gesellschaftlichen Demokratisierung". Zugleich haben sie Abschied genommen von der Vision absoluter Gewaltfreiheit: „Wir wissen, dass sich die Anwendung rechtsstaatlich und völkerrechtlich legitimierter Gewalt nicht immer ausschließen lässt." Inzwischen sind verstärkt Ansätze der Rückbesinnung auf die ökologischen Wurzeln und einer „neuen Radikalität" in Fragen des **Klimaschutzes** erkennbar. Auf dem kleinen Parteitag vom April 2008 wurde die Bindung an die SPD gelockert und damit die Annäherung an die CDU in Hamburg und Hessen ermöglicht, womit jedoch für die Bundesebene kein Automatismus verbunden sein soll.

Die Grünen, die sich in den letzten Jahren zu einer eher bürgerlichen Partei gewandelt haben, sind inzwischen längst nicht mehr allein im kommunalen Bereich für CDU und CSU koalitionsfähig, sondern auch auf Bundesebene, wie sich in den Sondierungsgesprächen nach der Bundestagswahl 2013 gezeigt hat. Mit Winfried Kretschmann stellen sie in Baden-Württemberg erstmals einen Ministerpräsidenten auf Landesebene. In Hessen regiert seit 2013 erstmalig ein schwarz-grünes Bündnis auf der Ebene der Länder.

## Abschmelzen der Volksparteien

Parallel zu den großen politischen und gesellschaftlichen Umwälzungen unserer Zeit wandelt sich auch das **Wählerverhalten**. In einer dramatisch veränderten Arbeitswelt und einem Klima hoher Arbeitslosigkeit, aber auch vor dem Hintergrund weltweiter terroristischer Bedrohungen ist die **Verunsicherung** gewachsen. **Neue soziale Fragen** sind aufgekommen, und mit ihnen neue Ängste. Entsprechend richten sich die Erwartungen mehr denn je auf **materielle Sicherheit** – etwa im Zusammenhang mit Arbeitsplätzen und Renten. Daneben spielen **ideelle Sehnsüchte**, z. B. der Wunsch nach Frieden, unverändert eine bedeutende Rolle.

Vor diesem Hintergrund steigt seit Jahren die Zahl derer, die eine **neue Zuflucht** suchen – bei einer **anderen**, aber auch bei **neuen** Parteien. Und schon jetzt entscheiden nicht mehr die Konstanten, sondern die **Wechselwähler** die Wahlen – der klassische Fall für Parteien mit pointierten Positionen, aber auch ein Boden für Radikalität und Extremismus.

**Neue Parteien** entstehen erst bei nachhaltigen sozialen oder gesellschaftlichen Verwerfungen. In den siebziger Jahren hat sich aus einer solchen Lage heraus eine **vierte Kraft**, die **Grünen**, entwickelt. Ob heute die im Osten wie im Westen nicht zu leugnende Unzufriedenheit **Die Linke** zu einer dauerhaften **fünften Kraft** werden lässt, ist noch nicht absehbar. Immerhin gibt es Parallelen. Denn beide, Grüne wie Linke, haben ausgeklammerte Themen auf die Tagesordnung gebracht, beide wurden bzw. werden von den Altparteien ausgegrenzt und vom Verfassungsschutz beobachtet. Es besteht allerdings auch ein fundamentaler Unterschied: Anders als die Linke haben die Grünen ihre Wurzeln nicht im SED-Staat. Im Gegenteil: als Bündnis 90 stehen sie neben anderen für die revolutionäre Wende in der DDR.

So könnte drei Jahrzehnte nach dem Aufkommen der Grünen die Parteienlandschaft vor einem **erneuten Wandel** stehen, zumal das **klassische Arbeiterbewusstsein** schmilzt. Diese Entwicklung geht vor allem zu Lasten der **SPD**, in Teilen auch der **Union**. Nutznießer sind die kleinen Parteien, weil sie für einzelne Politikfelder vermeintlich die besseren Antworten haben. Dagegen hat der Anspruch der **Volksparteien**, Lösungen **für alle** bereitzuhalten, an Strahlkraft verloren. Wer vorgibt, für die Gesamtheit zu sprechen, gerät leicht in den Verdacht, Einzelbelange zu missachten. Im Gefolge dessen bröckeln die klassischen Wählerreservoire – CDU und Frauen, FDP und Besitzständler, SPD und Gewerkschaften, Grüne und Jugend. Zu ähnlich sind sich die Parteien, in ihrer Programmatik wie in ihrer kurzatmigen Fokussierung auf die nächste Wahl. Zu breit auch ist der Spannungsbogen der oft beschworenen Mitte, unter dem sich Reformbürger ebenso wiederfinden sollen wie die Bewahrer eines starken Staates. Die Folge ist ein dramatischer **Mitgliederschwund**, verbunden mit hohen **Stimmverlusten** zugunsten der kleinen Parteien und einer **Erosion** des alten Machtgefüges. Verloren haben die **Volksparteien**: **SPD** von 34,2 auf 23,0, **CDU** von 27,8 auf 27,3 und **CSU** von 7,4 auf 6,5; gewonnen haben **Linke** von 8,7 auf 11,9, **FDP** von 9,8 auf 14,6 und **Grüne** von 8,1 auf 10,7 Prozent der gültigen Zweitstimmen bei den Bundestagswahlen 2005 und 2009.

Im Kern hat dieser Trend sich auch bei den Bundestagswahlen des Jahres 2013 bestätigt, jedoch haben – neben der FDP – auch die Grünen herbe Verluste hinnehmen müssen.

Für die SPD ist die Lage besonders prekär, weil Wählerschichten nach beiden Seiten abgegriffen werden – nach Links durch die Partei Die Linken und zur bürgerlichen Mitte hin durch Bündnis 90/Die Grünen und die AfD (s. unten).

Ob parallel dazu auch die **politischen Lager** erodieren, ist keineswegs sicher. Noch 2005 haben die Volksparteien mehr Bürger an das Lager der Nichtwähler verloren als an den politischen Gegner. Doch 2009 war die Betonung der Geschlossenheit des „**bürgerlichen Lagers**" ein entscheidendes Element des Wahlsieges der Koalition aus CDU/CSU und FDP. **Parteipräferenzen**, das zeigte sich hier wieder, sind in Deutschland mehr als die bloße Anhäufung von Sachthemen. Sie sind stets auch **Neigungssache**, beruhen auf **Traditionen** und **sozialen Zugehörigkeiten**. Denn bei aller Alltagsfixierung geben Parteien auch **Wertorientierungen**. Vor allem das macht ihre Klammerfunktion und ihre Langlebigkeit aus.

Der allgemeine Trend wird zusätzlich dadurch verstärkt, dass das Parteiensystem als Ganzes in eine **Glaubwürdigkeitskrise** geraten ist. Die Ursachen sind vielfältig. Neben Verkrustungen und Affären werden besonders häufig genannt: ein Mangel an faszinierenden Entwürfen, Desinteresse, Enttäuschung, Ohnmachtsgefühle, Protesthaltung sowie der fehlende Glaube an die Fähigkeit der Politik, die großen gesellschaftlichen, politischen, wirtschaftlichen und öko-logischen Fragen unserer Zeit zu lösen und den Menschen eine Perspektive zu geben.

Dies hat zu einer verbreiteten und der Demokratie auf Dauer abträglichen **Resignation** geführt, die vielfach in **Wahlenthaltung** umschlägt. Eine hohe Zahl von Nichtwählern setzt das Mittel der Stimmverzichts gezielt ein, häufig auch im Sinne eines **Denkzettels** (s. unten). Und dieser Trend wird sich verstärken, je weniger die Parteien in der Lage sind, aus dem Ritual wechselseitiger Vorwürfe von Wählertäuschung und Wählerbetrug hinauszufinden.

Man darf diese Entwicklung jedoch nicht überbewerten. Der Wähler differenziert sehr wohl hinsichtlich der Frage, ob die jeweilige Wahl als interessant, richtungweisend, besonders umstritten oder als eher belanglos und von vornherein entschieden gilt. Auch ist in ruhigen Phasen die Wahlbeteiligung eine andere als in Krisenzeiten. Gleichwohl: Jeder Nichtwähler stärkt die Ränder der Wählerschaft und schwächt die demokratische Mitte.

### Bewegung auch in der politischen Mitte

Auch im **bürgerlichen Lager** kommen immer wieder einmal kleinere Parteien auf, z. B. die „**Statt Partei**" und die **Schill-Partei/PRO** (Partei Rechtsstaatlicher Offensive), die zwischen 1993 und 2001 den Sprung in die Hamburger Bürgerschaft und sogar eine Regierungsbeteiligung schafften. Bei der Bundestagswahl 2002 scheiterte die PRO jedoch mit 0,8 Prozent. Danach führten zahlreiche Querelen zur Entlassung Schills als Innensenator, woraufhin die Partei, wie zuvor auch schon die Statt-Partei, jede Bedeutung verlor (s. oben).

Andere, dem bürgerlich-konservativen Lager zuzurechnende Neugründungen treten als „freie" Wählerschaft auf: Die „**Freien Wähler**" sind nach eigenen Angaben die größte Bürgerbewegung Deutschlands und zählen bundesweit ca. 280 000 Mitglieder. Sie sind nach ihrer Satzung keine Partei. Gleichwohl haben sie in einigen Ländern beträchtlichen kommunalpolitischen Einfluss, in Bayern auch auf Landesebene, wo sie bei den Landtagswahlen 2008 mit 10,2 Prozent drittstärkste Kraft geworden sind. Die sehr viel kleinere Gruppierung „**Freie Wähler Deutschland**" ist eine Partei und hatte, ohne nennenswerten Erfolg, bei den Bundestagswahlen 2009 eine Landesliste in Brandenburg aufgestellt.

Einen Achtungserfolg, vorwiegend bei jungen Wählern, errang die erst 2006 nach schwedischem Muster gegründete **Piratenpartei** mit ihrer Kernforderung „Freiheit im Netz". Mit 846 000 Stimmen (rd. 2 Prozent der Wahlberechtigten) lag die Partei deutlich über der Hürde der **Parteienfinanzierung** von 0,5 Prozent, womit sie 720 000 Euro erhielt (85 Cent pro Stimme). Inhaltlich wird sie mit den frühen Grünen verglichen. Doch die Grünen hatten mit der Friedensbewegung, dem Feminismus und der Ökologie drei Wurzeln, während die Piraten im Grunde nur ein einziges, wenngleich wichtiges Thema haben – Würde, Freiheit und Bürgerrechte des Menschen in einer global vernetzten, von der Informationstechnologie überfluteten Welt. Dies brachte den Piraten beachtliche Anfangserfolge und den Einzug in vier Landesparlamente, wobei die Agitation mit Schlagworten wie **Transparenz** und **Partizipation** von besonderer Anziehungskraft war. Doch die fehlende Themenbreite und die innere Zerstrittenheit führten dazu, dass die Piraten bei der Bundestagswahl 2013 mit 2,2 Prozent der Stimmen weit hinter ihren Erwartungen zurückblieben und damit praktisch bedeutungslos wurden. Immerhin nehmen sie mit diesem Ergebnis noch an der Parteienfinanzierung teil (s. oben).

Bewegung in der Parteienlandschaft brachte neuerdings die Partei **Alternative für Deutschland** (AfD). Obwohl erst im Februar 2013 gegründet, verfehlte sie bei der Bundestagswahl 2013 mit 4,7 Prozent nur knapp die Fünf-Prozent-Hürde und damit den Einzug in den Bundestag. Die AfD wird allgemein als **konservativ** und **euro-skeptisch** eingeordnet. In ihrem Gründungsprogramm vom April 2013 beschloss sie unter anderem eine stärkere Betonung nationaler Interessen, die Auflösung des Euro-Währungsgebiets und eine strengere Einwanderungspolitik. Sie hält die geordnete Wiedereinführung der D-Mark bis 2020 für möglich und erstrebenswert. Die AfD ist nach eigenen Angaben jedoch nicht europa-feindlich, sondern befürwortet ein Europa souveräner Staaten mit einem gemeinsamen Binnenmarkt. Ihre Mitgliederzahl gibt sie mit 14 000 an. Ihre Wähler stammen nicht nur aus dem Mitte-Rechts-Lager, sondern kommen aus allen Parteien, vornehmlich aber aus dem Lager der Nicht-Wähler. Zweifellos hat die AfD auch vom schlechten Abschneiden der FDP profitiert.

## Erstarken der Linken

Der linke Rand des Parteiengefüges wurde ursprünglich durch die stets von einem Verbot bedrohten **K-Gruppen** (DKP, KPD, Marxisten-Leninisten usw.) abgedeckt. Sie sind heute mit ihren allenfalls 2 000 Mitgliedern politisch bedeutungslos. Nach der Vereinigung ist dieser Teil des Spektrums – zunächst durch bloße Umbenennung der SED – um eine ostdeutsche Variante erweitert worden: die **Partei des Demokratischen Sozialismus** (PDS).

Die PDS sah sich in der Tradition der „Errungenschaften" und des Selbstwertgefühls der DDR, grenzte sich andererseits aber von der stalinistischen Herrschaftspraxis Honeckers ab. Als Protestpartei sprach sie vor allem Wähler an, die der Vereinigung kritisch gegenüberstanden. Bei der Wahl 1994 trug ihr dies 19,8 Prozent der ostdeutschen Stimmen ein, bei Landtagswahlen auch die Rolle des Mehrheitsbeschaffers (Tolerierung in Sachsen-Anhalt, rot-rote Koalitionen in Berlin und Mecklenburg-Vorpommern). Ihr Schwerpunkt blieben jedoch die ostdeutschen Länder, auch nachdem sie unter dem Namen **Linkspartei** im Westen Einfluss zu gewinnen suchte. Ihr schwaches Abschneiden mit vier Prozent bei den Wahlen 2002 ist von vielen als das Ende einer bundesweit operierenden Linkspartei bewertet worden. Doch das Wahlbündnis, das die Linke zur Bundestagswahl 2005 mit der **Wahlalternative Arbeit und Soziale Gerechtigkeit** (WASG) einging, fand mit 8,7 Prozent der Stimmen und 54 Mandaten eine überraschende Resonanz. Am 16.6.2007 fusionierten beide Gruppierungen zu einer neuen Partei, die den Namen „**Die Linke**" führt. Ihre **Mitgliederzahl** wurde Ende 2012 mit 63 000 angegeben.

Mit der Bundestagswahl 2005 hatte sich bereits eine Verschiebung der Koordinaten des Parteiensystems angedeutet. Denn als die Stimmen für Schwarz-Gelb nicht ausreichten, blieb letztlich nur eine Große Koalition, die zuvor allseits als zur Lösung der Probleme ungeeignet dargestellt worden war (s. unten). Das Wahlergebnis bestätigte sich bei der Bremer Bürgerschaftswahl 2007, bei der die Linken 8,4 Prozent der Stimmen errangen.

Nach Bremen haben die Linken 2008 auch in Niedersachsen, Hessen und Hamburg sowie 2009 im Saarland Einzug in die Landesparlamente gehalten und sind somit in den meisten der von sechzehn Bundesländer im Parlament vertreten. Bei der Bundestagswahl 2009 haben sie ihren Anteil von 8,7 auf 11,9 Prozent der Zweitstimmen (absolut 5,1 Millionen Stimmen und 76 Mandate) verbessern können.

Diesen Stimmenanteil haben sie bei den Bundestagswahlen 2013 nicht stabilisieren können. Sie sind jedoch mit 8,6 Prozent der Stimmen und 64 Mandaten nach dem Ausscheiden der FDP stärkste Oppositionspartei im Bundestag geworden.

Es wäre daher verfehlt, die Linken heute noch als **Sammelbecken** für Unzufriedene, DDR-Nostalgiker, alte SED-Kader und Verprellte aus SPD und Gewerkschaften darzustellen. Bei den unteren Einkommensschichten, insbesondere bei Rentnern, haben sie erhöhten Zulauf, bei arbeitslosen Wählern sind sie bundesweit stärkste Partei und im Osten stellen sie konstant die Mehrheit. Eine Ostpartei sind sie gleichwohl nicht mehr.

Dennoch ist die Linke keine Partei wie die anderen. Sie ist aufgrund ihrer DDR-Altlast und ihrer politischen Positionen – insbesondere zur NATO und zur EU – auf Bundesebene bisher **nicht koalitionsfähig**. Politisch erschöpft sich das weitgehend im Nein und übt sich in Verheißungen, die jenseits aller Realität liegen. Aber das hat ihr den Zulauf gebracht. Wenn sie als Partner in Betracht kommen will, wird die Linke ihre bundespolitischen Standpunkte überprüfen müssen. Und die anderen Parteien werden auf Dauer nicht umhin können, sich mit einer so gewandelten Linken auseinanderzusetzen, statt sie einfach zu negieren.

Es spricht mithin vieles dafür, dass sich mit dem Aufkommen der Linken ein **Fünfparteiensystem** etablieren könnte – eine in Europa durchaus nicht ungewöhnliche Konstellation. Damit sind Mehrheiten ohne die Linken sehr viel **schwerer** zu erreichen als vordem. Zugleich steigen die Zwänge, ungeliebte bzw. brüchige Koalitionen einzugehen. Auch werden ganz **neue Bündnisse** denkbar, wie 2009 erstmals im **Saarland** zwischen CDU, FDP und Grünen (der Nationalfarben wegen Jamaika-Koalition genannt) oder zwischen CDU und Grünen, wie 2008 auf Landesebene erstmalig in **Hamburg** und 2013 in **Hessen**.

## Extremismus von rechts

Anders als der Linksextremismus hat sich der **Extremismus von rechts** primär auch in **Parteien** organisiert. Seine radikalen Parolen und vermeintlich einfachen Wahrheiten finden besonders in Zeiten wirtschaftlicher Schwierigkeiten und zunehmender Verunsicherung bei unkritischen Menschen Zugang – auch in den ostdeutschen Ländern, aber keineswegs ausschließlich dort. Vor diesem Hintergrund versuchen **NPD, DVU** und **Republikaner,** zumeist im **Grenzbereich** der **Verfassung,** mit Heilsversprechen und Plattheiten, Unzufriedene an sich zu binden. Im Zentrum ihrer Agitation stehen Versatzstücke aus der **NS-Ideologie** (Führerstaat auf rassistischer Grundlage, Wiederherstellung eines starken Reiches, Deutschland den Deutschen), die Verharmlosung des Nazireichs und die Leugnung des Holocaust. NPD und Reps zusammen haben bei der Bundestagswahl 2005 mehr als eine Million Stimmen (2,2 Prozent) erreicht. Die Kandidaten der DVU waren, um das Verbot von Listenverbindungen zu umgehen, formal unter der NPD angetreten. Bei den Wahlen des Jahres 2009 erwies sich die extreme Rechte ein weiteres Mal als Sammelbecken einer diffusen Unzufriedenheit und schrumpfte auf 2,0 Prozent (für NPD, REP und DVU zusammen fast 900 000 Stimmen). Bei dieser Wahl griff die Rechte nicht zu einer „Deutschland-Pakt" genannten Strategie, die ihr bei früheren Wahlen über die Fünfprozenthürde geholfen hatte, indem jeweils nur eine der drei Parteien kandidierte. Auf diese Weise erreichte die NPD 2004 bei ihrem Solo-Auftritt in Sachsen 9.2 Prozent – ihr bestes Ergebnis seit 1969.

Trotz eines deutlichen Rückgangs bei den nachfolgenden Wahlen finden die extremen Rechten in bestimmten Wählerschichten immer noch Gehör. Bei der **Bundestagswahl 2013** entfielen 1,3 Prozent der abgegebenen gültigen Zweitstimmen auf die NPD, 0,2 Prozent auf die Republikaner (2009: 1,5 und 0,4 Prozent). Zusammengerechnet haben 2013 also mehr als **650 000 Wähler** rechtsextreme Parteien gewählt.

Bedenklich ist der Zuspruch, den die NPD bei **männlichen Jugendlichen** hat, vor allem im Osten. Besorgnis bereitet auch, dass die Partei bei manchen **Kommunalwahlen** Erfolge erzielte. In Sachsen-Anhalt z. B. zog sie 2007 in sieben Kreistage ein. Die **Mitgliederzahlen** sind dagegen sehr gering. Gerade einmal 5 400 Mitglieder zählt die **NPD** derzeit noch. Die **DVU** hat sich nach Auflösung einiger Landesverbände faktisch selbst abgeschafft, ohne dass die NPD davon spürbar profitiert hätte. Die Mitgliederzahl der **Republikaner** wird mit 5 800 angegeben.

Die **geistige Nähe** der NPD zum **Nationalsozialismus** offenbart sich immer wieder auch in spektakulären Aktionen ihrer Mandatsträger: Im Januar 2005 verweigerten sich die NPD-Abgeordneten des sächsischen Landtags demonstrativ einer Schweigeminute für die Opfer des Nazi-Regimes und bezeichneten in der anschließenden Debatte die alliierten Luftangriffe auf Dresden als „Bomben-Holocaust". In ähnlicher Form weigerten sich die NPD-Abgeordneten des Schweriner Landtags am 30. Januar 2008, an einer Gedenkminute aus Anlass der NS-Machtübernahme vor 75 Jahren teilzunehmen.

Ein **Verbot** der NPD ist jedoch bereits einmal, wenn auch nur aus **formalen** Gründen, gescheitert (s. unten). Zwar hatte damals der an der Entscheidung beteiligte Bundesverfassungsrichter Jentsch in einer durchaus nicht üblichen Weise öffentlich darauf hingewiesen, das „Instrument des Parteiverbots" stehe nach seiner Überzeugung „nach wie vor zur Verfügung", weil eine Sachentscheidung nicht ergangen sei. Gleichwohl gilt ein neuerlicher Verbotsantrag seither als bedenklich, vor allem aus Sorge um die publizistische Aufwertung der NPD im Falle des erneuten Scheiterns. Zudem müssten – dieser Entscheidung zufolge – bereits weit im Vorfeld eines solchen Verfahrens die nachrichtendienstlichen Quellen zurückgezogen und damit wichtige Erkenntnisgrundlagen aufgegeben werden. Gleichwohl ist ein neuerlicher Verbotsantrag anhängig (s. unten).

## Begriff der politischen Partei

Die **Legaldefinition** enthält § 2 Abs. 1 des Parteiengesetzes (PartG) i. d. F. v. 31.1.1994, zul. geä. d. Art. 1 des Ges. v. 23.8.2011 (BGBl. I S. 1748). Danach sind die Parteien

> **Vereinigungen** von **Bürgern**, die **dauernd** oder für **längere Zeit** für den Bereich des **Bundes** oder eines **Landes** auf die **politische Willensbildung Einfluss nehmen** und an der Vertretung des Volkes im **Deutschen Bundestag** oder einem **Landtag** mitwirken wollen, wenn sie nach dem **Gesamtbild** der **tatsächlichen** Verhältnisse, insbesondere nach Umfang und Festigkeit ihrer **Organisation**, nach Zahl ihrer **Mitglieder** und nach ihrem **Hervortreten** in der Öffentlichkeit eine ausreichende Gewähr für die **Ernsthaftigkeit** dieser **Zielsetzung** bieten.

Diese „Definition kraft Gesetzes" verleiht den politischen Parteien einen **Sonderstatus** und grenzt sie von sonstigen Vereinigungen ab:

▶ Ausländerparteien sind nicht „Vereinigungen von **Bürgern**" (Staatsbürgern; s. auch § 2 Abs. 3 PartG). Gleiches gilt für Parteien, deren Sitz sich im Ausland befindet (Auslandsparteien).

▶ Eine **kurzfristig** oder nur auf ein **begrenztes Ziel** angelegte Vereinigung besitzt nicht den Parteienstatus. Dazu sind eine gewisse Dauerhaftigkeit und Breite erforderlich.

▶ Den **Rathausparteien** fehlt das Merkmal der Beteiligung an Landtags- oder Bundestagswahlen. Sie sind nicht Parteien im Sinne des PartG, wohl aber politischen Vereinigungen. **Verbände** haben ebenfalls keinen Parteienstatus, auch wenn sie vielfach politische Ziele verfolgen. Ihnen fehlt das Kriterium der Beteiligung an **staatlichen Wahlen.**

▶ Auch **Bürgerinitiativen** sind weder Parteien noch Partei-Ersatz, da ihnen die Merkmale gem. § 2 Abs. 1 PartG fehlen. Sie verfolgen, zumeist ohne feste Organisation, lediglich begrenzte, keineswegs immer am Gemeinwohl orientierte Ziele (s. unten).

## Funktion und Bedeutung

Funktion und Gewicht der politischen Parteien entwickeln in Deutschland nur sehr zögerlich: In der **Paulskirchenversammlung** des Jahres 1848 agieren politische Zirkel, nicht aber Parteien im heutigen Sinne. Diese entstehen erst in den folgenden Jahrzehnten, bleiben aber auch im **Deutschen Reich** ab 1871 ohne größere Bedeutung. Eine Ausnahme bildet im Zuge der rasanten Industrialisierung lediglich die SPD. Höheres Gewicht erhalten die Parteien im Verlaufe des Ersten Weltkrieges und nachfolgend in der **Weimarer Republik.** Deren Verfassung aber nimmt die Parteien eher beiläufig zur Kenntnis: „Die Beamten sind Diener der Gesamtheit, nicht einer Partei" (Art 130 WRV). Im **NS-Staat** werden alle Parteien aufgelöst bzw. zur Selbstauflösung gezwungen. Übrig bleibt allein die Partei Hitlers, die NSDAP. Erst das **Grundgesetz** weist den Parteien den ihnen gebührenden Platz zu: „Die grundgesetzliche Ordnung ist nicht nur eine repräsentative, sondern auch eine parteienstaatliche Ordnung. Sie ist die Konsequenz der pluralistischen Gesellschaft und ihres Angewiesenseins auf Organisation und Verfahren der politischen Willensbildung" (BVerfGE 4, 144; 91, 262).

Nach Art. 21 Abs. 1 GG obliegt den Parteien (s. Kap. VI) die **Mitwirkung** bei der **politischen Willensbildung** des Volkes. Damit ist ihre Funktion allerdings nur unvollkommen beschrieben. Richard v. Weizsäcker hat das einmal ein „eindrucksvolles Beispiel von Understatement" genannt. Tatsächlich kommt ihnen eine nahezu **monopolartige Bedeutung** zu:

▶ Die Parteien sind frei gebildete, im gesellschaftlich-politischen Bereich wurzelnde Gruppen, die primär dazu berufen sind, bei der **politischen Willensbildung** des Volkes mitzuwirken

361

und in den Bereich der institutionalisierten Staatlichkeit hineinzuwirken. Sie sind jedoch **keine Staatsorgane** (vgl. BVerfGE 20, 56).

▶ Die politischen Parteien, denen Art. 21 GG **verfassungsrechtlichen Status** zuerkennt, sind **notwendige Instrumente** der politischen Willensbildung. Der moderne demokratische Staat bedarf ihrer, um die Wähler zu politisch **aktionsfähigen Gruppen** zusammenzuschließen; die Parteien organisieren die **politischen Prozesse,** sind notwendige **Transformations-** und **Vermittlungsinstanzen** und machen das Volk handlungsfähig. Durch ihren Einbau in die Verfassung sind sie nicht nur politisch und soziologisch, sondern auch rechtlich relevante Organisationen geworden (vgl. BVerfGE 52, 63). Die **parlamentarische** Demokratie ist stets auch eine **Parteien**-Demokratie.

▶ In den modernen Massendemokratien üben die politischen Parteien entscheidenden Einfluss auf die **Besetzung** der **obersten Staatsämter** aus. Sie beeinflussen die **Bildung des Staatswillens,** indem sie in das System der staatlichen Institutionen und Ämter hineinwirken, und zwar insbesondere durch **Einflussnahme** auf die Beschlüsse und Maßnahmen von Parlament und Regierung (BVerfGE 20, 56).

Den Parteien obliegen im demokratisch-parlamentarischen System **drei Kernfunktionen:**

▶ **Mittlerrolle/Repräsentationsorgan/Sprachrohr**

In der mittelbaren Demokratie nimmt der Einzelne nicht direkt an der Ausübung der Staatsgewalt teil. Er ist Mitglied einer nach Millionen zählenden Großgruppe, innerhalb derer der Prozess der politischen Willensbildung organisiert werden muss. Diese Rolle übernehmen die Parteien. Sie sind das Repräsentativorgan, durch das die Großgruppe überhaupt erst gesprächs- und handlungsfähig wird. Sie sind Mittler zwischen Regierenden und Regierten, sind der Transmissionsriemen, der den politischen Willen des Volkes auf die politischen Entscheidungsgremien überträgt. Gäbe es sie nicht, würden sich politische Meinungen in Form von Interessengruppen strukturieren, und ob diese dem Gemeinwohl eher verpflichtet wären als die Parteien heutigen Zuschnitts, darf bezweifelt werden.

▶ **Bündelungs-** und **Filterfunktion/Orientierungshilfe**

Durch die Parteien wird die breite Öffentlichkeit mit politischen Programmen und Zielsetzungen konfrontiert, ihr werden personelle und sachliche Alternativen angeboten. Dadurch tragen die Parteien dazu bei, dass ein politischer Wille sich bilden kann und dass dem Wähler in einer immer komplizierter werdenden politischen Welt die Orientierung erleichtert wird. Dieser politische Wille der Wählerschaft wäre ohne die Parteien unüberschaubar zersplittert. Erst durch die Parteien werden politische Ansichten und Interessen gebündelt und realitätsbezogen gefiltert, der politische Wille des Wählers wird durch sie „vorgeformt".

▶ **Instrument zur Durchsetzung politischer Interessen**

Der Wille des Einzelnen bleibt in modernen Massenstaaten zwangsläufig wirkungslos. Erst durch den Zusammenschluss mit anderen gewinnt er an Bedeutung und Gewicht. Dies geschieht durch die Parteien. Sie sind – im Verbund mit den von ihnen getragenen Fraktionen auf der Kommunal-, Landes- und Bundesebene – das Instrument zur Durchsetzung des gebündelten politischen Willens ihrer Wählerschaft. Derartige Aufgaben werden zwar auch von den Verbänden wahrgenommen, es besteht jedoch ein wesentlicher Unterschied: Verbände vertreten Verbandsinteressen; Parteien sind stets auch dem Ganzen verpflichtet und haben gerade deshalb eine besondere verfassungsrechtliche Stellung. **Maßstab** der Entscheidungsfindung muss also das **Gemeinwohl** sein, nicht das Gruppen- oder Einzelinteresse. Parteien müssen daher die Fähigkeit haben, sich dem Druck von Interessengruppen zu entziehen. Sie sind nicht der verlängerte Arm mächtiger Verbände.

Parteien dürfen sich daher auch nicht, wie es Richard v. Weizsäcker einmal ausgedrückt hat, „geradezu fettfleckartig" ausbreiten. Sie sind nicht der Staat, so wichtig sie auch sein mögen.

Ihr Einfluss darf die vom Grundgesetz vorgegebenen Grenzen nicht überschreiten. Ansätze dazu finden sich heute überall: in Justiz und Verwaltung, in der Wirtschaft und bei den Medien. Nicht zuletzt daraus resultieren Verdruss und Verweigerung. „Parteipolitik muss sich an **Sachproblemen**, an verantwortungsvoller **Zukunftsvorsorge**, nicht am Kampf um die **Macht** orientieren. Solange Politiker ihre Aufgabe nur so verstehen, die Wünsche der Wähler zu ermitteln, ihnen zusätzliche Wünsche zu suggerieren und ihre Erfüllung zu versprechen, solange wird die Parteiendemokratie auf Dauer keine Überlebenschance haben", so v. Weizsäcker weiter. „Die wichtigste Chance liegt darin, den durch die Wahl erteilten **Führungsauftrag** wahrzunehmen." Zur Erfüllung ihrer Funktion brauchen die Parteien das **Vertrauen** der Wähler. Dieses Verhältnis ist gestört. Nie zuvor haben sich die Bürger so negativ geäußert, wie nach den Wahlen der Jahre 2002 und 2005. Inzwischen glauben nach verlässlichen Umfragen 82 Prozent der Deutschen, dass die Politiker auf die Interessen des Volkes keine Rücksicht nehmen (s. oben). Auch im Binnengefüge der Parteien rumort es. Dass eine Landrätin mit ihrer Kritik maßgeblich zum Rücktritt eines Ministerpräsidenten beitragen kann, wäre in Bayern noch vor wenigen Jahren undenkbar gewesen. Die Gründe für die Unzufriedenheit innerhalb wie außerhalb der Parteien liegen vor allem darin, dass sich die Politik zunehmend von der Lebenswirklichkeit entfernt, obwohl sie immer stärker auf diese einwirkt. Als Folge dessen fühlen sich große Teile der Arbeitnehmerschaft von der Entwicklung abgekoppelt. **Abgehobenheit** der **Politiker** und **soziale Unwucht** der **Politik** sind daher zu den entscheidenden Ursachen der **Unzufriedenheit** mit den herkömmlichen Parteien geworden. Bei der Bundestagswahl 2009 (s. oben) haben sich **900 000** Wähler für die **rechtsextremen** Parteien NPD, REP und DVU entschieden, und ca. **5 Millionen** haben die **Linkspartei** gewählt – ein beachtliches Wählerpotential, das im Grunde einen anderen Staat will. In Prozentzahlen ausgedrückt, ist dies gewiss noch kein Grund zu übertriebener Sorge. Denn unsere Demokratie ist stark, und jede Gesellschaft hat ihre Ränder. Doch in Verbindung mit den **18 Millionen Nichtwählern** (s. Kap. VII) ist gleichwohl erhöhte **Aufmerksamkeit** geboten.

## Aufgaben der Parteien

Gem. § 1 Abs. 2 PartG wirken die Parteien an der Bildung des politischen Willens des Volkes auf allen Gebieten des öffentlichen Lebens mit, indem sie insbesondere:

| Auf die Gestaltung der **öffentlichen Meinung** Einfluss nehmen;  | Parteien sind abhängig vom Wahlerfolg. Sie versuchen, möglichst viele Meinungen zu einer politischen Handlungseinheit zusammenzuschließen. Daher stellen sie sich fortlaufend der **öffentlichen Auseinandersetzung**. Als **Regierungspartei** tragen sie die regierende Mehrheit, in der **Opposition** üben sie Kontrolle aus und zeigen Alternativen auf. Wichtigste Steuerungsinstrumente sind hierbei die Fraktionen (s. unten). |
|---|---|
| die **politische Bildung** anregen und vertiefen;  | Die Demokratie lebt vom „mündigen" Bürger, d. h. von der Urteilsfähigkeit der Wählerinnen und Wähler. Die Parteien leisten hierzu im Rahmen ihrer **Öffentlichkeitsarbeit** wichtige Beiträge. Sie sind aufgerufen, durch ihr **eigenes Verhalten** beispielgebend auf das **gesamte politische Geschehen zu wirken**. |
| die **aktive Teilnahme** der Bürger am politischen Leben fördern;  | Die Parteien schaffen durch ihre Parteiorganisation die Basis, von der aus sich Bürgerinnen und Bürger um **Übernahme politischer Verantwortung** bewerben können. Nur so kann die erforderliche Breitenwirkung eines Wahlbewerbers erzielt und sein persönlicher Aufwand in Grenzen gehalten werden. |

*Parteien*

| | |
|---|---|
| zur Übernahme **öffentlicher Verantwortung** befähigte Bürger heranbilden;  | Die Gewinnung qualifizierter Nachwuchskräfte gehört zu den Lebensfragen der Demokratie. Die Parteien wählen und bilden den politischen Nachwuchs aus, sie bieten ihm **Bewährungs-** und **Aufstiegsmöglichkeiten** und führen ihn ggf. bis an die Spitzenpositionen heran. |
| sich durch **Aufstellung** von **Bewerbern** an den Wahlen in Bund, Ländern und Gemeinden beteiligen;  | Die **Präsentation** von **Wahlbewerbern** ist das Mittel, dessen sich die Parteien bedienen, um ihre politischen Ziele zu verfolgen. Dadurch unterscheiden sie sich von allen übrigen politischen Gruppierungen. Die Auswahl der Kandidaten vollzieht sich in einem Prozess der innerparteilichen Willensbildung, der – wie die innere Ordnung der Parteien schlechthin – demokratischen Grundsätzen entsprechen muss (s. unten). |
| auf die **politische Entwicklung** in Parlament und Regierung Einfluss nehmen;  | Parteien wirken über ihre Abgeordneten und Fraktionen unmittelbar auf die **Willensbildung** im **Parlament** ein. Entweder tragen sie als Regierungspartei selbst Verantwortung oder sie begrenzen als Oppositionspartei die Macht der Regierenden durch Kontrolle und öffentliche Kritik. Ihre Einflussnahme auf die Regierung erfolgt u. a. über die Gesetzgebung und die Kontrollbefugnisse des Parlaments. |
| die von ihnen erarbeiteten politischen Ziele in den Prozess der **staatlichen Willensbildung** einführen;  | Wahlbewerber stellen sich dem Wähler gegenüber als Repräsentanten ihrer Partei vor. Es ist daher legitim, wenn die Parteien bei der **Verwirklichung ihrer Ziele** erwarten, dass ihre Abgeordneten sich an die Grundauffassungen der Partei und an Partei- und Fraktionsbeschlüsse halten (sog. Fraktionsdisziplin, s. Kap. VIII). |
| für eine ständige **lebendige Verbindung** zwischen dem **Volk** und den **Staatsorganen** sorgen.  | Durch die Wirkungsbreite der Massenmedien und die Vielfalt der verschiedenen Wahltermine in Bund, Ländern und Gemeinden wird eine **permanente Wahlkampfsituation** hervorgerufen. Wir leben gleichsam in einem ständigen, sich täglich wiederholenden Volksentscheid. Gleichwohl besteht die Gefahr, dass Regierende und Wahlvolk sich auseinander leben (s. unten). |

## Innere Ordnung der Parteien

Gem. Art. 21 Abs. 1 GG muss die innere Ordnung der Parteien demokratischen Grundsätzen entsprechen.

Das bedeutet, dass die innerparteiliche Willensbildung in ihren Grundzügen ein Spiegelbild der demokratischen Ordnung unseres Staates sein muss; sie muss sich „von unten nach oben" vollziehen, kein Mitglied darf von der Willensbildung ausgeschlossen werden (s. Kap. VII).

Dies wird vor allem durch folgende **Vorschriften** des **Parteiengesetzes** gewährleistet:

▶ Die Partei muss eine schriftliche **Satzung** und ein **Programm** haben (§ 6 Abs. 1).
▶ Die Parteien gliedern sich in **Gebietsverbände** (§ 7 Abs. 1).

▶ Parteien und ihre Gebietsverbände müssen als Organe eine **Mitgliederversammlung** und einen **Vorstand** haben (§ 8 Abs. 1).
Die Mitgliederversammlung ist das oberste Organ des jeweiligen Gebietsverbandes. Sie führt bei Gebietsverbänden höherer Stufen die Bezeichnung „Parteitag", bei Gebietsverbänden unterer Stufen die Bezeichnung „Hauptversammlung".
Zu den **Aufgaben** des **Parteitages** gehört es, den Gebietsverbandsvorsitzenden, seine Stellvertreter und die übrigen Mitglieder des Vorstandes zu wählen. Der Parteitag beschließt u. a. über das Parteiprogramm und die Satzung der Partei.

▶ Die Führungsgremien der Partei werden durch **Wahlen** besetzt (§ 9 Abs. 4) und **auf Zeit** gewählt (§ 11 Abs. 1).

▶ Die Parteimitglieder und die Vertreter in den Parteiorganen haben **gleiches Stimmrecht** (§ 10 Abs. 2).

▶ **Ein-** und **Austritt** sind grundsätzlich **frei:** Allgemeine Aufnahmesperren sind nicht zulässig (§ 10 Abs. 1). Das Mitglied ist jederzeit zum sofortigen Austritt berechtigt (§ 10 Abs. 2). Ein Ausschluss von Mitgliedern ist nur bei schwerwiegenden Verstößen unter den Voraussetzungen des § 10 Abs. 4 zulässig.

▶ Die entscheidenden innerparteilichen **Wahlvorgänge** sind **geheim,** so bei den Vorstandswahlen (vgl. § 15 Abs. 2) und bei der Aufstellung von Wahlbewerbern (vgl. § 17).

▶ Die Parteiorgane fassen ihre **Beschlüsse mehrheitlich** (vgl. § 15 Abs. 1).

▶ Das **Antragsrecht** ist so zu gestalten, dass eine demokratische Willensbildung gewährleistet bleibt, insbesondere auch Minderheiten ihre Vorschläge ausreichend zur Erörterung bringen können (§ 15 Abs. 3).

Ein Trend zur „Kaderpartei" oder „Führerpartei" wird damit gesetzlich ausgeschlossen. Der demokratisch verfasste Staat setzt demokratisch verfasste Parteien voraus.

Das Bundesverfassungsgericht (vgl. BVerfGE 2, 40) hat hierzu erklärt: „Unverantwortlichkeit der Parteiorgane gegenüber den Mitgliedern und absoluter Gehorsam der Mitglieder gegenüber den Parteiführungsorganen sind mit demokratischen Grundsätzen unvereinbar."

Durch ihre innere Ordnung unterscheiden sich die politischen Parteien u. a. auch von den **Bürgerinitiativen:**

Bürgerinitiativen sind keineswegs immer demokratisch strukturiert. Häufig sind nicht einmal ihre Sprecher aus formal einwandfreien Wahlen hervorgegangen, so dass dominierende Personen oder Gruppen mehr oder weniger autoritär die Ziele und die Wege zu deren Verwirklichung bestimmen.

## Parteinahe Stiftungen

Die größeren der herkömmlichen Parteien unterhalten parteinahe Stiftungen **(Konrad-Adenauer-Stiftung** der CDU, **Hanns-Seidel-Stiftung** der CSU, **Friedrich-Ebert-Stiftung** der SPD, **Friedrich-Naumann-Stiftung** der FDP). Auch die Grünen haben 1988 einen Stiftungsverband „Regenbogen" (mit drei unabhängigen Vereinen, Heinrich-Böll-Stiftung, Frauen AN-Stiftung und Stiftung Buntstift) gegründet. Daraus ist 1996 ein Zusammenschluss entstanden, der ebenfalls den Namen **Heinrich-Böll-Stiftung** führt.

Nach ihren **Satzungen,** in denen die jeweils nahe stehende Partei zumeist nicht erwähnt wird, sind die Stiftungen rechtlich **selbständig** und organisatorisch **unabhängig.** Ob diese Distanz in allen Fällen gewahrt wird, ist strittig.

Die Stiftungen widmen sich im Rahmen ihrer satzungsmäßigen Aufgaben insbesondere der **politischen Bildungsarbeit.**

Daneben fördern sie die wissenschaftliche Forschung und die internationale Zusammenarbeit. Sie veröffentlichen Arbeitsmaterialien und unterhalten Tagungsstätten und Bibliotheken. Stiftungen verfolgen somit **andere Ziele** als die ihnen nahe stehenden politischen Parteien. Während sich Parteien vornehmlich um die Erringung politischer Mandate bemühen, sollen Stiftungen den Bürger an politische Inhalte heranführen und einen Rahmen bieten für eine offene Diskussion politischer Fragen, die jedermann zugänglich ist.

Diese Abgrenzung ist in der Vergangenheit nicht ohne Probleme geblieben, insbesondere im Hinblick auf die **Spendenpraxis** und die **Vergabe öffentlicher Mittel** (Bundeszuschüsse 1996: 620 Mio. DM). Das BVerfG hatte hierzu bereits am 14. 7. 1986 (NJW S. 2497) festgestellt:

▶ Die Vergabe öffentlicher Mittel zur Förderung politischer Bildungsarbeit setzt, da es verfassungsrechtlich nicht zulässig ist, den Parteien selbst solche Mittel zur Verfügung zu stellen, von den Parteien rechtlich und tatsächlich **unabhängige** Institutionen voraus, die sich selbständig, eigenverantwortlich und in geistiger Offenheit dieser Aufgabe annehmen. Diese müssen auch in der Praxis die gebotene Distanz zu den jeweiligen Parteien wahren.

▶ Da Stiftungen nicht Parteien sind, ist es ihnen verwehrt, in den **Wettbewerb** der politischen Parteien einzugreifen, z. B. durch Geldzuwendungen oder Wahlkampfhilfe.

▶ Auch in **personeller** Hinsicht sind klare Grenzziehungen erforderlich. § 11 Abs. 2 PartG, wonach Vorsitzender und Schatzmeister einer Partei nicht vergleichbare Positionen in einer Stiftung dieser Partei wahrnehmen dürfen, enthält insoweit nur eine Mindestforderung. Die Stiftungen sind gehalten, generell darauf zu achten, dass Führungspositionen in der Stiftung und der ihr nahe stehenden Partei nicht in einer Hand sind.

▶ Die Stiftungen dürfen das Vorrecht, dass **Spenden,** die ihnen gegeben werden, steuerrechtlich begünstigt sind, nicht dazu missbrauchen, letztlich für die Partei bestimmte Spenden zu erbitten oder sich formal als Empfänger von Spenden auszugeben, die den Parteien zugedacht sind.

▶ Die Parteien sind nicht berechtigt, Spenden von politischen Stiftungen anzunehmen (§ 25 Abs. 1 PartG, s. unten).

Zur Entscheidung vor dem BVerfG anhängig ist auch ein Beschluss des Bundestages, wonach die der PDS nahe stehende „Stiftung Gesellschaftsanalyse und politische Bildung" von den Zuschüssen ausgeschlossen wird.

# Freiheit der Gründung von Parteien

Art. 21 Abs. 1 GG bestimmt: Die Gründung von Parteien ist **frei.** Dieser Grundsatz unterstreicht die besondere Bedeutung der Parteien im demokratischen Verfassungsstaat. Er umfasst die **Gründung** und **Existenz,** aber auch die **Betätigung** der Parteien, d. h. die **umfassende Parteienfreiheit** (BVerfGE 84, 300; 85, 287). Sie gilt grundsätzlich in allen Lebensbereichen und erfährt Einschränkungen nur in besonderen Fällen, etwa beim Verbot parteipolitischer Betätigung im öffentlichen Dienst (Beamtengesetze und § 15 SoldG) oder im Interesse des betrieblichen Friedens am Arbeitsplatz (§ 74 Betriebsverfassungsgesetz).

Politische Parteien sollen ungehindert entstehen und ihre Tätigkeit innerhalb der vom Grundgesetz gezogenen Grenzen frei entfalten. Sie sollen insbesondere staatlicher Einflussnahme und Überwachung entzogen sein und über ihre Ziele, Organisation und Tätigkeit selbst entscheiden können. Die Gründung von Parteien vollzieht sich daher auch ohne jede staatliche Mitwirkung: „Ein irgendwie geartetes Zulassungs- oder Genehmigungsverfahren für politische Parteien wäre in einem demokratischen Staat ein schwer erträglicher Widerspruch" (Ipsen, Staatsrecht I, Rdnr. 145).

Wer somit eine Partei gründet und für sie tätig ist, z. B. dadurch, dass er ein Parteiamt wahrnimmt, Spenden sammelt oder sich um ein Mandat bewirbt, handelt selbst dann, wenn seine Partei später für verfassungswidrig erklärt wird, im Rahmen verfassungsmäßig verbürgter Rechte. Das Grundgesetz nimmt um der **politischen Freiheit** willen die Fortsetzung verfassungsfeindlicher Aktivitäten während des ggf. mehrjährigen Prozessverlaufs in Kauf.

Von grundlegender Bedeutung für die Freiheit der Gründung und Betätigung von Parteien im Rahmen der politischen Willensbildung sind das **Mehrparteienprinzip** und die **Chancengleichheit** der politischen Parteien. Das Mehrparteienprinzip schließt das Entstehen eines Einparteienstaates aus. Eng damit in Verbindung steht die Chancengleichheit, ein Grundsatz, der aus dem allgemeinen Gleichheitssatz gem. Art. 3 GG, der Parteienfreiheit gem. Art. 21 GG und dem Prinzip der Wahlrechtsgleichheit gem. Art 38 GG abgeleitet wird. Das Prinzip der gleichen Wettbewerbschancen schlägt sich vor allem in der Parteienfinanzierung nieder. Ihm muss auch die Vergabe von **Hörfunk-** und **Fernsehzeiten** für Wahlwerbesendungen entsprechen (BVerfGE 47, 198).

In der Summe sollen diese Gewährleistungen die Vielfalt politischer Auffassungen verfassungsrechtlich absichern. Jede Meinung soll sich im Prozess der Willensbildung zur Geltung bringen können. Zugleich wird damit innerhalb der von der Verfassung gesetzten Schranken das **Recht auf Opposition** verbürgt (s. oben). Ihre **Grenzen** finden Gründung und Existenz von Parteien in Art. 21 Abs. 2 GG (s. unten).

## Verfassungswidrigkeit von Parteien

Zum Instrumentarium, das nach dem Prinzip der **wehrhaften Demokratie** (s. Kap. V) den staatlichen Organen zur Abwehr von Verfassungsfeinden an die Hand gegeben ist, gehört vor allem auch das **Parteienverbot**. Es fußt mit seiner Grundidee „Keine Freiheit den Feinden der Freiheit" auf den bitteren Erfahrungen der Weimarer Republik:

▶ In einem Prozess vor dem Reichsgericht hatte **Hitler** im Jahre 1930 erklärt: „Die Verfassung schreibt nur den Boden des Kampfes vor, nicht aber das Ziel. Wir treten in die gesetzlichen Körperschaften ein und werden auf diese Weise unsere Partei zum ausschlaggebenden Faktor machen. Wir werden dann allerdings, wenn wir die verfassungsmäßigen Rechte besitzen, den Staat in die Form gießen, die wir als die richtige ansehen."

▶ Noch deutlicher war sein späterer Propagandaminister **Goebbels** schon 1928 geworden: „Wir gehen in den Reichstag, um uns im Waffenarsenal der Demokratie mit deren eigenen Waffen zu versorgen. Wir werden Reichstagsabgeordnete, um die Weimarer Gesinnung mit ihrer eigenen Unterstützung lahm zu legen. Wenn die Demokratie so dumm ist, uns für diesen Bärendienst Freifahrkarten und Diäten zu geben, so ist das ihre eigene Sache. Uns ist jedes gesetzliche Mittel recht, den Zustand von heute zu revolutionieren."

Die Väter des Grundgesetzes wollten eine Wiederholung dessen ein für alle Mal ausschließen. Gem. Art. 21 Abs. 2 GG können **Parteien** für **verfassungswidrig** erklärt werden, die nach ihren **Zielen** oder dem **Verhalten** der **Anhänger** darauf ausgehen, die **freiheitliche demokratische Grundordnung zu beeinträchtigen** oder zu **beseitigen** oder den **Bestand** der **Bundesrepublik Deutschland** zu **gefährden**.

Das **Parteienverbot** ist ein Instrument, das aus mehreren Gründen hohe Hürden setzt und sorgsamster Prüfung bedarf: Es engt eines der Wesensmerkmale der Demokratie, die **politische Freiheit**, ein und reduziert die Breite des politischen Meinungsstreits in der pluralistischen Gesellschaft. Zudem ist es möglichem Missbrauch im Kampf gegen politisch Andersdenkende ausgesetzt und treibt die vom Verbot Betroffenen in einen der Öffentlichkeit entzogenen Bereich bzw. in die Illegalität. Über die Verfassungswidrigkeit entscheidet das **BVerfG** auf Antrag. Der Antrag ist **Prozessvoraussetzung**, antragsberechtigt sind Bundestag, Bundesrat und Bundesregierung (43 BVerfGG).

*Parteien*

Die Vorschrift unterstreicht die **besondere Stellung** der Parteien. Sie sind gegenüber allen anderen Vereinigungen mit einer **erhöhten Bestands-** und **Schutzgarantie**, dem sog. **Parteienprivileg**, versehen (vgl. Maunz-Dürig-Herzog, GG, Art. 21, Rdnr. 39):

▶ **Vereinigungen**, die die Verfassungsgrenzen missachten (Art. 2 Abs. 2 GG), **sind verboten**. Sie unterliegen dem unmittelbaren Zugriff durch die **vollziehende Gewalt**.

▶ Das Verbot einer **Partei** liegt in der ausschließlichen Zuständigkeit des **BVerfG**. Bis zur Entscheidung bleibt die Partei exekutivem Zugriff entzogen: „Das Grundgesetz nimmt die Gefahr, die in der Tätigkeit einer Partei bis zur Feststellung ihrer Verfassungswidrigkeit besteht, um der politischen Freiheit willen in Kauf" (BVerfG, Beschl. v. 1.5.2001 zur Aufhebung des Verbots einer NPD-Versammlung; s. Kap. IV).

| Voraussetzung |

Als Voraussetzung für ein Parteienverbot nennt Art. 21 Abs. 2 GG zwei Alternativen: Die **Beeinträchtigung** bzw. **Beseitigung** der **freiheitlichen demokratischen Grundordnung** oder die **Gefährdung** des **Bestandes** der **Bundesrepublik**.

In beiden Fällen genügt es bereits, dass die Partei nach ihren Zielen oder dem Verhalten ihrer Anhänger „**darauf ausgeht**", sich im Sinne einer dieser Alternativen zu betätigen. Die Vorschrift ist mithin **präventiver** Natur, jedoch reicht die allgemeine, unspezifizierte Absicht nicht aus. Es muss vielmehr eine **aktive, kämpferisch-aggressive** Haltung vorliegen, die sich so weit in Handlungen manifestiert, dass sie als planvoll verfolgtes politisches Vorgehen der Partei erkenn-bar wird (BVerfGE 5, 145; 8, 102). Der **Europäische Gerichtshof für Menschenrechte** hat sogar entschieden, dass eine **konkrete Gefährdung** der **Demokratie** vorliegen muss.

| Wirkungen |

Bereits das bloße Vorhandensein des Parteienverbots hat eine **generalpräventive** Funktion. Wird die Verfassungswidrigkeit einer Partei **tatsächlich** festgestellt, so sind **alle** ihre **satzungsmäßigen** Organisationen **verfassungswidrig**. Das Verbot erstreckt sich **nicht** auf ihr nahe stehende selbständige Organisationsformen, auch nicht auf Tarnorganisationen. Diese fallen, wenn sie die verfassungsmäßige Ordnung verletzen, unter die Vorschrift des Art. 9 Abs. 2 GG.

Durch die Entscheidung des BVerfG wird nicht nur die **Auflösung** des **organisatorischen Apparats** verfügt. Sinn des Urteils ist auch, das **missbilligte Gedankengut** aus dem Prozess der Willensbildung auszuscheiden. Folgerichtig erlöschen daher die **Mandate** der Abgeordneten einer für verfassungswidrig erklärten Partei (§ 46 Abs. 1 Nr. 5 BWahlG).

Die **Aufrechterhaltung** des **organisatorischen Zusammenhalts** einer verfassungswidrigen Partei, z. B. durch Rädelsführer oder Hintermänner, ist strafbar (§ 48 Abs. 1 StGB).

Eine durch Urteil des BVerfG aufgelöste Partei kann im Hinblick darauf, dass die Gründung von Parteien frei ist (s. S. 368 f.), jederzeit wieder neu gebildet werden, sofern ihre Zielsetzung und das Verhalten ihrer Anhänger in **Übereinstimmung** mit der **Verfassung** stehen.

| Anwendungsfälle |

Das BVerfG hat bisher zwei Parteien für verfassungswidrig erklärt: 1952 die **Sozialistische Reichspartei** (SRP) wegen ihrer Wesensverwandtschaft mit der NSDAP Hitlers und 1956 die **Kommunistische Partei Deutschlands** (KPD), weil sie eine Diktatur des Proletariats errichten wollte. Das KPD-Urteil war mit 309 Seiten die längste Entscheidung, die das Gericht je gefällt hat. Das Verfahren nahm von der Antragstellung bis zur Urteilsverkündung nahezu fünf Jahre in Anspruch. Einem Antrag auf Verbot der **Freiheitlichen Deutschen Arbeiterpartei** (FAP) und **der Nationalen Linie** (NL) wurde 1995 durch das BVerfG aus **formalen** Gründen nicht entsprochen. Das Gericht verneinte wegen fehlender Ernsthaftigkeit der Zielsetzung die Partei-

Eigenschaft beider Vereinigungen. Sie wurden darauf hin vom Bundesinnenminister verboten (s. Kap. X). Zu weiteren Anträgen ist es fünf Jahrzehnte lang nicht gekommen, obwohl eine Reihe von Parteien als verfassungs**feindlich** galt, ohne, wie die KPD alter Art und die SRP, als verfassungs**widrig** verboten zu sein.

Hinsichtlich der Verfassungswidrigkeit **rechtsextremer** Parteien ist lange ein **Verbotsantrag** gegen die **Nationaldemokratische Partei Deutschlands** (NPD) erwogen worden, der schließlich im Jahre 2006 vor dem Hintergrund des Anstiegs politisch motivierter Gewalt von der Bundesregierung und dem Bundesrat, begleitet vom Bundestag, gestellt wurde.

Die **NPD,** 1964 in Hannover gegründet, erreichte zwischen 1966 und 1969 den Einzug in sieben Länderparlamente und scheiterte bei den Bundestagswahlen dieser Zeit nur knapp. Bei den Wahlen seit 1990 ist sie stets unter einem Prozent geblieben; im Verbund mit der DVU errang sie 2005 allerdings fast 750 000 Stimmen (1,6 Prozent). Ihre Mitgliederzahl beläuft sich auf etwa 5 400; ihre Jugendorganisation sind die Jungen Nationaldemokraten.

Die Aussicht nachzuweisen, dass die NPD in Komplizenschaft mit der gewalttätigen Neonazi-Szene auf aggressiv-kämpferische Weise „aus Deutschland einen anderen Staat machen will" (Ministerpräsident Stoiber), wurde überwiegend als gut eingeschätzt – trotz einer womöglich langen Verfahrensdauer und der Tatsache, dass ein Verbot auf dasjenige Bild abzustellen ist, das die Partei zum Zeitpunkt der Entscheidung bietet. Schon die Antragstellung, so hieß es, sei ein klares, dringend gebotenes **Signal** gegen Fremdenfeindlichkeit und Gewalt, auch gegenüber dem Ausland. Dabei könne es keine Rolle spielen, ob nach dem Verbot die Gefahr des Abtauchens in den Untergrund bestehe. Einer für verfassungswidrig erklärten Partei sei finanziell und logistisch jegliche Basis entzogen. Zudem sei ihr das Versammlungsrecht verwehrt, und ein Verbot beträfe auch ihre satzungsmäßigen Nebenorganisationen. All dies werde zu einer entscheidenden Schwächung der rechtsextremistisch-gewaltgeneigten Szene führen und rechtfertige folglich auch das Prozessrisiko.

Dem wurden im Kern folgende **Einwände** entgegen gehalten: Die Schutzfunktion des Art. 21 Abs. 2 GG richte sich gegen Parteien, die in Wahlen Erfolge erringen, um diese dann fehlgeleitet-umstürzlerisch in parlamentarische Macht umzusetzen. Von solchen Erfolgen aber sei die NPD weit entfernt. Und mit einem Parteiverbot allein sei noch nichts getan gegen Fremdenhass und ausländerfeindliche Gewalt im Lande, vielmehr helfe es ungewollt sogar den anderen rechtsextremistischen Parteien. Der Verbotsantrag sei daher im Grunde ein Akt **symbolischer** Politik. Überdies verschwänden die Anhänger einer verbotenen Partei ja nicht einfach. Sie seien zeitweilig nur schwerer auszumachen und würden sich alsbald wieder neue Organisationsformen geben. Das KPD-Verfahren (mit Verbot und anschließender Neugründung, sogar unter gleichem Namen) beweise dies sehr deutlich. Es bleibe daher zweifelhaft, ob ein Verbotsantrag juristisch haltbar und politisch geboten sei.

Der gleichwohl gestellte Antrag stützte sich vor allem auf die verfassungsfeindliche **Rhetorik,** die Verbindungen zur **Gewaltszene** und die Anleihen bei der **Ideologie** des **NS-Staates.**

Das Verfahren stagnierte zwischenzeitlich, weil Vorstandsmitglieder der NPD als V-Leute des Verfassungsschutzes enttarnt worden waren und damit Zweifel an dem belastenden Material nicht mehr mit letzter Sicherheit ausgeschlossen werden konnten. Diese Zweifel blieben auch nach Beibringung neuer Beweismittel, weil versäumt worden war, rechtzeitig die Zusammenarbeit mit den V-Personen in den NPD-Vorständen zu beenden. Das Gericht sah darin eine „mit den Anforderungen an ein rechtsstaatliches Verfahren unvereinbare Praxis" und stellte wegen dieses „nicht behebbaren Verfahrenshindernisses" das Verbotsverfahren mit Entscheidung vom 18.3.2003 (BVerfGE 107, 339) ein. Über die Verfassungswidrigkeit selbst fiel kein Wort; eine Sachentscheidung erging also nicht. Der Präsident des Bundesverfassungsgerichts nahm die Sache jedoch zum Anlass, eine Verfahrensreform anzuregen. Sie steht bisher noch aus.

Die Diskussion um ein Verbot der NPD aber dauert an, angefacht auch durch das Verhalten ihrer Abgeordneten, das häufig geistiger Brandstiftung gleichkommen. Neue Nahrung erhielt die Debatte, nachdem die NPD – gestützt auf ein Wahlbündnis mit der DVU, den sog. Deutschland-Pakt – bei den Landtagswahlen des Jahres 2006 in Mecklenburg-Vorpommern 7,3 Prozent der Stimmen erreicht hatte und nach den Kommunalwahlen in Berlin in vier der zwölf Bezirksparlamente vertreten war. Vor allem auch aus Berlin wird daher immer wieder ein Verbot der NPD gefordert.

Nach jahrelanger Vorbereitung haben die **Bundesländer** im Dezember 2013 einen **zweiten Anlauf** gewagt und eine Klage auf Feststellung der Verfassungswidrigkeit der NPD beim Bundesverfassungsgericht erhoben. Aus der Sicht der Bundesländer stellt die Partei eine Gefahr für die freiheitliche demokratische Grundordnung dar. Mit ihrer Beweissammlung wollen die Antragsteller belegen, dass die Nationaldemokraten durch Führerkult, Fremdenhass, Holocaust-Verleugnung und Antisemitismus von einem menschenverachtenden und rassistischen Weltbild geprägt sind. Zudem machen sie „Wesensgleichheit der NPD zum Nationalsozialismus" geltend. Dass sich alle demokratischen Parteien und eine breite Öffentlichkeit ein Verbot der NPD wünschen, ist unstrittig. Ob dafür allerdings ein Verbotsverfahren der beste Weg ist, wird vielfach bezweifelt. Bundesregierung und Bundestag haben sich daher auch nicht an dem Verbotsantrag beteiligt. Viele fürchten ein Scheitern vor dem BVerfG, wie schon im Jahre 2003. Und selbst wenn die Länder obsiegen sollten, besteht immer noch die Möglichkeit eines Erfolgs der NPD vor dem **Europäischen Menschenrechtsgerichtshof** in Straßburg, falls dieser eine „akute Bedrohung der Verfassung" durch die NPD verneint. Dies wäre eine endgültige Niederlage der Demokratie. Denn einen dritten Anlauf würde wohl niemand mehr unternehmen.

Die Gegner des Verbotsantrags verweisen auf die desolate Lage der NPD, der ein solches Verfahren nur neue Publizität bescheren werde. Die Wählerstimmen und die Mitgliederzahlen sind seit Jahren rückläufig (s. oben). Bei der Landtagswahl in Bayern, ihrem mitgliederstärksten Landesverband, erlitt sie im September 2013 mit 0,6 Prozent ein Debakel. Die Führung um den inzwischen zurückgetretenen und aus der Partei ausgeschiedenen Vorsitzenden Holger Apfel ist zudem zerstritten, die Partei steht seit Jahren am Rande der Zahlungsunfähigkeit. Derzeit bekommt sie keine staatlichen Mittel nach dem Parteiengesetz, da sie nach Unregelmäßigkeiten in der Rechnungslegung zunächst eine Strafe von 1,27 Millionen Euro zahlen muss. Dabei ist die NPD weithin von staatlicher Unterstützung abhängig, weil sie unter anderem vergleichsweise wenig Spenden erhält. 2012 hatte sie laut Bundestagsverwaltung noch rund 1,4 Millionen Euro aus der Parteienfinanzierung erhalten (s. unten). Aus diesen Gründen sei es politisch klüger, die Beobachtung zu intensivieren, die inhaltliche Auseinandersetzung zu suchen (widerlegen statt verbieten) und durch gezielte Sozial- und Bildungspolitik die Ursachen zu bekämpfen und damit der NPD den Nährboden zu entziehen.

Ein Erfolg des Verbotsverfahrens vor dem Bundesverfassungsgericht ist daher keinesfalls sicher. Denn das Vorhaben ist juristisch heikel. Der desolate Zustand der NPD ist die Schwachstelle des Antrags: Wieso sollte man eine Partei verbieten, wenn diese dabei ist, sich selbst abzuschaffen? Auch die formale Hürde für ein Verbot ist hoch: Der zuständige Zweite Senat des Verfassungsgerichts kann es nur mit einer Zweidrittel-Mehrheit aussprechen. Die bloße Ablehnung der Demokratie reicht als Verbotsgrund nicht aus. Es muss vielmehr nachgewiesen werden, dass eine Partei die „freiheitlich demokratische Grundordnung" beeinträchtigen oder beseitigen will und diese Ziele mit einer „aktiv kämpferisch-aggressiven Haltung" verfolgt.

## Parteienfinanzierung

Die Tätigkeit der politischen Parteien erfordert hohe finanzielle Mittel. Während die Schöpfer des Grundgesetzes noch davon ausgegangen waren, dass dieser Bedarf allein aus Mitgliedsbeiträgen und Spenden gedeckt werden könne, haben sich die Parteien während der Folgezeit in immer stärkerem Maße – zuletzt zu weit mehr als der Hälfte – aus mittelbaren und unmittelbaren öffentlichen Zuwendungen finanziert.

Dieser **Staatsanteil** ist nicht konfliktfrei:

▶ Einerseits sind die Parteien Vereinigungen mit **privatem** Charakter. Sie sind freie Schöpfungen des gesellschaftlich-politischen Bereichs außerhalb der organisierten Staatlichkeit. „Der Prozess der Meinungs- und Willensbildung muss grundsätzlich staatsfrei bleiben" (BVerfGE 20, 56). Die Parteien sind mithin privatrechtliche Vereine und nicht Körperschaften des öffentlichen Rechts (s. §§ 11, 37 PartG), ihnen wird das „Risiko des Fehlschlagens eigener Bemühungen nicht abgenommen", und der Staat „ist nicht verpflichtet, dafür zu sorgen", dass „ihr Geldbedarf befriedigt wird" (BVerfGE 52, 63).

Wäre die Finanzierung der Parteien eine Staatsaufgabe, würden sich diese zwangsläufig auf die ihnen mühelos zufließende Subventionierung zurückziehen, wo doch gerade **Staatsunabhängigkeit** und das Wirken aus **eigener Kraft** sowie der **freie Wettbewerb** um Wählerstimmen das Wesen des Mehrparteiensystems ausmachen. Überwiegende öffentliche Alimentierung würde die Parteien vom Volk und von ihrer Mitgliederbasis entfernen und so die Parteiverdrossenheit weiter erhöhen. Die Parteien würden zum Staat, und dieser, so hat es Richard v. Weizsäcker einmal formuliert, zur „Beute der Parteien".

▶ Zum anderen aber haben Parteien einen **Verfassungsauftrag** (Art. 21 Abs. 1 GG). Sie sind verfassungsrechtlich notwendiger Bestandteil der freiheitlichen demokratischen Grundordnung (§ 1 Abs. 1 PartG) und für das Funktionieren der Demokratie unabdingbar. Ihre „Gemeinnützigkeit" kann schon deshalb keinem Zweifel unterliegen, weil die Parteien bei der **öffentlichen Aufgabe** der Durchführung von **Wahlen** mitwirken.

Eine völlige Versagung öffentlicher Mittel würde dieser Funktion nicht gerecht und hätte zur Folge, dass private Spenden noch mehr an Bedeutung gewinnen würden. Spenden jedoch schaffen **Abhängigkeiten** vom Spender; und je üppiger sie ausfallen, um so größer ist die Gefahr, dass „Gefälligkeiten" als Gegenleistung erwartet oder auch erbracht werden. Geld, vor allem das „große Geld", ist eine Macht. Kontrolle der Macht ist das Grundelement des Rechtsstaates. Wo sie versagt, droht Korruption. Ein korrupter Staat aber hätte den Anspruch eingebüßt, sich Rechtsstaat zu nennen.

Das BVerfG hat, teilweise unter Aufgabe seiner eigenen Rechtsprechung, mit der Grundsatzentscheidung vom 9.4.1992 (E 85, 264) die Eckpunkte der heutigen Regelung festgelegt: Neben der **Wahlkampfkostenerstattung** ist auch die **staatliche Finanzierung** der **allgemeinen Aufgaben** der Parteien zulässig, jedoch darf diese **allenfalls** die **Hälfte** ihrer Gesamteinnahmen umfassen. Denn öffentliche Finanzierung darf stets nur **Mitfinanzierung** sein, die **Selbstfinanzierung** der Parteien hat Vorrang. **Maßstab** für die Verteilung dieser Mittel ist die **Verwurzelung** der Parteien in der Gesellschaft. Sie wird einerseits am **Erfolg** gemessen, den eine Partei bei der jeweils letzten **Europa- oder Bundestagswahl** sowie der jeweils letzten **Landtagswahlen** erzielt hat, zum anderen am Umfang der **Zuwendungen** – d. h. der Spenden und Beiträge natürlicher Personen – an die jeweilige Partei.

Die daraufhin ergangene **Novellierung** durch das 6. Ges. z. Ä. d. PartG vom 28.1.1994 (BGBl. I S. 149) wich zwar von den Vorschlägen einer vom Bundespräsidenten eingesetzten Sachverständigenkommission ab. Gleichwohl fertigte dieser das Gesetz aus, äußerte aber in einer Verlautbarung seine Bedenken. Unter Einschluss der Änderungen durch das 8. Ges. v. 28.6.2002 (BGBl I S. 2268) und das 9. Ges. v. 22.12.2004 (BGBl. I S. 3673) gilt seither folgende Regelung:

▶ Anspruch auf staatliche Teilfinanzierung haben Parteien, die bei der jeweils letzten **Europa-** oder **Bundestagswahl** mindestens **0,5 Prozent** oder bei der jeweils letzten **Landtagswahl 1 Prozent** der gültigen Stimmen erreicht haben (§ 18 Abs. 4 PartG).

▶ Jede anspruchsberechtigte Partei erhält jährlich für die bei den jeweils letzten Europa-, Bundestags- und Landtagswahlen insgesamt erzielten Stimmen bis zu einer Gesamtzahl von 4 Millionen Stimmen **0,85 Euro** pro Stimme. Für die darüber hinaus erzielten Stimmen werden **0,70 Euro** je Stimme in Ansatz gebracht (sog. **Wählerstimmenanteil**; s. § 18 Abs. 3 PartG).

▶ Für die von natürlichen Personen gewährten **Zuwendungen** (Spenden, Beiträge und Mandatsträgerbeiträge) erhalten anspruchsberechtigte Parteien einen Betrag von **0,38 Euro,** jedoch nur bis zu einer Gesamthöhe von 3300 Euro je Person und Jahr (sog. **Zuwendungsanteil**; s. § 18 Abs. 3 PartG).

▶ Die Summe der jährlichen staatlichen Finanzierung **aller** Parteien darf eine „**absolute Obergrenze**" nicht überschreiten. Diese, durch das Achte Änderungsgesetz festgelegte Grenze wurde bemessen nach der Summe der Aufwendungen, die zur **Aufrechterhaltung** der **Funktionsfähigkeit** der Parteien von diesen selbst **nicht** aufgebracht werden können. Die Obergrenze beträgt derzeit jährlich **150,8 Mio.** Euro. Sie kann durch Gesetz auf der Grundlage der Indexzahlen des Statistischen Bundesamtes an die Preisentwicklung angepasst werden. Errechnet sich in der Summe der Parteien ein höherer Betrag, was regelmäßig der Fall ist, sind die Einzelbeträge entsprechend anteilmäßig zu kürzen.

▶ Die staatliche Finanzierung darf auch die **relative Obergrenze** – das ist die Summe der von jeder **einzelnen** Partei **selbst erwirtschafteten** Einnahmen – nicht überschreiten. Erwirtschaftet die betreffende Partei weniger, beschränkt sich die staatliche Teilfinanzierung auf die Summe dieser Eigeneinnahmen.

▶ Neben der unmittelbaren staatlichen Finanzierung werden die Parteien **mittelbar** dadurch finanziert, dass sie von der **Erbschafts-** und **Schenkungssteuer** befreit sind und eingezahlte **Mitglieds-** oder **Mandatsträgerbeiträge** steuerlich **absetzbar** sind.

Die den Parteien zustehenden Beträge legt der **Präsident des Bundestages** im Rahmen der ihm durch das PartG übertragenen Exekutivaufgaben jährlich zum 15. Februar für das Vorjahr fest. Zum Stichtag 31.12.2012 waren 20 Parteien anspruchsberechtigt. Von den 150,8 Mio. erhielten die im Bundestag vertretenen 6 Parteien insgesamt 114,8 Mio. (CDU 46,4, SPD 45,6, Grüne 15,2, FDP 14,1, Linke 12,3 und CSU 11,3 Mio.). Beteiligt waren ferner die Piraten mit 0,8 und die Tierschutzpartei mit 0,2 Mio. Auch die NPD nahm mit 0,6 Mio. an der Verteilung teil. Seit 2003 erhielt sie aus Staatsmitteln insgesamt mehr als 20 Mio.

Die **Höhe**, aber auch die **Handhabung** der letztlich von den Parteien selbst festgelegten staatlichen Alimentierung ist in der Vergangenheit häufig Anlass zur Kritik gewesen. Dabei ging es nicht nur um den Vorwurf der **Selbstbedienung,** sondern bei fast allen Parteien auch um **illegale Praktiken.** Einen besonderen Tiefpunkt erfuhr die an negativen Schlagzeilen schon zuvor nicht gerade arme Geschichte der Parteienfinanzierung durch die **CDU-Spendenaffäre:** Im Herbst 1999 wurde bekannt, dass der Parteivorsitzende, Bundeskanzler Kohl und andere Parteispitzen jahrelang in beachtlichem Umfang Barspenden entgegengenommen, nicht ordnungsgemäß verbucht und am gesetzlich geforderten Rechenschaftsbericht vorbeigeschleust hatten. Über die Herkunft der Mittel verweigerte Helmut Kohl die Aussage, ebenso gegenüber seiner eigenen Partei. Auch die hessische CDU unter Manfred Kanther unterhielt nach eigenem Eingeständnis ein System geheimer Konten im Ausland, auf denen hohe Beträge zunächst einer nicht gewünschten Offenlegung entzogen und später ganz oder teilweise wieder in den legalen Kreislauf der CDU eingespeist wurden. Der Bundesvorsitzende und frühere Bundeskanzler sowie der hessische Landesvorsitzende haben somit jahrelang gegen das Parteiengesetz (§ 25 Abs. 2) und Art. 21 GG verstoßen, was vom Parteispenden-Untersuchungsausschuss nach zweieinhalbjähriger Arbeit in wenigstens drei Fällen als „politische Korruption" gewertet wurde.

Im Gefolge der Affäre hat der Bundestagspräsident der CDU den fälligen „Zuwendungsanteil" nicht zugesprochen. Die gegen sie verhängten Sanktionen beliefen sich insgesamt auf umgerechnet etwa 25 Mio. Euro, einschließlich einer Strafe von 21 Mio. Euro wegen verspäteter Deklaration eines Teilbetrages aus verdeckten Schweizer Konten des Landesverbandes Hessen im Rechenschaftsbericht 1998. Die dagegen gerichteten Einsprüche der CDU hatten keinen Erfolg. Der ehemalige Landesvorsitzende Kanther wurde wegen Untreue zu einer Geldstrafe von 54 000 Euro verurteilt.

Doch in der Folge wurde sichtbar, dass **nahezu alle Parteien** sich zur Verschleierung von Spenden **illegaler Praktiken** bedient hatten: In Berlin nahm der Fraktionschef der **CDU,** zugleich Bankenvorstand, von Kreditnehmern seiner Bank eine Parteispende von 40 000 DM entgegen. In Köln und anderen Orts wurden von der **SPD** geheime Geldzuwendungen im Zusammenhang mit einer Müllverbrennungsanlage kassiert und in unverdächtige Teilsummen aufgeteilt. Und noch 2009 wurde der Landesverband NRW der **FDP** wegen Verfehlungen seines früheren Vorsitzenden Möllemann mit einer Strafe von 4,3 Millionen Euro belegt.

Unzweifelhaft haben diese Skandale beträchtlichen **Schaden** verursacht. Aber die Demokratie ist nicht in ihren Grundfesten erschüttert. Sie wäre es erst, wenn Missbrauch nicht öffentlich würde. Als **Konsequenz** aus alledem ergingen das **Achte** und **Neunte Gesetz zur Änderung des PartG.** Die Neufassungen erfüllen weitgehend die Erwartungen an Lauterkeit und Transparenz. Gleichwohl bleiben einige Lücken, insbesondere hinsichtlich eines generellen Verbots von Barspenden und einer Kontopflicht für Geldbewegungen. Nunmehr können falsche Angaben mit Freiheitsstrafe bis zu drei Jahren und mit Geldstrafe geahndet werden. Barspenden sind nur noch bis 1 000 Euro erlaubt. Spenden ab 10 000 Euro müssen unter Angabe des Zuwenders und der Gesamthöhe der Zuwendung im Rechenschaftsbericht genannt werden. Seit Januar 2010 sind 50 000 Euro übersteigende Spenden auf Weisung des Bundestagspräsidenten nicht mehr in Sammelübersichten, sondern **sofort** zu veröffentlichen. Durch Fehler im Rechenschaftsbericht 2008 musste die NPD 2,2 Millionen zurückzahlen.

Die legalen Spenden an Parteien erreichen beachtliche Größenordnungen. So erhielten lt. Verlautbarung des Bundestages die Parteien zwischen 2009 und 2013 nahezu 16 Millionen Euro an Großspenden über 50 000 Euro. Aufsehen erregte vor allem eine 600 000-Euro-Spende der Industriellenfamilie Quandt an die CDU.

Verboten sind Zuwendungen, die erkennbar in Erwartung eines bestimmten wirtschaftlichen oder politischen Vorteils oder als Gegenleistung fließen. Zudem müssen Parteien ihre Anteile an Medien (ab 20 Prozent) sowie ihre Firmenbeteiligungen offen legen.

Erhöhter **Transparenz** diente dann auch die Entscheidung des BVerfG v. 8.4.2002 (E 105, 197), nach der bereits ein Viertel der Mitglieder eines Untersuchungsausschusses ausreicht, um Beweisanträge zu stellen und so die Vernehmung bestimmter Zeugen durchzusetzen. Die rot-grüne Mehrheit im Parteispendenausschuss hatte eben dies zuvor zu verhindern versucht.

Für weitere Klarheit sorgte das Gericht mit Urteil v. 26.10.2004 (BVerfGE 111, 382), mit dem es eine Neuregelung verwarf, die vorgesehen hatte, dass Parteien nur noch dann den **Zuwendungsanteil** (s. oben) erhalten sollten, wenn sie das Stimmquorum von einem Prozent bei mindestens **drei** vorangegangenen **Landtagswahlen** erfüllt hatten (statt bisher bei einer). Dieses **„Drei-Länder-Quorum",** erklärte das Gericht, setze Parteien, deren Programm auf ein **einzelnes** Land ausgerichtet sei, „im politischen Wettbewerb gegenüber länderübergreifend agierenden Mitbewerbern **gleichheitswidrig** zurück". „Das Recht der Parteienfinanzierung", heißt es in der Entscheidung weiter, „darf das Entstehen neuer Parteien und deren Zutritt zum politischen Wettbewerb nicht über Gebühr erschweren und die Betätigung kleiner Parteien nicht unangemessen beeinträchtigen, insbesondere darf das Quorum nicht für Zwecke des Schutzes vor Konkurrenz missbraucht werden." Es bleibt mithin dabei, dass es zur Teilhabe am Zuwendungsanteil ausreicht, wenn eine Partei in nur einem Bundesland ein Prozent der Wählerstimmen erlangt hat. Zugleich bleibt das Problem, dass im Einzelfall (Bremen) 3 000 Stimmen ausreichen können, um einer Partei die Mitfinanzierung aus Steuermitteln zu sichern.

# Kapitel X
# Wesen und Wirken der Interessenverbände

## Allgemeines

Zu den Eckpfeilern der **rechtsstaatlichen** Demokratie gehören **Pluralismus** (s. Kap. III) und **Vereinigungsfreiheit** (s. Kap. IV). Da der einzelne Bürger in modernen Massendemokratien regelmäßig keinerlei Chancen hat, seine individuellen Interessen allein und isoliert durchzusetzen, ist er auf Zusammenschluss mit (möglichst vielen) anderen angewiesen. Einer der charakteristischen Züge unserer gesellschaftlichen Ordnung ist deshalb die von der Verfassung gewährleistete Möglichkeit, auf einer von staatlicher Reglementierung freien Ebene **Interessen** zu **organisieren**. Dies geschieht in sehr unterschiedlichen Formen und Größenordnungen durch die zahlreichen **Verbände** und **Vereinigungen** der verschiedensten Art. Allein in Berlin sind rd. 2100 Verbände offiziell registriert (s. unten). Die Zahl der in Brüssel bei der EU niedergelassenen Lobby-Gruppen wird sogar auf 2600 geschätzt.

## Zum Begriff der Verbände

**Hauptmerkmal** eines Verbandes sind seine **gemeinschaftlichen**, auf Befriedigung **individueller Bedürfnisse** gerichteten, in ihrer Zielrichtung zumeist **begrenzten Interessen**.

> **Verbände** sind **Personenmehrheiten** mit (i. a. R. begrenzten) **gemeinsamen** sachlichen bzw. ideellen **Interessen** und **Zielen**. Sie haben zur Sicherung ihres Bestandes und zur Durchsetzung dieser Ziele eine **vereinsrechtliche Binnenstruktur** (Mitglieder, Vorstand, innere Organisation und Gliederung, Satzung usw.).

Unter dem Begriff des Verbandes verbergen sich die verschiedenartigsten Inhalte politischer, wirtschaftlicher, sozialer, kultureller oder religiöser Art. Sie reichen von den Automobilclubs bis zu den Gewerkschaften und vom Deutschen Sportbund bis zu den Kirchen. Der Begriff „Verband" ist mithin sehr unscharf.

Voraussetzung ist weder, dass die Verbandsmitglieder eine persönliche Bindung zueinander haben, noch gar, dass man sich untereinander kennt. Auch ist freiwillige Mitgliedschaft nicht vorausgesetzt, denn es gibt Verbände mit Zwangsmitgliedschaften (Innungen, Kammern, Allgemeiner Studentenausschuss – ASTA –, Deutscher Städtetag und viele andere).

Von ebenso geringer Begriffsschärfe sind die aus dem Englischen übernommenen Bezeichnungen **Pressure Groups** (Einfluss ausübende Gruppen) und Lobby (benannt nach der Wandelhalle des Parlaments als Ort der Begegnung). Denn Wirkung kann letztlich jede politische Äußerung erzielen, und die tatsächliche Einflussnahme auf die Politik vollzieht sich auf anderen Ebenen und auf andere Weise als in der Vorhalle des Parlaments. „Lobby" ist daher heute eher eine allgemeine Bezeichnung für „Interessenvertretung".

Der gemeinsame Nenner der sog. **Interessenverbände** liegt in dem Bemühen, **Macht** und **Einfluss** auf die Politik auszuüben. Sie unterscheiden sich von sonstigen Personenmehrheiten dadurch, dass sie ihre Interessen sowohl gegenüber dem Staat (Parlament und Verwaltung), wie auch gegenüber anderen Interessengruppen **offensiv** vertreten.

Die großen Interessengruppen unserer Zeit haben ihre **Wurzeln**, ähnlich wie die Parteien, im **19. Jahrhundert** und waren in den Anfängen mit diesen teilweise identisch. Mit Beginn des technischen Zeitalters und dem Entstehen der modernen Industriegesellschaft wuchsen sowohl das **bürgerliche Selbstbewusstsein**, wie auch das **Schutzbedürfnis** und der **Selbstbehaup-**

tungswille der kämpferischen **Arbeiterschaft**. Parallel dazu entwickelte sich die organisierte Vertretung wirtschaftlicher, sozialer, politischer und kultureller Interessen gegenüber Staat und Gesellschaft. Herausragende Daten in dieser Entwicklung waren die Schaffung des **Vereinsrechts** am Ende des 19. Jahrhunderts, die Anerkennung der Gewerkschaften als **Tarifpartner** in der Weimarer Zeit und die Gründung des **Deutschen Gewerkschaftsbundes** (DGB) nach 1945. Seine 8 Einzelgewerkschaften sind als **Industriegewerkschaften** organisiert, also nicht nach Berufen, sondern nach dem Prinzip, dass für jeden Industriezweig eine Gewerkschaft zuständig ist. Als zweites Grundprinzip gilt das der **Einheitsgewerkschaft**, d. h. der weltanschaulichen und politischen Neutralität und Unabhängigkeit. Nicht dem DGB gehören der Deutschen Beamtenbund und der Christliche Gewerkschaftsbund an. Die Verbände der **Arbeitgeber** sind ebenfalls nach dem Industrieprinzip aufgebaut und regional organisiert. Parallel zum DGB bilden sie landesweite und bundesweite Dachorganisationen.

Heute bietet das Verbandsleben ein äußerst vielfältiges Bild. Man spricht daher von einer „**organisierten Gesellschaft**", in der die Verbände als „**Dritter Sektor**" neben **Staat** und **Markt** gesehen werden (so Ulrich v. Alemann, Das Parlament Nr. 31/99): Soziologisch betrachtet, gliedert sich die Gesellschaft moderner Demokratien herkömmlich in den **Sektor Staat** (Parlamente, Regierungen, Verwaltung, Justiz) und den **Sektor Markt** (Internationale Konzerne, Großunternehmen, mittelständische Wirtschaft, Kleinunternehmer). Neben diesen traditionellen Macht- und Einflusszentren übt heute der in Interessengruppen, Vereinigungen und Verbänden organisierte **Dritte** (korporative bzw. assoziative) **Sektor** einen beträchtlichen Einfluss aus – auch wenn Gewerkschaften und andere Zusammenschlüsse in Zeiten zunehmender Individualisierung und Entsolidarisierung manches von ihrer ursprünglichen Strahlkraft eingebüßt haben. So ist z. B. der DGB zwischen 1991 und 2008 von 11,8 auf 6,3 Millionen Mitglieder geschrumpft.

Unbeschadet dieser Entwicklung gilt daher: Eine Gesellschaft, zu deren Strukturelementen Freiheit und Demokratie gehören, ist naturnotwendig auch eine Gesellschaft der ständigen Auseinandersetzung zwischen verschiedenen Interessen. In einem solchen System sind Verbände ein unverzichtbarer konstitutiver Kernbestandteil. Ihre faktische **Notwendigkeit** und ihre **Anerkennung** sind im demokratischen Gemeinwesen unstrittig.

# Klassifizierung

In der **Vielfalt** der Verbände – von Gewerkschaften und Arbeitgeberorganisationen über Verbraucherverbände, Automobilverbände, Medienverbände, Wohlfahrtsverbände, Sportverbände und Kammern bis zu den Parteien und Kirchen – drückt sich das **Pluralismusmodell** der **Demokratie** aus. Ihre **Einflussnahme** auf die **Politik** und ihre **Kooperation und Vernetztheit** mit **Gesetzgebung und Verwaltung** sind **legitime, ja gewünschte und unerlässliche** Strukturfaktoren – in der Tagesarbeit, aber auch bei Sonderprojekten wie bei der **Konzertierten Aktion** (1965), den **Runden Tischen** (1989) oder dem **Bündnis für Arbeit** (1998).

Vielfach arbeiten Verbände auf **demselben Terrain**, wie etwa BUND, Greenpeace und Naturschutzbund oder Caritas, Paritätischer Wohlfahrtsverband und Diakonie. Das **Schwergewicht** des Verbandswesens lag ursprünglich eindeutig bei den **Wirtschafts- und Sozialverbänden** sowie den **Unternehmerorganisationen**. Im Zuge neuer Herausforderungen ist das klassische Spektrum durch **Umweltgruppen** und **Friedensinitiativen** ergänzt worden.

Im Allgemeinen wird (vgl. Jesse, a. a. O., S. 154) nach **Tätigkeitsfeldern** in folgender Weise differenziert, wobei die Übergänge naturgemäß fließend sind:

**Wirtschaftspolitischer** Sektor (Produktion, Handel, Gewerbe, Konsumenten), z. B: Bundesvereinigung der Deutschen Arbeitgeberverbände, Zentralverband des Deutschen Handwerks, Deutscher Gewerkschaftsbund, Deutscher Beamtenbund.

**Sozialpolitischer** Sektor (Organisation sozialer Leistungen und Ansprüche), z. B.: Verband der Kriegs- und Wehrdienstopfer, Behinderten und Sozialrentner, Volksbund Deutsche Kriegsgräberfürsorge, DRK, Caritas, Diakonie, AWO, Malteser, Johanniter.
**Gesellschaftspolitischer** Sektor (allgemeine und spezielle politische Zielsetzungen), z. B.: Bund Umwelt und Naturschutz, Greenpeace, Amnesty International.
**Kulturpolitischer** Sektor (ideelle Zielsetzungen in Kunst, Religion und Wissenschaft), z. B.: Deutscher Kulturrat (als Spitzenverband der Bundeskulturverbände), Deutscher Sängerbund, Kunstvereine, wissenschaftliche und kirchlich-religiöse Vereinigungen, auch die Kirchen selbst.
**Sektor Sport, Erholung** und **Freizeit** (durchaus nicht „unpolitische" Vereinigungen), z. B.: Deutscher Olympischer Sportbund, Deutsche Sporthilfe, Automobilverbände.

## Die Verbände im Rechtssystem der Bundesrepublik

Die **rechtliche** Legitimation und Verankerung des Verbandssystems ist weniger eindeutig als seine **faktische** Notwendigkeit. Zwar arbeiten Verbände keineswegs im rechtsfreien Raum, eine klare rechtliche Stellung und Funktionsbestimmung – etwa in der Weise, wie das gem. Art. 21 GG für die politischen Parteien geschieht – ist ihnen bislang aber weder in der Verfassung selbst noch in einem gelegentlich geforderten „Verbandsgesetz" zugebilligt worden. Im Grundgesetz wird nicht einmal der Begriff der Verbände erwähnt.

Verbände sind vereinsrechtlich organisierte Personenmehrheiten. Das private Vereinsrecht vermag jedoch ihre Funktion nicht annähernd zu erfassen. Die Basis ihres Wirkens liegt vielmehr in den **Grundrechten:**

Die Grundrechte sind nach heutigem Verständnis (s. Kap. IV) nicht nur klassisch-liberale Abwehrrechte gegenüber dem Staat, sondern haben auch konstitutive systembegründende Funktionen, indem sie demokratische Teilhabe am politischen Gemeinwesen gewährleisten und soziale Gestaltungsmöglichkeiten eröffnen. Auf dieser Ebene entfalten die Verbände ihre eigentliche staats- und gesellschaftsbezogene Wirkung; hierauf gründet sich der Kern ihrer **Legitimation.** Auch wenn nur die **Parteien** ausdrücklich einen verfassungsrechtlich normierten Schutz genießen, in einem gewollt **pluralistischen,** auf die Leitgedanken der **Demokratie** und **Selbstbestimmung** sowie das **Sozialstaatsprinzip** gegründeten Staat kommt neben diesen den **Verbänden** eine **Mitwirkung** an der **politischen Willensbildung** zu. Denn sie nehmen teil an den Gewährleistungen des Art. 9 GG, und als „inländischen juristischen Personen" ist ihnen Grundrechtsschutz garantiert (Art. 19 Abs. 3 GG).

**Art. 9 GG** gewährleistet das Grundrecht der **Vereinigungsfreiheit,** also das Recht, Vereine und Gesellschaften zu bilden (Abs. 1) sowie das Recht, zur Wahrung und Förderung der Arbeits- und Wirtschaftsbedingungen Vereinigungen zu schaffen (Abs. 3). Mit der Vereinigungsfreiheit als **Individualgrundrecht** ist zugleich eine **institutionelle Garantie** für die Freiheit der Gründung und des Wirkens von Vereinigungen verbürgt (s. Kap. IV).

Als Organisationsgrundrecht soll Art. 9 GG mithin dem Einzelnen die Möglichkeit geben, das zu erreichen, was er ohne den Zusammenschluss mit anderen nicht bewirken kann.

**Parallel** zur Vereinigungsfreiheit wirken sich **weitere Grundrechtsverbürgungen** auf das Vereins- und Verbandsleben aus, vor allem (s. Kap. IV) die allgemeine Handlungsfreiheit (Art. 2 GG), der Gleichheitsgrundsatz (Art. 3 GG), die Meinungsfreiheit und die Versammlungsfreiheit (Art. 5 und 8 GG), die Freizügigkeit (Art 11 GG) sowie die Berufsfreiheit (Art. 12 GG) und die Eigentumsfreiheit ( Art. 14 GG).

Über diese verfassungsrechtlichen Garantien hinaus finden sich wichtige Bestimmungen im **Vereinsgesetz** vom 5.8.1964 (BGBl. I S. 593) als dem **Kern** des **Vereinsrechts** sowie (zur Beteiligung bzw. Anhörung von Spitzenverbänden, Sachverständigen und anderen Auskunftspersonen) in den **Geschäftsordnungen** des Bundestages (§§ 69, 70), der Bundesregierung (§ 10), der Gemeinsamen Geschäftsordnung der Bundesministerien (§ 24) im **Bürgerlichen Gesetzbuch** (§§ 21 ff.) und in den **Beamtengesetzen.**

> Verbände sind **legale Mitgestalter** des **politischen Willens,** die im politischen System der Bundesrepublik weitgehend **institutionalisiert** sind (vgl. BVerfGE 52, 63). Obwohl sie nur vereinsrechtlich organisiert sind, kommt ihnen eine wichtige Funktion im politischen Gemeinwesen zu. Ihre Legitimation beruht auf den Grundrechten sowie den Grundprinzipien der Demokratie und Sozialstaatlichkeit.

## Verfassungswidrigkeit und Verbot von Verbänden

Die verfassungsrechtlichen **Schranken** des Verbandswesens ergeben sich aus Art. 9 Abs. 2 GG, wonach gegen **Strafgesetze,** gegen die **verfassungsmäßige Ordnung** oder gegen den Gedanken der **Völkerverständigung** gerichtete Vereinigungen **verboten** sind.

Diese Formulierung bedeutet, dass hier nicht erst – wie im Falle verfassungsfeindlicher Parteien – das BVerfG die Verfassungswidrigkeit feststellen muss. Es bedarf dazu lediglich einer **Verbotsverfügung,** die der **Innenminister** des Bundes oder eines Landes erlassen kann (Opportunitätsprinzip) und mit der

▶ die **Feststellung** getroffen wird, dass die Vereinigung gem. Art. 9 Abs. 2 GG verboten ist,
▶ die **Auflösung** der Vereinigung **angeordnet** und in aller Regel
▶ das **Vereinsvermögen** beschlagnahmt und **eingezogen** wird.

Voraussetzungen und Verfahren sind im Vereinsgesetz geregelt; gegen die Verbotsverfügung steht der betr. Vereinigung gem. §§ 3 ff. Anfechtungsklage vor den Verwaltungsgerichten zu.

Anders als im Bereich der **Parteien,** bei denen in der Vergangenheit nur in **zwei** Fällen (SRP 1952 und KPD 1956, s. Kap. IX) auf Verfassungswidrigkeit erkannt wurde, ist von der Möglichkeit des Verbots verfassungsfeindlicher **Vereinigungen** häufiger Gebrauch gemacht worden. Seit 1964 (Inkrafttreten des Vereinsgesetzes) wurden vom Bundesinnenminister rd. 30 und von den Innenministern/Innensenatoren der Länder rd. 50 Organisationen verboten.
Mit einem Verbot belegt wurden z. B.: die Wehrsportgruppe Hoffmann (1980), die Aktionsfront Nationaler Sozialisten/Nationaler Aktivisten (1983), die Nationale Sammlung des militanten Rechtsextremisten Michael Kühnen (1989), die Nationalistische Front, die Deutsche Alternative und die Nationale Offensive (1992), die Wiking-Jugend (1994), die FAP (1995), die rechtsextremistische Skinhead-Organisation Blood & Honour sowie deren Jugendverband White Youth (2000). Die Band „Landser" ist die erste Musikgruppe, die 2004 als kriminelle Vereinigung verboten wurde. 2009 folgte das Verbot der rechtsextremistischen Jugendorganisation „Heimattreue Deutsche Jugend" (HDJ).
Die Organisation **Scientology,** die sich selbst als Kirche sieht, wird wegen des Verdachts verfassungsfeindlicher Ziele vom Verfassungsschutz beobachtet. Ein Prüfverfahren, auf das sich die Innenminister 2007 verständigten, führte allerdings zu dem Ergebnis, dass die Verbotsgründe womöglich nicht hinreichend erhärtet werden könnten, so dass ein nicht unerhebliches Prozessrisiko bestehe. Die Beobachtung wird daher fortgesetzt.
Für ein Verbot **ausländischer** Vereine genügt es gem. §§ 14 und 15 des Vereinsgesetzes, dass durch „politische Betätigung die innere oder äußere Sicherheit, die öffentliche Ordnung oder sonstige erhebliche Belange der Bundesrepublik Deutschland oder eines ihrer Länder verletzt wird". Wegen ihres militant-extremistischen Vorgehens in der Bundesrepublik wurde 1993 auf dieser Grundlage die sozialistische „Kurdische Arbeiterpartei" (PKK) mit einem Verbot belegt. Nach Streichung des sog. **Religionsprivilegs** aus dem Vereinsgesetz (womit für

extremistische Gruppierungen die Möglichkeit entfallen war, sich als Religionsgemeinschaften zu tarnen), wurde 2001 wegen Unterstützung palästinensischer Terrorgruppen der radikalislamistische Kölner **Kalifatstaat** des „Kalifen" Kaplan verboten. Eine dagegen gerichtete Klage vor dem BVerwG wurde abgewiesen, desgl. die Verfasungsbeschwerde beim BVerfG (Beschl. v. 2.10.2003). Verboten sind inzwischen auch der Spendensammelverein **Al-Aksa** sowie dessen Nachfolgeorganisation **Yatim Kinderhilfe e. V.**, die **Yeni Akit GmbH,** die den Holocaust in verfassungswidriger Weise verharmlost, und die islamistische **Hizb ut-Tharir** (Partei der Befreiung), die alle Muslime in einem Gottesstaat vereinigen will. Außerdem wird ein Verbot der deutschen Ableger von „**Hisbollah**" (Partei Gottes) und der terroristischen „**Hamas**" (Islamische Widerstandsbewegung) erwogen, die im sog. „**Dschihad**", dem „**Heiligen Krieg**", gegen die Existenz des Staates Israel kämpfen. Ob hinreichende Verbotsgründe – nicht irgendwo in der Welt, sondern in Deutschland – bestehen, ist allerdings zweifelhaft.

Aus der bloßen Verwendung der unter Rechtsradikalen verbreiteten Parole „**Ruhm und Ehre der Waffen-SS**" wird ein Verbotsgrund sich nicht herleiten lassen. Sie ist im Wortlaut von keiner NS-Organisation verwendet worden und ist den Originalparolen der Waffen-SS („Meine Ehre heißt Treue") und der Hitlerjugend („Blut und Ehre") auch „nicht hinreichend ähnlich", so der BGH am 28.7.2005 (3 StR 60/05). Der Gebrauch einer Fantasieformel, die nur den Anschein der Parole einer NS-Organisation hervorruft, ist nach Ansicht des Gerichts nicht von § 86a StGB (Verwendung von NS-Kennzeichen) erfasst. So schwer erträglich diese Entscheidung politisch auch sein mag, sie ist Ausdruck eines der Eckpfeiler des Rechtsstaates: Keine Strafe ohne Gesetz (Art. 103 Abs. 2 GG).

## Funktion und Wirkungsweise der Verbände

Die Interessenverbände haben insbesondere folgende **Funktionen:**

▶ **Konkretisierung, Filterung, Selektion** und **Bündelung** von **Meinungen** und **Interessen** der Anhängerschaft;

▶ **Sichtbarmachung, Präsentation** und **Artikulation** von Ansichten und Forderungen gegenüber der Öffentlichkeit;

▶ **Durchsetzung** von Interessen, Entwicklung **politischer Wirksamkeit** und **Stoßkraft.** Der **Organisationsgrad,** das **finanzielle** Vermögen sowie ein mehr oder weniger ausgeprägtes **Vertretungsmonopol** spielen dabei eine entscheidende Rolle.

Diese Funktionen gleichen vielfach der Rolle der politischen Parteien (s. Kap. IX). Dabei ist jedoch zu bedenken, dass **Interessenverbände** in aller Regel **begrenzte,** an den Interessen der Verbandsmitglieder – und nicht zwingend zugleich auch am Gemeinwohl – orientierte **Zielsetzungen** vertreten. Daher müssen die **Parteien** (und letztlich das Parlament) insoweit einen **Ausgleich** schaffen, und zwar sowohl zwischen den häufig divergierenden Interessen verschiedener Verbände wie auch zwischen **Verbandsinteressen** einerseits und **Gemeinwohlinteressen** andererseits.

Parteien unterscheiden sich von Verbänden vor allem dadurch, dass sie ihrem Verfassungsauftrag entsprechend für das **Gemeinwesen** einzustehen haben und **parlamentarisch-politische Entscheidungen** so prägen müssen, dass der Staat nicht zum Spielball von Partikularinteressen wird. Den **Verbänden** obliegt diese Bindung nicht. Sie dürfen zwar – schon im eigenen Interesse – das **allgemeine Wohl** nicht aus dem Auge verlieren, sind diesem aber **nicht primär verpflichtet.** Das höhere Maß an Schärfe (oder auch an Radikalität), mit dem Verbände gelegentlich zu Werke gehen, findet hier eine seiner Wurzeln.

*Interessenverbände*

Die **Einflussnahme** der Verbände auf die Zentren politischer Macht vollzieht sich in einem sehr dichten Geflecht **differenzierter Vorgänge** und unterschiedlicher Adressaten:

▶ Die Interessenverbände sind – vielfach mit ihren Spitzenkräften – **personell** in den Fraktionen des Parlaments vertreten und bringen so ihren Sachverstand, aber auch ihre Verbandsinteressen unmittelbar in die Arbeit der **Regierung**, der **Fraktionen** und deren **Arbeitskreise,** der **Ausschüsse** und somit auch des **Parlaments** ein.

▶ Daneben wirken die Verbände im Rahmen eines **ständigen Dialogs** auf die **Regierung** und die einzelnen **Ministerien** ein, insbesondere bei der Vorbereitung von **Gesetzentwürfen** auf der Referatsebene der Ministerien. Auch hier bringen sie Branchen- und Sachkenntnis ein, wirken als Informationsvermittler und machen die direkte Ausschöpfung von Informationsquellen möglich. Die **Geschäftsordnungen** des Bundestages (s. Kap. VIII) und der Bundesregierung sehen hierzu ausdrücklich vor, dass die Vertreter von Verbänden als Sachkundige gehört werden können.

▶ Auch die **Parteien** unterliegen mehr oder weniger stark dem Einfluss von Interessenvertretungen, insbesondere durch **personelle Durchdringung** sowie die nicht immer sehr zurückhaltende **Aktivierung** von **Verbandsmitgliedern** als Wähler für eine bestimmte Partei. Besonders problematisch ist, dass der hohe Geldbedarf der Parteien teilweise im Wege von **Spenden** finanzkräftiger Verbände gedeckt wird.

▶ Mit der Novelle zum Bundesnaturschutzgesetz v. 25.3.02 (BGBl. I S. 1193) wurde auch auf Bundesebene die landesrechtlich längst normierte **Verbandsklage** eingeführt.

▶ Schließlich beeinflussen die Verbände das politische Geschehen auch dadurch, dass sie ihre Forderungen **unmittelbar** (durch eigene Publikationen, Flugblatt- und Plakataktionen, Unterschriftenkampagnen, Kundgebungen, Streiks, Boykottaufrufe und dergl.) oder **mittelbar** (über die Medien) öffentlich machen. Nicht unbedenklich ist dagegen, wenn ganz oder teilweise von Unternehmen oder Verbänden bezahlte „**Fachberater**" in Ministerien tätig sind und so **unmittelbar** auf die Erarbeitung von Gesetzesvorlagen Einfluss nehmen können.

## Zur Kritik am Verbandssystem

Es ist nicht zu bezweifeln, dass die pluralistische, verbandsorientierte Struktur unserer Gesellschaft eine Reihe von **Vorzügen** aufweist. Dazu gehören vor allem:

▶ Verbände, insbesondere auch die einflussreichen Großorganisationen, z. B. der Deutsche Gewerkschaftsbund und der Bundesverband der Deutschen Industrie, sind ein unverzichtbares **konstitutives** und **stabilisierendes** Element der freiheitlichen Ordnung. In ihrer Gesamtheit bilden sie, vor allem durch ihre **Vermittlerrolle** zwischen Staat und Gesellschaft, ein elementares Merkmal lebendiger Demokratie. Ihre ursprüngliche Dämonisierung ist längst einer nüchternen Einschätzung gewichen; die Parlamente der Bundesrepublik haben sich ihre Eigenständigkeit bewahrt, und die Vorstellung, hier seien finstere Mächte am Werk, gehört der Vergangenheit an. Das darf indessen nicht zur Arglosigkeit verführen. Ein Begriff wie „Pflege der politischen Landschaft" muss gewiss nicht von vornherein etwas Negatives kennzeichnen. Aber er deutet zugleich auch an, wo die Grenzen der Beeinflussung liegen.

▶ Verbände sind auch deshalb ein demokratisches Element ersten Ranges, weil sie den **Selbstverwaltungsgedanken** in die Tat umsetzen, indem sie eine Vielzahl gesellschaftlicher und sozialer Aufgaben, die sonst der Staat durch staatliche Administration und Verwaltung regeln bzw. erfüllen müsste, in freier Selbstverwaltung und mit fachspezifischem Sachverstand übernehmen (Tarifhoheit, Standesrecht der Anwälte und Ärzte, Leistungen der Wohlfahrtsverbände, Aufgaben kommunaler Selbstverwaltung usw.).

*Interessenverbände*

▶ Interessenverbände sind ein **Regulativ** der **Macht** der Parteien, denn die Repräsentanten großer Verbände sind in den verschiedenen Parteien und Fraktionen vertreten und wirken so in einem parteiübergreifend-ausgleichenden Sinne.

▶ Erst aus dem **Widerstreit** unterschiedlicher Positionen erhält der Prozess der Willensbildung seine Konturen und seine Wirksamkeit. Der **Wettbewerb** der Verbände vollzieht sich als **permanenter**, nicht nur auf Wahlen beschränkter Vorgang und wirkt als **aktueller Gradmesser** der Politik (politisches Frühwarnsystem, tägliches Plebiszit). Verbände sind somit ein wichtiger **gesellschaftlicher Indikator** und bilden eine der Grundvoraussetzungen für Ausgewogenheit und **sozialen Frieden**.

Das Verbandsgefüge ist andererseits nicht frei von **Risiken,** etwa der missbräuchlichen Ausübung von Verbandsmacht oder des schrankenlosen Gebrauchs demokratischer Rechte. Freiheit bedeutet auch hier keine Freiheit **vom** Recht, sondern Freiheit **im** Recht:

▶ Verbände und ihre Repräsentanten sind nicht immer mit der wünschenswerten **demokratischen Legitimation** ausgestattet. Sie wirken vielfach in einer gewissen **Anonymität** und **Kontrollfreiheit.** Kritisiert wird ferner, dass sich zunehmend **freiberufliche** Lobbyisten etablieren, die interessierten Kreisen ihre Dienste als Experten für „**Government affairs**" auf Honorarbasis anbieten. Zudem mangelt es Verbänden häufig auch an der notwendigen **Transparenz** von Entscheidungen. Hier könnte ein „**Verbandsgesetz**", wie es immer wieder einmal gefordert wird, für mehr Klarheit sorgen.

▶ Als nur bedingt taugliches Mittel zur Unterbindung von Missbrauch, wohl aber als Instrument zur Erhöhung von Transparenz und Offenheit hat sich die nach einem Beschluss des Bundestages vom 20.10.1972 einzurichtende und ständig zu aktualisierende „**Öffentliche Liste über die Registrierung von Verbänden und deren Vertretern**" (sog. Lobbyliste) erwiesen. Sie wird im Geschäftsbereich des Bundestagspräsidenten geführt und einmal jährlich im Bundesanzeiger veröffentlicht. Am 7.05.2009 umfasste die Liste (ohne Stichwortverzeichnis) auf 662 Seiten 2088 Verbände. Mit der (freiwilligen) Registrierung erwerben Verbände das Recht, vom Bundestag angehört zu werden. Ein Anspruch auf Anhörung besteht jedoch nicht. Körperschaften, Anstalten und Stiftungen des öffentlichen Rechts sowie deren Dachorganisationen sind **keine** Verbände in diesem Sinne. Gleiches gilt für Einzelfirmen sowie regionale Organisationen, deren Interessen bereits überregional vertreten werden.

In der praktischen Auswirkung ist die Registrierung über die Lobbyliste letztlich ein Formalakt. Denn die wirklichen Einflusskanäle, das haben vor allem die Parteiskandale bis in die jüngste Vergangenheit hinein bewiesen, laufen anders – erst recht diejenigen Fälle, bei denen es um geheime, unkontrollierte, geldgestützte Einflussnahme geht. Entscheidend dabei sind nicht geschriebene Regeln, sondern gelebte Unbestechlichkeit und Lauterkeit der handelnden Personen.

▶ Kein Politiker kommt ohne Kontakte und Allianzen aus, und ohne einen gesunden, offenen Lobbyismus ist Gesetzgebung überhaupt nicht möglich. Aber das Gefühl für ein unabdingbares **ethisches Minimum** und die schickliche **Distanz** müssen lebendig bleiben. Sponsoring bei Urlaubsreisen und privaten Feiern, fürstliche Vortragshonorare, amtsbezogene Sonderkonditionen bei Bankkrediten und viele andere anrüchige Praktiken deuten an, wie schmal der Grad ist und wie schnell Maßstäbe sich verschieben können. Das mögen Einzelfälle sein; aber immer noch nicht befriedigend gelöst ist das Hauptproblem: die im Dauerkonflikt mit dem Mandat stehenden, weithin unkontrollierbaren **Nebentätigkeiten** – etwa wenn lukrative Aufträge an Anwaltskanzleien vergeben werden, an denen Abgeordnete beteiligt sind.

▶ Die Vielfalt der Verbände garantiert keineswegs, dass alle unterstützenswerten Interessen tatsächlich repräsentiert und artikuliert werden. Gehört werden oft nur die **Mächtigen** oder

*Interessenverbände*

die mit den **schrillsten Tönen**; Schwache und Nichtorganisierte bleiben vielfach auf der Strecke, wenn sich nicht Parteien ihrer annehmen.

▶ Die notwendigerweise im Verbandsgefüge entstehende **Interessenauslese** stößt auch deshalb auf Kritik, weil die allgemeinen oder die nur längerfristig realisierbaren Interessen geringere Chancen haben als spezielle oder kurzzeitig erreichbare Ziele. Die öffentliche Aufmerksamkeit, die Motivierbarkeit und Organisierbarkeit von Gruppenwünschen können zumeist nur auf **konkrete Nahziele** fixiert werden und haben in aller Regel einen kurzen Atem, denn sie leben vom schnellen Erfolg. Langfristig-konzeptionelle und generell-abstrakte Ziele sind der öffentlichen Diskussion nur schwer zugänglich zu machen und bleiben deshalb oft zurück. Alle wichtigen **partikularen Interessen** haben eine **Lobby**, das **Gemeinwohl** hat diese Lobby regelmäßig **nicht**, es sei denn, die Parteien nehmen sich, ihrem Auftrag entsprechend, seiner an.

▶ Das Verbandssystem mit seinen verschiedenartigen, einander oft entgegenstehenden Zielvorstellungen kann nur funktionieren, solange sich die Forderungen der Interessenverbände in das **Gemeinwohl** einfügen, sich insgesamt die **Waage** halten und den mächtigsten und medienstärksten Gruppierungen **keine Übermacht** zuwächst (s. Kap. III). Diese Ausbalanciertheit hat sich in der Bundesrepublik als durchaus stabil erwiesen. Sie hat aber häufig auch **blockierende Wirkungen** und damit eine gewisse **Immobilität** zur Folge, indem von den politischen Parteien für notwendig erachtete Maßnahmen deshalb unterbleiben, weil man mit Blick auf Wählerstimmen mächtige Verbandsinteressen nicht gegen sich aufbringen will. Der Vorwurf, Deutschland habe die zur Eindämmung der **Rinderseuche BSE** notwendigen Schritte, insbesondere die Herausnahme von Risikomaterialien aus der Nahrungskette, jahrelang eher gebremst als gefördert, zielt in diese Richtung.

Für das **Wesen** und **Wirken** der Verbände in unserer Gesellschaft und das **Verbandsgefüge** in seiner **Gesamtheit** ergibt sich daraus Folgendes:

▶ Interessenverbände sind weder ein **Ersatz** für den Staat, noch sind sie in ihrer Summe **selbst** der Staat. Aber sie sind ein wichtiger, aus einer lebendigen Demokratie nicht wegzudenkender Faktor. Sie erfüllen Aufgaben, die sonst entweder durch staatliche Verwaltung wahrgenommen werden oder unerledigt bleiben müssten.

▶ Wie sehr über die theoretische Diskussion hinaus auch ein hoher **praktischer Bedarf** besteht, Interessen zu organisieren, zeigen die in den letzten zwei Jahrzehnten entstandenen zahlreichen **neuen sozialen Bewegungen** (Friedensinitiativen, Umweltschutzbewegung, Fraueninitiativen, Abrüstungsinitiativen pp.). Diese Gruppierungen weisen vielfach ein geringeres Maß an Struktur, Organisation, Stabilität und Dauer auf als viele herkömmliche Verbände. Sie sind andererseits aber oft sehr viel stärker im Stande, innerhalb kürzester Zeit einen hohen Grad an öffentlicher Aufmerksamkeit und politischer Wirkung zu erzielen.

▶ Das Verbandsgefüge birgt aber auch **Gefahren**. Der Staat darf nicht zum **Verbändestaat** oder zum Zankapfel von Partikularinteressen werden.

So wichtig die Verbände für die demokratisch verfasste Gesellschaft sind: Wo politische Führung ausbleibt, nimmt die Macht der Verbände zu; und die Tendenz „**starke Verbände – schwacher Staat**" wäre für unsere Gesellschaft **ruinös**.

▶ Das Gewicht, das die Großorganisationen in Staat und Gesellschaft haben, hat sich jedoch bei weitem nicht so dramatisch entwickelt, wie dies einige Kritiker vorausgesagt haben. Letztlich ist es zu einem erheblichen Teil auf das **Augenmaß** der Verbände und ihren **verantwortungsbewussten Umgang** mit der Macht zurückzuführen, dass der soziale Friede in der Bundesrepublik mehr als fünfzig Jahre lang stabil geblieben ist.

# Kapitel XI

# Die Bundesgesetzgebung

## Allgemeines

Das Grundgesetz hat den Gang der Gesetzgebung mit einer Reihe von Sicherungen versehen, die auf den ersten Blick umständlich und kompliziert erscheinen, sich jedoch bei näherem Hinsehen als durchaus sinnvoll und zweckmäßig erweisen.

Gesetze stellen **abstrakt-generelle** Regelungen dar und sollen die Materie in den Grundzügen **erschöpfend** behandeln. Sie müssen gut durchdacht, sorgfältig formuliert und für jedermann **verständlich** sein. Deshalb wird gesetzestechnisch im Regelfall durch **ein** Gesetz nur **eine** bestimmte Rechtsmaterie geordnet. Gesetze, die gleichzeitig **mehrere** Bereiche, bisweilen auch mit unterschiedlichen Zielrichtungen, erfassen bzw. ändern, nennt man **Artikelgesetze**. Innerhalb solcher Gesetze sind die verschiedenen Rechtsbereiche durch Artikel voneinander getrennt.

Jedes Gesetz muss überdies den tragenden Verfassungsgrundsätzen, d. h. der freiheitlichen Demokratie, der Rechtsstaatlichkeit, dem föderalistischen Grundprinzip und den Sozialstaatlichkeitspostulaten entsprechen. Schon aus diesem Grunde ist für das Zustandekommen eines Gesetzes ein Weg vorgeschrieben, der **mehrere Kontrollstationen** enthält. Demokratie und Rechtsstaat sind auch und gerade im Hinblick auf die Gesetzgebung Gestaltungsprinzipien, die nicht leicht zu handhaben sind. Je komplizierter das Zusammenleben in einer hoch technisierten und globalisierten Gesellschaft wird, umso umfangreicher und detaillierter ist das erforderliche Regelwerk. Die „Erschwernisse" beim Zustandekommen eines Gesetzes entsprechen daher durchaus der Bedeutung der Gesetzgebung als einer der **wichtigsten Staatsfunktionen**.

Derzeit sind allein im Bundesrecht über 2 600 Gesetze und weit mehr als 3 000 Rechtsverordnungen mit rund 85 000 Einzelbestimmungen in Kraft. In den drei Jahren der **15. Wahlperiode** wurden insgesamt 643 Gesetzesvorlagen beim Bundestag eingebracht. Davon gingen 320 auf die Regierung zurück, 112 trugen den Absender des Bundesrates, 211 stammten aus dem Bundestag. Verkündet wurden 385 Gesetze. Eine solche Regelungsflut, so wird beklagt, sei international beispiellos und führe zu einem Übermaß an Bürokratie. Entsprechend hat denn auch bereits der Sachverständigenrat „Schlanker Staat" in seinem im Herbst 1997 vorgelegten Abschlussbericht dringend empfohlen, künftig jedes Gesetzesvorhaben darauf zu prüfen, ob es überhaupt erforderlich ist. Die Ergebnisse sind dürftig: Während der 14. Legislaturperiode waren 864 Gesetzesvorlagen eingebracht worden, von denen 548 in Kraft traten. In der 15. Periode (s. oben) belief sich die Gesamtzahl der Initiativen sogar auf 742, von denen allerdings 99 schon im Verfahren zwischen Bundesregierung und Bundesrat scheiterten. In der 15. und 16. Wahlperiode brachte die **Große Koalition** innerhalb von **sieben Jahren** durch die zur Initiative berechtigten drei Obersten Bundesorgane (Bundesregierung, Bundesrat und Bundestag) insgesamt mehr als **2 000 Gesetzesvorschläge** auf den Weg (s. unten).

Man differenziert zwischen **Gesetzen** im **materiellen** und im **formellen** Sinne:

▶ Gesetze im **materiellen Sinne** sind Rechtsnormen mit **allgemeiner Verbindlichkeit**. Dazu gehören auch die **Rechtsverordnungen,** die nicht vom Gesetzgeber selbst, sondern aufgrund einer gesetzlichen Ermächtigung von Organen der vollziehenden Gewalt erlassen werden, gleichwohl aber generelle Gültigkeit besitzen (s. unten).

▶ Gesetze im **formellen Sinne** sind hoheitliche Akte, die **lediglich** der **Gesetzesform** bedürfen, **ohne** für jedermann **Verbindlichkeit** zu begründen. Ein Gesetz dieser Art ist z. B. die Feststellung des **Haushaltsplanes** (s. Art. 110 GG).

*Gesetzgebung*

## Gesetzgebungskompetenz

Die Gesetzgebungskompetenz, d. h. die **Zuständigkeitsabgrenzung** zwischen dem **Bundesgesetzgeber** und den **Landesgesetzgebern**, richtet sich nach Art. 70 ff. i. V. m. Art. 30 GG. Dabei unterscheidet man zwischen **ausschließlicher Gesetzgebung** des **Bundes**, **konkurrierender** Gesetzgebung und der **Gesetzgebung** der **Länder** (s. Kap. III).

## Der Gang der Gesetzgebung

In jedem Falle beginnt die gesetzgeberische Arbeit damit, dass der Entwurf eines Gesetzes vorgelegt wird. Man nennt dies das

**Einbringen** der **Gesetzesvorlage** (sog. Initiativrecht).

Das **Initiativrecht** kann wahrgenommen werden (s. Art. 76 Abs. 1 GG):

| von der **Bundesregierung** |  | Die meisten Gesetzesvorlagen – und im Allgemeinen auch die wichtigsten – werden von der Bundesregierung (als sog. Regierungsvorlagen) eingebracht. |
|---|---|---|
| vom **Bundesrat** |  | Der Bundesrat machte von seinem Initiativrecht früher nur recht selten Gebrauch, in den letzten Jahren jedoch häufiger. |
| aus der Mitte des **Bundestages** |  | Derartige Anträge, auch aus den Reihen der Opposition, sind leider viel zu selten. Sie bedürfen gem. § 97 der GeschO BT der Unterschrift von mindestens 34 Abgeordneten, das ist die für eine Fraktion vorgesehene Mindeststärke, oder müssen von einem Fraktionsvorsitzenden im Namen seiner Fraktion unterzeichnet sein. |

Jede Gesetzesvorlage wird als **Bundestagsdrucksache** erstellt und verteilt. Die Information der Öffentlichkeit über das Gesetzesvorhaben ist zumeist bereits vorher durch die Medien erfolgt. Nach einer neuen Regelung der Geschäftsordnung der Bundesregierung im Juli 2000 werden Gesetzentwürfe des Bundes künftig auch ins Internet gestellt. Damit soll den Bürgern die Möglichkeit gegeben werden, ihre Meinung hierzu per E-Mail zu äußern.

Die Vorlagen der Bundesregierung werden gem. Art. 76 Abs. 2 GG zunächst dem Bundesrat übersandt, der innerhalb von 6 Wochen dazu Stellung nehmen kann. Im Anschluss daran gehen die Vorlagen dem Bundestag zu. In Eilfällen kann eine Vorlage auch ohne Stellungnahme des Bundesrates bereits innerhalb von 3 Wochen dem Bundestag zugeleitet werden.

Die Vorlagen des **Bundesrates** werden dem Bundestag durch die Bundesregierung vorgelegt, die dabei ihre Auffassung darzulegen hat (Art. 76 Abs. 3 GG).

Gem. Art. 77 Abs. 1 GG erfolgt nun im **Bundestag** eine Beschlussfassung über die Gesetzesvorlage. Hierfür sind drei Beratungen (Lesungen) vorgesehen (s. § 78 ff. GeschO BT):

In der **ersten Lesung** erfolgt eine **allgemeine Aussprache** über Erfordernis, Zweck und Inhalt der Vorlage, die anschließend an einen oder mehrere Ausschüsse überwiesen wird. Die **zweite Lesung** dient der Entgegennahme der **Ausschussberichte** und der **Einzelberatung** des Entwurfs. In der **dritten Lesung** findet – zumeist ohne nochmalige Aussprache – die **Schlussabstimmung** statt.

*Gesetzgebung*

Im Anschluss daran übersendet der Bundestagspräsident das Gesetz in der vom Bundestag beschlossenen Form (den Gesetzesbeschluss) dem Präsidenten des Bundesrates, denn gem. Art. 77 Abs. 1 GG sind alle Gesetze nach ihrer Annahme durch den Bundestag unverzüglich dem **Bundesrat** zuzuleiten (sog. 2. Durchgang).

Im weiteren Verfahren wird – je nach dem Grad der Einwirkungsmöglichkeiten – differenziert zwischen **Zustimmungsgesetzen** und **Einspruchsgesetzen**, wobei sich in der Praxis jede der beiden Gruppen auf etwa die Hälfte der gesetzgeberischen Vorhaben beläuft:

## Zustimmungsgesetze

Zustimmungsgesetze kommen nur zu Stande, wenn sich der **Bundesrat** dem Gesetzesbeschluss des Bundestages anschließt. Man unterscheidet:

### Verfassungsändernde Gesetze

Die Verfassung kann nur durch ein **Gesetz** geändert werden, das ihren **Wortlaut ausdrücklich** ändert oder ergänzt (Art. 79 Abs. 1 GG). Damit wird ausgeschlossen, dass das Grundgesetz in unklarer bzw. missverständlicher Weise verändert wird.

Derartige Gesetze bedürfen gem. Art. 79 Abs. 2 GG der Zustimmung von **zwei Dritteln** der Mitglieder des **Bundestages** und zwei Dritteln der Stimmen des **Bundesrates**.

In seinem **Kernbestand**, nämlich dem Aufbau des Bundes in Länder, der grundsätzlichen Mitwirkung der Länder bei der Gesetzgebung sowie den Grundsätzen gem. Art. 1 und 20 GG, ist das Grundgesetz jeder Änderung entzogen, und sei es auch durch eine noch so große Mehrheit (sog. **Verfassungsbestandsgarantie**, s. Art. 79 Abs. 3 GG).

### Sonstige zustimmungsbedürftige Gesetze

Bei rd. einem Drittel der Gesetze (bis zur Föderalismusreform rd. 60 Prozent) schreibt die Verfassung ausdrücklich vor, dass die **Zustimmung** des **Bundesrates** erforderlich ist. Dies sind Gesetze, bei denen die **Interessen** der **Länder** berührt sind (Beispiel: Gebietsbestand, Zuständigkeit, Einnahmen und Ausgaben der Länder; Art. 29 Abs. 7, 84 Abs. 5, 85 Abs. 1 GG).

Man nennt diese Gesetze daher auch **„föderative Gesetze"**. Sie bedürfen für ihr Zustandekommen der Mehrheit der Stimmen des Bundesrates, denn „der Bundesrat fasst seine Beschlüsse mit mindestens der Mehrheit seiner Stimmen" (Art. 52 Abs. 3 GG).

Nicht immer ist der Bundesrat mit der vom Bundestag beschlossenen Fassung eines Gesetzes einverstanden. Die Erfahrung zeigt, dass vor allem bei Zustimmungsgesetzen häufig die Interessen des Bundes und der Länder einander entgegenstehen. Für diese Fälle des Nicht-Einverständnisses sieht Art. 77 Abs. 2 GG vor, dass der **Bundesrat** innerhalb von drei Wochen nach Eingang der Gesetzesvorlage den

### Vermittlungsausschuss

anrufen kann. Dieses Verlangen kann, wenn der Bundesrat untätig geblieben ist, auch vom **Bundestag** oder von der **Bundesregierung** ausgehen (vgl. Art. 77 Abs. 2 GG). Das gilt jedoch nur für Zustimmungsgesetze.

Die Institution des Vermittlungsausschusses ist 1949 in Anlehnung an die Verfassungspraxis der USA in das Grundgesetz übernommen worden. Seit November 1990 besteht er aus 32 (vormals 22) Mitgliedern, von denen gem. Art. 77 Abs. 2 GG die eine Hälfte durch vom **Bundestag** nach dem Fraktionsproporz gewählte Bundestagsabgeordnete und die andere durch 16 von den Landesregierungen bestimmte Mitglieder des **Bundesrates** gestellt wird.

*Gesetzgebung*

In der Frage des **Verteilerschlüssels** für die 16 **Bundestagsmitglieder** kam es am Beginn der 15. Legislaturperiode zu einem Rechtsstreit, nachdem die Regierungskoalition mit ihrer Parlamentsmehrheit die Mehrheitsverhältnisse im **Vermittlungsausschuss** mit 9 : 7 Sitzen zu ihren Gunsten verändert hatte. Zur Begründung hieß es, da sich nach den mathematischen Methoden sonst ein Patt zwischen Regierung und Opposition ergäbe, müsse die stärkste Fraktion zu Lasten der fast gleich starken zweitstärksten einen Sitz hinzu bekommen. Damit stellte die SPD 8, die CDU/CSU 6 sowie FDP und Grüne je einen Abgeordneten. Die Opposition erhob dagegen **Organklage**. Ihr Antrag auf Erlass einer einstweiligen Anordnung scheiterte zwar, doch in der Entscheidung zur Hauptsache stellte das BVerfG mit Urteil vom 8. 12. 2004 fest, die von der rot-grünen Mehrheit durchgesetzte Regelung für die Benennung des Parlamentsausschusses (d. h. der vom Bundestag zu stellenden Hälfte des Vermittlungsausschusses) weiche zu stark vom knappen Wahlausgang 2002 ab und sei daher mit dem „**Grundsatz** der **Spiegelbildlichkeit**"(s. Kap. VIII) nicht vereinbar. Nach diesem Grundsatz habe auch der Parlamentsausschuss „die Zusammensetzung des Plenums nach der Stärke der Fraktionen verhälnismäßig abzubilden". Der Bundestag habe deshalb die umstrittene Besetzung des Vermittlungsausschusses umgehend zu korrigieren.

Der Ausschuss wählt je ein Mitglied des Bundestages und des Bundesrates zu Vorsitzenden, die sich alle drei Monate im Vorsitz abwechseln. Er berät vor allem über grundsätzliche Angelegenheiten. Im Gegensatz zu ihrer sonstigen Stellung sind auch die Bundesratsmitglieder dieses Gremiums nicht an Weisungen ihrer Landesregierung gebunden. Zudem sind die Beratungen **nicht öffentlich** – auch dies eine wesentliche Vorbedingung, damit Kompromisse überhaupt möglich sind.

Wie sehr Öffentlichkeit die Arbeit beeinträchtigen kann, wurde deutlich, als bei der Debatte um das **Vorziehen** der **Steuerreform** im Dezember 2003 erstmals sich die **Parteivorsitzenden** selbst (in ihrer Rolle als Abgeordnete bzw. Mitglieder einer Landesregierung) in die Verhandlungen im Vermittlungsausschuss einbrachten – eine in der Verfassung nicht vorgesehene, aber auch nicht ausdrücklich untersagte Verfahrensweise, die zwar den politischen Spitzen zusätzliche Publizität eintrug, jedoch dem Ansehen dieses **Verfassungsorgans** als „Mini-Parlament" und seiner „regulären" Mitglieder nicht gerade dienlich war. Denn gerade bei der **Patt-Situation**, wie sie seinerzeit aufgrund der Mehrheiten im Bundesrat gegeben war, kam der Vertraulichkeit der Beratungen ein deutlich höherer Rang als der Medienpräsenz eines „inszenierten" Gipfels. Zudem war zu befürchten, dass das Beispiel Schule machen könnte, womit das „vermittelnde" Verfahren abgewertet und den Ausschussmitgliedern eine Art Platzhalterrolle zudiktiert würde.

**Aufgabe** des Ausschusses ist es, divergierende Standpunkte von Bundestag und Bundesrat einander anzunähern und Kompromisslösungen zu finden, um ein ins Stocken geratenes Gesetzgebungsverfahren wieder in Gang zu bringen. Wie oft dies geschieht, hängt von den jeweiligen Mehrheitsverhältnissen ab. So wurde der Vermittlungsausschuss z. B. in der Periode von 1994 bis 1998 bei 92 Gesetzen angerufen, während er von 1982 bis 1990, als die Union in Bund und Ländern die Mehrheit besaß, beinahe überflüssig geworden war. Bei unterschiedlichen Mehrheiten in Bund und Ländern wird wechselweise der Vorwurf laut, die Bundestagsminderheit missbrauche ihre Ländermehrheit zur Blockadepolitik und verhindere notwendige Reformen. Die so kritisierte Länderebene hält dagegen, sie nähme lediglich ihre „gesamtstaatliche Aufgabe" wahr, wenn sie Gesetze der Bundesregierung zu ändern suche. Zudem sei es weltfremd, davon auszugehen, dass der Bundesrat sich gleichsam lehrbuchmäßig auf seine Rolle als Tugendwächter des Föderalismus beschränken würde.

Das **Verfahren** selbst ist wie folgt geregelt: Schlägt der Ausschuss eine **Änderung** des Gesetzesbeschlusses vor, so muss der **Bundestag erneut beschließen** (Art. 77 Abs. 2 S. 5 GG). Stimmt nun der Bundesrat dem erneuten Beschluss des Bundestages zu (oder hat er ohne Anrufung des Vermittlungsausschusses von vornherein zugestimmt), so ist das Gesetz zu Stande gekommen. Versagt er seine Zustimmung, ist die Gesetzesvorlage **gescheitert**.

*Gesetzgebung*

## Verfahren bei Zustimmungsgesetzen

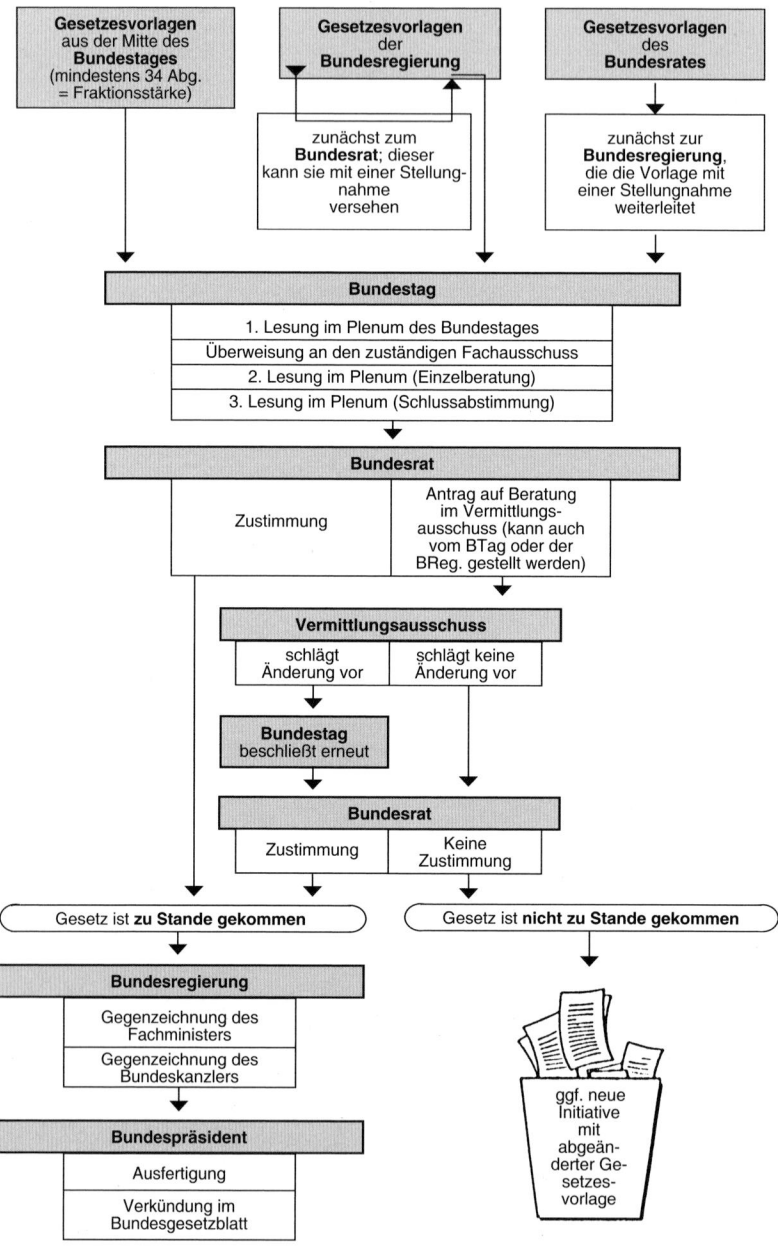

## Einspruchsgesetze

Bei Einspruchsgesetzen (auch als einfache Gesetze bezeichnet) hat der Bundesrat lediglich die Möglichkeit, Einwendungen zu erheben. **Verhindern** kann er diese Gesetze letztlich **nicht**. Das Verfahren bei einfachen Gesetzen ist zunächst dasselbe wie bei den Zustimmungsgesetzen. Auch diese Gesetze werden im Anschluss an die Beschlussfassung des Bundestages dem Bundesrat zugeleitet; auch hier kann der Bundesrat, wenn er mit dem Gesetzesbeschluss nicht einverstanden ist, innerhalb von drei Wochen den **Vermittlungsausschuss** anrufen (Art. 77 Abs. 2 GG).

Schlägt der Vermittlungsausschuss eine **Änderung** vor, so beschließt auch in diesen Fällen der **Bundestag erneut** (Art. 77 Abs. 2 GG). Gegen diesen Beschluss (oder gegen einen ablehnenden Beschluss des Vermittlungsausschusses) kann der Bundesrat innerhalb von zwei Wochen gem. Art. 77 Abs. 3 GG **Einspruch** einlegen. Dieser bezieht sich auf das **gesamte** Gesetz, nicht auf einzelne Bestimmungen. Gem. Art. 77 Abs. 4 gilt nun folgende Regelung:

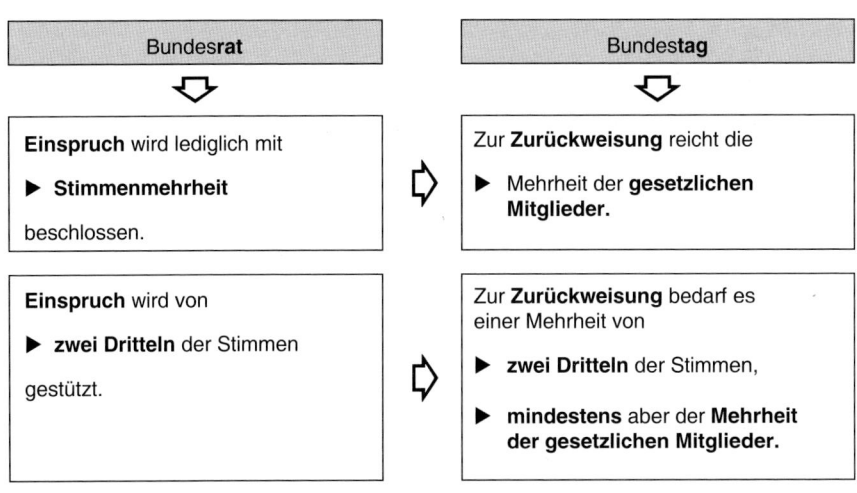

Durch die **Abstufung** der Mehrheiten bei Einspruch und Zurückweisung kann sich faktisch eine **Blockadestellung** ergeben. So gewannen z. B. die von CDU und CSU geführten Länder bei der **Landtagswahl 2003** die 6 Bundesratsstimmen Niedersachsens hinzu und verfehlten damit nur knapp die Zweidrittelmehrheit, die ein absolutes Vetorecht bei er Gesetzgebung bedeutet hätte.

Das **Gesetz** kommt (s. Art. 78 GG) **zu Stande**, wenn
- der Bundesrat ohne Anrufung des Vermittlungsausschusses das Gesetz „**passieren lässt**",
- **keinen Einspruch** einlegt,
- seinen **Einspruch zurücknimmt** oder wenn
- der Einspruch vom Bundestag **überstimmt** wird.

*Gesetzgebung*

## Verfahren bei Einspruchsgesetzen

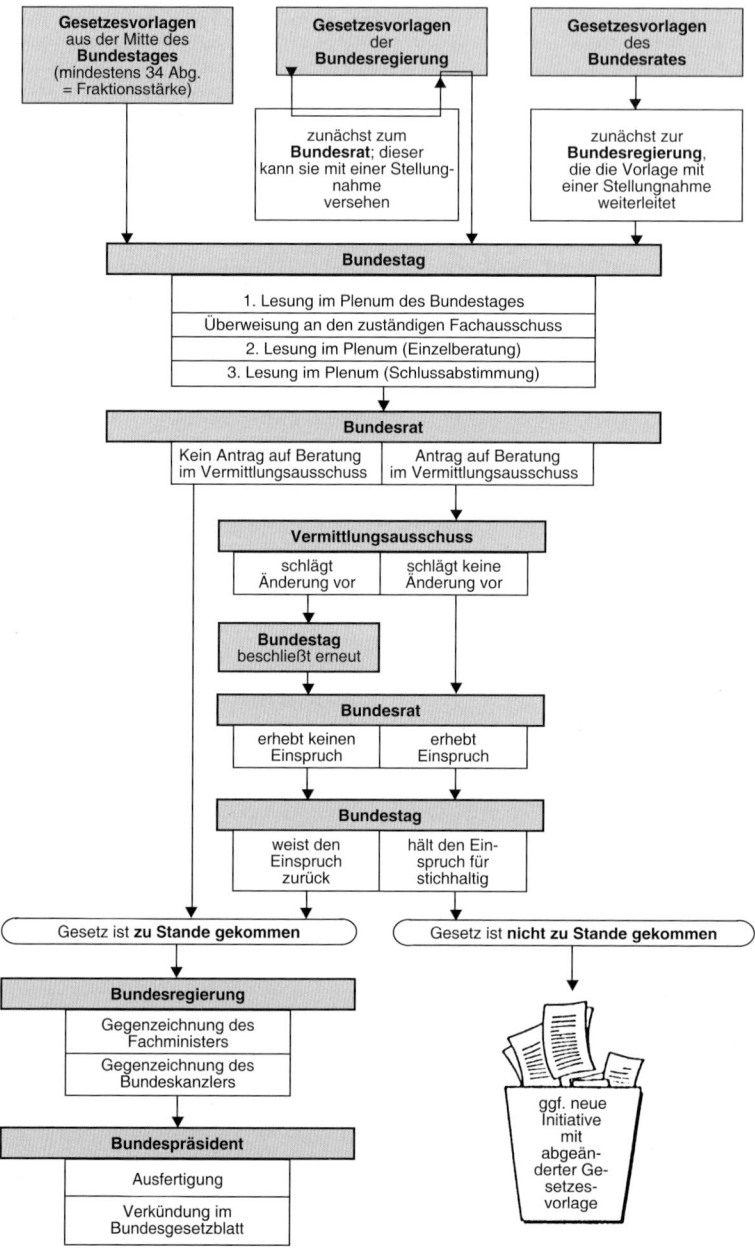

## Gesetzgebungsnotstand

Ein „Notstand" im Bereich der Gesetzgebung kann gem. Art. 81 GG überhaupt nur in Betracht kommen, wenn

▶ ein Antrag des Bundeskanzlers, ihm das **Vertrauen** auszusprechen (Art. 68 GG), **keine Mehrheit** im Bundestag gefunden hat

▶ und der Bundestag **nicht aufgelöst** wurde,

▶ zum anderen aber eine **Gesetzesvorlage** der Bundesregierung vom Bundestag **abgelehnt** wird,

▶ obwohl die Bundesregierung diese Vorlage als **dringlich** bezeichnet oder der Bundeskanzler mit ihr die **Vertrauensfrage** verbunden hat.

Zu dieser recht kompliziert anmutenden Situation kann es kommen, wenn „destruktive" Opposition im Bundestag betrieben wird:

Die Opposition ist zu schwach, um die Regierung zu stürzen, weil man sich nicht auf einen neuen Kanzler einigen kann (konstruktives Misstrauensvotum, s. Kap. VIII).

Sie ist aber andererseits stark genug, Gesetzesvorlagen der Bundesregierung scheitern zu lassen und damit die Regierung praktisch lahm zu legen (sog. Patt-Situation).

Für diese Fälle, in denen das Parlament sich als Gesetzgebungsorgan gleichsam selbst ausschaltet, die herkömmlichen parlamentarischen Spielregeln versagen und somit ernste Gefahren für den Bestand der Demokratie drohen, sieht das Grundgesetz eine Sonderregelung vor, indem es die übrigen obersten Bundesorgane in das Gesetzgebungsverfahren einbezieht und an die **Stelle** des **Bundestages** setzt:

> Der **Bundespräsident** kann auf Antrag der **Bundesregierung** mit Zustimmung des **Bundesrates** den **Gesetzgebungsnotstand** erklären (s. Art. 81 Abs. 1 GG).

Wird nach der Erklärung des Gesetzgebungsnotstandes die Gesetzesvorlage vom Bundestag

▶ **erneut abgelehnt** oder

▶ in einer für die Bundesregierung **unannehmbaren Fassung** angenommen oder

▶ **nicht** innerhalb einer Frist von **vier Wochen** nach der erneuten Einbringung verabschiedet,

so gilt das Gesetz als **zu Stande gekommen**, sofern der **Bundesrat** ihm **zustimmt**.

Während der Amtszeit **desselben Bundeskanzlers** kann innerhalb von **sechs Monaten** nach der Erklärung des Gesetzgebungsnotstandes **jede andere** vom Bundestag abgelehnte Gesetzesvorlage in gleicher Weise **verabschiedet** werden.

Ist diese Frist abgelaufen, so ist während der Amtszeit desselben Bundeskanzlers eine weitere Erklärung des Gesetzgebungsnotstandes unzulässig.

Durch ein im Wege des Gesetzgebungsnotstandes zu Stande gekommenes Gesetz darf

> keine Verfassungsänderung

vorgenommen werden (Art. 81 Abs. 4 GG). Das Grundgesetz darf durch ein solches Gesetz auch nicht ganz oder teilweise außer Kraft oder außer Anwendung gesetzt werden.

## Verfahren im Falle des Gesetzgebungsnotstandes

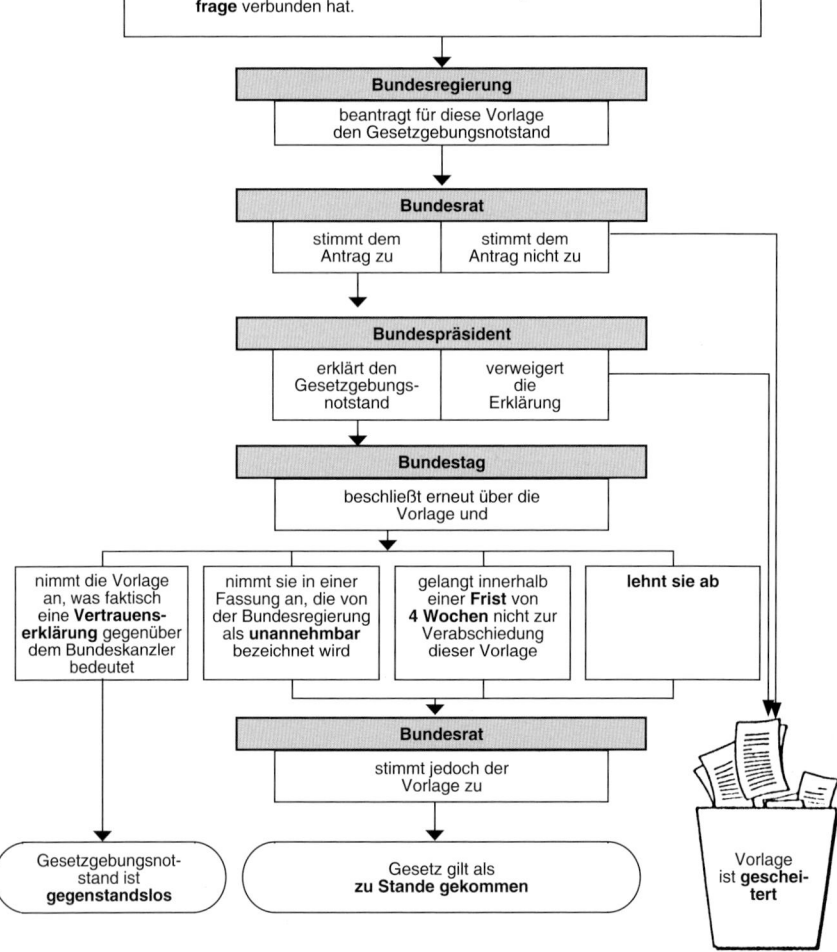

*Gesetzgebung*

## Ausfertigung und Verkündung

Gesetze, die nach dem oben beschriebenen Verfahren zu Stande gekommen sind, bedürfen zunächst der

> Gegenzeichnung (Art. 82 Abs. 1 GG).

Die Geschäftsordnung der Bundesregierung (§ 29) sieht vor, dass diese Gegenzeichnung durch
- ▶ den Bundeskanzler und
- ▶ den zuständigen Fachminister

vorgenommen wird. Damit übernimmt die Bundesregierung für das Gesetz die **politische Verantwortung** (s. Kap. VIII).

Im Anschluss daran wird das Gesetz vom **Bundespräsidenten**

| ausgefertigt | und | verkündet |
|---|---|---|

Der Bundespräsident **prüft** das verfassungsmäßige Zustandekommen des Gesetzes und versieht es mit seiner **Unterschrift** und dem **Datum** der Ausfertigung.

Auf Anweisung des Bundespräsidenten wird das Gesetz im **Bundesgesetzblatt veröffentlicht** und gelangt damit der Allgemeinheit zur Kenntnis.

Zur Frage, ob dem Bundespräsidenten bei der Ausfertigung der Gesetze auch ein sachliches Prüfungsrecht zusteht, s. Kap. VIII.

Vom Zeitpunkt der Verkündung zu unterscheiden ist der Termin der

> **Rechtswirksamkeit** des Gesetzes.

- ▶ Grundsätzlich bestimmt jedes Gesetz den Tag des **Inkrafttretens selbst**. Ist dies nicht geschehen,
- ▶ so tritt es 14 Tage nach Ablauf des Tages in Kraft, an dem das betreffende Bundesgesetzblatt **ausgegeben** wurde (s. Art. 82 Abs. 2 GG).

## Grundsatz der Diskontinuität

Wie die Erfahrung beweist, gelingt es nicht immer, alle gesetzgeberischen Vorhaben auf Anhieb zu verwirklichen.

Konnte das **Gesetzgebungsverfahren** bis zum **Ablauf** der **Legislaturperiode nicht abgeschlossen** werden, so muss in der nächsten Wahlperiode, in der ja ein „neuer" Gesetzgeber zusammengetreten ist, der **gesamte Verfahrensweg** wieder **von Anfang an** durchlaufen werden, vorausgesetzt, dass eine entsprechende Gesetzesinitiative ergriffen wird.

Das Gesetzgebungsverfahren wird also in der nachfolgenden Legislaturperiode nicht „kontinuierlich" fortgeführt, sondern muss völlig neu aufgegriffen werden.

## Rechtsverordnungen

Rechtsverordnungen sind in ihrer Wirkung den Gesetzen gleich, sie sind für jedermann **verbindliche Rechtsnormen** (materielle Gesetze), nur werden sie **nicht** vom **Gesetzgeber,** sondern von der **vollziehenden Gewalt** erlassen.

Diese Durchbrechung des Gewaltenteilungsprinzips ist vor allem aus Gründen der **Zweckmäßigkeit** vorgenommen worden. Rechtsverordnungen enthalten im Regelfall sehr spezielle und ins Einzelne gehende Vorschriften, die der Gesetzesform nicht bedürfen. Zur Vermeidung einer Überlastung des Parlaments wird daher eine Art Arbeitsteilung vorgenommen, jedoch müssen im Bereich der **untergesetzlichen Normgebung** alle **wesentlichen** Fragen im **Gesetz** selbst geregelt werden (BVerfGE 49, 89; daher Wesentlichkeitstheorie). Dieser **Parlamentsvorbehalt** gilt insbesondere auch für **Verordnungen** (BVerfGE 47, 46).

Zudem dürfen Rechtsverordnungen nur erlassen werden, wenn die Exekutive hierzu **ausdrücklich ermächtigt** wurde. Denn es handelt sich um Rechtsetzungsakte, die sowohl inhaltlich, wie auch in der Außenwirkung dem Bereich der Gesetzgebung zuzuordnen sind.

Im Einzelnen bestimmt das Grundgesetz dazu:

▶ Für die Ermächtigung zum Erlass von Rechtsverordnungen bedarf es eines **förmlichen** (eines auf dem formell vorgesehenen Wege zu Stande gekommenen) **Gesetzes** (Art. 80 Abs. 1 S. 1 GG).

▶ **Ermächtigt** werden können gem. Art. 80 Abs. 1 GG die **Bundesregierung,** die einzelnen **Bundesminister** sowie die **Landesregierungen** (diese nur in ihrer Gesamtheit).

Soweit die Bundesregierung ermächtigt wurde, ist zum Erlass einer Verordnung ein förmlicher Kabinettsbeschluss, in den alle Regierungsmitglieder einbezogen wurden, erforderlich. Das bloße „Umlaufverfahren", so hat das Bundesverfassungsgericht 1994 entschieden, reicht hierzu nicht aus.

Durch das ermächtigende Gesetz müssen **Inhalt, Zweck** und **Ausmaß** der Ermächtigung bestimmt werden (Art. 80 Abs. 1 S. 2 GG). Diese Bestimmung dient vor allem der Wahrung rechtsstaatlicher Prinzipien. Sie soll bewirken, dass mit der Ermächtigung kein Missbrauch getrieben wird.

Ein besonders **negatives Beispiel** ist das sog. **Ermächtigungsgesetz:** Art. 1 des „Gesetzes zur Behebung der Not von Volk und Reich" vom 24. März 1933 lautete: „Reichsgesetze können außer in dem in der Reichsverfassung vorgesehenen Verfahren auch durch die Reichsregierung beschlossen werden. Dies gilt auch für die in den Art. 85 Abs. 2 und 87 der Reichsverfassung vorgesehenen Gesetze."

Mit dieser Vorschrift, deren zweiter Satz sogar Verfassungsänderungen durch die Reichsregierung zuließ, war es Hitler möglich, die Weimarer Demokratie zu beseitigen.

Derart **schrankenlose** Ermächtigungen, die der Exekutive völlig freie Hand lassen, sind mit rechtsstaatlichen Grundsätzen unvereinbar und somit **verfassungswidrig.** Was die Rechtsverordnung regeln soll, **wozu** es dieser Regelung bedarf und **wie weit** diese reichen soll, muss in dem ermächtigenden Gesetz hinreichend konkretisiert sein.

▶ In jeder Rechtsverordnung muss das **ermächtigende Gesetz** angegeben werden (Art. 80 Abs. 1 S. 3 GG).

▶ Vorbehaltlich anderweitiger gesetzlicher Regelungen bedürfen die in Art. 80 Abs. 2 GG aufgeführten Rechtsverordnungen der **Zustimmung** des **Bundesrates.**

▶ Rechtsverordnungen des Bundes werden im **Bundesgesetzblatt** oder im **Bundesanzeiger** veröffentlicht. Falls nichts anderes bestimmt ist, treten sie mit dem 14. Tage nach dem Ausgabedatum des Verkündungsblattes in Kraft (Art. 82 Abs. 2 GG).

# Kapitel XII

# Die Notstandsverfassung

## Allgemeines

Innere und äußere Unruhen, Versorgungsengpässe, Epidemien, Naturkatastrophen und ähnliche Krisen lassen sich niemals völlig ausschließen. Daher muss sich der Staat, wenn er sich nicht selbst aufgeben will, rechtzeitig auf derartige Notfälle vorbereiten. Man bezeichnet diese Lagen, bei denen die von der Verfassung vorgesehenen üblichen Mittel zur Behebung einer Krise nicht ausreichen, als

> **Ausnahmezustand.**

**Verfassungsrechtlich** sind zur Bewältigung des Ausnahmezustandes **zwei Wege** denkbar:
- ▶ Man geht davon aus, dass es zur Selbsterhaltung des Staates im Notfall gestattet sein muss, die Verfassung ganz oder teilweise außer Kraft zu setzen und **verzichtet** daher überhaupt auf verfassungsrechtliche **Notstandsregelungen**.
- ▶ Man schafft **verfassungsrechtlich verankerte Ausnahmeregelungen** und steckt damit auch für den Notfall die Grenzen staatlicher Befugnisse ab, wobei dann allerdings in Kauf zu nehmen ist, dass die den Staatsorganen an die Hand gegebenen Mittel womöglich nicht in jedem Falle zur Krisenbewältigung ausreichen.

Das Grundgesetz hat sich mit der sog. **Notstandsverfassung** (17. Gesetz zur Änderung des Grundgesetzes vom 24. 6. 1968) nach heftigen innenpolitischen Auseinandersetzungen für die **zweite Alternative** entschieden.

Damit wurde zugleich auch der Streit um die Nachfolge des Art. 48 WRV beendet. Diese Vorschrift hatte zu den am meisten umstrittenen Bestimmungen der Weimarer Verfassung gehört:

> **Art. 48 WRV** übertrug dem **Reichspräsidenten** nicht nur für den eigentlichen Notstandsfall, sondern auch für andere erhebliche Störungen der öffentlichen Sicherheit und Ordnung **umfassende Vollmachten**:
>
> Gem. Art. 48 Abs. 2 WRV konnte der Reichspräsident, wenn im Deutschen Reich die öffentliche Sicherheit und Ordnung erheblich gestört oder gefährdet wurde, die zur Wiederherstellung der öffentlichen Sicherheit und Ordnung nötigen Maßnahmen treffen und erforderlichenfalls mit Hilfe der bewaffneten Macht einschreiten. Zu diesem Zweck durfte er vorübergehend bestimmte Grundrechte (Freiheit der Person, Briefgeheimnis, Meinungsfreiheit, Versammlungsfreiheit, Schutz des Eigentums und andere) ganz oder teilweise außer Kraft setzen.

Diese Vorschrift war unter Hitler zum Kampf gegen politische Gegner missbraucht worden. Mit ihrer Hilfe wurde die Weimarer Verfassung allmählich völlig ausgehöhlt. Sie hatte damit indirekt den Weg in die Diktatur des Nationalsozialismus eröffnet und zum Scheitern der Weimarer Republik beigetragen.

Vor dem Hintergrund dieser düsteren Erfahrungen muss die Notstandsverfassung im Grundgesetz gesehen werden: Sie soll einerseits ein **wirksames Instrumentarium** zur Bewältigung aller denkbaren Krisen liefern, muss zum anderen aber ebenso wirkungsvoll gegen jeden **Missbrauch gesichert** sein.

## Notstandsverfassung

Das Grundgesetz enthielt von Anfang an einige Vorschriften für den Notfall; ein in sich geschlossenes System zur Bewältigung von Krisenlagen aber wurde erst durch das 17. Gesetz zur Änderung des Grundgesetzes vom 24. 6. 1968 geschaffen. Damit war die Voraussetzung erfüllt für den Fortfall der bis dahin geltenden **Vorbehalte** der drei **Westalliierten**.

▶ Bei der Genehmigung des Grundgesetzes und im sog. Deutschlandvertrag des Jahres 1955 hatten sich die drei westlichen Alliierten im Interesse ihrer Stationierungsstreitkräfte das Recht vorbehalten, in Gefahrenfällen alle notwendigen Maßnahmen zu treffen.

▶ Der Vorbehalt sollte entfallen, sobald die zuständigen deutschen Behörden durch den Gesetzgeber entsprechende Vollmachten erhielten (s. Kap. II).

Die Notstandsverfassung und – in sie eingebettet – die Wehrverfassung (s. Kap. IV) setzen sich aus älteren und neueren Vorschriften zusammen, die in recht unübersichtlicher Weise über das ganze Grundgesetz verstreut sind. Im Allgemeinen wird folgende Unterscheidung getroffen:

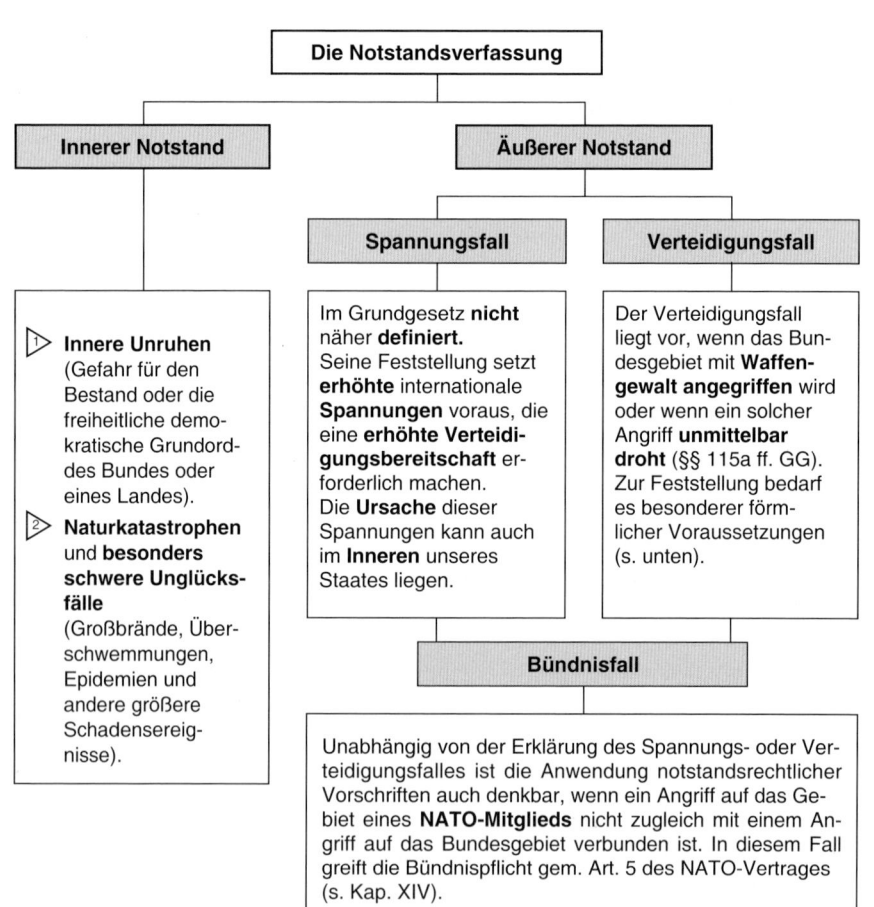

## Innerer Notstand

Das Grundgesetz unterscheidet zwei Fälle des inneren Notstandes:

▷ ① **Schutz vor inneren Unruhen, Art. 91 GG**

Ist das Land, in dem die Gefahr droht, **nicht selbst** zur Bekämpfung der Gefahr bereit oder in der Lage, so kann die **Bundesregierung**

▶ die **Polizei in diesem Lande** und

▶ die **Polizeikräfte anderer Länder** ihren Weisungen unterstellen sowie

▶ Einheiten der **Bundespolizei** (früher BGS) einsetzen.

Die Anordnung ist nach Beseitigung der Gefahr, im Übrigen jederzeit auf Verlangen des Bundesrates, aufzuheben.

Im Falle des **überregionalen** inneren Notstandes kann die Bundesregierung über diesen Rahmen hinaus den betr. Regierungen Weisungen erteilen (Art. 91 Abs. 2 GG). Sie kann nach Maßgabe des Art. 87a Abs. 4 GG auch die **Streitkräfte** einsetzen (s. unten).

Mit dieser Regelung werden Bund und Länder sowie die Länder untereinander zu **gegenseitiger Hilfe verpflichtet.** Sie setzt voraus, dass jedes Bundesland zunächst einmal selbst um Beseitigung der Gefahrenlage bemüht ist. Im Notfall kann es dann auf die Hilfe anderer zurückgreifen.

Wenn sich ein Land weigert, dieser Anforderung zu entsprechen, so kann es im Wege des **Bundeszwangs** zur Erfüllung seiner Pflichten angehalten werden. Bestreitet es diese Pflicht, so kann eine Entscheidung des BVerfG herbeigeführt werden.

▷ ② **Schutz in Katastrophenfällen, Art. 35 GG.**

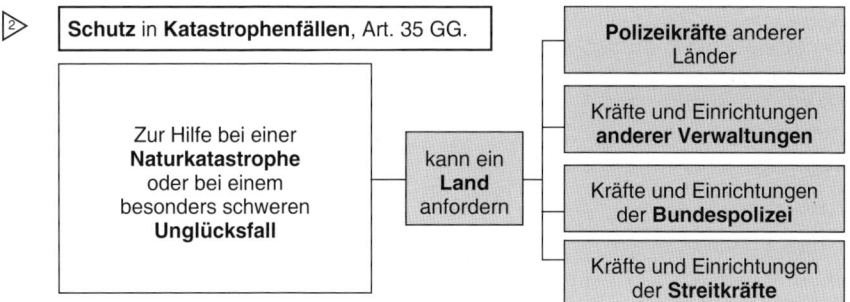

Für die Fälle des überregionalen Notstandes, hinsichtlich der Unterstützungspflicht und bei Verweigerung der Unterstützung gelten dieselben Regeln wie im Falle des Art. 91 GG.

## Spannungsfall (Art. 80a GG)

Sachliche Voraussetzungen für das Vorliegen des **Spannungsfalles** werden im Grundgesetz nicht genannt. Man versteht darunter

> **schwere** internationale oder auch nationale **Krisenlagen**, die eine **erhöhte Verteidigungsbereitschaft** voraussetzen, ohne dass der Verteidigungsfall selbst bereits eingetreten ist.

Der Eintritt des Spannungsfalles muss vom Bundestag mit der Mehrheit von **zwei Dritteln** der abgegebenen Stimmen förmlich festgestellt werden.

Ist diese Feststellung erfolgt, so können alle Rechtsvorschriften, die der **Verteidigung** einschließlich des **Schutzes** der **Zivilbevölkerung** dienen, nach Maßgabe des Art. 80a GG uneingeschränkt angewandt werden. Ihre Anwendung ist im Übrigen auch zulässig, wenn der Bundestag dem besonders zugestimmt hat.

Der Bundestag kann die **Aufhebung** von Maßnahmen, die auf der Grundlage des Art. 80a GG getroffen werden, **verlangen**. Das Bundesverfassungsgericht kann ihre Verfassungsmäßigkeit nachprüfen.

## Verteidigungsfall (Art. 115a ff. GG)

Der Verteidigungsfall liegt vor, wenn

> das Bundesgebiet mit **Waffengewalt angegriffen** wird oder ein solcher **Angriff unmittelbar droht**.

Seine sehr weitreichenden Folgen treten erst ein, wenn der Verteidigungsfall förmlich **festgestellt** und **verkündet** wurde. Zur **Feststellung** sind erforderlich:

▶ ein **Antrag** der **Bundesregierung**,

▶ ein **Feststellungsbeschluss** des **Bundestages** (mit zwei Dritteln der abgegebenen Stimmen, mindestens aber der Mehrheit der gesetzlichen Mitglieder),

▶ die **Zustimmung** des **Bundesrates** (mit Mehrheit der Stimmen) sowie

▶ die **Verkündung** durch den **Bundespräsidenten** im Bundesgesetzblatt oder (in Einzelfällen) in anderer Weise (z. B. über Rundfunk und Fernsehen).

Stehen dem rechtzeitigen Zusammentritt des Bundestages unüberwindliche Hindernisse entgegen und ist ein sofortiges Handeln erforderlich, so trifft die Feststellung des Verteidigungsfalles der

> Gemeinsame Ausschuss.

Dieses aus 48 Mitgliedern zusammengesetzte „**Notparlament**" besteht gem. Art. 53a GG

▶ zu **zwei Dritteln** aus Abgeordneten des **Bundestages** (32) nach dem Stärkeverhältnis der Fraktionen und

▶ zu **einem Drittel** aus Mitgliedern des **Bundesrates,** wobei jedes der 16 Bundesländer einen Vertreter entsendet.

*Notstandsverfassung*

Kann auch dieses verkürzte Verfahren nicht mehr durchgeführt werden, weil das Bundesgebiet mit Waffengewalt angegriffen wird, so entfallen die Formvorschriften. Der Verteidigungsfall gilt dann mit dem Zeitpunkt des Angriffsbeginns als festgestellt und verkündet. Der Bundespräsident gibt dies bekannt, sobald es die Umstände zulassen (Art. 115a Abs. 4 GG).

| Folgen der Feststellung des Verteidigungsfalles sind u. a.: |
|---|

▶ Die **Befehls-** und **Kommandogewalt** über die **Streitkräfte** geht auf den **Bundeskanzler** über (Art. 115b GG).

▶ Die **Gesetzgebungskompetenz** des Bundes im Bereich der konkurrierenden Gesetzgebung wird auf Sachgebiete ausgedehnt, die im Normalfall zur Zuständigkeit der Länder gehören (Art. 115c Abs. 1 GG).

▶ Bei **Enteignungsgesetzen** reicht eine vorläufige Regelung aus (Art. 14 Abs. 3 GG).

▶ Die Bestimmungen des Art. 104 GG über die Dauer von **Freiheitsentziehungen** durch die Polizei können durch Bundesgesetz gelockert werden. Zulässig sind unter den Voraussetzungen des Art. 115c Abs. 2 Nr. 2 GG Fristverlängerungen bis zu 4 Tagen.

▶ Gem. Art. 115c Abs. 3 GG können „für" den Verteidigungsfall (also auch schon vorher) durch Bundesgesetz die **Verwaltung** und das **Finanzwesen** des Bundes und der Länder abweichend von der Normalregelung gestaltet werden.

▶ Art. 115d GG sieht ein vereinfachtes und beschleunigtes **Gesetzgebungsverfahren** vor:

Von der Bundesregierung als dringlich bezeichnete Gesetzesvorlagen werden dem Bundestag und dem Bundesrat gleichzeitig zugeleitet. Bundestag und Bundesrat beraten diese Vorlagen unverzüglich gemeinsam. Für Zustimmungsgesetze genügt die Mehrheit der Stimmen des Bundesrates. Die Verkündung kann auch in anderer Weise als im Bundesgesetzblatt erfolgen.

▶ Nach Maßgabe des Art. 115e GG hat der **Gemeinsame Ausschuss** im Verteidigungsfalle die Stellung von Bundestag und Bundesrat und nimmt deren Rechte einheitlich wahr:

▶ Er ist in erster Linie **Gesetzgebungsorgan**. Durch Gesetz des Gemeinsamen Ausschusses darf jedoch das Grundgesetz nicht geändert oder ganz oder teilweise außer Kraft gesetzt werden. Auch zur Übertragung von Hoheitsrechten auf zwischenstaatliche Einrichtungen sowie zur Neugliederung des Bundesgebietes ist er nicht befugt.

▶ Der Gemeinsame Ausschuss kann einen neuen **Bundeskanzler** (mit einfacher Mehrheit) wählen. Er kann dem Bundeskanzler das Misstrauen aussprechen, indem er mit Zweidrittelmehrheit einen Nachfolger wählt (Art. 115h Abs. 2 GG).

▶ Gem. Art. 115f GG kann die **Bundesregierung** die **Bundespolizei** (früher BGS) im gesamten Bundesgebiet einsetzen und den Landesbehörden **Weisungen** erteilen.

▶ In den Fällen gem. Art. 115i GG können die **Landesregierungen** die in ihrem Bereich befindliche Bundespolizei einsetzen und den **Bundesbehörden** in diesem Bereich **Weisungen** erteilen.

▶ Stellung und Aufgaben des **Bundesverfassungsgerichts** dürfen auch im Verteidigungsfalle nicht beeinträchtigt werden (s. Art. 115g GG).

## Bündnisfall (Art. 87a GG)

Die Verfassung zieht für die Verwendung deutscher Streitkräfte **außerhalb** des Territoriums der Bundesrepublik sehr **enge Grenzen**. Bei derartigen Aktionen stellt sich daher in besonderer Weise die Frage der **verfassungsrechtlichen Zulässigkeit**.
Zentrale Vorschrift für den Einsatz der Bundeswehr ist **Art. 87a GG**. Sie ist zugleich **Kern** der **wehrverfassungsrechtlichen Bestimmungen** des Grundgesetzes und entspricht dem **Verbot** von **Angriffskriegen** gem. Art. 26 Abs. 1 GG:

> Außer zur **Verteidigung** dürfen die **Streitkräfte** nur eingesetzt werden, soweit das Grundgesetz es **ausdrücklich** zulässt (Art. 87a GG).

Dies sind die Fälle des **Inneren Notstands** gem. Art. 35 Abs. 2 und 3 sowie Art. 87a Abs. 3 und 4 GG (Hilfe bei besonderen Gefahrenlagen, Einsatz gegenüber Nichtkombattanten im Inneren, Schutz ziviler Objekte). Eine weitere Ausnahme bildet der **Bündnisfall**.
Der **Bündnisfall** in seinem ursprünglichen (engeren) Sinne liegt vor, wenn

> ein **Angriff** auf das Gebiet eines **NATO-Partners nicht** zugleich auch mit einem **Angriff** auf das Gebiet der **Bundesrepublik** verbunden ist.

Die Verteidigung der Bundesrepublik ist als **Verteidigung „im Bündnis"** angelegt, d. h. nach Maßgabe des Nordatlantik-Vertrages. Dieser sieht gem. Art. 5 den Angriff auf ein Partnerland als Angriff gegen **alle** Mitgliedsstaaten an. Der Einsatz der Bundeswehr zur Abwehr eines derartigen Angriffs wird von Art. 87a GG mit erfasst. Weder politisch noch verfassungsrechtlich bestand jemals ein ernsthafter Zweifel daran, dass die Bundesrepublik **innerhalb** der **atlantischen Grenzen** zur Solidarität im Bündnis verpflichtet und daran rechtlich nicht gehindert ist.
Ob allerdings über den engeren Bündnisfall zur **Verteidigung** eines **Partnerlandes** hinaus auch Einsätze gerechtfertigt sind, die der **Erhaltung** des **Weltfriedens** dienen (Blauhelmeinsätze und vor allem Kampfeinsätze unter der Verantwortung der UNO bzw. der WEU oder der NATO), war lange umstritten. In Zweifel gezogen wurde insbesondere, ob sich **allein** aus der Tatsache eines auf Art. 24 Abs. 2 GG gestützten **Beitritts** der Bundesrepublik zu solchen Bündnissystemen die Berechtigung zu sog. „**Out of Area-Einsätzen**" herleiten lasse und der **ursprüngliche** Bündnisfall insoweit eine **Erweiterung** erfahre.

Konkrete **politische** Bedeutung und Dringlichkeit erlangte dieser Streit im Zuge der dramatischen Veränderung der Weltlage zu Beginn der neunziger Jahre. Denn spätestens vom Zeitpunkt der Vereinigung an war der bis dahin Deutschland zugestandene, auf finanzielle und technische Leistungen **beschränkte Gemeinschaftsbeitrag** bündnispolitisch nicht mehr zu rechtfertigen. Eine Beteiligung Deutschlands auch an den **Truppenkontingenten** war unausweichlich geworden.

**Verfassungsrechtlich** ist diese Frage letztlich nicht durch eine Änderung des Grundgesetzes, sondern durch das **Bundesverfassungsgericht** mit Urteil vom 12.7.1994 (BVerfG, NJW 94, 2207) geklärt worden. In dieser Entscheidung, die zu den wichtigsten in der Geschichte der deutschen Verfassungsgerichtsbarkeit zählt, stellt das Gericht klar, dass Einsätze im Rahmen eines von der Bundesrepublik Deutschland **als Bündnisglied** mitgetragenen „**Systems gegenseitiger kollektiver Sicherheit**" verfassungsrechtlich **zulässig** sind und „nicht durch Art. 87a GG (das heißt, den bloßen Verteidigungsauftrag) ausgeschlossen werden."
NATO, WEU und Vereinte Nationen bilden solche Systeme, so dass die Mitwirkung der Bundeswehr sowohl an **friedenssichernden**, aber auch an **friedensschaffenden** Operationen (Kampfeinsätzen), die von diesen Bündnissen verantwortet werden, zulässig ist. Die

Ermächtigung zum Bündnisschluss gem. Art. 24 Abs. 2 GG „befugt den Bund nicht nur zum **Eintritt** in solche Systeme und zur Einwilligung in die damit verbundenen **Beschränkungen** seiner **Hoheitsrechte.** Sie bietet vielmehr auch die **verfassungsrechtliche** Grundlage für die Übernahme der mit der Zugehörigkeit zu einem solchen System typischerweise verbundenen **Aufgaben** und damit auch für eine Verwendung der Bundeswehr zu Einsätzen, die im **Rahmen** und nach den **Regeln** dieses Systems stattfinden" (BerfGE 90, 35). Weitere Einzelheiten dazu s. Kap. XIV.

Auch den verfassungsrechtlichen Unsicherheiten in der Frage der **Anordnungsbefugnisse** hat das Bundesverfassungsgericht mit seiner o. a. Entscheidung ein Ende gesetzt, indem es unmissverständlich die **Verantwortung** des **Parlaments** betont. Unabhängig davon, ob der jeweilige Einsatz der Streitkräfte auf den Fall der Bündnisverteidigung oder aber die weiter gehenden Verpflichtungen im Rahmen eines „Systems gegenseitiger kollektiver Sicherheit" abgestützt wird, gilt ein **Parlamentsvorbehalt,** der den Einsatz der Streitkräfte von der Entscheidung des Bundestages abhängig macht. Die Bundesregierung ist daher verpflichtet, **vorherige,** den Streitkräfteeinsatz **konkret** begründende – konstitutive – **Zustimmung** des Bundestages einzuholen. Lediglich bei **Gefahr im Verzuge** kann diese Einwilligung nachträglich erwirkt werden. Soweit allerdings Bundestag und Bundesrat gem. Art. 115a GG den Verteidigungsfall festgestellt haben, schließt dies die Zustimmung zu einem damit verbundenen Bundeswehreinsatz ein (BVerfGE 90, 388).

Die **Feststellung** des **Bündnisfalles** obliegt dem **NATO-Rat.** Voraussetzung dafür ist, dass **alle** Mitglieder **zustimmen.** Welchen Beitrag die einzelnen Staaten leisten, liegt im Ermessen der nationalen Entscheidungsgewalt. **Erstmals** in der Geschichte der Allianz wurde der Bündnisfall am 12.10.2001 im Zusammenhang mit dem **Terroranschlag** vom 11. September festgestellt. Die Bündnispartner sahen darin einmütig einen Angriff von außen auf die USA.

## Ergänzende Bestimmungen

Die Notstandsverfassung wird u. a. abgerundet durch folgende Vorschriften:

▶ **Arbeitskämpfe** zur Wahrung und Förderung der Arbeits- und Wirtschaftsbedingungen dürfen nicht durch Notstandsmaßnahmen missbräuchlich beeinträchtigt werden (Art. 9 Abs. 3 GG).

▶ Art. 10 Abs. 2 GG sieht für Notstandsfälle weitergehende Beschränkungen des **Brief-, Post-** und **Fernmeldegeheimnisses** vor. Diese Vorschrift über die Zulässigkeit von Überwachungsmaßnahmen ist auch deshalb bedeutsam, weil sie eine Ausnahme von der allgemeinen Rechtsweggarantie des Art. 19 Abs. 4 GG enthält. Sie setzt an die Stelle der gerichtlichen Nachprüfung eine Prüfung durch Organe, die von der Volksvertretung gestellt werden.

▶ Einschränkungen des Grundrechts auf **Freizügigkeit** sind gem. Art. 11 Abs. 2 GG nur durch Gesetz oder auf Grund eines Gesetzes und nur für die Fälle zulässig, in denen eine ausreichende Lebensgrundlage nicht vorhanden ist und der Allgemeinheit daraus besondere Lasten entstehen würden oder in denen die Einschränkung unter Notstandsgesichtspunkten erforderlich ist.

▶ Art. 12a GG sieht für den Verteidigungsfall eine Reihe von Sonderregelungen des **zivilen Ersatzdienstes** sowie für sonstige Dienstpflichten vor (s. Kap. IV).

▶ Gem. Art. 17a GG können Gesetze über Wehrdienst und Ersatzdienst bestimmen, dass für die Angehörigen der **Streitkräfte** und des **Ersatzdienstes** während der Dauer ihrer Dienstzeit bestimmte **Grundrechte** eingeschränkt werden.

▶ Das Recht zum **Widerstand** gem. Art. 20 Abs. 4 GG kann auch (und gerade) in Aufruhrsituationen besondere Bedeutung gewinnen (s. Kap. IV).

*Notstandsverfassung*

▶ Gem. Art. 87a Abs. 3 GG wird den **Streitkräften** im Spannungs- und Verteidigungsfall die Befugnis zugestanden, zivile Objekte zu schützen und Aufgaben der Verkehrsregelung wahrzunehmen, soweit dies zur Erfüllung ihres Verteidigungsauftrages erforderlich ist. Objektschutzaufgaben können den Streitkräften auch zur Unterstützung polizeilicher Maßnahmen übertragen werden.

▶ Bei **inneren Unruhen** können die Streitkräfte nach Maßgabe der Art. 87a Abs. 4 und 91 Abs. 2 GG zur **Unterstützung** der **Polizei** und der **Bundespolizei** eingesetzt werden, u. a. auch bei der Bekämpfung organisierter und militärisch bewaffneter Aufständischer. Die grundsätzliche Polizeihoheit der Länder bleibt von diesen Sonderregelungen unberührt (s. Kap. III), das heißt, die Bundeswehr wird hier nur **subsidiär** tätig. Mit Ausnahme der ausdrücklich in der Verfassung geregelten Fälle bleibt für einen weitergehenden Einsatz der Streitkräfte im Inneren kein Raum, sieht man einmal von **schlicht-hoheitlichen Tätigkeiten** und **rein technischen Hilfeleistungen** ab, die unterhalb der Schwelle des Art. 87a GG liegen und sich nach den Regeln der Amtshilfe gem. Art. 35 Abs. 1 GG vollziehen (etwa Hilfsaktionen bei Unfällen, Ernteeinsätze, Bereitstellung logistischer Leistungen und dergl.).

▶ Der Einsatz der **Streitkräfte** bei **Naturkatastrophen** und schwer wiegenden **Unglücksfällen** gem. Art. 35 Abs. 2 GG (s. oben) ist nicht spezialgesetzlich normiert und vollzieht sich nach allgemeinen Amtshilferegeln. Ein solcher Unglücksfall drohte z. B., als im Januar 2003 ein offenbar geistig verwirrter Mann ein Kleinflugzeug in seine Gewalt gebracht und angekündigt hatte, sich auf ein Frankfurter Hochhaus zu stürzen. Der Vorfall, der letztlich ohne Schaden abging, wurde zum Anlass genommen, eine seit Jahren bestehende CDU/CSU-Forderung zu erneuern. Danach soll der **Bundeswehr** der Schutz des **Luftraumes** sowie bestimmter ziviler Objekte und Anlagen im Inneren (**Flughäfen**) und besonders gefährdete **Industrieanlagen**, z. B. Atommeiler) übertragen werden.

Diese Ausweitung militärischer Kompetenzen ist wegen der strikten **verfassungsrechtlichen Trennung** von militärischen und polizeilichen Aufgaben strittig. Wird nach geltendem Recht in einem solchen Falle die Bundeswehr angefordert (weil nur sie über geeignete Mittel zur Abwehr der Gefahr verfügt), so wird sie im Rahmen der sog. **gesteigerten Amtshilfe** gem. Art. 35 Abs. 2 GG tätig. Die Vorschrift erlaubt den Einsatz der Streitkräfte u. a. bei besonders schweren Unglücksfällen. Darunter fallen auch solche größeren Schadensereignisse, die auf menschliches Fehlverhalten zurückgehen (vgl. Jarras/Pieroth, Art. 35 GG, Rdnr. 7). Von Art. 35 GG erfasst ist nach h. M. auch der **unmittelbar bevorstehende** Schadensfall. Zur Klärung sollte das **Luftsicherheitsgesetz** beitragen, doch wurde dies in der viel beachteten Entscheidung des BVerfG vom 15.2.2006 (E 115, 118) in den einschlägigen Bestimmungen für verfassungswidrig und damit für nichtig erklärt. Ob es zu einer Neuregelung der Materie kommt, – ggf. unter Änderung der Art. 35 bzw. 87a GG – ist noch nicht absehbar.

▶ Unter dem Gesichtspunkt der „wehrhaften Demokratie" bzw. der Gefahrenabwehr und der vorbeugenden Kriminalitätsbekämpfung sind nicht nur dann, wenn der Ausnahmefall bereits **eingetreten** ist, sondern auch **Vorfeldmaßnahmen** nach Maßgabe der Gesetze gerechtfertigt. So ist es z. B. „mit dem Grundgesetz grundsätzlich vereinbar, dass das Landesamt für Verfassungsschutz" unter bestimmten gesetzlich festgelegten Voraussetzungen „den Landesverband einer politischen Partei beobachtet" (BVerwG, Urt. v. 7.12.1999, NJW 2000, 824, zur Beobachtung der Republikaner durch das Nds. Landesamt für Verfassungsschutz).

▶ Ergänzt wird die Notstandsverfassung schließlich durch **einfache Gesetze**, z. B.
  ▶ Wirtschaftssicherstellungsgesetz i. d. F. vom 3.10.1968 (BGBl. I S. 1069),
  ▶ Ernährungssicherstellungsgesetz i. d. F. vom 27.8.1990 (BGBl. I S. 1802),

▶ Verkehrssicherstellungsgesetz i. d. F. vom 8.10.1968 (BGBl. I S. 1082),
▶ Gesetz zur Sicherstellung von Arbeitsleistungen für Zwecke der Verteidigung einschließlich des Schutzes der Zivilbevölkerung vom 9.7.1968 (BGBl. I S. 787),
▶ Wassersicherstellungsgesetz i. d. F. vom 24.8.1965 (BGBl. I S. 1817),
▶ Bundesleistungsgesetz i. d. F. vom 27.9.1961 (BGBl. I S. 1769).

▶ Im Hinblick auf die Gefahren, die zwangsläufig mit jeder Machtzusammenballung in Ausnahmesituationen einhergehen, regeln die Art. 115k und 115l GG das **Außerkrafttreten** und die **Aufhebung** von Notstandsmaßnahmen.

Unter anderem wird dort bestimmt:

▶ **Gesetze,** die der Gemeinsame Ausschuss beschlossen hat, und Rechtsverordnungen, die aufgrund solcher Gesetze ergangen sind, treten spätestens sechs Monate nach Beendigung des Verteidigungsfalls **außer Kraft.**

▶ Der **Verteidigungsfall** ist unverzüglich für **beendet** zu erklären, wenn die Voraussetzungen für seine Feststellung nicht mehr gegeben sind.


## Prüfen Sie Ihr Wissen!

**Kapitel IX**

▷1 Was verstehen Sie unter den Begriffen
  – „**Rechtsparteien**"?
  – „**Linksparteien**"?
  – „Parteien der **Mitte**"?
  – „**Blockpartei**"?
  – „**Rathauspartei**"?
  – „**Volkspartei**"?
  – „**Einheitspartei**"?

▷2 Welche **politischen Grundströmungen** bilden die Basis der heutigen Parteien in der Bundesrepublik? Erläutern Sie die Strömungen!

▷3 Welche **neuen politischen** bzw. **sozialen Strömungen** sind neben dem traditionellen Parteiengefüge entstanden? Erläutern Sie diese!

▷4 Erläutern Sie den **Begriff** der „**politischen Partei**"!

▷5 Erläutern Sie **Aufgaben, Funktion** und **Bedeutung** der Parteien!

▷6 Erläutern Sie die Grundsätze
  – der **inneren Ordnung** der Parteien!
  – der **Freiheit der Gründung** von Parteien!
  – der **Verfassungswidrigkeit** von Parteien!
  – der **Parteienfinanzierung** und der **Rechenschaftslegung**!

▷7 Welche **Aufgaben** nehmen **parteinahe Stiftungen** wahr? Wie unterscheiden sie sich von den **Parteien**? Welche **Probleme** erkennen Sie in diesem Zusammenhang?

▷8 Erläutern Sie den Begriff „**Parteienstaat**"!

▷9 Wie erklären Sie sich die vielfach gerügte **Parteienverdrossenheit**?

▷10 Welche **Gefahren** sehen Sie in diesem Zusammenhang?

▷11 Arbeiten Sie die grundlegenden **Unterschiede** und die **Gemeinsamkeiten** der im Bundestag und in den Länderparlamenten vertretenen politischen Parteien heraus!

1▷ Erläutern Sie die Begriffe **Liberalismus, Konservatismus, Sozialismus** und **Nationalismus!**
2▷ Welche **christlichen Strömungen** sind und waren politisch wirksam?

**Kapitel X**

3▷ Erläutern Sie den **Begriff** der „**Verbände**"!
4▷ Auf welche Weise sind die **Verbände** im **Rechts- und Verfassungssystem** der Bundesrepublik verankert?
5▷ Erläutern Sie **Funktion** und **Wirkungsweise** der Interessenverbände!
6▷ Erläutern Sie die **Vorzüge** und die **Risiken** des Verbandssystems in unserer pluralistischen Gesellschaft!
7▷ Wie unterscheidet sich das **Parteienverbot** vom **Verbot** von **Verbänden**?
8▷ Auf welchem **Wege** und durch welche **Institution** können Verbände **verboten** werden?

**Kapitel XI**

20▷ Was sind Gesetze im **materiellen** und Gesetze im **formellen** Sinne?
21▷ Was ist **Gesetzesinitiative**, und **wem** steht sie zu?
22▷ Erläutern Sie den **Gang** der **Gesetzgebung** bei **Zustimmungsgesetzen!**
23▷ Erläutern Sie den **Gang** der **Gesetzgebung** bei **einfachen Gesetzen!**
24▷ Welche **Regelungen** trifft das Grundgesetz für den Fall des **Gesetzgebungsnotstandes**?
25▷ Erläutern Sie den Begriff der „**Rechtsverordnungen**"! Welche **Regelungen** trifft das Grundgesetz für den **Erlass** von Rechtsverordnungen?
26▷ Erläutern Sie den Begriff „**Diskontinuität**"!
27▷ Was versteht man unter den Begriffen „**Ausfertigen**" und „**Verkünden**" von Gesetzen?

**Kapitel XII**

28▷ Erläutern Sie den Begriff „**Ausnahmezustand**"!
29▷ Welche **Vorsorgeregelungen** trifft das **Grundgesetz** für die Fälle des **inneren Notstandes**? Erläutern Sie diese!
30▷ Welche wichtigen **gesetzlichen** Regelungen sind für den **Notstandsfall** ergangen? Erläutern Sie diese!
31▷ Erläutern Sie den Begriff „**Spannungsfall**"!
32▷ Wann liegt der **Verteidigungsfall** vor und welche **Regelungen** sind im Grundgesetz für diesen Fall vorgesehen?
33▷ Erläutern Sie den Begriff „**Bündnisfall**"!
34▷ Ist ein über den Verteidigungsauftrag der Bundeswehr hinausgehender Einsatz der Bundeswehr **verfassungsrechtlich zulässig**?
35▷ Nehmen Sie Stellung zum Einsatz der **Bundeswehr außerhalb** des Bundesgebietes!

# Kapitel XIII

# Die Wirtschaftsordnung in der Bundesrepublik

## Wirtschaftliche Grundsysteme

Für die Ordnung des modernen Wirtschaftslebens bieten sich zwei Grundformen an, die sich bereits im Verlaufe des neunzehnten Jahrhunderts im Zusammenhang mit dem Aufschwung der Technik, mit Industrialisierung, Welthandel und Weltverkehr entwickelt haben:

| **Marktwirtschaft** (kapitalistische Wirtschaftsordnung, sog. Wirtschaftsliberalismus) | **Zentralverwaltungswirtschaft** (sozialistische Wirtschaftsordnung, Kommandowirtschaft) |
|---|---|
| Sie basiert auf der Forderung, dass der Staat sich weitgehend aus der **Wirtschaft** heraushalten und sie ihren eigenen **Triebkräften** und **Gesetzlichkeiten** überlassen soll: **Freies Spiel der Kräfte** nach dem Gesetz von **Angebot** und **Nachfrage**; Gewinnstreben als Motor; staatliche Reglementierung als bloßer Rahmen. | Sie will **Kapitalanhäufung, Machtkonzentration** und **Machtmissbrauch** Einzelner **verhindern** und ordnet Form, Inhalt und Ziel der Wirtschaft gesellschaftspolitischen Zwecken unter: Zentrale **staatliche Wirtschaftsverwaltung; Eigentum** an Produktionsmitteln (in der Urform: jedes Privateigentum) wird **Gemeineigentum**. |

Beide Grundsysteme sind im Verlaufe der Entwicklung vielfältig kombiniert und abgewandelt worden. Gemäßigte Formen finden sich ebenso wie radikale Lösungen. Eine generelle Antwort auf die Frage, welches Wirtschaftssystem für den Menschen das beste sei, lässt sich sicherlich nicht finden, denn die jeweilige Wirtschaftsordnung ist stets auch abhängig von den politischen, wirtschaftlichen und gesellschaftlichen Rahmenbedingungen. Eines jedenfalls hat die Geschichte bewiesen: In ihrer **radikalen** Form sind **beide** Systeme ein **Irrweg**.

### Ungezügelter Kapitalismus

▶ bedeutet Verdrängungswettbewerb, Zusammenballung wirtschaftlicher Macht, Entstehung von Monopolen, die den Markt beherrschen zum Nachteil der Verbraucher;

▶ fördert die Ausbeutung Lohnabhängiger; lässt die Armen immer ärmer und die Reichen immer reicher werden und bewirkt eine permanente Klassenkampfsituation;

▶ war schon in Zeiten des Imperialismus und Kolonialismus Ursache internationaler Krisen und ist dies auch heute noch: Ungezügelter Wirtschaftsliberalismus verbaut die Chancen der Globalisierung auf eine weltweit gerechte, soziale und ökologisch nach-haltige Ordnung und verstärkt die Fehlentwicklungen der globalen Wirtschaft (wachsende Ungleichheiten; ökologischer Raubbau; Ausbeutung, Armut, Verelendung, mangelnde Gesundheitsvorsorge und mangelhafte Bildungschancen in den Ländern des Südens).

*Wirtschaftsordnung*

---

| Totalitäre sozialistische Zwangswirtschaft |
|---|

- ▶ produziert am Bedarf des Menschen vorbei und begünstigt durch fehlende Elastizität und bürokratische Verplanung Versorgungs- und Wirtschaftskrisen;
- ▶ bedeutet nicht nur totale Unterwerfung der Wirtschaft unter den Staat, sondern wegen der engen Bezüge zum politischen Geschehen letztlich auch totale Unfreiheit des Menschen.
- ▶ Der Niedergang des SED-Regimes und des gesamten Ostblocks hat gezeigt, wohin Kommandowirtschaft und autoritärer Staatssozialismus führen. Seither ist das deutsche Wirtschaftssystem noch stärker in das Blickfeld der osteuropäischen Staaten gerückt und bildet vielfach eines der Reformziele dieser Länder.

## Grundgesetz und Wirtschaftsordnung

Die **Weimarer Reichsverfassung** hatte der Ordnung des Wirtschaftslebens einen ganzen Abschnitt gewidmet, jedoch in einer Weise, dass sich manche Bestimmungen gegenseitig aufhoben. Sie hatte u. a. vorgesehen (Art. 151 Abs. 1 WRV):

> Die Ordnung des Wirtschaftslebens muss den Grundsätzen der **Gerechtigkeit** mit dem Ziel der Gewährleistung eines **menschenwürdigen Daseins** für **alle** entsprechen. In diesen Grenzen ist die **wirtschaftliche Freiheit** des Einzelnen zu sichern.

Das **Grundgesetz** enthält keine derartige Vorschrift. Es entscheidet sich **nicht** für ein **bestimmtes Wirtschaftssystem**. Während Staat und Gesellschaft ausdrücklich als „demokratischer und sozialer Bundesstaat" und „Rechtsstaat" verfasst sind, findet sich für die Wirtschaftsordnung **keine wörtliche Konkretisierung** im Grundgesetz (Grundsatz der **wirtschaftlichen Offenheit**; BVerfG, 50, 290; vgl. Maunz-Dürig, Rdnrn. 76 ff.). Das bedeutet jedoch **nicht**, dass der Verfassunggeber gleichsam ein **Vakuum** hinterlassen hätte. Das Grundgesetz ist **wirtschaftspolitisch neutral** (s. Kap. III), aber **keineswegs konturenlos**. Es enthält eine Vielzahl von Vorschriften, die auf das Wirtschaftsleben **konstititiv-gestaltend** einwirken. Sie bilden in ihrer **Gesamtheit** die **Wirtschafts- und Sozialordnung**.

> Die **Wirtschaftsordnung** des **Grundgesetzes** entspricht der Grundkonzeption von Staat und Gesellschaft:
> - ▶ größtmögliche Verwirklichung **individueller Freiheiten**,
> - ▶ **Beschränkung staatlicher Regelungen** auf das für ein gedeihliches Zusammenleben aller **unverzichtbare Maß** (Grundsatz der **Staatsfreiheit**).
>
> Aber das **Grundgesetz** will zugleich auch **sozialen Frieden**. Dieser ist mehr als bloßer **Wirtschaftsfrieden**, er ist **gesellschaftlicher Frieden**.

Innerhalb des von der Verfassung gesetzten allgemeinen Rahmens ist es dem Gesetzgeber überlassen, sich nach **Zweckmäßigkeitsgesichtspunkten** zu entscheiden. Ihm ist vor allem freigestellt, die aktuellen **wirtschaftspolitischen Maßnahmen** mehr auf das **marktwirtschaftliche Grundmuster** oder auf stärkere **staatliche Reglementierung** auszurichten und somit **Grundlagen** zu schaffen für eine mehr oder weniger globale **Steuerung** des **Wirtschaftsprozesses**, z. B. im Sinne von Wachstum, Arbeitssicherung und Geldwertstabilität.

Zu den vom Grundgesetz vorgegebenen **Rahmenbedingungen** gehören insbesondere die **verfassungsrechtlichen Grundentscheidungen** (s. Kap. III) sowie einige für die Wirtschaftsordnung besonders bedeutsame **Grundrechte** (s. Kap. IV). Im Einzelnen sind dies:

*Wirtschaftsordnung*

▶ Auf das Prinzip der **Demokratie** lassen sich unmittelbar z. B. die **betriebliche Mitbestimmung** und die Beteiligung der Arbeitnehmer an den **berufsständischen Vertretungskörperschaften** (Industrie- und Handelskammern, Handwerkskammern pp.) zurückführen, zumindest in dem Sinne, dass demokratische Grundsätze Allgemeingültigkeit besitzen und dass daher auch das Wirtschaftsleben Grundelemente einer demokratischen Verfassung aufweisen muss. Eine durchgängig „verplante", undemokratisch verfasste Wirtschaftsordnung wäre wegen des **inneren Zusammenhangs** von Demokratie und (sozialer) Marktwirtschaft mit dem Grundgesetz nicht vereinbar.

▶ Das Prinzip der **Rechtsstaatlichkeit** erfasst als ein die gesamte gesellschaftliche Ordnung beherrschender Grundsatz auch das Wirtschaftsleben. Dies gilt vor allem für die Anerkennung der Freiheitssphäre, die Bindung der Staatsgewalt an Recht und Gesetz, den Ausschluss staatlicher Willkür sowie das Prinzip des lückenlosen Rechtsschutzes für den Bürger (s. Kap. III). In seinem Kern ist der Rechtsstaat vor allem **„Gerechtigkeitsstaat"**. Für das Wirtschaftsleben bedeutet das: Würdige Lebensbedingungen für alle, und jedem seine faire Chance.

▶ Dem **Sozialstaatlichkeitsprinzip** kommt im Wirtschaftsleben besondere Bedeutung zu, vor allem im Hinblick darauf, dass **soziale Gerechtigkeit herrschen** und dass **sozialer Bedürftigkeit abgeholfen** werden muss. Zwar lässt sich aus dem Sozialstaatlichkeitsgrundsatz nicht der Anspruch auf ein bestimmtes staatliches Handeln ableiten, gleichwohl aber gilt, dass die gesamte Tätigkeit des Staates soziale Züge tragen muss. Das gilt auch und vor allem für die Gestaltung der Wirtschaftsordnung. Eine unsoziale Ordnung des Wirtschaftslebens, etwa im frühkapitalistischen Sinne, wäre mit dem Verfassungsgrundsatz der Sozialstaatlichkeit nicht vereinbar (Einzelheiten s. Kap. III).

▶ Auch im Wirtschaftsleben besitzen die Grundrechte ihre Gültigkeit. Das gilt ganz allgemein zunächst für die **freie Entfaltung** der **Persönlichkeit** gem. Art. 2 Abs. 1 GG (BVerfGE 4, 15). Auf dieses Grundrecht können u. a. zurückgeführt werden:
  ▶ die allgemeine wirtschaftliche Handlungsfreiheit und die Vertragsfreiheit,
  ▶ die Freiheit der Unternehmensinitiative und des Kapitaleinsatzes,
  ▶ die Gewerbefreiheit, die Produktions- und Handelsfreiheit,
  ▶ die Wettbewerbsfreiheit und die Freiheit des Konsums.

Mit diesen Freiheiten wird zugleich jedem Wirtschaftssystem, das nicht auf marktwirtschaftlichen Grundsätzen beruht, eine Absage erteilt. Das Grundgesetz entscheidet sich grundsätzlich **gegen jede Form** des **Wirtschaftsdirigismus,** komme er von staatlicher Seite oder aus der Wirtschaft selbst (z. B. von Monopolen). Es verhindert insbesondere ein System, in dem der Staat anordnet, was produziert werden soll, und zuteilt, was konsumiert werden darf.

▶ Unmittelbare Geltung im Wirtschafts- und Arbeitsleben haben der **Gleichheitsgrundsatz** und die **Differenzierungsverbote** gem. Art. 3 GG.

▶ Mit der **Koalitionsfreiheit** gem. Art. 9 Abs. 3 GG (s. Kap. IV) sind einige für die Wirtschaftsverfassung besonders wichtige Grundsätze verbunden:
  ▶ die **Vereinigungsfreiheit** für Gewerkschaften und Arbeitgeberverbände,
  ▶ die **Tarifhoheit** der Sozialpartner, d. h. das Recht der am Arbeitsprozess beteiligten Gruppen, Tarifverträge selbständig und ohne staatliche Beeinflussung abzuschließen, und
  ▶ das **Streikrecht,** also das Recht, wirtschaftliche Forderungen im Wege des Arbeitskampfes durchzusetzen (parallel dazu die **Aussperrung** durch die Arbeitgeberseite).

▶ Das Grundrecht gem. Art. 11 GG schließt in sich ein die **Freiheit,** an jedem Ort des Bundesgebietes **Wohnsitz** und **Aufenthalt** zu nehmen und die gleiche wirtschaftliche Betätigung auszuüben wie die dort Ansässigen (vgl. BVerfGE 2, 266).

*Wirtschaftsordnung*

▶ Mit der Fundamentalnorm der **Berufsfreiheit** (s. Kap. IV) wird u. a. das Recht gewährleistet, jede erlaubte Beschäftigung als Beruf auszuüben, auch wenn sie nicht einem traditionell oder rechtlich fixierten Berufsbild entspricht (vgl. BVerfGE 7, 377). Ein **Recht** auf **Arbeit** ist mit diesem Grundrecht **nicht** verbunden. Es ist daher niemand zugesichert, dass er in dem von ihm erwählten Beruf auch Arbeit findet. Dies würde bedeuten, dass man Arbeit **zuteilt,** ein Prinzip, das dem freiheitlichen Charakter unserer Wirtschaftsordnung zuwiderliefe. Anderseits aber darf der Staat bei unverschuldeter Massenarbeitslosigkeit nicht untätig bleiben. Er ist verpflichtet, seine Wirtschaftspolitik an arbeitsmarktpolitischen Zielen auszurichten.

▶ Die **Freiheit** des **Eigentums** gem. Art. 14 GG wird in der Weise gewährleistet, dass sie nicht nur dem **privaten Nutzen,** sondern auch dem **Gemeinwohl** dienen soll. Diese **Sozialbindung** des Eigentums bedeutet, dass der Träger eines Vermögensrechts die allgemein **üblichen, angemessenen** und **zumutbaren** Beschränkungen hinnehmen muss. Die Unternehmerfreiheit findet daher ihre Grenzen in **anderen** Verfassungsgütern, etwa des Umweltschutzes oder der Gesundheit. **Beispiele:**
Die automatische Einführung des **Dosenpfands** bei Einwegverpackungen für den Fall, dass der Anteil an Mehrwegverpackungen unter 72 Prozent fällt, ist nicht zu beanstanden (BVerfG, 27.6.2002). Die entsprechende Vorschrift der Verpackungsverordnung, die bis zum Erreichen dieser Grenze ausgesetzt war, ist daher, wenn auch mit einer Übergangsfrist, ab 1.1.2003 in Kraft getreten. Entgegenstehende Anträge vor dem OVG Berlin und dem BVerwG hatten keinen Erfolg.
Beim **Zigarettenhandel** versucht die EU seit Jahren, durch Vorschriften über **Warnhinweise** gesundheitspolitischen Einfluss auf diesen Markt zu nehmen. Ein **generelles Verbot** von Zigarettenwerbung war 2000 vom EuGH aufgehoben worden, da die EU für Gesundheitspolitik nicht zuständig ist. Eine neue Richtlinie sieht ein solchen Verbot ab 2005 vor; die Bundesregierung erwägt dazu eine Klage.

▶ Art. 15 GG ermöglicht die **Vergesellschaftung,** d. h. die Überführung von Grund und Boden in **Gemeineigentum** (s. Kap. IV).

▶ Unterhalb der Verfassung wird die Wirtschaftsordnung durch eine Vielzahl **gesetzlicher Vorschriften** konkret ausgestaltet (Gesetz über Wettbewerbsbeschränkungen, Warenzeichengesetz, Patentgesetz, Außenwirtschaftsgesetz, Tarifvertragsgesetz, Mitbestimmungsgesetz, Betriebsverfassungsgesetz, Sozialversicherungsgesetze u. v. a.).

## Die Soziale Marktwirtschaft

Die oben genannten Vorschriften zeigen, dass das Grundgesetz den Entscheidungsspielraum für die Ausgestaltung der Wirtschafts- und Sozialordnung abgegrenzt hat:

▶ Es sind marktwirtschaftliche Ordnungen ausgeschlossen, die den **sozialen** und **sozialrechtlichen** Zielen der Verfassung entgegenstehen (vgl. Art. 14, 15, 20 und 28 GG);

▶ zum anderen aber verbieten sich auch überwiegend **zentralverwaltungswirtschaftliche** Ordnungen, die mit den Freiheitsgarantien der Verfassung nicht vereinbar sind (vgl. Art. 2, 9, 11, 12 und 14 GG).

Das Grundgesetz entscheidet sich für einen **dritten Weg:** Das Prinzip der **wirtschaftlichen Freiheit** und **Offenheit** gewährleistet ein im Grundsatz (staats-) **freies Wirtschaften.** Gleichwohl ist der Staat dabei nicht ohne Einfluss. Er setzt im Rahmen der ihm zustehenden **begrenzten politischen Gestaltungsfreiheit** wichtige **Rahmenbedingungen** (z. B. mit Vorschriften über Steuern und andere Lohnnebenkosten) und trägt mit seiner **Sozialgesetzgebung** dazu bei, die Einkommensverteilung weniger ungleich zu machen. Zudem bietet er **öffentliche Güter** an, die Private nicht anbieten können. Bei negativen Entwicklungen muss er notfalls auch **regulierend** einwirken, jedoch primär in Form der **Globalsteuerung,** mit **marktkonformen**

Mitteln und stets nur in **angemessenen** Grenzen. Aus alledem formt sich das Leitbild der **Sozialen Marktwirtschaft**. Sie ist im Kern eine **Kompromissformel:** Nicht zu wenig, aber auch nicht zu viel an staatlicher Beeinflussung.

Soziale Marktwirtschaft stellt daher eine **Synthese** dar zwischen **Freiheitsbedürfnis** und **Ordnungsanspruch** im Wirtschaftsleben. Sie ist eine nach den Regeln der **Marktwirtschaft** ablaufende Wirtschaftsordnung. Das Wirtschaftsgeschehen orientiert sich also grundsätzlich am Markt, d. h. an den Gesetzen von Angebot und Nachfrage und nicht an einem vom Staat vorgegebenen Planungskonzept (Kommandowirtschaft).

Sie ist zugleich aber auch eine mit **sozialen Sicherungen** versehene Wirtschaft, eine Ordnung also, der sozialstaatliche Schranken auferlegt sind und in der das private Eigentum nicht zum Nachteil der Gemeinschaft gebraucht werden darf. Dabei gilt der Grundsatz: **So viel Freiheit wie möglich, so viel Reglementierung wie nötig.**

Im Einzelnen wird die Soziale Marktwirtschaft von folgenden Grundsätzen beherrscht:

▶ **Keine Zentralverwaltungswirtschaft,** kein Kommandosozialismus, sondern
  ▶ freier Leistungswettbewerb, freie Preisbildung, freie wirtschaftliche Initiative und Eigenverantwortung, freie Eigentumsordnung;
  ▶ Gewerbefreiheit, Unternehmerfreiheit, Vertragsfreiheit;
  ▶ Verzicht auf zentrale staatliche Planung von Produktion und Absatz.

▶ **Kein ungezügelter Kapitalismus,** sondern
  ▶ Verhinderung des Missbrauchs wirtschaftlicher Freiheit und marktbeherrschender Monopole, Verbot von Preisabsprachen und anderen Wettbewerbsverzerrungen;
  ▶ Beachtung sozialstaatlicher Grundsätze (soziale Sicherheit, soziale Gerechtigkeit, Solidarität, Autonomie der Sozialpartner);
  ▶ notwendige Steuerungsmaßnahmen möglichst mit „marktkonformen" Mitteln.

Mit dieser prinzipiell **marktwirtschaftlichen Orientierung,** ohne dass dabei die **sozialstaatliche Zielbestimmung** vernachlässigt werden darf, sichert die Wirtschaftsordnung der Bundesrepublik auch im Zeitalter der Globalisierung der Märkte die **Wettbewerbsfähigkeit** der **Volkswirtschaft** und gleichzeitig ein hohes Maß an **sozialem Wohlstand** und **sozialer Befriedung** für die **Bevölkerung**. Nicht zuletzt diese Wirtschaftsform hat mit ihrer **Ausstrahlung** und der **Faszination,** die sie auf die Menschen in der DDR und anderen sozialistischen Staaten ausübte, wesentlich zur **Wende** in Osteuropa beigetragen.

Allerdings bedürfen auch marktwirtschaftliche Formen des Wirtschaftens bei aller Staatsfreiheit eines gewissen Maßes an **Aufsicht** und **Kontrolle.** Ungehemmte Wirtschaft kann zum **Turbokapitalismus** entarten, wie die **Banken- und Wirtschaftskrise** des Jahres 2008 nachdrücklich unter Beweis gestellt hat.

---

**Ziele der Soziale Marktwirtschaft**

Die Soziale Marktwirtschaft versucht, die Leistungsfähigkeit der Wettbewerbswirtschaft zu erhalten, gleichzeitig aber die Fehler des ungezügelten Kapitalismus zu vermeiden. Daher sind staatliche Eingriffe in das Wirtschaftsleben zulässig, sie bleiben jedoch auf **Steuerungsmaßnahmen beschränkt,** die im übergeordneten Gemeinschaftsinteresse liegen. Dabei geht es insbesondere um folgende Ziele:

---

**Wettbewerbssicherung**

Auch im Wirtschaftsleben geht **Machtbündelung** mit der Gefahr des **Missbrauchs** einher – hier zumeist zum Nachteil des Verbrauchers. Das gilt vor allem für Monopole und Kartelle. Eine **Monopolstellung** besitzt, wer allein den Markt oder Teile des Marktes (z. B. mit einem bestimmten Produkt) beherrscht. **Kartelle** sind Absprachen zwischen Unternehmungen zu einem gemeinsamen wirtschaftlichen Zweck. Sie sind dann untersagt, wenn sie geeignet sind, den Wettbewerb zu beeinträchtigen. Das ist insbesondere bei Übereinkünften der Fall, bei denen der Preis für eine Ware „durch Vereinbarungen zwischen miteinander im Wettbewerb stehenden Unternehmen" künstlich hochgehalten wird (Preisabsprachen). Der Verhinderung solcher Strategien dient das **Gesetz gegen Wettbewerbsbeschränkungen** (Kartellgesetz) i. d. F. vom 26.8.1998 (BGBl. I S. 2546). Über dessen Einhaltung wacht das **Bundeskartellamt**, das nach dem Berlin-Bonn-Gesetz seinen Sitz in Bonn hat. Dieses Gesetz sowie das **Gesetz gegen den unlauteren Wettbewerb** und die **Preisangabenverordnung** sind die einzigen Vorschriften, die heute noch den **Preismarkt** regulieren, nachdem 2002 das **Rabattgesetz** und die **Zugabeverordnung** entfallen sind.

Ein anderer wesentlicher Schritt zur Liberalisierung des Marktes war die Auflösung des **Postministeriums** und dessen Umwandlung in eine Aufsichtsbehörde am 1.1.1998. Seither dürfen private Anbieter der Deutschen Telekom uneingeschränkt Konkurrenz machen.

| Arbeit, Wachstum, Wohlstand |

Die Sorge um Arbeit, Stabilität und Wohlstand ist eine zentrale Aufgabe des Staates, der sich dazu eines breiten **wirtschafts- und beschäftigungspolitischen Instrumentariums** bedient. Herausragende **Ziele**, auch im Rahmen der notwendigen **Reformen**, sind: **Konjunktur- und Wettbewerbssicherung, Wachstumsförderung, Geldwertstabilität,** die Schaffung von **Investitionsanreizen**, die **Flexibilisierung des Arbeitsmarktes** und die Reduzierung der **Lohnnebenkosten**, eine **ausgeglichene Zahlungsbilanz** sowie die Beschränkung der **öffentlichen Ausgaben** nach dem Vorbild eines „**schlanken**" **Staates**.

Das Hauptproblem ist der **Arbeitsmarkt** mit seinen zwischenzeitlich mehr als **5 Millionen Arbeitslosen**. Diese Zahl ist mittlerweile deutlich geschrumpft, wenngleich immer noch zu hoch. Im November 2013 wurden – bei leichtem Anstieg gegenüber dem Vorjahr – **2,8 Millionen** Arbeitslose gezählt.

Die Arbeit ist in den zurückliegenden Jahrzehnten, auch durch Arbeitszeitverkürzungen, künstlich verknappt worden. Das führte zu Höchstlöhnen im internationalen Vergleich, kam aber ausschließlich den Beschäftigten zugute, und nicht auch jenen, die vor der Tür standen. Die Unternehmer sahen sich durch erhöhte Lohnkosten und kurze tarifliche Arbeitszeiten einem steigenden **Wettbewerbsdruck** ausgesetzt – mit der Folge, dass immer **weniger** Menschen im **Produktionsprozess** standen und immer mehr Arbeitsplätze ins Ausland **verlagert** wurden. Parallel dazu gewannen die Lohnnebenkosten immer mehr an Bedeutung, was dann zu der Zielvorstellung führte, sie von der Arbeit abzukoppeln (s. Kap. III).

Um Abhilfe zu schaffen und die Arbeitsplätze international wieder konkurrenzfähig zu machen, lag es nahe, **Mehrarbeit** ohne **Lohnausgleich** zu fordern, weil dies zu niedrigeren Kosten, Preissenkung und Absatzerhöhung führe, was wiederum mehr Arbeitsplätze schaffe – eine in der Theorie einleuchtende Formel, die allerdings eine entscheidende Schwäche hat: Sie setzt darauf, dass Absatz sich gleichsam automatisch durch niedrigere Preise steigern lässt. Dieser Effekt stellt sich aber nicht ein, wenn die Menschen in unsicheren Zeiten lieber sparen als zu konsumieren. Denn Wirtschaft ist immer auch abhängig vom allgemeinen Wirtschaftsklima, d. h. von Optimismus, Konsumfreude, Gewinnerwartung und Investitionsbereitschaft.

Schon die rot-grüne Koalition hatte hierzu mit der **Agenda 2010** Reformen eingeleitet (neue Formen der Arbeitsvermittlung und Existenzgründung, Ich-AG, Hartz I und II). Positive Wirkungen hatte man sich auch aus der Zusammenlegung von Arbeitslosen- und Sozialhilfe zum **Arbeitslosengeld II** erhofft. Durch dieses Maßnahmenpaket (Hartz IV) sollten erwerbsfähige Sozialhilfeempfänger nach dem Grundsatz „Fördern und Fordern" an sozialversicherungspflichtige Arbeit herangeführt, Leistungsmissbrauch eingeschränkt, Hilfen auf wirklich Bedürftige konzentriert, Arbeitslose schneller vermittelt und die Bereitschaft, jede zumutbare Arbeit anzunehmen, erhöht werden. Die Reformen greifen inzwischen, bleiben z. T. aber umstritten,

z. B. die Höhe der Regelsätze und die als ungerecht empfundene Regelung für jahrzehntelang Beschäftigte. Neben inhaltlichen Schwächen haben Präsentationsmängel dazu geführt, dass Hartz IV für viele zum Synonym für sozialen Absturz und Ungerechtigkeit wurde, was Rechts- und Linksextreme gestärkt und den Gerichten eine Flut von Verfahren beschert hat.
Der jahrelange Streit um Mindestlöhne ist beigelegt. Die **Große Koalition** will auf Betreiben der **SPD** ab 2015 den **gesetzlichen Mindestlohn** von 8,50 Euro für **alle Branchen** einführen. Ausgenommen werden sollen lediglich Langzeitarbeitslose beim Wiedereinstieg, Jugendliche, Auszubildende und Ehrenamtliche. Strittig bleibt dagegen der Fortfall aller **Zugangsbeschränkungen**.
Das **Arbeitnehmer-Entsendegesetz** (AEntG) vom 26.2.1996 (BGBl. I S. 227) regelt die Arbeitsbedingungen von Arbeitnehmern, die **grenzüberschreitend** zur Erbringung von **Dienstleistungen** nach Deutschland entsandt werden. Es schreibt unter anderem Mindestlöhne vor und galt zunächst für Baugewerbe und Gebäudereiniger. Weitere Branchen, darunter Zeitarbeit, Entsorgung, Post, Wachdienste, Altenpflege und Forstarbeiter, sind schrittweise gefolgt.

| Gerechte Sozialpolitik, gerechte Steuerpolitik |

In keinem Land Europas sind die Unterschiede zwischen Arm und Reich so groß wie in Deutschland. Nach einer Studie des Deutschen Instituts für Wirtschaftsforschung (DIW) von 2014 verfügen rd. 20 Prozent der Deutschen über keinerlei Vermögen, ein Prozent hingegen besitzt ein Vermögen von 800 000 Euro und mehr.
Ein der **sozialen Gerechtigkeit** verpflichteter Staat muss gewährleisten, dass Güter und Lasten **angemessen** verteilt sind. Das schließt die Verpflichtung ein, für ein **gerechtes** Steuersystem zu sorgen, d. h. für eine sachgerechte **Differenzierung** nach wirtschaftlicher Leistungsfähigkeit des Besteuerten und den angestrebten Steuerzwecken (BVerfGE 81, 117). Legitime Zwecke können der öffentliche Finanzbedarf, aber auch bestimmte politische Intentionen sein. Die Steuergesetzgebung ist zudem ein Instrument der **Konjunkturpolitik**.
Das deutsche Steuersystem mit seinen zahllosen Ausnahmeregelungen hat sich in dem Bemühen, „gerecht" zu sein, immer weiter vom Ideal der Gerechtigkeit entfernt. Allein deshalb sind durchgreifende **Reformen** überfällig, doch deren Inhalte sind heftig umstritten. So haben dann die Reformansätze der Vergangenheit den entscheidenden Durchbruch nicht gebracht. Auch im Koalitionsvertrag des Jahres 2013 sind verbindliche Festlegungen weithin ausgeklammert worden. Die dringend notwendige „große Steuerreform" steht mithin noch aus. Ohne eine gerechte Steuerpolitik wird sich jedoch an der **mangelnden Verteilungsgerechtigkeit** und der fortdauernden **Umverteilung** von **unten nach oben** nichts ändern.
Der **Koalitionsvertrag** zwischen der Union und der SPD, die Grundlage der **Großen Koalition** vom Herbst 2013, enthält für die Legislaturperiode bis 2017 insoweit eine Vielzahl von Absichtserklärungen, vielfach allerdings ohne die Finanzierung zu sichern.
Im Vertrag heißt es dazu:
„Wir wollen Rahmenbedingungen für die Wirtschaft schaffen, die ihr auf dem globalen Arbeitsmarkt **Wettbewerbsfähigkeit**, **Innovationskraft** und **Beweglichkeit** ermöglichen. Wir wollen **Arbeit für alle**, sicher und gut bezahlt. Mit einer **klugen Arbeitsmarktpolitik** wollen wir die Weichen für mehr **Beschäftigung** und für eine **starke Sozialpartnerschaft** von Arbeitgebern und Gewerkschaften stellen."
Hierzu sollen in erster Linie die Beschäftigungschancen verbessert, der wirtschaftliche Erfolg gesichert und der soziale Schutz der Menschen gestärkt werden. Schwerpunkt der Arbeitsmarktpolitik soll die Bekämpfung der **Langzeitarbeitslosigkeit** sein. Besonderes Augenmerk soll dabei der Personengruppe langzeitarbeitsloser Menschen gelten, die nur mit massiver Unterstützung ein angemessenes Leben führen können.

# Kapitel XIV

# Staatengemeinschaften

## Allgemeines

Selbstständige Staaten regeln ihre Beziehungen untereinander auf die vielfältigste Weise:

▶ Das **klassische Mittel** zur Regelung internationaler Beziehungen ist der zwischen zwei oder mehreren souveränen Partnerländern (bilateral oder multilateral) geschlossene **Vertrag**. Solche **Übereinkünfte** (s. unten) spielen auch heute noch eine wichtige Rolle. Vor allem im Verkehr zwischen Staaten mit unterschiedlichen bzw. rivalisierenden Gesellschaftssystemen erfüllen sie über den allgemeinen politischen, wirtschaftlichen oder kulturellen Vertragsgegenstand hinaus unverzichtbare Funktionen des Interessenausgleichs, der Konfliktbegrenzung, der Entspannung und Friedenssicherung.

▶ Parallel zu diesen vertraglichen Beziehungen gleich geordneter Natur werden seit Ende des Zweiten Weltkrieges vermehrt **staatsähnliche Dachgebilde** (Staatengemeinschaften) geschaffen, die mit eigenen Organen und Einrichtungen auftreten und mit eigener völkerrechtlicher Handlungsfähigkeit ausgestattet sind. Von einem **Bundesstaat** unterscheiden sich die Staatenverbindungen insbesondere dadurch, dass sie **keine eigene Staatlichkeit**, d. h. keine originäre Staatsgewalt aufweisen (s. Kap. III).

Je nachdem, ob diese Dachorganisationen in die Mitgliedstaaten hineindirigieren können oder nicht, unterscheidet man:

| **supranationale** (überstaatliche) Gemeinschaften, | oder | **internationale** (zwischenstaatliche) Gemeinschaften, |
|---|---|---|
|  | |  |
| bei denen die Mitgliedsstaaten auf **staatsrechtlicher** Grundlage Teile ihrer **Souveränität** an den überstaatlichen Hoheitsverband **abgegeben** haben, jedoch **ohne** dass dieser die Qualität eines neuen **Staates** (Bundesstaates) erhält. | | die auf **völkerrechtlicher** Grundlage organisiert und folglich nur in einem **eingeschränkten** Sinne **Völkerrechtssubjekte** sind. Zwischenstaatliche Gemeinschaften haben i. a. R. **keine** oder nur sehr begrenzte **Einwirkungsmöglichkeiten** auf die Mitgliedsstaaten. |
| **Beispiel:** Europäische Union (s. unten). | | **Beispiele:** UNO, NATO, Europarat (s. unten). |

**Oberstes Ziel** solcher Vereinbarungen muss es sein, auf der Basis von Stabilität und Sicherheit **dauerhafte Ordnungen** zu schaffen, in denen die Staaten **ohne Furcht** voreinander und im **friedlichen Wettbewerb** miteinander leben können. Grundlagen dafür sind **Gleichberechtigung** und **Selbstbestimmung** unter Achtung der **Menschenrechte** und **Grundfreiheiten**.

Besondere Bedeutung kommt der **Dialogbereitschaft** und dem Willen zur **Kooperation** nach Abbau des **Ost-West-Gefälles** zu. Gleiches gilt für das Verhältnis zwischen den **Industrienationen** und den Ländern der **Dritten Welt**.

## Konferenzen und Organisationen zur Regelung internationaler Beziehungen

Aus der schier unübersehbaren Vielzahl von Übereinkünften und Institutionen zur Regelung zwischenstaatlicher Beziehungen ragen besonders heraus:

### Genfer Abrüstungskonferenz

Die Genfer Abrüstungskonferenz (Conference on Disarmament – CD), zu der ursprünglich im Jahre 1960 die vier Großmächte zusammentraten, umfasst 65 Mitgliedsstaaten. Sie ist das einzige internationale und ständig tagende Verhandlungsgremium, das sich Verträge zum Ziel gesetzt hat, die der allgemeinen Abrüstung sowie der Teilabrüstung nach Waffensystemen oder Regionen dienen. Zu ihren bedeutendsten Erfolgen gehören:

▶ Der Vertrag über einen **teilweisen Atomteststopp** von 1963, der Versuche mit Atomwaffen im Weltraum, in der Atmosphäre und unter Wasser verbietet.

▶ Der **Atomwaffensperrvertrag** von 1968, der den 190 Unterzeichnern die Entwicklung und Verbreitung von **Kernwaffen** untersagt, und die Atommächte verpflichtet, die übrigen Staaten bei der **zivilen Nutzung** der Kernenergie zu unterstützen sowie eigenes Atomwaffenpotenzial **abzurüsten**. Der Vertrag ist die Basis der Internationalen Atomenergiebehörde (IAEA) mit Sitz in Wien. Der Vertrag wurde initiiert von den Atommächten Russland, USA, Frankreich, Großbritannien und der Volksrepublik China. Die Bundesrepublik Deutschland ist ebenfalls Mitglied, ohne selbst Atommacht zu sein. Von Indien, Israel, Nordkorea und Pakistan, die dem Vertrag nicht beigetreten sind, wird der Besitz von Atomwaffen vermutet, desgl. von Nordkorea, das 2003 seine Zustimmung zum Vertrag zurückzog. Ob Syrien Atomwaffen besitzt bzw. entwickelt, ist umstritten.

▶ Der **Meeresbodenvertrag** von 1971, der die **Stationierung** von Atomwaffen und anderen Massenvernichtungsmitteln außerhalb der jeweiligen Zwölfmeilenzone untersagt. Ein ähnliches Abkommen besteht seit 1959 für die Antarktis.

▶ Der Vertrag über das Verbot **biologischer** und **toxischer Waffen** von 1972 sowie die Konvention über ein weltweites Verbot **chemischer Waffen** von 1997. Das 1975 in Kraft getretene Übereinkommen zum Verbot der Entwicklung, Produktion und Lagerung hochgiftiger Waffen wurde nach dem Stand vom Juli 2013 von 189 Staaten unterzeichnet. Nicht beigetreten sind bisher Myanmar, Israel, Ägypten, Nordkorea, Angola und der Südsudan. Anders als bei der Konvention zum Verbot chemischer Waffen besteht für die bakteriologischen und hochgiftigen Stoffe bisher kein Kontrollsystem – was nicht zuletzt am Widerstand der US-Administration liegt, die das Protokoll mit der Begründung ablehnt, es schaffe nur Scheinsicherheit, gefährde andererseits aber die amerikanischen Sicherheitsinteressen sowie die geschäftlichen Interessen der betroffenen US-Industrie.

Ein weltweites **Verbot von Atomwaffen** steht indessen noch aus. Erfolglos sind bisher auch die Versuche geblieben, **Weltraumwaffen** zu verbieten. **Anti-Personen-Minen** (sog. Landminen) sind bislang zwar geächtet, aber ebenfalls nicht verboten. Zwar untersagt eine UN-Konvention den Einsatz **inhumaner konventioneller Waffen** gegen die Zivilbevölkerung, aber ein generelles Verbot des militärischen Einsatzes von Landminen steht noch aus, weil u. a. die USA sowie China, Russland, Indien, Pakistan und Israel der Übereinkunft noch nicht beigetreten sind. Auch dem von rd. 100 Partnerländern vereinbarten **Verbot** von **Streubomben** verweigern sich diese Staaten bisher.

*Staatengemeinschaften*

In **bilateralen Vereinbarungen** haben zudem die USA und Russland (bzw. zuvor die UdSSR) weitreichende Abrüstungsvereinbarungen über **strategische Atomwaffen** und atomare Trägersysteme getroffen (SALT I und II, START I und II). Den Vertrag über die **Raketenabwehrsysteme** (ABM) von 1972 haben die USA 2001 einseitig gekündigt. Bei den **konventionellen Waffensystemen** legt der **KSZE-Vertrag** von 1990 für die 30 Partnerstaaten **Obergrenzen** fest. Die Ratifizierung des **Ergänzungsvertrages** von 1999 ist vom russischen Präsidenten Putin wegen der US-Raketenpläne 2007 vorerst ausgesetzt worden.

### Organisation für Sicherheit und Zusammenarbeit in Europa (OSZE, zuvor KSZE)

Weit über die Zielsetzung bloßer Abrüstungs- oder Rüstungskontrollvereinbarungen hinaus griff die Schlussakte der „**Konferenz über Sicherheit und Zusammenarbeit in Europa**" **(KSZE)** von 1975 in Helsinki, durch die sich 35 Unterzeichnerstaaten aus Ost und West zu einem Bündel vertrauensbildender Maßnahmen bekannten: Achtung der souveränen Gleichheit der Partnerstaaten; Unverletzlichkeit der Grenzen; territoriale Integrität; Nichteinmischung in die inneren Angelegenheiten sowie Freizügigkeit für Menschen, Informationen, Ideen und Meinungen in ganz Europa.

Die **KSZE-Folgetreffen** von Belgrad, Madrid und Wien (1977–1989) endeten mit einer Vereinbarung über Menschenrechte und Grundfreiheiten, darunter auch die Ausreisefreiheit.

Der **entscheidende Durchbruch** wurde schließlich in Paris vollzogen: Am 21.11.1990 haben sich Europa und Nordamerika eine **neue Friedensordnung** gegeben und die Epoche des **Kalten Krieges** für beendet erklärt. Die 35 Unterzeichnerstaaten (die DDR war inzwischen nicht mehr existent) verabschiedeten zum Abschluss ihres Gipfeltreffens die „**Pariser Charta**", in der die **Grundrechte** des Menschen festgeschrieben wurden und die Vertragspartner feierlich gelobten, die **gegenseitige Souveränität** zu achten, **Streitigkeiten** nicht mehr gewaltsam auszutragen und gemeinsam eine auf **Freiheit** und **Demokratie** sowie die Gesetze der **freien Marktwirtschaft** gegründete Zukunft aufzubauen.

Mit der Charta wurde ein **Zusatzdokument** verabschiedet, das die künftigen **Institutionen** und Strukturen der **KSZE** festlegt und ihre Finanzierung regelt. Dazu gehören u. a.:

▶ Die **Folgekonferenzen** der **Staats- und Regierungschefs** im Turnus von zwei Jahren zur Bestandsaufnahme und Beratung weiterer Schritte;

▶ der **Rat** der **Außenminister** als zentrale Einrichtung für regelmäßige Konsultationen;

▶ ein **Büro** für **demokratische Institutionen und Menschenrechte** in Warschau, dem ein „**Hoher Kommissar der KSZE für nationale Minderheiten**" beigegeben ist;

▶ die **Parlamentarische Versammlung** (Abgeordnete aller Teilnehmerstaaten), die jährlich im Juli tagt und nach dem Mehrheitsprinzip Empfehlungen aussprechen kann;

▶ der **Generalsekretär** und der **KSZE-Ausschuss**, ein Fachleutegremium, mit Sitz in Wien;

▶ das **Konfliktverhütungszentrum** in Wien (zum Austausch militärischer Informationen);

▶ ein „**Forum für Sicherheitskooperation**", das sich im September 1992 in Wien konstituiert hat. Es ist für Verhandlungen über Rüstungskontrolle, Abrüstung und weitere vertrauensbildende Maßnahmen zwischen den Teilnehmerstaaten zuständig sowie

▶ ein **Gerichtshof** zur Schlichtung von Streitigkeiten zwischen den Partnern (seit 1992).

Durch die Folgekonferenz von Helsinki (Sommer 1992) wurde die KSZE zu einer **Einrichtung** der **UNO**. Unter ihrem Dach wird seither auch ein jährliches **Wirtschaftsforum** abgehalten, das die wirtschaftliche Kooperation in Europa fördern und den früheren sozialistischen Ländern den Übergang in die Marktwirtschaft erleichtern soll. Auf der Konferenz von **Budapest** (Dezember 1994) nannte sich die KSZE um in „**Organisation für Sicherheit und Zusammen-**

## Staatengemeinschaften

arbeit" (OSZE); seit dem Gipfel von Lissabon (1996) wird konkret an der „**Sicherheitsstruktur für das 21. Jahrhundert**" gearbeitet. Der OSZE gehören 55 Staaten Europas und Zentralasiens sowie Kanada und die USA an; die Mitgliedschaft Jugoslawiens (Serbien und Montenegro) war von 1992 an suspendiert. Nach dem Sturz Milosevics wurde die Wiederaufnahme von der OSZE offiziell angeboten und am 27.11.2000 vollzogen.

Im **Stabilitätspakt** von 1995 haben sich die Partner über die ehemaligen bündnispolitischen Blöcke hinweg zur **gewaltfreien** Austragung nachbarlicher **Konflikte** verpflichtet und so den Grundstein gelegt für eine dauerhafte Sicherheitsarchitektur des Kontinents, wobei Russland zunächst stärker auf die OSZE setzte, während die USA traditionell eher der NATO zuneigen. Seit 1995 entsendet die OSZE Langzeitmissionen in Krisengebiete (Bosnien, Kroatien, Kosovo, Georgien, Tschetschenien, Estland). Sie achtet dabei u. a. auf die Einhaltung von Abkommen zwischen den Parteien und beobachtet die Durchführung von Wahlen.

### Wichtige wirtschaftspolitische Übereinkünfte

Neben den auf eine globale Friedensordnung gerichteten Bemühungen gibt es eine Vielzahl **wirtschaftspolitischer** Übereinkünfte. Zu den wichtigsten gehören:

▶ die **Organisation für wirtschaftliche Zusammenarbeit und Entwicklung (OECD)**. Sie wurde 1961 unter der Bezeichnung OEEC als wirtschaftspolitische „Koordinationsspitze" der westlichen Industrienationen gegründet. Außer den Staaten Westeuropas und Nordamerikas gehören der OECD inzwischen Australien, Neuseeland, Japan, Korea, Mexiko, die Türkei sowie die ehemaligen Ostblockländer Polen, Slowakei, Ungarn und Tschechien (insgesamt 31 Mitglieder) an. Ihr Ziel ist die weltweite Zusammenarbeit in Fragen der Wirtschaftspolitik und der Entwicklungshilfe. Ein wichtiger Beitrag der OECD zur Bekämpfung illegaler Finanztransaktionen (Geldwäsche) ist z. B. ihre laufend aktualisierte „Schwarze Liste der Steuerparadiese";

▶ die 1995 geschaffene **Welthandelsorganisation WHO** (englisch: WTO). Sie löste das seit 1947 bestehende Allgemeine Zoll- und Handelsabkommen GATT (General Agreement of Tarrifs and Trade) ab. Der WHO gehören 153 Länder sowie die Euroäische Union an. Seit 2001 ist auch China Mitglied; Russland erfüllt nach offizieller Anerkennung des marktwirtschaftlichen Status durch die USA und die EU ebenfalls eine der wichtigsten Voraussetzungen für die Aufnahme. **Ziele** der WHO sind: **weltweiter Freihandel** durch Abbau von Handelsbeschränkungen und Diskriminierungen aller Art (vormalige GATT-Ziele) sowie Liberalisierung des Agrarmarkts und des Dienstleistungshandels, einschließlich des Schutzes geistigen Eigentums (zusätzliche WHO-Ziele). **Anspruch** und **Realität** klaffen jedoch immer noch auseinander. Während die Entwicklungsländer unter Führung der Schwellenländer Indien, China und Brasilien nachdrücklich auch für sich die Regeln des freien Marktes einfordern, drosseln die Wohlstandsstaaten den Zugang in ihren Märkten seit jeher durch Subventionen, Zölle und Quoten.

Die Drittweltländer, die zumeist nur geringe Exportchancen haben, sehen darin das größte Hindernis für die Bekämpfung von Hunger und Armut. Die reichen Länder fordern dagegen den Fortfall von Zöllen für ihre Industrieprodukte und weisen auf die Notwendigkeit des Schutzes ihrer – zumeist klimatisch benachteiligten – Landwirtschaft hin. Diese Widersprüche, die mehrfach zum Scheitern von WTO-Konferenzen geführt haben, sind im Rahmen der sog. **Doha-Runde** vermindert worden, so dass die Entwicklungsländer, z. B. beim Zucker, seit 2008 überwiegend zoll- und quotenfreien Zugang zu den Märkten der Industriestaaten haben, womit zugleich aber auch Exportbeihilfen für ihre eigenen industriellen Erzeugnisse entfallen sind.

▶ die **Organisation Erdöl exportierender Länder** (OPEC). Sie wurde 1960 durch die Erdöl-Förderländer Irak, Iran, Kuwait, Saudi-Arabien und Venezuela gegründet und um-

*Staatengemeinschaften*

fast 11 Mitglieder (hinzugetreten sind Algerien, Indonesien, Katar, Libyen, Nigeria und die Arabischen Emirate). Die Organisation ist im Grunde ein Preiskartell;

▶ die **Nordamerikanische Freihandelszone** (North American Free Trade Agreement, **NAFTA**). Ihre Mitgliedsländer USA, Kanada und Mexiko haben vereinbart, innerhalb eines Zeitraums von 15 Jahren eine zollfreie Zone für gewerbliche Güter, Dienstleistungen und Kapital nach dem Muster der EG zu schaffen. Anders als im EG-Raum wird ein freier Personenverkehr nicht angestrebt. Die NAFTA ist neben dem „Europäischen Wirtschaftsraum" (EWR), dem zoll- und handelspolitischen Zusammenschluss von EG und EFTA, die zweite große wirtschaftspolitische Vereinigung unserer Zeit (s. S. 492). Sie ist zeitgleich mit dem EWR am 1.1.1994 in Kraft getreten und soll in ganz Amerika die Handelsschranken beseitigen. Parallel dazu sollen Freiheit und Demokratie zu festen Standards für die Teilnehmerstaaten werden. Für die EU wird der Zusammenschluss nicht ohne Folgen bleiben, denn schon mit den drei Gründungsmitgliedern ging der Marktanteil der Europäer um die Hälfte zurück;

▶ das **Asiatisch-Pazifische Wirtschaftsforum** (Asia Pacific Economic Cooperation – APEC). In der APEC haben sich 1989 die Anrainerstaaten des Pazifik zwecks Förderung von Freihandel und Wirtschaftswachstum zusammengeschlossen.
Gründungsmitglieder waren die sechs ASEAN-Staaten Thailand, Malaysia, Singapur, Indonesien, Brunei und die Philippinen sowie die USA, Kanada, Japan, Südkorea, Australien und Neuseeland. Später kamen China, Taiwan, Hongkong, Mexiko und Papua-Neuguinea sowie 1994 auch Chile hinzu. Die APEC, die bereits heute 40 Prozent der Weltbevölkerung und die Hälfte des Welt-Bruttosozialprodukts repräsentiert, versteht sich nicht als Wirtschaftsblock, sondern als Vorstufe einer Freihandelszone, die bis zum Jahre 2020 erreicht werden soll;

▶ das auf der UN-Konferenz Umwelt und Entwicklung (UNCED) in **Rio de Janeiro** 1992 als gemeinsames politisches Leitbild beschlossene **Aktionsprogramm für das 21. Jahrhundert** (daher: Agenda 21), das im Zuge einer **nachhaltigen** (d. h. zukunftsfähigen) **Entwicklung** weltweit für Erhaltung der natürlichen Lebensgrundlagen, wirtschaftlichen Wohlstand und soziale Gerechtigkeit sorgen soll. Die Idee der „nachhaltigen Entwicklung" verknüpft die globalen Umweltfragen mit den Armuts- und Entwicklungsproblemen und zielt auf umfassende Lösungen. Dem ursprünglich von 178 Ländern sowie der EU unterzeichneten Programm hatten sich bis zum **Weltgipfel in Johannesburg** 191 Staaten angeschlossen;

▶ die auf dieser Basis entwickelte **Klima-Rahmenkonvention** (KRK), der inzwischen 189 Staaten angehören. Sie verpflichtet die Unterzeichner zu nachhaltigem Schutz von Natur und **Umwelt** durch **verantwortliches** Handeln **aller.** Die Vereinbarung, die auf eine deutsche Initiative zurückgeht, zielt darauf ab, **Treibhausgaskonzentrationen** in der Atmosphäre zu reduzieren und so der durch das „Ozonloch" bewirkten **globalen Erwärmung** entgegenzuwirken. Konkrete Reduktionsziele gibt sie nicht vor. Ihr gehören auch die USA an.**Verbindliche Zahlenwerte** nennt hingegen das Protokoll der **Konferenz von Kyoto** vom Dezember 1997, auf das sich bisher 191 Staaten verständigt haben. Die Unterzeichner, darunter auch das später wieder ausgetretene Kanada sowie China und Russland, nicht aber die USA, verpflichten sich, den Treibhausgasausstoß weltweit auf der Basis des Kyoto-Protokolls bis 2020 um 5,2 Prozent zu reduzieren;

▶ die nach Auflösung der Organisation Afrikanischer Staaten (OAU) am 9.7.2002 gegründete **Afrikanische Union** (AU). Ihre 53 Mitglieder haben sich auf gemeinsame wirtschaftliche und politische Grundzüge verständigt und streben die Einrichtung eines einheitlichen Wirtschaftsraum mit gemeinsamer Währung nach EU-Muster sowie die Gewährleistung von Frieden und Sicherheit nach dem Vorbild des UN-Sicherheitsrats an.
Erste gemeinsame Einrichtungen sollen ein Parlament, eine Zentralbank und ein Gerichtshof sein. Das noch von der OAU im Juli 2001 ins Leben gerufene Aktionsprogramm

„**Neue Partnerschaft für Afrikas Entwicklung**" (Nepad), mit dem ein Instrument „gegen Armut und Marginalisierung auf dem Kontinent" geschaffen werden soll, wird auch von der Nachfolgeorganisation AU weiter verfolgt und von den führenden Industrienationen unterstützt. Allerdings wird diese Förderung durch die G8-Staaten vom Aufbau dauerhafter rechtsstaatlich-demokratischer Strukturen abhängig gemacht.

## G 8 und G 20 – Instrumente globaler Zielbestimmung

Auf dem sog. **G8-Gipfel** treffen sich seit Mitte der siebziger Jahre alljährlich die Staats- und Regierungschefs der **acht führenden Industrienationen** der Welt (Deutschland, Frankreich, Großbritannien, Italien, Japan, Kanada, die USA und – seit 1998 – Russland) unter wechselnder Präsidentschaft, um in Zeiten zunehmender **Globalisierung** ein **abgestimmtes Vorgehen** in politischen Kernfragen zu erreichen. An den **finanzpolitischen** Parallelgesprächen, dem sog. **G7-Gipfel**, ist Russland nicht beteiligt, strebt jedoch eine Mitgliedschaft an.

Im Mittelpunkt der Treffen stehen Fragen der **wirtschaftlichen Kooperation**, daneben **Sonderthemen** wie Klima, Ernährung, Wasser, Gesundheit, Waffen- und Drogenhandel. Sie enden zumeist mit bloßen Absichtserklärungen. Gleichwohl haben die Konferenzen im Laufe der Zeit auch **Bindungswirkung** im Sinne einer **Selbstverpflichtung** entwickelt.

In jüngster Zeit sind, verstärkt durch die Weltwirtschaftskrise, die **Schwellenländer** China, Brasilien, Indien, Südafrika und Mexiko (G 5) einbezogen worden, dann auch Indonesien, Australien, Saudi-Arabien, Südkorea, Argentinien und die Türkei sowie die EU. Alle zusammen bilden die **G 20-Staaten**, was die Abstimmung nicht einfacher macht. Denn Beschlüsse können nur **einstimmig** gefasst werden. Dennoch ist zu erwarten, dass der G 20-Gipfel die G 8-Runde ablösen oder auf einige Kernbereiche beschränken wird.

Deutschland war zuletzt 2007 in **Heiligendamm** Gastgeber der G 8-Konferenz. Zu den Ergebnissen gehörte die Verständigung, bis 2050 eine **Halbierung** der **Treibhausgase** „ernsthaft in Betracht zu ziehen" (s. oben). Der Gipfel vom Sommer 2009 im italienischen **L´Aquila**, zu dem sich zunächst die G 8-Staaten, dann auch die übrigen 12 Mitglieder sowie zahlreiche Gastländer trafen, hat gezeigt, dass die Schwerpunkte sich verlagert haben. Hatte sich die ursprüngliche Gruppe der Sieben noch als westliche Wertegemeinschaft unter den Vorzeichen von Freiheit und Demokratie verstanden, stehen nun harte weltwirtschaftliche Zielsetzungen zur Debatte. Das Schlussdokument sprach daher auch nicht mehr von Menschenrechten und Demokratie, sondern von globalen Überlebensfragen wie Klima, Wasser und Ernährung. Zum **Klimaschutz** verständigte man sich auf die unverbindliche Zielformulierung, dass die **Erderwärmung** nicht mehr als **zwei Grad Celsius** gegenüber dem vorindustriellen Zeitalter anwachsen soll. Konkrete Festlegungen über Reduktionsziele, Zeitmaßstab, Finanzierung und Kontrollen waren jedoch nicht zu erreichen. Daher richteten sich alle Hoffnungen auf das **Gipfeltreffen** von **Kopenhagen** im Dez. 2009, das jedoch gleichfalls an nationalen Egoismen scheiterte. Auch hier zeigte sich, dass kurzfristige Wirtschaftsinteressen den Staaten dieser Welt näher liegen als die Sorge um das Wohl der Menschheit.

Als **Gegenkraft** zu den G8-Gipfeln hat sich seit 2001 unter dem Slogan „Eine andere Welt ist möglich" das „**Weltsozialforum**" formiert. Es kam zuletzt 2007 in Nairobi zusammen. Das Forum versteht sich als Bündelung des **nichtstaatlichen** und **nichtkommerziellen** Sektors und will, getragen von moralischem Rigorismus, ähnlich wie das internationale Netzwerk **Attac,** die **Globalisierungsfolgen** korrigieren.

Seit Juli 2013 werden Verhandlungen zwischen der EU und den USA über ein **Transatlantisches Freihandelsabkommen** geführt. Ziel der Partner ist es, einen Ausgleich zum wirtschaftlich aufstrebenden asiatischen Raum zu schaffen und das gegenwärtig niedrige Wachstum ihrer Binnenmärkte zu beleben. Im weiteren Sinne werden auch Kanada, Mexiko und einige nicht zur EU gehörende europäische Staaten einbezogen.

*Staatengemeinschaften*

# Die europäischen Zusammenschlüsse

Die europäische Einigungsbewegung hat ihren Ausgangspunkt in der leidvollen Erfahrung zweier Weltkriege. Daraus erwuchs die Erkenntnis, dass der Frieden in Europa nur durch eine endgültige Aussöhnung der europäischen Völker gesichert werden kann. Bereits in der Zeit nach dem **Ersten Weltkrieg** hatten sich namhafte Verfechter dieser Idee gefunden. Eine führende Rolle spielten dabei die um Normalisierung des deutsch-französischen Verhältnisses ringenden Politiker **Stresemann** und **Briand**.

Nach dem **Zweiten Weltkrieg** war zur Gewissheit geworden, dass eine dauerhafte Friedensordnung nur erreicht werden konnte, wenn es gelang, in einem **staatenübergreifenden Zusammenschluss** den **Nationalismus** und die **Rivalitäten** („Erbfeindschaften") der Nationen zu **überwinden**, das besiegte Deutschland in diese Gemeinschaft einzugliedern und alle Kräfte zu bündeln, um die schweren **wirtschaftlichen Schäden**, die der Krieg hinterlassen hatte, zu **beseitigen**.

Zudem steigerte der aufkommende Ost-West-Gegensatz das **Sicherheitsbedürfnis** der Westeuropäer und ihren Willen, dem Hegemonieanspruch der Sowjetunion vereint gegenüberzutreten. Spätestens in dieser Zeit des „Kalten Krieges" wurde klar, dass zunächst nur eine **westeuropäische** Integration zu erreichen sein würde. Als Startsignal der Integrationspolitik gilt allgemein der **1. Haager Kongress** vom 8. bis 10. Mai 1948, auf dem sich die dort versammelten prominenten Europäer in Form einer gemeinsamen Resolution an die Völker Europas wandten. Sie forderten u. a.: „Wir wollen ein geeintes, in seiner ganzen Ausdehnung dem freien Verkehr von Menschen, Ideen und Gütern offen stehendes Europa". Dieses Europa war zunächst eine bloße Hoffnung. Nicht nur, dass der europäische Osten vor der Tür bleiben musste, auch der Weg zur Integration der westeuropäischen Staaten erwies sich als überaus schwierig. Um Rückschläge zu vermeiden oder zumindest in Grenzen zu halten, wurde der Einigungsprozess von Beginn an auf mehreren Wegen parallel vorangetrieben. Dabei sind unterschiedliche Formen der Zusammenarbeit entstanden:

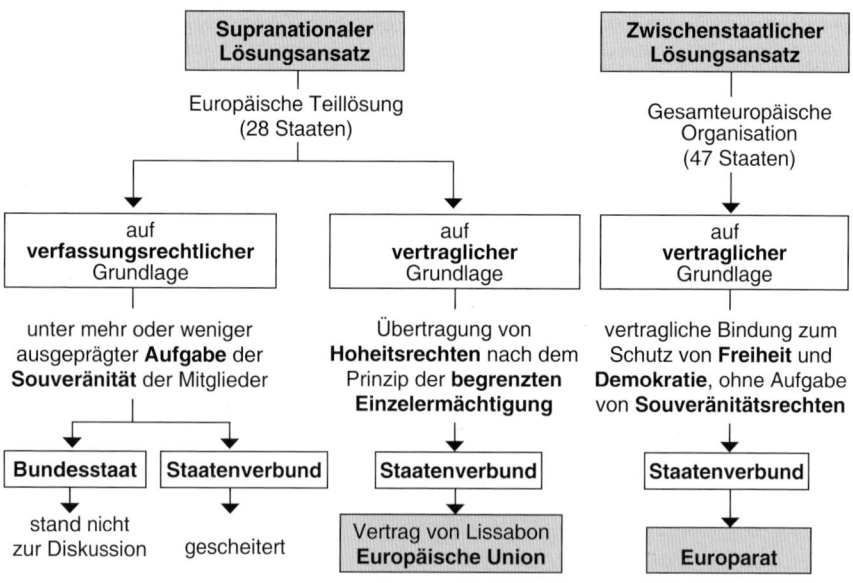

416

## Europäische Gemeinschaft/Europäische Union

Die Europäische Union (EU) blickt auf eine mehr als sechzigjährige Geschichte zurück. Aus einem Nachkriegs-Zweckverband hat sie sich in dieser Zeit zu einem weltpolitischen Stabilitätsfaktor ersten Ranges entwickelt. Ihr gehören inzwischen 28 Mitgliedstaaten an. Mit ihren 506 Millionen Einwohnern bildet sie den Europäischen Binnenmarkt. Gemessen am Bruttoinlandsprodukt, ist sie der größte gemeinsame Markt der Welt. Seit dem Vertrag von Lissabon besitzt sie eine eigene Rechtspersönlichkeit und verfügt über ein Rederecht bei den Vereinten Nationen.

Die rechtlichen Grundlagen der EU (ursprünglich: Europäische Gemeinschaft) beruhen auf zwei Grundverträgen, dem Vertrag über die Europäische Union (EU-Vertrag) und dem Vertrag über die Arbeitsweise der Europäischen Union (AEU-Vertrag). Ihrem staatsrechtlichen Kern nach ist sie ein Staatenverbund mit sowohl supranationalen (überstaatlichen) als auch intergouvernementalen (zwischenstaatlichen) Elementen.

Innerhalb der EU bilden **18 Staaten** die **Europäische Wirtschafts- und Währungsunion**, seit 1. Januar 2002 mit einer **gemeinsamen Währung**, dem **Euro**. Auch in der **Innen- und Justizpolitik** arbeiten die Mitglieder zusammen. Die **Gemeinsame Außen- und Sicherheitspolitik** soll zudem ein geschlossenes Auftreten gegenüber Drittstaaten gewährleisten. Für ihren Beitrag zum Frieden wurde 2012 der EU der **Friedensnobelpreis** zuerkannt.

## Organisatorischer Kern

Am Anfang der EG standen **drei** ursprünglich eigenständig begründete, inzwischen miteinander verschmolzene **Gemeinschaften** (daher wird im Sprachgebrauch häufig auch die Mehrzahl verwandt). Sie bilden den organisatorischen **Kern** des **Vereinten Europa**. In ihren **Gründungsverträgen** ist die **rechtliche Basis** der Gemeinschaft normiert:

### Die Gemeinschaft für Kohle und Stahl (EGKS)

Auf Initiative des damaligen französischen Außenministers **Robert Schumann** schlossen sich am 18.4.1951 die **Bundesrepublik Deutschland, Frankreich, Italien, Belgien, die Niederlande** und **Luxemburg** zur EGKS zusammen und begründeten damit die sog. **Sechsergemeinschaft**. Sie war die erste Gemeinschaft, der die Mitglieder Souveränitätsrechte übertrugen. Ihr Zweck war es, für **Kohle, Eisen** und **Stahl** einen **gemeinsamen Markt** zu schaffen (daher auch Montanunion genannt). Die EGKS war auf 50 Jahre geschlossen und wurde 2001 durch den Vertrag von Nizza in das allgemeine Vertragsrecht überführt.

### Die Wirtschaftsgemeinschaft (EWG)

Am 25.3.1957 gründeten die 6 Montanunion-Länder im Rahmen der sog. **Römischen Verträge** die **Europäische Wirtschaftsgemeinschaft** (EWG-, später EG-Vertrag). Ihre Ziele sind:

▶ **Zollunion**
   Innerhalb der EG sind die Binnenzölle schrittweise abgebaut worden. Für den Außenhandel mit Drittländern wurde ein gemeinsamer Zolltarif eingeführt.

▶ **Gemeinsamer Markt**
   Mit dem gemeinsamen Markt strebt die Gemeinschaft den freien Verkehr von Personen, Waren, Dienstleistungen und Kapital an („Vier Freiheiten", vgl. S. 491). Zu ihren ehrgeizigsten Zielen gehörten von Beginn an die **Wirtschafts- und Währungsunion** (s. S. 493) sowie die Harmonisierung der **Steuer-** und **Sozialgesetzgebung**.

▶ **Gemeinsamer Agrarmarkt**
   Die gemeinsame Agrarpolitik soll u. a. dazu beitragen, die Produktivität der Landwirtschaft zu steigern, die Märkte zu stabilisieren und die Versorgung sicherzustellen.

> Die **Atomgemeinschaft (Euratom)**

Sie wurde zugleich mit der EWG in Rom gegründet. Ihr Ziel ist die gemeinsame wissenschaftliche, technische und wirtschaftliche **Kernenergie-Nutzung zu friedlichen Zwecken**.

> Die **Fusion** der Gemeinschaften

Bereits mit den Römischen Verträgen einigten sich die Partner auf das **Parlament** und den **Gerichtshof** als **gemeinsame Organe**, 1965 ergänzt durch den **Rat** und die **Kommission**. Damit war die Verschmelzung abgeschlossen. Die beiden verbliebenen (rechtlich nicht aufgekündigten) Einzelgemeinschaften EWG und Euratom handeln seither ausschließlich durch die Gemeinschaft.

## Der Prozess fortschreitender Integration

Der Intergrationsprozess vollzieht sich auf zwei ineinander greifenden Ebenen: der räumlich-geografischen **Erweiterung** und der politisch-inhaltlichen **Verdichtung**.

### Die räumlich-geografische Ausweitung der Gemeinschaft

Von Beginn an verstand sich die EG nicht nur als **Wirtschaftsgemeinschaft**, sondern als **Friedens- und Demokratieraum**, der jedem demokratischen Staat in Europa offen steht:

> **Nord- und Süderweiterung**

Der ursprünglichen **Sechsergemeinschaft** traten 1973 Großbritannien (nach zwei vergeblichen Anläufen), **Irland** und **Dänemark** bei. Mit dem Beitritt **Griechenlands** (1981) sowie **Spaniens** und **Portugals** (1986) wurde die EG zur Zwölfergemeinschaft.

Die **EU-Flagge** mit ihren im Kreis angeordneten 12 Sternen symbolisiert nicht diese 12 Staaten, sondern die Einheit und Geschlossenheit. Die Zahl der Sterne bleibt folglich konstant.

Am 1.1.1995 schließlich schlossen sich **Schweden**, **Finnland** und **Österreich** der Gemeinschaft an, die damit auf zunächst **15 Mitgliedsländer** mit insgesamt rd. 375 Millionen Einwohnern anwuchs (zum Vergleich: USA 266 Millionen).

> **Neue Aufgaben in Mittel- und Osteuropa**

Der Prozess der fortschreitenden Integration war damit aber nicht abgeschlossen. Neben der **Türkei** strebten **Malta** und **Zypern** bereits seit den achtziger Jahren die Aufnahme an, und nach dem Zusammenbruch des Sowjetimperiums bewarben sich **zehn ehemalige Ostblockländer** um die Mitgliedschaft. Um so dringlicher stellte sich damit die Frage nach der **Balance** zwischen inhaltlicher **Vertiefung** und räumlicher **Erweiterung**.

Der umfassende Wandel in Mittel- und Osteuropa eröffnete der Gemeinschaft völlig neue Perspektiven. Allein mit dem **Tag der Deutschen Einheit** wuchs die EU um 16 Millionen Deutsche an. Die Aufnahme der DDR-Bürger war ein Signal des Vertrauens in ihre Demokratiefähigkeit. Dieser wichtige Schritt zur Einigung Europas war ohne das sonst übliche langwierige Aufnahmeverfahren möglich, denn die EG hatte im Hinblick auf das Wiedervereinigungsgebot des Grundgesetzes die Deutschen in der DDR von Anfang an als potenzielle Gemeinschaftsbürger betrachtet und ihre voraussetzungslose Integration angestrebt. Das EG-Recht wurde vom Vereinigungstage an im Beitrittsgebiet geltendes Recht. Einigen Problembereichen (Landwirtschaft, Umwelt) wurden Übergangsfristen bis 1995 eingeräumt.

Im Dezember 2002 wurden dann acht ehemalige Ostblockstaaten – **Estland, Lettland, Litauen, Polen, Tschechien, Slowakei, Ungarn und Slowenien** – sowie **Malta** und **Zypern** aufgenommen.

Im Falle **Zyperns,** das seit dem Putsch von 1974 und der 1983 erfolgten Ausrufung einer (international nicht anerkannten) „Türkischen Republik" im Norden der Insel zwischen der griechischen und der türkischen Volksgruppe aufgeteilt ist, wird seit Jahren vergeblich versucht, eine bundesstaatliche Lösung zu finden. Ein Referendum zur Wiedervereinigung scheiterte am Veto der Inselgriechen. Die Beilegung des Konflikts war jedoch nicht zur Vorbedingung für die Aufnahme des „offiziellen" Inselstaates gemacht worden, so dass faktisch nur der griechischsprachige Teil der Insel EU-Mitglied wurde. Ihm verweigert die Türkei bisher die Anerkennung, was die Beitrittsverhandlungen zusätzlich erschwert (s. unten).

Mit der Zurückstellung der Zypernfrage war der Weg frei für die **Aufnahme** aller zehn Kandidaten dieser Runde zur 25er-Union (EU-25). Am 1.1.2007 folgten **Bulgarien** und **Rumänien,** was vielfach als verfrüht angesehen wurde. Am 1. Juli 2013 wurde **Kroatien** der 28. Mitgliedsstaat.

Die Erweiterung ist damit nicht abgeschlossen. Kandidatenländer sind Mazedonien, Montenegro, Serbien und die Türkei. Mögliche weitere Beitrittskandidaten sind Albanien, Bosnien-Herzegowina und das Kosovo. Islands Regierung hat wegen der Fischereipolitik der EU die Beitrittsverhandlungen im Februar 2014 ausgesetzt. Die endgültige Entscheidung hierüber soll in einem Referendum fallen.

### Sonderfall Türkei

Seit 1987 bemüht sich die Türkei um Aufnahme in die Gemeinschaft. Ihr Antrag war aber stets unter Hinweis auf Menschenrechtsverletzungen und die Kurdenfrage zurückgestellt worden – ungeachtet ihrer Mitgliedschaft in OSZE, Europarat und NATO sowie der zwischenzeitlich beschlossenen „Beitrittspartnerschaft", einer Art Angleichungsprogramm. Erst mit den Reformen des Jahres 2002 (Sprachfreiheit für die Kurden, Meinungsfreiheit, Abschaffung der Todesstrafe, außer im Kriegsfall) wurden weitere wichtige Hürden beseitigt. Dennoch wurde der Türkei zunächst nur eine erneute Prüfung zugesagt. Diese führte dann 2005 mit Zustimmung aller 25 damaligen Mitglieder zur Aufnahme **formeller Beitrittsverhandlungen** mit dem **Ziel** einer **Vollmitgliedschaft.** Umstritten ist seither, ob es politisch klug war, die Verhandlungen offiziell aufzunehmen, bevor nicht zumindest die Zypern-Frage abschließend geklärt ist.

Der Kern der Debatte aber reicht tiefer. Stärker als je zuvor wird im Beitrittsfall Türkei der **wirtschaftliche** Befund beiderseitig durch Geschichte, Religion und Kultur, Befindlichkeiten und Wertvorstellungen überlagert. Die mit Aufnahme der Beitrittsgespräche eher noch verschärfte Diskussion wird vielfach von **Emotionen** und irrationalen **Ängsten** geprägt, vor allem auch von der Sorge, der Terror könne auf Europa überspringen. Viele fürchten zudem um den Erhalt der EU als einer primär christlich geprägten Wertegemeinschaft – ähnlich wie sich viele Türken sorgen um den Ausverkauf islamischer Werte. Wie tief die Gräben sind, haben u. a. die Begleitumstände der Brandkatastrophe in Ludwigshafen im Februar 2008 deutlich werden lassen.

Parallel zu alledem wächst die **Besorgnis,** die Türkei mit ihrer zu 99 Prozent muslimischen Einwohnerschaft lasse sich in ihrer Politik immer stärker von **islamistischen, nationalistischen** und **antieuropäischen** Vorstellungen leiten. Die aus den Wahlen 2011 gestärkt hervorgegangene islamisch-konservative „Gerechtigkeits- und Entwicklungspartei" des Ministerpräsidenten Erdogan (AKP) hält zwar einstweilen an der Beitrittsabsicht fest, doch spielen die streng säkularen Eliten in Militär, Justiz und Verwaltung, die sich in der Erbfolge des Staatsgründers Kemal Pascha sehen und dem EU-Anschluss mit Vorbehalten begegnen, unverändert eine bedeutsame Rolle.

## Türkei und Europa – Herausforderung oder Sackgasse?

**Für** eine **Vollmitgliedschaft** der Türkei werden ins Feld geführt:
- Die Türkei hat seit vielen Jahren eine anhaltende **wirtschaftliche Dynamik** entwickelt. Ihr Wachstum von zehn Prozent p. a. liegt deutlich über dem aller EU-Länder. Ihr Beitritt würde die **Wettbewerbsfähigkeit** der EU auf dem Weltmarkt erheblich steigern.
- Die **Rechtsstaats-** und **Demokratiedefizite** werden im Westen überbewertet. Gerade hier wurden Fortschritte erzielt (Frauen- und Minderheitenrechte). Dieser Prozess wird durch die Beitrittsgespräche noch gefördert. Wenn sich die EU als Wertegemeinschaft und nicht als abendländischer Club versteht, kann sie dies nicht ignorieren.
- Die islamische Welt mit ihren 1,3 Milliarden Menschen hat sich aufgrund der Politik der Bush-Regierung weithin vom Westen abgewandt. Für ihre Rückgewinnung käme dem Türkei-Beitritt eine hohe **Signalwirkung** zu (Erdogan: „Globalisierung des Friedens").
- Die Türkei ist seit fünfzig Jahren ein höchst willkommenes **NATO-Mitglied**, und niemand im Westen hat ihr kulturelle Unvereinbarkeit entgegen gehalten, obwohl doch gerade die NATO sich als **Wertegemeinschaft** versteht. Die **geografische** Lage ist ein rein formales Argument. Entscheidend sind allein Mitgliedsbefähigung und -reife.
- Bedeutsam sind auch **geostrategische** Überlegungen: In Nahost kann die EU nur mit der Türkei, nicht aber gegen sie ein gewichtiges Wort mitsprechen. Wenn sich die Türken vom Westen ab- und ihren Nachbarn zuwenden, sind die Folgen unübersehbar.

**Dagegen** wird eingewandt:
- Der Türkei-Beitritt würde die EU institutionell, wirtschaftlich und auch kulturell überfordern. Allein die **Strukturprobleme** wären eine Last, die jedes bisherige Maß sprengt. Die Türkei ist zu arm, zu groß und zu weit entfernt. Der **Schwerpunkt** der Union würde sich an den Rand verlagern; die Türkei wäre alsbald bevölkerungsstärkstes EU-Land.
- Die Türkei gehört als islamisches Land nicht zum abendländischen Kulturkreis und teilt dessen **Identitätsbewusstsein** nicht. Nur drei Prozent ihres Territoriums liegen in Europa. Ihr Beitritt würde die EU unvermeidbar in den Nahost-Konflikt einbeziehen.
- Zudem wird die Wirkung eines „Modells Türkei" auf die Nachbarn vielfach überschätzt. In der arabischen Welt ist die Türkei ihres Laizismus und ihrer Geschichte wegen nicht sonderlich beliebt. Ihr EU-Beitritt würde die bestehenden Gräben eher noch vertiefen.
- Schon jetzt bereitet die **Integration** zugewanderter Türken der EU große Schwierigkeiten. Gleiches gilt für die Situation auf dem **Arbeitsmarkt.** Wenn sich für Menschen, Waren und Dienstleistungen die Grenzen öffnen, werden diese Probleme weiter steigen. Der EU-Beitritt der Türkei bedeutet daher eher **Schwächung,** denn Stärkung.
- **Idee, Identifikation** und **Selbstverständnis** der EU würden Schaden nehmen. Der Türkei-Beitritt wäre das Ende der Vision von einem **politischen Europa** (Stoiber); die Gemeinschaft würde auf ihre Anfänge als **bloße Freihandelszone** zurückgeworfen.
- Der Erweiterungsprozess darf nicht uferlos fortgesetzt werden. Nach der Aufnahme Bulgariens, Rumäniens und Kroatiens sind zunächst einmal auf der Grundlage des Lissabon-Vertrages **Konsolidierung** und **Vertiefung** erforderlich.

## Chancen und Risiken der Erweiterung

Durch die Beitritte der Jahre 2002, 2007 und 2013 (s. oben) ist die EU um mehr als ein **Drittel** an **Bevölkerung** und **Fläche** gewachsen. Das bedeutet **Chancen** und **Risiken** zugleich: Zuvörderst garantiert die Union **Frieden** und **Sicherheit** als Grundvoraussetzungen für ein gedeihliches Zusammenleben und wirtschaftliches Wachstum in einer Weltregion, in der sich noch vor wenigen Jahren zwei hochgerüstete Machtblöcke feindlich gegenüberstanden. Mit dem Beitritt der ehemaligen Ostblockländer ist die **Spaltung Europas** endgültig überwunden worden – ein Fortschritt, der noch vor kurzem diesseits und jenseits von Mauer und Stacheldraht nicht für möglich gehalten wurde. „Mehr als je zuvor wird die Gemeinschaft (durch die Erweiterung) in die Lage versetzt, Frieden und Freiheit, Sicherheit und politische Stabilität sowie wirtschaftlichen Wohlstand dauerhaft zu garantieren und die Interessen Europas in einer globalisierten Welt angemessen zu vertreten", heißt es in einer Erklärung der Bundesregierung zum Beitrittstermin.

Mit der Erweiterung auf 28 Mitglieder ist ein riesiger **neuer Binnenmarkt** entstanden, der eine **halbe Milliarde Menschen** umfasst. Damit bieten sich der stark exportabhängigen deutschen Wirtschaft mit ihren hochwertigen Produkten auch neue Möglichkeiten. Rund 75 Prozent des deutschen Exports (Fahrzeuge, Maschinen, Chemieprodukte) gehen in die EU. Schon jetzt setzt Deutschland in den Beitrittsländern mehr Waren um als in Kanada und den USA zusammen. Und je mehr sich Wohlstand und Stabilität in diesen Ländern entwickeln, um so geringer wird der Druck auf den deutschen Arbeitsmarkt. Wie in den Gründerjahren der EG wird auch bei diesem Prozess wirtschaftliche Kooperation der Wegbereiter sein für eine fortschreitende Integration der Partner.

Aber der **Einkommenszuwachs** der Gemeinschaft betrug nicht einmal **zehn Prozent,** und es wurden Länder aufgenommen, die wenig mehr als ein Drittel des Bruttoinlandsprodukts des EU-Durchschnitts aufweisen. Die Löhne betragen teilweise nur ein Zehntel des deutschen Niveaus, andererseits werden Produkte aus diesen Ländern zmeist bereits zum West-Standard angeboten. Zur Realität in Europa gehören folglich nicht nur die Wachstumsmeldungen, sondern auch die Probleme eines enormen **Wirtschaftsgefälles.** Es wundert daher nicht, dass in den „alten" Mitgliedsländern die Angst vor einem „Wettbewerb nach unten", d.h. vor **Lohn- und Preisdumping, Arbeitsplatz-** und **Sozialabbau** um sich greift.

In Deutschland wurden die Maßnahmen zum Schutz vor negativen Folgen der Erweiterung weithin als unzureichend empfunden. Besonders kritisiert wurde, dass die im Verhandlungswege erreichte Hinauszögerung der **freien Arbeitsplatzwahl** um bis zu sieben Jahren faktisch ins Leere lief, weil parallel dazu die Freiheit, **Dienstleistungen** zu eigenen Arbeitsbedingungen anzubieten, uneingeschränkt gewährleistet wurde. Im Ergebnis haben dadurch ganze Branchen (Baugewerbe, Fleischveredelung, Pflegedienst) durch Billiganbieter aus den neuen Mitgliedsländern zunächst starke Einbußen erlitten. Spürbar negativ hat sich zudem die **Verlagerung** von **Arbeitsplätzen** – vor allem im Automobilbau- und Textilsektor – in Niedriglohnländer ausgewirkt, auch wenn hier die Abwanderung weniger eine Folge der Erweiterung, als vielmehr der Globalisierung ist, die auch ohne EU gekommen wäre.

Seit 1.1.2014 gilt auch für **Rumänien** und **Bulgarien** die uneingeschränkte Arbeitnehmer-Freizügigkeit im EU-Raum. Die Besorgnis, dass von diesem Zeitpunkt an eine Welle von Arbeitsuchenden das Land überschwemmen könnte, gilt weithin als unbegründet. Ähnliche Befürchtungen sind vor Jahren auch mit der Öffnung Tschechiens und Polens laut geworden, ohne dass sie dann tatsächlich eintraten.

## Die politisch-inhaltliche Verdichtung der Gemeinschaft

Zu den Zielen der Gemeinschaft gehörte von Anfang an eine **politisch-inhaltliche Verdichtung,** auch wenn diese mit sehr verschiedenartigen Vorstellungen verbunden war. Von Beginn an war aber auch erkennbar, dass die Bereitschaft der Mitgliedsländer, **Souveränitätsrechte** an die Gemeinschaft abzutreten, höchst unterschiedlich ausgeprägt war.

Den Ausgangspunkt des Europagedankens bildeten die bitteren Erfahrungen zweier Weltkriege und die Bedrohungslage in Zeiten des Kalten Krieges nach 1945. Die auf diesem Boden entstandene Idee einer **Europäischen Verteidigungsgemeinschaft** (EVG) scheiterte jedoch ebenso wie der Versuch, eine **Europäische Politische Gemeinschaft** (politische Union) ins Leben zu rufen. So blieb es in der Frühphase zunächst bei dem für die Verteidigungspolitik bedeutsamen Zusammenschluss zur Europäischen Gemeinschaft für Kohle und Stahl.

Angesichts dieser Lage konzentrierte man sich in der Folge auf den scheinbar unpolitischen Bereich der **wirtschaftlichen Zusammenarbeit**. Sie wurde zum **Motor** der **Integration**, vor allem auch hinsichtlich der **rechtlichen Verflechtung** zwischen den Mitgliedsstaaten und der Gemeinschaft.

### Europäischer Rat

Ein bedeutsamer Schritt auf diesem Wege war die Schaffung des **Europäischen Rates**, der als **Konferenz der Staats- und Regierungschefs** (Gipfelkonferenz) die allgemeinen politischen Zielvorstellungen für alle EU-Bereiche festlegt. Er wurde 1974 ins Leben gerufen und ist seit 1987 eine vertragliche Institution der Gemeinschaft als deren wichtigster **Steuerungs-** und **Integrationsfaktor**, **Impulsgeber** und **Krisenmanager** (s. unten).

### Einheitliche Europäische Akte

Das Fernziel der politischen Einheit Europas wurde im Februar 1984 mit der Annahme des Vertragsentwurfs für eine Europäische Union durch das Europäische Parlament neu belebt. Parallel dazu schuf der Europäische Rat mit der Unterzeichnung einer „Feierlichen Deklaration" die Grundvoraussetzung für die „**Einheitliche Europäische Akte**" (EEA), die erste umfassende Revision der Römischen Gründungsverträge. Das Dokument, das am 1.7.1987 in Kraft trat, institutionalisierte die „**Europäische Politische Zusammenarbeit**" (EPZ), und schrieb die Schaffung eines **Europäischen Binnenmarktes** mit seinen „**Vier Freiheiten**" bis 1992 verbindlich vor.

### Der **Europäische Binnenmarkt**

Die schon in den Römischen Verträgen verankerte Zielsetzung eines **einheitlichen europäischen Marktes**, ursprünglich bereits für 1970 vorgesehen, konnte erst mit erheblicher Verzögerung am 1. Januar 1993 realisiert werden. Seither ist der **freie Verkehr** von **Personen**, **Waren, Dienstleistungen** und **Kapital** in Europa zum Alltag geworden:

▶ **Freier Personenverkehr**

In allen Partnerländern besteht **Niederlassungs-** und **Beschäftigungsfreiheit** (für Beitrittsländer gelten Übergangsregelungen). Parallel dazu haben die Staaten des **Schengener Abkommens** die **Einreisekontrollen** an den Binnengrenzen abgeschafft.

Dem 1985 in dem luxemburgischen Grenzort Schengen zunächst zwischen Deutschland, Frankreich und den Benelux-Ländern unterzeichnete Abkommen gehören inzwischen **alle EU-Staaten** mit **Ausnahme** von **Großbritannien, Irland** und **Zypern** sowie die Nicht-EU-Länder **Norwegen** und **Island**. Seit Dez. 2008 ist auch die Schweiz dem Abkommen (nicht aber der Zollunion hins. des Warenverkehrs) beigetreten.

Damit dem Mehr an Freiheit nicht ein Verlust an Sicherheit folgt, wurden die Kontrollen an den **Außengrenzen** der EU intensiviert, die **Waffen-** und **Drogengesetze** harmonisiert sowie die Zusammenarbeit von Zoll und Polizei in Fragen der **unerlaubten Einreise** – insbesondere im Kampf gegen **grenzüberschreitende Kriminalität** und den **internationalen Terrorismus**, aber auch zur Eindämmung des Missbrauchs **asylrechtlicher** Bestimmungen – verstärkt. Mit dem **Schengener Sicherheitssystem (SIS)** und der Schaffung des

Europäischen Polizeiamtes (Europol) in Den Haag sind wichtige Voraussetzungen für die Bekämpfung der organisierten Kriminalität entstanden. Europol dient vor allem dem zentralen Austausch von Informationen im Rahmen der länderübergreifenden Fahndung. Das Amt darf selbst aber keine unmittelbaren Fahndungsaufgaben wahrnehmen. Die nationale Souveränität bleibt unberührt.

▶ **Freier Warenverkehr**

Im Warenverkehr sind nahezu alle **Zollkontrollen** entfallen; grenzüberschreitender **Einkauf** von Waren für private Zwecke ist ohne Mengen- und Wertbegrenzung zollfrei. Die Wirtschaftsgüter betreffenden **Vorschriften** und **Normen** der Mitgliedsländer sind harmonisiert bzw. wechselseitig anerkannt worden. Auch die **Steuergesetzgebung** wird zunehmend angeglichen.

▶ **Freier Dienstleistungsverkehr**

Der Dienstleistungsverkehr unterliegt grundsätzlich keinen Beschränkungen. Freiberufler können sich überall niederlassen. Die **Banken-** und **Versicherungsaufsicht** ist harmonisiert; die **Finanzdienste** sind liberalisiert. Gleiches gilt für die Öffnung der **Transport-** und **Telekommunikationsmärkte**. Auch in **Forschung** und **Technologie** wird die bereits seit 1985 bestehende **Europäische Initiative für eine verstärkte Zusammenarbeit** (EUREKA) weiter ausgebaut.

▶ **Freier Kapitalverkehr**

Auch der Verkehr von Geld und Kapital, einschließlich des Wertpapierverkehrs, ist frei. Geldpolitik und Zinsniveau werden von der Europäischen Zentralbank gesteuert.

| Der **Europäische Wirtschaftsraum (EWR)** |
|---|

Von großer Bedeutung für die europäische Integration ist das am 1.1.1994 in Kraft getretene Abkommen über den **Europäischen Wirtschaftsraum** zwischen den Ländern der **EG** und der **EFTA** (mit Ausnahme der Schweiz, in der durch Volksentscheid ein Beitritt bisher verhindert wurde). Mit diesem Zusammenschluss zum größten Wirtschaftsgebiet der Welt herrschen seither **binnenmarktähnliche** Verhältnisse: Personen, Waren, Kapital und Dienstleistungen dürfen im gesamten EG- und EFTA-Raum grundsätzlich frei verkehren. Vom freien Handel ausgenommen sind lediglich die Agrarprodukte und einige Waren, die des besonderen Schutzes bedürfen. Nach Abschluss der **Osterweiterung** umfasst dieser Wirtschaftsgigant nahezu **500 Millionen** Menschen. Mit der NAFTA (s. oben) ist parallel zum EWR ein nahezu gleich großer Wirtschaftsraum in Nordamerika entstanden.

## Der Vertrag über die Europäische Union

Der in der niederländischen Kleinstadt **Maastricht** am 7.2.1992 geschlossene Vertrag über die Europäische Union (Vertrag von Maastricht, EUV) schuf die umfassendste Reform seit Gründung der Gemeinschaft. Er begründete auf der Basis der Römischen Verträge die **Europäische Union** und ergänzte diese durch zwei Institutionen der intergouvernementalen Zusammenarbeit, die **Gemeinsame Außen- und Sicherheitspolitik** (GASP) und die **Zusammenarbeit in den Bereichen Justiz und Inneres** (sog. Drei-Säulen-Konzept; mit dem Vertrag von Lissabon entfallen).

## Inhalt und Ziele des Unionsvertrages

Im Vertrag von Maastricht wurde der Union – anders als den fortbestehenden Gemeinschaften – **keine eigene Rechtspersönlichkeit** zuerkannt. Zu seinen Zielen gehörten:

▶ **Zugewinn** an **Bürgernähe** (Unionsbürgerschaft, Freizügigkeit, Niederlassungsfreiheit, aktives und passives Wahlrecht bei Kommunalwahlen am jeweiligen Wohnsitz).

▶ **Stärkung** des **Parlaments** (Mitwirkung bei EU-Verträgen, Zustimmung zur Besetzung der Kommission, Berufung eines Bürgerbeauftragten, Entgegennahme von Petitionen).

▶ Übertragung **neuer Zuständigkeiten** (Bildung, Kultur, Gesundheit, Verbraucherschutz, transeuropäische Netze) unter **Umbenennung** der EWG in Europäische Gemeinschaft (EG).

▶ Einführung des Prinzips der **Subsidiarität** (Regelungen ergehen grundsätzlich auf nationaler Ebene, durch die Gemeinschaft nur dann, wenn die Materie durch die Mitgliedsländer nur unzureichend geregelt werden kann).

▶ Schaffung einer **Wirtschafts-** und **Währungsunion** (koordinierte Marktwirtschaft mit freiem Wettbewerb sowie gemeinsamer Währungspolitik und Währung). Die Vertragsbestimmungen sehen sowohl gemeinsame Leitlinien, als auch Sanktionen vor. Damit ist vielfach auch die Abschaffung nationaler Schutzbestimmungen verbunden. Andererseits sind aber auch Unterstützungs- und Hilfeleistungen zulässig.

Die **Währungsunion** ist am 1. Januar 1999 Realität geworden. Ihr Kernziel ist die **Stabilität** der neuen Währung. Zur Vermeidung übermäßiger öffentlicher Verschuldung darf daher die jährliche **Defizit-Obergrenze** der Mitglieder allenfalls **3 Prozent** des Bruttoinlandsprodukts (BIP) betragen. Zudem darf die Summe öffentlicher Schulden 60 Prozent des BIP nicht übersteigen. Wer gegen diesen sog. **Stabilitätspakt** verstößt, riskiert neben seiner Glaubwürdigkeit in die solide Haushaltsführung ein Abmahnungsverfahren und empfindliche Sanktionen.

Der EU stehen dabei zwei **Disziplinierungsmöglichkeiten** zu Gebote:

▶ Mit dem sog. **Blauen Brief**, einer nicht mit Sanktionen verknüpften **Empfehlung**, ergeht eine Art **Frühwarnung**, wenn der Rat eine erhebliche Planungsabweichung feststellt.

▶ Das **Defizitverfahren** ist dem Empfehlungsschreiben nachgeschaltet und läuft in mehreren Phasen ab, die mit **Geldbußen** von 0,2 bis 0,5 Prozent des Bruttoinlandsprodukts enden können. Voraussetzung dafür ist, dass sich das betreffende Mitglied in der ersten Verfahrensstufe mehrfach über Empfehlungen hinweggesetzt und im weiteren Prozess konkrete Vorgaben zum Defizitabbau ignoriert hat. Über das Verfahren und die Sanktionen entscheidet nicht die EU-Kommission, sondern der (Finanz-)**Ministerrat** mit Zweidrittelmehrheit.

## Das Vertragswerk in der verfassungsrechtlichen Überprüfung

Bis zur Ratifizierung des Unionsvertrages war ein langer Weg zurückzulegen, unter anderem auch deshalb, weil der Vertrag in einigen Ländern – anders als in Deutschland – plebiszitären Entscheidungen unterworfen wurde. **Dänemark** entschied sich 1993 erst im zweiten Anlauf und unter Einräumung von Sonderkonditionen für den Vertrag (keine Einbindung in die Währungsunion und die gemeinsame Verteidigungspolitik. Ablehnung der EG-Staatsbürgerschaft), und **Norwegen** lehnte zweimal generell den Beitritt zur Union ab.

Auch in **Deutschland** rief der Vertrag wegen der pauschalen Übertragung von Souveränitätsrechten und der Verlagerung von **Gesetzes**kompetenzen an die EU-**Administration** im Hinblick auf Art. 20 und 79 Abs. 3 GG Zweifel hervor, zumal das BVerfG mehrfach betont hatte, die Übertragung von Hoheitsrechten an zwischenstaatliche Einrichtungen dürfe keinesfalls dazu führen, „die **Identität** der **geltenden Verfassungsordnung** durch Einbruch in ihre Grundgefüge", wie es sich in Art. 79 Abs. 3 GG manifestiert, aufzugeben oder auszuhöhlen (E 37, 271; 58,1; 73, 339).

So musste schließlich das **Bundesverfassungsgericht** über das Vertragswerk entscheiden. Es verdeutlichte in seinem Urteil vom 12.10.1993 (E 89, 155) die zentrale Funktion des neu geschaffenen Europa-Artikels 23 GG für die Gestaltung des Verhältnisses zwischen der deutschen Verfassung und dem Vertragswerk der Union sowie für die weiteren Schritte in Richtung auf ein vereintes Europa. Dazu heißt es in der Entscheidung:

▶ „Der Unionsvertrag begründet einen **Staatenverbund** zur Verwirklichung einer immer engeren Union der – staatlich organisierten – Völker Europas, jedoch **keinen** sich auf ein europäisches Staatsvolk stützenden **Staat**."

▶ „Die Bundesrepublik unterwirft sich mit der Ratifikation des Unions-Vertrages nicht einem unüberschaubaren, in seinem Selbstlauf nicht mehr steuerbaren **Automatismus**."

Soweit ein aus Art. 38 GG unmittelbar oder analog zustehendes Recht auf Durchführung eines Volksentscheides geltend gemacht worden war, wurde die Verfassungsbeschwerde als unzulässig verworfen, denn durch Art. 79 Abs. 3 GG sei förmlich ausgeschlossen, „ein verfassungsänderndes Gesetz, das den veränderungsfesten Kern des Grundgesetzes antastet, im Wege eines Volksentscheides zu legitimieren."

## Die politische Umsetzung des Unionsvertrages

Mit dem Urteil zum EU-Vertrag war der Weg frei für das bereits beschlossene, zwischenzeitlich aber ausgesetzte **Ratifizierungsgesetz** sowie die damit einhergehenden **Verfassungsänderungen**. Der Vertrag konnte somit am **1.11.1993** in Kraft treten.

Parallel zur Fortentwicklung der übrigen Vertragsgegenstände, insbesondere der Beschlüsse zur **Sicherheits-, Justiz-** und **Außenpolitik** vollzog sich dann schrittweise die Verwirklichung der **Wirtschafts- und Währungsunion**. Bereits das 1979 gestartete Europäische Währungssystem (EWS) hatte auf der Basis einer „künstlichen" Verrechnungseinheit ECU (European Currency Unit) eine stabile Währungszone mit festen Wechselkursen geschaffen. Entscheidende Fortschritte aber brachte erst der Vertrag von Maastricht mit seiner Zielvorgabe, die **nationalen Währungen** durch eine einheitliche **Euro-Währung** abzulösen. Voraussetzung für die Teilnahme an diesem wichtigsten Schritt der letzten Jahrzehnte war die Erfüllung der sog. **Konvergenzkriterien** (strenge Anforderungen an Inflationsrate, Haushalts- und Zinspolitik). Mit Ausnahme Griechenlands haben alle übrigen Länder diesen Stabilitätskriterien im ersten Anlauf entsprochen. In Großbritannien, Schweden und Dänemark wurde aufgrund antieuropäischer Stimmungen der Beitritt zum Währungsverbund einstweilen zurückgestellt. Der **Start** der Gemeinschaftswährung mit der **Festlegung** der **Euro-Wechselkurse** (1 Euro entsprach 1,95583 Mark) und der Einführung des **bargeldlosen Zahlungsverkehrs** ist daher am **1.1.1999** zunächst in **11 EU-Ländern** erfolgt. Griechenland folgte am 1.1.2001. Mit Ablauf der Übergangsfrist von drei Jahren nach Einführung des bargeldlosen Zahlungsverkehrs wurde die neue Währung am **1.1.2002** alleiniges Zahlungsmittel in zunächst 12 Euro-Ländern. Zugleich entfiel der **ECU**. Der Versuch, den Euro in Schweden nachträglich einzuführen, ist 2003 bei einem Referendum gescheitert.

In Deutschland hat das **Euro-Einführungsgesetz** vom 2.4.1998 den Rahmen dafür geschaffen, dass die neuen Geldscheine und Münzen ab 1. Januar 2002 eingeführt werden konnten (bargeldlos bereits ab 1. Jan. 1999). Eine hiergegen angestrengte Verfassungsklage ist vom BVerfG unter Hinweis auf das Maastricht-Urteil verworfen worden.

*Staatengemeinschaften*

Seit dem 1.1.2014 umfasst die **Euro-Zone** – die Vatikanstadt mitgerechnet – **24 europäische Länder** mit insgesamt rd. **340 Millionen** Menschen. 16 dieser Länder sind EU-Mitglied (Belgien, Deutschland, Finnland, Frankreich, Griechenland, Irland, Italien, Luxemburg, Malta, Niederlande, Österreich, Portugal, Slowakei, Slowenien, Spanien, Zypern, Estland und Lettland), 6 weitere gehören der EU nicht an (Andorra, Kosovo, Monaco, Montenegro, San Marino und der Heilige Stuhl).

## Die Gipfelkonferenzen von Amsterdam und Nizza

Nach der Einheitlichen Europäischen Akte und dem Vertrag von Maastricht stellt der Vertrag von **Amsterdam** vom 2.10.1997 die dritte umfangreiche Revision der europäischen Verträge dar. Erklärtes Ziel des Vertrages war es, die Union auf die **Erweiterung** vorzubereiten.

Die Sachbereiche Asyl, Einwanderung, Visafragen und Justizielle Kooperation in Zivilsachen, die bis dahin Gegenstand der intergouvernementalen Zusammenarbeit gewesen waren, wurden in den Anwendungsbereich des supranationalen Vertrags überführt. Das **Schengener Abkommen** ist seither Bestandteil der EU-Verträge. Der entscheidende Durchbruch aber gelang nicht. Insbesondere die mit der Erweiterung der Union verbundenen institutionellen Fragen wie Organgröße, Sitzverteilung und Umfang der Mehrheitsentscheidungen, blieben als sog. „**Left overs**" offen.

Die anschließenden, weitgehend von nationalen Interessen bestimmten Verhandlungen mündeten schließlich in den **Vertrag von Nizza** vom 26.2.2001. Mit ihm wurde die Zahl der Materien, die der qualifizierten Mehrheit bedürfen, ausgeweitet. Die Zusammensetzung der Kommission, die Zahl der Abgeordneten im Parlament und die Stimmgewichte im Rat wurden an die nunmehr politisch beschlossene **Osterweiterung** angepasst. Im Interesse der kleineren Partnerländer einigte man sich auf eine neue Formel für die **qualifizierte Mehrheit** im Rat. Die Konferenz beschloss ferner die Aufstellung einer **Eingreiftruppe** der EU (s. unten). Die durch einen Konvent ausgearbeitete Charta der Grundrechte wurde feierlich proklamiert, allerdings ohne dass sie Bestandteil des Vertrages wurde.

Nizza hatte zudem deutlich gemacht, dass die **Zuwendungsströme** künftig andere Wege nehmen würden. Hatte in der Fünfzehnergemeinschaft vor allem ein wirtschaftliches Nord-Süd-Gefälle bestanden, so lag nun auf der Hand, dass es nach der Erweiterung ein noch sehr viel stärker ausgeprägtes **Gefälle** zwischen **West** und **Ost** geben würde. Um so wichtiger waren die Startpositionen, insbesondere auch hinsichtlich der künftigen politischen Gewichte.

So war Nizza letztlich geprägt von **wirtschaftlichen Verteilungskämpfen**, vor allem im Hinblick auf die erforderichen Milliardenhilfen für Spanien, Portugal, Irland und vor allem Griechenland. Deutschland, das durchgängig einen Finanzierungsanteil von mehr als 20 Prozent des Gesamthaushalts trägt, überweist jährlich deutlich höhere Beträge an die EU, als von dort zurückfließen. Zusammen mit anderen sog. **Nettozahlern** forderte Deutschland daher unter Hinweis auf die schwache Konjunktur, den Ausgaberahmen der EU für die nächste Finanzperiode von 1,27 auf ein Prozent des Bruttoinlandsprodukts zu senken. Da keiner der Partner Einbußen hinnehmen wollte, obsiegten auch in dieser Frage die **partikularen Interessen**.

## Fortschritte in der praktischen Zusammenarbeit

Ungeachtet der Schwierigkeiten in grundsätzlichen Fragen der **Zukunftsfähigkeit** Europas wurden in der **praktischen** Zusammenarbeit aber auch Fortschritte erzielt:

**EU-Haushalt**

Trotz großer Widerstände, insbesondere der Briten und Niederländer, gelang es im Dez. 2005, den Haushalt für den Planungszeitraum von 2007 bis 2013 mit einem **Gesamtvolumen** von

862,4 Milliarden Euro zu verabschieden. Zu seiner Finanzierung bringt jeder Mitgliedsstaat 1,045 Prozent seiner Wirtschaftsleistung ein (Deutschland 23 Milliarden des 116 Milliarden-Haushalts 2009). Durch die Neuregelung ergeben sich Entlastungen beim abzuführenden Mehrwertsteueranteil, aber auch eine Minderung der Hilfen für Ost-deutschland um rd. ein Viertel. Gleichwohl bleibt Deutschland Spitzenreiter unter den **Nettozahlern** der Union. Im Jahre 2006 wurden 6,3 Milliarden Euro mehr nach Brüssel überwiesen, als von dort an Fördergeldern zurückflossen. Auf den nächsten Plätzen folgen Frankreich (3 Milliarden) und die Niederlande (2,6 Milliarden). Gemessen an der Wirtschaftskraft pro Kopf der Bevölkerung liegt Deutschland auf Rang drei der Nettozahler hinter den Niederlanden und Schweden, knapp gefolgt von Belgien und Dänemark.

### Wirtschaft, Währung und Stabilität

Der **Euro** ist das größte Wirtschaftsexperiment aller Zeiten. Er ist inzwischen zu einer **stabilen Größe** ersten Ranges im Weltwährungsgefüge aufgestiegen. Anderseits sind die ökonomischen Spannungen zwischen den Mitgliedsländern keineswegs beseitigt. Problematisch ist insbesondere das **Wirtschafts- und Wohlstandsgefälle**. Auch von einem **geschlossenen wirtschaftspolitischen Handeln** ist das gegenwärtige Europa noch weit entfernt, obwohl inzwischen jede zweite wirtschaftlich relevante Gesetzesentscheidung europäischen Ursprungs ist. Unterschiedliche Wachstums- und Inflationsraten, unkoordinierte Reaktionen auf Krisenentwicklungen und die anhaltende Steuerflucht aufgrund verschiedenartiger Besteuerungssysteme sind ebenso Ausdruck dieser Differenzen, wie die Tatsache, dass man – nicht erst seit der **Banken- und Wirtschaftskrise** und der durch sie ausgelösten **globalen Rezeption** – wieder vermehrt mit **einzelstaatlichen** Maßnahmen zu reagieren versucht.
Hohe Belastungen waren auch schon in der Vergangenheit auf den Beitritt **finanzschwacher Länder** zurückzuführen. Diese Tendenz hat sich durch die jüngsten Erweiterungsrunden noch verstärkt. Parallel dazu erweist sich der **Agrarmarkt** unverändert als Kernproblem. Er umfasst regelmäßig mehr als die Hälfte des Hauhalts der EU. Wie kein anderer ist dieser Markt hochgradig reformbedürftig, z. B. weil Subventionen nicht bäuerlichen Familienbetrieben, sondern vorwiegend Agrarfabriken und Lebensmittel-Multis zufließen, wodurch Überproduktionen entstehen, die zum Nachteil der Entwicklungsländer auf dem Weltmarkt abgestoßen werden müssen. Zudem haben nahezu alle Partner Probleme mit den **Stabilitätskriterien**. Deutschland erfüllte 2007 mit seinem 270,5 Milliarden-Haushalt erstmals wieder diese Vorgaben – ein Ziel, das im Gefolge der **Banken- und Wirtschaftskrise** und der drastisch gestiegenen **Staatsverschuldung** anschließend wieder verfehlt wurde.

### Außen- und Sicherheitspolitik

Die Europäische Sicherheits- und Verteidigungspolitik (ESVP) soll das Bündnis von der NATO unabhängig machen. Der Aufbau einer **Eingreiftruppe** von 60 000 Mann, bereits für 2003 vorgesehen, ist allerdings ins Stocken geraten. Realisiert wurde die Aufstellung von **Kampfgruppen** (Battlegroups) in Bataillonsstärke als Krisenreaktionskräfte mit hoher Verfügbarkeit. Einen ersten „robusten" Einsatz (mit Kampfauftrag) fährt die EU unter deutscher Beteiligung seit Dez. 2008 zur Bekämpfung der Seeräuberei im Golf von Aden.

### Inneres und Justiz

In Deutschland greifen inzwischen – ablesbar an zunächst stark gesunkenen Asylbewerberzahlen – die vereinbarten Maßnahmen zur Begrenzung und Steuerung der **Zuwanderung**. Eine zentrale Rolle dabei spielt die zwecks Unterbindung von Doppelanträgen am 15.1.2003 in Betrieb genommene **EU-Datenbank Eurodac**, mit der Daten von Personen, die Asyl beantragen oder ohne gültige Dokumente eingereist sind, gespeichert und abgeglichen werden können. Solche notwendigen administrativen Verbesserungen dürfen allerdings nicht darüber hinwegtäuschen, dass das Grundproblem der **Zuwanderung** nach Europa noch weithin ungelöst ist – vor allem im Hinblick auf den anhaltenden Flüchtlingsstrom an den EU-Außengrenzen, wo noch immer Menschen bei dem verzweifelten Versuch, Europa zu erreichen, zu Tode kommen.

Ein wichtiger Schritt zur Bekämpfung der grenzüberschreitenden **organisierten Kriminalität** und des **Terrorismus** sowie zum **Informationsaustausch** ist die Gründung der Koordi-nierungsbehörden für polizeiliche bzw. justizielle Zusammenarbeit **Europol** und **Eurojust**. Beide Institutionen sind offizielle EU-Einrichtungen mit Sitz in Den Haag. Verbesserter Kooperation dient auch der **EU-Haftbefehl**. Seine Erstfassung wurde vom BVerfG verworfen (Urt. v. 18.7.2005). Die Neufassung ist seit dem 2.8.2006 in Kraft. Sie soll in Fällen organisierter Kriminalität und terroristischer Straftaten die oft langwierigen Auslieferungsverfahren entbehrlich machen und bildet den Kern des **Anti-Terror-Programms** der EU. Nach dem **Stockholm-Programm** von 2009 sind ergänzend die zentrale Sammlung von **Personendaten** und **Fingerabdrücken**, ein **Strafregister-Infosystem** sowie ein elektronisches **Ein- und Ausreiseregister** vorgesehen. Diskutiert wird ferner eine **EU-Grenzpolizei**.

## Der mühsame Kompromiss von Brüssel

Nach den enttäuschenden Ergebnissen von Nizza erhielt der Ruf nach Reformen neues Gewicht. Hierzu wurde mit der **Erklärung von Laeken** ein **Europäischer Konvent** unter Vorsitz des früheren französischen Staatspräsidenten Giscard d´Estaing einberufen und mit dem **Entwurf** einer **Verfassung** beauftragt, der nach fünfzehnmonatiger Beratung vorlag. Doch die Franzosen und die Niederländer, die in Referenden über die Annahme des Entwurfs abzustimmen hatten, lehnten ihn ab. Daraufhin fand im Juni 2007 in Brüssel das alles entscheidende Gipfeltreffen statt, das im Falle des Scheiterns sicher nicht das Ende der europäischen Idee bedeutet, wohl aber die Gemeinschaft um Jahre zurückgeworfen hätte. Inhaltlich stand dabei von vornherein fest, die notwendige Einstimmigkeit werde nur zu erreichen sein, wenn alles entfiele, was den Eindruck eines **Überstaates** hätte erwecken können. Fahne und Hymne waren daher ebenso obsolet wie ein mit Zentralmacht ausgestatteter Außenminister.

Der Bundeskanzlerin und Ratspräsidentin kam es vor allem darauf an, den Kern des Verfassungsentwurfs – einschließlich des Abstimmungsverfahrens nach dem Prinzip der doppelten Mehrheit – zu retten. Dagegen stand die Haltung Polens, das unter Vorlage einer eigenen Rechenformel (Quadratwurzellösung) die eigene Position auszubauen versuchte und damit die Kompromissbereitschaft der übrigen Teilnehmer bis an die Grenzen belastete. Besonders umstritten war das **Abstimmungsverfahren**, d. h. das Gewicht der einzelnen Mitgliedsstaaten in den Fällen, in denen der **Rat** mit **qualifizierter Mehrheit** entscheidet.

Zur Debatte standen **drei Varianten**:

▶ Nach der **Nizza-Formel** in der auf EU-27 bezogenen Fassung ist eine Mehrheit qualifiziert, wenn auf sie neben der Mehrheit der Mitglieder mindestens 255 der lt. Stimmschlüssel „gewichteten" 345 Stimmen entfallen (s. unten). Diese Stimmen müssen mindestens 62 Prozent der EU-Bevölkerung repräsentieren, wenn verlangt wird, dies festzustellen. Das System bevorzugt mittelgroße Staaten wie Polen und Spanien.

▶ Im **Verfassungsentwurf** wird im Gegensatz zu Nizza auf eine Stimmengewichtung verzichtet und stattdessen nach dem Prinzip der **doppelten Mehrheit** abgestimmt, das sowohl die **Mitgliedsstaaten** (mit je einer Stimme), wie auch die **Bevölkerungszahlen** einbezieht (s. unten). Das Verfahren schmälert den Einfluss der „mittleren" Staaten, während es das Gewicht der vier „Großen" leicht erhöht. Es wird ab 2014 bzw. 2017 eingeführt.

▶ Die von Polen erklärtermaßen auch zur Minderung des deutschen Einflusses vorgeschlagene **Quadratwurzellösung** fand hingegen keine Zustimmung. Bei dieser Variante wäre rein mathematisch, bezogen auf Millionen, die Zahl festzustellen gewesen, die mit sich selbst multipliziert die Einwohnerzahl ergibt (Quadratwurzel). Polen hätte dabei 6, Frankreich 8 und Deutschland 9 Stimmen erhalten – ein Prinzip, bei dem eine deutlich reduzierte Spreizung zwischen den kleinen und den großen Partnerländern entstanden und der Einfluss der kleineren und mittleren Staaten vergrößert worden wäre.

Die Verständigung, zu der man sich schließlich bereit fand, kam erst zustande, nachdem das Gipfeltreffen mehrfach zu scheitern drohte. Übernommen wurden weite Teile des **Verfassungsentwurfs**, nicht aber der **Verfassungsbegriff**. „Das Verfassungskonzept wird aufgegeben", heißt es im Brüsseler Schlussdokument. In der Kernfrage der **Stimmengewichtung** einigte man sich auf das Prinzip der doppelten Mehrheit, jedoch mit verzögertem Inkrafttreten. Auf die ausdrückliche Erwähnung staatsähnlicher **Symbole** wurde verzichtet, doch sollen die blaue **Europaflagge**, die **Beethoven-Hymne** und das Motto („In Vielfalt geeint") weiter verwendet werden. Verworfen wurde auch das Vorhaben, EU-Vorschriften künftig **Gesetze** zu nennen. Es bleibt bei den weniger symbolträchtigen Begriffen **Beschluss, Richtlinie** und **Verordnung** (s. unten).

Nach Ausformulierung des Vertragstextes durch eine **Regierungskonferenz** sollte dann die Gipfelkonferenz von Lissabon den Durchbruch bringen.

## Der Vertrag von Lissabon

Am **13.12.2007** setzte der Europäische Rat mit dem **Vertrag von Lissabon** (EUV-Lissabon) nach sechsjähriger Dauer einen Schlussstrich unter die Reformdebatte. Bis zum **Inkrafttreten** des Vertragswerks am **1.1.2010** vergingen allerdings noch zwei weitere Jahre.

Der Vertrag von Lissabon löst den Vertrag von **Nizza** ab und tritt an die Stelle des gescheiterten **Verfassungsvertrages**. Er stärkt die Zuständigkeiten des **Parlaments**, lässt im **Rat** vermehrt Mehrheitsbeschlüsse zu und gibt der Union einen **institutionellen Rahmen** sowie eine **eigene Rechtspersönlichkeit**. Die EU kann damit erstmals selbstständige **Völkerrechtsverträge** schließen und **internationalen Organisationen** beitreten.

Rechtlich stellt sich das Vertragswerk nicht als Verfassung, sondern als **Fortführung der Römischen Verträge** dar (s. oben), womit die „Risiken" von Volksentscheiden vermieden werden sollten. Über die **Ratifizierung** stimmte lediglich in **Irland** das **Volk** ab, was dort zunächst zur Ablehnung, nach einigen Zugeständnissen im zweiten Anlauf aber zur Annahme führte (s. unten). In den übrigen Fällen entschieden die nationalen **Parlamente**.

Die Gemeinschaft beruht, wie zuvor schon, auf **zwei Verträgen**, die durch den Vertrag von **Lissabon** lediglich **reformiert** werden:

▶ dem in Maastricht geschlossenen **Vertrag über die Europäische Union** (EUV) vom 7.2.1992 (EU-Vertrag, Unionsvertrag; s. oben) und

▶ dem **Vertrag zur Gründung der Europäischen Gemeinschaft** (EGV) i. d. F. v. 22.10.97, zuletzt geändert aufgrund des Beitritts von Bulgarien und Rumänien am 25.4.2005 (EG- bzw. EWG-Vertrag; s. oben). Dieser Vertrag wird zugleich in „**Vertrag über die Arbeitsweise der Europäischen Union**" (AEUV) umbenannt.

Das Vertragswerk zielt darauf ab, die Entscheidungsabläufe **transparenter** und **effizienter** zu machen. Höhere Effizienz heißt allerdings auch, dass der **Einfluss** der **Mitglieder** schwinden könnte. Strukturell jedoch erhält die Union eine allgemein für **tragfähig** gehaltene Basis – trotz mancher **Kompromisse**, die z. T. noch in letzter Minute geschlossen werden mussten (etwa das Zugeständnis eines ständigen Generalanwalts für Polen oder die den Briten schon im Vorfeld eingeräumte Möglichkeit, über Innenpolitik, Justiz, Äußeres, Sicherheit und Soziales selbst zu entscheiden). Die Iren haben dem mit ihrer Vorbedingung für ein zweites Plebiszit eine weitere Variante hinzugefügt.

*Staatengemeinschaften*

Ein besonderes Zugeständnis, das in gewisser Hinsicht auch bezeichnend ist für das Zustandekommen europäischer Kompromisse, haben die Italiener – sonst nicht gerade durch Blockadehaltung auffällig – den Partnern bei der vereinbarten **Verringerung** der **Parlamentssitze** abgerungen: Italien hatte unter Hinweis auf die fast gleich großen Einwohnerzahlen bis zuletzt darauf beharrt, nicht schlechter gestellt zu werden als Großbritannien. Eine Erhöhung der bereits in Brüssel festgelegten Obergrenze von 750 Stimmen aber hätte das mühsam gefundene Ergebnis gefährdet, neue Wünsche geweckt und neue Verhandlungen erfordert. Also verständigte man sich darauf, dass der **Parlamentspräsident** an den Abstimmungen nicht teilnimmt (was er ohnehin kaum jemals getan hat). Auf diese Weise konnte Italien ein Sitz mehr zugestanden werden, ohne einem anderen Mitglied diesen Sitz zu nehmen. Beide Mitgliedsstaaten haben nun je 73 Sitze (s. unten). Das Parlament hat damit **751 Sitze** und **750 Stimmen**. Was allerdings Italien bei diesem „Kompromiss" gewonnen hat, wenn es einmal selbst den Präsidenten stellt, steht dahin.

Zu den **wichtigsten Neuerungen** zählen überdies:

### Gemeinschaftsmethode

Die Politikbereiche, in denen **Einstimmigkeit** gefordert ist, sind reduziert worden. Die Beschlussfassung mit **qualifizierter Mehrheit** wurde um 32 zusätzliche Bereiche ausgedehnt, vornehmlich aus dem Sektor Innen- und Justizpolitik. Die Abstimmung mit qualifizierter Mehrheit wird damit zum **Regelfall**, z. B. auch für die Themenbereiche Klimawandel, Energiesicherheit und humanitäre Hilfe in Krisengebieten. Zugleich endet die herkömmliche Organisation und Aufteilung der Beschlussfassung in Form sog. „Säulen" (s. oben).

Mit dem Inkrafttreten des Reformvertrages gilt somit, von wenigen Ausnahmen abgesehen, die **„Gemeinschaftsmethode"**. Das heißt, die **Gesetzesinitiative** liegt bei der **Kommission, Beschlüsse** werden im **Regelfall** mit qualifizierter Mehrheit gefasst und das **Parlament** ist **gleichberechtigtes Gesetzgebungsorgan**. In den besonders sensiblen Bereichen **Steuerpolitik, Außen- und Verteidigungspolitik, soziale Sicherheit** und für die Änderung von **EU-Verträgen** ist weiterhin **Einstimmigweit** vorgeschrieben.

### Doppelte Mehrheit

Für die **Abstimmungen** im Rat werden nach einer Übergangszeit die im Verfassungsentwurf vorgesehenen Regeln übernommen. Die Einführung dieses Verfahrens vollzieht sich in Etappen:
▶ Bis zum **31.10.2014** gelten die **Nizza-Regeln**, d. h. Abstimmungen erfolgen nach dem Prinzip der qualifizierten Mehrheit auf des Basis des Stimmenschlüssels (s. unten).
▶ Zwischen dem **1. November 2014** und dem **31. März 2017** gilt grundsätzlich bereits das Prinzip der **doppelten Mehrheit**, bei der jedes Ratsmitglied eine Stimme hat (s. unten): Erforderlich sind mindestens **55 Prozent** der Stimmen des **Rates,** die zugleich mindestens **65 Prozent** der **Gesamtbevölkerung** repräsentieren. Wenn jedoch ein Mitglied die Fortsetzung der Anwendung der **Nizza-Regeln** verlangt, ist diesem Antrag stattzugeben.
▶ Vom **1. April 2017** an gilt das Prinzip der doppelten Mehrheit ohne Einschränkung.

### Sperrminorität

So lange die Regeln des Vertrages von **Nizza** mit den „gewichteten" Stimmen gelten, beträgt die Stimmenzahl für eine Sperrminorität **91 Stimmen**.
Im Falle der **doppelten Mehrheit** sind für eine Sperrminorität entweder mehr als **45 Prozent** der **Stimmen** oder mehr als **35 Prozent** der **EU-Bevölkerung** erforderlich. Dieser Bevölke-

rungsanteil muss jedoch mindestens **vier Mitglieder** des Rates umfassen, anderenfalls gilt die qualifizierte Mehrheit als erreicht.

Mit dieser Regelung soll verhindert werden, dass schon eine Abstimmungsallianz von nur drei der bevölkerungsstärksten Mitgliedsstaaten eine 65-Prozent-Mehrheit und damit jeden Beschluss der Union verhindern kann (z. B. liegen Deutschland, Frankreich und Großbritannien zusammen deutlich über der 35 Prozent-Grenze. Zu einem rechnerisch möglichen Nein von drei „Großen" bedarf es daher mindestens noch eines weiteren Mitglieds.

### Ioannina-Klausel

Der Rat strebt, um Niederlagen zu vermeiden, in seiner Beschlussfassung generell Konsens an. Deshalb sollen seine Rechtsakte auch nach Einführung der „doppelten Mehrheit" möglichst nicht als denkbar knappste Entscheidungen ergehen. Hierzu bietet die **Ioannina-Klausel** (benannt nach einem früheren Tagungsort des Außenministerrates in Griechenland) im Falle einer knapp verfehlten Sperrminorität für die ablehnenden Mitglieder die Möglichkeit, **weitere Verhandlungen** herbeizuführen, ohne damit die Entscheidung letztlich verhindern zu können. In der Phase von 2014 bis 2017 muss dieser Antrag mindestens **drei Viertel** der zur Bildung einer Sperrminorität erforderlichen **Mitgliederzahl** von mehr als **45 Prozent** oder aber der für die Sperrminorität geforderten **Bevölkerungszahl** von mehr als **35 Prozent** umfassen.

Ab 1.4.2017 gilt ein **modifizierter Ioannina-Modus**, nach dem mindestens 55 Prozent der zur Bildung einer Sperrminorität erforderlichen Mitgliederzahl oder der die Sperrminorität begründenden Bevölkerungszahl für einen Antrag auf weitere Verhandlungen ausreichen.

Im Falle des Aufschubs nach den Ioannina-Regeln ist der Rat verpflichtet, innerhalb einer **„angemessenen Zeit"** zu einer Entscheidung zu finden. Über die Angemessenheit dieser Zeitspanne gehen die Meinungen allerdings noch weit auseinander. Zu bedenken ist andererseits, dass bereits das geltende Unionsrecht eine Reihe zwingender Fristsetzungen enthält, die von der Ioannina-Klausel unberührt bleiben.

Die Klausel ist nicht Bestandteil des Vertrages, sondern der Protokolle. Sie darf allerdings nur **einstimmig** geändert werden. Im Hinblick auf die ständige Praxis des Rates, so lange zu verhandeln, bis Konsens erzielt wurde, wird sie vermutlich kaum Bedeutung gewinnen. Sie ist daher eher ein **politisches Signal**, denn eine praktische Abstimmungshandhabe.

### Institutioneller Rahmen

Der **Europäische Rat** wird **Organ** der Europäischen Union (Art. 13 EUV-Lissabon). Die bisherige halbjährliche Rotation in der Präsidentschaft wird aufgegeben. Im Interesse der Kontinuität wird ein **EU-Präsident** (Ratspräsident) für jeweils zweieinhalb Jahre mit qualifizierter Mehrheit gewählt, der die politischen Geschäfte der Gemeinschaft führt, die Gipfeltreffen vorbereitet und diesen vorsitzt. Für den **Rat der Europäischen Union** (EU-Ministerrat) bleibt es beim bisherigen halbjährlichen Wechsel in der Präsidentschaft (s. unten).

Anders als es der Verfassungsentwurf vorsah, wird die Gemeinschaft formal nicht durch einen Außenminister, sondern einen **„Hohen Vertreter für Außen- und Sicherheitspolitik"** repräsentiert. Seine Aufgaben fassen die bisherigen Ämter des Hohen Repräsentanten sowie des für Außenpolitik zuständigen EU-Kommissars zusammen und entsprechen damit praktisch denen eines Außenministers, zumal er auch einen diplomatischen Dienst erhält. Seine starke Stellung wird dadurch betont, dass er zugleich Vizepräsident der EU-Kommission ist.

Die **Kommission** sollte ursprünglich ab 2014 auf eine Anzahl reduziert werden, die zwei Dritteln der Zahl der Mitgliedstaaten entspricht (Art. 17 EUV-Lissabon). Nach dem Zugeständnis an die Iren (s. unten) behält jedes Mitglied weiterhin einen Kommissar.

### Grundrechte und Demokratie

Die Arbeitsweise der EU ist die einer **repräsentativen Demokratie**, die durch Elemente der **partizipativen, assoziativen** und **direkten** Demokratie, insbesondere eine **Bürgerinitiative**, ergänzt wird (Art. 10 Abs. 1 und 11 EUV-Lissabon). Der Grundsatz der repräsentativen Demokratie fußt auf zwei „**Legitimationssträngen**": Den einen bildet das **Parlament** als unmittelbare Volksvertretung, den anderen die im **Europäischen Rat** und im **Rat der Europäischen Union** vertretenen Regierungsmitglieder der Mitgliedstaaten, „die ihrerseits in demokratischer Weise gegenüber ihrem nationalen Parlament oder gegenüber ihren Bürgerinnen und Bürgern Rechenschaft ablegen müssen" (Art. 10 Abs. 2 EUV-Lissabon).

Die **nationalen Parlamente** erhalten ein **Einspruchsrecht** gegen Gesetzesvorhaben der EU, wenn sie nationale Zuständigkeiten gefährdet sehen, und sind an der **politischen Kontrolle** von **Eurojust** und **Europol** beteiligt. Im sog. **Brückenverfahren**, einer durch den Lissabon-Vertrag eingeführten Vertragsänderungsregel, sind sie, etwa beim Übergang von der Einstimmigkeit auf das Mehrheitsprinzip, zu beteiligen. Sie sind berechtigt, von der Kommission vorgeschlagene Vertragsänderungen abzulehnen (Art. 48 EUV-Lissabon). Dabei genügt das Veto eines einzigen Parlaments.

Für Eingaben und Beschwerden wird ein **Bürgerbeauftragter** tätig. Verbessert wird auch die **Bürgerbeteiligung:** Durch Volksbegehren kann mit mindestens einer Million Unterschriften die EU-Kommission zur Gesetzesinitiative aufgefordert (allerdings nicht gezwungen) werden.

Neu geregelt werden **Beitritt** und **Austritt**. Beitrittswillige Länder müssen EU-Kriterien (Wirtschaft, Demokratie, Menschenrechte) erfüllen und sich verpflichten, diese einzuhalten. Erstmals formell festgeschrieben wird das freiwillige Ausscheiden. Ohne solche Regeln war dies auch schon in der Vergangenheit möglich (Beispiel: Grönland; s. oben).

Die **Charta der Grundrechte** in der überarbeiteten Fassung vom 12.12.2007 wird durch einen Verweis den Verträgen gleichgestellt (Art. 6 Abs. 1 Satz 1 EUV-Lissabon) und erlangt dadurch **Rechtsverbindlichkeit** neben den **ungeschriebenen Unionsgrundrechten**, die als allgemeine Rechtsgrundsätze des Unionsrechts fortgelten (Art. 6 Abs. 3 EUV-Lissabon). Ergänzt wird der Grundrechtsschutz durch Art. 6 Abs. 2 EUV-Lissabon, der die EU ermächtigt und verpflichtet, der **Europäischen Menschenrechtskonvention** beizutreten (s. unten).

## Das Nein der Iren zum Lissabon-Vertrag

Der Vertrag von Lissabon sollte ursprünglich am 1. Januar 2009 in Kraft treten und somit bereits für die Europawahlen 2009 gelten. Bis zum Sommer 2008 hatten ihn 18 Mitgliedsländer ratifiziert. Doch dann verweigerte **Irland**, das als einziger Partnerstaat den Vertrag einem **Plebiszit** unterworfen hatte, seine Zustimmung: Am 12. Juni 2008 votierten 53,4 Prozent der Iren bei einer Wahlbeteiligung von 45 Prozent mit Nein.

Die Entscheidung machte deutlich, dass es von Beginn an richtiger gewesen wäre, Europa nicht in einer Bürokratie- und Regierungswelt, sondern einem breiten demokratischen Prozess reifen zu lassen. In die allgemeine Enttäuschung mischten sich mehr oder weniger unrealistische Vorschläge bis hin zum rechtlich nicht vorgesehenen Zwangsausschluss. Dagegen stand die Mahnung, den demokratischen Willen Irlands zu respektieren und keine Drohkulisse aufzubauen, weil dadurch das Problem nur verschärft worden wäre. Diese Haltung bestimmte dann auch den Beschluss des Rates, den Iren Zeit zu lassen, selbst einen Weg aus dem Dilemma zu finden und den übrigen Partnern die Fortführung der noch offenen Ratifizierungsverfahren freizustellen.

## Zum Urteil des Bundesverfassungsgerichts

Während Frankreich und Polen ihre Verfassung bereits vorweg angepasst hatten, wurden in Deutschland zunächst mehrere **Verfassungsbeschwerden** und **Organstreitverfahren** zum Lissabon-Vertrag abgewartet. Mit seiner Entscheidung vom 30.6.2009 (2 BvE 2/08) schuf das **Bundesverfassungsgericht** dann in einem zusammengefassten Verfahren die Voraussetzung dafür, dass der Bundespräsident das von Bundestag und Bundesrat bereits beschlossene Ratifizierungsgesetz ausfertigte und damit rechtskräftig werden ließ.

In der Entscheidung heißt es: „Der **Vertrag** von Lissabon und das deutsche **Zustimmungsgesetz** entsprechen den Vorgaben des Grundgesetzes. Das **Begleitgesetz** zum Vertrag (BT-Drucksache 16/8489) verstößt jedoch insoweit gegen Art. 38 Abs. 1 i. V. m. Art. 23 Abs. 1 GG, als **Beteiligungsrechte** des Deutschen **Bundestages** und des **Bundesrates nicht** im **erforderlichen Umfang** ausgestaltet worden sind" (Vorspr. Nr. 4a des Urteils, redaktionell angepasst). „Vor **Inkrafttreten** der von Verfassungs wegen erforderlichen **gesetzlichen Ausgestaltung** der Beteiligungsrechte darf die Ratifikationsurkunde der Bundesrepublik Deutschland zum Vertrag von Lissabon **nicht hinterlegt** werden" (Vorspr. Nr. 4b).

Das Urteil zeigt, wie richtig es war, die Ratifikation auszusetzen. Denn neben den erwarteten Leitlinien für **Inhalt** und **Umfang** der **Integration** setzte das Gericht mit dieser Entscheidung unter Berufung auf Art. 146 GG eine **absolute** verfassungsrechtliche **Grenze:**

„Das Grundgesetz ermächtigt den Gesetzgeber zwar zu einer **weitreichenden Übertragung** von Hoheitsrechten. Die Ermächtigung steht aber unter der Bedingung, dass dabei die **souveräne Verfassungsstaatlichkeit** auf der Grundlage eines **Integrationsprogramms** nach dem Prinzip der **begrenzten Einzelermächtigung** und unter Achtung der **verfassungsrechtlichen Identität** als Mitgliedstaaten gewahrt bleibt und zugleich die Mitgliedstaaten ihre Fähigkeit zu **selbstverantwortlicher politischer** und **sozialer Gestaltung** der Lebensverhältnisse nicht verlieren" (Abs.- Nr. 226 des Urteils).

Die für Deutschland handelnden Organe sind daher nicht berechtigt, „durch einen Eintritt in einen Bundesstaat das **Selbstbestimmungsrecht** des Deutschen Volkes in Gestalt der völkerrechtlichen **Souveränität** Deutschlands aufzugeben. Dieser Schritt ist wegen der mit ihm verbundenen unwiderruflichen Souveränitätsübertragung auf ein neues Legitimationssubjekt allein dem **unmittelbar erklärten Willen des Deutschen Volkes** vorbehalten" (Abs.-Nr. 228 des Urteils). Ein **Aufgehen** der Bundesrepublik in einem **europäischen Bundesstaat** ist unter der **Herrschaft des Grundgesetzes** mithin **nicht möglich**. Wenn dies geschehen soll, muss sich das **Wahlvolk** selbst eine **neue Verfassung** geben.

Die Mitwirkung Deutschlands an einer zwischenstaatlichen „Ordnung des **wechselseitigen friedlichen Interessenausgleichs**" und eines „**organisierten Miteinander** in Europa" steht „**nicht** im **Belieben** der deutschen Verfassungsorgane" (Abs.-Nr. 222 des Urteils). Die **Schranken** dessen ergeben sich aus Art. 79 Abs. 3 GG, dem unabänderlichen, mit „Ewigkeitsgarantie" versehenen **Verfassungskern**, zu dem **Demokratie** und **Volkssouveränität** ebenso gehören wie **Rechts-** und **Sozialstaatlichkeit**, das **föderative Prinzip** und die grundsätzliche Mitwirkung der **Länder** bei der **Gesetzgebung**. Die **Identität** der Bundesrepublik und ihre **Souveränität als Ganzes** stehen folglich nicht zur Disposition:

„Mit der sogenannten **Ewigkeitsgarantie** wird die Verfügung über die Identität der freiheitlichen Verfassungsordnung selbst dem verfassungsändernden Gesetzgeber aus der Hand genommen. Das Grundgesetz setzt damit die **souveräne Staatlichkeit** Deutschlands nicht nur voraus, sondern garantiert sie auch" (Abs. Nr. 216 des Urteils). „Die verfassungsgebende Gewalt hat den Vertretern und Organen des Volkes **kein Mandat** erteilt, über die **Verfassungsidentität** zu verfügen. Keinem Verfassungsorgan ist die Kompetenz eingeräumt, die nach Art. 79 Abs. 3 GG grundlegenden Verfassungsprinzipien zu verändern. **Darüber wacht das Bundesverfassungsgericht**" (Abs. Nr. 218 des Urteils).

Unzulässig ist auch die **schrittweise Aushöhlung** der Souveränität. Die deutschen Staatsorgane sind nicht ermächtigt, „Hoheitsrechte derart zu übertragen, dass aus ihrer Ausübung heraus **eigenständig** weitere Zuständigkeiten für die Europäische Union begründet werden können. Es untersagt die Übertragung der **Kompetenz-Kompetenz**. Auch eine **weitgehende Verselbstständigung** politischer Herrschaft für die Europäische Union durch die Einräumung **stetig vermehrter Zuständigkeiten** und eine **allmähliche Überwindung** noch bestehender **Einstimmigkeitserfordernisse** oder bislang prägender Regularien der **Staatengleichheit** kann aus der Sicht des deutschen Verfassungsrechts **allein** aus der Handlungsfreiheit des **selbstbestimmten Volkes** heraus geschehen. Solche Integrationsschritte müssen von Verfassungs wegen durch den Übertragungsakt **sachlich begrenzt** und **prinzipiell widerruflich** sein" (Abs.-Nr. 233 des Urteils).

Der Argwohn des BVerfG galt vor allem der **Verlagerung** der **Innen- und Justizpolitik** in die Zuständigkeit der EU. Hier wollte das Gericht absolut sicherstellen, dass in **zentralen ethischen** Fragen (Gentechnologie, Sterbehilfe, Abtreibung, allgemein auch im Strafrecht) der **deutsche** Gesetzgeber in die **Entscheidung eingebunden** bleibt, dass **wesentliche innerstaatliche Gesetzgebungsakte** (Parteienverbot, Stammzellenforschung, Managergehälter) nicht von anderen Grundrechtsauslegungen und Rechtstraditionen geprägt sein werden und die nach dem Grundgesetz absolut **unantastbare Menschenwürde** nicht mit anderen Gütern oder Werten abgewogen werden kann.

**Integrationsziel** nach Art. 23 Abs. 1 und 24 Abs. 1 GG kann somit nur ein **Staatenverbund** sein, nicht aber ein europäischer Überstaat. „**Herren der Verträge**" bleiben die **Nationalstaaten**. Eine sich verselbstständigende **Zentralisierungsdynamik** wäre **verfassungswidrig**:

> Die **Zuständigkeit** zwischen der EU und den Mitgliedstaaten sind fließend: Auf die Sektoren Bildung, Kultur, Sport, Jugend, Zivilschutz und wesentliche Teile der Gesundheitspolitik hat die EU **keinen Einfluss**. In den Bereichen Energiepolitik, Umwelt, Verkehr, Landwirtschaft, Fischerei, Verbraucherschutz, Sozialpolitik, Sicherheits- und Verteidigungspolitik, Forschung und Entwicklung bestehen **gemischte Zuständigkeiten**. Währung, Zoll, Wettbewerbsrecht und Aufenthaltspolitik sind **allein** Sache der **EU**.

Für den **Bundestag** bedeutete die Entscheidung eine weitere Niederlage. Schon im Verfahren zum **Europäischen Haftbefehl** hatte er sich vorwerfen lassen müssen, eine Regelung „durchzuwinken", die eigentlich Gegenstand einer ausführlichen parlamentarischen Debatte hätte sein müssen. Beim **Begleitgesetz** zum Lissabon-Vertrag hat er nach Auffassung des BVerfG seine Mitsprachemöglichkeiten ebenfalls nicht ausgeschöpft.

Das neuerliche Plebiszit in **Irland** brachte dann den Durchbruch. Am 2. Oktober 2009 entschieden sich 67,1 Prozent der irischen Wähler für ein Ja, nachdem der EU-Gipfel den Iren wichtige **Sonderregelungen** eingeräumt und so das zweite Referendum überhaupt erst möglich gemacht hatte. Zugestanden wurden den Iren die **Souveränität** in der Verteidigungs- und Steuerpolitik, das in Irland geltende strikte **Abtreibungsverbot** sowie die Entsendung eines Kommissars für jedes Mitgliedsland, also auch für Irland.

Anschließend unterschrieb auch der **polnische** Präsident. Allgemein wenig Verständnis fand die Haltung des dann allein verbliebenen **tschechischen** Staatspräsidenten **Vaclav Klaus**, der auf einer **Ausnahme** Tschechiens von der Europäischen **Menschenrechtscharta** beharrte, damit diese nicht Grundlage für Rückforderungen der nach 1945 vertriebenen Sudetendeutschen sein konnte – eine Forderung, die angesichts des deutsch-tschechischen Vertrages und der Völkerrechtslage entbehrlich war und letztlich nur Klaus selbst als hartnäckigen Euroskeptiker auswies. Nachdem dann auch er mit Billigung des tschechischen Verfassungsgerichts unterzeichnet hatte, wurde am 23.11.2009 die Ratifikationsurkunde Tschechiens als letzte in Rom hinterlegt, so dass der Vertrag bestimmungsgemäß mit dem Folgemonat – am **1. Dezember 2009** – in Kraft treten konnte.

## Die Europäische Union heute

Europa hat acht Jahre damit verbracht, über Lissabon zu diskutieren. Dabei hat sich gezeigt, dass nur wenige Partner wirklich „europafähig" sind. Die ursprünglichen Ziele – Frieden, Demokratie, offene Grenzen – haben an Strahlkraft verloren. Sie gelten als dauerhaft gesichert. Europa wird daher nicht mehr primär als **Idee** der **Freiheit** wahrgenommen, sondern als **Einschränkung** der **Identitäten**, verbunden mit einer als Anmaßung empfundenen Tendenz zur **Gleichmacherei**. Und die **Fliehkräfte** sind stärker geworden.

Parallel dazu hat Amerika unter Präsident Obama seine Rolle neu definiert. Russland und China sind auf dem Wege, mit den USA einen G 3-Rahmen der Supermächte zu entwickeln. Daneben etablieren sich starke Regionalmächte wie die Türkei und der Iran. Wenn Europa mit dieser Entwicklung Schritt halten will, muss es seine Kräfte als größter Markt der Welt neu beleben.

Seine **Defizite** sind nicht zu leugnen. Skepsis und Verdrossenheit sind in Europa weit verbreitet – über die Abgehobenheit der politischen Eliten, die Intransparenz der Entscheidungen, die mangelnde Einbeziehung der nationalen Parlamente. Mit dem Vertrag von **Lissabon** ist die EU **handlungsfähiger** und zugleich auch **demokratischer** geworden. Doch beileibe nicht alle Forderungen der Europäer sind erfüllt worden, so dass sich die EU auch weiterhin mit den Vorwürfen der **Bürgerferne** und der **Demokratiedefizite** auseinandersetzen muss.

Wer eine **Zwischenbilanz** ziehen will, muss aber auch fragen, wo Europa ohne die Integration stünde und ob überhaupt jemand sich die labilen Verhältnisse eines zerstrittenen Kontinents und der rivalisierenden Nationalstaaten zurückwünscht. Die Antwort liegt in der Geschichte. Europa mag heute unpersönlicher und technokratischer sein denn je. Doch ohne den Zusammenschluss wäre es **politisch schwächer** und **wirtschaftlich anfälliger**; es wäre **weniger stabil** und auch **weniger sicher**.

Wie gefährdet der Frieden in Europa auch heute noch ist, offenbarte die **Krim-Krise** des Jahres 2014 mit dem Völkerrechtsbruch Russlands und der Annexionspolitik Putins. Die dagegen verhängten Sanktionen waren unter anderem auch ein klares Signal für die Beendigung der seit Jahren schwelenden Sinnkrise der EU und ein deutliches Zeichen einer neuen Geschlossenheit.

Die Fähigkeit der EU, selbst schwersten **wirtschaftlichen** Krisen zu begegnen, hatte sich zuvor schon in der **Euro-Krise** der Jahre ab 2011 gezeigt, in deren Verlauf mehreren Krisenländern wirksame Hilfen, vor allem durch Kredite, geleistet wurden. Zunächst waren durch provisorische Hilfsprogramme über 190 Milliarden Euro nach Griechenland, Irland und Portugal geflossen. Als dann im Zuge fortschreitender Zuspitzung nach dauerhaften Lösungen gesucht wurde, einigte man sich auf den ständig abrufbaren **Euro-Rettungsschirm** (ESM) und den begleitenden **Fiskalpakt** mit einem Gesamtvolumen von **700 Milliarden Euro**, zu dem Deutschland bis zu 190 Milliarden beisteuert, davon 22 Milliarden als Bareinlage. Aus diesem „**Europäischen Stabilitätsmechanismus**" haben bisher Zypern und Spanien Kredite von mehr als 50 Milliarden in Anspruch genommen. Eine gegen die Pauschalzusage Deutschlands gerichtete Klage vor dem BVerfG hatte keinen Erfolg. Auch bei dieser **dauerhaften Verpflichtung**, so das BVerfG am 18.3.2014, bleibe die „**Haushaltsautonomie** des Bundestages hinreichend gewahrt".

Die europäische Idee hat dem Kontinent eine **einmalige**, nie zuvor erfahrene **Friedensphase** beschert. Die Gewissheit, dass Deutsche und Franzosen, Deutsche und Polen nie wieder aufeinander schießen werden, ist ein Erfolg, von dem frühere Generationen nicht einmal träumen durften. Hinter dieser **Errungenschaft** verblasst vieles, was den Alltag in Europa unverstehbar, zähflüssig und bisweilen auch unattraktiv macht. Neben aller Beschwörung gemeinsamer **Ideale** sprechen letztlich die **Fakten** für Europa. Zwar zahlt Deutschland pro Jahr 6 Milliarden mehr ein, als aus der EU zurückfließen. Doch diese Summe ist gut angelegt. Sie verbessert unsere **Exportchancen** und damit einen Bereich, von dem wir – bei einem Export-Warenwert 900 Milliarden Euro jährlich – sehr viel stärker als andere abhängen. Doch die EU ist nicht nur eine Verteilerorganisation. Sie kann auch ein **Gesellschaftsmodell** sein, sofern sie die Krise, in die sie sich durch nationale Egoismen, bürokratischen Wildwuchs und eine überhastete Spreizung manövriert hat, als **Chance** begreift – als Antwort Europas auf die Ängste einer in Zeiten der Finanzkrise verunsicherten Welt und als Gegenentwurf zu Ideologien und Fundamentalismen aller Art.

## Zusammenfassung: Was bringt uns Europa?

| | |
|---|---|
| **Offene Grenzen:** | 400 Mio. Menschen überqueren pro Jahr die Grenzen unseres Landes, an denen früher Schlagbäume standen. Freizügigkeit und Niederlassungsfreiheit lassen die Völker einander näherrücken. Grenzüberschreitende Kriminalität wird gemeinsam bekämpft. |
| **Sichere Versorgung:** | Offene Marktwirtschaft, freier Wettbewerb sowie soziale und ökologische Ausgewogenheit sind die Erfolgsmerkmale des „europäischen Modells" und garantieren gerade auch in Krisenzeiten eine ausreichende Versorgung mit erschwinglichen Preisen für jedermann. |
| **Freier Handel, entwicklungsorientierte Wirtschafts – und stabilitätsorientierte Währungspolitik, Wohlstandssicherung:** | Die Wirtschafts- und Währungsunion mit einem gemeinsamen Geldraum, einheitlicher Euro-Währung und einer abgestimmten, stabiltätsorientierten Finanz- und Wirtschaftspolitik ist Grundlage der Wirtschaftsordnung der EU. Vor allem für die stark exportabhängige Bundesrepublik ist der freie Verkehr von Waren und Dienstleistungen eine Grundvoraussetzung für Lebensqualität und Wohlstand. |
| **Gemeinsame Forschung:** | Kooperative Forschung stärkt die Wettbewerbsfähigkeit auf den Weltmärkten. |
| **Integration und Wertegemeinschaft:** | Geschlossenheit in Fragen der Außen-, Wirtschafts- und Sicherheitspolitik und gemeinsames Eintreten für Demokratie und Menschenrechte haben Europa trotz mancher Rückschläge wirtschaftlich und politisch stark gemacht. |
| **Friedensgarantie, auch durch Erweiterungspolitik:** | Die jahrhundertelang verfeindeten Völker Europas leben heute in Frieden miteinander. Wie gefährdet der Frieden noch immer ist, hat die Balkankrise der neunziger Jahre gezeigt. Die EU ist Garant dieses „inneren" Friedens, aber auch ein wichtiger Träger weltweiter Friedenssicherung. Die Gemeinschaft dient der Stabilität Europas auch, indem sie die gesellschaftlichen Entwicklungen in den Beitrittsländern fördert. Erweiterungspolitik ist Friedenspolitik. |
| **Zukunftssicherung:** | Wirtschafts-, sozial-, sicherheits- und umweltpolitisch gewährleistet Europa eine „nachhaltige" Entwicklung in Gegenwart und Zukunft. |

## Die Organe der Europäischen Union

Mit Inkrafttreten des **Lissabon-Vertrages** (1.12.2009) hat die EU ihre auf lange Zeit **abschließende Struktur** gefunden, die einer Verfassung gleichkommt, ohne jedoch Verfassung im Rechtssinne zu sein. Organe der Union sind das Europäische Parlament, der Europäische Rat, der Rat der Europäischen Union, die Europäische Kommission, der Europ. Gerichtshof, die Zentralbank und der Rechnungshof (Art. 9 Abs. 1 EUV; s. unten).

### Das Europäische Parlament

Das Parlament ist **kein Repräsentationsorgan** eines **souveränen europäischen Volkes**. Es wird nicht nach dem **Gleichheitsprinzip**, sondern nach **national gewichteten Kontingenten** gewählt. Ursprünglich setzte es sich als „Beratende Versammlung" aus Mitgliedern zusammen, die von den (damals 9) **nationalen Parlamenten** delegiert wurden. Die Direktwahl ist erst 1979 eingeführt worden. Der Sitz des Parlaments ist aufgeteilt zwischen **Luxemburg** (Generalsekretariat), **Straßburg** (Hauptsitz, Plenarsitzungen) und **Brüssel** (weitere Plenarsitzungen), was wegen der jährlichen Kosten von 200 Millionen Euro zunehmend kritisiert wird, aber nur im Konsens aller Mitgliedsstaaten zu ändern wäre.

| Befugnisse des Parlaments |
|---|

Die Bestrebungen, das ursprünglich auf bloße **Anhörungsrechte** beschränkte Parlament mit **erweiterten Befugnissen** zu versehen, scheiterten zunächst an der Sorge um den Verlust nationaler Souveränitätsrechte. Erst die Verträge von **Maastricht** und **Lissabon** (s. oben) führten zu einer Stärkung des Parlaments, die seiner Bedeutung als des **einzigen direkt gewählten** Organs der Gemeinschaft nahe kommt – auch wenn seine Rolle bei weitem noch nicht den klassischen Mustern der repräsentativen Demokratie entspricht. Seine **Kernbefugnisse** erstrecken sich auf **Gesetzgebung, Haushalt** und **Kontrolle**, werden im Regelfall aber **gemeinsam** mit dem **Rat** ausgeübt. Man unterscheidet:

▶ **Zustimmungsrechte**
  Der Zustimmung bedürfen insbesondere Verträge mit Drittstaaten, einschl. der Aufnahme neuer Mitglieder, Wahlangelegenheiten, Unionsbürgerrechte, Ernennung des Hohen Vertreters für Außen- und Sicherheitspolitik und des Präsidenten der EU-Kommission sowie die Festlegung der Aufgaben der Strukturfonds und der EU-Zentralbank.

▶ **Mitentscheidungsrechte**
  Mitentscheidungsrechte sind seit dem Vertragswerk von Lissabon zum Regelfall geworden, insbesondere bei der Gesetzgebung, wo Rat und Parlament gleichrangig zusammenwirken. Beispiele: Haushalt, Binnenmarkt, Kultur und Bildung, Forschung, Umweltangelegenheiten, Gesundheit, Verbraucherschutz, justizielle Zusammenarbeit in Strafsachen, gesamteuropäische Verkehrsnetze.

Daneben hat das Parlament ein allgemeines **Anhörungsrecht**, z. B. bei Maßnahmen aus den Sozial- und Regionalfonds. Es wählt den **Präsidenten** der **EU-Kommission**, nimmt **Beschwerden** und **Petitionen** entgegen und bestellt einen **Ombudsman**. Gemeinsam mit dem Rat übt es das **Haushaltsrecht** aus.

 Der **EU-Haushalt** 2014 hat ein **Gesamtvolumen** von **135,5 Milliarden**. Davon trägt Deutschland 20 Prozent (rd. 27 Milliarden). Ein großer Teil fließt jedoch als Subventionen zurück. Dennoch ist Deutschland mit 9 Milliarden größter Nettozahler; bezogen auf die eigene Wirtschaftsleistung (BIP) trägt Schweden die größte Last.

Das Parlament ist mithin am Zustandekommen europäischer Rechtsakte nur „**mitentscheidend**" beteiligt. Der Grund für diese Abweichung von klassischen Mustern liegt in der

## Staatengemeinschaften

**Grundstruktur** der EU und somit auch in der Verteilung der **Gewichte**: Der **Rat** ist das Element der **Einzelstaaten**, das **Parlament** vertritt primär die **Gemeinschaft** als Ganzes.
Erfolgreicher als das Streben nach Ausbau parlamentarischer Rechte war zunächst das Ringen um die **direkte Wahl** des Europäischen Parlaments.
Vom 7. bis 10.6.1979 (auf Festlegung nur eines Wahltages wird bis heute im Interesse nationaler Belange verzichtet) wurde das Parlament erstmals direkt gewählt. Die Wahlen des Jahres 2014 sind bereits die 8. Europawahlen. Das Verfahren richtet sich in Deutschland nach dem **Europawahlgesetz** (EuWG) i.d.F. d. Bek. v. 8.3.1994 (BGBl. I S. 423), zul. geä. d. Ges. v. 7.10.2013 (BGBl. I S. 3749) sowie der **Europawahlordnung** i.d.F. d. Bek. v. 2.5.1994, zul. geä. d. VO. v. 16.12.2013 (BGBl. I 4335).

### Das Wahlverfahren

Bei der ersten Europawahl bestimmte jeder Partnerstaat das Wahlverfahren selbst. Der Entwurf für ein einheitliches Wahlsystem (notwendigerweise ein Kompromiss, denn die Partner bevorzugen ganz überwiegend die Verhältniswahl, Großbritannien wählt nach dem Persönlichkeitswahlrecht) fand zu den zweiten Wahlen zwar eine Mehrheit im Parlament, wurde vom Rat jedoch verworfen, so dass auch die zweite Wahl noch nationalen Regeln folgte.

Das Europa-Wahlgesetz lehnt sich zwar stark an das Bundestagswahlrecht an; in einigen wichtigen Bestimmungen **weicht** es aber von diesem Vorbild **ab**. So zum Beispiel:

▶ Die Wahl erfolgt nach den Grundsätzen der **Verhältniswahl** mit **Listenwahlvorschlägen**. Der Wähler hat nur **eine Stimme**, die er der Liste einer Partei oder sonstigen politischen Vereinigung geben kann. Die Einteilung in Wahlkreise entfällt folglich.

▶ Den Parteien oder sonstigen politischen Vereinigungen ist es **freigestellt**, ob sie sich für **Landeslisten** oder eine **gemeinsame Bundesliste** entscheiden. Zur 7. Direktwahl 2009 legte nur die CDU/CSU Landeslisten vor. Aufgerufen waren **375 Millionen Wähler** in **28 Mitgliedsländern**. In Deutschland bewarben sich 27 Parteien und Vereinigungen. Dazu bedurfte es eines Stimmzettels von 94 Zentimetern Länge.

Die ursprüngliche **Fünf-Prozent-Klausel** wurde mit Urteil vom 9.11.2011 vom BVerfG als Verstoß gegen die Wahlrechtsgleichheit und Chancengleichheit für verfassungswidrig erklärt. Zwischen der Europawahl und der Bundestagswahl bestehe ein struktureller Unterschied, da das Europaparlament keine Regierung wähle, die auf dauerhafte Unterstützung durch das Parlament angewiesen sei. Auch die daraufhin eingeführte **Drei-Prozent-Klausel** hatte keinen Bestand. Ausnahmen vom Grundsatz der Erfolgsgleichheit der Stimmen seien nur zulässig bei ähnlich gewichtigen Gründen, etwa der Funktionsfähigkeit des Parlaments, so das BVerfG am 26.2.2014. Bereits ab Mai 2014 gilt somit bei der Europawahl keine Sperrklausel. Ob dies, wie vielfach befürchtet, die Zersplitterung begünstigen und radikale Kräfte stärken, bleibt abzuwarten.

### Die Rechtsstellung der Abgeordneten

Die auf **fünf** Jahre gewählten Abgeordneten dürfen weder der **Regierung** eines der EU-Länder angehören noch Mitglied der **Europäischen Kommission** sein (Grundsatz der Inkompatibilität). Seit den Europawahlen des Jahres 2004 ist ihnen auch die Mitgliedschaft in einem **nationalen Parlament** verwehrt. Der Erwerb eines solchen Mandats ist ein Verlustgrund für die Mitgliedschaft im EU-Parlament. Die Rechtsstellung der Abgeordneten entspricht nationalem Recht.; die Abgeordnetenbezüge sind ab 1.6.2004 vereinheitlicht worden.

### Anzahl der Sitze, Sitzverteilung

Die Europäische Union ist eine Gemeinschaft von **Völkern**, aber auch von **Staaten**. Ihre Völker weisen höchst unterschiedliche Einwohnerzahlen auf, ihre Mitgliedsstaaten hingegen

439

## Staatengemeinschaften

sind gleich. Die Sitzverteilung musste folglich ein Kompromiss sein aus der **Proportionalität der Bevölkerung** und der **prinzipiellen Gleichheit** der **Staaten**. Im Ergebnis entspricht sie den Bevölkerungsanteilen nur in ganz groben Zügen. Dabei wird hingenommen, dass z. B. die Stimme eines maltesischen Wählers das zwölffache Gewicht der Stimme eines deutschen Wählers hat oder dass in Luxemburg ein Abgeordneter 83 000, in Deutschaland hingegen 831 000 Bürgerinnen und Bürger vertritt.

Das Parlament hat **751 Sitze**, einschl. des nicht stimmberechtigten Präsidenten.

| Mitgliedsstaaten EU-28 | Einwohner[1] in Mio. | Einwohner Anteil in % | Sitze bis 6/2009 | Sitze[2] ab 2014 |
|---|---|---|---|---|
| Deutschland | 82,4 | 16,5 | 99 | 96 |
| Frankreich | 62,9 | 12,6 | 78 | 74 |
| Vereinigtes Königreich | 60,4 | 12,1 | 78 | 73 |
| Italien | 58,7 | 11,8 | 78 | 73 |
| Spanien | 43,7 | 8,8 | 54 | 54 |
| Polen | 38,1 | 7,6 | 54 | 51 |
| Rumänien | 21,6 | 4,3 | 35 | 32 |
| Niederlande | 16,3 | 3,3 | 27 | 26 |
| Griechenland | 11,1 | 2,2 | 24 | 21 |
| Portugal | 10,6 | 2,1 | 24 | 21 |
| Belgien | 10,5 | 2,1 | 24 | 21 |
| Tschechische Republik | 10,2 | 2,0 | 24 | 21 |
| Ungarn | 10,1 | 2,0 | 24 | 21 |
| Schweden | 9,1 | 1,8 | 19 | 20 |
| Österreich | 8,3 | 1,7 | 18 | 18 |
| Bulgarien | 7,7 | 1,6 | 18 | 17 |
| Slowakei | 5,4 | 1,1 | 14 | 13 |
| Dänemark | 5,4 | 1,1 | 14 | 13 |
| Finnland | 5,2 | 1,1 | 14 | 13 |
| Kroatien | 4,4 | 0,9 | – | 11 |
| Irland | 4,2 | 0,9 | 13 | 11 |
| Litauen | 3,4 | 0,7 | 13 | 11 |
| Lettland | 2,3 | 0,5 | 9 | 8 |
| Slowenien | 2,0 | 0,4 | 7 | 8 |
| Estland | 1,3 | 0,3 | 6 | 6 |
| Zypern | 0,8 | 0,2 | 6 | 6 |
| Luxemburg | 0,5 | 0,1 | 6 | 6 |
| Malta | 0,4 | 0,1 | 5 | 6 |
| **Gesamt:** | **498,1** | **100,00** | **785** | **751** |

1  Quelle: Europäische Kommission (Eurostat) 2011/2012, Zahlen abgerundet.
2  Seit 2013 gehört auch Kroatien zur EU. Bis zur Europawahl 2014 erhielt das Land 12 Parlamentssitze. Diese wurden den anderen Mitgliedsstaaten abgezogen, um auf die vertraglich festgelegte Zahl von 751 Sitzen (einschließlich des Präsidenten) zu kommen. Hierbei wurden Deutschland drei Sitze, zwölf weiteren Staaten (darunter auch Kroatien selbst) je ein Sitz abgezogen.

## Der Europäische Rat

Der **Europäische Rat,** in der Vergangenheit vielfach auch als Euro-Gipfel bezeichnet, ist das **oberste Leitungs- und Steuerungsorgan** der Union. Bei ihm liegen die **Weichenstellungen** und **strategischen Vorgaben** in der europäischen Politik:

> Der nach dem Prinzip der **Staatengleichheit** organisierte Rat gibt der Union die für ihre Entwicklung notwendigen **Impulse** und legt die allgemeinen politischen **Zielvorstellungen** und **Prioritäten** hierfür fest. Er wird nicht gesetzgeberisch tätig (Art. 9b EUV). Seiner Natur nach obliegt ihm daneben die Rolle des **Schlichters.**

Der Europäische Rat – nicht zu verwechseln mit dem Rat der Europäischen Union – setzt sich zusammen aus den **Staats- und Regierungschefs** der 28 Mitgliedsstaaten. Ihm gehören weiter der gewählte **Präsident des Europäischen Rates** (s. unten) und der **Präsident der EU-Kommission** an. Der **Hohe Vertreter** der Union für die **Außen- und Sicherheitspolitik** nimmt an den Arbeiten des Europäischen Rates teil (s. unten).

Seit Inkrafttreten des Vertrages von Lissabon am 1.12.2009 ist der Europäische Rat ein **Organ** der Union, nicht mehr eine bloße Konferenz der „Chefs". Diese wählen mit qualifizierter Mehrheit auf **zweieinhalb Jahre** einen hauptamtlichen **Präsidenten des Europäischen Rates** zum Vorsitzenden. Einmalige Wiederwahl ist zulässig. Ein einzelstaatliches Amt darf der Präsident nicht ausüben. Er verdeutlicht das Profil der Gemeinschaft und gibt ihr ein „Gesicht". Erster Amtsträger ist der ehemalige belgische Regierungschef **Herman van Rompuy.**

Damit entfällt der halbjährliche Wechsel im Ratsvorsitz (s. oben). Im Rat der Europäischen Union wird dieser Turnus jedoch beibehalten (s. unten). Der Europäische Rat tritt **vierteljährlich** zusammen. Er entscheidet **einstimmig,** soweit in den Verträgen nichts anderes festgelegt ist.

## Der Rat der Europäischen Union

Der **Rat der Europäischen Union** – früher **Ministerrat,** im Vertrag von Lissabon zumeist kurz **Rat** genannt – stellt, bezogen auf dass klassische parlamentarische System, eine Art **zweite Kammer** dar und ist am ehesten mit dem Bundesrat vergleichbar. In ihm **artikulieren** und **bündeln** sich die Interessen der **Mitgliedsstaaten.**

> Der Rat wird gemeinsam mit dem Europäischen Parlament als **Gesetzgeber** tätig und übt gemeinsam mit ihm die **Haushaltsbefugnisse** aus. Zu seinen Aufgaben gehört die **Festlegung** der **Politik** und die **Koordinierung** nach Maßgabe der Verträge (Art. 9c EUV).

Der Rat setzt sich aus **je einem** Vertreter der Mitgliedsstaaten auf **Ministerebene** zusammen, der befugt ist, für sein Land **rechtsverbindliche Erklärungen** abzugeben und das **Stimmrecht** auszuüben. Ihm gehören ferner die jeweils zuständigen **Kommissare** der EU-Kommission an. Sofern die Verträge nichts anderes bestimmen, entscheidet der Rat mit **qualifizierter Mehrheit.** Der Rat ist mithin ein **Fachministergremium,** was faktisch eine **inhaltliche Bindung** an die Richtlinienkompetenz des jeweiligen Regierungschefs bedeutet, andererseits – je nach Thema – eine **unterschiedliche Besetzung** nach sich zieht. Gleichwohl ist er ein **einheitliches Organ.** Er tagt in sog. **Ratsformationen,** d. h. unter Zusammenführung von Ministern gleicher Aufgabenstellung (Ressorts). Der Reformvertrag nennt hierzu zwei konkrete Formationen:

▶ Als **Rat „Allgemeine Angelegenheiten"** sorgt er für **Kohärenz** der Arbeiten der verschiedenen Ratsformationen (d. h. für ein abgestimmtes Vorgehen nach außen) und zusammen mit dem Präsidenten des Europäischen Rates und dem Kommissionspräsidenten für die Vorbereitung der Tagungen des Europäischen Rates (Gipfeltreffen);

▶ als **Rat „Auswärtige Angelegenheiten"** gestaltet er das abgestimmte **auswärtige Handeln** der Union auf der Basis der strategischen Vorgaben des Europäischen Rates.

*Staatengemeinschaften*

Die **weiteren Ratsformationen** werden vom Europäischen Rat mit qualifizierter Mehrheit festgelegt. Seit 2002 sind dies weitere 8 Formationen (Wirtschaft und Finanzen; Justiz und Inneres; Beschäftigung und Sozialpolitik; Gesundheit und Verbraucherschutz; Wettbewerbsfähigkeit; Verkehr, Telekommunikation und Energie; Landwirtschaft und Fischerei; Bildung, Jugend und Kultur, Umweltschutz). Der Rat hat mithin **keine festen Mitglieder**. Zu den Tagungen des Rates entsendet jeder Mitgliedsstaat den Minister, der für den zu behandelnden Politikbereich sachlich zuständig ist.

Die **halbjährliche Rotation** im **Vorsitz** des Rates in all seinen Zusammensetzungen, ausgenommen der Rat „Auswärtige Angelegenheiten", wird beibehalten. Jedoch wird die schlichte Aufeinanderfolge durch eine **„Teampräsidentschaft"** abgelöst: Die Präsidentschaft im Rat wird durch zuvor festgelegte Gruppen von **3 Mitgliedsländern** für jeweils insgesamt **18 Monate** wahrgenommen. Jedes der drei Gruppenmitglieder übernimmt für sechs Monate den Vorsitz und wird dabei von den anderen beiden Teammitgliedern unterstützt.

Die Gruppen werden in **„gleichberechtigter Rotation** unter Berücksichtigung ihrer **Verschiedenheit** und des **geografischen Gleichgewichts"** zusammengestellt. Mit diesem System soll eine gewisse **Streuung** erreicht werden, so dass nicht drei gleich große oder drei eng benachbarte Mitgliedsländer ein Achtzehnmonatsteam bilden.

Abweichend von diesem System führt im **Rat „Auswärtige Angelegenheiten"** der **Hohe Vertreter der Union für die Außen- und Sicherheitspolitik** ständig den Vorsitz. Dieser wird vom Europäischen Rat mit qualifizierter Mehrheit und mit Zustimmung des Präsidenten der EU-Kommission ernannt (Art. 9e EUV). Erste Amtsträgerin ist die Britin **Catherine Ashton**.

In seiner Funktion kommt der Hohe Vertreter einem **Außenminister** der EU gleich. Er leitet die gemeinsame Außen- und Sicherheitspolitik und sorgt für die Kohärenz des auswärtigen Handelns der Union. Durch seine Vorschläge trägt er zur Festlegung dieser Politik bei und führt sie im Auftrage des Rates durch. Er ist zugleich einer der Vizepräsidenten der EU-Kommission. Zur Erfüllung seiner Aufgaben stützt er sich auf einen **Europäischen Auswärtigen Dienst**.

**Sitz** des Rates ist **Brüssel** (während dreier Monate im Jahr auch Luxemburg). Im Hinblick auf seine wechselnde Besetzung (s. unten) tritt der Rat mehrfach im Monat zusammen. Er tagt **öffentlich,** wenn er über Entwürfe zu **Gesetzgebungsakten** berät und abstimmt.

In der Vergangenheit waren Regelungskompetenzen, die auf die europäische Ebene verlagert wurden, überwiegend nicht dem Parlament, sondern dem Rat zugewachsen und damit der öffentlichen Beobachtung entzogen worden. Die Neuregelung behebt dieses häufig kritisierte Demokratie-Defizit. Im Übrigen bleibt das **Normsetzungsverfahren** unverändert:

Das Recht der **Gesetzinitiative** hat allein die **Kommission** als Hüterin der Unionsinteressen (s. unten). Für den Erlass von Rechtsakten stehen verschiedene Verfahren zur Verfügung. Die Initiativen der Kommission werden unter Beteiligung des Parlaments zu Richtlinien (Rahmenvorschriften) oder Verordnungen mit unmittelbarer Bindungswirkung, wenn sie im Rat die geforderten Mehrheiten finden (s. oben).

Für die **Beschlüsse** des Rates gilt bis 2014 bzw. 2017 der Vertrag von **Nizza**. Der darin festgelegte Schlüssel der „gewichteten" Stimmen entspricht, ähnlich der Sitzverteilung im Parlament (s. unten), den Einwohnerzahlen der Mitgliedsstaaten nur in allgemeinen Größenordnungen, nicht aber proportional. Festgelegt ist ebenfalls die notwendige Stimmenzahl von **260** für das Erreichen der **qualifizierten Mehrheit**. Zur **Gestaltungsmehrheit** sind folglich **73,86** Prozent der Stimmen erforderlich. Die **Sperrminorität** beträgt mindestens 93 Stimmen. Liegt sie vor, sind bei einer Gesamtzahl von 352 Stimmen die für eine qualifizierte Mehrheit geforderten 260 Stimmen rechnerisch nicht mehr zu erreichen.

Die **Abstimmungsgewichte** sind im Einzelnen wie folgt verteilt:

| Stimmenschlüssel im Rat der 28 Partnerländer auf der Basis des Vertrages von Nizza – festgelegt bis 2014, Übergangsfrist bis 2017 – | | | | | | | | |
|---|---|---|---|---|---|---|---|---|
| Deutschland | 29 | 13 | Niederlande | Schweden | 10 | 7 | Kroatien |
| Frankreich | 29 | 12 | Belgien | Bulgarien | 10 | 4 | Luxemburg |
| Großbritannien | 29 | 12 | Griechenland | Dänemark | 7 | 4 | Estland |
| Italien | 29 | 12 | Portugal | Finnland | 7 | 4 | Lettland |
| Spanien | 27 | 12 | Tschech. Rep. | Irland | 7 | 4 | Slowenien |
| Polen | 27 | 12 | Ungarn | Slowakei | 7 | 4 | Zypern |
| Rumänien | 14 | 10 | Österreich | Litauen | 7 | 3 | Malta |

Insgesamt **352** Stimmen

**260**

Stimmen (73,86 Prozent) sind für **qualifizierte Mehrheiten** erforderlich
– Sperrminorität: 93 Stimmen –

## Die Europäische Kommission

Die Europäische Kommission wahrt im Unterschied zum Ministerrat das **Gesamtinteresse** der Gemeinschaft. Sie ist die „Regierung" der EU und die Antriebskraft des Integrationsprozesses. Als „Hüterin der Verträge" achtet sie auf die Einhaltung der gemeinschaftlichen Rechtsvorschriften. Ihr obliegt zudem die Vertretung der Union nach außen, soweit nicht ausdrücklich – wie in der Gemeinsamen Außen- und Sicherheitspolitik – etwas anderes bestimmt ist. Ihre vielfältigen Aufgaben haben die Kommission zu einem außerordentlich starken Organ der Gemeinschaft werden lassen. Sie ist unabhängig von den Mitgliedsstaaten und damit im eigentlichen Sinne „supranational". Ein besonderes Beispiel ihres Rollenverständnisses gab die Kommission, als sie 2003 in der Frage der Defizit-Obergrenzen erstmalig vor dem Europäischen Gerichtshof gegen den Ministerrat Klage erhob.

Die Kommission fördert die **allgemeinen Interessen** der Union und ergreift geeignete Initiativen zu diesem Zweck. Sie sorgt für die Anwendung der **Verträge** sowie der von den Organen kraft der Verträge erlassenen Maßnahmen (insbesondere durch Erlass entsprechender Rechtsvorschriften). Sie überwacht die Anwendung des **Unionsrechts** unter der Kontrolle des Gerichtshofs der EU, führt den **Haushaltsplan** aus und verwaltet die Programme. Sie übt nach Maßgabe der Verträge Koordinierungs-, Exekutiv- und Verwaltungsfunktionen aus und nimmt mit Ausnahme der Gemeinsamen Außen- und Sicherheitspolitik die **Vertretung** der Union **nach außen** wahr (vgl. Art. 9d Abs. 1 EUV).

Bei der **Kommission** liegt, soweit in den Verträgen nichts anderes festgelegt ist, die **Gesetzesinitiative**. Ihre Amtszeit beträgt **5 Jahre** (Art. 9d Abs. 2 und 3 EUV). Zur Erfüllung ihrer Aufgaben steht ihr ein umfangreicher Verwaltungsapparat zur Verfügung. Sie hat ihren **Sitz** in **Brüssel**. Die Kommission übt ihre Tätigkeit in **voller Unabhängigkeit** aus. Ihre Mitglieder dürfen **Weisungen** von einer Regierung, einem Organ, einer Einrichtung oder einer anderen Stelle weder einholen noch entgegennehmen. Sie enthalten sich jeder Handlung, die mit ihrem Amt oder der Erfüllung ihrer Aufgaben unvereinbar ist (Art. 9d Abs. 3 EUV).

Die **Europäische Kommission** besteht aus **28 Mitgliedern** (umgangssprachlich: Kommissaren), einschließlich des **Präsidenten** und des **Hohen Vertreters für Außen- und Sicherheitspolitik**. Sie wird im **fünfjährigen Turnus**, jeweils nach den Europawahlen, neu besetzt, wobei jedes Partnerland ein Kommissionsmitglied entsendet. Der **Europäische Rat** benennt mit qualifizierter Mehrheit einen Kandidaten für das Amt des **Kommissionspräsidenten**, wobei er das Ergebnis der Wahlen zum Europäischen Parlament (das heißt, die Mehrheitsverhältnisse) berücksichtigt (Art. 9d Abs. 7 EUV). **Gewählt** wird der Kommisionspräsident dann vom **Parlament** mit absoluter Mehrheit.

Zur weiteren „Regierungsbildung" schlagen die Partnerländer je ein **Kommissionsmitglied** (einen Kommissar) vor. Der **Europäische Rat** befindet mit qualifizierter Mehrheit über die **Gesamtliste** der Kommissionsmitglieder und legt fest, welchem Kommissar das Amt des **Hohen Vertreters für Außen- und Sicherheitspolitik** übertragen wird. Mit den übrigen Ressorts beauftragt der Kommissionspräsident die weiteren Mitglieder der Kommission. Im Hinblick auf die hohe Zahl der Kommissare haben die Ressorts einen deutlich kleineren Aufgabenzuschnitt als die klassischen Ministerien der nationalen Regierungen.

Die Kommission ist als Kollegium dem **Europäischen Parlament** verantwortlich. Das Parlament kann einen **Misstrauensantrag** annehmen, der im Erfolgsfalle zum Rücktritt der Kommission führt (Art. 9d Abs. 8 EUV).Nach dem Vertrag von Lissabon sollten ab 2014 nur noch zwei Drittel der Partnerländer in einem Rotationsverfahren je einen Kommissar stellen. Dieses System wurde auf Beschluss des Rates ausgesetzt, um der Forderung der Iren nach einem ständigen Kommissar zu genügen und ihnen so die Zustimmung zum Vertrag zu erleichtern (s. oben). Die Änderung soll bei Aufnahme Kroatiens (2010/2011) in den dann ohnehin zu novellierenden Vertrag eingefügt werden.

## Der Gerichtshof der Europäischen Union

Der Gerichtshof der Europäischen Union (EuGH) – nicht zu verwechseln mit dem Europäischen Gerichtshof für Menschenrechte, einem Organ des Europarates (s. unten) – ist das **höchste Gericht** der Union. „Er sichert die **Wahrung** des **Rechts** bei der **Auslegung** und **Anwendung** der **Verträge**" (Art. 9f Abs. 1 EUV). Seine Entscheidungen binden die obersten Gerichte der Mitgliedsstaaten. Diese müssen nach dem Vertrag von Maastricht sogar Grundsatzstreitigkeiten vorlegen, bevor sie selbst entscheiden. In diesem Rahmen ist er für das **gesamte Gemeinschaftsrecht** zuständig und entscheidet u. a. darüber, ob Beschlüsse des Ministerrates oder der Kommission mit dem Vertragsrecht der Gemeinschaft übereinstimmen.

Der Gerichtshof entscheidet über Klagen eines **Mitgliedsstaates,** eines **Organs** oder natürlicher oder juristischer **Personen,** im Wege der Vorabentscheidung auf Antrag der einzelstaatlichen Gerichte über die **Auslegung** des Unionsrechts oder über die Gültigkeit der **Handlungen** von Organen sowie in allen anderen in den Verträgen vorgesehenen Fällen (Art. 9d Abs. 8 EUV).

Der Gerichtshof im engeren Sinne besteht aus **28 Richtern** (ein Richter je Mitgliedsstaat). Er wird von **9 Generalanwälten** unterstützt. Zur Entlastung ist ihm das **„Gericht erster Instanz"** vorgeschaltet, in dem ebenfalls jedes Mitgliedsland mit mindestens einem Richter vertreten ist. Dessen Entscheidungen können mit einem Rechtsmittel, das auf Rechtsfragen beschränkt ist, beim Gerichtshof angefochten werden. Anders als der Gerichtshof verfügt das Gericht erster Instanz nicht über ständige Generalanwälte. Zum Gerichtshof gehört ferner ein Fachgericht für den öffentlichen Dienst.

Die Richter werden von den nationalen Regierungen einvernehmlich auf **sechs Jahre** ernannt (Art. 9f Abs. 2 EUV). Gleiches gilt für die Generalanwälte. **Sitz** des Gerichts ist **Luxemburg**.

Die Rechtsprechung des Gerichtshofs, dem das BVerfG die Rolle des „gesetzlichen Richters" gem. Art. 101 GG zuerkannt hat, nimmt vor allem bei der Ausfüllung allgemeiner EU-Rechtssätze Einfluss auf die Rechtsfortbildung in den Mitgliedsländern, so z. B.:

▶ **Frauenquoten** sind bei Einstellung und Beförderung zwar grundsätzlich zulässig, das EU-Recht verbietet aber einen „absoluten und unbedingten Vorrang" für Frauen. Bei der Festlegung solcher Quoten sind daher Ausnahmeregelungen für Härtefälle vorgesehen (Entsch. v. 17.10.1995 zur Quotenregelung des Landes Bremen).

▶ Die Regeln über den **Spielertransfer** und die Beschränkung der Anzahl von Spielern aus der Gemeinschaft verstoßen gegen die Römischen Verträge (sog. Bosman-Urteil über das Transfer- und Spielsystem im Profifußball, EuGH, 15.12.1995, C-415/93).

▶ Die **Differenzierung** zwischen Spaniern und ausländischen Touristen beim Zugang zu spanischen Museen verstößt gegen Art. 7 und 59 EWGV (EuGH, NJW 94, 1941).

▶ **Apotkeken** dürfen in Deutschland nur von Pharmazeuten betrieben werden. Ketten bleiben verboten.

▶ Die deutsche **Vorratsdatenspeicherung** (mind. 6 Monate) bleibt erlaubt (s. jedoch S. 128).

▶ Die europaweite **Freizügigkeit** und die damit verbundene Teilhabe an **Sozialleistungen** sind durchgängig an den Aspekt der **Gleichbehandlung** gebunden.

▶ Das pauschale **Verbot** jeglicher **Tabakwerbung** verstößt gegen das **Wettbewerbsrecht** der EU (EuGH, am 5.10.2000).

## Der Europäische Rechnungshof

Der Rechnungshof (mit Sitz in Luxemburg) besteht seit 1975. In ihm ist jedes Land der EU mit einem Mitglied vertreten, das vom Rat nach Anhörung des Parlaments auf **sechs** Jahre benannt wird. Er unterstützt das Parlament bei der Kontrolle über die Haushaltsführung, prüft die Einnahmen und Ausgaben aller Organe und legt dazu einen Jahresbericht vor.

## Die Europäische Zentralbank

Die Europäische Zentralbank (EZB) mit Sitz in Frankfurt/M bestimmt **unabhängig** von den Partnerländern die **Geldpolitik** im EU-Raum. Sie legt im Rahmen des europäischen Zentralbankensystems (ESZB/Zentralbankrat) nach dem Muster der Bundesbank die **Leitzinsen** fest und steuert so das **Preisniveau**. Frankreich sieht die EZB-Aufgabe eher darin, durch Niedrigzinspolitik **Wirtschaftsimpulse** zu setzen.

## Einrichtungen der Union ohne Organcharakter

Neben den angeführten Organen, denen die Kernfunktionen der Gemeinschaft obliegen, unterhält die Union eine Vielzahl weiterer Institutionen ohne Organqualität. Dazu gehören:

### Die Europäische Investitionsbank

Die Europäische Investitionsbank (EIB), durch den EWG-Vertrag errichtet, soll durch die Gewährung von Darlehen und die Übernahme von Bürgschaften für Investitionsvorhaben in allen Wirtschaftszweigen zu einer ausgewogenen Entwicklung in der Gemeinschaft und zur Beseitigung struktureller Unterschiede beitragen. Sie fördert zugleich die Finanzierung von Investitionen in den Entwicklungsländern. Auch ihr **Sitz** befindet sich in **Luxemburg**.

### Der Wirtschafts- und Sozialausschuss

Der bereits mit Gründung des Gemeinsamen Marktes geschaffene Ausschuss ist ein **Beratungsorgan** auf zahlreichen wichtigen Politikfeldern (Agrarpolitik, Verkehrspolitik, Sozialpolitik, Binnenmarktpolitik, Bildungsförderung, Verbraucherschutz, Umwelt- und Industriepolitik, Forschungsförderung sowie Struktur- und Regionalpolitik). Er setzt sich aus **344 Mitgliedern** (und 344 Stellvertretern) zusammen, die in drei Gruppen organisiert sind: **Arbeitnehmer**, **Arbeitgeber** und „**verschiedene Interessen**", worunter Handwerker, Landwirte, Mittelständler, Freiberufler, Umweltorganisationen, Verbraucherorganisationen usw. zu verstehen sind.

Die Ausschussmitglieder werden vom Rat auf Vorschlag der Mitgliedsländer ernannt, die sich ihrerseits dabei auf die Organisationen ihrer Zivilgesellschaft stützen. Deren Meinungen und Interessen vertritt der Ausschuss gegenüber der Kommission, dem Rat und dem Parlament. Er muss zur Wirtschafts- und Sozialpolitik gehört werden und kann selbst Initiativen einbringen.

### Der Ausschuss der Regionen

Der Ausschuss der Regionen ist ein durch den Maastrichter Vertrag neu geschaffenes Beratergremium, das sich aus Vertretern der nationalen, regionalen und kommunalen **Gebietskörperschaften** zusammensetzt (344 Mitglieder und 344 Stellvertreter) und vom Rat auf Vorschlag der Mitgliedsländer ernannt wird. Zu seinen Politikfeldern gehören die allgemeine und berufliche Bildung, das Gesundheitswesen und die transeuropäischen Verkehrsnetze.

Er sorgt für die Wahrung der lokalen und regionalen Interessen und Identitäten und muss in Bereichen wie Umweltschutz, allgemeine und berufliche Bildung, Gesundheitswesen, Verkehrsnetze sowie allen Angelegenheiten der Struktur- und Regionalpolitik gehört werden.

### Struktur- und Investitionsfonds der EU

Zur Verringerung des Wirtschaftsgefälles zwischen den Regionen der EU und zur Förderung benachteiligter Gebiete stellt die Gemeinschaft zweckgerichtete Finanzmittel in Form von Fonds zur Verfügung. Von besonderer Bedeutung sind

- ▶ der **Europäische Investitionsfonds,** als autonome Einrichtung der EU 1994 mit der Aufgabe gegründet, durch langfristige Garantien die Kapitalbeschaffung großer Infrastrukturvorhaben im Rahmen der transeuropäischen Netze zu sichern sowie kleine und mittlere Betriebe bei ihren Investitionen zu unterstützen;
- ▶ der **Europäische Strukturfonds,** eine zusammenfassende Bezeichnung für vier Einzelfonds, die die Stärkung des wirtschaftlichen und sozialen Zusammenhaltes der Union (Kohäsion) zum Ziel haben: der **Europäische Ausrichtungs- und Garantiefonds für die Landwirtschaft** (zur Stützung der Agrarpreise), der **Europäische Fonds für regionale Entwicklung** (zum Abbau wirtschaftlicher und sozialer Unterschiede), der **Europäische Sozialfonds** (zur Förderung beruflicher Bildung und zur Arbeitsförderung) sowie der **Kohäsionsfonds** (zur Förderung struktureller Maßnahmen in benachteiligten Regionen).
- ▶ Gleichen Zielen dient das 1999 zur Verbesserung der Wettbewerbsfähigkeit der Fischindustrie reorganisierte „**Finanzinstrument für die Ausrichtung der Fischerei**".

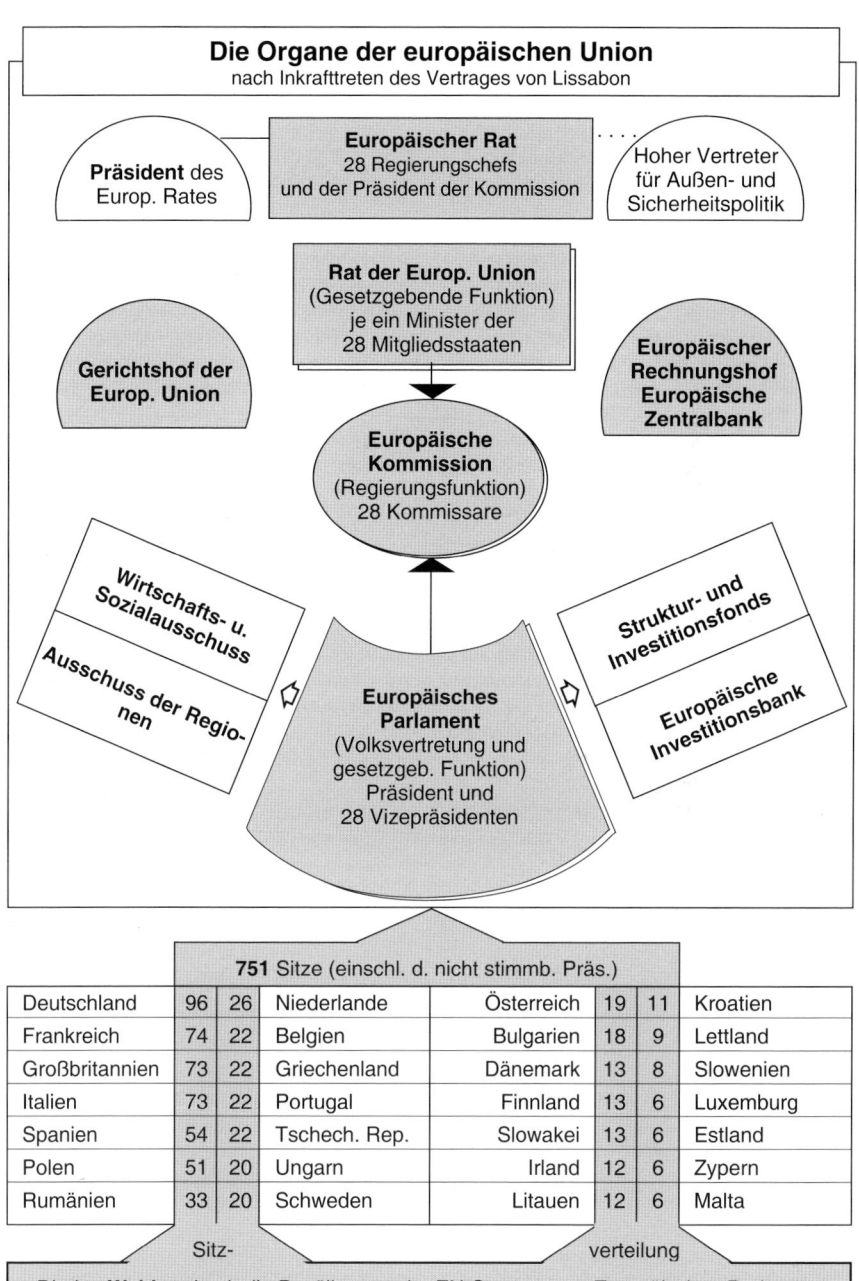

## Europarat

Der **Europarat** wurde am 5.5.1949 als erste der großen europäischen Organisationen mit Sitz in **Straßburg** gegründet. Ihm gehören **47 Staaten** an (das geografische Europa, ausgenommen Montenegro, Weißrussland und der Vatikan). Nichteuropäische Mitglieder sind Armenien, Aserbeidschan, Georgien, Russland, Türkei und Zypern. Die USA, Kanada, Mexiko, Japan und der Heilige Stuhl haben **Beobachterstatus**. Russland (Mitglied seit 1996) unterliegt wegen fehlender rechtsstaatlicher Standards (Pressefreiheit, Todesstrafe, Tschetschenien-Frage) noch der Beobachtung. Deutschland ist Mitglied seit dem 13.7.1950.

Der Europarat ist ein **Staatenverbund**, der wie die KSZE/OSZE die Sicherheit der Partnerländer auf **nicht militärische** Weise gewährleisten soll. Die Mitglieder müssen mehr als in anderen multilateralen Organisationen weit reichenden ethischen und rechtlichen Verpflichtungen genügen: Der Verbund soll dem **Schutz** und der **Verwirklichung** der **Freiheit**, der **Demokratie** und des **Rechtsstaates** dienen, den **wirtschaftlichen** und **sozialen Fortschritt** sowie die **Zusammenarbeit** zwischen den Mitgliedsstaaten fördern und unter **Achtung** der **kulturellen Eigenarten** der Völker ihr gemeinsames Erbe wahren. Seine Grundidee ist auf den Schutz der **Menschenrechte** und der **pluralistischen Demokratie** sowie die Suche nach Lösungen für die großen gesellschaftlichen Probleme unserer Zeit ausgerichtet (Fremdenhass, Menschen- und Drogenhandel, Umweltgefährdung u. v. a.).

Seinem **Rechtscharakter** nach ist der Europarat eine **zwischenstaatliche Organisation**. Er hat **keine Entscheidungsbefugnis** gegenüber den Mitgliedsstaaten. Der Europarat „berät" über europäische Fragen, er greift aber nicht mit Beschlüssen in Hoheitsrechte ein. Daher ist es auch traditionell neutralen Ländern möglich, sich ohne Aufgabe ihrer Neutralität dem Europarat anzuschließen. Seine **wichtigsten Organe** sind:

▶ die **Parlamentarische Versammlung** (als Beratungsorgan), zu der 315 Mitglieder (und die selbe Anzahl von Stellvertretern) von den Parlamenten der Mitgliedsländer entsandt werden. Die jeweilige Anzahl richtet sich nach der Einwohnerzahl (zwischen 2 und 18 Sitze je Mitgliedsstaat; auf die Bundesrepublik entfallen 18 Sitze). Die Beschlüsse der Versammlung haben in der Regel den Charakter von **Empfehlungen** und bedürfen als solche der Zweidrittelmehrheit;

▶ das **Ministerkomitee**, auch Ministerausschuss genannt, (als Beschlussorgan), das sich aus den Außenministern der Mitgliedsstaaten zusammensetzt, die im Regelfall zweimal jährlich in Straßburg zusammenkommen. Im Übrigen tagt es auf der Ebene der Ständigen Vertreter. Die Entscheidungen des Ministerkomitees bedürfen vielfach der Zweidrittelmehrheit der abgegebenen Stimmen. Als Konventionen werden sie erst dann verbindliches Recht, wenn sie von den gesetzgebenden Körperschaften der Mitgliedsländer ratifiziert worden sind;

▶ der **Kongress der Gemeinden und Regionen Europas**, der mit je einer Kammer für die Gemeinden und die Regionen mit seinen insgesamt ebenfalls 315 Mitgliedern 200 000 lokale und regionale Gebietskörperschaften aus ganz Europa vertritt,

▶ das Generalsekretariat mit einem auf fünf Jahre gewählten **Generalsekretär** sowie

▶ der **Kommissar für Menschenrechte**, der am 1.1.2000 seine Tätigkeit aufnahm und auf sechs Jahre gewählt wird. Er nimmt diejenigen Tätigkeiten wahr, die nicht in die Kompetenz der anderen Organe fallen (Unterstützung nationaler Ombudspersonen sowie der Mitgliedsstaaten bei der Behebung von Mängeln in Menschenrechtsfragen pp.)

Die **Bedeutung** des Europarates hat sich seit seiner Gründung gewandelt. Während man in ihm zunächst die **Keimzelle** für eine **politische Einigung Westeuropas** sah, ist diese Funktion inzwischen auf die Europäische Union übergegangen.

Gleichwohl ist der Europarat unverändert ein wichtiges Element europäischer **Friedenssicherung**. Lange Zeit war er die **gemeinsame Klammer** des **freien Europa**. Seine **Öffnung nach Osten** wurde erst nach den politischen Umwälzungen des Jahres 1990 eingeleitet. Bei den folgenden politischen, gesetzgeberischen und verfassungsrechtlichen **Reformprozessen** spielte er eine tragende **vertrauensbildende** Rolle.

Vor allem seine Funktion als **Hüter** der **Menschenrechte** verlieh dem Europarat bis in die Gegenwart hinein Gestaltungskraft und Bedeutung. Unter seinem Dach wurde am 1.11.1998 unter Fortfall der Europ. Kommission für Menschenrechte der mit je einem Richter pro Mitgliedsstaat besetzte **Europäische Gerichtshof für Menschenrechte** geschaffen. Durch dieses ständige Gericht mit Sitz in Straßburg (nicht zu verwechseln mit dem Europäischen Gerichtshof der EU in Luxemburg) nimmt der Europarat maßgeblichen Einfluss auf die europäischen Menschenrechtsstandards, insbesondere i. S. einer Missbrauchs- und Willkürkontrolle, nicht hingegen als eine Art „Vierte Instanz". Denn der Gerichtshof, der mit **Individualbeschwerden** Einzelner (gerichtet gegen einen Vertragsstaat) oder **Staatenbeschwerden** (gerichtet gegen einen anderen Mitgliedsstaat) befasst ist, kann Urteile der Gerichte der Mitgliedsländer nicht aufheben, wohl aber **Menschenrechtsverletzungen** feststellen bzw. verneinen und damit erhebliche moralische, aber auch rechtliche Wirkungen erzielen, was auf nationaler Ebene zur Wiederaufnahme des Verfahrens führen oder aber – wie im Fall Krenz – die nationalen Gerichte in ihrer Entscheidungsfindung bestärken kann. Von weit reichender Bedeutung sind auch die Entscheidungen des Gerichts zur **Verneinung** eines Grundrechts auf **aktive Sterbehilfe** und zur **Bodenreform** in der **DDR**. Beträchtliche Auswirkungen auf die innerdeutsche Rechtslage wird das Urteil des EGMR vom 4.12.2009 haben. Danach können auch unverheiratete **Väter** das **Sorgerecht** für ihre Kinder erhalten. Die Bevorzugung lediger **Mütter** verstößt gegen das Diskriminierungsverbot. Weitreichende Konsequenzen wird ferner die ebenfalls im Dez. 2009 ergangene Entscheidung zur **Sicherungsverwahrung** für Straftäter haben. Sie kann seit der Gesetzesänderung von 1998 in außergewöhnlichen Fällen bis zum Lebensende angeordnet werden. Soweit sich diese Maßnahme auf Taten bezieht, die vor der Gesetzesänderung begangen wurden, verstößt sie gegen den Grundsatz „Keine Strafe ohne Gesetz", so der EGMR, der in der Sicherungsverwahrung eine Fortsetzung der Strafe sieht. Das Gesetz vom 5.12.2012 (BGBl. I S. 2425) fasst die einschlägigen Regeln des StGB und des JGG neu und folgt damit dem BVerfG, wonach sich die Sicherungsverwahrung vom Strafvollzug „positiv unterscheiden" muss (Abstandsgebot; s. Kap IV).

Der **Europarat** hat durch mehr als 200 **Konventionen**, die von den Partnerländern als für sie verbindlich erklärt wurden, **europäisches Recht** geschaffen. Hierzu zählen die **Europäische Konvention zum Schutz der Menschenrechte und Grundfreiheiten** (EMRK) vom 4.11.1950 (BGBl. I S. 1054), das Übereinkommen zur Verhütung von **Folter** und **erniedrigender Behandlung** (Antifolter-Konvention), die Europäische **Sozialcharta**, das **Europäische Jugendwerk**, die Europäische **Kulturkonvention**, das Rahmenabkommen zum Schutz **nationaler Minderheiten**, die Charta der **Regional-** oder **Minderheitensprachen** sowie (seit 2005) die Konventionen gegen **Menschenhandel, Terrorismus** und **Geldwäsche.**

Zu den **internationalen Standards** zählt z. B. die Rahmenkonvention über **Biomedizin** vom 1.1.99, die parallel zu einer Erklärung der UNESCO erstmalig einen **völkerrechtlich verbindlichen** Verhaltenskodex für den Umgang mit **Gentechnik, Embryonenforschung** und **Organtransplantation** festgelegt hat (Bioethik-Konvention).

Nicht alle Übereinkünfte werden national umgesetzt. So haben z. B. Frankreich und Polen die Konvention zum **Minderheitenschutz** nicht unterzeichnet. Auch die britische Entscheidung, das Klonen menschlicher **Embryos** bis zum 14. Lebenstag für Therapiezwecke zuzulassen, ist mit der **Bioethik-Konvention** schwerlich zu vereinbaren.

*Staatengemeinschaften*

## Nordatlantikpakt und Westeuropäische Union

> Zur **Entwicklung** der NATO

Ausgangspunkt der militärischen Zusammenschlüsse der westlichen Welt war der **Brüsseler Pakt**, ein **Verteidigungsbündnis**, das die Siegermächte Großbritannien, Frankreich und die Benelux-Staaten 1948 vor allem deshalb gründeten, um vor einer möglichen erneuten Aggression durch die Deutschen besser geschützt zu sein. Aus diesem organisatorischen Kern entstand am 4.4.1949 durch Hinzutreten weiterer Partner (USA, Kanada, Norwegen, Dänemark, Island, Italien und Portugal) das **Nordatlantische Verteidigungsbündnis** (North Atlantic Treaty Organization/**NATO**). 1952 traten Griechenland und die Türkei dem Bündnis bei.

Die **Bundesrepublik** wurde im Rahmen der Pariser Verträge, die ihr weitgehende Souveränitätsrechte zugestanden, am **6.5.1955** Mitglied der NATO und des Brüsseler Pakts, nachdem zuvor der Versuch, eine supranationale Europäische Verteidigungsgemeinschaft (EVG) zu gründen, am Veto Frankreichs gescheitert war. Durch die Aufnahme der Bundesrepublik hatte der Brüsseler Pakt seine ursprüngliche Frontstellung verloren und wurde zur **Westeuropäischen Union (WEU)** umgestaltet. Seither gehört die Bundesrepublik **zwei** ineinander greifenden militärischen **Bündnissystemen** an: der **engeren „europäischen" WEU** und der **weiteren „atlantischen" NATO.**

Mit dem Beitritt der Bundesrepublik zur WEU und zur NATO (parallel wurde die DDR Mitglied des Warschauer Pakts) war die Ausweitung der westlichen Allianz zunächst für Jahrzehnte beendet. Zwar wurde 1982 **Spanien** Mitglied des Bündnisses, im Übrigen aber war in den Zeiten des Kalten Krieges das weltweite Sicherheitsgefüge zu zwei festen „Blöcken" erstarrt, und erst nach dem Niedergang des Ostblocks traten 1999 **Polen, Tschechien** und **Ungarn** der Allianz bei. Im Mai 2004 folgten mit **Bulgarien, Estland, Litauen, Lettland, Rumänien,** der **Slowakei** und **Slowenien** sieben weitere Partner. Zum **60. Jahrestag** im Jahre **2009** traten **Albanien** und **Kroatien** dem Bündnis bei, das damit auf **28 Partnerländer** anwuchs. Mazedonien wird folgen, und sogar die Mongolei hat Beitrittsabsichten geäußert. Ob auch die Ukraine und Georgien, ihrem Wunsch entsprechend, aufgenommen werden sollen, ist umstritten, weil dies auf starke Vorbehalte Russlands trifft (s. unten).

> Das „Parallelbündnis" **Westeuropäische Union**

Die **WEU** versteht sich als **europäischer** Beistandspakt innerhalb der **NATO**. Kern ihrer Verteidigungskonzeption ist die **wechselseitige Verpflichtung** zu **militärischer Hilfe** im Falle eines Angriffs auf einen der Partner. Sie ist das einzige Forum, auf dem die Europäer allein und **eigenständig** über ihre gemeinsame Verteidigung und andere sicherheitspolitische Fragen entscheiden, allerdings in einem komplizierten Geflecht unterschiedlicher Bündniszugehörigkeiten: **Vollmitglieder** der WEU sind jene zehn EU-Staaten, die zugleich Mitglied der NATO sind: Belgien, Deutschland, Frankreich, Griechenland, Großbritannien, Italien, Luxemburg, die Niederlande, Portugal und Spanien. Die übrigen EU-Länder haben lediglich **Beobachterstatus**. Staaten, die der NATO angehören, nicht aber EU-Mitglied sind, haben den Status des **assoziierten Mitglieds** der WEU (Türkei, Island, Norwegen sowie die osteuropäischen NATO-Mitglieder, soweit sie nicht oder noch nicht in der EU sind).

Faktisch ist die WEU, die über keine eigene militärische Organisation verfügt, ein **sicherheitspolitisches Konsultationsforum**. 1997 wurde ihr jedoch mit Einrichtung des **Militärausschusses** eine eigene militärische Spitze gegeben. Organisatorisch ist sie bisher weder mit der EU noch mit der NATO verbunden. Ihr ist als **Europäischer Pfeiler** der **NATO** eine Art **Bindegliedfunktion** zugedacht. Im Rahmen der beabsichtigten Eingliederung in die **Europäische Union** soll sie als Instrument der europäischen Sicherheits- und Verteidigungspolitik zum **„verteidigungspolitischen Arm"** der **EU** ausgebaut und in diese überführt werden.

450

Die Ende 2000 eingeleitete **Übertragung** von **Verteidigungsaufgaben** an die **Europäische Union** verläuft sehr zögerlich. Immerhin **verfügt** die Gemeinschaft seit 2003 über eine im Aufbau befindliche eigenständige **Interventionstruppe** (s. unten). Weitgehend offen sind jedoch deren Aufgaben innerhalb der NATO-Konzeption. Mittelfristig ist eine Rollenverteilung denkbar, bei der die **WEU** als Instrument der Europäischen Union das **europäische** Krisenmanagement trägt, während **weitergehende** Einsätze bei der **NATO** liegen. Zu klären ist zuvor allerdings die Rolle der europäischen NATO-Partner, die nicht der EU angehören. Einer Neujustierung bedarf angesichts der Differenzen in der Irak-Frage zudem die Bündnispartnerschaft zu den USA.

### Zweck und Bedeutung der NATO

**Hauptzweck** der NATO ist es, ein **Verteidigungsbündnis** zu schaffen, innerhalb dessen sich die Mitgliedsstaaten **gegenseitig militärisch unterstützen**. In der Bonner NATO-Erklärung vom 10.6.1982 heißt es: „Unser Ziel ist es, Krieg zu verhindern und unter Wahrung der Demokratie die Grundlagen für dauerhaften Frieden zu schaffen. Keine unserer Waffen wird jemals eingesetzt werden, es sei denn als Antwort auf einen Angriff." Der Bündnisfall wurde erstmalig nach dem Terroranschlag vom 11. September festgestellt.

Formal ist die NATO mithin eher ein **System kollektiver Selbstverteidigung** (gegen einen potenziellen Aggressor) i. S. des Art. 51 der UN-Charta denn ein **System kollektiver Sicherheit** i. S. von Art. 24 Abs. 2 GG, das sich nicht gegen einen bestimmten Angreifer wendet und vor allem auch die Mitglieder untereinander zum Frieden verpflichtet.

Die **Streitkräfte** der Mitgliedsstaaten sind „**integriert**", d. h. sie sind gemeinschaftlich organisiert und stehen unter einem gemeinsamen Oberbefehl. Die NATO ist jedoch keine supranationale Gemeinschaft, sondern eine **zwischenstaatliche Organisation** auf vertraglicher Basis. Einen Sonderfall bildet Island, das über keine Streitkräfte verfügt und stattdessen medizinische Hilfen leistet. Frankreich, das unter Präsident de Gaulle eine eigene atomare Großmachtstellung beanspruchte, hatte 1966 seine Streitkräfte aus dem NATO-Verband herausgelöst, ohne jedoch seine Mitgliedschaft und die Konferenzteilnahme aufzukündigen. Dieser Schritt wurde 2009 von Präsident Sarkozy rückgängig gemacht.

Die **Bundesrepublik** hatte mit ihrer Sicherheitspolitik ursprünglich vor allem drei Ziele verfolgt: Wahrung des politischen und militärischen **Gleichgewichts** sowie **Rüstungskontrolle** und **Abrüstung**. Vor diesem Hintergrund war 1979 der sog. **NATO-Doppelbeschluss** gefasst worden, der sowohl ein auf Wiederherstellung des Gleichgewichts gerichtetes **Nachrüstungsprogramm** wie auch das Angebot enthielt, ohne Vorbedingungen über die Reduzierung von Waffensystemen und die Nachprüfbarkeit der Abrüstungsmaßnahmen zu **verhandeln**. Mit dem Ende des Ost-West-Gegensatzes hat sich diese Zielsetzung verändert, geblieben ist jedoch, schon aus Kostengründen, das Ziel der **Rüstungsbegrenzung**.

Für die Übertragung **deutscher** Hoheitsrechte auf zwischenstaatliche Einrichtungen wie WEU und NATO ist gem. Art. 24 Abs. 1 GG ein Gesetz erforderlich, das bisher nicht ergangen ist. Unbeschadet dessen hat die Bundesrepublik, so sieht es das Bundesverfassungsgericht, für diesen Fall **Souveränitätsrechte** an die NATO abgetreten (BVerfGE 68, 1). Der NATO-Vertrag selbst sieht weder im Wortlaut, noch dem Sinne nach die Übertragung solcher Rechte vor. Dem NATO-Rat z. B. stehen nur unverbindliche Empfehlungen an die Mitgliedsstaaten zu. Diese stellen aufgrund eigener Entscheidungsgewalt NATO-Verbände ab, die sie jedoch, wie das Beispiel Frankreichs zeigt, jederzeit wieder abberufen können. Erst im Spannungsfall, dessen rechtswirksame Feststellung bei den Mitgliedsländern liegt, geht die operative Führung der zugeordneten Streitkräfte auf die Kommandobehörden der NATO über und ermöglicht diesen den Durchgriff auf die nationalen Truppenkontingente.

451

*Staatengemeinschaften*

Die NATO ist allerdings nicht nur eine **Militärallianz** im herkömmlichen Sinne. Sie versteht sich über ihre ursprüngliche Zweckbestimmung hinaus längst auch als **Wertegemeinschaft** und als **politischer Schulterschluss**, dessen historische Bedeutung darin liegt, dass sich europäische Staaten und Nordamerika bereits in Friedenszeiten – und nicht erst zur Wiederherstellung des Friedens – zu einer Sicherheitskoalition zusammengeschlossen und eine zur sofortigen Reaktion fähige Verteidigungsorganisation geschaffen haben.

Unzweifelhaft ist die NATO das dauerhafteste, umfassendste und erfolgreichste Verteidigungsbündnis aller Zeiten. Entstanden in einer Zeit wachsender Spannungen zwischen Ost und West, die vor allem durch den sowjetisch gesteuerten Umsturz in Prag (Mai 1948) und den Beginn der Berliner Blockade (Juni 1948) geschürt worden waren, hat sie sich seither ständig bewährt. Während in aller Welt in der zweiten Hälfte des 20. Jahrhunderts weit mehr als 100 Kriege und bewaffnete Konflikte ausbrachen, hat die NATO ihren Auftrag, den Krieg von Westeuropa fern zu halten (und die Freiheit Westberlins zu sichern), uneingeschränkt erfüllt. Dies ist eine der längsten Friedenszeiten, die Europa je erlebte.

### Organe der NATO

Das Ziel einer **militärischen, politischen** und **wirtschaftlichen Sicherheitspartnerschaft** spiegelt sich in der Organisation. Man unterscheidet **zivile** und **militärische** Strukturen:

### Zivile NATO-Organisation

▶ Der **Nordatlantikrat** (NAC) ist das wichtigste Entscheidungsgremium der NATO mit Sitz in Brüssel. Er befasst sich mit allen Angelegenheiten der Bündnispolitik, ausgenommen die Verteidigungsplanung und die Nuklearpolitik, und tritt im Regelfall wöchentlich auf der Ebene der Ständigen Vertreter (Botschaften), halbjährlich auf der Ebene der Außen- und Verteidigungsminister sowie im Turnus von etwa drei Jahren auf der Ebene der Staats- und Regierungschefs zusammen.

▶ Der **Verteidigungsplanungsausschuss** (DPC) und die **Nukleare Planungsgruppe** (NPG), in denen sich halbjährlich die Verteidigungsminister treffen.

▶ Die **Nordatlantische Versammlung,** ein Informations- und Beratungsgremium aus Parlamentariern der Partnerstaaten und der assoziierten Länder (sog. NATO-Parlament), stellt das Bindeglied zwischen der militärischen und der politischen Seite des Bündnisses dar.

▶ Der **Ausschuss für Verteidigungsplanung (DPC)** und die **Nukleare Planungsgruppe (NPG)**.

▶ Der **NATO-Generalsekretär** führt als exekutive Spitze die Geschäfte des Bündnisses. Er wird unterstützt durch das Internationale Sekretariat und den Internationalen Stab.

### Militärische NATO-Organisation

▶ Oberstes militärisches Gremium ist der **NATO-Militärausschuss** (MC). Er untersteht dem Nordatlantikrat, dem Verteidigungsplanungsausschuss sowie der Nuklearen Planungsgruppe und **berät** diese in Fragen der Militärpolitik und Verteidigungsstrategie. Zudem ist er dem Militärausschuss für die **Gesamtleitung** und **Durchführung** aller **militärischen** Angelegenheiten des Bündnisses verantwortlich. Er trifft sich neben der fortlaufenden Kooperation der Stabsdienststellen dreimal jährlich auf der Ebene der Generalstabschefs.

▶ Die **Kommandostruktur** weist zwei **regional** gegliederte Oberkommandos auf:

  ▶ Das **Oberkommando Europa (ACE)** umschließt das Festland zwischen dem Atlantik (außer Portugal) und Ost-Anatolien sowie zwischen dem Nordkap und Sizilien. An der Spitze steht der **Oberste Alliierte Befehlshaber Europa** (SACEUR).

▶ Das **Alliierte Oberkommando Atlantik (ACLANT)** umfasst den Raum zwischen den USA und Kanada bis Nordafrika und Westeuropa (einschließlich Portugal). An der Spitze steht der **Oberste Befehlshaber Atlantik** (SCALANT).

### Weitere Formen der Sicherheitspartnerschaft

▶ Unter dem Begriff **Europäischer Pfeiler** des Bündnisses fasst man alle westeuropäischen NATO-Gremien zusammen, deren Ziel es ist, die sicherheits- und verteidigungspolitischen Interessen der Westeuropäer zu **harmonisieren** und zu **bündeln,** Westeuropa als **gleichberechtigten Partner** der transatlantischen Verbündeten auszubauen und so die „**europäische Identität**" zu sichern sowie das NATO-Bündnis zu **stärken.** Diese Ziele werden u. a. im Rahmen der **Westeuropäischen Union** (s. oben) und der **Europäischen Politischen Zusammenarbeit** angestrebt.

▶ Von 1991 bis 1997 bestand der **NATO-Kooperationsrat,** ein Forum der Außenminister aus Ost und West, das dem Abbau der Konfrontation zwischen den Blöcken dienen sollte. Den früheren Ostblockländern wurden von hier aus vor allem praktische Hilfen (Technik, Ausstattung, Wissenstransfer) geleistet. Die Aufgaben dieses Gremiums werden seit 1997 im Rahmen der **Partnerschaft für den Frieden** wahrgenommen (s. unten).

### Das Bündnis im Wandel

Gerade ihr Erfolg aber stellte die NATO nach Überwindung des Ost-West-Konflikts vor ganz neue Herausforderungen. Mit der **Auflösung** des **Warschauer Paktes** (1989 bis 1991, s. unten) war die äußere Bedrohung entfallen. Zweck und Inhalt des Bündnisses mussten neu definiert, die Aufgabenverteilung den veränderten Gegebenheiten angepasst werden. Und stärker noch als bisher war die NATO jetzt als **politische Wertegemeinschaft** gefordert.
Auf diesem Wege von der Konfrontation zur Kooperation stellte sich schon bald die Frage nach der **Osterweiterung.** Deren Ziel ist nicht die Eingrenzung Russlands, sondern die Schaffung einer **kooperativen Friedensordnung** für den ganzen nordatlantischen Raum. Erster Schritt war der 1991 eingerichtete **NATO-Kooperationsrat.**
**Russland** begegnete einer Ausweitung zunächst mit großer Skepsis. Erst mit der allen KSZE-Staaten angebotenen **Partnerschaft für den Frieden** (1994) sowie der Unterzeichnung der **Grundlagenverträge** zwischen Russland bzw. der **Ukraine** und der NATO, die den Kern einer einer **multipolaren Zusammenarbeit** zwischen den (damals) 16 NATO-Staaten und ihren 27 östlichen Partnern bildeten, war der Weg der Erweiterung frei. Ursprünglich war sogar erwogen worden, ob Russland selbst in Umkehr der alten Frontstellungen Mitglied der NATO werden solle. Bei der Entscheidung dieser Frage gilt generell, dass das aufzunehmende Mitglied gefestigte demokratische und marktwirtschaftliche Strukturen aufweisen muss und in der Neuaufnahme ein Zugewinn an Sicherheit für beide Seiten gesehen werden kann. Von der Erfüllung dieser Kriterien konnte im Falle Russlands ausgegangen werden. Außerdem muss aber für den neuen Partner die Anerkennung der „Artikel 5-Garantie" (ein Angriff auf einen ist ein Angriff auf alle) gewährleistet sein. Dies hätte nach einem Beitritt der Russischen Föderation zur Konsequenz, dass die NATO bereit und in der Lage sein müsste, das riesige Land im Falle eines Angriffs an jeder seiner – teilweise auch höchst unsicheren – Grenzen zu verteidigen. Eine Vollmitgliedschaft Russlands wird daher weder in der Allianz, noch inzwischen von Moskau selbst, auf absehbare Zeit angestrebt. Auch der Gedanke, die NATO durch ein **gemeinsames Sicherheitssystem** mit Russland zu ersetzen, findet aus diesen Gründen wenig Resonanz.
Der **Neuordnung** dieser Beziehungen dient schon seit 1997 der **Rat der euroatlantischen Partnerschaft.** Er ist die **politische Spitze** der „Partnerschaft für den Frieden", wobei Russland, gleichsam als Ersatz der Vollmitgliedschaft und Äquivalent für die Osterweiterung, eine

**Sonderstellung** eingeräumt wurde. Mit dem 2002 eingerichteten **NATO-Russland-Rat** erhielt Moskau weitgehende Stimm- und Mitentscheidungsrechte, ohne selbst NATO-Mitglied zu sein. Aufgaben des Gremiums, das 2008 wegen des russischen Einmarsches in Georgien eingefroren, nach dem Wechsel in der US-Präsidentschaft auf Obama wieder neu belebt wurde, sind **Vertrauensbildung, Terrorismusbekämpfung, Katastrophenschutz, Rüstungskontrolle** und **Nichtverbreitung** von **Massenvernichtungswaffen.**

Parallel zur Neuordnung der Beziehungen zum Osten entwickelte die NATO zeitgerechte Modelle **kollektiver Krisenbewältigung** und des **Stabilitätstransfers** und schuf eine **neue strategische Konzeption,** mit der die **ursprünglichen Verteidigungsziele** auf Krisenreaktionseinsätze **außerhalb** des Bündnisses, sog. „**Out of Area-Einsätze**", erweitert wurden.

Diese **Wandlung** zu einem **globalen Interventionsbündnis** bringt die NATO an die **Grenze** dessen, was sie zu leisten vermag. Bei der **Art** ihrer **Einsätze** wird wie folgt differenziert:

▶ **Kampfeinsätze** im Rahmen eines **Mandats** des **UN-Sicherheitsrats** (Golfkrieg gegen den Irak 1991, Luftangriffe gegen serbische Stellungen in Bosnien-Herzegowina 1994 / 95);

▶ **Peace-keeping Einsätze, sog. Blauhelmeinsätze,** d. h. friedenssichernde Maßnahmen im Rahmen eines **UN-Mandats** zur Absicherung einer zwischen den Konfliktparteien erreichten Einigung (IFOR, SFOR, und KFOR) im ehemaligen Jugoslawien. Blauhelm-Einsätze wirken als **neutrale Puffer** zwischen den Konfliktparteien. Sie leisten aber auch **staatliche** und **wirtschaftliche** Hilfen. Ein besonderer Fall des Peace-keeping-Einsatzes ist das „**robuste Mandat**", das Waffengewalt nicht nur zum **Selbstschutz**, sondern auch zur **Verteidigung** der **Mission** und der **Zivilbevölkerung** erlaubt;

Einen „robusten" Einsatz – erstmals auch unter deutscher Beteiligung – fährt die EU zur Bekämpfung der Seeräuberei seit 2008 im **Golf von Aden**. Er rechtfertigt sich aus allgemeinem Völkerrecht (Art. 25 GG) und dem Seerechtsübereinkommen zur Bekämpfung der Piraterie sowie aus den Bündnispflichten gem. Art. 24 GG.

▶ **Peace-keeping-Einsätze ohne UN-Mandat,** aber aufgrund eines Ersuchens der Konfliktbeteiligten (Essential Harvest und Amber Fox ab Herbst 1991 in Mazedonien);

▶ **Kampfeinsätze** aufgrund eines **Angriffs von außen** auf eines der Bündnismitglieder (Terroranschlag vom 11. September 2001 auf die USA);

▶ **Militäreinsätze** in **eigenem Auftrag** zur Erzwingung eines bestimmten politischen Verhaltens (Kosovo-Konflikt 1999).

Das **Bündnis selbst** aber wird mit jeder Erhöhung der Mitgliederzahl **schwerfälliger** – erst recht, wenn es um Eilentscheidungen geht. Denn auch in einer vergrößerten NATO gilt das **Konsensprinzip.** Und spätestens, wenn die Intentionen der USA realisiert würden, die Allianz über die vorgesehene Osterweiterung hinaus auf die Ukraine und aus geostrategischen Gründen sogar weiter auf die ehemaligen Sowjetrepubliken in Zentralasien und im Kaukasus (Georgien, Kasachstan, Usbekistan, Tadschikistan) auszudehnen, hätte sich das erfolgreichste Bündnis aller Zeiten seiner **Handlungsfähigkeit** selbst entledigt.

Zur Verhinderung derartiger Entwicklungen strebt **Europa** – erst recht nach den Erfahrungen aus der Irak-Krise – nach mehr **Gewicht** und **Eigenständigkeit** im Bündnis. Gelingen kann das nur, wenn die Europäer **geschlossen** und mit **eigenem Militärpotenzial** auftreten. Doch die Gemeinsame Außen- und Sicherheitspolitik der EU kommt nur langsam voran. Zwar ist seit 2003 eine 500 Mann starke Polizeitruppe in „beobachtender Mission" in Bosnien tätig (EUPM), und im Dezember 2004 hat die EU im Rahmen der Aktion „Althea" unter dem Namen EUFOR das Kommando über die dort stationierten Friedenstruppen von den NATO-Einheiten der SFOR übernommen und damit die bisher größte militärische Aktion der EU (unter Beteiligung der Bundeswehr) gestartet. Offen ist dabei aber immer noch die Rolle der USA, die einerseits das schleppende Militär-Engagement Europas kritisieren, andererseits aber wissen lassen, der Aufbau einer eigenständigen EU-Armee drohe die Effizienz der NATO zu reduzieren, das

## Staatengemeinschaften

Bündnis zu destabilisieren und die transatlantischen Beziehungen zu stören. Auch weigern sich die USA bisher, ein Abkommen zwischen der EU und der NATO zu unterstützen, das den Zugriff der Europäer auf Personal und Material der NATO bei EU-geführten Operationen sichern soll. Stattdessen wurde vereinbart, ständig eine **Schnelle Eingreiftruppe** (NATO Response Force/NRF) in Stärke von 25 000 Mann bereit zu halten. Es ist daher noch weithin unklar, welche **Rolle** der NATO letztlich zukommt und wie die **Kompetenzen** einer **neuen Sicherheitsarchitektur** zwischen den USA und Russland einerseits und den europäisch-atlantischen Bündnissen andererseits aufgeteilt werden sollen. Generell aber sind die Europäer schon deshalb gefordert, weil die USA sich auf dem Balkan umso mehr zurückziehen werden, je stärker sie sich anderweitig engagieren.

Denn der **11. September 2001** hat nicht nur die USA, er hat auch das Bündnis verändert:

▶ Die **Vereinigten Staaten** haben unter dem Druck dieses Ereignisses und der nachfolgenden **Irak-Krise** unter ihrem Präsidenten Bush eine neue **Militärdoktrin** entwickelt, die den Anspruch erhob, auch ohne **Mandat** des Sicherheitsrats militärisch vorgehen zu können, sofern es die eigenen Interessen nahe legen: „Der Kurs der Nation hängt nicht von Entscheidungen anderer ab." Mit dieser Aussage ihres Präsidenten entfernten sich die USA vom bewährten Prinzip des **Multilateralismus**, also einem Politikverständnis, bei dem die Beziehungen zwischen Staaten auf der Basis vertraglich vereinbarter, allseits akzeptierter Regeln verlaufen. Das Gegenmodell ist der **Unilateralismus,** bei dem einzelne Staaten nach ihrer eigenen Interessenlage und allein handeln, notfalls auch gegen andere – eine Haltung, von der sich die Weltmacht unter Präsident Obama in „neuer Bescheidenheit" eindeutig distanziert hat.

▶ Die europäischen Partner der USA waren bei dem Vorgehen Bushs auf eine entscheidende Probe gestellt. Die Irak-Krise hatte einen **Mangel** an **innerer Geschlossenheit** offenbart, der in dieser Deutlichkeit nicht erwartet worden war. Nicht nur, dass man in der Frage einer Militärintervention in Irak zerstritten war, auch die Anforderung militärischer Hilfen durch die dem Irak benachbarte Türkei fand keine ungeteilte Zustimmung. Frankreich, Belgien und Deutschland verweigerten diese Hilfen, ohne die übrigen Partner vorab zu informieren. Daraufhin stellten sich Großbritannien, Italien, Spanien, Polen und andere demonstrativ an die Seite der USA, ebenfalls ohne vorweg die Gegenseite zu unterrichten. Auch wenn es gelang, den formalen Streit alsbald beizulegen und sich im NATO-Rat auf eine Unterstützung der Türkei für den Fall einer Einbeziehung in den Irak-Krieg zu verständigen: In der Sache blieb ein Dissens, der bis heute fortwirkt. Daran hat auch nichts geändert, dass Deutschland britischen und amerikanischen Einheiten die Überflugrechte gestattete und die Überwachung amerikanischer Kasernen übernahm.

Während mit **Albanien** und **Kroatien** weitere Partner hinzugekommen sind und **Mazedonien** bereitsteht, bleibt die **grundsätzliche Ausrichtung** der NATO vorerst offen. Nicht geklärt ist vor allem, ob sie mehr nach **angloamerikanischen** Vorstellungen als **Militärpakt** für geostrategische Zwecke und Instrument der **logistischen** und **finanziellen** Unterstützung im Bündnisfalle oder aber im **kontinentaleuropäischen** (primär deutsch-französischen) Sinne schwerpunktartig in Richtung einer **zivilpolitischen Allianz** fortentwickelt werden soll, mit deren Hilfe auch **militärisch** gesicherte **Entwicklungshilfe** möglich ist.

Unabhängig davon wird jede weitere **territoriale Ausdehnung** auch unter dem Gesichtspunkt zu beurteilen sein, dass Russland dies „als **Bedrohung** wertet", so Präsident Putin im Februar 2007 in einer ungewöhnlich scharfen Erklärung, die an die Zeiten des Kalten Krieges erinnert.

## Osteuropäische Bündnisse – gestern und heute

Der Zusammenbruch des Ostblocks ist in der Geschichte ohne Beispiel. Viele der von der ehemaligen UdSSR in Abhängigkeit gehaltenen Blockländer stehen seither bei ihrem Bemühen um Demokratie und Marktwirtschaft vor enormen Schwierigkeiten. Erst der Niedergang hat das ganze Ausmaß des Wirtschaftsgefälles zwischen den ehemals konkurrierenden Blöcken deutlich werden lassen.

Für diese Staaten ist es daher lebensnotwendig, nach Partnern zu suchen – im wirtschaftlich stärkeren Westen Europas, aber auch innerhalb der Bündnisse von gestern.

Die **militärischen** Bündnissysteme der Nachkriegszeit entstanden überwiegend vor dem Hintergrund des Ost-West-Gegensatzes, der sich nach Beendigung des Zweiten Weltkrieges mehr und mehr zuspitzte und seinen Ausdruck in einem beispiellosen atomaren **Wettrüsten**, einer Kette begrenzter **militärischer** Konflikte sowie einem heftigen **politischen** Schlagabtausch fand (sog. Kalter Krieg).

In dieser Situation löste die Tatsache, dass die Bundesrepublik im Rahmen der Pariser Verträge Mitglied der NATO und der WEU – und somit wieder bewaffnet – wurde, unverzüglich entsprechende Gegenmaßnahmen im Ostblock aus.

Diese Aktivitäten führten am **15.5.1955** in Warschau zur Unterzeichnung des „Vertrages über Freundschaft, Zusammenarbeit und gegenseitigen Beistand", in Kurzfassung allgemein

> **Warschauer Pakt**

genannt. Mitglieder des Bündnisses waren: Bulgarien, die DDR, Polen, Rumänien, die Sowjetunion, die Tschechoslowakei und Ungarn.

China, das mit der UdSSR durch einen bilateralen Beistandspakt verbunden war, gehörte dem Vertrag nicht an, entsandte aber zeitweilig Beobachter. Albanien löste sich im Zuge des ideologischen Konflikts zwischen Moskau und Peking aus dem Bündnis und war seit 1968 nicht mehr Mitglied des Vertrages.

Der Warschauer Pakt war seiner formalen Zweckbestimmung nach ein System kollektiver Sicherheit. Im Westen wurde er primär als Bedrohung empfunden. Inzwischen ist nicht nur der Pakt aufgelöst, auch einige seiner ehemaligen Mitgliedsstaaten bestehen nicht mehr; andere sind Mitglied der NATO geworden. Die historische Wende in Osteuropa, die insbesondere durch die Entspannungspolitik im Rahmen der KSZE möglich wurde, hat dem Blockdenken aus der Zeit des Kalten Krieges die Grundlage entzogen, so dass der Warschauer Pakt mit Wirkung vom **1.4.1991** als **Militärbündnis** und am **1. Juli 1991** in seinen noch verbliebenen **politischen** Strukturen **aufgelöst** wurde. Eine weitgehend von Feindbildern geprägte Phase in den Ost-West-Beziehungen fand damit ihr Ende.

Dieselbe Entwicklung wie bei der Entstehung, Verhärtung und allmählichen Auflösung der militärischen Sicherheitssysteme vollzog sich im Rahmen der **wirtschaftlichen Zusammenschlüsse:** Auch hier lösten die Aktivitäten des Westens stets entsprechende Gegenmaßnahmen im Osten aus. So wurde als Gegengewicht zur amerikanischen Europapolitik der Nachkriegszeit, die ihren sichtbarsten Ausdruck in der Marshallplanhilfe fand, am **29.1.1949** in Moskau der

> **Rat für gegenseitige Wirtschaftshilfe (RGW)**

gegründet. Dem RGW, der häufig auch mit der englischen Abkürzung COMECON bezeichnet wurde, gehörten an: die UdSSR, Polen, die CSFR, Ungarn, Bulgarien, Rumänien, Kuba, Vietnam und die Mongolei. Auch die DDR war seit 1950 Mitglied.

**Zweck** des Bündnisses war die **wirtschaftliche Zusammenarbeit** der Mitgliedsländer. Im Vordergrund stand dabei die Absicht, in langfristigen Perspektivplänen die Volkswirtschaften der Mitgliedsstaaten eng an die Wirtschaft der UdSSR zu binden und das Gesamtsystem wirtschaftlich unabhängig vom Westen zu machen.

Dieser Plan ist gescheitert. Im Zuge des Zerfalls der östlichen Bündnissysteme beschlossen die Mitgliedsländer am **30.6.1991** die **Auflösung** des RWG. Alle seit seiner Gründung im Jahr 1949 getroffenen bilateralen und multilateralen Vereinbarungen wurden als gegenstandslos erklärt – ein angesichts zahlreicher wirtschaftlicher Verflechtungen außerordentlich schwerwiegender und in der internationalen Bündnisgeschichte einmaliger Vorgang.

An die Stelle des **RGW** trat vorübergehend die **Organisation für internationale wirtschaftliche Zusammenarbeit** (OMEO). Ihr Ziel war es, den Anschluss beitrittswilliger ehemaliger RGW-Mitglieder an den europäischen Binnenmarkt vorzubereiten. Mit der Aufnahme bilateraler Verhandlungen zwischen den osteuropäischen Beitrittskandidaten und der Europäischen Union hat sich diese Zielsetzung erfüllt.

| Gemeinschaft Unabhängiger Staaten (GUS) |
|---|

Die **Gemeinschaft Unabhängiger Staaten** wurde durch die Abkommen von Minsk und Alma-Ata vom 8. und 21.12.1991 als „**Staatenbund** souveräner **ehemaliger Sowjetrepubliken** bei Wahrung der Souveränität und Gleichberechtigung der Mitgliedsstaaten" gegründet. Zugleich wurde festgestellt, dass mit Gründung der GUS „die **UdSSR** als **Subjekt des Völkerrechts** und **geopolitische Realität** ihre **Existenz beendet** hat. Die GUS ihrerseits ist kein Völkerrechtssubjekt. Ihr gehörten mit Ausnahme der drei baltischen Staaten alle übrigen **12** früheren **Sowjetrepubliken** an: Russland, Weißrussland, Moldawien, die Ukraine, Georgien, Armenien, Aserbaidschan, Turkmenistan, Usbekistan, Kasachstan, Tadschikistan und Kirgisien. Jedes Mitglied hat ein **Vetorecht**. Georgien beschloss 2008 seinen Austritt.

**Ziel** der GUS ist es, einen **gemeinsamen Weg** in eine stabilere wirtschaftliche und politische Zukunft zu suchen. Die Mitglieder streben eine **Wirtschaftsunion** nach dem Muster der EG an, die auf marktwirtschaftlicher Grundlage eine Abstimmung der Wirtschafts-, Finanz-, Steuer- und Handelspolitik vorsieht. Die Wirtschaftsunion soll durch bilaterale Abkommen ergänzt werden, z. B. im Transportwesen, in der Migrationspolitik, beim Umweltschutz sowie der Bekämpfung des organisierten Verbrechens.

Parallel zur engeren Zusammenarbeit in Wirtschaftsfragen strebt die Gemeinschaft die Bildung eines „**gemeinsamen militärisch-strategischen Raumes**" an, innerhalb dessen **kollektive Sicherheit** garantiert, Stationierung, Funktion und materielle Sicherung der **strategischen Streitkräfte** gewährleistet, eine einheitliche Kontrolle über die **Kernwaffen** sichergestellt sowie die internationale **Zusammenarbeit** in Fragen der **Friedenssicherung** und **Abrüstung** gemeinschaftlich wahrgenommen werden sollen. Auch die **Außenpolitik** der Mitgliedsländer soll durch die GUS koordiniert werden.

**Organe** der GUS sind: der **Rat** der **Staatsoberhäupter** und **Regierungschefs**, das **Exekutivsekretariat** in Minsk, der **Koordinationsstab für militärische Zusammenarbeit** sowie **Fachministerkonferenzen** und eine **interparlamentarische Versammlung**.

Die Gemeinschaft hat angesichts der weltpolitischen Entwicklung (Partnerschaft für den Frieden, NATO- und EU-Osterweiterung) sowie der ausgeprägten eigenstaatlichen Tendenzen in den Mitgliedsländern zu keiner Zeit eine Rolle in den internationalen Beziehungen und bei der Verfolgung selbst gesteckter Ziele gespielt. Sie ist heute als Relikt der Wendejahre im Grunde bedeutungslos.

## Vereinte Nationen (UNO)

Bereits nach dem Ersten Weltkrieg hatte man zur Sicherung des Weltfriedens eine Staatengemeinschaft, den **Völkerbund**, mit **Sitz** in **Genf** geschaffen (1920 bis 1946). Seiner am 28.4.1919 von der Pariser Friedenskonferenz verabschiedeten Satzung schlossen sich die USA nicht an, obwohl deren Präsident Woodrow Wilson die Gründung maßgeblich beeinflusst hatte. Auch die UdSSR, Japan und Deutschland wurden nicht Mitglied. So blieb der Völkerbund weitgehend ohne Einfluss, zumal ihm die Mittel zur Durchsetzung seiner Beschlüsse fehlten.

Die Sieger des Zweiten Weltkrieges wollten diesen Mangel unter allen Umständen vermeiden. Sie räumten deshalb der Nachfolgeorganisation verbesserte, wenngleich immer noch unzureichende Befugnisse ein: Die **fünf** vorrangig beteiligten Mächte wurden zu **ständigen Mitgliedern** des Sicherheitsrates berufen und mit einem **Vetorecht** ausgestattet.

Die 111 Artikel der **Charta der Vereinten Nationen** vom 26.6.1945 sind ein **Manifest** für den **Weltfrieden:** Jeder Staat verpflichtet sich, auf Erstanwendung oder auch nur Androhung militärischer **Gewalt** zu **verzichten** und die **Souveränität** anderer Staaten zu **achten**. Zugestanden wird jedem Staat das Recht auf **individuelle** und **kollektive Selbstverteidigung** (s. S. 546 f.). Die Charta bildet die wichtigste Grundlage zur Lösung globaler Probleme, und die Vereinten Nationen sind auch heute noch das Forum dazu. Dennoch sind gerade in jüngster Zeit auch die Schwächen dieses Systems deutlich geworden. Daher werden verstärkt Reformen angemahnt, deren Ziel es sein soll, den neuen Herausforderungen, insbesondere den Gefahren des **Terrorismus** und den Auswüchsen der **Globalisierung,** wirksamer zu begegnen und den Schutz der **Menschenrechte** weltweit zu verbessern.

Der Völkergemeinschaft traten bei ihrer Gründung 50 Staaten bei. Die Zahl der **Mitgliedsländer** hat sich nach zahlreichen Staatengründungen in der Dritten Welt sowie auf dem Boden der ehemaligen UdSSR und Jugoslawiens inzwischen auf **193** erhöht und umfasst nun alle Staaten der Erde, ausgenommen der Vatikan (mit Beobachterstatus für seine völkerrechtliche Vertretung, den Heiligen Stuhl) sowie die nicht von allen anerkannten Staaten (West-)Sahara, Nord-Zypern, Cookinseln und Taiwan, das 1971 China den Vortritt lassen musste. Auch das im Febr. 2008 als Staat ausgerufene Kosovo ist nicht Mitglied, weil es nicht allgemein anerkannt ist (u. a. von Serbien und Russland, aber auch von EU-Staaten wie Spanien und Zypern, die selbst große ethnische Probleme haben und deshalb einen Präzedenzfall fürchten). Seit 2002 ist auch die Schweiz nach einem Plebiszit der UNO beigetreten. Sie hatte es aus ihrem Neutralitätsverständnis heraus und als Gastgeber des Völkerbundes bei Gründung der UN nicht für angemessen gehalten, um die Aufnahme in die Nachfolgeorganisation nachzusuchen. Gleichwohl war sie seit Langem schon an rd. 50 Unterorganisationen (Kinderhilfswerk, Umweltprogramm, Weltbank pp.) beteiligt und beherbergt in Genf, dem zweitgrößten UN-Standort nach New York, die europäische Vertretung der Vereinten Nationen. Als bisher letztes Mitglied trat Montenegro nach seiner Unabhängigkeitserklärung 2006 der UNO bei. Die **Bundesrepublik** ist seit **1973** Mitglied der UNO; die **DDR** war es von diesem Zeitpunkt an bis zur Vereinigung. Die **EU** hat keinen Mitgliedsstatus, sie entsendet jedoch Beobachter.

### Organe der UNO

Die Vereinten Nationen haben ihren **Sitz** in **New York**. Ihre wichtigsten **Organe** sind:
- ▶ Die **Vollversammlung**
    
    Sie ist das „demokratische Kernstück" der UNO, in der (als einzigem Hauptorgan) alle Mitglieder mit Sitz und Stimme vertreten sind. Je nach Bedeutung werden die Beschlüsse mit einfacher oder Zwei-Drittel-Mehrheit gefasst. Die Vollversammlung tritt einmal im Jahr zusammen. In ihr werden internationale Fragen, vor allem solche der Friedenssicherung,

erörtert. Darüber hinaus entscheidet sie über die Zusammensetzung der anderen Hauptorgane und übt die Kontrolle über den Haushalt der UN aus.

Als das zentrale politische Beratungs- und Beschlussorgan kann sich die UNO-Generalversammlung zu allen einschlägigen Fragen in Form von Entschließungen äußern. Diesen kommt allerdings nach vorherrschender völkerrechtlicher Auffassung nicht der Charakter von Weisungen, sondern nur **Empfehlungscharakter** zu. Gleichwohl sind solche Empfehlungen häufig von erheblicher, zumindest „moralischer" Wirkung.

Jedes Mitglied der Vereinten Nationen hat in der Vollversammlung eine Stimme.

▶ Der **Weltsicherheitsrat**

Ihm gehören fünf ständige und zehn nicht ständige Mitglieder an. Die **ständigen Mitglieder** werden in der UN-Charta genannt: China, Frankreich, Großbritannien, die USA und – bis zu ihrer Auflösung – die Sowjetunion. Die UdSSR-Nachfolge hat Russland im Auftrage der GUS (s. oben) angetreten. Die GUS selbst kann als Staatenbund dem Rat nicht angehören, da nur souveräne Staaten Mitglied sein können. Die zehn **nicht ständigen** Mitglieder werden von der Vollversammlung für zwei Jahre nach folgendem Schlüssel gewählt: Afrika drei Sitze, Asien/arabische Staaten, Lateinamerika/Karibik und Westeuropa je zwei Sitze, Mittel- bzw. Osteuropa (ehem. Ostblock) ein Sitz. Die Wahl erfolgt in zwei überlappenden Fünfergruppen, so dass jährlich zum 1. Januar fünf nicht ständig Mitglieder ausgewechselt werden. 2013–2014 waren dies Argentinien, Australien, Luxemburg, Ruanda und Südkorea. 2014–2015 Litauen, Tschad, Chile, Nigeria und Saudi-Arabien, das zwar gewählt wurde, aber verzichtet hat. Der Vorsitz wechselt monatlich zwischen den Mitgliedern in alphabetischer Reihenfolge. Der Verzicht Saudi-Arabiens wurde vor dem Hintergrund des Syrien-Konflikts mit „Doppelmoral und Unfähigkeit" begründet.

Das **vereinigte** Deutschland wurde nach diesem seit Jahren umstrittenen Verteilerschlüssel erstmals 1995/1996 in den Weltsicherheitsrat als nicht ständiges Mitglied gewählt und gehörte ihm auch von 2003 bis 2004 an. In den Jahren der **Teilung** waren die Bundesrepublik (1977/1978) und die DRR (1980/1981) je einmal im Sicherheitsrat vertreten.

Der Sicherheitsrat ist der **Friedenswächter** der UNO. Er befindet, ggf. durch Entsendung von Beobachtern, ob im Konfliktfalle Friedensbedrohung, Friedensbruch oder eine Angriffshandlung anzunehmen ist, und ruft in aller Regel die Parteien zunächst zu Verhandlungen auf. Bei Vorliegen bewaffneter Auseinandersetzungen kann er einen Waffenstillstand sowie andere vorläufige Maßnahmen zur Entschärfung der Lage anordnen und deren Überwachung sicherstellen. Als einziges Organ der Vereinten Nationen, dessen Resolutionen für die Mitgliedsstaaten **verbindlich** sind, kann er militärische und nichtmilitärische **Sanktionen** verhängen (Waffenembargos, Flugverbote, Wirtschaftssanktionen, Blauhelm-Aktionen). Letztes Mittel ist die Anwendung militärischer Gewalt. Alle Mitglieder sind verpflichtet, dem Sicherheitsrat auf Ersuchen **Streitkräfte** zur Verfügung zu stellen und Beistand zu leisten – so jedenfalls in der Theorie.

**Resolutionen** des Weltsicherheitsrats, dessen Mitglieder öffentlich durch Handzeichen abstimmen, kommen zustande, wenn **alle fünf ständigen Mitglieder** und mindestens **vier nicht ständige Mitglieder** zustimmen. Das jedem ständigen Mitglied zustehende Vetorecht hat in der Vergangenheit nicht selten zur Erstarrung der gesamten Organisation geführt. In diesen Fällen kann die Vollversammlung zu einer Dringlichkeitssitzung einberufen, in der die Veto-Regelung des Sicherheitsrates nicht gilt.

▶ Der **Wirtschafts- und Sozialrat**

Er ist das Zentralorgan für wirtschaftliche und soziale Fragen, untersteht direkt der Vollversammlung und fungiert als Lenkungs- und Koordinierungsstelle.

459

▶ Das **Sekretariat**

Es ist Sitz der **Verwaltung** der UN und wird geleitet vom **Generalsekretär**, der von der Vollversammlung auf Empfehlung des Sicherheitsrats auf fünf Jahre gewählt wird. Ihm zur Seite stehen 32 Stellvertreter. Die eminent **politische** Aufgabe des Generalsekretärs besteht in der Beobachtung und Beeinflussung von Entwicklungen, die zur Gefahr für den **Weltfrieden** werden können. Vollversammlung und Sicherheitsrat übertragen ihm im Konfliktfalle weitgehende Handlungsfreiheiten. **Amtsinhaber** ist seit dem 1.1.2007 der Südkoreaner **Ban Ki Moon**. Seine Vorgänger waren Trygve Lie (Norwegen), Hammarskjöld (Schweden), U Thant (Burma), Waldheim (Österreich), Perez de Cuellar (Peru), Boutros Ghali (Ägypten) und Kofi Annan (Ghana).

▶ Der **Internationale Gerichtshof**

Der in Den Haag ansässige Gerichtshof entscheidet über internationale Rechtsfragen. Er kann in Völkerrechtssachen von allen UN-Mitgliedern angerufen werden. Seine 15 Richter, die verschiedenen Staaten angehören müssen, werden von der Vollversammlung und dem Sicherheitsrat für jeweils neun Jahre gewählt. Sie sind an keine Weisungen gebunden und dürfen keine politischen oder Verwaltungsaufgaben erfüllen.

Nur 66 UN-Mitglieder, darunter Deutschland, erkennen die Urteile des Gerichtshofs an. Das Gericht selbst hat keine Möglichkeit, seine Entscheidungen durchzusetzen. Ungeachtet dieser Schwächen haben seine Rechtsakte ein hohes moralisches Gewicht und beeinflussen weltweit die öffentliche Meinung, was z. B. 1989 die UdSSR veranlasst hat, die Rechtsprechung des Gerichtshofes in Menschenrechtsfragen anzuerkennen.

▶ Der **Internationale Strafgerichtshof** (ICC bzw. IStGH)

Er besteht seit 2003 als **ständige Einrichtung** (ebenfalls in Den Haag) und löst die **Kriegsverbrechertribunale** zur Untersuchung der Massaker in **Ruanda** und im ehemaligen **Jugoslawien** nach Abschluss der anhängigen Verfahren ab (u. a. in den Fällen Milosevic, der wegen des Todes des Angeklagten nicht beendet wurde, und Milutinovic, den das Gericht vom Vorwurf des Kriegsverbrechens freisprach). Dem Abkommen über den Gerichtshof sind bisher 122 Staaten beigetreten, nicht aber Russland, China, Iran, Israel, Indien, Pakistan und die USA (s. oben).

Der mit 18 Richtern unterschiedlicher Nationalität besetzte Gerichtshof wacht über die Einhaltung des Weltfriedens und wird bei schweren zwischenstaatlichen und inneren Konflikten tätig, wenn eine **nationale Gerichtsbarkeit** nicht **vorhanden** bzw. zur Aburteilung nicht fähig oder willens ist. Er kann – gegenüber Individuen, nicht aber Staaten – **Verbrechen** gegen die **Menschlichkeit, Kriegsverbrechen** und **Völkermord** sowie die Führung eines **Angriffskrieges** weltweit ahnden und hierzu Geld- oder Gefängnisstrafen verhängen. Damit können erstmals in diesen Kernfragen des Völkerrechts **globale Standards** gesetzt und **abschreckende** Wirkungen erzielt werden. Dem Gericht steht ein **Chefankläger** zur Seite, der ohne vorherige Konsultation selbständig Ermittlungen einleiten kann. Erster Amtsträger wurde der Argentinier Moreno Ocampo. Als ersten Fall übertrug der Sicherheitsrat dem IStGH die Entscheidung über den Massenmord im südlichen Sudan. Daraufhin erging Haftbefehl gegen den amtierenden Staatschef al-Bashir.

▶ Die **Sonderorganisationen**

Beispiele: die Organisationen für Erziehung, Kultur und Wissenschaft (UNESCO); für Kinderhilfe (UNICEF) sowie die Weltgesundheitsorganisation (WHO), der Weltwährungsfond (JMF) und die Weltbank (JBRD). Der Bekämpfung des Hungers dient die Welternährungsorganisation (FAO; 192 Partnerländer). Ihr Ziel ist es, Produktion und Verteilung von landwirtschaftlichen Gütern zu verbessern. Auf dem Welternährungsgipfel 2009 bekräftigte sie die Absicht, den Hunger in der Welt bis 2015 zu halbieren.

## Zweckbestimmung und Bedeutung der UNO

Gem. Artikel 1 der **UN-Charta** wollen die Vereinten Nationen „den **Weltfrieden** und die **internationale Sicherheit** erhalten, **freundschaftliche Beziehungen** zwischen den Nationen auf der Grundlage von **Gleichberechtigung** und **Selbstbestimmung** der Völker entwickeln, durch **Zusammenarbeit** internationale Probleme unterschiedlichster Art lösen sowie die **Menschenrechte** und **Grundfreiheiten** fördern und festigen".

Aus dieser allgemeinen Zielsetzung resultiert eine Vielzahl von Aktivitäten **wirtschaftlicher, sozialer, ökologischer** und **kultureller** Natur. Im Mittelpunkt stehen die Sorge um ein **menschenwürdiges Dasein** für alle Völker und die Sicherung des **Friedens** in der Welt.

Zur Erfüllung ihrer Aufgaben unterhält die UNO eine weit verzweigte **Verwaltungsorganisation**. Neben dem **Hauptsitz New York** bestehen Sitze in Genf, Nairobi und Wien sowie fünf erdteilbezogene Regionalkommissionen. Weltweit zählt die UNO insgesamt fast **40 000 Mitarbeiter**. Ihr **ordentlicher Etat** (ohne Friedensoperationen und Gerichtshöfe) betrug im Zweijahreszeitraum 2006/2007 rd. 3,8 Milliarden Dollar. 22 Prozent hiervon tragen die USA. Deutschland (mit 8,6 Prozent) ist hinter Japan (16,6 Prozent) der drittgrößte Finanzier der UN. **Offizielle Verhandlungssprachen** sind Arabisch, Chinesisch, Englisch, Französisch, Spanisch und Russisch.

## Politische, wirtschaftliche und humanitäre Ziele

Neben der Funktion als **unabhängiges Weltgericht** sind die Vereinten Nationen ein unverzichtbares Forum zur Erörterung **internationaler Konflikte**. Ihre vielfältigen politischen Aufgaben schlagen sich nieder in **Programmen** und **Sonderorganisationen, Finanz-** und **Kontrollgremien, sozialen Hilfswerken** und **Forschungsinstitutionen** (s. auch S. 528). Nach einem Bericht der Welternährungsorganisation FAO vom 12.10.2009 leiden weltweit mehr als **eine Milliarde** Menschen an **Hunger**. Von besonderer Bedeutung sind daher die **Welthungerhilfe**, die humanitären Hilfen für **Flüchtlinge**, die **Weltkinderhilfe** und die **Weltgesundheitshilfe**. Daneben zählen Trinkwassermangel, Übervölkerung, Armutswanderungen, Menschenhandel, Klima und Umwelt zu den vorrangigen Aufgaben der Völkergemeinschaft. Wichtige weltumspannende Funktionen obliegen ferner der Internationalen Atomenergiebehörde (IAEA), der Weltbank, dem Weltpostverein und der Weltagentur für geistiges Eigentum (Wipo). Etwa drei Viertel der UN-Aktivitäten dienen der **Entwicklungshilfe** im weitesten Sinne. Mit globalen Fragen dieser Art beschäftigten sich in jüngerer Zeit u. a. der Umweltschutzgipfel (Rio 1992), die Bevölkerungskonferenz (Kairo 1994), die Klimakonferenz (Berlin 1995), der Weltsozialgipfel (Kopenhagen 1995), die Istanbul-Deklaration zum Recht auf angemessenen Wohnraum (UN-HABITAT) von 1996 sowie, wenige Tage vor dem Anschlag auf das Welt-Trade-Center, die von Hasstiraden gegen die USA und Israel begleitete Weltkonferenz gegen Rassismus und Diskriminierung im September 2001 in Durban.

Hohe Erwartungen galten auch dem UN-Gipfel zur **„nachhaltigen Entwicklung"** in Johannesburg 2002 mit seinen Schwerpunkten **Armut, Umwelt** und **Rohstoffe**. Die Resultate blieben jedoch weit hinter den Erwartungen zurück. Ob mit der Gründung einer **neuen UN-Organisation** (UNEO) ein Durchbruch zur Abwehr der drohenden **globalen Klimakatastrophe** erreicht werden kann, bleibt abzuwarten. In der Pflicht, der **weltweiten Verantwortung** Vorrang vor Einzelinteressen und kurzfristigen wirtschaftlichen Vorteilen einzuräumen, stehen **Industrienationen** und **Schwellenländer** gleichermaßen. In Deutschland stößt vermehrt die Haltung der Autoindustrie auf Kritik, von der dringend neue, umweltschonende Technologien zur Reduzierung des Schadstoffausstoßes gefordert sind. Gleiches gilt für die Stromproduzenten.

## Hauptziel Friedenssicherung

Die Aufgabe der **Friedenssicherung** obliegt in erster Linie dem **Weltsicherheitsrat** (s. oben). Ihm ist ein Instrumentarium zur Eindämmung regionaler Konflikte an die Hand gegeben, insbesondere kann er **unbewaffnete Beobachter** (Inspekteure) entsenden, Rüstungsbegrenzungen verfügen, wirtschaftliche Boykottmaßnahmen verhängen oder den Einsatz von **Friedenstruppen** (Peace-keeping-Forces) im Rahmen sog. **Blauhelm-Missionen** veranlassen. Seine Resolutionen bilden die völkerrechtliche Grundlage solcher Einsätze, deren Umfang der Generalsekretär festlegt. Die Durchsetzung **militärischer Ziele** mit **Waffengewalt** gehört **nicht** zu den Aufgaben der lediglich aus Gründen des Selbstschutzes bewaffneten **Blauhelmverbände**. Wenn der Sicherheitsrat einen **bewaffneten Einsatz** nach Kapitel VII der UN-Charta zur Wahrung oder Wiederherstellung des Friedens beschließt, liegt – wie in Bosnien-Herzegowina und im Kosovo – die **Durchführung** bei den damit **beauftragten Nationen.** Über **eigene Truppen** verfügt die UNO bisher **nicht;** sie entsendet lediglich unter ihrem Mandat stehende Kontingente ihrer Mitgliedsländer.

Seit 1948 gab es fast 60 Friedensmissionen, bei denen auf UN-Seite mehr als 1800 Soldaten und Zivilpersonen den Tod fanden. Allein zwischen 1990 und 2004 beschloss der Sicherheitsrat 40 Einsätze, die z. T. bis in die Gegenwart andauern. Insgesamt waren daran mehr als 120 Nationen beteiligt; die Gesamtkosten werden auf 25 Milliarden Dollar geschätzt. Heute stehen mehr als 100 000 Soldaten, Polizisten und Zivilpersonen unter dem Kommando der UN.

Zu den besonderen **Erfolgen** der UNO zählt, dass weltweit eine Vielzahl militärischer Konflikte durch derartige Einsätze eingegrenzt, beendet oder von UN-Truppen unter Kontrolle gehalten werden konnte (Korea, Kongo, Zypern, Mazedonien, El Salvador, Kambodscha, Angola und Mosambik, die Beendigung der Apartheid in Südafrika sowie der Einsatz zur Sicherung der Unabhängigkeit von Ost-Timor).

Aber es gab auch unbefriedigende Ergebnisse, die die Grenzen der Einwirkungsmöglichkeiten offen legten, z. B. die Missionen in Somalia und Ruanda oder die Tragödie in Ex-Jugoslawien. Kritisiert werden vielfach auch Ohnmacht und Passivität der UN in schwerwiegenden Fällen von Menschenrechtsverletzungen, z. B. in Zentralafrika. Besonders deutlich sind die Schwächen der UN im Irak-Konflikt und in Syrien zutage getreten.

Ganz offensichtlich ist der hohe Anstieg der Mitgliederzahl seit Gründung der UN nicht mit einem Parallelzuwachs an Einfluss verbunden gewesen. Wie in den Jahren des Kalten Krieges mangelt es auch heute noch der Weltorganisation gerade in kritischen Lagen immer wieder an der Fähigkeit, **durchsetzbar Entscheidungen** zu treffen. Darin offenbart sich ein **Grundsatzstreit** um das in der UN-Charta von 1945 festgelegte alleinige Recht der UN auf Entscheidung über den **Weltfrieden**, die internationale **Sicherheit** und die dazu notwendigen **Kollektivmaßnahmen**. Insbesondere die einzig verbliebene Supermacht USA beansprucht, nicht erst unter ihrem Präsidenten George W. Bush, ein eigenes Interventionsrecht und ist auch, so bereits die ehemalige US-Außenministerin Albright, „nicht bereit ‚hinzunehmen, dass das NATO-Bündnis zur schlichten Filiale der Vereinten Nationen wird."

Die Gegner dieser Auffassung, so auch der ehemalige UN-Generalsekretär Kofi Annan, warnen nachdrücklich davor, das **Gewaltmonopol** des **Sicherheitsrates** aufzugeben. Fälle wie der Luftkrieg gegen Serbien in der Kosovokrise 1999, in dem die NATO nach monatelangem vergeblichen Verhandeln schließlich in einer Art Notwehr- bzw. Nothilfeaktion ohne ausdrückliches UN-Mandat vorging, werden daher, wenn man nicht noch größere Krisen riskieren will, die Ausnahme bleiben müssen. Das gilt erst recht für die von Amerikanern im Grunde allein verantwortete Irak-Intervention im Jahre 2003. Die völkerrechtliche Rechtfertigung solcher Militäraktionen ohne UN-Mandat ist nach wie vor außerordentlich umstritten.

## Reformansätze

Der Vorrang der **Siegermächte** des Zweiten Weltkrieges im Sicherheitsrat ist ein Spiegelbild der damaligen Machtverhältnisse und entspricht nicht mehr den heutigen weltpolitischen Gegebenheiten. Über eine **Reform** wird seit Langem beraten, zuletzt auf der **Gipfelkonferenz 2005** aus Anlass des sechzigjährigen Bestehens der UN. Ihr lag u. a. ein Vorschlag Kofi Annans vor, den Sicherheitsrat durch Erhöhung von 15 auf 24 Mitglieder auf eine breitere Basis zu stellen. Parallel dazu hatten **Brasilien, Deutschland, Indien** und **Japan** (zusammen die „Gruppe der Vier" bzw. G 4-Staaten) je einen ständigen, mit Vetorecht verbundenen Sitz beantragt. Im Rahmen dieses Vorschlags sollte der Rat um sechs ständige und vier wechselnde auf 25 Mitglieder erweitert werden. Deutschland begründete den Versuch, mehr Verantwortung zu übernehmen, vor allem mit seiner gestiegenen Bedeutung als Industrienation (volkswirtschaftlich und nach der Bevölkerungszahl größtes EU-Land, zweiter Rang bei der Truppengestellung für die UN, Platz drei unter den Beitragszahlern der UN).

Gefordert ist für Reformen dieser Art neben dem Ja der fünf Vetomächte die Zustimmung von zwei Dritteln der Mitglieder (mindestens 129). Aber nicht nur die USA und China verweigerten sich, auch Argentinien und Mexiko (gegen Brasilien), Pakistan (gegen Indien) sowie Italien und Spanien (gegen Deutschland) – alle zusammen unter der Bezeichnung „Verein für Konsens" – signalisierten ihre Ablehnung und warteten ihrerseits mit einem eigenen Vorschlag auf. Zudem schieden die Afrikaner – trotz intensiver diplomatischer Bemühungen und der Zusage massiver Erhöhungen der deutschen Entwicklungshilfe – als Bundesgenossen aus und legten durch die Afrikanische Union ebenfalls eine eigene Version vor.

Damit waren sowohl die Vorschläge Annans, wie auch die der G4-Staaten von vornherein gescheitert. Als Hauptargument gegen einen ständigen Sitz Deutschlands wurde eingewandt, wirtschafts- und sicherheitspolitisch konsequent sei im Grunde nur eine **Mitgliedschaft** der **Europäischen Union**. Nur dadurch erhalte Europa das nötige Gewicht und die Fähigkeit, mit einer Stimme zu sprechen. Weil das derzeit nicht möglich sei, müsse man alles vermeiden, was das Erreichen dieses Zieles künftig behindern könne. Dazu gehöre auch die Mitgliedschaft einer weiteren europäischen Nation neben Frankreich und Großbritannien.

Dessen ungeachtet bleibt die Bundesregierung weiter um einen ständigen Sitz bemüht. Die Bundeskanzlerin hat hilfsweise vorgeschlagen, eine **dritte Kategorie** von „halbständigen" Mitgliedern zu schaffen, deren Amtszeit bis zu zehn Jahren verlängert werden kann.

Auch viele weitere Ziele sind auf der UN-Konferenz 2005 zu bloßen Absichtserklärungen verformt worden. Auf ein Konzept zur Bekämpfung der **Armut** konnte man sich ebenso wenig verständigen wie auf eine Klausel für den wirkungsvolleren Einsatz von **Friedenstruppen** sowie eine Formel für die Reform der **Institutionen**. Eine „**Weltpolitik**" ist mithin kaum noch möglich, und die Völker-„Gemeinschaft" ist von der Realität weiter entfernt denn je. Selbst bei einem Völkermord versagt das System inzwischen, weil man sich regelmäßig zunächst darüber streitet, ob bereits ein Genozid vorliegt oder doch nur Anzeichen dafür, was zur Folge hat, dass man kein Militär entsenden muss, sondern sich auf humanitäre Hilfen beschränken kann.

So wurde dann auch der **Terrorismus** in jeder Form verurteilt, auf eine **Definition** des Begriffes aber konnte man sich wegen der Einwände der islamischen Welt nicht einigen. Die Grenze zwischen Terrorismus und **Befreiungskampf**, etwa in der Tschetschenien- oder Palästina-Frage, bleibt daher weiterhin strittig. Gleiches gilt für die Nichtverbreitung und Abrüstung von Atomwaffen, die nicht einmal in der Abschlusserklärung Erwähnung fanden. Einigkeit hingegen herrschte wegen mehrerer Korruptionsfälle, dass ein Büro für die **Kontrolle** der **UN-Verwaltung** eingerichtet werden solle. Insoweit war die UNO vor allem auch durch den Skandal um „**Oil for Food**" erschüttert worden – ein Programm, das Saddam wirtschaftlich unter Druck setzen sollte, ihn letztlich aber bereichert und dem Sohn des UN-Generalsekretärs den Vorwurf eingetragen hat, er habe den Namen seines Vaters missbraucht, um sich private Aufträge zu verschaffen.

Auch der in New York beschlossene und 2006 gegründete **Menschenrechtsrat,** der die Genfer Menschenrechtskommission ablöst, nimmt keinen guten Weg. Da die westlichen Demokratien unter den 193 UN-Mitgliedern nur eine Minderheit darstellen und zur Aufnahme in den Rat die einfache Mehrheit ausreicht, wird er inzwischen von asiatisch-afrikanischen Ländern einschließlich der Organisation Islamischer Staaten (OIC) dominiert, von denen nicht wenige die im Westen geltenden Werte wie Pressefreiheit und körperliche Unversehrtheit offensiv in Frage stellen.

### Deutschland als Mitglied der Völkergemeinschaft

Seit der **Vereinigung** und dem endgültigen Fortfall der **Schutzfunktionen** der Siegermächte ist Deutschland gehalten, seine Verpflichtungen aus der **UN-Charta,** den **EU-Verträgen** und aus den militärischen Allianzen **WEU** und **NATO** uneingeschränkt einzulösen.

### Rechtliche Grundlagen deutscher Militäreinsätze

Kaum ein anderer Problemkreis ist seit der Notstandsdebatte der sechziger Jahre so leidenschaftlich erörtert worden wie die Frage nach der Beteiligung deutscher Soldaten an Militärmissionen im Ausland, insbesondere dann, wenn sie über den Verteidigungs- und Bündnisfall gem. Art. 5 des NATO-Vertrages hinausgehen. Die Maßstäbe für derartige Einsätze werden teilweise auch heute noch kontrovers diskutiert. Im Wesentlichen unstrittig ist, dass solche Aktionen generell nur zum Zwecke der **Konfliktbewältigung** oder **Stabilitätssicherung** in Krisengebieten in Betracht gezogen werden können. Darüber hinaus gehende Einsätze – etwa zur Aufrechterhaltung des freien Welthandels, des Zugangs zu strategischen Rohstoffen oder ganz allgemein zur Wahrung wichtiger Interessen der Bundesrepublik Deutschland irgendwo auf der Welt – sind unvereinbar mit der auf Verteidigung angelegten Grundstruktur der Wehrverfassung. Denn „Verteidigung" ist die „Grundfunktion unserer Streitkräfte", das heißt die Funktion, die ihnen überhaupt erst „ihre Daseinsberechtigung verleiht" (Maunz-Dürig-Herzog, a. a. O., Art. 87a, Rdnr. 24).

Weithin unbestritten ist ferner, dass der in Art. 87a GG verwandte Begriff des „Einsatzes" nicht die rein **technische Hilfeleistung** in Krisenfällen (Bereitstellung von Anlagen, Geräten und Hilfsgütern) umfasst. An Hilfsaktionen dieser Art war die Bundesrepublik folglich schon immer verfassungsrechtlich nicht gehindert, soweit dem keine sonstigen Rechtsgründe, z. B. das Verbot von Waffenlieferungen in Krisengebiete, entgegenstanden.

Nahezu alle übrigen Fragen deutscher Beteiligung waren lange Zeit strittig:

▶ Bereits der rein **humanitäre** Einsatz, der militärische Mittel nur zur **Selbstverteidigung** zulässt, stieß auf Bedenken, wenn er in einer umkämpften Region (Somalia) stattfand.

▶ Ebenso verfassungsrechtlich nicht hinreichend geklärt war die Beteiligung der Bundeswehr an **Friedensmissionen** der UNO, bei denen internationale Verbände mit Einwilligung der betr. Staaten gleichsam zwischen die streitenden Fronten treten. Auch diesen „Blauhelmen" ist der Waffeneinsatz nur zur **Selbstverteidigung** erlaubt.

▶ Besonders kontrovers wurde erörtert, ob deutsche Soldaten an **Frieden schaffenden Einsätzen,** d. h. an Interventionen unter Einschluss militärischer Zwangsmaßnahmen (Kampfeinsätzen) zur Sicherung oder Wiederherstellung des Friedens, teilnehmen sollen, wenn diese **außerhalb** des **NATO-Gebiets** (out of area) erfolgen und auch **nicht** „**Bündnisfall**" sind, also nicht der „Verteidigung" im engeren Sinne dienen( vgl. S 400).

Erschwert wird die Sach- und Rechtslage dadurch, dass eine klare Abgrenzung zwischen **friedenssichernden** Maßnahmen und **Kampfeinsätzen** in der Realität kaum möglich ist – wie etwa bei der Entsendung deutscher Marineeinheiten zur Überwachung des UNO-Embargos gegen Serbien im Sommer 1992. Das hierzu angerufene BVerfG hat mit Urteil vom 12.7.1994 (E 90, 286) schließlich für die notwendige **rechtliche** Klärung gesorgt, auch wenn damit zwangsläufig nicht alle **politischen** Zweifel behoben sind.

Im Kern ging es dabei um die Frage, ob das Grundgesetz im Rahmen militärischer **Bündnisverpflichtungen** auch andere als zur **Verteidigung** notwendige Einsätze zulässt. Dabei war zu unterscheiden zwischen Einsätzen aus Gründen der **Landes-** bzw. **Bündnisverteidigung** („klassischer" NATO- bzw. WEU-Fall) und solchen, die der Bundesrepublik aus Verpflichtungen im Rahmen eines **Systems gegenseitiger kollektiver Sicherheit** erwachsen (UNO- oder OSZE-Fall). Das BVerfG stellte hierzu Folgendes fest:

▶ Art. 24 Abs. 2 GG berechtigt den Bund nicht nur zum „**Eintritt** in ein System gegenseitiger kollektiver Sicherheit und zur **Einwilligung** in die damit verbundenen **Beschränkungen** seiner Hoheitsrechte". Die Vorschrift „bietet vielmehr auch die verfassungsrechtliche Grundlage für die **Übernahme** der mit der Zugehörigkeit zu einem solchen System verbundenen **Aufgaben** und damit auch für eine Verwendung der Bundeswehr zu Einsätzen, die im Rahmen und nach den Regeln dieses Systems stattfinden".

▶ Neben dem Einsatz zur **Landes-** und **Bündnisverteidigung** ist der Einsatz bewaffneter deutscher Streitkräfte auch im Rahmen eines **Systems gegenseitiger kollektiver Sicherheit**, dem die Bundesrepublik gem. Art. 24 Abs. 2 GG beigetreten ist, verfassungsrechtlich zulässig. Solche Einsätze werden insbesondere „nicht durch Art. 87a GG (Verteidigungsauftrag) ausgeschlossen".

Das Urteil war ein wichtiges Signal für die „**Rückkehr zum Politischen**". Die Bundeswehr soll nicht allein der Entscheidungsgewalt der **Bundesregierung** unterliegen. Auch sollen über die Grundfragen ihres Einsatzes nicht die **Gerichte** befinden. Die **elementaren** sicherheitspolitischen Entscheidungen sollen vielmehr, so das Gericht, „vom **Parlament** verantwortet" werden (Bundeswehr als Parlamentsheer). Die Bundesregierung ist daher verpflichtet,

▶ für den Einsatz der Streitkräfte grundsätzlich die **vorherige** und konkrete konstitutive **Zustimmung** des **Bundestages** einzuholen und

▶ ein **Bundeswehraufgabengesetz** vorzubereiten, das den Auftrag der Streitkräfte sowiedie Voraussetzungen **durch Gesetz** zu regeln, was durch das **Parlamentsbeteiligungsgesetz** v. 18.3.2005 (BGBl. I S. 775), wenn auch mit großer Verzögerung, erfolgt ist.

Unmittelbar nach dem Urteil billigte der Bundestag die Einsätze in der Adria und in Bosnien-Herzegowina zur Überwachung des Flugverbots sowie später auch die Beteiligung am NATO-Einsatz in Bosnien. Problematisch blieb gleichwohl der **außerhalb** des Bündnisgebietes (out of area) liegende Einsatz, der nach der UN-Charta stets an eine **Resolution** des **Sicherheitsrates** geknüpft ist. Ungeachtet dessen stimmte der Bundestag 1998 einer möglichen Kosovo-Operation „aus Bündnissolidarität" zu. Damit wurde erstmals die Androhung eines „**Out of area**"-**Kampfeinsatzes** gebilligt, für den ein klares **Mandat** des Sicherheitsrats ebenso **nicht** vorlag, wie für den folgenden Einsatz zur Unterstützung der Friedenstruppe im Kosovo und die Teilnahme am NATO-Einsatz gegen jugoslawische Ziele.

Begründet wurden diese mit dem Gewaltmonopol der **Vereinten Nationen** nicht im Einklang stehenden Militäraktionen damit, dass es sich hierbei um einen **Notfall** handele, bei dem die Androhung einer Intervention und der ihr ggf. folgende Einsatz aus **humanitären** Gründen unabweisbar seien. Der Einsatz machte zudem deutlich dass die NATO-Partner nicht länger bereit sind, der Bundesrepublik einen „deutschen Sonderweg" (grundsätzliche Zustimmung, aber keine aktive Beteiligung) zuzugestehen, sondern auch von ihr **Bündnissolidarität** einfordern. Ergänzend entschied das BVerfG am 22.11.2001, die **neue strategische Konzeption** der NATO (s. oben), mit der sie 1999 ihre ursprünglichen Verteidigungsziele auf Krisenreaktionseinsätze außerhalb des Bündnisgebietes „im euroatlantischen Sicherheitsraum" erweitert habe, stelle „keine Änderung des NATO-Vertrages" dar. Schon der im NATO-Vertrag von 1949 angelegte Zweck des Bündnisses sei die „Sicherung einer friedlichen und dauerhaften Ordnung in Europa und der Welt". Unter diesen Leitgedanken fasst das Gericht auch die Kriseninterventionen der Jetztzeit: „Wenn sich das Erscheinungsbild möglicher Friedensbedrohungen ändert, lässt der Vertrag Spielraum für anpassende Entwicklungen, auch im Bezug auf den konkreten Einsatz-

bereich und -zweck, so lange der grundlegende Auftrag zur Friedenssicherung in der Region nicht verfehlt wird". Die ohne vorherige Einschaltung des Bundestages erfolgte Einwilligung der Bundesregierung zu diesem Konzept sei somit verfassungskonform, denn „für die Fortentwicklung des Vertrages unterhalb der Schwelle einer Vertragsänderung" bedürfe es **nicht** der **Zustimmung** des **Parlaments**.
Eine wegweisende Entscheidung erging schließlich durch das BVerfG am 7.5.2008, mit der das Gericht unter Berufung auf sein Urteil vom 12.7.1994 (E 90, 286) den Einsatz deutscher Soldaten in **AWACS-Flugzeugen** über der Türkei für **verfassungswidrig** erklärte. Schon bei **greifbaren tatsächlichen Anhaltspunkten,** die damals zweifellos vorgelegen hätten, müsse das Parlament befragt werden. Denn „das Grundgesetz hat die Entscheidung über Krieg und Frieden dem Deutschen Bundestag als Repräsentativorgan des Volkes anvertraut".

Dem **Parlamentsvorbehalt,** so das Gericht weiter, unterliegen Bundeswehrstreitkräfte dann, wenn sie „in bewaffnete Unternehmungen **einbezogen** sind" oder ein solcher Einsatz „**konkret zu erwarten**" ist. Die bloße Möglichkeit hingegen reiche nicht aus.

Der generelle Parlamentsvorbehalt beim Einsatz **bewaffneter** (waffenführender) Streitkräfte gilt unabhängig davon, ob eine **Bündnispflicht** besteht und ob die deutschen Streitkräfte in **Verbände** der NATO oder der EU **eingebunden** sind oder nicht. Kein „bewaffneter" Einsatz in diesem Sinne liegt vor bei einer **nicht-militärischen** Verwendung von Bundeswehrpersonal. Sie bedarf folglich auch keiner Zustimmung des Parlaments.

**Ausgenommen** von der **vorherigen** Zustimmung des Bundestages sind lediglich Einsätze, bei denen **Gefahr im Verzuge** vorliegt. In solchen Fällen kann die **Bundesregierung** den Einsatz beschließen. Sie muss jedoch umgehend das Parlament mit dem Einsatz befassen und die Streitkräfte auf Verlangen zurückrufen.

### Zum Beitrag Deutschlands an der Friedenssicherung

Die Bundesrepublik trägt als **drittgrößter Beitragszahler** der Vereinten Nationen einen wichtigen Anteil an der Erhaltung des Friedens in der Welt. Deutschland ist zunehmend aber auch **militärisch** gefordert. Seit vielen Jahren sind bis zu 10 000 deutsche Soldaten gleichzeitig an unterschiedlichsten **Auslandseinsätzen** beteiligt. Die größte Herausforderung ist der **Afghanistan-Einsatz.** Ihm ging, wie im Golfkrieg, aber anders als im Irak, eine **UN-Resolution** voraus, die das **Selbstverteidigungsrecht** zuerkannte und mit einem Ultimatum an das Taliban-Regime verbunden war, Bin Laden auszuliefern. Die NATO erklärte dann, erstmalig in ihrer Geschichte, den Bündnisfall, woraufhin der Bundestag den Einsatz beschloss (als Teil der Anti-Terror-Aktion „**Enduring Freedom**" an der Seite der USA und der **ISAF-Schutztruppe** im Rahmen der NATO).
Der Einsatz in Afghanistan, das seit Jahrzehnten nicht zur Ruhe kommt, soll verhindern, dass das Land erneut zum Rückzugsraum internationaler Terroristen wird und zu stabilen politischen Verhältnissen zurückfindet. Die **Internationale Schutztruppe** ISAF unterstützt die afghanische Regierung dabei, die Bevölkerung zu schützen und eine geordnete Entwicklung des Landes zu ermöglichen. Afghanistan soll in die Lage versetzt werden, die im Aufbau befindliche Demokratie gegen den Terrorismus selbst zu verteidigen.
Der Konflikt hat insbesondere unter der Zivilbevölkerung durch terroristische Anschläge eine hohe Zahl von Opfern gefordert. Mehr als 25 000 getötete Zivilpersonen, darunter viele Kinder, wurden bisher statistisch erfasst, ihre tatsächliche Zahl wird deutlich höher liegen. Aber auch die Schutztruppe beklagt zahlreiche Opfer, vor allem die USA. Bis Mai 2013 sind 3 300 Koalitionssoldaten in Afghanistan ums Leben gekommen, darunter 54 Soldaten der Bundeswehr und drei deutsche Polizisten.
Das Engagement Deutschlands in Afghanistan war von Beginn an umstritten. Die gegen den Einsatz von Tornado-Aufklärungsflugzeugen an der Seite der USA von der Linksfraktion des Bundestages gerichtete Organklage wurde jedoch vom BVerfG mit der Begründung verworfen,

der ISAF-Einsatz diene der Sicherheit des euro-atlantischen Raumes und überschreite weder wesentliche Strukturentscheidungen des NATO-Vertrages, noch dessen friedenswahrende Ausrichtung. Neben der militärischen Verteidigung entspreche auch ein zeitlich und sachlich damit verbundener „komplementärer" Krisenreaktionseinsatz dem NATO-Vertrag. Zudem sei durch Kooperationen zwischen ISAF- und Enduring Freedom-Einsätzen deren rechtliche und tatsächliche Trennung nicht aufgehoben worden. Dass von **integrierten Kampfeinsätzen** nicht gesprochen werden könne, ergebe sich bereits aus dem Entsendungsbeschluss.

Strittig ist auch, dass Deutschland auf Anforderung der NATO ab Sommer 2008 die Verantwortung für die zum Schutz der ISAF-Kräfte eingesetzte **Schnelle Eingreiftruppe** von Norwegen übernommen und dazu 250 speziell ausgebildete Soldaten in den Norden Afghanistans entsandt habe. Nach Auffassung der Bundesregierung ist dieser Einsatz vom bisherigen Mandat gedeckt, Kritiker sehen darin eine **neue Qualität** (Kampfeinsatz).

Ungeachtet der rechtlichen Differenzen hat die allgemeine Lage in Afghanistan schon seit längerem Zweifel ausgelöst. Nicht erst, seitdem die Zahl der in Afghanistan getöteten und der schwer verwundet und traumatisiert heimkehrenden deutschen Soldaten immer weiter gestiegen ist, stellt sich immer drängender die Frage: Sind USA und NATO ihren **Zielen** wirklich näher gekommen? Bedarf ihre Strategie der **Revision**? Zwar gilt die Hauptstadt als weitgehend befriedet. Aber im Süden zeigt sich zunehmend, dass ein „Nation Building", der Aufbau neuer Staatlichkeit, mit dem militärischen Ansatz der USA kaum zu erreichen ist. Und die Taliban sind wieder erstarkt. Doch käme ein **Rückzug**, darüber herrscht weitgehend Konsens, zum gegenwärtigen Zeitpunkt einer **Katastrophe** gleich. Er würde letztlich nur den Taliban dienen.

Daher soll die **Übergabe der Verantwortung** an die afghanischen Sicherheitskräfte behutsam eingeleitet werden. Bis Ende 2014, so die Strategie der NATO, soll afghanischen Militär- und Polizeikräften **schrittweise** die Verantwortung übergeben und damit der NATO-Kampfeinsatz beendet werden. Ein begrenztes Engagement der USA wird jedoch auch darüber hinaus noch für erforderlich gehalten.

| Abwehr terroristischer Bedrohung im Innern |
|---|

Der 11. September hat das Bedürfnis nach **Sicherheit** weltweit dramatisch erhöht. Deutschland hat darauf mit den **Sicherheitspaketen I und II** geantwortet: Im Rahmen des ersten Anti-Terrorpakets wurde u.a. das sog. **Religionsprivileg** des Vereinsrechts gestrichen (s. S. 380). Das zweite Paket (Ges.v. 9.1.02, BGBl. I S. 361) schuf die Voraussetzung für die ab Nov. 2005 eingeführten Reisepässe mit **biometrischen Daten** und erweiterte die Befugnisse der **Bundespolizei**, die Kontrollmöglichkeiten auf **Flughäfen** sowie die **Abschiebungsgründe**. Es folgten das Gesetz v. 30.12.2006 (BGBl. I S. 3409) zur Errichtung einer vernetzten **Anti-Terror-Datei** sowie das Ergänzungsgesetz zum Terrorismusbekämpfungsgesetz v. 5.1.2007 (BGBl. I S. 2), das u. a. die **Auskunftsbefugnisse** der Dienste auf **extremistische Bestrebungen** ausdehnt. Zu den ergänzenden **Landesgesetzen** entschied das BVerfG am 4.4.2006, eine vorbeugende **Rasterfahndung** sei mit dem Recht auf informationelle Selbstbestimmung nur vereinbar, wenn eine „**konkrete Gefahr** für **hochrangige Rechtsgüter**" vorliegt. **Allgemeine** Bedrohungslagen reichen dazu nicht (1 BvR 518/02). Entsprechende Neuregelungen sind z. T. bereits ergangen. **Reisepässe** enthalten künftig neben dem Passfoto die Abdrücke des rechten und linken Zeigefingers in elektronischer Form, die jedoch entgegen der ursprünglichen Absicht nicht dauerhaft bei den Meldeämtern gespeichert werden. Alte Reisepässe bleiben bis zum Ablauf gültig. Wichtige Neuregelungen enthält das am 1.1.2009 in Kraft getretene **BKA-Gesetz**. Es räumt dem BKA zur Abwehr **terroristischer Gefahren** unter besonders engen Voraussetzungen und im Rahmen der Vorgaben des BVerfG **präventive** Eingriffsrechte ein. Weitere Befugnisnormen sind beabsichtigt, vermutlich jedoch erst im Anschluss an die Entscheidung über die Verfassungsbeschwerde gegen das BKA-Gesetz.

Die entsprechenden Gesetzesvorhaben sind zumeist heftig umstritten, so z. B. die geforderte Übernahme der **Online-Durchsuchung** in das **Verfassungsschutzgesetz**. Denn auch terroristische Bedrohungen befreien den Gesetzgeber nicht von den **strengen Anforderungen**, die das **Grundgesetz** ihm vorgibt. Das BVerfG hat sich deshalb in jüngerer Zeit mehrfach veranlasst gesehen, gesetzliche Regelungen für verfassungswidrig zu erklären, soweit sie gegen elementare Rechtsgrundsätze (Wahrung der Grundrechte, Verhältnismäßigkeit, Normbestimmtheit pp.) verstoßen, z. B. das Flugsicherungsgesetz, die Vorschriften zur automatischen Erfassung von Kfz-Kennzeichen ohne konkreten Anlass, zur Online-Durchsuchung sowie zur Vorratsdatenspeicherung von Telefon- und Internet-Verbindungsdaten.

Besonders umstritten ist nach wie vor der **Bundeswehreinsatz** zum Schutz **ziviler Objekte**, veranschaulicht am Extremfall einer gekaperten Passagiermaschine, die auf einen Atommeiler zurast. Das BVerfG hat hierzu entschieden, es sei „schlechterdings unvorstellbar", Passagiere zwecks Gefahrenabwehr zu opfern, und hat den Versuch, solche Terrorangriffe als Quasi-Verteidigungsfall einzuordnen, zurückgewiesen. Strittig ist deshalb auch die von der CDU geforderte Ausweitung der in Art. 87a GG genannten Fälle auf **„außergewöhnliche Unglücksfälle"**, in denen ein Bundeswehreinsatz zulässig sein soll.

## Prüfen Sie Ihr Wissen!

### Kapitel XIV

1. Welche zwischenstaatlichen Vereinbarungen sollen den **Frieden** Europas und der Welt **sichern?** Erläutern Sie diese!
2. Welche **europäischen Zusammenschlüsse** kennen Sie? Erläutern Sie deren Ziele!
3. Erläutern Sie die **Zielvorstellungen** der Europäischen Gemeinschaft!
4. Nehmen Sie Stellung zu den **Ergebnissen** der Konferenz in **Nizza!**
5. Welche **Konsequenzen** werden sich aus der **Ost-Erweiterung** der Europäischen Union ergeben?
6. Welche **Chancen** bieten sich einem **vereinigten Europa?**
7. Erläutern Sie die **Wahl** und die **Funktion** des **Europäischen Parlaments!**
8. Erläutern Sie **Stellung** und **Aufgaben** des **Europäischen Rates** (Euro-Gipfel)!
9. Welche **Funktion** hat der **Rat der Europäischen Union** (Ministerrat)?
10. Wie ist die **Zusammensetzung** der **Europäischen Kommission?** Nennen Sie ihre **Aufgaben** und **Befugnisse!**
11. Welche **Funktion** hat der **Europäische Gerichtshof?**
12. Welche **Bedeutung** hat der **Europarat**, und welche **Aufgaben** hat er sich gestellt?
13. Erläutern Sie **Organe, Ziele** und **Bedeutung** der **NATO!**
14. Erläutern Sie die **Organe**, die **Ziele** und die **Bedeutung** der **Vereinten Nationen!**
15. Nehmen Sie aus **verfassungsrechtlicher** Sicht Stellung zu sog. **Blauhelm-Einsätzen** und **Kampfeinsätzen** der Bundeswehr!
16. Erläutern Sie die **Grundz**üge des Entwurfs für eine **Europäische Verfassung** und die Gründe des **Scheiterns!** Welche Auswirkungen hatte der Verfassungsentwurf auf den Vertrag von Lissabon und das dazu ergangene Urteil des Bundesverfassungsgerichts?

# Namensregister

(Die Zahlen bezeichnen die Seiten)

## A
Adenauer 29 f., 52, 238 f., 332, 355, 365
Ashton 442

## B
Ban Ki Moon 460
Bergmann-Pohl 46
Bismarck 91, 353
Böll 365
Boutros Ghali 460
Brandt 332, 334, 354
Briand 416

## C
Carstens 310, 353
Churchill 21, 23

## D
d´Hondt 259 f.
de Maiziére 46
Dönitz 22

## E
Ebert 354, 365
Elfes 230
Engels 351
Erhard 332, 353

## G
Gauck 310 f.
Goebbels 367
Gorbatschow 43
Grotewohl 31
Guillaume 276

## H
Hare-Niemeyer 259 f.
Hartz 408
Haydn 238
Heinemann 310, 354
Herzog 310, 353
Heuss 30, 238 f., 310, 353
Hitler 22, 354, 367
Hoffmann von Fallersleben 238
Honecker 44, 131

## K
Keitel 22
Kiesinger 286, 332, 353
Kofi Annan 460
Kohl 48, 238, 279, 332, 353, 372
Köhler 310 f., 315, 353
Kurnaz 276

## L
Lie 460
Liebknecht 354
Locke 16
Lübke 310 f., 316, 353
Lüth 230
Luxemburg 354

## M
Marshall 27
Merkel 286, 325, 332, 353
Modrow 44, 47
Montesquieu 16
Morgenthau 21

## P
Perez de Cuellar 460
Pieck 33
Putin 430

## R
Rau 310, 354
Roosevelt 21

## S
Sainte-Laguë 259 f.
Scheel 310, 353
Schill 357
Schmid, Carlo 29
Schmidt, Helmut 334, 354
Schröder, Gerhard 279, 332 f., 354
Schwan, Gesine 307
Stalin 21, 23
Stoph 44
Stresemann 416

## T
Truman 23

## U
U Thant

## V
van Rompuy 441

## W
Waldheim 460
Wassermann 1
Weizsäcker, v. 238 f., 353
Wilson 85
Wulff 310 f.

# Stichwortverzeichnis

(Die Zahlen bezeichnen die Seiten)

## A

Abgeordnete, Allgemeines 289
Abgeordnete, Entschädigung 297
Abgeordnete, Entscheidungsfreiheit 292
Abgeordnete, Mandat 294
Abgeordnete, Nebentätigkeit 293
Abgeordnete, Rechtsstellung 289
Abtreibung 140
AfD, siehe Alternative für Deutschland
Aktivbürgerschaft 1
Allgemeine Wehrpflicht, s. Wehrpflicht
Allgemeines Persönlichkeitsrecht 128
Alternative für Deutschland, AfD 358
Arbeit 56
Arbeitskampf 180
Asyl, Asylrecht 204
Ausbürgerung 203
Ausländer 248
Auslieferung 203
Äußerer Notstand 394
Aussperrung 180, 185

## B

Bedingungslose Kapitulation 22
Berlin 34, 241
Berufswahl und -ausübung 189
Bevölkerungsentwicklung, s. demografische Entwicklung
Blockade, Blockadeaktion 184, 226
Bundeskanzler, Allgemeines 327
Bundeskanzleramt 326
Bundesminister 328
Bundesnachrichtendienst 326
Bundespräsident, Allgemeines 308, 310
Bundespräsident, Aufgaben und Befugnisse 314
Bundespräsident, bisherige Amtsinhaber 310
Bundespräsident, Erwerb und Verlust des Amtes 312
Bundespräsident, Rechtsstellung 313
Bundesrat, Allgemeines 298

Bundesrat, Aufgaben 300
Bundesrat, Organisation und Arbeitsweise 304
Bundesrat, staatsrechtliche Stellung 291
Bundesrat, Zusammensetzung 291
Bundesrecht bricht Landesrecht 105
Bundesregierung, Allgemeines 318
Bundesregierung, Aufgaben und Befugnisse 330
Bundesregierung, Funktionen 318
Bundesregierung, Organisation und Geschäftsbereiche 325, 329
Bundesregierung, parlamentarische Verantwortung 331
Bundesregierung, persönliche Rechtsstellung der Mitglieder 335
Bundesregierung, Presse- und Informationsamt 327
Bundesregierung, Regierungsbildung 319
Bundesregierung, staatsrechtliche Stellung 318
Bundesrepublik, Allgemeines 27
Bundesrepublik, gestern und heute 21
Bundesstaat 93, 95
Bundestag, Allgemeines 268
Bundestag, Ausschüsse 282
Bundestag, Debatten 287
Bundestag, Fragestunde 273
Bundestag, Fraktionen 284
Bundestag, freies Mandat 290
Bundestag, Große und Kleine Anfrage 273
Bundestag, Koalitionen 286
Bundestag, Kontrollbefugnisse 272, 274, 278
Bundestag, Organisation 280, 287
Bundestag, staatsrechtliche Stellung, Aufgaben 268, 270
Bundestag, Stimmabgabe 257
Bundestag, Vertrauensfrage 278
Bundestag, Wahlperiode und Sitzungen 269
Bundestreue 106

## Stichwortverzeichnis

Bundesverfassungsgericht, abstrakte Normenkontrolle 341
Bundesverfassungsgericht, Allgemeines 336
Bundesverfassungsgericht, Normenkontrollverfahren 341
Bundesverfassungsgericht, Organisation und Arbeitsweise 337
Bundesverfassungsgericht, Richteranklage 347
Bundesverfassungsgericht, staatsrechtliche Stellung 336
Bundesverfassungsgericht, Verfahrensgrundsätze 339
Bundesverfassungsgericht, Verfassungsbeschwerde 343
Bundesverfassungsgericht, Zuständigkeit 339
Bundesversammlung 308
Bundeszwang 104
Bündnis 90/Die Grünen s. Grüne
Bündnisfall 394, 398

### C
CDU 353
Chancengleichheit 78
CSU 353

### D
DDR 32
Demografische Entwicklung 52
Demokratie 1, 64, 231
Deutsche Einheit 43
Deutschland, Rechtslage 39
Deutschland, Spaltung 21
Dienstsiegel 239
Dienstverpflichtung 192
Divisorverfahren 260
Dreiprozenthürde 253, 439

### E
Ehrenzeichen 240
Eigentum, Recht auf 198
Eingriffsrecht(e) 121
Einheitliche Europäische Akte 423
Enteignung 201
Erbrecht 198,

EU, Amsterdam 426
EU, Außen- und Sicherheitspolitik 428
EU, Binnenmarkt 423
EU, Brüssel 429
EU, Demokratie 432
EU, doppelte Mehrheit 431
EU, Erweiterung, Integration 418, 421
EU, Europäischer Rat 423
EU, Gerichtshof der Europäischen Union 444
EU, Haushalt 427
EU, heute 435
EU, Inneres und Justiz 428
EU, Ioannina-Klausel 431
EU, Lissabon 430
EU, Nizza, Nizza-Formel 426
EU, Organe 438, 447
EU, organisatorischer Kern 417
EU, politisch-inhaltliche Verdichtung 422
EU, Rat der Europäischen Union 441
EU, Sitzverteilung 440
EU, Sperrminorität 431
EU, Stimmenschlüssel 443
EU, Unionsvertrag 424
EU, Urteil des Bundesverfassungsgerichts 433
EU, Wahlgesetz, Wahlordnung 439
EU, Wirtschaft und Währung 427
EU-Parlament 438
Eurokrise 436
Europäische Gemeinschaft, Europäische Union, s. EU
Europäische Investitionsbank 445
Europäische Kommission 443
Europäische Zentralbank 445
Europäische Zusammenschlüsse 416
Europäischer Rat 441
Europäischer Rechnungshof 445
Europäischer Wirtschafts- und Sozialausschuss 445
Europarat 448
Euro-Rettungsschirm/ESM 436
Ewigkeitsgarantie, s. Verfassung, Wesenskern
Extremismus 57

## F

FDP 353
Fiskalpakt 436
Flagge 239
Föderalismus, Föderalismusreform 108
Fraktion, Fraktionsdisziplin, Fraktionszwang 290
Frauen, Frauenquote 152
Freie Entfaltung der Persönlichkeit 127
Freie Wahlen 70
Freiheit der Berufswahl 188
Freiheit der Forschung 166
Freiheit der Kunst 166
Freiheit der Lehre 166
Freiheit der Person 144
Freiheit der Wissenschaft 166
Freiheit des Films 164
Freiheit, politische 230, 232
Freiheitliche demokratische Grundordnung 229
Freizügigkeit 187
Fünf-Prozent-Klausel, Fünf-Prozent-Hürde 259, 439

## G

G 8 -Staaten, G 20-Staaten 415
Gemeinschaft Unabhängiger Staaten, GUS 457
Gemeinschaftsvorbehalte 135
Gerechtigkeit, Gerechtigkeitsprinzip 81
Gesetzgeber, Gesetzgebung 99, 382
Gesetzgebung, Allgemeines 382
Gesetzgebung, Ausfertigung und Verkündung 391
Gesetzgebung, Einspruchsgesetze 387
Gesetzgebung, Gang der Gesetzgebung 383
Gesetzgebung, Gesetzgebungskompetenz 383
Gesetzgebung, Grundsatz der Diskontinuität 391
Gesetzgebung, Zustimmungsgesetze 384
Gesetzgebungsnotstand 389
Gesetzmäßigkeit, Gesetzmäßigkeitsgrundsatz 80, 234
Gewalt- und Willkürherrschaft 231

Gewalt, Gewaltkriminalität 57
Gewaltenteilung 16, 86, 233,
Gewissensfreiheit 153
Glaubensfreiheit 153
Gleichberechtigung der Geschlechter 150
Gleichgeschlechtliche Partnerschaft 151
Gleichheit vor dem Gesetz 146, 149
Gleichheitsgrundsatz, Gleichheitsprinzip 147, 232
Globalisierung 53
Große Koalition 3, 69
Grundlagenvertrag 40
Grundrechte, Allgemeines 84, 112
Grundrechte, Bedeutung, Funktion, Bindung 112
Grundrechte, Schutz, Schutzwirkung 212
Grundrechte, Verwirkung 217
Grundrechtseinschränkungen 210
Grüne 355

## H

Hamburger Kessel 175, 227
Hauptstadtfrage 241
Haushalt, Haushaltsdisziplin 55
Haushaltsautonomie 436
Immunität 295
Indemnität 295
Informationelle Selbstbestimmung 132
Informationsfreiheit, Informationsfreiheitsgesetz 158
Innerer Notstand 394
Internationale Organisationen und Konferenzen 411
Interpellationsrecht 273
Island 419

## J

Jugendgewalt 57

## K

Kalter Krieg 27
Kanzlerprinzip 327
Koalitionsfreiheit 177
Kollegialprinzip 327
Kombiniertes Wahlsystem 256,
Konstruktives Misstrauensvotum 332, 334

Konsularbeamte, konsularische Vertretungen 9
Kriminalität 57
Krim-Krise 430

**L**

Legalität, Legalitätsprinzip 222

**M**

Machtkontrolle 73
Mehrheitsgesellschaft, Mehrheitsprinzip, Mehrheitswillen 232, 234
Mehrheitswahl 254
Meinungsfreiheit 158, 165
Menschenrechte 113, 115, 116, 119, 120, 232
Migration, Migrationssaldo 53
Mindestlohn 409
Misstrauensvotum; s. konstruktives Misstrauensvotum
Monarchie 19
Mutter, Mutterschutz 170

**N**

Nationalhymne, Nationalfeiertag, nationaler Gedenktag 238, 240
NATO, Allgemeines 450
NATO, Bündnis im Wandel 453
NATO, Organe 452
NATO, Sicherheitspartnerschaft 453
NATO, Zweck und Bedeutung 451
Nordatlantikpakt, s. NATO
Normenkontrollverfahren, s. Bundesverfassungsgericht
Notstand, Notstandsverfassung 393
NPD 359, 369

**O**

Oberste Bundesorgane 266
Oder-Neiße-Gebiete, Oder-Neiße-Linie 26
Opportunitätsprinzip 223
Opposition 76, 235
Orden 240
Osteuropäische Bündnisse 456
Ostverträge 38

**P**

Parlamentarisches Regierungssystem, Parlamentarismus 71
Parteien, Allgemeines 2, 349
Parteien, Begriff und Aufgaben 361, 363
Parteien, Chancenausgleich, Chancengleichheit 235
Parteien, Funktion und Bedeutung, Verfassungsauftrag 361
Parteien, geschichtliche Entwicklung 350
Parteien, Gründung 366
Parteien, Innere Ordnung 364
Parteien, Parteinahe Stiftungen 365
Parteien, traditionelles Gefüge 353
Parteien, Verfassungswidrigkeit 367
Parteienfinanzierung 370
Parteienlandschaft im Wandel 354
Parteispenden 373
Passive Sterbehilfe, s. Sterbehilfe
Persönlichkeitsrecht, Persönlichkeitsentfaltung 134
Persönlichkeitssphäre 112
Petitionsrecht 208
Plebiszit 69
Pluralismus 74
Politischer Extremismus 359
Polizei, Allgemeines 4
Potsdamer Konferenz 23
Präambel 60
Pressefreiheit 161
Prozessuale Schutzrechte 211

**R**

Rat für gegenseitige Wirtschaftshilfe, RGW 456
Recht auf körperliche Unversehrtheit 143
Recht auf Kriegsdienstverweigerung 157
Recht auf Leben 138
Recht auf sexuelle Selbstbestimmung 137
Recht zum Widerstand 218
Rechtsprechung, Rechtsprechungskompetenz 103
Rechtsschutz 83
Rechtsstaat 79, 231
Rechtsverordnungen 392

Regierungsbildung, s. Bundesregierung
Regierungsweise 18
Republik 19, 63,
Ressortprinzip 327
Rettungsschirm 436
Rundfunkfreiheit 162

**S**

Schulwesen 170
Schutz ehelichen und familiären Lebens 169
Schwangerschaftsabbruch 140
Schweiz 206
SED 32, 44, 358
Selbstbestimmung 232
Selbsttötung 139
Sittengesetz 135
Sitzverteilung im Bundestag, Berechnungsverfahren 262
Soldaten 9
Souveränität 30, 34
Sozialdemokratische Partei Deutschlands, s. SPD
Soziale Marktwirtschaft 403, 406
Soziale Sicherung/Sicherungssysteme 56
Sozialpflichtigkeit des Eigentums 200
Spannungsfall 394, 396
SPD 354
Staat, Begriff, Aufgaben, Funktion 5
Staatenbund 94
Staatengemeinschaften 410
Staatsangehörigkeit, Staatsbürgerschaft 11, 42
Staatsform 18
Staatsgebiet 6
Staatsgewalt 14
Staatssekretäre, parlamentarische 325
Staatsvolk 10
Staatsziele, Staatszielbestimmungen 61
Stimmzettel 258
Streik, Streikrecht 180, 182
Suizid, s. Selbsttötung
Symbole des Staates 238

**T**

Tarifauseinandersetzungen 178
Telekommunikationsgesetz, -geheimnis 186
Türkei 419

**U**

Unabhängigkeit der Gerichte 234
UNO, Allgemeines 458
UNO und Deutschland 464
UNO, Friedenssicherung 462, 466
UNO, Internationaler Gerichtshof 460
UNO, Organe 458
UNO, Reformansätze 463
UNO, Sekretariat 460
UNO, Sonderorganisationen 460
UNO, Weltsicherheitsrat 459
UNO, Wirtschafts- und Sozialrat 459
UNO, Ziele 461
UNO, Zweckbestimmung und Bedeutung 461
Unverletzlichkeit der Wohnung 195

**V**

Verbände, Allgemeines 374
Verbände, Begriff 374
Verbände, Funktion und Wirken 378
Verbände, im Rechtssystem 376
Verbände, Klassifizierung 375
Verbände, Kritik am System 379
Verbände, Verfassungswidrigkeit und Verbot 377
Verbandspluralismus 77
Vereinigungsfreiheit 176
Vereinte Nationen, s. UNO
Verfassung, Begriff und Aufgaben 59
Verfassung, Grundprinzipien 59
Verfassung, Wesenskern, Ewigkeitsgarantie 60
Verfassungsbeschwerde, s. Bundesverfassungsgericht
Verfassungsmäßige Ordnung 134
Vergesellschaftung 202
Verhältniswahl 254
Versammlungsfreiheit 171
Verteidigungsfall 394, 396

## Stichwortverzeichnis

Vertrauensfrage 333
Verwaltungskompetenz 102
Volksparteien 356
Volkssouveränität 65, 233

**W**
Wachstum 55
Wahlen, Allgemeines 242
Wahlergebnis 264
Wahlgleichheit, s. gleiches Wahlrecht
Wahlgrundsätze, Wahlprinzipien 250
Wahlpflicht 244
Wahlprüfung, Wahlprüfungsgesetz 264
Wahlrecht 244
Wahlrecht für Ausländer 248
Wahlrecht, aktives und passives 247
Wappen 239

Warschauer Pakt 456
Wehrhafte Demokratie 236
Wehrpflicht 193
Weimarer Verfassung 309
Wende 43
Wesenskern des Grundgesetzes, s. Verfassung, Wesenskern
Widerstand, Widerstandsrecht 218
Wiedervereinigungsgebot 41
Wirtschaftsordnung und Grundgesetz 404
Würde des Menschen, Menschenwürde 124

**Z**
Ziviler Ungehorsam 219
Zuwanderer, Zuwanderung, Zuwanderungsgesetz 204

475

# Literaturhinweise

Die folgenden Literaturangaben sollen den Leserinnen und Lesern des Buches einen Eindruck von der Vielfalt der Quellen geben, die sich mit unserem politischen und gesellschaftlichen System beschäftigen. Die Auflistung ist daher auch als Übersichtsdarstellung zu sehen. Hier auch nur ansatzweise dem Anspruch der Vollzähligkeit zu genügen, würde den Rahmen des Buches sprengen.

Eingefügt wurden neben aktuellem Schrifttum auch Angaben über Publikationen, die schon seit längeren Jahren nicht mehr neu aufgelegt wurden, in den gängigen Bibliographien als nicht mehr lieferbar verzeichnet, aber natürlich in vielen Bibliotheken noch zu finden sind. Diese Angaben sind als bewusst eingesetzte Hinweise auf Zeitzeugnisse zu verstehen, die zu einem besseren Geschichtsverständnis beitragen können und bei der Aufbereitung des Stoffes gute Dienste geleistet haben. Sie sollen zugleich einen Anreiz bieten, bei entsprechender Interessenlage durch eigenes Recherchieren vertiefende Studien zu betreiben.

| | | |
|---|---|---|
| Andersen/Woyke (Hrsg.) | Handwörterbuch des politischen Systems der Bundesrepublik Deutschland | Wiesbaden 2013 |
| | Vom schönen Schein der Demokratie | München 2002 |
| Badura | Staatsrecht | München 2012 |
| Baring | Scheitert Deutschland? Abschied von unseren Wunschwelten | München 1998 |
| Baring/Schöllgen | Kanzler, Krisen, Koalitionen | München 2006 |
| Bayerische Landeszentrale für politische Bildung (Hrsg.) | Grundzüge des öffentlichen Rechts | München 2000 |
| Benda | Die Notstandsverfassung | München 1968 |
| | Grundrechte und Wirtschaftsordnung | Hannover 1981 |
| Benda/Maihofer/Vogel (Hrsg.) | Handbuch des Verfassungsrechts | Berlin, New York 1994 |
| Berliner Illustrierte, Axel Springer Verlag (Hrsg.) | Deutschland – Die Stunde der Einheit | Berlin, Hamburg 1990 |
| Böckenförde | Demokratie und Repräsentation | Hannover 1983 |
| v. Bracher/Eschenburg/Fest/Jäckel | Geschichte der Bundesrepublik Deutschland | München 1994 |
| Branahl | Medienrecht | Wiesbaden 2013 |
| Broder | Hurra, wir kapitulieren! Von der Lust am Einknicken | München 2007 |
| Bull | Absage an den Staat? | Berlin 2005 |
| Bundesregierung, Presse- u. Informationsamt (Hrsg.) | Almanach der Bundesregierung, (bis 1989/90 „Bonner Almanach") | Bonn 1993–1995 |
| | Deutschland ist eins: Der Einigungsvertrag | Bonn 1990 |

| | | |
|---|---|---|
| | Der Vertrag über die Schaffung einer Währungs-, Wirtschafts- und Sozialunion, zwischen der Bundesrepublik Deutschland und der DDR | Bonn 1990 |
| | Vertrag zwischen der Bundesrepublik Deutschland und der Deutschen Demokratischen Republik über die Herstellung der Einheit Deutschlands | Bonn 1990 |
| Bundeszentrale für politische Bildung (Hrsg.) | | |
| – Albeck | Der Sozialstaat | München 1990 |
| – v. Bethusy-Huc | Interessenverbände und Interessengruppen | München 1987 |
| – Handschuh/Kremer u.a. | Wegweiser Parlament | Bonn 1986 |
| – Horn | Der Rechtsstaat | München 2000 |
| – Jesse | Das parlamentarische System der Bundesrepublik Deutschland | München 1985 |
| – Kaeber/Berthold | Politische Partizipation | Bonn 1985 |
| – Kistler | Die Bundesrepublik Deutschland, Vorgeschichte und Geschichte; 1945–1983 | Bonn 1990 |
| – Knütter | Demokratie | München 1992 |
| – Laufer | Der Föderalismus in der Bundesrepublik Deutschland | München 1992 |
| – Laufer/Münch | Die Europäische Gemeinschaft: 22 Fragen und Antworten | Bonn 1989 |
| | Europäische Gemeinschaft Europäisches Parlament, Europa-Wahlen: 22 Fragen und Antworten | Bonn 1989 |
| – Pötzsch | Die deutsche Demokratie | Bonn 2009 |
| | Bundestagswahl | Bonn 1990 |
| – Sander/Diener/ Cremer | Wahlanalyse und Wahlprognose | Bonn 1994 |
| – Sontheimer/Bleek | Grundzüge des politischen Systems der Bundesrepublik Deutschland | Bonn 2003 |
| – Woyke | Handwörterbuch internationale Politik | Bonn 2011 |
| Carlsen Verlag (Hrsg.) | 9. November 1989, Der Tag der Deutschen | Hamburg 1989 |
| Chronik Verlag (Hrsg.) | Chronik '89, Die Wende in der DDR | Dortmund 1989 |
| Clarke u. a. | Gegen die Krieger des Dschihad | Hamburg 2005 |
| Crouch | Postdemokratie | Berlin 2008 |
| Degenhart | Staatsrecht I, Staatsorganisationsrecht | Heidelberg 2013 |

## Literaturhinweise

| | | |
|---|---|---|
| Deutscher Bundestag, Presse- u. Informationsamt (Hrsg.) | Blickpunkt Bundestag | Köln 1998 |
| | Deutscher Bundestag | Bonn 1990 |
| Dietel/Gintzel/Kniesel | Demonstrations- und Versammlungsfreiheit | Köln 2005 |
| Döding/Webel | Prüfungswissen Staats- und Verfassungsrecht | Hilden/Rhld. 2013 |
| Ellwein | Das Regierungssystem der Bundesrepublik Deutschland | Opladen 1987 |
| Frank | Politik in der Industriegesellschaft | Darmstadt 1983 |
| Frevel/Asmus u. a. | Politikwissenschaft | Hilden/Rhld. 2009 |
| Friauf/Höfling (Hrsg.) | Berliner Kommentar zum Grundgesetz Loseblattwerk | Berlin, Stand 2014 |
| Fritzsche | Menschenrechte | Paderborn 2009 |
| Handschuch | Freiheit – schöner Götterfunke: die glücklichen Tage von Berlin | Frankfurt/M., Berlin 1990 |
| Harenberg (Hrsg.) | Lexikon der Gegenwart '98 | Dortmund 1997 |
| | Das Jahrbuch Nr. 1, Aktuell 2000 | Dortmund 1999 |
| v. Hentig | Ach, die Werte! Über Erziehung für das 21. Jahrhundert | Weinheim, Basel 2001 |
| Hesse/Ellwein | Das Regierungssystem der Bundesrepublik Deutschland | Baden-Baden 2012 |
| Hörnig (Hrsg.)/Seifert (Begr.) | Grundgesetz für die Bundesrepublik Deutschland, Handkommentar | Baden-Baden 2013 |
| Hufen | Staatsrecht II, Grundrechte | München 2014 |
| Ipsen | Staatsrecht I, Staatsorganisationsrecht | München 2013 |
| | Staatsrecht II, Grundrechte | München 2013 |
| Jarass/Pieroth | Grundgesetz für die Bundesrepublik Deutschland: Kommentar | München 2012 |
| Jesse | Die Demokratie in der Bundesrepublik Deutschland | Berlin 1986 |
| Jung | Grundbegriffe aus Politik, Gesellschaft, Wirtschaft | Frankfurt 1980 |
| Katz | Staatsrecht | Heidelberg 2010 |
| Knape/Kiworr | Allgemeines Polizei- und Ordnungsrecht für Berlin | Hilden/Rhld. 2009 |
| Kniesel/Kube/Murck | Handbuch für Führungskräfte der Polizei | Lübeck 1996 |
| Knopp | Die deutsche Einheit | Erlangen 1991 |
| Kriele | Einführung in die Staatslehre | Stuttgart 2003 |

## Literaturhinweise

| | | |
|---|---|---|
| Kürschner | Kürschners Volkshandbuch Deutscher Bundestag: 12. Wahlperiode 1990 | Darmstadt 1993 |
| Lampert | Die Wirtschafts- und Sozialordnung der Bundesrepublik Deutschland im Rahmen der Europäischen Union | München 2011 |
| Laufer/Münch | Das föderale System der Bundesrepublik Deutschland | Berlin 2010 |
| Leggewie | Amerikas Welt. Die USA in unseren Köpfen | München 2003 |
| Leggewie/Meier | Republikschutz. Maßstäbe für die Verteidigung der Demokratie | Reinbek 1995 |
| Leggewie/Meier (Hrsg.) | Verbot der NPD oder Mit Rechtsradikalen leben? | Frankfurt/M. 2002 |
| Leggewie (Hrsg.) | Die Türkei und Europa. Die Positionen | Frankfurt/M. 2004 |
| Lehmann | Chronik der Bundesrepublik Deutschland, 1945, 49 bis heute | München 1989 |
| Leibholz/Rinck | Grundgesetz, Loseblattwerk | Köln, Stand 2014 |
| Leinemann | Höhenrausch: die wirklichkeitsleere Welt der Politiker | München 2006 |
| Lilge | Deutschland 1945–1963 | Hannover 1982 |
| Limbach | Das Bundesverfassungsgericht | München 2010 |
| Linn/Sobolewski | So arbeitet der Deutsche Bundestag | Rheinbreitbach 2013 |
| v. Mangoldt/Klein/ Starck | Kommentar zum Grundgesetz: GG (3 Bände) | München 2010 |
| Massing (Hrsg.) | Das Demokratiemodell der Bundesrepublik Deutschland | Schwalbach 1996 |
| Maurer | Staatsrecht I: Grundlagen, Verfassungsorgane, Staatsfunktionen | München 2010 |
| Maunz/Dürig | Grundgesetz Loseblatt-Kommentar | München, Stand 2013 |
| Metzinger | Die Huntington-Debatte, die Auseinandersetzung mit Huntingtons „Clash of civilizations" in der Publizistik | Köln 2000 |
| Meyn/Tonnemacher | Massenmedien in Deutschland | Konstanz 2012 |
| Model/Greifelds | Staatsbürger-Taschenbuch | München 2011 |
| v. Münch | Staatsrecht I: Staatsorganisationsrecht unter Berücksichtigung der europarechtlichen Bezüge | Stuttgart 2009 |
| | Staatsrecht II: Grundrechte | Stuttgart 2002 |

*Literaturhinweise*

| | | |
|---|---|---|
| Negt | Arbeit und menschliche Würde | Göttingen 2008 |
| Niedermayer | Bürger und Politik, Politische Orientierungen und Verhaltensweisen der Deutschen | Wiesbaden 2005 |
| Niedersächsische Landeszentrale für politische Bildung (Hrsg.) | | |
| – Wassermann | I Rechtsstaat ohne Rechtsbewusstsein? | Hannover 1988 |
| | II Ist der Rechtsstaat noch zu retten?: Zur Krise des Rechtsbewusstseins in unserer Zeit | Hannover 1985 |
| | III Die Zuschauerdemokratie | München, Zürich 1989 |
| Nohlen | Wörterbuch Staat und Politik | München 1998 |
| Olzog/Liese | Die politischen Parteien in Deutschland | München 2000 |
| Pieroth/Schlink/ Kingreen/Poscher | Grundrechte, Staatsrecht II | Heidelberg 2013 |
| Redaktion Weltalmanach (Hrsg.) | Der neue Fischer Weltalmanach 2014 | Frankfurt/M. 2013 |
| Reineck | Allgemeine Staatslehre und deutsches Staatsrecht | Hamburg 2007 |
| Rudzio | Das politische System der Bundesrepublik Deutschland | Wiesbaden 2011 |
| Schmalz | Staatsrecht | Baden-Baden 2000 |
| Schmidt-Bleibtreu/ Hofmann/Hopfauf | Kommentar zum Grundgesetz für die Bundesrepublik Deutschland | Köln 2011 |
| Schirrmacher | Das Methusalem-Komplott | München 2004 |
| Schütt-Wetschky | Interessenverbände und Staat | Darmstadt 1997 |
| Schunck/De Clerck | Allgemeines Staatsrecht und Staatsrecht des Bundes und der Länder | Siegburg 1995 |
| Schwacke/Schmidt | Staatsrecht | Stuttgart 2007 |
| Sensburg | Europarecht | Hilden/Rhld. 2010 |
| Stein | Staatsrecht | Tübingen 2010 |
| Tetsch | Eingriffsrecht Bd. 1, Grundlagen und Datenverarbeitung | Hilden/Rhld. 2008 |
| | Eingriffsrecht Bd. 2, Eingriffsmaßnahmen, Zwang, Rechtsschutz und Haftung | Hilden/Rhld. 2010 |
| Tetsch | Prüfungswissen Eingriffsrecht | Hilden/Rhld. 2012 |
| Thamm/u. a. | Terrorismus – Ein Handbuch über Täter und Opfer | Hilden/Rhld. 2002 |
| Winkler | Weimar 1918–1933: die Geschichte der ersten deutschen Demokratie | München 2005 |
| Woyke | Stichwort: Wahlen | Wiesbaden 2013 |
| Zippelius/Würtenberger (begr. v. Th. Maunz) | Deutsches Staatsrecht | München 2008 |